U0915871

2014

中国企业集团财务公司年鉴

ZHONGGUO QIYE JITUAN CAIWU GONGSI NIANJIAN

中国财务公司协会　编

中国金融出版社

责任编辑：丁　芊
责任校对：张志文
责任印制：程　颖

图书在版编目（CIP）数据

中国企业集团财务公司年鉴（Zhongguo Qiye Jituan Caiwu Gongsi Nianjian）.2014/中国财务公司协会编.—北京：中国金融出版社，2014.10
ISBN 978－7－5049－7664－2

Ⅰ.①中…　Ⅱ.①中…　Ⅲ.①企业集团—金融公司—中国—2014—年鉴　Ⅳ.①F279.244－54

中国版本图书馆 CIP 数据核字（2014）第 213885 号

出版发行　中国金融出版社
社址　北京市丰台区益泽路 2 号
市场开发部　(010)63266347，63805472，63439533（传真）
网上书店　http：//www.chinafph.com　(010)63286832，63365686（传真）
读者服务部　(010)66070833，62568380
邮编　100071
经销　新华书店
印刷　北京松源印刷有限公司
尺寸　210 毫米×279 毫米
印张　44.25
插页　30
字数　1126 千
版次　2014 年 10 月第 1 版
印次　2014 年 10 月第 1 次印刷
定价　398.00 元
ISBN 978－7－5049－7664－2/F.7224

关怀指导

2013 年 11 月 29 日，中国银监会主席助理杨家才在全国企业集团财务公司 2013 年年会上发表讲话。

2013 年 11 月 28 日，中国银行监会主席助理杨家才出席全国企业集团财务公司发展研究座谈会。

2013 年 11 月 30 日，中国银监会主席助理杨家才一行到珠海华发集团财务有限公司视察。

2013 年 1 月 8 日，中国银监会非银部主任李建华莅临国投财务有限公司调研指导。

2013 年 10 月 31 日，中国银监会非银部主任李建华一行到中兴通讯集团财务有限公司调研指导。

2013 年 5 月 30 日，中国银监会非银部副主任张电中出席央企财务公司经营管理指导意见第一次起草工作会。

2013 年 11 月 29 日，北京银监局副局长逯剑在全国企业集团财务公司 2013 年年会上发言。

2013 年 6 月 8 日，安徽银监局副局长袁成刚到马钢集团财务有限公司调研。

2013 年 3 月 6 日，陕西银监局辖内财务公司监管工作座谈会。

2013 年 4 月 17 日，宁波银监局纪委书记曹嫣红一行调研宁波港集团财务有限公司。

2013年4月10日，中国银监会宜昌监管分局及湖北宜化集团财务有限责任公司各部门负责人在年度后评价现场。

2013年9月17日，厦门银监局王泽平局长一行到厦门海翼集团财务有限公司调研指导工作。

2013 年 9 月 9 日，上海市政府副秘书长金兴明、市金融办党委书记孔庆伟、市金融办主任马弘、静安区副区长巢克俭等市区两级领导一行到上海汽车集团财务有限责任公司调研。

2013 年 4 月 23 日，青海省原副省长高云龙一行到西部矿业集团财务有限公司调研。

2013 年 3 月 12 日，广州市副市长欧阳卫民一行来访中国财务公司协会。

2013 年 5 月 30 日，国资委财务监督与考核评价局局长沈莹出席央企财务公司经营管理指导意见第一次起草工作会。

2013 年 11 月，中国人民银行货币政策二司司长助理方昕一行参观海信集团财务有限公司。

2013 年 6 月 5 日，国家外汇管理局北京外汇管理部莅临通用技术集团财务有限责任公司指导工作。

2013 年 5 月 23 日，民政部民间组织管理局社团管理一处处长高成运为秘书处做社团管理培训。

2013 年 3 月 26 日，中国财务公司协会领导行抵 TCL 集团财务有限公司调研交流。

2013 年 1 月 22 日，中国财务公司协会专职常务副会长王岩玲一行到北京汽车集团财务有限公司调研。

2013 年 3 月 27 日，中国财务公司协会专职常务副会长王岩玲一行到中国南航集团财务有限责任公司调研指导，广东银监局非银处童伟演处长和傅裕科长陪同。

2013 年 3 月 28 日，中国财务公司协会专职常务副会长王岩玲前往珠海格力集团财务有限责任公司调研。

2013 年 4 月 11 日，中国财务公司协会专职常务副会长王岩玲赴吉林森林工业集团财务有限责任公司调研。

2013 年 4 月 23 日，中国财务公司协会专职常务副会长王岩玲到中信财务有限公司调研。

2013 年 4 月 23 日，中国财务公司协会专职常务副会长王岩玲到南车财务有限公司调研。

共谋发展

2013 年 11 月 29 日，全国企业集团财务公司 2013 年年会在深圳召开。

2013 年 3 月 25 日，中国财务公司协会第八届理事会第四次会议在广东省惠州市召开。

2013 年 6 月 4 日，中国财务公司协会第八届常务理事会第六次会议在北京召开。

2013 年 8 月 30 日，中国财务公司协会第八届理事会第七次会议在北京召开。

2013 年 11 月 27 日，中国财务公司协会第八届常务理事会第八次会议在深圳召开。

2013 年 3 月 21 日，财务公司新资本充足率统计信息报送培训班。

2013 年 4 月 25 日，财务公司办公室主任暨通讯员工作会。

2013 年 6 月 25 日，财务公司结算业务座谈会。

2013 年 6 月 25 日，行业统计信息系统建设方案座谈会。

2013 年 7 月 11 日，财务公司行业试评价培训班。

2013 年 8 月 7 日，财务公司高管研修班。

2013 年 10 月 31 日，新设财务公司座谈会。

2013 年 11 月 11 日，财务公司延伸产业链金融服务交流。

2013 年 11 月 28 日，全国企业集团财务公司发展研究座谈会。

规范经营

2013 年 1 月 25 日，中国航油集团财务有限公司第一次股东会暨第一届董事会第六次会议。

2013 年 1 月 31 日，亿利集团财务有限公司 2013 年法人治理工作会议。

2013 年 1 月 31 日，浙江省能源集团财务有限责任公司召开 2013 年工作会议暨 2013 年第一次全体职工大会。

2013 年 2 月，天津港财务有限公司组织召开了 2013 年度财务公司工作会议。

2013 年 2 月 2 日，中国电子科技财务有限公司董事会。

2013 年 3 月 2 日，西电集团财务有限责任公司召开 2013 年度工作会议暨三届七次职工大会。

2013年3月6日，南车财务有限公司召开一届董事会二次会议。

2013年3月7日，国联财务有限责任公司2012年度股东会暨二届三次董事会、监事会会议。

2013年3月14日，中远集团直属党委在公司召开扩大学习会，中远财务有限责任公司总经理刘超在会上作国际国内经济金融形势讲座。

2013 年 3 月 16 日，淮南矿业集团财务有限公司 2013 年第一次股东会会议暨第四届董事会第五次会议。

2013 年 3 月 21 日，紫金矿业集团财务公司二届二次董事会和 2013 年第一次股东会会议。

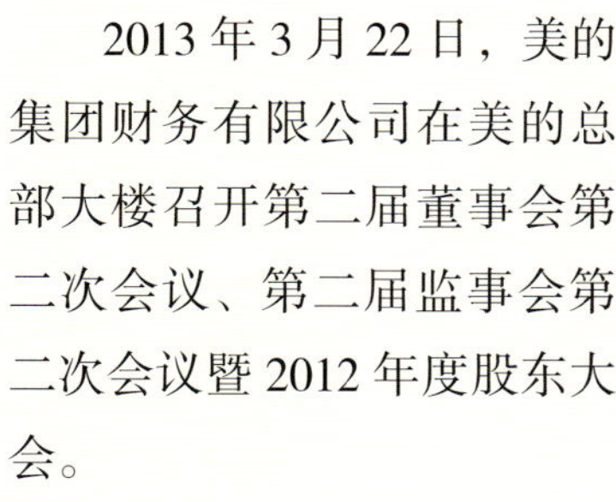

2013 年 3 月 22 日，美的集团财务有限公司在美的总部大楼召开第二届董事会第二次会议、第二届监事会第二次会议暨 2012 年度股东大会。

2013 年 3 月 27 日，南山集团财务有限公司召开第二届董事会第二次会议。

2013 年 3 月 29 日，中核财务有限责任公司召开第六届董事会第一次会议，顺利完成董事会换届工作。

2013 年 4 月 3 日，青岛啤酒财务有限责任公司召开一届五次董事会。

2013 年 4 月 9 日，三峡财务有限责任公司在北京召开股东会暨董事会、监事会，完成新一届董事会和监事会换届选举工作。

2013 年 4 月 16 日，南方电网财务有限公司召开 2012 年度股东会暨第三届董事会第三次会议。

2013 年 4 月 19 日，深圳市有色金属财务有限公司 2012 年度股东会议。

2013 年 4 月 22 日，北京金隅财务有限公司召开第一届董事会第一次会议，公司董事会成员参加，监事会成员及高管列席。

2013 年 4 月 25 日，中国航空集团财务有限责任公司第五届董事会第一次会议。

2013 年 4 月 26 日，东方集团财务有限责任公司召开 2013 年度董事会第一次会议。

2013 年 4 月 27 日，中国化工财务有限公司召开 2013 第一次股东会暨第二届二次董事会、第二届一次监事会。

2013 年 4 月 28 日，国药集团财务有限公司一届四次董事会。

2013 年 4 月，中国重汽财务有限公司召开 2012 年度股东会。

2013 年 5 月 7 日，中国石化财务有限责任公司第八届董事会暨监事会第一次会议。

2013 年 5 月 10 日，江西铜业集团财务有限公司董事、股东代表、监事、公司高管、江西银监局非银处工作人员出席江西铜业集团财务有限公司 2013 年董事会暨股东会、监事会第一次会议。

2013 年 5 月 10 日，山西焦煤集团财务有限责任公司召开第一届董事会第十六次会议。

2013年6月8日，马钢集团财务有限公司召开董事会。

2013年7月31日，红豆集团财务有限公司第二届董事会第四次会议。

2013年9月7日，沙钢财务有限公司召开第二届董事会第一次会议。

2013年11月4日，兖矿集团财务有限公司参加山东财务公司第三届监管联席会。

2013年12月12日，中国北车集团财务有限公司第一届董事会第四次会议。

2013年12月17日，中国移动通信集团财务有限公司在北京召开第一届董事会第八次会议。

创新合作

2013 年 2 月 20 日，酒钢集团公司董事长冯杰、酒钢集团财务有限公司董事长夏添会见中国建设银行甘肃省分行行长艾尔肯一行。

2013 年 3 月 12 日，五矿集团财务有限责任公司与中国工商银行北京市分行联合举办外汇试点业务研讨会。

2013 年 1 月 7 日，中国保利集团公司总经理、保利财务有限公司董事长张振高会见瑞信集团董事长罗楠一行。

2013 年 3 月 27 日，中国华能财务有限责任公司总经理、党组副书记龚卫中与建设银行北京分行签署票据业务战略合作协议。

2013 年 5 月 31 日，在上海钢铁交易中心有限公司揭牌仪式上，宝钢集团财务有限责任公司总经理正式对外发布“宝付通”系列电商金融产品。

2013 年 6 月 18 日，上海浦东发展集团财务有限责任公司牵头组建的罗山路、申江路和中环线银团签约仪式。银团组建完成标志着浦东新一轮总投资额为 180.326 亿元的三个重大基础设施建设项目全面启动。

2013年6月28日，港中旅财务有限公司参加深圳同业年会。

2013年9月29日，武汉钢铁集团财务有限责任公司作为主办企业参与跨国总部外汇资金集中试点启动座谈会。

2013年10月28日，中国农业银行三农部到访新希望财务有限公司，双方就加强“三农”金融服务事宜进行探讨。

2013 年 11 月 8 日，中集集团财务有限公司 2013 年度财票业务交流会成功召开。

2013 年 11 月 28 日，广东粤电财务有限责任公司红海湾电厂银团贷款签约仪式。

2013 年 12 月 31 日，中广核财务有限责任公司湖山项目美元兰特远期外汇交易荣获深圳市金融创新奖二等奖。

公司风采

2013 年 1 月 19 日，中国能源建设集团葛洲坝财务有限公司 2013 年职工大会暨工作会。

2013 年 1 月 25 日，中海集团财务有限责任公司召开 2013 年工作会。

2013 年 3 月 5 日，阳泉煤业集团财务有限责任公司参加健身健美操比赛。

2013 年 3 月 9 日，申能集团财务有限公司业务连续性管理（BCM）演练。

2013 年 3 月 25 日，广西交通投资集团财务有限责任公司资金管理系统业务培训在南宁举行。此次培训对财务公司资金管理、结算业务、金融业务及核心业务系统进行了系统培训，进一步提升了成员单位的业务能力。

2013 年 3 月，上海电气集团财务有限责任公司赴企业举办金融服务论坛。

2013年4月1日，中国航天科工集团公司副总经理、党组成员方向明出席航天科工财务有限责任公司“传承航天文化，弘扬航天精神”企业文化建设主题活动。

2013年4月25日，东方电气集团财务有限公司在集团公司开展征信业管理条例宣贯活动。

2013年4月26日，江苏省国信集团财务有限公司在国信集团第三届职工体育运动会中，女子全键排舞荣获第二名。

2013年5月，哈尔滨电气集团财务有限责任公司参加哈电集团第三届职工文化艺术节。

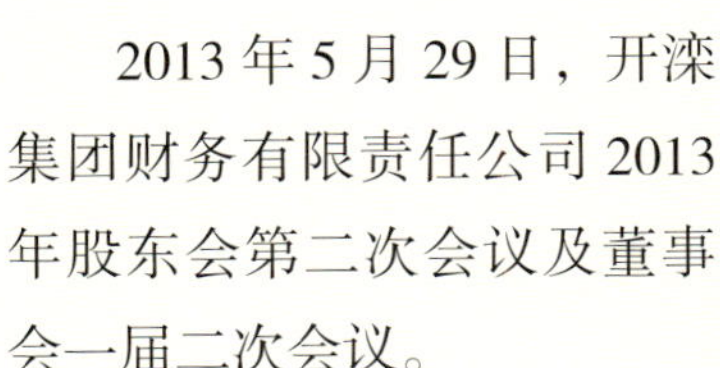
2013年5月29日，开滦集团财务有限责任公司2013年股东会第二次会议及董事会一届二次会议。

2013年5月29日，中粮财务有限责任公司2013年度董事会合影。

2013年5月29日，浙江省能源集团财务有限责任公司举办“防范打击非法集资宣传教育活动”专题讲座。

2013年6月，河南能源化工集团财务有限公司贯彻落实河南省副省长陈雪枫6月6日重要讲话精神。

2013年6月，中冶集团财务有限公司“羽您共享”羽毛球比赛。

2013 年 6 月 8 日，潞安集团财务有限公司参加长治市金融系统征信知识竞赛。

2013 年 7 月，冀中能源集团财务有限责任公司参加“冀中能源杯”会计信息化比赛。

2013 年 7 月 3 日，山东钢铁集团财务有限公司“慈心”一日捐活动。

2013年7月6日，海南农垦集团财务有限公司党支部组织员工赴白沙门渡海英雄纪念碑开展爱国主义教育。

2013年7月12日，京能集团财务有限公司资金管理培训会。

2013年7月12日，首都机场集团财务有限公司参观董存瑞烈士纪念馆。

2013 年 7 月 12 日，郑州宇通集团财务有限公司举办金融知识竞赛。

2013 年 7 月 27 日，锦江国际集团财务有限责任公司组织党员“重温誓词、坚定信心”红色之旅。

2013 年 8 月，松下电器（中国）财务有限公司欢送饭野董事长。

2013年8月7日，云南云天化集团财务有限公司一行到宁波港集团财务有限公司交流。

2013年8月7日，鞍钢集团财务有限责任公司党的群众路线教育实践活动征求意见建议座谈会。

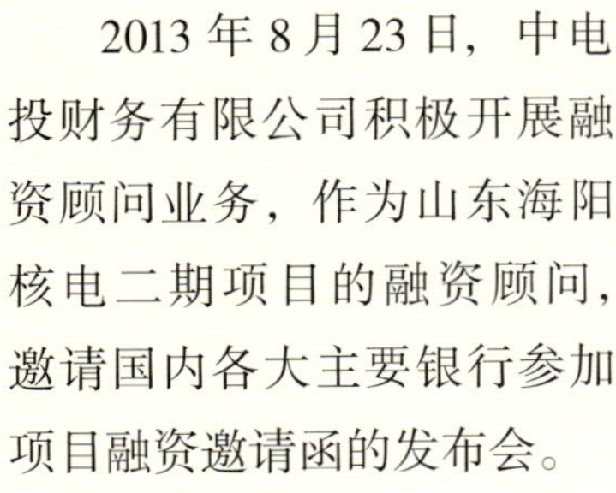

2013年8月23日，中电投财务有限公司积极开展融资顾问业务，作为山东海阳核电二期项目的融资顾问，邀请国内各大主要银行参加项目融资邀请函的发布会。

2013 年 8 月 27 日，晋煤集团财务有限公司召开党的群众路线教育实践活动动员大会。

2013 年 8 月 27 日，中开财务有限公司全体职工前海合影。

2013 年 8 月 31 日，海航集团财务有限公司组织公司员工登泰山。

2013 年 9 月 4 日，陕西煤业化工集团财务有限公司“金融知识进万家”宣传服务月活动。

2013 年 9 月 5 日，中国电子科技财务有限公司新员工入职培训。

2013 年 9 月 7 日，天津港财务有限公司工会组织全体员工赴码头一线学习参观。

2013年9月12日，东风汽车财务有限公司召开东风悦达起亚消费信贷业务签约及启动会议。

2013年9月27日，包钢集团财务有限责任公司反洗钱知识竞赛。

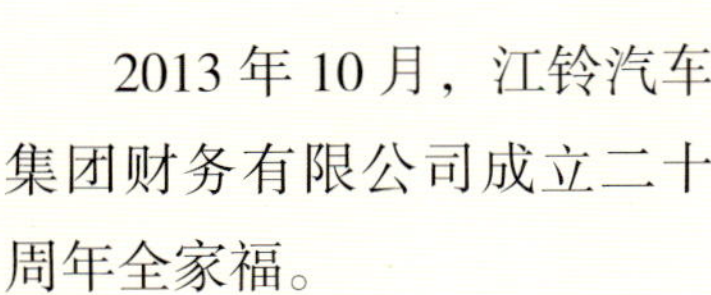
2013年10月，江铃汽车集团财务有限公司成立二十周年全家福。

2013 年 10 月 19 日，中铝财务有限责任公司登山比赛。

2013 年 10 月 19 日，中船财务有限责任公司开展党的群众路线教育实践活动——赴西柏坡参观学习。

2013 年 10 月 24 日，江苏交通控股集团财务有限公司参加财务公司高管沙龙。

2013年11月7日，华联财务有限责任公司第三届跳绳踢毽比赛部分参赛选手合影。

2013年11月9日，兵工财务有限责任公司部分员工代表参加兵器集团长走活动。

2013年12月3日，中国国电集团公司董事、总经理、党组成员陈飞虎，总会计师、党组成员陈斌莅临国电财务有限公司指导工作。

2013 年 12 月 4 日，海亮集团财务有限责任公司开展全员年度总结大会。

2013 年 12 月 4 日，中国大唐集团财务有限公司在全国法制宣传日期间举办“弘扬法治精神，共筑中国梦”法律知识竞赛暨“岗位成才”劳动竞赛。

2013 年 12 月 21 日，中国铁建财务有限公司组织参观铁道兵纪念馆和中国铁建展览馆。

2013年12月22日，海马财务有限公司“团结协作、拼搏向上”拓展培训。

2013年12月31日，中国电力财务有限公司资金调控中心交接仪式。

2013年12月底，北大方正集团财务有限公司2013年年终评优工作会。

2013 年 1 月，河北建投集团财务有限公司揭牌仪式。

2013 年 1 月 12 日，山东重工集团财务有限公司举行挂牌仪式。

2013 年 1 月 21 日，重庆机电控股集团财务有限公司开业揭牌仪式。

2013 年 2 月 21 日，大同煤矿集团财务有限责任公司正式开业。

2013 年 5 月 28 日，北京首都旅游集团财务有限公司开业典礼。

2013 年 5 月 29 日，中材集团财务有限公司开业仪式。

2013 年 6 月 4 日，广西交通投资集团财务有限责任公司在南宁市正式开业运营。广西壮族自治区党委常委、自治区政府常务副主席黄道伟（左五），自治区政府副主席陈刚（右二），广西交通投资集团有限公司董事长余昌文（左四），集团公司副总经理、财务公司董事长李东（右一）共同为公司揭牌。

2013年7月18日，中交财务有限公司举办开业庆典。

2013年8月9日，百联集团财务有限责任公司举行“百川汇海、联融促商”揭牌仪式。

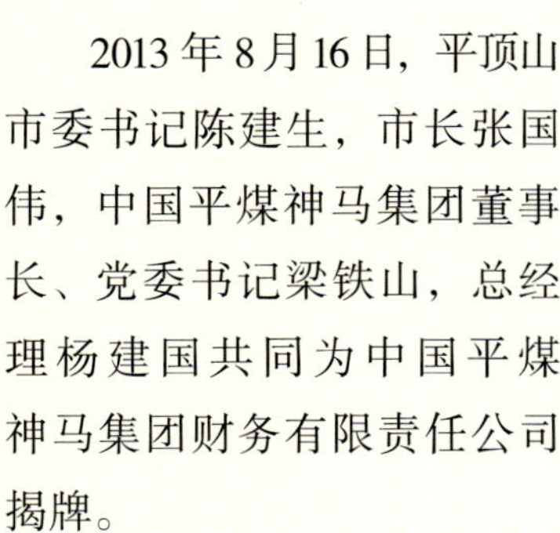

2013年8月16日，平顶山市委书记陈建生，市长张国伟，中国平煤神马集团董事长、党委书记梁铁山，总经理杨建国共同为中国平煤神马集团财务有限责任公司揭牌。

2013年8月16日，山东黄金集团财务有限公司揭牌仪式在济南举行，山东黄金集团有限公司董事长、党委书记于常青（左四）为财务公司揭牌，副总经理崔仑（左五）、李中义（左三）、李国红（右四）、侯成桥（左二），纪委书记高蔚（右三）出席揭牌仪式。

2013年10月19日，中国银监会副主席蔡鄂生参加亨通财务有限公司揭牌仪式。

2013年10月28日，云南云天化集团财务有限公司正式揭牌成立。

《中国企业集团财务公司年鉴》编辑委员会

丁险峰（华联财务公司）
董养利（开滦财务公司）
都兴开（鞍钢财务公司）
窦广清（天津港财务公司）
杜建军（安徽省能源财务公司）
杜　娟（TCL 财务公司）
段建勋（晋煤财务公司）
方　闽（浙江省能源财务公司）
方平凡（中集财务公司）
方泰峰（淮南矿业财务公司）
冯　勇（东方电气财务公司）
傅哲祥（浙江省交通投资财务公司）
傅志芳（万向财务公司）
郭　牧（上海华谊财务公司）
韩留卿（西部矿业财务公司）
何　宵（上海复星高科技财务公司）
洪毅俊（深圳有色金属财务公司）
侯文捷（中国电力财务公司）
胡国梁（红豆财务公司）
胡焰明（中广核财务公司）
胡义军（北京首都旅游财务公司）
黄必烈（中外运长航财务公司）
黄天珊（铜陵有色金属财务公司）
黄　巍（国药财务公司）
冀　涛（中国铁建财务公司）
姜　波（新奥财务公司）
姜建平（东方财务公司）
姜在国（北京金隅财务公司）
孔　骞（亿利财务公司）
孔卫湘（中建财务公司）
郎晓华（山西焦煤财务公司）
李朝坤（中船财务公司）
李飞月（郑州宇通财务公司）
李海东（航天科技财务公司）
李虎俊（通用技术财务公司）
李慧玲（国机财务公司）
李荣荣（北京汽车财务公司）
李曙成（深圳华强财务公司）
李艳芳（冀中能源财务公司）
李昱昊（云南冶金财务公司）
李云峰（国核财务公司）
李占国（海尔财务公司）
梁庆云（百联财务公司）
梁玉丰（中电投财务公司）
廖　伟（中国航空财务公司）
令狐建强（振华财务公司）
刘　超（中远财务公司）
刘传东（中国大唐财务公司）
刘　剑（中化财务公司）
刘丽军（徐工财务公司）
刘世超（金川财务公司）
刘　卫（海马财务公司）
刘晓东（航天科工财务公司）
刘　颖（北大方正财务公司）
陆惠章（苏州创元财务公司）
陆志华（中国一拖财务公司）
罗福金（紫金矿业财务公司）
马　华（东风汽车财务公司）
梅雪艳（神华财务公司）
孟宪强（兖矿财务公司）
闵宪金（山东钢铁财务公司）
穆绿燕（海亮财务公司）

于志强（山东黄金财务公司）
余清海（中国平煤神马财务公司）
曾国元（厦门海翼财务公司）
张保龙（中国石化财务公司）
张　帆（中兴通讯财务公司）
张　磊（中油财务公司）
张　伟（京能财务公司）
张　逸（中核财务公司）
张云亭（中信财务公司）
张志强（山东省商业财务公司）
赵　晋（保利财务公司）
周雪松（河北建投财务公司）
朱文波（国联财务公司）
邹定波（中国能源建设葛洲坝财务公司）
邹　正（湖北能源财务公司）
余丕团（广西交通投资财务公司）
虞金华（江苏华西财务公司）
曾　杰（宝钢财务公司）
张蓓蕾（珠海格力财务公司）
张汇臣（河南能源化工财务公司）
张　芊（申能财务公司）
张晓东（太钢财务公司）
张　影（一汽财务公司）
张增荣（吉林森林工业财务公司）
赵洪武（诚通财务公司）
周　竞（中化工程财务公司）
朱书红（中铝财务公司）
朱　毅（中国移动通信财务公司）
邹宏英（中冶财务公司）

《中国企业集团财务公司年鉴》编辑部

姜元亮（中国能建葛洲坝财务公司）
况成元（重庆机电控股财务公司）
李　昂（江苏国信财务公司）
李　东（兖矿财务公司）
李　飞（兵工财务有限责任公司）
李　梅（海尔财务公司）
李　伟（中国大唐财务公司）
李晓灵（TCL 财务公司）
李中良（大同煤矿财务公司）
郦伟民（苏州创元财务公司）
廖绪文（三峡财务有限责任公司）
刘江华（青岛啤酒财务有限责任公司）
刘　力（东方电气财务公司）
刘其贵（中国重汽财务有限公司）
刘晓松（南方电网财务有限公司）
刘　宇（海信财务公司）
卢　扬（中开财务有限公司）
吕　健（安徽省能源财务公司）
吕丽华（包钢财务公司）
马兰英（海亮财务公司）
宓小婷（山东钢铁财务公司）
牛雅娴（中冶财务公司）
潘义平（金川财务公司）
齐建寨（中船重工财务有限责任公司）
乔光莉（中建财务有限公司）
邱　莛（中国航空财务公司）
任玉良（开滦财务公司）
施　暄（中化财务公司）
孙　洁（酒钢财务公司）
孙志远（马钢财务公司）
唐要斌（振华财务公司）
涂　璟（国投财务有限公司）
王凤艳（重庆化医控股财务公司）
王　磊（江苏交通控股财务公司）

蒋旻宏（东风汽车财务有限公司）
黎　萍（浙江省交通投资财务公司）
李　晨（中国化工财务有限公司）
李发光（云南云天化财务公司）
李丽君（华联财务有限责任公司）
李　睿（中远财务有限责任公司）
李文馨（海南农垦财务公司）
李　昕（中国石化财务有限责任公司）
李宗泽（哈尔滨电气财务公司 ）
连　波（广西交通投资财务公司）
刘邓军（贵州茅台财务公司）
刘　力（兵器装备财务公司）
刘莅祥（湖南华菱钢铁财务公司）
刘晓坤（中信财务有限公司）
刘彦华（中交财务有限公司）
刘　志（湖北能源财务有限公司）
陆　毅（上海复星高科技财务公司）
吕均丹（紫金矿业财务公司）
马德永（上海电气财务公司）
梅　艳（武汉钢铁财务公司）
莫晨栋（中国移动通信财务公司）
潘建荣（国机财务有限责任公司）
蒲　青（中电投财务有限公司）
钱　程（北京控股财务公司）
乔永喜（西部矿业财务公司）
任　莅（航天科技财务有限责任公司）
师率杰（神华财务有限公司）
苏　询（吉林森林工业财务公司）
孙彦辉（河北钢铁财务公司）
郃桂忠（山东重工财务公司）
田欣媛（航天科工财务有限责任公司）
汪　恒（中海石油财务有限责任公司）
王　欢（珠海格力财务公司）
王立伟（深圳有色金属财务有限公司）

王龄莹（中航工业财务公司）
王　锐（国电财务有限公司）
王涛峰（中国一拖财务公司）
王一夫（保利财务有限公司）
王英姬（中国北车财务公司）
王　月（国核财务有限公司）
魏红杰（中兴通讯财务公司）
吴小姣（阳泉煤业财务公司）
吴　咏（国联财务有限责任公司）
武传德（中国电力财务有限公司）
武向辉（中国平煤神马财务公司）
夏震乾（日立（中国）财务有限公司）
谢　放（宝钢财务公司）
熊　莉（江西铜业财务公司）
胥　娜（山东省商业财务公司）
徐岚平（北京首都旅游财务公司）
许亚东（首都机场财务公司）
杨继伟（亨通财务有限公司）
杨铭钊（天津渤海财务公司）
杨文思（北大方正财务公司）
杨　翊（广东粤电财务有限公司）
姚连江（中国华能财务有限责任公司）
于晓风（河北建投财务公司）
曾文忠（沙钢财务有限公司）
张丁元（郑州宇通财务公司）
张　祺（湖南高速财务有限公司）
张晓朦（大唐电信财务公司）
赵　斌（西电财务公司）
赵红红（晋煤财务公司）
郑　寅（深圳华强财务公司）
周伟华（申能财务公司）
周　邢（淮南矿业财务公司）
王南南（中国电子财务有限责任公司）
王胜德（南车财务有限公司）
王　潇（一汽财务有限公司）
王　毅（中铝财务有限责任公司）
王　莹（天津港财务有限公司）
王　志（铜陵有色金属财务公司）
文　聃（国药财务公司）
吴　瑛（福建省能源财务公司）
吴勇贵（中集财务公司）
武思淼（海马财务有限公司）
夏　毅（攀钢财务公司）
向苏君（新希望财务有限公司）
谢祥德（浙江省能源财务公司）
熊雯雯（港中旅财务有限公司）
徐艾华（中粮财务有限责任公司）
徐　韬（中广核财务有限责任公司）
闫铁红（东方财务公司）
杨家况（诚通财务有限责任公司）
杨宁雁（宁波港财务公司 ）
杨　艳（中外运长航财务有限公司）
杨　愚（云南冶金财务公司）
叶美芳（红豆财务公司）
臧　威（北京金隅财务有限公司）
张　辰（中海财务公司）
张　乐（中核财务有限责任公司）
张　锐（上海华谊财务公司）
张　韫（潞安财务公司）
赵成涛（锦江国际财务公司）
郑晓辉（河南能源化工财务公司）
周　茜（万向财务有限公司）
周伟忠（江苏华西财务公司）

编辑说明

一、本卷主要收录2013年度监管机关领导讲话、行业监管和自律工作情况、各财务公司的经营管理状况、重要法律法规、行业和机构的业务经营统计数据以及行业协会专题报告与媒体文章等内容。

二、本卷“特载”及“监管与自律”部分的内容由中国银监会非银部和中国财务公司协会提供；“机构概览”、“统计资料”及“附录”部分的内容由各财务公司提供；“文件与规章”、“专题与调研”、“大事记”部分的内容由中国财务公司协会收集整理。

三、本卷各财务公司按照其获得监管部门开业批准文号的顺序进行排列；“文件与规章”部分是按照各发文机关公布的日期进行排列。

四、本卷“机构概览”部分收录中国境内的依《企业集团财务公司管理办法》设立的正常经营的企业集团财务公司，本年中国南动集团财务有限责任公司、四川长虹集团财务有限公司、创维集团财务有限公司、江苏国泰财务有限公司、陕西延长石油财务有限公司未提供相关资料。

五、本卷各部分的行业整体数据因统计机构和统计口径不同，会出现不一致，请使用时注意甄别；“统计资料”部分由于四舍五入，总计数据与分项、不同表格的数据也可能存在误差；业务统计部分只列示了开展相关业务的公司。统计表格中，“空格”表示该项统计指标数据不详；“—”表示无该项数据。

六、本卷照片部分除“关怀指导”和“共谋发展”两部分之外，其他是以事件发生时间进行排序。

七、本卷“附录”部分的行业受表彰情况收录了财务公司的“集体荣誉”、“部门荣誉”及“个人荣誉”，“个人荣誉”部分未出现具体人名，行业社会责任情况单独列示，部分公司提供的资料未能录用，敬请谅解。

八、本卷在编纂过程中得到中国银监会非银部领导的关心和指导，得到全国各财务公司的大力支持，参加编写的财务公司169家。各位组稿编辑、编写人员为本卷年鉴的出版付出了辛勤的劳动；各财务公司的其他工作人员也给予了大力协助；在此一并表示衷心的感谢！

九、本卷在编纂过程中难免存在错漏之处，敬请广大会员和读者批评指正。

《中国企业集团财务公司年鉴》编辑部
二〇一四年七月

目　　录

特　载

监管与自律

机构概览

文件与规章

专题与调研

统计资料

大事记

附　录

特　　载

领 导 讲 话

中国银行业监督管理委员会党委委员、主席助理杨家才在全国企业集团财务公司2013年年会上的讲话

在全国上下学习贯彻党的十八届三中全会的关键时刻，研究探讨财务公司改革发展问题，很有意义。我对财务公司了解不多，这是第一次参加财务公司会议。总的感觉是，大型企业集团是中国企业的脊梁。财务公司如何找准市场定位，发挥独特作用，服务企业集团，至关重要。下面，我讲三个问题。

一、财务公司的历史贡献

财务公司经过26年的发展，为我国公司金融发展作出重大贡献，突出体现在五个方面。

一是催生了大型企业的财团意识。做企业的最高境界应该是构建财团。我国企业过去只讲生产，产供销是分离的，后来产供销一体化，但这还不足以打造企业王国，恐怕还差金融。大型企业集团上升到高端就是财团，洛克菲勒、摩根都是著名的财团。金融资本与产业资本融合路径有两条：一条是先实业后金融，先有实业然后投控金融机构；另一条是先金融后实业。先实业后金融的典型代表是洛克菲勒，它由“黑金”到黄金，就是由石油到金融。先金融后实业的典型代表是摩根，先办银行，然后通过银行去控股实业。我国过去也有财团，最典型的就是以日升昌为代表的票号财团，以胡庆余堂为代表的钱庄财团，这两个财团比美国的财团要早得多。日升昌是先做实业，后投资办了日升昌票号，最后以金融为主。胡庆余堂是先金融后实业，先办钱庄，再去办中药堂、棉纱等中国传统产业。由于我国银行业不能投资实业，银行再大也不能成为财团，但是企业投资金融的路是敞开的，可以从企业走向金融构建中国的财团。在这方面，财务公司首当其冲。在我国，企业办金融是由财务公司起步的，财务公司是内部银行，是公司金融。作为加强企业集团资金管理的制度安排，财务公司是企业集团优化资源配置的工具，为企业集团进入金融业、成就财团梦创造了条件。

二是节约了企业集团的融资成本。有人说财务公司用自己的权赚自己的钱，这话不全面。在经济活动过程中，资金是有间歇的，财务公司把间歇资金用起来，让沉睡的资金发挥作用，这本身是资源的有效利用，是新价值的创造。目前，企业集团财务公司存款规模为1.7万亿元，企业把这些待用未用资金存在银行，按现行利率，一年期名义存款利率是3%，而贷款利率是6%，就等于财务公司为集团节约了3个百分点的财务成本。财务公司还通过拆借和发债节约了拆贷差、债贷差，为

企业集团省了这么多钱，当之无愧是企业集团的功臣。这就是金融的功能，就是财务公司的效益。

三是防控企业集团资金风险。企业越大，风险就越大，防范风险就等于提高效益。财务公司把资金归集起来，通过对成员单位财务信息进行监控，防控企业资金风险。通过内部结算和对外支付，了解成员单位财务变化，判断风险情况，防止违规违法行为。同时，利用金融专业优势，对企业集团投融资活动提供决策支持，防止决策失误。

四是促进企业集团的产品销售。运用金融功能，包括消费信贷、买方信贷、融资租赁等工具，把企业产品推销出去，把买不起但能用得起产品的人纳入客户对象。这个功能工商企业没有，金融企业有，财务公司有。一般来讲，市场营销有三个阶段：第一个阶段是价格竞争，看谁价格低，谁更便宜，谁便宜买谁的。第二个阶段是质量竞争，看谁的商品好，价格相当的商品买质量好的。第三个阶段是品牌营销，对价格不敏感，只认品牌。其实还有一个更高形态的营销，叫作金融营销，即没有钱也可以买，之后分期偿还，如房贷、车贷、飞机租赁等。企业集团生产的汽车、大型设备等商品，可以利用金融营销手段促销。

五是丰富了金融机构体系。财务公司是金融体系中一类重要的机构，已开业174家，成员还在不断增加。金融可以分为四类：第一类是公众金融，面向不特定社会公众提供金融服务，如商业银行。第二类是公益金融，如保险、养老金等，主要是稳定功能，是社会保障体系的重要组成部分。第三类是公主金融，做贵族金融的，有人钱多不会用，帮他管起来，保值增值，信托属于这一类。第四类是公司金融，财务公司属于公司金融。这样金融就有了细分，根据功能定位，各司其职，金融大家族就可以平衡友好地发展了。

二、财务公司的独特优势

一是出身实业。财务公司是从实业中成长起来的，与银行等其他金融机构不同，财务公司背靠企业集团，股东是成员单位，根基比较坚实，这种安排为企业集团财务公司业务竞争提供很多便利。首先，有资金动员的便利，利用集团管理来归集资金。其次，有信息获取的便利，在同一个集团中，谁要干什么都很清楚，占有信息优势。最后，有项目先知便利，作为项目参与者，近水楼台，节约了业务项目的寻找成本、管理成本、尽职调查成本。

二是自创需求。任何一个市场主体，首要任务是捕捉需求，知道谁需要产品。企业集团的金融需求是内生的。在资金与实业对接过程中，不像银行要到市场上去找项目，财务公司了解企业发展规划和资金需求，既创造需求，又解决需求，具有实业和金融的双重属性。对于成员单位而言，它是金融机构，是资金的供应方，也是内部资金的归集者。对于金融机构而言，它又是企业集团，是资金的需求方，也是外部资金的融入者。翻手是金融，覆手是实业，游刃有余，相得益彰。

三是易控风险。风险的来源除了信息不对称之外，还有贷后管理以及道德风险方面的问题。财务公司是企业集团自己的金融机构，与成员单位不存在利益冲突，破产逃债、虚假交易的苦果也不会让财务公司承担。从这个角度讲，风险比较好控制，管控成本相比其他金融机构来看，要小得多。

四是单边业务。主要是筹集资金的业务，是主动负债业务。财务公司资产业务风险小，精力集中在做负债业务上，包括拆借资金、发行债券、怎样和银行联合等，对贷款投放之后的一系列管理，从找项目到价格谈判、资金清收、信贷跟踪、贷后管理等投入精力不多。不像银行，存也忧贷也忧，既担心存款，又担心贷款项目。财务公司主要做单边业务，流动性风险也好把握。

三、财务公司的发展取向

一是做大资金归集。把资金归集做大，提升资金集中度。目前，财务公司行业平均资金集中度为29%，总体上还不高，大约还有3.1万亿元没有归集进来。如果再归集2万亿元进来，财务公司的整体实力就会大大增强。在这方面，还有很多文章可以做。从发展角度看，财务公司安身立命的东西就是内部资金归集。昨天大家提到房地产预售款、上市公司资金归集受限等，这些问题都可以研究，可以召集相关部门和专家学者研讨，共同寻求解决办法。财务公司协会要在诉求反映、政策协调、经验交流、自律维权等方面发挥更大作用。下一步，从监管的角度，要把资金归集率作为重要发展指标。银监会将修改《企业集团财务公司管理办法》，核心是建立阶梯递进式监管激励机制，指标上一个台阶，就打开一扇门，能够做更多的业务，这其中很重要的指标就是资金归集率。如资金归集率达到30%能做什么业务，达到40%、50%又能做什么业务。资金归集率不高的财务公司，只能做传统业务，什么产业链融资、发债、拆借等业务就不要做了。

二是做活市场融资。银行是背着钱找项目，财务公司是背着项目找钱，是有了项目再去找资金，因需而融，可以灵活运用多种融资工具，包括拆借、发债、票据、大额存单、商业票据融资等。要逐步推进商业票据业务，由成员单位开立商业票据，财务公司承兑，然后让银行贴现。这样，企业信用培育起来，融资渠道也就更完善、更活。

三是做实资产交易。贷款转让也好，票据转让也好，资产证券化也好，这些业务原则上都可以做。但是谁能做、谁不能做，要根据财务公司经营状况、管理能力、服务水平来定，有多大本事给多少业务。对于资产证券化、贷款转让、票据、买入返售等业务，一定要在“实”上做文章。如票据业务的核心是真实贸易背景，信贷资产转让的核心在于资产真实。要突出自己的特点，实实在在，不搞什么虚假贸易对接，从真实贸易开始，别搞假票、对倒资金，只有“实”做到了，业务范围才能拓宽。

四是做长服务链条。要把财务公司金融服务链延长，跟着产品链延长。企业产品上下游链条有多长，财务公司就可以跟多长。如企业集团生产电脑，对购买者就可以提供消费信贷。座谈会上许多公司都提出要做产业链，这是可以的，卖方信贷、买方信贷、融资租赁、商业票据都可以做，但前提是公司得有这个能力。做长服务链条，关键就是一个“跟”字，跟产品，跟商户，跟合作对象，跟市场，这样风险控制才有把握。

五是做全中间业务。金融业务分三类：第一类叫做息差业务，就是存贷款。第二类叫做价差业务，就是搞投资，低买高卖。第三类叫做费差业务，中间业务收费。现在服务收费都没有把成本算进去，其实是名义收费。不仅要看收费多少，还要看成本多少，包括管理成本、固定成本、技术成本等，要把各种成本都算进去。财务公司不是要做全牌照，而是要把费差业务做全，通过人力、技术、信息投入获取中间业务收入。这些年，银行转型主要是由信贷业务转向中间业务，瞄准的正是企业集团成员单位。财务公司近水楼台为什么不能做？如果确实做不了，可以打包和银行合作。在利率市场化的背景下，中间业务将成为金融业务主要的收入支撑。财务公司要把中间业务做好，做全。

六是做细风险管理。财务公司风险比银行相对要小，但是做金融都有风险，风险无处不在，风险管理是金融的永恒主题。财务公司最大的风险是产业风险、决策风险。这就需要从源头开始，在企业做决策的时候，财务公司就应该参与到里面去，这样风险就容易控制。此外，财务公司还面临市场风险、流动性风险及信用风险。需要盯住这些风险。风险管控能力将是下一步修改《企业集团财务公司管理办法》、推进分级分类管理的重要内容。

在风险管控中，财务公司有责任，监管者更有责任。监管者的责任体现在三个方面：一是把好准入关，防止病从口入。现在，企业集团办财务公司的呼声非常高，准入门槛比较低。我们要按照放松管制、加强监管的思路，改进准入管理，加强软性约束，强化正向激励。如在公司治理方面可以规定，财务公司董事长由集团董事长兼任可得多少分，由集团总经理兼任得多少分，由总会计师兼任得多少分，没有集团领导兼任得负分。我们的准入政策是开放式的，任何企业只要够条件都可以申请，不歧视任何类型和所有制的企业。二是改进准入服务，做好准入前的辅导。要把财务公司准入前的服务再向前推进三步。第一步是可研。由属地银监局深入公司做可行性研究调查，全面了解企业情况。第二步是论证。调查完毕后和非银部对照准入条件商讨论证。银监局是前台，非银部是中台，中台不能见客户。如果材料出了问题，那是银监局的责任。第三步是会商。是央企跟国资委会商，是地方企业跟地方政府会商，国资委和地方政府作为“监护人”，要知悉，要参与，要有它们的意见，这也是对企业主管部门或地方政府的尊重。三是下放审批权限，提高准入效率。完成准入前的辅导后，再进入准入程序。这样准入审批的效率就高多了，凡是受理准入申请的机构，一般不超过一个月就要审批完结，并且不要申请人催办。

对于准入材料，银监局要开会集体研究把关，文件要经一把手审签，银监局局长是第一责任人。非银部在批复之前，不需要找机构高管答辩，要找银监局答辩，至少要把银监局分管局长、处长找来，主要问四句话：第一，申报的材料是否真实？第二，公司成立之后能否管得住？第三，出了风险由谁承担？第四，有没有监管资源和监管能力？这四条一定要签字确认，出了问题要问责。

怎么才叫管得住和有监管资源？第一，每一个财务公司要明确一个主监管员。第二，每一个季度有一次监管会谈，谈需要注意什么，指出毛病，做保健医生。会谈后要出纪要，挂内网，领导能看到。第三，每一个周期进行一次现场检查，做全面体检。这个周期可以是一年，也可以是三年，但不要再长了。第四，每一年度写一个年度监管报告。关于地方企业的监管报告送给地方政府，关于央企的监管报告送给国资委，还要送给企业集团，当然更要报银监会。有了这样的监管安排，才能保证财务公司良性健康发展，才能有助于企业集团实现财团梦。

中国银行业监督管理委员会非银部主任李建华在全国企业集团财务公司2013年年会上的讲话

同志们：

大家上午好！在党的十八届三中全会胜利闭幕之际，我们共聚改革开放窗口深圳，共谋行业改革发展，共畅行业美好未来。在此，我向此次年会的顺利召开表示热烈的祝贺！向出席年会的各位嘉宾致以诚挚的问候和良好的祝愿！

对于这次年会，会领导高度重视，明天杨家才主席助理将为大家做重要讲话，希望大家认真领会、做好贯彻落实。下面我就财务公司的监管和发展谈几点看法和体会：

一、财务公司发展情况

财务公司是一个因改革而生的行业。20世纪80年代，随着我国经济、金融体制改革的不断深入，为配合国家实施“大公司、大集团”战略，第一家财务公司应运而生。财务公司也是一个因改革而兴的行业。20多年来，财务公司经历了初创时期、探索调整等多个不同阶段。直到2004年，《企业集团财务公司管理办法》的修订，确定了财务公司加强企业集团资金集中管理和提高企业集团资金使用效率的功能定位，财务公司行业呈现出持续健康发展的良好态势。

目前，财务公司服务的企业集团成员单位超过3.5万家，遍布能源电力、航天航空、石油化工、钢铁冶金、机械制造、信息通讯等关系国计民生、国家安全的重要领域。截至2012年末，126家国有控股财务公司所属企业集团资产总计31.8万亿元，占全部国有企业资产的40%以上；累计实现营业总收入22.8万亿元，占全部国有企业营业总收入的50%以上；累计实现利润总额1.3万亿元，占全部国有企业利润总额的55%以上。全国113家央企中有63家组建了财务公司。

财务公司的业务也由简单的“存、贷、结”发展到提供资金集中管理、投资理财、财务顾问等全方位金融服务。2012年，财务公司为成员单位办理结算业务1 996亿笔，结算金额280万亿元，办理结售汇及外汇买卖业务2 200亿美元，在提升企业集团总部控制力、提高资源配置效率、节约资金成本等各方面都发挥了积极的作用。

在服务企业集团发展的同时，财务公司自身也得到快速发展。截至2013年10月底，全国财务公司共174家，表内外资产规模4.14万亿元，是银监会成立之初的8倍；所有者权益3 500亿元，资本实力是2003年的9倍多；平均资本充足率为28%，不良资产率为0.11%，141家财务公司无不良资产。财务公司行业已经逐步成长为中国金融市场上一支不可忽视的力量。

二、财务公司监管情况

财务公司的服务范围和对象严格限定在企业集团内部，风险内生性较强，业务特点和风险防范重点与银行不同，与其他几类非银行金融机构也存在较大差异。近年来，我们根据财务公司特点和发展规律，坚持“一手抓风险防范与化解，一手抓科学发展”，逐步形成了一套较为系统的财务公司监管体系。

（一）以审慎监管为基础

充分运用非现场监管信息系统进行分析监测，对违反审慎监管标准、指标异常变动等问题，及时进行风险提示和窗口指导，做到风险早期预判和监管关口前移。重点围绕财务公司信贷业务、委托业务和投资业务的合规性以及风险控制有效性进行现场检查。有序开展风险评价工作，增强各公司的合规经营意识。稳妥推进风险处置工作，17 家高风险财务公司全部处置完毕，历史遗留风险得到有效化解。

（二）以制度建设为保障

监管制度建设，既是对历史经验的总结和提升，也是监管科学化、规范化的基础。近年来，我们以风险监管为核心，陆续出台了针对财务公司的多项监管制度，涵盖市场准入、监管指标、重点风险、业务创新、分类监管等方面，财务公司监管法规体系基本建立。

（三）以内控机制为支撑

引导财务公司加强内部控制，建立完善的法人治理结构，细化业务管理办法和操作流程。按照“依法、自愿、市场、审慎、效率”的原则，鼓励财务公司引进境内外战略投资者，促进财务公司建立现代企业制度和规范化管理模式。

（四）以改革创新为动力

按照“鼓励与规范并重、培育与防险并举”的原则，支持财务公司开展信贷资产证券化、跨境资金集中运营管理试点等创新业务，支持财务公司发行专项用于支持小微企业发展的金融债。目前，财务公司累计发行债券 300 多亿元，首单财务公司信贷资产证券化业务已顺利开展，30 多家财务公司获准办理集团企业结售汇业务和境内外资金集中管理业务，70 余家财务公司电子商业汇票系统上线运行。

（五）以稳妥准入为前提

准入关把得好，机构的健康运作才能有良好的开始。我们通过内外沟通协调和监管联动，优先支持符合产业政策、实力雄厚、风险管控能力较强的企业集团设立财务公司。加大对中西部地区的扶持力度，相继在内蒙古、山西、甘肃等中西部省市批准设立 18 家财务公司，填补了这些省市的财务公司空白，为中西部经济的发展培植了新的增长点。

（六）以分类监管为抓手

将财务公司风险防范与化解能力与其监管评级以及业务准入、高管准入挂钩，对风险管理能力较强、评级结果较好的公司，积极支持其创新发展；对风险管理能力差、风险水平高、评级结果较差的公司，限制高风险业务，并加强监管力度、增加检查频度。同时，改变过去财务公司开业即获全业务牌照的做法，试行有限牌照制度，将财务公司的业务范围分为基本业务和延伸业务，对于申请延伸业务的公司从制度建设、公司治理、经营业绩、风险管理和人才储备等方面提出了更高要求。

（七）以行业自律为纽带

近年来，中国财务公司协会坚持改革创新，认真履行“自律、维权、协调、服务”的职责，在与监管部门沟通、反映财务公司发展需求、宣传政策法规、制定行业行为规范、提高人员素质、推动理论研究等方面做了大量卓有成效的工作，为行业科学发展发挥了重要作用。

三、存在的问题和挑战

在肯定成绩的同时，我们也要清醒地看

到，行业发展虽然总体向好，但局部仍有不足。随着经济环境的日益复杂，金融改革的不断推进，财务公司将面临更多的问题与考验。

（一）财务公司将面临更加复杂多变的经济金融形势的考验

当前，欧美经济复苏分化严重，新兴市场国家经济增速放缓，国际金融市场波动加剧；国内经济运行总体平稳，但长期积累的结构性矛盾亟待化解，拉动经济增长的消费、投资、出口仍面临多重不利因素；中性偏紧的货币政策将进一步推动企业去杠杆化。外部形势的复杂多变，增加了企业发展的不确定性，造成形势研判和决策难度加大。

（二）财务公司将面临经济结构调整和转型升级的考验

化解产能严重过剩问题是产业结构调整的重点，在消化、转移、整合、淘汰过剩产能的过程中，行业整合、集团走出去会对财务公司提出更高的要求；部分行业可能会出现经营困难、利润下滑等问题，将导致财务公司坏账增加、风险上升，影响财务公司发展。

（三）财务公司将面临金融市场竞争加剧的考验

近年来，商业银行利用自身的网点、产品、技术和规模优势深度介入财务公司的传统市场，冲击财务公司传统经营优势。利率市场化改革将逐步改变资金价格双轨制格局，对财务公司当前的营运模式形成挑战。

（四）财务公司还面临一些自身问题的考验

目前，行业整体资金集中水平呈下降趋势，新设公司资金集中度提升缓慢；业务表外化趋势持续，委托业务合规性有待加强；部分公司过分强化投融资功能，偏离自身功能定位；部分公司管理水平、技术力量不足，从业人员素质有待提升。这些问题如果得不到及时有效的解决，将严重制约行业发展。

四、对财务公司的几点要求

经过二十六年的发展，财务公司站在新的历史起点上。对于存在的问题，财务公司不能忽视，也不能回避，要按照“改革发展、稳中求进”的总基调，结合企业集团发展和管理需求，不断探索特色化发展路径，打造核心竞争力。

（一）加快实现三个转变

一要从依赖制度红利向追求服务创新转变。财务公司要实现长远发展，必须在服务创新上下工夫，通过密切跟踪集团战略变化和转型发展需求，积极改善内部管理、技术手段和产品服务，使成员单位离不开、舍不得，才能在未来的竞争中处于主动。

二要从做全牌照向特色化经营转变。目前，一些财务公司将精力放在申请新业务上，追求全牌照。但据我们统计，只有少数公司开办了全部业务，部分业务品种开办率不足50%。下一步，财务公司要兑现准入承诺，根据企业集团的现状和需求，研究产业发展规律，打造自身优势业务，向做专做精方向发展。

三要从做大规模向提升管理转变。随着企业集团的不断发展和利率市场化改革的不断深化，重规模轻管理的发展模式将不可持续。财务公司要不断完善管理手段、提升自身管理水平，在提高企业集团资金集中管理、推动内部资源高效配置和有效管控风险等方面发挥更重要的作用。

（二）着力处理好三方面关系

一要处理好集团主管与行业监管的关系。财务公司具有产业和金融双重属性。财务公司既要接受集团的领导，为成员单位提供更多金融服务便利；也要按照金融监管部门关于合规运营和风险控制等方面的要求，遵循市场规律，保持相对的独立性。

二要处理好经营绩效与服务功效的关系。财务公司不能仅仅满足于完成每年的利润考核指标，要建立清晰的战略定位和长远的发展规划，做好相关服务的成本效益分析，协助企业集团对其建立科学的考核评价机制。

三要处理好财、银、企之间的关系。财务公司对内要处理好与成员企业的关系，发挥好总部管理职能和金融服务功能。对外要协助企业集团构建稳定的银企关系，成为银企关系的融合剂。

（三）充分发挥好三个功能

一要发挥好资金集中功能。资金集中是财务公司的核心职能，壮大集团“资金池”是财务公司的重要使命。财务公司要有效结合市场化服务和行政手段，用优质的服务、有效的管理不断提升集团资金集中度。

二要发挥好风险管理功能。财务公司首先要管理好自身的经营风险，完善体制机制、改进业务制度，业务开展留有余地，资金安排分清轻重缓急，避免出现支付风险和流动性问题。其次要做好成员企业资金流的监控，加强与集团预算管理的有效衔接，确保企业资金看得见、管得住、用得好。

三要发挥好金融服务功能。财务公司要根植于实体经济，结合企业集团战略布局，为集团主业和重点产业发展优化配置金融资源，与企业集团共同成长。要利用自身金融行业的特点和优势，为企业集团培养既懂产业又懂金融的复合型人才。

监管与自律

监 管 报 告

中国银行业监督管理委员会非银行金融机构监管部企业集团财务公司2013年监管工作回顾

财务公司行业经过26年的发展，为我国公司金融发展作出了重大贡献，在节约企业集团的融资成本、防控企业集团的资金风险、促进企业集团的产品销售等方面发挥了重要作用。2013年，财务公司监管工作全面贯彻落实中央经济工作会议和银监会监管工作会议精神，坚持一手抓风险防范、一手抓科学发展，取得了明显成效。

一、行业基本情况及存在的问题

2013年，财务公司机构数量快速增加，整体实力不断壮大，业务规模稳步增长，资产质量持续上升；机构风险意识和合规意识进一步提高，信用风险、市场风险、流动性风险较低，资本充足率及抵御和补偿风险能力保持较高水平。

截至2013年末，全国正常经营的财务公司共172家，另有4家财务公司已获准开业尚未正式经营。全行业资产总额2.55万亿元，负债总额2.18万亿元，所有者权益3 681.87亿元。实现扣除资产减值损失后利润总额556.62亿元。

截至2013年末，行业平均不良资产率为0.1%，远低于商业银行水平（约1%），拨备充足，完全覆盖所有不良资产。资本充足，行业平均资本充足率为25.94%，远超10%的监管标准。财务公司是银行业金融机构中风险最低、资产质量最好、抗风险能力较强的一类机构。

由于行业背景不同、企业管控模式不一致等因素，财务公司行业发展分化明显，部分财务公司在经营过程中也出现了一些问题：一是行业资金集中度下降。2013年末行业平均全口径资金集中度为33.4%，同比下降2.52个百分点，集团内部资金集中功能有所弱化。二是委托贷款规模快速增长。截至2013年末财务公司委托贷款余额1.39万亿元，超过自营贷款2 694.37亿元，增速超过自营贷款7.57个百分点。三是部分财务公司流动性管理压力增大。财务公司资产增速与吸收存款规模增长不匹配，且主动负债渠道有限，形成流动性管理的压力。四是部分财务公司在集团内作用尚存提升空间。财务公司与集团内部各单位在资金集中管理方面的业务协同和管理融合有待进一步深入，财务公司自身在金融服务能力、信息科技手段、人才队伍和风险内控建设上也亟待加强。

二、主要监管工作

2013年，银监会非银部重点从以下五个方面开展财务公司监管工作。

（一）支持符合条件的企业集团设立财务公司，行业进一步壮大

2013年，银监会积极响应实体经济需求，支持符合国家产业政策和准入条件的大型企业集团设立财务公司，鼓励和引导民营资本进入银行业。2013年新批准设立财务公司26家，另批准24家企业集团筹建财务公司。其中亨通、海亮2家民营背景的财务公司年内开业，使全国民营背景的财务公司达到20家，占财务公司行业的11.36%。财务公司行业规模进一步壮大。

（二）修订和完善相关制度，为行业发展创造良好的政策环境

2013年，银监会对《企业集团财务公司管理办法》进行后评估，综合考虑当前经济形势和财务公司所面临的问题，启动对《企业集团财务公司管理办法》的修订工作，健全财务公司监管体系，建立阶梯递进式的监管激励机制，推进分级分类监管；为促进财务公司持续健康发展，银监会与中国财务公司协会共同研究起草了《企业集团财务公司全面风险管理指引》，以推动财务公司构建全面风险管理体系，提升风险管理水平。

（三）有序开展日常非现场风险监管工作，规范行业发展

2013年，银监会充分运用非现场监管信息系统和数据集市系统，对财务公司出现违反审慎监管标准、数据指标异常变动等问题进行深入分析，必要时对全行业或部分财务公司进行风险提示和窗口指导。通过列席董事会、监管会谈、现场检查和风险评价等方式，深入了解财务公司经营情况和风险状况，提高监管工作的前瞻性，为实施分类监管打下良好基础。

（四）按计划推进现场检查工作，推动财务公司加强合规意识及内控建设

2013年，银监会及各派出机构组织开展了对30家财务公司的现场检查，摸清了财务公司经营情况和风险状况，分别采取限期整改、暂停部分业务等审慎监管措施，推动财务公司加强合规意识及内控建设，提高管理的主动性和合规性，提升风险管理水平。

（五）支持财务公司创新业务，进一步发挥支持实体经济的作用

随着企业体制和金融体制改革进一步深化，财务公司对业务创新的需求日益增加，2013年银监会对以下两方面业务创新给予了政策支持：一是指导财务公司加强对小微企业的支持力度。2013年3月，银监会批复海尔集团财务有限责任公司发行40亿元金融债券，专项用于公司开展海尔社区店、专卖店等小型微型分销企业和助推集团产品大宗销售的买方信贷业务。二是指导财务公司开展跨国公司总部外汇资金集中运营管理试点工作。为促进财务公司资金集中管理水平的提高，进一步优化企业集团的资金集中管控水平，促进实体经济发展，积极支持财务公司从事所属集团公司总部的外汇资金集中运营管理试点业务，2013年共有13家财务公司开展该项试点业务。

协会工作报告

中国财务公司协会第八届理事会
2013年度工作报告

中国财务公司协会会长　张　华

（2013年11月28日）

各位代表：

我受中国财务公司协会（以下简称“协会”）第八届理事会委托，向大会做本届理事会2013年度工作报告，并提出2014年工作重点，请予审议。

一、2013年工作回顾

2013年是全面贯彻党的十八大精神的开局之年。协会在十八大精神的指引下，自觉接受中国银监会的监督指导，按照理事会、常务理事会确定的年度工作目标和任务，通过制定规范、签署公约，加强行业自律；通过积极协调沟通、反映诉求，营造良好政策环境；通过加强培训交流，提升从业人员素质；通过扩大行业宣传，提升行业影响；通过大力开展研究，助推行业长远发展。

（一）健全自律制度和规则，推动行业自律工作走向深入

自律是维护行业健康持续发展的必然要求，也是行业成熟的标志之一。2013年，协会继续参与了对《企业集团财务公司全面风险管理指引》的研究讨论，并根据各地银监局的反馈意见修改完善后报送银监会；以财务公司行业评价体系研究成果为基础，组织电力、煤炭和汽车三个行业的财务公司开展了试评价，并根据试评财务公司提出的意见对评价体系进行了修改完善，形成试评价报告；依托监事单位组织起草《企业集团财务公司行业自律公约》，广泛征求民政部、自律委员会、监事会和广大会员的意见并修改完善后拟将在本次会员大会上共同签署。

（二）加强沟通、反映诉求，政策协调取得初步成效

2013年，协会继续加大沟通和协调力度，在财务公司政策协调方面取得了新突破。在协会的积极沟通和大力推动下，8月，中国人民银行批准7家财务公司作为第一批开展电子商业汇票线上清算业务试点单位；为推动重启财务公司发行金融债，协会组织已发债财务公司组成课题组，对财务公司发债基本情况、经验与作用、政策建议等进行了总结梳理，起草了《财务公司发行金融债券业务报告》；紧密跟踪新政策，在国务院常务会议决定进一步扩大信贷资产证券化试点后，迅速组成课题研究组，形成专题研究报告；为了反映财务公司近年来的普遍需求，组织部分有代表性的财务公司研究起草了《关于财务公司延伸产业链金融服务的报告》；为促进财务公司科学健康发展，

协会组织多家财务公司起草了《央企财务公司经营管理指导意见》，以期引导央企对财务公司进行准确定位的同时，对非央企财务公司起到示范带动作用。以上报告均已上报监管部门。

（三）开展多层次多渠道培训，助推行业健康发展

2013 年，培训工作继续坚持境内外一起抓，各层次一起上的基本思路，培训内容更加丰富，培训师资范围进一步扩大。全年举办了一期涉及会计、结算、信贷和稽核审计等内容的基础业务培训，一期涉及商业银行资产负债及运营管理、财务公司资金计划管理等内容的中层培训班，两期涉及《巴塞尔协议Ⅲ》、《商业银行资本管理办法》内容及影响、财务公司审慎监管体系、风险评价与分类监管、财务公司资金集中管理和行业经营状况分析等内容的“财务公司高管研修班”和“财务公司新资本充足率填报”专项培训，共有 119 家财务公司的 671 人次参加了培训。

在国家对出国出访进行严格控制的情况下，协会对境外培训交流也进行了适当压缩。2013 年，协会共组织了两期比较成熟的培训项目，即“第三期加拿大商业银行风险管理研修班”和“第七期瑞士信贷银行财务公司高管研修班”。另外，组织赴台参加了“两岸金融与产业交流研讨会”，参访了当地部分金融机构和大型企业，并在此基础上组织两岸金融高级研修班，赴台学习研讨利率市场化经验。

在做好培训工作的同时，完成了“财务公司结算业务培训讲义”编写工作，为下一步财务公司基础业务教材的撰写积累了经验。同时，就对外培训合作和师资库建设与知名财经大学、财资管理专业培训机构和监管机关培训部门进行了沟通和协商，探索建立培训师资库和专业资格证书培训项目。

（四）组织行业座谈调研，推进行业交流合作

2013 年，协会探索会员交流的新形式，尝试由副会长单位牵头分别组织了“北京辖区财务公司与地方政府交流座谈会”、“汽车行业财务公司汽车金融业务研讨会”、“电子电器行业财务公司创新金融服务，助推产业发展研讨会”、“钢铁行业财务公司金融服务研讨会”、“军工行业财务公司交流座谈会”等分行业交流活动，取得了良好的效果。

此外，协会组织了理事会调研座谈会，共同研究财务公司应对利率市场化的策略与思路，并起草调研报告报送监管部门；组织监事会到部分财务公司走访调研，了解各家财务公司主要业务经营情况及其在经营过程中遇到的问题，并起草了调研报告；秘书处还成立了调研小组，在常务副会长带领下赴十多家财务公司调研，详细了解各财务公司经营情况和发展中遇到的问题，并撰写了调研报告。

2013 年，协会在行业合作方面进行了探索。就广大中小财务公司反映的联合异地灾备问题，协会进行了问卷调查，深入了解会员需求。在调查基础上，与相关厂商进行了接触和实地调研，正在组织力量制定联合灾备方案。

（五）做好信息宣传，行业影响继续扩大

应广州市政府邀请，协会参加了第二届中国（广州）国际金融交易·博览会，宣传财务公司行业服务实体经济的成果，促进社会公众进一步了解财务公司行业。

2013 年，协会继续积极与《金融时报》等财经媒体合作，推出了以“聚焦风险，深入服务实体经济”、“利率市场化趋势下财务公司的机遇和挑战”和“新设财务公司困惑和对策”等为主题的系列专题，紧密围绕热点、难点问题进行报道，通过舆论引导财务公司关注前瞻性问题，呼吁政府部门关心行业共性难点问题，扩大行业影响力。

2013年，会刊增设了“专题”、“本期关注”、“资讯”三个栏目，在内容、版面和栏目上都有较大改进；网站及时报道行业发展动态和相关政策，为会员提供行业最新信息。此外，协会编辑出版了财务公司改革发展25周年征文获奖作品合集《回顾与前瞻》；组织完成了《中国企业集团财务公司年鉴（2013）》等公开出版物的出版，扩大社会了解财务公司的渠道。

（六）充分调动各方力量，行业研究的广度和深度进一步加强

2013年，协会在继续依靠专业委员会课题组开展行业课题研究的基础上，邀请了专家学者参与到课题研究中，使研究工作再上一个新台阶。年初确定的“从中外财务公司比较看财务公司职能定位与战略”、“财务公司信用创造机制与监管政策调整”、“财务公司行业信息化建设指引”三项研究课题均有不同程度推进。“财务公司信用创造机制与监管政策调整”课题组聘请了中国人民银行研究局和中央财经大学的专家学者参与研究和指导，通过对财务公司存贷款业务的本质分析提出对财务公司存款准备金和信贷规模控制的政策建议，目前课题已圆满完成；“从中外财务公司比较看财务公司职能定位与战略”课题组聘请知名国际咨询机构，对中外财务公司的发展方向、管理运行模式及发展前景等问题给予咨询指导；“财务公司行业信息化建设标准指引”课题组聘请国家标准编制机构专家对课题组进行了培训指导。

为了加大行业研究工作力度、扩大研究工作参与范围，使每个会员单位都有机会参与课题研究以产生优秀的研究成果，协会组织了会员单位自选课题研究工作，研究制定了《2013年财务公司自选课题评审办法》，并根据该办法组织了评审活动，对优秀研究成果进行奖励，对参与单位进行表彰，以调动会员单位参与课题研究的积极性。

（七）加强自身建设，提升服务能力水平

在作风建设方面：按照银监会机关党委要求，协会秘书处深入开展了群众路线教育实践活动。在教育实践活动中，秘书处党支部精心组织学习，普遍开展谈心，广泛征求意见，认真对照检查问题，召开专题民主生活会展开批评和自我批评。通过教育实践活动，使秘书处党员群众进一步树立了正确的价值观，思想水平进一步提高，工作作风进一步转变，党群关系进一步密切，精神面貌焕然一新。

在机制建设方面：秘书处对组织架构进行了调整，增设了合作交流部，调整了部门岗位设置，对中层管理人员采取轮换与竞聘上岗方式优化结构，进一步推进了人力资源管理工作的科学化、民主化、制度化。在绩效考评上对业绩考核流程予以明确，健全绩效评估指标体系和评价机制，完善绩效考评方式，规范内部管理。

在制度建设方面：修订了理事会、监事会换届选举办法，理事会、常务理事会及监事会议事规则；对协会秘书处的有关规章制度进行全面的梳理，补充完善了内部管理制度，初步形成了较为完整的制度体系。

在系统建设方面：按照监管部门关于建设财务公司行业全口径统计信息系统的总体要求，成立了专项小组，拟定了系统建设整体方案，系统建设的前期准备工作已经展开；根据会员服务信息化建设的整体思路，完善了OA管理系统，提出了会员管理系统和教育培训管理系统框架。

二、2014年工作重点方向

党的十八届三中全会指出：要激发社会组织活力。推进社会组织明确权责、依法自治、发挥作用。重点培育和优先发展行业协会商会类等社会组织。2014年，协会将在十

八届三中全会精神的指引下，坚决贯彻监管部门的政策要求，在全体会员单位的参与和支持下，认真履行协会职责，努力做好自律和服务工作。

（一）继续加强协调解决财务公司经营发展中的实际问题

近年来，随着国家宏观政策调整、金融市场发展、企业集团经营战略转变，财务公司在经营发展中遇到了越来越多的政策性问题，例如提出多年的存款准备金问题、同业拆借期限问题、近两年提出的短融中票承销问题、信贷资产转让问题等。2014 年，协会还将继续深入调查研究，及时掌握情况，向政府有关部门反映财务公司的需求和困难，提出针对性强、可操作的政策建议，尽最大努力协调解决财务公司经营发展中的实际问题，促进财务公司规范健康发展。

（二）着力研究引导财务公司经营方式转变和发展模式转型

2014 年，协会将密切关注财务公司外部经营环境的变化和行业经营发展情况，针对利率市场化、金融脱媒化、资金管理服务多元化的趋势和挑战，围绕行业战略性、前瞻性问题开展调查研究，在理论和实践两个层面探索行业改革和发展方向，形成有价值的调研报告，为会员单位提供启发和帮助。积极推动央企财务公司经营管理指导意见等行业发展导向性制度的制定出台，成为监管部门引导财务公司发展方向的有力帮手。深入会员单位调查，及时掌握情况，挖掘发现典型，总结推广在应对市场环境变化中成效明显的先进经验。通过多种渠道引导财务公司经营方式转变和发展模式转型。

（三）进一步提高协会服务会员的能力和水平

探索服务方式的转变提升，继续推进会员服务信息化和平台化。加强信息宣传、教育培训、系统分析、合作交流等主要服务项目的平台建设；推进从业人员培训的专业化、系统化和职业化；探索改进行业研究工作的方式方法，提升研究工作的效率、效果和效用，使参与研究课题的人有动力、阅读研究报告的人受启发、使用研究成果的人有收获；继续探索行业合作的领域、途径和方法，力争使行业合作项目实现突破并取得良好效果。

（四）进一步加强协会自身建设

加强协会党建工作，继续完善协会各项工作制度和工作流程，研究完善专业委员会的职责定位和工作机制，提出区域会员交流活动的新模式，调整明确秘书处的部门和岗位职责，使协会工作人员的学习培训常规化、制度化，提高工作效率和工作质量，增强协会各项工作的主动性、积极性和有效性。

各位代表、同志们：

财务公司作为我国金融体系的重要组成部分，是推动企业集团改革发展和成长壮大的重要力量，为我国经济社会发展作出了重要贡献。十八届三中全会提出全面深化经济体制改革的重要决断必将为财务公司的发展注入新的强大动力，带来广阔发展前景，同时也必然提出亟待回答的新课题，我们面临的任务光荣而艰巨。让我们在中国银监会等监管部门的监督指导下，在企业集团的大力支持下，紧抓机遇，开拓进取，奋力拼搏，扎实工作，为开创财务公司科学发展新局面，为我国大型企业集团实现转型发展作出新的贡献！

中国财务公司协会第八届监事会 2013年度工作报告

中国财务公司协会监事长　刘传东

（2013年11月28日）

各位代表：

我受第八届监事会委托，向大会做本届监事会2013年工作报告。

一、2013年工作情况

围绕着中国财务公司协会章程赋予监事会对行业自律管理和协会自身建设的监督职责，结合协会工作的实际，监事会一年来重点从以下几个方面开展了工作：

（一）加强日常监督，全面关注协会各项工作

2013年度，监事会四次列席了常务理事会、两次列席了理事会，认真听取工作汇报，监督了会员大会决议的执行和协会年度工作计划的实施。通过列席会议，监事会及时掌握了常务理事会和理事会的工作动态，加强了对协会工作的监督。

（二）认真履行职责，监督会费收取和使用情况

监事会组织了对协会2012年度财务会计报告和财务收支情况的审计，检查了协会会费收取、预决算执行和各项财务管理制度的制定和落实情况，促进协会会计核算和财务管理工作继续规范和完善。

（三）走进会员单位，坚持调查研究

监事会先后组织和参加了赴湖北武钢、东风汽车、湖北能源、中国能建葛洲坝和湖北宜化财务公司，以及广东TCL财务公司的调研活动。通过调研走访，了解会员诉求，倾听会员意见，获取了财务公司经营和发展现状的第一手资料。调研结束后，形成了调研报告，为协会相关工作的实施提供了参考。

（四）积极分担自律研究任务

监事会组建了工作小组，草拟了《企业集团财务公司行业自律公约》，从加强财务公司行业自律管理入手，保证财务公司依法合规经营，防范化解金融风险，促进行业健康发展。此外，监事会还选派业务骨干参与了《财务公司全面风险管理指引》课题研究，促进财务公司行业加强风险管理。

（五）进一步完善《中国财务公司协会监事会议事规则》

根据监事会工作发展实际，修订了《中国财务公司协会监事会议事规则》。规则的完善进一步规范了监事会的议事方式和表决程序，明确了监事会会议的作用，保证了监事会各项工作的有章可循、有序开展。

二、协会的财务收支情况

2013 年 2 月，监事会组织了对协会 2012 年度财务收支情况的审计。监事会认为：报告期间，协会的会计核算符合《企业会计准则》、《非营利组织会计制度》和相关会计制度的有关规定，账务处理程序符合相关要求，会计资料保存完整，费用开支管理严格，财务报表公允地反映了审计期间的财务状况和资金运作情况。未发现理事会和秘书处有违反财经纪律的现象和行为。

（一）收入情况

2012 年全年收入 2 141.28 万元。其中：会费收入 1 351.00 万元；提供服务收入 577.47 万元；政府补助收入 175.68 万元；其他收入 12.31 万元；投资收益 24.82 万元。

（二）支出情况

2012 年全年支出 2 052.19 万元，其中：

1. 为会员提供业务活动成本 1 127.03 万元。

2. 办公场所租金 369.82 万元。该项为办公室租赁及物业费用。

3. 秘书处日常管理支出 259.05 万元。主要为日常办公费用支出，包括办公用品采买、邮寄费、差旅费、职工福利费、招待费等费用。

4. 人员支出 296.29 万元。该项用于工作人员工资薪酬。

（三）结余

2012 年净资产变动额为 89.09 万元。

三、2014 年监事会工作思路

2014 年，监事会将根据协会章程，紧紧围绕协会新一年的工作履行监督职责。监事会的工作重点主要有以下四个方面：

第一，列席理事会、常务理事会的工作会议，全面关注协会的各项工作。

第二，加强对会员单位履行协会章程、制度、公约以及执行会员大会、理事会和监事会有关决议的情况进行检查。

第三，检查财务会计核算是否管理到位，检查重大活动费用支出是否合规合理。

第四，研究制定和完善行业自律制度体系，探索适宜、可行、有效的监督检查方式和惩戒手段，提高行业自律工作的权威性和有效性。

第五，加大调研工作力度，将调查研究列为监事会的常规性工作。监事会调研不仅要了解会员的意见和建议，更要主动收集会员单位的创新工作并予以推广，同时收集整理调研过程中发现的问题，及时向理事会和秘书处反馈并监督解决。

以上是第八届监事会 2013 年度工作报告的全部内容，请予审议。

重要会议

中国财务公司协会2013年重要会议

【第八届理事会第四次会议】2013年3月25日，第八届理事会第四次会议在广东省惠州市召开，张华会长主持了会议。会议审议通过了“中国财务公司协会2013年工作计划”、“中国财务公司协会2012年度财务收支报告”、“中国财务公司协会2013年财务预算”。

【第八届监事会第四次会议】2013年3月25日，第八届监事会第四次会议在广东省惠州市召开，刘传东监事长主持了会议。会议审议通过了“中国财务公司协会第八届监事会2013年工作计划”；听取了秘书处关于“中国财务公司协会2013年工作计划”、“中国财务公司协会2012年度财务收支情况及2013年财务预算”的汇报；通报了监事会对中国财务公司协会2012年度会计报表审计的情况。

【第八届常务理事会第五次会议】2013年2月26日，第八届常务理事会第五次会议在北京召开，张华会长主持了会议。会议审议通过了“中国财务公司协会2013年工作计划”、“中国财务公司协会2012年度财务收支报告”、“中国财务公司协会2013年财务预算”、“关于中化工程集团财务有限公司等财务公司加入协会的议案”；讨论了“中国财务公司协会秘书处竞聘上岗实施方案”，同意秘书处实施竞聘上岗，并要求把竞聘上岗制度化、常态化；听取了秘书处近期工作情况的汇报。对张华会长提出的由刘蓉同志负责预算管理委员会、陈宇同志负责人力资源与薪酬委员会的建议，会议同意由上述两位同志牵头组织研究提出方案后再议。会议同时要求秘书处完善常务理事会议事规则，明确职责，建立机制。

【第八届常务理事会第六次会议】2013年6月4日，第八届常务理事会第六次会议在北京召开，张华会长主持了会议，会议审议通过了“中国电子科技财务有限公司等7家财务公司加入协会的议案”；听取了中国财务公司协会秘书处关于近期工作情况的汇报，同意秘书处关于修改《中国财务公司协会理事会、监事会换届选举办法》的原则和总体思路。

王岩玲常务副会长代表中国财务公司协会向非银部领导汇报了协会七届理事会以来所做的主要工作及今后工作的总体思路。

银监会非银部主任李建华和副主任张电中对协会工作给予了充分肯定，希望协会加强对财务公司行业和企业集团经营状况的分析研究，给监管部门提供更有价值的数据与信息资料，在为政府部门提供决策支持方面发挥更大的作用。

【第八届常务理事会第七次会议】2013年8月30日，第八届常务理事会第七次会议在北京召开。张华会长主持了会议。会议审议并通过了《中国财务公司协会理事会、监事会换届选举办法》（讨论稿）和“关于徐工集团财务公司等6家财务公司加入协会的议案”等内容；听取秘书处关于举办企业集团财务公司

2013 年年会方案和关于财务公司行业数据系统建设初步方案的汇报。

【第八届常务理事会第八次会议】 2013 年 11 月 27 日，第八届常务理事会第八次会议在深圳市召开，张华会长主持了会议，会议审议通过了《全国企业集团财务公司 2013 年年会会议议程》、《企业集团财务公司行业自律公约》、“关于修改《中国财务公司协会常务理事会议事规则》的议案”、《中国财务公司协会第八届理事会 2013 年工作报告》、“关于修改《中国财务公司协会理事会、监事会换届选举办法》的议案”，同意将上述议案提交第八届理事会第五次会议审议。

【第八届理事会第五次会议】 2013 年 11 月 27 日，第八届理事会第五次会议在深圳市召开。张华会长主持了会议。会议审议通过了《全国企业集团财务公司 2013 年年会会议程》、“关于修改《中国财务公司协会理事会议事规则》的议案”、“关于修改《中国财务公司协会常务理事会议事规则》的议案”、“关于中开财务有限公司等 10 家财务公司加入协会的议案”、《企业集团财务公司行业自律公约》、“关于对参与 2013 年度行业课题研究和重要报告起草的单位及个人进行表彰奖励的议案”、“关于对 2013 年度获奖自选课题研究人员和优秀组织单位进行表彰的议案”、“关于表彰 2013 年度财务公司行业优秀通讯员的议案”等 8 项议案；审议通过了《中国财务公司协会第八届理事会 2013 年工作报告》和“关于修改《中国财务公司协会理事会、监事会换届选举办法》的议案”，同意将其提交会员大会审议；选举姚文中理事为协会副会长，原副会长易矛同志已退休，不再担任协会副会长职务。

【第八届监事会第五次会议】 2013 年 11 月 27 日，第八届监事会第五次会议在深圳市召开，刘传东监事长主持了会议。会议审议通过了《中国财务公司协会第八届监事会 2013 年工作报告》，同意将该报告提交会员大会审议；审议通过了“关于修改《中国财务公司协会监事会议事规则》的议案”。

【全国企业集团财务公司 2013 年年会】 2013 年 11 月 28—29 日，全国企业集团财务公司 2013 年年会在深圳举行。中国银监会党委委员、主席助理杨家才发表重要讲话，中国银监会非银部主任李建华讲话并接受媒体采访，相关政府部门领导、各地方银监局代表、同业协会代表、企业集团代表、财务公司代表、媒体代表等 300 余人参加了年会。

杨家才主席助理对财务公司在催生了大型企业的财团意识、节约了企业集团的融资成本、防控企业集团资金风险、促进企业集团的产品销售以及丰富了金融机构的体系五方面的历史贡献给予了充分肯定。他对财务公司行业未来发展也提出了明确要求：一是做大资金归集；二是做活市场融资；三是做实资产交易；四是做长服务链条；五是做全中间业务；六是做细风险管理。同时，要求监管机构下一步要把财务公司的资金归集率、风险管控能力作为业务开展的准入门槛，要加强准入前的辅导，支持财务公司的金融服务跟着产品链延长。

中国银监会非银行部主任李建华在会上对财务公司提出了三方面具体要求：一是加快实现服务创新、特色化经营、提升管理三个转变；二是处理好监管与主管、经营绩效与服务功效、与银行以及与集团三方面的关系；三是发挥好资金集中、风险管理、金融服务三个功能。

本次年会还审议通过了中国财务公司协会第八届理事会和第八届监事会 2013 年度工作报告，共同签署了《企业集团财务公司行业自律公约》等；介绍了以北京银监局为代表的监管机构和以国家电网集团与华电集团为代表的企业集团支持财务公司发展的先进经验；交流了财务公司在创新金融服务模式、完善贷款利率定价机制、夯实流动性管理、打通境内外资金池、强化信息化建设等方面的典型业务。

机构概览

东风汽车财务有限公司

【经营概况】 2013 年，东风汽车财务有限公司（以下简称“公司”）紧紧围绕“开创新局面、再创新业绩”年度工作主题，全面贯彻“拓展、巩固、创新、完善”八字方针，各项经营取得较好成绩，迈上新台阶。截至 2013 年 12 月 31 日，公司实现营业收入 10.47 亿元，同比增长 29.26%；实现利润总额 5.48 亿元，同比增长 18.36%；资产规模达 192.43 亿元，同比增长 25.88%；全面完成董事会下达的年度经营指标，各项监管监测指标全部符合标准。公司取得了多项荣誉，公司党支部被东风汽车有限公司党委评为“先进党支部”，公司被东风商用车公司授予“最佳金融服务机构”称号，武汉市政府授予“金融机构支持武汉经济发展贡献奖”，武汉经济技术开发区授予“纳税先进单位”称号。

【公司治理结构变更】 2013 年 3 月 11 日，中国银行业监督管理委员会湖北监管局批复公司股权转让申请，东风汽车集团股份有限公司受让东风汽车有限公司所持 80% 股权，成为公司 100% 独资控股股东，公司变更为法人独资有限公司。5 月 23 日，公司董事会、监事会换届，召开了八届一次董事会议和六届一次监事会议，进一步明确了“汽车金融事业单元、资金集中管理平台、资金营运理财中心”三个定位。6 月 5 日，公司召开管理体制调整大会，完成组织机构及管理体制的调整，设置 11 个部门。

【资金集中】 2013 年，公司资金集中管理以东风直属及控股单位为重点，全面推进了武汉地区 6 家东风直属及控股单位的资金集中管理，使东风直属及控股单位资金集中度显著提升至近 60%，资金集中管理向集团延伸取得新的成果。票据集中管理取得突破，设计并成功实施了对东风特商公司的票据集中管理，取得良好效果。

【汽车消费信贷】 2013 年，公司汽车零售金融业务呈现“乘商并举”发展态势。全年累计促销集团各品牌汽车 79 006 辆，同比增长 88.97%，其中：促销商用车 30 007 辆，同比增长 31.34%；促销乘用车 48 999 辆，同比增长 158.42%。东风商用车公司消贷网络覆盖率达 81%，消贷渗透率为 20.30%；东风乘用车公司风神消贷网络覆盖率达 74.76%，消贷渗透率为 22.02%，有力地支持了东风自主品牌汽车营销。乘用车金融在服务原有东风风神、东风本田品牌基础上，大力拓展东风悦达起亚、东风纳智捷、东风小康品牌，进一步填补品牌空白，基本形成“1 + 4”（以东风风神为主，兼顾发展东风本田、东风悦达起亚、东风裕隆、东风小康四个品牌）品牌服务格局。

【风险管理】 2013 年，公司继续强化全面风险管理措施，建立完善全面风险管理体系，提高风险识别、监测、预警和处置能力，严格控制风险底线，不断提升风险管理能力和资产质量。

一是成立商用车金融风险处置专项小组，化解经销商风险。重点监测预警经销商风险，并为部分逾期严重的经销商提供司法援助，组织指导客户经理落实经销商培育及贯标工作，提升经销商风险管控能力。二是构建乘用车逾期催收体系，基本建立以东风通信电话催收、东信达上门催收、法院司法催收的联合逾期催收体系。在现场催收外包人员配备及管理、外包方考核评价、监督激励方面建立了比较完善和有效的规则，并积极与湖北东裕旧车置换公司协商，初步制订了逾期车辆处置方案，收回车辆的处置环节基本打通，基本做到催收无盲点。三是与武汉经济技术开发区产业经济巡回法庭协调沟通创新完善工作机制，通过有效的创新和实践，不拘泥于司法程序和形式，通过诉前发函、电话、现场调解、司法确认、诉前财产查询、现场立案并送达等形式，加快了司法处置的效率，降低了成本，尤其在协助商用车经销商化解客户逾期风险方面，取得了显著的成效。

【内部控制】2013 年，公司有序开展内控与稽核工作，以“完善管理制度、强化内控建设、有效防范风险”为目标，全年完成各项审计共计 19 项，共发现问题 48 个，提出改善建议 72 项。督促相关部门修订、制定了《汽车零售金融业务客户经理管理办法（暂行）》、《集团成员单位票据集中管理业务管理办法》等 9 项制度，提升了精细化管理。推进优化客户汽车金融档案退还、车辆保险权益转让等业务流程，提升效率节支增效。

【人力资源管理】2013 年，公司注重专业结构和人才质量，招聘业务发展急需人才 69 人，充实各业务条线，有效缓解了人力资源不足的矛盾。公司不断完善人才结构，一方面加强关键岗位、业务骨干人才的培育培养，选拔培养了一批后备干部，形成阶梯式的人才储备；另一方面加强新进人员上岗培训，完善传帮带和导师带徒机制，促进团队发展。

【信息化建设】2013 年，公司不断优化与更新信息管理系统。对汽车金融系统进行四批次需求升级开发和若干次改善发布，优化和升级数百个功能点，提升管理功能和业务效率。商用车金融系统功能进一步完善，乘用车金融系统新增多项业务功能，支持了乘用车多品牌业务的个性化需求和业务量的不断增长。推进升级改造 CMS 系统，进一步完善资金集中管理服务功能。同时，完成与中国人民银行个人征信数据库、存贷款标准化数据上报接口系统的对接，满足人民银行对公司的数据上报要求。

【企业文化建设】2013 年，公司工会组织开展形式多样的文体活动，丰富员工的业余生活。通过丰富多彩的文体娱乐活动，活跃和丰富了员工的精神文化生活，促进了员工之间的交流，积极推进“和谐企业”建设，倡导“快乐工作、快乐生活”，让每一位员工在工作中体会事业的成功与满足，工作之余享受生活的快乐与美好，既锻炼了身体又陶冶了情操，积极营造和谐氛围。

【党群工作】2013 年，公司党支部深入开展党的群众路线教育实践活动，做到“两促进、两不误”，抓好每一个环节的工作，把开展党的群众路线教育实践活动同公司的经营管理工作结合起来，将党的群众路线教育实践活动作为推进工作的动力和抓手，促进了公司持续稳定快速发展。

在党风廉政建设方面，公司党支部组织签订党风廉政建设责任书，使公司各级管理人员都清楚廉洁从业的责任和义务，并要求其在工作中严格遵守和执行，自觉接受组织和群众的监督，将党风廉政建设责任制落实到实处。在推进“双培工程”方面，公司发展 6 名业务骨干成为中共党员，8 名党员培养成后备干部，并接收了30多名学生党员，并通过竞聘选拔出后备干部10多名，安排到一线业务部门，在实践中进行锻炼，进一步提升干部员工队伍素质。

中国重汽财务有限公司

【经营概况】2013年，中国重汽财务有限公司（以下简称“公司”）按照集团整体部署，坚持“依托中国重汽、服务中国重汽”的功能定位，充分利用金融平台，助推重汽产品营销，为成员单位及产业链上下游客户提供金融服务支持，对集团发展及汽车销售起到了重要作用。

2013年，公司实现营业收入2.77亿元，比上年的2.65亿元增长4.50%；实现利润1.88亿元，比上年的1.73亿元增长8.67%；年末资产规模57.13亿元，与上年持平。信贷资产运营良好，不良贷款、不良资产、呆滞贷款的控制情况良好。金融产品不断创新，资金集中度稳步提高，盈利能力、风险管控能力、业务拓展能力、IT保障能力增强，内部控制建设、分配机制建设、企业文化建设全面推进，全面完成了董事会和集团公司下达的主要经营考核指标。

【信贷业务】2013年，公司为集团成员单位发放贷款累计7.40亿元，部分贷款利率根据成员单位情况进行适当下浮，有效地降低了集团成员单位的融资成本，对成员单位在当地银行融资利率的下降，起到了“鲶鱼效应”。2013年公司进一步提高商业票据贴现金融服务水平，研究确定了更加灵活和贴近市场的定价机制，为集团及成员单位提供优质、优价的票据贴现业务服务，大量节省了集团资金成本；加强了与各成员单位、经销商的沟通配合，电子票据签发21.50亿元，创历史最高水平，有效保障了公司全年目标的实现。

【产品销售信贷业务】2013年，公司汽车金融业务继续保持稳定发展，汽车金融网络进一步优化调整，人员配备进一步完善，改善提升了地区业务部办公、生活环境，分配力度向业务人员、风险控制人员倾斜，极大地调动了业务人员的积极性。公司班子成员深入市场，深入基层，了解市场，分析问题，加强风险控制，科学进行决策，汽车金融服务的质量和效率逐年提高，保证了汽车金融业务的健康稳定发展。2013年公司利用汽车消费信贷等模式助推重汽汽车产品的销售，促销重汽集团车辆同比稳步增长，贷款利息收入已占总收入的40%以上，极大地提升了中国重汽汽车产品的市场竞争力。

【资金和投资业务】2013年，公司大力提升资金收益议价能力，使公司资金运营收益率大幅提升。一是充分与集团公司沟通做好资金预算，积极与各银行询价，利用闲置资金做好短期竞价业务，与商业银行进行7天、14天及隔日定期存款合作；二是积极参与同业拆借市场，提高公司资金使用灵活性，全年短期资金拆入33亿元，资金拆出34亿元，极大地缓解了公司资金头寸需求。

【票据业务】作为公司的主要业务，票据贴现业务从制度制定到业务操作均更加完善。2013年办理票据贴现20.71亿元，出具电子票据21.50亿元。公司为集团财务部及部分成员单位管理的银行票据安全、便捷、托收及时、低成本。全年代管票据入库4 060张，金额12.22亿元，出库4 164张，金额12.82亿元。

公司为集团成员单位提供的票据贴现方便、快捷、安全，成本合理，不高于市场价格。根据当日Shibor 6M的利率制定财务公司当日的贴现指导利率，同时针对票面金额及票据种类不同，区别确定贴现利率。对数额较大的客户分别给予了不同的利率优惠政策，尽量保证随到随贴，24小时划款。随着公司电子商业汇票使用环境的改善，电子商业汇票结算替代纸质票据的进度大幅度加快。

【资金集中】资金集中工作得到了集团各方面重视，上市公司财务部与公司积极落实资金集中工作，并取得了积极成效。中国重汽集团存在香港红筹股和A股两个上市公司，致使集团资金在财务公司的存放存在一定额度的限制，但在集团的大力支持和有关部门的协调下，2013年全年资金集中度平均为75%，较上年同期提高约5个百分点，资金集中度指标在山东银监局管辖财务公司中排名第一，受到了监管部门的好评。

【业务创新】2013年，公司在做好原有汽车金融业务的基础上，根据市场需要和经销单位需求，推出了保兑仓业务，实现出票9.98亿元，极大缓解了经销单位的资金压力，做大了公司资产规模；创新推出的保理贷款业务也实现了落地操作。保兑仓业务与原有汽车金融业务的有机组合，有效解决了经销单位车辆购销环节的资金需求。公司汽车金融产品基本实现了对集团公司重、中、轻、客、特产品的全方位金融服务，进一步提高了集团汽车销售竞争优势。

【风险管理和内部控制】2013年，公司加强了风险管理和内控工作。以银监局现场检查为契机，对公司各项管理制度、业务流程、风险控制流程进行了全面梳理，制定、修订各项制度流程80多项。进一步完善信贷审查委员会工作细则，根据公司领导班子变化及时调整了贷审会人员组成，贷审会工作效率、审议能力得到明显提升。充分发挥稽核审计部、风险管理部等部门的职能作用。汽车金融业务部的管理更加规范。为了加强信贷资产的管理，及时处置业务经营中出现的不良资产，保证金融资产质量，减少经营风险损失，公司资产管理部职能进一步强化，形成了问题贷款分析会机制，加强了对问题贷款的清收、化解、处置效率，有效地避免了金融资产的损失和实际风险的发生。

【人力资源管理】2013年，公司加强了对人力资源的合理配置和有效管理，充实了业务岗位和中层管理岗位，组织了业务人员和干部培训，促进了人员素质和业务能力的提高，保证了不同岗位人才的需要。为进一步提高公司人员素质和文化专业结构，2013年从毕业生中补充了金融、审计等专业的8名大学生，充实到汽车金融等业务岗位。在人员的使用上，充分发挥专业特长，发掘内部人员长处并善加利用，充实到不同的岗位，使员工能够更好地发挥其各自的能力，保证了人力资源的合理使用。公司十分重视年轻员工的培养，注意从德、能、勤、绩、廉五个方面考察和培养干部，大胆使用年轻人员充实到关键岗位，为公司的长远发展储备了人才，也成了集团金融产业的人才储备库。

【信息化建设】2013年，公司及时招聘科技人才补充到信息科技室，强化公司 IT 人才队伍建设，加强了信息科技工作的系统更新升级和新系统上线工作。一是完成消费信贷系统升级 30 多项，提升了系统的服务能力；二是完善了与资金结算系统的自动对接，进一步提高了与软件供应商的对接能力；三是按进度推进资金管理系统的升级工作；四是完成银企直联系统测试工作，为银企直联工作进度提供了良好的系统环境和技术支撑。公司信息技术与管理的逐步加强，使 IT 建设的规划、研发、运行、维护和监控更加全面到位，为公司各项业务蓬勃发展提供强有力的支持和保障。

【企业文化建设】公司在企业文化建设方面十分注意将企业文化与金融文化的有机结合，并取得了一定的成效。公司既是中国重汽的成员企业，又是具有金融属性的金融单位，既有服务集团的业务职能，又有金融行业规范的操作规范要求，因此，公司把为集团提供金融服务作为宗旨，按照金融监管要求规范运作为前提，充分发挥财务公司的金融服务特性，用规范的金融手段为集团提供优质的服务。

公司规范化的管理，积极向上的精神风貌，体现了良好的企业文化。2013 年度开展的优秀员工评比、工会积极分子评选、集团劳动模范的推荐等体现了公司积极向上的精神状态。公司根据员工特点经常组织乒乓球赛、台球赛、羽毛球赛等一系列文化体育活动，活跃了职工文化生活。同时，公司注意组织职工参加社会公益活动，如提倡环保无车日出行活动、办公环境禁烟、慈心一日捐等，培养了职工关心公益、奉献爱心的公德意识，也提升了公司的企业文化内涵。公司的新变化、新拓展、新面貌在集团树立了良好的新形象。

中国华能财务有限责任公司

【经营概况】2013 年，中国华能财务有限责任公司（以下简称“公司”）认真贯彻落实各项工作要求，坚持“立足集团、服务集团”的宗旨，以创建“一流服务、一流管理、一流业绩”为目标，稳健经营，锐意进取，在服务、管理、业绩等方面全面提升，实现了新的发展。

2013 年，实现经济增加值（EVA）5.32 亿元，完成考核指标的 157.79%；实现利润 11 亿元，完成考核指标的 129.44%；平均存贷比 93.45%，完成考核指标的 103.83%；净资产收益率 13.20%；营业收入 12.83 亿元，完成预算的 109.83%；日均存款 207 亿元，完成预算的 111.90%；日均贷款 193 亿元，完成预算的 104.37%；结算量 1.90 万亿元。重点客户满意度在 90% 以上；资金供应情况达到 100%；各项监管指标均符合监管部门要求，资本充足率为 23.67%，流动性比例为 30.38%。

【信贷业务】2013 年，公司加强信贷规模管控，创新融资工具运用，按照早布置、早计划、早落实的工作要求，积极预判政策和市场态势，灵活应对资金波动和货币政策调整的冲击，积极储备、择机安排短期资金，均衡调控和运用贷款规模，提高资金使用效率。全年累计发放循环贷款325亿元，同比增长189%；回收循环贷款322亿元，同比增长178%。公司继续推进银团贷款业务，为成员单位筹集、组织、引导低成本资金。共计25亿元的流动资金银团贷款，对集团成员单位降低综合融资成本，完成年度“保量、控价”目标，起到了积极作用。

【资金和投资业务】2013年，公司积极应对金融市场的波动，盘活存量、调剂余缺、加速周转，发挥资金的最大效率。不断分析外部形势对资金管理的影响，做好预算调控，稳步推进经营工作。不断加强资金流动性管理，保证流动性监管指标全部时点达标，备付率降低到14.93%的水平，资金运作效率高，同时，增加中短期资产和主动负债，提高循环贷款规模，发挥同业拆出、同业定期存放、短期投资相互配合的作用，全年累计同业拆出33笔，228亿元；累计同业拆入91笔，651亿元。不断加强同业合作，保持稳定的外部授信关系，提高外部融资能力，有效利用同业交流、相互拆借等方式，加强资金往来，提升及时主动负债能力。不断调整证券投资业务结构和规模，拓展证券投资参与度，选择风险管控较好的固定收益品种，用好信托、基金等短期品种，提高短期资金效率。

【票据业务】推广和拓展电子银行承兑汇票业务是公司提升服务手段，践行“创一流”目标的重要举措。针对业务特点，制定和完善了业务开展的模式和方案，与建设银行北京市分行签署了《承兑电子商业汇票战略合作协议》，通过增信支持，增强了票据融资能力和票据流转动力。借助资金市场适度宽松和煤炭买方市场的有利时机，积极顺应市场变化，不断创新运用融资工具，撬动外部融资市场，支持集团重点产业、区域公司资金供给，推广和拓展电子票据业务。2013年，累计开立电子银行承兑汇票38亿元，实现代理银行贴现14.85亿元，为成员单位节约财务费用近0.13亿元，到期承兑汇票为成员单位节约利息支出0.62亿元。

【结算业务】公司围绕“一流服务”的要求，建立了以资金结算服务为基础，信贷服务为根本，信息技术保障为支撑的金融服务体系，积极探索和完善结算服务的新标准、新方式、新品种，实施了客户服务首问责任制，实现了付款和收款实名制功能。收款实名制功能的实现，打破了公司来款手工记账模式，极大提高了资金入账效率和准确率，资金归集方式得到创新，结算业务转账自动处理支取、指令接收、计息结息等结算效率得到提高，资金集中管理平台功能得到进一步完善，促进了公司服务水平的提升。

【外汇业务】公司自开展外汇结汇业务以来，不断探索和总结多元化的服务方式，积极拓展业务和增加品种、手段，不仅新增了结售汇业务单位，还增加了欧元币种，在用途方面涉及进口煤炭采购、煤炭运输和技术咨询等内容。全年累计办理代客结售汇业务103笔，1.64亿等值美元，外汇结售汇业务规模不断扩大。公司还深入调研，组织完成了境外资金集中管理和集团境内企业外汇业务调研，与外汇合作银行就如何利用外币资本金进行了研究，提出内保外贷，境外代付、外币掉期等提高资金收益的建议，拓展了外汇业务的渠道。

【业务创新】在集团成员单位应收账款日益增加的背景下，公司积极探索信贷服务品种创新，开展以应收账款为标的的贸易性融资。公司制定了《应收账款保理业务管理细则》，借助有利资金形势，与国有商业银行以联合应收账款保理方式，为集团成员单位筹组完成基准利率下浮的保理融资，保证区域公司资金需求，实现降本增效。

【风险管理和内部控制】2013 年，公司密切关注监管政策的调整和变化，狠抓年度风险管理策略的落实，重点加强流动性日常管理，强化信贷业务、证券投资合规风险和信用风险管理；积极准确预测非现场监管指标在各考核时点达标情况，保证了各项业务合规、持续、稳定开展；持续开展规章制度建设工作，制度内容不断丰富和完善。公司控制合规风险和操作风险管理水平不断提高，全年，公司未发生任何风险损失等事件。

【信息化建设】2013 年，公司一是开发了短信服务管理平台，实现了为成员单位提供资金账户业务处理的短信提醒；短信平台成为公司与客户加强沟通与服务的桥梁，同时也成为公司内部资金管理、企业文化宣传和对员工人文关怀的一个信息手段；惠及客户已达到 136 家，实现了移动互联金融起步。二是根据业务开展的需要，完成了收款实名制、电票系统功能升级、扩展定期通知业务的自动接收处理和自动结息与计提等功能需求，ERP 系统功能进一步完善。三是开发上线了信息系统监测平台，实现了系统故障及时监测和短信报警，提高了故障响应和应急处理能力，增强了信息系统安全性和稳固性。

【企业文化建设】按照集团公司企业文化建设总体要求，公司努力创新活动方式。2013 年开展了以“亲密的伙伴、共同的家园”为核心理念的职工文化体育系列活动，成立了游泳、乒乓球、羽毛球、摄影、音乐鉴赏、瑜伽等兴趣小组，全年各小组按计划累计开展活动 500 多人次。先后组织了摄影常识、音乐鉴赏等讲座；开展了革命传统教育活动；组织参加集团羽毛球和网球比赛，获得领导干部组网球双打第一名；参加了资本公司成立十周年“十年辉煌路，风雨总关情”金融系统知识竞赛和秋季长跑活动，获得了个人五公里第二名、第三名的好成绩。建立“职工访谈日”，落实了职工提案机制，开辟通畅的交流渠道，征求并听取职工对经营管理和保障合法权益等方面的意见和建议。

【基础管理】2013 年，公司坚持“一流管理”的标准，突出以加强公司治理为重点的经营管理工作。根据公司章程和“三重一大”决策管理的要求，修订了公司工作规则和日常“三会”的管理办法，明确了决策权限和流程，强调了科学决策和民主管理。加强人才培养和选拔，修订了公司年度综合考核、中层干部聘任、一般员工聘任和表彰奖励管理办法，规范了任用、考核和表彰奖励的程序。

锦江国际集团财务有限责任公司

【经营概况】2013 年，锦江国际集团财务有限责任公司（以下简称“公司”）以集团三大战略和“6+2”中心建设为工作核心，进一步提高公司治理水平，实现了公司快速发展、奋发图强的新局面。

2013年，公司共实现营业收入1.23亿元，净利润0.46亿元。截至12月底，公司注册资本5亿元，所有者权益6.30亿元，总资产54亿元，总负债48亿元。

【完善法人治理结构】2013年，公司充分发挥董事会专业委员会在完善法人治理结构中的重要作用。按照规定，公司申购货币基金、可转债分别召开了董事会战略与投资委员会、风险控制与审计委员会，使委员会为公司的发展规划、投资管理、风险控制等多方面献计献策，进一步提高了公司科学决策能力和风险防控能力。

【信贷业务】2013年，公司共发放人民币流动资金贷款金额52.68亿元，发放委托贷款金额20.44亿元。公司吸收集团内企业存款余额为32.50亿元，发放信贷13.03亿元，委托贷款14.90亿元，人民币贷款余额为13.01亿元，美元贷款余额为400万美元。信贷资产质量继续保持无后三类贷款水平。

【资金集中】2013年，公司积极开展存款业务营销，充分利用网银加强资金集中管理，进一步提高了资金集中度。第一，酒店发展完成异地收购后，公司积极配合对其资金实施集中管理，提供了利用现金池进行资金集中管理的方案。对其所有21家门店开设的账户实现了网上银行的实时查询，确定能利用财务公司的网上银行系统开通账户信息的查询。第二，拓展延伸现金池实现异地酒店资金的归集。公司完成了异地酒店的账户挂接，提高了异地酒店在财务公司的资金集中度。第三，针对成员单位新设企业的情况，公司及时跟踪管理，做到设立一家、发展一家，充分利用财务公司网银和现金池，为成员企业提供资金信息服务。第四，为餐饮公司提供资金统一管理方案。结合公司现有网上银行及现金池的金融服务工具，通过多次沟通，公司为成员企业设计了门店统一金融服务方案，并争取到极优惠的服务费用，得到了成员企业的认同。

【投资业务】2013年，通过公司投审会、董事会战略与投资委员会二级审批，公司投资货币基金，实际年化收益率约4.12%。上半年，公司筹集资金投资民生银行可转债。下半年，公司积极筹措资金申购平安可转债，共中标73 480手。根据公司投决会要求，公司对中标部分标的进行了抛售。截至12月31日，抛售盈利273万元。年末，持仓量为19 000手。通过投资业务的具体开展，“实战”检验了日常的投资业务准备工作，提升了公司投资能力。业务开展期间，召开了公司投审会、董事会战略与投资委员会等相关投资决策会议，完善了与投资相关的各种流程。

【业务创新】2013年，公司对集团内主要外汇业务企业进行走访，了解其业务状况和潜在的业务需求，在此基础上，通过中国银行、工商银行等银行服务方案的竞标，争取最优的业务报价和手续费，为集团企业降本增效提供支持，充分发挥了财务公司本外币联动的金融服务功能。为集团企业提供优惠的结售汇汇率、外币融资利率及手续费率，丰富了公司的金融服务产品，改变以往以人民币业务服务为主的格局，逐渐向外汇业务服务延伸，为集团国际化战略的实施提升财务公司的服务能力。

【风险管理和内部控制】公司2012年年度报告由普华永道审计，并对公司经营管理出具无保留意见审计书。2013年，公司进一步完善管理制度和新业务操作流程设计，制定或修订了《投诉举报奖励管理办法》、《财务公司资本管理办法（试行）》等8项管理制度。2013年，公司再次取得了财政颁布的“财务会计信用等级A类企业”证书。

【信息化建设】2013年，公司加强对信息系统软硬件建设和维护，有序推进多个 IT 建设项目实施。组织北京中软融鑫公司进行监管统一报送平台的开发，包括银监会 1104、新资本充足率、预警分析、人民银行大集中、外管资本项目、外管新外汇账户等内容，并完成测试验收工作。11 月，公司实现了月报和季报取数、校验自动化，提高了财务统计数据的质量。公司 7 月开始实施信息安全等级保护二级项目建设，8 月完成差异化报告，9 月已基本完成主机加固、DB 数据库加固、WEB 加固、IT 管理制度完善等模块。11 月 25 日，上海市信息安全测评认证中心出具了公司业务系统信息系统安全等级测评报告，报告显示公司信息系统安全等级测评定级结果为二级。其中，测评项符合率为 70.50%，部分符合率为 15.10%，不符合率为 14.40%。公司按照人民银行要求完成机房视频监控，达到没有死角，记录可以保存 100 天。

一汽财务有限公司

【经营概况】2013 年，一汽财务有限公司（以下简称“公司”）资产总额达 422 亿元，较年初增加 171 亿元，增幅为 68%；负债总额达 390 亿元，较年初增加 170 亿元，增幅为 77%。全年实现利润 6.82 亿元，比去年同期略有下降，降幅为 6.67%。截至年末，公司存款规模达 383.50 亿元，较年初增加 168.50 亿元，增幅为 78%；存款业务日均余额 272 亿元，较上年增长 19%。信贷业务方面，贷款余额为 45.78 亿元，较上年有小幅下降。2013 年，资金业务收入较上年增加 5.60 亿元，增幅为 129%。证券投资余额 14.51 亿元，较上年略有提高。

2013 年，公司不断拓展业务领域，持续提升客户满意度，客户存款规模较上年大幅增长；并且抓住市场机会，资金业务收入大为提高。同时公司也存在一些问题：随着公司规模不断扩大，新员工比重增大，人员经验不足；由于人民银行贷款规模的限制，公司对成员单位信贷需求不能完全满足；受投资限额的限制，投资业务规模较难扩大；由于资金来源的单一性，存在资金期限错配问题。

【信贷业务】2013 年，集团信贷业务（自营 + 贴现）投放 71.33 亿元，季均投放 17.83 亿元，月均投放 5.94 亿元，同比增长 45%。年末自营贷款余额 28.78 亿元，同比增长 65.40%，贴现业务余额 9.04 亿元，同比增长 903%。本年集团信贷业务实现收入 1.55 亿元，完成全年预算进度 116%，超预算 0.22 亿元，较上年增长 0.46 亿；其中自营收入占比为 79.22%，贴现收入占比为 20.62%，中间业务收入占比为 0.16%。

2013 年公司积极调整和优化信贷资产结构，捕捉和跟踪成员单位中长期贷款和项目性贷款的融资需求，全年中长期贷款投放新增 4.29 亿元；同时加大了对高风险贷款和不良贷款的压缩、清收和核销力度，在增加收益的同时，调整和优化了信贷资产结构和质量，保证了信贷业务健康长远发展。

【资金和投资业务】2013 年，公司资金运用主要以短期定期存款投资产品为主，并建立了询价机制，通过与各银行每日询价方式，确定投资期限品种。全年短期资金运用收益为 6.25 亿元，组合收益率达到 5.20%。

【票据业务】2013 年，公司已经开通的票据发行业务包括电票签发、承兑等；票据交易业务包括贴现及转贴现业务等；票据延伸业务包括票据托收和票据托管。

【资金集中】2013 年，公司主要采取如下措施提升资金集中度：一是转变模式。公司设计为集团客户提供了更多、更专业的结算服务，满足不同区域、不同地点的客户结算需求；开展厂内结算模式实现了资金的充分利用，有效规避了资金流失；票据中心设计完毕，公司票据业务管理水平登上了新的台阶。二是更新渠道。多种汇划渠道同时上线，满足不同客户的多方汇划要求，网银及电票的推广，使客户足不出户就可办理结算、定期、票据、对账等各项服务；同业直联、网银代发渠道提高了结算效率，实现各成员单位与财务公司双赢。三是创新产品。为方便客户对账完成了电子对账功能设计方案，使得各成员单位实现电子化对账、无纸化办公，免去了途中审批流程。

公司通过为集团及成员单位提供各类结算模式、金融产品、汇划渠道等服务，存款集中度逐年提升，由 2007 年的 30% 上升到 2013 年的 52%。

【业务创新】2013 年，公司一方面在原有基础上进行优化改革，另一方面创新业务模式及金融产品，致力打造“一站式”服务，提高财务公司品牌形象。一是产品创新。在 2013 年不断推出金融产品——循环额度贷款、一户通存款和电子对账，满足了客户需要，提升了客户的资金收益。二是模式创新。为解决异地、区域客户结算需求，推出前后台业务分离模式，并正式上线使用，系统运行平稳。三是渠道创新。集团全资子公司网银安装全部完成，大力推广电票业务，力争实现全资单位全覆盖；同业直联方面，在与工商银行、建设银行、中国银行、交通银行完成付款直联建设的基础上，完成了与工商银行开通收款直联功能，其他银行正在测试中。

【风险管理和内部控制】一是持续优化风险监测与报告体系。以月度风险管理报告会为依托，探索及研究符合公司发展现状的风险管理监测报告体系。深入思考风险管理定位，调整风险管理重点，遵循全面风险管理与重点监控相统一、充分有效与成本控制相统一的原则。不断优化和完善报告的具体内容，对信用风险、操作风险进行重点监测，不断完善流动性风险监测内容。结合内外部风险监测信息，提出风险管理工作建议。针对具体的风险问题及研究领域进行专项研究，对财务公司同业各项指标进行对标分析。

二是深化操作风险及内控管理体系建设。为有效掌握公司的内部控制水平，准确定位内控体系建设改善着力点，开展了存款及柜面业务、授信业务内部控制评估项目。从内部控制健全性、合理性、有效性三个维度，对公司内部控制执行情况进行全面自我评估。评估内容涉及业务控制环境、风险评估和应对、控制活动、信息沟通和监督检查五个方面，其中控制活动覆盖了业务的主要管理环节，形成了全面的内控评估报告。

【人力资源管理】一是人才配置方面，及时进行需求分析和人员盘点，通过外部招聘、内部竞聘、人员调配等多种方式满足各公司不同阶段的用人需求，适时通过工作分析及总结报告进行管理模式固化和优化。

二是人才开发方面，通过开展公司级培训和定向培养储备人员技能，通过新员工培训和上岗认证保证员工上岗胜任，通过图书角、网络学习平台和资格认证考试多种方式促进员工自主化和灵活化学习。

三是人才激励方面，梳理形成各岗位关键指标，初步搭建了母子管控模式下多层次战略绩效管理体系。在组织架构基本搭建的基础上，搭建了针对相关岗位群体的薪酬机制，并逐步完善基于业绩导向的薪酬管理体系。

四是人才管理方面，实施经理人员、见习经理的专业化管理，优化设计经理人员招聘选拔、试用期考核的专项流程，规范开展年终述职工作，提高经理人员管理水平并促进经理人员能力提升。

【信息化建设】能力建设方面，完成了公司新一轮的IT规划，制定了未来IT建设的工作目标、工作思路、工作方针及实施步骤，为未来的IT建设指引了方向。完成了信息技术部制度流程体系升级项目，对已有制度进行重新梳理与评价，拟建设可执行的制度体系31个，制度发布后，对部门内外的工作流程、工作方法、工作标准提出了详实的要求，做到制度流程一体化。

安全管理方面，一是完成了IT应急演练项目，为加强信息系统应急处理能力，制定信息系统应急演练计划并按照计划完成了网络、防火墙、数据库及主要应用系统服务器的备份切换演练，完善了系统切换方法，提高了系统容灾能力。二是完成了信息系统安全自查工作，按照信息安全管理体系标准ISO270001，逐条逐项对公司的信息系统安全情况进行自查对比，并提出了整改建议方案，有针对性地对薄弱环节进行重点监控及修正。

【企业文化建设】2013年，持续开展对公司企业文化的梳理和提炼工作，深化员工对企业形象的认知，提高对自身职业化改善的要求。通过战略研讨会、各公司交流活动等将企业核心价值理念、经营管理理念有效植入；通过员工亲子活动、足球赛、羽毛球赛等载体，实施承载文化理念及员工行为理念的“内质外形”工程，增强员工的凝聚力和向心力，推动了企业文化落地。

西电集团财务有限责任公司

【经营概况】2013年，西电集团财务有限责任公司（以下简称“公司”）紧紧围绕集团主业发展和年度经营目标，深入贯彻“服务、规范、发展；安全、流动、效益”十二字经营方针，始终把“满足企业需求为第一要务”作为行动指南，以更加优质和专业的金融服务，为成员企业提供全方位的金融支持，努力打造西电集团“金融平台”。截至年末，公司资产总额为106.64亿元，首次突破百亿元，达到历史最高水平，比上年同期增长

40.85%，所有者权益比上年同期减少1.37%，营业收入比上年同期减少12.23%，利润总额比上年同期减少28.87%。部分经营指标同比减少主要原因是有效利用金融政策，最大限度让利成员企业，同口径测算上述指标要好于上年。同时，资产质量和结构进一步优化，按照陕西银监局谨慎经营的要求合规经营，风险控制良好，全年未发生不良贷款，不良资产率也控制在最低限度。

【信贷业务】2013年，公司结合集团成员企业生产经营实际，主动加大对成员企业的信贷支持力度，缓解成员企业生产经营对资金的需求。同时，从维护集团整体利益角度出发，在金融政策许可范围内，通过下浮贷款利率的方式进一步降低成员企业融资成本，支持企业生产经营。

【资金和投资业务】2013年，公司加强与各金融机构的业务合作和联系，充分运用多种金融工具，在资本市场、货币市场和债券市场等进一步拓宽融资渠道，合理配置金融产品，资金外部使用效益不断提高。在投资业务方面，坚持把握风险与收益的平衡关系，在风险可控、保证资金头寸正常使用的前提下，稳健开展业务，取得了较好的投资收益。2013年，投资及资金业务收益在利润总额中的占比超过70%。

【票据业务】2013年，公司在做好传统票据签发和贴现等业务的基础上，加快推进“票据池”和电子票据业务。完善“票据池”业务方案，通过免除票据托收、保管、查询等手续费，给予入池票据计息（费），主动上门收票、推广、跟进服务等方式，将成员企业大量的存量票据归集到财务公司“票据池”中，短期内收效明显。截至2013年末，已有21家成员企业与公司签订了“票据池”业务合作协议，仅2013年四季度累计入池票据近600张，金额达50 000万元。同时，20家成员企业在公司开通了电子商业汇票系统，全年累计签发电子商业汇票34 000万元，比上年增长了156%。年内成功办理了首笔电子商业承兑汇票贴现和转贴现业务，电子票据业务的开展，进一步拓宽了票据业务的服务范围，使“票据池”的功能更加完善。

【外汇业务】一方面，继续争取开展外汇业务的各项资质。2013年，公司取得了中国外汇交易中心、全国银行间同业拆借中心《关于批准西电集团财务有限责任公司成为外币拆借会员的通知》，公司的外汇业务资格更加全面。另一方面，加大外汇业务宣传和推广力度，建立和完善集团“外汇池”，主要开展外币集中和即期结售汇业务。截至2013年末，累计归集9 918万美元、2 382万欧元、7 112万港元；累计购汇526万美元、2 941万欧元；累计结汇6 282万美元、3 000万港元。通过外汇业务的开展，进一步完善了集团资金集中管理体系，也为成员企业节约了一定的财务费用。

【资金集中】一是加强账户管理，实现账户和资金信息的有效监控。通过对成员企业账户的清理和规范，到2013年末，已归集账户数占可归集账户数比例达到77%，改变了过去企业多头开户及资金过度分散的状态。西电集团通过公司不仅可以及时、准确了解成员企业资金状况和存量资金分布，而且可以动态监控企业流量资金的运行、方向和特点，便于及时、准确、有效地掌握集团总体资金状况，有利于风险控制和正确决策。二是加强资金集中，提高集团资金运作效率。进一步细化结算服务流程，提高结算效率，确保每一笔交易安全、及时到账，满足企业支付需求，资金结算量和资金集中度逐年递增。2013年完成结算交易7.40万笔，结算金额超过700亿元，比上年增长了14.18%，相对资金集中度达到94%，达到了集团资金集中管理的要求，为集团资金安排调度与合理配置提供决策依据。

【融资租赁】融资租赁是公司一项重要的业务职能，通过融资租赁，一方面解决了企业资金短缺的问题，另一方面可以有效缓解企业还款压力，有利于企业生产经营。通过公司主动宣传推广、积极跟进，融资租赁业务不断向前推进，满足了企业不同的需求。到2013年末，融资租赁余额为2 764万元，较上年末增长了47%。

【风险管理与内部控制】一是根据业务和管理的需要，不断加强和完善制度建设。2013年，进一步梳理完善制度体系，结合业务开展实际，完善制度20项、新增制度7项、废止制度3项。二是加强风险防范。密切关注成员企业经营情况和现金流情况，加强与集团预算管理的有效衔接，定期分析研究，确保企业资金得到有效管控。切实防范企业资金逾期风险，尤其关注资金流动性较差的企业，及时加以引导和支持，确保资产的安全性和流动性。同时做好信贷监督，杜绝信用风险，做到既满足成员企业的贷款需求，又要符合银监局和集团监管的要求。

【人力资源管理】一是加强对员工基础知识和专业技能的培训，实现员工业务能力和综合素质的持续全面提升。在培训形式上，主要采用内部、外部培训相结合，丰富培训内容，数量与质量并重。截至2013年末，共组织内部培训11次，外出培训18次，累计培训人次比上年增长了72%，培训总课时比上年增长了65%，培训费用比上年下降了64%。培训内容包括融资租赁业务知识、新巴塞尔协议Ⅲ、全面预算管理等方面。二是创造各类机会，鼓励员工参与相关课题研究和论文撰写。在西安市金融学会2013年金融征文评选中，公司共组织投稿14篇，占西安市金融学会总投稿比例的16%，其中有6篇征文获奖，占获奖比例的17%；并被西安市金融学会以征文数量和质量的优势继续评为优秀组织奖，连续3年获得该荣誉。

【信息化建设】一是认真做好核心业务系统维护工作，不断提高系统的准确性和稳定性。在机房安全管理、防病毒管理、数据库管理、灾备管理、非法外联管理、漏洞扫描管理、入侵监测管理、核心系统证书管理等工作中，均能严格按照操作手册的规定和制度要求进行操作并定期检查，及时在公司运维事件系统中记录、处理和反馈。2013年未发生任何网络信息安全事故。二是认真细致做好客户答疑，及时解答成员企业关于网银平台使用的各类提问，第一时间处理企业网络系统故障。三是完成了安全监控UPS项目、人民银行ECDS证书升级项目、西电集团保密单机项目、核心信息系统安全密钥证书升级项目等专项安全防护管理工作。四是积极配合西电集团开展好信息化“登高计划”，进一步提高公司信息化管理水平。

【企业文化建设】一是开展多种形式学习十八大精神、学习新党章，不断提升领导班子及党员干部的政治理论素养。二是深入开展党的群众路线教育实践活动，按照“照镜子、正衣冠、洗洗澡、治治病”的总要求，切实转变党员干部工作作风，提升成员企业的服务满意度。领导班子带头学习交流、聚焦“四风”查摆问题、广泛征求各方面意见，深入剖析存在问题根源，扎实做好整改落实工作。三是加强党风廉政建设，强化落实职工群众监督机制。加强领导干部及党员的廉洁自律意识，完善了《领导干部职务消费管理办法》。规范党务公开和厂务公开制度，对“三公”经费使用情况向职工大会报告，自觉接受职工群众监督。四是强化宣传工作，围绕集团发展和公司年度中心任务，利用宣传栏、网络、电子屏等媒体，及时报道公司及其他企业改革发展中好的创新经验和先进典型，使员工学有榜样、赶有目标，激励斗志、鼓舞干劲，弘扬主旋律、传播正能量，为公司的稳健发展鼓劲加油。

中国石化财务有限责任公司

【经营概况】 2013 年，中国石化财务有限责任公司（以下简称“公司”）坚持诚信为本、服务主业、规范高效、开拓创新，为集团公司提供优质高效的内外部结算、存贷款、资金运营等金融服务。公司防范风险，精心操作，有效应对内外部环境变化带来的各种挑战，取得了较好的经营成效。全年实现营业收入 19.51 亿元，在提足准备、增强抗风险实力的前提下，实现利润总额 18.05 亿元，年末资产总额保持在 1 220 亿元。在此基础上，全年通过提供透支、委托贷款、直接购付汇、优惠贴现、理财等服务，累计协助集团公司降本增效、节约财务费用近 25 亿元。

【资金集中】 2013 年，公司继续做好分账户开立和启用工作，配合板块重组改制，完成相应分账户调整及资金池建立工作。持续完善系统功能，强化系统运维管理，进一步提升资金结算信息系统的安全性和稳定性。深化“异常”管理，解决直联银行系统的异常情况和不稳定因素，前移系统风险防控关口，实现由内部管理向外部控制、由异常管理向常规管理的主动转变。按照“录入零差错、收付零损失”的安全质量目标，加大岗位责任制和差错率考核奖惩，确保了资金集中管理和内外部结算的安全高效平稳运行。

2013 年，全年结算量 2 127 万笔共 43.20 万亿元，同比增长 16.70% 和 4.50%，继续保持了内外收付零损失。境内集团成员单位资金集中度超过 90%。

【筹融资业务】 2013 年，面对市场利率频繁大幅波动、流动性持续紧张的考验，公司充分利用同业优势，切实发挥筹融资平台作用，继续扩大合作机构范围，拓宽筹融资渠道，运用各种融资手段，及时、足额满足了集团和企业的融资需求和支付需要。有效应对监管机构要求暂停同业透支业务的重大变化，加强市场跟踪研判和内部协调配合，及时调整资金管理模式，灵活精细操作，资金管理运营能力有了新提高。加强资金计划管理，科学调度头寸，合理安排支付顺序，在确保支付的基础上，提高资金运作收益。全年累计从市场融入资金 1.52 万亿元，日均 178.82 亿元，同比增长 8.25%。

【信贷业务】 2013 年，公司面对企业信贷需求高与筹融资难度大、资金成本高的两难局面，继续以服务集团产业结构调整为导向，不断优化信贷资产结构与投向。加大信贷规模调控力度，完善信贷计划管理，实行差别化信贷政策，优先保障集团资金周转需要，重点支持油田增产增效和炼化技改项目，持续跟进集团转型发展项目的融资工作。公司全年信贷资产日均规模达到 472.18 亿元，办理票据贴现

6 017笔共119.38亿元，开立财务公司承兑汇票52笔共19.40亿元。开展委托贷款业务，全年委托贷款日均规模为588.53亿元。规范完善存款业务管理办法，加大对集团企业表外资金、合资企业资金吸存力度，全年存款日均规模达到278.84亿元。

【外汇业务】2013年，公司积极应对境内企业购汇大幅下降等影响，加强内外协调，努力开拓集团成员单位及系统外代理进口原油款售付汇、资本项下售付汇业务。持续跟进人民币跨境结算和异地收汇政策批复，积极拓宽交易合作机构范围，丰富外汇业务品种，进一步提高外汇业务服务能力。有效克服人民币资金趋紧对及时付汇带来的困难，密切沟通协调，确保结售汇、收付汇及时平稳运行。全年累计结售汇319亿美元，收付汇390亿美元，为成员单位节约购汇成本近3.50亿元。

【投行业务】2013年，公司紧密围绕集团公司、股份公司的直接融资需求及债券市场情况，认真开展财务顾问服务，两次参与集团、股份超短期融资券的发行工作。积极利用资本市场拓宽公司筹融资渠道，灵活运用交易所市场债券回购融资，进一步做实债券回购融资。积极推动公司第三期金融债筹备发行。加强资本市场分析研判，尽力捕捉投资交易机会，灵活开展股票交易、债券逆回购、银行理财及受托投资业务，防范风险，规范运作，稳健操作，全年实现投资综合收益4.64亿元。

【风险管理和内部控制】2013年，公司健全完善信用风险管理制度，深化信贷/客服业务管理系统应用，完善公司信贷客户评价体系建设，实现了信贷风险管理全覆盖；合同管理信息系统顺利上线并平稳运行，合同风险管理水平显著提高。修订完成2013年版《内部控制管理手册》，定期开展内控执行情况自查，提高公司内控管理整体水平。加强公司制度体系建设，顺利实现制度管理信息系统上线。进一步加强安全管理和风险防范，建立健全业务连续性管理体系，完善涵盖业务经营、信息系统及生活后勤等方面的安全应急预案。完善财税管理制度体系，规范预算和费用管理，积极推进财会信息化建设，加强会计后督管理，努力提高财务分析水平，发挥财会管理职能作用。健全完善公司稽核工作体制和人员队伍，在加强日常非现场稽核与分析同时，完成13项现场稽核。

【人力资源管理】2013年，公司继续加强干部工作群众化，开展基层管理岗位公开竞聘，树立正确选人用人导向，强化干部管理监督，不断提高干部工作科学化水平。加大教育培训力度，丰富培训方式内容，继续开展教育培训满意度调查，进一步提高培训工作的针对性和实效性。加强劳动用工管理，优化内部人才资源配置，严格劳动合同考核管理和劳动纪律要求，建立完善科学的人才管理机制。优化全员绩效考核管理系统，健全综合考评和奖惩机制，强化考核兑现和结果运用，加大激励约束力度，进一步激发员工队伍积极性和创造性。

【信息化建设】2013年，公司不断强化信息系统的运维和管理，提升系统日常监控管理水平，积极稳妥地开发利用虚拟化技术，有效提高系统运维工作效率。公司门户及协同办公系统正式上线运行，全面完成外汇提升项目，建设经营决策及报表管理系统，建成使用表外业务核算系统、接口版征信系统，优化全员绩效考评系统，公司信息化应用水平进一步提升。面对信息系统复杂程度和管理难度不断加大的考验，不断强化信息化管理，深入分公司开展信息化应用及硬件设施实地检查整改，对各类潜在风险隐患密切监测、及时处置，公司全年未发生任何运营故障和事故。

【党群工作】2013年，公司深入开展以“为民、务实、清廉”为主题的党的群众路线教育实践活动，牢牢把握“照镜子、正衣冠、洗洗澡、治治病”的总要求，领导带头、自上而下，认真组织教育学习，充分征求意见建议，广泛开展谈心谈话，深入对照查摆问题，高质量召开专题民主生活会，持续推进边查边改、立行立改，各级领导干部的作风建设有了明显转变，党群干群关系有了显著提高。加强和规范基层党建工作，制定实施党建工作考核管理办法，加大党员教育管理力度。严格落实中央八项规定精神及集团公司23条实施细则，加强监督检查，文风、会风和工作作风有了切实转变提高。健全公司“三重一大”决策制度实施办法，扎实推进业务公开和效能监察工作。结合“中国梦”宣传教育以及中国石化成立三十周年、财务公司成立二十五周年，加强宣传思想文化工作，进一步弘扬主旋律、激发正能量。举办了首届“爱企业、比技能、展风采、促和谐”员工风采大赛，广泛开展丰富多彩的文体活动，满足了职工精神文化需求。

【“巩固提升年”活动】2013年，公司为全面巩固提升经营管理水平，开展了“巩固提升年”活动。组织汇编经营管理案例，认真总结提炼、推广应用公司经营管理成果和经验。围绕创建一流目标，成功举办PPT制作演讲比赛，激发了全体员工服务热情和创优意识。深入推进“学镇海、学安喜”活动，持续开展“比学赶帮超”，推行星级服务标兵和岗位能手季度评比活动，激发全员学先进、当先进的热情，对标追标工作逐步常态化。健全完善绩效考核管理制度，严格开展年度绩效考核与奖惩兑现，考核的导向作用逐步显现。扎实开展合理化建议工作，继续开展企业服务满意度调查，外部服务对象和成员企业的服务满意度均超过了98%。2013年，公司两项管理创新成果荣获集团公司第二十二届管理现代化创新成果二等奖，企业管理工作取得了新的成绩。

东方电气集团财务有限公司

【经营概况】2013年，东方电气集团财务有限公司（以下简称“公司”）资产总额204.49亿元，同比增长7%；所有者权益总额23.13亿元，同比增长3.83%；收入5.81亿元，同比增长16.38%；利润总额1.85亿元，同比增长33.69%。面对纷繁复杂的内外经济形势，正确处理好“质量和规模、服务和风险、效益和安全”的关系。发挥金融平台功能，为集团降低财务成本3.40亿元。借力金融手段，帮助集团降低资产负债率2.08%、增加总资产周转率2.87%。收入实现均衡化、多元化发展，在集团金融服务需求下降的背景下，通过拓展外部收入，提高了资金使用效益，内外部收入构成达到29%、71%。践行台塑集团的经验，实现了管理制度化、制度表单化，规范了公司业务操作，大幅降低了操作风险。做大做强产业链金融服务，续做、新做和跟踪了多个项目，有效发挥了帮助企业加快应收账款回收，扩大市场占有率的作用。创新风险管控手段，推出抵押、收费权质押、担保、封闭贷款等方式保证公司资产安全，全年未形成一笔不良资产。

但受制于集团当前形势以及公司的业务资格，公司进一步发展遭遇瓶颈。同时内外部形势变化急剧，风险管理难度不断加大；激励约束机制不够科学，在发挥内生动力、调动员工积极性方面仍待加强。

【信贷业务】2013 年，公司发放人民币贷款47.48 亿元，同比增长3.22%；办理票据贴现17.87 亿元，同比增长33.49%。公司坚持“减费让利”，让企业获得实惠。发挥“内源融资”功效，满足多样化需求：一是利用流动资金贷款、中长期贷款，满足企业生产经营需求。二是助推光伏产业终端，有序开展项目融资贷款。同时站在客户角度思考问题，力所能及地提供服务支持企业发展。2013 年，公司建立了良好的沟通与反馈机制，赢得了企业的肯定与赞誉；通过有效解决企业实际困难，促进经济效益大幅提升，为可持续发展奠定了坚实基础。

【资金集中】2013 年，公司加强财务公司、银行、企业三方协作，调整归集时间，扩大了资金归集面；新增归集企业，调整账户限额，有效提高了资金集中度；配合集团清查银行账户，巩固资金归集成果。资金集中度由年初的77.19%上涨至80.94%，进一步提升了资源配置能力和效果。

【产品销售信贷业务】2013 年，公司买方信贷业务规模稳步提升。通过加大与主机厂的联系沟通，加大买方信贷营销力度。一是新开拓山西方面5 亿元买方信贷项目，既帮助集团企业顺利收回了货款，稳定了成员企业与业主单位的战略合作关系，又与外部客户建立了良好的金融合作关系。二是叙做天津方面5 亿元买方信贷项目，帮助集团企业顺利收回了货款，降低了应收账款规模。三是密切跟踪有意向和潜在的项目，加强沟通，建立良好的合作关系，为以后业务开展打下基础。

【资金和投资业务】资金运作方面，尽可能减少银行头寸备付，精细资金预算，确保资金链条顺畅无误，加大与银行的价格谈判，获取较好资金收益。

投资业务方面，一是密切跟踪市场，在货币市场上择优于交易所和银行间市场开展债券逆回购，适时调整逆回购规模和品种，资金加权收益率始终保持在5%以上，取得了较好的成绩。二是在维持国债、货币基金投资规模前提下，新增短期融资券、企业债、公司债投资，提高了收益率。

【票据业务】2013 年，公司定期对开票和贴现情况总结分析，加大上门宣传力度，不断扩展开票和贴现企业数量；完善制度，优化流程，加强业务和规章制度学习，做到解答规范、统一，提高服务效率；与集团企业通力合作，向关联企业宣传使用票据进行结算的优势；适时调整贴现利率，为贴现客户降低成本；及时增派人手，提供快捷服务。为集团企业节约了大量财务费用，满足了企业生产经营资金需求。

【外汇业务】2013 年，公司坚持为企业让利原则，稳健开展即期结售汇业务；执行不留隔夜头寸的安全风险政策，除掉对冲头寸外，所有结售汇委托均通过银行间即期外汇市场进行平盘处理；积极为客户量身设计贷款方案，外汇贷款全面突破，业务规模上新台阶。

【风险管理和内部控制】2013 年，公司在风险管理方面，大力推进评级授信系统模块上线，做到了实时监测和管控，简化了业务处理流程，提高了授信控制的精度和准度；强化重点企业风险管控，及时补充风险控制措施；加强行业动态分析与研究，增强风险预判。

在内部控制方面，实现了管理制度化，保

证了制度的规范和统一；实现了制度表单化，有效提高工作效率，强化风险管控；提高格式文本覆盖率，大大提高了工作效率；推行轻微违规积分并纳入奖惩机制，提高了制度执行力。

【人力资源管理】2013 年，公司一是整章建制，全面修订并下发了干部、人事、部门职责和岗位职责，强化了规范操作程序。制定了薪酬制度，构建了双通道序列，为收入调整和人才成长搭建了通道。二是严格按照集团公司“控总量，调结构”的要求，有效控制用工总量和结构。三是坚持轮岗和交流，提高了干部和员工的综合工作能力，激发了工作热情和积极性。四是坚持以内部培养为主，外部引进和内部培养相结合的人才培养模式，有针对性地加强人才队伍的建设。五是重视青年人才队伍群体，坚持从搭平台、给机会入手，结合薪酬激励导向作用，引导年轻员工尽快成才。

【信息化建设】一是全力建设同城灾备中心，实现核心业务数据实时备份至同城灾备中心，并通过同城灾备应急演练提升系统灾难恢复能力。二是稳步构建系统监测平台，增强运维管理效率和服务质量。三是研发人民银行“企业征信系统”接口并推动验收上线，提高企业征信报送质量和效率。四是研发评级授信管理系统，加强评级授信内部管控，提高风险防范能力。2013 年，公司有力推进了信息系统的功能全面性、性能稳定性和系统安全性上新台阶，保障了信息系统安全，确保了“零”信息安全事件。

【企业文化建设】2013 年，根据集团公司统一企业文化的要求，结合公司作为金融机构的特点，修订并下发了《员工行为准则》，通过组织集体、部门学习，提高了员工的行为规范和修养；积极开展“我与财司共成长”有奖征文活动，提高了公司的凝聚力和向心力；通过集体座谈、部门座谈、单个走访等方式开展征求与公司发展相关的合理化建议活动，引导员工积极参与到公司发展和建设中；搭建交流平台，倾听员工心声，关注员工思想动态，引导员工树立阳光心态、培养健康心理；发扬“一方有难、八方支援”的团结互助精神，积极支持雅安芦山地震灾后重建。

宝钢集团财务有限责任公司

【经营概况】2013 年，宝钢集团财务有限责任公司（以下简称“公司”）加大服务与创新力度，探索电商金融服务模式，推进供应链融资业务，深化票据服务内涵，依托信息系统和流程再造提升在线风控能力，为金融服务保驾护航。全年实现营业总收入 5. 93 亿元，利润总额 2. 62 亿元，净资产收益率 11. 86%，自营资产规模 126 亿元，委托业务规模 24 亿元，各项监管指标全部符合银监会要求，整体风险水平低，资产质量优良。

【信贷业务】公司提供优惠利率支持成员单位实体经济发展，存贷款利率优于市场平均水平，全年累计发放贷款、票据贴现143亿元，委托贷款31亿元；积极争取人民银行的再贴现资源，激发符合条件的成员单位向上游供应商开票结算，当年累计融入低成本再贴现资金10.50亿元，提高了融资服务能力。

【供应链融资业务】在严控风险的前提下，公司依托主业购销两端价值链的延伸，积极拓展上下游供应链金融，服务钢铁主业。与集团采购部门、财务部门协同推进，为上游供应商提供票据贴现服务，支持宝钢以票据结算方式支付原材料、设备采购款，缓解资金紧张；与贸易公司、宝钢电商平台共同设计开发在线钢材质押融资产品，促进宝钢产品线上销售，2013年累计发放贷款近6 000笔，金额2.90亿元。

【资金和投资业务】模拟市场化基金的管理方式，内部建立3个基金化运作的资产组合，提升流动性管理能力和固定收益投资运作能力。2013年，公司投研团队克服固定收益市场熊市的不利影响，确保投资收益稳定，业绩跑赢市场上同期纯债基金和混合型基金；流动性管理团队通过推行精细化管理，在保障结算业务顺行的前提下，把握市场行情，提高结算资金配置效率。

【票据业务】2013年，公司电子票据业务维持增长态势，电票承兑金额在上海地区全部金融机构中占比达51%，在全国财务公司行业占比为32%，为成员单位打造了一条高效率、低成本、低风险的“电子票据快线”。经人民银行批准作为首批试点单位之一，参与财务公司电票线上清算的试点工作；纸质票据托管服务聚焦专业化、标准化、电子化，开发票据托管系统，优化流程、提升效率、实现信息自动抛账，全年累计托管票据1.38万张，金额235亿元。

【结算和资金集中】作为集团的结算主渠道，发挥“万向节”式电子化结算平台快捷、高效、低成本的优势，全年办理结算流量2.70万亿元，业务量54万笔；资金集中管理平台与多家商业银行银财直联，与成员单位ERP系统对接，实现全国范围内成员单位账户资金的跨行、跨区域归集。2013年末，平台归集资金余额277亿元，提高集团提高资金整体使用效率。

【业务创新】跟随宝钢电子商务发展趋势，探索电商金融服务新模式，推出“宝付通”、“宝融通”等电商金融品牌，为平台上购买宝钢产品的中小微客户量身定制在线支付、融资等基础金融服务，解决传统贸易模式中支付繁琐、资金效率低、融资难和风险高等问题，促进宝钢产品在线销售。

【风险管理和内部控制】面向互联网和产业链的金融服务，对风控体系建设尤其是在线风控管理提出了更高的要求。2013年公司坚持“创新驱动，风控先行”，风险管理从源头介入，参与业务和产品设计，依托流程设计、系统功能实现全流程的在线风控，建立了以对资金与质物的实质性控制为核心的供应链融资风险管控模式，为金融服务和金融创新保驾护航。

【人力资源管理】2013年，公司注重搭建青年员工发展平台，积极为员工规划职业路径；组织全体职工开展合理化建议活动，共采纳118条合理化建议，在提高劳动效率、提升管理、降本增效方面收到良好的效果；工会与团支部联合开展丰富多彩的群众性活动，倡导快乐工作、健康生活，营造协同、高效、服务、创新的团队氛围。

【信息化建设】2013年，公司加大信息化建设力度，专门成立了信息科技部，引入具有丰富IT经验的专业技术人才，严格按照信息安全等级保护国家3级标准进行系统建设，从技术和管理层面全面升级安全防护能力，确保金融服务的安全性、有效性和连续性。

中国一拖集团财务有限责任公司

【经营概况】2013 年，中国一拖集团财务有限责任公司（以下简称“公司”）坚持“依托集团，服务成员，合规经营，稳健发展”的经营宗旨，深入开展“管理提升”和“合规建设提升年”活动，稳步推进各项工作，充分发挥金融服务职能，积极为集团成员单位提供资金支持和结算服务。同时在面临外部环境不利、集团生产销售形势下滑的情况下，采取有效措施积极应对，大力拓展各项业务，努力降低经营成本，不断提高经济效益，取得了良好的经营成绩。

截至 2013 年 12 月 31 日，公司资产总额达到 33.56 亿元；负债总额 27.06 亿元；所有者权益 6.50 亿元；累计实现利润总额 0.70 亿元；资金集中度为 75.51%，同比提高 3.95 个百分点。公司资产质量及财务状况良好，资本充足率 23.19%，流动性比率 68.10%，不良资产率为 0，不良贷款率为 0，各项监管指标均符合监管规定。

【信贷业务】2013 年，公司向一拖集团成员单位累计发放贷款 36.00 亿元，同比增长 37.88%；实现贷款利息收入 0.50 亿元，同比增长 12.83%。截至 2013 年 12 月 31 日，贷款余额 12.97 亿元，同比增长 4.85%，全部为正常类贷款，全年未发生不良贷款。

【产品销售信贷业务】由于受国机集团业务板块整合及关联交易限制，公司无法继续开展工程机械产品融资租赁业务，而受煤炭行业市场下滑影响，矿用车买方信贷业务也下降较多。2013 年，公司积极拓展农机产品融资租赁及买方信贷业务，业务已涉及新疆、东北等地经销商，随着公司农机产品融资租赁及买方信贷业务的不断深入，将促进一拖集团成员单位农机产品的销售。

【资金和投资业务】2013 年，公司在董事会批准的年度投资额度内，继续遵循审慎性原则，在充分满足成员单位资金需求的前提下，利用暂时闲置资金开展投资业务，努力实现资产保值增值，在资本市场形势下滑的情况下仍取得了较好的投资成绩。2013 年，公司累计实现投资收益 1 347.10 万元，公允价值变动损益 29.33 万元。在 2010 年至 2013 年期间，公司实现投资收益 5 606.88 万元（其中，投资收益 5 897.27 万元，公允价值变动损益 -290.39万元），占四年利润总额 25 748.05 万元的 21.78%，成为公司收益构成中不可或缺的组成部分，为一拖集团公司和股东单位创造了良好的投资回报。

【票据业务】电票业务：2013 年，公司直接办理电票和通过农机买方信贷办理电票累计 13.73 亿元，年末余额 6.61 亿元；累计获得保证金存款 10.36 亿元，年末保证金存款余额

3.06亿元；办理商票累计5.22亿元，累计获得质押票据2.08亿元，年末未兑付商票余额3.16亿元，质押票据余额0.55亿元。由于公司电子商业汇票业务开展表现突出，2013年被中国人民银行确定为首批7家电子商业汇票线上清算试点单位之一。加入电子商业汇票线上清算后，公司可直接实现票款两清而不再依赖于银行，提高业务速度和服务质量。

票据贴现业务：2013年，公司为一拖集团成员单位累计办理票据贴现11.65亿元，同比减少6.13%；实现贴现利息收入0.26亿元，同比减少24.92%。虽然票据贴现及贴现利息收入较上年同期有所减少，但是一拖集团成员单位贴现业务集中度已经达到100%。

票据管理业务：2013年，公司继续推进票据集中管理，延伸服务链，建立一拖集团公司的票据管理平台，为一拖集团成员单位票据的安全管理与使用提供保障；公司还通过对托管票据的盘活使用，实现成员单位和公司的双赢。截至2013年12月31日，公司票据管理业务开户42家，累计保管票据金额61.23亿元，同比减少24.37%；办理业务1.63万笔，同比增长20.74%；成员单位委托收款13.08亿元，年末保管票据余额10.44亿元。

【资金集中】2013年，公司为一拖集团成员单位累计办理结算业务808.16亿元，同比减少5.49%；办理结算笔数9.59万笔，同比减少13.68%；吸收一拖集团成员单位存款余额为22.06亿元。截至2013年12月31日，公司资金集中度达到75.51%，同比提高3.95个百分点，提升了一拖集团资金整体管理水平。

【业务创新】2013年前，公司在当地中国人民银行分支机构只能办理纸质票据的再贴现，而公司持有的合格纸质票据有限，融资额度较低。公司于2013年10月28日在中国人民银行洛阳市中心支行成功办理了第一笔电子商业汇票再贴现。截至2013年12月31日，公司在中国人民银行累计办理票据再贴现金额3.57亿元，为公司争取更多低成本资金扩展了融资渠道。

【风险管理和内部控制】2013年，公司以提高经营效率和效果为目标，以风险管理为导向，以制度流程梳理为基础，层层签订“合规责任与承诺书”，明确约定合规责任及处罚措施，严格践行合规从业要求，全面开展内部控制体系建设，积极构建科学、完善的内控体系，不断夯实内部控制的基础管理工作，促进公司各项工作的有效实施和管理提升活动不断深入。同时，公司根据河南银监局关于“建立横向和纵向全覆盖的合规制度体系”的要求，按照“主动合规、制度先行”的原则完善内控制度体系，将内控措施嵌入内控制度和操作流程之中，筑牢“不能违规”、“不敢违规”的制度环境和“规则牢不可破”的执行机制，使各项内控制度及流程全方位覆盖各个管理过程和业务环节，公司风险管理及内部控制取得了良好的效果，不良资产率和不良贷款率为零，发案率为零，全面杜绝重大实质性违规，实现了安全、稳健运行。

【人力资源管理】2013年，公司对客户经理、多通道人员的本职工作完成、履行情况、工作态度及个人能力等方面进行考核排序，根据考核结果确定员工职务晋升、降级及部门调动，通过考核来激励、引导、约束员工，为公司的人力资源管理提供信息与依据。截至2013年12月31日，公司在岗在册员工45人，拥有银行业从业资格证书（通过两门以上考试）的员工达到89%，同比增长9.88%。全年人力资源培训参培人数达530人次，整体员工队伍的年龄结构继续优化，文化素质和专业技术水平不断提升。

2013年，公司有4名党员分别获得一拖集团和公司“优秀共产党员”称号；2名女员工和3名员工分别获得洛阳市“巾帼明星”、一拖集团“先进工作者”、“法律管理第一责任人先进个人”、“法律工作先进个人”、“优秀共青团干部”及“优秀共青团员”称号；公司获得一拖集团“先进党支部”、“法律管理先进单位”和第一拖拉机股份有限公司“人力资源管理单项第一名”称号。

【信息化建设】2013年，公司信息化工作以维护好现有系统、提升系统业务支持度为目标，在保证现有信息系统安全稳定的情况下，对浪潮系统进行系统升级和开发，实现新的买方信贷业务的付息方式，使公司买方信贷和融资租赁业务在同行业中更具竞争力；对电票系统进行改进和修订，增强了查询和打印功能，完善了批量业务处理功能，为使用者提供更方便和快捷的服务；通过金蝶系统升级，解决密钥证书过期不会提示等问题，提高了电子结算数据传递过程中的安全性和不可抵赖性，使信息化系统更好的服务各类业务。同时，公司对现有的信息化制度进行梳理，完善和修订了《信息系统权限管理办法》、《信息系统应急预案操作规程》等制度流程，对现有的核心系统、电票系统、机房供电及金融城域网的备份分别进行了应急演练，提升了防范系统风险和操作风险的管理能力，确保公司各项业务正常开展。

【企业文化建设】公司倡导“忠诚、团队、创新、稳健”的企业文化，十分注重企业文化建设和社会责任培养，积极参加各项集团活动、社会活动及公益活动，并通过日常的宣传教育，增强员工作为一拖人的荣誉感和社会责任感，在公司发展的同时，以实际行动来回报一拖、回报社会。2013年，公司党支部号召全体员工为“4·20雅安地震”进行了捐款；组织全体党员向国机爱心基金捐献1个月党费，让更多需要帮助的贫困家庭感受到关爱和来自社会的温暖。

五矿集团财务有限责任公司

【经营概况】2013年，五矿集团财务有限责任公司（以下简称“公司”）面对不利的经营形势，迎难而上，积极应对，千方百计增加创收途径，尽最大努力保住经营业绩；创新开拓，积极推进新业务、开发新产品、探索新模式，着力寻求发展新突破；深化协同，不断提升服务层次和服务质量，充分发挥平台优势，最大限度地为集团及成员企业降低融资成本和财务费用，实现集团利益最大化；管理提升，全方位增强内部实力，夯实发展基础，为公司的持续发展积聚能量。

截至2013年末，公司资产总额110.86亿元，所有者权益42.62亿元。全年完成营业收入2.97亿元，利润总额2.35亿元；人民币结算规模达3 784亿元，国际结算规模达30.58亿美元；通过开展外汇资金集中运营管理试点业务，累计吸收境外企业存款3.73亿美元；累计发放人民币自营贷款38.28亿元，美元自营贷款1.84亿美元，委托贷款52.54亿元；人工成本利润率达1 468.75%。

【信贷业务】2013年，公司紧紧围绕公司经营目标和集团整体资金计划，合理配置信贷资源；结合经营环境变化，积极调整信贷结构，优化客户结构；提高对经营环境变化的敏锐性，贯彻集团公司“稳健、审慎、灵活”的风险管理方针，完善内部控制，提升服务水平，促进产融结合。截至2013年末，公司人民币自营贷款规模38.88亿元，美元自营贷款规模1.37亿美元，委托贷款规模32.67亿元。

在加强信贷管理方面，公司强化制度建设和内控建设，严密防范各类信贷风险；严格开展贷款合规性审查，做好资产分类工作；加强贷后检查管理，扩大实地贷后检查范围；强化服务意识，提高服务水平，充分发挥金融平台融资功能。

【结算业务】2013年，公司持续增强结算服务力度，在为成员单位提供优质结算服务的同时，响应集团公司“降本增效”号召，深化业务协同和创新，为成员单位提供各类增值服务，最大限度地降低集团财务成本。公司全年人民币结算量3 784亿元，进口结算量24.78亿美元，出口结算量5.80亿美元，代开银行承兑汇票量206亿元。

公司还积极发挥议价优势，争取到中国银行汇入汇款手续费优惠，经常项下跨境T/T汇款手续费和信用证审单费优惠。据不完全统计，公司全年为集团整体节约利息、汇兑、手续费等财务费用约1.70亿元。

【资金和投资业务】资金业务方面，2013年公司通过多种融资手段，确保集团在整体信贷规模没有大幅度增加的基础上，有效地补充了公司流动性。全年累计拆入资金109笔。投资业务方面，截至2013年12月31日，公司投资总规模为9.31亿元，其中，一级市场申购及定向增发股票投资总额为3.93亿元；基金及专户理财投资总额为4.35亿元。

【票据业务】针对集团成员单位亟待变现在手票据的需求，公司积极探索开发票据业务的创新模式，以较低利率为成员单位办理票据贴现，为其盘活存量票据，补充流动性及降低融资成本。完成直贴后，充分发挥金融牌照优势，向人民银行申请更低利率的再贴现，融入流动性，减少资金占压，实现集团整体融资成本降低，并获取部分息差收益，以此开启新的融资渠道和创效渠道。2013年累计为成员单位办理银行承兑汇票贴现56笔，金额2.16亿元；同时分别于8月和10月在人民银行办理了再贴现业务，再贴现金额1.63亿元，覆盖了大部分贴现资金占压。

【外汇业务】获批外汇资金集中运营管理试点业务资质后，公司作为主办企业，通过构架跨境资金管理平台及系统平台，建立外汇账户体系，设计贴合集团经营管理需求的以境内外资金池及跨境调拨通道为主体的外汇现金管理结构和模式，建设试点业务制度及流程体系，争取到约1.91亿美元的国际、国内主账户净调入额度，全面打通各币种境内外资金池双向资金通道，打牢业务基础。同时，主动加强与集团财务总部及成员企业的沟通，编写《试点业务简介》，召开“外汇业务研讨会”，广泛进行业务推广，试点业务规模稳步增长。另外，还积极与试点合作银行协商，理顺合作流程，力争最优惠价格，并将吸收的部分外汇资金在银行办理了定期存款，盘活资金，提高收益。

2013年，累计吸收境外存款约3.73亿美元，外汇资金池沉淀资金、蓄水调剂的功能逐渐显现；累计利用跨境通道调入境外资金约1.98亿美元，约占外债额度总额的100%，实现了高效的跨境资金调拨；紧贴外汇融资需求，将美元存款与贷款合理匹配，利用境外资金发放外汇贷款约1.84亿美元，占跨境调入资金总额的93%，极大地提高了外汇资金使用效率。

【资金集中】经过多年的经营发展，公司对京内企业的资金归集相对成熟，但对京外企业的资金集中有较大的增长空间。因此，公司一直将提高京外企业资金集中度作为重点工作来抓。2013年下半年以来，公司以贷后检查为契机，深入厂矿，实地拜访了河北、安徽、湖南、江苏等地区企业24家，深入了解企业需求，介绍并推广财务公司业务，共同探讨、研究业务合作方式，为后续业务开展打下基础。2013年京外企业在公司新开户2家，公司的业务覆盖范围进一步扩大。

【业务创新】在境内外在岸、离岸汇率价格出现价差情况下，公司积极利用银行推出的新产品，代理成员单位叙做正向汇兑通业务1.52亿美元；协助成员单位开展保理新业务，即以应收账款贴现，融资贷款人民币0.25亿元，使其现金流紧张状况得到缓解。

【风险管理和内部控制】2013年，公司一是针对检查、自评价发现的各种问题，组织制定了详细的整改方案，明确整改内容、方式及时间表，并严格落实，全面开展了制度和流程的梳理完善工作。先后制定及修订制度50余项，修改流程4项，相关整改报告已上报检查部门，弥补了自身不足，堵住了潜在风险漏洞。二是为强化风险控制的“第一道防线”，在所有部门设立了“风险监测岗”和“反洗钱岗”，全公司风险监测岗达到了10个，反洗钱岗13个，建立起了全方位的风险监测体系。三是按人民银行《金融机构洗钱和恐怖融资风险评估及客户分类管理指引》制定了工作计划，并严格执行，制定了反洗钱内控制度及操作流程，建立了反洗钱风险评估指标体系，开展了反洗钱自查工作。四是进一步落实全面风险管理，制定全面风险清单，撰写全面风险管理报告，并提高风险研判能力，组织相关人员开展了信用风险课题研究。

【人力资源管理】2013年，为加强业绩考核管理，公司制定了《业绩管理办法》、《业绩考核指标评价计分细则》以及《员工业绩考核实施细则》，于6月20日经总经理办公会审批通过，并颁布实施。随后与集团信息管理部沟通了“业绩管理系统”搭建相关事宜，确认了需求和系统搭建方案。经过多次全流程系统测试，将需要优化和修改的问题反馈信息管理部，搭建完成了“业绩管理财务公司子系统”，并正式上线。

公司积极组织员工参加由银监会、中国人民银行、中国财务公司协会、集团公司以及金融中心举办的各类培训50余次；组织员工与外部金融机构、同行业以及集团内部成员单位业务交流和调研学习30余次；此外，还组织员工成立课题研究小组，参加由中国财务公司协会举办的“财务公司行业2013年度自选课题评选”活动，报送的《金融深化背景下财务公司的发展模式与趋势研究》荣获二等奖。

【信息化建设】为进一步推进信息系统升级改造，2013年下半年，公司成立信息系统建设调研小组，开展前期研究工作。调研小组成员专程赴中粮、中化、航天科技财务公司，集团内部金融企业以及平安证券、招商银行调研交流，收获了诸多有益启示，最终形成了详细的调研报告和建设方案建议。

【企业文化建设】为建设和谐、向上的企业文化，提升团队凝聚力和向心力，2013年公司组织员工参加了金融中心举办的植树活动、爬山活动等，并积极参与了集团公司举办的运动会、足球比赛、篮球比赛等活动，另外，多次组织公司内部的党团活动等丰富员工生活。

2013年，公司还进一步增强宣传工作力

度，充分利用公司网站和金融中心网站、《五矿金融》月刊、《五矿报》等内部平台，在集团范围内宣传公司的经营管理动态、专业分析及研究成果等。

攀钢集团财务有限公司

【经营概况】2013 年，攀钢集团财务有限公司（以下简称“公司”）实现营业收入21 092万元，利润总额 18 282 万元，超预算目标 19.49%；资产收益率 3.10%，净资产收益率 5.83%，每股收益率 8.66%；公司资产质量良好，截至 2013 年末，资产总额 406 267 万元，负债总额 176 868 万元，所有者权益229 399万元。

2013 年，公司与鞍钢集团财务有限责任公司整合重组进入实质性阶段，自 9 月起停办同业市场融资业务（如同业拆借、国债正回购、票据回购等）及外汇业务，原持有的 3 亿元国债划转到鞍钢集团财务有限责任公司。一方面受重组影响，公司自营贷款规模缩减，整体资产规模下降，另一方面，公司把握市场机会大量开展同业融出资金业务，配合集团开展委托贷款业务，增创利润，资产收益率较上一年度增加 0.14 个百分点。

【信贷业务】2013 年，公司向成员单位累计发放人民币自营贷款 605 500 万元，较上年同期减少 359 300 万元，收回贷款 611 800 万元，较上年同期减少 388 900 万元；发放美元贷款 787 万美元，较上年同期增加 137 万美元；办理贴现 40 766.29 万元，较上年同期减少 18 998.22 万元；发放委托贷款 2 231 655 万元，较上年同期增加 1 221 905 万元；收回委托贷款 1 294 400 万元，较上年同期增加496 050万元。2013 年末，公司各项贷款余额为 2 283 234.36 万元比上年同期增加了936 846.12万元，其中人民币自营贷款余额为330 681 万元，美元贷款余额为 787 万美元，委托贷款本金余额 1 947 755 万元。

【资金和投资业务】2013 年，公司开展同业拆入 838 000 万元，较上年度减少 4 551 600 万元；同业信用拆出 194 000 万元，较上年度增加 134 000 万元；开展银行间债券正回购397 000 万元，较上年度减少 927 650 万元；开展银行间债券逆回购 5 287 600 万元（上年度未开展该业务）。

【票据业务】2013 年，公司开展票据转贴现（卖断）30 000 万元，较上年度增加 1 744 万元；办理电票承兑业务 30 000 万元，较上年度减少 72 700 万元；票据集中管理方面，为集团成员单位存票金额 1 513 559 万元，较上年度减少 183 789 万元，取票金额 1 359 490 万元，较上年度增加 202 648 万元，委托收款金额 372 653 万元，较上年度减少 3 626 万元。

【资金集中】2013 年公司结算量 8 160 亿元，较上年同期减少 848 亿元；银行资金归集量 866 亿元，较上年同期减少 144 亿元。2013

年报告期末，资金集中度（全口径）33.14%，资金集中度（可归集口径）53.19%。

【风险管理和内部控制】公司实现各项经营活动风险控制的全程跟进，并向精细化发展。定期动态测算监控指标、监控各种风险因素、业务运作必先风险分析、筛查业务操作程序漏洞，严密控制关键环节，强化风险预警机制，定期开展应急演练和压力测试。整合金融业务系统，通过技术手段提高防范操作风险的能力，为业务操作复核和稽核工作提供坚实基础，信息系统风险管理功能更加完善。

保持内控制度及时更新，开展新业务之前首先完善内控制度，严格执行内控优先原则，通过多层授权和全业务的风险监控实现事中控制；加强部门自查自纠，强化稽核、风控等部门第三方现场及非现场检查力度。通过防范、控制、监督和纠正这三道防线结合，有效杜绝案件发生。

【人力资源管理】截至2013年末，公司共有在岗员工41人，专业涵盖金融、投资、财务管理、法律和IT等各领域，其中博士1人，硕士4人，学士19人；研究生学历占比30%。公司本着“人才兴企、人才兴业”理念建立符合现代金融业特点的人力资源管理机制，以月度经济活动分析会、季度理论研讨会和根据需要灵活组建矩阵式研发小组等方式开展战略和业务研究。建立培养一支系统掌握现代金融理论、熟悉国家金融政策和热爱财务公司事业的经营管理人才和业务精湛、创新意识强的高素质专业人才队伍。

【信息化建设】公司专注致力于资金集中管理，为集团资金管理改革提供契合、专业的管理平台。2013年N9系统正式上线并平稳运行。

【企业文化建设】2013年，公司继续围绕“合规、合作、创新、服务”的经营管理主旨思想，秉承“开拓创新，合作共进”的服务理念，大力推进合规、创新、服务的公司文化建设，提高客户服务质量，提升服务水平，开展全方位、多角度、多渠道的营销服务。通过科学发展观的学习、各种专业理论的研讨、各种专业技能培训、金融风险文化意识的强化，巩固丰富企业文化建设成果。“合作”、“规范”、“风险”、“创新”、“学习”、“服务”、“人才”等意识积累沉淀，形成财务公司系统的文化，推动公司可持续发展。

【兼并重组】2013年12月23日，《中国银监会关于攀钢集团财务有限公司股权变更及修改章程的批复》（银监复〔2013〕661号）已经同意鞍山钢铁集团公司收购攀钢集团财务有限公司24家小股东股权，及同意鞍山钢铁集团公司将100%股权转让给鞍钢集团公司。根据鞍钢集团财务有限责任公司和攀钢集团财务有限公司重组计划，2014年攀钢集团财务有限公司将改组成为鞍钢集团财务有限责任公司成都分公司。

武汉钢铁集团财务有限责任公司

【经营概况】2013年，武汉钢铁集团财务有限责任公司（以下简称“公司”）以保障集团资金链安全，提高资金使用效率为出发点；以稳定经营性资产规模，优化调整资产结构为工作重点；以开展“管理提升”和“群众路线教育活动”为契机，进一步优化管理流程，整顿工作作风，缩减管理费用，全年实现利润7.30亿元，优于集团考核目标，比上年增长7%，再创历史新高。年末总资产588亿元，贷款损失准备100%；重大设备、火灾、治安事故继续保持为零。

【信贷业务】公司根据武汉钢铁集团公司产业发展转型需要，及时调整信贷资产结构，除对重点客户和集团重点项目提供资金支持外，还增加对相关产业单位资金支持力度，2013年对相关产业授信额度比上年度增长39.28%。针对异地成员单位信贷需求，除对异地成员单位提供低于商业银行贷款利率的资金支持外，还结合当地金融环境和异地成员单位具体情况，增加对异地成员单位授信品种和金融服务品种，尝试为异地成员单位引入信托资金支持。

【票据业务】针对近年武汉钢铁集团内部票据流转量增大的特点，公司加强了票据运用力度。通过争取人民银行金融政策开展再贴现业务，全年累计融入低成本政策资金22亿元；再次扩大了集团内使用商票的成员单位范围，武汉钢铁金融支持签发商票额度增加到137.80亿元；与商业银行开展信用增级、电票转贴、商票保贴等通道业务，协助异地成员单位使用商票做好产业链服务，扩大对异地成员单位代理贴现规模；加强集团内部逾期票据管理，对主要票据来源客户单位进行收票用票指导，提高内部流转票据质量；全年追收逾期票据累计金额约3.50亿元。

【外汇业务】为配合武汉钢铁集团“走出去”战略实施，满足成员单位用汇需求，公司充分挖潜境外资金来源，2013年短期外债指标扩大至7 000美元；通过外债转国内贷款的形式，为成员单位等提供较低成本外汇融资，为异地成员单位发放外汇贷款近3亿美元，提供约3亿美元授信增级服务；协助武汉钢铁集团争取到跨国公司总部外汇资金集中运营试点资格，打通了集团境内外外汇资金融通渠道。

【资金集中】在集团销售不畅的不利背景下，公司用市场化的产品，辅以集团行政管理手段，除保证集团和成员单位全资、控股企业的资金归集外，还针对合资公司的个性化需求，以资产业务带动其存款增长；协助集团对广西防城港、海外投资等大型项目优化资金头寸安排，加快异地销售公司的货款回笼频率，确保了集团内经营性资金规模基本稳定，2013年全年人民币日均存款125亿元。2013年公司再次荣获金融时报社、中国社会科学院金融研究所联合颁发的“金龙奖·年度最佳资金管理财务公司”奖项。

【业务创新】创新表内外融资工具，与银行同业开展人民币同业代付、资产回购、拆借透支等合作，为集团融入外部资金200多亿元；以隔夜、周为单位开展精细、高频资金运作，在全年运行头寸压缩20%的情况下，最大限度地从同业市场获取较高的外部收益。利用信托组合投资，在期限、风险程度等方面进行结构性安排，获取8%的较高收益；将股指期货等风险对冲产品，引入专户投资产品，有效提高专户收益。全年公司从外部市场获取收益1.07亿元。

【风险管理和内部控制】2013年底公司注册资本金从15亿元增至20亿元，资金充足率等风险管理指标得以改善。公司对制度进行了全面修订，针对票据贴现退回、票据双买及外汇信贷资产卖断等业务，新增或修订下发《代理贴现业务流程》、《外汇自营交易管理办法》等85项制度。制定了客户风险等级分类工作计划，按要求完成反洗钱的各项工作。加强了对客户信用风险防控，结合财务状况预警指标、生产效益预警指标及非财务因素预警指标等将不同客户进行内部细分，强化贷后管理，利用保证金、抵质押物进行风险敞口管理，确保了公司资产安全。

【人力资源管理】不断健全公司法人治理结构，监事会定期召开会议，对董事会履职履责情况进行评议打分，2013年公司董事全部评议为称职。公司借鉴银行同业经验，持续改进经济责任制考核办法，将关键指标与资金转移定价考核模式相结合，进一步明晰了各部门和员工的责任目标，优化了公司内外部市场化经营的运营平台和机制。利用公司内部资源，由中层管理人员对员工开展跨部门业务培训，提升了员工队伍的综合业务素质。

【信息化建设】2013年，公司按照集团本外币账户全覆盖、境内外账户全覆盖的要求组织开发了综合查询系统，基本满足集团时时查询成员单位账户余额信息的要求，为集团加强资金管理提供了较好的信息管理平台。为减少瑕疵票据在集团内部流转，帮助成员单位做好票据风险防范，公司在票据管理系统内增加了瑕疵票据登记功能，以帮助成员单位加强对瑕疵票据的甄别。公司会同软件开发公司、办公区物业公司建立信息系统、消防系统、安防系统联动报警装置，提高了设备故障等突发事故快速处置速度，有力地保障了公司安全平稳运转。

【企业文化建设】2013年，公司承接集团要求开展内部管理提升和群众路线教育实践活动，对内部管理短板和领导班子工作作风问题进行持续自查与整改，使内部管理更加贴近公司与员工发展需要，金融服务更加迎合客户需要。公司还利用党团组织和工会组织平台开展“三八趣味运动会”、职场礼仪培训、夏季水上趣味运动等多种形式文体活动，丰富员工业余生活，增进了团队凝聚力。

中远财务有限责任公司

【经营概况】2013 年，中远财务有限责任公司（以下简称“公司”）坚持“依托集团、服务集团”的基本定位，深入贯彻落实中远集团年度工作部署，按照“广开来源，提高效率，适时调整，稳健经营”的经营策略，通过不断强化“抓管理、防风险、拓业务”三驾马车带动，年度改革发展稳定各项工作稳步推进，集团资金的安全性、流动性、服务性和盈利性得到提升，取得了公司成立 20 年来第二好的经营业绩，全年累计实现营业收入 4.60 亿元，实现利润总额 4.10 亿元。各项资产业务稳健开展，风险控制状况良好。

【公司金融】公司积极配合中远集团资本运作，努力降低资本运作成本，为成员单位提供了信贷资金支持。全年人民币自营贷款规模 17.60 亿元，利率远低于市场利率，为中远集团应对危机作出了积极贡献；同时，通过降低美元自营贷款和委托本币、外币贷款服务费用，不但为成员企业提供金融服务，而且降低了成员企业的运营成本，充分体现了“依托集团、服务集团”的经营宗旨，树立了公司形象，为超额完成年度任务目标作出了贡献。

【资金和投资业务】公司努力寻找优质投资项目和投资机会，用好投资额度，拓展品种范围，调整投资组合的品种结构和期限结构，在年初迅速作出资产配置，保障了全年投资收入目标的实现，为 2013 年超额完成任务目标作出了突出贡献。全年实现按市值计算的证券业务收益共计 0.62 亿元。

【外汇业务】公司稳步推进结售汇业务，业务发生额不断扩大。2013 年共为 97 家成员单位代理结汇业务 800 笔，合计 7.09 亿美元；为 15 家成员单位代理购汇业务 118 笔，合计 1.18 亿美元。此项业务共为成员单位节约财务成本约人民币 0.08 亿元。

【资金集中】2013 年，按照中远集团要求和统一安排，继续强化账户管理，提高了资金归集度。在各结算中心配合下，顺利实施延伸柜台业务操作，为公司提供了稳定的资金来源。通过一年的努力，进一步规范募集资金账户使用、严格资本性支出审核流程，资金集中管理工作得到进一步加强。截至 12 月底，六地辖内企业总数为 795 家，其中已集中管理企业 726 家，整体企业集中度为 91.32%；六地辖内企业外部银行账户总数为 2 949 个，其中已集中管理账户 2 769 个，集中度 93.90%。

【风险管理和内部控制】公司加大内外部风险的分析研究工作力度，建立了风险库，制定不同的风险应对措施，逐步完善“矩阵式”风险管理架构，形成并固化“三位一体”风险管理体系，确保风险管控横向到边，纵向到底。

【人力资源管理】2013 年，公司全面推进薪酬制度、绩效管理及岗位价值评估工作，实施绩效管理办法和薪酬优化方案，向价值贡献倾斜的激励约束机制正常运行。积极引入竞争性选人用人机制，对部分业务经理以上岗位人员实行竞聘上岗，有效调动了员工的积极性、创造性。制定全年员工培训计划，举办业务讲座并组织各职能部门骨干授课，安排关键岗位员工外出业务培训，分6批安排公司员工和五地结算中心人员进行学习交流，帮助广大员工逐步提高综合素质。

【信息化建设】2013年，公司在保证信息系统稳定的基础上，继续加大对系统建设的投入。为保证信息化建设的稳定性、安全性，于3月聘请了专业咨询机构，历时近半年对各信息系统进行全面评估，同时编制了2014—2018年信息化建设的规划及实施路线图。先后启动了ODS数据存储项目的前期调研工作，以及外部门户网站建设工作。截至2013年末，已完成ODS数据存储项目的需求收集整理，并编写了可行性研究报告，相关立项申请上报集团总公司进行审批；公司网站建设已完成。

【党建工作】公司党委站在战略发展高度，深入学习、宣传和贯彻党的十八大和十八届三中全会精神，以党委创“四好”，支部建“四强”，党员争“四优”为抓手加强党建思想工作。完善并坚持党委委员讲党课制度，坚持静下心来集中学、联系思想对照学、结合工作深入学，取得较好的学习效果。继续巩固党的基层组织建设年活动成果，在优化党支部设置的基础上，采取多种措施激发党支部工作活力。通过组织党员开展主题教育活动，进一步巩固和加强了党建思想政治工作。

【企业文化建设】2013年，利用纪念公司成立20周年的契机，坚持“内敛低调、节约俭朴、小型多样、凝心聚力”的原则组织开展了系列活动，汇编“一起走过的岁月”纪念册，制作体现企业文化核心理念的邮册，开展“征集老照片”、“员工感言”等活动，在集团内部媒体发表纪念文章、组织体育竞赛活动、召开纪念大会、表彰为公司发展作出贡献的“星级员工”等，通过主题鲜明、节俭内敛的系列活动和企业文化知行合一的深入宣贯，把广大职工的思想和行动凝聚到年度经营创效的大目标上来，促进了企业文化外化于形、内化于心、固化于制。

江铃汽车集团财务有限公司

【经营概况】2013年，江铃汽车集团财务有限公司（以下简称“公司”）面对机遇与变革并存，化机遇为机会，化挑战为动力，紧密配合集团企业的发展战略，各项事业呈现崭新面貌，集团战略布局经济实力和产业协同取得重要突破。并在激烈的竞争中，以优质的金融服务品质赢得了客户的认可。2013年，营业收入同比增长19.60%，利润总额同比增长18.80%，资产总规模首次站上30亿元的台阶。不良资产率为零，贷款收息率100%，各项监管指标均符合银监会的监管规定。

【公司金融】2013 年，公司紧盯新成立企业和新项目，及时了解企业资金需求，帮助企业解决资金困扰问题，助力企业发展。加强对成员企业的关注度，积极营销，根据企业的不同需求，采取贷款、票据贴现、法人账户透支、票据承兑等多种组合形式满足成员企业，尽可能减少企业财务费用。2013 年为集团发展提供资金支持同比增长 17. 80%，票据贴现同比增长 51%，票据承兑同比增长 45. 78%。

【产品销售信贷业务】2013 年，公司加大了对核心客户和忠诚客户的支持力度，根据代理商销售情况合理分析其资金缺口，简化贷款申请流程，对代理商的销售起到了积极的推动作用，使其不因资金短缺而影响销售。截至 2013 年底，长期客户家数同比增加 33%，买方信贷融资余额同比增长 42%。支持的代理商的总数占比 50%，支持销售占比 47%。

公司将消费贷款作为 2013 年重点开拓的业务。根据消费信贷产品的现状及规划，结合公司消费信贷产品导入期的特点，对消费信贷产品的生命周期进行了详尽的分析。对于终端的客户群等进行区别定价及制定了个性化产品策略，采取了“一品一策，一区一法”的个性化服务方案。加快了江铃品牌消费信贷市场的渗透。

【资金和投资业务】2013 年，基于对宏观环境、证券市场整体形势的综合判断，公司从稳健投资思路出发，80% 比例资金投资固定收益市场，20% 比例资金用于权益类投资，此配置安排保证了全年投资业绩的稳健。对于权益类投资，遵循价值投资原则，持股时间拉长至 1 ~2 年，波段投资股票，自上而下精选行业、个股，倾向于选择“价值性”叠加“成长性”，以基本面研究为核心，挖掘出具有核心竞争力的被市场忽视的价值低估型公司。取得了证券投资方面的新突破。

【票据业务】2013 年，继续积极推广公司的电票业务，扩大在集团票据业务的市场份额，全年商业承兑保证业务 78 笔，金额较上年同期增长 45. 78%；企业开出商业承兑汇票较上年同期增长 52. 62%，其中电票增长 128. 59%，业务量增长较大。

【资金集中】公司根据“以服务为手段，以客户为中心”的宗旨，结合集团企业的具体情况，确立了“稳定大户、抓住中户、发展新户、确保存量户、杜绝转户”的工作思路。全面理顺客户状况，定期走访送服务。通过对客户情况的跟踪分析，及时主动联系客户，将富余的资金转成定期存款，减少流动等。2013 年存款余额同比增长 25%。

【风险管理和内部控制】一是公司 ISO 质量管理体系正常运行，并致力于整个质量管理体系的持续改进工作中，2013 年新增了《客户投诉管理办法》、《存款准备金管理办法》、《绩效考评管理制度》等 10 个管理制度，修改了《反洗钱管理办法》、《岗位工作人员任职要求》等管理制度 57 次。制度的不断建设和完善，使公司的经营和管理一直保持在良性循环的轨道上，各项工作走向规范化和标准化。二是内部审计部门对公司重点业务开展了专项审计，如针对反洗钱工作、消费贷款业务、物业经营收入、档案管理等进行了检查。检查结果总体良好，针对存在的个别问题提出建议，责任部门采取了相应的改进措施并及时整改，风险得到了有效的控制。三是公司充分发挥合规风险管理委员会、贷款审查委员会、投资决策委员会及内部审计部门的作用，负责公司各业务的风险识别、评估、控制、监督，通过事前审查、事中控制、事后检测的全流程参与，实施定期检查和专项检查，公司 ISO 质量管理体系正常运行。

【人力资源管理】2013 年，公司加大了人力资源培训与开发，完善了人才晋升通道，注重培养员工合规守信意识和行为规范，促进了人力资源管理改革与创新。全年无离职人员。一是对优秀人才给予行政通道的晋升；二是建立了绩效考评管理制度，为公司建立有效的激励约束机制，提升绩效考核的科学性和全面性；三是导师带徒有成效，共推举10名导师对17名新员工开展导师带徒培训工作，不同程度地提高了新员工的理论知识和实际操作能力；四是开展“员工行为管理年”活动，积极推动员工深入学习各项行业监管政策和内部规章制度，培养全员诚实守信、依法合规意识，实现财务公司案件防控水平的整体提升；五是开展校企合作，与南昌大学科技学院、江西财经大学建立了校企合作关系；六是推动员工课题研究活动，积极构建员工课题撰写、评审及激励机制，实现了课题研究活动的机制化、常态化，有效激发员工对新业务的思考，并推荐2篇课题至金融学会，获得二等奖、三等奖。

【信息化建设】一是在充分调查业务需求的基础上制定了自主开发个人消费信贷系统的解决方案，该系统能够实现线上流程电子审批、客户信息归类、分析及贷后管理等功能，完成了业务审批流程的开发测试工作；二是公司个人征信系统经过人民银行金电公司五轮测试，顺利通过了验收；三是完善了银企直联系统，畅通了客户在公司结算的支付渠道，提高了办理结算的收付款质量和速度。

【企业文化建设】2013年是全面贯彻十八大精神的开局之年，也是公司成立二十周年，公司开展了一系列活动。深入学习党的十八大精神、深入学习修改后的新党章；开展了“读一本好书”的读书主题活动；开展了与集团兄弟单位羽毛球联谊活动；开展了“财司童心共筑中国梦”活动；开展了“我的中国梦”征文比赛，获得了集团机关党委最佳组织奖、征文一等奖、三等奖及优秀奖；积极组织参加了集团公司工会举办的第七届职工运动会比赛、篮球比赛、女职工权益保护知识竞赛、羽毛球比赛及工间操等活动，进一步激发了员工的归属感和凝聚力；围绕公司成立二十周年，积极组织撰写二十周年公司发展历程手册，制作公司二十周年宣传纪念视频及开通财务直播间栏目，回顾公司历经风雨成长的二十周年历史，展望更加美好的未来。

中国航空集团财务有限责任公司

【经营概况】2013年，中国航空集团财务有限责任公司（以下简称“公司”）以管理提升活动目标为宗旨，坚持稳健经营和可持续发展指导方针，严格实施全面风险管理，有效拓展业务空间，不断提升资金使用效率。截至12月底，公司资产总额68亿元，全年共实现总收入2.76亿元，利润总额0.91亿元。公司党委第八次被集团评为“四好”领导班子。

【信贷业务】2013年，公司一是深耕内部需求，信贷结构调整初见成效。在不断发掘集团内信贷资源的同时，加大对主业公司的贷款规模，保证了信贷资金来源的稳定与增长。二是办理委托贷款，服务成员单位。为更好地支持集团企业的生产经营与发展，配合集团公司为有资金需求的成员企业发放委托贷款，有力支持了集团内企业间的资金调剂。三是注重风险管理，有序开展贷前贷后检查。结合各成员企业审计报告的披露进度，有序开展贷后检查工作，在贷后检查报告中加强了对企业动态的跟踪及对企业主要资产负债项目变化的分析等。积极了解潜在客户的贷款需求，详细调查分析贷款客户及项目情况，提出初步调查意见，同时为信贷业务的进一步拓展提供客户储备。

【资金业务】2013年，公司一是继续加强客户沟通，深入挖掘内部吸存潜力。以集团公司、国航股份公司、各辅业公司的存款作为公司资金平稳运行的基本保障，以新开发客户的存款以及原有客户的增量存款作为公司资金的有力补充。二是推进头寸精细化测算，做好流动性管理。研究企业生产经营特点和资金运行规律，与重点客户做到每日沟通收支安排，在此基础上根据流动性强弱对公司各账户头寸分级掌控，提高流动性管理效率。三是稳健提高资金收益。通过同业定期存款、交易所及银行间逆回购、货币基金等主动运用渠道提高沉淀资金收益水平。四是保持外部融资畅通。通过与多家银行保持稳定的授信额度，确保资金流动性安全。

【结算业务】2013年，公司在办理好日常结算业务的同时，围绕集团主业，充分满足国航股份的各种业务需求，为其提供全方位的结算服务；主动走访成员单位了解业务需求，开展客户满意度调查，拓宽业务范围；改变业务操作方式，简化手续，保证资金的安全性和及时性；修订完善业务操作手册，规范开展结算业务；组织员工开展学习实践活动，不断提高业务能力和服务水平，为集团成员单位提供优质结算服务。

【投资业务】2013年，公司及时根据市场变化转换业务发展思路，向董事会申请增加证券投资额度，在保证资金安全的基础上，加大债券投资力度，提高公司收益水平。从控制风险出发，坚持规范投资、稳健投资、分散投资、少量投资的原则，以培养投资团队为重点，加强基本面和技术面研究为中心，稳健进行少量股票投资。金融股权投资主要是2004年参股的航联保险经纪公司，公司持续对其进行跟踪分析，通过定期收集报表、电话询问等方式了解其经营情况，实现对该项投资的全面掌握。

【中间业务】咨询业务主要是提供财务顾问和投资顾问服务。2013年，该业务以集团融资项目为依托，不断丰富业务内涵，提高金融服务水平。在融资项目方面，配合集团利用超短融手续简化、发行灵活的特点，共完成9期79亿元超短融发行。在企业年金项目方面，公司跟踪统计年金基金净值波动情况，与受托人共同编制投资月报和年报，定期报送年金基金业绩。积极发挥专业优势，与受托人共同研究投管人业绩完成情况，为集团年金投管人考核提供参考意见。还积极参与年金实践调研活动，学习企业年金管理经验，并正式担任集团企业年金投资顾问。

研发业务以提高刊物信息的“时效性、专业性”为出发点，对原有的《金融资讯》板块内容进行分解：将涵盖宏观经济、航空市场、资本市场等侧重时效性信息的板块，编写成《市场要闻》，每日以电子邮件形式发送；针对近期热点事件、经济形势，全方位、系统性开展深入研究，以《金融资讯》专刊形式，不定期地印刷发送。还为集团效益分析会提供研究支持，积极开展人民币汇率专题研究。同时，为解决财务公司发展瓶颈问题，继续开展对集团金融控股公司及财务公司股权转让两大课题的研究。

保险代理业务一是配合2013年保险公司业务政策及品种变化，对集团成员单位做好宣传和培训工作，不断提升操作层面的业务水平。二是巩固现有业务成果，积极拓展业务资源，努力做好集团成员单位投保续保理赔等服务工作。三是确保理赔通畅，使赔付更加及时、快捷，最大程度保全客户的利益。

【销售支持业务】2013年，公司累计完成代理收款共计26.58亿元，累计退支票8 603张，共计3.89亿元；为国航地服代收现金0.72亿元；为中航三星结算保险22 346张，共计446 920元。与此同时，在工作中严格遵守相关制度规定，保证了各种款项的安全。

【风险管理和内部控制】2013年，公司一是确定年度重大风险为流动性风险、投资风险和信息系统风险，根据不同的风险成因，制定了相应的风险管理策略和多项防范性措施。二是坚持风险自查的频度和力度，每天采集监控指标数据，每月组织各部门开展风险自查工作，每季计算资金集中度、编写季度分析报告，发现问题及时查明原因并提出解决方案。三是开展内部控制自我制评价工作，成立了内控自评小组，设定评价范围为2012年度，自评内容包括两个层面，选取三个流程，分四个阶段进行。四是年底各部门对《全面风险管理实施细则》进行修订，使之与各项业务相匹配。五是在原有风险管理信息系统的基础上，新增加三十余张报表，对公司的信用风险、市场风险和操作风险进行信息化统计监测。

【人力资源管理】2013年，公司全力推进人力资源基础管理工作。一是在选人用人机制上，结合公司发展战略目标和岗位需求，有计划地引进公司亟需的专业技术人才，形成金融性企业所需的专业人才队伍结构。二是实行以岗位价值为基础，以绩效贡献为核心的岗位绩效工资制度。三是继续保持完善良好的福利待遇和医疗保障制度，建立多层次养老保障体系，企业年金项目运作良好，公司每年为全体员工投保补充医疗保险，为员工安心工作提供了保障。四是本着结果考核与过程评价相统一、考核结果与奖惩相挂钩的原则，形成全员业绩考核体系。五是积极选派人员参加集团公司、上级监管机关、行业协会等组织的培训。

【信息化建设】2013年，公司继续完善财务管理系统功能，实现精细化管理。在信息系统构架方面，主要以“业务运行平台、综合管理平台”为主要内容进行建设，为打造坚强金融服务平台提供技术支持和保证；在核心系统项目开展方面，通过不断增加财务管理系统使用功能，为最终用户提供高质量的个性化服务；在网络基础设施建设方面，通过规划、设计、实施有效的技术解决方案，公司网络已与国航股份、商业银行完成互联互通，并经过不断地改造和调优，实现了高效的数据传输、稳定的网络运行和灵活的扩展架构；在信息化制度管理方面，结合公司实际，围绕信息系统的规划、设计、实施、运行、维护、完善等过程，在财务公司信息化制度的总体框架基础上，新增了《信息系统应急管理办法》，修订了《计算机机房管理制度》，保证公司信息系统建设的规范化、制度化和有序化。

【企业文化建设】2013年，公司以制度建设为抓手，扎实做好企业文化基础工作。成立了由党委书记任组长的企业文化建设领导小组；确立了“加强企业文化建设促进企业和谐发展”的研究课题；为进一步推进和指导企业文化建设，初步形成了《企业文化建设总体方案》，拟分四个阶段对公司企业文化进行提炼、归纳、总结和完善；组织制定了《员工守则》（初稿），形成了包括人事制度、工作制度、行为规范等日常管理制度体系；继续组织开展职工喜爱的摄影长廊文化园地建设，参与国资委、民航工会举办的书画、摄影、征文等活动，营造了积极向上的公司文化。

天津渤海集团财务有限责任公司

【经营概况】2013 年，天津渤海集团财务有限责任公司（以下简称“公司”）坚持以“依托集团、服务集团”为经营宗旨，以“为成员企业提供优质、便捷、高效、贴身的金融服务”为经营目标，认真贯彻落实人民银行金融宏观调控政策和集团公司的决策部署，较好地完成了董事会年初制定的各项任务，同时注重风险防范，使公司实现了稳步发展。

截至 2013 年末，公司总资产 33.41 亿元（含委托资产 3.19 亿元）；实现营业收入 1.70 亿元，同比增长 12.83%；完成利润 1.28 亿元，同比增长 19.76%；净资产收益率 8.43%；资本充足率 36.61%。不良贷款继续保持余额为零。

【信贷业务】2013 年，为支持成员企业应对资金紧张的局面，公司向成员企业提供各种期限的贷款合计 55.60 亿元，累计收回各种贷款 57.13 亿元，均较上年增长 70% 以上，创历史新高。年末，自营贷款余额为 22.60 亿元，同比增长 10.78%。银承贴现余额为 0.12 亿元，同比下降 87.13%。承兑电子银行承兑汇票余额为 7.40 亿元，同比增加 0.37 亿元，增长 5.26%。2013 年累计开立电子银行承兑汇票 15.26 亿元，同比增长 16.76%。委托贷款余额为 3.18 亿元，同比减少 2.74 亿元，减少 46.28%。

2013 年，公司始终坚持与集团保持密切联系，准确把握核心成员企业的项目建设、生产运营的资金需求。在集团的统一部署下，优化信贷投放结构，向成员企业提供低成本融资，最大程度为成员企业节约财务费用。同时为帮助中小企业缓解外部融资难题，公司为中小企业提供了“整贷零偿方式”的中长期贷款。全年累计为中小企业提供整贷零偿贷款共计 1.43 亿元，余额为 0.70 亿元，未出现一笔逾期偿还记录。公司因此还获得天津市财政局颁发的“向中小微企业融资服务”的财政奖励 60 万元。

【票据业务】2013 年，为进一步支持成员企业，特别是中小成员企业低成本融资，公司继续推进电子银行承兑汇票业务。截至 2013 年 12 月，累计开具电票 29.04 亿元，其中 2013 年开出票据 15.20 亿元。通过进一步加大与银行业金融机构的合作，努力增加同业授信的额度以及拓展合作银行的范围，取得 7 家银行同业授信。同时公司制定了保证金收取管理制度，规范了保证金缴纳的形式以及成员企业开票额度的核算方法，形成了较为合理的电票推进计划。公司对成员企业缴纳的现金保证金合理计息，一方面为成员企业增加了收益，降低了运行成本；另一方面为公司增加了稳定的存款来源，实现银企双赢。电票的广泛应用，使公司对成员企业的服务能力进一步加强。

【资金集中】2013 年，公司以提高业务支持力度，提高服务水平为主，以信息化建设为契机，促进资金集中管理工作。通过加强与成员企业的沟通，根据成员企业具体情况，利用内部政策引导，与银行之间协调，吸引企业与公司合作。

【业务创新】2013 年，公司积极建设“票据池管理系统”。通过财务公司平台与商业银行合作，实现对成员企业所收票据进行集中管理，统一入池，统一整合利用，放大票据集约管理的规模效应。预计“票据池”的保有量将达到 100 亿元。“票据池”发挥的作用主要体现在：票据管理的安全性大幅度提升；规范了成员企业内部结算秩序；通过“票据池”系统所派生的资金，创新保证金管理模式，为参与各方带来资金收益的增长。

【风险管理和内部控制】2013 年，公司进一步加强规章制度建设，为即将开展的创新业务制定业务细则，夯实风险管理制度基础；通过开展充分的贷前、贷中、贷后审查，严格控制信贷业务风险；与集团、监管部门保持密切联系，开展反洗钱、监管会谈等专项工作。公司风险管理各项指标均符合监管要求，不良贷款和不良资产均保持为零，全年无重大风险事件发生。公司 2013 年的稽核内审工作在数量、范围上有了大幅提升，从五大方面进行严格审核，从而更为深入系统地了解各个企业的经营情况，不断提高内控管理水平，制定更加合理的防范风险措施，充分发挥稽核内审的职能。

【人力资源管理】2013 年初，公司通过网络、现场报名等形式，经过多轮面试、考核、实习，正式引进四名优秀大学生充实到各业务部室，特别是引进计算机相关专业毕业生，为信息化建设奠定良好基础。通过加强培训工作，完善绩效考核办法，调整各部室人员配置，细化岗位职责，进一步加强人才队伍建设，充分调动员工积极性和创造性，为公司经营和健康可持续发展，奠定了人才基础。

【信息化建设】为满足公司业务发展的需要，加强企业现代化管理水平，更好地为集团成员企业服务，2013 年，公司积极推进信息化升级改造。组织对公司票据池系统、票据池硬件系统、资金池系统、资金池硬件系统、机房建设五个项目招标、建设工作。2013 年末，与系统配套的机房建设已竣工，正按计划进行测试。此次信息化建设，公司以客户服务为中心、资金集中管理为核心、风险管理为重点、业务流程为导向，实现公司内部管理的流程化、标准化和信息化。信息系统的全面升级与改造，增强了公司整体的综合实力，能够更好地满足集团公司整体资金管理的需求，并为进一步提高资金集中度，奠定了良好的基础。

【党建工作】2013 年，按照集团公司党委的部署和安排，公司党总支结合自身实际，8 月 8 日至 12 月底深入开展党的群众路线教育实践活动，紧紧围绕“照镜子、正衣冠、洗洗澡、治治病”的总要求，按照“三个环节”工作步骤，精心组织，周密安排，认真抓好落实，并取得了较好的效果。公司把“两不误、两促进”贯穿活动始终，坚持以公司经营发展的成果检验活动的效果，促进企业良性发展。

深圳市有色金属财务有限公司

【经营概况】2013 年，深圳市有色金属财务有限公司（以下简称“公司”）累计实现营业总收入 0.80 亿元，实现营业利润 0.53 亿元，税后净利润 0.40 亿元，超额完成集团及公司董事会下达的全年净利润 0.30 亿元任务目标。截至 2013 年 12 月 31 日，公司资产总额为 12.53 亿元，总负债为 7.30 亿元，净资产 5.23 亿元。

【信贷业务】2013 年，公司累计新增贷款净额 1.10 亿元，无新增不良贷款。公司在努力增加贷款规模的同时，采取多种手段严控信贷风险，确保信贷资产安全。如多次派人实地对贷款成员单位进行现场调研，了解企业的经营情况，及时调整贷款方式，加强贷款的五级分类管理，重点监控关注类贷款，并提取资产减值准备。

此外，公司经过多年努力，采取多种措施，终于在 2013 年末成功回收一笔 1985 年发生的不良贷款，收回现金近 0.15 亿元，股票 38.49 万股，不仅进一步提升了资产质量，而且充分体现了公司处置不良资产的决心以及敢于啃硬骨头的精神。

【投资业务】2013 年，证券市场呈现偏软的震荡行情，指数波动区间与公司年初预计大体一致。由于 IPO 暂停，主要的投资业务新股询价无法开展，对公司投资收益影响较大。在 IPO 暂停期间，公司着重完善历史新股数据库，研究构建新股估值模型，降低今后新股申购业务风险。公司将投资重点转向参加上市公司的定向增发，参加了七家上市公司增发的调研。另外，公司在固定收益方面研究也取得一定的进展。

【资金业务】2013 年，在资金市场剧烈波动、融资渠道有限的情况下，公司积极管理资金头寸，全力满足成员单位资金需求，密切关注货币政策和同业拆借利率走势，合理利用存放同业和银行理财，提高资金效率和收益。同时加强与同业的沟通合作，积极争取新的授信额度，截至 2013 年末，公司共取得 5 家金融机构 12.50 亿元综合授信额度，有效提高了流动性管理水平，降低了流动性风险，弥补了资金缺口。

【票据业务】2013 年，公司借助“票据池”业务创新，有效提高了票据业务量，全年为成员单位办理贴现 101 笔，金额 1.77 亿元，在人民银行办理再贴现 83 笔，金额 1.56 亿元。

【业务创新】2013 年，为进一步开拓资金来源，降低资金成本，公司在广泛调研后，决定挖掘集团内部票据资源，充分利用新获得的人民银行再贴现业务资格，于 8 月开始在集团内开展“票据池”业务。公司建立了相关管理制度和业务流程，制定了多种风险防范措施，确保“票据池”业务具备坚实基础；加强宣传和交流力度，制作了《票据池业务推广手册》，详细介绍此业务的优势和办理流程，还多次派人前往成员单位实地走访，当面答疑解难，加深成员单位的理解和认识；公司采取电话、网络等多种形式，做好客户服务工作。在集团和成员单位的大力支持下，8月至12月，公司通过“票据池”业务为成员单位办理贴现1.35亿元，在人民银行办理再贴现1.35亿元，为公司新增融资1.34亿元，集团整体盈利100多万元。通过创新开展“票据池”业务，不仅为公司开拓了融资渠道，降低了资金成本，而且为成员单位新增票据存放收入，减少了利息支出，实现了业务双赢，也使集团整体增加了经济效益，降低了票据风险。

【风险管理和内部控制】2013年，公司利用推行标杆管理契机，设立专项课题研究内部稽核工作优化改善。经过课题组成员调研对标改进，对稽核制度、工作文书、工作底稿等进行了全面修订，将稽核重点由查错补漏向风险监督转变，在风险评估中引入定量分析，有效提升了公司稽核规范性、科学性和风险管控能力。公司还根据年度稽核检查和年度评级发现的问题，对内部控制制度进行了全面修订和完善，进一步加强公司风险管理水平。

【人力资源管理】2013年，公司继续组织开展内部培训，每周两次，每次一小时，培训内容包括英语、财务知识、投资理财、法律、标杆管理等，进一步推动学习型企业建设。并多次邀请外部金融专业人士来公司交流、座谈，分享金融行业最新资讯和观点，使员工保持对金融行业动态的持续关注。

【信息化建设】2013年，公司加强与深圳银监局、中国人民银行深圳市中心支行专线和电子公文系统的管理，制定了《电子公文管理办法》，进一步明确了管理职责、电子公文办理、委托授权、效率监督、评价机制等内容。

【企业文化建设】2013年，公司采取多种措施强化“鹰文化”建设。工会联合党总支积极组织员工参与各种有益身心健康的文体活动，增强公司凝聚力。并组织员工认真排练节目，参加集团“鹰之魂”文艺演出。公司举办年度羽毛球双打比赛，提高员工参与体育锻炼的热情。每逢传统节日，工会都会委派部分委员代表公司对退休员工进行慰问，对于患病住院、在家休养以及生育小孩的员工，公司都会送去关怀、温暖。

【标杆管理】标杆管理是集团落实五年发展规划的重大举措，公司高度重视此项工作。2013年，公司加强组织领导，成立了标杆辅导小组，建立了每周五标杆例会制度，组织全体员工开展标杆管理培训，通过多种形式宣传标杆工作进展和成果，结合公司实际，上报了12项课题并开展课题攻关。截至2013年末，公司已完成四项课题，全部获得集团审批通过，票据池等课题已经产生较好的经济效益和管理效益。在集团标杆管理年终考核中，公司总成绩名列所在小组第一名，荣获集团“优秀组织奖”，一项课题荣获“优秀课题奖”称号，两名员工荣获“优秀辅导员”称号，四名员工荣获“内部标杆管理培训师”称号。

中国南航集团财务有限公司

【经营概况】 截至2013年末，中国南航集团财务有限公司（以下简称“公司”）资产总额为713 485万元，比年初增加197 572万元，增幅为38.30%；负债总额为633 732万元，比年初增加188 251万元，增幅为42.26%；所有者权益为79 753万元，比年初增加9 321万元，增幅为13.23%。公司取得营业收入（含投资收益）32 100万元，同比增加7 047万元，增幅为28%；实现利润总额13 533万元，同比增加1 732万元，增幅为15%。各项经营指标运行情况良好。

2013年，公司积极面对国内利率市场化的挑战，坚定不移推进自身业务结构的调整，推进转型升级，实现了经营业绩的稳步增长。制定费用控制目标，落实费用压缩责任，将费用控制列为内部业绩考核主要目标，并通过自我加压的方式，要求2013年全年费用开支较预算下降10%。在实践中，公司结合中央八项规定要求，厉行勤俭节约，从严从紧控制间接费用开支。成本费用收入比同比下降4%。

【信贷业务】 截至2013年末，公司共办理贷款业务63笔，累计发放金额220 300万元；期末贷款共37笔，金额合计209 300万元；全年日均贷款182 800万元。担保业务1笔，金额460万元。截至2013年末，公司所有贷款业务运行状况良好，各项风险指标均控制在安全范围内，未发现任何指标异常风险情况，信贷业务质量良好，各类到期的信贷业务资金均能顺利收回，不良贷款率保持为零。

2013年，公司一是加强制度建设。根据国家监管部门颁布的贷款新规，结合客户特点与公司信贷业务开展的实际情况，对授信、贷款等多项信贷业务制度与操作流程进行了补充和完善，有效防范了信贷风险，提高了信贷管理质量。二是加强管理防范信贷风险。在信贷业务开展过程中，事前严格执行尽职调查与逐级审批工作，努力确保每笔资金运用合法合规；事中主动开展资产五级分类与贷后检查，密切关注信贷客户各项风险预警指标，切实防范贷款客户可能出现的信用风险；事后落实监督与纠正的内控机制，采取内部稽核评价和年度内控自我评价的方式，将公司资金运作使用的合法合规性、资金内部控制的有效性纳入监督检查范围。

【资金和投资业务】 一是努力拓展同业关系。2013年以来先后与12家银行建立授信关系，涵盖全部国有银行及部分股份制银行，有效授信额度达855 000万元，为确保公司流动性、顺畅融资渠道夯实基础。二是通过同业存放等方式运用短期闲置资金，在保留满足正常业务所需的头寸后，将富余资金及时集中到收益较高的同业银行。三是不断丰富投资业务品种，提高投资回报率。根据市场利率变化的趋势，增加短久期配置，适当调整投资组合。抓住可转债市场机遇，获得较好的收益表现。

【资金集中】 2013 年，公司针对资金集中管理工作特点，主要加强资金集中管理的长效维护，带动结算业务稳步增长。截至 2013 年 12 月末，资金集中管理账户达 119 个，累计结算金额为 22 910 400 万元，同比增长 12.14%；吸收存款余额为 570 600 万元，同比增 49.18%；日均存款余额为 530 900 万元，同比增长 29.24%。一是积极推介资金集中管理系统的新功能，提升客户对新系统的操作体验及认可，组织了多场业务培训，编制《资金集中管理用户手册——自助服务篇》及简明流程，为用户提供专业的操作指引。二是建立了资金集中管理工作的长效维护制度，积极协调各方力量为客户排忧解难，为遇到困难的客户解决实际问题，保证资金归集渠道的畅顺。

【风险管理和内部控制】 一是夯实内控制度体系建设。按照普华内控评价的方法论，对 2012 年度内部控制设计和执行的有效性情况进行了自我评价，对 2013 年度公司层面 86 项重要风险点进行了全面评估，新制定《电子数字证书管理办法》等 16 项管理制度，修订《档案工作制度汇编》等 6 项管理制度。二是强化法律事务管理。制定了落实三年目标的实施方案和工作任务表，建立方案落实责任制，明确新三年目标各层面的责任主体，提出多项法律事务改进措施。三是历史遗留案件的清理处置工作取得实质性进展。中关村证券股份有限公司破产案件管辖法院正式宣告中关村证券破产，并裁定确认了公司的破产债权数额。四是大力开展内部稽核工作。全年开展了 1 次现场检查、12 次非现场检查、8 次专项检查，通过事后检查有效地控制了风险。

【人力资源管理】 一是完善休假考勤管理。2013 年 4 月，开发网上休假管理系统，实行休假网上审批，员工休假申请、管理者休假审批、人事部门休假记录备案，均在系统内操作完成，提高了工作效率。二是加强人才信息库建设。在纸质档案的基础上编写电子档案，不仅包括员工基本信息，而且涵盖员工职业生涯发展规划等内容，为公司选人用人打下坚实基础。成立了人才培养管理提升项目小组及办公室，制定下发《人才培养方案》，提出了人才培养的各项具体措施。三是完善了部门月度考核。对部门月度考核进行了修改完善，对月度考核存在的操作问题、指标与业务开展关系、各岗位工作表现量化等方面进行了调整。

【信息化建设】 一是加大信息系统升级投入，资金集中管理系统新增自助服务、电子回单、银行接口监测、电子数字证书日志等功能，系统安全保障能力得到进一步提高。二是进一步完善"管理平台"系统建设，开发上线了员工休假系统、工资管理系统、合同管理系统等，有效提升了信息系统对公司经营决策的支持能力。

【企业文化建设】 一是深入学习十八大精神，以群众路线、"八项规定"为抓手，狠抓厉行节俭、"四风"问题和反腐倡廉。二是深入开展党的群众路线教育实践活动，扎实做好学习教育、意见征集、对照检查、批评帮助等各个环节的工作，营造了一个为民、务实、清廉的良好环境。

上海汽车集团财务有限责任公司

【公司概况】2013 年末，上海汽车集团财务有限责任公司（以下简称“公司”）资产总额 910.45 亿元，全年净利润在 2010—2012 年实现 26% ~86% 高速增长的基础上又增长 27%，达 19.62 亿元，再创历史新高。公司实行总经理负责制，设 18 个部门，2013 年末共有在编职工 454 名。

【汽车金融】2013 年，公司汽车金融总信贷规模达 361 亿元，同比增长 44.60%，其中零售业务累计放款 23.34 万笔，同比增长 64%，批发业务累计拷车 89.31 万辆，同比增长 30%，业务规模及增速在专营本集团汽车品牌业务的金融公司中排名第一。公司资产质量继续优中求优，批发业务始终保持零逾期；零售业务 30 天以上逾期率仅为银行、汽车金融公司平均水平的 1/4 至 1/3。

产融协作方面，公司对自主品牌加强支持，覆盖荣威、MG、大通、上依红四大品牌，并已成为上汽乘用车、上依红等厂商最主要的终端融资供应商。对合资品牌则深化服务，快速上线大众、斯柯达进口车业务；同时继续与整车厂开展联合促销，全年共推出 400 多项促销活动。

【业务创新】2013 年，公司运用“人脸自动识别技术”，自主研发了新型远程面签系统，这是金融行业首次成功开发的远程类电子签名系统；独家开发了“车贷 E 管家”，在国内首次实现了公司客户通过移动平台直接参与金融公司运营的模式（移动 B2B），填补了汽车金融行业运营管理方式的空白。

【公司金融】2013 年，公司日均存款较上年增长 22.11%，存款峰值近 900 亿元，连续五年实现存款每年增长 100 亿元的跨越式发展。同时公司结算业务继续稳定发展，结算笔数同比增加 39%。公司始终立足为集团产业布局服务，2013 年成为上汽通用五菱新一轮银团贷款的牵头行；并运用资金池产品将服务延伸至异地，配合集团企业战略布局。

公司是业内首家获准对经销商签发电子票据的财务公司，也是首批以直联方式加入人民银行大额支付系统进行电子商业汇票线上资金清算试点的财务公司之一。2013 年公司通过电票有力支持了集团主业的发展，同时使电票的流转获得了重大突破，并获得金融监管机构的高度评价。

【投资业务】2013 年，公司准确把握年初波段机会，在固定收益业务上及时获利了结；在 6 月市场钱荒时，公司保持了充足的现金流，抓住高收益率同业存放配置机遇实现超额收益；下半年债券市场惨烈下跌时，公司早以空仓应对，再次避免损失。

【融资业务】公司首单资产证券化产品发行后运行良好，在入池产品未做优化选择的情况下，2013 年累计违约率保持汽车金融行业最低水平。大公国际、联合资信、中债资信均大幅上调其信用等级 2 ~3 档，使其成为市场上跟踪评级上调最多的资产证券化产品。

【股权投资】公司投资的中国第一家专营汽车消费信贷的金融企业——上汽通用汽车金融公司，2013 年各项业务继续稳步增长，年末公司服务的信贷资产总余额已超人民币 450 亿元，全年实现净利润 16.33 亿元，同比增长 15%。

【风险管理和内部控制】2013 年，公司 RFID 合格证远程监控保管箱“单元格结构”获国家级发明专利，该项目已累计获得包括两项发明专利在内的五项国家级专利；公司设计完成了信贷风险压力测试方案和压力测试模型，并开展了买方信贷和消费信贷风险压力测试，为风险防控提前做好准备；公司自主设计开发的全新内控测评系统完成测试，把内控测评工作的管理水平提上了一个新台阶；此外，公司还完成了由直接驻点向第三方外包驻点模式的切换。以上种种措施为公司风控向精细化发展打下了基础，为业务发展保驾护航。

【人力资源管理】人员的快速增长，对公司人本管理提出了更高的要求。为了培训员工技能，高效助推人才成长，公司全年共组织各类培训 40 场，其中重点开展了汽车金融营销团队分层次的系列培训、公司金融营销阶梯式系列培训、汽车金融销售培训生成长计划培训，以及覆盖公司 10 个部门的提升客户服务质量的主题培训。同时，公司对外加强与同行单位交流，传递财务公司人才理念，对内开展“十佳员工”、“服务明星”评比，激发员工爱岗敬业、奋勇争先的工作热情和干劲。

【企业文化建设】2013 年，公司大力推进具有上汽财务特色的企业文化建设工作。对外立足企业形象提升，通过制作企业形象片、改版外网、推出微信、举办全国融资经理精英挑战赛推进企业品牌形象建设；对内通过完善制度建设、加强员工关怀、开展业务竞赛等活动有效提高团队的凝聚力和战斗力。公司举办了首届员工家庭才艺秀、员工家庭趣味运动会，搭建起公司与员工家庭沟通的桥梁，增强员工的归属感。外勤家属 24 小时生活服务热线、外勤家庭活动日、外勤太太俱乐部则重点关怀外勤团队，解决其后顾之忧。此外新建“爱心妈咪小屋”，举办青年交友活动、退休职工重阳节活动等体现出公司全方位的人文关怀。

振华集团财务有限责任公司

【经营概况】2013 年，振华集团财务有限责任公司（以下简称“公司”）坚持“依托集团、服务集团、稳健经营、持续发展”的经营理念，认真贯彻执行国家金融方针政策，依法经营，规范运作，全体员工齐心协力，扎实推进各项经营管理工作，取得了较好的经营业绩，完成了各项经营目标。

2013 年，公司实现营业收入 3 494 万元，比上年减少24.47%。其中利息收入为3 406万元，比上年减少23.70%；手续费及佣金收入为85万元，比上年减少46.20%。实现利润总额2 673万元，比上年增长15.92%。全年创税946万元，比上年增长24.47%。

【信贷业务】2013年，全年累计发放贷款137笔（含委托贷款），发放金额95 605万元，办理贴现业务共计176笔，贴现金额共计11 583.97万元。期末各项贷款余额为89 949万元，比上年增加2 779万元，增长3.19%。

【票据业务】2013年，公司为企业托管银行承兑汇票361笔，金额为26 212万元，总共为企业担保开票150笔，总额达到了6 186万元。

【资金集中】公司2013年12月31日的时点资金集中度为76.79%。截至2013年12月31日，吸收存款余额59 584万元，较上年减少8 460万元，下降12.43%。全年公司为企业办理结算19 436笔，结算金额达108亿元。

【风险管理和内部控制】2013年，公司通过全面梳理分析内控环境、内控活动和内控手段等内部控制现状，查找现有内控流程、制度设计及运行问题与缺陷，编制了风险清单，确定风险点66个；同时识别各内控风险，评价各风险等级，形成风险评级表，从整体规范公司行为、提高管控效率、防范管理风险出发，对内控缺陷实施整改。对各项业务流程逐一规范、补充和完善，同时增订和修订相关管理制度和办法，最终确定标准业务流程40个，管理规章和制度63个，汇编成册。并编制了相应的《内控手册》。

【人力资源管理】2013年，公司加强员工培训，鼓励员工参加学历、职称及资格考试等各种有助于提高自身素质的学习考试。职工参加的业务培训涉及范围有基础业务、新会计准则应用、贷款新规、法律合规、内控制度、风险管理、人事管理等。通过学习培训，使员工的业务能力、法律意识、服务理念等有了一定程度的提高，为统一思想，在工作中杜绝违规行为，认真贯彻落实各项管理办法和制度奠定了基础。全年培训人员300人次，2 163学时。

【信息化建设】2013年8月16日，公司与北京九恒星科技股份有限公司正式签订《振华集团财务有限责任公司核心业务系统软件平台建设项目合同》和《振华集团财务有限责任公司核心业务系统硬件集成及机房建设项目合同》，正式进入信息化建设的实施准备阶段。

2013年末，公司完成了信息化整体建设框架的设计与搭建，完成了机房整体建设，完成了信息化系统基础数据库的数据初始化工作，完成了信息系统的初级培训工作，完成了和电信、银行数据传输途径的业务确认和通道搭建。

东方集团财务有限责任公司

【经营概况】 2013 年，东方集团财务有限责任公司（以下简称“公司”）充分发挥在集团中的金融职能，着力提升集团整体资金效益，坚持稳健经营、开拓创新原则，以高效、便捷、专业的服务质量开展业务经营，进一步强化风险与内部控制管理，努力规范内部基础工作，保证公司安全运营。截至 2013 年末，公司资产总额 20.08 亿元，负债总额 14.70 亿元，所有者权益 5.38 亿元，全年实现营业收入 1 亿元，利润总额 0.15 亿元，同比增幅 48%。

【信贷业务】 2013 年，公司信贷业务严格按照国家稳健的货币信贷政策要求，在人民银行核定的贷款规模范围内开展业务。同时紧随集团产业布局的变化，配合集团主要产业和主要项目，通过贷款发放和票据贴现支持了集团粮仓和矿业等重点产业发展。在信贷业务管理方面，一是在业务开展中按照《企业集团财务公司管理办法》等监管制度的要求办理业务，严格审核贷款主体资格，实现合规经营；二是努力提高信贷业务管理水平，系统学习业务制度，并结合制度和流程对照检查日常业务的操作，有效提高了业务管理水平。

【资金集中管理】 2013 年，公司将集团资金集中管理工作作为重点，一是积极与集团财务中心及集团高管层领导沟通，充分了解集团业务发展方向及金融服务需求，努力创新结算业务以满足集团产业发展；二是密切与集团成员单位的联系，为成员企业提供快速、便捷、安全、周到的结算服务，吸引成员单位到财务公司办理结算业务；三是公司进一步加强资金结算系统建设，运用商业银行资金结算“集团账户”实现柜面业务桌面化、异地业务本地化。公司通过资金集中管理平台集中调度、管理和运用各成员单位资金，实现了整个集团内部的资金整合与宏观调配，提高了资金使用效率，同时降低了财务费用和金融风险。在公司积极努力下，资金集约化管理工作得到了稳步发展，为集团成员单位办理的结算业务交易量也大幅提高。截至 2013 年末，公司共为集团成员单位办理结算业务 1 022 亿元，同比增幅 58%。

【业务创新】 2013 年，公司充分发挥金融机构自身具有的较强专业知识、行业经验、信息资源等优势，努力实践业务创新。在产融结合方面，公司大力拓展企业与金融机构的创新业务，与华润银行合作开办了商票“信付通”业务。此业务以商业票据为载体，针对两家集团具体业务合作模式而特别定制，在产融结合创新的道路上，公司迈出了坚实而有力的一步。在对集团成员单位资金管控方面，一是开展对集团下属体系客户评级工作。公司结合银行业对客户的信贷评审操作模式，对合作客户开展信用评级。二是公司利用结算平台，发挥资金监控作用。公司对集团下属公司派驻资金监控专员，对资金划付工作进行监控，在企业划付资金过程中审核签批手续等相关要件，严格进行事前、事中监督，有效控制集团企业资金支付风险。

【风险管理和内部控制】2013年，公司进一步完善风险控制体系建设。一是优化决策层结构，对董事会成员进行了调整。二是强化对经营层监督考核，董事会对公司下达了经济指标及重点工作指标并按季度进行考核，其中经济指标包括公司收入规模、税后利润、资产负债管理规模、管理费用等；重点工作指标包括风险控制、产融创新、团队建设、合规化经营等日常管理项目。三是深化制度管理，2013年公司新增授信评级相关制度10余项，对原有70余项制度进行了全面梳理，并对财务、结算、资金监控等内控制度进行了修订与完善。同时继续加强内审稽核力度，对财务状况与经营成果、离职人员、结算管理及管理费用等事项进行了专项审计，进一步提升公司合规管理水平，促进公司稳健发展。

【人力资源管理】2013年，公司进一步加强人力资源管理工作，一是组织实施多方位绩效考核，将公司的战略目标融入到绩效考核当中，使公司战略得以实施，并根据绩效考核结果来确定员工的薪资、奖金以及员工的晋升；二是协调推进公司团队化建设，加强与监管机构的沟通，完成了2名董事调整、3名高级管理人员任职资格申报核准工作；三是积极开展培训工作，建立考核、评估及跟踪等全方位、多角度的培训流程，强化培训效果。公司紧紧围绕集团发展战略进行人力资源管理，多层次、多途径解决人才引进和使用，优化人员结构，着力培养优质人才，努力打造成一支高素质、高效能的优秀团队。

【信息化建设】2013年，公司进一步提升信息科技管理水平，一方面完善信息科技风险管理制度，结合实际情况对已有的3项制度进行修订，并通过信息科技制度执行和检查有效控制了科技风险，实现了公司信息科技工作制度化、规范化管理；另一方面加强信息科技系统运维管理工作，积极开展公司各业务信息系统运行维护管理，及时进行系统升级及监测，同时做好办公设备管理与维护工作，2013年公司各系统共升级与维护32次，实现全年无故障运行。

【企业文化建设】2013年，公司努力营造一个积极进取、敬业奉献的企业文化氛围，以“刚韧、无畏、探求、超越”的东方精神为指引，使企业的文化感召力成为取得一切成绩的动力和源泉。在构建企业文化方面，公司一是充分利用集团内《东方人报》和《东方手机报》的宣传平台，及时反映公司经营管理动态，着力宣传推广公司业务，全年共投稿49篇，在集团内树立了较好的金融机构形象；二是定期开展团队拓展训练等文娱活动，在训练的同时增强员工集体意识与友爱互助的精神，增强员工责任感与凝聚力；三是积极配合集团开展向贫困小学献爱心等活动，努力实现企业的社会价值。

东航集团财务有限责任公司

【经营概况】2013 年，东航集团财务有限责任公司（以下简称“公司”）按照规划平稳发展。截至 2013 年末，公司资产规模达到 67.15 亿元，营业收入 1.55 亿元，实现利润总额 1.28 亿元。

【信贷业务】2013 年，公司积极服务集团和各成员单位，为股份公司设计了资金池管理计划。截至 2013 年末，公司共发放人民币自营贷款 43 笔，金额 55.47 亿元；人民币委托贷款 32 笔，金额 15.05 亿元；美元自营贷款 1 笔，金额 1 200 万美元；港元自营贷款 1 笔，金额 2 337.20 万港元；美元委托贷款 5 笔，金额 13 150 万美元；港元委托贷款 1 笔，金额 4 000万港元；开具保函 1 笔，金额 300 万元。公司依托外汇资金池业务，开展了池内委托贷款的发放，实现集团资金的体系内运转，从而提高集团资金的利用率、降低财务成本。

【结算业务】2013 年，公司成功吸收了 5 家新开户单位。截至 2013 年末，公司人民币结算量达到 5 797.88 亿元，结算笔数达到 73 787笔。随着外汇资金池业务的展开，外汇结算量有所增长，其中美元结算量为 25.24 亿美元，笔数为 419 笔；欧元结算量为 0.15 亿欧元，笔数为 43 笔；港元结算量为 20.58 亿港元，笔数为 60 笔。

【资金业务】2013 年，公司密切跟踪集团整体资金安排计划，加大资金的调度和周转，提高闲置资金使用效率，做好同业存放工作。截至 2013 年末，公司共拆出资金 63 笔，累计金额 245.22 亿元，利息收入 560.50 万元；拆入资金 15 笔，累计金额 56.5 亿元，利息支出 103.23 万元，大大提高了资金收益率。

【外汇业务】2013 年，公司外汇业务快速发展。截至 2013 年末，公司累计完成结售汇业务各币种折合 12.6 亿美元，同比增长 80%，创收 376.9 万元人民币，同比增长 172%。2013 年公司成功获批跨国公司总部外汇资金集中运营管理试点业务，成为上海市第一批 6 家试点企业之一。牌照包括境外外汇资金境内归集、境内外汇资金集中管理、外债和对外放款额度集中调配、经常项目集中收付汇和货物贸易轧差净额结算五项内容。截至 2013 年末，公司利用外汇资金池累计完成外债借入 6 笔，金额 1.35 亿美元；对外放款 1 笔，金额 4 000 万港元；集中收付汇 1 521 笔，金额 10.81 亿美元，有效地提高了集团整体外汇资金的效率。

2013 年 8 月，公司获得了外汇衍生品业务资格，10 月获得外汇买卖远掉期会员资格，12 月获得人民币外汇远掉期会员资格，并已与合作银行签署相开展相关交易协议。

【信息化建设】2013 年，公司完成了新建银企直联项目，搭建了东航财务与中国东方航空股份有限公司银企互联平台，提供了对内部网银系统的数字签名功能。

【人力资源管理】2013 年，公司根据金融板块部署，逐步启用用友人力资源管理系统，进行了人事档案收集、系统流程优化、自助平台员工培训等各项工作。其中管理员系统已顺利运行半年，员工自助系统也有序全面推开。截至 2013 年末，公司已将人事工作纳入系统管理，有效提升了办公效率，优化了工作流程。通过本次人力资源管理系统上线的契机，公司由专人全面梳理了公司员工档案。对员工基本信息、教育背景、培训经历等分类整理，将公司人事工作纳入正规化、系统化管理轨道，为后续人力资源管理工作奠定了坚实的基础。

【企业文化建设】2013 年，公司组织青年干部分三批参加东航金融板块“情系贫困区，肩担社会责”的云南考察、调研活动，积极开展爱心捐助活动，筹钱捐物帮助贫困地区学生儿童。通过各类活动的开展，培养了公司干部与员工崇尚公益、热爱东航、热爱事业的情感，树立了崭新的人生观、价值观、世界观。另外，为加强员工间的学习、沟通和交流，公司开通了 QQ 群，组织业务骨干、党员进行网上定期、不定期的学习交流，并开展廉洁宣讲工作。同时，公司也定期组织员工开展集体活动，促进了员工之间的相互沟通和了解。

中油财务有限责任公司

【经营概况】2013 年，中油财务有限责任公司（以下简称“公司”）积极应对集团内外部复杂敏感形势，克服上半年存款下降、流动性紧张、收益下滑等不利影响，努力开拓市场，狠抓措施执行，全年主要经营指标实现较快增长，圆满完成了年度工作计划及目标。截至 2013 年末，公司总资产达到 6 492 亿元，同比增加 554 亿元，增幅为 9.3%。其中自营资产 3 950 亿元，同比增加 641 亿元，增幅为 19.4%；委托资产 2 542 亿元，同比减少 87 亿元。贷款损失准备充足率为 345.4%，不良贷款率保持为零，优于监管标准。公司全年实现营业收入 154.1 亿元，同比增加 8.4 亿元，增幅为 5.8%。实现利润总额 64.8 亿元，同比增加 3.8 亿元，增幅为 6.2%。公司全年为成员企业降息、免收手续费、节约汇兑成本等共计 25 亿元，封闭结算业务为集团公司节约周转性流动资金达到 152 亿元，产融结合支持主业发展成绩显著。

【结算业务】2013 年，公司全面推广总分联动账户支付结算、限额账户上线、财企直连全面上线工作，全年累计签约银行总分联动账户上线 759 家，限额账户上线 319 家，支付限额直联上线 94 家。公司经协调实现工商银行跨行支付业务系统自动处理，建设银行账户资金日终自动归集。另外，公司还加大了集团总部和股份公司吸纳存款工作力度，多渠道了解企业需求，拓展结算、存款和资金管理业务，努力提高存款集中度。2013年公司累计办理本外币结算365万笔，同比大幅增长65.9%；结算金额26.2万亿元，同比增长3.1%。

【信贷业务】2013年，公司积极克服商储油以及集团公司长负贷款还款的不利局面，努力争取国储油和股份公司贷款合同226亿元，稳定信贷规模。全力挖掘新客户，新增京唐LNG等20家新客户贷款70亿元。努力扩大中间业务，办理贴现业务37笔，保函业务151笔。进一步完善贷款定价机制，优化贷款审批制度和流程，提高信贷风险防范能力。

截至2013年末，公司人民币各类贷款余额3 364亿元。其中自营贷款1 163亿元，同比增长157亿元，增幅为15.6%。受托贷款2 201亿元，同比增长210亿元，增幅为10.5%。

【外汇业务】2013年，公司积极拓宽境外融资渠道。一是成功续发20亿美元债，美国商业票据额度增至40亿美元。二是成功设立70亿美元欧洲中期票据计划，努力提高银行授信额度，授信银行达到36家，授信额度159亿美元。三是积极参与集团海外项目，完成中亚、哈萨克斯坦等20个融资项目。四是发挥境外公司税收优势，为成员企业和公司节约融资税费4 866万美元。五是努力拓宽信贷服务领域，推出境内外票据融资新业务，为企业提供发票融资4 924万美元。

截至2013年末，公司累计发放自营贷款189.20亿美元，开展美元人民币交叉货币掉期23.50亿元人民币，办理外汇交易715.33亿美元。外汇业务全年为成员企业节约各项成本费用10.59亿元人民币。

【资金和投资业务】资金业务方面，公司在资金压力加剧情况下，加强计划管理，严格控制头寸资金规模并提高同业存款利率。同时，加强回购操作，全年证券回购交易累计16 268亿元，在保障资金流动性的同时，有效盘活存量资金。

投资业务克服规模下降的不利因素，积极跟踪市场，挖掘产品，适度增加基金、可转债、理财产品、定向资产管理计划等高收益率投资，实现价差收入1.9亿元。截至2013年末，公司人民币自营证券投资余额633亿元，受托投资余额933万元。

【分支机构管理】2013年，各分公司、子公司加大结算、吸存服务力度，优化资产结构，降低资金成本。全年四家分公司结算量达185万笔、结算金额6万亿元，分别同比增长83.4%和1.7%，占公司业务总量的50.8%和22.9%；全年吸收存款平均余额79.2亿元，资产平均规模121亿元，实现经营利润1.86亿元。香港公司进一步增强服务意识，提升服务能力，海外平台功能进一步强化，年末资产总额309.8亿美元，同比增长32.9%，占公司整体外汇资产的94.6%。新加坡公司充分发挥本地化优势，服务职能有效延伸。

【业务创新】2013年，公司首次在香港联合交易所成功设立70亿美元欧洲中期票据计划，拓宽境外融资渠道。协调实现工商银行跨行支付业务系统自动处理，建设银行账户资金日终自动归集。

【风险管理和内部控制】2013年，公司加强风控部门建设，规范职责分工，完善风控标准和流程，细化投资、信贷、法律文本的风险审查管理；加强了对合同、协议的合规性审查，共出具法律意见书114份；修订公司标准化合同文本和制式合同；完成公司内控自测及风险管理年度报告。

【信息化建设】2013年，公司一是开发完成中银、花旗和渣打3家银行外汇直联系统，直联银行已增至9家，外汇业务资产、负债等八个系统功能模块上线，基本实现自动化；二是完成司库结算子系统四次版本升级，升级改造受理处封闭结算系统；三是全面优化网银底层技术架构、操作界面、业务处理和安全性能，新增网银客户68家，新增网银用户228个，信息系统安全保障进一步加强。

【企业文化建设】2013年，公司扎实开展群众路线教育实践活动，积极落实中央八项规定和集团公司党组二十条要求，反“四风”常态长效机制初步形成。公司积极正面宣传发展成就，培养员工健康心态，规范工会经费管理，举办心理健康讲座、组织健步走、趣味运动会等，组织参加集团公司第五届直属机关青年英语演讲比赛和评优活动，提高青年员工精神素养和荣誉意识。

上海电气集团财务有限责任公司

【经营概况】2013年，上海电气财务有限责任公司（以下简称“公司”）公司直面严峻形势，以服务集团转型发展为目标，深化业务创新，增强服务营销，突破发展瓶颈，顺利实现了利润目标。其中，总资产首次突破340亿元；资金集中度刷新纪录，达到76%；年末吸收存款数第一次超过300亿元；信贷规模突破120亿元。在其他方面，公司继续狠抓预算管理，确保实现财务指标，并在多项业务创新方面取得了突破：促进主业销售的项目融资服务实现突破，完成海外J项目融资合同的签订；跨境资金联通和即远期结售汇实现持续运作，实现了首笔外汇贷款；持续开展支持企业提高资金效率的电票、应收账款管理等服务；结合党的群众路线教育实践活动强化了服务功能；启动了新一代核心信息系统建设；等等。

【信贷业务】面对宏观经济环境疲软、融资渠道多样化、集团成员单位有效信贷需求骤减等不利因素，公司一方面密切跟踪重点客户融资需求，并提前介入重点项目或新成立的项目公司，发掘未来业务新契机，为将来业务正式开展提前布局；另一方面大力拓展业务，为集团合资企业设计综合授信方案，并通过到期逐笔置换的方式将企业在外部商业银行贷款置换为公司贷款。此外，公司积极发掘企业需求，成功发放首笔外汇贷款。年内公司信贷规模屡创新高，截至2013年末达121.97亿元，实现信贷利息收入5.42亿元，信贷利润2.96亿元，各项指标均在上年基础上实现增长，为公司完成年度经营计划提供了有力支撑。

【产品销售信贷业务】公司继续充分发挥项目融资服务与支持集团主业销售的作用，并在2013年协助集团完成了具有典型意义的海外J项目的签约，表明公司的结构融资能力达到了新的高度，实现了跨境融资项目零的突破。在该项目历时一年多的操作过程中公司充分发挥了集团财务顾问的作用。公司项目融资团队认真分析项目风险、合理设计融资结构、全面安排风险防范措施，突破了在没有中信保承保模式下，银行要求企业无条件为此类项目提供全额担保或者承诺回购的传统做法，通过承担有限风险，为企业开拓海外市场探索出一种新的商业与融资模式。

【资金业务】公司加强资金计划和预测，合理降低备付规模、灵活调整同业定活结构、提升收益水平。2013 年，公司进一步加强流动性管理，年内主动抓住了几次市场波动起伏的机会，不仅取得良好的收益，而且妥善应对了流动性需求，全年累计实现同业利息收入 2.70 亿元。

【投资业务】权益类投资方面，公司坚持绝对收益策略，加强投资机制建设，突出月度计划管理，进一步丰富投资工具和产品，加强基础研究和产品研究，并完善了绝对收益模式的风控体系，实现权益投资利润 6 412 万元，年收益率达 11.54%；固定收益类产品投资方面，公司基于市场分析研究制定月度投资策略，动态优化组合配置规模结构，固定收益投资实现投资利润 1.55 亿元。

【外汇业务】2013 年，公司继续为集团企业提供即远期结售汇等服务，并积极关注企业需求、丰富服务产品，实现外汇贷款零的突破。为充分利用跨境外汇资金集中管理试点资质优势，早日实现集团境内外资金融通，外汇业务与信贷业务协同营销，密切关注企业需求，丰富产品品种，年内向集团旗下核电设备公司发放美元贷款 117 万美元，完成财务公司有史以来的第一笔外汇贷款，开辟了境内境外资金融通的新路径，实现了金融服务价值增值。此外，公司在 2012 年获得外汇局远掉期一年期试点会员资质的基础上，于 2013 年 10 月通过了外汇局资质评估，成功获得正式会员资质。

【资金集中】在集团支持下，公司积极加大存款吸收力度，2013 实现资金集中度达 76%，创历史新高。此外，2012 年底获得的外汇跨境资金池资格，在 2013 年关键时间节点的外汇集中上也发挥了突出作用。通过跨境资金融通项目，推进集团境外企业资金的在岸归集，使得公司第一次实现了年底集团全球外汇资金集中度 70% 的目标。

【业务创新】公司将业务和管理创新提升到企业核心价值观高度，年内继续加大各项工作的创新力度，突破业务发展瓶颈，提高企业管理水平，进一步强化了金融创新服务能力。一是推进商业模式创新，提高融资服务主业能力。海外 J 项目在年底签约，表明公司的结构融资能力达到了新的高度，实现了跨境融资项目零的突破。二是开拓新业务领域，设立创新投资部。公司经年初董事会批准设立创新投资部，协助集团开展风险投资业务。年内建立了相应规章制度，初步组建团队并加强人员配置，启动项目寻源，完成两个项目立项和其中一个项目完成尽调并通过集团决策进入谈判阶段。创新投资部的设立标志着公司开启了崭新的业态，启动了推动集团新产业发展的引擎。三是推进财务顾问服务创新，探索业务收费模式。公司继续积极在集团相关发债、并购等工作中发挥财务顾问职能，并实现业务收费模式的探索与初建。其中，发债财务顾问的收费对象由集团内部拓展到主承销商，开创了投行业务全新的收费模式，并实现工作内容突破原有的项目执行，向前期融资方案设计和后期发行承销拓展；并购项目中明确了牵头独立财务顾问的角色定位，并成功实现现金收费，为后续的合作奠定了良好的基础。四是关注企业需求，创新服务产品，实现外汇贷款零的突破。为充分利用跨境外汇资金集中管理试点资质优势，早日实现集团境内外资金融通，公司密切关注企业需求，创新服务产品，向集团旗下核电设备公司发放美元贷款 117 万美元，开辟了境内境外资金融通的新路径。

【风险管理和内部控制】2013 年，公司在 2012 年操作风险专项管理工作的基础上，继续推进了操作风险解决方案的落实，并进一步加强了制度优化和建设。根据业务发展需要及时优化或制定制度，累计完成43项制度、操作规程等的修订或制定，涉及信贷、外汇、固定收益、投资及关联交易等各个业务领域。同时，着眼于业务流程的优化和风险严控，对电票付款、委托授信等流程进行了系统的梳理优化，进一步规范和明晰，确保公司相关业务流程清晰、风险可控、高效便捷。此外，深入学习了财政部等五部委联合发布的《企业内部控制基本规范》及其三个配套指引的文件精神，进一步健全和完善公司内控框架体系，依据基本规范的内容，工作中重点加强了对内部控制流程的监督，加强了对于金融板块业务的专项稽核，敦促内部、外部审计发现问题的后续整改以及管理建议的落实。

【人力资源管理】2013年，公司进一步优化绩效体系，提升招聘效果。公司持续优化以“平衡计分卡”为基础的绩效管理体系，进一步加强人力资源与战略和计财等的协同，全员签订目标责任书、绩效合同，考核指标较上年度更具有针对性和可操作性，指标体系也更为合理。根据“十二五”规划发展需求，公司加大了招聘力度，通过内部需求调研、外部行业研究等形式，对重点岗位制定有针对性的人才储备计划，并通过规范招聘流程，建立各岗位面试、笔试题库，引进专业测评工具，开展第三方背景调查等手段，进一步提升招聘科学化水平。

【信息化建设】为满足长远发展需求，公司于2013年启动新一代核心系统建设。信息系统建设在确保日常平稳运行及完成异地灾备等项目的基础上，着眼于未来需求，经过深入调研，把原来本外币一体化项目调整为新一代核心系统项目，以期整体提升公司信息化能力，满足长远发展需求。新一代核心系统项目经公司业务部门、管理层、集团信息管理部等多方确认后启动，完成了供应商选择及项目招标，进入合同细节谈判及项目实施前准备阶段。

【企业文化建设】在继续推进认知电气文化、学习部队文化、感受社区文化及和谐企业文化的基础上，2013年，公司重点促进企业文化建设与业务发展的有机结合，营造创新发展的氛围。为促进各项新业务的有效推进，公司组织开展了2011—2013年度创新事件评选活动，通过对历年创新工作的总结与展示，提升员工对业务创新的关注度，在公司内培育和鼓励创新发展的企业文化。

中国能源建设集团葛洲坝财务有限公司

【经营概况】2013年是中国能源建设集团葛洲坝财务有限公司（以下简称“公司”）将服务范围扩大至中国能建集团的第一年，也是公司抢抓重要战略机遇、加固管理基础、趁势快速发展的重要一年。公司坚持以服务促发展理念，围绕集团整体效益最大化目标，深入贯彻落实集团《战略实施指导意见》，进一步明确了“建设全国一流财务公司，成为集团专业化的金融产品和服务提供商”的奋斗目标，着力增强服务能力，努力提升发展质量，取得了较好业绩。截至2013年末，公司实现营业收入3.23亿元，同比增长30.01%；实现利润总额1.71亿元，同比增长29.76%，资产总额、负债总额分别为131.06亿元、114.84亿元，同比分别增长10%、12%。2013年，公司不良贷款率继续保持为零；不良资产率为0.44%，同比降低0.2个百分点；贷款利息回收率继续保持100%；各项资产减值准备均足额提取，抗风险能力进一步增强。

【存款业务】2013年，公司继续开展“全面提升服务质量”活动，不断加强软硬环境建设，努力提高职工素质，增强服务和责任意识，坚持执行存款利率上浮到顶、网银结算手续费减免、低贷款利率和低中间业务手续费等让利政策，加大业务信息系统的推广运用力度，完成了中国能建集团所有成员单位的开户和银企直联工作。自系统运行以来，开通公司网银的客户已达156个，通过网银上划资金的客户为59个，累计归集资金56亿元，累计办理结算5.27万笔，结算金额587亿元。截至年末，公司各类存款余额为114.04亿元，其中自营存款43.29亿元，同比增长27%；委托存款70.75亿元，同比增长4%。

【贷款业务】2013年，在支持集团公司综合运用资金的背景下，公司努力盘活存量，合理安排信贷投放，全年累计发放自营贷款69.36亿元，有力地支持了集团公司的快速发展。截至年末，自营贷款余额42.31亿元，同比增长43%；委托贷款余额70.75亿元，同比增长4%。

【资金和结算业务】2013年，公司全年头寸资金年化收益率为3.53%，实现同业往来收入5 284万元，同比增加84万元。2013年，公司累计办理内部转账结算11.48万笔，同比增长6%；累计结算金额3 064亿元，同比增长20%；其中通过网银累计办理结算2.84万笔，占总结算笔数的24.84%，同比增长8.08%；累计结算金额346亿元，同比增长99%。

【管理提升】一是继续强化制度管理，全年新增加制度14项，修订制度45项，已建立制度102项，形成了更为完备的制度化管理体系；执行了工作日志制度，在各部门形成了“日日清”的工作风气。二是认真贯彻落实中央“八项规定”和集团公司关于作风建设的相关要求，大力加强成本控制，其中业务招待费全年降低24%，会议费全年降低71%。

【风险管理】一是加强了资金业务和投资业务的风险研究和风险监控工作，有效防范了市场流动性风险和投资风险；二是编制了《内部控制手册》、2012年度和2013年季度风险评估报告，对风险管理工作进行了客观评价、定期分析和预警，确保了各类风险可控；三是全年开展稽核项目9个，共提出建议20条，全部得到了有效整改，有效堵塞了风险漏洞；四是高度重视操作风险，加强了系统风险控制，确保了信息系统平稳运行。

【群众路线教育实践活动】2013年，公司按照部署扎实开展了以“为民、务实、清廉”为主题的群众路线教育实践活动。一是各级领导干部认真学习理论文章，撰写体会袒露真情，深入基层抓实调研，听取意见不走形式，扎实开展了集体学习活动3次，职工群众座谈活动3次和民主生活会1次，发放调查问卷30份，设置意见箱和电子邮箱、举报电话等广泛征求意见20条；二是公司开展了领导班子作风建设自查活动和“四风”问题自查自纠活动，进一步严明了组织纪律，加强了监督检查，确保每一位干部职工严格遵守、令行禁止；三是开展了党风廉政建设宣传月活动、

"学习十八大、争创新业绩"建功立业活动和"反对贪污浪费、提倡勤俭节约"活动；四是开展了民主测评活动，职工群众对公司和领导班子的作风给予了较高评价。

【企业文化】2013 年，公司组织了各种主题的文化建设活动。一是围绕群众路线教育实践活动，开展了经典理论学习、贯彻落实十八大精神的建功立业活动，在职工中引起了强烈反响；二是围绕职工文化生活建设，公司先后组队参加了集团公司组织的元旦长跑、羽毛球比赛、葛洲坝之夜，举办了女职工"三八"对话会、消防演练、重阳登高、趣味运动会等文体活动。

兵工财务有限责任公司

【经营概况】2013 年，兵工财务有限责任公司（以下简称"公司"）以中国兵器工业集团（以下简称"兵器集团"）产业发展为依托，坚持"服务为本、客户中心"的经营理念，以"搭建完善平台、支撑兵器集团发展"为工作主线，努力搞好金融创新，全面推进金融服务，经营发展取得新成绩，对兵器集团产业发展的支撑能力与服务力度进一步增强。

2013 年，公司为兵器集团及下属各成员单位提供金融服务总量平均规模 267. 41 亿元，同比增长 43. 77%；全年利润总额 6. 19 亿元，同比增长 21. 80%；平均资产规模达到 495. 73 亿元，同比增长 18. 47%，期末资产规模达到 551. 76 亿元，同比增长 7. 30%；全年结算业务量达到 6 062. 59 亿元，同比增长 19. 41%；结算存款日均规模达到 173. 62 亿元，同比增长 23. 00%。

【信贷业务】2013 年，公司服务兵器集团发展战略，灵活配置信贷资源，对行业发展的金融支撑作用进一步发挥。第一，全力保障军品科研生产，为重点军品企业提供综合授信额度 44. 70 亿元，合理掌握信贷投放，大量运用票据手段支持军品货款结算，全年为军品产研提供金融服务总量 174. 81 亿元，同比增长 18. 09%；第二，加大对重点支柱民品产业的支持力度，提供多种形式的金融服务累计 164. 68 亿元，其中重车及工程机械 28. 30 亿元，石化及精细化工 81. 53 亿元，矿产资源开发 21. 00 亿元，汽车零部件、超硬材料、高端铜材等百亿级板块 33. 85 亿元；第三，重点支持科研立项、并购重组、土地置换及重点项目建设，提供"过桥"贷款、项目贷款等多种形式的金融支持累计达 15. 32 亿元。

【产品销售信贷业务】2013 年，公司注重金融支撑保障作用的发挥，启动了汽车金融业务，完善业务制度和操作流程，确立多方合作模式，在有效控制风险前提下成功为兵器集团下属成员单位办理了多笔消费信贷业务，有力支持重车及工程机械板块的产品销售。

【资金和投资业务】2013 年，公司加强头寸管理，灵活调剂资金，保持合理备付资金规模，确保流动性绝对安全；密切关注市场形势，积极运作，提高存量资金收益；建立跨部门用款协同机制，合理调控业务用款规模及节奏，资金统筹管理水平进一步提高。

2013年，公司创新工作思路，将长期股权投资与短期市场操作相结合，稳健运作投资业务。一方面，积极运作长期股权投资项目，为获取稳定的长期投资收益布好局。另一方面，引入PDCA（计划—执行—检查—处理管理系统），制定了四位一体的研究标准体系，将研究工作关口前移，保持灵活的操作风格，短期投资业务取得了较好的收益。以定向增发为中心，盘活存量资产，择机减持，获取稳定的股票投资收益；低位加仓摊低成本，有效消化开放式基金浮亏，采取波段操作，逐步清仓封闭式基金，选优汰劣，保障专户投资收益水平；成立信托风险控制小组，谨慎遴选信托项目，适当收缩信托投资规模，严控信托投资风险，确保收益及时兑付。

【票据业务】2013年，公司将票据集中管理作为票据业务推进重点，以“建立集团公司票据池，实现票据集中签发，开展票据集中运作”为目标，广泛开展业务调研，制定实施方案，开发并启用了票据管理系统，开展了一系列客户培训推广活动，与兵器集团下属七家子集团签订了合作协议，持续推进票据实物和信息的初步集中。

【外汇业务】2013年，公司外汇业务规模持续扩大，在传统结售汇业务基础上，开展了外汇资金集中管理试点，全面铺开了异地结售汇业务，在部分外贸企业等重点客户的支持下全年结售汇总额达到8.07亿美元，同比增长19.00%。

【资金集中】2013年，公司将资金集中管理工作作为工作重点，继续深入推行客户经理制，坚持领导班子成员联系客户制度，充分发挥结算部门协调管理的职能与一线网点贴近客户的优势，做好收支分线管理等基础工作，创新业务品种，拓宽支付结算渠道，丰富电子回单、财企直连接口等结算手段，做好军品结算资金的归集，全年结算存款日均规模达到173.62亿元，同比增长23.00%，公司发挥兵器集团资金池功能，进一步提升了整体资金综合利用效率和规模效应。

【业务创新】2013年，公司关注金融市场及行业发展动态，以业务需求为导向，开发新的金融产品和手段并做好推广运用。一方面，推进“银企财”合作作为金融创新的着力点。在争取较大银行授信规模的基础上，将代理类、票据类业务作为业务品种创新重点，推动了银团贷款、商票保贴、商转银、国内信用证议付等业务落地操作，利用获取的银行授信资源累计为客户办理各类业务57.30亿元。另一方面，推进金融产品创新，探索逐步开展应收账款保理、买方信贷等创新业务，研究推进大型设备融资租赁、固定资产售后回租等业务产品，帮助客户盘活固定资产，提高资源利用效率。

【风险管理和内部控制】2013年，公司启动制度管理体系建设工作，组织开展了“内控体系建设年”活动，完善组织架构，制定了实施方案及推进计划，聘请外部机构对内控制度体系进行梳理诊断完善。同时，注重风险管理工作，制定了新的风险评估方法，完成了风险自评价工作，对经营情况实施动态监控，对信托投资业务开展了专项稽核，公司风险管控能力及公司治理水平进一步提升。

【人力资源管理】2013年，公司开展了职位分析工作，制定了工作方案，进一步推动公司人才队伍建设及人力资源管理工作水平；启动了全面培训工作，分层次开展员工培训，提高员工个人价值与企业团队价值；建立退休人员管理制度，做好相关服务工作，公司人力资源管理工作逐步加强。

【信息化建设】 2013 年，公司信息化建设取得新成果。财企直联接口、财智管理系统等多个自主开发项目成功上线运行，信息系统自主研发能力明显提升；核心业务系统、异地灾备系统等外包项目完成验收并转入运维保障阶段；完善了信息系统突发事件处理预案、建成了预警监控系统、启动了安全等级保护项目，公司信息系统运行平稳，运维保障能力进一步增强；信息系统逐步推广运用，信息管理平台、财智管理系统等已经成为客户资金管控的重要手段。

【企业文化建设】 2013 年，公司以党的群众路线教育实践活动开展为契机，通过多种方式，培育兵器特色金融企业文化，转变工作作风，提升团队执行力与激情活力，弘扬“把一切献给党”的人民兵工精神，讲求奉献，构建“忠诚、高效、求实、创新”的浓厚文化氛围。

三峡财务有限责任公司

【经营概况】 2013 年，三峡财务有限责任公司（以下简称“公司”）认真贯彻落实集团公司年初工作会议精神，以服务集团为宗旨，以价值创造为核心，以业务创新为动力，坚持稳中求进，改进作风，提升管理，成功应对市场利率波动加大、资金来源减少等困难，全年实现利润总额 6.33 亿元，实现经济增加值（EVA）3 亿元，较好地完成了年度重点工作任务和经营目标。截至 2013 年末，公司自营资产余额 195.26 亿元，日均规模 156.58 亿元；负债余额 161.43 亿元，日均规模 122.48 亿元；总收入 8.91 亿元，总支出 2.21 亿元；拨备前利润总额 6.70 亿元，计提各项资产减值准备 0.37 亿元，拨备后利润总额 6.33 亿元，同比增长 34.43%；净利润 4.82 元，同比增长 33.30%，归属于母公司的净利润为 4.81 亿元。

【信贷业务】 2013 年，累计向成员单位发放自营贷款 92.35 亿元，累计回收自营贷款 89.96 亿元，年末余额 71.08 亿元。累计发放委托贷款 363.19 亿元，累计回收 212.61 亿元，期末委托贷款余额 646.85 亿元，较年初增加 150.58 亿元，全年实现委托贷款手续费收入 1 663 万元。公司为成员单位办理保函业务累计 1.015 亿元，实现保函手续费收入 28.29 万元。办理票据贴现业务 499.38 万元。

全年信贷资产日均规模 67.32 亿元，年末余额 71.08 亿元。实现贷款利息收入 3.90 亿元，平均收益率为 5.79%。

【资金和投资业务】 2013 年，共实现自营证券投资业务收益 1.53 亿元，完成预算的 110.69%。其中，全年公司自营固定收益类产品投资收益 0.89 亿元。自营权益类产品共实现收益 0.64 亿元。2013 年自营及受托询价存放定期资金共1 174亿元，存放同业日均规模43亿元，同业资金平均收益率达到4.3%，较上年同期上升53个基点。全年银行间业务资产实现收益2亿元。截至2013年末，公司共管理14家单位的17期委托理财合同，本金余额61.04亿元，全年受托理财日均本金规模为54.02亿元，当年新增收益3.08亿元，收益率为5.71%；全年新签委托理财合同21期，清算合同16期，清算收益2.45亿元，公司收取投资管理费1 230万元。

【票据业务】2013年，公司推动建立商票支付模式，协助集团实施金沙江部分工程建设款项结算采用商业承兑汇票支付的试点工作，截至2013年末，公司协助川云公司和云川公司签发商业承兑汇票金额14.44亿元，票据结算初具规模。

【外汇业务】2013年，公司继续探索外币资金集中管理，与集团财务部共同组成项目组，经过深入调研分析，形成集团境外资金集中管理平台建设方案。截至2013年末，公司为成员单位办理结售汇共计2.62亿美元，累计节省用汇成本652万元。

【资金集中】2013年，公司继续保持较好的结算服务质量和水平，全年共办理成员单位资金结算6 583亿元。截至2013年末，按照全口径统计，成员单位日均资金集中度保持在70%以上；剔除电费回收、税款等因素影响，成员单位日均资金集中度为96%。2013年，公司在保持三峡电费回收良好态势的基础上，与川云公司、云川公司签订电费回收协议，顺利实现了电费回收工作与金沙江片区的成功对接。全年应收电费292.39亿元，实际回收306.15亿元，电费回收率的104.71%。电费全部以现金方式结算，电费回收进度与同期相比有所提前。

【保险经纪业务】2013年，公司全面参与完成金沙江工程招标和保险安排；积极跟进服务三峡枢纽、呼蓄项目、小南海工程等集团重大水电工程项目保险安排。在立足水电保险服务的基础上，公司同时参与了集团成员单位40多个项目的保险安排，初步实现集团保险的集中管理。公司完成了三峡新能源公司尚义、调兵山等14个新能源项目以及中水电公司、中水电国际公司在巴基斯坦、老挝、尼泊尔、希腊等地海外项目的保险安排，同时还积极跟进上述公司其余项目，使新能源和海外项目保险业务呈集中管理趋势。妥善处理了白鹤滩“6.28”、乌东德“6.22”、三峡枢纽隔流堤、三峡2#变压器毁损四项超500万元以上的重大赔案。累计完成理赔案件162起（未含移民代建工程22起），结案率达83.94%，赔付金额4 009.84万元。

【专题研究】2013年，公司积极配合集团战略发展部，完成与外聘课题组的合同签订工作、金融规划初稿和修改稿的撰写工作。全年撰写行业研究报告22篇、专题研究报告31篇以及其他调研汇报材料27篇，及时发送宏观经济政策解读和行业变化最新进展报告。参与研究了集团内部信用评级、境外资金管理、最优资本结构等8个项目。研究提出以“三峡新能源技术顾问+财务公司财务顾问”的方式发展小水电的新模式，得到集团公司领导肯定。

【股权管理】2013年，公司管理的8个金融股权项目整体盈利情况良好。截至2013年末，公司共收到项目现金分红1.74亿元，超过年初1.58亿元的预算，加权平均分红收益率（分红/投资成本）为4.26%。其中三峡担保、宜宾市商业银行、湖北银行及中广核产业投资基金管理有限公司分红收益率分别为8%、9.1%、6.5%和9.94%。2013年，公司共对全部项目48次会议约200项议案提出了表决建议，为集团决策提供了有力参考。针对湖北银行重点客户三峡全通、联邦线缆的信贷风险、中广核基金项目建设进度不达预期的风险、宜宾市商业银行不良贷款率上升、不良资产核销不规范等问题，进行重点监控。全年共向集团提交专项报告9个，及时揭示了参股项目的主要风险点，并采取应对措施，提出化解方案。

【业务创新】2013年，公司协助三峡新能源公司建立资金池。根据集团部署，成功设计建设三峡新能源公司“资金池”业务管理系统，协助新能源公司实施“资金池”管控模式。自资金池系统7月上线运行以来，已有70家新能源下属单位加入该系统，共办理163笔业务，资金池余额7.74亿元，有序调剂了三峡新能源内部资金余缺，减少了项目公司的资金沉淀，全年节约财务费用4 000万元，有效控制了财务成本。2013年，公司组织编写《金融服务百问手册》，通俗易懂地讲解企业集团财务公司特点及服务范围，解答成员单位办理业务的常见问题，增进成员单位对财务公司的了解。

【风险管理和内部控制】2013年，为加强流动性管理，公司制定发布《关于监管指标合规性管理工作的通知》，将15项监管指标分解落实到具体部门，明确各项监管指标的取数来源和责任部门，以及指标监控方式，提升了流动性风险预警能力和合规风险管理能力。5月至6月，银监会按照《企业集团财务公司风险评价和分类监管指引》的有关规定，对公司开展现场监管评级工作。公司以“迎评促建”为主题，经过全员努力，顺利完成监管评级现场检查工作。从8月开始，公司启动全面风险管理体系建设项目，对现有14大类业务进行梳理，识别出133项业务流程风险点及对应的830项关键风险控制，形成《风险控制矩阵》，并讨论完成《风险管理体系优化建议书（初稿）》。

【人力资源管理】2013年1月下旬，公司组织开展了对20名中层干部的综合考核评价工作。5月，完成了6名中层干部的选拔任用工作，充实了干部队伍力量。9月，由公司推荐的两名青年员工被集团公司列入第五批青年骨干队伍。金沙江区域新员工轮岗工作于2012年8月启动，2013年10月顺利完成。截至2013年末，公司共组织开展内部培训20项，培训涵盖技术经济评价、财务报表分析、保险理赔、企业文化、薪酬与绩效管理等内容；外派培训41人次。

【信息化建设】2013年，在客户综合服务系统1.0版建设中，公司不断探索和采用新技术、新观念，逐步形成“电商风格、移动计算、数据为王”三个新理念和新标准，并按照这一理念和标准重新设计了1.0版系统，重构了先导版的功能。另外，公司还积极拓展移动应用领域，IOS平台大司库系统成功上线。

【企业文化建设】2013年，公司先后邀请公司内外不同领域的专家开展了以“国际视角下的历史三峡”、“解读十八大以来党中央反腐倡廉的新提法、新举措”、“中国三峡集团公司企业文化解读”、“从党的历程看群众路线”、“葡电项目专题报告”等主题的学习讲座、报告会。3月，公司开展以“读书励志、岗位成才”为主题的读书活动。2013年，公司“两网两刊一平台一橱窗”的多维宣传体系持续稳定发挥作用，全年共发布新闻258篇；自办党刊《三财党建》共出版3期；短信平台坚持每周一、三、五给全体职工发送以党务知识为主的短信；展板橱窗共更新13期。

中广核财务有限责任公司

【经营概况】2013 年，中广核财务有限责任公司（以下简称“公司”）积极应对复杂多变国内外宏观金融形势和空前加大的集团资金保障压力，以“三实两基”（重实际、干实事、结实果，做好最基础的工作，练好最基本的功夫）为指导，紧密围绕集团战略需要和年度战略焦点任务，努力践行“一次把事情做好”的要求，扎实做好内部金融服务，积极发展金融产业，各项重点工作均取得了良好的成绩。

2013 年，公司实现管理口径营业收入 8.54 亿元，利润总额 4.75 亿元，净利润 3.59 亿元，净资产收益率为 21.43%；实现 EVA2.66 亿元，资产总额（不含委托资产）200.11 亿元，净资产总额 17.52 亿元，财务效益再创历史新高。

【信贷业务】2013 年，公司扎实做好信贷管理与融资服务，加强集团内部信贷资金需求计划管理，拓展融资渠道，资金持续保“稳”。一是推动核电项目银团发放，保障核电项目长期建设资金。截至 2013 年末，银行共计新发放核电项目银团贷款 380.15 亿元，集团各项目银团提款比重由 2012 年底的 65% 上升到 80%，有力地保障了核电项目长期建设资金需要。二是香港人民币借款回流业务取得政策性突破，有效打通境外人民币资金回流通道。9 月，中国人民银行深圳市中心支行批准公司可向香港金融机构借款人民币 30 亿元并回流境内用于广东省内的项目。10 月，公司完成第一笔三年期人民币 2 亿元贷款发放，资金顺利调回境内阳江核电的银行账户，为集团拓宽了境内外融资渠道，有效降低了集团融资成本。以阳江核电借款为例，用款成本相当于三年期基准利率下浮 15% 左右。三是突破完成德令哈光热亚洲开发银行贷款转贷和商贷融资工作。10 月，中广核青海德令哈光热发电项目 1.5 亿美元亚洲开发银行低息贷款谈判顺利完成，项目协议基本落定，贷款利率低至 1.16%。该项目为中广核集团首次使用国际金融组织贷款。亚洲开发银行贷款多为地方政府申请使用，集团是截至目前国内第二家直接使用的中央企业。

【资金和投资业务】一是成功开展约 13 亿元人民币的跨境代付业务，并发放内部贷款约 4 658 万美元（其中跨境人民币贷款 2 亿元）。跨境代付为集团境外集中资金的运用开辟了新的途径，是公司在丰富结算产品、持续金融创新方面的一项重要突破，既能大幅降低成员企业购汇成本（160 ~ 200 个基点），又能有效缓解境内资金紧张的局面。仅 2013 年底就为集团境内增加了 6 亿元的跨年资金，并为集团节省财务费用 1 775 万元人民币。二是投资管理成绩显著。截至年底，公司实现投资收益 5 721 万元，超额完成年度投资收益考核指标。在2013年证券市场整体环境弱势，上证和深证均呈现跌势的情况下，实现投资收益率（不包括浮盈）超过8%，年度投资收益率更高达26.4%，远远跑赢大市。定向增发业务成效显著，总投资规模5.30亿元，收获浮盈10.05亿元。三是集团年金管理逐渐完善。在2013年债券价格连续大幅下跌的不利形势下，公司积极采取各项应对措施，最终完成了年初目标值，年金投资收益率达到5.3%，不仅超过同期五年期存款基准利率，还远远超越了市场平均收益水平。

【外汇业务】一是湖山项目汇率保值为集团作出重大贡献，填补境外小币种金融衍生品交易空白。2013年6月，公司与铀业公司通过美元/兰特的外汇远期外汇交易对湖山项目汇率风险进行管理，交易金额达8亿美元，节约财务费用3.34亿美元，降低工程造价约13%，为湖山项目经济性作出了巨大贡献，为"走出去"项目的汇率风险管理起到了良好的示范效应。二是中广核国际交叉货币掉期交易使债务风险管理拓展至境外，首次在境外直接开展金融衍生品交易。1月，在集团赴港增发15亿元人民币债券后，公司通过人民币美元的交叉货币掉期交易将15亿元人民币债务掉期为美元债务，金额约为2.42亿美元，预计三年内每年至少节省财务费用1 500万元人民币。这是集团成立以来首次在境外直接开展金融衍生品交易，标志着债务风险管理工作已经由境内拓展至境外，公司将为成员单位提供更加全面的债务风险管理服务。

【资金集中】2013年，财务公司全年完成结算笔数合计约29.4万笔，结算量折合人民币约7 253亿元，全年集团日均资金集中度超过97.5%（全口径资金集中度为74%），结算支付率100%，导致损失的支付差错案件为零。2013年，公司克服困难，完成了K、E公司的资金归集。境外资金管理已基本完成了对可监控和可归集资金的全部监控、归集，初步完成第一阶段目标。年末，境外资金（含归集类和监控类）的整体监控覆盖率达到99.67%，资金集中度为28.85%，可归集口径资金集中度达到96.92%。境外资金集中的初步完成，也让境外资金管理工作步入了新的阶段。

【业务创新】一是设立中广核保险经纪有限责任公司。2013年7月完成注册审批，2014年1月正式独立运作。保险经纪公司把风险咨询服务作为业务重点，促进提升了集团整体风险管理水平。二是设立中广核国际融资租赁有限公司。2013年11月完成注册审批，2014年1月正式独立运作。融资租赁公司的成立，一方面有利于提高集团资本运作能力，改善集团的财务状况。通过盘活存量资产，改善资产结构并提高资产流动性。另一方面，有利于服务集团上下游产业链，有效推动产融结合，提升价值创造方式，形成新的利润增长点。三是获批衍生品资格，公司获批从事由客户发起的远期结售汇、远期外汇买卖、外汇掉期、货币掉期、利率掉期五种产品的代客交易业务。开展代客远期交易等衍生业务，实现锁定债务风险，最大限度降低整体交易成本，同时将省去银行对企业的评估授信环节，有效解决核电项目由于地处偏远较难获得银行授信的问题，利于统一管理和监控集团衍生业务，控制交易对手信用风险和操作风险，降低成本，提高交易效率。

【风险管理和内部控制】2013年，公司重新梳理了关键业务流程，对各流程风险点进行了全面排查，根据风险可控原则，针对现有制度体系存在的问题，按照ISO9001质量管理要求，以制度整体布局、层级和内容、审批控制等方面为突破口，在保持制度内容全面性的基础上，通过精简近50个制度文件，有效解决了制度程序数量较多的问题。

【人力资源管理】2013年，公司启动了

《关于加快人才培养工作实施方案》，从后备干部、业务骨干等四个途径落实有关工作，取得了一定效果。公司重点谋划保险经纪、融资租赁专业人才的引进，以及在公司沉淀人员上下工夫，通过交流、转型、提升等方式，盘活公司所有人力资源，人尽其才，建立内部培养与外部引进并举的人才培养模式。

【信息化建设】根据公司业务发展和经营管理需求，2013 年信息化工作以公司信息化总体解决方案为计划，有序地开展信息安全保障、网银系统业务连续性、ERP 深化实施等信息化重点项目建设。

【企业文化建设】2013 年，公司通过召开集团企业文化共识宣讲会、组织团队素质拓展活动、建立企业文化建设推进队伍等方式，让全体员工全面认识和深刻理解集团企业文化，推动集团企业文化共识落地。全体干部员工树立了“一次把事情做好”的核心价值观，每位员工都以“诚信透明、专业规范、有效执行和团队协作”作为行为规范，每位管理人员都按照“率先垂范、善于经营、关爱员工和公正廉洁”规范自己的行为。通过开展上述活动，公司凝聚力进一步增强，士气得到进一步鼓舞。

中船财务有限责任公司

【经营概况】2013 年，中船财务有限责任公司（以下简称“公司”）坚持“依托集团、服务企业、实现集团价值最大化”的基本经营宗旨，一方面通过调整资产配置结构，提高资产整体回报率，实现自身业务转型发展；另一方面通过创新业务种类，提供多样化、个性化的金融服务，努力打造“资金管理”和“资金运营”相互支撑的双轨道发展模式，充分发挥金融牌照和专业化金融服务优势，为集团公司“转方式、调结构、全面转型发展”提供金融支持。截至 2013 年 12 月底，公司资产总额 430 亿元，负债总额 398 亿元，全年实现营业收入 18.71 亿元，同比增长 78%，实现利润总额 8.47 亿元，同比增长 55%，净利润 6.47 亿元，同比增长 56%。

【资金集中管理和结算业务】作为中船集团公司资金集中运作平台，公司负责集团资金集中管理业务的日常运行和资金结算。2013 年，公司以结算服务提高资金集中规模，将各类人民币存款利率在同期存款基准利率基础上上浮 10%，结算业务的深度和广度进一步扩大。2013 年，公司日均人民币存款 358 亿元，同比增长 65%。公司按照流动性期限配比，合理安排资金头寸，抓好周计划、日调度的各个环节，统一平衡、调度头寸，在确保公司不出现流动性风险的情况下提高资金使用效率和收益水平。

公司积极推广“网银”结算业务，强化结算平台功能。在已开通 5 家银企直联的基础上，又新开通 1 家银行直联系统，银企直联实现了集团资金上收、资金划转、资金支付功能，也实现了资金实时监控、自动归集功能。2013年，公司办理成员单位内部转账结算2 439笔累计489亿元；通过银行办理成员单位收款1 078笔，累计358亿元；接受成员单位委托办理银行付款2 467笔，累计464亿元；通过网银系统接收并发送成员单位付款指令107 875笔，累计1 267亿元。

【信贷业务】公司加强与成员单位的沟通，深入了解信贷业务需求，优化资金计划管理，帮助成员单位解决资金压力，助推成员单位战略转型发展。2013年，公司扩大信用评级范围，调整评级指标，完善评级方法，加强授信管理，深化贷前调查、强化贷后跟踪管理，逐步实现了信贷风险控制的程序化、科学化，严格的管理确保了公司信贷资产质量的持续良好。此外，在满足监管要求的同时，公司合理安排信贷计划，采用低于基准利率10%～15%的优惠条件向成员单位提供融资。

【票据业务】公司充分利用电子商业汇票系统，扩大对集团内外部上下游企业的票据承兑和票据贴现业务，打造供应链金融新模式。截至2013年底，电子商业汇票系统已覆盖了上海、广州及江苏地区主要成员单位，票据贴现和电子商业汇票承兑业务均呈现快速增长势头。2013年电子商业汇票承兑业务量达到88亿元，同比增长506%，承兑业务收入467万元；票据贴现29亿元，同比增长134%，贴现业务收入超过3 700万元。票据贴现和票据承兑业务的扩大，为成员单位提供了更完整的金融服务，回笼了成员单位分散在各商业银行的保证金，强化了资金集中度，提高了集团整体的资金运作效率。

【投资业务】2013年，公司积极转变投资方式，拓展投资业务，选择优质的理财产品、信托产品等固定收益类产品进行配置，优化投资组合。同时在风险可控的范围内首次开展股票二级市场业务，采取短线主动型波段投资策略，优选绝对低值且业绩有增长的防御性品种，抓住证券市场震荡上行的机会，取得了较好投资收益。2013年实现投资收益8 962万元。

【外汇业务】2013年，公司积极走访成员单位，了解实际业务需求，扩大结售汇业务规模，为集团成员单位办理即期结售汇业务7.90亿美元，同比增长121%；首次实现了成员单位内部结售汇轧差交易，创新了业务种类。2013年，通过为成员单位搭建便捷和优惠的结售汇操作平台，为集团成员单位节约财务费用904万元。

【保险业务】公司搭建了保险业务集中管理平台，实现保险业务的集中管理。2013年，公司认真做好保险业务统一管理各个操作环节，建立操作规范和流程以及保险统保工作的服务网络，帮助成员单位做好出单、理赔及风险防范等各项服务工作，提高了保险管理工作的效率和内控水平。2013年，公司为成员单位降低保费支出4 464万元。

【风险管理和内部控制】2013年，公司开展全面内控工作，梳理公司制度，编制内控手册。加强了对业务的事前事中监督，根据制度修订情况，结合内外审计及监管机构相关意见，公司对各类业务的审批及操作程序进行重点完善和明确。规范了防范金融风险委员会、投资决策委员会及信贷评审委员会的集体决策程序，强化了不同审批层级的责任意识，确保了分级授权管理制度的有效执行。

2013年，公司加大了对各类业务的审计稽核力度，并根据业务发展状况将网银系统的运作情况纳入稽核范围。同时，根据监管机构要求针对公司治理、内部控制及风险管理环节进行了专项稽核，相关报告均及时呈报公司董事会及监管机构。

【信息化建设】2013年，公司成立了信息管理部，通过提升信息化水平提高公司业务服务和内控管理能力，从业务和管理两条线推进信息化建设工作：在管理方面进一步优化开发OA系统的各项功能模块；在业务方面完成了资金管理系统和电子汇票系统的集成，实现了资金监控、结算、信贷、外汇、电票一体化资金管理系统，使分级授权管理制度、交易权限管理规定的执行得到有效控制和监督，提升了效率，降低了风险。

【企业党建和文化建设工作】2013年，公司以邓小平理论和“三个代表”重要思想为指导，认真贯彻党的十八大精神和十八届三中全会精神，按照集团公司统一部署，以“为民、务实、清廉”为主题，深入解决形式主义、官僚主义、享乐主义和奢靡之风这“四风”问题。加强党员干部的服务意识，贴近企业服务一线；主动创新，以创新视角谋发展之路；实施人才计划，加快人才培养；立足风险防控，不断提升惩防体系建设水平。公司加强廉洁从业教育，营造学习型组织，提倡员工自觉学习和创新，并逐步建立和形成具有自身特色、上下认同的公司文化，形成竞争优势，保证公司健康持续发展。

中核财务有限责任公司

【经营概况】中核财务有限责任公司（以下简称“公司”）成立于1997年7月21日，是由中国核工业集团公司（以下简称“集团”）及其成员单位等25家股东单位共同出资设立的非银行金融机构。2013年，公司深入贯彻“融入集团、服务集团”价值理念，根据集团“计划—预算—考核”管理体系要求不断改进工作。公司明确了以打造集团资金管理平台、金融服务平台为核心的发展路径，始终坚持以集团利益最大化为工作出发点，致力于持续降低集团各单位财务成本，全面完成了集团公司下达的经营指标和重点工作任务。截至2013年末，公司资产规模319.33亿元，同比增长12.21%；全年实现主营业务收入14.14亿元，同比增长11.31%；实现利润总额5.71亿元，同比增长15.02%。

【公司治理】公司按时完成董事会、监事会换届工作，严格按照监管部门规定完成离任董事审计和拟任董事任职资格审核工作，确保董事会合规运行。新一届董事会组建了战略管理委员会、风险管理委员会、薪酬考核委员会、审计委员会等四个专业委员会，为董事会科学决策提供专业支持。

【增资扩股】经股东会同意、集团批准并报北京银监局审批，公司注册资本金由12.56亿元增加至20.096亿元，顺利完成第三次增资扩股。增资扩股提高了公司资本充足率，为深化开展金融业务奠定了更坚实的基础。

【资金管理】公司持续深化集团资金管理平台建设。全年集团日均归集资金285亿元，全年资金归集率97%（扣除不可归集因素）。公司全年开展结算业务28.8万笔，结算金额8 200亿元，为成员单位节省结算手续费109万元，结算业务实现全年零差错。公司给予客户最高上浮存款利率，成员单位全年共增收约5 000万元。通过加强资金计划和流动性管理，公司日均活期备付资金较上年降低6.28亿元。

【外汇业务】公司在摸清信用证结算特点和购付汇规律的基础上，与合作银行研究确立了信用证项下购汇业务的方式和流程，从而进一步拓展了业务范围，为成员单位提供了更多的业务选择。这项业务的推出受到成员单位的欢迎，在实现公司结售汇业务规模提升的同时，也为成员单位节约了更多的费用。公司全年共开展结售汇业务158笔，合计金额3.9亿美元、9 837万欧元，为成员单位节约费用740万元。

【票据业务】公司明确了票据业务作为2013年重点创新工作，并遵循“电票—纸票并行”的方针推进工作。公司顺利完成总额5 000万元人民币的两笔纸票业务到期兑付和扣款承兑，实现票据业务零的突破；电子票据系统也已获得人民银行批复并于12月正式上线。票据业务的开展为成员单位提供了新的融资手段，拓宽了财务公司的金融服务范围。

【信贷业务】作为集团“内部银行”，财务公司通过发放自营贷款与委托贷款，盘活集团货币资金，提高资金使用效率。公司全年共发放自营贷款109.64亿元、委托贷款74.33亿元，为集团节省对外融资财务费用超过10亿元。在市场资金趋紧的环境下，公司始终保持各期限贷款利率同比国家基准利率下浮10%，全年直接为成员单位节约利息支出0.93亿元，为集团化融资与其他商业银行争取优惠贷款利率奠定基础。

【集团化保险】公司积极推进集团化保险工作，进一步确立了核电板块的保险顾问地位。公司先后完成了三门核电核燃料组件运输责任险、田湾二期货运险、田湾二期建安险及三者险以及清原公司货运险等出单工作；完成了海南核电风险检验、核电站保险相关议题的研究讨论；完成漳州风电项目运营期保险安排工作；完成福清核电、方家山核电、海南核电及三门核电项目运营期保险报价商谈工作。

【财务顾问】公司持续担任中国核电、中国同辐两家拟上市企业财务顾问，协助秦山二期、秦山三期以低于交易商协会估值的利率完成共计9亿元短期融资券的发行，参与集团超短期融资券、中国核电中期票据、江苏核电短期融资券等发债项目。

【金融市场研究】根据集团及成员公司需求，公司发挥自身优势出具专业化报告，包括《上海自贸区成立影响分析——金融财税角度》、《中期票据利率走势分析报告》、《田湾核电外汇研究报告之补充定量分析报告》、《短期融资券利率走势分析报告》（5期）、《外汇走势研究报告》。公司积极跟踪金融市场走势，为集团及各成员单位定期或不定期提供金融市场研究报告，如《金融市场研究》（6期）、《铀价走势预测》（2期）、《货币市场利率波动简析》、《〈中共中央关于全面深化改革若干重大问题的决定〉解读及其对企业影响分析——基于金融市场的视角》等。

【内控咨询】集团于2013年启动了内部控制体系建设工作，公司受托作为此项工作的主要实施团队，陆续开展了流程框架梳理、内控五要素诊断等工作，初步完成了《集团公司内部控制手册（2013年版）》。该项工作是公司管理咨询业务的新探索，进一步延伸了咨询服务领域，提升了专业服务能力。公司参与《中核集团全面风险管理工作手册》的编制，承担修改《中核集团风险管理策略和风险管理解决方案指南》的工作，为集团“2013年度审计与风险管理会议”提供专题培训。

【信息化建设】2013 年，公司持续提升主营业务和监管领域的信息化水平，搭建电票系统并升级优化了结算、信贷系统，监管信息系统也于10月正式上线运行，实现了非现场报表的自动取数、报表自动生成等功能。公司获得集团公司成员单位信息化水平评价 B 级。

【人力资源管理】公司设计试行了员工行政序列和业务序列并存的职业生涯发展路径，实施了业务主管竞聘工作，激发员工的工作激情和创造性，为公司长期稳定发展提供坚实的人才保障。

上海浦东发展集团财务有限责任公司

【经营概况】2013 年，上海浦东发展集团财务有限责任公司（以下简称“公司”）紧跟集团项目建设步伐，重点围绕“做好集团资金守护者、投融资探路者和内控建设先行者”的具体要求，周密部署，协调推进，在“以强化功能带动主业发展、以拓展主业支撑功能发挥”的产融结合格局中找准定位，有序地推进各项经营工作的开展。截至 2013 年末，公司资产总额 103.17 亿元，所有者权益 20.94 亿元，实现净利润 2.11 亿元，净资产收益率为 10.35%，总资产收益率 2.8%。资产质量保持良好，各类监管指标和重要经营资产质量指标均符合监管机构要求。

【信贷业务】为满足新区重大项目的建设，公司牵头完成了银团项目的组建、签约和提款等工作，总融资规模达到 97 亿元；协助集团环保企业取得 11.75 亿元的融资额度，积极支持环保产业发展；同时，公司积极为集团和成员企业提供资金支持，全年累计发放自营贷款 102.08 亿元，日均存贷款规模分别为 85.51 亿元和 28.98 亿元；资金归集率为 86.2%（剔除非财务公司专户），全年平均归集率为 88%。

【资金业务】针对利率市场化进程的深入推进和市场利率波动剧烈的特点，公司积极开展同业合作，通过优选交易对手，深入探讨通道业务，加大对资金的合理调度和周转，实现了 2.4 亿元的资金业务收入。此外，为了进一步加强对资金流动性管理的探索和研究，公司专门对资金流动性管理进行深入分析和研究，并形成了“资金流动性管理体系研究”的课题报告，促进公司资金流动性管理，提高盈利能力和抗风险能力。

【投资业务】公司坚持安全性、流动性、合规性和收益性的原则审慎开展投资业务，通过配置货币基金等固定收益类产品，获取了较好的投资收益。同时，公司进一步完善投资制度，通过制度化、流程化的管理，加强对投资业务的风险管控。公司还积极加强与同业之间的沟通，不断提升投资团队的投资管理水平。

【投行业务及创新】根据集团的实际需求，公司积极开发权益类融资模式，创新设计结构性融资产品，深入研究投融资机制和产品。2013年，公司积极做好产业基金和集团境外融资业务的方案设计和合作者谈判等工作。此外，公司还通过《信息参考》、《金融信息》周报和金融信息交流会等载体，努力做好为集团和成员企业的投融资服务的研究工作。

【风险管理和内部控制】2013年，公司以高效规范为目的，全面推行风险嵌入式管理，并着重围绕“内控手册、制度建设、风险监控、信息报送和法务合规”五方面开展工作，公司风险管理工作取得显著成效。

【财务结算】2013年，公司正式启用了电子印章，并借助网银系统实现成员企业自主打印对账单功能。此外，公司主动走访成员企业了解实际需求，不断优化业务系统和业务流程，努力为客户提供个性化的金融服务。

【人力资源管理】在完善《绩效考核管理办法》的基础上，公司通过部门季度重点工作分解和员工季度工作小结的结合，确保公司各项经营任务的完成；启动了任职资格管理工作，进一步优化公司人力资源架构，拓宽员工职业发展通道；通过年度培训计划的不断落实，以提高员工业务水平和综合素质；另外，公司还修订或制定了包括《员工培训管理办法》、《员工退休管理办法》、《任职资格管理办法》、《薪酬管理办法》在内的一系列人力资源管理制度，进一步完善了人力资源制度体系。

【信息化建设】2013年，公司对信贷、结算、网银等模块进行新增、改进和优化，从而规范信息系统的业务流程，提升对业务的支撑和覆盖范围，促进业务的开展和运营。此外，公司根据内控管理的要求，部署了堡垒机系统，对公司的系统管理的操作权限进行了限制，对操作行为进行了监控，提升了操作风险和道德风险的防范能力。

【企业文化建设】2013年，公司组织开展了学习贯彻落实十八大精神系列活动，扎实推进以道德讲堂为载体的社会主义核心价值体系建设，形成《廉政风险防控机制建设手册》，加强了惩治和预防腐败的体系的建设；积极发挥工、团等群众组织的作用，开展了丰富多彩的活动，增进团队合作精神，提升组织凝聚力。

鞍钢集团财务有限责任公司

【经营概况】2013年，面对严峻的市场形势和繁重的经营任务，鞍钢集团财务有限责任公司（以下简称“公司”）按照董事会年初确立的工作目标，紧紧抓住“鞍、攀财务公司整合和创新金融业务”两大工作主线，践行“六种发展理念”，各项工作取得显著成效。截至2013年末，公司资产规模131.61亿元，贷款规模192.54亿元（其中委托贷款103.89

亿元），存款84亿元，实现利润总额5.42亿元，同比增长0.6%。各项指标均符合监管要求，其中资本充足率为27.94%，流动性比例为26.39%，资本利润率为13.17%，总资产利润率为3.07%，不良资产率为零。

【鞍、攀财务公司整合】按照年初确立的“以完成鞍、攀财务公司实质性整合，实现总分公司高效协同运作为重点”的工作目标，人员机构、制度、业务、信息系统及综合五个专项工作组结合各自分管工作，推进鞍、攀财务公司整合进程。一是取得银监会对鞍山钢铁收购攀钢财务公司24家小股东的批文。二是调整鞍、攀财务公司整合方案，并上报申报材料。三是完成了攀钢集团168个成员单位对公司的授权、116个结算账户设立及结算数据迁移等工作。四是按照总分公司运作模式，与攀钢财务公司核对会计科目，统一了74个一级科目，新增了4个一级科目、15个二级科目、119个三级科目。

【信贷业务】为鞍钢集团及成员单位发放自营贷款123.13亿元，实现贷款利息收入3.89亿元；发放委托贷款56.33亿元，实现佣金收入0.11亿元；办理纸票贴现15.16亿元，办理电票贴现14.65亿元，共实现贴现利息收入0.50亿元。

【资金和投资业务】与盛京银行、光大银行、兴业银行等开展219笔高息存款业务，全年累计实现资金产品账户收益5 531万元，占存放商业银行利息收入68.7%。开展债券质押式逆回购业务，获利1 119万元。开展同业拆出业务，获利87万元。

【资金集中】结算平台服务能力不断提升。将资金管理系统与攀钢进行无缝对接，细化资金结算服务工作，增加工商银行、农业银行、中国银行、建设银行、交通银行五家商业银行的第三方代理支付业务功能。全年资金结算总额9 601亿元，结算业务量13万笔，代保管票据15 977张，金额达268.86亿元。

【业务创新】加强与人民银行的沟通，实现再贴现业务零的突破。融入年化利率为2.25%的低成本资金1.41亿元，创效92万元。加强与集团公司的沟通，实现配置债券资产业务零的突破。配置债券资产8亿元，获利1 806万元。

【风险管理和内部控制】将全面风险管理与内控体系建设融为一体，汇编内部控制手册。及时监控资本充足率、流动性比例等监管指标，紧盯银监会新资本充足率政策发布，确保合规经营。根据银监部门、鞍钢集团现场检查要求，落实监管意见20项。

【管理提升】围绕外部市场开发、风险管控及资金服务等增效重点环节，深入开展管理提升活动。层层建立战略绩效、岗位绩效考核办法，工作绩效与薪酬挂钩。以全员成本目标管理活动为切入点，按照年度经营指标，进行利润倒逼，全方位降本增效。全年累计实现内部收入5.03亿元，外部收入0.80亿元。

【人力资源管理】落实“学习与成长指标”，共有66人次参加鞍钢集团组织的各类专业培训，3人次参加中国财务公司协会举办的业务培训，6人次参加中国外汇交易中心举办的全国银行间市场交易员培训，4人次参加上海清算所组织的登记托管结算及净额清算业务资格培训，3人次参加中央国债登记结算有限责任公司组织的债券托管结算业务培训，并取得相应的资格证书。组织岗位责任制考试，增强员工责任意识。在鞍钢集团范围内招聘15名业务人员，充实员工队伍。

【信息化建设】以搭建总分公司跨区域资金结算平台和办公平台为重点，集中解决N9系统存在的60个整改问题，在办公系统增加分公司公文流转路径，保证鞍山、成都两地资金划转及办公渠道的畅通。

【党务工作】党组织结构进一步完善。经鞍钢集团批准，正式成立党委、纪委及工会。以跨区域视频会议方式召开财务公司党员大会，选举出席鞍钢集团第一次党代会党代表。党的群众路线教育实践活动初显成效。按照鞍钢集团党委统一部署，定期召开民主生活会，通过网络问企、调研等方式，真正融入职工工作、生活，共征集在作风建设、资金业务、风险防控、住房公积金管理、信息系统建设、管理体制创新及职工队伍建设等12方面意见建议29项。对其中13项建议做好政策解答，对要求制定整改措施的16项建议，由分管领导责成相关部门做好落实。工会、共青团作用凸显。工会注重发挥组织、引导、服务广大职工的作用，深化民主管理，组织登山、排球比赛等活动，丰富职工业余生活，凝聚企业发展动力。共青团坚持服务企业发展，服务青年成才，成为推动企业发展的新锐力量。

中国电力财务有限公司

【经营概况】2013年，中国电力财务有限公司（以下简称“公司”）围绕建设国际一流现代财务公司愿景，贯彻“三抓一创”（抓安全、抓服务、抓发展、创一流）工作思路，按照“转型、提升、融合、发展”工作方针，持续深化资金管理平台建设，圆满完成了全年各项任务，保持了健康稳健的发展态势，为国家电网公司建设“一强三优”现代公司作出了积极贡献。2013年，公司注册资本金增至100亿元，资产规模达到1 457.41亿元，净资产165.08亿元，营业收入43.88亿元，实现利润31.03亿元，连续两年超过30亿元，经营管理工作取得优异成绩，各项指标全面满足监管要求。公司已连续两年获得国家电网公司企业负责人年度业绩考核A级，连续三年荣获“金龙奖”年度最佳财务公司称号。

【信贷业务】信贷业务是公司的主要资产业务，也是向成员单位提供融资服务的主要业务形式。2013年，公司在满足监管要求的同时，开展“增加一份贷款”活动，加大营销网省公司，深化直属产业单位、县级供电公司融资支持，加强同业合作，增加信贷规模，创新业务品种，提高信贷业务管理水平，实现了信贷规模稳步增长，贷款日均规模达到709.12亿元。2013年，公司向集团成员单位累计发放贷款800多亿元，通过银行间合作共买入中长期信贷资产30多亿元。此外，信贷资产证券化业务筹备工作基本完成，国内保理业务试点成功。

【资金业务】2013年，公司面对集团资金池持续紧张、外部市场流动性冲击等复杂形势的挑战，加大与集团沟通协调力度，完善资金管理措施，积极推进“实时监控、资金调度、业务交易、运营分析”四大功能一体贯穿的资金调控中心建设，加强资金工作创新，不断提升资金管理水平，确保集团备付安全。2013

年，公司加强存款组织管理工作，保持存款规模稳步增长，存款日均余额1 303.3亿元。完成同业拆借限额调增至100亿元审批手续，并向金融同业申请调增授信。完成《沟通机制标准化建设方案》，规范公司资金管理信息沟通流程，统一大额资金预约和客户现金流预算信息报送工作标准，提高资金管理效率。与中国银行间市场交易商协会签订《中国银行间市场债券回购交易主协议》，确保债券回购交易稳健、连续运行。推动DVP结算方式在公司应用落地。

【投资业务】2013年，公司积极开展投资创新，有效规避市场风险，积极开展短期资金运作。在公司资金充裕时，通过投资货币市场基金、银行理财产品等多种方式进行短期资金运作，实现收益近0.7亿元。在公司资金紧张时，根据资金调度安排，通过开展交易所债券质押回购融入短期资金，累计50亿元。

【票据业务】2013年，公司积极推进票据业务发展，与多家商业银行开展同业合作交流，取得多家银行票据贴现授信额度；对电子商业汇票业务需求较多的客户开展业务宣传，拓展电子商业汇票客户范围；不断优化电子商业汇票系统功能，完成四期功能开发与测试工作；票据在线集中管理成效显著，票据托管量稳步增长。2013年，公司全年办理票据承兑业务445笔、累计金额12.68亿元，全年办理票据贴现业务314笔、累计金额13.64亿元。推进票据业务创新，成功办理公司首笔回购式转贴现业务。

【外汇业务】2013年，为更好地服务国家电网公司国际化发展战略，公司成立了归口管理国际业务的国际业务处，制定了国际业务发展规划。通过开展成员单位国际业务情况调研、财务公司同业调研、国家电网公司境外资金集中管理平台建设可行性方案研究、本外币资金一体化全球集中管理研究、上海自贸区相关政策研究等一系列研究，为国际业务开展提供了有益的支持和借鉴。持续推进国际业务制度建设，不断完善国际业务信息系统功能，加强向外汇管理部门沟通汇报，确保国际业务合规高效开展。与中国银行、工商银行和光大银行签订了合作协议，进一步深化了与商业银行的合作关系。通过持续加强推广营销，积极拓展结售汇业务规模和服务范围，为成员单位节约数百万元汇兑成本。

【资金集中】2013年，公司资金归集服务不断加强，积极拓展资金归集的深度和广度，带动公司存款规模不断增长，为公司经营发展提供了有力支撑。通过进一步加强资金归集管理，不断深化资金集中服务工作，截至2013年12月末，公司实现国网系统资金集中度99.96%（扣除不可归集因素）。积极开展上划县供电企业资金归集工作，实现归集全部国家电网公司新农电上划单位的资金。密切跟踪、掌握各省电力公司新增住宅小区供电配套工程及运维资金动态，及时完成该专项资金的归集工作。积极推进新设、重组并购单位资金归集，及时完成客户单位资金池的迁移及挂接工作。继续深化上市公司资金归集工作，提高上市公司资金集中度。切实做好国家电网公司总分部资金归集服务工作，协调各区域分公司实现资金一体化管理操作。向银监会争取到代管县资金归集资格，并及时开展代管县资金归集工作。实现资金归集统计报表自动化，及时掌握公司资金归集情况，并对资金归集数据信息进行深度分析，为客户顺利完成账务核算、电费考核提供辅助支持。

【风险管理和内部控制】2013年，公司始终坚持将风险管控和依法治企摆在突出重要的位置，严格依法合规经营。稳步推进风险管理一体化体系建设，深化风险管理“两防两控”工作机制，夯实风险内控建设，有效监控各类经营风险，持续提升风险管控能力，为实现年度经营目标保驾护航。为减少风险事件发生，提升风险防控能力，公司积极推进流程型风险管理体系建设，风险信息库建设取得阶段性成果，已完成全部监测预警指标第一期信息化开发工作。通过组织开展“大安全”风险管理提升、“安全月”、“质量月”、“安全日”等一系列的安全风险管理活动，提升了风险管理能力，促进了公司风险管理文化的培育。持续深化各类风险管理，强化操作风险、信用风险、投资风险、流动性风险管控。积极推进依法治企，成效显著，清收处置历史遗留问题取得重大进展，全年累计清收不良资产 0.88 亿元。深化内部控制体系建设，完成资金调控中心一期工程建设，创新提出公司脱核模式，全面梳理总结各经营单位结算模式，推进“一本制度”建设，强化信息化建设和运维保障，提升信息系统安全运行水平。

【人力资源管理】2013 年，公司以“两套体系”、“两种机制”、“两项管理”、“两个基础”为工作重点，深入推进人力资源体制机制改革创新，深化人力资源集约化管理，不断提升人力资源管理管控能力和资源优化配置能力。落实流程型财务公司建设工作部署，开展内部管理体系建设，通过顶层设计、体系构建、流程再造和部分组织优化，公司纵向贯通有力、横向高效协作的组织机构体系基本构建完成。落实国网“三定”（定编、定岗、定员）标准和要求，深化岗位责任体系建设，印发公司岗位管理办法，规范公司岗位管理工作，为今后的公司管理全面提升打下坚实基础。深化“三考”（考核、考试、考勤）工作，推进全员全口径管理：制定印发《企业负责人年度业绩考核管理办法》，建立框架相对统一、功能比较完整、覆盖较为全面的绩效管理体系；组织开展全员普考和专业调考，进一步夯实员工专业知识和技能；进一步规范劳动纪律和考勤管理，将考勤工作覆盖到全体员工。强化干部员工队伍建设，全面摸底调查员工综合素质，人才培养和引进取得新进展。企业年金管理、社保管理工作不断完善。

【信息化建设】2013 年，公司继续高度重视信息化建设，将信息化纳入公司总体战略和发展布局之中，以服务支撑流程型财务公司建设为中心，积极稳妥推进信息化建设，为国家电网公司资金集中管理和公司经营提供了坚强技术支撑。信息化建设取得新突破，资金调控中心一期建成投运，开展 CRM 系统暨统一客户信息建设，推进核心业务流程优化落地实施，推进财务集约化等系统深化应用。系统安全运行再上新水平，建立全方位、常态化的信息安全风险评估和主动防御机制，强化系统运行维护管理。信息化管理进一步规范，完善信息化管理体制机制，开展信息化架构管控示范单位建设，SG - EA 项目获得电力行业信息化优秀成果一等奖。

【企业文化建设】2013 年，公司进一步加强企业文化基础建设，大力推进企业文化传播、落地和评价工程建设，企业文化落地项目分获电力行业和国家电网公司企业文化优秀案例三等奖。组织编发《员工文明手册》，发出文明上网倡议，强化对员工基本礼仪规范、道德规范等行为标准的宣传与执行。开展“最美电财人”评选活动，展示员工风采，增加企业凝聚力。公司获得多项荣誉：华东分公司直属营业部获中央企业系统 2011—2012 年度“全国青年文明号”。英大国际大厦荣获全国物业管理示范大厦荣誉称号。华中分公司总经理丁琪荣获“国家电网公司劳动模范”荣誉称号。青海业务部荣获“国家电网公司先进集体”荣誉称号，公司办公室副主任王良浩荣获“国家电网公司劳动模范”荣誉称号。华北分公司工会荣获“国家电网公司工会工作先进单位”称号。公司《核心业务流程优化，企业文化落地生根》荣获 2012 年全国电力行业文化和企业文化优秀案例三等奖；华东分公司的《“小海豚”优秀企业文化实践活动》和华北分公司的《“趣味运动会”添活力，企业文化扎实落地》分获2012年全国电力行业文化与企业文化优秀成果二等奖、三等奖。公司华中分公司团支部被授予国家电网公司“五四”红旗团支部的荣誉称号；华北分公司杨扬被评为国家电网公司“优秀共青团员”的荣誉称号；公司总部李鹏被评为国家电网公司“优秀共青团干部”的荣誉称号。华中分公司选送的书法作品《清正廉洁》荣获“国家电网公司2012年廉洁文化优秀作品奖”；西北分公司选送的优质服务效能监察项目荣获“国家电网公司2012年度效能监察优秀项目三等奖”。

神华财务有限公司

【经营概况】2013年，神华财务有限公司（以下简称“公司”）紧紧围绕集团发展战略，以实现集团整体效益最大化为目标，以为集团和成员单位提供优质金融服务为核心，瞄准建设国内一流财务公司的战略目标，较好地完成了全年经营任务，经营业绩创历史最好水平。公司全年实现利润总额9.34亿元，实现经济增加值5.00亿元，费用控制取得良好成效。

【资本金增加】2013年5月，在股份公司和各股东单位的大力支持下，公司圆满完成了增资工作，资本金增至50亿元。增资工作对于公司提高资本充足率、加强资金集中管理和增强信贷服务能力等都具有重要意义，为各项业务的顺利开展奠定了坚实基础。公司整体实力得以显著提升，向着创建“一流财务公司”的战略目标更近一步。

【信贷业务】公司本着为客户提供优质金融服务的目标，以低成本、高效率、专业化的优势，全力配合集团的战略部署，为重点投资项目做好资金保障。公司从大局出发，以降低全集团财务费用为目标，向成员单位提供的金融服务具有显著的价格优势，存、贷款利率均优于同业水平。贷款利率为基准利率下浮10%，存款利率为基准利率上浮10%。经测算，2013年为成员单位节约贷款利息支出1.64亿元，增加存款利息收入0.69亿元，两项合计共为成员单位增收节支2.33亿元。此外，公司提供委托贷款、票据承兑服务，手续费率大幅低于商业银行。

【票据业务】为应对低迷的煤炭市场环境，缓解资金支付压力，减少财务费用支出，公司在集团财务部的指导下积极推进电子承兑汇票业务，以较高的工作效率完成了从方案规划到系统上线的整个过程。截至2013年末，公司与38家成员单位签订了《票据承兑合作协议》，协议金额合计27.15亿元；已为35家成员单位办理了电子票据承兑业务，承兑电票789张，累计承兑金额17.47亿元。

【资金集中】公司长期致力于提高资金集中管理能力，在两总部财务部和各成员单位的支持下，2013 年资金集中度显著提升。截至年末，全口径资金集中度达到 40.97%，比上年同期提升了 11 个百分点，增幅 36.61%。在此基础上，公司及时了解成员单位大额资金安排与流向，分析资金运行情况，合理搭配资金期限结构，制定资金头寸管理方案，通过比价提高同业存款收益率，努力实现资金收益最大化。

【中间业务】公司积极参与两总部中票、超短融的发行工作，配合承销商顺利完成融资发行，全年实现财务顾问收入 0.89 亿元。公司按照集团整体工作安排，积极推进保险集中管理服务工作，在集团财务部的领导下，组织开展保险经纪公司招标工作，探讨战略合作框架，协助集团完成合格保险供应商选聘工作，为保险业务全面集中管理奠定基础。

【结算业务】2013 年，为进一步优化平台功能，大力拓宽结算通道，公司新开通交通银行、平安银行的银企直联服务，实现与五大国有银行全部直联互通，并全面开通代理支付业务。随着结算渠道的不断拓展，公司结算业务量大幅提升，累计实现结算量 17.1 万笔，同比增长 36%；结算金额 2.4 万亿元，同比增长 32%。2013 年公司全面完成资金结算系统扩建改造项目，成功上线了定期存款系统、电子回单系统、资金归集查询统计功能等服务，并对部分结算业务处理模式进行优化，结算效率不断提高。目前，具有神华特色的资金管理一体化集成平台日臻完善。同时，根据成员单位的个性化需求，公司积极探索优化结算流程，提供专业化结算服务，拓宽结算渠道。公司通过与平安银行合作，为工程公司搭建招投标项目保证金管理系统，实现投标结束后保证金迅速返还，提高工程公司财务工作效率，大幅度降低手续费支出，确保保证金的归集。

【课题研究】2013 年，公司加强业务创新基础建设工作，完成多项业务创新项目前期论证工作。一是为更好支持集团发展，充分发挥公司的作用，开展“切实降低实体经济发展的融资成本”和“财务公司支持集团进入全球 100 强”课题研究；二是为积极应对利率市场化的挑战，开展“利率市场化对财务公司的影响及对策研究”，研究成果公开发表在《金融时报》和行业杂志上；三是完成了《集团发展金融产业的研究分析报告》，对开展产融结合的必要条件和过程中的风险控制进行了重点分析研究；四是为服务集团海外业务的发展，开展了“企业集团财务公司经营外汇业务研究”，课题荣获 2013 年财务公司行业优秀课题成果奖；五是为加强煤炭企业与电力企业间的深度金融合作，以金融服务支持集团煤炭销售工作，完成了《财务公司间相互授信业务可行性研究》。

【风险管理和内部控制】2013 年，公司初步建立全面风险管理体系，为资金安全保驾护航。通过细化、完善合规手册，建设合规风险管理长效机制。围绕《巴塞尔协议 III》的框架，从最低资本要求、监管部门的监督检查、市场约束三个大方向，不断夯实金融企业现代化风险管理体系。按照年初确定的“风险管理制度建设年”目标，有序推进由风险治理制度、风险管理主体框架制度、风险管理执行制度构成的上、中、下三个层级的风险管理制度体系建设。风险管理，制度先行，随着公司多项风险管控制度的颁布实施，以及合规手册建设项目的顺利完成，公司全面风险管理体系框架已基本建成。公司在加大稽核审计覆盖范围的同时，还强化了对重点业务领域的稽查力度。2013 年，公司累计现场稽核 12 次，并出具了稽核报告。同时，通过网络系统，持续保持每日对资产业务变动情况进行非现场稽核，对大额资金调拨、利息收支、贷款发放、收回等进行监控并登记台账，做到及时发现问题，及时纠正解决。

【人力资源管理】经过两年的新员工招聘，公司人才队伍逐步充实和完善。2013年，在现有员工中，硕士研究生以上学历占员工总数的70%，平均年龄35岁，一支高素质、高学历、充满活力的人才队伍逐步形成。为提高员工业务水平和综合素质，组织12期基础业务、风险管控、办公管理、制度讲解等系列培训，并开创了“自我启迪”培训模式，收到良好效果和员工好评；为激励员工加强学习，设立专项奖励基金，鼓励员工加强业务学习和考取资格证书，营造良好的学习氛围。

【信息化建设】2013年，公司全面完成资金结算系统扩建改造项目，成功上线定期存款系统、电子回单系统、资金归集查询统计功能和短信通知服务，提高业务处理速度。做好ERP上线工作，努力实现公司金融服务平台与集团ERP系统的无缝对接和信息共享。改进和完善具有公司特色的信息安全管理体系。开展机房搬迁工作，完成机房规划建议方案。

【企业文化建设】为营造安全、舒适的办公环境，在全体员工的支持和配合下，公司顺利完成装修和搬迁工作。以搬入新办公区为契机，公司强化“行政服务支持业务发展、物业服务标准星级化、办公环境健康人性化”的理念，全面规范了VI标识系统、会议管理和办公室管理，推行行政服务满意度测评和公务用车满意度反馈机制，建立员工行为规范，统一员工着装，进一步提升公司整体形象，构建团结和谐、健康向上的企业文化氛围和风貌。

中国电子财务有限责任公司

【经营概况】2013年，中国电子财务有限责任公司（以下简称“公司”）按照集团公司确定的“创新金融服务，助推集团产业发展”总体思路，一手抓创新金融产品与服务，一手抓管理提升和内控建设，公司经营业绩、服务规模、服务水平、内控建设等方面均取得明显成效。2013年，公司调整组织机构，激发团队活力，开拓新业务品种，提升金融服务能力，强化服务意识，带动金融服务规模增长，推动资金集中，增加理财收益，打造阳光和谐透明的企业文化，为应对金融改革和经营环境变化，推动业务转型奠定了基础。

2013年，公司实现营业收入4.89亿元，同比增长26.03%；实现利润总额3亿元，同比增长29.87%；资产规模达到245.66亿元，同比增长62.52%；金融服务规模143.19亿元，同比增长36.91%；资金集中度35.03%，比上年同期增长近10%，在北京辖内43家财务公司中排名第23位。

公司面临复杂严峻的发展形势，自身也存在下列主要问题：一是政策变化冲击经营业务，业务转型受到很大限制；二是中长期资金流失严重，面对经营市场化趋势和企业多元化的要求，增加了经营难度；三是人才队伍的能力素质与集团公司发展要求之间存在差距，整体经营能力和服务水平亟待提高。

【信贷业务】2013年，公司克服了企业经营形势严峻、归集资金波动较大等不利因素，充分运用归集资金，满足企业金融需求，保持信贷规模适度增长。截至2013年末，公司金融服务日均规模达到102.77亿元，同比增长25.02%。公司跟踪集团重点项目的部署，及时跟进国际总部、南京熊猫G108、金融板块、华大重组等重点项目的进展，设计调整融资方案。完成南京中电熊猫平板显示科技有限公司一揽子业务方案，协助验资，为企业在该项目开工初期提供理财服务。

2013年，公司围绕企业资金工作需求展开服务，通过委托贷款、委托理财等方式实现企业整体利益最大化。为中电投控协调了中电器材、中电科技、中电开发、中电广通等企业的委托贷款，为熊猫家电协调了中电器材、器材东北的委托贷款，为上海华虹设计金融服务方案，以委托理财方式满足客户需求。2013年委托贷款和委托投资规模合计66.45亿元，同比增长35.88%。

【资金和投资业务】2013年，公司积极推动低成本融资。通过支持租赁公司团队建设、配合工商注册、提供办公场所等方式，积极配合租赁公司组建，吸收海外低成本资金，服务于集团内外电子信息领域的生产设备、科研设备等动产及不动产领域。争取银行授信，协助中电广通等企业通过内保外贷的方式进行贸易性海外融资。

2013年6月至12月，由于宏观资金面趋紧，市场出了“钱荒”，公司及时抓住机遇，将总部和相关企业闲置资金用于同业理财，获得收益1.44亿元，同比增长196.23%。公司加强与银行同业合作，增加银行授信额度，取得授信额度93亿元，同比增加23亿元。

【票据业务】2013年，公司大力推广电票业务。使用票据的企业从上年的3家增长到10家，集团成员单位对电票的认可度大大提升。截至12月底，完成了中电器材与大唐移动、熊猫家电与熊猫液晶等企业电票业务模式，针对中国软件的贷款需求，为其设计了应收账款保理和电票业务，平台票据使用量已达到2.84亿元，电票业务取得零的突破。

【外汇业务】2013年，公司积极拓展结售汇业务。初步完善了结售汇管理系统，开通了中电进出口、中电熊猫液晶、中电器材等7家企业的结售汇业务，挖掘武汉长光电源等具备结售汇条件企业，适时开展业务。2013年，公司为6家成员单位办理即期结售汇业务63笔，结算汇金额人民币7.2亿元，为成员单位节约汇兑成本184万元。结售汇业务从无到有，取得了明显进展。

【资金集中】2013年，公司认真落实集团总部要求，充分发挥行政化推动资金集中的效果：一是建立资金集中月报制度，完成资金集中考核测算工作，按月向集团公司报送成员单位资金集中情况，关注资金集中变化。二是在集团公司支持下，聚集银行资源，加强账户管理，协助集团总部内保外贷融资。三是完成银企合作情况调研，梳理银企合作现状，进一步集中和确定战略合作银行，探索深化账户管理措施。四是在总部领导、相关部门大力支持下，进一步加强了军工账户集中和重大项目短期资金运作，提高了资金集中效果。2013年资金集中规模达217亿元（含企业存款、委托贷款和委托理财），较上年同期增长了84亿元，增幅为63.16%。

【业务创新】2013年，公司继续推广二级账户联动结算手段。进一步完善资金集中管理模式，重点推进了二级账户联动工作，陆续开通了中国银行、建设银行、交通银行、招商银行和北京银行等五家银行的二级账户联动功能，实现了主要银行全覆盖。全年开通了二级联动账户数 83 家，结算量（不含理财）137 亿元，同比增长 64.5%。通过二级账户联动、实名收款等多种结算方式，加强了结算手段，提升了金融服务能力，推动了资金集中工作。

【风险管理和内部控制】2013 年，公司以开展内控评价和管理提升活动为抓手，梳理、完善内控制度，细化工作流程。制定了《全员考核框架》、《员工考核办法》和《会议管理办法》等管理类制度流程，建立了新的考核体系，加强了对员工目标管理，规范了会议、公文的管理；修订了《公司章程》，制定了《经营业务权限管理办法》等相关授权制度，构建了公司各层级授权管理体系，规范决策程序；修订了《综合授信管理办法》等相关业务制度，规范业务管理流程。2013 年新制定修订制度流程共计 87 项，进一步完善了内控体系，规范了各项工作，提升了内部管理。

【人力资源管理】2013 年，公司根据业务发展需要和员工队伍状况，调整组织机构设置，激发团队活力，优化部门和岗位，精减员工队伍。经分析公司员工状况，拟定了机构改革方案，制定了包括组织架构、员工薪酬和绩效考核等五个文件在内的《中电财务组织机构调整方案》，经董事会审批后实施。经理班子多次召开办公会，总经理牵头分部门、分类别召开六场沟通会，解释方案，签署协议和纪要。通过公司经理班子精心安排，董事会审定，公司于 2013 年 4 月完成机构调整。部门调整为 11 个，中层干部通过公开竞聘上岗，11 个部门负责人中 9 人岗位调整，员工双向选择。13 名大龄员工退出岗位，节省人工成本 10%，工作费用大幅削减，办公场所综合利用，新增收益近 200 万元。

【企业文化建设】2013 年，公司以开展党的群众路线教育实践活动为载体，积极建设阳光、和谐、透明的企业文化，树立“务实高效、勤俭节约”的企业作风。集团公司领导和公司领导为全体员工讲党课，谈执行力建设，谈井冈山精神的传承与创新，谈群众路线的历史内涵与现实意义。公司建立了 8 个领导联系点，领导班子成员向党员职工和业务一线职工征求意见以及业务发展方面的建议。公司出台了一系列改进文风会风、降低领导职务消费、注重实效、厉行节约的制度规定，全面启动开源节流、降本增效工作。通过减少办公面积、减少公车配备、减少出行费招待费、加强会议活动管理等方式，降低成本。2013 年，公司召开会议数量同比下降 75%，印发文件简报数量同比下降 15%，公司领导开展调研活动 25 次，同比增加 67%，全年各项主要费用同比下降 50% 以上，“务实高效，勤俭节约”的优良风气正在逐步形成。

航天科技财务有限责任公司

【经营概况】2013 年，航天科技财务有限责任公司（以下简称“公司”）积极稳健推进董事会下达的年度经营计划，全年实现业务收入20.82亿元，利润总额12亿元。公司资本充足率、不良资产率、资产损失准备充足率、流动性比例等各项监管指标符合监管要求，全年无不良新增资产。存在问题：一是金融服务支持集团公司产业发展的力度有待加强；二是金融服务主动性需要加强；三是组织能力需要进一步提升。

【信贷业务】积极延伸服务领域，扩大服务范围，截至2013年12月底，信贷客户数量达到120家，同比增长15%，公司贷款在集团金融负债中的占比达到45%，较上年提高8个百分点。一是累计发放各类贷款290亿元，置换外部银行贷款10亿元，在风险可控的前提下，为集团公司主抓主推和重点培育项目累计提供21.3亿元的信贷支持，为集团公司其他项目累计提供10.08亿元信贷支持。

【产品销售信贷业务】充分发挥财务顾问作用，加大对集团重点产业的跟踪和调研，配合集团公司完成上市公司市值管理和50亿元企业债的发行工作；为集团重点项目量身设计财务顾问方案，解决其产业投资、产品销售、项目投标等业务需求，促进了集团产业发展。一是设计买方融资租赁方案，解决煤化工下游客户的资金需求，促进一院煤化工大型设备的销售；二是首次对上海航天八院光伏电站采用融资租赁售后回租方式给予支持，发放融资租赁款1.58亿元。

【资金和投资业务】以经济运行分析为手段，密切关注内外部市场和国家政策变化，强化预算执行，开展存贷款定价研究，提高资金使用效率，各类交易业务保持零差错。把握年初股指阶段性上升机会，果断减持光大银行股票；继续寻求战略投资机会，先后完成中粮屯河、中航光电的定向增发；合理研判市场走势，适时把握股票投资机会，获得投资收益；分析利率走势，抓住时机，适时调减政策性金融债，增配信用债资产，通过上述一系列投资举措，在风险可控的前提下，取得较高的投资收益。寻求外延式发展机会，协助集团公司构建多元化金融服务平台，完成中信建投基金股权投资；与山西信托各方积极沟通，确定股权投资意向并完成前期尽职调查；加强现有北京国际信托、信达财险的金融股权投资管理工作，为集团公司未来多元化金融体系构建积累实践经验。

【票据业务】一是提供票据组合产品，满足成员单位上下游的采购支付、优化经营现金流量等需求，年内累计办理票据承兑24.14亿元，办理票据贴现20.21亿元，均创公司成立以来新高；二是推广保理业务，累计对成员单位办理应收账款保理共计2.55亿元；三是通过与其他央企财务公司的票据业务合作，降低航天一院下属单位的应收账款1.5亿元。

【资金集中】推动并完成了中国银行和农业银行资金归集系统的上线工作，细化与合作银行的资金集中服务标准，规范了资金集中管理流程；优化网银系统功能，实现对外批量支付和电子回单打印功能，为成员单位提供便捷的支付手段，网银结算金额和结算笔数同比增长18.64%和26.15%；部分重点单位资金集中取得重大突破，实现长江动力资金集中、航天动力募集资金全部集中、乐凯集团及乐凯股份达到集团公司资金集中要求，年内新增资金归集账户94个，累计已归集账户911个。

【业务创新】加快创新管理体系建设，首次将创新工作纳入部门考核，全员的创新积极性得到激发，创新驱动成效显著；配合集团公司完成境外投融资平台、境外资金集中方案论证，获得即期结售汇业务资格、外汇交易中心会员资格、境外资金集中试点业务资格，集团公司成为获批境外资金集中二批试点资格的唯一军工企业集团；试点开展了长城公司1万美元和翔宇公司0.3万欧元的即期结售汇业务；

统保业务试点稳步开展，先后试点完成集团车队等九家单位的车险代理业务及四院的财险代理业务，全年累计代理车险64辆、代理财险保额4.5亿元；充分运用银行信用，推出了票据保贴、银票代开等业务品种，全年银行保贴财务公司承兑票据7 164.63万元，办理银票代开业务4 000万元，上述产品促进了财务公司票据流通性，满足了成员单位需求。

【计划管理】加强战略分析，科学运用多种战略工具，编制完成了公司2013—2015年滚动计划，被集团公司评为规划工作“优秀”单位；分别向股东单位汇报滚动计划，让股东及时了解滚动计划内容，并征询编制建议；编印《战略经营简报》和《航天金融》期刊，服务于战略宣贯与经营管理；强化规划—计划—预算—考核的闭环管理，定期召开总经理办公会、计划推进会和经济运行分析会，跟踪推进重点事项，确保公司年度经营计划的完成。

【风险管理和内部控制】开展内控体系建设，编制2013版《内部控制手册》，梳理形成157个控制目标与风险点，建立49项业务流程，涵盖了全部经营管理和业务事项，业务流程更加规范，内部控制体系日益完善；全面梳理公司规章制度，编印完成2014版《规章制度汇编》，全年新增制度27项，修订制度42项，废止制度22项，进一步完善了公司规章制度体系，确保制度的规范性和有效性。结合监管机构出台的新资本管理办法和动态调整投资比例要求，开展新指标体系的风险监测，新体系下监测结果仍处于风险整体评价的“A级”区间。

【人力资源管理】启动了岗位分析和评价工作，与外部专业咨询机构合作，开展部门职责梳理及岗位价值评估，确定了岗位价值和职数比例，为2014年开展全员竞聘做好了准备；按照组织机构专项提升计划和党的群众路线教育实践活动问题整改方案，完成了部门调整方案，部门数量由14个缩减为11个，前台部门占比提升；调研行业内优秀企业，探索构建公司差异化薪酬等级与福利体系；建立内部培训师制度，开发多样的实用培训课程，展现员工风采，实现知识共享，员工专业水平得到有效提高。

【信息化建设】配合公司业务开展，陆续开发完成外汇业务系统、保险代理系统，推出批量对外支付业务、网上对账、法人账户透支、利息测算、存款准备金等新功能；启动企业征信系统建设工作；完成企业门户系统与业务系统的待办整合、数据仓库和1104系统的报表持续更新完善、档案系统的升级；顺利开展同城灾备演练工作，信息化建设制度体系基本建成，为公司业务开展提供了有力保障。

【企业文化建设】加强员工航天传统精神教育，积极履行社会责任，开展以“汇聚能量实现梦想”为主题的参观发动机试车活动、以“牵手孩子，让爱和知识传递”为主题的第二批四子王旗小学支教及太阳村爱心捐助活动；规范公司视觉识别系统，完成VI手册制作；编制《企业文化手册》，建立企业文化墙，加强公司导向性宣传；开展“关爱员工、点亮心灵”活动，建立员工心理疏导机制；制定公司节能减排方案，提倡全体员工珍惜资源、厉行节约，全年各项能源费用同比降低了9.13%。

【党建工作】深入贯彻落实党的群众路线教育实践活动，领导班子开展专题学习和交流，密切联系群众，开展员工访谈、组织专题交流和民主生活会，顺利完成公司党的群众路线教育活动；落实“八项规定”的各项要求，领导班子带头厉行节约、反对浪费，强化费用控制，修订和完善费用开支标准和管理要求，严控职务消费、差旅费、会议费和业务招待费规模；通过党的群众路线教育实践活动，公司党建与反腐倡廉工作深入推进。扎实召开领导班子民主生活会、支部组织生活会，开展中层领导干部作风建设。以贯彻党的八项规定为契机，深入开展反腐倡廉宣传教育，组织开展贯彻落实中央八项规定自查工作。

航天科工财务有限责任公司

【经营概况】2013 年，航天科工财务有限责任公司（以下简称“公司”）实现收入 11.22 亿元，同比增长 9.77%。其中，贷款利息收入 6.07 亿元，同比增长 8.87%；金融企业往来收入为 5.04 亿元，同比增长 11.05%；实现投资收益 0.40 亿元，手续费收入 0.11 亿元。利润总额 6.67 亿元，同比增长 7.46%。年末资产总额 395.84 亿元（不含委托资产 89.64 亿元）。

【信贷业务】截至 2013 年底，信贷业务规模为 90.87 亿元（含武汉分公司 33.66 亿元），较上年减少 11.16 亿元，同比减少 10.94%。全年信贷日均规模为 99.65 亿元，同比增长 9.29%，实现公司成立以来的最高日均贷款余额。贷款集中度月均达到 53.23%。

【资金和投资业务】2013 年，人民银行继续实施稳健货币政策，推出了多项流动性管理新工具包括 SLO、SLF 等，全面放开了贷款利率管制，推出了基础贷款利率 LPR 和同业定期存单 NCD，标志着利率市场化又迈出了重要一步。人民银行通过公开市场操作和不操作以及新的流动性管理工具调节流动性，保持了资金面的紧平衡状态。财务公司抓住资金市场机会，最大限度利用富余资金，开展周期化配置工作，取得了较好的收益。在权益类证券投资方面，2013 年公司继续压缩权益类投资规模到 11 亿元，使权益类证券投资业务能够在风险可控的范围内实现稳健运行。

【票据业务】2013 年，公司为成员单位承兑商业承兑汇票 2 461 笔，金额共计 20.9 亿元，有效发挥了内部金融机构的作用。继续完善汇票承兑业务指导书，梳理承兑业务办理流程，有效提高了业务办理效率。

【资金集中】2013 年，公司资金集中度（全口径）保持在 78% 以上，资金集中规模达到 363.05 亿元（含武汉分公司 55.48 亿元），账户数量较往年出现大幅增长。公司以加大日常走访力度、召开业务推介会的方式将各类业务办理流程及新业务向客户进行推广，培训受众人数超过 200 人。此外，公司对核心业务系统和网上银行系统的网络运行环境和功能进一步调整升级，对工商银行区域资金集中管理平台进行了优化，通过多家银行的现金管理服务，满足成员单位日益多样化的金融需求，不断提升客户服务质量与服务水平。

【业务创新】2013 年，公司本部及武汉分公司均获批保险兼业代理资格，公司积极向集团公司成员单位推介财产保险业务，武汉分公司代办保险 8 笔，保费收入 80 余万元，为公司挖掘新潜力、拓展新业务开辟了新的途径。

【风险管理和内部控制】2013 年，公司针对梳理出的风险点和成因，分析制定出切实可行的管理策略，从事前防范、事中控制以及事后监督检查三个方面提出解决措施，有效控制风险。此外还通过强化制度体系建设夯实内控基础，结合公司实际，出台了《制定规章制度管理办法》，并根据集团的标准和要求，组织开展了内控评价工作，针对发现的问题进行持续跟踪整改，提高了公司管理水平和风险防范能力。

【人力资源管理】2013 年，公司人力资源管理工作从建立和完善各项规章制度着手，不断加强内部制度建设。一是积极贯彻落实集团公司“三挂钩”政策（工资总额增长与单位利润增长挂钩，员工增长与全员劳动生产力增长挂钩，投资于 EVA 挂钩），大力推进“三挂钩”政策的实施与落地；二是围绕提升“组织能力”、“岗位标杆”开展课题研究，构建岗位胜任模型，为公司今后员工的选拔招聘、岗位培训奠定了基础。

【信息化建设】2013 年，公司对行业内信息化建设情况开展了广泛的调研学习，形成了具有借鉴意义的调研报告；顺利开启了等级保护三级的备案及测评工作，在信息安全保障能力方面迈上了新台阶；撰写的《军工财务公司基于信息化的一体化整合与运营管理》获得国家企业联合会第十七届管理创新成果二等奖。

【党建工作】2013 年 9 月 10 日，公司启动了党的群众路线教育实践活动，先后开展了学习教育、征求意见、查摆问题、谈心谈话、撰写对照检查材料、召开专题民主生活会等工作。在立行立改工作中，公司本着为员工着想、为客户服务的原则，先后对员工停车、办公环境改善、客户培训等十项问题进行了整改。坚决贯彻落实中央八项规定，按照《党政机关厉行节约反对浪费条例》及集团公司的有关要求，积极修订并完善了有关差旅费、职务消费等公司制度，规范了客户培训的内容、地点、方式，严格了各项费用支出和职务消费行为。

【企业文化】2013 年，公司围绕“传承航天文化，弘扬航天精神”开展企业文化主题建设活动，通过邀请集团公司领导进行专题授课、组织总分公司员工开展“红色延安”活动、开展合理化建议活动、到企业文化先进示范基地 307 厂进行走访学习、坚持开展“读书会”和“优雅女性”等公司特色品牌活动，不断丰富和完善企业文化建设手段。11 月公司顺利通过“先进职工之家”复查验收，并获得“中国航天科工集团公司 2010—2012 年度企业文化建设先进集体”荣誉称号。

中船重工财务有限责任公司

【经营概况】2013 年，我国经济稳中有变，结构调整进入深水区，出口、投资拉动经济增长的动力有所减弱，改革红利开始释放，利率市场化改革明显推进，资金市场波动加剧。中船重工财务有限责任公司（以下简称“公司”）主动适应市场形势变化，稳中求进，坚持不懈深化资金管理平台建设，扎实推进公司资产结构和资金流动性管理，不断提高服务成员单位能力，特别是电子汇票和分资金中心业务取得了明显进展，圆满完成了全年各项经营任务，保持了健康稳健的发展态势。

截至2013年末，公司资产规模427亿元，全年实现收入总额22.5亿元，实现利润7.22亿元，净利润5.58亿元，各项准备余额超过27.77亿元，主要经济指标继续保持稳定增长。主要监管指标符合银监会要求。

【资金集中管理和结算业务】全面扩展结算服务功能，积极吸收成员单位存款。公司建成功能相对完善的网上资金管理平台。由预算管理系统、网上结算系统和现金管理系统构成了事前、事中、事后全过程的资金管理平台，改变了以往单一的结算服务模式，进一步扩大了公司作为集团资金管理平台的服务范围。一是公司落实大客户走访工作，着力宣传推介结算服务，努力创新和完善与客户的沟通机制；二是面对利率市场化改革，公司继续上浮中短期存款利率，积极吸收成员单位存款，妥善完成成员单位支付结算工作。截至2013年末，公司吸收成员单位存款371亿元，受到集团公司年底归还30亿元中期票据造成的存款下降影响，实际同比增加3%；全年完成成员单位资金支付82 514笔，结算量3 405亿元，继续保持了差错率为零的纪录，实现了日均吸收存款规模的持续增长。

【公司信贷业务】丰富业务种类，提高信贷综合服务能力。一是有效提升融资服务能力。在人民银行严格控制信贷规模、银行等金融机构信贷规模均被大幅压缩的情况下，公司积极履行保军的政治责任，积极沟通，克服困难，争取到近100亿元新增自营贷款额度，有力地支持了集团成员单位重大项目的资金需求，展示出公司在“服务集团、为集团成员单位提供融资服务”方面的能力。二是贷款业务结构优化，盈利水平再创新高。公司贷款业务保持了较快的发展势头，授信和融资不断向三级及以下成员单位延伸，累计发放贷款250亿元，同比增长20%，期末贷款余额达到220亿元，创下公司成立以来新高，实现贷款利息收入、节约集团融资费用12亿元，首次实现了贷款利息收入对公司吸收存款成本支出的全覆盖。三是丰富融资服务手段，为成员单位降低融资成本。公司积极响应客户需求，主动出击，着力开展电子票据业务，兼顾开展银行纸质票据业务，积极开发履约、预付款、质量等保函业务及贷款承诺，努力帮助成员单位取得外部融资，降低其综合融资成本率。四是公司成为第一批中国支付清算协会票据工作委员会会员，提高了公司票据的流转和可接受度以及知名度。

【资金业务】加强资金运营筹划，灵活配置资产。一是强化资金计划管理，有效防控资金的流动性风险。坚持把流动性管理放在首位，落实行之有效的日资金收支计划机制。结合新增信贷及投资计划，充分考虑贷款资金收付、电票到期付款和银行承兑汇票托收等情况制定资金收支计划，确保结算备付金和人民银行准备金的足额存储，合理安排投资资金和协议银行存款。二是积极把握市场趋势，科学安排同业存放结构。通过分析客户定期存款的到期结构以及贷款需求，积极抓住资本市场不同时点和外汇市场变化等带来的机会，合理安排同业存款结构。开展积极广泛的同业询价工作，努力争取较高的存放同业存款收益率。全年累计实现存放同业利息收入7亿元，收益率接近5%，继续保持了较高水平，实现了较好收益；三是拓宽授信范围，畅通融资渠道。公司积极向工商银行、建设银行、中国银行、交通银行和中国邮政储蓄银行，以及民生银行、平安银行、宁波银行、盛京银行等股份制银行争取较大授信额度，为公司电票贴现以及多方式融资提供保障。同时，公司也进一步拓宽了财务公司同业授信范围，与华电财务公司、国投财务公司开展了同业授信业务，以应对关键时点银行业整体缺钱的问题。

【投资业务】有效控制风险，持续收缩投资规模。2013 年公司投资业务整体上贯彻了有效控制风险、收缩投资规模的策略。权益类投资以逢高减持手持股票、加强手持品种跟踪研究为主。固定收益类投资以融资回购套利业务为主，有效控制了投资风险。截至 2013 年末，公司手持证券投资市值 69 亿元，其中债券性投资市值 51 亿元、权益性投资市值 18 亿元，与公司账面资产财务价值相比，整体浮盈 7.1 亿元。除证券投资之外，公司还持有对华融金融租赁长期股权投资 2 亿元。

【业务创新】推进业务创新，集团资金管理新工具取得阶段性成果。

公司积极推广电子商业汇票业务系统，希望通过扩大财务公司承兑汇票在成员单位汇票业务中的份额，逐步将客户在地方银行过高的保证金占款释放出来，降低集团财务成本，提高客户资金使用效率和客户忠诚度，提升集团票据和资金集中管理水平。全年 65 家集团公司成员单位接入了人民银行电子商业汇票系统，累计承兑开票 3.3 亿元，持票成员单位也成功在地方商业银行办理了贴现融资。同时公司承兑的电子汇票还享受到了中国银行、兴业银行和中信银行的保贴优惠政策。经过努力公司承兑的电子汇票已经被外部机构广泛认可和接受，电票业务成为了公司业务增长最快的板块。

分资金中心业务也在本年具备了较大的业务规模。公司推动三家二级企业集团共计 33 家成员单位开通了分资金中心业务，55 个成员单位异地商业银行账户纳入公司资金池管理序列。分资金中心全年累计归集下属单位在各地银行存款 70 亿元，累计完成集团内部资金调剂 32 亿元，日均沉淀资金超过 5 亿元，有效增强了二级企业集团总部对下属单位的资金管控能力。

【风险管理和内部控制】加强制度和内控建设，全面提升风险防范能力。一是完善制度，满足业务创新和风险管控的新要求。2013 年，公司对各项内部控制制度和流程进行全面梳理后，聘请专业咨询机构对公司现有内控制度进行了咨询评价。公司就各项制度进行细化补充，形成了公司内部控制手册初稿。二是进一步狠抓合规审核，提升风险分析深度和广度。公司对九恒星业务系统准入和授权、客户信用等级及授信、同城灾备建设项目进行了专项稽核；对公司项目招标、网上资金结算系统安全测评等全程参与，监督检查并做好风险防控。三是提升信息科技风险防范管理水平，为公司业务运营提供坚实的安全环境保障。随着公司信息系统的不断建设，信息系统的安全成为公司风险防控的重中之重。为消除公司现有信息系统安全隐患和薄弱环节，公司特聘中国信息安全测评中心对公司网上资金管理系统进行了信息安全测试和评估，对测评出的安全隐患和风险控制薄弱环节从管理提升和技术防护两方面进行了及时整改。

【人力资源管理】2013 年，公司坚持将以人为本的管理理念贯穿于人力资源管理的各个方面，将公司发展与员工发展、公司利益与员工利益、员工长远利益与眼前利益有效结合，并不断完善基于员工工作业绩的考核和奖励制度。一是构建完善的人力资源管理体系。聘请专业咨询机构对公司人力资源管理架构和体系进行评价和重构，以目标管理为基础，搭建包括招聘、培训、薪酬、考核、人力资源配置、劳动关系管理、企业文化建设等模块，建立较为规范的、适应公司内外发展环境的、系统的人力资源体系。二是坚持实施多层级的业绩考核。坚持从公司经营管理层、部门经理层到员工的多层级考核机制，公司经营管理层接受董事会和集团公司的双向考核；员工实行季度和年度考核，员工自我评价与公司考评相结合。三是以制度规范员工业绩考核工作。公司考核工作依据集团有关规定、公司董事会的绩效考核决议和公司相关制度有序开展。

【信息化建设】大力推进信息化建设，提升科技管理水平。2013 年公司进一步强化信息系统的建设、运维和管理，保证信息系统的安全平稳运行，投资 1 000 万元建立同城应用级灾难备份系统。该系统的建设，大幅提升了公司信息系统风险的防范能力和业务连续性管理水平；同时，杀毒软件、机房 UPS 升级扩容、信息安全防护、九恒星业务系统安全整改和灾难备份系统等项目均建设完成并投入使用，公司的信息化建设得到了全面提升。

【企业文化建设】遵循“以人为本”的文化理念，构建和谐企业，营造以人为本、创新为本的企业文化。一是公司领导率先垂范，积极倡导企业文化。公司领导重视研究新时期员工需求与动机新特点，身体力行、言传身教，在平等的引导和交流中，建立起公司的经营理念，使每个员工自发形成对公司的忠诚感，在公司内部形成强大的凝聚力，成为公司增强竞争力的有力保障。二是加强公司与员工之间的互动，增强员工的归属感和使命感。公司努力建立一种宽松的、相互间尽可能多地进行交流的环境，营造一种合作和互动的气氛，使员工在这种环境中能够不断激发和释放出创新动力，实现自我价值，并依靠情感激励，吸引和留住人才，增强员工对公司的归属感。三是抓好团队建设，创造良好工作氛围：抓好政治教育和经常性思想政治工作，不断激发员工的事业心和责任感。通过开展一系列谈心交心、沟通交流、批评表扬、目标管理等有效手段，营造出了一种团结协作、蓬勃向上、求实创新的良好氛围。

中海石油财务有限责任公司

【经营概况】2013 年，中海石油财务有限责任公司（以下简称“公司”）面对复杂形势，依托集团主业发展，不断扩展金融服务，抢抓外部市场机会，在圆满完成各项金融服务任务的同时，主动为中国海油集团缓解利润压力，挖掘自身经营潜力，全年实现经营收入 27. 15 亿元，同比增加 30%，实现拨备后利润 10. 51 亿元，经营目标完成度达 181%，同比增加 19%，人均年利润超过 1 100 万元，公司经营业绩再创历史新高。2013 年，公司日均资产规模达到 930 亿元，同比上升 13%；日均存款规模达到 542 亿元，同比上升 19%，双双刷新公司成立以来最高纪录。结算、信贷、投资、外汇、集团资金管理等各方面业务继续保持良好的发展势头，在为中国海油集团和成员单位贡献金融服务价值的同时，为公司业绩高速增长奠定了坚实基础。

【信贷业务】公司努力克服信贷规模管控的影响，全年累计发放各类信贷产品1 801亿元，收回1 722亿元；年末自营信贷余额达到162.78亿元，相比年初增长32%；全年日均自营信贷余额达141.30亿元，同比增长32%。信贷服务方面，公司为泰州一体化项目弥补银团贷款资金缺口5.5亿元，为销售公司、恩平FPSO项目等提供业内最低利率贷款，为集团成员单位降低财务成本、抵御经营困难作出了贡献。

【资金与投资业务】资金业务方面，公司面对集团成员单位资金的剧烈波动，不断提高公司备付头寸情况下，积极争取同业市场机会，年内同业存款日均余额267.67亿元，平均期限40天，加权利率达4.33%；面对6月下旬出现的“钱荒”及12月再次出现的货币市场资金紧张局面，精心安排资金头寸，择机扩大同业资产配置规模，与1月至5月相比，6月至12月存放同业定期业务共取得超额收益1.34亿元。

投资业务方面，公司全年新增债券配置14支，截至年末，按面值计算的债券余额达86.33亿元，加权平均利率4.98%；公司抓住年初股票市场反弹的良好机会，有计划、有步骤地减持工商银行转债、中国银行转债与农业银行股票，提高了投资资产组合的抗风险水平，并获得资本利得收益8 900万元。

【外汇业务】公司努力提高外汇业务的专业化水平，全年完成结售汇110.85亿美元，同比增长532%；外汇业务结算金额350.96亿美元，同比增长477%。2月，公司向中国海油有限公司售汇90亿美元，并确保了款项及时到账，协助有限公司顺利完成Nexen收购交割，为中国迄今为止标的金额最大的一笔国际并购顺利完成作出了贡献，并刷新国内财务公司同类业务规模的最高纪录。

【资金集中】公司按照集团对于加强内部资金集中的更高要求，一方面不断完善资金集中管理监测服务机制，为集团落实资金管理要求提供有效平台、有力手段与充足信息；另一方面，公司坚持寓管理于服务，进一步增强通过财务公司平台集中资金对于成员单位的吸引力；年均全口径资金集中率达42.53%，比上年同期均值上升3.21个百分点，达到历史最好水平。

作为帮助集团集中资金的基础性工作，公司积极拓展服务网络，年末客户达360家，账户达556个，客户遍布全国20省的89个城市，对集团内具备条件单位的服务覆盖率达91%；全年完成结算业务20.49万笔，同比增长23%，结算金额达到2.67万亿元，同比增长18%，双双刷新历史最高纪录。

【业务创新】2013年4月，公司远期结售汇、远期外汇买卖、人民币外汇掉期资格申请获得国家外汇管理局业务资质批复，成为北京地区第一家、全国第三家取得该业务资格的财务公司。2013年8月，公司获批外汇交易中心外汇远期人民币外汇掉期交易资格，成为国内相关业务资质最为齐全的财务公司。

【风险管理和内部控制】公司完成成立以来第二轮全面制度修订。其中，新增66项制度，修订86项制度，废止17项制度；形成的新制度体系共179项制度，由12项基本制度、41项管理办法、126项操作细则构成，充分考虑了公司机构优化、业务发展、监管政策等的最新要求，实现了内控制度的持续改进。

【信息化建设】公司大力推广自主开发的金融服务电子平台，将银企直联范围扩大到8家银行，帮助有限公司等6家成员单位通过平台管理商业银行账户共147个，启用电子回单功能；年末平台应用单位达352家，用户707个；对集团内有条件成员单位的覆盖率已超过90%；全年平台完成资金结算业务18.4万笔，同比增长18%。

【信用评级】基于严密高效的风险管控和稳健扎实的经营策略，公司在2013年继续保持不良资产、不良贷款为零的纪录，继续维持国内最高信用评级。公司信用评级为标准普尔AA－、穆迪Aa3，与中国国家主权评级一致，高于工商银行、农业银行、中国银行、建设银行、交通银行五大国有商业银行。

【企业文化】公司组织中国海油系统第二届南、北片区客户交流培训，参训人数达到210人，同时组织成立以来第一次新员工拓展活动，以此为契机加强新员工培训与企业文化体系建设，为公司发展创造了良好的文化氛围。

海尔集团财务有限责任公司

【经营概况】海尔集团财务有限责任公司（以下简称“公司”）承接集团全球化品牌战略，以“聚焦产业链金融创新，以金融资源撬动产业资源，成为最具竞争力的驱动产业型财务公司”为战略目标，打造“集约化金融服务、集团化金融管理、集成化金融协同”三位一体的海尔全球化金融综合服务商和全球金融中心。

公司秉承集团“创业”和“创新”的两创精神，在传统线下金融解决方案升级的基础上，不断创新线下线上融合的金融解决方案，抢抓互联网经济的新机遇。截至2013年12月底，总资产612.6亿元，营业收入28.9亿元，利润总额18.0亿元，总资产利润率2.7%，已累计上缴税金22.6亿元。第三度蝉联金龙奖“年度最佳财务公司”。

【结算业务】持续推广保兑式信用证，实现品牌价值在金融领域的再增值。2013年为有效承接“LC客户外部清零”的战略目标，公司协同集团GO采购经营体和商务服务经营体持续加大对供应商的营销力度，2013年新增供应商23家接受财务公司开证，累计供应商接受数量达147家，包括LG Display、瑞智、三达（三星子公司）等一流国际供应商。2013年，公司对外开证金额约为3.3亿美元，开证笔数1 428笔，从业务笔数来看，信用证业务在GO采购占比达85%，从开证金额来看，信用证业务在GO采购占比达73%。

【信贷业务】一是持续大客户战略合作模式，实现客户升级与多赢。在海尔集团产业近年来的快速发展过程中，公司力图发挥整个集团“提速机”的作用，创建了独特的大客户金融（海尔大单金融）模式，协助集团产业打开大客户的大门，2013年度共计协同集团产业获取产品与服务订单近30亿元。在集团大客户大订单营销以及客户方案设计、业务设计及签约、项目实施等全过程中提供全流程贴身金融服务；从前期预案、过程管控、项目后评估进行全流程风险防控；从解决集团产业与客户之间应收账款瓶颈问题，到丰富产品线、个性化产融方案满足集团级客户需求。二是持续推进小微信贷服务模式，推动集团销售倍速发展。2013 年，公司在原有“海尔小微信贷”基础上针对专卖店经营区域差异及其自身经营特点，量身定制个性化融资方案，创新旺季备货融资产品，有效满足了专卖店的资金需求，拉动了专卖店的销售规模，并帮助客户抓住季节性备货商机，分期还款方式缓解客户一次性还款压力，降低风险；以支持产业发展为导向，依照专卖店/社区店发展战略及发展趋势提供多元化融资渠道，在专卖店经营规模较大的地区施行定向区域服务的模式，满足了核心区域客户经营规模不断扩大的资金缺口需求，截至 2013 年底，小微信贷金融服务模式业务已实现对工贸的全覆盖，累计为 1500 家小微客户提供信贷支持 42 亿元，金融支持覆盖融资店销额 200 亿元。以专业、灵活、差异化的融资方案黏住专卖店/社区店客户，提升集团客户依存度，同时比较完整的构建了围绕集团下游产业链的金融支持体系，对集团巩固并扩大自主控制销售渠道的建设提供了业内先进的金融平台，在集团内部获得高度认可，并且受到了同业的广泛赞同，对当地经济起到拉动作用，具有良好的社会效应。三是持续优化消费金融服务模式，成为“居家生活，智慧金融服务商”。公司以居家生活为切入点，以虚实网融合为载体，以大数据精准营销为工具，为集团商业生态圈的用户提供全方位消费金融解决方案，打造国内首家家电消费金融品牌。自 2007 年开始，引进专家团队，大力推展消费分期业务，已在业务发展、内部控制、风险管理、信息系统建设、合规管理等银行业领域积累了丰富的实践经验，目前贷款总额已达 1.2 亿元，累计办理 2.2 万笔，户均 0.55 万元，成为家电消费者信赖的消费金融专业服务品牌。

【票据业务】2013 年 8 月人民银行银办发〔2013〕189 号文批准海尔财务公司获得电子票据线上清算试点资格。2013 年 12 月，银支付〔2013〕356 号文批准海尔财务公司加入大额支付系统。该试点资格取得后，能够以支付结算渠道优化实现品牌信用价值的增值，将大大提升海尔品牌信用在金融市场的影响力。大额支付系统的加入，将加速海尔持有电票资金流入，增强海尔电票在市场上的流通信用。

【业务创新】

2013 年，公司成功获得金融机构衍生产品交易业务资格，获批开展业务种类包括远期结售汇业务、外币对远期、人民币外币掉期以及外汇掉期以及利率掉期。在完成银监会市场准入资格审批之后，公司又先后完成国家外汇管理局关于远期结售汇等人民币外汇衍生品代客交易市场准入以及中国外汇交易中心关于衍生交易产品的银行间市场准入，自 2013 年 7 月开始全面开展各类衍生交易产品业务。2013 年公司为集团产业提供金融衍生产品服务共计 2.5 亿美元，其中远期结售汇 1.57 亿美元、外币兑远期 0.3 亿美元、外币兑掉期业务 0.6 亿美元，作为财务顾问为集团产业提供外汇交易咨询业务规模合计 2.88 亿美元，协同产业财务成本节约和资金增值达 3 000 万元人民币。

2013 年，公司成功获批发行 40 亿元金融债，并采用招标方式成功发行了 8 亿元金融债。资金专项用于满足集中采购海尔集团产品的买方信贷融资需求，尤其解决海尔社区店、专卖店等小微企业的融资难题。在缓解小微企业融资困难的同时，也进一步推进了产融的结合，助推集团产业销售实现了持续增长。

【信息化建设】公司在 2010 年通过国家等

级保护二级评测，2012 年通过 ISO27001 信息安全管理体系认证的基础上，2013 年继续推进信息安全体系建设，加强公司信息科技风险管控能力，并于 2013 年 10 月通过国家等级保护三级评测，成为国内首家同时通过国际信息安全管理体系 ISO27001 认证和国标等级保护三级认证的财务公司，标志着公司在信息安全管理方面已达到国际标准，进一步提升了客户及用户使用公司金融服务产品的信心。

吉林森林工业集团财务有限责任公司

【经营概况】 2013 年，吉林森林工业集团财务有限责任公司（以下简称“公司”）坚持稳中求进、深化改革、调整结构、加速转型，不断增强内生动力，努力提高经济效益，较好地完成了各项工作任务，主要经营指标再次刷新历史记录。全年实现营业收入 17 172 万元，同比增加 1 102 万元，增加 6.9%；实现利润总额 12 392 万元，同比增加 4 340 万元，增加 53.9%；实现净利润 9 309 万元，同比增加 3 272万元，增加 54.2%；年末总资产 238 598 万元，比年初减少 45 755 万元，减少 16.1%；资本充足率为 26.9%，高于监管指标 16.9 个百分点；流动比例为 36.7%，高于监管指标 11.7 个百分点；存贷款比率为 97.9%；自有固定资产比例为 4.0 %，低于监管指标 16.0 个百分点；资本利润率为 16.3 %。

公司目前也存在一些亟待解决的问题，主要是：部分集团成员企业资金仍未集中，近 10 亿元资金体外循环，严重影响了集团整体利益；开办的新业务品种较少，总量不足，短期难以有效提高经营效益；专业人才匮乏与公司业务快速发展呈现较大反差，亟待调整人才选聘机制。

【公司金融和信贷业务】 2013 年，公司共与 21 家集团成员单位开展信贷业务，2013 年初贷款余额为 18.49 亿元，年末贷款余额为 14.8 亿元；本年度累计为集团成员单位发放贷款 60 笔，金额累计 47.75 亿元，累计收回贷款 63 笔，金额累计 51.45 亿元。

【资金和投资业务】 2013 年，公司办理资金结算 15 余万笔，金额 1 448.90 亿元。公司成立资金管理委员会，并制定相应章程以及应急方案。定期召开会议制定资金运作计划，在保证资金流动性的前提下将富余资金分别进行短期及中期投资，有效地控制资金运用风险，同时取得相应投资收益 400 余万元。公司深入研判证券市场波动特征和债券市场利率走势，在有效控制风险的前提下，完善了证券投资运作机制，及时制定投资方案，在相对低位时对持有的证券进行了补仓操作，年末把握时机，将股票全部卖出，实现股票投资收益 183 万元。公司在进行证券投资操作的同时，为提升资金运用效率，合理搭配资金运用形态，使资金有效运用产生的效益成为公司稳定的收入来源，充分利用每日备付头寸以外的自有资金或外部融资，进行了国债逆回购、货币类基金交易，累计盈利35万元。

【票据业务】2013年，经中国人民银行批准，公司正式接入电子商业汇票系统（简称ECDS）并成功上线运行，为吉林森工集团及成员企业搭建了新的资金结算平台和短期融资平台。2013年公司共与2家集团成员单位开展票据贴现业务，金额共计6 030万元，年末余额6 000万元。

【资金集中】2013年，公司全年平均资金集中率为54.64%。随着集团成员单位业务范围的扩大，涉及结算银行也不断增多。通过集团范围内调研，公司决定选择结算比较集中的商业银行进行资金归集，目前兴业银行已经成功实现实时归集。同时，公司通过制定成员单位客户经理制以及修订资金集中奖励办法来缓解资金外流。

【风险管理和内部控制】2013年，公司根据监管要求，加强了内部审计、法律和合规风险防控措施。在风险控制方面，公司对部门岗位设置进行了调整，并对一系列规章制度进行了梳理和修订，强化了风险控制，使各项业务的操作更规范，将事前、事中、事后控制贯穿于每笔业务中，有效防范了金融案件的发生，保证了各项业务的正常安全经营。

【人力资源管理】2013年，公司通过总结以往培训工作经验，对员工学习培训进行了改革，一是制定了《劳动用工管理办法》、《员工学习培训制度》、《员工教育培训考核方案》，用制度规范员工学习培训工作。二是领导干部率先垂范，鼓励和引导员工考取从业资格。共有23人通过从业资格考试，占员工总数的59%。三是党群工作富有成效，2013年预备党员转正2人，新发展党员4人，截至目前，党员占全部员工人数的比例达到70%。四是邀请集团领导以“知足感恩和爱岗敬业”为主题向员工授课，进一步提高了员工思想觉悟和文化素质。总经理亲自把关，分管副总和培养人为每一员工重新修订了个人发展规划，督促和帮助员工自我成长。

【信息化建设】2013年，公司参加人民银行组织的电子票据业务培训工作，历经10个月的努力，按照要求完成了相关文件的递交、数字证书的申请以及电子票据业务系统软件、硬件和网络三大环境的搭建工作，保证了公司电子商业汇票系统及时上线运行。配合本地人民银行分支机构完成了联通和电信双线路的改造升级工作，并且按照吉林银监局金融专网改造的工作要求，完成了网络线路的升级及设备的安全配置，将公司办公网络与该专网完全隔离，保证了金融专网的正常使用。

扩大了成员单位网上资金结算系统的使用，完成了公司对商业银行（包括工商银行、农业银行、中国银行、建设银行、兴业银行）银企直联系统的接口调试、升级和维护工作，保证了自动记账、上收下拨及网银代理转账业务的顺畅便捷。加强了公司网站的日常维护、更新和版面设计完善工作，配合公司相关部门完成了征信宣传、“反洗钱”系统和“唱廉洁、树新风”的宣传工作。

【企业文化建设】2013年，公司深入践行集团公司文化，开展“为国效力、为民造福、忠诚做人、和谐创业”主题教育活动，邀请集团领导讲解企业文化，让员工更加热爱工作、感恩公司；组织开展了羽毛球、乒乓球、排球等活动，增强了团队凝聚力，并参加集团公司组织的各项体育比赛、演讲比赛、文艺汇演等，展现了员工拼搏进取、积极向上的精神风貌；改造、扩建员工阅览室、文化墙，想方设法为员工搭配丰富多样的营养午餐等，体现了公司对员工的关爱，提升了员工幸福度。

万向财务有限公司

【经营概况】2013 年，万向财务有限公司（以下简称“公司”）经营发展保持稳健增长势头，超额完成各项经营指标，经营业绩较上年均有不同程度增长，其中营业收入、利润和净利润三项指标分别完成年度计划的 123.51%、116.5% 和 118.28%，分别较上年同期增长 15.03%、5.4% 和 5.31%。截至 2013 年底，公司总资产较上年同比增长 4.13%。2013 年度公司获得杭州市萧山区“巾帼建功”活动小组颁发的“十佳优质服务窗口”荣誉称号；荣获浙江省国际金融学会、浙江国际金融专家委员会组织评选的“浙江金融优秀企业”奖牌。

【信贷业务】公司继续实行适度、合理的信贷政策，不断加大主营业务规模，有效满足客户经营需求。截至 2013 年底，公司贷款余额较去年同比增长 14.93%，累计发放贷款量基本持平。

按照审慎经营原则，深化实施公司资产五级分类工作。截至 2013 年底，公司正常类贷款占比 78.01%；关注类贷款占比 21.99%。信贷资产业务运行较为稳健。

【电票商业汇票业务】2013 年，在电子商业汇票业务运行日趋成熟的条件下，公司继续挖掘业务潜力，拓展业务规模，2013 年底，公司开立电子银行承兑汇票业务同比增长 27.46%。

【资金集中】2013 年，公司资金统筹功能继续强化，截至年底存款余额同比增长 30.52%；年底整个集团的资金集中度为 31.77%。公司“全网覆盖”的目标得到进一步深入推进，形成“以工商银行为核心，中国银行、建设银行、农业银行为重点，其他股份制商业银行为补充”的网银业务综合体系。2013 年底，网银业务结算金额和结算量分别较上年同比增长 1.02% 和下降 8.22%，较好地满足了客户企业的业务需求。

【筹融资业务】深入推进“以司定行、以行配司、以司配人”工作，积极贯彻落实“筹融资为核心”的目标要求。2013 年完成集团企业在各家银行实际使用人民币授信余额较上年同比增长 18.43%，代理融资余额较上年同比增长 7.9%。资金管理规模有了新的跨越，代理融资的银行负债结构也不断优化、合理。

【风险管理和内部控制】2013 年，公司持续坚持以防范风险、审慎经营为出发点，强化风险内控体系建设。继续坚持事中以风险控制为核心，事后以稽核跟踪为导向的风险内控理念，进一步健全合规风险制度和管理体系，从而强化和控制风险薄弱环节，不断实现合规和稽核在风险、控制与治理中的作用。

【外汇业务】2013 年，公司外汇资金集中管理业务实现了创新突破。万向集团成功列入国家有关跨国公司外汇资金集中管理运行试点企业（浙江省有三家企业参与试点），并且公司获得了外汇管理局浙江省分局和浙江银监局批准的外汇结算业务资格。9月末，公司根据《万向集团外汇资金集中运营管理办法（草案）》，尝试开展了外汇资金集中收付汇业务。截至2013年底，已将外汇试点业务推广至本地6家企业，累计收汇业务120笔，合计2 613万美元；累计付汇业务52笔，合计424万美元。

【业务创新】2013年，公司积极与人民银行杭州中心支行对接，开展了公司首笔金额648万元的票据再贴现业务，填补了业务空白。公司积极尝试开拓同业业务，该项业务金额较上年同比增长49.78%。

【人力资源管理】2013年，公司开展了人力资源自查、整理修订了《员工岗位职务说明书》、完善了2013年度薪酬分配办法、修订了《各部门责任制考核办法》和《各部门员工岗位考核办法》，并层层分解落实2013年度经营目标，明确岗位职责和目标任务，健全公司目标与绩效考核机制；第一次在公司内部选拔一批综合素质较高的优秀员工开展岗位轮岗工作，制定并下发了《后备干部测评办法》，选拔优秀人才作为后备干部；通过“送出去”和内训相结合的方式，开展员工培训，同时鼓励职工参加岗位任职资格、职称、学历等学习和考试；开展优秀员工评选工作，在给予精神和物质奖励的同时，通过宣传激励员工向先进学习。

【企业文化建设】积极实施“凝聚力工程”建设，增进公司团队凝聚力、向心力和创造力建设。通过组织新年晚会、爬山朗诵、业务知识竞赛和乒乓球业余比赛等各类文体娱乐活动，丰富员工工作和业余生活，促进员工身心健康；组织公司全体员工开展不同类型的访谈活动，及时把握员工心态、反馈意见、加强沟通，创造和谐发展环境。2013年底，组织对春节留守员工进行团拜慰问等活动，并持续性开展对生病、产妇和生日员工慰问，让员工充分感受到大家庭的温暖，进一步激发员工的主人翁意识。

【信息化建设】2013年重点开展了九恒星N6业务系统升级后续改进工作。N6业务系统升级后，根据各部门需求，公司计算机管理人员经过与九恒星公司的不断协商，在不增加额外费用的基础上基本解决了结算、网银、信贷等业务需求和问题，使公司业务系统更加便捷、高效。为了满足外汇业务开展的需求，公司在2013年底完成了业务解决方案和系统设计方案，并与九恒星公司签订了外汇管理系统的开发合同，确保外汇业务系统2014年2月正常上线。

中粮财务有限责任公司

【经营概况】2013年，中粮财务有限责任公司（以下简称“公司”）把握“专业管理、优质服务”的主线，稳健经营、优化服务，加大资金集中管理力度，充分发挥提高集团整体资金效率、控制集团债务风险、降低融资成本和加强风险防范能力的重要作用。截至2013年末，公司资产规模80.82亿元，负债总额54.43亿元，所有者权益26.39亿元；2013年累计营业收入3.45亿元，经营利润2.95亿元，净利润2.25亿元；2013年末，资本充足率为44.24%，不良贷款率为零。

【信贷业务】2013年，公司信贷业务围绕集团全产业链、全服务链战略，合理配置集团内部资源，为成员单位提供专业的融资服务。公司在严格执行监管机构各项政策的同时，加强信贷投放的控制，保证信贷业务健康安全发展、盈利能力持续平稳增长、服务水平全面稳步提高。截至2013年末，公司自营贷款余额总计人民币55.82亿元，其中美元贷款余额0.52亿元。2013年公司办理美元贸易融资50笔，累计金额1.11亿美元，为成员单位节省财务费用累计540万元。公司贷款全部属于正常范围，贷款收息率100%，没有逾期、不良贷款。全年实现利息收入3.33亿元。

【投资业务】2013年，公司把握市场节奏，准确判断市场走势，有效规避市场风险。截至2013年12月31日，公司实现投资收益0.4亿元。为有效提高成员单位资金利用效率，公司不断创新业务品种，拓宽业务渠道，2013年开展委托理财业务，为成员单位量身定制“7天可赎回”委托理财产品，截至12月31日，首期金额已到期兑付完毕。

【外汇业务】2013年，公司获批了跨境通道外债结汇和跨境通道人民币业务，利用跨境通道调入境外资金11.97亿美元。截至2013年末，跨境通道调入额度使用率为99.72%。2013年公司办理外债结汇3.61亿美元，从境外调入人民币外债48亿元。公司突破性地实现了跨境通道外债结汇及人民币外债引入，跨境通道业务走在财务公司行业前列。

境外资金集中取得新成效，截至2013年末，集团共有33家境外成员单位加入试点，其中6家境外成员单位在公司开立结算账户。2013年末通过对香港地区中银（香港）及工银亚洲账户的联网，实现了网银方式下账户的转账及查询操作。同时，给予在公司开户的境外成员单位优于境外金融机构同期同类的存款利率，提高了境外成员单位的存款收益。

开展集中收付汇业务，强化了集团对经常项下外汇资金的流向监控，与财务公司结售汇业务、贸易融资等多种外汇业务结合，降低了成员单位的综合财务成本。截至2013年末，公司共为成员单位办理集中收付汇业务391笔，金额共计1.95亿美元。

进一步推进结售汇业务，打通集团本外币挡板，降低集团整体汇兑成本。2013年共办理结售汇26亿美元，累计为成员单位节省财务费用约人民币0.34亿元。公司始终坚持集团整体利益最大化的原则，以银行间外汇市场的成本价格为成员单位办理结售汇，汇价较银行平均优惠130BP。

【资金集中】继续加大力度跟进账户的联网和账户盘查工作，确保各企业资金（除政策性限制外）均纳入资金集中管理范围。2013年，共有578家成员单位在财务公司开立结算账户，1 440个银行账户与公司实现联网。完成结算业务99 837笔，金额8 576亿元，同比增长11.28%。

【上市公司资金集中】2013年，公司结合现有系统优势及特点，对“个性化资金子平台”进行了多次优化、升级，完成对子平台原有功能的优化和新需求的开发、定制。2013年，公司进一步完善对外支付结算业务流程，向多家单位推出代理支付业务，建立了完善的网上结算业务申请及操作流程，进一步提高了结算业务的效率和准确性。在确保了网上金融业务安全性和合规性的同时，提升了结算服务能力。

（一）中国粮油控股资金集中资金集中子平台

中国粮油控股资金集中子平台总体运行状况良好，中国粮油控股管理公司利用资金池替换外部贷款，优化了资本结构，降低了资产负债率，节约了财务费用，管理效益及经济效益显著。截至2013年末，已有88家企业382个银行账户通过平台进行资金集中管理。2013年平台累计发放委托贷款42.98亿元，节省财务费用0.98亿元。

（二）中粮包装资金管理子平台

中粮包装资金管理子平台具备每周资金计划管理、每日资金支付审批、每笔资金流向控制等功能，能够实现经营中心总部对整体头寸和资金付款的管控要求，有利于经营中心提高自身的资金管理水平。2013年，中粮包装资金管理子平台经过多次升级改进，资金计划平台和支付平台能够为集团各企业提供安全、高效和便捷的结算服务。2013年中粮包装运用公司资金平台完成对外支付15518笔，金额合计29.1亿元。

（三）中粮肉食资金管理子平台

2013年12月，中粮肉食资金归集、计划及支付系统上线，该平台具备每周资金计划管理、每日资金支付审批、逐笔资金流向控制等功能，能够实现肉食总部对整体头寸和企业付款的管控要求，为更具效率地调配各下属企业之间的资金提供了统一平台。截至2013年末，资金池已归集闲散资金3亿元，其下属企业所有款项均通过公司代理支付完成，满足了中粮肉食对于企业资金计划、资金归集、调剂及集中支付的管理需求。

（四）中粮粮油粮贸部个性化的资金归集、支付平台

公司为中粮粮油粮贸部设计了与其ERP系统对接的资金管理服务方案，通过其业务系统与公司资金系统直联，实现下属企业资金的归集和借款的拨付，扩展了公司资金平台服务的功能。公司为粮贸部独立开发接口，满足“ERP审批+批量转账+集中付款”的个性化需求。2013年11月，粮贸部接口正式上线，并完成了粮贸部所属成员单位资金支付系统的上线工作。

（五）中粮置地资金管理子平台

2013年4月，中粮置地所属30家非上市成员企业统一上线资金管理子平台，中粮置地总部能够统一调配资金，利润点资金归集至经营中心，由中粮置地灵活开展资金的余缺调剂，大幅提高了中粮置地的资金使用效率，加强了对下属企业资金管控力度，有效降低资产负债率和财务费用。2013年，中粮置地资金平台归集资金日均18亿元，对下属企业发放内部委托贷款峰值7.18亿元，节省外部资金成本0.31亿元。

【协助集团直接融资】2013年，公司作为集团对外债券直接融资业务的经办部门，利用自身金融机构优势，致力于利用市场上多种债券融资工具为集团融资，配合集团战略发展，改善集团融资和负债结构，保障集团整体财务安全，节省大量财务费用，并使集团在银行间债券市场建立良好的市场形象。2013年公司协助集团本部共完成了5期超短期融资券的发行工作，累计金额215亿元；3期中期票据发行工作及额度注册，累计金额140亿元；发行两档美元债券合计10亿美元，5年及10年期债每档发行金额均为5亿美元，5年期债券较国内同期限贷款成本下降327个基点，10年期债券较国内同期限贷款成本下降176个基点。

【风险管理和内部控制】2013年，公司金融服务能力不断提升，制度流程体系持续优化，通过内部协调和外部配合，内控管理机制更加完善。2013年公司风控、合规管理日趋完善，审计和稽核工作重点突出，内控合规基

础建设再上新台阶。

【信息化建设】2013年，公司坚持“以系统升级和网络维护为中心、以业务需求为根本、以综合服务为目标”的信息系统工作思路，保证了公司成立11年来各个业务系统稳定运行，网络安全畅通。2013年，公司共完成系统修复43次，子系统更新6次，信贷业务系统全面上线并平稳运行，确定新核心结算系统需求分析和整体规划，完成系统实施方案。

【企业文化建设】公司秉承“诚信，团队、专业、创新”的企业文化，努力建设学习型组织，提倡在工作中领会共同思考问题和做事的方法。公司将员工培训与职业激励相结合，通过对员工进行职业素质教育和专业技能培训等，全面提高员工的金融专业水平、风险管理意识和综合业务能力，有效增强了团队的凝聚力、向心力和创造力。

苏州创元集团财务有限公司

【经营概况】2013年，苏州创元集团财务有限公司（以下简称“公司”）经济运行基本保持平稳态势，全年实现营业收入5 442万元，实现利润2 539万元，净利润1 861.46万元，存款余额73 800万元，贷款余额88 200万元，总资产规模122 000万元，完成了董事会下达的目标。

【公司金融】紧跟集团“十二五”规划的新兴产业项目、重点项目的实施进程，积极提供融资策划和资金供应，以实现财务公司贷款总量的增加，主要完成了对书香集团43 000万元及盐城房产23 000万元的授信工作。截至2013年，书香集团、盐城房产、宿迁电瓷各获得26 000万元、19 000万元、4 500万元信贷支持，较好地完成了对集团重点项目的信贷投放任务。

【产品销售信贷业务】公司突出信贷投放重点，不断优化信贷结构。2013年，继续按照“分类评定、区别对待”的原则，明确信贷投向，贷款主要投向于集团重点支持项目（如盐城房产、书香集团、宿迁电瓷等）。为支持宿迁电瓷的经营发展，财务公司还联系商业银行释放了电瓷厂本部部分在财务公司的贷款，加快了贷款结构调整步伐。

【资金和投资业务】公司继续持有2 000万元“09汾湖债”（2009年苏州汾湖投资集团有限公司公司债券）。该债券发行规模10亿元，固定利率7%，8年期。2013年取得收益140万元。

【票据业务】2013年，公司开展了票据贴现（再贴现）、票据承兑（及代理承兑）、委托贷款、对外担保、同业拆借、自主银票、电子商票等业务，全年累计自主签发电子商业汇票28笔，共计金额2 455万元，代理签发银行承兑汇票13笔，共计金额8 538万元。代理签发保函32笔，共计金额689.50万元，较好地解决了成员单位流动资金周转问题。2013年共为成员单位节约财务费用近2 000万元。

【资金集中】 挖掘内部融资潜力，着力增加有效存款。突出重点，紧抓资金归集率增长较大的企业如苏净集团、一光公司、晶体元件厂、电梯厂、电瓷公司、高创特公司、资产开发公司、创元物业公司、爱能洁公司等优质企业的工作，促进了这些企业有效存款的增加，保证了公司存款规模的基本稳定。2013年全口径资金集中度为46.20%，可归集口径资金集中度为73.93%。

【风险管理和内部控制】 2013年，公司制定了《公司资金管理系统应急预案》、《公司内控制度》等新的内控制度，加大内控制度执行力度。同时根据公司特点，确定“流动性风险”、“信息科技风险”、“信贷业务风险”作为公司风险防控重点，做好预案上报集团及上级监管部门。

【人力资源管理】 针对2013年新员工增加的新情况，采取“一对一”的引导和培训方式，积极督促和指导其日常工作，使其能尽快适应岗位工作，并能独立处理日常业务。公司先后派员参加了省局、中财协组织的“巴塞尔协议Ⅲ新资本充足率”、集团组织的“风险与内控管理”、“学党章、守纪律、作表率、促发展”、“党工干部工作”、“劳动用工管理”、“卓越绩效评价”、“青年后备干部”等培训，通过不断学习和培训，迅速提高新老员工的业务能力和工作质量，提升金融管理及金融新品开发的经营人才队伍的整体素质。2013年先后有3名员工获得人民银行信贷旬报工作、人民银行征信工作、集团信息宣传工作先进个人，公司还被评为集团信息宣传工作先进集体。

【信息化建设】 2013年5月16日，公司资金管理系统一期项目正式通过了专家组验收。资金管理核心系统已于2013年3月21日正式切换至中联软件公司开发的新系统，目前已正常运行。同时，公司的项目组还由公司领导带队赴沙钢集团财务公司、亨通财务公司及工商银行、浦发银行进行了前期可行性调研工作，并形成了《创新资金管理平台提升公司经营和风险管控能力——财务公司深化改革专题课题实施方案》上报集团。公司资金管理平台系统二期开发项目已圆满完成联调联试工作，银财直联模块（浦发银行）和固定资产模块均达到了设计目标，已上线运行。

【企业文化建设】 2013年，公司进一步提升公司合规文化内涵，使“合规要从高层做起”、“主动合规和合规创造价值”和“聚、创、诚、稳、优、廉、智、信”的公司文化理念成为全体员工的共同价值观，并逐步成为每位员工的自觉行为和行动指南。同时，以经营场所整体搬迁为契机，“强化安全基础，推动安全发展”，提前做好安全生产保障工作，并向江苏银监局、中国人民银行苏州市中心支行做好搬迁报备工作。2013年11月下旬顺利完成了公司整体搬迁工作。

珠海格力集团财务有限责任公司

【经营概况】 截至2013年末，珠海格力集团财务有限责任公司（以下简称“公司”）资产总额219.00亿元，负债总额195.46亿元，所有者权益23.54亿元，全年累计实现利润总额3.57亿元，净利润2.68亿元；贷款余额56.30亿元，同比增长19.66%；企业存款年末余额186.08亿元，同比增长93.55%；2013年资本充足率为26.57%，不良贷款率为零，资产质量优良。

【信贷业务】 2013年，公司加大了对成员单位项目营销，以及产业链客户买方信贷及产业链企业票据贴现拓展力度，经过努力，提高了产业链信贷业务比重，优化了信贷结构。全年累计发放各类贷款（含贴现）89.11亿元，其中发放贷款18.33亿元，办理贴现70.78亿元；年末各项贷款余额合计56.30亿元，同比增长19.66%，其中年末贷款余额28.21亿元，较年初增长127.59%，票据贴现余额28.09亿元，贷款占信贷规模的50.11%，信贷结构得到优化。

【产品销售信贷业务】 为促进成员单位产品销售，2013年公司继续积极拓展成员单位产品买方信贷业务。为解决经销商客户，尤其是二级中小经销商融资中存在的实际困难，公司开发了由二级经销商直接申请贷款的服务方法，落实多种抵质押模式，并设置了一系列有效风险控制手段。该方式针对贸易流通企业的行业特点，有效拓展了信贷客户群，降低了中小企业融资准入门槛，获得了下游经销商客户的普遍好评，2013年公司发放该类贷款3.2亿元，客户履约情况良好。

【资金与投资业务】 2013年，公司加强与企业集团成员单位的合作，逐步完善资金预算机制，及时调整资金计划安排，在保证充足备付金的前提下，不断完善同业存款询价机制，合理配置同业定期存款的金额与期限，提高资金使用效率。在2013年市场资金面偏紧的宏观金融背景下，公司稳步推进其同业存款业务，存放同业日均余额超过150亿元人民币，在实现集团资金收益最大化的同时，也一定程度上缓解了金融市场的流动性问题，实现了和交易对手的互惠双赢。2013年，公司的投资业务持续发展，目前持有4只AAA级企业债，货币市场基金业务稳步开展并取得较好收益，2013年累计投资收入达到0.42亿元。

【票据业务】 票据业务是公司的主要业务之一，2013年公司加强了信贷结构调整，票据业务占比有所降低，但产业链客户贴现业务仍然是公司重点业务，全年累计办理贴现70.78亿元，其中成员单位22.43亿元，产业链企业贴现48.35亿元。

在电子商业汇票推广方面，截至2013年末，公司已签约成员单位客户29户，占成员单位总户数的100%。2013年针对成员单位及产业链客户办理电子商业承兑汇票及电子银行承兑汇票贴现合计28.39亿元，占贴现发生额40%。公司向经销商开展了全额保证金承兑及房产抵押承兑业务，全年办理该类承兑业务5.3亿元，全部为电子承兑汇票，进一步丰富了信贷产品。

【资金集中】2013年，公司通过加强与母公司资金管理部门的合作及加大对各成员单位的服务力度、开拓相关业务等措施促进成员企业的资金集中，资金增量的最大来源仍是大股东格力电器。2013年，公司累计资金结算总额达12 716.67亿元，结算业务量达39 054笔，吸收存款日均214.73亿元。

【业务创新】创新开展承兑业务。为了不断满足成员单位及产业链企业的融资需求，公司一直致力于结合实际情况丰富信贷业务品种。2013年，成功向经销商开展了全额保证金及房产抵押承兑业务，该业务不仅推动了公司承兑汇票在产业链的使用，提升了集团的社会信用水平，而且有效降低了成员单位及产业链企业的融资成本，取得多赢效果。

买方信贷业务向二级经销商的延伸。公司根据格力电器经销商的特点，开发二级经销商买方信贷业务，落实多种抵质押模式，有效解决了经销商的融资需求，拓展了信贷客户群体。

率先办理电子票据再贴现业务。2013年6月，由于公司在支持产业链实体经济和中小企业上的突出表现，中国人民银行珠海市中心支行对公司给予了再贴现支持，截至2013年末，累计办理再贴现业务1.6亿元。公司在珠海市率先办理电子票据再贴现业务，通过该项业务获取了成本较低的资金，同时对符合条件的中小企业给予了优惠的贴现利率，有效扶持了中小企业发展，取得了互惠互利的效果。

【风险管理和内部控制】2013年度，公司进一步明确了董事会、监事会及经营班子在内控制度建设、执行及监督等方面所承担的职责，确立了“全面、审慎、有效、独立”的内部控制政策，拟定了业务运营与风险管理并重的发展战略，建立了以风险管理为核心的事前、事中、事后的内部风险控制系统，健全了各项业务的管理制度和操作规程，完善了责任追究与处罚机制，将信用风险、市场风险、操作风险、流动性风险、声誉风险及其他风险纳入全面风险管理范畴。坚持定期风险管理工作报告制度，及时反映风险管理工作状况、已识别的合规风险管理缺陷、已采取的意见建议或纠正措施，适时对风险管理状况进行监测与评估。坚持“内控先行”的原则，现有的内控制度明确、详细并具有可操作性，覆盖了各项业务运作及管理活动。2013年，公司组织各部门开展制度梳理完善工作，涉及制度114项，其中新增制度10项，修订104项。组织制定业务流程手册，关注各项业务的主要风险点及防范措施，梳理细化业务操作流程，做到各项业务风险可控。

与此同时，公司注重审计部门的内部审计监督职能，内外部审计发现问题均能够得到及时的整改。重视员工合规风险意识教育培训工作，坚持不懈地组织全体员工开展金融企业内部控制讲座，以及风控专题研究、职业道德教育，严格执行风险管理考核、业务差错考核，及时、有针对性地开展讲评工作，努力培养各级员工合规风险管理意识。

【人力资源管理】绩效考核管理体系优化。2013年公司重新修订《员工绩效考核管理办法》，在原考核内容中增加360度绩效评估和关键绩效事件考核，加强考核透明度和员工参与度。将关键绩效事件作为单独考核，提高风险控制、内部控制管理，督促全体员工努力完成KPI指标及提高金融服务水准。

加强培训管理。公司为新员工定制8个方面金融培训课件进行培训，增强责任感、风险意识和控制风险能力；同时增加对不同层次员工的培训。

【信息化建设】2013 年完成信息系统二期招标及合同签署工作。实施分三部分完成，第一部分将数据库升级为 Oracle，核心系统升级至 N6，已于 2013 年 8 月成功上线。第二部分为投资模块，第三部分为风控、审计、1104、财务优化模块等，第二部分、第三部分已经进入实施阶段。2013 年，公司还重新安装配置生产系统和灾备系统的 Oracle 数据库，进一步提升了系统的稳定性，同时通过手机平台建立了移动 OA 系统。

【企业文化建设】通过塑造“忠诚、友善、勤奋、进取”的“实”文化精神，公司在 2013 年坚持每月召开民主生活会，以及召开三八女职工座谈会、五四青年员工座谈会，采取多种形式了解不同层面员工的需求。通过开展员工对管理、福利待遇、工作与发展等方面的满意度调查，了解员工对各项工作的意见和建议，通过丰富多彩的集体活动提高员工向心力，促进企业的长期稳定发展。

国机财务有限责任公司

【经营概况】2013 年，国机财务有限责任公司（以下简称“公司”）坚持以产品创新推动公司发展，进一步夯实经营发展的基础和产融结合的特色发展模式，较好地完成了全年各工作任务及年度经营目标。2013 年，全年累计实现营业收入 41 453 万元，利润总额15 257 万元，净利润 11 209 万元。2013 年末，公司资产总额为 1 255 500 万元，所有者权益总额为 143 700 万元。

【公司信贷业务】公司通过深化产融结合，着力打造产业链金融服务模式，积极推广信贷业务新产品，不断丰富中间类业务的内涵，努力为成员企业提供稳定的融资支持和增值服务，支持集团企业实体经济更快更好发展。截至 2013 年末，公司共为 58 家二级、三级成员企业提供了 1 640 000 万元的授信额度，累计发放自营贷款 640 000 万元，办理贴现 145 000 万元，融资租赁 17 900 万元，买方信贷 8 000 万元；全年共实现信贷业务收入 24 486万元。

【产品销售信贷业务】2013 年，公司强调“一户一策”的营销策略，为成员单位提供了差异化、特色化、跟进式的个性化服务，重点推广了近年来创新的融资租赁、买方信贷、“厂商一票通”、票据池、财务公司承兑汇票、转开银行保函及信用证、银行承兑汇票等特色金融产品。2013 年公司累计办理融资租赁业务 218 笔，发放金额 17 900 万元；买方信贷业务 2 笔，发放金额 8 000 万元；厂商一票通业务发放金额 29 700 万元；财务公司承兑汇票 61 笔，承兑金额 7 300 万元。

【资金业务】2013 年，公司设立了资金运营总监，深化部门间协调，不断完善流动性资金的动态管理机制；在保障公司资金流动性的同时，提高短期资金的运用效率和效益，有效冲抵存款价格不断上升带来的成本压力；以市场价格、风险、期限、票据种类等为模型要素，建立票据贴现的市场化定价模型。这些措施增强了公司流动性管理的专业性、科学性，提高了公司流动性风险的防范能力和短期资金运用效益。

【票据业务】 2013 年，公司在保持传统票据业务持续发展的基础上，推出了财务公司承兑汇票业务，丰富了票据业务品种。第一批财务公司承兑汇票于年末到期并顺利实现了兑付，全年累计办理财务公司承兑汇票 61 笔；同时，针对成员企业之间的内部合作，推广并实施了“厂商一票通”业务，有效地解决了成员企业合作中对资金的需求，2013 年全年厂商一票通业务共发放金额 29 700 万元。

公司研发了母子公司的“票据池”产品，加大票据池业务的营销力度，拓展客户和票源。2013 年入池票据总额 10 500 万元，票据集中管理既帮助成员企业提高票据管理能力，又通过票据托收资金回流增加了公司资金来源。

【外汇业务】 2013 年，公司加强了对成员单位外汇资金状况的调研，并协助成员单位进行外汇业务的询价、议价，为成员单位寻找更加优惠的外汇业务产品；同时，与合作银行开展代开保函、信用证等业务，代开函证业务量 65 000 万元，为成员单位的业务发展提供了有力支持。此外，积极向外汇局申请即期结售汇业务资格，力争尽快开办即期结售汇业务，降低成员单位汇兑成本。

【资金集中】 2013 年，公司成功开发并完成了财企直联系统，实现了成员企业内部管理与财务公司网银的无缝联接，为成员企业的支付结算、账户管理等提供了便利，进一步丰富了财务公司的服务产品；同时，深入客户宣传推广网银结算业务，在覆盖集团全部二级成员企业的基础上，将推广工作推进到三级甚至四级公司，并以“跟进式”服务，及时解决客户在网银结算应用中存在的问题，提高服务质量。通过这些工作的开展，实现了网银账户结算量的大幅增长，2013 年全年网银结算笔数近 47 000 笔，网银对外支付率达 90%。

【业务创新】 公司在深入研究成员企业经营特点、把握集团整体发展方向的基础上，不断推陈出新，坚持走以产业链金融创新带动公司发展的道路。2013 年，开发了“厂商一票通”、财票承兑保贴和代开银承业务等新型业务。其中，“厂商一票通”是根据成员企业通过经销商销售产品的业务模式，为成员企业研发出经销商票据贴现融资业务，减少了成员企业应收账款的占用，提高了成员企业资金运用效率，有效解决了成员企业合作中对资金的需求。

【风险管理和内部控制】 2013 年公司继续坚持以完善内部控制为前提的全面风险管理，使已识别的每项风险全部由公司规章制度所覆盖，并对应相应的风险控制措施，再定期针对关键风险控制点进行检查，及时纠正行为中的偏差，保证风险控制措施实施的有效性。同时，在实施的过程中，通过考核、培训等多种方式，督促相关人员严格执行控制措施，并在实际操作中根据情况不断更新，保证制度的可操作性。

为保证公司规章制度得到有效落实，公司采取了具体措施，并取得了一定的成效：一是充分发挥董事会特别是业务审批委员会对公司经营活动的把控作用，全年共召开业务审批委员会会议 3 次，审批业务 16 项，严格对公司重大经营活动的监管；二是通过进一步理清业务流程，对审核监督方面的漏项和薄弱环节进行了全面补充和完善，并通过信息系统予以固化，提高规范化、精细化管理水平；三是以行业监管部门的监管指标体系为基础，加大对公司日常经营活动跟踪监控力度，提高了风险预警能力。

【人力资源管理】2013 年，公司细化和充实了员工及各级领导岗位的考核标准和考核工作流程，增强了考核的执行性和操作性；进一步明确了选拔用人标准和选拔培养工作程序，为员工发展进行了制度保障；采取“走出去、请进来”等多种方式充实培训内容，增强了员工对金融市场、同业产品、集团发展现状的了解和认识，提高了专业技能。

【信息化建设】2013 年，公司加强信息系统安全运维，实现了内外网隔离、核心设备的双机热备、网络负载均衡，并加强了检查工作力度，进一步提高了系统的整体安全水平，实现了零事故；全力抓好新功能开发，先后进行了网银系统、结算信贷系统、投资业务系统三大类改造工程，以及财企直联、票据、短信平台三项新板块的建设，大部分项目已完成开发并上线运行；加强信息系统的规划工作，通过同业调研和系统评估，为下一步的信息系统建设进行准备。

【企业文化建设】公司的核心价值观是“和谐发展，诚信共赢”，使命是“构筑国机集团金融平台，促进国机集团持续发展”，愿景是“成为国机集团资金结算中心、信贷中心，成为特色鲜明、资产优质、效益稳定和服务高效的国内一流财务公司”，经营理念是“规范、服务、发展和创新”。这些企业文化理念和愿景已纳入到公司经营管理之中。2013 年，公司将企业文化建设、党风廉政建设与公司经营管理有机结合，认真学习十八大精神，提高公司员工尤其是全体党员的思想觉悟，贯彻落实中央“八项规定”，将廉洁从业、案件防控、落实“三重一大”集团决策制度等廉政制度建设责任制纳入公司内控体系和绩效考核目标之中，形成了一套以一系列专项制度为主体、以相关经营管理制度配套衔接、具有覆盖面广和操作性强为特点的廉政文化建设管理制度架构体系。

海航集团财务有限公司

【经营概况】2013 年，海航集团财务有限公司（以下简称“公司”）夯实基础业务，提高集团内部资金使用效率，争取到外汇资金集中运营管理试点资格，构建非现场监测与现场审计并行的内审体系，为集团及成员公司的发展作出了积极贡献。2013 年，公司各项经营指标持续优化，年末资产总额达 227.05 亿元（含代理业务资产 18.38 亿元），资本充足率达 20.89%，核心资本充足率达 19.97%，实现收入 5.32 亿元，实现利润 2.64 亿元。

【公司金融业务】2013 年，公司在保证原有信贷规模和质量的基础上，深入了解集团各产业金融需求，丰富信贷产品种类，优化了各产品的分配结构，有力支持了集团资金平衡和成员单位的发展。2013 年末，公司贷款规模为 189.09 亿元。

【产品销售信贷业务】2013 年，公司积极联系集团及成员公司，挖掘集团内部资源，完成0.82 亿元商用房租金买方信贷业务，支持了集团中小企业产品销售。

【资金和投资业务】2013 年，公司广泛而深入地参与银行间与交易所债券市场、同业拆借市场和外汇市场等，与全国各地的银行、证券、基金、保险、财务公司等机构开展密切业务合作，并与多家银行业机构建立了紧密的授信业务关系，通过债券交易、回购业务、同业拆借等多种方式有效地加强公司日常短期资金管理。2013 年，公司各类债券交易总量累计达 342 亿元，位列非银机构前茅。

【票据业务】2013 年，公司票据业务稳步发展，全年完成票据再贴现 0.67 亿元，有效地支持了中小微企业的发展；开展电子承兑汇票业务 2 亿元，满足了成员企业较长期流动资金需求。

【外汇业务】2013 年，公司获得了国家外汇管理局北京外汇管理部《关于海航集团有限公司外汇资金集中运营管理试点资格的批复》和《关于海航集团财务有限公司外汇资金集中运营管理试点业务的批复》，同时获得中国银行业监督管理委员会北京监管局开展业务的许可。外汇业务资质获批后，公司完成了公司及试点单位的开户、代扣代缴政策的制定、试点单位在外汇局的备案以及试点业务模式的探索设计、流程梳理等前期准备工作。此基础上，公司本着审慎、合规的态度，开展集中收汇业务、集中付汇业务各 1 笔，涉及金额 79 万欧元和 72.45 万美元；开展跨境通道业务 3 笔，涉及金额 2.11 亿美元；开展境外贷款业务 4 笔，涉及金额 1.20 亿美元。此外，公司 2013 年全年共代理成员单位完成结售汇 2.21 亿美元。

【资金集中】在境内资金集中管理方面，公司通过对全集团成员单位账户情况开展非现场普查、举办海航集团资金管理模式及系统操作培训、赴成员单位开展调研宣传等工作，进一步加强账户资金集中管理力度，规范了各成员单位账户资金的管理，使成员单位对集团账户管理的重视程度有所提升。2013 年全年完成结算笔数 272 708 笔，结算金额 31 414 亿元，分别比 2012 年增加 7.35% 和 25.87%。

在境外资金集中管理方面，公司已经搭建完成的汇丰香港、中银香港、工银亚洲以及工商银行新加坡四个资金池，实现了对 8 家成员单位共 43 个账户的资金归集；同时通过合作行网银监控渠道和 SWIFT 监控渠道实现了对 230 个合作行账户及 22 个非合作行账户的查询监控。2013 年全年境外资金池结算量为 16.51 亿美元和 10.02 亿港元。

【风险管理和内部控制】在风险管理方面，公司以深化内部控制、防范风险为主线，进一步加强风险识别、分析、监测与控制，通过完善合规管理体系，制定风险隔离措施、强化风险监测报告等一系列工作，提高了风险管理工作的深度与精度，推动公司业务运营规范化水平不断提升，切实保障合规运营与健康发展。

在内部审计方面，公司紧密结合《银行业金融机构内部审计指引》的相关要求，在组织与功能定位、业务体系及操作规程等方面通过制度建设进一步完善了稽核内审体系。公司通过开展针对合同台账、贷后管理等的常规业务检查，确保了稽核内审日常职能的有效发挥；通过开展针对债券投资、授信业务等的专项检查，进一步提升了内部审计的价值增值能力；并积极开展专项后续审计工作，实现了公司稽核内审工作的全闭环管理。

【人力资源管理】在管理干部作风建设方面，公司根据集团《提升海航软实力指导意见》，夯实发展基础，认真组织开展干部民主评议、履职考核工作，对管理干部的道德操守、工作作风和思想作风进行全范围摸底，清查“庸懒散贪”现象，严格执行履职考核程序，强化闭环管理，营造锐意进取、高效务实的工作氛围，逐步提升管理干部战斗力和公司软实力。

在培训体系建设方面，公司先后制定下发《内部培训师管理办法》、《培训评估反馈管理办法》等制度，积极开展内训外训、线上与线下、管理类培训与专业类培训相结合等多类别培训，切实做好员工职业生涯规划，推动和引领公司整体工作态度和思维转变，提升企业效益，为实现公司持续稳健发展做好阶段性核心人才储备。

在员工关爱方面，公司制定并实施以“共享辉煌、幸福海航”为主题的员工关爱方案，积极开展总经理信箱等系列员工关爱活动，全面激发员工士气。2013 年公司员工敬业度水平同比提高 4.08 个百分点，员工归属感和企业凝聚力显著增强。

【信息化建设】2013 年，在制度建设方面，公司制定并下发《公司信息科技外包管理办法》、《公司信息系统运维管理办法》，完善了公司信息化建设制度，规范管理。在系统建设方面，公司完成了信息系统的初验工作，同时积极与系统开发商沟通反馈，进一步优化和完善已上线的业务模块的各项功能，保障公司业务系统安全、高效运转。

【企业文化建设】2013 年，公司以集团创业 20 周年为契机，积极提升软实力。下发公司 2013 年精细化指标管理体系，并积极跟踪督促落实，建立政令一致的高效管理体制。制定《公司干部员工职业操守规范》，发放宣传折页，在公司范围内开展职业操守规范教育和宣传，打造“人人讲诚信、事事讲诚信”的企业氛围。

中国华电集团财务有限公司

【经营概况】2013 年，中国华电集团财务有限公司（以下简称“公司”）实现利润 13.17 亿元，同比增长 14.17%；月均资金归集率 92.62%，同比提高 6.62 个百分点；净资产收益率 15.09%；资产负债率 77.61%。截至 2013 年末，公司管理资产规模达 526.23 亿元。全年未发生对公司稳定和形象造成不利影响的事件，公司各项指标全面符合监管要求，不良贷款率和不良资产率持续为零。

【公司金融业务】适度扩大信贷规模，着力调整信贷资产结构，改善公司资产流动性，全年日均信贷类资产规模、贷款利息收入、票据业务收入均创历史新高；稳步开展投资业务运作，利用波动短期资金全年累计实现收益

1.6亿元；继续扩大中间业务，培育新的服务和盈利点，规模和收益大幅增长。

【资金集中】2013年，公司资金集中管理工作取得显著成效：一是加大账户管理力度，新账户入网率达100%；二是强化日常资金动态监控，敦促成员单位加强资金归集，全年日均存款207.81亿元，比上年增加35.5亿元，月均资金归集率达到92.62%。

【风险管理和内部控制】2013年，公司扎实推进内控体系建设工作，把“强基固本”作为工作主线，形成了《内控手册》、《流程手册》和《评价手册》，建立了风险数据库，创造性地绘制了风险地图，全面完成了覆盖所有业务和管理的内控体系构架建设工作，并逐项弥补内控短板，实现自我完善。

【对标工作】公司将对标工作视作持续改进提升管理水平的有效手段，坚持“寻标、对标、达标、创标”的工作方针，通过走出去、请进来、抓落实、见成效，开展全员调研学习，以业内先进公司为对标基点，全面对比分析业务状况、经营特点、管理模式、系统建设和风险管理等，经过强优势、找差距、树目标、定措施的对标工作，公司上下工作作风得到切实转变，员工视野得以开阔，整体执行力得以提升。

【人力资源管理】2013年，公司进一步加强人才队伍专业化和市场化建设，建立更加符合市场规律和公司实际的绩效考核与分配机制，2013年启动了优化薪酬与绩效管理项目，在员工晋升通道、薪酬结构、岗位价值与个人能力结合等方面注入新的理念，做到奖勤罚懒、奖优罚劣，做到员工和企业共发展。

【信息化建设】2013年，公司持续优化系统功能，简化客户端的流程、增加客户端的功能，信息系统服务支撑更加有力，客户满意度显著提升；通过系统对接，将财务公司核心业务平台接入到集团ERP系统之中；完成了核心系统数据异地灾备。

【企业文化建设】2013年，公司拓展党建内涵，深化“金帆”企业文化建设，通过提出“四位”（到位、换位、补位、越位）、“五责”（对公司负责、对家庭负责、对领导负责、对同事负责、对自己负责）、“六勤”（脑勤、眼勤、耳勤、嘴勤、手勤、腿勤）的执业理念，进一步丰富“金帆”文化内涵，营造员工干事创业的良好氛围，提升公司发展软实力，不断增强助推企业的“正能量”。2013年公司被中国华电集团直属党委授予“党建企业文化建设示范点”单位。

中国大唐集团财务有限公司

【经营概况】2013年，中国大唐集团财务有限公司（以下简称“公司”）不断深化细化同业对标，多角度全面分析经济活动，正确把握经营方向、合理配置资源，全面推进标准化建设和管理提升，努力创建积极向上的企业文化氛围，各项工作取得显著成效，为集团公司金融板块发展作出了突出贡献，公司连续保持集团资产经营考核 A 级企业，实现利润 8.80 亿元，荣获集团公司“2013 年度特殊贡献单位”称号。

【信贷业务】2013 年，公司科学安排信贷投放，积极优化信贷结构，用好用活各种融资手段，既确保了全年贷款规模的大幅增长，同时也实现了信贷投放节奏的合理均衡。2013 年，全口径自营贷款余额 155.54 亿元、日均贷款 148.64 亿元。

【资金和投资业务】2013 年，公司加强对控参股金融机构的管理，投资收益良好，参股了陕西延长石油财务有限公司，并对富滇银行进行了增资扩股。公司稳健开展以固定收益为主的有价证券业务，多市场布局，投资品种涵盖可转换债券、债券基金、现金型信托理财、货币基金、专项资产管理计划、交易所债券质押回归、股票七大类，增强了公司对货币、债券和股票市场的参与度，积累了经验，开拓了新的利润增长点。

【票据业务】公司供应链金融业务继续展现独特的服务功能和价值，“大唐电票”成功进入了神华集团、中煤集团等国内大型煤企，并已在多家银行顺畅流通。2013 年，通过增强主动营销和强化同业合作，取得了超越上年同期的业绩。全年累计办理票据承兑 30 亿元，累计办理贴现 10 亿元，跻身全国人民银行电子票据业务系统先进单位行列。

【资金集中】2013 年，公司抓住集团公司经营状况好转、现金流增加的机遇，强化问题导向，采取多项措施，有计划、有重点地做好资金归集工作。大唐网银直联归集银行由 5 大国有银行扩展到 8 家银行，夯实了资金集中管理的基础；最大限度提高上市公司资金归集规模，巩固与上市公司的合作关系；针对集团所属分公司集中改制的情况，动态追踪验资进程，及时归集验资资金。截至 2013 年底，公司开户单位达到 711 家，监控账户 1 602 个，日均存款 185.76 亿元，全口径资金集中度平均为 76.34%，创历史最好水平。

【结算业务】以服务集团资金统一管理、满足成员单位结算需求为导向，不断优化结算模式，通过改进结算支付流程、增加归集频率、设计标准化指令格式、加大结算培训力度等手段提高结算自动化处理能力，促进结算操作更加安全规范便捷，推动结算服务能力进一步提升。2013 年，结算覆盖面和结算规模继续增长。全年结算笔数 30.8 万笔，结算资金量 21 800 亿元，结算平台内部转账功能得到有效发挥，内部结算率不断提高，成员单位之间往来款除工资、社保、合同指定款等对外支付外，其他已全部实现以内部转账方式划转。

【风险管理和内部控制】2013 年，公司以标准化工作强化风险管理和内部控制，完善管理及运营标准体系 150 项、基础标准 136 项，修订了制度、优化了流程、规范了表单，将全面风险管理的控制要点及廉洁从业要求纳入制度要求中。充分利用信息技术手段，巩固和发挥各项风险管理工具的作用，做到关口前移，积极配合审计署、银监局审计和检查工作，有效开展效能监察和专项审计工作，公司各项监管指标良好。

【人力资源管理】2013 年，公司人才引进、培养、考核机制不断深化，干部人才队伍建设得到有力加强。通过全面责任管理完成了部门设置调整工作，发布了部门职责文件，进一步优化了部门设置、清晰了部门职责界限。加强岗位管理，开展了全员述职测评工作，通过竞聘测评，促进了员工立足岗位深入思考、总结工作，促进了员工交流，为公司发现人才、促进人才成长提供了新的方式。

【信息化建设】公司从“安全演练、隐患排查、应急机制建设”三个方面入手，通过集团安全生产月实战演练、系统安全排查及停电演练，提升了公司信息化应急保障能力，系统全年未发生一类重大系统故障，有效控制了信息安全事件的发生。

【企业文化建设】2013 年，公司企业文化多纬发展、齐头并进。党的建设工作深入推进，公司把群众路线教育实践活动与贯彻落实中央八项规定、集团公司 24 条规定和管理提升活动结合起来，以党建发展促进公司发展。结合金融机构特点开展廉洁风险防控和廉洁文化教育，使“管财不贪、用财不腐、理财不乱”和“廉洁理财、廉洁处事、廉洁为人”的廉洁从业意识深入人心。紧密围绕公司经营管理开展宣传工作，在内部媒体、行业报刊等发表了多篇重要报道。企业文化生机勃勃，开展了法律知识竞赛、书法比赛、登山比赛等丰富多彩的系列活动，丰富了员工生活，凝聚了员工心气。

南方电网财务有限公司

【经营概况】2013 年，南方电网财务有限公司（以下简称“公司”）着力抓好战略实施，聚焦资金综合服务，深入开展管理提升，实现了稳步发展。2013 年，公司在复杂多变的经营形势下，实现了业务规模、经营业绩的稳步增长，全年实现营业收入 15. 40 亿元，利润总额 8. 17 亿元。截至 2013 年末，公司资产总额（不含委托资产）251. 31 亿元，贷款余额 165. 74 亿元，不良贷款率为零。

【信贷业务】2013 年，公司从南方电网大局出发，服务电网大型项目建设，继续以牵头行身份组织银团贷款，组织发放资金 60. 64 亿元，在商业银行出现临时性资金缺口的情况下，主动追加份额外银团贷款 2. 59 亿元，超出应承担份额的 85. 36%，保证了重点项目的顺利推进。2013 年末，公司贷款余额 165. 74 亿元，同比增加 12. 60 亿元，全年累计发放贷款 39. 73 亿元，同比增加 15. 22 亿元。科学调整信贷资产结构，年末短期流动资金贷款占比提高了 9. 04 个百分点，达 12. 4%。拓宽委托贷款服务范围，全年为广东电网等 102 家成员单位发放委托贷款 45. 90 亿元，委托贷款余额 86. 11 亿元，同比增加 11. 38 亿元。配合南方电网直接融资，承担南方电网公司发行短期融资券和中期票据的财务顾问服务，降低了集团融资成本。

【资金业务】2013 年，公司发挥资金专业化运作优势，准确把握货币市场利率走势，有效整合南方电网五省区金融资源加大资金运作力度，全年共开展同业拆出、债券质押式逆回购及“定活通”等业务 7 168 亿元。全年从外部金融市场获取收益 3. 85 亿元，同比增长 79%，有效优化了公司的利润结构。2013 年 7 月至 12 月，南网财务公司债券交割量排名全国非银行金融机构第一，全年累计开展债券质押式回购3 475亿元。积极开展委托贷款、债券承销、财务顾问等中间业务，扩大收入来源，全年实现中间业务收入8 391万元，同比增长46%。中间业务收入和资金业务收入占营业收入的比率达到39.4%，比去年同期提高了11个百分点。

【票据业务】2013年，公司与上下游企业集团财务公司合作，通过电子商业汇票系统开立电票、贴现、转贴现等手段开展购售电供应链票据业务，打通了购售电上下游票据、资金流转渠道，为成员单位进行电费结算、资金融通提供了新的选择。

【资金集中】2013年，公司优化结算方式，扩大业务覆盖，努力为南方电网公司资金集中管理提供更为优质的服务。全年公司结算量达19 500亿元，同比增长43.08%，结算笔数224 622笔，同比增长23.97%，279家成员单位在公司开立结算账户，净增48家，结算覆盖率达53.97%。进一步优化电费结算网络，成员单位之间电费往来全部通过内部账户进行，并向上游发电企业延伸结算网络，全年累计吸收电厂资金12.47亿元，丰富了财务公司资金来源渠道；推广应用投标保证金结算系统，将全网80%的一级物资招标保证金纳入财务公司结算体系，成员单位保证金结算效率和收益得到提高；为成员单位提供三级资金归集和资金监控等特色服务，提高集团资金集中度。

【业务创新】2013年是公司创新转型期的开局之年，公司坚持“以客户为中心，成为产业金融服务的内部合作伙伴”的战略定位，紧紧围绕全网利益最大化的目标，积极开展金融业务创新，最大限度地为客户提供安全、优质、高效的金融服务。一是创新了“西电东送”电费结算模式，通过与上游发电企业签订电费结算协议及同业资金业务合作协议，电费结算网络沿产业链向上延伸，扩大了资金来源渠道，实现了电费资金实时划转，开创了电费结算全产业链的结算服务方式。二是不断创新保函业务模式，建立了保函协议额度测算体系，以高效的流程、较低的保函费率和贴身的服务吸引客户，减少了客户保证金资金的占用，为客户工程项目的实施保驾护航。三是创新开展了额度贷款业务，有效衔接了成员单位的资金空缺，额度贷款以灵活的提款时间、便捷的提款手续，方便了成员单位及时补充流动资金，有效降低了集团融资成本。

【风险管理和内部控制】公司以风险管理为导向，强化内部监督控制，扎实开展管理体系建设，编制了《内部控制管理手册》和《内部控制评价手册》，梳理出269个风险点、498项控制活动，标志着财务公司内部控制体系初步建成。加强流动性风险管理，对核心风险指标和流动性比例进行动态监控，合理调整备付率，全年平均流动性比率远高于监管部门25%的警戒值。开展资金管理专项检查、贷款业务信息系统和同业往来业务专项审计，防范重点领域业务风险。加强合规风险管理，积极与各地监管部门沟通，全年各分公司接受属地监管部门检查及调研8次，公司整体的依法合规经营工作得到提高。

【人力资源管理】公司加大年轻干部选拔力度，坚持“德才兼备、以德为先”的选人用人标准，优化了中层干部队伍结构。加大培训力度，举办了管理能力提升、业务技能提升等各类集中培训62期，培训824人次，提升了干部员工综合素质和能力。举办了金融知识技能大赛，掀起了岗位技能学习的热潮。扎实推进干部岗位责任制建设，重点开展岗位设置梳理，完成了公司144份岗位说明书的编制和岗位责任书的签订，明确了岗位权责，建立健全岗位责任制体系，提高绩效考核的针对性、有效性。进一步深化人事制度改革，修订出台了12项制度，夯实人力资源管理基础，提高人力资源管理的制度化、规范化水平。

【信息化建设】 公司加大信息系统投入，着力加强数据综合运用和信息安全保障建设。年中公司金融分析决策平台系统上线试运行，打破了各类信息系统数据相互独立的“孤岛”现象，实现了数据资源的集中共享，标志着公司信息化基础管理水平迈上新台阶。开展“两地三中心”灾备系统建设，在广州和南宁建立集中统一的数据存储备份管理平台，为业务系统数据提供灾备管理服务，提高防范系统风险的能力。部署应用安全网关和数字签名认证系统，为金融业务管理系统提供身份识别等安全服务。

【企业文化建设】 公司深刻领会南方电网公司企业文化内涵，深入开展幸福南网建设。公司工会认真开展了“面对面、心贴心、实打实服务职工在基层”活动，了解基层单位和员工的实际困难，实实在在地解决了员工停车难、子女看病难等职工生活和工作中的实际困难，增强了员工的凝聚力和向心力。针对公司青年员工多的特点，公司加强团青工作的领导，成立了南网财务公司团委，进一步完善了团的组织机构建设。开展“我的中国梦”主题演讲活动和“创先就在我身边”征文比赛，积极参与“中国梦·南网梦·我的梦”大讨论，增强了员工的责任感和使命感。积极开展学习雷锋主题活动，组织青年员工主动前往广州市血液中心献血，得到血液中心的高度评价。

中电投财务有限公司

【经营概况】 2013年是中电投财务有限公司（以下简称“公司”）稳步发展的一年。公司积极应对货币政策实际趋紧、利率市场化加快推进等诸多因素影响，稳健经营、强化服务、防控风险，风险控制、盈利水平、经营管理、服务质量四类考核指标均全面完成集团公司要求。公司全年实现合并利润总额16.51亿元，效益保持稳步增长；归属母公司净资产收益率12.5%，超目标0.7个百分点；资金结算准确率100%，不良贷款率为零，各项监管、监控指标符合要求，党风廉政建设和维稳工作全部达到集团公司考核目标。2013年，公司可归集资金集中度已到96%，存款业务规模已接近顶峰；面对利率市场化加快等金融改革的冲击，公司传统业务盈利能力受到影响。

【信贷业务】 2013年，公司充分发挥财务公司牌照优势和资金池的聚合作用，努力提高内外部金融资源统筹协调能力，通过服务集团成员单位创造价值。一是保持合理的信贷规模，全年日均贷款达到187亿元，通过制定和运用贷款利率定价模型辅助定价决策，实现贷款定价的科学化和差异化，较好地保持了信贷业务收入的稳定。二是借助银团贷款牵头行的地位及同业协作优势，牵头组建银团5个，融资额近100亿元，有力支撑了集团公司重点项目建设；向成员单位新增低成本短期贷款185亿元，为成员单位节约财务费用约0.18亿元；为集团本部和部分成员单位提供短期搭桥贷款278亿元，满足了短融中票等大额资金到期接续、临时应急和特殊并购等资金需求。公司荣获了金融行业金龙奖“年度最佳服务财务公司”称号。

【资金和投资业务】 2013年，公司在国内资金面总体趋紧、资金市场价格和资金供给状况大起大落的情况下，密切跟踪国内资金和债券市场形势，根据市场变化灵活调整资产配置。一是在保证正常资金头寸的前提下，尽最大努力运用临时富余资金进行短期高息运作，使有限的资金发挥出最优的效益。2013年资金同业存放及运作规模日均19亿元，实现资金运作收益0.77亿元。特别是2013年6月和12月两次“钱荒”期间，公司在部分外部金融机构发生流动性危机之时，加强资金运作力度，取得了超额收益。二是及时调整投资策略，果断中止新的高风险二级市场股票投资，投资重心转到扩大低风险的固定收益类产品投资，日均投资规模达到3.6亿元，全年实现投资收益0.18亿元。

【票据业务】 2013年，公司统筹调整票据结构，压缩票据规模，有序开展票据业务。积极协调银行争取，票据额度，全年协助成员单位办理银行承兑汇票117亿元，新增票据贴现融资55亿元，确保了部分资金紧张成员单位的需求，节约成员单位财务费用约3.40亿元。

【资金集中】 2013年，公司认真落实集团公司资金管理要求，一是有计划、常态化地开展银行账户非现场检查，强化资金归集管理，可归集资金集中率达到96%。二是及时主动掌握集团本部和大的二级单位资金变化，研究资金进出变化规律，做好日常资金调度，日均融资规模控制在6亿元。三是完善现有资金管理系统功能，与成员单位一道，开展资金集中结算试点，通过集中结算平台实现成员单位资金全流程的风险管控。

【业务创新】 近年来，随着集团公司海外项目、核电项目的稳步发展，成员单位的外币债务规模逐渐扩大，对外币债务风险管理的需求日趋迫切，公司积极开展外币债务风险管理顾问业务，通过彭博专业服务终端，定期向成员单位提供权威的金融数据和分析报告，为成员单位有效加强外币风险管理起到积极作用。

【风险管理和内部控制】 2013年，随着外部经营环境和政策的变化，公司不断提升风险内控和依法合规运作能力，风险可控在控。公司荣获由欧洲金融公司与国际ACCA组织评选的2013“最佳技术应用奖”和“最佳风险管理解决方案奖”。一是加强全面风险管理，强化风险责任意识，组织开展风险排查活动，编制了风险节点分类监控及预警手册，风险控制能力大为提高。二是重点控制流动性风险，建立了三级备付体系，强化流动性指标的实时监控，保持了较好的资金流动性，年末流动性比率达到28.7%，优于监管目标要求。三是进一步完善客户评级、授信管理工作，建立了总法律顾问领导下的法律风险防范体系，全年制度、合同、重大决策的法律审核率达到100%，确保公司业务、管理活动规范有序，未出现法律风险事件。四是有序推进内控体制机制建设，进一步修订和完善各项基础制度和重点业务管理流程，对关键环节、风险节点落实管理职责，明确管理责任；对已颁布的制度进行制度宣贯，制度建设取得明显成效。五是积极配合北京银监局现场检查、国资委监事会检查和集团公司内部各项审计检查，有效促进了公司各项经营管理的规范化。

【人力资源管理】 2013年，公司进一步规范了劳动用工管理，加强干部管理，提高选人用人满意度，同时注重业务骨干的知识更新与培训工作，与知名院校合作开展了金融专业培训，拓宽了视野，增强了业务能力。

【信息化建设】2013 年，公司注重信息化工作对支撑公司管控、提升管理水平的重要作用，加快信息化建设。一是新的一体化资金管理系统项目研发和测试取得阶段性进展，完成系统原型搭建和首轮测试，票据管理、资金预算、融资管理、客户信息模块 UI 深化设计已经结束。二是协同办公平台、邮件平台和档案管理系统相继投入运行，公司信息化基础进一步完善，办公效率得到提升。三是新设立的信息管理部通过专业化的信息管理和运维外包管理，有力保障了公司业务和管理工作的正常开展，公司信息化管理工作得到了北京银监局的好评。

【企业文化建设】2013 年，公司一是结合集团新修订的 VI 识别系统，整体推进企业视觉识别系统的规范应用，品牌建设日趋完善。二是推动工会工作标准化，成立工会工作委员会，研究职代会等公开机制，大力开展选优树优实践，组织开展各类文化活动，形成了积极和谐的工作氛围。三是全面深化精神文明建设和团青工作，热心推动青年志愿者活动和爱心工程，积极履行社会责任，公司荣获“集团公司文明单位标兵”称号。

国电财务有限公司

【经营概况】2013 年，国电财务有限公司（以下简称“公司”）扎实做好“五篇文章”，全面深化产融结合，围绕“实现一个转变、培育三个优势、提升六种能力”的工作方针，坚持专业化、市场化、差异化的发展方式，进一步完善金融服务功能，提升金融创新能力和金融服务水平，经营业绩创历史新高。本部资产总额增长 30.17%，营业收入同比增长 1.56%，利润总额同比增长 24.75%，净利润同比增长 26.73%，提前一个半月完成董事会下达的利润目标。营业收入、利润总额、资产总额等经营指标均实现了快速增长，已提前完成“十二五”发展规划目标，服务集团公司转型战略的能力显著提升。

【信贷业务】坚持全面贯彻稳健的货币政策，适度增加信贷规模，持续优化信贷结构，服务集团战略转型。公司信贷业务方面，按人民银行要求有效管理新增信贷投放，提高风险防范意识，加强风险管理。坚持“稳中求进”的总基调和“总量适度、审慎灵活、效益优先、创新驱动”的基本思路，制定了着重向大型火电项目、优质水电、科技环保等项目倾斜的信贷政策。截至 2013 年末，信贷收入同比增长 4.38%。不良资产率及不良贷款率均为零。产品销售信贷业务方面，制定了《国电财务有限公司融资租赁业务管理办法（试行）》，明确业务模式和流程及相应的风险控制措施，开展融资租赁业务已完全具备条件。公司为有效满足集团公司日益增长的买方信贷业务需求，为集团公司新能源产业、节能环保产业和高科技产业的发展提供优质的金融服务，已向银监局申请开展成员单位产品的买方信贷业务，并按照银监局要求报送并修改开办买方信贷业务相关材料。

【资金和投资业务】 投行业务范围不断扩大，完成12期国电集团短融、超短融发行的财务顾问工作，为集团公司和成员单位提供了利率市场化、发电企业资产证券化、银行信贷资产证券化等方面的咨询服务，全年财务顾问收入同比增长70%，在可比财务公司范围内位居前列。2013年蝉联新财富评选机构，巩固提高了财务公司在证券市场的影响力，稳步开展大额短期资金运作。及时掌握资金变动情况，结合流动性短时段充裕的波动特点，开展资金头寸合理运作，取得超额收益。2013年全年实现短期大额资金运作超额收益同比增长186%，单笔最高年化收益率10.84%。

【票据业务】 电子商业票据业务持续推进，通过“国电网银”电子商业汇票系统办理承兑业务6笔，金额2.3亿元；办理贴现业务2笔，金额2.1亿元。票据贴现利率始终坚持不高于同期商业银行平均水平。电子商业票据业务的开展，在满足成员单位对集团内外购煤、运煤及购买设备的融资及支付需要的同时，简化了票据手续，提供了更为优惠的利率，缓解了企业融资难及经营资金紧张的局面，对降低集团融资成本、提高资金使用效率都有积极作用。

【资金集中】 以集团公司深化产融结合为契机，资金归集结算业务迈上新台阶。制定了涵盖资金归集结算各个环节的管理方案和措施，将账户监控和资金归集纳入集团公司目标责任制考核，强化资金归集考核力度。积极推进海外上市公司结算回归工作，实现了龙源集团本部资金池账户监控和9家下属单位的回归试运行，实现了科环集团系统资金归集和结算回归。加强行业对标管理，深挖资金归集潜力，创新资金集中管理思路，优化内部管理，通过严格的资金监控和核实措施全力提高资金归集和结算水平。不断优化国电网银系统功能，积极推进国电网银与集团公司财务信息管理系统对接工作，直联银行增加到12家，网银覆盖面进一步提高。截至2013年末，共有927家成员单位在财务公司开立了1 075个存款账户，全年新增开户单位增长32.24%，新增存款账户增长29.83%。2013年全年完成资金结算量同比增长14.06%，完成资金结算笔数同比增长30.04%，全年为集团公司系统各单位节约财务费用0.45亿元，全面超额完成年度资金归集结算工作目标。

【业务创新】 积极开拓电子化金融服务新领域，为集团公司全产业链上下游企业量身打造产业链金融产品，在原有的8大类18种金融产品基础上，已开发出电票承兑、贴现、保理等三大类产业链金融产品，2013年11月为联合动力办理首笔保理业务1.37亿元，实现了金融业务创新，并在系统内大力推广，有效贯通了集团公司产业链结算全过程。进一步推进自营贷款、电子票据的多元化收入模式的建立，加快培养新的利润增长点。

【风险管理和内部控制】 一是着力提升制度建设，截至2013年末，现行有效的规章制度已全面覆盖日常管理、业务发展、风险控制、党群与纪检等9大类内容，合计153项。基本建成了“体系完整、结构清晰、内容明确、协同一致”的规章制度体系。二是加强内部控制体系建设，将内部控制、风险管理和流程管理理念融为一体，编制了内部控制评价报告及《内部控制管理手册》，设置了公司治理、战略管理、结算业务、信贷业务、资金业务、投资业务、财务管理、合同管理、人力资源管理等一级流程18个，并以此为基础编制了末级流程 135 个。三是有效防范法律风险，做到了法律审核覆盖全过程，截至 2013 年末，共审查各类业务合同 237 笔，合同金额 172.03 亿元人民币，合同审查率 100%。四是完善风险指标每日监测机制，持续规范完善风险指标按日监测与预警、按月分析与评价、按季比较与总结的工作机制。合规风险监控指标均符合监管要求，业务监测指标也在可控在控范围之内。

【人力资源管理】 全面完善财务公司干部管理和选人用人基础制度，制定《国电财务有限公司竞争上岗暂行规定》、修订完善《国电财务有限公司重要岗位轮换办法》等制度。创新选人用人工作措施，面向社会公开招聘具有博士后学历的投资总监一名，以 1000:1 的比例选拔 4 名应届博士毕业生充实进人才队伍。严格执行“月监测、季考核”的考核方式，强化业绩考核导向性。加快内部人才培养，通过轮岗、鼓励员工坚持岗位成才等方式培育复合型人才。公司已拥有注册会计师 4 人、国际特许金融分析师（CFA）1 人，高级专业技术人员占员工总数超过 20%。

【信息化建设】 信息化建设取得新成果，“‘国电网银’开发与应用”项目获得中国电力企业联合会组织的 2013 年电力行业信息化成果一等奖，公司荣获“中国电力信息化标杆企业”称号，成为同行业中唯一连续两届荣获该称号的企业。扎实推进“国电网银”系统建设，自主设计建成“国电网银”大屏幕监控系统，实现对用户访问、交易结算、资金头寸、资金归集的实时监控。研究开发多项新功能，上线投运了“国电网银”微信功能，“电子支付”功能和循环委托贷款、压高线流转、“超额提醒”等专门功能，服务水平不断提升。开展“国电网银”与集团财务管控系统的无缝对接研发工作，实现从集团财务管控系统到“国电网银”的电子化支付。完成“两地三中心”主数据中心机房和“国电网银”研发测试中心建设。

【企业文化建设】 坚持融入中心，服务大局，为企业又好又快发展提供支持。大力弘扬集团公司“严格、高效、正义、和谐”的核心价值观和“家园·舞台·梦”的企业愿景等一系列文化理念，积极营造讲奉献、比业绩、创一流的文化氛围。组织开展“赠书促学”图书交流活动、“学习十八大，促科学发展”主题征文活动以及延安革命圣地主题党日活动，配备员工医疗保健药箱，坚持每日组织工间操，开展篮球、乒乓球兴趣小组等一系列活动，充分调动广大员工的主动性和创造性，进一步激发了团队的凝聚力和奋斗热情。

华联财务有限责任公司

【经营概况】 2013 年，华联财务有限责任公司（以下简称“公司”）的资产规模和盈利水平均有稳步增长。截至2013年12月31日，公司资产总额69.09亿元，比上年同期增长12.29%；负债总额54.52亿元，比上年同期增长13.58%；所有者权益总额14.57亿元，比上年同期增长7.69%；公司实现营业收入2.96亿元，比上年同期减少1.99%；实现利润总额1.34亿元，比上年同期增长8.06%；净利润1.04亿元，比上年同期增长10.64%。

【信贷业务】截至2013年12月31日，公司为成员单位发放贷款287笔，全年累计发放贷款174.73亿元，贷款利息收入2.69亿元，有力地支持了集团主业的发展。

【票据业务】截至2013年12月31日，公司办理集团内成员单位开出的商业票据贴现67笔，贴现金额4.14亿元。

【结算业务】截至2013年12月31日，公司吸收成员单位存款45.08亿元，较年初增长17.92%，日均吸收存款50.81亿元，较上年增长12.49%；集团成员单位及下属各门店共169家在公司开立代理支付账户，公司全年办理代理支付60.68万笔，日均处理约2 300笔，全年代理支付金额109亿元，满足了成员单位的资金支付需求。

2013年，公司开通了兴业银行的银企直联通道，形成了包括中国银行、农业银行、工商银行、建设银行、交通银行五大国有商业银行以及广发银行、兴业银行等两家股份制银行的多银行直联结算平台。2013年公司代理支付手续费支出较上年降低23%，平均单笔手续费支出降幅达29.5%。

2013年，公司在核心业务系统的基础上开发了“代发工资”和“费用报销”模块，借助于多银行直联结算平台，支持各成员单位员工工资代发和费用报销工作。这项零售业务的开办，不仅丰富了公司的结算业务品种，而且为成员单位节约了人力、物力，减少了手工操作环节，提高了工作效率，得到了成员单位的认可。

【资金和投资业务】根据监管部门和公司董事会的要求，2013年，公司着重加强对资金流动性的管理，指定专门部门和人员，每旬进行分析预判，对资产负债进行动态调整，避免因资产负债期限错配引起的资金流动性紧张。

2013年，公司根据市场情况进行了包括大额存单、债券投资、基金投资、债券回购和可转债申购等方面的业务，资金运用收益有了提升。

【中间业务】公司为集团下属各门店提供保险代理业务，利用集中形成的规模优势为集团下属341家门店统一投保，节省了成员单位保险费用支出。与此同时，利用专业服务的优势提供优质理赔中介服务，2013年办理314笔门店保险理赔案件，理赔金额188万元，全年实现36万余元的保险代理手续费收入。

【风险管理和内部控制】2013年，公司先后对结算部、财务部、信贷部、综合管理部、资金计划部、投资部相关业务全面稽核；配合公司轮岗制度要求对结算部经理、财务部经理履职情况进行审计；对稽核后问题整改情况稽核；配合集团要求对印章管理和公文收发进行专项稽核；根据监管部门的要求，对照《企业集团财务公司风险评价和分类监管指引》，完成了风险评价自评工作。

【人力资源管理】2013年，根据集团的统一部署，综合管理部牵头完成了公司各部门的定岗定编定责工作、年度综合素质考评方案制定等工作。在员工培训工作方面，除全员e-Learning网上培训外，2013年9月，组织了“商务礼仪和沟通技巧”为主题的课程，取得了良好的培训效果。

【信息化建设】2013年公司IT工作平稳开展，全年未出现重大系统故障。核心业务系统中的集中代发工资模块上线并实际运行，目前已有 2 万余集团成员单位员工工资由公司代发；与兴业银行开通银企直联接口，进一步拓宽了结算通道。

【企业文化建设】2013 年 3 月，工会举办了公司第一届羽毛球比赛；11 月，举办了第三届跳绳、踢毽子比赛。公司员工参赛热情高涨，在比赛中体现了“积极、温馨”的企业文化和努力拼搏的体育精神。

兵器装备集团财务有限责任公司

【经营概况】2013 年，兵器装备集团财务有限责任公司（以下简称“公司”）实现营业收入 13.22 亿元，同比增长 33.83%；实现利润总额 8.04 亿元，同比增长 73.79%；实现净利润 6.82 亿元，同比增长 94.20%；实现日均存款规模 217.32 亿元，同比增长 42.96%；实现净资产回报率 25.12%，同比增长 67.36%；实现经济增加值 5.46 亿元，同比增长 133.20%。截至 2013 年 12 月末，公司资产总额达到 332.94 亿元。

【信贷业务】2013 年，公司一方面继续优化传统信贷业务结构，将有限信贷资源投向优势产业，稳步调减新能源等风险企业信贷规模；另一方面稳定传统信贷规模，配合公司将存款资源投向汽车金融个贷等相对高收益信贷业务品种。在贷款结构与集团主业匹配度更加合理的同时，贷款规模稳定增长。2013 年，公司传统信贷日均贷款规模 97 亿元，同比增加 6 亿元，增幅达 7%。

【产品销售信贷业务】2013 年，公司在稳固汽车金融批售业务的基础上大力发展零售业务，紧密围绕“经销商激励计划、审核通过率、审批效率”三大核心竞争要素，按照“抢份额、抓大户、控风险”的竞争策略拓展零售市场，实现了零售业务的跨越式发展。

一是批售业务稳中求进：批售业务市场份额巩固提升，2013 年合作经销商达 462 家；批售信贷投放规模大幅增加，全力支持集团汽车销售，2013 年，公司累计投放信贷资金 521.74 亿元，同比增加 194.46 亿元，增长 59.42%。

二是零售业务突破式发展：零售合作网络快速扩大，2013 年，零售合作经销商达 598 家，同比增长 200.50%；零售市场份额大幅提升，福特品牌市占率 24.75%，同比提高 8.56 个百分点，自主品牌市占率 35%，较年初提高 20.46 个百分点；个贷规模迅速提高，2013 年，公司个贷投放规模 23.27 亿元，同比增长 405.24%；个贷余额 21.86 亿元，同比增长 403.94%；个贷合同件飞跃增长，个贷申请件 49 288 件，同比增长 347.54%，个贷合同件 33 946 件，同比增长 397.96%；其中集团自主品牌 7 449 件，同比增长 979.60%。

【资金和投资业务】2013 年末，公司流动性指标为 42.79%，同比提高 14.03 个百分点，备付金余额 46 亿元，同比增长 91.67%。全年流动性保持近年较高水平。2013年，公司加大了富余头寸管理，并取得了良好成效。全年累计办理同业定期存款186笔，同比提高了2倍。全年共计实现金融企业往来利息收入2.81亿元，同比增加1.94亿元，增长222.83%。公司积极向人民银行提交了再贴现业务申请，全年办理再贴现业务2笔，金额8.70亿元，再贴现利率2.25%，实现了融资渠道的重大突破，进一步提高了公司资金筹措能力。

2013年实现证券投资收益1.63亿元，长期股权投资分红收益396万元，顺利完成了助推公司利润增长的年度任务。在开展投资业务过程中公司严格执行相关政策法规和管理制度，在风险可控的条件下实现了国有资产的保值增值。

【票据业务】公司深入挖掘集团成员企业的票据贴现资源。2013年累计完成票据贴现总额逾55亿元，同比增加21亿元，增幅为62%；实现贴现利息收入1.10亿元，同比增加近0.60亿元，增幅为115%；贴现规模及贴现收入将均创历史新高。

【外汇业务】公司2013年全面启动了开展外汇业务的各项准备工作。先后与中信银行和中国银行进行了多次交流学习，并建立了初步的合作意向，同时就如何建立双方的业务合作模式、制定切实可行的外汇业务开展方案进行了初步的探讨，2013年8月在中信银行开立了自有美元、欧元资金账户。

【资金集中】2013年，公司以综合回报积极引导股东单位增加在财务公司的资金沉淀：一方面，通过服务驱动和业务带动，以优于金融市场同期价格的优惠贷款、票据等业务，对上市公司、合资合作企业进行业务拓展，逐步扩大业务份额；另一方面，通过创新业务模式，带动部分重点合资合作企业存款增加。2013年，公司实现日均存款规模217亿元，同比增加65亿元，增长43%。

【风险管理和内部控制】2013年，公司按照“一个基础、三道防线”的风险管控体系及架构，不断优化风险管理制度及内部控制机制，有效应对财务公司面临的各类风险，保障集团资金安全，风控“四化”水平显著提升。

一是不断提高风险管控的“制度化”水平，实现风险管控有章可循，有据可依。梳理适用于财务公司的八大类监管制度并编制公司合规管理调查问卷，对公司各项业务合规性水平进行调查。二是稳步推进“流程化”风险管控，风险管理与业务开展紧密融合。将日常稽核、专项稽核、季度稽核相结合，查找各项业务风险点并提出管理完善建议；规范业务操作流程，发布《内部控制手册》。三是加强研究分析，创新风险分析工具，提高风险管控的“专业化”水平。完善和坚持风险报告制度；完善汽车金融资产五级分类标准，增强风险抵御能力；探索个贷逾期数据分析方法，对个贷评分模型进行初步验证。四是紧盯各类风险，塑造全员风险管理文化和理念，逐步实现风险管理的“日常化”。对各类风险及时进行风险提示与预警；并在办公系统增设风险管理动态专栏，定期发布风险事件导读、风险指标监测等。

【人力资源管理】2013年，公司进一步探索和完善绩效考核管理：一是改进绩效考核指标制定方法，实现了绩效考核指标分解和落实的归口管理，进一步提高了指标制定的科学性和合理性；二是突出各部门考核重点，按照业务条线区分业务部门、管理部门进行考核；三是考核评价主体多样化，努力实现绩效考核的全员参与，通过绩效引导的方式，使员工更加关注公司业务发展、更加自觉参与公司业务发展；四是建立健全绩效考核结果反馈流程，实现了绩效管理体系的闭环管理；五是薪酬绩效考核更加突出公司的战略意图，最大限度地调动了部门和员工的积极性、主动性和创造性，以价值为导向的薪酬绩效体系深入人心，为公司整体目标的实现提供了有力支撑。

【信息化建设】2013 年，公司信息化总体投入约 1 184 万元，其中基础设施投入约 525 万元，应用系统投入约 419 万元，信息系统运维投入约 240 万元。

公司 2013 年信息化工作效益稳中有升：一是加强信息化顶层规划，完善公司信息化三年规划；二是加强信息化规范管理，完善信息化制度体系；三是强化信息化项目协调管理，保质保量完成信息化项目建设工作；四是强化信息系统安全管理，确保信息系统稳定运行。

【企业文化建设】2013 年，公司坚持“理念塑造品质、行为规范全员、视觉展示风采”的企业文化建设标准，进一步培育适应公司战略发展要求的企业文化，增强公司员工对企业文化的理解和认识，努力将企业文化固化在公司制度及员工行为意识中，对内形成健康的文化氛围，对外树立良好的公司形象。在开展充分调研的基础上，进行了公司党、团、工会基层组织设置的调整，为更好地贯彻落实企业文化精神提供组织保障；坚持重点教育与普遍教育相结合、示范教育与警示教育相结合的原则，开展第八次党风廉政教育月，狠抓作风建设，强化制度执行，培育廉洁文化；开展党的群众路线教育实践活动，提高党员领导干部理论水平，聚焦作风建设，拓宽员工言论渠道，增进公司团结；通过实地访谈，挖掘公司汽车金融部、业务发展部的先进事迹，发布《党建通讯》创先争优活动专刊 2 期，充分发挥身边典型的模范带头作用，激发员工队伍的凝聚力和战斗力；开展乒乓球比赛、万步健走、户外踏青、野外采摘等活动，丰富员工业余生活，搭建员工沟通平台，增强员工对公司文化的认同感和归属感。

京能集团财务有限公司

【经营概况】截至 2013 年 12 月 31 日，京能集团财务有限公司（以下简称“公司”）资产总额 111 亿元，所有者权益 19 亿元；吸收存款余额 91 亿元，自营贷款 67 亿元，代理业务资产（表外业务）110 亿元。全年实现利润总额 22 012 万元，净资产收益率 9%，资本充足率 19.94%，贷款本息回收率 100%，不良贷款率为零，圆满完成集团经营考核任务。

【公司信贷业务】2013 年，公司日均自营贷款及贴现规模为 52.36 亿元，较上年增加 10.61 亿元，增长 25.42%。2013 年累计发放自营贷款及贴现 83.57 亿元，发放委托贷款 109.36 亿元，回收自营贷款及贴现 65.53 亿元，回收委托贷款 76.82 亿元，贷款本息回收率 100%。全年自营贷款利息收入 3.21 亿元，较上年增加 14.43%，委托贷款手续费收入 0.16 亿元，较上年减少 2.34%。

【资金和投资业务】截至 2013 年末，共计取得13家金融机构的授信额度85.30亿元，开展同业拆借共2笔融资4亿元，质押式债券回购1笔融资0.94亿元，票据转贴现1笔融资0.06亿元，确保了公司流动性安全。在确保结算活期备付的前提下，共开展226笔同业存款，取得同业存款利息收入0.97亿元，有效地提高了公司资金的外部获利能力。

2013年共参与银行间市场债券分销7笔，共计5.10亿元。其中成员单位短期融资券3笔，共计3.50亿元；证券公司短期融资券4笔，共计1.60亿元。2013年全部投资利息收入为0.10亿元。

【票据业务】2013年，公司全年累计开展票据承兑业务8笔，金额超过1亿元，既解决了成员单位资金紧张无力付款的难题，又有效提升了商业承兑汇票的信用等级，受到了集团成员单位好评。

【外汇业务】为突破业务瓶颈，适应集团和公司本身的发展要求，更好地满足集团和成员单位的需求，2013年公司积极开展外汇即期结售汇业务资格申请工作，已经完成部分申报材料的准备工作。

【资金集中】2013年，公司采取各种措施拓宽资金归集面，稳定可归集资金归集率，尽力扩大吸收存款规模，截至2013年末共有151家成员单位在公司开立了存款账户，其中137家实现资金归集；全年资金归集率保持平稳，可归集资金归集率均保持90%以上；年末资金集中度达到51%，超过行业平均水平。2013年全年日均存款达67.51亿元，较上年增长近24.59亿元，增幅达56%；2013年11月14日，公司吸收存款规模首次突破100亿元。公司积极沟通北京热力及其收费服务银行，制定归集方案，实地走访网点，深入了解热费收缴实际情况及面临困难，及时调整公司收入户归集模式，协调合作银行开立账户、办理网银，实现北京热力热费收入的全面归集。

【业务创新】2013年公司成功开展票据承兑及贴现业务，共开展承兑业务8笔，金额共计1.10亿元；开展票据贴现业务5笔，金额共计0.30亿元。

【风险管理与内部控制】2013年，完成风险评级整改事项共计42项，迎接银监局四次现场检查，完成公司迁址许可；落实风险政策评估和实施资金管理信息系统指标监测。全年共计完成单位存款证明、票据承兑业务、票据贴现业务、票据转贴现业务、债券质押式回购业务五项新业务的风险识别工作，识别出风险点156个，涉及业务和管理流程合计25项，新业务风险识别覆盖率达到了100%。2013年公司不良资产率和风险事件发生率保持零纪录，流动性风险控制在公司可承受范围；全年法律合规风险保持零事件，涉诉事项零纪录；完成合同的合规性审查325笔；完成各类业务的合规性审查172笔。

公司组织开展内控试运行的分级培训、内控流程梳理等工作。同时，独立开展内控自评工作，在各部门预评基础上，采取交叉形式对自评手册中的879个控制点进行了逐项检查，自评认定的缺陷并制定详细的整改计划共计55项，其中涉及修改内控体系文件的有26项，涉及标准修订的15项，涉及完善控制措施执行的28项。2013年完成199项管理标准、65项工作标准的修订工作，264项标准中涉及实质性内容修改的标准有171项。开展了标准体系自我评价工作，在2013年度集团公司标准化达标验收评价中评价等级为优秀。

【稽核管理】2013年，公司全年开展日常稽核4次，共完成日常稽核工作底稿329份，审查新放自营贷款126笔，委托贷款68笔，审查同业拆借2笔，检查1 000万元以上大额合同129份，复核审查1 000万元以上大额支出1 283笔，金额668.31亿元，全年共提出了纠改措施和合理化意见2条。公司重点业务和管理活动内部控制和管理执行情况良好，风险控制较好。

对存款证明业务、岗位责任、公司治理、票据业务、信息化运维、授权管理、印章管理、债券投资、质押式债券回购业务、自营贷款业务进行了专项稽核，全年进行了2次专项稽核后续检查。专项稽核结果显示，公司内部控制制度较为适用与完善，内部控制执行情况较好，风险控制效果良好。

【人力资源管理】公司贯彻“人才兴企”战略，结合员工职业发展需要，综合考虑专业人才培养目标，坚持轮岗机制和学习型长效机制。在战略规划的指导下，将经营目标按照年度、季度、月度分解，把握风险控制的每个环节。公司在考核工作上坚持公平、公正、公开原则，考核维度以业绩考核为主，工作行为为辅，对员工各项情况进行360度评价，鼓励和引导员工成为复合型人才。鼓励员工在工作中学习，在学习中工作，深化培训管理形式，为公司的各项研究提供了良好基础，2013年，公司员工累计获取各项职称26个、从业资格81个，职业资格4个，30多篇管理理论文章在全国各级刊物发表。公司对获取外部荣誉、对外发表文章、学历提升、考取业务资格证书等对公司发展有切实帮助的行为都进行奖励和表彰。

【信息化建设】公司对资金系统进行的全面的优化，使其安全性、可用性、保障性大大提高。及时为客户更新了网银秘钥并保证秘钥的安全传递。截至2013年底，已有108家成员单位使用网银系统进行日常业务处理，系统运行平稳，用户使用反馈良好。

推动集团公司将统一结算的基本内容纳入ERP资金管理流程，建立集团统一的资金预算控制和支付管理平台，实现预算有审批、支付有控制。调研、出具详细的可操作性的需求方案，协调软通动力、埃森哲开展SAP财务规则设置、接口数据联调，完成了计划、支付和财务三个接口的开发，现阶段运行良好，实现了数据交互。根据网银稽核报告拟定的《信息安全等级保护工作方案》、《核心业务系统数据异地容灾备份方案》、《核心业务平台双机冗余方案》、《内外网分离方案》、《安全加固的整改方案》，实施了安全加固建设，完成了信息安全等级保护、核心业务平台双机冗余工作和信息系统内外网分离等工作。

【企业文化建设】2013年，公司以“文化兴企”战略思想为指引，围绕公司优秀文化沉淀和团队架构建立公司文化体系，形成文化理念，设计VI系统并规范应用，对公司网站进行改版设计，美化办公环境以及文化手册制作等工作，融合形象品牌，统一价值认知，打造和谐健康工作氛围。多方调研，开拓视野，让员工学会换位思考，学会感恩。建立职工之家，为员工提供学习、娱乐、活动等多项服务，大力营造公司积极向上和谐氛围。

公司鼓励争先创优，组织了一系列文化活动、体育锻炼和评选活动，为员工提供展示的舞台，提高员工的文化生活和精神乐趣。积极参加集团及外部各项活动，并先后获得“三八”优秀女职工，集团工间操比赛二等奖等荣誉称号。组织同业单位低碳健步走，发扬正能量，营造积极向上的企业文化氛围。

鼓励业务、产品和管理创新，学以致用。2013年编辑成书《聚焦产融升级》，其中《大型企业集团财务公司可持续风险管理创新与实践》、《大型集团财务公司多维化结算管理体系的构建与实施》、《大型集团财务公司客户服务管理体系的构建与实施》荣获北京市现代管理创新成果一等奖、二等奖。《财务公司基于EVA的价值创造分析》荣获中国财务公司协会的优秀课题三等奖，《绿色能源》荣获中国电力协会三等奖。公司获得2013年课题优秀组织奖。

公司先后荣获京能集团2013年度财务管理工作先进单位、2013年辖内银行业金融机构非现场监管统计工作考核评比三等奖、2013年度集团突出贡献先进集体、北京市2013—2014年度纳税信用A级企业、2013年标准化优秀单位、2013年度创新管理单位等荣誉称号，提升了公司综合实力和影响力。

浙江省能源集团财务有限责任公司

【经营概况】2013年，浙江省能源集团财务有限责任公司（以下简称“公司”）紧紧围绕集团“大能源战略”和“三个一体化”发展思路，稳中求进、开拓创新，进一步巩固和加强资金管理平台建设，稳步推进集中代理支付和集团融资集中管理，强化企业内部管理和风险防控，加大信息化建设和系统安全保障力度，各项工作取得了较好的成绩。截至2013年底，公司资产总额达到203.55亿元，较年初增加69.30亿元，增长51.62%。全年累计实现营业收入4.89亿元，净利润3.02亿元。

【信贷业务】2013年，公司按照“盘活存量、优化增量”的工作思路，根据集团年度投融资安排和资金计划，优化配置资金资源，合理安排信贷投放，为集团重大项目建设和成员单位生产经营活动提供资金支持。一是加大了授信范围，对集团系统内符合授信条件的成员单位进行了综合授信。全年共对52家成员单位提供了授信，较上年增加18家；授信总额达到153.20亿元，较上年增加25.87亿元，增长20.32%。二是以保障集团资金链安全为目标，在市场流动性相对偏紧的情况下，加大了信贷投放力度。截至2013年底，公司自营贷款余额为75.09亿元，较年初增加6.98亿元，增长10.25%。

【资金和投资业务】2013年，公司在确保资金安全性和流动性的前提下，审慎开展资金和投资业务，提高资金收益水平。一是稳步开展同业协议存款和债券质押式逆回购等资金业务，提高资金使用效率和盈利水平。全年累计实现同业协议存款利息收入0.33亿元，实现债券质押式逆回购业务利息收入0.39亿元。二是按照“风险控制第一，盈利第二”的投资原则开展有价证券投资业务，加强投资人才队伍建设和投资策略研究等基础工作；同时，积极做好华融租赁战略股权投资项目的后续管理工作，切实履行股东职责。全年累计实现投资收益0.18亿元。

【票据业务】2013年，集团公司为进一步加强资金集中管理，降低集团整体财务成本，要求各成员单位将票据融资纳入整体融资计划。公司以此为契机，积极推广票据业务，拓宽成员单位融资渠道。同时，加强对票据的统一管理，构建集团统一“票据池”。全年共为成员单位办理11笔贴现，票面总金额为6.71亿元；办理转贴现贴入5笔，票面总金额为

2.60亿元；办理转贴现贴出2笔，票面总金额为1.04亿元。

【资金集中】2013年，受集团直接融资规模扩大、成员单位经营效益提升和资金归集工作力度加大等因素的影响，公司存款规模增长较快，资金归集率有所提高，资金归集工作成效明显。截至2013年底，公司吸收成员单位存款达189.07亿元，较年初增加67.39亿元，增长55.38%；资金归集度为83.87%，较上年末增加9.27个百分点。集团系统共有143家成员单位在公司开立结算账户，其中有102家实行“收支两条线”的资金管理模式，分别较年初增加14家和6家。

【新业务开展情况】2013年，公司积极配合集团财务部全面实施集团融资集中管理，发挥融资平台作用，集中开展对外融资。一是密切跟踪金融市场，以相对较低的成本完成了集团30亿元中期票据和20亿元短期融资券的发行工作。二是采用打包集团信贷资产包的方式与银行进行集中谈判，集中开展项目融资工作。牵头组织集团公司与建设银行总行、交通银行总行签订全面战略合作协议，巩固和加强集团的外部融资渠道。全年累计完成集团在建项目固定贷款签约合同金额达155.86亿元，落实银行项目贷款发放46.29亿元。

【风险管理和内部控制】公司按照全面风险管理要求，重点加强对法律风险和操作风险的监督管理，提高风险防范和化解能力。通过逐笔审查信贷和资金业务，开展年度合规风险评估、完善风险控制清单等措施，推进全面风险管控体系建设。组织开展“打击非法集资”普法专题讲座等，强化员工法律风险防范意识和合法合规意识。认真落实监管机构对反洗钱工作的部署和要求，积极开展反洗钱宣传活动，加强洗钱风险防范。

同时，严格稽核标准，进一步完善内部监督管理机制，提高内审工作效能。一是紧抓常规稽核，重点加强资金安全监管，对财务制度执行情况和资金管理的风险环节进行排查共计12次。二是有针对性地开展专项稽核，进行业务专项稽核5次，提出改进建议10余条。此外，主动加强与监管机构的沟通和交流，及时编制和报送相关监管报表，配合监管机构完成对公司的现场、非现场监管。

【信息化建设】2013年5月，公司成立信息安全部，专项负责公司信息化建设及安全相关工作，进一步增强了公司的信息化建设、信息系统维护及安全管理的组织保障。2013年，公司对业务系统进行了新一轮升级，并组织相关部门对业务系统进行了多轮测试，全面检验系统的稳定性和运行效率。同时，公司认真落实各项信息安全措施，稳步实施年度技改项目，增加部署了密码短信网关、移动介质管理模块、桌面安全防护系统等，进一步强化公司的信息系统管理和维护。

【企业文化建设】2013年，公司积极组织开展企业文化标语征集和各类工团活动，培育符合财务公司管理需求和反映公司特色的企业文化，牢固树立“讲规矩、负责任、重合作”的价值理念，推进和谐企业建设。

广东粤电财务有限责任公司

【经营概况】截至2013年12月31日，广东粤电财务有限责任公司（以下简称“公司”）资产总额142.04亿元，同比减少24.16亿元；已开户成员单位90家，负债总额114.05亿元，同比减少28.62亿元；累计发放贷款（含贴现）200.67亿元，贷款余额102.05亿元，同比增长4.13亿元，委托贷款余额25.16亿元；实现利润总额3.67亿元，净利润2.87亿元，同比增幅2.87%，净资产收益率11.99%。

【信贷业务】公司紧跟集团战略发展步伐，积极开展信贷业务支持集团的经营发展。贷款范围既涵盖了集团发电等主业，也涵盖了航运、燃料、能源等多元化产业，推出了包括流动资金贷款类、固定资产贷款类、票据融资类、财务公司信用类、中间业务类、专业融资类在内的六大类15个信贷品种，金融服务产品丰富。

2013年，在外部贷款规模紧张、资金市场利率保持高位、自有资金池呈现前紧后松的情况下，公司始终以流动性管理为目标，上半年有计划地推进资产“票据化”，提升信贷资产流动性，实现阶段性调整信贷结构和降低信贷存量的目标；下半年充分利用电票系统开发票据业务，保持信贷规模稳定，并逐步加大营销力度，使年末信贷余额较年初有所增长，为拓宽信贷增长空间打下基础。

此外，围绕集团发展规划外引内联，寻创新谋突破，最大限度保障项目资金需求：一是在6月末钱荒的情况下及时出手，为单位短期融资券的到期偿付提供资金支持，确保全集团信用记录；二是首次以联合牵头行身份筹建两个银团贷款，发挥有限资金的撬动作用；三是协助成员单位成功申请亚洲开发银行贷款，用好政策红利实现财务成本控制。

【资金和投资业务】公司积极谋划富余资金运作，以精细化的同业交易操作提升资金使用效率。一是充分运用周末闲置资金，在做好头寸备付管理，确保资金支付安全的前提下，尽可能调拨资金进行同业议价，发挥规模效应，争取更高收益水平；二是以增加交易频率减少全年利率水平下降的影响；三是捕捉特殊时点资金价格走高的交易机会，刷新了定期业务利率历史最高值。通过努力，全年共实现同业定期利息收入0.93亿元，活期议价收入0.32亿元，较成员单位活期存款收益提高86%。

2013年，公司开展了货币市场基金投资业务，全年最大投资规模为8亿元，在为集团短期资金盈余管理开辟新渠道的同时，也与同业资金业务形成互补，进一步提高资金使用效率。全年此项业务共实现投资收益975万元，加权年化收益率4.795%，考虑税收优惠后折算收益率为6.03%。

开展股权投资业务。2013 年，公司持有珠海农商银行 9.90% 股权、深圳天鑫保险经纪有限公司 100% 股权，截至 2013 年末，珠海农商银行实现净利润 5.09 亿元，天鑫保险公司实现净利润 457.33 万元。

【票据业务】2013 年公司继续加大票据业务的推广力度，全年共开展贴现业务 413 笔，累计贴现金额 34.35 亿元，其中电票贴现业务 148 笔，累计电票贴现金额 12.38 亿元，年末贴现余额 15.94 亿元，占总信贷规模的 16%，有效地配合了流动性管理需要。同时，通过提早介入，前移电票开票流程，成功开出承兑汇票 4 笔合计 2.35 亿元，充分发挥了金融机构功能。

【资金集中】截至 2013 年末，公司资金归集率为 97.04%，全年累计结算业务笔数 66 303笔，结算金额 5 985 亿元，结算集中度达 90%。

2013 年，公司围绕“保规模、保效益”的年度经营思路，牢牢守住“资金归集”的立司之本：一是科学、系统地开展“存款营销”工作，通过与商业银行“比服务、比价格、比产品”，主动引入市场化手段推动难度较大的个别企业实现存款突破；二是开展常用账户授权清理工作，提高账户集中度，截至 2013 年末，账户授权率达 92.3%。

【业务创新】“粤电金融之窗”信息平台于 2013 年 4 月正式上线。“粤电金融之窗”通过对日常操作所产生的业务数据流、资金信息流进行分析和加工，为成员单位提供把最全面和及时的资金管理信息，并通过其中的金融资讯栏目，开辟线上宣传及信息传递渠道，为用户提供专业金融研究及市场动态。

公司按照审慎稳健的经营原则，深入研究并积极开展有价证券投资业务，在考虑资金实际情况及金融产品风险性的基础上，选择具有高安全性和高流动性特点的货币市场基金作为资金运用工具开展此项业务，于 2013 年 3 月首次投资 2 亿元，全年最大投资规模为 8 亿元。

2013 年 12 月，经公司牵线搭桥，成员单位长源电厂成功以低于三年期贷款利率 20% 的资金价格获得亚洲开发银行贷款节能减排促进项目 0.6 亿元优惠贷款资金。该项贷款是粤电集团首次利用亚洲开发银行节能减排低息优惠贷款业务，为成员单位拓宽了融资渠道、降低了融资成本，这是粤电财务公司争取外部政策资源支持集团项目发展的一次有效尝试。

为最大限度发挥金融资质作用，搭建成员单位融资桥梁，2013 年公司在原有基础上进一步加强同业合作与业务创新，首次以联合牵头行身份筹组两家成员单位的银团贷款，在开创与商业银行合作新模式的同时，探索了一条在企业集团融资过程中充分发挥财务公司金融功能的新途径，实现了与银团贷款其他参与方互利共赢的双赢目标，具有较强的可推广性。

2013 年以量身打造的方式为集团所属的粤江发电有限责任公司提供财务管理策划服务，完成了《关于广东省韶关粤江发电有限责任公司的财务管理顾问报告》，对该司的存货管理、现金流管理、融资管理等多方面进行了深入的专业分析并提出具体建议。根据成员单位反映，该服务方案在促进其提升内部管理水平乃至提升安全生产管理方面都发挥了良好作用。

【风险管理和内部控制】2013 年，公司进一步加强流动性管理，通过精细化的资金配置和积极的外源资金引入化解资金规模波动较大带来的风险，同时策略地调整资产期限结构，适度提升中长期贷款和票据资产占比，为流动性管控做足储备；坚持制度先行，做好新业务开展的准入把关，并开展审计监督同步跟进；开展风险梳理和业务操作流程专项排查，通过完善风险量化评估体系、制定岗位操作手册、细化日常业务事后监督，确保操作风险控制在较低水平。

【人力资源管理】公司2013年继续在内部推广“分享·学习”交流平台，全年共举办活动7次，邀请员工在公司内部分享风险管理、形势分析、业务发展等内容，在为员工提供展现风采的平台同时，更好地实现跨部门、跨岗位知识共享，为培养全面业务人才奠定基础。

【信息化建设】2013年，公司完成了“粤汇通”资金集中管理系统二期开发工作，6大类48项需求全部上线使用，较好地达到优化完善系统功能、提升系统运行效率、拓展信息系统业务覆盖面的目标，特别是粤电金融之窗、金融标准化、财务特色报表等新功能的实现，有效提升了各项业务处理效率，得到多方好评。“粤汇通”系统已不仅是业务管理的工具和平台，而且成为集团资金管理的一个新载体，有效辅助各层级用户开展资金管理与决策，实现了业务和管理的高度融合。

此外，完成了统一监管平台系统的上线运行，成为中国人民银行广州分行辖区内最早开展金融统计标准化报送的财务公司，并通过与自有系统的数据对接，有效提高业务部门工作效率。

【企业文化建设】一是鼓励并引导员工进行业务及课题研究，2013年，公司在多个金融论坛及财协组织的征文活动中屡屡获奖，其中《基于久期缺口的利率风险管理研究》以总排名第一的成绩获财协自选课题研究一等奖；二是成立粤电财务公司读书会并举行系列活动，通过书籍解读、诗歌朗诵、感悟分享等方式，使员工在有限的时间里更好更多地欣赏好书和文学作品，进一步扩大知识面及视野，丰富精神生活。

TCL集团财务有限公司

【经营概况】2013年度，TCL集团财务有限公司（以下简称“公司”）以“立足集团、服务集团”为宗旨，积极应对宏观金融形势变化，坚持审慎、合规经营原则，加强风险内控、提高资源使用效率、提高金融服务水平。在确保集团资金链安全、支持各产业日常运营、提升整体财务效益等方面，取得良好业绩。年内公司完成了10亿元增资手续，提升了资本实力，奠定了更强的业务发展基础。

2013年末，公司资产总额为66.85亿元，总负债为49.99亿元；全年实现净利润0.93亿元，同比增加14.35%；全年结算量10 200亿元，同比增加29.11%；信贷资产分类均为正常；年末资本充足率47.55%，流动性比例81.62%，均优于监管标准。

【信贷业务】全力支持企业发展，在优于市场利率的基础上，充分满足集团及成员企业信贷资金需求。通过优化授信评级模型，加强贷款审查及贷后管理，严格控制贷款风险。全年累计发放贷款合计35.21亿元，年末各项贷款余额28.8亿元，同比上升46.94%，年末信贷资产分类全部为正常，并已足额提取贷款损失准备。

加强信贷产品创新，满足成员单位需求。全年开发多项信贷业务新产品，支持企业业务开展。根据企业建设新厂的融资需求，设计并完成首笔0.4亿元项目贷款，为企业提供了低成本的中长期融资；设计搭桥贷款产品、制度、流程，发放15亿元搭桥贷款，高效保障了集团收购项目的顺利推进；根据企业进口业务较多的特点，开始为企业办理美元贷款业务，为企业提供低成本融资，也为公司外币资金使用匹配通道；根据企业需求设计并办理了首笔出口信保融资贷款，协助企业提前回款，减少汇率波动对报表的影响，为后续推广应用、盘活外币资金打下坚实基础。

【资金和投资业务】公司按照安全审慎的原则开展投资业务，匹配资金头寸安排，充分提高闲置资金使用效率。在满足监管要求的前提下，积极参与金融市场业务，有效提升了短期闲置资金使用效益。一方面把握市场利率机会操作质押式债券逆回购业务，按周制定投资计划、逐日跟进操作，降低周末及节假日资金头寸，提高资金收益率，累计办理超短期限债券逆回购18.48亿元，实现收益152.45万元。另一方面，加大货币基金投资规模，匹配部分较长期限资金购买货币基金，并降低在单一货币基金公司的投资比重。本年申购货币基金3亿元，累计实现收益972万元。

【票据业务】年内重点向纸票笔数多、金额小的企业推介电票，并得到有效运用，显著提升了开票效率，降低票据风险。电票结算量稳步提升，票据结算量达54.23亿元，电票开票额34.86亿元。经人民银行批准，成为广东省首批办理电票再贴现业务的金融机构，在人民银行大力支持下，全年累计办理再贴现8.67亿元，有效地促进了产业链业务开展。同时，公司依托集团核心产业，运用票据贴现等产品，以高效的服务和合理的资金价格为集团上下游企业提供了强而有力的资金保障。年内为123家产业链企业提供信贷资金支持达18.7亿元，客户服务家数及提供资金支持同比分别提升70.8%和33.6%。

【外汇业务】全球外汇资金管理取得重大突破。2013年8月15日，TCL集团获国家外汇管理局批复“跨国公司总部外汇资金集中运营管理试点资格”，11月7日，公司完成了广东省首笔1 000万美元国际资金在岸归集，12月23日，公司向境外企业发放首笔1 000万美元贷款。

2013年，公司为成员企业提供快速高效的即期结售汇业务服务，全年成员企业即期外汇交易业务量达12.01亿美元，同比增长144.6%，成员企业在公司结售汇占企业全部即期结售汇业务比重保持在84.14%，为集团减少财务费用约195.71万元。

公司统筹集团汇率风险管理，协助各产业集团制定年度汇率风险管理方案。搭建并实施月度计划体系，拟制月度敞口签约计划及月度外汇理财计划并下发企业执行，由逐笔被动管理提升至月度提前主动管理，有效提升管理效率及效果。出台一系列市场风险管理制度、外汇理财业务规程，进一步加强和规范业务管理，防范业务风险。

【业务创新】开发终端结算及融资新产品，便利企业结算，并协助企业提升销售能力。结合成员企业及上下游客户需求，提供个性化服务，与合作银行开发“四通一达”系列产品。与合作银行开发商务通（同行代收）、聚付通（跨行代收）、易付通（专卖店POS）和一点达（费用支付集中平台）等产品，为企业提供安全、高效的结算方式，并有效提升成员企业回款效率及加强资金管控；联合银行开发信付通（经销商授信）产品，为符合条件的经销商授予一定的购货信用额度，减轻经销商资金占用压力，增强销售积极性，促进 TCL 产品销量的提升。

【风险管理和内部控制】根据2013 年度规划，拟定全面风险管理改善提升 6 大项目，完成了《全面风险管理基本制度》、风险偏好及容忍度体系建设；建立企业贷后预警指标体系和全面风险管理报告框架；对流程重要性等级进行分类并优化业务审批流程节点的设置；搭建起公司全面风险管理的基本体系。全面风险管理项目取得阶段性成果。

搭建全集团资金内控标准体系。2013 年启动了资金内控流程建设项目，协同六大产业集团与德勤项目团队，完成 TCL 集团资金内控首份标准模版并颁布实施。该模板涉及制造业、房产、电子商务三大行业，涵盖包括资金计划管理、现金管理、票据、筹资管理等 11 大管理流程、27 个子流程及 75 个控制活动，显著提高了集团资金内控水平。

【人力资源管理】公司实施员工资格认证，加强培训管理，严格执行绩效考核管理办法激励员工。一是积极推进实施财务任职资格认证工作，完成四级、三级认证工作，协助员工做好职业规划发展。二是重新修订培训管理制度，对送外培训实行规范化管理，强化跟进送外培训后续跟踪，实施针对性强的金融系列专业类内训，提升员工金融专业化知识技能。三是持续推行“年初计划、年中面谈、年终考评”的绩效管理模式，有效调动员工的积极性。

【信息化建设】深入开展信息化建设。全年规划 10 大信息化建设项目，与 4 家专业软件公司合作，年内完成 7 个项目的设计并成功上线。信息化建设涵盖前、中、后台，内容涉及客户管理、内部运营和监管机构信息对接等，有效提升了数据处理能力、分析及管控能力。

【企业文化建设】公司通过多种形式开展企业文化建设。成立了 TCL 财务公司工会及工会委员会，定期组织各类文体、竞赛及员工关爱活动，营造相互沟通、团结协作、共同进步的人文环境。加强与银行、同业协会、其他金融同业的沟通与学习，增加了业务交流合作机会。鼓励员工撰写稿件，全年发表各类稿件共 57 篇，其中在财务公司协会杂志、《南方金融》刊登了 3 篇专业类稿件，加强了宣传力度，提升了公司的知名度和影响力。

湖南华菱钢铁集团财务有限公司

【经营概况】湖南华菱钢铁集团财务有限公司（以下简称“公司”）面对错综复杂的国内外经济金融环境及严峻的钢铁行业形势，紧紧围绕集团公司“扭亏脱困与转型发展”中心工作，坚持服务集团的功能定位，调整经营思路，创新经营模式，优化业务结构，加强运营管理，突出风险防控，公司经营业务稳中有进、稳中有为。

2013 年，公司实现营业收入 1.40 亿元，完成预算的 106.64%；实现利润总额 0.75 亿元，完成预算的 119.49%；实现净利润 0.74 亿元，完成预算的 122.35%；为成员单位创效 0.90 亿元，完成预算的 149.52%。公司实现的利润和为成员单位创效共计 1.60 亿元，较上年增长 14.29%，各项监管指标均符合银监会监管要求。

【信贷业务】2013 年，公司成员单位的信贷业务总量创历史最高水平。全年累计为成员单位提供资金 126.18 亿元，其中贷款 97.40 亿元，票据贴现 24.08 亿元，电子承兑汇票 4.70 亿元，日均贷款和贴现金额达 15.32 亿元，外汇结售汇 5.93 亿美元。

【资金和投资业务】2013 年，公司优化投资结构，控制投资风险。按期收回风险较高的信托产品投资 1 亿元；根据对市场的判断，减持债券 1.40 亿元，截至 2013 年末债券余额为 4 亿元，其中 2.50 亿元为“华菱债”。

【票据业务】2013 年，公司累计为成员单位开立电子银行承兑汇票 4.70 亿元，办理票据贴现 24.08 亿元。在票据转让业务方面，全年与商业银行开展票据转贴现业务累计 9.29 亿元，在人民银行办理票据再贴现累计 15.64 亿元。

【外汇业务】2013 年，公司累计为成员单位办理外汇即期结售汇业务 5.93 亿美元，为成员单位节约结售汇财务成本 356 万元。公司每旬向集团出具外汇分析报告，提出外汇资金风险防范建议，并协助涟钢、华菱香港公司等成员单位通过利率掉期规避风险。

【资金集中】2013 年，公司账户联网和资金归集工作取得新突破，账户联网率和资金归集率大幅提高。全年注销账户 35 个，新增联网账户 40 个，共计联网账户达到 283 个，可联网账户的联网率达 100%。全口径资金归集率由年初的 13% 提高到年末的 28%；联网资金从年初的 11.30 亿元增加至年末的 17.15 亿元；日均联网资金 13.13 亿元，较上年同期 9.67 亿元增加 35.78%。

【业务创新】2013 年公司开展票据池业务。公司与多家商业银行共同研究和制定票据池业务实施方案及细则，于 9 月开展票据池融资 2 亿美元，盘活了存量票据，并实现了集团范围内的存量票据共享。

【公司治理】公司注重提升规范化治理水平，建立健全公司法人治理结构。股东会、董事会、监事会、经理层各司其职，规范运作，有效制衡。2013 年，公司董事会认真贯彻落实国家政策和监管要求，勤勉敬业，忠实履职，对公司预算、业务策略、风险管理、薪酬管理、投资决策等进行认真研究和科学决策，指导公司实现持续健康发展。全年共召开一次董事会，一次股东会，四次临时董事会，二次临时股东会。董事会高度重视并充分发挥下属专业委员会的功能和作用，2013 年，召开八次投资决策会，一次风险管理委员会。

【风险管理和内部控制】公司坚持以合规建设为主线，以加强风控管理为重点，以建立健全各项规章制度为保障，切实加强风险管理。一是完善组织构架。公司对内设机构进行了调整，划分为六个部门：信贷部、资金部、财务部、投资部、稽核部、综合管理部，构建了前台、中台、后台分离的三道工作程序和风险防控体系。新的内控体系和框架的形成，更加符合公司未来业务发展的需要。二是强化内控制度建设。2013 年全面梳理制度体系，制定和修订制度 50 余项，废除制度 18 项。通过制度梳理和制度设计，建立并完善规范流程。在此基础上，编制了《内部控制手册》，为公司持续健康发展提供制度保障。三是加强内部稽核。稽核部定期对各部门的内控制度执行情况、业务和财务活动的合法性、合规性、风险性、准确性、效益性进行监督检查，每月出具稽核报告，针对发现的问题进行严控考核并通报，各部门及时整改，次月进行跟踪复查。

【人力资源管理】公司通过对组织架构、职能分工和人员编制进行全面梳理和优化，推进人力资源有效运行、合理配置。一是推行全员竞聘上岗。2013 年，为了建立优胜劣汰竞争机制，公司实施了全员竞聘上岗，通过专业考试、竞聘演讲，实施双向选择，择优选拔人才，表现优秀的员工得到提拔重用，极大激发了员工的积极性。二是建立健全薪酬、绩效考核制度。公司制定了《薪酬管理办法》、《2013 年绩效考核管理办法》、《2013 年奖励绩效管理办法》等一系列薪酬考核制度，新的员工薪酬体系基本形成。三是加大人才引进力度。通过专业考试、面试的方式，公开招聘资金和信贷管理岗位 2 名工作人员，为公司未来发展提供人力资源保障。

【企业文化建设】公司加强企业文化重塑和企业文化宣贯，营造氛围，大力弘扬和践行集团“以奋斗者为本”的主流价值观和文化理念，树立先进典型，增强团队凝聚力，为企业和谐发展提供文化保证；认真落实党风廉政建设责任制，健全惩治与预防体系，加强企业领导廉洁从业教育，弘扬廉政文化，促进企业稳定发展。

江西铜业集团财务有限公司

【经营概况】2013 年，面对错综复杂的国内外经济金融形势，江西铜业集团财务有限公司（以下简称“公司”）面对监管重拳整治理财产品、金融市场利率低位运行、利率市场化进程加快等严峻挑战，按照“稳中求进、创新求变”的思路，在业务上“扩规模、促增长”，在管理上“降成本、控风险”，多措并举，齐抓共管，全年取得了稳定的经营业绩。截至 2013 年末，公司资产总额 133.45 亿元，全年完成营业收入 4.28 亿元，实现利润总额 4.13 亿元，并连续第三年被评为“南昌高新区 2013 年度先进企业”、“南昌高新区 2013 年度纳税重大贡献企业”。

【资金集中】2013 年，公司积极加强与成员单位沟通，实时了解成员单位的资金状况，坚持一手抓成员单位银行账户清理，一手抓资金计划管理，做到既确保成员单位结算支付需要，又尽可能减少资金闲置。公司于每天下午对成员单位外部资金进行归集，每季度末对成员单位资金集中情况进行统计和分析，主动与集中度较低的成员单位进行沟通，争取将其外部资金纳入公司。2013 年末，剔除不可归集因素，公司的资金集中度达到 91.89%。

【信贷业务】公司紧跟成员单位对金融资

源的需求，新增3家授信客户，全年发放本外币贷款104笔，年末本外币贷款余额35.52亿元，与2012年末基本持平。全年办理票据贴现334笔，共计14.11亿元，较2012年增长143.86%。协助集团通过财务结算中心为非上市成员单位提供贷款18笔，共计27.10亿元，年末余额15.65亿元，缓解了非上市成员单位的资金压力。

【投资理财业务】2013年，理财产品市场受到重拳整治，各类理财产品出现了量率齐降，公司不遗余力地做好投资理财业务，全年实现投资收益1.47亿元。申请获批了上海清算所中期票据、短期融资券的清算资格，公司从10月底开始可以从事银行间市场中期票据、短期融资券的投资，扩大了银行间市场债券品种的投资类别。深度对接金融市场，及时掌握金融市场动态，形成投资周报制度。扎实稳妥地加大投资业务的运作力度，在投资细分市场方面进行了积极尝试和探索，涉足了信托、银行理财、基金、债券、券商直管计划等领域。审慎选择信托产品，特别是针对股权质押信托项目预期收益率大幅下降的情况，参与了部分优先劣后交易方式的信托投资，扩展了高收益信托产品的投资渠道。

【外汇业务】公司分别于2013年3月、4月获批成为银行间外汇市场会员和外汇交易中心外币拆借会员，并从3月正式开展即期结售汇业务。截至2013年末，在公司办理结售汇业务的成员单位已扩大至12家，全年完成成员单位结售汇0.46亿美元，为成员单位节省财务成本47.68万元，并形成外币资金存款与投资理财的询价制度，为外汇资金归集奠定了良好基础。

【业务创新】为了加强金融服务模式和业务的创新，公司多次组织员工到国内其他财务公司、券商、信托、租赁公司学习新业务的开展经验，深入到成员单位中调研相关新业务的需求，进行可行性研究与必要性分析，提出切实可行的操作方案，制定相适宜的业务制度与流程，完善开展新业务所需软硬条件，为融资租赁、保理融资、承销成员单位债券等新业务的开展提供了有力支撑。2013年末，公司为成员单位办理一笔金额为1 062.60万元的应收账款保理业务，开展了对中银证券1亿元的金融股权投资，实现了金融服务模式的创新和投资品种的多元化发展。

【风险管理和内部控制】风险管理是公司治理的核心内容。公司认真组织开展了2013年度内部控制评价工作，分别对税务、资产质量五级分类、信托合同法律合规性、贴现票据实物、公章使用、银行账户信息、柜台业务等内容进行了专项稽核或突击检查，开创了党委稽核。建立了外部银行账户上门对账和印鉴核对制度。重新修订并上会讨论通过了融资租赁业务管理办法和操作规程，对近年来的近10项投资业务相关制度进行了全面修订，新增了保理业务管理办法和操作规程，加强了对密钥、公章、印鉴及重要档案的管理。

【政策研究】2013年，公司积极加强政策研究创收力度，全年申请获得南昌市投融资服务体系及打造核心增长极相关税收优惠政策项目奖励1 914万元。同时向南昌服务业促进会申报的“资金汇集南昌，行业地位提升，助推南昌打造核心增长极”等三个项目均获准进入南昌市“国家省市服务业发展引导资金备选项目库”。

【人力资源管理】2013年公司着重加强员工学习交流，开展了以“我身边的金融知识”为主题的金融知识宣传服务月活动，并编制金融学习手册供公司员工学习；业务上，公司要求各部门定期开展内部学习交流，分享个人的工作成果，总结业务开展中的经验教训；并组织员工前往银行、其他财务公司、券商、信托公司参观交流，学习同行的优秀工作经验和业务创新思路。通过提高员工的综合素质，增强服务意识，为成员单位发展提供更加优质的金融服务。

【信息化建设】 2013 年，公司加大了信息化建设步伐，在进一步强化现有系统功能的前提下，着手准备升级九恒星科技股份有限公司开发的业务管理信息系统至新版本 N6 系统。升级后，业务管理信息系统各项功能将更加完善，大大提高业务处理效率。同时，公司向集团有关部门提交了申请成立信息技术部和申请信息技术主任工程师职数的报告。

【企业文化建设】 公司充分发挥党组织、工会的作用开展各项活动，组织员工参加瑜伽、羽毛球、乒乓球、英语角等活动，有效缓解了员工的工作压力，提高了员工的工作积极性，增强了公司凝聚力，构建了和谐的企业文化。

天津港财务有限公司

【经营概况】 2013 年，天津港财务有限公司（以下简称“公司”）坚持规范经营，稳健发展，以防范风险为前提，以提升效益为主攻方向，继续优化信贷结构，积极完善金融服务功能，着力提高金融服务水平，努力推动各项工作再上新水平。2013 年，公司实现收入总额 4.04 亿元，比上年同期增长了 3.07%；实现利润总额 2.91 亿元，比上年同期增长了 15.80%；不良贷款率和不良资产率均为零。

【信贷业务】 2013 年，公司合理把握国家货币政策，及时调整信贷策略和计划，优化配置信贷产品种类，支持上市公司重点产业、项目的发展和实施，提高上市公司的存贷款规模。

截至 2013 年末，共为 34 家成员单位办理 144 笔贷款业务，金额达 39.94 亿元；办理 1 笔应收账款保理业务，金额为 0.60 亿元；办理 132 笔保函业务，金额为 8.03 亿元；办理 74 笔委托贷款业务，金额为 63.24 亿元。全年实现贷款利息收入 3.17 亿元。

【信贷业务】 针对动产融资业务的“营改增”问题，公司在上年成功开展融资租赁业务的基础上，经过深入研究，最终与成员单位确定了售后回租方式的融资租赁方案，并成功办理了营改增后的第一笔融资租赁业务，融资租赁额达 0.50 亿元，为今后顺利办理税收新政下的融资租赁业务打下了坚实的基础。

【资金和投资业务】 充分利用公司金融同业市场资源优势，搭建金融同业合作平台，优质高效地管理运作集团资金，实现集团资金资源价值的最大化。2013 年公司开展同业定期存款业务 64 笔，金额达 43.35 亿元，实现利息收入 0.28 亿元。与农业银行、招商银行、天津银行等近 10 家银行开展高收益长短期理财产品投资组合共计 54 笔，投资金额 44.67 亿元，实现投资收益 0.21 亿元。与天津银行开展拆借（拆出）业务7笔，累计拆出金额9亿元，实现利息收入300.30万元，提高了公司短期资金使用效率。

【票据业务】2013年，公司进一步加强电子系统的建设，加大了对电票业务的推广力度，逐步由代理模式向受理模式转型，加快业务处理速度，不断提高成员单位使用综合服务系统的覆盖范围，为成员单位提供了优质的金融服务。截至2013年末，公司共办理72笔票据贴现，金额为0.63亿元；为16家成员单位出具并承兑496笔电子银行承兑汇票，金额达7.51亿元。

【资金集中】2013年公司以“巩固归集度、扩大归集面、提高归集额”为工作思路，努力推进资金集中度管理工作再上新台阶。公司定期召开资金集中度专项会议，确定资金管理工作重点，加大对成员单位账户管理力度，全力督促系统外资金回笼，最大限度减少资金外存。突破地域界限，在现有资金归集模式以外，利用商业银行现金管理产品，积极研究探讨无水港资金归集模式，拓宽资金归集渠道，极大地促进了资金管理工作水平的提升。截至12月末监管口径资金集中度为59.37%，月均监管口径资金集中度为61.68%。

【业务创新】按照国家货币政策和信贷总体要求，公司始终持续支持小微企业贷款。2013年公司进一步规范了基础管理工作，创新工作方法，建立了小微企业信贷扶持的名单式管理体制，对新划型标准的小微企业进行了梳理，建立了小微企业档案，根据企业需求细化、筛查，确定年度重点扶持对象，确保有信贷需求的小微企业在风险可控的前提下得到优先扶持。截至2013年末，公司发放小微企业贷款36.59亿元，并由于成绩突出，公司获得了天津市财政局的奖励资金。

2013年，公司结合金融业务的开展，积极创新，拓展了电子回单、智能分析等系统的服务功能，完成了公司核心系统的升级改造工作。为了完善服务手段、提高服务质量，公司自主研发了财务公司自助服务系统，利用计算机和信息网络通讯技术提供一套速度快、效率高、功能强的客户服务系统。该系统通过远程在线的方式满足用户的需求，避免了业务人员的出行和现场办公，系统可同时满足多用户的操作需求，且允许用户有针对性地对信息进行检索，极大地降低了时间成本和人工成本，提高了工作效率。

【风险管理和内部控制】为提高公司制度管理的规范化水平，公司颁布了《制度管理办法》，新制定了《数字证书管理办法》、《软件正版化管理办法》、《银行账户和交易账户管理办法》、《虚拟现金池业务操作规程》等6项制度，修订了《票据拆分业务管理办法》、《反洗钱管理办法》、《统一授信管理办法》等30项制度。加强了公司法律事务工作，对公司法律工作进行台账管理，增加了公司2012年新制定制度对应的法律法规，及2012年监管部门新颁布的财务公司相关法律法规，提高了公司规章制度的合规性与完备性。

根据银监会对财务公司各项监管指标的要求，并结合公司经营的实际情况，对重点指标进行每日监测，对日常资金结算业务单据及经营收支业务单据进行入账前的事中稽核，每日两次对公司结算专户余额进行核对检查，同时于每月末对各项指标进行全面监测，每季末对公司整体经营情况进行多角度、全方位分析，保障了公司资金结算与核算的准确性及资金安全，确保公司各项指标符合监管要求。

【人力资源管理】2013年，公司对原有绩效考核管理办法进行了修订，实行定量与定性相结合的考核方式，坚持全员参与、逐级考核的原则，根据被考核部门职责不同有所侧重，从而激励员工提高工作业绩，并根据考核结果结合自身实际查找不足，制定及时有效的措施，不断促进公司管理水平的提升。

【信息化建设】2013 年，公司自主研发了《财务公司自助服务系统》、《金蝶系统接口程序》和《贷后检查系统》，完成了公司核心业务系统的升级；拓展了电子回单、智能分析等系统的服务功能，充分满足了公司金融业务发展的需要，并首次实现了公司资金管理系统与各码头业务系统的联动，出色完成了集团网上支付系统方案的制定以及财务公司和银行与支付系统接口研发的协调工作，为集团和公司的业务拓展和管理创新提供了强有力的技术支撑。

松下电器（中国）财务有限公司

【经营概况】截至 2013 年末，松下电器（中国）财务有限公司（以下简称“公司”）已与 43 家集团成员单位开展了业务合作。开展了无本外币差别的资金集中、外汇、内部结算等各项业务，以实现在华成员单位的资金成本控制和强化财务风险管理为目标，为在华集团成员单位节省融资以及资金运转等成本。

【信贷业务】截至 2013 年，公司信贷授信成员单位为 2 家，与其中一家开展了美元贷款业务。每季度召开信贷管理委员会，针对贷款企业的资信、还款意愿、还款能力等进行分析，对信贷资产的五级分类结果进行投票表决。全年及年末余额皆控制在授信额度内，不良贷款率为零。与 2012 年末相比，自营业务中的信贷资产余额无较大幅度的增长；委存委贷余额增幅为 22.66%。

公司利用人民币现金池进行资金集中调配处理，使整个集团的闲散资金得到有效利用，降低了资金的风险并减少了资金流动的成本；同时，得到了一定的利率优惠。在委托贷款手续费方面，本需向银行交纳的手续费转至集团内部消化，为减少集团成员单位的融资成本作出了贡献。

【资金和投资业务】公司 2013 年未开展投资业务，在资金运作方面，除交存法定存款准备金外，以存放同业存款为主。以 Shibor 价为基础，在各大商业银行间进行询价，力争取得对公司最优厚的市场利率。2013 年，存放同业存款利息比 2012 年有一定程度的下降，主要原因是成员单位再投资及进行利润分配所致。

【票据业务】2013 年，公司根据集团企业情况重新开展了票据业务。

【外汇业务】松下电器集团资金有一定盈余，公司流动性比例较高。但由于外汇资金在国内营运等方面的限制，国内公司的外汇资金无法自由调配到海外松下集团。公司通过协助成员单位实现海外交易款项的收付、集中代理远期结售汇，实现集团全球资金的融通运用，为集团企业财务管理效率的提高作出贡献。

2013 年 2 月，公司得到国家外汇管理局上海市分局的特别许可，自 2013 年 8 月起开展了集中代理外币收付汇业务。目前业务开展顺利，无风险事故发生。

【资金集中】公司2013年末的集团资金集中度约为95%（含委托资金）。根据银监局口径计算的资金集中度约为28.31%，比2012年末的18%有大幅度提高，主要原因是在2013年底，公司借助集团的力量，将各成员单位的闲置资金进行集中。

【风险管理和内部控制】2013年，公司一是修订了5个管理规定及实施细则，分别为《外汇存款准备金管理办法》、《反洗钱管理办法》、《反洗钱业务实施细则》、《拆借业务管理规定》、《拆借业务实施细则》。通过对内部管理规定的梳理，公司的内控能力得到了进一步的提高。二是季度性召开风险管理委员会，分析公司的市场风险、流动性风险、信用风险、操作风险、系统风险及合规风险等，并对各风险的风险级别进行了判别，制定了风险对应策略，对下一季度风险发生的趋势进行分析。三是对新业务进行了事前的风险提示，描述重点风险的同时，详细制定了风险点的对应策略，提高了公司风险管理的水平，使高级管理层能够更好地掌握公司风险管理情况。

在公司的内部管理方面，公司最高权力机构为董事会，制定公司经营计划和重要政策，2013年作出的主要决策有：认可2012年度公司审计报告及一般准备金计提和利润分配方案；批准公司2013年度预算报告；通过了高级管理层人员的决议。

合规部门本年度内完成了合规学习会培训和业务管理规定及实施细则的修订工作，为公司的业务有序开展奠定了基础。2013年度内合规部门负责召开了9次法规及业务学习会，参会对象为公司全体中方员工，并将会议开展情况及时通报高级管理层。通过这种形式的学习会，公司员工的合规工作意识有所提高。

在内部审查方面，内部审计人员配合毕马威振华会计师事务所完成了于2013年对公司进行的年度审查和《美国企业改革法》（SOX法）的审计工作。此外，根据内部审计年度计划，内部审计人员对公司重点业务进行了检查，内容包括一般贷款、合规及信用风险管理、成员单位的各项存款等几个方面，将检查结果上报给监事并通报公司高级管理层及相关部门，提出了整改意见和整改期限，针对问题点进行了二次跟踪检查。目前，根据整改意见已全部完成了相关业务操作的改善工作。

本年度内，公司根据《信用风险委员会运营规则》，每季度均召开信用风险管理委员会会议，对公司的风险资产根据资产质量五级分类的标准逐一进行了分类评估，对有贷款余额的成员单位风险状况进行评估，对其信贷资产进行分类，并通过1104报表上报给了上海银监局。公司根据资产质量五级分类原则对风险资产进行分类，目前风险资产均为正常类，根据人民银行及银监局的规定，公司于2013年12月末对信贷资产提取了1%的贷款损失准备。

公司面临的市场风险主要是汇率及利率两方面的风险。首先，在汇率市场风险方面，公司目前持有的外汇是尚未结汇的资本金，现继续将这部分资本金以外汇贷款的形式加以运用。其次，在利率市场风险方面，2013年下半年起，受国内经济环境变化的影响，我国的货币政策由“适度宽松”转变为“稳健的货币政策”，公司在利率市场上，通过询价的方式取得了较好的同业存放利率。人民银行在2013年对人民币存贷款基准利率作了跨时代的调整，在2013年7月，取消了贷款利率七折的下限，并取消了票据贴现的利率限制。今后还会有相关调控政策及工具的出台。伴随着人民银行对利率市场化进程的逐步加快，在对于汇率以及利率市场风险的控制方面，公司将密切关注金融政策的变化，加强与同业机构的交流和合作，通过风险管理委员会进行实时监控和管理。

为加强主要风险指标监测管理工作，公司继续坚持每天预测统计重要风险指标，并及时向高级管理层及各相关部门汇报。公司风险指标均按照《企业集团财务公司风险监管指标考核暂行办法》的规定严格控制。2013 年末的各项风险指标均在正常水平之上，相关数据已经通过 1104 报表上报上海银监局。

【人力资源管理】2013 年，公司在员工培训方面加强了力度。公司员工分别参加中国财务公司协会、母公司——松下电器（中国）有限公司及各商业银行提供的培训约达每人 2 次。随着业务品种的增加及业务规模的扩大，公司新录用 1 名员工，以保证公司的人员配备能及时跟上业务的发展。2013 年 8 月，公司的董事及监事发生了变更。

【信息化建设】2013 年，公司对财务系统进行了改善，提高了系统自动化效率，并根据实务操作的需要，对系统进行了进一步的搭建、推广、应用与维护升级等工作。在系统的正式运行前进行了试运行及压力测试，待证实有效性后正式启用。

【企业文化建设】2013 年，公司继续加大企业文化建设力度。与松下（中国）有限公司联合，关注上海市儿童教育及环境教育，支持浦东新区青少年活动中心开展活动。

中航工业集团财务有限责任公司

【经营概况】2013 年，中航工业集团财务有限责任公司（以下简称“公司”）积极应对国家宏观经济形势的变化，紧扣集团“市场效益年”的总体要求，大力创新产品和服务，不断开拓业务和市场，全面提升内部管理，倾力打造植根中航工业的综合金融服务平台，不断探索转型发展的新思路。公司充分发挥自身职能，在提升集团公司财务管控能力、优化集团资源配置、节约资金成本、满足集团和成员单位融资需求等方面发挥了重要作用，为集团战略的深入实施和航空金融产业的跨越发展作出了新的贡献。

全年共实现营业收入 14.84 亿元，同比增长 13.87%；利润总额 9.20 亿元，同比增长 9.81%；实现 EVA 5.77 亿元，同比增长 4.52%；资产总额 476.90 亿元，负债 438.96 亿元，权益 37.94 亿元。

【资金集中】2013 年，公司协助集团重新修订了资金集中管理办法，并积极开展政策宣贯工作。9 月末，公司配合集团组织召开了文件宣贯会，广泛收集直属单位意见与建议，提出 2013 年资金集中管理目标及贯彻落实文件要求的重点工作任务，有力地推进了资金集中管理工作的深入开展。年末，集团全口径资金集中度突破多年来的瓶颈，由 2012 年的 31.0% 攀升至 42.48%，达到行业中上游水平。

公司克服工作阻力大、政策限制多、工作繁杂、组织协调量大等困难，全力推进上市公司资金集中管理工作。与哈飞股份、中航国际及其下属中航地产、深天马、飞亚达、天虹商场等六家上市公司签订金融服务协议，与中航科工及中航精机续签协议并扩大了存款额度。至此，公司完成了同集团内20家主要上市公司关联交易的审批与披露程序，年末上市公司在公司存款达52亿元，较上年增长35亿元，增幅为206%，资金集中管理取得重大进展。

公司创新资金归集模式，充分运用商业银行现金管理产品提高资金集中工作效率，实现四级（含）以下单位存款突破6亿元。

此外，公司全力配合集团及时完成账户管理信息系统开发，系统于11月上线运行；协调银行和软件公司的工作进度，圆满完成全级次银行账户授权联网工作，为集团公司加强资金管控、防范资金风险提供了有力支撑。

【信贷业务】公司认真执行人民银行信贷规模调控政策，密切关注集团公司生产经营和筹融资形势变化，合理配置信贷资产，优化信贷资产结构。年末公司管理的信贷资产规模754亿元，其中各类本、外币自营贷款余额215亿元，较年初增加42亿元，增幅为24.28%；委托贷款余额539亿元，较年初增加143亿元，增幅为36.11%。日均自营贷款198亿元，同比增长18.04%，贷款平均利率6.01%，同比下降6.82%，实现贷款利息收入11.9亿元，同比增长10.36%。

公司全力配合集团公司计划财务部开展了成员单位融资需求调查，形成了客户融资需求分析报告，以客户需求为导向，增强了信贷投放和客户走访的计划性和针对性。在资金紧张的情况下，公司大力开展银团业务，实现了银团业务规模的新突破。公司共发放银团贷款62亿元，以自有资金15亿元撬动商业银行资金47亿元，更好地满足了成员单位融资需求。

【票据业务】2013年，在商业银行竞争加剧，票据市场价格大幅波动，地区差异较大，客户需求越来越高的情况下，公司结合实际建立了票据业务动态利率调整机制，既保证了公司产品价格的竞争力，又最大限度提高了票据业务的收益水平；公司成功开展了票据池业务试点；积极探索集团内部电子票据结算、商业承兑转银行承兑业务，努力发挥专业优势为成员单位提供更好的票据服务。

【投资业务】2013年，公司积极稳妥地开展投资业务，面对流动性紧张压力，公司主动压缩了投资业务规模，全年日均投资规模23.2亿元较上年同期下降6.3%；调整了投资结构，在风险可控的基础上产品配置向中长期产品倾斜，全年实现投资收益1.26亿元，投资收益率持续增长。

为进一步满足客户需求，公司积极与外部金融机构开展合作，分析研究产品结构设计、风险把控等关键要素，设计投资产品，成功开展了中航商发第一期委托投资业务和第一单财务顾问业务，探索了自营投资业务与金融咨询业务的联动发展模式，健全了投资业务体系，挖掘了新的盈利增长点，与客户建立起全方位和多层次的合作关系，实现了由单一的提供产品向综合的提供解决方案的服务模式的升级。

【保险代理业务】2013年，公司保险代理业务以航空产业链为延伸，首次成功拓展国家林业局、国家海洋局等集团外保险业务，集团外业务量占比达到5%左右；公司配合集团完成了第三轮统保招标，扩大了险种范围、升级了统保质量；为集团飞机保险统一管理设计了新的推行路径；创新航空产品责任保险，获5大板块多家单位认同，为完善集团民机风险管理提供了有力支持；芦山地震，公司快速组织高效的理赔，危难时刻让成员单位得到最及时的支持；公司作为唯一一家央企代表，参加了保监会举办的全国保险日活动，确立同业领跑地位，对外展示了集团良好形象。年末，公司通过努力取得保监会颁发的全险种业务牌照，为进一步拓展业务创造了有利条件。

【外汇业务】2013 年，公司共实现外汇业务收益人民币 343 万元，主要包括三部分：一是结售汇业务。全年结售汇总量 6.13 亿美元（占集团即期结售汇总量的 1/3），产生汇兑收益人民币 201 万元。二是贷款业务。发放美元贷款 3 300 万元，实现外币贷款利差收入人民币 139 万元；三是外汇存款业务。实现净利差收入人民币 3 万元。

【风险管理】2013 年，公司以加强全面风险管理信息化建设和客户内部信用评级体系落地应用为抓手，深入开展全面风险管理体系建设。

公司发布了客户内部信用评级模型，应用客户内部信用评级结果拟定 2013 年授信方案，制定并下发授信制度和信用评级制度，初步完成信用评级体系建设工作，并在业务中正式应用，提升了客户信用管理水平。公司全面风险管理信息化建设初显成效，初步实现了对监管指标的动态监测和预警。

公司进一步改进贷后风险管理，加强对信贷资产的跟踪监控，一旦发现隐患立即着手研究最优化解方案。2013 年公司先后提前化解两家单位不良资产 1.5 亿元，同时协助成员单位收回不良资产 3 000 万元。2013 年 8 月至 9 月，公司按期收回贵航能发公司 2 笔到期合计 2 000 万元贷款；2012 年 11 月到 2013 年 2 月共收回西飞进出口公司票据贴现款 12 笔，金额 1.3 亿元。公司还协助中航飞机西安分公司收回西飞进出口公司 3 000 万元委托贷款，获得客户好评。

【前沿探讨】公司全面总结过去所取得的成绩和存在的问题，认真分析当前形势和发展趋势，就利率市场化、存款保险、金融脱媒、互联网金融、信贷资产证券化等行业改革发展的前沿进行研究，努力把握金融行业未来发展趋势。

【企业文化建设】公司围绕中心任务，组织开展了“谋创新、优服务、强管理”主题立功活动。调动和发挥全体员工的主观能动性，为公司发展贡献力量。组织开展提升存款专项活动，发动全员营销，为缓解流动性压力起到积极作用。开展“助员工成长·促公司发展”调查，以无记名问卷方式深入了解员工对公司发展和个人成长的期望、诉求和建议，结合调查结果，出台针对性措施，努力提升员工满意度与归属感。

改进合理化建议的提交和处理流程，构建了建议收集处理的长效机制，认真处理了员工提出的 183 条合理化建议，提升了公司经营管理水平，激发了员工的主人翁精神。公司还进一步制定了业务创新和管理创新办法，鼓励员工发挥创造性，为公司发展献计献策。公司利用先进技术，打造高效宣传平台，充分利用互联网、司刊、短信、网络电视、文化墙等宣传平台，先后开展了“金融知识进万家”、“反洗钱宣传”、“法制日”等主题宣传活动，营造了良好的氛围，为团队建设注入了蓬勃向上的源源动力。

中冶集团财务有限公司

【经营概况】2013 年，中冶集团财务有限公司（以下简称“公司”）结合战略目标，积极推动平台建设、创新融资模式，加强风险管理、预算管理、内控管理等工作，难中求稳，稳中求进，全面完成了年初确定的全年运营目标。同时，公司切实深入贯彻落实“八项规定”和开展群众路线教育实践活动，加强党风廉政建设和企业文化建设，各项基础管理工作也取得了新的成效。

截至 2013 年底，公司资产总额达 119 亿元，较上年增长 3%；全年实现营业收入 4.8 亿元，完成全年预算的 115%；实现利润 3 亿元，完成全年预算的 118%，整体运营保持平稳。公司资产质量优良，各项风险监测指标均优于监管要求。

【公司金融和信贷业务】2013 年初，公司依据集团内外部资金状况，明确了基本信贷政策，将风险控制前移，在支持好企业好项目的同时，关注和帮助成员单位缓解资金链风险。2013 年，进一步完善了客户评级和授信管理，编制完成《财务公司评级和授信业务优化建议》，评级结果和授信、信贷规模、条件、利率紧密挂钩。全年累计发放贷款 80.56 亿元，其中为 4 家成员单位发放了过桥贷款 6.2 亿元，为工程承包板块提供贷款 39 亿元，全年支持成员单位项目约 30 个。在服务集团缓解资金链风险，支持成员单位持续发展上发挥了很好的作用。

【资金和投资业务】2013 年，公司共获得包括中国银行、农业银行、工商银行、建设银行、交通银行等 9 家银行同业综合授信额度累计 80 亿元，累计拆入短期资金 21 亿元，保证了公司时点流动性的平衡。同时，公司抓住市场利率波动抬升机会，适时调整同业账户资金结构，增加短期限协议存款收入。全年与商业银行开展短期限定存业务 252.7 亿元。公司还根据日常流动性情况适时进行货币市场基金投资，安全高效的货币基金池运行机制推动了投资收益的提升；加强与商业银行的同业往来，适时投资稳健型理财产品，理财本息均按合同规定实现兑付。

【票据业务】财务公司灵活运用票据业务，调整公司信贷资产结构，解决成员单位资金周转困难。在全年“维持规模，调整比例”信贷政策下，公司利用部分信贷资金，利用票据资产自身的安全性高、变现能力强等特点，发挥票据业务融通资金的优势，开展票据贴现业务，全年为 14 家成员单位累计办理票据贴现业务约 19.31 亿元。并且根据公司头寸要求及时开展转贴现业务，累计转贴现业务 3.17 亿元。办理贴现转定业务 7.62 亿元。在开展票据业务时，公司秉持让利成员单位的原则，贴现利率都给予成员单位较市场更低的优惠利率，全年共为成员单位节约近 1 000 万元财务费用，较好地支持了成员单位业务的开展。

同时为做好集团票据集中的准备工作，2013年初公司启动了寻找票据池业务合作银行的工作，先后与北京银行、工商银行、中信银行、浦发银行、兴业银行等银行积极接洽，就开展票据池业务在合作的模式和协议的法律文本上达成了初步一致。

【外汇业务】搭建内部操作系统，结售汇业务量平稳上升。结售汇业务已由线下申请发展到线上网络处理。客户数量及业务量稳步增加。全年代理成员单位结汇近1亿美元，为集团节约财务费用130万元。

【资金集中】一是明确客户经理责任制，加强对集团成员单位的资金集中管理服务。在客户服务体系框架下，专职客户经理全面负责辖区客户资金集中管理服务，逐家分析和解决问题，针对性提供资金集中服务。二是开展账户管理、收入集中和项目资金预算三项调研督促工作，夯实管理基础，促进成员单位资金集中管理水平。开展账户清理、信息核实工作，夯实账户管理基础；建立成员单位收款账户台账，督促成员单位本部加强对所属单位收款账户管控，通过账户管理、收入集中和项目资金预算管理的检查和调研，督促成员单位夯实管理基础，提高本单位资金集中管理水平。三是制定重点单位资金集中方案，解决重点项目资金的集中。编制重点单位和重点项目资金集中方案，利用信息化手段，实时跟进成员单位资金预算和重大项目资金流向，编制落实财务公司参与项目资金监管、解决项目受限资金问题，大力吸收存款。2013年在集团公司货币资金总量大幅减少的情况下保持了资金集中的基本持平。

【业务创新】根据集团资金管理和运作情况，积极研究多渠道融资模式。开展集团房地产基金、引入保险资金、股权融资和应收账款融资等方案研究，与银行、保险、信托、基金等多家金融机构紧密沟通，以适合性为原则，针对成员单位项目，量身定做金融产品。盘活成员单位存量资金，与银行、保险、券商开展应收账款买断业务。2013年完成一项BT项目的卖断型保理，提前回收了资金，解决了大项目资金回收风险，优化了财务结构。

【风险管理和内部控制】公司进一步细化和完善了《中冶集团财务有限公司全面风险管理手册》和《中冶集团财务有限公司内部控制和风险管理手册》，从风险管理体系建设和具体实施两个维度规范了公司风险管理工作，为以后的工作提供了规范和指导。

稽核审计工作重点对制度的合理性和执行有效性进行监督检查，提出的稽核建议更加符合业务实际和具备可操作性，针对业务部门的整改报告，加大后续审计检查，使审计结果得到真正的落实，起到风险控制的效果。

【人力资源管理】分层级、可量化、抓实绩，建立综合绩效考核体系。按照集团公司要求，以年初集团公司签订的综合业绩考核责任书为基础将公司经营目标、工作任务逐级分解，设计量化、明确的考核指标更好更快地推进工作任务完成，提高公开、公正、透明度，奖勤罚懒，将“树正气、讲责任、比贡献”落到实处。

【信息化建设】一是增大信息安全投入，全面提升信息安全保护能力。邀请第三方专业测评公司进行信息系统等级保护测评，由原有系统等级保护二级升级为三级，大大提升信息安全整体防御能力。同时，依据公司实际情况，加大网络设施、应用系统、用户终端、工控系统等方面投入，有效促进公司系统防护能力，应急处理能力，有效减少风险漏洞。稳步推进公司正版工作，提高知识产权保护意识。

二是强化信息安全日常管理，完善应急管理体系。建立了比较完备的信息安全管理制度，以及信息安全检查、评估、整改等工作机制，同时定期开展信息系统应急演练。建立了财务公司数字证书统一认证平台，所有操作人员每人一证，人员登录实现双因素认证，绝对杜绝非本人业务操作，大大提升了公司系统安全性。

【企业文化建设】敬业团结，转变作风，队伍建设稳步提升。公司将开展党的群众路线教育实践活动及班子建设作为今年的头等大事，以“为民、务实、清廉”为主题，不折不扣地贯彻落实中央“八项规定”精神，聚焦作风建设，解决突出问题，深化专项整治，注重制度建设。领导干部带头学习、带头转作风、带头听取意见、带头整改，大力弘扬实干高效的作风，厉行勤俭节约，加强能力建设。2013 年，公司厉行精简会议、改进文风，少开会、开短会、讲短话；加强了督察督办力度，布置工作力求落实到底，多办实事。同时牢固树立“勤俭过日子”的思想，全面控制职务消费水平，严格控制各项开支标准。广大干部员工的作风发生了巨大转变。

申能集团财务有限公司

【经营概况】2013 年，申能集团财务有限公司（以下简称“公司”）实现净利润 21 017.28万元，总资产达到 130.21 亿元，净资产 13.68 亿元，吸收存款和发放贷款日均数分别达到 96.74 亿元和 57.84 亿元，较好地完成年初预算，各项监管指标良好，均符合银监会要求。

围绕以创新引领转型发展，积极发挥申能集团能源金融价值创造者作用，公司全年重点在以下几方面开展业务：

一是以科技和服务提升资金集中能力和存款便利性，保持存款稳步增长。二是以信贷业务为抓手，为成员企业提供多品种、个性化、创新性的金融服务产品。三是深入研究政策变化，坚持创新引领业务升级。四是完善内部控制体系，加强信息系统安全保护。五是深化学习型组织建设，全员参与能源金融行业研究。

【公司金融和信贷业务】2013 年，公司贷款余额达66 亿元，较上年增长5.3%。公司目前的信贷模式已由简单的存贷款转变为提供个性化的一揽子筹融资解决方案。

2013 年，推动贷款精细化管理，全面提升银团服务能力。公司为系统各重点项目组建银团，并承担牵头行和代理行，在全年市场资金面趋紧的情况下，公司积极与各银行沟通，确保银团的顺利组建，确保集团系统项目融资需求。作为代理行，公司对内精细化管理要求不断提升，确保每笔银团业务忙而不乱，贷款资金按时到位。

【资金和投资业务】除吸收系统存款外，公司充分利用金融市场，通过再贴现、拆借等金融手段利用外部低成本资金，支持集团能源主业发展。2013 年累计拆借资金 6 亿元，年末人民银行再贴现额度 7.2 亿元（占全市总额度10%左右)，利率2.25%。

公司在严控风险的前提下，通过证券市场的投资运作（以固定收益等低风险品种为主)，抓住市场机会，提高资金收益。2013年度投资收益率和同业运作收益率分别达到7.43%和5.21%。

【票据业务】2013年，公司电票业务签约实现了对集团系统内具备开展此项业务条件的骨干单位的全覆盖，电票业务已逐步形成了符合申能集团能源主业特点的票据业务循环体系，并且为公司未来向产业链两端客户的服务延伸奠定了坚实基础。公司全年电票业务量位列上海地区财务公司行业第三位。

【外汇业务】公司外汇即期业务按照年度工作计划稳步推进，2013年新增汇丰银行上海分行为交易对手，进一步提高了公司在市场的议价能力。全年即期业务量为5.45亿美元。为取得全面的外汇业务资格，更好地服务集团系统外汇业务需求，公司积极申请外汇远期结售汇业务资格，目前该项业务已取得银监会批复，公司正积极向国家外汇管理局上海市分局申报。

【资金集中】2013年，公司从“单纯支付结算功能”向“结算服务型、科技创新型、内控完善型”的模式转变，提高存款的便利性、安全性。公司全年日均存款为96.74亿元，比上年增长1.09%。完成总结算量达4 766.11亿元，结算笔数24 117笔，结算量比上年同期增加20.04%，日均结算量达到19.80亿元。

2013年，公司加大科技创新，完成了集工商银行、农业银行、中国银行、建设银行、交通银行等8家集团系统主要银行的银企直联工作，集定向、跨行、定时、自动归集功能的申财通资金池在系统内初步应用，并已成为系统日常流转资金多渠道、多银行账户快速回笼的有效抓手，跨行资金池汇聚作用逐步体现。

【业务创新】2013年，公司开始推进清洁委贷业务。在清洁委贷项目上，公司通过与市财政局、申能集团、系统相关单位的反复沟通和磋商，筹备研讨会，探讨操作模式，取得了市财政局和集团的支持。目前项目已获上海市财政局同意并报财政部清洁基金中心。公司提出的“一揽子”基金模式作为业内创新获财政部认可，目前基金中心已完成对项目的实地考察。

公司同时密切关注“自贸区”金融动态，研究“自贸区”金融政策对于集团战略发展的价值，先后与人民银行上海总部、上海银监局、市金融办、商业银行等进行交流研讨，梳理“自贸区”金融政策对于集团能源和金融产业发展的价值。结合人民银行颁布的“金融30条”和集团能源产业特点，研究相关金融政策对于集团和系统企业的价值及财务公司自身的新业务拓展方向。

同时，按照集团提出的探索产业链金融、加强与能源产业互动互融的整体要求，公司在碳金融、燃气用户延伸服务、石油交易所平台建设等方面加大研究，寻求突破，制定切实可行的业务方案。

【风险管理和内部控制】公司以风险控制和内部审计为抓手，通过定期开展风险合规检查，扎实开展各项内部审计和稽核工作，努力提高内控管理水平。根据上海银监局“操作风险三十禁”、“案件防控”等工作要求，查缺补漏，努力营造合法合规的良好氛围。在年内成功开展业务连续性管理全面演练，增强了业务所涉部门和人员对应急预案的熟悉程度，进一步提高了公司的应急处置能力。

【人力资源管理】2013年，公司对《考核管理办法》进行了进一步修订，坚持建立市场化的考核激励机制，按照公司实际，区分部门职能完善了量化指标，同时，按照公司全面预算管理的要求，将预算执行与管理列入部门考核指标。在考核结果的运用上，公司在已有基础上，进一步明确了考核结果与职级、薪级调整的关系，设置了调整比例，以期对考核结果更科学、公正地运用。

【信息化建设】信息系统建设是金融机构业务发展的生命线。除了配合资金池、石油交易所平台、燃气直供用户结算等业务的系统开发外，公司在2013年启动了计算机房托管专业数据中心的工作，通过借助专业团队力量，实现系统设备的物理隔离，使公司系统更为安全地运作，满足公司日益快速的业务发展需要。

【业务研究】公司在打造学习型组织的基础上，紧密结合金融行业改革趋势和集团能源主业发展，倡导全员加强课题研究，深入思考业务。2013年，公司各部门开展各类研究课题15项，涉及碳金融、融资租赁、分布式供能等集团能源金融和相关领域业务，成为公司创新发展的源泉。

潞安集团财务有限公司

【经营概况】2013年，面对煤炭市场持续低迷、集团公司效益下滑和利率市场化进程加快的不利形势，潞安集团财务有限公司（以下简称“公司”）紧跟集团“三地一新”战略目标，转变观念增强主动服务意识、开阔思路推进业务品种创新、放大优势完善金融服务功能，全力助推集团建设具有国际竞争力的能源品牌企业，圆满完成了全年主要工作任务。

截至2013年末，公司资产总额229亿元，同比增加23亿元，增幅为11.17%；负债总额214亿元，同比增加21亿元，增幅为10.88%；所有者权益15亿元；资本充足率为21.08%；流动性比率为40.98%；实现营业收入4.58亿元，实现利润总额3.03亿元；资本回报率为16.59%，资产回报率为2.41%；不良资产率、不良贷款率均为零。

【信贷业务】2013年，公司认真执行国家信贷政策，密切关注集团重点项目建设进度，第一时间掌握各单位的生产经营和资金使用情况，以丰富的金融服务手段满足了成员单位多元化的融资需求。一是继续扩大授信覆盖面，共对57家成员单位完成授信，覆盖率达90%以上，为提供高效金融服务铺路架桥；二是进一步修订完善了多项业务制度流程，保证业务开展更加标准化和便捷化；三是在对整合煤矿综采综掘设备使用情况进行深入调研的基础上，进一步优化了融资租赁业务流程，制定了一套符合煤炭企业特点的售后回租业务模式，全年累计发放融资租赁售后回租贷款1.99亿元。

2013年末，公司自营贷款余额56.12亿元，全年累计为56家成员单位提供信贷支持122.42亿元。

【资金和投资业务】2013年，公司主动掌握成员单位资金使用计划，优化资产与负债的期限结构配比，按期制定资金配置方案、灵活调剂资金余缺、努力拓展投资品种，利用沉淀资金审慎参与金融市场，累计运用资金697亿元开展固定收益类短期资金业务，全年共实现资金运作收益达0.78亿元，克服了全年日均存贷款双双下降的不利影响。同时，公司还初步建立了参考货币市场利率的内部资金转移定价机制，逐步构建起公司对产品与收益的科学评价体系，促使投资收益率保持在6%的较高水平，大大提高了资金使用效率。

公司积极稳妥开展投行业务，以财务顾问角色为集团公司融资服务，有效发挥了金融桥梁作用。此外，公司还积极发挥人才和专业优势，完成了焦炭期货、动力煤期货、国债期货、职工信托等多项新业务的调研和论证工作，为集团开展金融股权投资和“潞安资本”建设建言献策。

【票据业务】2013年，公司进一步扩大了电票使用范围，又创新性开展了代签银承业务，增添了服务成员单位的新举措。在纸票贴现方面，继续发挥价格优惠和服务便利的优势，全年累计办理纸票贴现10.02亿元，同比增长59.30%。在电票推广方面，一是大力宣传电票业务在安全性高、手续简便、费用较低且无需保证金等方面的优势，扩大了客户服务范围；二是继续加强同业合作，在招商银行、交通银行贴现的基础上，取得了建设银行贴现准入，拓宽了电票的流通范围；三是结合成员单位实际需求，积极探索开展电票贴现、大票换小票、票据质押开票等新业务。全年累计签发电票6.62亿元，同比增长57.62%。在代签银承方面，公司与国有大银行开展合作，成功为多家企业代理签发了30张银行承兑汇票，累计金额0.19亿元。

【资金集中】2013年，公司积极推进账户管理长效机制建设，继续巩固了资金归集成果。一是严格执行《潞安集团资金集中管理办法》及其补充规定和《潞安集团资金归集度抵押考核办法》，与集团职能部门联合对账户进行专项监督检查，对资金集中度进行考核兑现，大大提升了成员单位账户和资金归集的主动性；二是落实《关于集中清理规范集团成员单位银行账户的通知》要求，推进了成员单位新增外部账户备案管理；三是建立账户管理年度目标库，实施责任分解，全年累计清理账户70个，直联授权增加33个；四是本着“能归则归、应归尽归”的原则，通过反复测算和验证，最大限度减少成员单位外部资金留存额度；五是组织新上线单位开展专项培训，增强了成员单位对财务公司的认知度，进一步畅通了资金归集通道；六是取得了开立验资账户和出具资信证明资格，实现了成员单位验资开户不出集团。此外，公司积极应对利率市场化，在国家政策允许的范围内，及时出台了存款利率上浮10%、中间业务免收手续费、大力推进协定存款业务等优惠政策。2013年末，集团241家成员单位中共有238家在公司开立账户，全年日均归集资金77.92亿元。

【业务创新】2013年，公司业务创新成效显著，进一步强化了在集团“三平台九渠道一公司”融资格局中的重要作用。一是通过加强内外沟通协调，在合法合规和技术可行的基础上，创新性地开展了验资户开立业务，增添了一项具有零距离、零时间、零费用优势的鉴证服务，强化了集团资金的源头管理。全年共为9家成员单位办理完成验资户开立、注资、验资等手续，共涉及资金10.5亿元。二是开展了代理签发银行承兑汇票业务，增强了集团中小微企业的短期融资能力，既是有效防控信用风险、保证集团资金安全的重要手段，又是加强资金归集的重要创新举措。

【风险管理和内部控制】2013年以来，公司以全面的风险管理体系、严格的业务审查流程、健全的业务监督机制和科学的合规文化培育为保障，持续保持了零风险事件的优良业绩，各项监管指标均控制在合理水平。

在全面风险管理体系方面：一是完善风险指标每日监测机制，持续推进风险管理关口前移，建立起了事前防范、事中控制、事后监督相结合的“三道防线”。二是定期开展应急演练和压力测试，促进公司突发事件处置和风险防范的制度化和科学化。

在强化内控管理方面：一是不断加强制度体系建设，全年共新增制度流程12项、修订制度流程19项，制度流程达145项。二是持续开展稽核检查，通过常规稽核、现场重点稽核、专项稽核“三大稽核手段”的联合运用，做到稽核全覆盖。三是修订完善贷款利率管理办法，综合考虑借款人日均存款、资金归集率、借款人信用评级等因素，使贷款利率更科学合理，成为防控风险的有益补充。

在案件防控方面：一是制定案件防控长效机制建设实施方案，不断完善案防工作长效机制。二是按季组织召开案防形势分析会，确立防控风险的难点和热点。三是积极做好员工思想行为排查、开展“两打一防”活动，提高了员工合规从业和风险防范意识。

在完善激励约束机制方面：不断改进和丰富“一机制、五载体”内涵，新设置季度专项考核、内部资金转移定价等考核指标，进一步发挥了考核考评和积分管理的激励约束作用。

【人力资源管理】公司大力贯彻“好人+能人”的人才管理要求，重点把握人才成长的规律和特点，实施全员培训计划，形成了梯次合理、进退有序、德才兼备、充满活力的干部和人才管理机制。一是修订完善员工异动管理办法，建立岗位与从业资格双挂钩机制，做到理论与实践双考核。二是加强对干部“德”的考核，形成以德修身、以德润人的浓厚氛围。三是建立后备干部信息库，积极储备优秀青年人才。四是在全员考核考评的基础上强化党员专项管理，积极开展党员承诺践诺、党员民主评议、党员联系群众、党员量化考核等工作。2013年，公司开展内部集中培训41次，外部各类专业培训达62人次，实现了员工理论技能双提升。

【信息化建设】2013年，公司以日常运维、专项检查和调研规划为工作主线，继续保持了信息系统的安全不间断运行。一是制定了《潞安集团财务公司机房停电应急处理》等5项制度，进一步完善了信息系统制度建设。二是定期对信息设备进行检查、更新和数据备份，为成员单位提供日常维护、系统操作培训等工作，有力保证了信息系统的安全稳健运行；三是开展信息系统调研，持续跟踪和研究行业内外信息化发展态势，了解行业信息化建设现状和发展趋势，为行业信息化建设提供了可靠的决策依据。

【企业文化建设】2013年，公司以《潞安集团企业文化建设责任书》为核心，以公司文化建设方案为指导，在“谨慎稳健、开拓创新、以人为本、服务集团”的经营理念引导下，进一步提升公司文化软实力。一是继续完善组织机构，成立了工会筹备委员会和团委。二是加强制度建设，大力推进具有行业特色的合规文化建设。三是通过完善“一机制、五载体”激励约束机制，引导员工牢固树立危机意识、责任意识和引领意识。四是通过设立读书会、开展“两优”演讲比赛、道德讲堂等形式多样的主题活动，进一步丰富公司文化内涵，有效激发员工的工作热情，起到了内聚力量、外树形象的良好效果。

淮南矿业集团财务有限公司

【经营概况】2013 年，淮南矿业集团财务有限公司（以下简称“公司”）克服金融市场流动性收紧，利率上升带来的不利影响，加大融资工作力度，努力提升经营效益，全面落实集团公司降本增效各项工作措施，确保了集团资金供应，较好地控制了融资成本，取得良好的经营效益。截至 2013 年末，公司资产总额 97.99 亿元，较年初增加 2.83 亿元，增长 3%。实现利润 3.67 亿元，同比增长 15.37%。全年累计为集团公司融资 326.47 亿元，节约财务费用 2.12 亿元。

【信贷业务】为了更充分地使用公司集中起来的资金，在确保集团流动性安全的前提下，适度增加了公司自营贷款。年末贷款余额达到 59.07 亿元，比年初增加 10.31 亿元，增长 21.14%。在贷款定价方面，按照集团持股比例和市场水平科学定价，努力提升贷款收益，对母公司贷款则进行了贷款利率下浮。

【资金和投资业务】公司加强资金营运管理，大力提升资金收益，取得了良好的经营效益。全年通过提高资金集中度，扩大资产规模，优化资产配置，加强短期资金运作等方式，努力提升经营效益和资产盈利水平。全年共进行投资、短期理财 82 笔，累计金额 336 亿元，取得资金营运收益 5 838 万元；资金运营收益率达到 4.82%。

【资金集中】加强集团资金集中管理，完成了联动账户工作和吸收地产公司监管资金的重要突破。经过一年来的努力，公司与八家银行开通了联动账户，完成了联动账户的信息系统软件开发和网络连接，实现了对全国各地成员单位在外行账户的资金自动归集，制定了集团层面资金集中实行联动账户管理、财务公司牵头子公司融资等重要制度，为资金集中、控制全集团融资成本、提高融资能力建立了制度机制，完善了资金集中的技术手段。联动账户的推行和资金集中度的提高，增加了财务公司的存款，提升了财务公司的效益和支持集团发展的资金实力。

2013 年下半年，针对集团地产公司在外行沉积大量监管资金的情况，努力争取淮南房产局支持，先后与合肥市房产局和淮南市房产局进行了有效沟通，抓住了淮南市开始推行房地产公司预售款专户监管的政策，开发了信息系统，实现了与房产局的联网，取得了淮南市首批开立监管账户的银行资格，成为淮南市首批成功吸收房地产预售款监管资金的三家银行之一，将带来可观的经济效益。

【代理融资】2013 年，公司克服不利局面，采取有效措施确保集团资金供应，降低融资成本。一是高度重视到期贷款的续贷。在贷款规模受限，市场利率中枢不断抬升的情况下，银行普通贷款对确保集团资金接续更为重要，财务公司将银行贷款续贷作为重要工作来抓，全年实现了银行贷款续贷78亿元。同时，将保持和增加银行授信作为重要工作，全年增加授信的银行有4家，授信总额度增加57.72亿元。二是将发行债券作为融资主渠道。在已经使用的短期融资券、中期票据的基础上，2013年，公司又加大使用了私募债和超短期融资券，分别增加注册发行了私募债40亿元，超短期融资券200亿元，发行短期融资券84亿元。三是注重使用信托等表外融资方式，全年通过发行信托理财共融资104亿元。四是拓展多种融资方式，全年通过融资租赁融资1笔，融资10亿元。五是加大对子公司的融资的支持力度，牵头代理淮矿西部管理公司各矿、地产公司、电力公司等重要子公司完成了多个重要融资项目，融资50多亿元。

【风险管理和内部控制】2013年，公司持续推进公司风险管理工作。针对日常风险督查发现的问题，结合监管部门部署的“合规建设年”活动以及公司开展的“党的群众路线教育实践活动”的要求，公司对原有规章制度进行了全面梳理，对《董事会议事规则》、《风险隔离制度》等19项制度办法进行了修订完善；新增补充了《交易账户管理暂行规定》、《保险代理管理办法》等四项制度。年内，公司按照集团“合同管理年”有关实施意见，重点开展了各类业务合同的专项检查，修改下发了《借款合同》、《买方信贷合同》等13项合同的标准文本。

公司有序开展专项稽核检查，年内完成了对各部门业务稽核的全覆盖；并重点抓好公司新业务、高风险业务的管理制度和操作流程执行情况的检查，及时评价相关内控制度的有效性，确保了内控制度的持续优化。2013年，公司完成了11项稽核检查项目，对发现的问题，提出整改意见，同时以公司绩效考核办法为依据，严格执行扣减绩效分值。

【信息化建设】公司各项信息化工作顺利开展，全年信息系统未发生重大运行故障，成功完成了联动账户业务上线与房地产资金监管系统的试运行。同时为配合公司各项业务的开展，积极协调厂商，保证了各项信息化业务的顺利实施。

【企业文化建设】公司以开展群众路线教育实践活动为主线，改进作风，促进管理，增强了公司团队的凝聚力和执行力。有计划、有目标地开展了学习党章、十八届三中全会精神解读等活动，强化党员干部的理想信念和宗旨意识；深入开展了“议德察德”活动，进一步加强党员干部德的教育。利用现有办公场所，开展节假日文体活动，丰富员工文化生活，营造了良好的工作氛围。

日立（中国）财务有限公司

【经营概况】日立（中国）财务有限公司（以下简称“公司”）是由银监会批准，成立于2007年11月14日的非银行金融机构，注册地在上海，注册资本金为人民币3亿元，至2013年底已成功运营6年。公司由日立（中国）有限公司100%出资设立，以为成员单位提供金融解决方案、服务集团为宗旨，整合集团内各类资源，凭借专业的金融知识与尽责的服务理念，为集团企业客户提供融资、咨询、资金运营等多样金融服务，以期达到调节成员单位间的资金供求关系，提高集团整体的资金使用效率为目的，并加强以日立（中国）有限公司为核心的在华日立集团企业的资金集中管理力度与凝聚力。

2013年度在国内经济增速放缓、欧美发达国家经济复苏缓慢，全球整体经济环境复杂不明的环境下，公司仍然取得了稳中有升的业绩，业务规模也得到了一定的发展。在2013年度中，公司坚持“依法经营、优质服务、提高效益、和谐发展”的经营方针，结合实际情况，紧紧围绕日立集团的主业和战略目标，积极拓展公司业务规模。本着公司设立之初既定的“稳健经营、服务高效、客户满意”的经营原则，不断构筑完善合规、有效的经营管理体制，在日常经营中坚持“依托集团、服务集团”的宗旨，以安全合规为本，以客户利益为上，兼顾自身效益，很好地发挥了公司在集团中完善资金管理、提升资金利用效率的作用。

截至2013年末，公司资产总额为158 483.10万元人民币，同比减少9.75%，负债总额为122 700.58万元人民币，同比减少13.51%，所有者权益为35 782.52万元人民币，同比增长6.11%；公司全年实现营业收入4 551.09万元人民币，同比增长20.38%，净利润2 059.52万元人民币，与上年基本持平。资本充足率为41.90%，无不良资产。本年度资产质量优良，各项监控和监测指标均符合中国银监会的规定。

【公司金融和信贷业务】2013年度，公司在合法合规、风险可控的基础上，向成员单位发放人民币一般贷款，同时为成员单位之间办理委托贷款业务，从全年整体来看，信贷业务规模有了一定的发展。公司贷款期限均为短期贷款，截至2013年末，一般贷款余额71 370万元，比上年末增加了50.57%，均为正常类贷款，无不良贷款。在此基础上，公司根据新修改的《贷款风险分类管理办法》和《中国银监会关于中国银行业实施新监管标准的指导意见》等文件规定以及信贷风险管理委员会会议的决定，从2013年1月开始修正准备金计提比例，每月增加0.04%，到12月末计提比例为1.48%。同时，委托贷款余额10 000万元人民币，比上年末增加了4 000万元人民币。2013年全年共实现贷款利息收入4 272.59万元人民币，同比增长17.83%，委托贷款手续费收入262.80万元人民币，与上年基本持平。

【资金集中】公司围绕着年初制定的“加强与成员单位联系，扩大业务量”的工作计划，加强了与各成员单位的联系与沟通。由公司总经理牵头，以业务课为中心，主动出击、上门营销，分别前往北京、武汉、无锡、苏州、南通、杭州、济南、广州、深圳、东莞、大连、南京、厦门、福州、成都、重庆等地拜访了多家成员单位，了解成员单位的业务服务需求、生产经营状况，维护彼此良好的关系，解决其系统上的问题，将其纳入公司的系统网络，积极吸收存款。这些措施促进了公司吸收成员单位的存款稳步上升，为业务的深度开发奠定了基础。通过我们的工作，截至2013年末，公司吸收成员单位存款余额为121 813.67万元人民币，同比增长9.96%。

【风险管理和内部控制】2013年，公司坚持风控为先、合规先行的原则，从完善制度着手，进一步强化和完善全面风险管理体制，不断健全相关管理制度，细化业务管理办法和操作流程。公司根据相关法规规章，结合公司实际情况，修订了《委托贷款业务管理办法》、《支付代理业务管理办法》等公司业务管理办法，这些管理办法的最新修订版已经报送监管部门，并等待董事会的最终审议通过。以上各管理办法的修订，使得实际工作中各个岗位之间职权明确，相互独立、相互制约，进一步明确了其中各项权利义务与责任的分配，更加符合相关规章制度与实际工作的要求，保证了在合规风险可控的前提下，业务能够顺畅地进行。同时，公司保持了内审在内部控制中的独立性，2013 年公司内审根据不同的业务内容进行每月的专项内审与各业务排查，并逐步落实改善措施的实施。此外，公司每年还要就全年的业务情况接受外部审计公司安永会计师事务所的审计，对于在审计中发现的问题公司都会及时予以纠正、解决。2013 年度公司各项监管指标均符合监管当局的非现场监管要求。

【人力资源管理】公司一向注重员工业务素质的培养，围绕公司经营宗旨，依托公司核心文化，强化员工的服务意识、风险意识和质量意识。2013 年度，公司在人力资源管理上主抓培训工作和考核激励工作。在培训工作上，公司内部每年都会组织数次内部培训教育，通过对外部法规规章以及公司内部管理办法的讲解，加强了员工的合规意识及业务操作水平。同时，公司还多次分派员工参加集团总部以及中国财务公司协会等组织的外部培训，有效地拓展了培训的知识面，丰富了培训内容，提高了员工的综合素质。在考核与激励工作上，公司目前实行 MBO 目标管理考核制度，从公司经营目标到个人目标，层层递进、层层相扣，将个人工作目标计划与公司目标计划有效地结合在一起，目标的设定客观、科学、真实，在具体实施考核时，本着公开、公平、公正的原则，合理地对员工进行绩效评价。在最终评价以及决定激励措施时，充分考虑考核结果，通过定岗定责，将员工升职加薪、年度奖金与绩效考核结果挂钩，进一步提升员工的工作积极性，进而提升工作效率。

【信息化建设】2013 年，根据业务发展需要，公司更换了四台服务器，提高了公司业务系统的稳定性与安全性，完善了公司信息系统的整体结构。此外，公司及时应对人民银行、银监局等监管部门对我公司非现场监管数据报送系统的升级要求，保证了非现场监管数据能够及时准确地传送到监管部门。公司还认真做好对成员单位的服务工作，及时处理成员单位资金管理系统发生的各类问题，保证了成员单位能够正常及时地使用资金管理系统进行业务操作。

【企业文化建设】公司在企业文化建设上，坚持以人为本，提倡“服务、合规、学习、效率、和谐”的企业文化，在公司中至上而下地贯彻培养企业文化，使企业文化得到了全体员工的认同。要求员工在工作中要将合法合规作为大前提，所有业务都要在风险可控的前提下开展。在面对成员单位时则强调服务意识与效率标准，尽我所能向其提供高质贴心的服务。在内部员工培养方面，公司重视员工与企业的共同成长，给员工提供各种进修提升的机会，大力提倡员工自我学习、自我提升，在公司中形成了浓厚的学习氛围。同时，公司注重公司内部的和谐管理，充分发挥工会等组织的作用，听取员工的心声，解决员工实际困难，改善员工福利，并通过公司旅游以及新年联欢、工会文体活动等形式，提升员工对于公司的归属感，增强企业凝聚力，争建和谐企业。

【高管变更】根据公司 2013 年度董事会第一次会议的决议，并经上海银监局发文批复同意，公司的董事长由木住野诚一郎变更为西冈宏明，董事由吉冈准人变更为南顺三，并在 2013 年度内完成了工商备案登记等相关的变更工作。

保利财务有限公司

【经营概况】2013年，保利财务有限公司（以下简称“公司”）日均存款规模接近百亿元，时点数最高达到150亿元；自营贷款规模超过20亿元，正式开展循环委贷业务；完成结算3万笔，结算规模较上年接近翻番；实现利润总额2.5亿元，超额完成各项经营指标。

截至2013年底，公司总资产86亿元，净资产12亿元，资本充足率43%。全年实现营业收入4.72亿元，利润总额2.5亿元，净利润1.85亿元，以上三项主要指标分别较上年增长42%、31%和28%。

【公司金融和信贷业务】公司紧跟集团步伐，支持集团主业发展，在政策允许、严控风险的前提下，适度增加贷款规模，成功开展担保、票据贴现、融资租赁及委托贷款等业务。截至2013年底，公司自营贷款余额21.07亿元（其中票据贴现5 831万元，融资租赁750万元），担保余额1.5亿元，全年信贷投放保持集团各板块间合理分布，覆盖集团房地产、能源、贸易等多个主业。同时，协助集团成员企业办理委托贷款，正式开展循环委贷业务，年末委托贷款余额40.15亿元（其中循环委贷2.5亿元），既提高了资金融出方的收益，又解决了融入方的资金需求。

【资金和投资业务】2013年，公司把有价证券投资业务作为信贷业务的补充，注重控制投资风险，始终坚持“严控风险，适度收益，与主业相契合”的操作原则，将投资重点聚焦在集团内部房地产、艺术品经营相关的金融产品，并根据货币市场形势灵活配置货币基金等固定收益类产品。在操作时严格遵循有关规定，控制投资总规模，取得了较好的投资回报，有效提升了资金收益水平。

【票据业务】公司以“速度快、成本优、手续便捷”为宗旨为成员企业办理票据业务，解决企业短期融资需求，提高资金使用效率，实现了成员企业与财务公司共赢。同时，公司积极探索灵活多样的综合票据服务，包括电子商业汇票系统、纸质商业汇票承兑、代理集中批量贴现、票据池等业务，以体现财务公司作为集团金融平台助力主业发展的重要作用，协助集团实现“做强做优主业、稳健均衡发展”的长远目标。

【资金集中】资金集中是提供各种服务的前提和基础，公司各项工作均围绕这一核心目标展开。2013年公司继续坚持以贷款促结存、以服务促结存、以结算促结存，在集团的督促指导和成员企业的大力支持下，归集率有所提升，归集总额实现突破，日均规模达到97亿元，较上年提高47%，时点数最高达到150亿元。

【业务创新】为帮助成员企业规范内部资金往来，公司正式开展循环委托贷款业务，全年累计发放循环委托贷款7.5亿元。

开发上线小额支付系统，对10万元以下的对外付款实现自动支付，加快了成员企业付款速度，改善了客户体验；增加工商银行银企直联，搭建了五大国有银行和中信银行的结算业务网络，基本满足不同层级、地域成员企业的结算需求。

【风险管理和内部控制】2013年，公司重点推进管理提升活动和内部控制评价工作。针对第一阶段自我诊断中发现的短板和瓶颈，对资金集中管理、安全生产管理和有价证券投资业务等方面开展专项提升工作；组织实施内控评价工作，查找内控薄弱环节，切实组织落实，进一步完善了风险管理和内控管理体系。

根据公司发展需要和股东单位的提名，顺利完成董事会、监事会的换届选举及公司董事长（法人代表）调整工作，新任人员任职资格获得监管部门的核准。

全年新增、修订规章制度11项，基本实现经营管理的全覆盖，内控制度体系日渐完善。

积极配合集团监事会、北京银监局等开展现场检查工作，做好协调沟通，针对检查中提出的问题与意见，组织相关部门集中力量落实整改，不断推进经营管理的流程化、标准化和精细化，夯实公司稳健发展的基础。

【人力资源管理】为保障公司员工退休后生活水平，同时根据企业长期发展战略、人力资源配置及内部分配制度改革的需要，公司按照集团公司统一部署，建立了企业年金制度。为提高员工的综合素质，公司制定了详细的年度培训计划，分别针对中高级管理人员、业务人员组织了有针对性的培训。

【信息化建设】公司根据信息化五年规划逐步推进信息化建设，2012—2013年分两期总投入250万元实施信息系统硬件升级，从硬件、维护、网络三个方面提升系统安全性和稳定性，增加服务器数量，提高安全防护等级，全部设备实现双机备份，系统安全性、用户体验显著提升。

公司2013年实现了档案管理信息化，全面梳理所有档案资料共3 653份，个性化开发待办提醒和重要资料管理等功能，使得档案管理更加科学、合理、高效，档案管理水平迈上一个新台阶。

【企业文化建设】2013年是全面贯彻落实党的十八大精神的开局之年，为进一步增强企业凝聚力、向心力和战斗力，做好2013年各项工作的思想动员和精神动力储备，公司员工积极参与了集团机关工会举办的主题为“我与保利共奋进”的征文和演讲比赛。投稿4份，其中2份被评为“优秀征文”。

深圳能源财务有限公司

【经营概况】2013年，深圳能源财务有限公司（以下简称“公司”）坚持“依托集团、服务集团”的经营宗旨，采取科学、积极、审慎、稳健的经营策略，积极探索票据池盈利运作模式，主动调节资产期限结构，灵活运用有限的资金规模，积极推动应收账款融资业务，开辟低成本融资渠道，降低集团整体财务费用，满足集团光伏发电、风力发电、垃圾焚烧发电等新能源产业的资金需求，积极参与深圳LNG项目融资，提高了资金使用效率。同时，公司按照集团要求，发挥金融专业团队优势，完成了碳排放交易任务。因应市场变化，及时主动研究动力煤期货套期保值方案，为丰富集团煤炭采购策略参与煤炭期货交易做好准备。截至2013年12月31日，公司总资产60.97亿元，净资产13.28亿元，全年实现营业收入2.69亿元，实现净利润1.24亿元。

【同业业务】2013年，公司共获取综合授信额度合计人民币83亿元。全年办理票据转贴现交易累计17.79亿元。

【信贷业务】2013年，人民银行加强了信贷规模控制，商业银行纷纷提高了贷款条件，公司充分发挥内部银行优势，灵活调剂内部信用资源。2013年，公司为集团重点项目融资近22亿元，资金主要投向风力发电、光伏发电、垃圾焚烧发电等环保能源产业。

【结算业务】截至2013年12月31日，结算业务量已达到1 232.7亿元人民币，结算笔数25 660笔。2013年，公司重点对财资管理平台和电子商业汇票系统运行环境进行了升级完善。为了更好地使用系统和发现系统中可能存在的技术问题，公司业务部门多次前往各成员单位进行现场讲解、培训、调试和排障工作，为异地项目构建绿色通道。公司良好的服务受到集团及成员单位的普遍认同，服务满意度达到95%以上。

【风险管理和内部控制】2013年，公司依据“合规经营、内控为先”理念，深入贯彻落实市国资委和集团公司关于开展全面风险管理的工作要求，结合公司董事会风险战略目标采取多项措施促进完善风险管理体系，在满足监管部门合规监管要求的同时，持续优化制度体系建设，提升规范管理水平，修订制度7项，新增制度13项，通过认真开展风控日常化、规范化管理及各部门内控自查自纠，规避经营与管理风险，确保公司运营的安全和稳健。

【信息化建设】资金集中管理系统已经完成3级安全保护等级评定备案，在完善运行环境的基础上，公司已向集团公司申请对电子商业票据系统等余下7个信息系统进行安全保护等级评定工作，后续将按照保护等级开展建设管理工作。

【廉政建设】根据中央、省委、市委和集团党委有关文件精神，按照“照镜子、正衣冠、洗洗澡、治治病”的总要求，公司党支部按上级党委要求积极开展党的群众路线教育实践活动，通过集中学习、个别自学、互相交流等方式，组织学习党的十八大精神、新《党章》、《论群众路线》、《厉行勤俭节约、反对铺张浪费》等重要文件，观看《复兴之路》、视频讲座等，开展交流谈心会，征求群众意见建议，制定整改措施并积极实施整改，达到了党的群众路线教育实践活动的目的和要求，增强了党组织的凝聚力和战斗力。

【企业文化建设】公司坚持“健康生活，快乐工作”的理念，充分发挥党支部、工会、青联的组织作用，紧紧围绕公司的经营大局，开展了一系列主题鲜明的团队建设活动，营造团结、奋进、和谐、向上的活力文化，增强了员工归属感和凝聚力。

中化集团财务有限责任公司

【经营概况】2013 年，中化集团财务有限责任公司（以下简称“公司”）冷静应对市场环境变化带来的严峻挑战，密切配合中化集团产业发展和战略转型总体部署，落实价值创造型财务管理战略要求，逐步完善金融服务平台功能，着力培育市场化经营能力、专业化服务能力和精益管理能力，协同中化集团战略加强管控体系建设，推动了各项任务目标的顺利完成。2013 年公司实现营业收入 7. 15 亿元，实现税前责任利润 4. 04 亿元。

【融资业务】围绕成员单位产业升级、项目建设、贸易拓展等需求，进一步拓宽融资服务渠道、丰富融资产品。积极应对成员单位资金需求放缓、市场流动性紧张的趋势，通过完善客户经理组织结构和运行机制，依托专业团队有效降低融资成本，为客户创造增量价值；牵头组织公司成立以来规模最大、参加银行最多的银团贷款，金额达人民币 25 亿元，进一步增强了同业市场影响力，拓宽了外部融资渠道；成功开展应收租赁款质押融资、有追索权保理等业务，形成了一系列较为完备的融资服务产品，提高了对成员单位不同性质服务需求的支持能力。

【资金和投资业务】为搭建流动性管理、市场资源获取和本外币一体化运作的统一平台，成立了资金计划部，实现了资产及负债的统一规划、部署和配置；以定期召开资金计划平衡会为契机，强化多部门沟通协调，初步建立了一整套资金平衡联动管理机制，增强了资金安全保障，提高了资金使用效率；努力获取外部资源，获得银行间外汇市场同业拆借会员资格，可通过同业市场获得便捷的外汇资金补充；拓展行业研究与市场研究范围，重点关注新的投资品种和风险管理工具，稳步拓宽投资渠道、调整投资组合结构，形成了较为完整的投资产品链，巩固了债券、对冲、信托三类产品动态均衡、互为补充的局面，投资收益得到了可靠保障，投资风险得到了更有针对性的控制和防范。

【票据业务】为发挥票据业务灵活、便捷优势，为成员单位提供高效率的票据服务，确定了“建设票据信息中心、票据交易中心、票据金融中心，提供票据托管、质押开票、票据融资等一系列综合性金融服务”这一战略目标，明确了依托公司平台实现“统一开票、统一托管、统一贴现、统一运作”的实施路径；加快电子票据业务推广，累计承兑电子票据 1. 89 亿元，电子票据业务量达到历年最高值，业务模式逐步被成员单位接受与认可。

【外汇业务】为进一步提高全球范围内资源配置效率，在 2012 年成功试点跨国企业外汇资金集中管理的基础上，积极拓展境内外一体化通道，并成功获准将外债引入规模增加至 7. 34 亿美元，币种由仅限外币流通扩展至本外币均可流通。截至2013年底，累计引入外债4.03亿美元；办理外币对外放款5.7亿美元，人民币对外放款9亿元。通过操作试点业务，使中化集团的境内、外资金余缺得到有效调剂，资金使用效率显著提高，整体节省财务费用达225万美元。公司充分发挥该项试点业务的资源优化配置作用，为中化集团战略发展和成员单位业务经营提供了有力支持，得到了监管机构的认可，并被行业协会作为典型经验向业内同行推广。

【资金集中】坚持“寓管理于服务”理念，进一步完善资金结算服务，助推资金集中管理的实施。针对成员单位加强所属子公司资金管控的要求，量身设计结算服务方案，打造定制化的现金管理产品与服务，在提高资金使用效率、增强服务质量和提升客户满意度等方面取得了显著的效果，有效地推动了境内资金池建设工作；人民币统一付款、统一收款业务年度推广任务超额完成，实现了全资成员单位统一付款全部上线，将成员单位日常经营结算过程纳入管控，总体付款速度较上线前提升30%。

【业务创新】针对成员单位经营风险复杂化、保险行业经营模式发生转变等趋势，积极开展业务创新。在受托审核结算支付方面，承接了成员单位资金头寸审核职能，建立了系统而清晰的审核标准体系，实现了审核管理覆盖全部未授权成员单位；人民币付款合规性审核实现了对统一付款成员单位的全面覆盖，促使业务规范性显著增强；国际结算审核覆盖全部业务类型，为成员单位提供全面的单证条款风险管控保障。在保险业务模式方面，顺应监管政策及市场发展的要求，成立了保险经纪公司，顺利完成开业各项工作，初步建立了客户服务体系、保险供应商管理体系、风险评估服务体系及运营保障体系，实现了保险业务由兼业代理向保险经纪模式的转变，保险市场资源整合及利用的潜力得到了大幅提升。

【风险管理和内部控制】着力引入先进理念和技术，对风险管控体系进行改造与完善，努力提高风险管理的精确性、专业性和前瞻性。一方面建立了条线管理机制，由原有的按业务类别管理转变为按风险类别管理，针对各风险条线的特有规律进行专项管控，有效化解流动性风险、信用风险等风险隐患；另一方面引入量化管理工具，开发和应用贷款减值准备、信贷综合授信评估等风险计量模型，通过数字化精密管理，使得风险识别、监测和管理水平得到了突破式提升，将在此基础上逐步建立起一整套动态全景式监控体系。

【人力资源管理】围绕战略需求推动组织结构变革，对部门职责分工及功能定位进行梳理和调整，使组织结构更适应强化资金计划管理及流动性保障、保险业务模式转变等战略需要，符合客户导向的服务型组织需求；成立党总支人才工作领导小组，完善了人才队伍建设的领导和协调机制；启动青年人才专项培养计划，通过“鲲鹏计划”等项目，着力提高青年人才统筹能力、分析能力、执行能力和控制能力，为人才梯队建设提供有力支持。

【信息化建设】持续提升信息系统规划与公司重点战略的契合度，进一步发挥信息技术的支持保障作用。一方面围绕成员单位资金计划管理、收付款信息管控等方面需求，“量身定制”系统接口和信息平台，以信息化手段提供增值服务，优化用户体验，促进公司与成员单位的全面深入合作；另一方面着力推进系统安全保护的更新和升级，为信息化规划的全面推进提供坚实的安全保障。2013年，公司核心业务系统通过公安部信息安全等级保护三级标准测评，标志着信息安全等级已达到国内企业集团财务公司行业的最高级别。

【企业文化建设】将党建和团队建设活动作为强化组织引导、振奋团队士气的重要手段，着力创新形式、丰富内涵，促进党群工作与企业中心任务深度结合。2013年，公司党总支被中化集团评为“先进基层党组织”。在党建工作方面，与成员单位党支部开展共建活动，在日常业务交流之外搭建了与成员单位沟通联系的桥梁，使党建工作延伸到客户服务等重点战略的关键环节，以党建促业务，以交流促发展。在团队建设方面，“成长”系列活动深入推进，各兴趣小组百花齐放、各显身手，以丰富而新颖的文体活动形式激发团队的创造力和创业激情；图文微博、青年沙龙、客服课题竞赛等文化活动有声有色，营造了生机勃勃的企业氛围；成功创办内刊，拓展了宣传和推广的平台，为团队拓展了交流和展示的园地；积极参加中化集团经营管理案例集中编写工作，获得优秀组织奖，两篇案例被评为优秀案例，标志着学习型企业建设取得了新成果。

海信集团财务有限公司

【经营概况】2013年，海信集团财务有限公司（以下简称“公司”）本着“细化工作流程，强化内控管理”的理念，努力夯实基础管理工作，加强流程优化和信息化工作，提升各环节风险管控能力和业务处理效率，为公司规范运作、持续健康发展奠定了良好的基础。公司围绕资金集中管理的核心职能，全面提高资金运作能力、结算服务能力、信贷服务能力、风险管理能力等，取得了良好的经营业绩。截至2013年末，公司资产总额为628 715.71万元，同比增长36.47%；全年累计实现利润总额18 409.37万元，同比增长26.61%；年末，公司资本充足率为40.97%，流动性比率为54.71%，各项指标均优于监管要求。

【票据业务】2013年，公司继续大力推广海信电子商业汇票，提升海信品牌在金融市场的信誉度，改善各产品公司现金流状况，提高集团整体支付能力。公司增大主动营销力度，提高电票在应付票据的比重，成员单位签发电票规模不断扩大，海信电票接受程度不断提高，2013年各成员单位累计签发电票81.21亿元，较上年增长112.59%。通过公司的大力推广和集团的支持，海信电子商业汇票业务笔数、业务金额均在全国的财务公司中名列前茅，并争取到全国财务公司第一批电子商业汇票线上清算试点资格。

【资金集中】2013年，公司采取多种措施加强资金集中管理，大幅提高资金归集度。一是建立集团账户管理平台，为资金集中管理提供保障。二是推广资金集中收付，降低集团整体外存资金和资金汇划成本。三是积极争取房地产预售资金监管资格，顺利将房地产青岛地区新老监管账户纳入财务公司监管，大幅减少外存资金，为提高集团资金效益作出贡献。通过以上措施公司强化了对成员单位的资金管理，有效提高了资金归集度。截至2013年末，公司全口径资金归集率为75.47%，比上年提高16个百分点；剔除不可归集因素后资金归集率达到98.73%，比上年提高19个百分点。

【外汇业务】公司积极开展即期结售汇业务，通过内部结售汇和外汇市场交易调剂集团内部外汇资金余缺，降低集团整体汇兑成本。2013年公司累计为成员单位办理内部结售汇222笔，金额合计12.64亿美元。2013年增加欧元作为交易币种，不断提高公司的外汇服务能力。

【资金业务】公司充分发挥同业业务议价优势，深入分析研究资金市场利率走势，不断完善同业利率询价机制，结合自身资金状况，灵活进行资金配置，有效提高资金收益。2013年累计实现存放同业利息收入21 398.47万元。

【风险管理和内部控制】2013年，公司持续加强内控建设和基础管理，有效提升内控和风险管理水平。一是对各业务条线进行全面的风险排查。公司开展了全面的岗位职责和业务流程梳理工作，形成了具有很强指导性的覆盖全部业务和风险环节的操作手册。二是通过完善制度并加强对制度执行情况的监督，进一步促进业务规范化。持续推进结算差错率考核，提高结算基础工作质量。三是推进业务管理的信息化和工作流程标准化，在保证传统业务高效、安全开展的同时，有效支持关键业务的开展，提升各环节的风险管控能力，提高业务处理和管理效率。

【企业文化建设】2013年，公司通过组织内控制度培训、参观反腐倡廉展览、学习案防制度等方式推进以“诚实、正直、务实、向上”为核心的企业文化建设，提高员工合规意识；通过加强公司制度建设和制度执行力制定公司发展目标，营造良好公司文化，全体员工目标一致。通过培养员工开拓进取、爱岗敬业的工作作风，营造积极向上的工作氛围，提升公司的向心力和凝聚力。

【信息化建设】2013年，公司持续推进信息化工作，提高工作效率，降低操作风险。在保证传统业务高效、安全开展的同时，有效支持如集中收付、房地产预售资金监管等关键业务的开展，并提升各环节的风险管控能力，提高业务处理和管理效率；公司上线1104报表系统，实现监管报表90%以上自动出表，大幅提升工作效率；公司完成与各主要合作银行的系统直联，实现收付款及账务自动处理和主要外部账户实时监控。系统业务功能的完善，大幅提高业务处理自动化程度，有效降低操作风险，促进公司日常业务操作的标准化、规范化。

国联财务有限责任公司

【经营概况】2013年，国联财务有限责任公司（以下简称“公司”）以“准确定位、合规经营、严控风险、稳健发展”为宗旨，除了做好资金归集工作、信贷资产经营工作和成员企业金融服务工作外，还努力进行业务创新，进一步提升了公司综合竞争力和服务成员企业的能力。截至2013年末，公司实现利润总额5 918万元，吸收存款余额32.53亿元，各项贷款余额13.98亿元，资本充足率为27.64%，流动性比例63.50%，存贷比为42.96%。

【公司金融和信贷业务】2013年，公司以成员企业需求为导向，进一步加大授信力度，扩大授信范围。目前，公司授信范围已基本覆盖所有集团合并范围内有融资需求的子公司。在授信过程中，公司发挥决策快、效率高的优势，以简单、有效的审批流程为企业用信提供便利，为成员企业提供了快捷、有效的金融支持。2013年，公司累计发放自营贷款157 630万元，办理贴现28 793.99万元。目前，由公司直接发放的贷款占集团合并范围内子公司贷款余额（不含集团直融部分）的40%以上，有效地满足了成员企业的资金需求。

【资金业务】2013年，公司制定了《人民币资金管理办法和操作规程》，其中对备付金的管理进行了制度化、流程化、规范化的规定，使备付金管理更为科学、有效。具体内容包括：账户平均流量分析，与成员企业大额资金进出沟通定时定人，商业银行大额资金进出对财务公司影响分析，异常突发情况应急预案等。当年资金备付率为15.13%，较上年降低22.07个百分点，提高了存量资金的综合收益。

【票据业务】2013年上半年，票据贴现利率持续走低，公司充分利用电票业务资质，推出了电子银行承兑汇票服务方案，鼓励企业使用电票进行结算，并通过公司直贴或者外部银行保贴（使用财务公司在银行的授信额度）取得低成本融资。公司全年累计开立银行承兑汇票1.3亿元，帮助成员企业节约财务成本162万元（与贷款融资相比）。

同时，公司继续支持成员企业以小票贴现替代持有到期，降低企业资金压力。2013年全年，公司共办理152笔总计2 945万元，最小票面金额仅为2万元。

【资金集中】2013年，公司和集团财务部在资金的计划管理上密切配合、相互沟通，进一步确立集团整体资金管理思维。在集团财务部的具体领导和严格管理下，对于成员企业的资金预算管理工作有了较大的提升，成员企业资金归集效率得到了一定的提高。公司通过提升服务，提高效率，以及提高成员企业产品和资金的满足率，使成员企业实实在在感受到公司不可或缺的支持，成员企业在得到支持的同时，也相应地对公司的资金归集工作给予极大的支持。

【业务创新】2013年，公司加大代开类业务的推广力度，通过公司在银行的信用，在签发银票和出具保函时，将成员企业在银行的直接授信改为通过公司的间接授信，降低保证金和手续费，从而降低资金占用和财务费用。

【风险管理和内部控制】2013年，公司通过制度、培训、沟通三方面的工作提升内控管理水平，确保公司可持续健康发展。首先，对上一年修订完善的所有制度进行了全员培训和学习，通过上一年的制定和今年的培训，全体员工对制度的理解、制度的执行力有了提高，综合业务能力有了明显提升；其次，通过同业交流学经验、内部培训学业务、岗位实践学服务，防范操作风险，加强各个环节的内部控制；再次，采用沟通日志的方式进行沟通管理，使员工之间、干部和员工之间的理解度、和谐度进一步提高，防范员工道德风险，对公司内控管理起到了润滑剂的作用；最后，规范了备付金管理工作，有效防范资金、流动性风险。以上各方面工作，真正实现了管理工作的制度化、标准化、精细化和流程化，为公司稳健经营、防范风险保驾护航。

【人力资源管理】 为了确保公司各部门、各层级之间政令畅通、信息互通，形成和谐有序、团结奋进的企业文化，2013 年，公司正式出台和实施了《员工沟通管理办法》，把原本自发的、零散的、无序的沟通工作通过制度的形式确定下来。并且，每次沟通都有“沟通日志表”记录在册，年底公司将进行员工满意度和敬业度调研，从而对公司各级管理层全年的沟通管理工作进行监督和考核。

从该办法实施的效果来看，通过例会沟通、意见箱、员工座谈会、一对一面谈等方式，公司各级管理者在工作中更多地注入人文、人情、人道精神，更加贴近基层员工，管理手段和方式更为有效和及时，在传递公司发展目标和要求的同时，集合全体员工的智慧，激励大家奋发进取、不断超越的热情，实现了公司与员工的双赢发展。

【信息化建设】 2013 年，公司不断优化系统的服务和功能，使公司信息系统运转更加安全、稳定和高效。一是新增中国银行作为公司的银企直联银行，截至 2013 年底，公司与工商银行、建设银行、中国银行、农业银行、交通银行、兴业银行、无锡农商行在内的 7 家银行建立了直联平台，更好地为公司资金归集服务；二是完成了建设银行、兴业银行的接口改造工作，并引入了银企通平台，使得银企直联更加安全稳健；三是对公司的管理信息系统进行了升级和优化，使得业务流程更加严密。

【企业文化建设】 2013 年，公司在党支部的领导下，围绕“基层组织建设提升年”活动，全体员工认真学习十八大和十八届三中全会精神，公司党政工团积极联动，开展一系列丰富多彩的活动，如“3・12”植树节活动、“迎七一”重温入党誓词活动、“让爱传递”慈善助学活动、“树新风、倡低碳”环保徒步活动，以及员工职业生涯规划活动、办公软件操作竞赛、读书演讲比赛、羽毛球比赛等，增进了员工对公司的认同感和归属感。此外，公司主页正式上线，与公司内刊构建起“一网一刊”的企业宣传平台，并坚持“内容健康向上、题材活泼新颖、报道迅速及时”的宗旨，坚持全方位展示公司发展历程以及员工风采的理念，为构建和谐企业文化打下了良好基础。

首都机场集团财务有限公司

【经营概况】 2013 年，首都机场集团财务有限公司（以下简称“公司”）一是持续加强资金管理。资金管理系统上线成员企业 238 家，成功归集及监控成员企业账户 824 户，双双实现 100% 上线率。全年结算量为 1 382. 68 亿元，同比增长 29. 24%。二是吸存总量大幅增长。2013 年累计日均吸收存款 79. 8 亿元，同比增长 27. 79%；吸收存款时点余额为 88. 98 亿元，同比增长 33. 76%。三是不断提高信贷规模。公司共向 10 家成员企业发放 55

笔自营贷款，金额共计496 982.32万元，同比增长15.00%。其中机场主业贷款402 482.32万元，同比增长38.00%。四是金融创新卓有成效。成功开展首笔电子银行承兑汇票的承兑、贴现及转贴现业务；担任集团公司50亿元超短融发行的财务顾问；成功加入全国银行间债券市场，开展首笔2 000万元有价证券投资业务；开展首笔10 740万元债券质押式回购业务；同业拆借交易量扩大，累计拆出资金68亿元，实现利息收入557万元；存放同业全年累计办理定期存款284.5亿元，多增加利息收入约4 583万元。五是公司效益大幅提升。公司实现收入总额41 945万元，完成预算的121.39%，同比增长32.89%。实现利润总额22 759万元，完成预算的131.97%，同比增长28.28%，超过集团公司年初下达的挑战目标。其中，从外部市场获得的营业收入为10 983万元，较上年增长49.86%。

【公司金融和信贷业务】一是银团贷款持续增长，助推主业健康发展。通过与商业银行的通力合作，以银团牵头行或参加行的身份，陆续为重庆机场、江西机场、天津机场及武汉机场扩建工程提供了总额为153.90亿元的银团贷款，其中公司承贷金额达到18.23亿元。此外，公司为吉林机场扩建项目、重庆机场四期扩建项目提供银团贷款金融服务方案书，维护成员机场的切身利益。二是丰富信贷服务内容，提升金融服务水平。公司担任2013年集团公司债务融资工具发行财务顾问，协助集团公司发行50亿元超短融，进一步发挥财务公司融资服务中心职能。三是电票系统上线运营，丰富成员企业结算融资手段。经人民银行批准，公司电子商业汇票系统于2013年5月20日正式上线，为两家成员企业办理电子银行承兑汇票承兑以及其中一笔票据贴现业务。同时，与商业银行密切协作，成功将公司持有的一笔电子银行承兑汇票买断式转让至外部金融机构。

【资金和投资业务】2013年，公司重点跟进金融债及国债等低风险债券的市场行情，于2013年12月成功试水债券投资业务，买入一笔政策性金融债，票面金额2 000万元。公司密切关注货币及投资市场走势，于2013年12月31日与金元证券顺利开展1笔质押式逆回购业务，回购金额共计1.074亿元。公司积极参与外部金融市场，持续稳步开展同业拆借业务。截至2013年末，公司共开展60笔共计68亿元的同业拆借业务，实现利息收入593万元。公司积极关注金融市场利率走势，在满足日常流动性的基础上，对冗余资金进行趋利性配置，2013年公司在多家合作银行累计办理定期存款82笔，金额共计284.50亿元，实现利息收入约5 664万元，有效提高资金收益。

【票据业务】2013年，公司大力营销电子商业汇票业务，积极与同业机构开展业务交流与学习，制定电子商业汇票业务相关管理办法，明确相关实务操作流程；制定电子商业汇票业务整体定价原则，在电票业务推广期间，执行较人民币贷款利率优惠的电票定价策略。通过分析筛选目标客户、主动上门营销等方式，向成员企业推广电子商业汇票业务。多次与人民银行、商业银行联系，听取及学习相关监管及实操经验，确保公司电子商业汇票业务的顺利开展。

【资金集中】2013年，公司加强账户清理工作，累计增加归集账户62个，增加存量资金约7 000万元，进一步提高集团公司的资金集中度，有效提升资金的管理效率。

在积极推进账户清理工作的同时，公司大力推行代理支付业务，截至2013年，代理支付业务量已超过年付款总量的60%。有效提升付款效率，进一步压缩成员企业银行账户的资金沉淀。

此外，公司积极推进专项资金归集工作，

截至2013年末已累计归集专项资金12.38亿元，增强资金管理的深度。

【业务创新】一是根据集团成员企业的行业及经营特点，建立与重点客户的一对一金融服务机制，为其量身定制了有行业特色的、全面的专业化融资服务方案。2013年，公司为集团所属吉林机场、重庆机场等扩建项目提供了银团贷款金融服务方案书，维护了成员机场的切身利益，提升了财务公司金融服务品质。二是大力发展中间业务，公司担任了2013年度集团公司债务融资工具发行财务顾问，协助集团完成了2013年度债务融资工具的发行工作，信贷业务开始由融资向“融资+融智”服务模式转变。三是成功开展首笔电子银行承兑汇票的承兑、贴现及转贴现业务；成功加入全国银行间债券市场。

【风险管理和内部控制】一是持续加强制度建设，不断提升内控意识。2013年5月，《首都机场集团财务有限公司制度汇编》正式出台，主要收录公司现有的74项制度，八大类34项业务风险点及防范措施，40项监管法律法规及集团公司规定，制度体系进一步完善。

二是加大检查力度、持续加强案件防控。2013年，针对主要业务控制，持续在公司内部开展案件自查及考核评价工作，采取数据抽查、自评、培训测试等检查、防控齐抓共管的措施，有效地提高公司案件防控基础工作，保障公司实现2013年度“零发案率”的防控目标。

三是持续年度风险评价，揭示存在的问题。2013年，公司持续开展年度风险评价工作，揭示上一年度加强流动性管理的风险事项整改情况，更客观地提出进一步规范账户管理及逐步完善考核机制的风险建议，并督促相关部门实施整改。截至年末，累计清理账户1 027个，规范成员企业账户管理。

【人力资源管理】一是加大培训力度。初步形成定期学习培训机制，学习氛围日渐浓厚。形成引进外部培训和内部人员培训相结合，统一组织培训和员工单独参加培训相配合等形式灵活多样的培训体系。二是优化绩效考核。不断完善公司绩效考核办法，顺利完成2012年绩效考核工作，强化企业目标和员工利益的关联性。三是积极开展轮岗交流。轮岗人员涵盖中层干部和普通员工，涉及所有部门，促进公司人员结构优化。四是启动企业年金建立工作，形成具体操作方案。

【信息化建设】一是推进信息化系统建设，强化安全运行。2013年，公司开展信息安全风险排查工作，同时不断完善信息系统框架和制度体系建设；全方面支持和保障各类监管信息系统、业务管理系统、数据报送系统以及监控平台的正常运行；积极配合监管机构对相关系统技术环境的测试和验收。

二是全面梳理业务权限，开放信息查询功能。2013年，公司全面梳理成员企业使用资金业务系统人员权限，历经用户测试、操作演示等一系列程序后，于10月正式向二级成员企业开放综合查询权限，对成员企业规避风险，提高资金使用效率奠定基础。

三是梳理业务系统风险隐患，强化系统风险管控。2013年，公司开展针对主要业务系统风险的梳理和识别，揭示公司现有业务存在的风险隐患，并提出了有针对性的整改建议，保证业务系统安全运行。

红豆集团财务有限公司

【经营概况】2013 年，红豆集团财务有限公司（以下简称“公司”）稳步发展，资产、负债和表外业务均增长较快。年末资产总额 20.48 亿元，较年初增长 18.96%；负债总额 14.36 亿元，较年初增长 25.33%，其中吸收存款余额 12.82 亿元，较年初增长 24.46%；各项贷款余额 13.81 亿元，较年初增长 16.64%；表外业务余额 3 661.82 万元，较年初增长 16.25%；结算金额 1 252.66 亿元，较上年同期增长 53.9%。全年实现净利润 4 809 万元。综观全年，公司遵循“依法经营、合规经营、稳健经营”经营方针和“审慎性、安全性、流动性、盈利性”经营管理原则，稳步地开展各项业务。公司坚持一贯地强化服从金融监管的意识，自觉主动接受金融监管，通过严格控制和防范金融风险，将风控过程融入组织治理的各个方面，继续保持了“三无”目标，即无重大差错、无不良贷款、无案件发生。2013 年 4 月，银监局对公司进行风险评级，经银监会非银部复评审定，10 月公司获得 2013 年度风险评价二级（良好）。

【信贷业务】公司严格按照人民银行信贷规模投放要求，2013 年累计授信单位 21 家，完成综合授信 22 笔共计 13.39 亿元，发放贷款 107 笔共计 11.47 亿元，贴现 102 笔共计 19.61 亿元、担保业务 15 笔共计 3.92 亿元（其中敞口 1 笔共 0.3 亿元）。2013 年公司召开贷审会 11 次，涉及 21 家单位 22 笔金额 13.39 亿元授信。发放贷款共计人民币 11.47 亿元，贷款余额为 8.76 亿元，较年初增加 0.5 亿元；累计完成贴现 19.61 亿元，贴现余额 5.19 亿元；各项业务做好贷前调查、贷中审查、贷后检查工作，严格按照授权范围操作业务。无逾期贷款及托收不成功银票，各类信贷资产质量五级分类均为正常。

【同业业务】公司与建设银行、工商银行、招商银行、南京银行、浙商银行、兴业银行开展同业授信，获得同业授信 11 亿元，主要以票据业务和资金拆借业务为主。2013 年充分利用闲散资金，做好资金存放业务。通过与银行沟通开展通知存款业务，7 天利率最高达到 8.5%；在 12 月首次与兴业银行和南京银行开展两笔 7 天的存放同业业务抓住了利率高的节点，利率分别达到 8% 和 9%。在存放同业利率方面，主要结算的银行均已实行了 1.62% 以上的利率。经过和商业银行同业部的争取，目前建设银行是 2%，中国银行是 1.85%，农业银行是 1.82%。

【再贴现业务】2013 年，公司利用人民银行再贴现政策，积极争取再贴现指标。全年开展再贴现业务涉及商票 53 笔，累计开展商业承兑汇票再贴现业务 2.7 亿元，截至年末余额为 1.3 亿元，从原有分配的 5 000 万元额度增加了 8 000 万元，实现利差收益约 420 万元。

【结算业务】2013 年公司共计受理各项结算业务 68059 笔，进出量为 1252. 66 亿元，同业存款日均余额为人民币 5. 3 亿元（不包含存放央行款项）；吸收存款日均余额为 13. 64 亿元，其中企业活期存款日均余额为 7. 31 亿元，企业定期存款日均余额为 5. 72 亿元，通知存款为 0. 61 亿元；贷款日均余额为 8. 62 亿元。

【资金集中】2013 年，公司上报银监局备案成员单位 68 个，全部在公司开户，成员单位开户覆盖率为 100%。公司 2013 年末吸收存款 12. 82 亿元，比年初增长 2. 52 亿元，集团货币资金为 33. 03 亿元，其中保证金 10. 75 万元、股份公司货币资金约 7. 28 亿元，计算全口径资金归集率约 31. 85%，扣除保证金及上市公司货币资金归集率约为 85. 46%。

【业务创新】2013 年，公司创新业务品种和手段，提升综合金融服务水平。一是快速推进承兑汇票业务。2013 年公司充分利用商业银行的授信给成员单位提供承兑业务，凡是公司承兑的商业承兑汇票，建设银行都提供商票贴现，公司借助自身的信用额度为成员单位节约财务费用。2013 年，办理商业汇票承兑业务 21 笔，金额 4 971. 82 万元，提供存单质押 699. 82 万元，敞口部分为 4 272 万元，收取手续费、承诺费共计 23. 28 万元。年末表外业务余额 3 661. 82 万元，敞口余额 3 092 万元。二是新业务开展取得突破。2013 年公司顺利进入同业拆借市场，成功申请电子商业汇票系统直联。12 月 26 日，公司与广汉市农村信用合作联社通过系统完成了首笔同业拆借业务。三是针对外部融资进行结构调整。公司优化调整使融资结构实现“三个三分之一”，即债券融资占 1/3，上市融资占 1/3，银行贷款占 1/3，实现资金效益最大化。2013 年，集团债券融资比例由年初的 29% 提高到 42%；2013 年发行短融、私募、中票 30 亿元，兑付 10 亿元。2013 年，公司代理集团融资，满足集团成员单位的资金需求和债券到期兑付，没有出现不良信用记录。四是协助成员单位开展供应链融资。2013 年，公司主动与多家银行沟通，寻找最贴合成员单位需求的供应链融资品种，如建设银行的金银仓与保理业务、浦发银行的商票保贴业务等，同时，结合成员单位实际需求，积极推动银行供应链融资产品创新，并撮合成员单位大胆尝试。2013 年向各银行申请供应链融资授信额度 3. 36 亿元，实际使用了 1. 32 亿元供应链融资借款。

【风险管理和内部控制】一是高管层分工调整，提升决策水平。总经理助理原兼任计划资金部经理，作为高管的作用发挥尚不明显，经调整不再兼任。二是新增内控制度，确保制度先行。为配合新业务开展新增了《红豆集团财务有限公司电子商业汇票业务管理办法》、《红豆集团财务有限公司买方信贷业务管理办法》等 4 个制度。同时，公司根据业务开展情况及银监局的意见新增和修改了部分制度。新增了《红豆集团财务有限公司客户信用评级试行办法》、《红豆集团财务有限公司综合授信管理办法》、《红豆集团财务有限公司商业汇票承兑业务管理办法》；修订了《红豆集团财务有限公司授信工作尽职指引实施细则》、《红豆集团财务有限公司会计核算办法》等 17 个制度。三是加大稽核检查，提升内控制度执行力。2013 年，根据工作调整及公司制度规定，对关键人员副总经理、计划资金部经理、营业部经理共三人进行离任稽核，客观评价业绩，分清责任。四是新增融资部门，扎口融资渠道。2013 年进一步整合资源，理顺关系，将原集团资金部的代理融资部整体划入公司。2013 年，公司还利用自身的专业知识和合规理念，参与集团及成员单位制度管理，对集团的 49 个制度进行了梳理，推动转型升级。

【人力资源管理】2013 年公司通过人才引

进、学习提升等方式提升团队整体水平和能力。2013 年公司共引进金融类人才 7 名，其中海外金融硕士 2 名、法律硕士 1 名，分别充实到公司的业务部门及风险管理部门。同时，公司通过鼓励自学、依托行业协会及红豆大学的资源平台、组织同行交流学习等方式培养提升员工。公司全年开展培训 425 人次，达到总学时 1 227 小时、人均培训积分 63. 63。截至 2013 年末，公司员工总人数 32 人，其中 35 岁及以下 25 人；党员 17 员；本科学历 27 人、硕士研究生 3 人；4 人具有证券从业资格，14 人获得银行从业资格，另外，2 人拥有会计中级职称，1 人拥有注会、注税资格。公司整个团队年轻、活泼、富有朝气。一年来，公司通过大力培养内部人才、引进外部人才的方式实现人才队伍整体素质的提升，知识专业化程度得到进一步提高。

【信息化建设】 2013 年，公司不断优化系统，并针对运行中的具体细节及各种问题多次积极与九恒星公司和银监局科技信息部门，以及地方电信单位、总部网络中心联系商讨，保证了各项新系统正常运行无重大问题发生。同时对信息系统的运行情况开展定期检查和抽查，保证信息系统的安全与稳定；完善安全事件预警通报机制和流程；加强应急管理机制建设工作，增强应急处置能力，提高应急预案的可操作性和针对性。

【企业文化建设】 在红豆党建成为全国标杆的大背景下，公司积极推进党建文化，提升团队凝聚力，真正实现以党建促发展。2013 年共发展了 2 名新党员，转正预备党员 2 名；召开支部会议 16 次，共开展了 6 次党课学习活动。在集团“挖潜月中”积极组织开展合理化建议活动。支部全体党员共提合理化建议 35 条，采纳 21 条，实施 6 条。2013 年，支部 2 名党员被评为“集团挖潜先进”、2 名党员分别被评为集团五一劳模、集团廉洁标兵。2013 年公司注重从物质到精神层面，对员工加强关心。一年来对生病的员工都及时进行探望和关心，送上温暖；帮助患病员工申请慈善基金；组织公司员工进行体检；定期组织新进员工面谈沟通，从思想和生活上提供帮助。公司积极倡导求真务实、爱岗敬业、善于学习、乐于奉献、勇于创新的公司精神，积极推行民主管理，在内部营造有利于员工成长和企业共同进步、和谐发展的环境与氛围，提高员工幸福感、责任感。

海马财务有限公司

【经营概况】 2013 年，海马财务有限公司（以下简称“公司”）秉承“依托集团、服务集团”的经营宗旨，紧紧围绕公司发展总体目标，坚持“产品多样化、服务精细化”的经营方针，重点拓展汽车消费信贷业务，加强业务经营环境支撑建设，全面提升内控管理水平，推动各项业务健康发展和经营效益不断提高，支持集团公司主营业务发展，圆满完成了全年经营管理目标。

截至2013年12月31日，公司资产总额为41亿元，全年实现利润1.15亿元，比上年增长15.46%；贷款规模19.56亿元，比上年增长62.78%；全年纳税0.32亿元；资本充足率为52.69%，资金集中度达到85.26%，不良贷款率为0.33%。

【公司信贷业务】2013年共计受理海马汽车个人消费贷款申请24 338笔，全年放款19 009笔，发放贷款107 400万元，年末汽车个人消费贷款余额为124 776万元，64.77%的海马汽车4S店开展了车贷业务，合作家数增长了24.5%，贷款笔数增长了64.6%。截至2013年12月31日，对公贷款余额为55 730万元，其中集团成员单位贷款26 741万元，经销商贷款28 989万元，经销商贷款比上年增长了18，363万元。一是按照“产品多样化”的发展策略，打造海马金融产品系，提升竞争优势。在个人汽车信贷业务方面，相继推出M3、骑士、丘比特专项贷款产品。同时在7月，联合销售公司推出了“320幸福计划”，实现个人汽车信贷业务范围覆盖海马全车系。在经销商贷款业务方面，联合销售公司，推出了对郑州基地和微车经销商的贷款承诺函支持方案。2013年共对97家经销商完成授信，比上年增加了71家，直接支持了集团汽车主业的销售；同时以山东广源集团作为试点，推出了经销商全面合作模式。二是以实现“服务精细化”为宗旨，创新管理内容，加强业务处理及时性管理，打造海马财务服务品牌。建立了业务处理及时性通报机制，定期对业务处理及时性数据进行分析并总结，采取有效措施保障业务处理按照服务承诺及时处理；建立了业务轮岗学习机制，全年分阶段安排信贷部、稽核风险部客户经理进行了三次业务轮岗学习；开放调查客户经理一级审批权限，提高业务处理效率；建立业务交流机制，定期对在业务处理中出现的争议进行交流，提高业务处理效率；制定档案管理工作流程与标准，加强贷后档案管理。

【资金和投资业务】一是全年买入债券7只，申购可转债4只，完成资金逆回购业务14笔。二是设立投资产品池，建立了基于货币市场业务、固定类收益业务、股票业务的公司投资业务盈利模式，形成了合理的价值投资理念，使公司资金头寸得以充分利用。三是申报了全国银行间同业拆借会员资格，目前已获得人民银行上海总部批准。

【票据业务】2013年，全年完成商票贴现交易24笔，交易面值18 575万元，电票贴现交易135笔，交易面值16 146万元。

【资金集中】2013年，紧紧围绕公司“安全性、流动性、盈利性”的经营原则，加强资金管理，多渠道创造资金收益。加强与集团成员单位的沟通，实现资金头寸管理流程化，使资金集中度达到85.26%。实现日均吸收存款余额336 914万元，全年为成员单位累计办理结算3.41万笔，结算金额330.31亿元，年末吸收存款余额为28.98亿元，做到全年无差错无事故，保证了资金结算的及时和安全。同时积极营销盈余资金存出，2013年同业存放笔数达208笔，金额达267亿元。实现同业存放利差收入2 895万元。

【风险管理和内部控制】一是整合不良资产催收力量，将信贷部电话催收职能和稽核风险部不良贷款催收职能进行整合，组建了专业催收管理中心，专职负责资产管理工作。全年开展了两次专项催收工作，控制风险指标，有效地保障了信贷资产质量。二是加强基础管理，提高风险识别能力，制定了个人信用评分表、个贷业务审批放款信贷政策操作指引等规章制度，规范指导各类业务操作，使风险管理工作有章可循。三是开展专项经销商贷后检查，对13家贷款经销商进行了专项现场贷后检查，及时防范风险。四是加强稽核管理工作，实现风险管控的规范管理。全年共计完成稽核工作8次，有效地防范了风险发生，提高了对风险的控制管理水平。五是完善内控管理体系，2013年梳理并编写完成《海马财务内控管理手册》，全年新增和修订了内控制度20余项，不断充实和完善了公司内控体系；同时组织全体员工参加财政部及证监会举办的企业内控知识竞赛，提升了员工内控意识。六是加强对监管法规的学习，针对银监局2013年现场检查发现的制度上存在的不足之处，完成了17项监管法规的搜集和汇总，制定了公司科级以上人员培训学习计划，并按计划完成了监管法规的学习。

【人力资源管理】 一是积极开展招聘工作，满足业务发展对人员的需求。2013年共招聘新员工20人，其中大学生16人，社会招聘4人，招聘实习生11人。二是分层级、分内容、分渠道，做好各项培训工作。本年共举行公司级培训4次，其中参加外部培训2次，新员工入职培训1次，员工户外拓展培训1次。三是初步建立基于平衡计分卡的KPI考核体系，并实现考核工作常态化。四是积极试点竞聘上岗制度，创新用人机制，建立人才“赛马不相马”的用人体制。

【信息化建设】 一是在5月中旬完成了新个贷系统的上线运行，并顺利完成了旧个贷系统数据移植工作，编制了培训手册，组织公司内部员工及金融专员进行了业务操作培训。二是9月取得个人征信报送、查询权限，完成了与人民银行征信中心的PTF连通，实现了个人信用即时查询。

南山集团财务有限公司

【经营概况】 2013年，南山集团财务有限公司（以下简称“公司”）紧密围绕董事会的决策部署，准确把握复杂多变的经济金融形势，拓宽发展思路，拓展发展空间，强化内部管理，提高风险管控能力，较为圆满地完成了各项工作任务。

截至2013年末，公司本外币总资产达到69.08亿元，同比增长51%；当年实现净利润1.41亿元，同比增长19.3%；资产收益率为2.45%，净资产收益率为15.25%，资本充足率为25.16%，流动性比例为34.66%，不良率为零，各项指标均符合监管要求。

【资金集中】 2013年，公司紧跟集团发展战略，多渠道扩大“现金池”规模，壮大资金实力。全年新增加成员单位12个，账户总数达到440个；采取账户联动模式，归集异地企业资金，异地企业账户占比已达9%；完善房地产预售资金监管体系，新增监管账户14个。年末全口径资金归集率同比增加10.47个百分点，吸收成员单位存款余额同比增长89.6%。

【金融服务】2013年，秉承“以服务求发展”的经营理念，公司不断提高服务能力与水平，着力满足企业多元化的金融需求。服务网络覆盖北京、深圳、海南、青岛、烟台、龙口等地，“集团企业设到哪里，财务公司服务就跟到哪里”；灵活调剂资金，支持集团产业发展，累计投放资金49.16亿元，其中贷款34.3亿元，票据14.86亿元，年末授信余额达到41.74亿元，同比增长31.6%；办理委托贷款23笔，金额15.36亿元；创新服务手段，先后设计开办了保险兼业代理、电票承兑、银行承兑汇票质押开电票等新业务；构筑快捷、安全、高效的结算体系，发挥资金中枢作用，累计办理结算业务16万笔，结算金额达到1.3万亿元，其中网银业务占比达到83%；发挥专业优势，采取授课、上门服务、设计融资方案等方式，为企业排忧解难，提供专业化的金融服务。

【风险管理和内部控制】2013年，公司继续加强内控及全面风险管理体系建设，确保实现长治久安、长远发展。通过事前风险研判预警、事中风险防控、事后检查监督等手段，实现全流程管理；出台风险点与风险控制手册，强化对风险点的管控，及时消除风险隐患；加强对重要空白凭证、账务核对、票据业务、印鉴管理等重要案防领域的检查监督力度，开展各类检查及风险排查30余次，检查覆盖面100%；组织对各类制度进行重新梳理，修订完善各类制度60余项，实现管理的全覆盖；超额计提拨备，增强抵御风险的能力，贷款损失准备充足率达到293.09%，一般准备余额达到风险资产期末余额的1%，各项准备超过1.8亿元；开展机房火灾、黑客攻击等各种极端模拟状态下的应急演练，通过以练代训，提高应急管理能力，确保业务连续运行；推动合规文化建设，通过案例警示、点评、培训等，促使全体员工警钟长鸣、警示自我，打牢案防思想长堤。

【信息化建设】2013年，以打造“安全、实用、高效”的信息科技系统为目标，公司全力推进信息系统建设工作，进一步完善了与业务发展和风险管控能力相适应的信息系统管理架构。参照国家信息安全等级管理规定，逐项进行落实，5月底达到二级标准；通过完成WEB服务器的CFCA服务器证书部署，增加其安全认证以及搭建北京异地灾备平台，实现了重要数据南山、东海、北京三地备份等方式，确保了系统稳定运行；按照银监会《信息科技外包风险管理指引》的要求，对外包商提出相应的管理要求，制定实施计划，进行现场检查，防范外包风险；扎实做好信息系统基础数据、服务器设备、监控系统查看等日常维护工作，按计划开展数据库服务器、WEB服务器、核心交换机、金融监管网络线路、灾备中心等主备系统切换，确保系统安全、稳定、连续运行，为业务发展提供了有力的技术保障。

【人力资源管理】2013年，在队伍建设方面，重点抓员工“独当一面”能力的提高，员工专业技能、职业素养、工作能力等都取得了很大进步。推行新的考核体系，发挥考核导向作用，促使员工快速成长；强化集中培训、部门内部学习和员工自学考核力度，累计开展集中培训超过160小时，业务技能和制度测试通过率达到100%；每周组织课题小组研究金融市场，对时事新闻、外汇市场、资金市场等进行解读，掌握前沿金融市场动态；安排南山学院资深教师讲授“货币银行学”，将基础理论与实践相结合，学以致用，提高员工专业能力。

【企业文化建设】在企业文化建设方面，注重培育员工“忠于南山、热爱南山”的良好职业素养，团队凝聚力、向心力不断提高。

学习南山发展史，体味创业艰辛，增强责任感和使命感；开展系列野外拓展活动，锻炼员工的意志和毅力，营造“团结、紧张、严肃、活泼”的工作氛围。

国投财务有限公司

【经营概况】2013年是国投财务有限公司（以下简称“公司”）新发展规划的开局之年。在“集团三年规划与八年设想”的战略目标引领下，在集团党组和公司董事会的正确领导下，公司全体员工奋发努力、开拓进取，实现了稳健发展：公司各项业务齐头并进，业务转型有序推进，创新服务持续跟进，基础管理稳步提升，保险经纪公司设立开业，获得结售汇业务资质，成功增资8亿元，圆满完成了各项经营指标与管理任务，公司获得了集团2013年先进集体和优秀基层党组织荣誉称号，业务发展和公司建设再上新台阶。

【信贷业务】公司立足于“服务集团、创新发展”的理念，积极了解成员企业需求，加大信贷投放力度，调整信贷投放结构，力求提高集团整体资金利用效率，节约财务费用。2013年，公司完成了8个二级板块的集团授信及集团总部的综合授信。累计发放人民币贷款163笔，金额合计142亿元；发放美元贷款1笔，金额320万美元；发放委托贷款61笔，金额合计85亿元。年底自营贷款余额128亿元，较上年底增加13亿元，委托贷款余额97亿元。2013年作为牵头行或联合牵头行组建银团项目9个，贷款总金额37亿元，公司承贷5.23亿元。

【资金和投资业务】2013年，公司成立资金运营部进行专业化管理，资金运营共实现利息收入1.13亿元。全年日均备付金余额15.47亿元，日均备付金率10.4%，资金使用效率处于较高水平。公司开发上线并积极推广资金计划填报系统，对公司安排头寸、做好资金平衡和保证公司流动性起到了十分关键的作用，确保了支付和流动性安全。

2013年，公司进一步优化投资产品结构，投资业务继续保持良好势头。一是固定收益类投资主要投向安全性好、收益率高、信用等级等同于AA+债券的信托产品等非标债权，很好地回避了债券市场的剧烈波动；二是权益类投资适当增加重点培育投资品种的投资规模，定向增发、ETF基金的投资取得了良好的投资业绩，并对新股网下配售业务进行了充分的准备；三是积极拓展货币基金等短期资金运用渠道，进一步加强资金投放能力，短期资金的收益率水平进一步提高。公司利用投资理财方面的优势为成员企业提供一体化的金融服务，根据集团及成员单位理财需求，积极提供咨询服务。

【票据业务】2013年，公司在集团内部票据结算模式的基础上继续深入研究票据池业务。

票据贴现：全年发放贴现996笔，金额42.02亿元，全年收回1 074笔，金额41.87亿元，年末票据贴现余额12.82亿元。

票据承兑：票据承兑业务取得重大突破，新增电子汇票承兑业务164笔，金额共计6.32亿元。截至年末，电子承兑汇票开具余额6.18亿元。

自承自贴：自承自贴业务能够增加成员企业票据信用及资产流动性，必要时成员企业可使用公司出具的票据在外流转；增加公司资产配置能力，条件具备时，公司除再贴外还可以转贴现。2013年，开展33笔共1.7亿元自承自贴业务。

再贴、转贴业务：2013年，公司累计向人民银行申请再贴现27.56亿元，获批15.8亿元；在票据转贴现市场价格高企的情况下，成功与三井住友银行办理票据转贴现2 389万元，获得利差收入4万元，成为公司拓展外部融资渠道的一次有益探索。

【外汇业务】2013年，公司继续利用自身外汇资本金开展外汇贷款业务，陆续获得了即期结售汇业务资格、外币拆借会员资格和一定规模的结售汇综合头寸，完成了外汇系统主体建设，与外币现金池银行签署了外汇业务合作协议，开通了中国银行、中信银行、工商银行和招商银行等外币现金池银企直联接口；完成了部分成员单位的外币账户授权，正式开展即期结售汇业务约1 886万美元。公司外汇业务由单纯的外汇资本金放贷迈向了集存贷款和结售汇一体的综合外汇业务新平台。

【资金集中】2013年，继续深入企业推动归集，公司领导带队或服务小分队分赴新疆、安徽等10个省市的49家成员企业进行调研服务；安排专人专题分析，客户经理日常跟踪督促，归集与贷款定价挂钩，推动资金归集，取得较好成效，资金归集大户难户的资金归集率显著提高；实时跟踪，做好资金归集专项分析工作，公司对资金数据、归集情况、账户管理、专项资金等进行专项分析，为集团管控提供了有价值的决策参考；对成员企业的银行账户和专项资金进行了清理，成员企业的账户数目和专项资金规模得到了一定控制，资金集中程度进一步提高。

【业务创新】2013年根据成员企业需求开展了多种创新业务。一是融资顾问业务。公司积极联系银行等外部金融机构为成员企业开展融资顾问业务，引入商业银行资金或进行贷款置换，或组建银团，降低成员企业的资金成本、拓宽资金来源。二是代开信用证业务。将公司信誉引入开立信用证业务中，由成员单位向开证银行提出申请，占用公司在开证银行的授信额度，公司承担信用证连带付款责任，开证银行向成员单位交易对手出具进口信用证。目前已经为两家成员企业开立了20笔信用证。

【保险业务】2013年3月成立国投保险经纪有限公司，5月初正式开业运营，公司保险业务获得实质性突破和发展。保险经纪公司建章立制强化专业化服务能力建设，实现了保险代理向保险经纪的平稳过渡，扩大了集团车险和财产险集中采购的覆盖面；成功推动开展集团保险集中采购，积极推进集团各版块统保招标保险安排，逐年扩大服务份额；主动拓展海外工程保险业务，积极提供海外现场保险培训与风险查勘服务。

【风险管理和内部控制】2013年，公司各项风险管理工作有序开展，“制度优化年”活动圆满结束，全年共新制定制度14项，修订36项；《内控与风险管理手册》已经完成，业务流程与风险点梳理更加清晰；《资本管理办法》和《操作风险管理办法（试行）》正式发文，风险管理制度体系进一步完善，整体风险状况良好，资产质量稳定，各类风险指标均符合监管要求。公司获邀参加中国财务公司协会组织的新设财务公司座谈会，并就公司风险管理与内控建设做经验交流；获邀参加中国财务公司2013年年会，并就公司贷款利率风险定价做经验介绍，均获得好评。公司风险管理工作的行业影响力得到大幅提升。

【审计稽核】为全面评估公司资金管理信息系统风险，公司于2013年7月通过比选方式委托会计师事务所进行IT审计。站在商业银行治理的高度对IT系统进行了全面梳理，一方面可充分满足合规要求，另一方面也明确了公司IT管理的方向，有利于公司IT规划的实施和信息化建设能力的提升，通过增强过程控制，最大程度地降低操作风险，整体促进了公司IT风险管理水平的提高，其成果在行业内具有普遍推广意义。

【人力资源管理】公司积极开展人力资源管理工作，规范工作流程，建立工作体系，充分发挥支撑作用。推进学习型组织建设，通过业务培训、同业调研交流、资格考试等方式，提升员工队伍综合素质和业务能力，全年共计参加集团内外培训112人次；率先推出公司内部差异化，基本形成市场业务人员的考核与激励方案，为实现公司的战略目标提供有力支撑和智力保障；组织开展员工招聘，充实专业人才队伍，全年共招聘到岗新员工16名；建立了创新鼓励机制，在公司上下形成“研究探索、积极创新”的良好氛围，鼓励员工积极科研、创作投稿，发挥自身潜能为公司发展积极建言献策。

【信息化建设】2013年，公司在集团信息化测评中获得了A级，信息化水平再上新台阶，实现了登高目标；制定了信息化规划（2013—2015年）及“十三五”设想，为今后信息化建设指明了方向；加强信息化需求科学管理，落实需求全生命周期过程管理，提升管理水平；完成信息系统安全等级保护，获得北京市西城区公安分局颁发的信息系统等级备案证明，信息安全水平稳步提升；完成信息系统灾备中心项目集中施工；先后完成投资管理系统、外汇业务系统、电子商业汇票系统升级等重点项目实施，主营业务信息化程度显著提高；加强系统运维管理，及时消除设备报警和安全隐患，实现了零故障停机目标，保障了全年信息系统平稳运行；加大技术支持力度，保障了网银客户日常技术服务。

【企业文化建设】2013年，深入开展党的群众路线教育实践活动，积极开展党员承诺践诺、创优争先活动，坚持八项规定，反对“四风”，以创建学习型组织为目标，以加强党的先进性和纯洁性建设为主线，发挥“两个作用”，公司党支部全面加强党的思想、组织、作风和制度建设，为全面推进公司党建工作营造良好的氛围。鼓励员工进行各种形式的专业知识学习，为公司长远发展奠定了良好基础。开展健康向上、丰富多彩的集体业余文体活动，增强公司凝聚力。

河南能源化工集团财务有限公司

【经营概况】2013年11月26日，因集团公司战略重组更名，经银监部门批复，公司更名为河南能源化工集团财务有限公司（以下简称“公司”）。公司坚持“立足集团、服务集团”的经营宗旨，牢牢把握“持续提升，稳中求进”的工作总基调，在集团公司受经济增速减缓、下游需求持续低迷、产能过剩、煤价下跌等的影响，集团公司成员单位经济效益下滑，资金紧张的状况下，狠抓降本、提质、增效，创新金融服务，强化资金集中管理，在有效控制资金风险的前提下创出新的佳绩。截至2013年12月31日，公司资产总额2 036 733万元，其中各项贷款1 342 190万元；负债总额1 571 505万元，其中各项存款1 552 210万元；表外业务1 183 716万元；所有者权益465 228万元；全年实现营业收入108 956万元，扣除资产减值损失后利润总额73 246万元，不良资产率和不良贷款率均为零，各项监管指标均符合监管部门要求。

【公司金融和信贷业务】2013年，公司积极转变观念，强化服务意识，充分发挥集团金融中心的作用，深入集团成员单位进行实地调查，了解成员单位的实际经营情况，在风险可控的前提下，向19家成员单位投放信贷资金70.57亿元，支持企业发展。截至2013年末，公司各项贷款余额为1 342 190万元，其中，自营贷款余额为1 339 750万元，融资租赁余额为2 300万元，贴现余额为140万元。另外，公司还根据成员单位需求，积极开展了代理保险业务和委托贷款、担保及保函等表外业务。

【票据业务】2013年，受煤炭销售市场竞争激烈的影响，集团内的大型煤炭企业货款回笼中有80%以上为银行承兑汇票，为帮助成员单位解决企业正常生产经营过程中的刚性现金支出如工资、税款、归还银行借款等，公司办理银行承兑汇票贴现票据总金额达58.78亿元，解决成员单位生产经营的燃眉之急。同时，根据公司营运资金情况，以低于市场贴现的价格将票据转让给银行，通过转贴现业务为集团公司融通资金51.48亿元。

【资金集中】2013年，公司采取各种有效措施，配合资金管理中心做好资金集中统一管理，持续提升信息管理系统，加快公司与成员单位的结算、数据、信息传递速度，满足成员单位账户资金划转、信息实时查询、确保了集团公司投资款和成员单位结算资金的及时支付，配合集团实现资金监控和收支两条线管理，做好预算、集团授信、集团票据管理等。同时，公司积极配合集团进行账户清查，限期将资金转入财务公司，配合集团公司统筹规划资金头寸，资金集中度达75%以上，确保了集团公司及成员单位的对外投资、还贷及结算资金的及时、安全支付，全年未发生任何支付错误。截至2013年12月末，全年共完成结算量20.85万笔，较上年同期增加0.71万笔；结算金额为7 015.05亿元，较上年同期增加730.12亿元。公司对成员单位全部免收手续费，为成员单位节约结算手续费约161万元。

【风险管理和内部控制】2013年，公司持续开展合规建设活动，不断提升合规风险管理水平，促使合规建设“内化于心、固化于制、外化于形”，有效防范了各种风险，合规建设和合规管理水平跃上了一个新的台阶。一是进一步梳理完善内控制度，强化制度执行，构建良好的执行文化，从行为上减少员工可能违规的意愿，从环境上减少员工违规的可能性。2013年新增2项内控制度，修订7项内控制度，对完善内控制度、堵塞风险漏洞、化解风险隐患发挥了积极作用。二是根据河南银监局统一部署，积极开展“合规长效机制建设年”活动，将合规建设纳入常态化管理，持续开展合规培训、警示教育，加强合规文化教育，营造良好的合规文化氛围；建立常态化的风险排查机制，对内部控制的制度建设、执行情况和薄弱环节开展合规检查，对发现的问题提出整改建议并督促整改，将合规经营、合规从业纳入考核体系；严格落实合规责任，加强合规考评，使员工认清了岗位职责，合规从业能力得到明显提高。

【人力资源管理】2013年，公司不断完善人力资源管理，坚持引进加培养的人才战略，不断优化公司员工结构，持续提高员工的整体素养和专业技能。2013年，公司新引进金融经济人才2名，使人力资源配置更加优化；并根据员工培训计划和监管部门的监管要求，开展了企业文化、合规文化、反洗钱、案件防控和金融知识宣传等各项培训活动，更新了干部员工的知识结构，提升干部员工的合规管理能力和金融素养。

【信息化建设】2013年，公司对资金结算系统平台进行了一系列系统的升级、改造，解决了前期存在的一些漏洞，对部分系统模块进行了优化，对6家银行接口统一进行了升级，其中对中国银行接口任务进行了拆分，接口指令处理速度有了一定的提升，极大提高了系统的稳定性和准确性。另外，针对集团及财务公司的更名，对资金平台的Logo及页面排版进行了重新设计，并根据公司设备使用情况新添置了一台数字KVM，经过线路梳理与设备调试，目前运行情况良好，较好地满足了当前的业务和管理需要。

【企业文化建设】2013年，公司深入学习和贯彻落实党的十八届三中全会精神及上级党委指示精神，认真开展党风建设和反腐倡廉工作，改进工作作风，密切联系职工群众。按照集团公司党委、纪委要求，认真开展工作，强化监督检查，促进领导干部廉洁自律，充分发挥党总支的战斗堡垒作用，带领全体干部员工共同努力，全面完成各项目标任务：一是进一步深化公司廉洁文化建设，健全并完善教育、监督、制度并重的惩治腐败体系，切实提高党员干部拒腐防变能力；二是围绕集团和公司中心工作，以落实责任制为载体，强化监督检查，促进领导干部廉洁自律和各项目标任务的全面完成；三是进一步加大案件防控工作力度，严防出现重大实质性违规和失职渎职、贪污贿赂和不执行集团公司决策部署的行为，杜绝案件发生。

中国化工财务有限公司

【经营概况】2013 年，中国化工财务有限公司（以下简称“公司”）坚持“集团效益最大化”的经营宗旨，紧紧围绕集团公司产业结构调整和资本结构优化两条主线，进一步提升资金安全性、流动性、效益性的综合平衡能力。截至 2013 年 12 月底，公司实现营业总收入 2.27 亿元，实现利润总额 1.12 亿元，各项监管指标符合银监会监管要求。2013 年，公司在结售汇业务资格申请、票据池业务和国际现金集中方面均有所进展，在推动集团国际并购中作为财务顾问，广泛与金融机构、目标公司、潜在投资者及中介顾问沟通和谈判，分析项目 17 个，处于执行阶段的 5 个。2013 年，受经济环境影响，集团成员单位经营形势严峻，资金紧张，造成公司存款规模下降，存款不稳定性增强。

【公司金融和信贷业务】2013 年，公司信贷工作围绕“稳规模、调结构、抓合规、防风险”展开。公司在存款日均下降的不利环境下，加大短期周转贷款的规模和频率，保证了贷款规模的稳定。全年公司贷款平均规模为 32.6 亿元，同比基本持平；累计发放贷款 133.7 亿元，截至 2013 年末贷款余额 36.1 亿元，比年初增加 5 亿元。公司继续调整优化信贷结构。在客户结构方面，公司加大对集团优质客户的营销和服务力度；在信贷利率结构方面，公司坚持让利于企业的政策，全年平均贷款利率 5.51%，执行下浮利率的贷款占比为 80%。公司继续抓好授信合规管理，防范信用风险，加强贷后现场检查工作。公司加强委托贷款合规管理，强化委托贷款的贷前尽职调查，对部分到期业务进行了压缩，使委托贷款总体规模呈下降趋势，截至年末委贷余额 45.3 亿元，比年初减少 6.4 亿元。

【资金和投资业务】2013 年，公司不断加强季末流动性管理，确保季末流动性安全。立足现有条件，加强资金计划管理，在集团公司财务部的统一协调下，公司坚持月末大额付款提前报款和季末资金计划制度，并在季末流动性紧张的情况下与客户及时沟通，延缓部分非紧急的大额付款。加强资产负债匹配，提高流动性管理的主动性和前瞻性，通过调整信贷期限将贷款到期日匹配到季度末，将贷款低点与存款低点相互匹配，减少资金占用对流动性的影响，有效缓解了季末流动性压力。同时，公司用好主动负债工具，防范流动性风险，累计拆入 22 亿元，有效保证了季末资金流动性安全。加强日常资金管理，提高银行存款收益率，公司大幅增加短期同业定期存款的规模和频率，2013 年全年共办理同业定期存款 473.5 亿元，是上年规模的 12.6 倍，综合平均利率较上年高出 104 个基点。

【票据业务】票据池业务作为公司 2013 年的重点推进工作，从业务调研、推进银行方案落地、调整优化方案三方面开展，针对集团特点，区分票据性质，推动经营性票据池方案落地，积极跟踪各商业银行进度，提出并调研集团票据信息平台方案，为业务开展及集团管控打下基础。

【资金集中】2013 年，集团资金集中工作形势严峻，公司采取多种措施，挖掘潜力，稳定资金集中成果：试点零余额资金集中，对 52 家成员单位的 77 个银行账户实施零余额资金集中工作，取得了良好效果；公司实地走访 18 家重点企业，就企业在资金集中方面存在的问题和难点进行沟通，了解客户需求，为资金集中挖潜工作奠定了基础。

【业务创新】2013 年，公司积极推进结售汇资格申请、票据池业务和国际现金集中管理三项新业务。结售汇资格申请工作进展顺利，已完成申报资料审核，将进入高管约谈、现场验收阶段；票据池工作重点从业务调研、推进银行方案落地、调整优化方案三方面开展；在集团财务部统筹下，公司与几家专业公司及各海外企业紧密配合，明确全球资金管控目标、框架、任务，深化推进集团国际现金管理的实施。

【财务顾问业务】在集团公司的领导下，坚持以集团“3 + 1”产业布局为宗旨，深入分析集团所处产业和潜在进入产业的行业动态，与国际投行、咨询机构、行业龙头企业就材料科学、生命科学及大宗商品等业务深入交流，形成全球业务发展战略报告。积极参与集团的合资合作和板块重组，探索“走出去”化解过剩产能。通过国际合作优化集团产业布局和业务结构，参与设计各种解决方案，加强集团在景气产业的地位，逐步退出过剩产业，择机处置不良资产，实现集团消化、转移国内过剩产能的目标。

【风险管理和内部控制】2013 年，公司以强化内控和安全经营为前提，进一步提升业务风险管控能力。一是继续加强内部制度建设，有效开展风险防控和规避工作。二是开展存量自营贷款风险排查工作，使公司信贷资产分类更趋于严密，提高分类准确性和真实性。三是加强法律合规工作，建立合规风险报告制度，为管理层和董事会科学决策提供依据。四是推动新业务开展，将全面风险管理的理念贯彻于新业务流程设计、制度制定过程中，为新业务的稳健运行创造条件。

【人力资源管理】在人力资源建设方面以加大人才培养力度，提高员工整体素质和能力为重点，结合岗位特点和要求，开展专题培训、讲座、岗位练兵等活动，引导职工创造一流的工作业绩，2013 年有 7 人参加了相关从业资质考试，分别取得了银行从业和证券从业资格证书。在日常的工作中，积极探索专项工作小组模式，推动人力资源建设。

【信息化建设】公司信息系统上线已经 5 年，整体状况运行稳定。2013 年，IT 部门根据设备实际情况和业务运营要求，一方面努力做好现有系统的运维监控，一方面积极筹划新系统的升级换代，力求使信息系统为公司的业务发展提供更稳定和更完善的支撑。

2013 年是公司 IT 工作的制度标准化规范年。IT 部门积极组织学习各项国家规范、公司规章、同行业先进经验，修订和完善了各项规章制度，通过规范运维工作流程，并研究最新的运维技术和管理实践，向着建立起一个科学合理、管理正规、风险可控的标准化运维体系的目标又迈进了一步。

2013 年，公司在应用系统建设方面也进行了多项工作。运营分析电子化项目已正式启动建设，通过搭建数据仓库及部分商业智能功能，大幅提高系统的统计、分析、展现能力，发现矛盾、找准问题，提高公司经营分析、决策的信息化支持能力。

公司核心业务系统新版本研发工作也进行

了积极推动。新版本在用友 NC6 动态建模平台上开发完成，具有多项技术革新，不但具备支持多语种、多集团、多组织管理等软件功能，而且由于专版针对财务公司业务所开发，因此更加具有专业性和针对性。新版本升级已完成前期需求调研、方案制定、实施准备等工作，项目计划在 2014 年内完成实施并上线运行。

【企业文化建设】通过开展多种形式的主题活动，努力培养和弘扬公司“三从四尚”的企业文化，加强企业文化建设。结合岗位比武活动，扩大职工学习交流等机会，培养大家学习兴趣，树立终身学习的意识，掀起学习业务的热潮，进一步丰富了企业文化的内涵。

紫金矿业集团财务有限公司

【经营概况】2013 年紫金矿业集团财务有限公司（以下简称“公司”）面对有色金属价格持续走低，金融市场波动频繁复杂的局面，坚持立足紫金矿业集团实际，审时度势，积极调整经营策略，加强业务创新，细化风险管控，公司金融服务和企业价值不断提升。截至 2013 年末，公司资产总额 59.2 亿元，比上年增长 15.18%，总收入 2.68 亿元，比上年增长 16%，利润总额 1.57 亿元，比上年增长 20.52%。

【公司金融和信贷业务】2013 年，公司坚持执行绿色信贷政策，将安全环保作为公司信贷业务受理首要前提，结合集团公司对成员单位建设项目“轻重缓急停”的划分以及人民银行核定的信贷规模细化信贷计划灵活信贷投放，实现信贷资金的有效合理投放，全年以优惠的利率累计发放贷款 43 亿元，年末贷款余额 37 亿元，共为成员单位节省财务费用支出约 3 960 万元。

作为贷款业务的延伸，公司积极推广担保业务以缓解信贷规模紧张的局面，2013 年先后为成员单位开出履约保函、投标保函，2013 年 10 月对政府机构开出公司首张对外劳务合作备用金保函，担保业务稳步发展。

【资金和投资业务】2013 年，公司作为集团资金结算中心的地位功能得以进一步巩固，公司结算网络覆盖全国各区域，全年累计办理结算 65 200 笔共 1 091 亿元，分别比上年增长 2.68% 和 13.67%。面对金融市场利率改革和理财产品迸发的市场环境，公司积极灵活地调整同业存款结构，全年共开展结构性存款 50 笔合计 58 亿元。根据市场利率变化择机开展同业拆借，全年发展交易对手 7 个，开展同业拆借 30 笔合计 35.1 亿元。坚持安全性、流动性、效益性原则，审慎稳健开展投资业务，全年累计投资 3.65 亿元，年末投资余额 8 500 万元。

【票据业务】票据业务是公司贷款业务的主要补充类融资业务，公司大力推广电子票据业务，加入由全国银行间同业拆借中心主办的中国票据网，现公司开立的电子票据已逐步得到商业银行和外部企业单位的认可，票据流转通道和出口逐步拓宽。2013 年共办理票据业务 403 笔累计 15.67 亿元，其中开立票据 267 笔共 5.65 亿元，办理贴现 52 笔共 4.95 亿元，转贴现 59 笔共 2.3 亿元，再贴现 7 笔共 0.54 亿元。

【外汇业务】继获得外汇业务开办资格后，2013 年 3 月国家外汇管理局上杭支局核准公司结售汇下限 -300 万美元，上限 200 万美元的综合头寸，确定了公司结售汇业务的区间规模。同月，获批成为中国外汇交易中心银行间人民币外汇即期市场会员资格，自此公司打通开展即期结售汇业务的所有环节。6 月，获中国外汇交易中心批准成为银行间外汇市场会员资格，公司可在外汇市场进行各种业务的自由操作。2013 年公司发放了第一笔外汇贷款业务 500 万美元，首次在全国外汇交易中心进行外汇买卖，并以优惠的汇率向成员单位开展即期结售汇业务。

【资金集中】2013 年，公司在资金归集上得到集团公司的进一步支持，除继续执行公司内部分部门分片区资金归集负责制外，集团公司将各成员单位的资金归集列入其财务负责人当月绩效考核，提升了资金归集率，截至 2013 年底，公司可归集资金归集率达 93%，全口径资金归集率达 77%。

【业务创新】2013 年，公司业务创新取得新成果，发展后劲不断增强。自主投资业务开创新局面，获批全国证券业协会会员和股票网下申购资格，拓宽了有价证券一级市场投资渠道，机构投资者的身份逐步树立；获批对金融机构股权投资业务，公司投资范围由证券市场延伸至金融实体机构。获批承销成员单位企业债券资格，为今后参与承销集团债券打下重要基础。此外，努力配合集团公司境外资金集中运营管理试点资格申报，为公司“走出去”打基础。

【风险管理和内部控制】2013 年，公司风险管控有效到位，风险管控体系逐步完善。截至 2013 年末，公司所有资产正常、安全、稳定。公司坚持执行每月稽核检查，检查覆盖前中后台业务，全年执行检查 43 项，完成内部整改 41 项；全年贷款“三查”率达 100%，进行 4 次五级分类，内控工作逐步精细化。积极通报各类金融案件，执行经营安全责任制，全年保持对案件防控的高压态势，全年开展合规检查 5 次，信息检查 7 次，实行系统灾备演练 2 次。

【人力资源管理】2013 年，公司更加重视员工综合技能培养，全年派人参加各类业务培训 36 人次，员工对外业务联系交流和内部研讨会次数明显增加，团队业务水平和创新服务意识不断提升。通过日常安全宣传和社会案件通报相结合的方式，深化案件防范教育，整体团队风险防范意识不断增强。员工职业道德素质不断提升，艰苦创业的紫金精神得以进一步发扬。

【信息化建设】2013 年，公司完成对资金管理信息系统结算、信贷等业务模块的升级优化，增强系统操作流程的监督功能。接入全国银行间外汇交易系统，完成 ERP 财务模块的上线运行跟踪和模块优化，有效满足了集团公司内部数据管理要求。公司资金管理信息系统运行安全、稳健、高效，有效支持业务开展。

【企业文化建设】公司积极发扬“艰苦创业、开拓创新”的紫金精神，多形式多途径地将企业文化建设与员工业务素质技能培养有效融合。通过外派培训、内部讨论、矿山实地学习等形式提升员工独立思考和开拓创新能力；以创造企业价值为出发点，引导员工加强对自身价值的思考和潜力的挖掘；以“金品”立世、共赢通惠的经营哲学为指导积极培养员工廉洁自律、诚信尽职的道德品质。

江苏华西集团财务有限公司

【经营概况】2013年末江苏华西集团财务有限公司（以下简称“公司”）的核心资本为62 146万元，比上年增加2 1647万元，其中实收注册资本为人民币50 000万元，江苏华西集团公司出资45 000万元，占比为90%，江苏华西村股份有限公司出资5 000万元，占比为10%；资本公积2595.87万元；盈余公积及一般风险准备3 629.58万元；未分配利润5 920.42万元；资本净额为人民币63 255万元，比上年增加21 944万元，年末核心资本充足率为49.52%，资本充足率为50.41%。

截至2013年末，公司已经开展的业务项目为：协助集团成员单位实现交易款项的收付；吸收成员单位的存款；办理成员单位之间的内部转账结算及相应的结算、清算方案设计；对成员单位办理贷款；为成员单位办理票据贴现；办理票据转贴现业务；同业资金拆借业务。

截至2013年末，资产总额为24.96亿元，比上年增加4.77亿元，增长23.62%，负债总额18.75亿元，比上年增加2.61亿元，增长16.17%，吸收存款为17.73亿元，比上年增加2.28亿元，利润总额6 314.09万元，净利润4 735.56万元，税前贷款损失准备计提累计1109.22万元，资产收益率为2.1%，净资产收益率为9.23%，流动性比例为45.45%，各项指标均符合监管要求。

【公司金融和信贷业务】2013年，公司强化集团成员企业综合授信管理，全面提升授信质量。一方面，通过客户信用评级、综合授信、五级分类级信贷管理等手段，规范财务公司信贷业务作业流程，控制各成员企业的信用风险；另一方面，综合评估成员企业的综合经营能力及其成长能力，并通过综合授信额度调整杠杆，支持集团优势企业的生产经营发展，引导资金向符合集团发展战略目标的产业倾斜，助推集团产业转型升级。在严格按照管理要求认真做好“三查”的前提下，适度简化了部分内部操作流程，方便企业及时取得生产经营资金，全年累计最高额循环额度达到12亿元。

【资金和投资业务】公司自2012年获得银行间同业资金拆借资格以来，公司本着对新业务“申请一项”、“获取一项”、“做好一项”的原则，扎实做好每一笔拆借业务。目前，拆借业务发展迅速，短期外部融资功能充分显现，为集团弥补资金头寸，解决临时性资金短缺困难提供了新途径。全年共办理拆借业务33笔，累计拆借金额49亿元。通过利用拆借资金发放贷款11笔，共计14.3亿元，既为集团成员企业开辟了新的融资渠道，又为财务公司直接创造了效益。

【票据业务】票据融资是金融业务的重要工具，一年来，公司充分挖掘和利用集团内丰富的票据资源，创新开展灵活多样的综合票据业务。第一，公司利用集团规模优势办理票据贴现业务，充分选择融资成本最低的交易对手，获取比成员企业单体融资成本更低的价格，实现成员企业与财务公司的共赢。2013年为成员企业办理集中批量贴现，累计融资金额共计150亿元，帮助企业减少贴现支出2 510万元。第二，由财务公司办理直贴和转贴业务，全年共办理直贴转贴21笔，余额27.46亿元。第三，代理成员企业向银行签发银行承兑汇票业务，全年代理银票签发13笔，共计12.25亿元。第四，办理商票贴现业务10笔，3.25亿元，办理再贴现6笔，发生额2.1亿元。总之，通过充分运用票据融资功能帮助集团成员企业及公司本身，直接或间接减少支出，增加收入。

【资金集中】2013年，公司在集团公司的大力支持下，把加强资金集中管理作为核心工作来抓：一是统一融资机构，优化资金管理平台的组织框架和人员配置，从组织结构上保证资金集中管理。二是统一结算管理，完善资金集约化管理的制度体系，强化成员企业单位职责管理权限和相互关系，并辅之以相应监督检查，切实做到账务集中、结算集中、货币资金集中、票据集中管理，降低集团内部交易成本。全年共办理结算69 413笔，结算金额3 641.86亿元。三是统一对外融资，充分发挥集团的整体功能，由公司统一组织与金融机构洽谈融资规模、融资方案、信贷品种、价格水平，进一步提高议价能力，大幅降低融资交易成本。全年共为集团成员企业向商业银行办理贷款及贸易融资83亿元，代理签发银行承兑汇票、商业汇票100亿元，协助有关金融机构为集团发行中期票据10亿元。通过降低授信总额，调整信贷结构、品种，发挥集团规模优势、品牌优势来提高议价能力，进一步降低整个集团财务融资成本，全年共计降低集团财务费用9 000多万元。四是统一调度集中分配资金，一方面通过对外融资保证集团成员企业正常运行需求，另一方面加大成员企业归集、集中更多资金支持企业发展，在集团公司的关心支持下，重点抓了扩大开户面，凡应到财务公司开户的都要开户，凡是新开户的一律要到财务公司开户，凡是散落在归集户以外的存款都要归集到公司账户里来，从而使资金归集率不断提高，剔除保证金等因素，归集率达到85%，全口径归集率达到30.27%。与此同时，资金计划部门加强资金计划管理，认真编制资金计划，匡算头寸，统一分配成员企业资金。

【业务创新】2013年，财务公司除了提供资金结算服务、资金配置服务、资金融通服务、资金集约化管理服务等传统服务外，还积极创新服务新模式，提高金融服务水平。

一是加大金融创新力度，认真制定“买方信贷”新业务方案。延长金融服务链，促进企业集团产品销售是公司提高为企业集团服务的质量和水平的有效途径。为促进盘活集团成员企业存量资产，促进集团成员企业产品结构调整和升级换代，公司有关人员深入企业一线精心调研，反复商讨论证，认真制定了“买方信贷”业务方案，方案得到集团公司以及成员企业管理层的高度认可。目前，前期可行性研究报告以及配套制度和操作规程已经完成，待报银监部门批准以后实施。

二是发挥金融专业优势，强化财企对接，提供个性化咨询服务。一方面，公司加大与各集团成员企业联系频率，利用成员企业贷后检查等契机，及时了解客户生产经营、财务状况、信贷需求和资金规划，维护客户档案管理，掌握各成员企业的第一手资料。另一方面，定期或者不定期辅导企业信贷、结算等操作流程，引导客户在公司办理各项业务，使成员企业便捷地进入公司金融服务流程；根据不同企业特点和发展需求，为企业量身订制配套金融服务。多次深入成员单进行商讨，并提供了相关融资方案和管理建议方案。

【风险管理和内部控制】2013 年，公司按照报经银监会批准的公司内部控制制度开展工作，加强公司治理和内部控制。

进一步完善内部管理制度，提升内部管理标准质量。2013 年是公司执行新制度第一年，公司从新制度的执行情况入手，通过对新制度执行得效率和效果进行客观合理评价，并剖析执行过程中存在的问题和障碍，并通过制度和流程的再完善，进一步细化和优化了内部管理工作标准，为公司经营管理提供更科学合理、完善适用的评价标准。先后制定了《流动性管理制度》、《信息披露制度》、《缴存存款准备管理暂行办法》、《违规失职行为处理办法》等制度，并协助量化了贷后检查频率以及明确了商业承兑票据贴现业务需申报的资料等业务管理制度，完善和细化各类制度。

公司进一步完善治理结构，明确公司治理职责，强化董事会、监事会以及专业委员会等治理主体履职，公司治理效果明显加强。

强化合规建设，提升管控能力，公司十分重视日常合规管理工作，并将合规功能从稽核审计部移入综合管理部，使事中合规监督与事后监督检查分离，强化“双向”风险防控的不同功能，进一步完善有效的合规管控机制。坚持以日常监控、督促和检查并重的三位一体合规工作长效机制，主动参与公司各项经营管理活动，切实加强合规管理工作，推动全员合规文化建设，保障公司依法、合规经营。

强化风险管理意识，提高风险管理水平。风险管理部门努力做到把防范信用风险、市场风险、操作风险以及流动性风险贯穿于财务公司整个运营和发展的全过程。把握好贷款审批三查、信用评级、资产分类等关键环节和关键控制点，严格审查，认真审批。风险管理人员还亲临成员企业一线调查核实有关财务数据，从严把控，严控风险；同时，公司通过多种渠道加强风险管理培训和教育，培育良好的全员风险管理文化，健全风险管控体系，保障公司经营稳健、持续发展。

发挥内部稽核审计职能，强化内部监督检查，降低公司内部经营风险和外部监管检查风。按照年初制定的《2013 年财务公司内部稽核审计规划》，有计划地推进和开展财务公司稽核审计工作，2013 年共对财务公司进行日常或专项稽核 29 项，同时，严格按照内部稽核审计程序，说明问题存在的事实、理由、依据以及问题存在的内在风险，使被检查部门真正认同和重视存在的问题和风险，共同协商和寻找解决问题途径，落实整改措施，强化全员风险防控意识。

加强合规风险文化教育，提高抵抗风险免疫力。关注行业动态和政策动态，了解财务公司运营环境，利用办公月会、监管部门文件传阅等多种形式，积极推动全员风险教育，强化全员合规风险意识，提高公司风险防范的免疫能力，确保公司经营活动安全、稳健运行。

【人力资源管理】在组织架构方面，根据总经理的提名，经董事长审定，新增综合管理部、资金计划部、公司金融部、会计结算部经理，综合管理部内部岗位进行了调整。在人员方面，截至 2013 年 12 月末，公司在职人数 26 人。

为了进一步提高员工业务素质，公司还组织员工进行业务知识学习和培训，如组织员工进行外派学习，开拓了员工眼界、提高了员工业务水平。公司会计结算部、公司金融部先后参加了银监部门组织的统计培训，资金计划部参加了中国财务公司协会组织的财务公司资金管理培训班学习；组织新员工进行岗前培训等。公司还积极鼓励和组织员工参加银行业从业资格的考试，并取得了良好的成绩，目前具备通过两门以上的员工 14 名，通过一门的 2 名。除此以外，公司还利用内部培训和向兄弟财务公司学习等渠道，提升员工业务技能。

【信息化建设】公司管理信息系统建设第一阶段目标的实现为公司的信息化建设打下了良好、扎实的基础，为公司业务的顺利、高效地开展提供了信息化手段和技术保障。

公司网络根据应用系统的规模确定架构和选型原则。目前网络中主要承载着一台应用和一台数据库服务器的数据通信，同时为新接入的银行专线提供数据交互业务。基于以上情况，设计网络系统采用星型结构，实现服务器的网络接入。同时利用防火墙实现不同安全区域的划分，根据业务类型划分为内部服务器区、DMZ 区（Web 应用服务器及前置机）、银行接入区及外网区。各区域间进行逻辑隔离和访问控制，增强网络的安全性和可靠性。

目前，业务应用系统主要分为三个部分：应用核心模块、外围系统接口以及用户接口。柜面结算模块主要完成客户资金管理以及财务公司业务结算的功能。其主要的功能包括柜面结算和系统管理，其中柜面结算包括账户管理、日间管理、日终管理、计息管理以及数据维护五大功能，系统管理包括基本信息管理、权限管理和操作日志管理。

【企业文化建设】2013 年，公司狠抓精神文化建设，强化员工精神意识形态建设，定期（每周六）、不定期组织员工认真学习解老书记领导华西村艰苦奋斗几十年引领广大群众走上共同富裕道路的光辉历史，增强了全体员工“我以华西为荣，我为华西添光彩”的企业荣誉感；通过了解集团目前现状，了解集团进一步调整、转型的发展方向，增强了员工“美丽华西我的家，我为华西添砖又加瓦”职业使命感；通过学习了解财务公司在集团公司的定位和功能，需为集团发展所承担的责任，增强全体员工“身为华西人，做好华西事”岗位责任感。教育公司员工要成为华西最优秀的职工，公司要成为华西最优秀的企业。

冀中能源集团财务有限责任公司

【经营概况】2013 年，冀中能源集团财务有限责任公司（以下简称“公司”）坚持“依托集团、服务集团”的经营宗旨，从确保资金存量、提高资金流动性、坚持服务企业三个方面，按照集团公司精细化管理要求，不断细化管理内容，规范管理手段，促进了业务运行质量和风险防控能力的提升，资金集中平台运行平稳，信贷资产流动性显著提高，实现公司的稳健发展。2013 年累计实现营业收入 2.66 亿元、利润总额 1.5 亿元，年末资产总额 70.11 亿元，净资产收益率 9.07%，各项监管指标均优于监管标准。

【信贷业务】在冀中能源集团的支持下进行了信贷结构调整，减少中长期贷款规模，控制新增贷款，同时扩大高流动性票据资金投放，信贷规模相对稳定的同时资产流动性大幅提高。全年办理自营贷款33.45亿元，累计办理银行承兑汇票贴现47.27亿元；年末贷款余额29.15亿元，贴现余额13.48亿元，信贷规模总额42.63亿元。在信贷业务的办理中，对市场前景好但融资困难的企业给予特殊政策，解决其临时性资金需求，累计给予9.8亿元资金支持。全年办理委托贷款51.37亿元，年末委托贷款余额55.36亿元，创历史最高水平。各类业务办理坚持优于企业外部融资的价格水平，节约企业财务费用4 974万元。

【资金和投资业务】2013年，公司资金整体形势相对平稳。一方面，不断深化资金分析和预算的精细化，建立了内部资金计划协调机制，提高资金使用效率，合理确定融资规模，降低融资成本。全年融资13.85亿元，其中再贴现2.1亿元。同时，继续拓展外部融资渠道，至2013年末已获得5家银行的授信，授信规模24亿元。另一方面，加大结构性存款管理力度，提高协商利率水平，增加资金收益1779万元。

【票据业务】以企业银行承兑汇票贴现业务为主，与票据存款、转贴现、再贴现等业务综合运用，成为公司流动性管理的重要业务手段。全年累计办理银行承兑汇票贴现47.27亿元。

【资金集中】2013年吸收企业存款平均余额50.79亿元，归集账户438个，累计结算量5 221亿元。进行了贷款户归集、三级账户联动、资金池系统升级等平台功能测试，为系统功能持续完善做好技术准备。企业存款相对稳定，为信贷结构调整、业务拓展奠定了基础。

【风险管理和内部控制】2013年加强了内控体系的精细化工作。完成了《商业银行资本管理办法》数据测算和差距分析，制定了《中长期资本补充规划》。全面梳理业务流程、岗位职责等，突出风险控制的关键环节。同时，对印信管理、业务台账等诸多基础工作进行了补充改进。根据集团公司下达的经营任务，进行了公司详细的经营目标分解，制定细化到部门、岗位的工作计划和考核标准，强化内控体系的执行。针对委托贷款快速发展的现状，进行专项风险梳理，还根据监管要求修订了《委托贷款管理办法》、《对账管理办法》、《反洗钱管理办法》等制度。

【人力资源管理】完善了岗位绩效工资制，补充了《绩效考核管理办法》，建立起全员绩效考核体系，提高绩效考核结果在员工职业发展中的参考作用。继续落实人才培养计划，开展合规性培训、外派专门学习、课题研讨等形式加强员工培训，完善人才成长通道，激励员工专业素质的提升。

【企业文化建设】倡导“雷厉风行、执行到位”和“严谨求实”的工作作风，利用会议、文体活动、培训等机会进行宣传教育。与业务的风险管理相结合，营造合规企业文化，促进员工主动防控风险意识的提高，为公司稳健发展创造良好的文化氛围。让员工分享企业发展成果，使员工的职业生涯与企业发展相一致，提高企业凝聚力。

山西焦煤集团财务有限责任公司

【经营概况】 山西焦煤集团财务有限责任公司（以下简称“公司”）始终坚持审慎经营和规范管理原则，发挥自身金融服务和财资管理平台作用，努力提升资金运营效率，优化内部资源配置，2013 年实现营业收入 5.71 亿元，利润总额 3.63 亿元，年末资本充足率为 36.02%，流动性比率为 57.22%，无不良贷款。

【信贷业务】 公司认真分析、科学把握信贷变化新趋，兼顾资金来源和期限结构，满足流动性管理要求，努力提供更多内部信贷资金，信贷项目选择上坚持“有计划、有侧重、有标准、有所为有所不为”的原则，对符合集团战略发展方向、转型跨越发展的骨干企业进行重点支持和集中投放，对资金困难的企业针对性地推出低息贴现等信贷产品，加大扶持力度。2013 年，发放流动资金贷款及办理票据贴现 74.31 亿元，全部执行优惠贷款利率和贴现率；办理集团统一融资资金内部划转等委托贷款 93.95 亿元，全额免收手续费，充分体现了公司的金融支撑作用。

【资金集中】 公司采取有效手段和技术措施扩大资金上收覆盖面，促进资金归集量和沉淀量增长；积极发挥账户监管职责，防止无序新增账户，降低备付资金的低效率占用；组织条件成熟的资源整合矿井尽快实现上线归集；进行资金集中监管现场督导检查，对成员单位在资金归集、账户管理等方面存在的问题进行逐项检查，重点关注资源整合、兼并重组公司的资金管理问题；进一步掌握成员单位具体情况，极大促进资金集中监管工作。

强化资金预算管控，严格在煤炭销售资金回笼、集中融资规模内协调成员单位支付总需求；开展成员单位大额资金流向实时跟踪，重点监控超过 2 000 万元的大额资金支付需求，月度资金预算管理的科学性和执行力得以不断增强。

【票据业务】 电子商业承兑汇票系统成功上线并取得阶段运营成果。2013 年 11 月，公司为成员单位西山煤电股份公司办理了第一笔电子商业承兑汇票贴现业务，贴现金额 1.58 亿元。此笔业务的完成，对公司金融电子化建设具有里程碑式的重要意义。

【结算业务】 公司努力为成员单位提供优质金融服务，新增兴业银行、渤海银行两家直联银行，开通中国银行、华夏银行、兴业银行三家银行的代理支付业务，坚持“服务优先”原则，努力提高金融服务质量。进一步扩大“零余额”管理单位，最大限度实现结算方式的“本质安全型”。2013 年新上线 54 家成员单位，在财务公司开户 66 个，新增归集和管理商业银行账户 99 个，系统业务操作规范流畅，结算业务办理安全快捷。

【资金和投资业务】 公司对有价证券投资

品种进行了积极甄别和分析研究，针对不同品种的投资，逐个调查风险与收益的相关情况，撰写《投资分析报告》。经投融资审查委员会审议，通过山西信托、山西证券、晋商银行“稳盈”系列、工商银行“如意人生Ⅱ”等做7笔有价证券投资业务，投资总额5.60亿元，在保证资金安全的前提下，实现投资收益最大化。

【保险经纪业务】2013年，累计为120家成员单位办理各类商业保险140笔，保险金额208.26亿元，代理收缴保费0.56亿元。积极协助山焦霍宝干河煤矿、辛置矿、什林矿处理事故理赔事件。为确保霍宝干河煤矿保险理赔款顺利到位，公司多次与中国人保山西分公司沟通协调，最终商定按最高限额直接赔付，最大限度地维护了成员单位的合法权益。

【业务创新】2013年9月17日，中国人民银行正式批准公司加入全国银行间同业拆借中心，拆借额度为11亿元，拆入资金用途主要为弥补公司短期资金短缺。加入银行间货币市场是公司获取外部融资的主要通道，可有效提高资金使用效率和效益，为公司走向市场，参与票据、债券市场以及开展金融创新业务奠定了基础。

【风险管理和内部控制】公司始终把资金安全放在首位，重点对贷款、票据贴现及票据代保管、存款准备金缴存、对外投资等10个项目进行稽核检查，适时监控业务风险状况。严格贯彻落实“两打一防”活动，强化案防意识和合规意识，加强员工职业道德教育。建立贴现业务双人合规审查制度，完善稽核监督机制。编写《货币基金投资业务操作流程》、修订《有价证券投资管理办法》，逐步完善有价证券投资的管理流程和制度建设。按季组织信息系统安全应急演练，能够及时处置突发性事件，保障业务连续性，维护资金管理系统的平稳运行。公司经营状况良好，风险监管指标合格。

【信息化建设】规范成员单位密钥的管理和使用工作，并对610个到期的用户数字证书进行更新；及时对系统进行调整升级，及时解决成员单位浏览器版本与公司资金管理系统不匹配等问题。公司全体工作人员熟练掌握办公OA系统的操作使用，基本实现网上办公。

【人力资源管理】公司运用现代化科学方法，结合公司实际，不断推进人力资源管理制度建设。修订了《山西焦煤财务公司岗位轮换管理办法》，出台了《山西焦煤财务公司工作任务检索表》，对15个岗位人员进行轮岗，轮岗人员达员工总数的50%。大力倡导员工参加多种形式的培训学习活动，鼓励员工参加各类与公司业务相关的执业资格考试。2013年，有多人通过会计师职称考试、本币交易员资格考试，取得相关行业从业资格。

【企业文化建设】党的群众路线教育实践活动开展以来，公司把教育实践活动融于实际工作中，着力解决存在的“四风”问题。坚持为全体员工进行体检，办理住院医疗互助金，为女工办理特病医疗商业保险，组织员工参加集团公司组织的乒乓球、羽毛球、长跑、跳绳比赛；设立了图书阅览室，将监管部门、行业协会、集团公司的相关制度规定等方面的书籍、刊物纳入书库，逐步积累丰富书库内容，供员工借阅。通过参加各种活动，活跃了员工业余生活，激发了员工的工作干劲。2013年，山西焦煤集团授予公司“模范单位”、“安全生产先进单位”、“效能监察工作先进集体”等荣誉称号，另有3名员工获得集团公司“劳动模范”称号，2人获得“先进工作者”称号。

阳泉煤业集团财务有限责任公司

【经营概况】2013 年，阳泉煤业集团财务有限责任公司（以下简称“公司”）积极应对经营压力，以服务集团大局为原则，努力缓解资金困惑，以紧抓外部市场为基础，在服务成员单位上亮新招，在增加资金盈利能力上出亮点，狠抓成本管控，强化基础管理，各项经营指标在符合监管要求的前提下，又创佳绩。全年共完成营业收入 4.85 亿元，比上年增加 7.6%；营业支出 1.61 亿元，比上年减少 14.27%；实现利润 3.14 亿元，比上年增加 19.14%。

【信贷业务】2013 年，公司信贷工作紧跟集团和公司发展步伐，结合宏观经济金融形势，不断转变工作思路，致力于使用信贷工具支持集团公司发展，探索创新新产品满足成员企业个性化融资需求，融资服务成效显著。全年累计投放信贷资金 68.78 亿元，同比多投放 5.57 亿元；2013 年末，投放信贷资金余额 62.2 亿元，同比净增加 3.53 亿元。

【投资业务】公司在坚持低风险、高流动性的原则下，以业务发展和巩固为中心，积极开展各项投资业务。2013 年投资实现收入 0.18 亿元，其中国债实现收入 0.17 亿元，分级基金实现收入 0.01 亿元。

2013 年，公司开展的投资业务以流动性较强的回购业务为主体，通过关注市场利率变化，适时增加投资规模，增加投资收益。全年累计办理回购交易 5 416 笔，交易量 259.87 亿元，日均交易量 4.11 亿元，平均收益率为 4.12%。

【资金集中】2013 年，公司多策并举，提高资金集中度。第一，确定了 31 家成员单位为重点跟踪对象，盯户归集。在这 31 家重点跟踪对象中，有 29 家完成了财务公司账户开立和绑定上线工作，新归集的单位日均归集资金 1.15 亿元。第二，通过改善审批流程，减少成员单位工作量，降低了账户的沉淀资金，增加资金归集 4 亿元。第三，根据成员单位不同行业、不同类别、不同群体的特点，对成员单位的资金收支活动进行分析，合理安排头寸，通过提高归集资金的利用率来提高资金的收益能力。

【业务创新】2013 年 3 月 29 日，公司完成了首笔代签承兑汇票业务，共签 31 张总计 0.1 亿元承兑汇票。5 月 13 日，公司完成了首笔票据转贴现业务，共买入票据 5 张，实付贴现资金 0.28 亿元，利息收入 26.16 万元。6 月 3 日，公司申购了首笔分级基金稳健收益 2 号，投资金额 0.5 亿元，期限 1 年，预期收益率 4.1%。6 月 3 日，公司取得了中国人民银行上海总部批准公司进入全国银行间同业拆借市场的批复。9 月 26 日，公司作为拆出方开展了金额 0.5 亿元，期限 1 天，利率 3.1% 的首笔同业拆借业务。截至 2013 年末，共完成两笔同业拆借业务，拆除资金3.5亿元，实现拆借利息收入6.01万元。

【风险管理和内部控制】公司坚持预防为主、防控结合，紧跟经营管理实际，致力于加强内控建设防范规避风险，致力于跟踪监管指标监控监测风险，致力于创新内容形式形成案件防控高压态势。一是加强内部控制检查活动的频度、强度。2013年，公司开展日常检查48次，发现问题28条，整改问题24条，整改率达到85.71%；开展专项检查6次，发现问题21条，整改问题20条，整改率达到95.24%。二是加强业务事前、事中、事后审核，提升风险管理水平。公司合计开展事前尽职（授信业务）调查36户，开展事中业务审核109笔，开展事后审核（贷后管理和资产分类）4次。三是开展反非法集资和消费者权益保护宣传，隔离外部金融风险侵蚀。四是组织员工层层签订“案件防控工作目标责任书”，明确责任，分解到人，建立多层次、全方位、纵向到底、横向到边的案件防控责任体系。

【人力资源管理】为全面提高公司中层干部的业务素质和操作技能，有效规避岗位风险，根据个人知识结构和能力特点，公司对科级干部进行了轮岗。同时，公司积极鼓励员工参加相关职称考试，通过员工自学、公司内部培训、网校老师讲解等方式，为员工提供良好学习氛围。2013年，共有5名员工通过了全国中级会计职称考试。

【信息化建设】随着公司业务量的不断增加，成员单位需求的不断扩大，提升硬件服务质量，完善资金管理系统成为公司2013年重要工作之一。首先，在工商银行、农业银行、中国银行、建设银行、光大银行五大直联银行之后，公司于2013年初完成了交通银行直联系统的正式上线，扩大了直联银行服务范围。其次，公司召开了系统升级部署会议，安排了新系统上线的具体工作，针对成员单位提出的相关问题及建议进行了不断测试，并对基础数据进行了设置，最终完成了新系统N6升级工作。

【企业文化建设】2013年8月28日，公司举办了第二届职工业务技能竞赛。通过竞赛促进青年员工形成主动学习、善于学习的习惯，营造积极向上、立足岗位、提高技术技能的良好氛围，全面提高了员工的业务操作技能和理论知识水平。11月22日，公司举办了题为“青年成才的关键是自身能力还是外部机遇”辩论大赛，为青年员工提供了展示自己不同才能的又一个平台。

晋煤集团财务有限公司

【经营概况】2013年，晋煤集团财务有限公司（以下简称“公司”）紧紧围绕集团公司的发展战略，遵循“依托集团、服务集团”的经营理念，在煤炭行业持续低迷的局面下，对外寻求突破，对内加强管理，不断提升资金集中管理水平和资金营运能力，充分发挥自身非银行金融机构的职能，为集团和成员单位提供了优质、高效、全方位的金融服务。截至2013年末，公司资产总额87.35亿元，实现营业收入3.83亿元，利润总额3.38亿元。资产收益率为2.63%，净资产收益率为18.60%，资本充足率为20.61%，不良贷款率和不良资产率均为零，各项监管指标均符合监管要求。

【信贷业务】2013年，公司进一步强化内部金融资源优化配置能力和外部金融资源统筹协调能力，有效协助成员单位拓宽融资渠道，降低融资成本，最大限度发挥资金聚集和放大效应。截至2013年末，公司各类贷款余额53.81亿元，较年初增加0.90亿元；票据贴现余额15.06亿元，较年初增加11.73亿元；委托贷款余额121.89亿元，较年初增加94.71亿元。全年实现贷款利息收入3.02亿元。信贷投放范围覆盖了集团公司全部产业板块，贷款覆盖面进一步拓宽。另外，公司在帮助成员单位在外部银行融资方面也取得了突破进展，帮助晋煤太钢矿井建设项目在工商银行获得25亿元项目融资。

【票据业务】作为缓解成员单位资金紧张、加快资金周转的重要手段，包括银行承兑汇票贴现、代理签发银行承兑汇票等在内的公司票据业务2013年实现了跨越式发展。2013年，公司共为9家成员单位办理23笔银行承兑汇票贴现，金额合计36.53亿元。公司与集团煤化工事业部、运销处共同拟定了《晋煤集团煤化工企业煤炭货款结算和专项融资管理规定》，由公司向集团公司煤化工企业提供商票保贴、代签银承和供应链融资等3项专项融资品种且总额不低于20亿元的融资支持，确保集团公司煤炭销售款项的及时回笼，切实解决了煤化工企业资金需求。2013年，公司共为6家煤化工子公司办理商票保贴6.7亿元，为11家煤化工子公司办理代签银承12.63亿元，有效解决了煤化工成员单位的资金需求。

【资金集中】2013年，公司从管理制度清晰、实施方案可行、考核措施科学的角度，通过修订制度、改进流程、强化考核等方式，初步构建了资金集中管理工作体系框架。一是出台了《2013年资金集中管理工作安排》和《资金集中管理考核办法》，使资金集中管理工作规范化、制度化；二是每月对成员单位资金集中情况进行收集分析，完善月度资金集中情况表，对未归集资金按照政策原因不能集中和其他未集中进行分类，从中分析和查找资金集中度低的原因；三是加大对资金体外循环多、归集率低的成员单位的集中力度，认真做好成员单位走访工作，了解成员单位资金集中管理的现状，征求成员单位对资金集中管理的意见和建议，提升资金集中管理的针对性；四是召开每季一次的资金集中管理工作讲评会，会上管户人员会详细介绍资金集中情况，查摆存在的问题。截至2013年末，共314家成员单位在财务公司完成开户，较2012年末增加27家，吸收存款日均达到79.58亿元，货币资金日均为47.40亿元。

【业务创新】一是金融机构股权投资取得新突破。2013年，利用公司金融机构股权投资业务资格，公司认真分析农村信用社的经营发展状况及国家对农村信用社改制的相关政策，密切跟踪晋城市区域农村信用社改制农村商业银行进度，加强与监管机构、农村信用社的联系，完成了《入股城区信用联社的报告》，并经集团公司审议通过，报省国资委审批。二是成为同业拆借市场成员，拓宽公司的资金来源渠道，提高公司的资金使用效率。2013年9月，公司获得了同业拆借资格，同业拆借业务稳步开展，资金运作能力得到进一步增强。

【风险管理与内部控制】公司通过建立全面风险管理体系，确保有效管理风险和控制风险，为促进公司各项工作合规有序开展提供切实保障。一是积极开展业务稽核工作。2013年5月和11月，公司从业务的内部控制有效性出发，以公司已印发执行的业务制度为依据，通过查阅档案、开展访谈等形式，对信贷管理部及结算管理部2013年业务进行了稽核。二是梳理公司各项业务及管理流程。为完善公司业务流程，提高业务制度的可操作性和内控有效性，确保制度流程适应业务及管理发展，2013年，公司对所有业务制度及流程进行全面梳理，完成了信贷管理部、资金计划部、财务会计部、综合管理部以及风险稽核部业务流程的梳理和流程图的绘制。2013年公司结算业务无差错，自营贷款无一笔发生逾期和欠息，不良贷款率保持为零，无重大违规事件发生。

【人力资源管理】2013年，公司大力加强人员引进与培养，完善人资体系制度建设。通过公开招聘，公司吸收了6名重点财经类院校的优秀毕业生，使各部门人员配置更加科学，为业务持续健康发展提供了人才储备。进一步修订完善了公司绩效考核办法，将公司整体绩效与员工个人绩效相结合，将薪酬制度与员工职业生涯规划、晋升通道相结合，提高员工的待遇和发展空间，提升了员工积极性。进一步加大员工的培训力度，每周进行一次全员内部培训，内容涉及金融法律法规、金融业务知识、公司业务规章和内控制度，全年累计参加外部培训达60余人次。

【企业文化建设】2013年，公司以创建学习型党组织为目标，全面加强党的思想、组织、作风和制度建设，深入开展了党的群众路线教育实践活动。同时充分发挥党组织、工会、共青团的作用，在“三八”妇女节和“五四”青年节等节日组织员工参加爬山等各种体育活动，增强了凝聚力和向心力，有力促进公司各项业务的快速发展。

云南冶金集团财务有限公司

【经营概况】2013年，云南冶金集团财务有限公司（以下简称“公司”）紧紧围绕“小平台，大作用”的目标，始终坚持“持续稳健经营与服务实体经济相统一，转方式、调结构与助力集团产业发展相结合”的原则，着力保持利润的可持续和风险的可控性。公司支付结算平台的功能作用明显，成本费用率明显下降，精细化管理和运营初见成效，盈利能力显著增强。

截至2013年12月31日，公司总资产同比上年增长30.86%；吸收存款同比增长10.22%；各项贷款及贴现同比上年增长17.59%；完成营业收入指标的86%；实现利润指标107.2%。

【业务创新】2013年，公司加大与成员单位的沟通协作力度，积极利用公司自身的“信用资源”大胆创新，推出了联合租赁、租赁保理、再贴现、金融咨询等产品和服务，帮助企业及时获得最新产品政策动态信息，调整财务结构，降低财务成本，提高资金使用效率，缓解融资难的问题，全年共计为集团企业引入外部低成本资金20余亿元。

年内首次成功办理“联合租赁”业务，调用银行资源为企业开立大额银行承兑汇票、办理租赁保理业务，创新开展“票据缴交电费”业务，为全集团打通用票据缴交电费的通道。此外，公司加大与金融同业开展合作的力度，与多家银行洽谈合作事宜并申请同业授信额度，同时加强与信托、资产管理公司、基金公司的联系，为成员单位多渠道、多产品融资牵线搭桥，多元化解决企业融资难的问题。

【风险管理】2013年，公司围绕建设“全覆盖、全流程”的全面风险管理体系、坚持合规经营的理念，按照全面风险管理规划的总体要求，主要从体制机制完善、资产结构优化、重点领域管控等方面强化风险管理，认真落实监管要求，切实强化内部规范约束，提升风险管理水平，有效管控创新风险，实现风险与收益的动态平衡。

【信息化建设】2013年，按照董事会通过的“新三年信息科技发展规划”，公司启动了现有资金管理系统的全面升级工作。新的资金管理系统扩大了客户服务、业务运营的功能覆盖，支持多资金池、票据池、保险代理及同业往来等多元化金融服务，安全性和稳定性得到进一步增强，同时具备一定的开放性和扩展性，较大提升了信息科技对业务发展和资金集中管理的支撑力度。

【人力资源管理】2013年，随着公司业务发展步伐加快，业务发展与人力供应不匹配的矛盾越发明显。公司面向社会公开招聘新员工，对部分员工岗位进行调整，组织开展了专题培训、以会代训、外出培训等多种形式的业务技能和专业知识培训，初步形成了人才梯次发展结构。

【企业文化建设】公司在企业文化建设方面，不断扩展和充实“责任、合规、风险、创新、和谐”五大核心文化理念，组织开展了企业文化大讨论和各类讲座培训，对员工进行正面引导，进一步形成战斗合力，创造业绩。通过努力，公司在冶金集团“二次先代会”上被评为“2010—2013年度先进集体”。

中海集团财务有限责任公司

【经营概况】2013年，中海集团财务有限责任公司（以下简称“公司”）面对航运市场低位徘徊、集团整体资金面趋紧等不利因素，努力降本增效，全年实现营业收入3.84亿元，利润总额2.21亿元，为年度预算的120.77%，经济效益保持持续增长。

截至年末，公司资产总额合计97.69亿元，吸收客户存款合计87.81亿元，所有者权益合计9.27亿元，资产规模处于同行业中游水平，年化净资产收益率达到18.86%，处于行业领先水平。

【信贷业务】公司全年净增贷款17.87亿元，年末信贷总规模47.75亿元，同比增加23.29%。全年信贷业务利息收入2.23亿元，同比增长7.08%，贷款平均利率5.56%，比最优贷款基础利率（LPR）低17个基点，以更优利率支持集团主业发展，全力支持集团成员单位资金需求。公司积极落实集团与中石油战略合作，携手昆仑银行为中海客轮提供银团贷款7.25亿元；与工商银行合作，提供2.85亿元银团贷款，及时化解了锦州码头的资金困境。截至2013年末，公司累计发放银团贷款5笔，贷款余额6.36亿元，占公司自营贷款的13%。

【投资业务】2013年，公司开展投资业务7笔，累计金额11.50亿元，实现投资收益0.09亿元，平均收益率6.33%，收益同比大幅度提升。截至年底，所有到期产品本息全额收回。

【外汇业务】经过充分准备，公司于2013年正式进入场内进行外汇交易，充分利用银行间外汇交易即期市场会员资格，努力为成员单位降低外汇交易成本。全年累计完成结售汇业务423笔，共计5.43亿美元，占集团结售汇总额的69%，为成员单位节省成本0.025亿元。

【资金集中】一是抓主要地区和客户，积极推进异地资金归集。2013年初，公司以天津及下辖地区为试点，全面启动境内异地资金一次归集，并在总结天津地区试点经验基础上，进一步推进异地资金归集。截至年末，实现天津、广州、厦门、青岛、深圳地区173个本外币账户一次扫款，其中美元账户68个，人民币账户105个，归集资金约5.40亿元，归集资金总量增长4%。二是抓住机遇，落实政策，深入开展跨境试点。公司积极落实跨国公司总部外汇资金集中运营管理试点政策，通过与国家外汇管理局上海市分局、上海市商务委员会反复沟通，2013年5月，成功获批中海集运、中海发展两家“投注差”增至人民币100.94亿元，集团短期外债指标调增至8.98亿美元。全年新增境外放款1.10亿美元，短期外债借入2.78亿美元，为集团节约财务费用约0.03亿美元。

【业务创新】2013年10月，公司与中海投资签订服务协议，首次推出金融管家服务，迈出了金融服务转型的重要一步。通过组建专业金融管家团队，公司为中海投资提供包括资金计划及调拨、融资管理、汇率波动风险管理及咨询服务等内容的全方位资金管理服务，针对其汇率波动风险，分析经营特点和汇率风险敞口，完成外汇远期操作，锁定汇率风险。

【内控管理】2013年，公司在整改落实内控项目第一阶段建设成果的基础上，将内控工作重点由体系建设推进转入体系试运行和完善提升。配合集团项目组认真开展穿行测试，针对发现的问题进行进一步整改，巩固内控项目建设成果。

【人力资源管理】2013年初，公司全面落地人力资源体系一期成果，实施双通道薪酬架构，积极开展全员绩效考核。8月，启动了人力资源体系二期建设，结合员工职业发展通道，完善岗位任职标准，全面优化薪酬方案与绩效考核方案。公司全年组织干部员工参加上海财大、上海交大的公开课程计67人次，928学时，还积极参与国资委、中国财务公司协会及集团党校的专业培训，累计44人次，1 200学时。

【信息化建设】公司采用“走出去、请进来”的方式，多方学习、调研，进行资金管理平台建设。全年围绕系统框架、管控要求、业务种类、服务模式等方面内容，梳理、优化流程31个，新增流程14个，对50个核心业务流程进行分解和细化，形成《集团资金管理系统（财务公司部分）系统蓝图及需求概述》。同时，公司积极落实ISO27001信息安全体系建设，通过防病毒系统、防火墙、入侵检测等设备部署及服务器和网络监控系统的应用，保障了各业务系统及网络的安全性和可靠性。

中集集团财务有限公司

【经营概况】 2013年，中集集团财务有限公司（以下简称“公司”）持续深化落实三年战略规划，结合“资金集中管理者、金融服务提供者与金融价值创造者”的三大定位，围绕年初制定的经营策略展开工作。在集团资金管理策略持续优化与提升的背景下，各项新业务打开了局面，较好地完成了公司经营计划目标。

截至2013年底，公司总资产33亿元人民币，吸收存款余额23.36亿元人民币，各类贷款余额13.75亿元人民币；公司营业收入1.01亿元人民币，净利润达到0.43亿元人民币。

【资金集中】 2013年，公司通过采取对大额资金流的有效监控、降低存量保证金、强化账户管理等手段，持续加强资金集中管理工作，保持了资金集中度的高水平。全年各月末可归集资金集中度平均为86.8%，其中四季度各月末平均达到90%以上。在此基础上，随着集团货币资金存量不断降低，公司通过对集团资金的有效调剂，为集团资金管理效率和效益的提升打下了坚实的基础。

【票据业务】 2013年7月，公司推出电子商业汇票。截至年底，已有多家成员企业成功办理电票业务，累计金额达2.80亿元人民币，有效地解决了公司纸质票据的社会化流通问题，大大提升了企业票据资源管理效率。

【外汇业务】 2013年，公司外汇交易室正式成立，为集团成员企业提供代客结售汇业务和外汇风险管理咨询服务，帮助成员企业更好地控制外汇风险，降低财务成本。10月，公司结售汇系统正式上线运行，实现了网上在线提交结汇、购汇申请，业务信息即时查询等功能，标志着公司即期结售汇业务服务水平上升了一个新台阶。公司全年累计办理代客结售汇17.78亿美元。

【业务创新】 公司积极开拓新的金融工具，进一步丰富金融职能，提高资产的使用效率，提升金融服务水平。一是2013年6月26日，中国人民银行上海总部正式批复同意公司进入全国银行间同业拆借市场，从事同业拆借业务。此项业务准入有助于拓宽公司短期资金投融资渠道，丰富公司流动性管理工具，加强与其他金融机构的同业合作，对公司的可持续发展具有长远的重要意义。二是公司成功获批取得有价证券投资和承销成员单位企业债券业务牌照。该牌照的获得有助于深化产融结合，提高公司的金融服务能力，拓宽投资渠道、提高资金使用效益，成为集团新的利润增长点。

【风险管理和内部控制】2013年，公司各业务合规运营，各运营指标平稳，操作风险得到有效控制，风险管控能力有所提升，未发生实质性重大风险。一是从会前审查、信贷资产五级分类管理、贷后管理、风险提示等多个环节上花大功夫，加强信贷风险管理，着力提升信贷风险管理水平。二是全面深化内控建设，提出“七步走”的系统化思路，扎实推进各项工作。三是不断加强结售汇、电票等新业务的制度流程设计和审查，针对票据业务出台了《纸票风险控制指引》，使得新业务在上线之初就对各项风险有了全面的把控。四是初步发挥风控“指导性”的作用，陆续出台了《合规咨询汇编》、《金融法律法规汇编——法律篇、支付结算及票据篇、信贷业务篇、合规管理篇》等风控制度法规文件，加强法律、法规及政策研究，引导业务合规、稳健运行。

【信息化建设】2013年，公司初步建立了外汇和票据信息系统，为业务的发展和创新提供了支撑。公司还借助集团信息部的资源搭建了信息安全运行平台，促进信息安全可视化，为改善信息安全工作提供了基础保障。为更好地支撑企业未来目标的达成，公司还编制了IT战略规划（2014—2017年），明确了信息化建设的使命和目标、蓝图及实施的策略。

【企业文化建设】公司将2013年作为“团队建设年”。公司在“客户至上，以人为本”核心价值观的指引下，确立了“共同事业，以人为本”的核心人力理念，并通过多种形式和手段予以推行和强化。

首先，公司不断深化企业文化内涵，在持续强化、推行管理团队行为准则的同时，制定并进一步落实员工行为准则。其次，公司不断建设多层次的沟通渠道，通过实施管理培训、员工满意度调查、管理层与员工对话、企业文化宣传栏及定期电子出版物等多种形式，强化组织内部沟通、改善组织文化氛围。最后，通过组织、参与丰富多样的同业交流、学习等活动，强化员工的责任感，发挥员工的积极性与主动性，增加公司凝聚力。

沙钢财务有限公司

【经营概况】2013年，沙钢财务有限公司（以下简称“公司”）紧紧围绕年度任务目标，创新管理，充分发挥金融平台优势，为集团及成员单位开展好金融服务工作，较好地完成了年度任务目标。截至年末，公司资产总额43亿元。全年实现营业收入1.12亿元，比上年增长3.83%；利润总额0.97亿元，比上年增长2.13%；净利润0.73亿元，比上年增长1.88%；净资产收益率为6.16%、资本充足率为45.03%、流动性比率为58.71%，不良贷款率为零。

【公司金融】2013年，公司主动与成员单位沟通了解生产经营情况及资金需求，为成员单位开展授信业务。全年新增4家成员单位授信，授信总数达到13家，贷款规模比2012年增加2.59亿元。截至2013年末，公司各项贷款余额26.34亿元，其中发放流动资金贷款15.34亿元，贴现贷款11亿元，累计办理成员单位票据贴现金额25.20亿元，为成员单位开立电子商业汇票0.05亿元，累计为成员单位办理“代开银票”14.09亿元。较好地解决了成员单位资金需求。与此同时，公司紧紧围绕集团压降财务费用目标，切实开展代理集团资金计划和融资管理工作，采取加强资金计划管理、调整融资结构、开展资金运作、财务公司让利等措施，实现了集团财务费用的大幅下降。2013年，集团本部财务费用较2012年下降45.71%，减少财务费用10.83亿元，确保了集团效益指标的提升。

【产品销售信贷业务】2013年，公司积极申请开展买方信贷业务，并做好申报材料准备及人才储备工作。

【资金和投资业务】2013年，公司以资金计划为抓手，切实提高集团管控力。通过资金计划管理，从源头上控制采购资金合理支出，促使成员单位较好地执行集团经营策略，同时加强分析资金计划执行过程中出现的偏差，严格按照资金计划管理制度对标考核，促进业务部门提高资金预算的准确性。

在资金管理方面，公司积极与相关商业银行洽谈提高结算账户资金存放利率，全年获利差收益1 087万元。在不影响资金正常周转前提下，充分利用短期闲置资金，通过购买理财产品等方式使资金收益达到最大化。2013年，累计购买银行理财产品175.10亿元，获得利息收入0.35亿元，与银行协定存款利率相比增加收益0.25亿元。

【票据业务】公司大力推进票据贴现、转贴现、再贴现工作，正确把握市场贴现、转贴现利率走势，努力维护转贴现渠道，降低集团及成员单位财务费用支出，提高经济效益。2013年，累计办理成员单位票据贴现金额25.20亿元（其中银票贴现12.71亿元、商票贴现12.49亿元），转贴现业务3.73亿元，再贴现10.60亿元，实现贴现、转贴现、再贴现利差收入0.27亿元。全年累计为成员单位代开银票14.09亿元，获得代开银票手续费35.44万元。

【外汇业务】公司积极与外汇管理部门联系，进行外币业务申报准备工作。

【资金集中】2013年，公司采取多项措施提高资金集中度。一是进一步推进系统直联，扩大资金归集范围。全年新增归集账户18户，合计归集成员单位结算账户241户，截至12月底，归集人民币存款25.72亿元。二是加强开销户管理。对本部各公司在各银行长期不用账户进行梳理，并组织不动户销户。三是积极推进电票业务，逐步归集成员单位保证金存款。四是加强对未归集资金原因的分析，逐步推进资金归集。公司每月梳理集团货币资金结构，对成员单位资金集中情况进行统计和分析，查找未归集资金原因，推进资金归集。通过加强资金集中管理，资金归集度明显提高。12月底，全口径资金归集率为33.66%，比年度目标25%提高了8.66个百分点，剔除无法归集部分，资金归集率达到80.32%。

【业务创新】2013年，为进一步发挥财务公司功能，挖掘潜力，更好地支持集团发展，公司创新管理思路，积极申报“电票”、同业拆借及买方信贷业务。12月，电子商业汇票系统正式上线，并成功签发了首笔电子银行承兑汇票，首次办理了电子银行承兑汇票贴现，票面总金额0.05亿元。同时，公司积极推进同业拆借业务的开展，于12月成功开展了同业间资金拆出业务。

公司积极拓展保险代理业务。公司对集团的保险业务进行集中代理和集中管理，与保险公司确定共保协议及一揽子保险协议，使保险费率在2012年的基础上有所下降，为集团节约企财险保险费用共计0.01亿元。同时，公司积极协助成员单位处理保险理赔事项，加强与保险公司沟通，争取尽快理赔。全年保险代理费收入0.03亿元。

【风险管理和内部控制】2013年，公司不断完善制度建设，进一步提升公司治理能力。全年制定了《有价证券投资管理办法及操作流程》、《资金拆借业务管理办法及操作流程》、《买方信贷管理办法及操作流程》等9项制度，修改了《法人授权及内部分级授权管理制度》、《反洗钱工作管理办法》等9项制度。为加强风险管理，公司狠抓内控检查，确保每季度开展一次各部门业务合规检查。全年共组织开展稽核检查15次，指出问题43个，并提出了32条切实可行的整改建议或意见，及时跟踪督促整改，保障了公司平稳运行，确保风险可控。

【人力资源管理】2013年，公司制定了三年人才培养和引进中长期规划，并提交董事会讨论实施，同时起草了奖惩规定，从学习培训、工作业绩等方面对员工给予奖励，调动员工的积极性和创造性。公司采取编制培训课件、联系银行专业人员来公司讲授业务知识等方式切实开展学习培训，每季度组织一次业务知识考试，增强员工的业务知识水平。公司还积极联系有关财务公司开展学习交流，鼓励员工积极参加各类专业考试，提高自身业务技能。全年共有10人次获得相关业务资格证书，为公司申办新业务做好了准备。

【信息化建设】为加强信息管理系统对业务的全面支持，公司通过调研，对结算、信贷、资金、线上审批等业务模块功能进行梳理和认证，并与集团计算机应用中心和宝信软件公司沟通交流，明确技术要求，制定信息系统二期项目开发方案，有效地保证了公司结算、信贷、资金等业务处理能力的加强和信息化管理水平的提高。

【企业文化建设】公司十分注重企业文化建设。一是充分利用宣传阵地，开展先进典型事迹宣传。二是开展员工座谈会和职工谈心活动，关心了解员工，帮助他们解决实际困难。三是充分发挥党团组织堡垒作用，积极与银行、财务公司联系，组织开展学习交流活动，进一步提升自身水平。四是组织开展形式多样的文娱活动，充分调动员工的积极性和创造性，增强团队凝聚力，切实提高团队的战斗力。

美的集团财务有限公司

【经营概况】2013年，美的集团财务有限公司（以下简称“公司”）积极落实银监会提出的财务公司“立足集团，服务集团”理念，配合美的集团战略转型的发展策略，为集团成员单位提供优质的金融服务。截至年底，公司资产总额95亿元，同比增长116%；负债总额78亿元，同比增长189%；所有者权益总额18亿元，同比增长6%。

【信贷业务】2013年，公司累计发放贷款163亿元。贷款均用于企业日常经营所需，支持实体经济发展，为集团成员单位及产业链客户提供了较好的金融支持。

【票据业务】票据贴现业务方便快捷，能及时满足客户资金需求，受到客户欢迎，同时贴现业务风险较低，有利于公司风险防控。2013年，公司将贴现业务作为重点发展的业务品种，大力拓展。2013年末，公司票据贴现余额57亿元，同比增加52亿元，增幅1040%。

【资金集中】公司积极履行集团资金集中管理功能，加大资金的集中管理力度，取得了一定成效。在原来的基础上，公司新增归集了部分境外单位的外币资金，以及小天鹅及其下属子公司的部分资金。2013年末，公司按全口径计算的资金集中度为32%。

【业务创新】2013年，公司创新外汇业务发展，取得了可喜的成果，具体表现在如下几个方面：一是实现了境内外汇资金的集中运营。公司自2012年末开始实施境内外汇资金集中管理，建立了工商银行、农业银行、中国银行和顺德农村商业银行四家外汇资金池，外汇资金集中量及集中率逐步提高。截至年末，集中外汇资金1.18亿美元，集中率达70%。二是开办即期结售汇业务。2013年6月，公司正式开办即期结售汇业务，集团顺德本部成员单位的所有即期结售汇业务都在公司办理。截至年末，累计办理业务2亿美元。三是开办跨国公司总部外汇资金集中运营业务。2013年12月，公司正式办理该项业务，截至2013年末，累计轧差流入5 000万美元。

【风险管理和内部控制】2013年，公司继续强化风险管理和内部控制工作，制度体系更加完善，内控管理制度基础更加牢固。

公司制定了《美的集团财务有限公司即期结售业务管理办法》、《美的集团财务有限公司外汇存款准备金操作管理办法》、《美的集团财务有限公司外汇资金集中运营管理改革试点管理办法》、《美的集团财务有限公司责任追究管理办法》等多项制度，有效提高了管理水平。与此同时，公司认真落实各项监管要求，依法合规开展经营，加强风险监测，各项业务顺利开展，各项风险监管指标均符合《企业集团财务公司风险监管指标考核暂行办法》的要求。风险管理部为内控合规部门，全面负责内控合规，将制度建设、合规建设作为一项长期性、基础性的工作。稽核审计部为内部审计部门，与风险管理部一同在总经理的领导下独立开展工作，全年累计完成专项审计6项。2013年，稽核审计部制定了《财务公司责任追究管理办法》，对各业务线条的违规行为、处罚方式做出了明确规定，稽核审计制度体系更加完善。

【人力资源管理】2013年，公司通过多种方式大力引进人才，优化人员队伍结构，为员工举办各类培训班。公司积极组织员工参加银行业从业人员资格考试、会计师和经济师职称考试、托业及MBA考试等。2013年，共有13名员工获得相关职称或资格。

【信息化建设】公司高度重视信息化建设。2013年，公司在信息化建设方面取得了多项成绩。目前已经建成并投入使用的信息系统包括财务公司商业汇票管理系统、财务公司信贷管理系统、财务公司核心业务系统、财务公司ERP会计核算系统、征信综合报送系统五个应用系统。

宁波港集团财务有限公司

【经营概况】 宁波港集团财务有限公司（以下简称“公司”）以“依托集团、服务集团”为指导，坚持“稳健经营、科学发展”。2013 年末，公司吸收存款 39. 30 亿元，发放贷款 41. 20 亿元，总资产 56. 70 亿元；全年实现经营收入 2. 25 亿元，实现利润 1. 87 亿元，各项监管指标均符合监管要求。

【资金业务】 公司采用集团联动账户资金管理模式，是集团成员单位主要结算平台。截至 2013 年末，公司已有账户超 160 户，开户面超集团成员单位的 80%，日均存款余额超过 36 亿元，资金集中度超过 67%。全年为成员单位办理各类结算业务超过 21 万笔，结算资金量近 2 000 亿元。2013 年，公司还新开办再贴现和同业拆借业务，更好地提高资金的整体收益。

【信贷业务】 公司积极争取信贷规模，努力为成员单位提供资金支持。全年累计发放贷款 31. 65 亿元，净增贷款 13. 08 亿元，年末贷款余额为 37. 71 亿元；全年累计办理委托贷款金额 9 990 亿元，年末委托贷款余额 1. 2 亿元；全年累计办理票据贴现 2. 79 亿元，年末票据贴现余额 2. 08 亿元；2013 年公司新开办融资租赁、项目贷款、银团贷款等业务，其中融资租赁业务 1. 38 亿元，项目贷款业务 1. 20 亿元，参与了两家成员单位的银团贷款业务。公司严格落实信贷业务贷前调查、贷款资金用途跟踪、贷后检查的具体细节，完善业务制度，保证信贷资产质量。

【中间业务】 公司积极开展各类中间业务，为集团成员单位提供财务顾问、融资顾问、保函、信用鉴证以及资本金验资等业务，累计吸收验资款超过 13 亿元。公司已开办财产险、船舶险、车辆险及码头责任险等各类保险代理业务，2013 年累计实现保险代理收入超过 200 万元，还积极与保险公司洽谈为集团职工提供优惠私家车保险业务。

【内部控制】 公司内部控制体系完善，建立了完整的内部控制手册和控制矩阵。公司现有内部控制制度四大类 115 项，涉及公司行政管理、业务经营等各个工作领域，实现了内控制度的全覆盖。同时，公司建立内部控制的评价制度，对内部控制的制度建设、执行情况定期进行回顾和检讨，并根据国家法律规定、监管要求、经营状况、市场环境和业务需求的变化不断对内控制度进行修订和完善。公司内控部直接向董事会负责，持续进行稽核和审计，确保制度严格执行。设立内控自评小组，每年度进行内部控制的自我评价，推进公司内控管理体系的不断完善。

【信息化建设】 公司开发建设了与集团联动账户资金管理模式相适应的、具有完善风险控制体系的综合业务管理系统，并不断进行改造优化。综合业务管理系统以集团内部网络为平台，以风险监管为重点，全面支持财务公司资金管理、银企互联、财务核算、资金监控、资金融通、资金分析、风险控制和决策等，为财务公司实现风险控制目标提供科学的技术支持，为财务公司合法、规范和有效地履行金融服务职能提供安全保障。

【治理结构与人力资源管理】公司治理层面设股东大会、董事会、监事会以及相关专业委员会，内设机构包括总经理室、综合部、管理部、营业部、信贷部、资金部和内控部等部室。公司拥有一支专业化高素质的经营运作团队，截至2013年末，公司共有员工29名，本科及以上学历占比90%以上，有技术职称的占比75%以上，86%以上人员具有银行、证券、保险、本币交易等从业资格。同时，公司通过内外部培训、行业交流等措施，不断提高员工的业务素质和操作能力。

兖矿集团财务有限公司

【经营概况】2013年，兖矿集团财务有限公司（以下简称“公司”）坚持“依托集团、服务集团、合规经营、稳健发展”的经营宗旨，强内控，防风险，较好地发挥了资金集中管理职能和金融服务功能。截至2013年末，公司资产总额61.90亿元，所有者权益8.47亿元，利润总额2亿元，资本充足率20.92%，流动性比例30.52%，不良资产率为零，各项指标符合监管规定。

【信贷业务】2013年，公司发放贷款余额34.13亿元，委托贷款38.12亿元，实现贷款利息收入1.51亿元，充分体现了“内部银行”的服务优势。

【资金业务】公司在确保资金安全性和流动性的前提下，构建集团“资金池”，对资金进行统一管理、调配，加快资金周转速度，提高资金使用效率，实现金融机构存款利息收入1.54亿元。

【资金集中】公司纳入资金集中管理信息系统的成员单位共140家、账户239个，资金集中度65.23%。全年办理资金结算业务8.96万笔，资金结算金额2 502亿元。

【风险管理和内部控制】按照监管要求，公司严格分级授权管理，加大内控合规、案防安保、风险防范、规范管理等方面的责任约束，全面实施“工作有标准、管理全覆盖、考核无盲区、奖惩有依据”的全员业绩考核。通过完善制度建设、实施流程管理和控制、增强事中稽核、对账管理，进一步加大检查力度，推进内控机制建设。

【信息化建设】公司充分利用网络防火墙集群和防入侵设备，提升系统防护能力。《煤炭行业资金集中管理信息系统的构建与实施》获得中国煤炭工业协会信息化分会一等奖，《煤炭企业筹资管理体系的构建与运行实践》获得山东省煤炭行业协会企业管理现代化创新成果二等奖。

【企业文化建设】公司进一步完善科学的人才培养、成长和使用机制，为员工成长搭建平台，提供空间。公司还开展多形式、多渠道、高水平的培训工作，提高员工队伍综合素质。2013 年，两名同志获得济宁市、邹城市两级“五一劳动奖章”。

哈尔滨电气集团财务有限责任公司

【经营概况】2013 年，哈尔滨电气集团财务有限责任公司（以下简称“公司”）实现营业收入 1.04 亿元，同比增长 22.59%；利润总额 0.67 亿元，同比增长 83.32%；公司资产总额 68.29 亿元。各项监管指标良好，符合银监会要求。

【公司金融】根据集团公司发展规划及成员企业实际金融需求和资信情况，公司相继为 15 家集团重点企业开展了信用评级与额度授信，新增流动资金贷款、融资租赁、保理等三项授信业务品种，为推动成员企业实现健康、快速发展提供了有力的金融支持。

2013 年，公司为成员企业综合授信 54.52 亿元，同比增长 31.44%；办理贷款 1.30 亿元，同比增长 145%；办理委托贷款 20.25 亿元，同比增长 153%。

【资金和投资业务】2013 年，公司及时跟踪市场利率走势，在资金实现部分归集的情况下，一方面确保集团成员单位的资金备付，科学安排资金头寸，提高公司资金使用效率；另一方面充分利用同业竞价机制，择优选择同业存款业务合作银行，取得了较好的业务收益。全年共计办理同业存款业务 137 笔，合计金额 228.80 亿元，同比分别增加 7% 和 29.43%。

【票据业务】2013 年，公司正式获批加入中国人民银行电子商业汇票系统，并于 7 月 22 日成功签发了首张由公司承兑的电子承兑汇票。公司承兑的电子票据被定义为电子银行承兑汇票，为通过全国支付清算系统实现资金线上清算奠定了基础。公司还积极拓展信贷业务应用，信贷业务整体规模进一步扩大。全年为成员企业办理票据承兑 5.65 亿元，同比增长 109%；贴现 1.88 亿元，同比下降 6%；保函 0.07 亿元，同比下降 89.45%。

【资金集中】公司按照集团统一部署，全力推进股权结构调整及增资工作，整理编制《可行性研究报告》，获得集团公司和股份公司董事会批准，并在香港联交所进行公告。2013 年 11 月 20 日，公司正式获得黑龙江银监局行政许可批复，同月取得国有产权交易凭证，12 月 9 日完成验资及工商变更登记等后续工作，注册资本金扩充至 15 亿元。

股权结构调整及增资完成标志着公司资金归集突破了关联交易的瓶颈限制，提升了财务公司对主业的支持作用和金融服务职能，切实提高了公司盈利能力和可持续发展能力。按照集团公司2013年年中工作报告中提出的归集要求，2013年末，公司吸收存款52.64亿元，资金集中度达到50%。

【风险管理和内部控制】2013年，公司全面风险管理体系不断健全。一是审查信贷业务风险、监控各类风险管理指标，不断加强信用风险管理，提高资产质量。二是加强金融风险宣传，树立具有风险意识的企业文化。通过定期开展反洗钱知识培训、金融机构案件形势通报等方式，加强金融风险知识普及和警示宣传。三是结合业务开展情况，开展了5次合规性稽核检查，提出审查意见，为公司业务的合规办理、提高操作流程的规范性提供参考。四是顺利通过人民银行哈尔滨中心支行的动态风险评估，得到了监管机构的高度评价。五是搭建适合公司发展的制度管理架构，加强规章制度建设，规范内控制度管理程序，保证公司管理的规范化。六是根据监管要求，对《部门分工与岗位职责》进行梳理完善，使各部门分工更加清晰，岗位职责分工更加合理。2013年，公司圆满通过了黑龙江银监局案件防控工作现场检查，得到检查组的高度评价。

【人力资源管理】2013年，公司继续加强人力资源建设。一是不断完善全员业绩考核体系，逐步建立起适应公司发展的人才激励机制，员工整体素质显著提高；二是继续推进从业人员持证上岗和统一培训制度，支持员工参加专业机构组织的多种形式培训，鼓励员工取得相关专业的从业资格，全面提升员工队伍的整体素质。公司拥有高级技术职务人员12人，占公司职工人数32.4%，中级专业技术职务7人，占公司职工人数18.9%，银行从业资格通过率达到75%，累计培训员工407人次。

【信息化建设】公司信息化服务保障能力不断提升。完善和优化信息系统（二期）业务模块功能，全方位搭建结算业务系统、会计核算系统、人民银行电子对账系统、金融统计监测管理信息系统、可疑交易数据报送系统、银监局1104报表监管系统、公文交换系统、集团OA管理创新平台等多维度信息沟通和数据传递互动平台，并将内控机制和授权流程固化到信息系统当中，全面实现了业务系统与核算系统、内控决策系统的有效集成。2013年，公司共解决处理各类系统问题20余个，累计优化完善纸票承兑模块、担保模块和授信模块等业务模块48项，极大提高了信息系统运行效率。

【企业文化建设】公司秉承哈电集团企业责任文化，建设具有自身特色的企业文化。通过加强党支部组织建设、作风建设、党风廉政建设，发挥党建引领作用；通过开展“群众路线教育实践活动”、“全面贯彻落实中央八项规定，切实改进工作作风”、“组织全体员工学习十八大精神、习近平总书记重要讲话”等活动，增强全员政治修养，提高公司凝聚力、战斗力。

北大方正集团财务有限公司

【经营概况】2013 年，北大方正集团财务有限公司（以下简称“公司”）继续发扬方正集团“持续创新”理念，秉承公司“融通内外资源，助推集团战略”的宗旨，实现“稳步快跑”的业务发展和“差异化”的资金管理，以专业的组织体系、规范的制度、标准的流程和可持续改进的 IT 平台建设，推动集团产业链的可持续稳健发展，为助推集团和成员单位的发展创造价值。

截至 2013 年末，公司资产总额 124.53 亿元，较上年同期增长 28%。其中缴存人民银行存款准备金 10.21 亿元，较上年同期增长 27%；吸收成员单位存款 46.73 亿元，较上年同期增长 5.34%。全年实现主营业务收入 6.06 亿元，较上年同期增长 50%；净利润 2.69 亿元，较上年同期增长 59%。成员单位已开户 67 家，全年资金结算超过 8847 亿元。

【信贷业务】为确保集团重点产业的资金供给，2013 年 5 月，公司获得北京银监局的增资批复，注册资本金扩充至人民币 50 亿元。

公司合理规划贷款发放进度，尽可能为成员单位提供优质金融服务，满足信贷资金需求。截至 2013 年末，公司向成员单位发放自营贷款余额 75.20 亿元，给予成员单位的自营贷款利率多为同期人民银行贷款基准利率，一定程度上节省了成员单位的财务费用。公司注重对信贷业务发生企业的持续跟踪，对重点企业进行不定期走访调研，确保了信贷资产质量，全年本息回收率 100%。公司还为成员单位提供委托贷款、担保等业务服务。2013 年末，公司委托贷款及担保余额分别为 18.85 亿元及 23 亿元，满足了成员单位的多种融资需求。

【资金集中】公司大力推进集团资金集中，切实加强资金集中管理，多渠道吸收存款，提高财务公司资金归集度。2013 年，公司资金集中规模超过 110 亿元，资金集中度为 48%，流动性比例保持在 30% 以上，日均存款超过 80 亿元，较 2012 年提高 51.16%，各项监管指标均达标。公司还继续扩大银企合作，完善直联线路，出台相关资金管理制度，力争将越来越多的企业集团本地和异地成员单位纳入资金集中管理系统。

【票据业务】2013 年，公司继续加大票据结算力度，配合成员单位采用票据结算，全年银行承兑汇票累计贴现 31.32 亿元，有效提高了成员单位的资金周转效率。同时，公司积极争取再贴现资金支持，全年累计办理人民银行再贴现 11 亿元。

【风险管理和内部控制】公司一向重视风险管理工作。一是根据《商业银行法》、《公司法》、《企业内部控制基本规范》等相关规定，结合自身经营特点，建立符合实际的内部控制体系，制定了《北大方正集团财务有限公司内部控制规则》。二是完善内控管理工作，加强事前风险预警、事中风险监控及事后管控监督的措施，旨在构建“以审慎、稳健和诚信的内部控制文化为基础，以风险识别和评估为前提，以健全的内部控制制度和严密的控制措施为核心，以严格的内部控制评价、审计监督为保障，以信息系统和沟通渠道为支撑”的内部控制体系，保持并持续改进其有效性。

【人力资源管理】2013 年，人力资源管理工作继续以公司战略为指引，深入贯彻集团人力资源各项管理体系，落实年初工作部署，切实做好招聘、培训、薪酬管理以及绩效考核等各项工作。在招聘管理方面，重点吸纳优秀毕业生，引进具有发展潜力的人员，大幅提升人才储备质量。在培训管理方面，以业务为导向，重实效、不盲目，做到点面结合，在确保提升全体员工素质的同时，向管理干部、后备人才倾斜。2013 年，公司主要开展了新员工培训、新经理培训、通用技能培训和管理类培训，全员培训小时数达到 3 118 小时。在员工关系方面，开展员工满意度调研，并针对调研结果进行系统性的分析及总结，制定了提升整体满意度的整改方案。上述工作有效推动了干部与员工间的了解交流，提升各级干部领导力，优化管理风格，改善与提升员工满意度。

【信息化建设】在信息化建设方面，第一，公司完成了核心业务系统二期项目验收。核心业务二期项目在资金结算、资金计划、银企平台模块中新增快速浏览功能，解决了集团综合授信业务额度占用问题，增设了贷款分行业统计报表和资金日常监测报表，进一步完善了核心业务系统功能。第二，公司财务系统正式切换成 Oracle EBS 系统，会计科目体系及凭证生成规则设计更为合理，满足了对“定期存款、贷款业务、贴现业务、转贴现业务”按月计提利息业务需求。通过对 1104 监管报表要素的定义及接口的联调测试工作，Oracle 财务系统实现了与核心业务系统、1104 报表系统的全面对接，提高了系统自动取数率和数据准确性，在一定程度上减少了填报人员的工作量。

此外，在信息系统运维方面，对外聘请专业机构进行管理，提升信息系统运维管理水平；对内加大监控力度，增加对各系统、机房及设备巡检次数，同时重点关注防火墙、入侵检测系统运行，提高防病毒能力。在信息系统风险控制方面，重新修订《机房安全管理规则》，《信息系统运维管理规则》，提高了制度操作性及实用性；对防火墙、VPN 等系统故障恢复演练操作，完善公司信息系统应急预案。

【企业文化建设】2013 年，公司以创建健康、积极的企业文化为目标，多次参加集团总部各项活动，在“方显豪情、正中篮心”第四届方正集团篮球赛及“方正 24 小时”摄影大赛中取得骄人成绩。为丰富员工业余生活，公司组织开展了全员“商务礼仪培训”及秋游活动，突显公司人文关怀，营造和谐向上的文化氛围。公司以促进员工交流沟通为宗旨，深入了解员工的工作及生活需求，力求为员工创造舒适、满意并具活力的工作环境，增进企业凝聚力，保障公司各项工作顺畅、有序、高效开展。

通用技术集团财务有限责任公司

【经营概况】通用技术集团财务有限责任公司（以下简称“公司”）紧密围绕集团“科学发展、转型升级”主题和“转变方式、提质增效”主线，全面落实公司发展规划，秉承“依托集团、服务成员、规范经营、稳健发展”的经营理念，坚持“服务与管理并举、金融与产业协同”的方针，按照集团“纵向到底、横向到边”的要求，业务基础和业务规模得以巩固，运营体系和内控机制逐步完善，业务质量和服务质量不断提高，业务范围和服务内涵稳健拓展，企业全面建设进一步加强，向“初步建成业务资质基本齐全，业务种类基本覆盖的金融服务平台”目标稳步推进。2013年，公司实现营业收入3.8亿元，实现利润总额1.5亿元。

【信贷业务】2013年，公司按照“安全性、流动性、收益性”的总体要求，本着“先评级、后授信、再使用”的原则，分类有限提供信贷资金，支持成员单位业务发展。一方面结合成员单位的业务模式，探索与之相适应的金融产品，为切实满足成员单位需求进行充分的前期准备；另一方面全力支持经营暂时处于困境的重点业务板块，通过业务的实施，深入探索行之有效的风险防范措施，助推成员单位强化风险把控。2013年1月至12月，累计发放贷款48.90亿元，全年日均贷款36.34亿元，不良贷款率为零。

【资金业务】2013年，利率市场化脚步进一步加快，公司积极应对日趋复杂的市场环境，深入分析，加强预判，科学安排，调整策略，配置效率进一步提高，存放同业取得较好收益。全年日均同业资金达52.56亿元，人民币日均备付率较2012年稳步下降。

【票据业务】在2012年构建产业链票据融资模式的基础上，2013年，公司拓宽成员单位范围，择优选取票据资源，合理利用价格功能，为成员单位提供灵活资金支持的同时，有效促进了业务协同。截至2013年12月底，票据贴现业务累计发生额12.56亿元，再贴现业务累计发生额3.39亿元，承兑业务累计发生额14.88亿元。

【外汇业务】2013年，公司继续积极推动外币归集工作，共有46家法人单位在公司开立了外币结算账户，其中参加归集42家，外币归集规模稳步提升。在此基础上，公司正式获批即期结售汇业务经营资格和结售汇综合头寸限额，正在按计划推进银行间外汇市场会员资格的申请工作。

【资金集中】公司按照集团“纵向到底、横向到边”的工作要求，精心组织，深入挖潜，资金归集范围、归集规模和归集度持续提升。一是采取有效措施，集中力量，重点突破，尽可能扩大归集范围。二是按照集中座谈、重点推介、个别试点、全面上线的步骤积极推广代理收款业务。按可归集口径计算，2013年公司日均资金归集度为50.25%。

【业务创新】2013年，公司持续跟踪中邮集团短期融资券注册发行工作。中邮集团采纳公司提供的顾问建议，结合自身资金安排，在取得注册通知书后，于3月22日完成第一期发行工作，发行规模4亿元，剩余5.9亿元额度择期发行。

经中国人民银行上海总部批复，公司获准进入全国银行间同业拆借市场，从事同业拆借业务。2013年，公司从事拆入、拆出业务合计6笔，金额13.50亿元，在丰富头寸调节手段的同时拓展了融资渠道、延伸了业务链条，取得了较好的效果。

【风险管理和内部控制】公司以内控体系建设为契机，不断夯实风险管理基础，为促进各项业务合规有序开展提供了切实保障。一是在全面梳理公司业务流程、对风险事件及防范措施进行深入分析的基础上，编制完成了内部控制手册，共梳理风险点313个。二是审慎开展合规审查工作，在进行日常合规审查的同时，确保全业务流程、全管理流程的风险监控，切实提升风险识别能力。三是根据公司风险政策开展风险指标监测，加强预警，确保公司各项监测指标均在可控范围之内。四是有重点、有计划地开展内部稽核审计工作，确保业务合规健康发展。

【人力资源管理】2013年，公司通过外部引进、内部轮岗、培训交流、能力评价等多种方式，不断优化人才结构，提高专业素质，持续打造专业化团队。一是加强市场化人才选聘力度，不断完善选人用人机制，有效提升人才队伍质量。二是加强学习型团队建设，强化职业资格认证，引导员工自主学习。全年组织开展各类内部培训9场、参训130人次；参加外部培训项目24个、参训67人次；全年累计培训学时2 150学时，人均65学时。三是在梳理部门及岗位职责的基础上，完成第二次岗位能力及员工能力评价，不断优化岗位职级体系，进一步加强人力资源基础管理。四是通过公司内部轮岗，为员工提供多渠道的发展路径。

【信息化建设】2013年，公司重点关注核心业务系统后续建设，兼顾优化基础硬件平台，信息化建设取得了阶段性工作成果。一是完成7项新模块开发和44项核心业务系统优化项目，完善系统基础功能，不断提升系统安全性、稳定性、高效性。二是实施完成2013年网络信息系统集成项目，通过补充配置和策略优化，有效提升基础平台运行能力和安全防御能力，进一步优化应用系统的基础运行环境。三是加强制度建设和理论研究，一方面结合监管机构要求和公司实际，完善制度体系并规范项目操作流程；另一方面以规划为指引，加强研究，为公司信息化建设后续发展提供理论支撑和操作依据。

【企业文化建设】2013年，公司进一步强化集团企业文化宣贯，根据公司内外发展形势，以主题教育活动为抓手，积极推进文化建设。先后牵头组织开展了“群众路线历史档案展览”、“党员金点子意见征集”、“企业文化月”等系列主题活动，带动全员凝聚力量，聚焦企业发展，营造同进步、齐先进的进取氛围。公司始终坚持“活力在基层”的工作导向，通过“羽毛球比赛”、“环湖走体育健身”、“悦读会”等活动，进一步丰富员工业余文化生活，激发员工的工作积极性和创造性，营造了良好的企业文化氛围。

铜陵有色金属集团财务有限公司

【经营概况】2013 年，铜陵有色金属集团财务有限公司（以下简称“公司”）实现营业收入 1.52 亿元，资产规模 38.07 亿元，吸收存款 22.56 亿元，信贷余额 22.66 亿元。

【资金集中】2013 年，公司账户管理工作取得显著进展，异地资金归集度明显提高。通过与当地人民银行分支机构和住建委协调，公司开立了房地产资金监管专户，突破了不能归集预售房款的限制。全年累计办理资金结算业务 73 500 笔，结算金额 2 350 亿元，与 2012 年同期相比，结算业务量上涨 7%，结算金额上升 33%。此外，通过信息系统，成员单位资金收付业务可网上完成，实现“柜面业务桌面化，异地业务本地化”。

【信贷业务】公司以“全力满足小型企业、尽量满足中型企业、适当服务大型企业”为信贷政策，在风险可控的前提下，全部满足小微企业的信贷需求；采取银票、开具电票、担保等多种方式，为中型企业提供服务，特别是通过推动集团内冶炼加工企业及其配套中小企业间开展商票结算，使企业资金结算更加便利；满足大型企业银票贴现、委托贷款、中间业务等需求，基本保持信贷平稳增长。

【电票业务】2013 年，公司利用“大票换小票”、“票据池质押开票”等多种方式，共开具电票 1 010 张，票面金额 3.30 亿元，开票增量位居安徽省金融机构第一，收票企业遍布全国 11 个省、26 个地市，有效扩大了铜陵有色的品牌知名度。此项业务不但为成员单位增添了新的支付手段，而且为企业节约了资金成本。

【结售汇业务】2013 年 11 月，公司正式加入银行间外汇交易系统。全年共办理结、售汇业务 62 笔，共计 3.40 亿美元，实现中间业务收入 60.4 万元，为成员企业节约费用约 0.013 亿元。此举不但为在银行享受优惠较少的成员企业节省了大量结、购汇费用，还通过公司提供的具有竞争力的价格，促使商业银行改变态度，为其积极争取政策，加大优惠幅度，使企业获得更多利率优惠。

【风险管理】2013 年，公司落实全面风险管理要求，树立“依法审慎经营、有效防范风险”的理念，培育具有自身特色的风险文化。公司实行全范围、全过程的风险控制，通过事前、事中、事后过程控制，把风险控制贯穿于经营活动的各个环节，把风险意识传导到每一位员工，从根本上杜绝风险事件的发生。一是全年完成 24 家成员单位内部综合授信的集中审批和报批，对成员单位所有贷款用途、贷款风险点的防范落实、贷后管理工作质量等进行贷后检查。二是按季完成各部门合规风险排查工作，做到反洗钱工作日常化、规范化。三是及时整理修订管理规章制度和工作流程，累计完成各项稽核检查 31 项，累计提出问题和整改要求15个。

【信息化建设】2013年，公司顺利完成了电票系统升级并为结售汇业务进行系统全面测试。配合银监局金融专网服务器地址变更而进行相应调整，保证各数据报表的及时报送。完成银行接口的升级配置工作和集团ERP的接口管理工作，定时对联行号进行更新。完成硬件维护工作，保持了服务器及客户端硬件及系统软件均保持良好的运行状态。

中建财务有限公司

【经营概况】2013年，中建财务有限公司（以下简称“公司”）坚持“依托集团、服务集团”的经营宗旨，突出“资金有效管理和配置”的工作主线，聚焦“拓展客户、创新业务”的工作领域，重点支持集团主业发展。截至2013年末，公司资产总额201.78亿元，同比增长30.5%；负债总额187.94亿元，同比增长33%；所有者权益13.84亿元，同比增长4.2%；实现营业收入7.77亿元，同比增长39.8%；实现利润4.52亿元，同比增长61.8%；净利润3.39亿元，同比的增长为43.3%；成本费用占营业收入的比重为43.2%。全面超额完成集团下达的经营目标和任务。资产质量和结构进一步改善，风险控制良好，无不良贷款，全年流动性比例为64.84%，资本充足率为15.15%，符合监管考核要求。

【信贷业务】公司的信贷业务以全力支持集团成员单位发展和提高集团资金使用效率为目的，在风险可控前提下，不断扩大贷款规模、信贷服务范围和服务层次，努力为更多的成员单位提供金融服务。公司贷款按市场利率下浮10%～25%幅度执行，在集团内部单位之间调剂余缺，降低集团整体的融资成本和对外带息负债规模。同时，公司将信贷的投放与集团各业务板块有机结合，加大对集团专业化、区域化战略的支持力度，全面发挥金融配置平台功能。公司通过对集团集中采购的需求调研，开创了集中采购供应链金融服务，将融资服务与集中采购平台建设相结合，采取“集采中心提出需求，财务公司配合提供具体信贷服务方案”的模式，以商票保贴为载体，在集团范围内积极推广，为物资采购提供便利的融资渠道。

截至2013年末，公司累计发放贷款34笔，金额共计102.29亿元；贴现66笔，金额共计12.86亿元；全年贷款余额61.89亿元，贴现余额2.53亿元，日均贷款52亿元，比2012全年日均增长150%；为成员单位提供各类信贷中间业务服务共计41.74亿元。

【产品销售信贷业务】2013年，为扩大集团建筑机械设备内部销售市场，减少“营改增”过渡期的税收限制，公司创新融资租赁模式，通过提供定向贷款融资支持，并在期满之后续贷的方式，为内部单位之间的设备采购提供了便利的通道，进而推动集团机械设备产业的发展。采取较市场利率下浮10%的优惠利率，既节省了成员单位财务成本，又促进了集团建筑机械设备的销售。

【资金和投资业务】2013年，公司积极稳健地推进资金计划管理工作，将资金计划管理主要分为资金头寸管理、备付金管理、同业存放资金管理、信贷资金管理四个方面，在保障主要业务正常开展的基础上，实现公司效益最大化。公司在资金的管理和运用上，采取“严控风险、灵活把控”的方式。在备付金管理方面，充分考虑成员单位的取款特点和银行时点考核因素，在每月上旬和中旬适当降低备付金规模，将可用资金投放于较高收益的同业定期；在每月下旬和季末，留存充裕的备付金以满足成员单位的支取需求，建立一、二级联动的备付金管理模式。在资金运用方面，在扣除法定存款准备金及备付金后，公司积极开展信贷业务和同业存放业务。全年通过107次金融市场操作，资金运转总流转量达1 479亿元，获得收益3.30亿元，全年综合收益率5.08%，高出市场水平71个基本点；全年同业利息收入49 425.44万元，较上年增长15%。

【票据业务】公司采取较低的贴现利率，扩大对集团成员单位之间的商业汇票贴现规模。2013年全年办理票据贴现、承兑业务共78笔，金额15.26亿元。公司还积极推进电子汇票业务，采取代理银行模式接入电子商业汇票系统，大大缩短了系统建设周期。2013年2月，公司首次开展电子汇票贴现业务。8月，首次开展电子汇票承兑业务。全年累计开展电子汇票承兑、贴现业务金额达0.59亿元。

【资金集中】公司紧密结合集团发展战略，不断深化资金集中工作，将金融服务范围扩大到专业化板块。2013年，公司完成了中建安装、中建钢构、中建交通3家专业化公司的上线联通工作，实现了服务于集团专业化公司零的突破。共有21家集团成员单位系统上线，成功开展了资金集中业务。截至年末，在公司开户的成员单位已达98家、合作行共计16家（其中参与资金集中的合作行共有11家）。全年资金存款峰值达264亿元，存款余额184亿元，日均存款185亿元，同比增长42%。2013年，公司新开各类结算、管理配套账户373个，占账户总量的32%；处理各类结算业务14 011笔，同比增长54%；交易金额再创新高，达17 041亿元，同比增长60%。

公司还积极推广代理支付业务，大幅缩短了资金划转时间。2013年，公司新增三局、五局、西部建设三家签约单位，全年办理代理支付业务1 290笔，支付资金640亿元，为集团成员单位减免财务费用31万元。

【业务创新】2013年，公司以“搭建银财合作通道，提高成员单位满意度”为重点，积极推进业务品种创新，推出了分离式保函、商票保贴以及额度循环贷款等新业务。全年公司累计开展16笔分离式保函业务，金额7.90亿元；办理商票保贴业务4笔，金额0.50亿元。额度循环贷款业务的推出，一方面简化了贷款的申请程序，另一方面降低了贷款利率，缓解了兄弟单位短期资金使用压力，节省财务费用，从而进一步强化了成员单位短期资金使用的灵活性和便利性，充分体现公司“客户至上”的经营理念。

【风险管理和内部控制】一是持续完善制度建设。公司结合监管要求与自身管理需要，补充、修订了涉及公司治理、综合管理、业务管理、内部控制等方面的数十项制度。二是推进信贷业务审查资料标准化。公司对现行开展的各类信贷业务进行风险点的识别与梳理，在明确相关部门职责与工作重点的同时，分别制定审查资料清单，提升信贷业务资料标准化水平与业务风险防范能力。三是推进法律、合规全面融合。公司进一步推进法律与业务相融合，开展业务法律审查、合同审查以及法律咨询，将法律工作延伸至中台，在强化事前、事中风险控制的同时，有效加强风险管理领域各个专业的联动性。四是充分发挥内审监督作用。为贯彻落实全面风险管理建设工作要求，公司遵照外部监管与内部制度的要求，完成现行业务全面审计、反洗钱专项审计以及监管要求落实情况专项审计项目，为公司合规开展各项业务打下坚实基础，有效督促公司较好落实各项监管要求。

【人力资源管理】公司紧紧围绕“十二五”发展目标，不断提高人力资源管理水平。一是建立外部引进和内部培养相结合的人才选用机制，在引进高级专业人才的同时，进一步加大内部挖潜力度。二是深化绩效考核，建立绩效考核与薪酬激励相配合的联动机制，进行全过程绩效管理，突出业绩导向，建立工资内部分配机制，充分调动员工积极性。三是打造学习型组织，鼓励员工考取公司所需的从业资格、专业证书等，并给予一定奖励，推动人员整体素质提高。四是陆续开展企业文化、信贷管理、结算管理、风险管理等各项内部培训，并与同行业开展业务交流培训，提高员工专业素质。

【信息化建设】在应用系统建设方面，一是加入了人民银行建设的企业征信系统；二是推进1104系统开发进度，实现1104非现场监管信息系统数据自动采集和报表自动生成，防范报错风险；三是扩大合作银行范围。截至2013年末，公司与15家银行开通了银企直联接口，同时对银行前置机进行单独部署、升级，提高了服务的稳定性。在基础设施建设方面，加强了关键节点网络建设，实现双活，防范风险。在信息安全建设方面，主要完成数据异地灾备系统的部署，实现金融核心数据的实时备份，保证数据级业务连续性。

【企业文化建设】公司企业文化工作以深植“中建信条”为主线，紧紧围绕“拓展幸福空间”这一中国建筑的使命，以“满足客户、成就员工、回报股东、造福社会”为主旋律，积极塑造企业文化。公司从自身的使命定位入手，确立了“集团满意、客户满意、员工满意”三个目标，组织开展各项活动，增进员工之间的沟通和交流，提升公司品质。

江苏省国信集团财务有限公司

【经营概况】2013年，江苏省国信集团财务有限公司（以下简称“公司”）得到各股东支持，顺利完成增资扩股，注册资本金增加至15亿元，进一步增强了公司服务集团和成员单位的能力。综合实力不断提升，在省内同行业中，公司资产总额、营业收入、利润总额等主要经营指标排名第一，综合排名始终位居全省第一。截至2013年末，公司吸收存款余额57.52亿元，较上年同期增长10.34%；总资产79.72亿元，较上年同期增长15.64%；委托贷款余额165.22亿元，较上年同期增长119.82%；实现营业收入3.02亿元，较上年同期增长33.63%；实现利润总额1.91亿元，较上年同期增长32.64%；为成员单位节约费用1.5亿元，较上年同期增长43.54%；超额完成了各项任务指标。

【信贷业务】2013年，公司为38家成员单位办理授信94.45亿元，为成员单位累计提供资金支持60.19亿元，较上年同期增加23.27亿元，其中为32家成员单位办理44.16亿元的贷款业务，为2家成员单位办理11.14亿元的票据贴现。截至12月末，公司为集团和成员单位提供资金支持余额59.15亿元。此外，公司还作为受托人为集团本部及成员单位新办理委托贷款130.25亿元。除了给予成员单位直接资金支持，公司还积极协调银行等其他金融机构，为成员单位提供金融支持。

【资金和投资业务】一是做好资金调度工作，根据集团资金集中管理的要求，公司要求成员单位按年度、月度编制资金预算，逐笔审核成员单位调整追加资金计划的申请并提出修改意见，协调集团内各种资金支付，掌握集团的资金需求，保证成员单位的正常营运。二是公司加强与人民银行的沟通交流，全年累计办理再贴现5.74亿元，增加了公司为实体经济投入的低成本资金来源。三是公司实时关注市场动态，抓住“钱荒”时机运用资金池内存量资金与银行开展同业存放业务，利率按市场最优报价执行，全年实现资金收益0.30亿元，金融牌照的价值得以凸显。

【票据业务】截至2013年末，公司累计为成员单位办理票据贴现11.14亿元。在已开展的贴现业务基础上，公司还积极研究集团票据集中管理工作，探索以提供票据承兑、贴现、转贴现等一揽子业务为抓手的集团票据池运作模式，力争进一步盘活集团票据资产，提高成员单位支付能力以及资金归集度。

【资金集中】2013年，公司将加强资金集中管理，提高资金归集度作为核心工作，多次召开专题会议，研究资金集中管理工作方案，对成员单位进行分类，明确资金归集目标，制定工作举措。截至2013年末，开户成员单位达到150家，上线109家，集团资金集中度达47.85%，日均吸收成员单位存款56.61亿元，较上年同期增加12.10亿元，增幅27.18%。

【业务创新】2013年，公司加强与人民银行的沟通，成功获得批准加入电子商业汇票系统和银行间同业拆借市场，截至12月末，开展电子银行承兑汇票、电子商业承兑汇票贴现等业务累计票面金额达1.99亿元，开展同业拆借业务12.10亿元，进一步完善了公司的业务功能，满足了成员单位票据结算业务的迫切需求和集团大额债务归还头寸调拨需要，为解决企业融资难题，降低融资成本提供了更广泛的金融手段。

【风险管理和内部控制】一是根据《企业集团财务公司管理办法》等法规和监管规章的要求，以防范风险和审慎经营为原则，不断梳理和完善内控制度、业务制度，加强机构建设，起草、制定了《资金定价管理制度》、《电票业务管理办法》等10多项制度，初步建立了较为科学、严密的内部控制制度体系，形成了“事前防范、事中控制、事后监督和纠正”的风险防范和内控机制，保证了管理的严格性和风险的可控性。二是根据监管部门的评级要求，围绕评级标准，从公司治理、功能定位、内部控制、合规性管理、信息系统、资本充足性、资金流动性、服务水平等诸多方面逐条对照，全面梳理完善公司各项工作，认真准备，查找不足，研究改进措施。通过做好评级准备工作，进一步强化和完善了公司内控管理，促进了公司合规经营。

【人力资源管理】人力资源工作紧紧围绕公司核心工作，不断提升人力资源管理水平。

一是注重教育培训，通过“请进来，走出去”的方式，按照信贷、结算、风险控制等业务分类，邀请中国银行、交通银行、九恒星公司等专家来公司开展业务专题讲座，参加财务公司协会主办的专业培训，组织业务骨干到TCL财务公司、中广核财务公司等同业实地调研学习。全年公司累计开展各类培训调研学习20多场次，全员综合业务素质大幅提升。二是建立较完善的激励约束机制，加强员工的绩效考核与管理，制定了科学合理的考核体系，并将年度考评结果与员工薪酬调整、职级晋升、教育培训紧密结合，真正建立“干多干少不一样，干好干坏不一样，干成没干成不一样”的考评与激励机制，对考评优异者给予奖励，对考评级次较差的员工，公司领导、部门负责人分别与考评对象沟通，帮助提出改进办法，促进员工提升履职能力。

【信息系统建设】公司以服务成员单位，维护信息安全，提高运营效率为宗旨，积极推进网络建设，完善电子平台。一是完成电子商业汇票系统、同业拆借系统调试上线工作，为公司业务发展，提高工作效率提供技术支持。二是初步完成公司信息化发展规划，包含网络、安全、应用、数据库、集群、负载均衡、接入认证、存储、备份、灾备等各方面内容，稳步推进公司信息化系统规范、可持续性发展。三是加强对公司信息系统的安全改造，注重对网络安全接入、行为管理、漏洞检测、入侵检测、入侵防护等方面进行维护和管理，进一步提升公司数据安全和业务系统稳定运行，保障公司各项经营管理活动顺利开展。

【企业文化建设】公司重视员工成长和“八小时”之外生活，在力所能及的范围内，帮助员工解决家庭中的实际困难，对员工家庭丧、病等重大事情给予慰问，对员工本人婚庆喜事给予祝福，让员工在企业感受到家一般的温暖。公司积极组织“奉献爱心，捐资助学”活动，继续谱写“共享阳光，学习成就梦想”的真爱乐章，通过扶贫济困、回馈社会的行动，培养员工慈善奉献、关爱社会的良好情操，增强员工的社会责任感和爱心互助意识。丰富多彩的公司活动提升了员工的归属感、职业素养和精神风貌，进一步增强了财务公司作为员工“精神家园”的凝聚力，公司和谐、健康、向上的金融企业文化逐渐成熟。

重庆化医控股集团财务有限公司

【经营概况】2013年，重庆化医控股集团财务有限公司（以下简称“公司”）秉承“立足化医、依托集团、服务产业”的经营宗旨，遵循“稳中求进”的发展思路，坚持走金融服务实体经济的发展路线，大力支持集团成员内各中小企业，全力配合集团产业转型升级战略的实施，有效发挥了金融资本与产业资本之间的桥梁和纽带作用，以金融手段助推集团产业发展，取得了良好的经济效益和社会效益。截至2013年末，公司资产总额70亿元，净资产6.64亿元，资本充足率为18.70%；不良资产率和案发率持续为零；实现收入2.41亿元，利润总额1.06亿元，全面完成了董事会既定目标，相关指标达到了监管要求。

【公司金融】2013年，公司完成了对41家集团成员单位年度综合评级授信工作，授信总金额27.29亿元；为30家成员单位发放自营贷款82笔，累计发放自营贷款29.50亿元；发放委托贷款4笔，总金额0.66亿元。贷款余额25.61亿元，委托贷款余额0.5亿元，买断式票据贴现余额12.26亿元。

【票据业务】2013年，公司累计办理成员单位贴现54亿元，办理转贴现29亿元，代开银行承兑汇票11亿元，年末票据余额20亿元（含托管票据）。

【资金集中业务】公司持续加强资金集中管理，努力提升资金使用效率。截至2013年末，在公司开户单位达到92户，比上年同期增加25户；票据归集家数达到32家，比2012年初增加9家，票据归集金额83亿元。为了加大资金归集和票据归集工作力度，公司在对企业的贷款利率按照同档次基准利率下浮10%的定价原则的基础上，参考借款企业上一季度的资金归集度和票据归集度情况，实行差别化贷款利率，根据借款企业实际资金和票据归集度确定具体下浮幅度，明显提高企业归集资金和票据的积极性和主动性。公司继续采取上门服务的方式，主动到地处偏远、交通不便的成员单位所在地收集开票资料和相关票据，尽可能为企业交票创造便利，从而加大公司票据归集力度。

【资金和投资业务】面临宏观调控政策带来的资金不断收紧、市场利率大幅上扬等不利因素，公司积极拓展同业融资渠道。2013年5月29日，公司获得《中国人民银行上海总部关于重庆化医控股集团财务有限公司进入全国银行间同业拆借市场的批复》（银总部函〔2013〕34号）。7月，公司2名员工通过培训获得交易员证书，取得上岗交易资格。公司全年办理同业拆借业务1笔，金额4亿元。同业拆借资格的取得进一步增强了公司的筹资能力。

【风险管理和内部控制】2013年，公司结合工作实际，及时对相关制度进行查漏补缺，制定了《财务公司不良贷款“双控”计划和案件防控工作的考评办法》和《同业拆借管理办法及操作流程》，修订了《资金岗位、票据岗位工作流程》。在日常工作中，公司严格按照相关管理制度开展防控案件风险核查，全年共核查凭证132 827笔，金额1 389.77亿元；审查信贷业务153笔，金额31.65亿元。

【人力资源管理】公司着眼企业可持续发展，坚持培养与引进并重，注重加强专业技术人才队伍建设。公司积极打造学习型组织，持续强化岗前培训和轮岗锻炼，积极组织员工参加银监会（局）、中国财务公司协会、人民银行重庆营管部的业务学习，鼓励员工自学，营造“比、学、赶、超”的良好氛围。

【信息化建设】公司持续加大对信息化建设的投入，夯实业务发展基础。TMS集团资金管理平台系统在不断优化的基础上稳定运行，充分发挥了其在信贷业务、资金集中、票据业务以及结算业务管理方面的优势，提升了业务处理效率和客户服务能力。

【企业文化建设】公司坚持将企业文化建设同经营管理工作有机结合。一方面，公司突出以“服务”为导向的经营方针，通过真抓实干、苦练内功，不断培养和提高金融服务意识和技能，坚持标准化服务，规范窗口人员行为，实现由传统服务向营销服务的转变，在公司上下逐步建立起热情、周到、主动的服务意识。另一方面，公司大力倡导“人人合规、事事合规”的风控合规文化，通过学文件、学制度、开展警示教育、撰写学习心得等形式，使风险防控意识深入人心，保障了公司日常经营活动的安全高效运转。

金川集团财务有限公司

【经营概况】 2013年，金川集团财务有限公司（以下简称“公司”）紧紧围绕集团发展战略和公司经营目标，强化资金管理，严控资金存量，保障资金供给，降低融资成本，提升服务能力，有效发挥了金融职能，取得了较好的经营成果。全年实现营业收入1.45亿元，利润总额0.95亿元，其中净利润0.80亿元。截至年末，公司资产总额40.67亿元，负债总额29.11亿元，所有者权益11.56亿元，不良资产率保持为零，各项指标均符合监管部门要求。

【资金业务】 2013年，公司着力加强资金管控，提高资金使用效率。在保证流动性安全的前提下，控制资金存量，降低存、贷款双高；加强对日常资金的头寸管理和实时监控；积极与各家商业银行议价，争取较高的同业存款利率，充分利用闲置资金适时办理短期同业定期存款，增加存量资金收益。同时，公司根据集团整体资金状况，挖掘各种融资工具的价格比较优势，协助集团多渠道、低成本筹集资金，全年累计融资403.44亿元，节约财务费用6.10亿元。

【贷款业务】 2013年4月，银监会批准公司开展贷款业务和委托贷款业务。截至年末，公司以低于银行10%的贷款利率为成员单位发放流动资金贷款10亿元，零手续费办理成员单位之间委托贷款1.28亿元，有效支持了成员单位的经营发展。

【票据业务】 公司实施集团范围内成员单位的票据集中管理，建立“票据池”，灵活调度票据资金，为通过票据实现集团和外部金融市场的资金融通创造了条件。2013年，公司共办理票据贴现业务159笔，金额25.09亿元，收益0.64亿元，同比增长22.26%。

自2012年末电票操作系统上线后，公司在集团内部大力推广电子商业汇票业务，倡导成员单位利用电子商业汇票结算。2013年，公司开出电子商业汇票317笔，金额26.06亿元，有效节约了集团资金占用及资金成本。

【资金集中】 2013年，公司进一步加强资金集中管理。资金归集的成员单位达95家，比2012年增加7家；吸收存款日均余额26.30亿元，境内可归集人民币资金集中度为93%，全口径资金集中度为50%。全年办理结算业务61 551笔，结算金额4 154亿元，日均结算量246笔，同比增长9.5%。

【业务创新】 公司通过人保财险公司取得了保险兼业代理业务经营许可证，成功代办了1单财产保险业务。外汇资金集中及结售汇业务、同业拆借业务均已获批，业务开展前准备工作已基本就绪。

【风险管理和内部控制】公司持续推进制度建设工作，对各项业务操作规程和内控制度进行修订完善。一是加强对新开展贷款业务的风险管理，调整信贷审批委员会，制定贷款业务相关制度和各类贷款合同文本，规范客户评级授信流程，防范信用风险和操作风险，保证贷款业务审慎合规开展。二是健全内审稽核机制，实现日间稽核工作常态化，对结算业务进行专项内审，进一步规范基础工作。三是开展风险评价自评工作，系统梳理各项风险指标与监管标准之间的差距，进行整改和完善。

【人力资源管理】公司积极引进金融专业人才，根据新业务开展需要，优化岗位人员配置，每个岗位设置 AB 角，定期进行岗位轮换，促进员工多岗位锻炼，提高业务素质。加强绩效考核，完善激励分配机制，以绩效工资分配来激励业绩突出的员工，对为公司发展作出贡献的员工进行专项奖励，调动员工的积极性和主动性。公司加强员工培训工作，选派业务骨干参加财协和商业银行组织的各类培训学习；结合新开展业务的特点，聘请银行业务专家授课，多层次、多渠道开展信贷、保险、外汇、同业拆借等业务知识培训。2013 年共举办外汇管理政策等知识讲座 12 期，提升了员工的业务知识和技能，为公司新业务开展提供了有力支撑。

【信息化建设】2013 年，公司持续推进与新业务配套的信息化建设。在九恒星资金管理系统中新增加结售汇模块和同业拆借模块，为新业务的开展提供信息科技支持；推广电子票据系统，提升服务效率。公司还完善了系统应急预案并组织实施演练，提高了系统安全风险的控制能力和员工的应急处置能力。通过加强信息系统运维管理，及时解决系统问题及需求 7 项，保证了资金管理系统平稳运行和各项业务正常进行。

【企业文化建设】公司坚持“以人为本，关爱员工”，培育和弘扬具有金川特色的金融企业文化。公司积极为员工创造良好的工作、生活环境，上下班前播放音乐，定时做工间操，舒缓工作压力；建立员工互助、探望慰问等制度，定期安排员工全面健康体检；成立文体活动小组，组织开展各种文体活动，丰富员工业余生活。公司党支部深入开展党的群众路线教育实践活动，积极整改“四风”问题，促进公司和谐，增强了员工队伍向心力和凝聚力。

新希望财务有限公司

【经营概况】2013 年，新希望财务有限公司（以下简称“公司”）始终坚持“规范、创新、发展”的经营管理主旨，继续遵照集团提出的“控制风险、创造价值”的八字方针扎实推进金融服务工作，完成了年初集团下达的预算任务，费用下降，利润增长，资产、收入双增长。公司资产总额较年初增长10.95亿元，实现营业收入0.48亿元，账面利润总额0.39亿元，账面净利润0.29亿元，完成年度预算的103.18%。经过三年不懈努力，公司基本完成了发展规划的第一阶段任务目标，即开展以“搭平台、抓集中、控风险、提效益”为指导思想的集团货币资金集中管理。各项监控指标均达到银监会监管要求。

【资金集中】一是资金池建设工作成果显著。2013年，公司克服了集团股权关系复杂、公司数量众多且地域分散等困难，实现了集团所有板块的全面上线。目前共计已有400余家单位在财务公司开户并实现归集结算。二是有序开展成员单位银行账户的清理工作。2013年，公司对全集团成员单位的所有账户进行了统计和清理，并通过加强收支两条线的管理、建立银行账户管理制度等措施，有效帮助各事业部提高了资金运用效率，在降低资金风险的同时也降低了财务费用，并且保证了资金集中度的稳定提升。2013年末，资金集中度达到54.94%，明显高于年初的17.37%。

【信贷业务】2013年1月至12月，公司自营贷款累计发生31.42亿元。截至年末，公司自营贷款余额已达12.80亿元，其中涉农贷款余额达6.50亿元，占比为50.78%。公司对成员单位的贷款利率严格按照国家相关规定执行，对于国家支持的农牧企业，多以基准及下浮利率发放贷款，大力支持农牧板块的实体企业发展。

【票据业务】2013年，公司大力推进成员单位电子商业汇票承兑业务，为集团及下属各成员单位合理规划使用资金，科学利用融资工具。全年公司共承兑电子银行承兑汇票1.02亿元，截至年末，公司电票承兑余额0.53亿元。公司还通过招商银行、中国银行、农业银行等进行票据保贴，扩展公司电票的市场信誉度，增加其流通度和认可度，提升新希望这个品牌在金融市场中的信誉。同时，公司积极联系人民银行，对成员单位在手票据进行贴现后的再贴现，帮助成员单位解决资金问题，盘活在手资产。

【业务创新】2013年，集团提出“国际化、电商化、金融化”的发展思路。公司配合农牧主产业“引领前端和掌握终端”战略，重点构思为产业链两端提供全面的金融产品和服务，为产业发展插上金融翅膀的构想和方案。

在产业链前端，公司借助合作养殖的模式与成熟的担保体系，为合作农社提供买方信贷、消费信贷，形成杠杆效应，拉动产业链前端的销售，紧密合作农社和新希望的关系。在产业链终端，公司将金融服务延伸到4个方面（小微终端、大型商超及农贸市场、终端客户、电商平台）。目前公司已形成了一套终端金融服务解决方案，方案以构建便捷收款、支付结算平台为核心，运用IT手段实现资金流、物流和信息流的统一。同时，公司整合集团内部资源及外部可用资源，开展金融集成服务，促进产业链协同与集团价值链增值。

【信息化建设】2013年，公司信息化建设在“安全、稳定、高效”的原则下展开。公司为集团股份公司旗下青岛中心量身定制了“额度控制系统”，为其准确把握资金计划和使用情况、提高资金使用效率发挥关键作用；为化工板块和大象集团全面上线公司网银系统，为提高资金集中、减少外部负债和节约财务费用奠定了坚实基础；为提高和拓展成员单位支付结算便捷性，减少成员单位操作人员工作量，公司开发完成了“财企通”系统，作为其他外部系统接入的统一入口，成员单位可在自己的财务系统通过多渠道完成支付，方便快捷。同时，公司还对核心业务系统进行了优化升级，在稳固基础、加强安全、保证运行稳定的前提下提升运行效率，并投资新建了一套备份系统，实现了本地业务应用级备份，强化了数据的异地灾备和应急机制建设。

【风险管理和内部控制】2013 年，公司在推动业务发展的同时，继续坚持“风险为本、内控优先”的原则，在服务集团产业链两端的金融活动中，持续强化风险识别和风险控制。公司有序推进全面风险管理体系建设，不断完善内部控制制度，有效促进经营管理规范运作。公司在人员管理、系统建设、业务经营等方面，持续加强风险管理和稽核检查，全年完善各项规章制度 20 余个，各项监管指标全部达标。

【人力资源管理】公司秉持“优秀、专业的人才是公司发展根基”的理念。2013 年，通过改善一线员工待遇和重点引进专业化、年轻化的人员，逐步改善和优化了公司员工队伍结构和整体水平。公司通过定期（每月 1 期）的内训活动，让部门负责人、骨干和员工成为讲师，与大家一起分享自己掌握的知识，打造学习型组织，努力成为充满学习氛围和创新思维的团队。公司还组织了多次团队活动，以增强员工的凝聚力与活力。

酒钢集团财务有限公司

【经营概况】2013 年，酒钢集团财务有限公司（以下简称“公司”），始终坚守“规范、严谨、稳健、高效”的经营理念，坚持“立足集团、服务成员、合规经营、稳健发展”的经营方针，以“依托集团、服务集团”为宗旨，以整章建制、夯实基础为根本，以合规经营、防范风险为核心，以业务培训、队伍建设为重点，各项业务步入正轨，金融服务水平不断提高。

截至 2013 年末，公司资产总额 65.64 亿元，同比增长 25.64%；负债总额 51.54 亿元，同比增长 28.15%；所有者权益 14.09 亿元，同比增长 17.26%。全年实现营业收入 2.61 亿元，同比增长 54.84%；实现利润总额 2.30 亿元，同比增长 63.77%。公司安全性、流动性、盈利性等指标持续向好，在中国财务公司协会统计的全国 174 家财务公司中，资产收益率列第 9 位、净资产收益率列第 37 位、利润率列第 23 位、成本收入率列第 1 位。公司资产和资本的利用效率以及盈利能力持续提升，新资本充足率、流动性比率较上年末有所下降，公司资产负债结构改善，资金使用效率提高。

【信贷业务】2013 年，公司以信贷业务为主要发展方向，为成员单位提供高质量、低成本的融资服务。公司实行优惠利率，累计为 17 家成员单位办理银行承兑贴现业务 14.32 亿元，实现贴现收入 0.27 亿元；为 16 家成员单位核准综合授信额度，向 11 家成员单位投放流动资金贷款 23.50 亿元，实现贷款利息收入 0.64 亿元，相当于为集团减少 37.82 亿元外部融资，较好地发挥了资金融通职能，提高了集团资金的使用效率。

【票据业务】鉴于电子票据在功能和安全性上的突出优势以及不断扩大的应用广度，公司加强业务宣传，积极推广拓展，2013年累计为成员单位签发电子银行承兑汇票0.74亿元。此外，公司不断探索票据管理模式创新，挖掘成员单位丰富的票据资源，盘活了沉淀票据，降低融资成本。

【资金集中】公司采取深入摸底调研、了解成员单位经营状况及资金需求、改进服务方式、提高服务质量、提供个性化归集方案等措施，不断加大资金归集管理力度，力促资金归集度整体呈现上升趋势。目前集团公司成员单位已达到143家，其中集团公司及其控股51%以上的47家，集团公司、子公司单独或者共同持股20%以上的93家。2013年累计办理结算业务56 564笔，金额总计21 816.91亿元。日均吸收存款90.29亿元，剔除不可归集因素，资金集中度达到78%。

【业务创新】为了充分发挥职能，更好服务集团及成员单位，公司积极筹备申报有价证券投资、金融机构股权投资、发行财务公司债券、承销成员单位企业债券等业务，同时选派素质较高、可塑性强的年轻员工赴几家商业银行总行进行投资业务、风险控制专项业务培训，为新业务的开办做好专业人才储备。

【风险管理和内部控制】继续建立健全“三会一层”法人治理结构和一整套横向与纵向职责分离、相互监督制约、涵盖公司业务各领域、各环节的内部控制体系。2013年，董事会会议修订了《授权管理办法》等五项管理制度，审议通过了《董事会审计委员会章程》、《董事会审计委员会工作规则》。公司配合并自觉接受甘肃银监局风险评级和“四类风险排查”的现场检查、财务公司高管人员监管谈话及监管调研，组织落实相关监管意见和要求，建立了良好的工作机制。公司坚持非现场风险监测报告制度和月度查库制度，组织各部门进行安全生产大检查，同时完成了对公司票据贴现业务、票据代保管业务、同业理财业务稽核意见落实情况的跟踪检查以及对流动资金贷款业务的专项稽核检查，进一步强化了制度执行力和约束力，规范了业务操作规程。

【人力资源管理】2013年，公司人力资源管理重心从重视可用性转为强调发展性，建立以培育公司核心能力为中心的人力资源管理体系。公司选派优秀员工参加商业银行及中国财务公司协会组织的培训，定期聘请银行专家讲授外汇、票据、投融资等金融专业知识。通过交流学习，提高了员工的综合素质和业务技能，增强了创新精神，培养出一支业务素质强、综合能力过硬的专业人才队伍，满足业务准入规定和业务拓展要求。

【信息化建设】公司倡导以信息技术为载体，明晰工作状态，共享金融资源，丰富服务品种，提升管理效率，减少业务差错。2013年，公司对成员单位业务人员集中培训系统操作内容，完善操作手册，及时解答日常业务中的各类问题并定期群共享。公司积极配合银行进行资金平台升级，完善系统建设，保证业务正常开展。截至2013年底，公司已与多家商业银行搭建起银企直联平台。

【企业文化建设】公司认真落实酒钢集团2013年品牌建设计划，按照金融监管要求和行业自律标准培育全员服务意识和合规文化，将服务深入到战略制定、业务发展、组织架构、产品开发、营销渠道等各个方面。从服务环境、服务效率、服务规范、素质提高等方面着手，逐步建立规范的服务体系，将打造公司品牌作为一项长期的战略性任务。

包钢集团财务有限责任公司

【经营概况】 截至2013年末，包钢集团财务有限责任公司（以下简称“公司”）资产总额33.3亿元，负债总额27.08亿元，所有者权益总额6.22亿元，资本充足率为27.7%，流动性比率为48.8%，资金质量和流动性指标合规。实现营业收入1.20亿元，营业利润0.85亿元，取得了较好的经营业绩。

【信贷业务】 2013年，公司加强对信贷业务的风险防范，以“三个办法、一个指引”和银监局具体监管意见为指导，查找问题，积极改进，形成《贷款业务自查报告》。风险合规部、稽核部对信贷业务进行了全面检查，提出具体整改意见。信贷部门对相关问题及时改进，规范业务，提高了风险防范水平，增强了合规意识。进一步加强与金融同业合作，与商业银行展开领域更为宽泛、方式更加灵活、创新空间更加宽余的多种合作模式。公司充分体现金融功能，积极与商业银行等金融机构形成互利共赢的长期战略合作关系，信贷规模、同业授信有了突破性进展。全年业务不断创新，开展了票据直贴、转贴、担保、贷款及代签银行承兑汇票等业务，提高了信贷服务能力和盈利能力。

【资金业务】 2013年，公司积极管理资金头寸，密切关注中央银行货币政策和同业拆借市场利率的变化趋势，优选交易对手，积极推动合作银行提高存放同业利率，确保存放同业资金取得较高收益。公司全年取得同业定存收益0.3亿元。积极争取同业授信，截至2013年末，公司共取得12家金融机构同业授信，有效抵御了市场风险，提升了流动性管理的灵活性。

【票据业务】 2013年，公司开展了票据直贴、转贴及代签银行承兑汇票等业务。其中直贴银票、商票43亿元，为集团贴现融资23.60亿元；开展代签银行承兑汇票业务3.40亿元，开展转贴业务35亿元。各项票据业务的开展有力促进了公司服务功能的完善，不仅为成员单位提供了融资便利，也为公司提供了利润增长点。

【资金集中】 公司积极履行集团资金集中管理功能，与包钢股份、稀土高科签订年度“金融服务协议”，通过开展定存、网上结算等服务手段，吸引成员单位存款。截至2013年末，43家成员单位在财务公司开户，资金集中度达到21.56%，比2012年有了进一步提高。

【业务创新】 2013年，公司新增日、旬、月流动性指标预测表，开通电子回单、网上对账业务，通过不断改进服务，满足同业及成员单位的业务需求。加大开展同业业务的力度，通过业务间往来加强与各银行的交流，逐步探索同业间合作的新途径，寻找到同业间业务新的契合点和盈利模式。

【保险代理】2013年，公司跟踪处理赔案20起（其中结案11起，正在赔付9起），完成了2013年包钢集团车险续保和统一财产险续保工作。代理集团各类险种共计保费0.3亿元，保险业务取得了长足进步。

【风险管理和内部控制】2013年4月，为进一步健全公司内部控制体系，公司在监事会下设立了“审计委员会”，新增设“风险合规部”，修订了《资产负债管理办法》等28项相关制度，新增了《合规风险管理办法》、《违反金融规章制度责任追究办法》等26项制度，对风险情况进行了全面评估，对存在的问题进行了严格整改、落实，有力提高了风险管控水平。同时，公司加强稽核工作，通过现场检查、非现场检查、专项检查等方式全面开展后台审计，对公司发放的贷款进行全面自查，对保险代理业务、印章及重要空白凭证使用管理、信贷、结算等业务进行了专项审计，建立内部审计台账，提出稽核意见和建议50余条，不断完善和规范稽核后续整改工作，确保公司合规运营、稳健发展。

【人力资源管理】公司不断完善人力资源建设，加强人才梯队培养，努力提升员工队伍素质。一是制定员工绩效考核管理办法，对公司所有岗位进行重新定员、定岗、定编，修订部门职责和岗位职责，建立业绩考核为导向、定量考核与定性考核相结合的绩效考核体系。二是编写员工中长期发展战略，开展青年员工职业规划活动。三是加强员工岗位培训和专业培训，建立培训档案，积极鼓励与支持员工参加行业、协会组织的各类业务培训，通过继续教育、职称晋级和资格考试等方式，多渠道提高员工业务素质。

【信息化建设】一是公司运用信息科技拓展业务系统功能，增加了综合授信、信贷、电子回单、电子对账、电子印鉴等系统，增强了集团与成员单位资金结算信息获取的准确性、完整性、时效性。二是完成了与四家股份制银行的银企直联工作，拓宽公司结算渠道，提升支付能力。三是对所属信息网络配套设备进行全面巡检和故障排查，发现并处理一般性故障两个，完成公司整体网路安全的自查及评估工作。四是初步与软件开发部门达成互动式、个性化分析管控开发计划，为即将开展的新业务提前部署信息化框架，为业务发展提供先决条件。

【企业文化建设】2013年，公司充分发挥党组织和工会、团支部的作用，积极开展各类活动达到凝心聚力的目的。党支部积极深入开展“党的群众路线教育实践活动”和党员奉献“承诺践诺”活动，不断推动学习成果转化为联系群众、服务群众的实际行动。领导干部带头撰写关于提高资金集中度、降本增效、包钢发展金融产业等方面调研报告；制作业务流程看板；实施网上电子对账；为成员单位进行新业务培训；启动精益管理，创建精益部室。一系列便民举措让群众真正看到了教育实践活动带来的新变化。

公司工会组织职工健步行；参与包头银行业协会羽毛球比赛并获得了团体第六名；参加包钢工会组织的羽毛球、气排球比赛，获得了优异成绩。公司团支部组织团员青年开展“学雷锋”、“青年志愿服务”、“反洗钱知识竞赛”、“硬笔书法比赛”活动，积极参加包钢集团“中国梦·包钢梦，圆梦尽责”演讲比赛等系列活动。各项文体活动既丰富了员工的业余文化生活，又培养顽强拼搏、积极向上的企业精神。

新奥财务有限责任公司

【经营概况】2013 年，新奥财务有限责任公司（以下简称“公司”）围绕集团战略升级、组织变革和跨国经营三大任务，秉持稳健的经营策略，保证公司合规经营，以扩大信贷规模、加强集团资金管理为核心，进一步完善运营和风险管理，为集团提供高效的金融服务。全年实现营业收入 1.1 亿元，同比增长 32%；净利润 0.53 亿元，同比增长 44%；年末存款 21.06 亿元，较年初增长 201%。

【公司信贷业务】2013 年，公司在集团的作用愈加凸显，在提高集团的资金使用效率的同时，拓宽了成员企业的融资渠道，极大地解决了企业贸易融资、固定资产投资等的资金需求。2013 年 1 月，经过银监会批准后，公司进行了股权调整和增资，注册资本由 5 亿元增加到 10 亿元，公司的资本总额的扩充，增强了信贷投放能力。公司全年共累计信贷投放 31.34 亿元，完成年度目标的 144%，信贷投放余额为 21.41 亿元。作为集团资金管理的主要渠道，根据集团的要求，清理各成员企业的往来款 28.63 亿元，基本清理完各成员企业间的往来款。

【资金业务】2013 年，为提高资金使用计划的精准度，合理配置资金，公司联合第三方软件公司完成了对资金头寸管理模块、电子对账模块和同业模块、业务系统及交通银行的接口开发。电子对账模块实现了公司与开户企业每日电子对账，提高对账的及时性与便捷性，有效地防范了资金风险。

【票据业务】随着对各成员企业分散的票据逐渐集中管理，公司“票据池”规模不断扩充，通过发挥传统的纸票业务和电子票据业务优势互补，全年完成票据贴现业务 140 笔，累计贴现金额 7.7 亿元。累计人民银行再贴现金额 7.9 亿元，余额 3.84 亿元，降低了集团的融资成本。

【资金集中】作为集团的资金管理平台、资金结算平台，截至 2013 年末，共有 226 家成员单位在公司开立账户，吸收成员企业存款 21.06 亿元人民币；全年企业结算笔数达 6.5 万余笔，较上年度增长约 0.3 万笔；交易总金额达 795 亿元人民币，较上年度增长 19.19%。随着结算业务量的增加，公司做到全年零发生支付失误事件，对账企业覆盖率与对账单回收率均为 100%，保障了企业资金安全使用、做到了风险最小化。

【风险管理和内部控制】2013 年，公司编制了《财务公司知识手册》、《财务公司业务手册》、《财务公司岗位职责手册》、《财务公司试题库》、《财务公司常用法规汇编》的“三册、一库、一汇编”的基础管理手册，并由风险管理部门牵头，持续优化完善制度体系、业务流程、岗位职责、人员能力。同时，通过定期自查、不定期内部稽核方式的有效结合，保障了运营合规和风险防范，通过继续签订全员的“风险管理责任书”以及开展相关风险培训项目，提升了公司全员的风险责任意识，提升了企业的风险管理文化。

【人力资源管理】2013 年，在员工能力提升层面，公司与集团人力资源部门共同制定了新奥集团金融职种的任职资格标准的开发，为集团培养金融人才形成了标准。公司内部建立了专业人才库，选拔优秀员工进行针对性提高和培训，逐步形成了专业人才梯队。

【信息化建设】2013 年，为进一步确保公司业务安全有序开展，公司聘请外部机构针对核心金融业务系统及资金管理系统进行了全面的风险评估，共查找出多个风险点，自 2013 年 9 月开始，对各个风险点及系统的网络环境、数据安全、业务流程等进行全面整改。

中外运长航财务有限公司

【经营概况】中外运长航财务有限公司（以下简称“公司”）由中国外运长航集团有限公司及其所属 6 家成员单位共同出资组建，成立于 2011 年 5 月，注册资金为 5 亿元。

公司以实现集团“成为客户首选的综合物流供应商”为核心目标，以“诚信、笃行、专业、创新”为企业文化，以“集团为先、服务为重、规范稳健、开拓创新”为经营理念，以“依托集团、服务产业、规范治理、审慎经营”为经营方针，用科学发展观统揽公司工作全局，以金融多业经营为基础，以高效规范的经营机制为手段，努力培育“战略决策能力、人力资源、信息系统、企业文化”四位一体的核心竞争力，不断进行业务创新，发展与集团需要相适应的金融服务，为集团的产融结合提供全方位的服务，努力成为“服务能力强、资产质量优、风险控制好、盈利水平高、可持续发展”的现代金融企业。2013 年公司累计实现营业收入 11 797.45 万元，累计实现利润总额 4 010.75 万元。

【信贷业务】公司积极有序开展各项信贷业务，2013 年全年累计发放贷款 8.75 亿元，为集团节省财务费用 7 030.07 万元。2013 年完成的主要工作：一是年度授信工作，完成广西公司、集团公司、中租公司及久凌公司的年度授信工作；二是贷款发放工作，分别对广西公司、集团公司和久凌公司发放不同金额贷款，全年累计发放贷款 8.75 亿元；三是贷款收回工作，分别完成对广西公司、集团公司、久凌公司不同金额贷款，公司信贷余额为 16.3 亿元；四是研究分析工作，按时完成深化资产负债率研究工作、金融市场的课题分析工作，为公司领导决策提供支持；五是征信系统上线工作，顺利完成征信系统测试，等待有关机构批准后即可正式上线；六是完成内控体系建设，梳理信贷业务制度和流程，按期完成信贷部门内控体系建设。

【资金和投资业务】公司 2013 年的资金和

投资业务仍然为固定收益类投资中的银行存放同业存款。2013 年，公司财务部针对金融市场中利率市场化的政策变化，科学合理配置资金结构，在防范流动性风险的基础上，向各合作商业银行积极询价，争取存放同业的有利价格，优化资金存放的期限搭配。抓住包括春节假期前等时点高利率时机，通过积极争取同业存放的优惠价格，取得同业存放利息收入 4 767.38 万元。

【外汇业务】2013 年，公司稳步推进外汇业务。一是下发外币调查问卷。深入了解各成员单位近两年外汇资金及国际结算情况，为开展外币资金集中、申请结售汇业务及跨境试点资格提供数据支持。二是跟进外管部境外资金集中试点政策。认真学习北京地区改革试点相关政策，积极准备申报材料，分别于2013 年4 月、10 月向北京外汇管理部两次递交试点申请。三是积极开展外币资金集中业务。2013 年3 月初顺利通过新外币账户信息数据接口的现场验收，成为首批通过该接口验收的财务公司；按计划稳步开展外币资金的归集和下拨。四是积极推进结售汇业务资质申请工作。于6 月正式向北京外汇管理部递交了结售汇业务资质申请，2013 年底获得结售汇资质批复。

【资金集中】2013 年，公司从广度和深度两方面采取多种方式积极推进资金集中工作。一是推进结算集中工作。根据实际情况确定并及时调整实施方案，加强人员培训、提高业务处理效率。二是拓展银企直联渠道。进一步加强基础账户体系建设和银企直联账户授权，截至2013 年 12 月 31 日，向各银行报送银企直联挂接账户 736 个，已开通银企直联账户 698 个，占集团可挂接账户的 95%；配合集团完成账户年检，推动结算集中单位办理银企直联；重点推动银企直联开通比例低的成员单位办理账户授权手续，截至 2013 年 9 月 30 日，已有30 家成员单位的主办行银企直联账户比例达到 100%。三是推进与上市公司合作。完成空运发展、股份公司本部的账户开立、银行账户授权及基础业务系统培训，与股份公司正式开展存款和结算业务；及时向用户及反馈各类问题，确保系统有效运行；关注并及时报送上市公司存款数据，确保符合《新金融服务协议》中相关规定。

截至 2013 年 12 月 31 日，财务公司吸收成员单位存款 23.52 亿元，实现银企直联上线单位 358 家，开立成员单位账户 992 个，为成员单位提供结算服务 7.37 万笔，总计 517.32 亿元，为成员单位节省结算及银企直联费用约 113.2 万元。

【业务创新】公司坚持在做实传统业务基础上不断发展创新业务。一是积极探索与上市公司电商平台合作路径，进一步扩大股份下属公司合作范围，正式为股份新上线公司开展资金归集、下拨、内外部结算等业务；二是有序推进外币结售汇工作，有效降低集团汇兑成本及外汇风险；三是加强客户管理，开展重点客户调研，充分满足成员单位业务需求；四是进行跨国企业外汇资金集中试点申请、外币代理支付业务探索等业务拓展工作。

【风险管理】2013 年，公司进一步夯实全面风险管理工作基础，加强信用风险、市场风险、流动性风险、操作风险、合规风险、法律风险的防范与管理，确保风险管理各项指标均符合监管要求。截至年末，财务公司保持资产质量优良，资本充足率为 29.55%，全年无重大风险事件发生，整体运行稳健、有序。主要风险管理工作措施及成果包括：一是信用风险管理。通过开展充分的贷前调查、严格的贷中审查和有效的贷后检查，严格控制贷款信用风险，确保财务公司信贷资产质量优良，无任何不良贷款和不良资产。二是风险管理专项工作。落实监管机构要求，开展全面风险管理报告编制、合规风险管理计划报送、人民银行统计自查、人民银行反洗钱自查、银监局风险评价反馈及后续现场检查、内部控制体系建设等风险管理专项工作，进一步提高财务公司风险管理水平。三是监管信息报送工作。继续按照监管机构的要求和公司非现场监管统计管理办法的规定，向人民银行和银监局相关部门报送各频度的常规统计报表和监管信息，力争信息报送及时、准确、合规。

【内部审计与内部控制】内部审计方面开展的主要工作和成果：一是日常稽核。审计稽核部结合2013年度工作安排，对部分风险管理、结算业务、财务及综合管理等部门业务开展了日常稽核工作，发现问题同时合理提出了相应整改意见。二是内部控制建设。财务公司于2013年5月正式启动了内部控制建设工作，涉及公司层面、基础流程层面、业务流程层面等26个流程子类，共计200余项流程的梳理。截至2013年末，编写完成了包含重要流程目录框架、关键控制矩阵、流程图、权责指引等内容的内部控制手册；新增风险相关制度2项，修订3项，进一步夯实了风险管理制度基础。三是制度管理。2013年度完成了对审计稽核工作相关制度做了全面修订和补充。另外，对结算业务部、信息管理部、综合管理部等部门新制定的制度进行了检查，提出了多项修改意见。

【人力资源管理】截至2013年末，公司经营层领导及员工共计30名，其中拥有研究生以上学历21人，占比70%；拥有大学本科学历8人，占比27%，专业涵盖金融、投资、财务管理、法律、IT和工商管理等各个领域。财务公司人力资源管理工作以优化专业结构为核心，强调以公司价值观塑造应届毕业的新员工，有效培养财务公司新生力量。一是完成人员招聘等员工关系管理，认真执行职位发布、简历筛选、笔试、面试等招聘程序；二是积极开展学习培训，组织进行了OA上线、金融消费者权益保护、内部控制、空运业务等十余次内外部讲座与培训，组织参加了财务公司资金管理培训班、高管研修班、高顿现金流与营运资本管理培训班等各类专业培训班；三是推进实施全员绩效考核，完成了年度绩效考核和优秀员工评选工作，完成了绩效考核管理手册的制定与填报、工作岗位说明书修订等工作。

【信息化建设】2013年，公司进行了资金系统业务功能的开发和优化工作，不断充实资金系统功能，提升了资金系统易用性，保障了资金系统的稳定性及可靠性。

在资金系统建设方面，根据人民银行要求，在系统内维护了人民银行存贷款管理数据元；成功实施上线了外币结售汇模块，并顺利通过外汇局现场检查；自主制定并开发了1104报表数据抽取模块、汇总模块和数据转换模块，提高了业务人员数据报送效率；开发优化了短信平台模块，提升了客户信息沟通效率，此外还对系统的多项功能进行了改进和优化。在综合系统性能提升方面进行了磁盘空间扩展、数据库性能优化、系统关机策略优化，提高了资金系统执行效率。在业务支持上，成功测试联通外汇局MTS系统并报送外币CA、CB报表测试数据；支持成员单位上线及培训工作，为300多个用户更换到期密钥。在内部管理上，按照国资委和集团总公司的要求，完成了内控手册，定义了76个关键流程控制点；根据普华永道对公司资金系统审计的要求，如期完成了相关信息化管理制度的补充修订以及相关方面的安全整改；根据章程要求按年度进行了新一轮应急演练，成功完成了应急灾备系统的切换，并建立了备份系统。

青岛啤酒财务有限责任公司

【经营概况】 2013年，青岛啤酒财务有限责任公司（以下简称“公司”）顺利实现了“规范·拓展年”的各项主要目标，系统开发与夯实、资金归集、新业务调研与申办以及风险管理等工作取得历史性进展，公司金融平台建设步伐不断向前迈进，对青啤主业的支撑力愈加显现。截至年末，公司资产总额84.25亿元，全年实现利润1.97亿元，净资产收益率为23.77%。剔除募集资金等因素，资金集中度达94.14%。

【公司信贷业务】 2013年，公司各项贷款业务取得了平稳较快发展。公司对成员单位坚持实行按同期贷款基准利率下浮10%的优惠政策，切实减轻成员单位的财务负担，体现了“服务为先、盈利为辅”的经营原则。贷款业务的持续开办使公司资金融通、服务主业职能得到较好发挥。

【产品销售信贷业务】 为促进啤酒销售，推动主业发展，公司启动了买方信贷业务的筹备和申办，陆续完成了团队组建和培训、制度和流程建设、系统开发和测试等工作。经过需求论证和多轮仿真测试，2013年12月买方信贷业务系统模块成功上线，为买方信贷业务开展打下了良好的信息系统基础。

【资金业务】 2013年，资金头寸运营管理再上新台阶，资金效率进一步提升，全年共实现存放同业资金流转300亿元，利息收入3.44亿元，同比增加25%。公司在资金运用方面，主要开展了以下工作：一是密切关注宏观经济形势，灵活应对形势变化，制定有效的资金运营策略。2013年，公司及时调整思路，通过准确把握收支规律，满足客户支付及流动性管理需要，适量调增中长期产品存放的比重，提高获利能力，实现资金效益最大化。二是实施资金精细化管理，提高头寸预测和管理水平。坚持资金计划分析制度，及时跟踪成员单位计划执行情况。2013年，日资金计划偏差率为7%，比同期降低8个百分点，月度资金计划偏差率11%，比同期降低17个百分点。有效提升了资金计划管理水平，降低了资金的机会成本。2013年头寸账户日均活期存款5 752万元，备付率为0.81%，优于商业银行管理水准，用极少的资金留存实现整个公司的资金备付，为资金实现效益最大化奠定了坚实的基础。

【票据业务】 2013年1月，公司签发了首笔电子银行承兑汇票，通过加入电子票据系统（ECDS），在助力成员单位杜绝假票和克隆票等票据业务操作风险、提高支付结算效率、促进贸易流通、拓宽供应链融资渠道等方面发挥了积极作用。

2013年12月，公司成功办理首笔电子银行承兑汇票贴现业务。电子票据贴现产品的推出，为满足啤酒主业运营和融资需求提供了产品便利，并为公司电子票据业务的推广打下良好的机构信用基础。

【资金集中】2013 年是资金集中管理深化巩固的一年，公司始终将资金集中度作为资金管理工作的重点，统一方案谋划，分步骤、有计划地推进实施，通过加强结算等基础业务建设，深化资金集中管理模式推广，实现了优于行业平均水平的资金集中度。

一是持续设计并实施具有青啤特色的公司资金管理运作模式。在公司现有资金管理模式基础上，对新子公司等单位设计个性化资金运行管理模式，配合公司收购兼并项目进程以及上市监管规定，及时纳入公司资金集中管理，确保公司按照较为先进的运营管理机制开展业务。2013 年公司高资金归集度的成功模式被中国财务公司协会纳入企业集团财务公司经营管理成功案例，载入《探索与创新》，在全行业推介。

二是收付、转账结算等业务运行顺畅，资金运行效率逐步提高。公司创立“三位一体”（青啤公司 ERP 系统、财务公司核心业务系统和网上银行系统、六家战略合作银行后台数据接口的直联对接）的封闭、高效资金结算管理模式，并不断完善功能与应用，自上线至今运行顺畅、高效，两次受邀在行业内作先进经验介绍。

公司《结算管理体系介绍》作为典型案例被推荐收编入公司结算业务讲义，作为行业对新设财务公司和新进入财务公司人员的规范化、系统化、常规化的结算业务培训教材。

三是在推进集中度过程中，对成员单位实施资金集中情况跟踪检查，锁定集中度低的单位及时沟通督导，帮助限期解决。同时，在跟踪分析的基础上，制定发布成员单位资金基本户日常余额指导控制线，进一步压缩多余沉淀资金。

【风险管理和内部控制】2013 年，公司不断深化全面风险管理，重点强化了合规管理、案件防控、内部控制、稽核审计等工作，使风险管理与企业发展相适应。

合规管理。2013 年，公司进一步完善制度体系的搭建，继续加强检查监督力度，推动制度执行力建设，防范合规和操作风险。通过加强空白凭证、Ukey、强制休假等管理，加强重要岗位和敏感环节工作人员的行为监督，促进操作风险十三条落地，有效防范操作风险。

案件防控。公司结合银监局下发的各类案防文件精神，制定切实有效的案件防控实施计划，通过举办案防知识培训、反洗钱培训等，增强员工合规守法意识，规范员工行为。通过签署案防责任书等，强化案件防控自我管理和自我控制。

内部控制。2013 年，公司对各项业务、工作流程的内部控制进行了全面的梳理和自我评估，重点对结算、头寸运营、信贷等业务环节开展了内部控制评价，并对所发现的缺陷进行了督促整改。

稽核审计。不断加强审计体系建设，优化审计流程，探索改进沟通方式，促进了公司各项规章制度的落实完善和业务的规范。把审计重点放在重要风险领域和新业务，并针对发现的问题及时反馈，督促整改落实，筑牢公司风险防范的最后一道防线。

【人力资源管理】2013 年，公司继续推动人力资源管理体系的完善，培养专业人才队伍，有力支撑了各项业务的快速发展和公司战略目标的达成。

公司以业务规划为依据，加快新增岗位人员配置工作，完善岗位职责，为未来业务发展奠定了基础。采取“行业培训”、“转训”、“自学 + 考试”等方式，广泛学习金融知识技能与政策法规要求，加速员工获取金融从业资格，业务部门员工从业资格通过率超过 80%。不断完善绩效管理工作，建立全面的绩效目标评价体系，同时进行层层分解落实，保障公司快速稳健发展。

【企业文化建设】2013 年，公司在“诚信、和谐、开放、创新、凝心、审慎、自律、效率”的核心价值观基础上，积极构建更加富有本公司特色的企业文化。党支部、工会、团支部体系坚持“围绕业务开展、服务主业发展”的基本工作思路，打造特色品牌，增加幸福指数，通过更全面的企业文化建设形式为公司经济效益的提高和各项事业的健康发展作出了新的更大的贡献。

公司以职工大会和季度司务公开会为载体，双管齐下，进一步增加民主管理途径和手段；以人为本，突出员工关爱职能，全面开展送温暖慰问工程，营造浓厚人文关怀氛围；结合元宵节、五四青年节等大型节日开展敬老院慰问、徒步参观青岛规划展等有意义的活动，达到“凝聚人心、凝练团队”的目的；组织开展群众路线教育实践活动，充分发挥基层党支部战斗堡垒作用。此外，通过 KM 平台金融频道及内刊《青岛啤酒报》，结合《业务年刊 2 期》的编纂和出版开展宣传活动，在行业内外树立良好形象，达到以宣传促发展的效果。

上海复星高科技集团财务有限公司

【经营概况】2013 年，宏观形势充满变革、机会与挑战，上海复星高科技集团财务有限公司（以下简称“公司”）积极拼搏进取，克服外界不利因素，在曲折波动的形势中取得可喜业绩，超额完成年度经营计划，公司经营持续向好。全年实现营业收入 9 883 万元，同比增幅为 125.3%，利润总额 6 605 万元，同比增幅 237%，净利润 4 716 万元，同比增幅为 247.3%。

【公司信贷业务】2013 年是公司开展信贷业务的第二年。公司通过积极主动分析成员单位的需求，个性化的设计信贷授信服务方案。截至年末，全年度累计发放贷款 471 000 万元，贷款余额同比增幅 110%。

2013 年末公司的资产总额中，贷款余额 185 000 万元，贷款资产中项目贷款余额为 97 000万元，2012 年为零。截至 2013 年末，财务公司贷款不良率为零，拨备覆盖率为 100%。

【资金业务】通过归集来的资金除缴存存款准备金外，主要用于发放集团内贷款。2013 年为加强资金管理，公司通过完善资金管理制度，利用同业拆借工具、每日流动性测算及不定期流动性压力测试等方法加强资金流动性管理。

【票据业务】2013 年为了降低集团及成员单位的票据保管成本和风险，推出“票据管家”服务，通过签订协议、定期对账的方式为集团及成员单位收回 1.96 亿元票款。

【资金集中】按复星高科技集团合并报表数据，可归集资金的资金集中度为 49.92%。

资金集中度的提高主要依靠吸收成员单位存款规模增加。截至2013年末，财务公司吸收存款252 260万元，同比增幅为84.80%。

【风险管理和内部控制】 2013年末公司主要监控指标执行结果全部符合银监会规定的考核标准。公司风险管理部对公司经营中面临的市场风险、流动性风险、法律合规风险、营运操作风险、客户信用风险进行全面、集中、统一的管理；督促相关部门将日常风险评估、监控、预警工作和防范预案措施进行落实；风险控制和管理政策的建议及修订；风险管理政策研究；协助授信业务审核委员会进行项目审查，提供尽职调查、付款审核等业务；向董事会、风险管理委员会和总经理汇报公司全面风险管理工作计划和工作进度等。财务公司风险管理紧扣业务发展需要，持续完善制度体系，并将业务风险管理同业务人员培训紧密结合，实现年度风险内控目标。2013年财务公司新制定制度12项，修订制度11项。

2013年度，公司审计稽核部门根据年度审计稽核工作计划安排，共完成稽核审计4项，范围涉及成员企业信息化建设、金融数据标准化公司、拆借业务管控等。公司目前内控体系建设正在不断完善，各项业务操作比较规范，整体经营情况健康。

【人力资源管理】 公司坚持以精简、效率为原则，实行扁平化管理，部门和岗位设置严格遵守预算编制。在团队建设上，多渠道招聘引进外部优秀人才、通过绩效考核实行末位淘汰，不断调整优化团队。2013年继续开展了员工挂职轮岗、团队拓展、银企交流学习、同业互访对标等活动，引导员工学习，促使团队成长。同时，重视内部人员培养选拔机制的建设，任用提拔部分中层干部和业务骨干。

【信息化建设】 对业务系统按照业务要求进行了进一步开发，支持人民银行的再贴现业务，资金调拨及自动记账功能等。按照人民银行的金融标准化的要求，对系统进行了全面的梳理和数据的改造工程。并且协同其他部门对历史数据的缺失部分的数据元进行了补充。

按照人民银行的要求对数据通道进行了加密设备部署。同时，接受了人民银行对财务公司信息安全的全面检查，并按照要求进行了机房的设备调整和改造工作。

【企业文化建设】 公司重视企业文化建设，在选人用人上提倡“文化价值观一票否决”制，长期以来，公司坚持“修身、齐家、立业、助天下”的文化理念，坚持“以发展吸引人、以事业凝聚人、以工作培养人、以业绩考核人”的人才观，以“实现企业发展与个人成功高度和谐统一”为核心的企业文化建设；通过新员工培训、午餐会分享、晨会分享、复星一家等多种形式活动，宣贯企业文化，营造和谐向上的文化氛围。公司组织了年度员工体检、集体春游、员工生日会等各种活动提升凝聚力。

中铝财务有限责任公司

【经营概况】2013 年，中铝财务有限责任公司（以下简称“公司”）始终紧紧围绕年度经营目标和中铝金融服务平台建设任务开展工作，找准定位，理顺关系，做实做强服务，着力推进资金集中，稳步扩大信贷规模，大力拓展创新业务，努力实现降本增效，推动公司工作不断迈上新台阶。公司实现收入 2.42 亿元，利润总额 1.62 亿元，间接贡献 2.03 亿元；管理资产总规模 178 亿元，表内资产规模 90 亿元，同时管理表外资产 88 亿元，同比分别增长 52%、32% 和 70%。财务公司各项风险监管指标优良，不良资产率持续为零，平均流动性比例 67%，净息差达到 3%，实现了安全性、流动性和收益性的动态平衡，服务集团、服务企业效果进一步显现。

【资金集中】在中铝公司总部的大力支持下，公司找准定位，明确了作为金融机构和内部职能公司的双重属性，理顺了与总部、板块、企业各方面关系，积极争取集团政策支持，提出了以服务促集中的工作方针，狠抓服务能力建设，资金集中再上新台阶。公司着力建设“四优”金融服务体系，从业务品种、业务定价、业务效率、服务意识四个方面努力提供更具竞争力的中铝金融服务，主动送服务到一线企业，得到广泛认可。公司与中铝国际、云铜股份两家上市公司签署金融服务协议，上市公司存款限额已提高到 75 亿元。在上下一心的共同努力下，公司 2013 年的开户、授权、结算规模、年末存款及日均存款数均创开业以来新高。368 家四级以上运营企业在财务公司开户，初步实现了财务公司网银在中铝系统全覆盖，开户和授权数超过了过去两年总和，存款余额 72.38 亿元，同比增长 41%，有效地协助集团提高资金整体使用效率。

【信贷业务】公司 2013 年实现信贷总投放规模 48.9 亿元，全面提升信贷产品服务能力和功效，将“四优”贴心金融服务落到实处。公司努力以优惠贷款定价为成员单位争取与银行议价的筹码，协助解决“融资贵”的难题。48.9 亿元贷款中执行基准利率或基准下浮利率的贷款占 88%。同时根据成员企业需求，动态调整信贷业务结构。努力满足成员单位临时性和紧急性资金周转需求，“短、频、快”的超短期贷款占投放总额的 50%。

【票据业务】公司积极开展票据贴现业务，全年贴现票据 599 张，累计办理票据贴现 13.3 亿元，贴现率低于市场价格 30% 以上，公司提高贴现业务办理效率，12 月末短短十余天办理了 11 亿元票据贴现，从受理到放款不超过 3 个工作日，解决了企业经营资金回笼的燃眉之急。

【结算业务】2013 年，公司结算业务深度和广度进一步扩大。结算量和结算笔数均较上年增长 20%。在结算量高升的压力下，保持了结算业务零损失、资金零在途、客户零投诉。开发特色结算服务，加快结算业务办理速度。为配合客户结算惯例，每月最后一天业务办理时间长达 13 个小时。与代理支付行高效配合，紧急指令一跟到底，直至款项到达收款账户。以高水准贴心服务提高结算量。推动未发生业务的开户企业使用财务公司网银，办理存款结算业务的成员单位同比增长 50%。

【业务创新】公司积极研发业务品种。针对集团成员企业之间内部购销业务产生的频繁的临时资金周转需求，开发了结算融资新产品，专项用于弥补购货方承付内部转账结算货款资金缺口的短期循环贷款，推出之后，获得贸易企业和加工企业的高度关注和认可，能够带动中铝全产业链内部资金良性运转。积极促成了中铝公司首例售后回租方式的融资租赁业务，为成员企业开辟新的融资渠道。公司还应成员单位临时周转需求推出了流动资金循环贷款业务。

【风险管理和内部控制】2013 年，公司进行年度合规自查，健全合规风险管理体系。保持内控制度及时更新，修订新增制度 40 项，完成公司内控手册，内控缺陷已整改完毕；继续深化内部管理，梳理更新业务管理流程，做到严谨规范。加强信贷资产质量管理，持续保持不良资产率为零，未出现一笔逾期。规范精细化信贷管理模式，全面提升信贷风险防范水平。加强流动性风险动态监控，掌握客户支付计划，短存长贷的期限错配情况得到改善，流动性指标合理性和稳定度明显提高。坚守风险底线，前中后台协同配合，主要风险审查覆盖率达到 100%，从源头上预防操作风险事件发生。完成结算业务后督和四个内审专项，筑牢后台风险防线。

【人力资源管理】按照金融企业运行规律，公司推出系列人力资源管理举措，中铝金融团队建设初具雏形。制定了人力资源管理制度，理顺了岗级和薪酬体系，明确了员工业务和管理两个序列的成长通道。通过大范围员工轮岗和实施业务部门负责人 A B 角制等特色管理，强化了重要业务端人员配备，加强了干部梯队建设和骨干力量的培养。通过常态化的内部培训和外部培训相结合，开展多层次、多形式的员工培训，全年开展 40 余次培训，员工队伍的综合素质和业务员能力有了大幅度提高。公司坚持以人为本，着力建设一支积极、健康、向上、民主、开放、创新的中铝金融团队。

【信息化建设】2013 年，为保证核心业务系统的平稳运转，公司加大对系统的检测维护工作力度，不断优化完善核心业务系统功能，完成财企接口功能的开发、上线工作，启动了已运行模块的优化工作，公司高度重视信息科技风险的管理，通过多重手段保障信息系统安全运行。内控建设方面，制定了核心系统管理等多项制度，并配置双人双岗操作。安全控制方面，通过防火墙、入侵防御、VPN 等技术手段确保网络安全，同时定期对信息系统基础设备及第三方软件进行健康检查，与商业银行之间的数据传输采取专线并加密保证数据安全。开发管理方面，严格遵循开发计划组织实施，并对相关档案资料整理保管。日常运维方面，每日例行检查机房及设备工作情况，制定应急预案并开始启动灾备系统建设，全年未出现影响业务办理的安全事故。

【企业文化建设】公司以“转作风、强服务”为主题开展了群众路线教育实践活动。党支部做好协调部署，经营班子率先垂范，扎实开展学习教育，广泛征求意见，认真撰写对照检查材料，组织召开了高质量的组织生活会。活动中立行立改，“四风”问题已全面整改完毕。实践活动增强了员工满意度和团队凝聚力，提升了服务意识。公司还大力加强企业文化建设，规范员工日常行为，通过规范服务礼仪、布置宣传栏，加强文化治理。年内组织登山比赛、迎新座谈会等活动，增强员工凝聚力。

中兴通讯集团财务有限公司

【经营概况】2013 年，中兴通讯集团财务有限公司（以下简称“公司”）的总体经营思路是“完善服务、内外并举、产融结合、效益优先”。具体包括，进一步深化对集团、成员单位、产业链的服务和创新，实现内部、外部业务并行发展，并充分发挥财务公司独特优势，积极探索产融结合，在促进集团市场拓展同时，实现财务公司业务和效益的提升。截至2013 年末，公司资产总额 41.86 亿元，其中信贷资产余额 23.78 亿元，不良资产率为零；负债总额 30.26 亿元，其中吸收存款余额28.47 亿元。全年实现营业收入 1.30 亿元，比 2012 年增长 14.67%；利润总额 1 亿元，比2012 年增长 36.83%；税后利润 0.75 亿元，比 2012 年增长 37.06%。

【信贷业务】公司主要信贷业务为贷款和票据贴现。信贷资金围绕集团的主营业务，全部投向成员单位通信类产品的制造和服务。为更全面地服务于成员企业，公司在 2013 年 6 月获准接入人民银行电子汇票系统，并且进行了出票、承兑、贴现、托收等各项业务试点。目前，公司电子汇票系统已经在成员单位得到广泛应用。

【资金业务】公司注重资金安全性、流动性和收益性之间的平衡。通过对成员单位的资金计划管理，进行流动性期限缺口分析及资金流向跟踪，在确保成员单位用款的基础上，积极开展定期存款业务，按照市场化原则，努力提高短期闲置资金的收益。

【资金集中】截至 2013 年 12 月 31 日，公司共有 77 家成员企业、159 个账户分别与 9 家银行签署资金归集协议，另有 93 个账户实现银企直连功能，2013 年 12 月 31 日的资金归集余额为人民币 28.47 亿元。

【业务创新】2013 年，公司将金融创新作为开拓集团产业链上下游业务发展的重要力量独立出来，成立了创新金融部，主要是针对下游客户的产品服务的创新以及中间业务的创新。公司在 2013 年第四季度开展了租赁业务试点，年内完成了首单大型通讯集成设备的经营性租赁项目，为此类大型租赁项目的产品设计和业务模式的形成打下了基础，发展了集团产业链下游客户，为公司带来了持续、稳定的业务收入。并且，通过此类业务，公司可直接帮助集团锁定竞标项目，促进集团公司设备销售，稳定集团客户群。

【风险管理和内部控制】2013 年，公司在业务流程、内控方面持续推进，并取得了显著的成效。在业务流程方面，制定了电票业务和租赁业务的管理制度和操作规程，并通过业务试点对业务制度和流程不断进行优化和改进。除此之外，对结算和信贷等两类主要业务的规章制度通过评价梳理进行了修订，进一步规范了业务管理和操作。在内控方面，公司共完成13个内审项目，涉及结算业务、会计核算、信息安全、资金管理及信贷业务，通过审计工作推动内控制度和流程持续性改进。公司各项业务稳健发展，无不良业务的发生和不良资产的产生，公司的风险防控能力有效提升，各项业务健康稳定发展。

【人力资源管理】2012年，公司逐步建立起人力资源管理体系，人力资源管理工作得到有序推进。进一步完善了考核激励制度，客观、公正地评价员工绩效，通过绩效管理的双向激励手段，有效传递经营压力，牵引绩效持续改进。公司积极开展外部招聘，严格选拔专业适用人才，为公司业务发展提供支撑。

【信息化建设】公司在2013年对现有信息系统做了系统优化升级，并于2013年6月完成了人民银行电子商业汇票系统的接入。根据自身业务发展的特点，在原有系统平台上定制开发了满足自身需要的报表辅助系统，有效提高了报表单位的报送准确性和效率。公司制定了较为完善的信息系统管理制度，确保信息系统安全稳定运行，具体包括权限申请和审核流程、服务器日常维护和巡检、数据库的备份和容灾管理、系统测试和升级管理等。

【企业文化建设】在企业文化建设上，公司倡导“以专业创造价值，以诚信铸就未来”的企业文化理念，重视新人岗前培训、资格认证等技能教育，并积极联络其他金融机构加强业务学习和交流，不断提升各级领导、员工的业务素质。公司坚持以人为本，通过开展员工家属接待日活动，组织员工旅游，组队参加集团的竞技比赛等活动增进员工之间的交流互动，努力营造积极向上、团结协作的工作氛围，提高员工的凝聚力。

国核财务有限公司

【经营概况】国核财务有限公司（以下简称“公司”）于2011年7月27日注册成立。2012年6月，经北京银监局批准，公司注册资本金由5亿元人民币增至为10亿元人民币。公司现有员工39人。

截至2013年12月31日，公司资产总额394 036.53万元，负债总额275 938.51万元，所有者权益118 098.02万元；实现营业收入22 113.94万元，利润总额13 638.44万元。

【公司信贷业务】2013年，全力提高信贷规模，不断优化信贷结构，积极开拓运作渠道，努力创新发展。根据成员单位的偿债能力、盈利能力、资产管理及发展能力四大方面信用指标，对成员单位进行评级，并在额度内办理授信。积极开拓市场，促进款项回收，并适时进行业务创新。2013年，公司对业务关联的成员单位进行了多次走访，加强了资金需求情况和经营情况的沟通。根据成员单位实际适时调整信贷产品，强化了公司的贷款管理工作，进一步提高了服务质量。

【资金业务】在充分满足集团和成员单位资金足额支付的前提下，加强了资金运作力度。

2013 年，公司资金业务成果显著：一是最大限度地压缩闲置资金，提高了资金使用效率；二是在充分满足集团和成员单位资金足额支付的前提下，抓住市场机遇，进行高效高频的资金调度，提升运作规模，增大运作收益；三是加强了市场研究，加大了中短期资金运作力度、频率，准确把握了 3 月、6 月和 10 月末市场利率波动的时间窗口，合理调配资金，锁定了较高利率。

【资金集中】截至 2013 年 12 月 31 日，全口径资金集中度为 48.52%。

【风险管理和内部控制】公司设有风险管理委员会和风险管理部负责对各类相关资料及风险指标的分析，对公司涉及的信用风险、操作风险、市场风险、流动性风险、合规风险等进行严格把关和动态监控。

2013 年，公司在 2012 年制度和流程的基础上，完成了九大类管理制度及流程的制定和修改工作，对原有制度流程和新业务制度流程进行了认真梳理，通过进一步优化和补充，使制度和流程更加具有指导性和可操作性，增强与实际业务的匹配度，并组织印发公司第二版制度汇编及流程汇编。

【业务创新】2013 年 4 月 12 日，中国银监会发布了《关于国核财务有限公司新增业务范围的批复》（银监复〔2013〕185 号），批准公司新增承销成员单位企业债券和对金融机构的股权投资（仅限于投资保险经纪公司）共两项业务，公司本外币业务范围拓展至十六项。

国核保险经纪有限责任公司于 2013 年 5 月 29 日经中国保监会核准成立，于 2013 年 6 月 24 日完成工商登记。国核保险经纪有限责任公司由国核财务有限公司独家发起设立，注册资本金 1 亿元人民币。公司可在全国范围内为企业客户与社会公众提供风险管理咨询、拟定投保方案、办理投保手续、协助索赔、再保险经纪等业务。

【信息化建设】2013 年，公司信息化设置专岗专人，在两个方面积极推进信息化建设。一方面，根据信息化安全管理要求，部署安全管理、安全防范软件，加强财务公司内外网安全控制。加强公司内外网安全控制，在内外网部署安全助手，注册控制内外网接入终端、注册终端内外网 U 盘接入；更新最新杀毒软件，预防病毒入侵。另一方面，推进集团资金管理系统升级改造工作。加强系统安全，落实硬件日常巡检、数据备份、数据库网络策略升级等工作，与软件服务商签订硬件运维合同。不断提升集团资金管理系统安全、高效运行。

【人力资源管理】2013 年，公司积极开展薪酬体系优化与分配制度改革。建立全员月度基本薪酬与月度经营指标挂钩的强联动机制。让每一位员工积极参与企业经营，增强主人公意识，分担企业经营风险，共享企业发展成果。建立公司年度重点任务专项奖，向表现突出的部门和人员倾斜，充分调动员工的积极性。

【企业文化建设】进一步加强公司文化建设，升版并完善员工行为手册，使每一个员工把自己的工作和行为看成实现企业目标的一个组成部分，自觉克服与实现企业目标不一致的行为。继续开展各种文化活动，营造文化氛围，加速文化建设。通过“争先创优”等各种表彰、奖励等活动，采用聚会、座谈、文娱等形式，生动宣传和体现价值观，领会公司文化内涵。以公司使命为引导、以价值观为核心构建国核财务的企业文化体系，践行国家核电“以核为先、以合为贵、以和为本”的核心价值观。

福建省能源集团财务有限公司

【经营概况】 2013 年，福建能源集团财务有限公司（以下简称“公司”）在集团领导下，公司按照年初董事会确立的“加快发展、深化服务、安全规范”的三大项公司工作主题，实现“完成年度经营指标，29 条业务申报及上海金融同业拆借市场准入，打造特色财务公司，实现安全无事故和服务无投诉”四大目标，认真对标先进财务公司，坚持依法合规经营，创新金融服务，大力提升经营效益和服务能力，取得了较好的经营业绩。截至 2013 年末，公司资产总额为 45.94 亿元，实现营业收入 1.96 亿元，利润 1.4 亿元；资产收益率为 2.97%，净资产收益率为 17.85%；资本充足率为 35.15%，不良资产率和不良贷款率均为零，各项监管指标均符合监管要求。

【公司信贷业务】 截至 2013 年 12 月 31 日，公司信贷业务进展顺利，并成功开办首笔中长期贷款、首笔预付款及履约保函业务和开办人民银行票据再贴现业务。全年共完成评级、授信企业 20 户，授信总额 24.68 亿元。全年共发放自营性贷款 10.99 亿元，收回贷款 6.28 亿元，放款对象涵盖煤炭、电力、建材、民爆、港口物流、建工等集团六大主业；办理票据贴现 38 笔金额 3 320 万元；年末信贷余额 10.05 亿元；办理委托贷款 8.61 亿元，年末余额 0.6 亿元。

【票据业务】 2013 年 5 月获得人民银行批准接入电票系统业务后，公司及时组织成员单位会计人员进行电子票据业务的培训，并成功上线。公司结合集团上下游产业链关系，积极营销电票业务，成功完成了福建水泥与永安煤业、省燃料公司之间电票业务对接，于 2013 年 11 月连续开立两笔以煤炭贸易为背景、合计金额为 625 万元的电子银行承兑汇票，开创公司内部以电票业务作为成员单位日常支付业务结算的新途径。

【资金集中】 2013 年在集团重视和支持下，进一步推进资金集中管理工作。一是领导重视，政策支持。针对 2012 年资金集中管理规定试行一年以来存在问题，在广泛征求意见基础上，由集团审计室牵头，重新修订新的资金管理办法，对权利职责、资金管理、考核办法、奖惩机制等作了修订，提高了权属单位归集资金的主动性和积极性。二是账户管理步入正轨。财务公司积极配合集团做好账户清理、开户审批、审计检查工作，督促成员单位贯彻落实资金集中和账户管理政策，以非直联户为监管重点，跟踪成员单位银行账户；以账户统计和分析为监管平台，对银行账户的保有、新设与注销情况实行日常监管。三是未雨绸缪，动态跟踪。坚持跟踪各成员单位当日银行账户余额变动情况，依据资金头寸需求对日间大额入账资金实施手动上收，对成员单位存放在非归集户资金及时划入归集户。四是对比标杆，有的放矢。营业部门每月计算资金归集率，并与集团考核指标作为标杆值进行对比，按规定实行资金归集率按季度通报制度，对大客户及归集率较低的客户进行重点走访。2013 年末，公司归集成员单位资金达 38.51 亿元，按银监口径统计资金集中度为 68.48%，比上年末实际资金集中度提高了 10.95 个百分点。

【业务创新】2013 年公司主动创新模式，提升服务水平。一是积极主动，制度先行。公司实行高管及部室人员分组成员单位挂钩服务制度。了解各成员单位的银行账户开设情况及系统直联情况；掌握各成员单位资金结算需求，解决系统使用出现的支付结算问题；了解成员单位资金运行规律；掌握成员单位资金使用需求，发挥信贷支持作用；强化服务联络，主动了解成员单位情况。二是理顺链条，突破品种。公司积极参与中国人民银行电子汇票系统，并于 5 月成功开办公司电票业务的上线投产，11 月成功开出大额电子银行承兑汇票；寻求集团产业与金融产品需求的契合点，拓展成员单位预付款保函履约保函业务；成功向人民银行申请开办票据再贴现业务，丰富公司业务品种。三是多样服务，提升水平。针对融资难、资金周转不畅的企业实行走访服务、共同会诊、协助融通资金、降低融资成本；对于不同成员单位采取不同措施，解决各自的资金周转问题、资金归集问题、多头账户问题、资金成本问题等。推行 QQ 远程在线服务，建立公司 QQ 群，及时解决问题。

【风险管理和内部控制】一是构筑内控体系。全面推进内控制度体系建设，理顺各项规章制度，构建廉洁风险防控体系，强化法务审核职责。严格把握“合同审查、签订、履约”三道程序，实现合同全过程管理。二是造就合规文化。业务发展与培育风险管理文化并重，狠抓全员依法合规经营意识，贯彻法律、法规实施。按照“六五”普法规划要求，将普法与日常工作实践相结合，广泛开展全员性的学法用法活动，提高员工依法办事意识，弘扬法治精神，不断增强法制宣传教育的针对性和实效性，稳步提升风险防范能力。三是推进管控模式。利用资金信息系统平台，将非现场风险监控常态化，运用银监 1104 报表平台，将风险监管监测持续化。四是开展现场稽核。增强重要岗位、重点环节、重要部位全面监督管理和业务检查，确保检查不留盲区；重视信贷全流程管理，对每笔发放信贷业务进行合法性、合规性的贷前审核，把好准入关口，提高风险识别能力，保证公司信贷业务质量运行良好，防止出现不良信贷资产；结合公司经营情况，突出重点开展专项稽核工作。针对检查发现的问题提出整改方案，督促相关部门落实整改完善。

【信息化建设】2013 年公司信息化建设日臻完善：一是稳固资金结算系统，安全无事故。注重早计划、早安排，随时跟踪维护系统的正常运行；对软件的补丁操作及硬件和网络环境维护方面及时提出意见或建议以预防系统出现故障。二是建立灾备系统，确保安全性。经过市场调研、招标比价等程序，11 月完成灾备系统的建设，对生产系统的数据进行实时的备份保护，保证备份数据与生产数据的完整性和一致性，进一步提高风险抵御能力和对突发性灾害事件的应急处理能力。三是创设电票系统，保障新业务开展。通过积极与人民银行沟通，协调人民银行科技部门进行接口验收。四是宣贯安全理念，做好日常防护。

【企业文化建设】2013 年，公司强化集团企业文化，倡导“真诚、有为、开心”核心价值观和“心怀感恩、创造感动”的核心理念，营造“亲如一家”的和谐企业环境。一是加强企业文化的宣贯，做好对外宣传报道。在办公场地悬挂福能企业文化标语、标识，滚动播放企业理念、价值观；2013 年共发表报道 104 余篇，其中中国财务公司协会网站 33 篇、国资委网站 19 篇；改版公司网站并发布新闻 60 余篇；编制出版 4 期企业信息。二是积极参加业务培训，擢升综合素质。派员工参加中国财务公司协会业务知识培训、参加银监会非现场监管报表、中国人民银行反洗钱业务、集团公司法律合同等培训。三是组织全员业务能力测试，提高专业素养。通过全员测试，以考带学，以学促优，提高了全员业务素质，测试涵盖金融法规、监管条例、业务操作、企业文化、日常工作应知应会等内容。四是积极参与文体活动，增强企业凝聚力。公司牵头为主的金融企业参加集团工会首届“福能杯”合唱节福州片区选拔赛和总决赛，取得铜奖。

湖南高速集团财务有限公司

【经营概况】湖南高速集团财务有限公司（以下简称“公司”）圆满完成了股东会下达的各项年度工作目标，截至 2013 年底，公司实现总收入 1. 49 亿元，净利润 8 764. 55 万元，完成全年目标任务的 72. 55% 和 100. 85%；资产收益率为 2. 77 %，资本充足率为 81. 29%；为成员单位节约成本 2 000 万元，不良贷款和不良资产率均为零，各项指标符合监管要求。

【法人治理】公司建立了由股东会、董事会、监事会及经理层组成的现代法人治理架构。下设六个部门，即综合管理部、财务结算部、资金同业部、信贷管理部、稽核审计部、风险控制部。

【制度建设】根据公司业务范围、业务种类、运营过程、风险防控要求，不断完善相关业务制度。

【资金集中】公司在省政府、省交通运输厅等省直各部门的支持下，全力做好资金归集工作，截至 2013 年底，日均归集资金约 22. 10 亿元，比年初预计增长 49%。

【信贷业务】公司于 2012 年 9 月顺利获得“贷款和融资租赁”资质。2013 年，公司积极开展信贷业务，共发放信贷资金 14. 5 亿元。

【资金业务】公司强化资金运营，提高资金效益。累计运营资金 50 亿元，实现金融市场同业收入 899. 30 万元。

【信息化建设】公司建立了完善的业务管理系统和风险控制系统，系统全面支持账户管理、资金计划、预算控制、支付审批、资金管理、信贷管理、票据管理、统计查询、资金监控、资金分析、银企直联、风险控制，实现了业务操作流程化、公司管理规范化。

【企业文化建设】公司以“依托高速，服务高速”为经营宗旨，以“规范经营、稳健发展”为经营方针，以“创百年品牌，打造综合金融服务公司”为目标，坚持以人为本，深入开展企业文化建设，致力于创造“人人为公司，公司为人人”的企业文化。公司还与团市委、长沙市青少年发展基金会合作，设立了“高财专项助学基金”，履行社会责任。

马钢集团财务有限公司

【经营概况】2013年，马钢集团财务有限公司（以下简称“公司”）紧紧围绕集团公司发展战略，以“立足集团，服务集团，规范经营，稳健发展”为经营宗旨，团结一心、奋力拼搏，较好地完成了各项预定目标，基础管理不断完善，资金使用效率显著提升，业务运营逐渐步入正轨。全年办理结算业务7.89万笔，结算金额2 066亿元；资金系统成员单位94家，吸收存款日均余额80.79亿元，累计发放自营贷款48.9亿元；办理票据贴现80.97亿元，再贴现15.54亿元，转贴现7.8亿元；全年实现营业收入4.26亿元，上交税费0.76亿元，完成综合效益3.12亿元，为成员单位节约财务费用0.49亿元。全年各项监管指标均达到银监会的监管要求。

【资金集中】为加大资金归集力度，进一步完善资金集中管理，公司在继续保持资金集中管理好的做法基础上，一是加强对集团二级单位下属分、子公司的资金归集力度；二是重点解决之前因特殊情况暂未纳入资金归集的账户资金，增加归集近2亿元；三是查漏补缺、加强监控，成功地将前期因业务需求而未能归集的银行账户转化为可归集账户；四是每月编制成员单位财务公司存款占比分析表，及时分析成员单位商业银行账户资金未被归集的原因；五是强化资金预算管理，公司对次月的资金编制预算，通过每月召开集团层面的资金平衡例会，分析上月资金预算执行情况和平衡当月资金预算，有效提高了资金使用效率，同时也提升了整个集团资金运营精细化水平。2013年，公司吸收存款日均余额80.79亿元，吸收存款日末余额最高已突破100亿元，全口径资金集中度达63.06%，日均备付金活期存款由2012年的10.24亿元降至2013年的5.56亿元，降幅达45.7%。

【信贷业务】2013年，公司在确保自身流动性的同时不断做大信贷资产规模，并努力拓宽对外融资渠道，通过票据再贴现、转贴现业务融入大量低成本资金，有力支撑信贷资产规模进一步提升，服务于集团公司实体经济发展。全年信贷资产日均余额达54.3亿元，单日余额最高突破65亿元。2013年5月，公司电票系统成功上线运行，全年共成功处理电票594张，总金额12.1亿元，解决了成员单位电子商业汇票的收票、贴现等难题。公司积极开拓信贷业务，通过开办商票保贴业务，为成员单位办理商票保贴22.33亿元，释放成员单位开票保证金6.7亿元，提高资金使用效率，全力支持钢铁主业扭亏。

【业务创新】为进一步拓展金融服务渠

道，提升金融服务功能，公司在做好现有业务基础上，积极拓展新业务。一是拓展外汇结售汇业务，该业务资格已获批，在取得外汇交易会员资格后，将对成员单位的外汇资金实行集中管理，建立外汇资金池，开办即期结售汇业务；二是全力推进同业拆借业务，申办材料已通过人民银行上海总部初审，2014 年预计将全面开展业务运作，有助于建立稳定的融资渠道；三是推动集团公司的保险业务集中管理，着手出台保险业务集中管理优化方案；四是通过与各大商业银行签订电票保贴协议，推动由公司承兑的电票能在市场上流通；五是加大有价证券投资等新业务的申办力度，重点推动发行债券和有价证券投资业务；六是加大创新类信贷业务的推进力度，积极开展预付款保函、票据池质押担保等业务。

【风险管理和内部控制】强化运营风险管控，保障各项金融业务稳定顺行。2013 年公司重点从强化资金系统运行维护、严防操作风险、控制管理风险方面来展开排查和应对，在切实有效、主旨明确的风险防控工作保障下，公司整体经营高效稳健。一是制定了资金系统软硬件巡检及维护实施细则，并组织实施；二是制定了资金系统应急演练方案，并进行了应急演练；三是出台了资金系统日志管理办法，并组织实施；四是查找基础软硬件产品的各类缺陷，制定了整改方案并进行整改；五是明确了对操作风险的零容忍态度，并通过设置适当奖励，用于激励员工对操作安全的重视；六是按年度计划开展常规稽核和专项稽核工作。全年共开展了 16 次合规检查和 1 次专项检查，每个季度各业务部门开展风险隐患排查工作；七是加强流动性风险控制，每日关注流动性指标，每月向监管部门提交流动性报表。

【人力资源管理】2013 年 3 月，借集团公司推进全员岗位绩效考核的契机，组织全体员工进行了岗位工作标准、业务流程图、业务操作指南及岗位知识管理的编写工作，经过近半年的编写、讨论和修改，9 月已完成了岗位绩效管理的相关工作，修订并下发了公司全员岗位绩效考核管理办法。同时在公司网站上开发了岗位绩效管理平台系统，便于各岗位员工之间相互学习，提高了工作效率，更便于公司新进员工能快速胜任本职工作。

湖北宜化集团财务有限责任公司

【经营概况】2013 年，湖北宜化集团财务有限责任公司（以下简称“公司”）在各级监管部门的指导下，认真贯彻党的十八大以及中央经济工作会议精神，坚持“依托集团、服务集团、规范经营、稳健发展”的经营方针，以加强集团资金集中管理和提高集团资金使用效率为目的，切实履行各项金融服务职能，不断完善公司治理，强化风险防范意识，加强内部管理，提高经营服务管理水平，确保了公司持续、健康、稳定发展。

截至2013年12月末，公司资产总额8.39亿元，较年初上升1.43亿元，增幅为20.55%；负债总额5.31亿元，较年初增加1.38亿元，增幅为35.11%，表外业务2.45亿元，比年初增加1.55亿元，增幅为172.22%。所有者权益3.08亿元，较年初增加0.05亿元，全年实现净利润1 457万元，较上年同期增长863万元，增幅为145%，贷款损失准备充足率、不良资产损失准备充足率均为100%，不良贷款率为零。

【信贷业务】2013年，公司认真贯彻国家宏观调控政策，加大节能环保、科技创新、现代服务业的金融支持力度，推动传统产业改造提升，严控“两高一剩”行业贷款，充分发挥信贷政策的要素配置、转型引领作用，带动集团产业结构调整，转变经济增长方式，全年累计向成员单位发放短期流动资金贷款77笔共50.2亿元，收回48.2亿元，余额较年初新增2亿元，贷款余额达到7亿元。同时，公司大力开展委托贷款业务，2013年公司新增委托贷款10笔金额3.25亿元，有效地满足了成员单位的资金需求。为了降低成员单位的财务费用，公司以中国人民银行全面放开金融机构贷款利率管制为契机，充分为成员单位着想，实行了对所有成员单位的存款利率上浮10%、贷款利率下浮30%的方案，累计为成员单位增加存款利息收入500万元，减少贷款利息支出1 577万元，切实减轻企业融资负担。

【资金集中】2013年，为了实现集团资金统一高效管理，公司把提高成员单位资金归集率为第一要务，多方挖潜。一是积极吸纳成员单位，2013年新增成员单位12个，累计达到73个；二是加强对各成员单位资金情况实时监测，建立资金监测台账，专人管理，每日通报；三是针对公司资金集中率长期处于较低现状，及时进行调研，为领导决策提供参考；四是借助集团力量，对相关领导下达了责任制，确定了资金归集目标，集团资金和财务公司共同对资金归集率负责。通过这些办法，公司2013年底的资金归集率达到14%，日均归集资金较上年新增4.4亿元。

【风险管理和内部控制】2013年，公司进一步完善权责统一、制衡有效、运作规范的法人治理机制；建立健全与实际操作相适应的内部审计、授权授信、奖惩和责任追究制度，构建了完善的内控制度体系，极大地提高了内控效果。公司以开业一年后评价为契机，根据银监局后评价检查意见，开展了“制度清理月”活动，对业务流程不清晰、权责划分不明确、操作与实际有较大差距的条款逐一讨论、修订，截至12月31日，完成了71项基本制度的建设，其中公司治理类12项、信息科技类5项、行政管理类4项、结算业务类14项、计划财务类10项、信贷业务类11项、风险管理类14项、稽核审计类1项。同时，公司加大合规检查频率，强化案件风险排查，落实责任追究力度，全年累计下发查处通报及整改通知6期、考核人次12人，对规范各项业务流程、明确工作标准起到了较强的促进作用。

【人力资源管理】公司始终坚持培训是员工最大的福利，坚持外部培训与内部培训相结合的原则，大胆“请进来”，勇敢“走出去”，对员工进行全方位的业务培训。在外部培训方面，主要通过参加银监、人民银行、中国财务公司协会召开的各种专题会议以及组织的培训班，掌握最新的金融调控政策及经济形势，增强专业知识。在内部培训方面，一方面公司定期开展各项业务培训，如培训委托贷款会计核算办法、授信流程、人民银行信贷报表填报、大中小企业分类及涉农知识等；另一方面，坚持每日组织学习安邦经济信息，以便及时了解和掌握国际国内经济形势和各行业经营状况，促进工作开展。同时公司通过引导，各岗位员工积极参与了银行业从业资格考试，除公司8

名为金融机构引进人才以外，其他4名员工已取得银行业从业资格，还有7名新员工在复习备考之中。

【信息化建设】公司自开业以来，认真强化信息化建设，形成一套“功能满足业务需求、业务数据验证准确、系统操作易学易用、系统运行安全稳定”的管理信息系统，建立健全信息科技工作组织架构，形成了较为完备的信息科技风险控制系统和内控制度。一是完成了核心业务系统验收；二是加快推进征信系统接入事宜，公司于12月与金电公司签订采购合同，决定采用非接口程序接入征信系统；三是完成反洗钱检测报告系统的更新改造工作，通过系统改造、业务培训，规范了反洗钱工作流程，满足了人民银行对金融机构的监管及反洗钱的严格规定；四是对信息中心机房进行升级改造，完善计算机系统安全管理及设备维护等方面的制度，最大程度确保了公司各业务系统安全、平稳运行，为公司业务的顺利开展提供了良好的设备及技术支撑。

【企业文化建设】2013年，公司继续推进宜化文化宣贯工作，按照实事求是的思想路线、从严治厂的管理理念、艰苦奋斗的工作作风，争创一流工作标准，严格要求每一位员工，将企业精神当作行动的指南，把企业精神植于实现“双百宜化”的沃土，深入推进“制度化、程序化、信息化、精细化、标准化”管理活动，增强全员依法合规经营意识，全面提升公司服务质量。同时，公司积极为员工创造良好的工作、生活环境，开展丰富多彩的业余活动，不断增强员工的归属感，增强公司的凝聚力、创造力和战斗力，培育和弘扬具有宜化特色的金融企业文化。

北京汽车集团财务有限公司

【经营概况】2013年，北京汽车集团财务有限公司（以下简称“公司”）紧密围绕集团公司战略规划，秉承“服务第一”的原则，强化“专业、高效”的服务能力，稳步推进业务，出色完成了全年各项工作任务目标。2013年末，公司资产总额121.49亿元，较年初增加69.59亿元，增幅为134.08%；实现利润总额1.88亿元，同比增长278%，开户单位基本覆盖集团重要业务板块的重点企业。

【信贷业务】2013年，公司继续深化信贷客户服务工作，客户服务覆盖面不断扩大，相继开展了短期流动资金贷款、固定资产贷款、银团贷款、委托贷款等信贷业务，累计发放各项贷款金额合计79.82亿元，有力支持了集团核心整车企业及其上下游成员企业的多元信贷服务需求，有效降低了成员单位的筹资成本，使公司客户服务覆盖面不断扩大，促进了集团产业结构调整。多元信贷产品将产业链结算模式与授信结合，实现集团内部资金集中管理，提高了资金使用效率，集团内部资本得到增值，在此基础上支持了企业计划生产，上游零部件企业获得周转资金，核心整车企业按计划实现生产目标。多元化信贷产品大幅降低了成员单位外部融资比例，逐步推进集团融资结构优化，实现了资金的体内循环。

【产品销售信贷业务】为促进集团汽车产品销售，以金融服务加强集团产品的市场竞争力，公司申请了“消费信贷、买方信贷和融资租赁”资质。2013 年，公司围绕集团汽车产品特点，深入开展走访调研，全力做好汽车金融业务筹备，针对经销商融资、消费信贷和融资租赁业务设计了丰富的金融产品及个性化的金融服务，将有力支持集团下游汽车信贷业务。

【资金业务】公司利用自身金融企业的优势，秉持安全性、流动性、效益型的原则，在加强内部资金计划及流动性风险控制的前提下，不断提高与同业银行资金议价的能力，加强与合作银行的产品创新，进行同业资金运作，最大限度提高资金收益，实现了集团资金的价值创造。并在与同业银行合作中，以资金业务为合作契机，不断拓宽合作思路，加深合作的深度，助力公司其他业务的发展和业绩的提升。

【票据业务】2013 年，公司继续积极开办票据业务产品，在票据贴现业务及票据承兑业务规模上均有较大提高。结合汽车产业链特点，充分利用集团化优势，通过承兑汇票，丰富了4S 店与上游结算手段，提高了资金使用效率，助推集团产业链下游的汽车销售业绩增长。同时，以较低的服务价格为成员单位节约财务成本，缓解了成员单位的资金压力，盘活了企业资金。

【资金集中】2013 年，公司不断进行产品创新、提高结算服务效率和水平。在资金集中方面，一是配合集团开展资金集中管理，提供各种数据支持；二是配合集团加强内部结算相关工作；三是根据成员单位的个性化需求，提供差异化的服务支持。全年公司存款数大幅提高，7 月存款余额首度突破百亿元大关，资金集中度稳步提升，较 2012 年度提高近十个百分点。

【业务创新】2013 年，公司初步建立了创新工作管理机制，成立了创新工作管理委员会，并制定和完善了《创新工作管理办法》和《创新委员会议事规则》，审议通过创新项目 10 项，对规范公司创新工作管理和激发员工创新热情起到了积极的促进作用。尝试开办了多项产品组合业务模式，结合汽车行业产业链特色，为企业办理了以综合授信、合作银行代理收款、企业账户监管产业链融资组合项目，以及立足小微企业，结合最高额授信、企业现金流及贸易回款账户监管的授信模式组合创新等创新业务。着力加大信息化建设创新力度，提出“内部核算、存贷管理一体化”的创新管理理念，结合资金管理等现有信息系统技术架构，通过接口对接方式，实现内部存贷一体化，优质高效地完成了信息系统建设任务。同时采用迭代式并行开发方法，有效节约了时间成本。

【风险管理和内部控制】2013 年，公司风险管理工作紧紧围绕保持充足的资本、拨备和流动性的总目标，重点以深化操作风险、合规风险职能为主线，以规范信用业务投向、设置适度风险限额、理顺授权体系为工具，以评估操作风险事件发生原因与整改结果为抓手，扎实推进全面风险管理工作，风险监管指标全部达标。重点发布了公司《授信业务指导意见》、《消费信贷业务指导意见》、《合规风险自查指导手册》、《流动性风险监管、监测指标和预警指标》等风险管理政策及工具。审计稽核工作对公司开展的各项业务和管理工作进行全方位审计，确保各项工作符合公司制定的规章制度。同时，为保障企业健康发展，进一步提高内控管理水平，修订了公司《问责管理办法》。

【人力资源管理】 2013 年，公司分别从人才招聘、引进和培养，强化人事管理，建立完善的职位及薪酬体系、激励考核方案等方面着手，搭建了适合公司的、科学的人力资源管理体系。优化调整职位职级和任职资格体系，重新构建薪酬体系。采用正激励与负激励有机结合的方式，通过年度绩效考核实现能者上、平者调、庸者下的人力资源管理目标。实施企业年金方案，积极争取并落实金融类企业住房公积金优惠政策，落实员工福利计划，实现公平公正，提升对人才的吸引力。

【信息化建设】 2013 年，公司通过进一步完善信息化建设委员会机制，加强公司整体信息化规划能力，提高信息化建设工作效率，实现公司信息化建设系统化、制度化。根据信息化建设委员会部署，公司组织开展汽车金融零售贷款和经销商贷款管理系统等建设工作，并结合资金结算平台有效支持了经销商开展贷款业务。公司组织力量与软件公司合作开发建设统计报表平台，完成多业务与财务信息系统的数据整合，实现数据共享，大幅提升了决策分析水平。

【企业文化建设】 2013 年，公司将“三连文化”上升至党建“三连体系”，获 2013 年度集团党建创新项目奖。作为集团廉政风险防控“3 + 1 体系”建设试点单位，公司整合企业风险、内控管理资源，促进廉政风险防控常态化，制定《员工廉洁从业暂行规定》，加强廉洁文化建设，使“廉洁做事，清白作人”内化为员工的行为准则，在集团落实 2013 年度党风廉政责任制专项检查中，被评为优秀单位。2013 年公司工会以“创新发展 · 关爱员工”为主题，开展了以“比创新、比管理、比服务、赛效能、赛协作、赛奉献”为主线的劳动竞赛，推进企业经营发展；真心实意关爱员工，切实维护职工权益，组织工资集体协商，签订集体合同，成立劳动争议调解委员会，开展“感受家的温暖，关爱外地员工”和“健康、鉴赏、文艺”三大系列之旅活动，为企业健康持续发展作出积极贡献。公司荣获集团公司颁发的“2013 年生产经营突出贡献奖”及“北汽集团 2013 年度先进集体”称号。年度各项监管指标全部符合要求。

大连港集团财务有限公司

【经营概况】 2013 年，大连港集团财务有限公司（以下简称“公司”）通过加强资金集中管理、科学运作资金、增加贷款发放额度、创新业务品种、强化全面风险管控、压缩成本等举措，最大限度满足了集团各成员单位的资金需求，为集团提供了优质、高效、多元化的金融服务。公司各项业务顺利开展，整体运行平稳，主要经济指标良好。截至 2013 年末，公司资产总额为 33.18 亿元，负债总额为 26.91 亿元，所有者权益 6.27 亿元，全年实现营业收入 15 739 万元，利润总额 11 414 万元。

【信贷业务】公司通过对内深入调研、对外积极争取信贷规模双管齐下的方法，在传统信贷产品基础上，对成员单位的实际情况及需求进行深入调研，根据成员单位多样化的融资需求，综合运用多种担保方式，搭建多种融资产品、多种期限、多种担保方式的融资结构，丰富财务公司信贷产品体系并合理配置，充分利用集团沉淀资金，有效满足成员单位资金需求，缓解资金压力。2013 年累计发放贷款 19.31 亿元，有效支持了集团的发展建设；累计发放委托贷款 77.79 亿元，有效地促进了资金的合理配置，并通过优惠费率为成员单位节省手续费支出约 1 323 万元。

【资金业务】公司坚持以资金的安全性、流动性、盈利性为前提，在做好头寸资金预留筹划和成员单位贷款需求的基础上，尽最大限度安排富余资金进行同业定期存款操作，并根据多家合作银行的利率报价，择高进行资金运作，争取用最大的定期存款资金量以及最高的定期存款利率确保集团资金集中效益。2013 年中期，银行同业利率创历史最高点，公司抓住银行间资金紧张的有利时机，变时点性利率为阶段性利率，最大限度锁定资金收益，全面提升了集团资金运作水平，提高了资金运作效益。2013 年度存放同业利息收入达到 0.71 亿元，比上年增加 0.15 亿元，增幅达 26.8%。

【票据业务】公司通过问卷及走访调查的形式对本集团 100 余家成员单位的票据业务进行了充分调研，结合成员单位的业务与融资需求，确定了先期开展集团商票业务、银行承兑汇票贴现业务的方案，最终形成集团票据池，达到对票据进行统一管理，通过拆分、打包等形式，实现盘活票据、融通资产，节约集团整体财务费用的目的。2013 年累计贴现金额 680 万元，以高于商业银行的贴现效率和低于商业银行的贴现利率，真正实现了拓宽成员单位融资渠道、提高集团成员单位融资效率、降低融资成本的目的。

【资金集中】2013 年，公司继续加大资金集中管理力度，收集梳理集团投资企业股权结构信息，细化资金集中管理范围，保证集团具有绝对控制权的企业将资金归集到财务公司，同时积极拓展获取集团新成立公司信息的途径，做到充分沟通、灵活处理，对于应纳入集团资金集中管理范围内的企业，及时督促并予以协助。截至 2013 年末已有 117 家成员单位在公司开立账户，本年新开户成员单位 26 家，基层单位资金集中度一直保持在 90% 以上，全年平均存款为 27 亿元，与 2012 年相比平均存款增加 10 亿元，为开展专业金融服务提供了坚实的资金保障，更好地发挥了集团资金结算平台和资金“蓄水池”的功能。

【业务创新】公司在控制风险的前提下坚持创新，2013 年在传统流贷、固贷的基础上，信贷产品体系进一步丰富和完善，根据成员单位多样化的资金需求，量身定做设计开展了包括仓单质押循环贷款、第三方最高额保证项下的流动资金循环贷款、应收租赁款质押贷款、应收工程款组合质押贷款、项目营运期贷款等在内的新品种，为大连港实现港口发展由装卸型向物流型、贸易型、工业型转变的战略举措提供了有力的金融支持。此外，积极寻求与外部银行的合作发展，突破单一的集团内部融资模式，进一步挖掘集团外部金融市场资源，充分发挥资金杠杆作用，与工商银行大连市分行成功组建银团向集团重点建设项目提供资金支持，解决了公司自身贷大和贷长的限制，在有限资源下积极配合集团发展战略实施。

【风险管理和内部控制】2013 年，公司积极主动实施以信用风险、操作风险、流动风险和市场风险为核心的全面风险管理，从风险管理关键环节入手，规范各项业务发展，为公司依法合规稳健经营提供合理保证。一是创新工作方法，深化日常业务监督和风险审核，突出监督检查重点，对监督发现问题跟踪整改情况。二是突出重点开展专项稽核。组织开展贷后管理情况稽核、印章管理情况检查、重要空白凭证、有价单证及重要物品管理情况的稽核调查等。三是组织开展2013年度公司制度梳理工作，及时修订和完善制度或操作流程的不足，各项制度进一步完善，适应业务发展的需要，为公司未来经营发展奠定了良好的制度基础。四是持续深入开展全面风险管理和研究。根据公司风险管理要求，组织开展季度全面风险管理情况的总结报告工作，工作有方案、有计划、有要求。

【人力资源管理】2013年，为适应集团公司发展战略要求，公司在人力资源管理方面重点强调制度建设和员工培训工作。在制度建设方面，重点完善了公司的薪酬制度和绩效考核制度，通过岗位价值评估，突出不同岗位之间的责任与贡献，达到稳定和激励现有人才队伍的目的；采取按岗定酬、按任务定酬、按业绩定酬等多样化的分配方式，将个人绩效考核与组织绩效考核有机结合，促进员工与企业同步发展。在员工培训方面，结合公司业务开展和员工需求，制定实施适合公司发展的全员培训计划，全年“九恒星”业务管理系统操作通过率达到100%，会计从业资格通过率达到100%，银行业从业资格通过率达到95%。通过强化员工培训，有效提高了员工的业务素质和技能，满足了公司业务开展的需要。

【信息化建设】2013年，公司主要围绕防范信息化风险、夯实信息化建设基础、深入推进信息系统建设、保障系统安全稳定运行、规范信息化管理与流程、信息系统推广实施等方面开展信息化建设工作，并取得了很好的成效，保障并支撑了集团公司资金集中管理工作及公司各项业务的正常、有序开展，进一步提高了公司的服务能力与服务质量。

【企业文化建设】公司传承大连港“老码头”精神，狠抓服务质量、服务水平、服务态度，以“建设一流的服务团队，培育一流的服务文化，打造一流的服务品牌，展示一流的公司形象”为目标，树立起公司服务品牌。公司以建设学习型企业为抓手，狠抓全员专业素质提升，号召全体员工“创优争先”，利用“请进来、走出去”、骨干员工进驻银行在岗培训、每月撰写学习报告等方式有效提升员工专业技能，促使员工勤学多思，岗位成才，增进员工的公司归属感。通过积极宣传企业文化、参与开展各类活动等方式，使员工理解、体验、领悟公司经营理念和风险防控理念，营造独具特色的企业文化氛围。

大唐电信集团财务有限公司

【**经营概况**】2013 年，大唐电信集团财务有限公司（以下简称“公司”）秉承“立足集团，创新发展”的经营宗旨，持续深化资金集中管控平台、资金结算平台和筹融资平台建设，在将已获批业务做细、做深、做实、做全的基础上，积极发挥金融机构的专业优势和资质优势，为集团和成员单位提供了专业的财务顾问服务，实现了融资渠道和融资产品的创新，争取到了利率优惠的中长期外部资金，对拓宽成员单位融资渠道、节约融资成本、改善融资结构发挥了重要作用。

截至 2013 年 12 月 31 日，公司资产总额 350 948 万元，营业收入 12 523 万元，税前利润 8 691 万元，净利润 6 512 万元，取得开业以来最好成绩，结算量、信贷规模及代理业务量等均创历史最好水平。

【**资金集中**】公司与成员单位保持良好的沟通机制，通过提升网上金融服务系统的用户体验、结算服务品质及逐户定制归集措施来带动成员单位的存款，2013 年完成结算业务 46 079 笔，吸收成员单位存款 19. 42 亿元。2013 年公司资金集中度达到 36%，集团对整体资金的管控能力进一步增强。

【**信贷业务**】通过对集团产业发展的调研及产业布局跟踪，寻求业务拓展机遇，将集团特通产业、战略性新兴产业的项目和资金需求纳入贷款支持的范围，把上市公司以及所属优质子公司、研究所作为贷款新增的主要目标，贷款客户结构得到优化，客户集中度进一步降低，同时，贷款期限结构也进一步得到优化，以超短期贷款形式支持北京高阳捷迅信息技术有限公司资金需求，作为副牵头行发起大唐电信科技股份有限公司 10 亿元银团贷款成功签约。2013 年底，公司自营贷款余额为 15. 84 亿元。

【**业务突破**】2013 年 7 月 31 日，公司与中国工商银行股份有限公司成功办理了首笔信贷资产转让业务；2013 年 11 月 14 日，由北京银行中关村分行作为牵头行、公司作为副牵头行和财务顾问、招商银行北京亚运村支行作为参加行发起的 10 亿元银团贷款筹组成功；2013 年 6 月，大唐电信集团获得跨国公司总部外汇资金集中运营管理试点业务资格，公司作为大唐电信集团外汇试点主办企业具体承办境外外汇资金境内归集、境内外汇资金集中管理、外债和对外放款额度集中调配、经常项下集中收付汇、货物贸易净额结算等业务，外汇业务正在降低集团外汇资金融资成本、减少外汇资金占用、提高资金收益率、实现外汇资金流与业务流的整合方面发挥越来越重要的作用。

【**财务顾问**】2013 年，公司发挥专业优势，共为集团及成员单位提供货币市场分析周报、经济信息周报与定期宏观经济分析报告

100余份；为大唐高鸿数据网络技术股份有限公司等成员单位提供财务顾问服务，与成员单位形成良性互动；承办集团银行间市场债券融资工作再次取得骄人成绩，2013年共完成融资63.5亿元，各期债券发行利率均处于中国银行间市场交易商协会公布的指导价以内，加权综合融资成本低于银行贷款17%，为集团节约财务费用4 600万元。

【保险兼业代理】 通过个人车险的专项推介活动，公司个人车险代理业务的影响范围进一步扩大，成员单位保险代理业务得以拓展。完成大唐高鸿数据网络技术有限公司仓储险的保险代理工作；与大唐电信、中国人寿保险签订合作意向书，就航空意外险代理业务达成合作意向。

【风险管理和内部控制】 在2012年制度与流程建设成果的基础上，2013年公司业务流程建设小组持续推进内控制度和合规管理体系的建设工作，并于2013年底出台了《大唐电信集团财务有限公司内部控制手册》，该手册分制度篇和流程篇，分别收录近2年建设的各项管理制度31项，业务流程19项，基本实现了对主要业务和关键控制点的全面风险管理。

【人力资源管理】 根据绩效考核成绩、360度评估及面试结果，公司在2013年完成了对公司现有人员的职级调整和岗位调整，并根据个人业务短板，有针对性地选派考核及考评成绩优异人员参加外部培训，进一步提升人员综合素质和岗位匹配度。初步尝试EVA贡献奖励计划，进一步丰富考核和激励方式。

【信息化建设】 2013年，公司以管理提升为契机，重新梳理信息化管理架构，调整信息化工作领导小组和信息化工作办公室人员，积极探索适合公司发展和业务发展需要的信息化工作模式。

根据业务开展情况和成员单位的需求，公司积极对业务信息系统进行功能优化，启动了指令自动化处理及电子回单优化项目；与软件开发商采用的驻场开发合作模式成效显著，完成了外汇业务过渡系统等优化；同时利用自有技术力量开发了对账及短信提醒功能，节约了外部采购成本。

【企业文化建设】 2013年，结合公司实际情况，以深入开展党的群众路线教育实践活动为契机，通过“深耕细作”活动的开展、观看爱国影片、参观红色革命教育基地及图片展、书籍阅读及研讨等一系列活动的开展，加强对员工的形势教育、主人翁意识教育和发展意识教育，自上而下进行工作作风的整顿，进一步强化服务意识、市场意识、学习意识、创新意识、团队意识和组织意识，使公司经营管理精细化水平得到进一步提升。

开滦集团财务有限责任公司

【经营概况】 2013年，开滦集团财务有限责任公司（以下简称“公司”）认真贯彻落实集团公司两会和财会工作会议精神，以“依托集团、服务集团、发展集团”为宗旨，以服务成员单位为导向，以做大资金归集为主线，积极拓展业务范围，强化管理创新，全力为集团公司和成员单位提供优质金融服务，充分发挥金融平台功能，公司实现稳健发展、创新创效。

截至2013年末，公司资产总额55.41亿元，比年初增加3.96亿元；负债总额44.35亿元，比年初减少1.6亿元；所有者权益11.06亿元，比年初增加5.56亿元。2013年公司实现营业收入20 883万元，同比增收7 758万元，增幅为59.1%；完成利润10 776万元，同比增利4 088万元，增幅61.1%；资金集中度为82.04%，同比提高16.09个百分点；各项监管指标均符合监管部门的要求。

【增资扩股】为扩大公司经营规模，拓展业务范围，充分发挥财务公司的金融服务功能，经股东会同意并报请中国银行业监督管理委员会河北监管局批准，公司增加注册资本5亿元人民币，由公司原股东按原持股比例以现金一次性出资。公司注册资本由5亿元人民币增至10亿元人民币。2013年7月公司增资完成，

【信贷业务】2013年，公司充分发挥自身金融机构职能，积极开展各种信贷业务，不断丰富信贷业务品种，为成员单位提供资金支持。2013年全年累计发放贷款48.39亿元，其中，流动资金贷款41.89亿元，固定资产贷款1.36亿元，应收账款保理400万元，票据贴现5.1亿元。截至2013年末公司贷款余额18.37亿元，其中，短期贷款余额16.08亿元，中长期贷款余额2.29亿元。不断加大对涉农企业和中小企业的信贷支持，2013年末中小企业信贷投放余额1.76亿元，涉农企业信贷投放余额3.76亿元，有力地促进了集团中小企业和涉农企业的发展。

【资金业务】2013年，公司抓住资金市场趋紧、同业利率持续走高的有利时机，加强资金头寸管理，合理安排资金，在保证成员单位正常支付的前提下，不断降低活期备付资金。参考上海银行间同业拆借利率，在各大银行间建立竞争报价机制，将资金办理成期限不同的同业理财，并密切关注金融市场利率走势，及时根据市场走势调整期限结构，充分利用金融机构优势最大限度赚取银行利息，2013年共实现同业存放利息收入12 758万元。

【票据业务】为满足成员单位资金需求，提升公司流动性，公司积极开展票据贴现、再贴现、转贴现业务。2013年，公司共办理票据贴现18笔，金额5.1亿元；办理再贴现业务4笔，金额6 800万元；办理转贴现业务1笔，金额1 000万元。

【中间业务】2013年，公司共办理委托贷款46笔，金额36.48亿元，为集团公司发行短融、非公开定向债务融资工具提供财务顾问服务，从主承销商分取收益355万元，降低集团整体发债成本。

【资金集中】2013年，在集团和成员单位的支持下，公司群策群力，开拓进取，资金集中工作不断突破，资金集中度屡创新高，2013年末达到82.04%，同比提高16.09个百分点。一是推进票据池动态质押和同业保证金置换业务。以银行承兑汇票动态质押和公司同业存款保证置换企业存款保证金，解决银行承兑汇票保证金不能归集的问题。二是尝试开展票据承兑业务。委托银行代理公司为成员单位签发银行承兑汇票，将成员单位保证金存入公司，公司作为实际承兑人在银行质押同业存款。三是及时扩大资金集中范围。密切关注成员单位变化，及时将新成立公司纳入归集范围，归集新公司资金。四是细化资金归集措施。根据成员单位账户性质，采取自动上划和手动归集相结合的方式灵活归集资金。定期梳理各单位账

户，及时归集成员单位的零散资金和沉淀资金。

【业务创新】2013 年，公司积极开展业务创新，丰富业务品种，更好发挥金融服务功能：一是开展票据池动态质押和同业保证金置换业务。通过与银行深入洽谈与协商，争取到有利合作条件，停止以企业存款质押开具银行承兑汇票，代之以银行承兑汇票动态质押和公司同业存款提供保证，有效置换企业存款保证金，基本解决了银行承兑汇票保证金不能归集的问题，全集团保证金从 2013 年初的 13.8 亿元下降到年末的 1.3 亿元。二是开展票据承兑业务。委托兴业银行代理公司为成员单位签发银行承兑汇票 2 350 万元，将成员单位保证金存入公司，公司作为实际承兑人在银行质押同业存款，有效提升资金价值。三是开展应收账款保理业务。公司针对成员单位应收账款多，大量占用资金的实际情况，尝试性地开展应收账款保理业务，满足成员单位的需求。四是获批保险兼业代理业务资质。为下一步利用全集团的规模优势和议价能力，推进全集团保险产品的集中管理奠定基础。五是成功向人民银行申请了机构代码，加入了人民银行电子商业汇票系统。

【风险管理和内部控制】2013 年，公司不断强化内控风控建设，管理水平进一步提高。一是建立以岗位责任制为核心的风险控制体系。制定《财务公司岗位责任说明书》，明确各岗位具体职能和责任，做好重点业务和关键岗位的风险防控。二是建立资本约束机制。根据新的《商业银行资本管理办法》规定，制定实施《财务公司中长期资本规划》，全面增强公司抵御风险能力。三是强化内部审计工作。开展信贷业务、结算业务、同业理财、印鉴管理等专项审计，有效防范和控制操作风险，提高管理水平。四是迎接全面业务现场检查。认真配合唐山银监分局进行公司全面业务现场检查，针对存在的问题，逐条制定整改措施并严格进行落实，进一步提高公司合规经营水平和风险防控能力。

【人力资源管理】2013 年，公司以打造专业金融团队为目标，开展形式多样的学习，员工专业素质和业务水平显著提升。一是积极组织员工参加各类从业资格考试。公司 26 人取得了银行从业资格，占到总人数的 93%；13 人取得统计从业资格；8 人取得证券从业资格。二是结合工作实际组织开展课题调研，2013 年共完成调研课题 5 篇，其中一项课题荣获河北省企业管理现代化创新成果一等奖。三是积极参加银监部门、人民银行和中国财务公司协会等组织的专业培训，快速提高业务水平。组织员工到兄弟财务公司、国有商业银行考察，学习先进经验和做法，更好地为成员单位提供服务。

【信息化建设】2013 年，公司按照《开滦集团公司资金分类预算控制方案》的要求，开发了资金预算分类管理和资金日计划管理模块，提高资金的精细化管理程度。开发了工商银行、建设银行电子回单打印模块，解决了成员单位领取回单不安全、不及时的问题。按照监管部门的要求并结合信息安全的学习成果，对公司现有的信息管理方面七项管理制度进行了修订。

【企业文化建设】2013 年，公司不断加强企业文化建设。一是加强公司宣传，树立良好公司形象。公司资金集中工作经验在银监会、河北银监局内刊进行刊发，公司的发展与业绩得到了省政府、省国资委领导的充分肯定与批示，省国资委简报专题进行刊发，公司美誉度和影响力显著提升；设计刊印了《开滦财务公司成立一周年宣传册》，制作了“产融协同·成就梦想”主题宣传片，创办了公司网站，充分展示公司良好形象。二是积极组织和开展各项文体活动，提高团队凝聚力。组织参加了唐山市银行系统第二届职工乒乓球大赛，荣获男子团体亚军；组织参加唐山市银行业的羽毛球比赛，包揽男单、女单、团体等全部项目冠军；参加集团公司的跳绳比赛，荣获团体跳绳二等奖；参加集团公司直属机关的篮球比赛，荣获亚军。这些活动的开展，增强了团队凝聚力和向心力，提高了公司的核心竞争力。

中国航油集团财务有限公司

【经营情况】中国航油集团财务有限公司（下简称“公司”）按照2013年为“基础巩固年”的各项工作部署，紧紧围绕“提高两个度，抓好一个拓展”（提高全集团资金集中度，提高成员单位服务满意度，抓好新业务拓展）的中心工作任务，努力提高凝聚力、执行力、战斗力，积极发挥工作的积极性、主动性、自觉性，脚踏实地，奋发进取，各方面工作都有新的进展，取得了较好的经营业绩。

2013年，公司实现营业收入8 972万元，完成预算132%；利润总额6 413万元，完成预算的123%；年末吸收成员企业存款余额7.6亿元，资金集中度达到51%；年末信贷规模达14亿元；实现各项税收2 171万元。

【信贷业务】2013年末，公司信贷投放规模为14.5亿元，日均贷款余额达13.32亿元。在做好信贷规模争取工作的基础上，公司面对信贷资金来源单一、信贷需求减弱以及信贷资金投放难度加大的不利局面，不等不靠，采取积极的应对措施，有计划、有步骤地按人民银行下达的信贷计划将资金投放到位，保证了公司信贷资金的合理、有序投放。信贷业务服务范围覆盖集团公司主要业务板块，已初步形成产品品种多样、资产结构合理、业务全方位覆盖的信贷业务良好局面，为集团公司及成员单位提供了优质金融服务，有力地支持成员单位的生产经营需要。

【资金业务】2013年累计完成结算业务4.47万笔，结算金额9 901亿元。公司以“注重服务质量、保障资金安全”为工作准则，实现了“零差错”。

为拓宽资金融通渠道，公司积极争取获得同业拆借业务准入资质。一方面，加强与人民银行上海总部、全国银行间同业拆借中心和人民银行营业管理部等监管部门的沟通，积极准备相关申报材料。另一方面，通过组织完成资金头寸管理办法和流动性风险实施办法的修订，编制同业拆借业务管理办法、业务流程和业务风险控制表，明晰了前、中、后台的职责，厘清了风险控制中的权限和要求。

【资金集中】一是公司按照“统一领导，专业管理”的原则，继续强化集团公司收支两条线的管理模式，采取“小步走，快步走，不停走”的方式，积极走访合资合营企业，多次组织召开资金集中度的专题研讨会，探索深化资金集中管理的新思路，不断实践改进资金管理的新举措，扩大资金集中的范围，进一步消除了集团“存贷两头大”现象。2013年末吸收存款余额7.6亿元，资金集中度达到51%的历史高点。二是公司积极推进境内成员企业外币资金集中管理。首先，组织研究和制定境内成员企业外币资金集中管理方案，搭建了由公司集中归集成员企业外币资金的管理架构；其次，通过搭建外币资金集中管理信息系统，实现了境内成员企业外币资金的在线查询和资金归集等功能，为集团公司实现全球资金一体化管理奠定了良好基础。三是基于国家外汇管理局最新的跨国公司外汇资金集中管理政策，公司积极协助集团公司与合作银行商讨制定跨境资金集中管理方案，向国家外汇管理局申报开展跨境外汇资金集中管理试点业务资格。

【业务创新】公司深入研究成员单位业务需求，积极拓展自身服务范围和业务品种，拓展信贷业务的广度和深度，陆续开展了贷款承诺书、保险代理业务等多项创新业务。2013年正式开展保险代理业务，为成员企业提供了优惠、高效的服务。

公司对中间业务进行深入研究学习，对贷款证明、投标保函、外币委托贷款等业务进行探讨。同时与集团公司及成员企业和工银租赁公司、交银租赁公司探讨了开展联合租赁的可行性，就税收政策、业务开展方案和业务开展细节进行了密切的沟通和交流，已具备开展相关融资租赁业务的条件。同时在前期研究工作的基础上，与平安保险、平安信托、中信证券就相关年金业务运作进行深入的沟通和探讨，向集团公司提出了公司参与集团企业年金基金运作方案。

公司积极对新业务进行研究、探讨、学习，如推进应收账款优化业务、设立保理公司、转融券业务、证券投资业务、委托投资业务等，形成了一系列的研究成果，为公司新业务的拓展奠定了良好基础；同时，根据国家政策导向和集团公司战略需要，开展了投资西安商业银行、中国（上海）自由贸易区政策研究、设立外商投资融资租赁公司、为香港加油公司提供融资服务等专项创新研究工作，取得了很好的效果。

【风险管理和内部控制】公司积极推动全面风险管控体系建设，搭建全面风险管控体系框架。通过强化资金头寸管理、建立流动性风险监测指标体系、建立预警指标的报告流程和应急处理机制、提高全集团资金集中度和开辟集团外部融资渠道来对流动性风险进行控制；通过建立信用风险预警监测指标、建立企业客户的信用评级指标体系与计分标准来控制信用风险；通过落实授权机制、复核机制、互控机制、对账机制等来控制操作风险。

董事会承担对公司风险管理实施监控的最终责任。公司管理层确保公司具备足够的人力物力以及管理信息系统和技术水平，能够有效地控制各类风险。法律与风险管控部是公司风险和合规管理的归口管理部门，公司各职能部门是管理各类风险的具体实施单位。

内控制度主要有《中国航油集团财务有限公司风险管理制度》、《中国航油集团财务有限公司内部控制基本规范》及2013年制定的《中国航油集团财务有限公司风险报告管理办法》等。内控制度的制定依照《中国航油集团财务有限公司规章制度管理办法》，董事会是规章制度管理的最高决策机构。公司成立制度评审工作小组，采取制度评审会方式制定、修订内控制度。

【人力资源管理】一是修订、下发实施了部门绩效考核管理办法，并首次开展了部门经理的年终述职，促进了部门工作的深化。二是建立涵盖公司内部培训、行业培训及加强同业交流学习的干部员工队伍建设常态机制，认真制定和执行培训计划，同时建立述训制度，并纳入年度部门和个人的业绩考核中，确保各项学习培训落到实处，取得实效。全年公司范围内共组织专题培训25次，赴同业、监管机构学习调研9次。三是建立了总经理奖励基金。通过制定《总经理奖励基金管理办法》和《总经理奖励基金评审工作实施细则》制度，表彰开业以来作出贡献的部门及员工共9个奖项，涉及5个部门17人次。

【**信息化建设**】一是公司完成了核心业务系统终验工作并完成“境内外币资金集中管理系统建设项目”上线工作。在各方的努力下，核心业务系统不断优化和完善，从而有力地保障了中国航油集团资金运营安全。二是完成核心业务系统和资金系统集成改造的结算业务流程和规范设计，测试验证外币业务系统功能，实现财银直联。三是按照公司制定的运维整体服务架构、职责矩阵、联络矩阵运用到实际的管理工作中，取得了很大成效，各方积极配合，认真地按照管理要求完成系统日常维护、系统缺陷投产、系统参数优化等工作，使得核心业务系统在2013年度未出现过停机超过1小时的事件。四是召开核心业务系统项目验收会议，交通银行、东软公司、石化盈科公司都给予高度评价，完成了对核心业务系统的验收。

【**企业文化建设**】一是加强新闻报道宣传工作。通过公司各部门的努力，全年在集团内外媒体上刊稿27篇，有效宣传了公司企业文化和经营管理中的重要成绩。二是组织举办自行车慢骑比赛、户外拓展、节俭举办公司成立两周年庆祝等活动，增强了全体员工的凝聚力和集体向心力。三是从小事入手，切实落实员工关爱工程。通过倡导工间活动、为全体员工订购餐后酸奶、开展慰问等活动，确保广大员工以更好的精神状态投入工作，使员工在紧张工作的同时感受到公司这个大家庭的关怀和温暖。

海南农垦集团财务有限公司

【**经营概况**】2013年，海南农垦集团财务有限公司（以下简称“公司”）紧紧围绕集团公司加快改革发展的步伐，顺利完成各项经营指标，继续保持良好的经营局面。全年实现营业收入7 602.99万元，利润总额为3 975.66万元，净利润为2 980.77万元。通过公司进行资金集中管理，资金综合收益率为4.20%。全年无不良贷款产生。

【**信贷业务**】公司本着“立足集团、服务集团”的核心理念，一方面结合集团发展战略，合理配置信贷资源，优化信贷资源结构，助力集团发展；另一方面加强产品营销，助力新业务的前期准备推广，力求提高集团整体资金利用效率，节约财务成本。

2013年，累计发放自营贷款92 500.00万元，累计回收67 757.50万元，累计发放委托贷款7笔金额为4 750.00万元。截至12月末，自营贷款余额为79 350.00万元，较上年同期增长 24 742.50 万元，同比增长 45.31%；委托贷款余额为 4 900.00 万元，同比增长 3 166.67%，实现自营贷款利息收入 3 075.39 万元。同年 11 月，公司获得海南省财政厅、海南省政府金融工作办公室颁发的 2012 年度金融发展专项资金信贷投放奖励。

【票据业务】 2013 年，公司票据业务发展平稳，全年累计为成员单位办理票据贴现业务 6 笔金额为 825.35 万元，贴现余额 280.57 万元，实现贴现利息收入 25.16 万元。制定《商业汇票保贴业务管理实施细则》，完成汇票专用章在人民银行报备手续，具备开出纸质商业汇票的条件，并积极开展相关财务公司电票业务调研，为申请加入全国电子商业汇票系统做好前期准备。

【资金集中】 公司积极落实集团资金集中管理政策，继续加大资金集中管理的力度和深度。截至 2013 年末，完成集团所属 29 家二级成员单位和 80 家三级成员单位资金归集，较 2012 年末新增 30 家，资金归集率上升至 91%。全年归集资金日均余额 12.67 亿元，剔除因政策原因不可归集资金，公司实际归集率为 51%。资金业务累计结算量 1 339.98 亿元；同时，在 43 家成员单位开展代理支付业务，支付笔数 2 966 笔，支付金额 85.03 亿元。无资金损失事件发生，确保了集团资金结算安全。

【风险管理和内部控制】 公司根据实际运营情况，对各项业务管理制度共计 106 项内容进行了梳理、修改、补充完善，并整理汇编成册，进一步确保了业务操作有法可依，有章可循，风险可控，方便快捷，公司管控能力得到明显增强。同时，加强对结算业务与信息系统、信贷和代理业务、银行账户管理和资金存放等各项业务过程控制和流程控制，保障公司风险管理目标的实现。

加大审计稽核力度，常规检查和专项审计相结合，对公司各项管理制度的执行情况进行常规检查，并按照重要性原则，对信贷、结算、计财等业务情况进行专项审计，同时穿插开展不定期业务抽查，有效促进了公司规范经营。

【人力资源管理】 2013 年，公司不断完善人力资源管理。按照部门或岗位年度关键目标设定绩效考核指标，考核结果与分配目标相挂钩，进一步调动了员工的工作积极性。

继续抓好员工培训工作。首先是从员工的思想教育入手，大力加强员工责任意识教育，树立现代金融服务理念。其次是加大培训力度，采取“引进来”和“走出去”相结合的模式，通过邀请专家授课、内部专业讲解、派员参加外部培训等方式，对项目贷款、票据业务等业务知识进行培训，提升了员工的专业素质和风险意识。为巩固培训质量，还及时组织培训后业务知识及技能测试，让员工认识到差距，形成“赶帮学超”的良好局面。

【信息化建设】 2013 年，公司以深化应用为重点，继续优化信息系统建设与日常运营维护：一是构建 SSLVPN 接入平台，解决成员单位接入公司业务系统产生的成本问题，年均可为全集团节省光纤费用 50 多万元；二是实现系统数据异地（同城）备份，提高了公司业务数据的安全性；三是定期开展业务系统安全自检，保证公司各项系统运转更加安全、稳定。同时，取得了省公安厅“国家信息安全等级”二级备案资格。

【企业文化建设】 2013 年，公司以开展“群众路线教育实践活动”为契机，积极开展集中整治“庸懒散奢贪”问题和改进工作作风等系列活动，全面加强党的思想、组织、作风建设，为推进公司党建工作营造了良好氛围。同时，通过开展爱国主义教育、登山、羽毛球比赛等多种形式的活动，丰富了员工业余生活，增强了公司的凝聚力和向心力。

西部矿业集团财务有限公司

【经营概况】 2013 年，西部矿业集团财务有限公司（以下简称“公司”）围绕“解放思想、提升能力、聚焦服务、突出效益”的经营方针，加强经营管理，各项业务稳健发展，取得良好效益，超额完成集团公司下达的经营目标任务。截至年末，公司资产总额 63.36 亿元，负债总额 56.68 亿元，所有者权益 6.67 亿元，实现净利润 1.28 亿元，同比增加 0.89 亿元，增长 227.77%；人均创利 474 万元，在青海省内金融机构中排名前列。

公司盈利能力不断提高，行业排名持续上升。2013 年公司资产收益率和净资产收益率两项核心经营指标在全国 174 家财务公司中分别排名第 50 位、第 14 位，在全国 11 家有色金属行业财务公司中分别排名第 4 位、第 1 位。

对集团公司和成员单位的支撑及保障力度进一步加大。增加成员单位利息收入，降低成员单位财务成本，全年向成员单位支付存款利息 8 000 万元，全部免除成员单位结算手续费。积极争取青海省财政、税收优惠政策，有效降低了公司的运营成本，为股东创造了更大效益。

【信贷业务】 2013 年，针对有色行业市场低迷、成员单位融资压力大、经营较困难的情况，公司在资金规模有限以及资金成本较高的情况下，仍加大对集团公司重点项目和急需资金成员单位的资金支持，尽力保障成员单位正常的生产经营。积极争取贷款规模，全年累计发放各项贷款 19.38 亿元。截至年末，各项贷款余额 18.66 亿元，较年初新增 10.07 亿元，其中贷款余额 16.95 亿元，同比增加 8.75 亿元，增长 106.71%；贴现余额 1.71 亿元，同比增加 1.33 亿元，增长 350%。

【资金业务】 2013 年，面对错综复杂的经济形势，公司加强对市场形势和政策走向的研究分析，提前谋划，顺势而为，适时调整业务结构，合理调配资金，加强与省内外同业的合作。全年实现同业收入 1.36 亿元，同比增加 0.79 亿元，增长 138.60%，完成全年计划的 181.33%。

【票据业务】 公司大力拓展票据业务，全年完成票据贴现总量 3.6 亿元，同比增加 2.89 亿元，增长 407.04%，超出年度计划 2.6 亿元；开办了再贴现和承兑汇票，完成再贴现总量 2.13 亿元，商业承兑汇票开票 4 300 万元，“票据池”和电票业务积极推进。

【资金集中】 通过制定成员单位内部结算管理办法、搭建四大国有银行“资金池”系统等加快成员单位账户清理，实现成员单位资金零余额归集目标，所有成员单位收、支账户均已实现“资金池”系统升级。截至年末，归集资金余额 40.85 亿元，同比增加 1.22 亿元，增长 3.08%。应归集成员单位 33 户，实际归集32户，单位归集率96.97%。全口径资金归集率为50.44%，远高于行业平均水平（行业均值29%）；可归集口径资金归集率在98.84%以上，超出了95%的年度计划，在行业中排名前列。

【业务创新】盘活存量资金，创新融资方式，开办票据再贴现业务，累计向人民银行再贴现融资2.13亿元，公司融资取得进一步拓宽。另外，公司积极筹办同业拆借、投资银行等新业务，拓展资金来源和运用渠道，寻求新的利润增长点。在人民银行等监管机构的指导帮助下，已获得投行业务资格。与新业务相配套的机构组建、人员招聘、业务培训、制度建设及系统搭建等基础工作基本就绪，为市场化运作奠定了基础。

【风险管理和内部控制】不断完善公司治理结构，增设投资决策委员会。建立健全制度规范，全年修订各项制度80余项，新制定40余项。开展定期业务风险评价4次，梳理关键风险点80余项，法律事务审查20余次，拟定费用、信贷等业务及管理流程控制矩阵内容12个。开展内部稽核3次，配合监管机构和审计部门现场检查、审计4次，并进行监管风险评价。全年各项监管指标运行正常，无风险事件，无案件发生，各项业务保持合规稳健发展。

【人力资源管理】本着精简高效的原则，进一步优化组织架构及岗位编制。推行全面绩效管理，奖勤罚懒，加大绩效工资扣罚力度，逐步建立了适合公司现状和特色的全面绩效管理体系。加大员工教育培训力度，着力提升从业人员综合素质，通过“走出去、请进来”，优化培训方式和师资力量，全年累计举办各类培训32次共274人次；通过“走出去”，吸取了多家大型财务公司的成功做法和有益经验，不断推动公司的经营管理工作。

【信息化建设】加大信息科技投入，对机房硬件设备进行了扩充改造，关键硬件设备实现了冗余。根据未来业务发展的需要，对综合营业系统进行优化升级。推进数据异地备份，加强日常运维管理，全年信息系统实现了“零故障”运行。

【企业文化建设】公司重视加强党建和企业文化建设，为业务发展提供正能量。围绕年度经营方针，在开展“改进作风、提升能力”专项活动的基础上，重点按照集团公司党委的统一安排，扎实开展党的群众路线教育实践活动，群众满意度达100%。围绕党的十八大，结合集团公司和财务公司情况，举办了“同筑公司梦、成就西矿梦、共圆中国梦”演讲比赛。成立工会委员会、女工委员会、劳动争议调解委员会、企业文化建设领导小组等，基层组织不断健全，并组织开展征文比赛、四川雅安捐款等活动。紧跟形势，组织开展中心组学习和党员政治理论学习，重点加强对十八届三中全会精神的学习贯彻。

江苏交通控股集团财务有限公司

【经营概况】2013年，是江苏交通控股集团财务有限公司（以下简称“公司”）实施集团“十二五”规划承前启后的关键之年。面对错综复杂的经济金融形势，公司认真落实集团年度工作会议要求，紧紧围绕全年中心工作，积极发挥金融对实体经济发展的支持和服务功能，稳步实施“七项工程”，全力拓展业务和提升风险管控水平，圆满完成年度各项工作目标。截至2013年末，公司各类存款余额28.68亿元，自营贷款余额29.02亿元；委托贷款余额73.96亿元。公司总资产40.06亿元，负债28.83亿元，净资产11.23亿元，实现营业收入2.18亿元；利润总额1.17亿元，为集团节省财务费用1.92亿元。公司各项监控指标均符合监管要求，其中，资本充足率为35.28%，流动性比例为30.92%，自有固定资产比例为0.35%，担保比例、不良资产率、不良贷款率、短期证券投资比例、长期投资比例、拆入资金比例均为零。

【信贷业务】2013年，公司制定了《江苏交通控股系统融资集中管理实施方案》并获得集团批准，于7月1日开始在19家路桥企业实施。在统筹安排集团各类信贷资源，确保先内后外有序融资，控制整体债务规模，提高融资效率等方面取得了满意的效果，融资集中管理初见成效。公司累计安排139笔融资业务，金额合计344.24亿元，其中，内部融资79.79亿元，外部融资264.45亿元。全年公司协助集团完成3类19只共363亿元债券发行工作和115亿元的债券发行资料报备工作。配合集团制定了《超短期融资券发行方案》。协助宁宿徐公司成功发行了10亿元资产支持票据，实现了全国首单高速公路收费权资产支持票据的突破。

【资金业务】2013年，公司协调“资金池”各合作银行，努力提高资金收益，为活期存款争取到协定存款以上的利率，并利用同业有利条件，通过对多家银行询价比选，通过办理同业定期存放提高存量资金收益。全年办理定期存放同业54笔，累计金额259亿元，取得利息收入约6 788万元。进一步加强流动性管理，对集团流动性进行试验性压力测试，为应对流动性风险积累了宝贵经验。年末，面对大额持续兑付的流动性困难，公司沉着应对，将资金预算由月到周、由周到天，加强流动性序时监测和用款调度，做到紧而有序、紧而不断，确保正常兑付，成功化解了流动性风险，为应对流动性风险积累了宝贵经验。

【资金集中】资金集中度显著提高，在集团的大力支持下，将资金集中度纳入集团对成员单位的年度经营目标考核范围，并逐月对资金集中度进行统计、公示；逐步摸清存量资金分布状况，详细分析资金性质，努力做到能归则归、能归尽归；大力宣传公司服务功能和宗旨，切实帮助成员单位解决融资、拆账、通行费上门收款和现金流管理等困难，以实际服务惠及成员单位，与成员单位实现了良好互动，通过提前还款、加快拆账等措施大幅减少资金池外存款。2013 年末入池户数 50 户，全口径资金集中度 54%，调整后可归集资金集中度 85.65%以上，同比分别增加 30 个、26 个百分点，全年累计办理资金结算业务 18 078 笔，金额 3 246.52 亿元；银行间头寸调拨 160 笔，金额 255.24 亿元；内部转账 2 317 笔，金额 311.85 亿元。

稳步实施通行费拆账资金集中划拨工作，全年累计划拨资金 200 亿元。通过财务公司整体划拨通行费资金在全国高速公路行业尚属首例，改变了长期以来集团内外 32 家路桥企业“多对多”的结算模式，对提高路桥企业资金管理效率和效益具有重要意义。通行费资金集中划拨后，减少在途资金、拆账笔数分别近 75%、95%，大大减轻了汇划、对账工作量和难度，节约结算费用约 400 万元，确保了通行费资金按时足额到账，方便了成员单位安排资金计划，提高了资金安全性。

【风险管理和内部控制】 2013 年，公司根据开业以来的实际运营情况，精心组织，全员参与，集中精力开展了内控制度梳理与完善专项活动。在中国银行合规部门和合作律师事务所的协助下，至年末对除公司章程外的其他制度不同程度的进行了修订、增减，形成了 4 大类 15 小类，共 94 个管理制度，初步形成了一套合规、系统、可行的管理制度体系，为加强公司内控和风险管理奠定了扎实基础。同时积极发挥审计监督作用，加强审计业务基础管理工作，对审计工作中所采用的模板进一步细化，明确使用要求，统一操作流程和步骤，不断提升审计规范化水平。全年先后组织开展了关键岗位人员调动离任审计、信息系统安全维护管理和委托贷款业务专项稽核等活动，发现和指出业务管理中存在的问题 20 个，提出相关意见或建议 15 条。

【人力资源管理】 逐步完善公司组织架构和人力资源配置，对内设职能部门和部门职责进行了调整，增设投资银行部和信息技术部，设立党群工作与纪检监察岗，进一步健全了组织架构。根据队伍建设要求，从同业机构引进 4 名具有金融、财务和信息技术等丰富从业经验的员工，从高校招聘 4 名具有扎实专业知识的优秀应届毕业生，相继充实到相关工作岗位，公司员工队伍不断壮大，专业类别更加丰富，年龄梯队更趋合理。

【信息化建设】 公司以建设信息化财务公司为目标，高起点规划公司信息化建设工作。2013 年，公司加快了信息化人才的培养，引进信息化专业人才，提升信息技术人员专业水平；建设完成了公司档案管理系统、OA 办公系统和门户网站并开通运营，进一步提升现代化办公水平；对公司核心业务信息系统平台建设进行广泛调研，重点测试、比较了招商银行和石化盈科的集团资金管理系统，制定完成了《核心业务系统建设方案》，为公司下一步的资金管理平台改造工程做好技术准备。

【企业文化建设】 大力弘扬企业核心价值观，让员工深刻认识、理解公司积极进取的企业文化，增强企业的向心力和凝聚力。2013 年，组织开展了赏雪景、登山、篮球赛等形式多样的文体活动，增进共识，促进友谊，提高团队合作意识。广泛开展合理化建议活动，全年收到 46 条合理化建议，积极采纳、落实 16 条合理化建议，公司内部经营管理得到进一步提升。针对金融行业的特点，加强廉政警示教育，保持风清气正的工作作风；教育员工讲政治、顾大局，珍惜集体荣誉，承担集体责任；积极发挥党员表率作用，团结、带领员工为公司发展贡献力量。

2013 年，公司在集团党委的统一部署下，精心组织、扎实推进、深入开展以“为民、务实、清廉”为重要内容的党的群众路线教育实践活动。通过学习文件、相互谈心、召开座谈会、向成员单位征求意见和组织召开专题民主生活会等方式，共收集意见建议12条。积极找准和剖析“四风”方面存在的问题，认真开展批评与自我批评，制定和落实整改措施，共修改或制定与党风廉政建设和员工切身利益有关的制度13个，形成经营层班子对照检查材料1份，个人对照检查材料3份，教育实践活动取得了实实在在的成果。

中国移动通信集团财务有限公司

【经营概况】2013年，中国移动通信集团财务有限公司（以下简称“公司”）围绕集团公司战略，坚持“依托服务集团，审慎稳健运营”的经营方针，以提升服务能力、创新能力、队伍能力、管理能力和盈利能力“五大能力”为抓手，立足移动通信特色，着力打造集团内部结算平台与资金增值平台，为各成员单位提供优质高效的存贷款和资金集中管理等金融服务。同时，公司稳步推进核心业务系统升级改造，强化风险管理与内部控制，以流程优化和服务提升为切入点，不断夯实管理基础。

2013年末，公司资产总额513.56亿元，较上年末增加98.31亿元，增长23.67%。所有者权益61.24亿元，较上年末增加6.34亿元，增长11.55%。公司全年实现营业收入8.97亿元，同比增长31.35%；实现利润总额8.46亿元，同比增长29.62%，超额完成集团公司下达的年度预算目标。同时，公司严格把控风险，平稳运行，资本充足率、流动性比率等各项监控指标均符合监管要求，不良资产率及案件发生率均为零。

【信贷业务】2013年，公司进一步夯实信贷业务基础，严格执行信贷业务管理制度和流程规范，编制流动资金贷款操作手册，保障信用评级、综合授信、合同管理、贷款发放、贷后管理等各环节工作有序开展。2013年，公司审批3家成员单位综合授信共计37亿元，年底贷款余额为21亿元，有效解决了成员单位的资金缺口，助力成员单位业务发展。

【资金业务】公司逐步完善同业存款业务的内部闭环管理流程和经营业绩分析预测模型，不断提高业务决策支撑和档案管理水平，在严格控制风险的前提下稳步开展资金运作。2013年，公司在确保长期资金收益稳定的同时，密切跟踪货币市场动态和监管政策变化，把握市场机会，强化短期同业资金管理，丰富短期同业资金运作品种，资金收益水平进一步提高。

【资金集中】2013年，公司继续完善资金集中体系，同时对资金管理系统进行升级改造，资金集中管理水平进一步提升。一方面，公司积极扩大加入资金集中体系成员单位的范围，在加强与合作银行沟通的基础上开展多家成员单位资金归集及支付试点等工作。截至2013年末，已完成对34家成员单位共40个账户的集中管理。另一方面，积极推动资金管理系统升级改造，梳理业务类别、固化操作流程、创新业务模式，调整并优化系统整体框架。资金管理系统于2013年末改造完成并顺利上线运行，为全面开展成员单位资金集中管理打下坚实基础。

【风险管理和内部控制】公司坚持审慎稳健的风险偏好策略，并遵循“风险的有效管理创造价值”的原则，充分发挥风险管理对业务和管理的支撑作用，在各项业务风险可控的前提下，稳步推进全面风险管理体系建设。

2013年，公司进一步夯实风险管理制度基础，结合业务开展的实际情况，继续对原有部分制度和规定进行修订、完善和细化，起草、发布了多项新制度，内容涵盖风险管理、业务经营等多个方面，同时对内部控制手册和矩阵进行全面重检，并根据公司实际情况对其进行了修订和完善。

此外，公司持续关注核心业务和经营管理重点领域，突出事前风险防范，强化事中审查和事后管理，有效降低经营风险。2013年，公司未发生重大合规风险事件。

【人力资源管理】2013年，公司结合自身实际情况，搭建了职位薪酬绩效管理体系，同时认真总结实践经验并广泛征求意见，推进薪酬体系的不断健全完善与落地实施。从公司自身薪酬体系特点出发，积极推进人力资源管理系统建设，进一步提高人力资源管理的信息化水平。根据公司业务发展和人才队伍建设需要，开展中层管理人员职位竞聘和校园招聘等一系列工作，加强多元化的人才队伍建设和梯队建设，进一步优化了人才队伍结构，为公司持续健康发展奠定人才基础。

【信息化建设】在资金管理系统方面，实现了对账户开户、资金归集、联动支付、内部结算、信贷管理、网上金融等业务的支撑，完成了与各主要银行间的接口互联和与公司ERP系统的对接，基本实现核心业务结算与核算的自动化。学习借鉴银行前沿管理思路，对账户管理等基础系统功能进行优化，强化信息系统对核心业务开展和推广的有力支撑。

在管理信息系统方面，公司借助集团力量，按照集中化建设要求，完成了报账平台系统的上线工作，保障公司OA系统、ERP财务系统、ERP人力模块等系统的平稳运行，满足了公司内外部公文往来、财务核算以及工资发放的需要，实现对综合、财务、人力等业务条线的系统支撑，助力公司低成本高效运营。

【企业文化建设】深入开展党的群众路线教育实践活动，精心组织学习，开门听取意见，强化公司党员干部的党性修养、责任意识、效能意识和廉洁意识，践行群众路线，加强作风建设，进一步发挥基层党组织的核心作用，提升了队伍整体凝聚力和向心力。

山东钢铁集团财务有限公司

【经营概况】2013 年，山东钢铁集团财务有限公司（以下简称“公司”）资产总额达 60.29 亿元，净资产 17.45 亿元；累计实现营业收入 1.66 亿元，实现账面利润总额 1.40 亿元，加上为集团公司让利 1 239 万元，全年实际实现利润总额 1.52 亿元；各项信贷余额 22.12 亿元，比上年增加 6.45 亿元；不良贷款率继续保持为零。

【信贷业务】2013 年，累计发放贷款 45.5 亿元，实现利息收入 10 640 万元，其中自营人民币贷款 13 笔，金额 30 亿元；收回自营人民币贷款 8 笔，金额 26 亿元，净增加贷款 4 亿元。全年共办理银行承兑汇票贴现 140 笔，涉及成员单位 13 家，金额合计 4.04 亿元；办理商业票据贴现 12 笔，金额 9.9 亿元。

全年累计向人民银行办理银行承兑汇票质押回购式再贴现 5 次，金额 12 760 万元，为公司的资金来源增加了新的渠道。同时人民银行再贴现业务利率仅为 2.25%，按市场利率 7% 计算，实现息差收益 600 余万元。

【资金业务】根据集团公司经营发展的需要，公司按照整体资金需求，积极协助集团完成一级市场融资工作。2013 年共协助集团注册 160 亿元一级市场融资额度（其中，5 年期中票额度 50 亿元，3 年期中票 20 亿元，短期融资券 60 亿元、非公开 30 亿元），发行 145 亿元，平均发行利率为 5.5%，节约财务成本 9 000 余万元，通过合理运作上述资金，实现资金存放收益 1 000 万元以上，既较好满足了集团生产经营的资金需求，又提高了资金使用效益。

同时，公司不断细化同业资金存放工作，积极与金融机构沟通协商，不断提升公司同业存放利率。2013 年同业活期存放利率达到 1.75% 以上，远远高于同业 0.72% 的基准水平；同业定期存放利率达到 5% 以上；2013 年 6 月，公司抓住同业存放利率大幅上涨机会，果断运作同业资金，累计办理定期存放 7 笔，额度 23 亿元，实现同业存放收益 954 万元，创造了良好的经济效益。1 月至 12 月公司累计实现同业存放利息收入 6 870 万元，相比成员单位直接存放在银行多获取利息收入 5 400 余万元。

【资金集中】2013 年，公司多举措推进资金集中工作。一是针对集团公司对资金归集提出的新要求——全资、控股或控制单位资金归集率力争达到 100%，公司加大了资金归集力度。全年吸收存款日均余额达到 34.38 亿元，比 2012 年增加 20 余亿元。二是公司新设立客户服务部，加强了与成员单位的联系，有效宣传了公司业务，及时了解成员单位需求，全年客户服务部累计走访客户 50 次，带回需求及问题 200 余个，其中 80% 的需求及问题已经为成员单位解决。三是抓重点单位、关键账户，

2013 年公司新增挂接账户 38 户，其中归集账户 33 户，监控账户 5 户。四是公司通过定期存款、协定存款、贷款利率下浮等措施，积极让利于成员单位，更好地促进了资金归集工作的开展。2013 年，公司累计让利 1 239 万元；其中，通过协定存款让利 208 万元；办理利率下浮贷款 9 亿元，让利 169 万元；办理定期存款 8.3 亿元，让利 535 万元；办理优惠利率贴现 11.24 亿元，让利 327 万元。五是公司按照集团公司领导要求，与集团公司信息化中心积极合作，开发上线集团公司“资金日报”系统，进一步摸清集团及所属成员单位账户情况。

【保险业务】2013 年，公司进一步加强在保险业务上服务集团的能力，凭借专业的保险知识和尽职的服务，为成员单位保险业务提供了专业平台，全年共计投保资产 48.02 亿元，比上年同期增加 24 亿元，增幅达 99.92%；代收代付保费 399.11 万元，同口径降低 226.18 万元，降幅 36.17%；实现代理费总收入 78.11 万元。代理确认的索赔总额近 300 万元（报损金额），占支付保费总额的 75.16%；其中争议索赔近 200 万元；已赔付到位 139.9 万元。

【风险管理和内部控制】2013 年，公司继续向风险控制一流的目标努力。一是就公司业务开展中涉及的合同、协议等事项，委托集团法律事务部担任常年法律顾问，出具法律意见，有效规避法律风险；二是对 2012 年开业以来的运行情况进行了梳理和优化，从制度、流程、信息系统、业务开展情况、服务、风险防范等多个方面对财务公司进行评价，编发了财务公司《规章制度汇编》，制定了《违规积分管理办法》、《违规失职管理办法》，对员工及部门行为进行了进一步的规范，使公司制度文件成为一套完整的体系；三是在公司《薪酬管理制度》基础上，研究制定了《绩效考核办法》，将公司目标与部门、员工紧密挂钩，将考核真正落实到实处。

【员工培训】为提高公司员工队伍的素质及专业技能，打造学习型企业，公司于年初结合业务开展需求，制定了详细的培训及考察计划。一是按时参加监管部门组织的培训；二是通过对武钢财务公司、宝钢财务公司、复星财务公司等先进财务公司学习交流，不断优化业务流程，提升公司经营水平；三是通过邀请银监局、人民银行、建设银行及保险行业专家授课培训等多种形式，不断提升公司从业人员素质。

【信息化建设】2013 年，公司强化信息化系统建设，为业务运营提供强力保障。一是公司利用办公地址迁移时机，对机房的网络设备、网络设置进行了优化提升，对核心交换机、防火墙进行了虚拟化，实现了双节点；将网络升级为千兆，对 12 家直联银行前置机进行了 VLAN 管理，为网络稳定性提供了保障。二是进一步提升优化现有资金管理系统，对系统运行中 17 个亟待改进项目和 4 个新增功能需求制定了优化升级实施方案，并在正式环境下予以实施，大大提升了公司系统运行的稳定及效率。三是加强信息系统安全建设，按照监管部门要求，结合财务公司信息化系统现状，针对桌面管理、运维管理、防病毒及堡垒机等信息化安全建设进行了多轮的交流和测试，制定了公司安全系统集成方案，组织完成了招标工作，确定了两家集成商。四是公司积极上线电子签章系统和开发电子票据信息系统。

【企业文化建设】2013 年，公司组织相关人员，历时半年多时间，对公司筹建以来的工作进行了梳理与统计，编纂了公司首部年鉴，对公司筹建、开业及运营以来的情况进行了归纳，总结出宝贵经验。同时为了公司更好地发展，公司组织制定了三年规划，对公司未来业务的发展进行了设计，对重点工作进行了部署，为公司持续健康发展奠定了基础。

【党的群众路线教育实践活动】根据集团公司党委意见，公司积极开展群众路线教育实践活动，把握根本，转变作风。结合公司实际，公司制定下发了《财务公司教育实践活动实施意见》、《财务公司党的群众路线专题民主生活会方案》等9个文件，这些制度和文件贯穿于活动的各个环节，有力地推进了活动的开展。先后组织全体员工观看电影《周恩来的四个昼夜》和开展会员卡清退专项活动。12月4日，公司召开了专题民治生活会，集团公司督导组对公司党总支专题民主生活会取得的成效给予充分肯定。

国药集团财务有限公司

【经营概况】2013年，国药集团财务有限公司（以下简称“公司”）基本完成了集团及公司董事会下达的各项工作任务及经营指标。截至2013年末，公司资产规模为51.39亿元（不含代理业务资产），负债45.88亿元（不含代理业务负债），所有者权益5.51亿元。2013年，公司实现营业收入15 656万元、利润总额5 532万元，较2012年大幅增长并超额完成预算目标，主要依赖于资金集中工作稳步开展、存款规模逐步增加、信贷业务与资金业务结构进一步优化；市场流动性趋紧引起的同业存放资金价格走高、收益率提升。

【信贷与票据业务】2013年，随着公司各项业务的稳步推进，信贷投放规模也实现了稳定增长。2013年，实现累计信贷投放37.21亿元，较上年增加16.4亿元。截至12月底，信贷余额为19.64亿元，委贷余额为14.26亿元。2013年全年累计发放自营贷款30笔，累计发放金额17.83亿元，较2012年增加4.86亿元，资金投向均为集团当前重点布局的业务板块，有力支持了集团产业发展，同时实现了累计利息收入5 412.54万元。截至2013年12月底，信贷业务部累计为成员单位办理1 231张票据贴现，涉及14家成员单位，票面金额达到19.38亿元，较2012年增加11.54亿元。在缓解成员单位资金周转压力的同时，解决了成员单位在银行贴现手续繁琐、效率低下、成本较高的难题，为成员单位节约融资成本（财务公司执行的贴现利率平均低于市场同期最低贴现利率的0.3%，据此估算累计为成员单位节约224万元）。2013年累计实现贴现利息收入4 241.56万元，较2012年增加2 790.22万元。

【结算业务】随着综合业务系统的完善、优化和使用推广以及公司各项服务的配套，结算业务基本做到准确、快速，结算业务量逐步增大。部分成员单位已将公司作为日常结算平台，开展对外资金收付。截至2013年12月，累计办理结算业务15 809笔，结算金额为1 788亿元，较上年分别增长313%和208%。

【资金集中】2013 年，公司继续采取成员单位主动上存与账户授权自动归集相结合的资金集中模式，随着公司综合业务系统的完善、优化和使用推广以及各项服务的配套，结算业务基本做到准确、快速，部分成员公司已将财务公司作为日常结算平台，开展对外资金收付，系统授权自动归集的资金占比逐步上升，结算业务量增幅较大。截至 12 月末，共计 111 家成员单位在公司开户（年内新开户 21 家，销户 2 家），其中 80 家成员单位使用综合业务系统办理业务，通过自动授权账户累计归集资金 43.48 亿元。存款来源趋于分散，存款结构趋于合理，资金大起大落现象明显减少。截至 2013 年 12 月末，按照监管要求全口径资金归集度公式计算的资金归集度为 16.09%，比上年同期下降 2.83 个百分点，下降的主要原因是年末集团各成员企业资金回笼加快，使整体资金体量增加，但绝大部分回笼资金在上市公司体内，资金集中存在一定的障碍。提高公司资金集中度仍将是公司常抓不懈的工作重点，将持续加大资金集中管理力度。

【风险管理和内部控制】公司高度重视各项指标的跟踪与监测，在坚持便捷服务的前提下，坚决执行贷前调查、风险评估、合规审查、专业委员会审批等制度规定，严格控制业务风险；对于已持有的资产，定期进行跟踪检查，严格执行票据流转存放程序，并根据资产的不同风险等级计提资产损失准备，坚持定期现场贷后检查。2013 年末，按照监管风险分类标准，公司资产全部为正常类资产，流动性比例为 80%，资本充足率为 27.61%，各项指标均符合监管要求，无不良资产发生，风险抵补充足。

2013 年，公司以行业监管风险评价为契机，参照《企业集团财务公司风险评价和分类监管指引》（银监发〔2007〕81 号），成立风险评价专项工作组，制定详实的《风险自评价工作方案》，开展风险自评价活动；根据公司成立不久的特点，结合同行业经验，初步整理出公司风险事件库，为今后开展风险评估工作奠定基础；同时公司日常经营中还通过非现场监管报表系统、客户信用评级体系、资产质量分类管理、监管信息通报机制等方法、工具和制度，努力实现对各类风险的识别、计量、评估。

【信息系统建设】在信息系统建设方面，结合公司业务发展需要和成员单位反馈的相关意见，于 4 月启动了综合业务系统升级工作，该项工作主要包括电子签章、报表平台、国药科器个性化需求、农业银行资金接口等模块，并将综合业务系统从现在的 5.2 版升级到 6.0 版，预计 2014 年上半年系统上线。OA 办公系统共设计业务审批流程 37 个，实现了公文传递、业务审批、事项公告的信息化处理，对于提升工作效率、强化内部管理、落实制度流程发挥了重要作用。公司在 2013 年度集团信息化水平测评活动中，在 11 家集团二级公司中总体排名第二。

【内部审计】公司稽核审计部日常不定期对库存票据、定期存单、空白支票、USBKey 和印章交接记录进行盘点、抽查，与业务系统中记录账目进行比对并出具盘点核对报告；2013 年公司成立了内审工作小组，组织开展了第一季度至第三季度内部审计工作。内部审计以国家金融法律法规、方针政策、监管部门的规章以及公司规章制度汇编为标准，审计内容涵盖了日常所有资金、结算、信贷、信息技术等工作。工作完成后，工作组以沟通函的形式就检查出有异议的部分积极与相关部门进行了沟通，也快速得到了各相关部门的详细书面回应。

郑州宇通集团财务有限公司

【经营概况】 2013年，郑州宇通集团财务有限公司（以下简称“公司”）紧紧围绕服务主业、规范经营、防范风险，年度各项工作任务落实有力，各项业务取得较快发展。截至2013年12月末，公司吸收成员单位存款余额52.34亿元，资金集中度为54.01%；累计发放贷款34.49亿元，贷款余额33.04亿元，委托贷款1.67亿元；实现利息净收入1.97亿元，利润总额1.67亿元；存贷款比例为63.13%，各项监管指标均符合监管要求。

【信贷业务】 2013年，公司对集团及下属成员单位综合授信额度43.15亿元，贷款余额33.04亿元，较上年同期增加11.55亿元。其中，为支持集团成员单位新厂区建设项目，新增固定资产贷款3.3亿元；为支持集团客车及工程机械产品的销售，新增应收租金保理融资2.68亿元；新增应收账款保理业务，应收账款保理融资金额0.86亿元。同时，公司通过新增委托贷款、电子银行承兑汇票、贴现及保函等产品，逐步实现业务多元化。

【资金业务】 2013年，公司继续加强资金管理，专设同业业务岗，记录并分析Shibor报价、各家银行报价，实时监测各银行账户的资金情况以及时调度资金。通过询价对比，合理安排存放时间、存放方式和存放规模等精细化管理，全年共获得存放同业利息收入8 000万元以上，极大提高了资金收益率，为公司年度利润目标的完成作出了积极贡献。

【资金集中】 2013年，公司在资金集中运营模式的基础上，进一步强化管控力度。首先，从集团账户管理着手，每季度组织一次集团范围内的冗余账户清理工作，从根源上集中闲散资金；其次，从头寸管理着手，由专人跟踪成员单位收支计划，提前筹划现金存量，尽可能保持最低头寸额度，提高集团资金使用效率；最后，完善资金计划管理体系，以年、月、周、日不同时间为维度编报资金收支计划与计划执行情况，月度召开资金计划专项会议，就成员单位大项资金收支项目进行事前筹划，持续提升资金计划管理水平。截至2013年12月，共为成员单位办理结算5万余笔，结算金额962亿元，吸收存款余额52.33亿元，资金集中度达到54.01%。

【业务创新】 2013年，公司为更好地为成员单位服务，深入成员单位了解业务需求，针对需求设计产品方案，然后制定工作计划并按计划推广产品。

一是为支持成员单位客车及工程机械产品销售，设计应收账款保理业务产品，实现放款8 600万元，支持产品销售约1亿元，有效改善了成员单位现金流。二是为解决中小供应商融资难的问题，公司开展第一笔票据贴现业务，不仅实践锻炼了业务人员技能，且为全面推广供应链金融打下坚实基础。

【风险管理和内部控制】2013年，公司制定了《全面风险管理体系建设规划》，通过该项规划的实施，在公司各业务条线营造风险管理文化氛围，提高全员风险意识和风险管理理念，将风险管理理念真正落实到日常业务经营和管理工作中；公司组织开展了合规长效机制建设年活动，通过防范打击非法集资宣传活动、警惕洗钱陷阱宣传活动、金融合规知识竞赛活动、金融知识进万家服务宣传活动等，形成了有特色的合规文化；组织开展了标准化建设，通过对信贷、结算等业务流程的梳理，查找业务流程中的薄弱环节，明确了信贷、结算业务的标准化流程及各环节的标准化要求；结合业务开展需要制定了涉及票据承兑、国内保理、不良资产管理等10余项业务制度；结合管理需要制定应急预案，坚持“内控优先、制度先行”，为公司合规经营保驾护航。

【人力资源管理】2013年，公司平均人数为31人，本科及以上学历占比93.10%，平均工作年限为10.5年，金融业平均工作年限4.18年。2013年，公司出台实施《公司职业规划暂行方案》，组织沟通确认员工的双通道职业规划，年度评估效果较好；制定干部资格认证的推进计划，督促跟进部门经理以上的资格认证工作；实施了《财务公司2013年业绩激励方案》，与公司效益、个人绩效挂钩，不同程度体现薪酬激励。

【信息化建设】2013年，公司的电子商业汇票系统成功上线，包括银行承兑汇票开具、商业承兑汇票开具、纸票登记、票据贴现等系统模块，有力支持了公司票据业务的稳定开展。为支持公司业务拓展，2013年积极建设了网银客户凭单的电子签章系统，此举可实现客户远程自主打印单据，大量节省了人工及邮寄费用成本。

【企业文化建设】2013年，公司完成了基于价值观的工作行为标准开发工作，以优秀行为标准引导激励员工不断提升自我修养。综合管理部牵头组织实施2013年公司级企业文化活动方案，组织完成公司二级门户网站的创建，编制《宇通财务公司》电子专刊、建立合理化建议、民主生活会、意见箱等沟通交流平台，不仅丰富了员工文化生活，而且对加深交流理解、创建和谐团队氛围方面也有很大的促进作用。

中国铁建财务有限公司

【经营概况】2013年，中国铁建财务有限公司（以下简称“公司”）坚守经营宗旨，以增资为契机，内抓基础促管理，外抓营销拓市场，立足服务创效益，各项经济指标均超额完成年度预算，资金集中实现较大突破，财企、银企合作逐步深入，党群工作稳步开展，企业文化渐入人心，全面建设得到进一步加强。公司于2013年8月顺利完成增资，注册资本金增至60亿元人民币。公司全年各项经营、监管、监测指标表现优异：截至2013年末，公司资产总额为276亿元，较年初增加83亿元；实现营业收入9.07亿元，净利润3.86亿元；资产负债率76.45%，较年初下降了16.12个百分点；吸收成员单位存款余额210亿元，较2012年末增加32亿元，全年日吸收存款峰值超过300亿元；全年开立账户575个，结算业务笔数6.2万笔，资金结算流量7 720亿元。通过集中成员单位资金头寸，盘活存量资金、用好增量资金，使总部头寸备付率降至近年来最低水平，大幅降低了总部融资成本，总部资金运作和调剂保障效率明显提高。

【信贷业务】2013年，公司努力为成员单位提供优质、高效、便捷的信贷服务。全年召开9次贷审会，新增授信客户16户，新增授信额度110亿元，累计为30个成员单位核定内部授信额度174亿元，全年放贷88亿元。公司以平均低于商业银行50个基点以上的贴现利率为成员单位开展票据贴现业务，且不限制票面金额的大小，办理银承贴现3.05亿元；同时全年投放设备融资租赁贷款1.37亿元，既带动了设备销售单位的销售业务、保证了回款，又缓解了设备采购单位的资金压力。

【资金集中】2013年，公司综合用力，资金集中取得新进展：一是盘活存量资金，全年存款日均余额过亿元的成员单位已达18家，存款结构优化。二是借助投资板块资金优势，深度介入资本运作项目资金集中，创新资金集中模式，建立“区域资金池”，发挥区域辐射效应，扩大资金集中规模。全年通过“区域资金池”的方式累计归集资金77亿元，年末吸收存款余额27亿元。三是工会、社保、党费等专项资金集中工作迈出实质性步伐，贡献度明显增加，截至年末，共集中该等资金12.71亿元。四是“以结算促集中、以流量带存量”，结算业务范围继续扩展，结算平台作用进一步发挥。五是积极发挥信息技术的支撑作用，结算渠道和资金集中手段日益丰富。

【风险管理和内部控制】2013年，公司脚踏实地，筑牢经营管理“防火墙”，全面梳理并持续优化业务流程，严格控制业务差错率；充分发挥内控及审计稽核部门作用，强化风险点的事前预防、事中控制和事后监督；顺利完成北京银监局的风险评价工作和安永事务所的风控审计工作，内控工作得到了评价机构的高度认可。具体工作措施：一是对结算涉及的所有流程进行全面梳理，适当调整岗位职责分工，优化业务流程，用流程管理的“无形之手”保证内控效果。二是加强数据的稽核和节点审批，制定《财银对账管理办法》，坚持日、旬、月、季的对账制度，建立交叉分离对账流程，严格控制业务差错率。三是切实发挥内控和审计部门“保健医生”作用，多措并举防范操作风险。除日常内审稽核工作外，还开展了17项专项审计，提出整改意见，督促落实整改；聘请律师事务所为公司提供专业法律咨询，为公司经营管理构筑了一道牢固的“防火墙”。四是通过对全部信贷档案进行全面检查和梳理，完善信贷及客户管理制度，有重点地对成员单位进行现场贷后检查，严密防范信用风险。五是强化执行力，在全面预算、经费管理、财务监察等方面提升企业财务管控水平。

【人力资源管理】截至2013年末，公司共有正式员工39人，全部具有大学本科及以上学历，其中女员工19人，占总数的48.7%；35岁以下员工26名，占总数的66.7%。公司职工素质较高，年龄偏低，具有一定的人才优势。根据公司发展战略，公司2013年进一步规范人力资源基础管理，为科学细化人力资源分析和管理打下基础；完善人力资源管理制度，对员工的培训、考勤、休假、绩效考核、职工薪酬等方面的制度做了细化和补充；为完善社会保险工作，建立补充养老金台账，开立专用账户，同时为所有员工购买了人身意外伤害保险；优化绩效考核方案，组织员工述职和绩效考评，初步建立员工评价激励机制；引导年轻员工加强学习，积极参加职称考试；顺利完成了年度员工职称评审和聘任工作。

【信息化建设】2013 年，公司信息化建设主要工作成效：一是不断完善信息安全管理制度和加强信息系统日常管理，保障系统平稳运行。二是在保证业务系统安全平稳运行的基础上不断深化核心业务系统建设，确保公司业务顺利开展。三是顺利完成财企直联系统建设，公司核心业务系统全面完成了柜面、网银及财企三大业务渠道的建设。四是为创新公司结算业务品种，提高对私付款效率，降低支付手续费用，拓宽业务服务范围，通过与中国银联支付系统的对接，完成了对私批量转账业务流程的设计和系统上线工作。五是做好银企直联系统建设工作，为资金归集提供新渠道。六是加强信息系统基础设施建设，进一步提升公司网络传输能力，保证信息数据高效、快捷传输。

【企业文化建设】公司扎实推进党群工作，切实维护企业发展大局，研究制定了《2013 年党群工作要点》，提出了“围绕一条主线，发挥三大优势，抓好五项建设”的党群工作总体思路。公司先后制定《党委会议事规则》等九项党群制度，进一步建立领导班子集体决策制度。公司充分发挥工会筹委会桥梁纽带作用，组织召开职工大会，签订《集体合同》，广泛征集员工提案并认真加以研究、解决，较好地发挥了员工民主管理和监督作用；建立“职工之家”，开展丰富多彩的文体活动，丰富职工业余文化生活，进一步增强企业的凝聚力和向心力。

在企业文化建设方面，公司党委出台《企业文化发展纲要》，设立“企业文化建设讲堂”，开展“若努力便成才”主题活动和“第一届员工读书征文活动”，增强员工使命感、责任感和自豪感，提升员工道德素质、文化素养与专业技能，培养员工学习的积极性和主动性，努力建设高素质职工队伍，推动铁道兵、中国铁建与金融企业文化的融合，打造独具特色的铁建金融企业文化。

山东省商业集团财务有限公司

【经营概况】2013 年，山东省商业集团财务有限公司（以下简称“公司”）紧紧围绕“依托集团、服务集团”的经营理念，认真贯彻落实监管部门的要求，完善规章制度，规范业务流程；加强基础管理，强化风险控制能力。截至 2013 年末，公司资产总额为 32. 51 亿元，负债总额为 25. 47 亿元，所有者权益总额为 7. 04 亿元。公司 2013 年累计实现营业收入 10 817 万元，同比增长 160%；累计实现报表利润 8 805 万元，同比增长 263%。

为进一步扩大经营规模，拓展业务范围，公司申请注册资本由3亿元增加到6亿元，同时相应修改公司章程。2013年10月21日，公司取得山东银监局《关于核准山东省商业集团财务有限公司增加注册资本及修改公司章程的批复》（鲁银监准〔2013〕418号）。2013年12月11日，公司完成了相应的工商变更登记手续。

【信贷和票据业务】2013年，公司积极开展信贷业务，完成了对山东省商业集团有限公司等7家单位的评级工作，对银座集团股份有限公司等5家成员单位的授信工作以及对鲁商常春藤西商组团项目的授信工作，授信总额26亿元。截至2013年12月底，公司信贷余额共计13.8亿元，其中流动资金贷款12.3亿元，项目贷款1.5亿元，实现贷款利息收入7 170万元。在做好传统业务的同时，积极拓展票据贴现和再贴现业务，办理银行承兑汇票贴现239.36万元，实现贴现利息收入40.44万元；办理银行承兑汇票再贴现185.42万元。

【资金业务】2013年，公司进一步加强资金的计划管理，根据资金头寸和各银行同业存款利率对比情况，合理确定存款结构，及时办理同业资金存放。截至12月31日，公司共办理7天等定期存放136笔，实现定期利息收入2 683万元，活期利息收入2 126万元。

【资金集中】公司自成立以来一直高度重视资金集中工作。截至2013年12月31日，公司全口径资金集中度24.88%，同比增长7.55个百分点；扣除政策限制因素后资金集中度为53.4%，同比增长17.54个百分点。集团所属地产业受地方建委（房管局）的监管资金和山东鲁商一卡通支付有限公司接收的客户备付金由于金额较大，对公司资金归集度影响也较大。

【业务创新】公司成立了业务拓展工作小组，积极探索委托贷款等中间业务和票据业务。工作小组从完善管理制度和业务流程出发，同时积极深入成员单位调研，全年办理2笔委托贷款共计4亿元，实现委托贷款手续费60万元，累计办理票据贴现业务2笔和再贴现业务1笔。

【风险管理和内部控制】公司高度重视内部风险管理工作。2013年，公司专门成立制度建设小组对公司业务规章及风险防范等158项制度进行梳理，并经董事会通过。公司积极配合银监局的现场检查工作，根据现场检查意见书积极组织各部门进行整改，并完成季度及年度的风险分析报告。2013年，公司针对信贷业务部、结算业务部以及计划财务部开展专项审计2次，全面规范性检查1次，通过检查整改，各项业务的规范性有了较大的提高。

【人力资源管理】在集团公司的支持下，公司加强金融人才建设。2013年，公司内部招聘业务骨干9名，招聘应届毕业生3名。公司组织4名业务骨干到集团成员单位驻点学习交流1个月，组织了5名业务骨干到合作银行学习交流15天。公司制定了切实可行的员工培训计划，组织了新入职员工培训、风险管理培训、信贷业务培训等专题培训，组织参加中国财务公司协会、人民银行、鲁商学院等培训11次。

【信息化建设】2013年，公司按照银监会下发的《金融机构信息科技外包风险监管指引的通知》要求，重新修订编制了《山东省商业集团财务有限公司信息科技外包管理办法》等17项制度。公司按照人民银行及银监会相关合规要求，进一步加强信息系统数据安全，完成了数据在线备份网络软、硬件调整，增加近线介质备份及远程备份功能。公司按照山东银监局要求，全力配合开展了金融专网改造工作。

【企业文化建设】2013年，公司紧紧围绕集团的整体部署，从金融机构的实际特点出发，不断创新，激发员工的企业文化认同感和工作积极性，培养员工的团队意识。公司统一员工着装管理，提升公司团队形象；关爱员工身心健康，组织员工进行年度的全面体检，进一步增强了员工的凝聚力，促进了公司运营管理和长远发展。

深圳华强集团财务有限公司

【经营概况】 2013 年，深圳华强集团财务有限公司（以下简称“公司”）继续秉承“依托集团、服务集团、稳健经营、规范运作”的经营方针，一方面紧密围绕集团产业发展的需要，有力地支持了集团各产业板块的发展。另一方面严格按照监管要求，在稳健合规、风险可控的前提下进一步完善公司各项管理制度和业务流程，开拓新业务新产品，推进公司各项业务的发展。截至 2013 年末，公司资产总额为 13.53 亿元。全年实现营业收入 4 921.07 万元，利润总额 2 731.99 万元，净利润 2 033.41 万元。

【信贷业务】 公司充分发挥金融纽带作用，根据成员企业业务发展的资金需求，在保证风险可控的前提下，结合实际情况制定相应信贷方案，满足成员企业多层次的资金需求。贷款利率均按照同期市场最低利率水平执行，有效降低了成员企业资金成本，提高了融资效率，为集团各产业板块的发展提供了有力的资金支持。截至 2013 年末，公司贷款余额 9.65 亿元，为集团核心产业的快速健康发展提供了重要支撑。

【资金业务】 2013 年，公司紧跟资金市场形势，合理安排资金头寸，在满足正常运营的基础上实现资金收益最大化。2013 年公司累计办理同业定期存款 44.17 亿元，实现利息收入 1 393.77 万元。

【资金集中】 公司坚持“资金集中管理中心”的战略定位，加强财务公司资金池建设，稳步提升资金集中度。2013 年公司的资金集中度（扣除口径）达到 45%。

【票据业务】 为盘活成员企业的票据资产，帮助成员企业实现短期融资，公司尝试开展票据贴现业务，共办理票据贴现1 500万元。

【风险管理和内部控制】 2013 年度，公司持续建立健全风险及内控管理体系，提高公司风险管理及内部控制的有效性，进一步强化风险及内控管理。通过完善风险管理架构，明确各层级风险管理职责，为各项业务开展提供机制保障；加强内控制度建设，对原有制度库进行全面检视更新，为各项业务提供更有力的制度指引；深入开展稽核审计工作，充分发挥后督部门职能；倡导合规理念，提高全员合规意识，进一步促进规范经营。经过全公司的共同努力，实现了全年无重大业务差错及违规事项的目标。

【信息化建设】 为保障业务正常高效开展，公司加强对专线和信息科技设备的管理，确保信息环境安全稳定。同时，针对业务发展的实际需要，公司加强对核心业务系统的维护和管理，进一步优化运维流程，及时更新系统模块及相关功能。同时，根据科技监管要求，持续推进办公自动化、软件正版化等相关工作，有效保证公司在信息科技监管方面的风险可控。

【企业文化建设】公司将员工培训作为常态化工作进行。通过定期进行专题讲座，为员工深入把握集团产业发展、提升业务能力创造了良好环境。同时，大力鼓励并引导员工进行业务钻研，为公司业务开展及个人素质提升夯实基础。

诚通财务有限责任公司

【经营概况】诚通财务有限责任公司（以下简称“公司”）成立于2012年6月，注册资本金10亿元人民币，公司拥有结算、存贷、担保及咨询等9项经营许可。2013年公司坚持“稳健、规范、服务、发展”的经营方针，稳步推进各项工作，持续提升经营业绩。全年收入总额20 440.94万元，利润总额11 683.96万元，超额完成年度预算。年末资产总额35.43亿元，负债总额24.70亿元，所有者权益总额10.73亿元，资产负债率69.71%。

【信贷与票据业务】2013年，公司加大服务成员单位力度，深入了解集团主要业务板块及重点成员单位的经营情况，切实支持实体经济发展。全年累计授信38亿元，涉及集团造纸、物流和贸易三大板块11户成员单位。年末贷款及票据贴现余额16.12亿元，其中贷款余额13.32亿元，贴现余额2.80亿元，未发生不良贷款。信贷业务实现利息收入6 224.57万元，降低贷款、贴现利率为客户节约了400余万元资金成本，初步形成了与成员单位合作双赢的局面。

【资金和投资业务】2013年，公司着手申请金融股权及有价证券投资、同业拆借资质，设立金融市场部。积极开展同业存款操作，按照确保支付、风险可控、收益最大化的优先顺序进行结构化配比，全年取得存放同业利息收入13 352.75万元，年化收益率达4.88%。

【资金集中】资金集中工作取得阶段性进展。2013年末全口径资金集中度30.88%，可归集口径资金集中度达到63.63%，均较上年末有较大提升。各存款单位资金集中比例进一步提高，13家二级单位中，3家集中比例接近100%；5家上市公司中，2家集中比例超过65%。累计资金结算3.61万笔、结算额7 075亿元，资金集中、统一结算效果较好。

【外汇业务】2013年，公司积极筹备外汇业务，完成申请结售汇业务资质的全部准备工作。期间得到中国财务公司协会领导、中化财务公司和监管部门悉心指导和帮助，为服务集团及成员单位进一步开拓境外业务准备了基础。

【业务创新】2013 年，公司从成员单位实际出发，践行业务、管理和服务创新。一是协助中国物流有限公司赴深圳前海特区调研，成功促成中国物流基金的设立，为集团物流业务转型、升级提供了服务；二是与中储股份举办金融物流专题研讨会，商讨采用买方信贷方式协助质押监管企业实现产业链延伸、提高盈利水平；三是先后为岳阳林纸、中商集团等成员单位提供财务咨询；四是着手湖南泰格保险经纪公司（集团 4 级下属企业）重组的前期准备工作，探索设立集团保险服务板块。

【风险管理和内部控制】对标行业先进，扎实推进全面风险管理体系建设工作。在制度建设方面，全年新建、修订内控及风险制度 10 余项，制度设定更加合规、可操作性更强；在审计稽核监督方面，严格执行年度计划，全年组织审计、稽核 5 次，及时发现问题并整改；在风险自查和评价方面，对重点业务流程进行了系统分析，逐一排查风险点，编制公司《内部控制管理手册》。年末各监管指标达标，并较上年有明显改观（其中资本充足率为 55.87%，流动性比率为 55.83%，自有固定资产比率为 0.36%）。

【人力资源管理】2013 年，公司多措并举提升人力资源工作的系统性、前瞻性，积极探索可持续发展的人力资源发展机制：结合公司战略，制定了人力资源发展规划；加强沟通协调，向集团提出对公司及班子考核的合理化建议，争取政策支持；围绕业务发展，及时更新部门及岗位职责；坚持内外结合的人才培养思路，不断扩充人才队伍；集中培训与自助培训结合，持续提高员工能力。年末职工 25 人，研究生及以上学历占 52%，基层员工拥有银行、证券、保险、外汇从业资质，中层干部具有高级职称、国际认证、专业资质的人数保持较高比例，领导班子具有丰富的企业及金融管理经验，人才队伍得到加强。

【信息化建设】为加强公司信息化工作的专业性、系统性，2013 年公司调整综合部信息中心为信息技术部，促进了信息部门工作，信息化建设取得长足进步。继“中国诚通资金网”一期工程实现全级次单位线上处理结算、信贷、贴现等业务的能力后，2013 年公司完成了二期工程的数据机房升级改造和软件程序开发工作。改造后的机房物理环境大幅提升，新开发的代理结算系统、企业网银系统、账务处理系统、门户网站系统、信息库系统和决策支持系统等模块，具有完全的自主知识产权，符合银监会防控信息科技风险导向，为公司战略的实施奠定了坚实的基础。

【企业文化建设】2013 年 6 月 28 日公司成立一周年，组织、开展了一系列企业文化宣传和服务工作，包括：组队参加集团财会职业技能大赛，获团体三等奖；组织专题研讨、客户交流会；承办“诚通杯”乒乓赛和篮球赛；使用电子橱窗集中宣传公司产品、战略规划；接待领导视察、邀请同业交流，听取意见建议。活动形式多样、内容丰富，强化了服务意识、增进了客户感情、展示了公司形象、鼓舞了员工士气，达到预期效果。

山东重工集团财务有限公司

【经营概况】山东重工集团财务有限公司（以下简称“公司”）于2012年6月5日获得中国银监会《关于山东重工集团财务有限公司开业批复》（银监复〔2012〕269号），并于2012年6月11日完成工商注册，注册资本金10亿元人民币。公司成立以来，始终秉承“依托集团、服务集团”的工作宗旨，积极开展各项业务，全力助推集团主业发展。截至2013年末，公司资产总额74.54亿元，负债总额63.85亿元，所有者权益总额10.69亿元，全年实现营业收入2.03亿元，实现拨备前利润1.01亿元，利润总额7 493.00万元，取得了较好的经营成果。

【信贷业务】公司赴潍坊、济宁、扬州、北京、重庆、武汉等成员单位集中的地区开展现场服务，了解成员单位金融需求；建立了信贷业务项目库，为项目储备和信贷管理的科学化打下基础；开发了15种产业链融资产品，建立了产业链融资产品体系，为山重租赁、山推机械、亚星股份等开展了产业链融资业务；积极推进潍柴（重庆）汽车项目银团贷款工作。年末各项贷款余额20.03亿元，比上年增加10.53亿元，同比增长110.84%，支持了成员单位发展。

【资金业务】公司探索实施了资产负债比例管理，制定了《资产负债比例管理办法》，实行了月度资金计划调度会议和周、旬资金计划制度。依据近5年来上海同业拆借利率的走势，按月建立了同业利率趋势模型，为科学预测未来同业利率的变化、制定合理的资金价格提供了依据。根据公司资金流动特点，协助银行开发、办理了2天通知存款，3周、2个月、4个月等同业存款产品；通过与多家银行协商，提高了活期存款利率，在保证流动性的前提下，实现资金收益的最大化。工商银行、建设银行、中信银行、兴业银行四家银行对公司进行了授信，授信额度14亿元。积极拓宽资金来源，累计办理票据再贴现、转贴现业务1.29亿元，提高了流动性管理效率。全年办理同业存款205.94亿元，同比增长75%。实现了资金安全性、流动性和效益性的有机统一。

【票据业务】公司对成员单位的票据使用情况进行了调查摸底，摸清了集团票据存量和运行规律；制定了票据池建设实施方案，明确了工作流程，与骨干企业潍柴动力进行了多次沟通并达成了共识；遴选了工商银行、建设银行、中国银行三家银行作为票据池建设的合作银行，并协调潍柴动力、合作银行与财务公司签订了三方票据综合服务协议，实现了潍柴票据池的实质性运作；探索建立山推票据池，利用山推股份的存量票据作质押，开立商业承兑汇票，减少了保证金占用，支持了山推股份的发展。积极申办电子票据业务，取得了人民银行电票系统联行号，在制度、人员和系统建设等方面做了充分的准备，有望在2014年第二季度上线运行。全年累计办理票据贴现9.52亿元，票据贴现余额由年初的2.98亿元增加到5.29亿元，增长78%。

【外汇业务】配合集团国际化进程的推进，与汇丰银行成功召开了第一次外汇业务联席会议，重点研讨集团外汇资产避险方式方法；开展了成员单位外汇业务需求调研，摸清了成员单位外汇业务需求及业务量；积极申办即期结售汇业务，并于12月11日获批即期结售汇业务资质，为开办即期结售汇业务和外汇资金集中管理打下坚实基础。

【资金集中】多次深入成员单位，梳理银行账户，完善账户授权手续，完成了潍坊、济宁、扬州、重庆、北京等地区成员单位的账户梳理和授权工作，建立起完整的客户银行账户体系；多次与深交所进行业务沟通交流，配合潍柴动力等四家上市公司解决了与财务公司的关联交易问题，与四家上市公司分别签署了《金融服务协议》，归集上市公司的协议资金从解决关联交易前的14.41亿元提高到103.32亿元，为提高财务公司资金归集率和可持续发展奠定了基础；开展了资金归集工作机制建设，在潍坊、济宁地区成员单位实行了资金限额管理，成员单位超过限额的资金全部归集到财务公司，构筑起以潍柴现金池和山推现金池为主体的集团现金池。2013年末，公司存款余额63.47亿元，较年初增加39.11亿元，增幅达161%。

【风险管理和内部控制】制定了公司2013—2015年全面风险管理规划，梳理了2013年公司主要风险点及风险标准，确立了风险管理目标，建立健全了全面风险管理体系。严格信贷授信及审批程序，规范审批流程，2013年共召开了47次贷款审查委员会会议，办理信用评级25户，授信总额90亿元，低风险授信总额52亿元，确保每一笔贷款程序合规和风险可控；对财务公司130项规章制度进行了重检修订，开展了8次业务审计，提高了规范化运作水平；在山东银监局开展的新设财务公司现场检查中，公司各项指标均符合监管要求，合规风险管理工作得到监管部门的认可。

【人力资源管理】加强人力资源管理工作，通过多种途径，招聘、引进了17名新员工，充实到财务公司人才队伍中；开展了中层干部公开竞聘，共有12位员工通过公开竞聘走上了管理岗位；初步建立了三层次的员工培训体系，举办了9期金融知识培训，提升了员工专业素养，初步建立起一支梯次合理、结构科学的公司人才队伍。

【信息化建设】以保证资金系统的平稳运行为中心积极做好信息化工作。根据业务发展需要，开展了金融统计系统、结售汇系统等10个项目建设，为各项业务拓展提供了信息化平台支撑。

【企业文化建设】以开展党的群众路线教育实践活动为契机，根据集团“责任、沟通、包容”的文化内涵，积极开展企业文化建设，在财务公司内部积极营造以“三个倡导”和“五个树立”为核心内涵的大家庭文化，为员工营造和谐严谨的工作氛围。共制作公司内刊《金融信息参考》12期、宣传栏10期，开展了形式多样的文化活动，宣传、丰富了公司企业文化。

湖北能源财务有限公司

【经营概况】2013 年，湖北能源财务有限公司（以下简称“公司”）以加快“四个中心”（结算中心、信贷中心、融资中心、财务顾问中心）建设为重点，强基础、建平台、促管控，在探索中前进，服务能力不断增强，服务价值不断提升，服务内涵不断丰富，经营效益与服务效益双双迈上新台阶。公司资产规模、资金归集、信贷规模、营业收入和利润总额等经营指标表现良好。不良资产率和不良贷款率均为零，各项监管指标符合监管部门要求。公司获得集团综合考核 A 级。

【信贷业务】2013 年，公司优化信贷业务流程，提高业务处理效率，丰富融资品种。响应客户融资需求，推出商业票据贴现、国内保理等产品。倾斜信贷资源，调整利率水平，最大程度节约成员单位财务费用，积极支持集团公司内部小微企业。截至 2013 年末，公司累计发放短期贷款 13.3 亿元、票据贴现 1.95 亿元。自营贷款日均余额 6.92 亿元，较 2012 年增长 154.80%，年节约成员单位利息支出 266.32 万元。

【资金和投资业务】发挥渠道作用，聚合集团资源获取无风险增值收益。2013 年，外部金融市场流动性持续紧张，资金价格长期处于高位，存贷款利率一度倒挂。公司精准捕捉无风险套利时机，科学配置资金存放期限结构，累计全年增加资金存放增值收益 1 980 万元，在 2013 年湖北全辖财务公司行业同业存放收益中排名第一，得到了集团、监管部门的高度认可。

【资金集中】做“全”结算功能，提高资金集中度。2013 年，公司积极开办买方付息贴现、同业代付、票据代查询、票据代保管、代理商业承兑汇票等结算业务，为集团提供账户类、用户类、存款类及票据类等一系列结算服务。公司提高结算效率，结算业务量显著增加。截至年末，公司办理结算业务 14 472 笔，累计金额达 771.65 亿元。公司主动提高成员单位存款利率水平，增加成员单位年利息收入 594.76 万元。集团行政命令和公司市场化手段综合运用，促进了资金归集率稳步上升，最高达到 95.95%。公司实际平均资金集中度达到 81.48%，比上年末上升了 25 个百分点。

【风险管理和内部控制】2013 年，公司继续在有效预防信用风险、流动性风险及市场风险的同时，重点防范三大风险：严防操作风险，建立操作风险控制监督授权机制，出台《内控手册》，规范公司经营管理业务操作环节；严防合规风险，遵守国家政策法规及监管规定，建立各负其责的外部信息报送机制；严防系统风险，提升系统整体安全性能。建设防病毒系统，保障结算业务稳定，推进银企直联接口建设等。

【企业文化建设】加强党风廉政建设，扎

实开展“为民、务实、清廉”的群众路线教育实践活动，力促公司在支部建设、公司发展、团队和谐等方面达到良好效果；成立分工会，构建和谐团队。启动工会“110”活动，继续组织全员开展捐资助学活动，成立羽毛球兴趣小组及摄影兴趣小组等。

港中旅财务有限公司

【经营概况】2013 年是港中旅财务有限公司（以下简称“公司”）夯实基础、提升管理、合规运营、各项业务快速发展的一年。公司努力实践港中旅集团“加快发展财务公司、打造旅游金融板块”第二个十年发展规划，坚持“严控风险，合规经营”经营宗旨，秉承持“精、融、才、务”企业文化，竭诚服务集团成员单位，成为集团资金集中管理平台、集团内部银行，实现各项业务平稳发展，全面完成了各项经营任务，各项监管指标均符合监管部门的要求。截至 2013 年末，公司资产总额 15.73 亿元，负债总额 10.42 亿元，表外业务 10.83 亿元，所有者权益 5.30 亿元，实现营业收入 7 827 万元，营业利润 3 335 万元，净利润 2 501 万元。

【信贷业务】公司严格执行监管部门有关规章制度，进一步加强信贷风险控制，规范授信行为。截至 2013 年末，累计自营贷款 102 笔，累计贷款金额 27.59 亿元，自营贷款余额 13.17 亿元，完成委托贷款业务 10.83 亿元，票据贴现业务也取得突破性进展。在开展贷款业务中，公司不断强化服务意识，改善服务手段，完善内部管理机制，贷款不良率继续保持为零。

【资金和投资业务】2013 年，在国内资金市场巨幅波动的宏观环境中，公司先后与 13 家金融机构建立合作机制，提高公司对市场价格波动的敏感度，把握市场机会，积极争取资源，大力开展同业业务，全年实现同业利息收入 1 890 万元，同业业务成长为公司重要的利润增长点。同时，通过加强资金计划管理，调整资产负债结构等手段严控流动性风险，公司流动性指标一直处于健康水平。

【资金集中】2013 年，公司总经理室及部门骨干组成“产融协同”专责小组，深入成员单位沟通，得到成员单位认同、集团资金和管理等方面的大力配合，通过专责项目管理的方式推广业务，紧扣各板块的业务状况与资金需求，找准业务合作切入点，取得各成员单位对公司的认同，资金集中度取得较大进展。截至 2013 年末，共完成成员单位开户 145 家，其中 58 家完成账户授权。2013 年累计归集资金 229 笔，总额 327.45 亿元，年末吸收存款余额 10.26 亿元，可归集口径资金集中度为 49.04%。

【风险管理和内部控制】2013 年，公司继续加强风险制度体系建设，贯彻“风险为先”经营理念，夯实合规运营基础，绘制出公司风险管理体系图，增补和完善各类制度接近30项，建立起较完善的制度管理框架，形成以“评估监测、指标监控、重大事项报告”为主体的一整套风控工作机制。在内控管理方面，着重加强内控体系建设，强化公司三道内控防线建设：建立一线岗位双人、双职、双责；建立相关部门和岗位之间相互监督制约的程序；风控管理部对各部门、各岗位、各业务操作实施多维度监督与反馈。公司还特别注重发挥风控与内审的功能互补作用，及时发现制度及操作中存在的疏漏并及时跟踪整改，落实岗位责任，确保业务始终能够规范运作，健康发展。

【人力资源管理】公司结合企业战略规划及发展目标，不断完善人力资源管理体系。2013年公司创新人力资源管理手段，持续推行和优化项目经理管理制度、AB岗继任机制，充分整合公司资源加强对重点专项工作的支持，确保专项工作顺利开展的同时，为员工提供多通道发展机会，建立了较为先进和全面的绩效考核与激励机制；同时，加强员工业务培训，通过制定《培训管理实施细则》和年度培训计划，搭建了较为完善的培训管理体系，提升员工业务水平和综合素质。

【信息化建设】2013年，公司信息化建设以保障业务信息系统持续、稳定运行为首要任务，进一步完善系统功能，优化系统性能，结合金融行业特点，进一步强化信息系统安全。公司升级了信贷业务系统、客户关系系统和指标计量系统，优化了系统的查询功能，对客户资金信息实现动态监测。同时，为了改善用户体验，对业务信息系统作出了重大改善，增加了成员单位凭证接口、明细对账单、往来账和交易账等重大功能。

【企业文化建设】公司坚持“以人为本”的理念，加强“精（精诚信实）、融（融合通达）、才（才智卓越）、务（务实创新）”为核心的企业文化建设。通过积极开展党的群众路线教育实践活动，公司总经理室深入员工，认真听取员工关于企业发展的意见、建议，激发员工的工作热情和干劲；加强员工人文关怀，到员工中间去，了解员工需求，为员工办好事、办实事，使员工感受到公司关心、爱护员工的浓浓之情；加强团队建设，通过组织团队活动、座谈交流等方式，继续发扬公司秉承的“团结协作，拼搏奋进”的工作精神以及“坦诚做人、阳光做事、讲奉献、懂珍惜、会感恩”的价值标准，增强公司的凝聚力和活力。

陕西煤业化工集团财务有限公司

【经营概况】2013年，陕西煤业化工集团财务有限公司（以下简称“公司”）经历了各项业务的探索起步、有序推进，较好地完成了各项工作，实现了年度经营目标。截至2013年末，公司资产总额43.7亿元，各项贷款余额28.8亿元，其中自营贷款11.7亿元，贴现业务17.1亿元；委托贷款15.4亿元；负债总额32.9亿元；所有者权益10.8亿元；资产负债率为75.29%。存款余额31.9万亿元，存贷比为36.68%。全年实现营业收入1.99亿元，利润总额1.05亿元。

【信贷业务】 截至2013年底，共办理授信22户，授信额度共计70.88亿元。2013年累计发放流动资金贷款36.7亿元，发放委托贷款4.54亿元；办理履约保函7笔，担保余额3 004.91万元，支持集团采矿、化工、机械制造等主导产业发展。

积极与外部金融同业对接，保障外部融资渠道通畅。目前与工商银行、农业银行、中国银行、建设银行、交通银行等十余家银行建立同业合作关系，同业授信额度60亿元，已开展代开银行承兑汇票及票据转贴现业务。下一步，代开保函、代开信用证、应收账款保理、信贷资产转让等业务也将逐步开展。

【资金业务】 2013年，公司本着统筹运作、提高效益、兼顾平衡的原则，加强对市场及宏观政策的研究，与同业紧密联系，加强与银行议价，利用富余头寸配置于无风险且兼顾收益性的业务。全年与同业定期业务119笔，累计运用资金约355亿元，较同业活期存款多2 800多万元利息收入，实现了资金安全性、流动性与收益性的结合。

【票据业务】 2013年，公司结合2012年开业运营时间较短，资金稳定性及预测能力较弱、授信储备不足等特点，将贴现作为资产配置的主要手段。通过票据保贴及代签票业务，解决集团资金紧张问题，全年累计办理票据贴现48.18亿元，签发商业承兑汇票27.67亿元，代签银行承兑汇票12.79亿元；签发保函0.3亿元。办理票据转贴现1.24亿元，办理再贴现业务5 723万元。

2013年第四季度，公司结合集团销售收入票据比例不断上升的实际情况，启动了票据中心筹建工作，专职服务票据业务需求，做活集团票据资产。

【资金集中管理】 作为集团财务资金管理职能的延伸，财务公司充分发挥集团统一结算平台和资金管理核心平台作用，促进集团加强资金集中管理。2013年，公司不断强化资金结算服务功能，初步确立了资金集中结算核心平台地位。结算系统全面实现代理行模式，实现了较高运行效率，收付款业务办理时效实现了准实时到账；具备每日万笔以上的结算业务处理能力，结算流量基本覆盖了成员单位经营性资金的日常结算，作为集团统一结算平台逐步发挥了应有的作用。

服务集团账户清查、专户管理、资金定额管理及内部欠款清理等工作，充分发挥资金管理的核心平台作用。一是落实集团资金管理工作安排，按照集团资金管理要求，配合集团开展外部银行账户清理备案工作。二是落实专户管理。对成员单位基建专户、工资专户、机关费用专户进行管理，严格把控各类专户资金收支，保证集团专户管理办法有效落地。三是落实资金定额管理。根据集团营运资金定额、基建资金定额、机关费用专户定额等要求，对二级单位及其所属单位资金支出进行管控，服务集团和各级单位实施资金支付管理。四是落实集团内部清欠。设计了通过财务公司商票清理内部欠款的方案，为加快清欠结算速度，提升内部运行效率作出了积极贡献。

【业务创新】 2013年，创新开展了应收账款质押签发保函业务。针对某成员单位应收账款量大，资金周转面临较大压力，且在银行签发保函需全额保证金的具体情况，制定了以该企业应收账款（债务人为产业链核心企业）提供质押担保的方式，为该企业提供履约保函签发业务。通过该创新业务，一方面释放了成员单位保证金，另一方面通过应收账款质押缓释了公司承担的风险，同时也为后续开展应收账款保理等供应链金融业务积累了经验。

【风险管理和内部控制】充分发挥三道防线职能作用，在推行内控体系建设的基础上，将风险管理提升、合规经营与集团资金管理有机结合，稳步推行全面风险管理落地实施。在严守风险底线，坚持合规经营的基础上，各项工作扎实开展。信贷结构逐步优化，各项信贷业务快速协调发展，不良贷款率为零，资产质量保持良好水平；操作风险管理水平进一步提高，无操作风险事件发生；有效防范流动性风险，实现资金平稳运行，取得较好的资金效益。

以风险防范、审慎经营为出发点，初步建立起较为科学、严密的内部控制制度体系。结合业务发展需要，持续健全业务制度和操作规程，强化业务系统控制；完善各项业务内部控制运行机制，构建内控制度的整体框架，并形成一套完整的授权手册，明确了各风险环节的控制措施、职责分工及授权体系，实现了公司业务规范与流程的紧密结合，初步构筑了防范风险的内部防线。

充分发挥内部稽核作用，促进风险管理措施有效落地。在注重监督服务的基础上，持续强化过程管控，有重点、分阶段地开展各项常规审计和专项审计，提出整改建议并跟进整改落实进度，不断提高内审稽核工作的质量、频率和覆盖率，充分发挥了内部审计的监督、服务职能。

【人力资源管理】2013 年，结合公司实际运行情况，对薪酬管理体系和绩效考核体系进行完善，逐步形成了客观、公平、公正的考核激励机制。在绩效考核体系设计上，以“加快业务发展，加强风险防范”为原则，将指标权重向风险管理类与合规经营类指标倾斜，确保业务发展建立在合规经营和风险有效控制的基础上；将考核结果与相关人力资源管理制度相联系，作为员工薪酬调整和岗位调整的依据，确保员工行动与公司核心价值取向和整体经营战略目标相一致；将公司年度工作计划和经营目标逐层分解，责任落实到部门和个人，通过考核促进公司年度计划目标的实现。

同时，公司注重加强学习型企业建设。多层次开展培训与学习，多次赴国内先进财务公司及商业银行进行学习调研；在公司层面组织开展业务基础培训；部门内部积极开展相关业务及操作规程学习，同时积极参加各级监管机构组织的交流与培训。建设了包括图书报刊、检索终端及各类资料在内的资料室；编印公司内部刊物《金融速递》；鼓励员工进行业务相关的理论与实践的探索研究。

【信息化建设】2013 年，公司制定《信息化发展战略规划》，从信息化工作指导思想、治理结构建设、体系建设、基础设施建设、风险防范能力建设、技术队伍建设六个方面对公司信息化未来三年发展指出了方向。同时，修订多项信息化制度，规范操作流程、防范信息化风险，全年系统运行平稳，未出现计划外停机，保证了集团及成员单位 5×8 小时的业务要求。

实现了与工商银行、农业银行、中国银行、建设银行、交通银行及长安银行、兴业银行七家银行的代理行结算业务功能，进一步提升结算能力，大幅缩短了代理收款时间，实现了代理付款自动化。根据集团资金管理及业务开展需要，对核心业务系统进行升级完善，开发了资金定额管理和大额资金审批模块并成功运行；初步完成了面向集团的资金查询分析系统及面向财务公司的决策支持系统，通过对核心业务系统及财务系统的数据进行集成分析，促进公司各级管理提升。

【企业文化建设】公司立足于“依托集团、服务集团”，坚持金融服务实体经济的本质要求，抓住定位，找准方向，以强化集团资金集中管理，提高集团资金运营总体效益为目标，为集团及成员单位提供全面、优质、高效的金融服务。

上海华谊集团财务有限责任公司

【经营概况】2013年，上海华谊集团财务有限责任公司（以下简称“公司”）以加强集团资金集中管理和提高资金使用效率为目标，坚持“控制风险，稳健经营；规范发展，合规经营；依托集团，创造价值；服务至上，提高效率”的经营方针，严格风险管控，完善制度管理，强化内部控制，夯实业务基础，扩大服务范围，发展资金业务，提高盈利水平，较好地发挥了金融服务功能。截至2013年末，公司资金集中度为60%，资本充足率为19.92%，资产总额达40.26亿元，不良资产为零，当年度实现营业收入1.13亿元，利润总额3 375万，各项监管指标持续动态达标。

【信贷业务】按照银监会“三个办法、一个指引”，严格贷款管理，在做好授信、贷款额度核准、信贷发放等基础业务的同时，以创建“贴心服务、专业运作”为目标，资产业务、负债业务相结合，逐步增加新品种，通过服务发展业务。2013年共发放贷款29笔，余额比上年增加近1倍，委托贷款14笔。

【资金业务】通过加强对成员单位资金计划性的了解，掌握成员资金收、支、存的情况，设计资金运营方案。密切关注银行间市场变化，抓住市场利率变动的机遇，通过积极与银行议价，并结合公司资产负债结构，主动灵活配置同业资金，提高资金业务收入。

【资金集中】一是推进企业上线工作，实现控股企业上线基本全覆盖，并推动事业单位和异地企业上线，年末上线成员企业达到123家。二是提供优质结算服务，充分发挥资金管理信息系统优势，为成员单位提供安全、高效、快捷的结算服务，提高资金结算效率。三是加强成员企业沟通，建立在线业务咨询有效通道，并推进单据自动打印功能，其中回单自助服务企业达80%，对账单自助服务企业占比达92%。截至2013年末，管理口径资金集中度达到90%，全年的结算量7.79万笔，累计结算金额1 061亿元。

【风险管理和内部控制】建立了与目前业务性质、规模、复杂程度和风险特征相适应，与总体业务发展战略、管理能力、资本实力和能够承担的总体风险水平相一致的内控管理机制。就全年运营实效看，风险策略和制度得到了较好的贯彻执行，对各种风险因素的有效控制度较高。一是建立完善的公司治理，明确稳健型的风险偏好；二是公司明确了法人授权及董事会对管理层的经营授权，并以制度形式加以保障；三是严格实施内设部门之间环节中的分离制约机制，严格落实“前、中、后”台的部门间制约；四是严格执行各业务操作环节及各项事务中的分离制约机制；五是严格实施权限管理机制，并严循不相容岗位原则；六是严格执行对授信等风险业务的审贷分离、集体审议制度；七是配以较为明晰的业务操作流程，规范各项业务有序开展；八是重视计算机和系统的投入建设和严格管理。

【人力资源管理】2013年，公司建立健全人力资源体系，完善绩效考核，优化人员配置。在员工学习培训方面，出台鼓励员工参加各类资格职称考试的规定，促进员工勤奋自学，并积极组织参加与业务相关的学习培训、知识专题讲座和业务交流活动，充分调动员工学习的主观能动性，使员工的业务素质和工作能力得到了不断提高。截至年末，公司员工平均年龄33.8岁，研究生学历占比为42%，体现了高学历、年轻化的特点。

【信息化建设】加强信息管理和维护，保障系统平稳有效运行。一是对核心业务系统进行验收和知识转移，保障系统由开发期平稳过渡到运维期；二是提高信息人员专业能力，深入学习业务系统，有效提升对业务系统的掌控力，减少对供应商的完全依赖；三是梳理信息系统的维护流程，分类设置了审批流程，系统每一次变动做到需求可追溯，操作可控制，日志可审计；四是接受监管部门和集团信息安全专项检查，分析信息安全风险点，并根据建议方案逐项整改；五是通过对全体员工的信息安全内部培训，增强员工信息安全防范意识。

河北钢铁集团财务有限公司

【经营概况】2013年，河北钢铁集团财务有限公司（以下简称“公司”）秉承“服务集团、规范经营、稳健发展、提高集团资金运营效率和效益”的经营方针，沉着应对行业背景低迷和集团资金持续紧张的严峻形势，按照监管要求积极、稳妥、有序地开展业务运营。公司着眼于强化资金头寸精细化管理，确保全集团资金链安全；立足于大力推进资金归集、票据开发两项重点工作，带动资金结算、信贷、贴现、再贴现、委托贷款、同业存放等各项基础业务全面突破。全年实现营业收入1.95亿元，利润总额1.26亿元；分别较上年同期增加了1.55亿元、1.03亿元；增幅分别为387.50%、447.83%；圆满完成公司年度经营目标。公司信贷资产运营良好，利息回收率100%。无不良贷款、不良资产，全年各期监控指标符合监管要求。

【信贷业务】充分发挥公司金融服务平台作用，加强与人民银行、银监局等监管部门的沟通协调，2013年向人民银行争取信贷增量指标19.5亿元，总信贷规模达25亿元。累计为成员单位办理循环贷款71.8亿元、一年期贷款11亿元。在制度合规、流程符合监管的前提下，简化信贷工作办理手续，减轻成员单位工作量，提高了资金使用效率和效益，满足了成员单位融资需求。

【资金和投资业务】树立集团资金管理“一盘棋”思想，完善“大资金池”统筹运作，积极配合集团调剂使用资金。根据集团资金预算加强财务公司资金的计划性，做好资金头寸动态调配，确保公司资金的流动性，以备紧急情况下保证支付。优化完善内部单位之间相互使用资金的渠道和流程，灵活利用贴现、循环贷款、委贷和一年期贷款等方式，将公司有限资金投放到最需要的地方，力保集团各单位资金链的安全。在允许的经营范围内，利用资金暂时冗余灵活机动开展同业存款业务，平均收益率为4.1%，最高达7.8%。

【票据业务】2013年，公司以优于市场的贴现价格和条件，为成员单位办理票据贴现4 131笔，贴现金额37.49亿元，使子公司在节约财务费用方面直接受益。

【资金集中】2013年，公司根据河北银监局资金归集工作要求，按照集团资金归集方案，认真梳理集团成员单位的管控层级和产权结构，出台公司年度资金归集计划，采取先易后难、先监控后归集的方式，部署集团所属子分公司、上市公司以及其他单位的资金归集工作。积极开展资金归集工作调研，配合集团协调各家商业银行调整其内部考核机制，努力将资金归集对子分公司的不利影响降到最低；积极配合上市公司履行法定程序，认真披露财务公司和上市公司之间的资金往来，满足了上市公司银行账户资金存放财务公司的政策条件；探索实施门户式为股份制银行账户资金归集辅助模式，扩大归集银行范围。2013年，财务公司陆续对集团本部、股份公司、唐钢、邯钢、宣钢、承钢、矿业、石钢等主体单位账户实施了归集。截至年末，完成集团611个账户（含CBS系统）的上线工作，上线账户覆盖面达56.6%，其中五大国有商业银行账户占89.3%。最高吸收存款达54.84亿元，日均吸收存款达28.03亿元，2013年末吸收存款达33.54亿元，年末全口径资金集中度达到12.08%，可归集口径的资金集中度达到45.31%。

【业务创新】2013年，公司再贴现与委托贷款业务实现突破。争取到指标稀缺的再贴现业务3.45亿元，以年利率2.25%超低价格开辟了再融资途径，实现利差264万元；为成员单位间办理4笔委托贷款，共计34.2亿元，在实现手续费收入28.8万元的同时，降低了集团综合融资成本。

公司组织自主研发承兑汇票管理系统，以实现承兑汇票的全方位、全流程管理，填补集团对占资金总量八成以上的票据全面管理的技术空白，助推集团进一步升资金管控范围和能力。本票据管理系统属于国内首创，功能涵盖了目前集团和所属各成员单位所有应收、应付票据业务需求以及集团全面管控票据资金需要，此外还兼顾了未来公司开展票据业务的拓展需求。目标是：为子公司构建票据管理平台，实现从收票到运用、托收入账的全生命周期票据信息管理，提升票据管理水平，防范票据管理风险；构建集团票据池，提高票据综合运用能力和效益；促进公司更好地开展票据金融服务。截至2013年末，系统已上线试运行。

【风险管理和内部控制】公司内部控制遵循全面风险管理的原则，建立了内部控制管理办法及业务操作流程、规范等一系列制度，完善了风险防范、识别、计量、处置等风险管理体系，全面加强风险管理；通过业务部门的自我风险检查、风险管理部的事前和事中监督、稽核审计部的事中和事后审查，将监督审查结果及建议及时反馈，修订制度及流程，提高全员防控风险的能力和意识，实现全过程防控风险，形成螺旋递进式的内部控制机制。2013年度以完善内部制度为主线、以梳理流程、合规操作为导向，抓住风险控制点，通过强化不相容岗位管理、印章和票据分离控制管理、增强密码安全意识及检查等手段，全面提高业务合规、衔接、约束内控能力，防范案件风险。

【人力资源管理】公司非常注重员工从业能力和职业素养的提高，组织员工参加银行业从业资格考试，2013 年包括部门经理在内的一线业务人员已全部通过考试并获得从业资格；对全体员工进行内控制度、风险防控、操作风险典型案例、反洗钱、新资本管理办法、消防常识等方面的培训；安排相关人员参加了中国财务公司协会、银监局等组织的有关信息化运维、金融服务、新资本管理办法等方面的学习；组织员工到海尔财务公司调研学习，参加新设财务公司座谈会、财务公司行业年会；组织相关人员到集团各子公司进行了资金管理专项调研活动等，提高了员工金融业务知识和实际操作技能。

【信息化建设】2013 年，核心业务系统处于磨合阶段，系统运行基本稳定，随着业务的全面开展，系统原有设计出现了一些和实际业务流程不符的情况，与开发商一起对系统进行了完善，满足业务需求；适应资金头寸管理需要，进行资金计划的信息化功能开发；根据新资本管理办法要求，更新 1104 报表；研发兴业银行、光大银行的银企直联接口；完成软件升级、CA 证书更新、防病毒等信息安全工作。

票据系统开发与实施是公司 2013 年信息化建设的一项重要工作，系统开发涉及多个单位或部门，实施涵盖多个子公司，是一个接口多、涵盖面广、功能齐全的庞大系统。2013 年系统开发基本完成，经过多轮次的测试，对测试中发现的各种问题进行系统改造，年末已进入分批次逐步上线阶段。

【企业文化建设】契合公司“依托集团、服务集团”的经营宗旨需求，公司企业文化建设全面向集团公司融合。全年多次举办各种形式的学习活动，使员工牢固树立“同心同力，共创共享”的企业核心价值观，勇于承担“报效国家、奉献社会、成就员工、回馈股东”的企业使命，自觉践行“科学发展、追求卓越”的企业精神。在融入集团公司企业文化的基础上，全力建设具有公司特色的企业文化，2013 年公司致力于“学习、高效、协作、服务”的精英团队建设，通过组织票据知识竞赛、精英杯羽毛球比赛、拓展训练、义务植树等活动，增强了公司的凝聚力和员工的归属感，在集团公司举办的机关拔河比赛中获得三等奖。公司企业文化的建设为公司完成各项经营任务提供了坚实保证。

安徽省能源集团财务有限公司

【经营概况】安徽省能源集团财务有限公司（以下简称“公司”）是安徽省内获批经营的第四家企业集团财务公司。公司由安徽省能源集团有限公司和安徽省皖能股份有限公司共同出资设立，注册资本 3 亿元，2012 年 8 月经中国银监会批准设立。目前公司员工 21 人。作为集团下属的内部非银行金融机构，以“整合内部资源、发挥集团优势、强化资金管理、服务集团发展”为指导思想，负责对集团下属的控股、参股等各类型企业实行资金集中管理，提高集团资金使用效率，降低集团财务成本，努力为集团成员单位提供优质高效的金融服务。截至2013年12月31日，公司的资产总额为73 835.33万元，比年初增加25 033.56万元，增幅为51.3%；2013年公司实现营业收入5 030.72万元，超过年初预算数22%；2013年实现利润总额2 870.41万元，超过年初利润目标45%。公司资本充足率为51.67%，其中，核心资本31 757.33万元，附属资本为贷款损失一般准备549.5万元。

【信贷业务】2013年累计发放自营贷款81 450万元，累计收回自营贷款43 700万元，贷款余额达54 950万元；2013年为集团及成员单位累计发放委托贷款122 080万元，累计收回委托贷款117 300万元，截至2013年12月末，公司委托贷款余额为89 280万元，为集团及成员单位节约委托贷款手续费115.6万元（按0.1%计算）。截至2013年12月31日，各项贷款余额144 230万元，比年初增加32 530万元；

2013年度公司响应安徽银监局的号召，完成了集团内5户小微型企业评级授信工作，累计为3户小微企业发放贷款6 550万元，为1户小微企业办理了77.398万元履约保函业务，有效缓解了集团内小微型企业的资金压力。

【资金业务】2013年第三季度，公司注重存放同业的监控和运作，在确保资金安全的同时，以短期资金运作争取最大的存放同业收益。通过合理摆布资金，第三季度产生利息收入1 377.79万元，2013年共获得存放同业利息收入2 722.8万元。另外，积极开展内部转账结算及相应的结算、清算方案设计，2013年为成员单位办理内部转账业务230笔，交易金额28亿元。

【票据业务】2013年共完成1 500万元银行承兑汇票的贴现，截至2013年末，已发放的票据贴现资金均已安全收回。

【资金集中】在资金集中业务开展前期通过举办培训交流会、上门拜访客户等多种形式向成员单位大力宣传资金归集的优势和重要性。通过先归集一般户，再归集基本户的策略，分步骤实现资金的全面上收。截至2013年底已有35家成员单位开立了结算账户，除了因IPO限制等原因，已有28家成员单位账户开展了存贷款业务，符合条件的成员单位基本户和一般户已完成上收。2013年为成员单位办理1 967笔，交易金额67亿元；办理付款业务2 064笔，交易金额77亿元。截至12月末，吸收存款日均余额达到7.43亿元，超额完成了集团制定的吸收存款日均余额5亿元的预算指标和公司制定的吸收存款日均余额7亿元的考核任务。

【业务创新】2013年，公司获得保险代理资格证，并完成相关证件变更，具备为成员单位提供保险代理服务的条件。已在集团的支持下，联系保险公司，开展保险代理业务的前期准备工作。

2013年7月2日为淮南环保发电公司向财政部申请发电专项补助资金，开展6 500万元的承诺业务，由于该承诺业务申请是公司收到的第一笔承诺业务申请，在办理操作上遇到了很多困难，公司员工迎难而上，在规定时间完成这笔业务，有效解决企业的困难。

【风险管理和内部控制】2013年，公司开展了内部一系列审计及风险检查工作，规范公司经营管理。先后组织开展重要物品的专项检查、2012年度合同的专项审计、2012年度及2013年第一季度资产质量五级分类专项审计、信息系统风险管理审计等工作。为落实安徽银监局“合规建设年”活动的工作部署，公司对各项经营管理进行了较全面的风险检查工作，对开业以来发生的存款及结算业务、信贷业务、票据业务、存放同业业务、中间业务、财务收支、预算执行、资本管理、应急预案管理、案防管理、信息科技管理等进行了全面检查。对检查发现的问题进行整改和完善。在2013年11月初，安徽银监局对公司开业一年以来的各项业务进行了全面细致的现场检查。经过半个月的检查，现公司正对照检查中发现的问题积极进行整改和落实，保证公司运行符合监管要求。

【人力资源管理】2013年，公司结合群众路线活动，在年度内完善公司人力资源制度，制定出《安徽省能源集团财务有限公司工作任务完成情况考核办法》、《安徽省能源集团财务有限公司绩效考核管理办法》等规章制度，这些制度的拟定、修订规范了公司人力资源考核方向，为公司内全体员工的业绩考核奠定了基础。

【信息化建设】由于公司核心业务系统上线时间不长，业务系统在运行中会出现不少问题，公司组织专人协调，积极联系系统开发商及相关银行，完善公司系统建设，保障了公司各项业务的正常开展。2013年公司根据监管机构文件要求，先后对公司信息系统安全、密码安全、网络安全及基础设施软硬件缺陷进行自查整改，以及针对稽核审查部下达的《安徽省能源集团财务有限公司信息系统投产及变更管理审计检查意见书》中提出的问题积极配合整改，制定《公司信息系统风险报告路径》《信息技术服务外包管理及风险控制规定》《信息技术服务外包管理及风险控制规定》等制度，修订《计算机信息系统内控管理办法》，补充电子设备的选型、购置、维修及报废的工作规程，密码管理及USBKey管理。此外还建立信息系统应急预案，并组织相关人员于2013年10月10日模拟了网银系统故障、核心业务系统故障、网络故障与UPS故障等系统应急演练。

【企业文化建设】2013年，公司着重开展合规文化建设，增强各级管理人员的合规意识，营造“合规从高层做起、合规人人有责、合规创造价值”的合规氛围。为强化规范化管理，树立合规文化，公司在原有78项管理制度的基础上，又修订新增了26项制度，新增制度页数达260页，经修订后新制度分为5章103篇合计874页。通过此次修订进一步完善公司的相关规章制度，理顺原制度中前后矛盾冲突之处，强化公司制度化管理。在制度修订过程中通过“人人学制度，人人改制度”增强员工的风险合规意识，提升财务公司的风险合规管理水平。

中化工程集团财务有限公司

【经营概况】中化工程集团财务有限公司（以下简称“公司”）于2012年9月17日挂牌成立，2012年10月16日正式开始运营。2013年，公司全年共实现营业收入27 464万元，利润总额 12 590 万元，净利润 9 438 万元。截至 2013 年 12 月 31 日，公司总资产 818 113万元，总负债 706 619 万元，所有者权益 111 494 万元。

2013 年，成员单位在公司日均存款为 50.76 亿元，截至 2013 年 12 月 31 日，归集资金达 70.13 亿元，资金集中度为 38.06%；贷款及贴现资产日均余额为 7.48 亿元，其中贷款日均余额为 7.21 亿元；贴现资产日均余额为 0.27 亿元。

【信贷业务】2013 年，公司为成员单位开展综合授信、自营贷款、票据贴现和非融资类保函等业务。公司对提供全额抵、质押物以外的业务全部实行授信项下管理。公司共办理成员单位综合授信 13 笔，金额共计 31.5 亿元；公司为 6 家企业办理了自营贷款业务 24 笔，贷款发生额为 18.46 亿元。截至 2013 年 12 月 31 日，贷款余额为 15.72 亿元，共实现利息收入 4 117.79 万元，为成员公司节约利息费用 510 余万元；公司分别为 4 家企业办理了银行承兑汇票贴现业务，共计 13 笔，总贴现金额为 1.82 亿元，实现利息收入 136.72 万元；公司分别为 5 家企业办理非融资类保函，共计 16 笔，保函总金额为 8 986.28 万元。

【资金业务】2013 年，公司一方面实时监控各账户资金余额，合理调拨资金，尽可能地将每日留存备付降到最低，保障公司日常备付；另一方面，密切研究市场利率走势，比较分析同业银行报价，做好同业定期存款的金额、档期安排，确保公司资金的流动性、安全性及盈利性，公司存放同业业务共实现利息收入 21 975 万元。

【票据业务】2013 年，公司共为四公司、二公司等四家企业办理了银行承兑汇票贴现业务 13 笔，总贴现金额 1.82 亿元，实现利息收入 136.72 万元。在商业银行间的贴现利率出现异常的状况下，公司本着让利集团的服务宗旨，坚持以较低的利率为成员企业办理银行承兑汇票贴现业务，共为企业节约财务成本近百万元。在业务办理的过程中，公司严格审查银行承兑汇票的真实性以及贸易背景的真实性，截至 2013 年 12 月 31 日，已经到期的票据均顺利托收。

【资金集中】在完善资金集中管理方面，公司主要采取的措施及工作进展情况如下：

清理银行账户。年初集团公司下发了《进一步加强资金账户管理的通知》，对账户数量和账户金额做了明确规定，集团成员单位按照账户清理计划，于 2013 年 2 月底完成了全面清理工作；2013 年 6 月公司对企业尚未到期的非活期性存款进行了全面统计，通过了解成员单位资金分布情况，有针对性地监督企业离线账户清理工作，确保资金集中管理工作有效开展。

加大银行账户授权工作力度。督促企业及时办理账户授权，力争将所有账户均纳入资金系统管理，确实达到对银行账户的实时监控和资金的归集。

有效降低企业离线账户资金存量。2013 年初公司下发通知要求企业对资金账户进行全面整改，进一步明确各类银行账户的资金存量。

合理测算代理支付起点、调整企业留存额度口径。从开业至今，公司先后三次调整代理支付起点和企业留存额度及口径，逐步降低企业资金存量，使企业有一个平缓的过渡期，这有利于资金集中管理工作的持续开展。

定期向集团公司汇报资金集中管理情况以及存在的问题。

年初资金归集度较低为 15.42%，经过一年多的努力，2013 年 12 月底公司资金归集度达到 38.06%。

【业务创新】2013 年是公司全面开展业务的第一年，本年度公司开展的新业务主要有票据贴现和非融资类保函，探索的新业务有保理业务、融资租赁业务和信用证项下融资业务。

票据贴现业务。公司在保证风险可控的原则下坚持对承兑行放宽准入条件以及低利率两个原则，最大程度上方便了企业，为企业做好服务。

非融资类保函业务。首先，公司协调集团向所属各企业发布要求，要求所属企业在开立非融资类保函的时候有限选择在公司开立；其次，公司加大自身的宣传力度，向企业发放证明公司金融机构身份的相关材料，通过各种途径和手段说服业主接受公司的保函。公司还对以往各企业开立保函的业主情况进行了集中分析，对集中度比较高的业主拟采取集中公关的方式探讨公司保函的接受程度，力求进一步扩大公司保函的适用度。

2013 年公司还探索了保理业务、融资租赁业务和信用证项下融资业务的可行性，制定了相关的管理办法和操作流程，在成员单位中间进行了广泛调研，2013 年底，以上业务已具备试开展的条件。

【风险管理和内部控制】健全公司法人治理结构，完善内部风险管理制度。公司不断完善以股东会、董事会、监事会、高管层相互制衡的治理结构，在原有业务制度及操作规程基础上，制定了《资产负债管理委员会工作制度》等23 项新制度，修订了《客户信用评级管理办法》等 14 项原有制度。同时，为配合29 条新业务申请，制定了《买方信贷业务管理办法》等相关制度与规程；全面有效开展各项风险管理工作。在信用风险管理方面，完善信用风险管理政策和程序，加强授信业务全流程管控；在流动性风险管理方面，及时评估和监控公司流动资金头寸，定期出具流动性风险管理报告，综合运用资本管理工具，完善资产负债管理；在市场风险管理方面，制定《同业存放业务限额管理规定》，实行市场风险限额管理；在操作风险管理方面，细化业务操作流程，明确操作人员工作职责，定期开展稽核检查工作；在合规风险管理方面，不断完善公司合规制度及合规部门岗位设置，加强员工合规教育，倡导全员合规、主动合规、合规创造价值的合规文化。

【人力资源管理】大力实施人才招聘。公司根据业务办理和自身建设发展需要，下大力气引进优秀金融人才，优化人员结构、充实人力资本，提高业务操作的专业化水平。2013 年共开展对外统一招聘 6 次，筛选简历 1 600 余份，组织考试200 余人次、面试80 余人次，正式录用相关专业应届毕业生、社会在职人员 10 人；持续开展职工教育培训。公司针对现阶段职工金融专业知识有限、业务操作尚不熟练的实际情况，采取多种形式组织开展教育培训工作，锻炼培养公司经营管理业务骨干，强化自身“造血”机能，为企业发展壮大提供持久的动力保障。2013 年，公司组织全体职工开展各类集中培训 8 次，组织部分职工报名参加外部专题培训、学习交流 50 余人次。

【信息化建设】公司已经初步建成“两网一核心”的基本体系，即两套物理隔离的网络同步运行，一套核心业务系统基本建成。本年度又将信息安全建设放在首位，逐步开展了各项安全系统的部署。2013 年，公司完成核心业务系统的建设工作。公司日常结算、资金归集、报表统计、资金计划、信贷审批等业务均使用该系统完成；考虑到核心业务系统数据的重要性，公司建立了核心业务系统数据备份机制，定期对数据进行异构备份，保证数据存放在多个不同介质中，增加系统数据的安全性，有效防范数据丢失的发生；公司先后启动和建设了久期核算系统、邮件管理系统、门禁考勤系统、门户网站系统等，满足了公司各级管理业务和不同管理维度的信息化需求；公司进一步完善信息化管理制度，使信息化建设有法可依、有章可循、有律可考。2013 年新发布制度4 项，制定信息化工作流程 6 项，并落实说明文件。

【企业文化建设】公司针对年轻员工比重较大的特点，购置文体活动用品，丰富员工业余生活；组织开展户外集体运动、篮球对抗比赛，增强公司员工凝聚力与团队意识；设计制作宣传橱窗、展板，提炼标语口号，进行作品征集，积极发挥员工主动创新意识；开辟学习、休闲园地，购置专业书籍和报纸期刊，为员工创造良好的学习和休闲氛围，积累沉淀、逐步打造形成具有自身特色的企业文化。

天津天保财务有限公司

【经营概况】2013 年，天津天保财务有限公司（以下简称“公司”）秉承“服务集团公司、服务所属公司”的宗旨，积极克服“资金缺口大、资金归集度低”两大经营难题，以“稳健、审慎、高效”为指导思想，全年各项工作取得显著成果并呈现强劲发展态势。

截至 2013 年底，公司资产总额 55. 62 亿元，负债总额44. 62 亿元，所有者权益合计 11 亿元。实现营业总收入 18 219 万元，利润总额为 12 660 万元。年末贷款余额为 30. 09 亿元，存款余额为 44. 45 亿元，取得商业银行同业授信额度 24 亿元。

【信贷业务】2013 年，公司按照“全面摸底、细致分析、做好服务”的基本原则，全面把握成员单位的经营和资金需求情况，审慎研究借款风险，积极支持成员单位经营，充分发挥信贷服务功能，实现信贷业务的持续发展。一是严格按照信贷业务操作流程进行尽职调查与审查，及时把握信贷资产投向和客户结构。二是实行差别化服务。公司为成员单位提供的信贷业务体现了借款综合成本低、期限灵活、随借随还的特点，不仅满足成员单位的资金需求，而且有效节约集团企业财务成本。

公司主要开展以流动资金贷款为主的自营贷款和委托贷款业务。2013 年，公司为 10 家符合信贷条件的成员单位累计发放流动资金贷款 21 笔，贷款金额达 34. 675 亿元，年末贷款余额 30. 09 亿元，累计实现贷款利息收入 15 821万元。公司为成员单位累计发放委托贷款 14 笔，委托贷款金额达 26. 78 亿元，年末贷款余额为 24. 68 亿元。

【产品销售信贷业务】2013 年，公司积极进行市场与成员单位调研，探索开展买方信贷、融资租赁等业务品种。

【资金业务】公司积极开展各项资金业务，初步成为集团所属公司资金管理中心。一是坚持“走出去”路线，积极向各合作银行申请同业授信；二是秉承“安全、高效、市场化”原则，以 Shibor 为基础，利用暂时闲置资金谨慎开展同业定期存放业务。

截至 2013 年 12 月 31 日，公司取得同业授信额度 24 亿元，为未来融资业务夯实基础。

全年办理定期存放业务36笔，实现利息收入1 687万元。

【票据业务】2013年，公司积极开展票据业务调研，深入了解集团成员单位票据业务需求，分别与兴业银行、中信银行、招商银行等多家银行洽谈票据合作业务。

【业务创新】2013年，公司利用金融机构优势对接银行，协助集团财务管理中心办理委托民生银行放款的小微债发放审核工作。2013年3月8日由民生银行承销的天津保税区投资控股集团有限公司小微企业扶持债券一期顺利发行。截至2013年8月20日，首期小微债募集资金已全部放款完毕，共放款366笔，放款余额9.99亿元。首期小微债取得良好的社会效益与经济效益，不仅大力支持天津地区小微企业的经营发展，而且成为我国债券发展进程中史无前例的创新品种，备受各界关注。

【风险管理和内部控制】2013年，公司采用风险防控和内审稽核相结合方式全面推进风险管理和内部控制工作。一是严格落实“审贷分离，分级审批”的贷款管理制度，全面开展风险审查工作，全年完成各类贷款风险审查34笔，保证贷款风险的可控性。二是组织召开授信审查委员会，统一决策贷款业务，保证决策的科学性、民主性、合规性。三是动态监测贷款质量，先后4次完成对已发放贷款的五级分类工作，通过五级分类及时反映贷款风险，保证按要求计提拨备资金。四是贯彻落实法务集中管控，全面开展合同审查并出具修改意见，有效降低合同协议条款对公司的不利影响，保证公司的合法权益。五是依托集团公司风控部完成公司风险审计工作，并积极实施信贷风险专项审计和组织开展业务自查工作，通过多角度审计发现公司运营中的各种问题与不足，形成有针对性的整改方案，公司领导带头逐一整改，促进公司经营健康发展。

【人力资源管理】公司注重发挥人力资源管理的激励效应，针对公司“人员组成精干、年龄结构年轻”的特点，强化激励与提升。一是通过绩效管理有效提高员工工作热情，提高工作效率；二是加强员工业务培训，通过内训与外训相结合的方式进行，通过提高员工业务能力促公司整体业务水平提高；三是制定员工自我提升计划，支持员工自我提升，截至2013年末，在公司具有银行从业资格证书人员9名，具有注册会计师证书人员2名。

【信息化建设】公司加大信息化管理与开发力度，重点对核心业务系统、银企直联、数据备份、应急演练、软件开发等方面工作进行推进。一是对核心业务系统在使用过程中发现的问题，根据公司实际业务情况，与合作银行加强合作，及时了解银行系统的更新情况，使得核心业务系统功能不断完善，保证核心业务系统与实际业务高度契合。二是开展全业务系统应急演练。显著增强各部门对资金管理系统故障处理及配合的能力，在发生故障时，能采用快速有效的手段，迅速恢复业务，减少故障对业务的影响。三是自力更生，依托自身力量，搭建公司运维监控平台，该监控系统的运用，提升了业务系统的安全性，提供了高效的故障定位与预警机制和高效的7×24监控与报警机制。

【企业文化建设】公司建立“以人为本”的企业文化，成立员工工会，建章建制，完善组织机构，充分发挥工会组织在企业文化建设中的重要作用，以开展“建设和谐企业”活动为总纲，在完善组织建设、开展劳动竞赛、加强民主管理、丰富员工生活等方面开展了一系列工作，达到培养职工归属感，加强团队建设的目的，同时设立工会活动基地与学习之家，丰富员工精神文化生活。

亿利集团财务有限公司

【经营概况】 2013 年，亿利集团财务有限公司（以下简称“公司”），按照集团提出的“转型、升级、改革、创新”的发展战略，经过一年的努力，贷款及结算规模有大幅提升并超额完成各项经营指标，金融业务正逐步拓宽，管理工作奋发有力。截至 2013 年末，公司资产总额 14.25 亿元，同比增长 32.93%；负债总额 8.79 亿元，同比增长 53.94%。所有者权益总额 5.46 亿元，同比增长 8.98%；贷款余额 10 亿元，吸收存款余额 8.67 亿元；实现营业收入 0.76 亿元，净利润 0.45 亿元；资产收益率为 7.93%，净资产收益率为 3.32%。

【信贷业务】 2013 年，公司依据集团及成员单位的信贷需求，积极开展信贷业务，全年给予 15 家集团及成员单位的总计 44.98 亿元主动授信额度，为 9 家成员单位累计发放 44 笔流动资金贷款金额合计 29.6 亿元。同时公司充分发挥集团内部资金调配的职能，全年为 7 家成员单位办理 33 笔委托贷款合计 14.2 亿元。

【资金集中】 2013 年，公司坚持“依托集团、服务集团”的宗旨，以加强资金集中管理、提高资金使用效率为目标。在集团和公司领导的带领下，与成员单位紧密联系、积极沟通，在不断拓宽资金归集渠道的基础上，切实保证可归集资金归集率的稳步提高。截至 2013 年末，公司已经为 65 家成员单位开立了资金结算账户并实现了资金归集，存款余额 8.67 亿元，处理结算业务 10 696 笔，交易金额为 1 757 亿元，资金结算准确率为 100%，全年可归集资金集中度平均在 95% 以上。公司已开通工商银行、农业银行、中国银行、建设银行、交通银行和兴业银行六家直联银行，累计归集成员单位银行账户 91 个。

【票据业务】 2013 年，公司顺利开展了票据贴现与转贴现、票据承兑等业务模式。一方面提高了集团整体的资金使用效率，为集团及成员单位降低融资成本；另一方面也为集团及成员单位丰富了贴现渠道，提高了结算效率。截至 2013 年末，公司累计为成员单位办理票据贴现 24.68 亿元，开展票据转贴现 24.68 亿元，票据承兑 3 亿元。随着票据业务的广泛开展和集团在票据市场认可度的提升，集团及成员单位整体融资方式得到了极大增强。

【风险管理和内部控制】 2013 年，公司以内部控制制度健全、措施有效、风险防范措施执行坚决、问题整改落实到位为风险管理目标，以客观、务实的态度开展风险管理和审计工作。在年度内新建、修订包括信贷、结算、风险管理、信息在内的 4 大类 11 项制度。在风险管理方面，根据监管要求制定关键风险指标、制定《流动性风险管理实施细则》，设计了流动性日常管理工作方法、流动性危急预警应急方案及流动性风险压力测试程序。在风险指标监测方面，11 项监控指标和 5 项监测指标均在监管要求范围之内。在内部控制方面，年度内实施了 12 个覆盖业务发展、风险管理、信息技术和综合管理等领域的审计项目，出具审计意见 85 条。

【人力资源管理】2013 年，公司积极完善人力资源管理工作的专业化建设，加大对人力资源管理的授权，将公司的主要经济指标和管理目标分解落实到人力资源管理工作计划中，并在工作中按计划加以贯彻和落实。人力资源在人才引进、人才培养、员工晋升等方面有着突破性的进展。全年引进各类关键骨干人才 6 名，实现了岗位合理配置，工作团队稳定的基础要求。在培训方面，在积极参加外部机构培训的同时，全面完善内部培训，培训规模逐步扩大、培训力度逐渐加强、培训质量不断优化，为员工晋升“添砖加瓦”。

【信息化建设】2013 年，公司为保证核心金融系统数据安全，防止出现因地震火灾等意外情况或操作失误等造成数据无法恢复的巨大损失，公司建立了灾备中心。灾备中心建立实现了业务数据实时同步到灾备中心，并将灾备中心的数据进行备份，保证了核心金融数据的安全。同时公司实现了 24 小时对服务器网络设备和机房环境的实时监控，增加了对服务器网络设备和机房环境动力的监控，服务器故障、网络不通、机房温湿度异常等问题都将第一时间短信通知信息科技人员，并最快作出处理，避免造成业务中断。

【企业文化建设】2013 年，公司始终秉承亿利资源集团“厚道、共赢、领导力，为客户创造更多绿色服务”的核心价值观，以及全面贯彻落实集团的“致力于从沙漠到城市的生态环境修复”企业使命，契合集团积极努力完成“引领沙漠绿色经济、开拓人类生存空间”的企业愿景。公司成立至今，本着以员工为核心，一家人一家亲的和谐理念，每月会为员工举办生日会。开展丰富多样的企业文化活动，加强企业文化建设，增进员工之间的感情和友谊，共同打造一个绿色友爱、团结奋进的团队，每年公司还会组织员工在库布齐沙漠进行绿化植树活动。

厦门海翼集团财务有限公司

【经营概况】2013 年，厦门海翼集团财务有限公司（以下简称“公司”）围绕“夯实、审慎、创新、高效”的年度主题，在加强集团资金集中管理、提高资金使用效率方面发挥了重要作用，初步实现了集团成立财务公司的目的。截至 2013 年末，公司资产总额 15. 87 亿元，全年实现营业收入 4 793. 27 万元；实现净利润 2 848. 13 万元。

【信贷业务】2013 年，受货币紧缩政策影响，集团成员单位外部融资环境受到影响，公司适时补充了成员单位的授信需求。在此背景下，公司及时调整了信贷策略，在人民银行的信贷规模监管范围内，合理调配金融资源，最大限度地为成员单位提供金融支持，对接集团战略重点，发挥雪中送炭的职能，同时本着服务企业、让利于企业的原则，实行优惠的贷款和贴现利率，盘活企业存量汇票，为成员单位提供优质、高效、个性化的金融服务。2013年，公司共为成员企业审批授信额度29.4亿元，全年累计对成员单位发放了291笔授信，累计金额为22.5亿元。

【票据业务】2013年，公司积极推进票据业务，8月纸票系统正式上线，针对集团所属制造业的特点，各成员企业的票据需求量较大，公司利用有限的贷款规模，叙做贴现、转贴现、再贴现业务，为成员企业节约了成本。鉴于纸票流通有限，为提升服务品质，公司积极申报电票系统，并于11月获得人民银行同意加入电票系统的批复，获得批复之后公司积极组织人员参加票据业务培训，并请软件供应商专业人员前来公司指导演示，为争取2014年正式上线电票系统做好各项准备工作。

【资金集中】2013年，公司克服制造业对银行资金需求大的困难，依托集团统一管理成员单位在银行的账户开立，通过对银行账户余额留存进行审批；加强与直联银行联系，提高结算效率；根据成员单位规模、地域利用银行现金管理服务设置多渠道资金归集模式；开展代理支付竞赛活动等措施不断提高资金集中度。2013年，公司新开账户16户，全年结算17 953笔，金额1 205亿元。

【资金业务】2013年，公司审慎开展资金业务，主要积极推进银行间同业市场业务，在确保资金安全性的前提下，引入竞价机制，选择合作银行，在保证备付金充足的同时根据市场Shibor利率的变化，适时调整同业存款方案并努力提高与银行同业资金议价的能力，实现集团资金的保值增值。2013年，公司累计操作同业存放业务79笔，累计操作金额63.05亿元，实现同业存款利息收入1 740.6万元。

【风险管理和内部控制】2013年，根据公司业务发展的需要，除了对开业初期公司制定的60项规章管理制度做进一步的修订之外，公司还补充制定了《合规管理制度》、《票据承兑业务管理办法》、《业务审查委员会工作规程》，使公司的管理制度更加完善。在加强风险管理方面，除了通过每季度的贷后管理和五级分类工作，全面跟踪企业经营状况变化，强化风险预警信息之外，公司还将风险监管纳入日常化管理，开展风险指标监测工作，2013年公司各项监管指标均符合监管部门要求，全年没有发生重大风险和重要风险损失。此外，公司还十分重视案防工作和反洗钱工作，通过考试和培训，将"风险为本"的理念贯穿业务始终，增强了员工的风险意识，对提高公司整体风险管理水平取得了良好的效果。

【信息化建设】2013年，公司为加强信息化安全管理，修订了《计算机安全使用管理办法》。公司成功上线纸票承兑、贷后管理模块，对工商银行、农业银行、中国银行、建设银行二级户模式进行改造，进一步完善核心业务系统。升级存储等硬件设备，对思科交换机、路由器等设备进行备份，对相关系统进行安全加固，不断提高信息化安全水平。

【企业文化建设】公司坚持海翼集团"创见、敢为、协动、超越"的核心价值观，紧紧围绕公司"夯实、审慎、创新、高效"的年度主题积极推动企业文化建设。2013年，公司上下掀起了向"南极英雄"、"全国劳动模范"、"感动厦门人物"盖军衔同志（公司成员单位员工）学习的热潮，盖军衔同志的先进事迹和崇高精神，让公司员工的心灵得到了净化、精神得到了洗礼、信念得到了升华，为公司企业文化建设注入了催人奋进的正能量。

中信财务有限公司

【经营概况】2013 年，中信财务有限公司（以下简称“公司”）坚决落实集团和公司董事会的各项工作要求，分步推进成员单位资金集中管理工作，在为成员单位做好结算服务的同时，积极开展资金和信贷业务，致力于公司制度化管理和长效机制建设，夯实各项风险管理措施和内部控制机制，并取得了较好的经营业绩。

截至 2013 年末，公司资产总额为 89.96 亿元；负债总额为 79.37 亿元，其中，吸收存款 78.96 亿元；净资产额为 10.59 亿元，较上年末增长 5.55%。本年度公司实现营业总收入 1.27 亿元，完成营业利润 7 370.01 万元、利润总额 7 440.81 万元和净利润 5 575.19 万元。

【资金集中】2013 年，在集团的大力支持下，公司正式启动成员单位资金集中管理工作。针对成员单位的实际情况，依照集团制定的统一方针，公司按计划、分步骤的开展资金集中相关工作，确保 2013 年底达到银监会对资金集中度的基本要求，并努力在 2014 年底前，完成集团境内非金融子公司范围内的资金集中管理工作，努力将资金集中度进一步提升至银监会要求的分类分级监管水平。

按照上述工作计划，公司在 9 月底完成了京内试点子公司资金集中的基础工作，并顺利启动了资金自动归集。截至 2013 年末，成员单位在公司累计开户 235 户，公司吸收成员单位存款余额 78.96 亿元，资金归集率为 33.01%。公司同时与 11 家银行搭建了银行直联系统，全年日常结算工作较为平稳，完成结算业务3 586笔，累计金额 1 886 亿元。

【信贷业务】2013 年，公司在信贷额度有限的情况下，积极发掘集团内部优质信贷资源，在控制风险的基础上，获取稳定的贷款利息收入。在部分贷款项目上，公司做到了贷款发放与零余额归集、全额代理支付相结合，对于探索融资集中和资金归集模式很有示范意义。同时公司还主动拜访了部分成员单位，深入发掘客户需求，努力建立优质项目储备。

本年度公司完成自营贷款项目 4 笔，合同总金额 23.6 亿元，实际发放 12.1 亿元，实现利息收入 5 249 万元。

在集团支持下，本年度公司完成了委托贷款新签约项目 18 笔，合同金额 108.03 亿元。至 2013 年末，公司委托贷款本金余额 120.07 亿元，全年实现手续费收入 1 301.59 万元。

【资金业务】2013 年，公司科学安排资金，在满足日常经营资金需要的基础上，充分利用银行渠道，择优选取存款银行开展同业定期存款业务，获取了较好的资金运用收益。

本年度公司累计开展同业定期存款 233 笔，获取利息收入 9 800 万元，为公司盈利作出了较好的贡献。

【风险管理和内部控制】2013年，公司完善各项风险管理制度和内部控制措施，使公司管理和业务运行的风险可控。同时公司根据集团要求，成立了保密委员会，加强对重要信息的保密管理。

公司继续致力于制度化管理和长效机制建设。汇集整理规章制度，编印了《中信财务有限公司管理制度汇编（2013版）》。举办了规章制度考试。梳理并新制定了一批制度，修改的制度涉及17项、58款，新制定的制度8项。公司非常重视流程建设和优化，努力将静态的制度转化为动态的流程，争取“端对端”地打通流程，建设一个有机联结的管理体系，从而形成一种有效的内控机制和合规文化，真正推动长效机制建设。

根据现阶段的业务重点，本年度公司稽核审计部对结算业务进行了内部审计。审计以防范操作风险为核心，对结算业务的岗位设置、重要凭证管理、操作权限和数据统计等方面进行了内部审计，并对存在的问题进行了监督整改。

【人力资源管理】2013年，公司继2012年建立岗位价值分析和薪酬体系后，在充分征求职工意见的基础上，公司制定了与开创期实际相适应的绩效考核方案，初步确定以部门及个人重点任务为考核重点，以期培养一种全新的绩效文化，以推动公司各项管理措施的落实和业务经营的积极有序开展。

2013年度，公司组织员工进行了公文写作和Office办公软件技能培训，员工的工作效率得到了很大的提升。

【企业文化建设】2013年，公司成立一周年，同时恰逢集团落实中央要求，在系统内开展党的群众路线教育实践活动。公司利用这次机会，深入推进企业文化建设，进一步完善公司纪检监察和党风廉政的相关制度建设，积极落实中纪委和集团党委、纪委的各项要求和规定，并举办了党的群众路线教育实践专题理论研讨会和工作务虚会，邀请公司领导做主题讲座，职工反响良好。

2013年度，公司还积极支持员工读书活动，提倡读以致用、学以致用；公司设立了微信群，利用自媒体等创新手段，有效促进了内部沟通交流；公司成立了工会和团支部，工会积极开展健步走、摄影采风等文体活动，团委开展了青年志愿者活动和青年职工交友联谊活动。公司通过开展相关活动，丰富了员工业余生活，调动了员工工作的积极性，增强了公司集体凝聚力，推动了公司日常管理和各项业务工作的开展。

浙江省交通投资集团财务有限责任公司

【经营概况】2013年，浙江省交通投资集团财务有限责任公司（以下简称“公司”）面对政策环境紧缩、宏观经济低迷的市场形势，全体员工众志成城、戮力同心，朝着集团提出的“加强资金管控、保障资金需求、降低财务成本、提高资金收益”这一要求全力以赴、不断迈进，在资本市场精耕细作，取得了较好业绩。截至2013年末，公司吸收存款余额57.68亿元，较年初增长45.55亿元；成员单位覆盖集团所有板块，资金集中度为50.47%；自营贷款余额21.25亿元，较年初增长165.62%。2013年，实现营业收入1.86亿元、拨备前利润1.46亿元、税后利润0.92亿元，分别为年度预算的137.77%、164.04%和180.39%。实现中间业务收入729.93万元。2013年，监控指标控制在监管范围内，监测指标达到监管要求；不良贷款率和不良资产率均为零；全年安全、稳健经营，无重大差错事故和案件发生。

【信贷业务】始终围绕集团战略发展方向，整合内部资金资源，累计向高速公路、港口物流等主业板块发放各类贷款26.75亿元。2013年，公司通过资源整合及内部配置，大幅降低了集团产业发展的外部资金需求，同时为集团整体节约财务成本6 000多万元。

【资金业务】在同业交易上引入询价机制，有效提升了集团资金收益率。随着同业交易经验的积累，公司充分运用国有银行和股份制银行同业报价与Shibor价格之间的波动关系，积极推进同业交易的询价制度。在此基础上，公司又适度扩大了同业交易报价的银行范围，显著增加了市场报价的透明度和公司的谈判优势，有效提升了集团整体的资金收益。初步估计，通过这一机制的有效运作，2013年公司实际实现的同业交易平均收益比预计提高了54个基点，由此增加同业收益1 088万元。

【票据业务】公司成功开展第一笔票据贴现业务和转贴现业务；利用大量现有同业资金资源，与成员单位和工商银行、光大银行等金融机构开展了票据池担保合作业务，完成了首笔信用纸票业务——以公司同业定期存单为质押担保，由成员单位向金融机构申请以信用方式开具承兑汇票，此举不但将原沉淀在各大银行的票据保证金存款引入集团资金池，亦有助于成员单位提升保证金资金收益；在成员单位日常结算中，公司与相关金融机构合作创新，推出了票据代开业务，并于2013年末完成了首笔试点。

【资金集中】开辟多资金池运作模式并建设个性化子资金池，拓宽资金集中管理及服务成员单位渠道。经过1年多的努力，公司克服了各大金融机构接口标准不统一、软件开发工作量大等难题，成功在工商银行、农业银行和中国银行等集团主要合作银行建立了资金池，进一步巩固了与相关银企的合作关系。在此基础上，公司充分发挥自身的资金池架构和结算平台优势，为集团下属实业、交工等二级企业打造子资金池。通过存贷款调节、支付分级管控等手段加强对其各层级的资金集中管理，最大限度地帮助成员单位降低财务成本，提高资金使用效率；根据监管政策，推进上市公司资金集中管理。在通过增资扩股、使集团下属沪杭甬上市公司成为公司的第二大股东后，与其签订《金融服务协议》，最终实现了对其部分存款的吸收工作（董事会授权7亿元）。7月至12月，公司对沪杭甬公司的实际日均集中约1.61亿元；推进产业链上下游封闭结算进程，避免资金池分流。通过梳理集团产业链内上下游成员单位之间的贸易结算关系，在整合内部结算账户基础上，依托公司综合结算平台实现了内部关联交易的结算支付。

【业务创新】公司开展财务咨询与顾问业务，成功代理完成了3单债券发行业务、募集资金55亿元，每年获得相关中间业务收入200多万元；引入信贷资产转让理念，协同集团和其下属公司金基置业成功完成了集团首笔债权转让信托融资；开创性地在全省财务公司中首先使用“统借统还”贷款模式，平移了原财务中心近百亿元资金，规范了集团内部借款手续，化解了法律和税务风险，同时将该等资金产生的3.23亿元利息全部返回至母公司。公司全年累计完成委托贷款113.24亿元，其中“统借统还”贷款93.56亿元，为集团合法规避营业税1 606万元。

【风险管理和内部控制】 建立跨各部门的风险联络员队伍，形成定期沟通协调机制，构筑“业务条线是操作风险控制的第一道防线”的管理理念，增进业务全流程的风险控制；开展十大操作风险评选活动，由全体员工评选产生年度十大操作风险，提高全体员工对于操作风险的识别能力和控制能力，促进风险精细化管理；完善日常风险管理机制，通过建立风险管理季报机制、信贷业务风险前移机制、定期内部稽核机制、新法规速递月报机制、法制宣传联动机制等，强化过程控制，提升企业抗风险能力。

【人力资源管理】 做好员工的定岗定级工作，建立了“人尽其才、能上能下”的用人机制；采用面向集团内外的公开招聘方式，以笔试加面试的综合得分录取了8名新员工，基本满足了公司现有业务的开展需求；开展各类培训，提升工作水平。实现年度员工培训率100%，各岗位专业技术人员及管理人员培训时间不少于1天。

【信息化建设】 强化日常督查工作，保障资金管理系统平稳运行。认真做好机房巡检、软件备份、需求问题的跟踪完善、建立和系统开发公司的联动机制等方面的工作，切实保障资金管理系统的安全稳定运行。

【企业文化建设】 倡导和培育良好的合规文化，对员工实施潜移默化式的合规教育，深入贯彻银行业金融机构的职业道德规范和企业价值准则，确保合规理念深入人心；将“党工团”建设工作和公司中心工作紧密结合起来，以制度建设为抓手，深入推进党风廉政建设、规范做好党务和司务公开。通过开展“徽杭古道毅力行”、“一句话岗位承诺”等活动，不断丰富“党工团”的建设内容，持续激发全体员工的务实观念和进取精神。

南车财务有限公司

【经营概况】 2013年，南车财务有限公司（以下简称“公司”）深入推进集团“十二五”发展战略实施，按照年度经营计划的要求，以完善资金集中平台为中心，夯实管理基础，优化业务流程，加速产品创新，强化风险管控，提升服务水准，顺势而为，开拓创新，精耕细作，公司各项工作呈现稳健、快速发展的态势。公司全年共实现营业收入1.56亿元，归属于母公司净利润5 526万元；实现日均存款30亿元，办理代理支付4 000笔，结算资金810亿元，累计归集资金640亿元。

【信贷业务】 公司按照“提前规划、规范运作、积极创新、稳步推进”的基本思路，先后深入20余家成员企业进行现场调研，并结合成员企业实际需求，积极推进金融产品创新，加大信贷投放力度，不断提高服务水平。2013年，公司累计发放优惠利率贷款26.86亿元，发放委托贷款29.22亿元，办理票据贴现0.65亿元，办理票据承兑0.16亿元，给予集团成员企业综合授信总额度达195亿元。贷款不仅投向了集团的核心主业“机车、客车、货车、动车组、城轨车辆”等产业，而且还支持了集团“煤机、超级电容器、汽车零部件、柴油机”等新兴产业的发展。通过信贷产品组合和融资方案设计，满足了成员企业在银行贷款到期置换、银票到期承兑、原材料采购、上下游产业链融资等多方面的融资需求。截至2013年底，公司自营贷款余额20.28亿元，委托贷款余额18.4亿元，票据承兑余额0.16亿元。

【资金和投资业务】由于公司成立时间较短，资金来源和资金运用的手段相对单一。资金来源主要以吸收成员单位的存款为主，资金运用主要以成员单位的贷款类业务（信贷、票据贴现等）以及存放同业业务为主。为实现资金使用效益最大化，公司不断加强对市场利率价格走势的分析，每日向合作银行询价，并根据当日资金运用计划重点议价，积极捕捉市场机会，提高同业存款收益。积极向合作银行申请同业授信，已获得7家银行同业授信支持65.8亿元。2013年公司共办理存放同业定期存款业务147笔，涉及资金367.89亿元，为公司创造收益7 000余万元。以财务顾问身份，参与集团超短融资券发行工作，配合主承销商完成发行材料的准备和审核、发行后的公告等事项。成功加入中国票据网，实时掌握银行间票据市场报价行情，与金融机构交易对手建立联系机制搭建平台。

【票据业务】针对集团成员企业票据需求量大及内外部流转的需要，公司积极创新票据业务产品，2013年先后开展了“纸质商业汇票贴现、电子商业汇票承兑和电子商业汇票贴现业务（同业代理模式）”；同时，公司与人民银行直联的电子商业汇票业务也在积极推进中。目前，公司可以为成员企业提供“出票→承兑→贴现→到期托收”的上下游产业链票据融资模式，成员企业内部之间的票据流转及对外中小供应商的支付均可以使用公司承兑的票据，减少外部银行的开票量、降低资金占用、节约融资成本。

【外汇业务】公司根据中国南车海外业务迅猛发展的需要，启动了外汇资金集中管理平台的建设。年内制定了外币资金集中管理阶段推进计划，着手推进境内外币资金归集。收集、准备申报材料，申请即期结售汇业务资格、售汇综合头寸及中国外汇交易中心会员资格。建立健全结售汇业务内部管理制度，建立并完善结售汇业务技术条件和基础设施，加快业务系统新功能开发进度，为正式开展外汇资金集中管理做好准备。

【资金集中】2013年，公司进一步加快推进各一级子公司及重点二级子公司开户和直联上线，逐步提高资金集中的深度与广度；稳步推进8家商业银行的直联建设，加快系统测试、调试，确保稳定运行，提高资金集中的效率和水平。截至2013年底，共有71家成员单位在财务公司开立了结算账户，33家成员单位实现资金归集。日均存款达到30亿元，资金集中度年内呈逐步提高趋势；办理代理支付近4 000笔，结算资金近810亿元，累计归集资金640亿元。带有财务公司特色、集团集中管控型的人民币资金集中管理平台初步建立，资金集中管理平台的优势进一步显现。

【业务创新】为满足成员企业多样化的资金需求，公司积极开展新业务产品创新，一方面开展了“流动资金贷款、固定资产贷款、委托贷款”等基础信贷融资产品；另一方面，积极探索集团产业链票据融资模式，创新开展了“纸质商业汇票贴现、电子商业汇票承兑和贴现业务（同业代理模式）”；并牵头协调、跟踪成员企业BT项目的融资方案组建，与商业银行探索银票代开等新业务产品，力争早日实现全方位服务集团的目标。

【风险管理和内部控制】启动年度风险识别与评估，查找公司各项业务及管理活动中面临的风险点，制定和完善控制措施，确保各项业务稳健、正常开展。扎实做好公司月度风险检查工作，形成《内部控制与风险管理月度报告》，提出建议，推动完善内控手段。强化了公司流动性和资本充足率等预警与管理机制，对公司流动性资产和流动性负债进行精细化管理和监测，确保公司各项关键指标均保持在合理水平。起草《规章制度体系建设指导纲要》，以“积极、稳健、优化”的实施步骤分3年时间对公司各项规章制度进行整合、完善，同时加强规章制度的学习与培训，培养公司的内控管理文化。加强内部稽核在内部控制中的作用，将内审的出发点和落脚点放在内控制度落实、规范管理、防范风险上，通过开展各种形式的监督和检查，强化内控管理，2013年共开展结算业务、信贷业务、资金管理等专项稽核6次，完成对公司的机房管理、授权管理、合同管理、公章管理、重空凭证管理等12项日常稽核工作。

【人力资源管理】招聘引进2名员工，充实了公司人才队伍，为公司新业务顺利开展做好准备。推进公司薪酬和绩效制度改革，制定员工月度绩效考核管理办法，建立月度考核机制，加强考核管理，发挥绩效考核的激励导向作用。设立总经理奖励基金，调动员工改革创新精神，激励员工爱岗敬业，增强公司凝聚力。加强培训管理，积极参加银监局、中国财务公司协会等机构组织的业务培训，组织全员参加包括专业技能、企业管理、文化建设等方面在内的自身培训，提高业务能力和专业素质。

【信息化建设】开展业务系统新需求调研，启动业务系统二期建设，组织实施电票、外汇集中管理、财务接口、银团贷款、1104报表等业务模块开发，为新业务开展做好信息化准备。建立信息系统问题记录台账，跟踪分析问题处理节点，强化问题处理过程管理。开展日巡检，加强信息系统后台管理与日常维护，对重要设备进行季度、月度集中全面运维，做好数据安全保护，定期进行备份策略调整和备份恢复测试，确保信息系统安全。完善外接系统安全机制，优化系统接入安全策略；梳理IT系统维护的风险点，引入运维服务，做好运维过程的控制和管理。

【企业文化建设】公司按照国资委党委和中国南车党委的统一要求，深入、扎实开展了党的群众路线教育实践活动，全体员工均亲身参加到活动中来，提高了全员的凝聚力和向心力。深入宣传贯彻中央关于八项规定、反对“四风”等文件精神，进一步加强领导干部的作风建设，厉行节约，改进文风会风，密切党群干群关系，营造了和谐稳定的环境。关心困难员工的生活，想尽办法，着力解决困扰员工的子女就学、户口进京等问题，获得员工的支持和拥护。开展纪念公司成立一周年羽毛球比赛、发放电影票等丰富多彩的员工集体活动，着力创建具有自身特色的企业文化，打造健康、向上、和谐的文化氛围。

中国北车集团财务有限公司

【经营概况】中国北车集团财务有限公司（以下简称“公司”）于2012年11月29日经《中国银监会关于中国北车集团财务有限公司开业的批复》（银监复〔2012〕708号）批准开业，12月6日正式开业运营。公司注册资本金人民币12亿元，其中，中国北方机车车辆工业集团公司（以下简称“北车集团”）出资人民币2亿元，出资比例为16.67%；中国北车股份有限公司（以下简称“股份公司”）出资人民币10亿元，出资比例为83.33%。截至2013年末，员工总数25人，其中在岗员工22人，其他从业人员3人。2013年，公司主营业务规模快速增长，实现利息收入22 523万元；公司资产总额94.36亿元，较上年末增加66.14亿元，增幅为234.37%；所有者权益合计13.13亿元，较上年末增加1.04亿元，增幅为8.6%；实现净利润1.04亿元，较上年末增加0.95亿元，增幅为1 055.56%。

【资金业务】公司2013年在同业金融机构获取利息收入达1.42亿元。公司积极借助金融平台，充分开拓合作银行，采取广泛询价，以市场优势价格为业务合作导向的竞价机制开展存放业务。在资金模式优化方面，积极调研成员单位切身需求，共收集9大类77个子问题，协同相关部门沟通反馈，收效良好。适时改进资金计划上报方式，兼顾准确性与便利性，根据成员单位货币资金存量及业务需求预估，在信息系统内设定资金计划预设额度，极大地方便了成员单位的工作。同时顺利接收股份公司资金管理业务，在市场融资成本走高的不利条件下维持了较低的融资成本。2013年成功引入银行海外代付及应收账款出口美元保理业务，开展票据创新团开团贴业务，有效解决了部分三级子公司的资金周转问题。公司作为北车股份发行短期融资券财务顾问，成功开展首单财务顾问业务，发挥了公司的金融咨询服务职能。

【资金集中】2013年，公司分三批分别完成集团二级单位、股份公司三、四级单位的资金归集工作及外币归集工作，基本实现集团成员单位的全覆盖，实现全口径资金集中度为80.81%，位列行业第8名。

【信贷业务】截至2013年末，公司全年发放信贷88笔，累计发放28亿元，收回10.5亿元，年底余额17.5亿元，全年实现信贷业务利息收入7 464万元。在票据承兑业务方面，2013年，公司累计开出汇票1 531张，开票金额47.4亿元，为成员单位节约保证金14.2亿元，节约手续费237万元。在票据贴现业务方面，全年办理贴现76笔，累计贴现金额3.57亿元，为成员单位融资渠道提供了多种选择。在内部结算方面，公司借助商业汇票承兑或保贴方式，全年完成内部清欠总额89.93亿元，子公司已经向约380家集团外客户支付财务公司汇票，财务公司累计为13家成员单位向集团外客户开出承兑汇票800张，累计结算金额6亿元。

【业务创新】积极推进银企战略合作，配合国家“互联互通”战略部署，积极拓展海外市场，推进集团公司“走出去”战略，经集团公司领导批示，由公司牵头组建中国北车银企合作工作组，通过与国家开发银行、中国进出口银行等政策性银行以及大型商业银行的合作，共同促进投融资体制和轨道交通市场建设。创新开展同业转入贴现业务，将金融业务拓展到成员单位资金链条中。在该业务中作为资金提供方，将子公司资金成本成功锁定于集团内部，节省集团整体财务费用。与此同时，公司考虑到合作银行对企业存款考核的切实需求，积极创新金融产品，提出并实现企业存款与同业存款相匹配的业务品种，实现银财共赢。积极启动新业务申请，谋求集团金融板块的长远发展。公司于2013年积极申请同业拆借、结售汇、《企业集团财务公司管理办法》第29条新业务资质，积极推进电子汇票系统、征信系统的上线工作，并于2013年11月获得中国保监会审批的开办保险代理业务资质。该资质的获批可利用保险工具实现集团资产风险管理的专业化和科学化，切实发挥集团整体议价能力，为子公司提供最优保险方案。此外，公司积极探索、初步尝试产业链金融和融资租赁模式帮助企业进行产品销售。

【风险管理和内部控制】2013年，公司严格遵守国家各项金融法律法规，规范经营，严格管理，各项监控、监测指标均符合并优于中国银监会监控、监测的安全运营标准。公司全面完成了内部控制体系建设。本着业务前瞻性和内控先行原则，本次内控建设基本覆盖了全牌照业务范围；同时，深刻领会和贯彻了董事会对于防止内控建设“两张皮”的指导建议，内控建设与实际业务相结合，真正担当起了内控为业务保驾护航的使命。本次内控建设共修订制度50项，新增制度31项，废除制度9项，收编制度101项。

【人力资源管理】公司坚持科学、合理、有效的用人政策，不断优化人力资源结构、完善人力资源管理体系，建立统一的具有市场竞争力的用工制度和薪酬体系。一是根据业务需要，全面开展公司员工招聘工作。公司既注重在北车集团及成员单位原有的金融和财务管理人才的基础上进行选拔，又积极面向全社会进行专业人才招聘，尤其注重引进金融行业内人才，为财务公司配备了合格的人才队伍。二是加强人力资源统计管理。根据国资委人才资源统计工作要求，在股份公司的统一部署下，组织开展财务公司人才资源统计工作。通过填制人才资源信息报表，摸清公司员工队伍状况等，人力资源的管控能力得到提升，为公司日后管理决策分析和人才培养提供支持。

【信息化建设】2013年，公司根据发展战略需要，完成了核心业务系统（一期）项目的上线推广与验收工作，并在此基础上开展了系统二期项目的规划与实施。公司确立的信息化安全保障措施包括：网络安全保障措施；数据安全保证措施；防病毒安全保障措施；信息化等级保护措施；信息化系统灾备措施；信息化组织保障措施。为有效预防和应对信息化风险，公司通过开展信息化系统风险自查，聘请第三方测评机构的内控审查等方式进一步加强和规范信息化风险防控工作。

【企业文化建设】为实现发展战略，将企业做大做强，公司自成立之初，就着意于不断提升管理理念，重视和加强企业文化建设。本着“高效、务实、严谨、细致”的工作作风，将股份公司领导的理念“由我来办、马上就办、办就办好”落到实处，既体现年轻朝气，又狠抓执行力，旨在以高效的工作作风和专业的服务素质，服务于成员单位，为集团创效益。

中国电子科技财务有限公司

【公司概况】中国电子科技财务有限公司（以下简称“公司”）于2012年8月3日经中国银监会批准筹备（银监复〔2012〕412号），12月12日获批开业（银监复〔2012〕742号）。截至2013年底，公司资产规模达到233.18亿元；吸收存款（余额）规模209.93亿元，日均存款规模118.55亿元，自营贷款（含贴现）余额99.55亿元，全年累计发放了130.17亿元贷款。全年实现收入总额6.54亿元；实现计提前利润总额3.94亿元；净资产收益率达到10.56%；不良资产比率为零。

【信贷业务】公司落实集团战略规划、推动集团改革发展，通过集团财务部、财务公司开展一体化运作，充分发挥核心金融平台作用，遵循银行信贷业务法律法规，创新信贷产品，优化资金配置，做好全年信贷额度的有序投放。2013年，累计向74家成员单位发放贷款221笔，总金额129.37亿元，为集团公司整体节约资金成本多达3.75亿元。公司初步建立了信贷业务制度，强化审贷流程，采取行之有效的信贷风险防控手段，全年度贷款风险基本可控，贷款中未出现一笔不良贷款，执行中贷款风险分类全部为正常，不良率为零。

【产品销售信贷业务】公司积极赴同业深入调研学习，将调研成果与成员单位的发展情况及实际需求相结合，完成了开展消费信贷、买方信贷和融资租赁业务的可行性研究报告及相关制度，准备了资质申请的相关材料，及时向监管机构提出资质申请。

【票据业务】公司积极开展票据业务：一是大力推动纸质票据业务，成功申请并办理人民银行再贴现业务，努力降低集团公司资金成本。二是积极推进电子商业汇票系统上线，为集团公司提供电子票据管理和使用平台打基础。三是创新业务产品，为成员单位提供安全便捷的综合性票据服务。四是借鉴同业先进经验，积极筹划构建电科票据池。

【资金集中】集团下发了《中国电子科技集团公司关于进一步加强资金集中管理的通知》，明确指出应进一步加强资金管理有利于提高资金配置效率，防范经营风险。公司采取多种措施积极推进成员单位资金归集的进度。通过及时联系成员单位，完成开户及网银服务协议；配合集团公司财务部，顺利完成存款平移；创新资金归集模式，实现三方定时归集；推出实名收款归集模式，实现了公司行业最先进的结算和归集手段；稳步推进三级及以下成员单位资金集中；积极推进与上市公司金融服务合作事项，签订金融服务协议，打破了集团公司十年来无法实现对上市公司资金归集的局面。公司通过9家银行实现了116家成员单位132个账户的资金归集，加上通过实名收款和基建账户归集的试点，全年实现归集资金总量687.9亿元，归集笔数7 767笔。

【业务创新】 公司创新推出实名收款归集模式，实现了行业先进的结算和归集手段，为进一步提高资金结算和归集力度奠定了基础。加强创新业务产品，为成员单位提供安全便捷的综合性票据服务。全年公司共为成员单位办理0.8亿元票据贴现，拓宽了成员单位的融资渠道。

【风险管理和内部控制】 公司制定了《内部控制体系建设方案》，全年共编写、修订100项制度，各项制度正在试运行阶段。一是公司信用风险管理机制不断完善。通过贷款投向合理，支持集团公司主导产业跨越发展。信贷过程管理从贷前客户评价、贷前风险审查、信用风险评级工具、贷审会职能与作用的发挥等方面不断完善。二是流动性风险管理不断完善。出台《流动性风险管理办法》，规范了流动性风险的监测管理流程，并初步建立了资金流动性日常监控汇报机制，及时掌握资金变化，随时预警。三是计提一般风险准备金。公司在对所有资产进行分类的基础上，组织相关部门对公司信贷资产计提了两次一般风险准备，增强了风险防范能力。四是法律风险管理不断完善。建立了法律风险管理机制，对所有制度开展了合规审核，对所有与外部单位签署的合同均进行了法律审查，并建立了针对重大合同的日常监控机制。

【人力资源管理】 公司研究制定员工绩效考核、薪酬管理办法，人力资源管理工作初见成效。建立以岗位绩效为导向的具有公平性、竞争力的岗位薪酬体系，研究制定《员工薪酬管理办法》。通过建立的良好福利待遇体制，增加了员工对公司的归属感，进而增强了公司的凝聚力。

公司大力加强人才队伍建设，广泛吸引社会各界人才。推进有序的公开招聘、校园招聘工作，充实公司人才队伍，为公司发展提供了有力的人力保障，进而促进了公司各项工作任务的完成。同时，注重员工培训，努力提高员工队伍整体综合素质。组织开展了企业风险管理、资金结算、国内保理等内容的内部培训共计16次，受到了全体员工的一致好评。

【信息化建设】 公司从完善核心业务系统、优化公司网络结构和开发基础信息系统三方面开展本年度公司信息化工作。完成了公司核心业务系统的二期建设和电子商业汇票系统的开发；优化了公司网络结构；完成公司外网邮件系统、办公自动化系统、公司网站的建设，并且全部投入使用，既保证公司运转规范和高效、业务联系的通畅，同时又提升了公司形象。

【企业文化建设】 公司建立健全党组织、工会组织，营造以人为本、关爱员工的企业氛围。公司定期开展党员学习、教育等活动，确保企业文化正确的发展方向；按照集团党组的统一部署和要求，积极组织开展了党的群众路线教育实践活动，查摆剖析自身存在的问题，召开高质量的专题生活会；为员工办好事、办实事，关心员工长远发展，“想员工之所想、急员工之所急”，解决员工面临的实际困难。通过企业文化建设增强了公司的凝聚力、向心力、竞争力，有效地促进了公司服务水平和经营效益的提高。

重庆机电控股集团财务有限公司

【经营概况】重庆机电控股集团财务有限公司（以下简称“公司”）于2012年9月28日经中国银监会批准筹备（银监复〔2012〕580号），2013年1月9日获开业批复（银监复〔2013〕19号）。公司围绕“夯平台、筑基础”的目标定位，认真贯彻落实董事会和金融监管要求，开拓进取，奋发作为，经营发展呈现出良好势头。

截至2013年末，公司资金归集总额为15.42亿元，资金归集率达到55.65%。合并资产总额22.05亿元，负债15.56亿元，所有者权益6.49亿元。累计实现利润总额0.65亿元，实现净利润0.49亿元，资产负债率为70.58%，新资本充足率为59.396%，资产质量良好，各项指标均符合监管要求。

【信贷业务】公司以服务促发展，不仅打造了专业的客户经理服务团队，也通过召开专题业务培训会、产品推介会等多种形式向客户持续宣传公司业务，更通过提高业务办理的时效性和便利性，以及注重对服务的反馈和改进等形式树立“立足集团、服务企业”的服务形象。综合运用业务品种，确保公司资金用于解决企业生产经营实际问题。截至2013年底，累计发放贷款108笔，总计22.39亿元（贷款余额5.69亿元）；累计票据贴现41笔，总计2.95亿元（贴现余额约1亿元）；累计发放委托贷款16笔，总计4.37亿元。

【票据业务】创造性推出与“资金池”相对应的“票据池”，有效解决成员单位面临的保证金比例较高、票据管理、结算以及融资难题。经过与合作银行的沟通、协商、调整，公司创新型票据池于12月落地运行。成员单位有用票需求时，可委托公司到银行为成员单位用托管票据质押开新票使用；不需要开新票的，可将入池票据为其他成员单位质押开新票，形成贷票业务。该模式无需保证金，开票企业可有效降低成本，借票企业也可收取一定费用，既能将存量票据盘活，也能有效降低增量开票所占用保证金。

【风险管理和内部控制】把风险防控作为贯穿公司经营活动的主线，构筑前、中、后台三道风险防线，通过严格授信审查、规范信贷及放款审查、完善业务审批流程、加强贷后管理、开展风险点梳理专项行动、全面风险排查等手段，切实把风险防控工作做实、做细，确保了全年无监管事故发生，无不良业务发生。

【企业文化建设】公司积极推进党的群众路线教育实践活动与业务开展紧密相连，强化员工对诚信、创新、包容、共赢的集团核心价值观的认识，传承互相激发，彰显个性，协力同心，顾全大局的集团团队理念；而且通过“走出去”与“请进来”相结合的服务策略抓好服务的改进以及提升，一方面深入一线，强化调研，广泛听取成员单位意见，另一方面，也广泛邀请成员单位来了解情况、面对面交流，以实际行动践行“客户导向、注重细节、有效协同、高效优质”客户服务理念。

河北建投集团财务有限公司

【经营概况】河北建投集团财务有限公司（以下简称“公司”）于2012年7月7日经中国银监会批准筹备（银监复〔2012〕382号），2013年1月9日批准成立（银监复〔2013〕20号），1月30日正式运营。公司注册资本5亿元，由河北建设投资集团有限责任公司、河北建投能源投资股份有限公司、新天绿色能源股份有限公司、河北建投交通投资有限责任公司和河北建投水务投资有限公司共同出资，占比分别为60%、10%、10%、10%和10%。

公司坚持“依托集团、服务集团”的经营宗旨，立足集团资金管理，服务集团主业发展，主动融入集团总体战略规划，以公司战略规划为着眼点，扎实布局三年工作的滚动发展目标，上下齐心协力，扎实工作，圆满完成了2013年的工作目标和任务。

【法人治理】公司法人治理结构健全，股东会为最高权力机构，监事会为经营活动的监督机构，董事会统筹公司的决策运作。董事会下设风险管理委员会、审计委员会。公司实行董事会领导下的总经理负责制，根据业务发展及内控要求设有综合管理部、资金结算部、信贷业务部、风险管理部、计划财务部、稽核审计部6个部门。

【制度建设】公司完成了涉及公司治理、综合管理、结算业务、信贷业务、资金管理、风险管理、稽核操作、信息管理等67项管理制度的《制度汇编》（第一版）及涉及公司6个部门36个岗位的《岗位职责》（第一版），并根据在工作中的执行情况后续补充完善了6项管理制度及办法。结合公司实际情况，在借鉴相关财务公司稽核审计工作经验的基础上，重新梳理了《稽核审计管理办法》，建立了业务流程。

【公司金融和信贷业务】公司建立了评级授信模型，为信贷业务的快速发展打下了良好的基础。在业务办理过程中，始终坚持“最优服务、最低成本、最高效率”的服务宗旨，开发了信贷新产品——“快速循环贷款”，该产品随借随还，月内周转使用，用款灵活。全年累计发放18笔，金额合计7亿元，极大地降低了成员单位的债务规模和财务成本，同时提高了集团整体的资金运营效率。

2013年，公司完成评级27家，授信23家，授信总额27.22亿元；累计信贷投放20.51亿元，累计信贷收回10.89亿元，不良贷款率为零。实现日均信贷余额5.26亿元，完成年度预算（日均信贷余额5亿元）的105%。累计办理委托贷款20笔，金额合计19.90亿元，其中，为集团下属单位办理委托贷款10笔，合计4.39亿元；为集团公司办理委托贷款10笔，合计15.51亿元。

9月，公司开拓了资信证明业务，免费为石家庄国融安能分布能源技术有限公司出具“授信证明书”（授信额度4 000万元），以增强其外部信用，协助获取财政贴息资金。

【资金和投资业务】 一是加强计划管理，提高资金周转率。在集团财务部统筹协调下，制定年、月、周资金计划，将资金调度落实到日，不断提升资金计划的准确度，降低资金闲置率；二是通过谈判，向各家合作银行均争取到省内同业最高活期利率，提高集团整体资金规模效益，集团整体增加收益383万元；三是不断扩大同业合作银行范围，通过接力策略，促使银行不断提高同业利率，全年完成资金调度395亿元，实现同业收益0.25亿元。同时争取到高利率假期顺延、高利率提前支取等优惠条件，为灵活资金调度创造了条件。

【票据业务】 2013年度，公司试点开展了票据贴现业务，金额为400万元，为进一步拓宽业务品种、建立“票据池”积累了相关的经验。

【资金集中】 2013年，公司资金归集率达到52.8%，开户单位109个，开立账户763个，授权归集账户86个，资金归集量达到40.59亿元。公司共完成结算业务14 048笔，交易金额675.90亿元。

第一，通过对集团成员单位整体资金及账户情况调查研究和细致分析，选取了中国银行、农业银行、工商银行、建设银行、交通银行、兴业银行、华夏银行7家合作银行建立银企直联，通过收支两条线的模式在满足资金流动性、安全性前提下，保证资金高效运行。第二，加强成员单位账户管理，明确要求清除多余账户，并督促资金集中于7家直联的银行，增加资金的归集效果。第三，研究集团所属上市公司资金归集问题，以合规性和安全性为前提签署了金融服务框架协议，逐步拆解上市公司现有资金池纳入财务公司归集。

【风险管理和内部控制】 公司将完善业务流程作为风险管理的业务核心，以风险识别、评估和计量为手段，以风险管理文化为导向，初步构建公司全面风险管理体系。公司细化了部门及岗位职责，有步骤、有针对性地细化业务制度、流程，增补新制度的制定计划；明确了应遵照执行的109项法律、法规、监管机构监管文件；完善授权体系，体系以《授权体系手册》作为文字载体；与咨询机构共同组织了公司的风险梳理工作，识别出44类二级风险、397项风险点，通过内部模型评价各类二级风险的损失程度及发生概率，为公司针对重大风险构建预警与应对机制指明了方向。

【人力资源管理】 公司着眼于企业可持续发展，注重人才队伍建设，积极打造学习型团队，开展了内容丰富、形式多样的培训工作，内容包括系统业务培训、制度培训等。制定了切实可行的《薪酬管理制度》、《员工培训管理办法》、《员工考勤与休息休假管理办法》等管理制度，搭建了公司的人力资源管理框架。

【信息化建设】 公司完成了机房建立、设备采购、制度制定。公司核心业务系统包括信贷业务、资金结算等十几个模块，有效满足了公司日常经营需要；实现了与中国银行、农业银行、工商银行、建设银行、交通银行、兴业银行、华夏银行的银企直联，保障了成员单位支付业务需求；顺利通过监管部门的现场检查并完成与人民银行、银监局的直联，安装部署1104非现场监管系统、金融统计数据系统，为电子数据的报送和接收提供方便。

【企业文化建设】 公司积极贯彻落实集团“理性建投、固正出新”、“一个坚持七个注重”的核心价值观和发展理念，开展了内容丰富、新颖独特的企业文化活动。公司成立了党支部，积极开展深入学习贯彻十八届三中全会精神和党的群众路线教育活动，把党员的先进性与公司工作目标结合起来、与改革发展创新工作结合起来；成立工会组织，积极组织参加集团公司羽毛球比赛等活动，丰富了员工的业余生活，激发了员工的归属感与凝聚力。

太钢集团财务有限公司

【经营概况】太钢集团财务有限公司（以下简称“公司”）于2012年8月31日经中国银监会批准筹备（银监复〔2012〕458号），2013年1月18日获批开业。公司遵循“规范经营、稳健发展、专业服务”经营方针，稳步开展存、贷款等基础业务，逐步提升资金归集水平，在掌控风险前提下，迅速拓展了票据池业务、电子商业汇票业务，同时积极申办即期结售汇业务。全年实现营业收入1.43亿元，利润0.82亿元，净利润0.62亿元，资产收益率为3.01%，资本充足率为57.9%，各项监管指标均符合监管部门要求。

【信贷业务】公司建立了授信、评级管理办法，累计向成员单位发放流动资金贷款16亿元，利率为基准利率下浮10%～20%，有力地支持了集团公司和股份公司的融资需求，降低了集团公司整体财务费用，并为太钢集团办理委托贷款业务。

【资金业务】公司建立了资金计划和资金头寸管理的体系，包括资金月度计划、周计划、日头寸管理制度。根据周计划做好资金头寸平衡，同时严格执行成员单位日头寸申报制度，追求合理的资金备付率，在保证合理安全性、流动性前提下追求盈利性。全年累计办理同业定期存款568亿元。

【票据业务】公司开展了票据池业务，为成员单位办理票据收款、代保管、入池、出池的背书转让、托收等业务，降低了集团票据管理风险，实现票据增值。全年累计票据收支123亿元，办理票据贴现21亿元，再贴现业务6.1亿元，转贴现业务2.8亿元。

【资金集中】公司陆续与多家银行开展业务合作，签订银企直联协议及资金池协议，办理成员单位资金归集、同业存放等业务；制定了成员单位资金归集计划及方案，全年已归集成员单位达到88%，日均资金归集率达到80%～90%。

【业务创新】为实现外币资金的集中管理，公司积极推进外币资金池的建立。2013年，国家外汇管理局山西省分局已批准公司开展即期结售汇业务资格。为拓宽成员单位的融资渠道，公司积极研究并推进电子商业汇票业务，积极申请接入人民银行直联电子商业汇票系统。2013年，为成员单位办理电票贴现业务1.35亿元，办理电票承兑业务0.74亿元。

【风险管理和内部控制】公司制定了《太钢集团财务有限公司全面风险管理规划》及《2013年度风险管理重点工作计划》，坚持

“业务发展，内控先行”的原则，通过培育风险文化、强化制度建设、构建三道防线、防范四大风险、加强内控案防管理、完善信息系统建设等措施，制定了突发事件应急预案及流动性、信用、结算、营业场所、地震及信息系统等风险防控应急预案，实现了公司各项业务的安全稳健运营。

根据业务需求，建立并完善公司规章制度，对涉及公司治理、业务管理、综合行政、信息系统、财务管理、风险管理六大类69项制度、40项业务流程逐步进行梳理、完善，2013年修订下发54项制度、34项业务流程。

【人力资源管理】 建立绩效考评体系，下发《太钢集团财务有限公司绩效考核管理办法》，制定各部门的业绩考核及综合评价指标，按季度实施考评；编制下发2013年培训工作计划和“管理者上讲台培训到现场”培训计划，并组织实施；鼓励并组织员工参加中国银行业从业人员资格认证考试，16名员工（62%的员工）获得证书；通过各种形式，加强金融能力培训，不断提高员工职业素养和风险意识。

【信息化建设】 根据业务需求，持续不断完善业务运营系统功能模块，完成了买方付息票据贴现、自动对账、资金支付额度控制、同业资金日报表、成员单位内部账户结算报表等需求并上线运行，完成了信息系统一期项目交工验收工作。根据业务开展规划，完成信息系统二期立项并组织实施，二期项目包含外币管理、电子商业汇票管理、同业往来管理、票据池管理四个模块。

【企业文化建设】 以太钢集团企业文化体系为指导，搭建了公司文化体系，着重建立集团全局文化、制度文化、求真与务实文化、学习与创新文化、绩效文化及风险文化。2013年8月，公司开展了“我为公司进言献策”，经多次召开专题会议逐条研究，形成《职工建议摘要》，并落实到责任人。9月，公司积极开展群众路线教育实践活动，开展“金融知识进万家”活动。通过现场讲解、在太钢内网、太钢日报、太钢电视台开设专栏等多种方式定期宣传金融知识，普及了太钢职工群众的金融知识，提高了资金财产安全意识和能力。

大同煤矿集团财务有限责任公司

【经营状况】 大同煤矿集团财务有限责任公司（以下简称“公司”）于2012年9月3日经中国银监会批准筹备（银监复〔2012〕466号），2013年1月30日获批开业（银监复〔2013〕68号），4月开始正式运营。公司注册资本10亿元人民币，由大同煤矿集团有限责任公司（控股80%）和大同煤业股份有限公司（参股20%）共同出资组建。2013年营业收入总额3.18亿元，其中利息收入3.08亿元，中间业务收入0.10亿元，营业成本总额

现业务。公司通过加强自身票据池建设，利用集团现有银行承兑汇票形成新增融资额度，大力发展以票据池为依托的拓展业务，通过票据池质押为临汾宏大矿业有限公司办理以票易票业务，质押新开票据18张，金额0.45亿元。公司通过利用自身商业银行授信，扩大成员单位的融资渠道，为2家成员单位代理签发银行承兑汇票，金额共计1.96亿元，共67张。

【风险管理和内部控制】公司按照“三步走”的原则，以“全面风险管理”为目标，进行了风险内控建设和管理工作：一是企业管理，制度先行。共制定各种内控制度和管理流程共计46项，实现内控制度覆盖管理流程，管理流程覆盖所有业务。并在此基础上整理汇编风险管理手册。二是有制必依，违规必究。公司先合理构成相互监督、相互制约的法人治理结构，严格按制度执行，赏罚分明，直接与个人效益挂钩，不论公司高管还是新员工，均纳入制度考核体系（KPI）。三是定期梳理，完善流程。公司将每个年度的1月定为流程梳理月。全年共发现各类问题41条，梳理、增加并完善制度后，使公司的内控制度及管理办法达90项。这些制度互为补充、相互牵制，为公司日常经营及业务扩展保驾护航。

【人力资源管理】公司按照年龄结构、文化结构、知识结构的主导思想，公开招聘新员工，为后续开展各项业务进行人才储备。公司现有员工41名，硕士研究生2人，本科学历38人，公司高级职称4人，中级职称19人，2013年底，4人通过了高级会计师考试，2人通过了经济师考试，5人通过了银行业从业资格考试，10人通过了保险从业资格考试。公司鼓励员工参加各类专业考试，组织员工集中学习，形成浓厚好学的良好学习氛围；多次开展同业调研，聘请浦发银行专家进行交流学习，提升员工整体业务素质。公司及时制定、修订完善《大同煤矿集团财务有限责任公司员工绩效考核管理办法》，定量考核与定性考核相结合，实现对员工的有效激励，提升服务质量和工作效率。制定《大同煤矿集团财务有限责任公司年度优秀员工评选办法》，对工作中先进的集体和员工进行了表彰和通报。

【信息化建设】5月20日，“同煤集团财务公司资金管理系统”正式上线运行，为集团提高资金使用效率、促进资金内部融通、降低整体对外负债水平和融资成本的运作提供了保障。公司申请加入山西银监局数据采集系统及金融专网邮箱，经与山西银监局统计信息处联系受其指导以专线方式接入。截至9月底，共与工商银行、农业银行、中国银行、建设银行、交通银行、中信银行、浦发银行7家银行通过大量参数配置、修改、数据测试后成功进行了直联，较好地满足了现有业务的需要；在网络建设方面，集团本部各成员单位基本覆盖、外地的成员单位则达到了子公司及资金体量较大者基本覆盖。

【党风廉政建设】公司高度重视廉政建设，大力加强廉政教育，严格执行《党员领导干部廉洁从政若干准则》，认真落实集团公司“三重一大”议事规则，不断提高民主管理水平，不断强化廉洁从业教育，建立健全党风廉政建设各项规章制度，加强党风廉政教育，坚持制度管理，将廉政建设工作融入到日常工作中，筑牢廉政防火墙。

【企业文化建设】公司打造积极向上、以人为本的企业文化理念，扎实推进学习型企业建设，创造浓厚的学习氛围，全面提升员工素质；举办各类研讨会、讲座，进一步激发了员工的学习热情；对表现突出的员工，树典型，表先进，为公司发展注入“正能量”，营造和谐向上的企业文化氛围。

贵州茅台集团财务有限公司

【经营概况】 贵州茅台集团财务有限公司（以下简称“公司”）于2012年6月26日经中国银监会批准筹备（银监复〔2012〕324号），2013年1月31日获批开业（银监复〔2013〕69号），5月8日正式营业。公司以加强茅台集团资金集中管理和提高资金使用效率为目的，为集团成员单位提供财务管理服务。2013年，公司充分发挥专业团队的优势，以资金归集为核心，以经济效益为重点，以提升金融服务能力为目标，按照“专业化运作，市场化经营”原则，积极开展工作。

公司注册资金8亿元人民币，截至2013年末，公司资产总额112.63亿元，负债总额104亿元，所有者权益8.62亿元，实现营业总收入1.49亿元，利润总额0.83亿元。

【信贷业务】 公司制定了信贷业务制度及流程，根据成员单位的需求，积极提供信贷支持。一是对成员单位执行低于银行贷款利率的利率标准，降低融资成本。二是优化贷款流程，缩短审查审批时间，加快放款速度，提高成员单位的满意度。截至2013年末，各项贷款余额为1.75亿元，其中，两笔委托贷款，余额1亿元，两笔自营贷款，余额0.75亿元；贴现银行承兑汇票0.17亿元。

【资金业务】 公司按照“专业化运作、市场化经营”原则运作资金，强调利率与市场挂钩，积极拓宽资金运用渠道，提高资金使用效益。一是与工商银行、农业银行、建设银行、中国银行、交通银行、浦发银行、兴业银行、中信银行、民生银行、贵州银行、贵阳银行等合作银行建立资金报价信息平台。二是与合作银行签订了合作协议，建立了以Shibor为基准的利率定价机制，活期利率按照结息期内Shibor隔夜利率的算术平均数计算。截至2013年底，公司存放同业的活期利率达到3.85%。三是通过三方协议，即财务公司、核心业务系统供应商、各家商业银行三方商务谈判，由系统供应商为各家银行开发系统接口，租用电信专线与财务公司核心业务系统对接，为实现系统自动归集提供了技术保障。

【资金集中】 公司成立资金集中管理领导小组，由集团公司董事长任资金集中管理领导小组组长，集团、股份及其他子公司领导为成员，从制度及行政执行力上为资金集中管理工作的推动提供了强有力的保障；密切与各商业银行联系，快速推进银企直联工作，共实现与8家银行的系统直联，为公司资金集中管理工作的顺利推进提供了系统支持；按照“先大后小、由近到远、先省内后省外”的原则推进资金集中管理工作，率先对资金量较大的公司四家股东单位资金进行了集中管理，有计划有步骤地推进资金的集中管理。截至2013年末，共为23家成员单位开立内部账户，归集成员单位资金103亿元。

【业务创新】2013 年 4 月公司深度参与设计并完成了中国贵州茅台酒厂（集团）有限责任公司与中国银行贵州省分行就收购法国海马酒庄的内保外贷融资方案。公司委派专人积极配合协调法国、上海、贵阳三地的工作，在较短时间内完成了各部门行政审批，获得境外投资许可。通过与中国银行对接，采取内保外贷的方式对收购款进行了支付，在风险可控的前提下，获得了海外低成本资金使用，缓解了集团的资金压力，顺利完成了对海马酒庄的收购，为股东节省了 256.7 万元的融资成本，充分发挥了公司专业化的融资财务顾问作用。

【风险管理和内部控制】公司在积极推进业务发展、提升经营业绩的同时，强调对风险的管控。一是启动了成员单位使用大额资金时提前报告财务公司的方式，使得同业存款期限能根据各单位的使用情况进行匹配，保障收益的同时，避免了流动性风险的出现。二是在防范信贷风险方面，严格执行现场贷前调查，详细调研、客观评估。贷款发放后，定期、不定期开展贷后管理工作，撰写贷后检查报告。三是严控系统风险，公司系统采用密码技术、身份认证、权限设置等方式，系统管理员设置 A/B 角，系统线路采用双线接入方式，全系统进行了灾备并制定核心系统应急预案，保障了公司 2013 年全年无系统事故。

公司建立了内控手册，包括公司治理、人力资源管理、综合管理、财务管理、结算业务管理、信贷管理、信息系统管理等方面的内容。通过确定内部控制体系建设目标，明晰内部控制体系建设的范围和内容，为公司建设“以风险为导向，以内控为手段”的内部控制体系提供指引，以建立统一、规范、有效的内部控制体系，增强风险防范能力，从而为公司长远和持续发展提供合理保障。

【人力资源管理】公司致力于人力资源管理体系的建设，不断完善绩效考核体系，建立公司人才激励机制。公司员工全部为通过公招方式从外部引进的优秀人才，现有 17 名员工中，硕士研究生学历有 4 人，本科学历 10 人；高级经济师 1 人，会计师 3 人，经济师 1 人，企业法律顾问 2 人。在下一步的人才引进中，重点吸纳行业内业务精英及优秀毕业生，引进具有发展潜力的人员，提升公司的人才储备质量。

【信息化建设】公司 5 月正式上线核心业务系统，核心业务系统主要分为三部分：基础业务系统、网上银行业务系统、银企直联系统。截至 2013 年底，核心业务系统已正常运行 8 个月，与工商银行、农业银行、中国银行、建设银行、交通银行、浦发银行、兴业银行、贵州银行共 8 家银行实现了银企直联。公司数据机房位为独立标准机房，设备均实现双机热备，且在异地建有灾备。核心业务系统运行稳定、安全，能较好地完成对茅台集团各成员单位的金融服务。

【企业文化建设】公司秉承国酒文化“爱我茅台，为国争光”的核心理念，坚持“以才兴企，人企共进”的核心价值观，鼓励员工参加学历教育、职称资格、注册会计师考试等各种有利于提高自身素质的学习考试。采取“走出去，请进来”的方式，积极开展学习培训，走出去，到做得有特色的财务公司去考察，开阔眼界、增长见识、学习借鉴好的经验和做法；请进来，由公司从外部请金融、财务等方面具有丰富经验的专家、老师到公司讲课，提高员工的业务技能。

海亮集团财务有限责任公司

【经营概况】海亮集团财务有限责任公司（以下简称“公司”）于2012年8月3日经中国银监会批准筹备（银监复〔2012〕411号），2013年1月30日获开业批复（银监复〔2013〕70号），3月1日正式开业。注册资本10亿元，其中海亮集团有限公司出资5.10亿元人民币，出资比例为51%；浙江海亮股份有限公司出资4亿元，出资比例为40%；海亮金属贸易集团有限公司出资0.9亿元人民币，出资比例为9%。截至2013年末，公司资产总额为25.09亿元，负债总额为14.79亿元，净资产总额为10.30亿元，实现营业总收入0.80亿元，实现净利润0.30亿元。

【公司金融和信贷业务】公司坚持规范经营，狠抓风险控制，积极开展信贷业务。累计为成员单位发放贷款29笔，累计发放贷款额21.5亿元，年末贷款余额为16亿元；累计发放委托贷款6亿元，委贷余额为2.37亿元；累计提供担保4.17亿元，担保余额为4.15亿元。有力地支持了集团各板块的发展。

【票据业务】截至2013年末，公司累计办理贴现业务12 546.67万元，其中转贴现11 000万元，贴现余额812万元。

【资金集中】公司建立资金集中管理信息系统，形成银企直联的平台，建立集团资金池。集团发布《海亮集团资金集中管理制度》，为资金集中管理提供制度保障。公司设立资金集中管理专岗，实行看板管理，每月推出资金集中度分析报告，并对成员单位的外部银行账户进行清理。截至2013年末，资金集中度达25.99%。

【风险管理和内部控制】公司建立了“三会一层”的法人治理机构，设立了审计委员会、贷款审查委员会等专业委员会。以“审慎经营”为原则，加强公司内控制度建设，完善风险防范体系。先后制定完善了《海亮集团财务有限责任公司风险管理制度》、《海亮集团财务有限责任公司业务授权管理规定》等47项制度，覆盖了各项业务流程和所有岗位部门，逐步构建完善的内部控制制度体系。

【人力资源管理】公司推崇“德才兼备，以德为本，尚贤用能，绩效优先”的价值主张。截至2013年末，公司员工合计18人，平均年龄30岁，其中本科以上学历占比83%，专业涵盖经济、金融、法律、工商管理、会计及计算机等领域。

【信息化建设】2013年，公司完成核心业务系统建设，系统上线后保持安全、稳定运行，基本满足了开业以来各项业务开展的需要。公司实现了与中国银行、建设银行、工商银行三家银行的银企直联，保障成员单位支付业务需求；通过专线接入中国银监会绍兴监管分局电子政务系统、书生公文系统和1104报表报送平台，加入人民银行金融城域网；制定各项信息管理制度及应急预案，保障信息系统整体的安全、稳定和可靠。

【企业文化建设】公司秉承资金集中管理的核心定位，围绕提高资金使用效率和强化资金风险管控两大功能，以市场化手段实现集团管控目标，发挥金融功能提升集团整体竞争优势，满足成员企业的业务需求。

中材集团财务有限公司

【经营概况】中材集团财务有限公司（以下简称“公司”）于2012年5月2日经中国银监会批准筹备（银监复〔2012〕202号），2013年4月18日批准开业（银监复〔2013〕189号）。公司注册资本5亿元人民币，由中国中材集团有限公司和中国中材股份有限公司共同出资组建，占比分别为70%和30%。公司坚持“依托集团、服务集团、规范经营、稳健发展”的经营方针，以加强集团资金集中管理和提高资金使用效率为目的，严格执行监管机构的相关政策，适时调整经营策略，不断完善内控体系，顺利完成了开业初期的各项业务目标。

【信贷业务】公司根据授信和贷款业务的具体要求，参照其他银行和财务公司信贷评审的成熟模式，确定了信贷评审规则，为信贷评审委员会的运行机制奠定了基础。2013年，公司按中国人民银行营业管理部要求的信贷额度开展自营贷款，并按制度要求进行贷款核查和贷后审查工作。

【资金和投资业务】公司在提高资金收益和确保流动性的双重要求下，根据业务需要完成了资金调拨、办理部分同业等业务，为保证公司资金效益和支付安全作出了努力。

【资金集中】集团于2012年11月下发了《中国中材集团有限公司银行账户管理办法》，确定了合作银行，要求各成员单位对不符合规定的银行账户进行清理。同时，通过组织召开专题会议等方式，推动各成员单位与公司开展相关业务。截至2013年底，集团成员单位在公司开立账户达到74%，与集团内6家下属上市公司签署了《金融服务协议》，按法律法规履行了决策程序。

【风险管理和内部控制】公司对制度流程进行了全面梳理完善，并宣贯执行。将风险控制工作贯穿于所有业务中，风险部门参与讨论与集团成员单位开展的各项业务，提出风险控制点及注意事项。公司组织了多期金融机构风险培训讲座，使员工认识到防控风险是开展各项工作需要关注的第一要素。在公司内部培育全员的风险防范意识和风险观念，自上而下形成一个具有共同价值观的风险管理文化。

公司每两个月开展一次阶段性稽核审计，以所有部门为稽核审计对象的同级审计，覆盖了各部门已经开展的全部业务和管理活动，同时对现行制度执行情况进行检查，发现现有工作流程及成果中的问题和不足，提出整改意见并督促整改；对现有相关制度流程进行梳理和完善，优化流程，完善制度，从源头防范风险，提高了工作效率。

【人力资源管理】公司根据实际情况进一步完善组织架构，设立了风险部、稽核审计部、结算部、信贷部、综合部、计财部6个职能部室；结合业务特点梳理了职能定位，岗位职责等；以传帮带等方式建立符合公司业务发展需要的人才队伍；开展实施业务培训计划，鼓励员工参加相关专业类学习考试。全年共组织近80人次参加各类培训、考试、取证工作。

【信息化建设】公司机房及信息系统按照国家标准，建设了监控预警、防攻击、容灾备份等安全系统及相应制度流程，实现了对公司内机房、网络、主机、应用和数据等各方面的安全保障。

公司对《计算机管理系统内部控制制度》、《信息系统安全管理办法》、《数字证书管理办法》、《信息系统应急管理办法》等进行了修订，做到制度落地，严格流程审批；完成了北京银监局公文报送系统、1104监管系统、人民银行集中报送系统和公司宣传网站专题等项目的建设。

【企业文化建设】公司以集团“敬文化”为指导，组织公司员工在日常工作中不断提炼和总结，逐步打造形成符合公司自身特点的企业文化。公司通过组织员工内部培训、开展文体活动、同业交流等多种形式，促进了员工多学习、多思考，增强了员工的归属感；通过制作、展示公司服务宗旨标语、活动图片、生日祝福等形式，营造了和谐的企业氛围，加强了员工的凝聚力，提升了员工的企业责任感和认知度。

贵州盘江集团财务有限公司

【经营概况】贵州盘江集团财务有限公司（以下简称“公司”）2012年9月24日经中国银监会批准筹建（银监复〔2012〕556号），2013年4月19日获得开业批复（银监复〔2013〕194号），5月23日开始正式运营。公司注册资本金5亿元人民币，由贵州盘江投资控股（集团）有限公司、贵州盘江精煤股份有限公司、六枝工矿（集团）有限责任公司共同出资，持股比例分别为51%、45%和4%。

公司以实现盘江集团产业与金融相结合为使命，秉承“依托集团、服务集团、立足集团”的经营宗旨，紧密围绕盘江集团战略发展，严格按照监管要求，有条不紊地开展各项业务，实现当年开业，当年盈利的良好开局。截至2013年末，公司资产总额12.84亿元，净资产5.08亿元，资本充足率为104.11%，营业收入0.29亿元，利润总额0.1亿元；不良资产率和金融类案件发生率为零。

【公司治理】公司依据《公司法》建立了

由股东会、董事会、监事会及高级管理层组成的现代公司法人治理结构。根据工作需要，在董事会下设风险管理委员会，在经营层下设信贷审查委员会。并按照权责清晰、精简高效的原则，设立了业务发展部、资金财务部、信息技术部、风险管理部、审计稽核部、综合管理部6个部门。

【制度建设】公司坚持“依制度运作、靠制度管人”的管理模式，将制度建设、规章设立作为公司的管理基石。根据监管部门的法规、指引和集团的制度规章，对企业信用评级、统一授信、风险防控、业务审批、信贷业务集体审议、人力资源管理等基本制度和业务规章进行了修订完善，为确保依法合规经营、防范经营风险打下扎实基础。

【资金集中】积极争取集团支持，通过集团下发加强货币资金管理文件，得到集团各成员单位的大力支持，有效推动了资金归集和各项业务的开展。同时，为鼓励集团成员单位上存资金，公司在人民银行利率管理规定允许的范围内，对存款利率实行了上浮10%的优惠。截至2013年末，实现资金归集53户，归集资金7.70亿元。

【信贷及票据业务】公司积极争取人民银行支持，增加贷款规模，积极开展信贷和票据业务。全年办理贷款17笔，累计金额7.85亿元，实现利息收入0.09亿元；办理票据贴现47笔，累计金额1.56亿元。快捷方便的服务受到成员单位的认可和好评。

【资金和投资业务】公司本着“加强同业合作，提高资金效益”的原则，在做好资金归集、保证备付金充足的同时，积极开办同业存放业务，做好资金的保值增值工作。全年办理同业定期存款业务108笔，累计运用资金81.8亿元，实现利息收益0.16亿元。

【风险管理和内部控制】公司严格按照中国银监会《企业集团财务公司风险评价和分类监管指引》，借鉴商业银行风险管理模式，一是设立风险管理委员会和信贷审查委员会，形成自上而下、层层落实的防控架构；二是制定了涉及反洗钱、资产分类、合同管理、信息系统、案件防控等在内的工作规程和办法，努力实现风险和内部控制的全流程管理；三是在苦练内功的前提下，积极配合监督部门和集团相关业务部门的检查，以查促改；四是责成公司审计稽核部开展自查自纠工作，对公司规范运营及风险管理起到了良好的促进作用。

【人力资源管理】公司采取多种方式从监管机构、商业银行、集团、院校等渠道引进各级员工13名。为提升员工业务能力，公司围绕电子结算业务系统、金融法规、内部制度等，组织培训、学习16次160人次。同时出台鼓励政策，激励员工自学和参加金融执业资格、职称考试。

【信息化建设】公司依照“适应性、简便性、拓展性、全面性”的设计思路，完成了以存（贷）款、票据、担保、结算等业务为核心的电子业务结算系统建设，通过财银接口实现了与核心合作银行间点对点无缝对接，为加快资金归集、保障业务开展，降低运营成本奠定了基础。同时根据监管要求，实现了与银监局、人民银行系统互联互通。

【企业文化建设】公司秉承“依托集团、服务集团、立足集团”的经营理念，以为集团及成员单位提供全面、优质、高效的金融服务为出发点，树立“敬业、服务、创新、合规”意识。以建立健全党群组织，充分发挥其作用为着力点，通过开展形式多样、丰富多彩、健康有益的活动，统一思想，振奋精神，形成合力，促进公司健康、和谐发展。

北京首都旅游集团财务有限公司

【经营概况】 北京首都旅游集团财务有限公司（以下简称“公司”）于2012年7月31日经中国银监会批准筹备（银监复〔2012〕405号），2013年4月19日获开业批复（银监复〔2013〕195号），4月23日领取“金融许可证”，4月28日取得北京市工商局颁发的“企业法人营业执照”，并于5月28日正式开业。公司由北京首都旅游集团有限责任公司全额出资组建，注册资本10亿元人民币。公司秉承“依托集团、服务集团、产融结合、增值创效”的经营宗旨，坚持“审慎经营、规范管理、稳健发展、开拓创新”的经营方针，积极开展各项业务。

截至2013年末，公司资产总额人民币25.61亿元；吸收存款人民币15.23亿元；贷款余额人民币12.63亿元。公司全年实现营业收入人民币0.62亿元，利润总额人民币0.34亿元。

【信贷业务】 公司积极开展信贷业务，为成员企业提供资金支持。完成了业务流程梳理、业务基本服务框架搭建、风险防控体系建立的工作。2013年，为8家成员单位发放贷款17笔，共计人民币12.63亿元，有力地支持了相关成员企业的发展。

【资金业务】 公司在保证资金安全性和流动性，以及满足成员单位业务资金需求的前提下，积极做好资金调配，提高资金使用效率。具体做法是，公司每日了解国内货币市场利率情况，及时将闲置资金在报价较高的银行办理定期存款，提高资金收益。

【资金集中】 在集团的支持下，依据集团出台的《首旅集团资金集中管理办法》，公司有计划、分步骤平稳扎实推进资金集中管理。公司确定了10家合作银行并开立银行账户，根据梳理的成员企业情况，对具备条件的130家成员企业分三批实施了资金归集，为成员企业进行了集中培训。截至2013年底，公司共为集团所属119家成员单位开立了144个人民币结算账户；对其中63家成员单位的82个银行账户实施了资金归集，共实现资金归集人民币15.23亿元。

【风险管理和内部控制】 公司建立了“三会一层”为管理核心、“职能部门”为执行机构的合规管控模式；在董事会下设风险控制委员会与审计委员会，建立了总经理办公会议制度与信贷审查委员会议事制度；经一届三次董事会通过，完善了“法人授权文件（表）”，为公司各项业务与日常管理工作明确了授权事项与授权程序；构建了以董事会及风控委员会、总经理及分管领导为核心，风险管理部为主导，审计稽核部为督导，各部门全员参与的风险控制组织架构；建立了涵盖议事规则、管理制度、岗位职责、工作流程四大类、八小类共计六十余项内控制度，并在实践中逐步修改完善。

【人力资源管理】公司坚持科学合理、精干高效的原则配置人力资源，采取集团内部选拔和外部市场化招聘相结合的方式，建立了一支较高素质、专业化的员工队伍。目前公司高级管理层及其他员工共计20人，平均年龄37岁；18人为本科以上学历，其中博士学历1人，硕士学历9人；具有5年以上金融行业从业经历者8人。公司采取多种形式开展实地调研、交流学习、业务培训等活动，不断提高员工专业素质与工作能力。

【信息化建设】公司根据监管要求和自身发展战略需要，本着先进实用、安全可靠、高效灵活的原则，全力搞好信息化项目建设。2013年，公司完成了机房、网络硬件基础设备及核心业务系统建设等主要工作。截至2013年底，公司实现了与9家银行的银企直联，建立了支付结算服务合作关系；完成了人民银行金融城域网拨号接入、北京银监局监管专线的建设工作。

【企业文化建设】公司秉承“干事创新、人本和谐”，“想事、干事、干成事”，“业绩为先、创新为源、团队为上、以人为本”的首旅集团的企业文化，通过宣传栏、召开联欢座谈会、组织观看教育影片、关心员工生活等方式，营造和谐向上的文化氛围，增强员工的凝聚力和责任感，为首旅集团“优化硬实力，提升软实力，构造核心竞争力”的战略发展作出应有贡献。

广西交通投资集团财务有限责任公司

【经营概况】广西交通投资集团财务有限责任公司（以下简称“公司”）于2012年9月24日经中国银监会批准筹备（银监复〔2012〕555号），2013年5月13日获开业批复（银监复〔2013〕226号）。公司围绕内抓管理，外树形象，紧扣“发展、转变、和谐”三大主题，顺利推进公司筹建和开业运营工作。截至2013年末，公司实现营业收入0.86亿元，利润0.61亿元。2013年公司资本充足率为65.55%，资产收益率为4.68%。获得集团公司2013年先进单位、先进基层党组织称号。

【信贷业务】公司积极开展信贷业务，多渠道降低集团公司整体资金成本，依法依规为成员单位开展信用评级、授信、贷款评审与发放工作。截至2013年末，为成员单位授信总计11.82亿元，全年累计发放贷款12笔7.79亿元，年底贷款余额4.49亿元，所有贷款还本付息正常，自营贷款服务对象包含了集团公司总部、子公司、三级公司等各个层级，实现了业务全覆盖。在独立开展自营贷款的同时，公司还积极寻求和其他银行的合作，成功发放了首笔银团贷款，为成员单位提供了3亿元银团贷款用于项目建设。

【资金和投资业务】公司抓住银行短期流动性从紧、同业资金需求较大的契机，精打细算，科学制定资金使用计划，积极与各家银行开展同业存放业务。截至2013年末，共开展184笔存放定期业务，累计金额约445亿元，为公司增收和降低集团公司财务成本发挥了重要作用。

【票据业务】票据业务实现突破，与交通银行等行签订了票据池业务服务协议，双方达成在验票、保管、托收等方面的合作，并顺利办理了第一笔票据贴现业务。

【资金集中】公司制定了成员单位账户清理方案，对各成员单位的银行账户进行了全面摸底，并对收入户资金在公司核心业务系统设定每日进行定时归集，对其他账户闲散资金进行不定时的手动归集。截至2013年末，公司共为95家成员单位开立了结算账户，开立账户总数181个。累计归集资金约153亿元，日均吸收存款32亿元，资金归集率46%。公司完成了10家银行的银企直联协议签订及成员单位在以上银行开立账户的资金监管授权工作，为公司发挥结算职能打下了坚实基础，初步实现了对集团公司和成员单位资金的一体化集中和管控安排，有效防范了成员单位的资金使用风险。

【业务创新】公司已顺利将中国银监会批准的资金归集、资金结算、信贷业务、保险代理、票据贴现等十项经营业务开展起来。积极开拓创新，成功牵头组建了第一个银团贷款项目。积极拓展保险兼业代理业务，完成与北部湾财产保险股份有限公司签订《兼业代理协议》，受权代理包括机动车辆保险在内的多个保险品种，在集团公司的帮助下有效规范了集团公司所有单位的车辆保险等各项保险业务。票据业务实现突破，成功办理第一笔票据贴现业务。

【风险管理和内部控制】公司通过全面推进制度建设、做好风险动态监控、做好信贷资产风险分类及审查、开展各种内部检查工作、对成员单位进行风险防控、开展“内控活动月”等活动，积极探索建立科学的风险防控体系，做好风险动态监控，不断提高事前、事中风险的把握和控制能力，加强事后稽核审计的力度，实现了业务发展和风险控制有机结合。

【人力资源管理】公司共制定七项人力资源管理制度，内容涉及劳动人事、教育培训、劳动合同、薪酬福利、员工考勤、人事档案等各个人力资源模块，为公司科学的人力资源管理打下了坚实基础。

公司按照“精简、高效、协调”的原则进行组织机构设置，并进行定编定岗定员，共设置综合管理部、计划财务部、风险管理部、金融业务部、结算业务部、审计稽核部六个职能部门；充分利用人力资源管理系统，实现个人信息阅览、工资条查看等功能，并建立起规范的人力资源管理台账，做到各项数据准确、清晰，整理规范；开展多次管理制度和核心业务系统的集中学习培训，同时通过开展“制度完善月”、“资金监管月”等特色活动，不断探索创新培训形式，员工业务水平显著提升，培训取得了良好效果。

【信息化建设】公司通过建设、优化信息系统核心硬件平台和业务运营管理系统，满足了公司开业的系统运行要求。信息系统核心硬件平台系统成熟度高，安全性和稳定性强，全面达到监管部门的相关要求。业务运营管理系统支持账户管理、资金结算、资金计划、支付审批、资金管理、信贷管理、信用评级、凭证汇总、银企直联、网上银行等业务功能，可根据业务要求设置多级审批，实现业务操作的规范化。公司还通过建立信息系统网上交流平台，提高了对成员单位网银系统的技术支持服务。

【企业文化建设】公司形成了“聚金融智

慧，助集团发展”等一系列既符合集团公司发展战略，又极具公司特点的文化精髓，外树了形象，内聚了力量，为公司打造“一流业绩、一流服务、一流团队、一流品牌”财务公司提供了强有力的精神保障。公司在集团范围内建立了首家“金融讲堂”，为员工开展专业学习研究、业务技术交流和思想理念沟通等提供良好的学习交流平台；通过持续开展“特色月”活动，对制度建设、业务创新、风险防控、服务水平等工作进行专题研究，促进了公司经营管理和员工能力水平的提升。

徐工集团财务有限公司

【经营概况】徐工集团财务有限公司（以下简称“公司”）于2012年9月28日经中国银监会批准筹备（银监复〔2012〕591号），2013年5月28日获批开业（银监复〔2013〕258号）。截至2013年末，公司资产总额40.79亿元，负债总额35.37亿元，所有者权益5.42亿元，；实现营业收入0.91亿元，利润总额0.56亿元；不良资产率和不良贷款率均为零。

【信贷业务】公司不断开发和合理配置信贷产品，为成员单位办理贷款业务、应收账款保理业务、保函和委托贷款等业务，逐步构建和完善信贷结构，强有力地支撑了集团公司工程机械产品销售、重大项目实施。其中，自营贷款33笔，合计金额29.20亿元；委托贷款14笔，合计金额22亿元；出具保函2笔，合计金额270.8万元。

【票据业务】公司开展票据承兑、票据贴现、代签银行承兑汇票等多项票据业务种类。截至2013年末，办理商业承兑汇票25笔，合计金额7.14亿元；商业承兑贴现34笔，合计金额9亿元以上；代签银行承兑汇票4笔，合计金额0.45亿元。同时，公司正在积极洽谈电子票据业务，争取2015年电票系统上线。

【资金集中】集团公司召开专题会议，推动资金集中工作的开展，通过逐步建立起集团统一的“资金池”和“票据池”，实现收入全面归集、支出全面管控、缺口统一筹措、头寸统一运作的资金管理体系。截至2013年末，资金归集率为40.37%，成员单位存放公司货币资金平均余额为24.1亿元，仅此一项至少节约财务费用5 000万元。通过资金的集中，提高了资金使用效率，降低了资金使用成本。

【业务创新】公司制定了《财务公司创新管理办法》，设立了创新基金，对有突出贡献的创新、创意进行精神和物质上的奖励，并作为员工考核的内容之一，以此激发员工的创新热情。公司不断加强金融工具创新，推出商业承兑汇票承兑、保贴、买方付息贴现、代理贴现、保函等创新产品，解决了成员单位内部结算和融资问题。作为集团公司财务顾问，参与了集团公司保理、融资租赁、按揭贷款、银团贷款、国外融资以及金融衍生品的规划、设计。积极发挥资金管理职能，参与统筹集团资金计划，协助成员单位与各商业银行进行业务谈判。10月31日，公司申请了募集资金监管行资格，实现了募集资金四方共管的业务创新。

【风险管理和内部控制】 公司通过一系列的合规文化建设，为公司合规经营、防范风险打好了制度基础。公司在原有各项规章制度的基础上，不断健全和完善各项制度，出台了《资金集中管理办法》、《资金集中考核细则》等十余项管理办法；根据实际需要，修订了《档案管理办法》和《公司章程》。为全面地打造公司合规文化和合规氛围，编制了《员工自律十项规定》、《内控合规手册》，定期刊发《财务公司合规园地》。

【人力资源管理】 公司在筹备期间即注重业务学习和人才培养，通过网络学院、业务骨干主讲等形式组织内部培训70余场，对外交流十余次。2013年8月，公司制定了绩效考核方案并开始进行绩效考核，并结合业务开展的实际情况，对绩效方案进行了反复修订。同时，根据集团公司要求和公司自身实际，制定中长期人才战略规划，通过社会招聘和校园招聘完善公司人才梯队建设。

【信息化建设】 在公司筹建组、核心系统公司、金融机构的共同努力下，开发出适合财务公司的核心系统，并配备了机房和全套机器设备，成功实现了各往来银行的银企直联。同时，为实现结算、信贷等系统在成员单位中的顺利推广使用，公司组织了多次核心系统培训会议，受到了江苏银监局、中国人民银行徐州市中心支行的高度评价，有力助推了各项业务的升级和发展。

【企业文化建设】 公司秉承集团“担大任、行大道、成大器”的企业文化理念，高度重视企业文化建设，依据“五大力量”，多措并举，进一步明确公司的价值取向和文化体系。一是规范员工日常工作行为。公司为全体员工统一制定着装，制定考勤管理办法，加强员工管理。二是多渠道宣传财务公司。创设了公司网站，并开通了企业微博，通过文化展板、电子信息展板等工具及时展示公司发展情况。三是多种形式组织公司集体活动。组织员工参加集团工会组织的各项文娱活动，举办中秋晚会、新春晚会等活动。四是组织员工制定公司文化理念。公司组织员工集思广益，为公司愿景、企业精神、价值观等文化体系建设建言献策，制定公司“M计划”。

百联集团财务有限责任公司

【经营概况】 百联集团财务有限责任公司（以下简称“公司”）于2012年9月3日经中国银监会批准筹备（银监复〔2012〕459号），2013年5月28日核准成立（银监复〔2013〕

259号)，8月9日正式揭牌营业。公司注册资本为人民币5亿元，由百联集团有限公司和上海友谊集团股份有限公司共同出资设立，各占股份总额的60%和40%。

公司秉承“立足百联、服务企业、规范经营、共同发展”的经营方针，视合规经营、严控风险为前提，以优质的服务为集团成员企业创造价值为己任，致力于成为百联集团的资金结算、融资服务和金融运营中心，积极融入集团发展战略，服务主业发展目标，联融促商，建设金融功能完备、与银行业务互补、差异化服务为特色的财务公司。

截至2013年末，公司资产规模达到27.61亿元，营业收入3 431万元，吸收成员企业存款22.53亿元，利润总额467.48万元。

【信贷业务】公司秉承审慎经营理念，在严控授信风险的前提下实现信贷业务稳健增长。公司注重成员企业贷款资料有效分析管理，严格遵照规范要求以及年度信贷投向政策，实现贷款风险管控前移，保障信贷资金安全回流，并派专人到成员企业进行实地核查，对每一单贷款均做到授信前调查、授信中审查、授信后检查的全程跟踪管理。2013年，公司发放贷款26笔，累计发放贷款10.22亿元，年内收回贷款0.12亿元。

【资金业务】公司借鉴银行经营模式推进资金运作和头寸管理，通过创建相对固化的测算模型，对每笔资金投向均进行收益、成本与风险的综合评价与测算比较。通过对Shibor、LPR等指标的持续观察，预判市场趋势，加强流动性管理，在保证成员企业正常支付的前提下，发展同业业务，严控期限错配。2013年，公司与其他金融机构共叙作同业资金业务40笔，发生额合计人民币48.3亿元，实现利息收入0.27亿元。

【资金集中】公司在资金管理信息系统趋于稳定的前提下，根据业态多元化、需求多样化的商业企业资金管理特点，坚持以市场化为导向、行政推动为保障，制定了科学的系统上线实施方案，在3个月内对成员企业分批进行交叉培训、开户、测试、上线，使各成员企业快速了解公司的资金管理信息系统，成熟一批上线一批。截至2013年末，50家成员企业在公司完成开户手续，并全部实现集中结算，占成员企业的30.68%。

【风险管理和内部控制】公司以坚守风险控制底线为商融结合探索的根本前提，并从三方面着力做好风险管理工作：一是健全内控管理体系，完善内控制度。公司设立由信贷评审委员会和七个职能部门组成的内控架构，修订并完善风险管理内部制度，实现前台、中台、后台三分离，形成以流程制约和系统控制为主要形式的较为刚性的控制体系。二是优化操作流程，通过线上业务流转与线下审批流转的相互补充、互为牵制，将业务风险的可防范性与业务系统的可操作性有效管控，实现风险控制贯穿于公司业务运行体系的各个领域和各个环节。三是加强风险排查，规范管控工作。公司完成了员工不当行为、信贷业务风险、操作风险等方面的风险排查，对重点人员、重点业务领域、重点实物进行梳理盘点，有效保障后续业务发展的安全、规范、可控。

【人力资源管理】公司制定“职位说明书”，明确员工的工作内容、职责和薪酬标准，并以此为基准设计了与公司整体经营规划紧密契合的目标任务书下发各员工遵照执行，初步建立起岗位职责精细化、绩效考核规范化的人力资源管理体系，为公司今后发展提供人力资源保障。公司组织开展全方位的金融业务知识培训和风险教育，借助业务系统学习与操作、业务流程培训、邀请监管机构及商业银行开展专题讲座等多种渠道，帮助员工从思想上到专业能力上实现人岗匹配。

【信息化建设】公司建设完成专业化机

房，为核心业务系统及网络数据安全搭建硬件环境，健全公司信息管理管理制度，对接银监专线，夯实信息化管理基础。

公司搭建的资金集中管理平台实现了企业的资金汇划、网上银行、授信管理、法人透支账户等功能，满足了成员企业银行结算全代理、业务范围全覆盖、金融服务创特色的需求。通过规范系统整合标准，将各银行提供的差异化资金集中模式成功嵌入到自身资金管理平台中，并实现结算业务过渡无缝化，即对外发布信息不变（包括开户银行不变、银行账户不变、内部交易信息延续）、ERP 系统不受影响、会计核算内容不变、原有银行服务不变。2013 年末，公司最高日结算金额已超 6 亿元，笔数已近 700 笔，在确保系统的安全性、稳定性和可靠性均达到监管要求的同时，提升对已开户成员企业的金融服务能力。

【企业文化建设】公司建立了“财务公司—我的家”的职工园地，积极挖掘、宣传先进团队和个人的事迹，培育“诚信、严谨、高效、创新”的企业文化；建立了公司微信平台，畅通员工意见表达和回应的渠道；强调公司整体观念，提升员工的责任感与担当力，加强团队协作及部门合作。

中交财务有限公司

【经营概况】中交财务有限公司（以下简称“公司”）于 2012 年 9 月 3 日批准筹建（银监复〔2012〕465 号），2013 年 6 月 26 日取得开业批复（银监复〔2013〕301 号），7 月 1 日取得金融许可证并正式开业运营。公司注册资本金 35 亿元人民币，由中国交通建设集团有限公司和中国交通建设股份有限公司共同出资。截至 2013 年底，公司资产总额 185.67 亿元，利润总额 0.80 亿元，净利润 0.60 亿元。

公司坚持“依托集团、服务集团”的经营宗旨，围绕集团产业需要，以服务于中国交建“保基础、调结构、走出去”的战略目标作为公司的使命，以产融结合为手段，将公司打造成中交集团资金集中管理中心、金融服务中心和金融专业人才培育中心。

【信贷和票据业务】公司严格按照监管机构要求，合理把握信贷投放规模，深入了解成员单位的信贷和票据业务需求，坚持统筹规划的原则，科学配置资源。截至 2013 年末，累计发放贷款及票据贴现 21.79 亿元，贷款及贴现利息收入 0.18 亿元。

【保险兼业代理业务】公司于 2013 年 9 月成立专门小组，组织员工参加保险从业资格考试，积极同北京保监局沟通，11 月 26 日，中国保险监督管理委员会北京监管局向公司颁发《关于中交财务有限公司保险兼业代理资格的批复》（京保监许可〔2013〕415 号）。保险代理业务的开展有利于整合集团公司保险资源，降低集团公司保险成本。截至 2013 年末，保险兼业代理业务已经完成调研工作。

【资金和投资业务】公司按照资金计划及时调拨资金头寸，保障了支付结算以及缴存准备金等业务的顺利进行。同时，公司适时跟踪市场利率变化，灵活开展存放同业业务，截至2013年末，实现利息收入1.19亿元，资金运用效率不断提高。

【资金集中】公司选取中国交建主要二级单位开展试点工作，按照“收支两条线”的原则，采用穿透式资金归集方法，将二级单位主要银行账户及项目部银行账户纳入公司银企直联体系。公司组织北京地区33家客户单位近50名财务人员进行新操作规程培训，安排客户将资金转移到公司。2013年，公司为成员单位开立账户61个，存款余额149.87亿元，资金集中规模稳步增长。

【风险管理和内部控制】公司对筹备期间的制度进行全面的评估和梳理，明确分工，责任到人，对不适应实际业务需要的制度及时修改，还不健全的制度抓紧补齐。公司对重点业务加强检查力度，对重要岗位和关键环节进行专项内控审计，完善内部控制的建设、运行、检查、评价和问责机制。2013年，公司建立了风险管理制度体系和风险监控报告机制，业务流程和授权管理体系逐步完善，合规管理和信贷审查工作步入正轨。

【人力资源管理】公司围绕人才队伍建设工作，加强选人用人标准与程序的规范管理，完善领导干部考核评价体系，健全薪酬激励约束机制，推动了教育培训工作的进一步开展。通过员工招聘，引进了风险管理、审计稽核等关键岗位人员，加强了员工队伍建设。公司积极推进干部员工队伍建设，共组织和选派人员参加各级各类培训11次，提升了员工的业务水平。

【信息化建设】公司完成了计算机机房、局域网、核心业务系统、财务核算系统及接口、CA系统、办公协同系统、网站系统、银监局专网及监管系统、北京金融城域网等10个系统建设，信息安全应急机制逐步完善，对网银用户进行培训。在此基础上，公司搭建了中国银行、农业银行、工商银行、建设银行、交通银行及招商银行六家银企直联，提升和优化成员单位资金结算的速度和能力，将自有的核心业务系统与银行资金管理系统结合，具备了集团范围资金归集的能力。2013年公司信息化建设获得了中国交建的专项资助资金。

【企业文化建设】公司深入开展党的群众路线教育实践活动，严格贯彻落实中央“八项规定”，按照集团党委指示精神，坚决反对“四风”，领导班子带头认真剖析检查，积极整改落实。公司建立网站、宣传栏，多种形式宣传“奉献、创新、诚实、和谐、严谨”的中交财务文化，让员工做到内化于心、外化于行。同时，着力推进工会组织建设，举办多种文体活动丰富员工生活，关心干部员工实际困难，积极发挥密切联系员工群众的桥梁和纽带作用。

山东黄金集团财务有限公司

【经营概况】山东黄金集团财务有限公司（以下简称“公司”）于2012年11月6日经中国银监会批准筹备（银监复〔2012〕642号），2013年7月8日获批成立（银监复〔2013〕336号）。公司按照“依托集团、服务集团、发展集团”的工作思路，完善制度建设、创新发展模式、持续稳健发展，搭建山东黄金“金融服务平台”，打造具有行业特色的“资金运营中心、金融服务中心、价值创造中心”，呈现出健康良好的发展局面。开业四个月实现营业收入0.41亿元，创造利润0.18亿元，累计为成员单位办理结算183.83亿元，存放同业款项实现利息收入0.28亿元；开业后操作的定存款项，均高于银行间平均拆放利率，其中最高上浮30%左右。累计为成员单位发放委托贷款4笔，共计3.20亿元。

【公司信贷业务】公司积极组织业务人员到各成员单位开展现场信贷调研与考察，加强沟通，获取直接信贷需求信息，并在获准营业当日成功发放首笔贷款。在开展传统信贷业务的基础上，积极开展委托贷款等中间业务，打通集团内外资金融通的渠道。全年共发放贷款7.70亿元，贷款余额7.05亿元，为成员单位办理票据贴现业务0.20亿元，贷款平均利率较同期银行贷款利率下浮7.73%。

【资金集中】公司采用先进的账户管理模式，构建覆盖各成员单位的资金管理信息系统，选择了业务量较大的8家主要合作银行与资金系统直联；确定分阶段、分批次上线运行方案，顺利上线集团73家成员单位（不包括上市公司），实现了资金的自动上收和下拨；积极向集团汇报，以集团文件形式制定下发了加强资金集中管理的通知；以“准确、快速、安全、便捷、优惠”为原则，为成员单位提供优质结算服务，并对结算费用进行免除，对各类业务问题做到有问必复、复必详尽、优质快速。2013年末，资金集中率达到53%，为业务全面开展奠定了良好基础。

【风险管理和内部控制】公司着重加强内控及全面风险管理体系建设，建立起包括管理控制、财务控制、稽核控制三大类，涵盖公司治理、内部管理、风险、资金、结算、信贷、内审等九个方面，共计90项业务操作流程和运营管理规章制度，形成较为完善的内控制度体系。一是针对各项业务开展全面内审，及时发现公司治理、监管合规、操作合规等方面存在的问题，督促整改，切实抓好各项规章制度的贯彻落实，提升公司风险抵御能力；二是建立风险尽职调查、贷审会集体评审和有权决策审批“三位一体”的信贷审批管理机制，完善信贷业务审批流程，有效防范信贷风险；三是针对金融行业特点，配套建设了高效、安全、独立的机房环境，出台了信息系统风险管理制度，为各项业务的经营提供技术支撑和安全保障。

【人力资源管理】公司高管及中层管理人员多具有丰富的银行经营管理、资金集中管理的工作经验。截至2013年底，公司从业人员31人，其中从事金融或财务工作五年以上的人员有18人，占在岗人员的58.06%；从事金融或财务工作三年以上的人员有24人，占在岗人员的77.42%。本科及以上学历30人，占在岗人数96.77%。公司注重金融人才队伍建设，通过业务培训、学习、与同业的经验交流不断提升现有员工综合业务水平，探索采用多种方式实现对外部高端金融专业人才的引进，建立符合行业水平、科学合理的薪酬绩效、考核激励机制，达到“吸引人才、留住人才、提升人才”的目的。

【企业文化建设】公司倡导“简单生活、简洁交往、透明共事、廉洁从业”的文化理念和“团结、实干、创新、学习”的职业修为。一是通过组织员工内部业务制度学习、专项业务考试，开展专家专题讲座、到其他财务公司现场对接交流等多种形式的业务学习和培训，使员工在不断学习、交流中熟练掌握业务知识，进一步提升工作能力。二是积极采取措施，内交外联，实现“四方和谐”，即与集团的和谐、与各成员单位的和谐、与监管部门及外联单位的和谐以及公司内部的和谐。三是弘扬集团文化，使集团文化全面融入到财务公司的经营活动过程中，不断增强公司凝聚力。四是组织员工进行拓展训练，提高队伍凝聚力和向心力。

中国平煤神马集团财务有限责任公司

【经营概况】中国平煤神马集团财务有限责任公司（以下简称“公司”）于2013年1月18日经中国银监会批准筹建（银监复〔2013〕42号），7月11日批准开业（银监复〔2013〕344号），于8月16日正式揭牌。公司坚持依托集团、服务集团、集团利益最大化的经营宗旨，积极开展资金归集，努力争取信贷规模，稳步推进信贷投放，综合实力不断提升，取得良好开局。截至2013年末，公司资产总额57.20亿元，负债总额46.90亿元，实现营业收入0.64亿元，利润总额0.37亿元，不良资产率和不良贷款率都为零，各项监管指标均达到监管要求。

【信贷业务】公司积极向中国人民银行郑州中心支行和平顶山市中心支行专题汇报信贷规划，报送增加信贷规模的申请，累计争取信贷规模9亿元。公司根据集团成员单位的实际需求，办理票据贴现51笔，金额8.2亿元，发放流动资金贷款4笔，金额1.96亿元，扎实做好信贷投放工作，用好用足信贷规模。公司按照授信管理规定完成对86家成员单位的评级工作，完成对平顶山神马工程塑料有限责任公司、中国平煤神马集团汝州电化有限公司等成员单位的综合授信，授信总额10亿元。

【资金集中】 公司紧紧围绕资金归集核心任务，制定资金归集方案，完善资金归集手段，不断提升资金集中度。一是清查银行账户。分四阶段在集团范围内开展账户清理工作，清理不规范账户208个，为财务公司顺利开业奠定了基础。二是理顺业务流程。下发《中国平煤神马集团财务公司运作方案》，明确了公司业务开展范围、原则和方式。三是大力推进资金归集。组织召开座谈会，加强与成员单位沟通协调，签署资金归集协议1 197份，实现第一批195家成员单位资金顺利归集。截至2013年末，公司开户单位达到210家，吸收存款46.80亿元，资金集中度为39.18%。2013年办理结算60 435笔，结算金额1 030亿元。

【风险管理和内部控制】 公司高度重视自我约束和合规控制工作，切实做到合规、健康、高效运行。一是建立完善的风险管控组织架构。董事会下设风险管理委员会，经营管理层设立风险管理部，监事会下设稽核审计部，形成风险管控决策、执行和监督完整的组织架构体系。二是建立完善内部控制制度体系。印发了公司治理、计划财务、会计结算、信贷管理等8个条线共131项内部控制制度和操作流程。三是积极开展稽核审计。2013年10月以来，对结算、信贷和计财业务进行了深入、细致的稽核审计，及时发现和整改各类问题，有效防范各类风险。

【信息化建设】 通过与北京九恒星科技股份有限公司密切配合，经过4轮模拟案例测试、3轮系统全流程测试和压力测试，公司信息化系统一期业务顺利上线并稳定运行，与中国工商银行、中国农业银行、中国建设银行、中国银行等七家商业银行建立了银企直联，与河南银监局和中国人民银行郑州中心支行建立了专线网络，规范了与监管部门的网络连接，方便金融信息交换，保障网络安全。

中开财务有限公司

【经营概况】 中开财务有限公司（以下简称“公司”）2012年10月18日经中国银监会批准筹建（银监复〔2012〕360号），2013年7月18日获中国银监会开业批复（银监复〔2013〕613号），同年8月8日开始运营。公司注册资本5亿元人民币，由中国南山开发（集团）股份有限公司及其下属三家上市公司深圳赤湾港航股份有限公司、深圳赤湾石油基地股份有限公司和雅致集成房屋股份有限公司共同出资设立，出资比例分别为40%、20%、20%和20%，公司是首批在深圳前海深港现代服务业合作区注册的金融机构。

公司贯彻“立足集团、服务集团、规范运营、稳健发展”的经营方针，围绕内、外两大职能定位，即对内是集团的“内部银行”、集团金融资源配置的枢纽和中心，对外是集团的

"金融窗口"、金融市场的纽带，为助力集团产业升级、推动战略转型等方面发挥重要作用。截至2013年末，公司总资产19.09亿元，实现营业收入0.22亿元，利润总额737万元，净利润553万元。

【信贷业务】公司根据集团发展战略和相关业务发展的需要，在调查成员单位前两年经营状况的基础上，进行信用评级和综合授信，为集团成员单位和集团重要项目提供了及时有力的资金支持。全年累计办理发放自营贷款10笔，累计发放贷款金额7.37亿元，截至2013年末，公司贷款余额2.87亿元，其中担保贷款1.31亿元，信用贷款1.56亿元。

【资金业务】公司通过编制每日资金头寸表及资金来源运用配置表，在充分了解成员单位资金收支的情况下，通过分析总结货币市场趋势，积极开展同业存款业务，合理分配同业定期存款的期限及到期时间，实现资金流动性与效益性的匹配，公司共开立12家银行账户，实现同业市场的充分询价，争取较优惠的同业存款利率。截至2013年末，全年办理存放同业定期存款59笔92.50亿元，平均年化收益率达5.4%，实现利息收入0.18亿元。

【资金集中】公司积极拓展内部资金集中范围，强化财务公司是集团唯一资金中心的定位，为成员单位提供以结算业务为核心的多样化金融服务。公司针对48家成员单位先后安排七次培训工作，培训内容主要围绕财务公司的功能、业务类型和九恒星系统的实操。截至2013年末，公司已顺利完成与六家银行的直联和46家成员单位上线工作，直联银行账号70个，全年结算交易笔数4 460笔，结算量达到492亿元，年末归集资金余额13.99亿元。资金归集率达到43.57%。

【风险管理和内部控制】公司建立了规范的以股东会、董事会、监事会和高级管理层为主体的公司治理结构，并设有风险管理委员会、战略发展委员会、信贷审查委员会三个专业委员会，通过严格的授权及审批制度，确保重大事项决策的民主和科学，形成了分工合理、职责和授权明确、报告关系清晰的组织架构。在具体业务运营上，构建了风险管控的"三道防线"体系，通过一线岗位双人双责、相关部门相互监督和审计稽核事后监察最大限度降低业务开展中的风险隐患。

公司制定、完善了43项规章制度，梳理了51项业务流程并形成管理流程图，有效规范各部门各业务领域的操作流程，基本形成了比较全面的制度体系，为各项业务开展建立可循的标准和依据。

【人力资源管理】公司完善团队建设，通过外部招聘及集团内部选拔等方式配置各类人才，公司从4人筹建工作小组扩展到由23人组成的技能精湛、精简高效和创新意识强的高素质团队；明确公司岗位职责，完成公司所有部门岗位职责说明书编写，初步搭建起人力资源管理的基本框架；定期组织各种形式的培训，不断提高员工的金融服务理念、业务水平和管理能力；积极探索薪酬激励机制，公司参考美世咨询公司以及太和顾问公司提供的职位薪酬设置体系，制定了公司薪酬方案和高管激励方案，有效提高员工的工作积极性、责任心。

【信息化建设】公司选用国际一流硬件设备搭建核心业务系统的系统集成，完成国家B级标准IDC机房的基础建设，完成核心业务系统的选型、测试和上线，并顺利通过监管机构的现场检查验收。通过数据双机热备、异地灾备等安全机制，确保信息系统稳定运行和业务数据安全储存，保证集团公司及成员单位资金结算业务的正常开展。完成深圳市城市金融网、银监局1104系统及人民银行金融统计数据处理报送系统的接入工作，满足公司向监管部门及时准确报送数据、传输公文的需求。

【企业文化建设】公司践行集团“敬业、务实、创新、卓越”的精神，秉承“顾客至上，追求卓越”的服务理念，不断通过金融创新、价值创造，为集团公司和成员单位提供便捷、灵活、高效、优质的金融服务，铺就中国南山产融结合之路。

2013 年 4 月，公司编辑内部刊物《中开金融》，内容包含经济、银行、证券、产业等十余个板块，全面宣传了财务公司的金融知识，指导公司和成员单位金融业务的开展，受到各成员单位的好评。

亨通财务有限公司

【经营概况】亨通财务有限公司（以下简称“公司”）于 2013 年 2 月 18 日经中国银监会批准筹建（银监复〔2013〕92 号），9 月 3 日获批开业（银监复〔2013〕458 号），注册资本人民币 3 亿元。公司以“立足集团、依托集团、服务集团、壮大集团”为宗旨。

截至 2013 年末，公司总资产 5.74 亿元，营业收入 408.88 万元，实现净利润 202.06 万元；累计计提贷款损失准备 100 万元；资本充足率为 161.47%；流动性比例为 210.00%，贷款损失准备充足率为 100%，不良率为零，各项指标均符合监管要求。

【信贷业务】公司立足集团主业发展的需求，快速开展信贷业务，完成 6 家成员单位的贷前现场调查工作，并完成 4 家企业授信审批，授信额度合计 5.45 亿元；累计发放自营贷款 2.10 亿元，累计办理委托贷款 8.60 亿元。

【资金管理】公司通过加强集团资金集中管理，加强资金活动规律的分析，根据资金的收付计划合理安排资金头寸，满足成员单位日常支付需求；同时加强与合作银行的沟通交流，准确把握市场信息，2013 年累计办理同业定期存放 2.9 亿元，收回同业定期 2.2 亿元，年末余额 0.7 亿元。

【资金集中】2013 年，公司累计归集资金 72.46 亿元，年末归集余额 2.70 亿元，日均归集余额 2.90 亿元，通过资金归集节约财务成本超过 300 万元。

公司采取稳步实施资金集中方案、成员单位分批上线的方式，搭建公司资金集中体系，并面向成员单位做好资金集中管理的推广工作。截至 2013 年底，公司已有 38 家成员单位办理开户手续，已上线的成员单位 26 家，占比为 68.42%，完成四家直联银行 42 个银行账户银企直联上线工作。

【风险管理和内部控制】公司建立了“三会一层”的内部治理架构，规范公司股东会、董事会、监事会及经营层之间的关系，确保各方高效科学地独立运作并有效制衡。根据自身实际情况制定了 66 项业务管理制度，结合业务需要设置 7 个业务部门，并根据经营发展的实际情况对各项管理制度不断完善，以更好地适应金融创新、市场环境及金融监管部门的要求。

公司按照“合规审慎经营”的原则开展各项业务，充分发挥集体决策和专业委员会的作用，2013 年共召开贷款审核委员会两次，审议并通过授信项目 4 个；全年未发生影响公司形象和信誉的不良事件，未发生任何贷款坏账。通过提高事前、事中风险的把握和控制能力，加强事后审计稽核的力度，促进业务发展和风险控制有机结合，确保各项业务稳健发展，为集团主业提供高效的服务。

【人力资源管理】公司通过内外聘双管齐下，优化考核机制和激励机制，成功引进具有多年银行工作经验的人员；通过加强银行、财务公司的同业交流，加强员工专业技能培训，提升员工的专业水平；积极组织员工参加银行业从业资格考试，确保各岗位持证上岗；积极组织各类集体活动，严格执行例会制度，加强企业文化建设，提升团队的凝聚力和向心力。

【信息化建设】公司以支撑运营业务开展为核心目标，围绕稳定、安全、高效、易用等特性，涉及核心业务系统、网络基础环境、应用弹性架构等方面，构建公司信息化运营平台。公司与银监局专家、人民银行技术人员就公司基础环境安全性构建方案进行多次沟通论证，最终形成基础双设备、双链路冗余两层网络架构。按照分阶段、分步骤的信息化系统建设理念，已基本完成核心业务系统的一期建设目标，成功上线结算及信贷核心业务模块，并面向成员单位提供网上银行系统，提供成员单位围绕结算、信贷等业务的信息化服务窗口。

珠海华发集团财务有限公司

【经营概况】珠海华发集团财务有限公司（以下简称“公司”）2013 年 2 月 8 日经中国银监会批准筹建（银监复〔2013〕89 号），2013 年 9 月 5 日获中国银监会开业批复（银监复〔2013〕459 号），于 2013 年 9 月 22 日正式开业运营。公司由珠海华发集团有限公司及其下属 4 家公司共同发起设立，注册资本 10 亿元人民币。截至 2013 年 12 月 31 日，公司资产总额 47.30 亿元，存款 36.70 亿元，贷款 3 亿元，实现营业收入 0.42 亿元，利润总额 0.21 亿元，净利润 0.15 亿元。

公司遵循“依托集团、服务集团、审慎经营、稳健发展”的基本方针，不断提高资本运作、财务管理和金融创新水平，努力打造华发集团的“资金结算中心、融资管理中心、资本运营中心”。

【信贷业务】公司按照先评级、后授信、再使用的原则，积极协调信贷规模与成员单位的资金需求，合理、适度开展信贷业务。截至 2013 年末，公司为集团及下属成员单位办理综合授信额度计 13.50 亿元，发放自营贷款 3 亿元，协助集团办理委托贷款 0.20 亿元。

【资金业务】2013年公司以提高资金收益为工作重点，与14家银行开展了同业业务合作。在资金存放业务上，公司建立了同业存放询价体系，保证交易公开透明，同时巧抓时间节点，较大幅度地提升了存款平均收益率。

截至2013年底，与12家银行开展了同业授信业务，并提出授信申请，争取尽快实现公司与金融机构建立更紧密的全面合作关系。

【资金集中】2013年9月初，公司完成了与工商银行、建设银行、农业银行、广发银行的银企直联业务测试，并成功上线。其中工商银行、建设银行采用下拨支付模式，广发银行、农业银行采用代理支付模式，4家银行与公司的直联系统均可实现成员单位资金自动归集功能。

公司协同集团制定下发《关于印发〈集团成员单位集中财务公司结算工作方案〉的通知》，共为145家成员单位办理开户，并制作发放了结算系统网银USBKey，开户率达到97%，同时，将成员单位在工商银行、建设银行、广发银行和农业银行的商业银行账户纳入银企直联系统，为实现资金自动上收奠定了基础，初步实现了财务公司结算平台的功能。

【风险管理和内部控制】公司建立“三会一层”的法人治理结构和内部控制机制，为风险管理和内部控制提供了有效保证；遵循“业务发展、制度先行”的理念，制定和完善管理制度78项，并在工作中不断进行修订、增补和完善；着力加强制度执行力建设，制定了《珠海华发集团财务有限公司员工违规失职行为处理办法》，规范员工行为和防范操作风险，保障制度的执行。

公司坚持业务发展与风险管理并重，坚持非现场风险监测报告制度和月度查库制度，坚持全面审计与专项审计相结合，查证问题，督促整改，严格依法合规经营。

【人力资源管理】公司实施人才发展战略，多措并举、精心组建专业团队。在积极吸引招纳关键岗位精英、广揽贤才的同时，选用部分优秀大学毕业生，重点培养基本素质好、忠诚度高、有发展前途的后备人员。截至2013年底，公司员工32人，其中本科及以上学历的员工30人，占比为94%；金融或财务从业年限超过五年的员工23人，占比为72%；获中级、高级专业技术资格或职业资格的员工16人，占比为50%；中共党员（含预备党员）19人，占比为59%。

公司实行规范化管理，编制部门工作职责及岗位说明书，规范各岗位工作职责和履职标准；制定员工绩效考评体系，通过激励先进，鞭策后者，建立健康、积极的考核文化；积极参加中国财务公司协会组织的各类业务培训，全面提升员工的专业素质；重视企业文化建设，通过持续的人文关怀以及一些有意义的集体活动，致力打造和谐团队的良好氛围。

【信息化建设】公司依据相关标准建设独立的计算机机房，配备不间断电力供应、自动柴油发电机系统，并依托集团计算机机房建设了异地灾备系统；公司网络实行专网专用，建设了办公网和业务网，两个网络间物理隔离，并部署了防火墙、数据网关等安全设备，确保了网络的安全性；关键设备均实现冗余，确保了基础环境的可靠性；建立了与银监局、人民银行、工商银行、农业银行、建设银行、广发银行的专线连接。

公司构建了涵盖存款、结算、信贷管理、信用评级、票据管理、客户管理、资金监控、审计稽核、1104报送、报表管理、银企直联平台、资金计划、集团资金管理、网银的核心业务系统；实现了核心业务系统与集团NC系统、合作银行的无缝连接；完成信息化制度建设，共制定包括网络应急预案、数据管理办法、信息安全管理等重要的相关制度7项，确保日常运营管理有章可循、有律可依；在实际使用过程中，不断优化调整系统，使信息化系统满足业务需要。

北京金隅财务有限公司

【经营概况】北京金隅财务有限公司（以下简称“公司”）是北京金隅股份有限公司的全资子公司，于2013年1月24日经中国银监会批准筹建（银监复〔2013〕58号），9月26日批准开业（银监复〔2013〕492号），注册资金人民币10亿元。公司坚持“稳健经营、规范运作、高效服务、改革创新”的经营方针，建立了以结算、融资管理、资金监督、资金运作中心为基础的资金管理平台。截至2013年底，公司资产总额38.80亿元，吸收存款28.70亿元，贷款余额4.90亿元，实现利润（拨备前）0.16亿元，综合资金归集率达35.8%。年内获得北京银监局2013年辖内银行业金融机构非现场监管统计工作考核评比优秀奖。

【信贷业务】由于集团所属水泥行业成员单位在实际业务中普遍使用票据进行结算，为解决成员单位流动资金需求，公司将有限的信贷规模主要用于水泥板块的银行承兑汇票贴现，且贴现利率比同期市场平均利率低20%，极大地节约了集团财务费用。2013年公司为14家成员单位累计办理票据贴现业务4.20亿元。截至2013年末，公司各项贷款余额4.90亿元。贷款收息正常，到期票据款项均已顺利回收，各项信贷资产的五级分类均属正常类，信贷资产质量优良。

【资金业务】公司严格遵照安全性、流动性、收益性的原则开展各项业务。为提高存款收益，公司与主要结算银行多次进行业务洽谈，适度提高活期存款利率。同时，根据资金使用需求，谨慎分配活期存款及定期存款比例，合理安排存款期限组合，平滑调整定期存款到期时间，在确保公司流动性需求的前提下，较好地实现了公司存款收益最大化。

【资金集中】2013年，公司为208家成员单位开立账户并建立完整的客商档案，完成成员单位外部的496个银行账户的关联工作；实现对工商银行、农业银行、建设银行、交通银行四家银行的银企直联以及成员单位的银行账户授权工作，同时完成21家商业银行的网银开通。截至2013年底，公司存款余额28.70亿元，资金归集率为35.6%；扣除受限资金后，有效资金归集率已达49.9%。

【风险管理和内部控制】公司建立了以资产负债比例管理和风险控制为核心，以资产安全性、流动性、效益性为原则的信贷管理制度，信贷业务实行审贷分离，分级审批，以及“贷前调查、贷时审查、贷后检查”的三查制度。公司编制了《内控实施细则》、《反洗钱工作管理办法》、《贷款损失准备管理办法》和《资产五级分类管理办法》，并将针对业务开展实际中出现的问题，对现行制度进行修订完善，进一步提高公司制度的可执行性，加强公司内部控制，确保各项业务合规开展。公司内部控制制度执行监督由总经理统一领导，分级管理，采用分层次、分专业的监督管理。

【人力资源管理】公司以创新人才工作机制、优化人才队伍结构为主线，以培养选拔高层次人才为重点，以强化人才激励为突破口，造就一支忠于企业、专业配套、结构合理、素质精良的人才队伍；建立学习型企业，将员工薪酬与职称、从业资格挂钩，鼓励员工参加相关职业资格考试和职称考试；邀请专家为员工进行业务知识培训，组织员工参加各类业务培训和行业交流活动，提高员工的职业技能。

【信息化建设】公司核心业务系统采用软通动力资金管理信息系统，包括客户管理、资金结算、信贷管理、风险监控、银行接口、同业往来、1104 报表等模块，实现相应的业务功能。公司在网络架构方面，将核心业务网络同办公网络物理隔绝，上线了银监局监管信息网和公文系统、1104 报表系统，加装机房环境监测设备，通过拨号连入金融城域网，实现各业务独立运行。同时，公司就信息化维护和安全制定了严格的制度流程，确保信息化系统稳定运行。

公司于 7 月组织成员单位财务人员进行集中业务培训，累计培训 300 余人次。为保证信息安全，系统采用用户名密码绑定硬件证书的方式进行访问。公司通过电话支持、网络远程协助、现场演示等多种方式，为成员单位排查、解决系统实际使用中出现的问题。

【企业文化建设】公司秉承“信用、责任、尊重”的价值观，继承和弘扬“八个特别”的金隅人文精神（特别能吃苦，特别能奉献，特别有激情，特别有思路，特别能融合，特别有追求，特别能理解，特别能实干）。

云南云天化集团财务有限公司

【经营概况】云南云天化集团财务有限公司（以下简称“公司”）于 2012 年 9 月 27 日经中国银监会批准筹建（银监复〔2012〕579 号），2013 年 9 月 30 日批准开业（银监复〔2013〕516 号），10 月 10 日取得中国银监会云南监管局颁发的金融许可证，同日取得云南省工商行政管理局颁发的企业法人营业执照，10 月 28 日公司开始运营。公司注册资本为人民币 6 亿元，由云天化集团有限责任公司、云南云天化股份有限公司、云南磷化集团有限公司、重庆国际复合材料有限公司、云南盐化股份有限公司、云南天宁矿业有限公司共同出资，出资比例分别为 44%、18%、18%、10%、5%、5%。截至 2013 年末，公司资产总额 9.95 亿元，负债总额 3.91 亿元，所有者权益 6.04 亿元。

【组织架构】公司建立符合现代金融企业制度要求的“三会一层”法人治理结构，设立了股东会、董事会、监事会和经营层，股东会为公司最高决策机构，监事会为公司经营活动监督机构，董事会为公司重大事项的决策机构。董事会下设战略发展委员会、风险管理委员会、薪酬与考核委员会三个专业委员会。公司经营层下设有信贷审查委员会和价格管理委员会。公司按照“精简高效”的原则设置综合管理部、计划财务部、风险管理部、稽核审计部、结算业务部、信贷业务部6个部门。

【制度建设】公司根据有关法律法规的规定，以有效防范风险，保证资金安全，确保公司稳健、持续、健康发展为目标，共制定公司治理类、综合管理类、计划财务类、风险稽核类、内部控制类、业务管理类6大类80余项规章制度，同时根据具体业务的开展情况对各项规章制度进行梳理与完善。

【风险管理和内部控制】公司针对信用、操作、信息科技等风险的不同特点，按照监管规定的指标要求，制定了详细的风险管理制度，形成了“事前提前预警、事中有效控制、事后及时纠正”的风险动态管理体系。在业务操作上，实行岗位授权，实现了审贷分离。制定了详细的事后监督管理制度，对各项业务建立了风险评价、内部控制的检查评价机制，并建立了对内部违规违章行为的稽核审计机制。通过加强对各项业务风险的评价和对管理制度执行情况的监督检查以及制定切实有效的控制和防范措施来规避或减少各种损失。

【资金集中】公司通过集团制定《资金集中管理办法》、召开资金集中管理动员会、金融机构进行业务座谈、逐家走访重要成员单位等方式，为公司资金集中打下了良好的基础。

【信贷业务】公司全面把握成员单位的生产经营与资金需求情况，加强沟通与协调，努力克服信贷规模管控的影响，在符合监管要求的前提下，充分发挥信贷服务功能，满足成员单位的资金需求。截至2013年末，公司为31家成员单位进行了客户评级，并在此的基础上对其进行主动授信。公司开展流动资金贷款、法人账户透支、存单质押贷款等业务，有效满足了成员单位的资金需求。

【票据业务】公司积极开展票据贴现业务，既满足了成员单位资金需求，又加快了资金的周转速度，同时公司还与商业银行签订了银行承兑汇票转贴现协议，开展票据转贴现业务。通过外部资金融通满足了集团内部资金需求，确保了公司资金的流动性。

【人力资源管理】公司制定了《人事管理制度》、《薪酬管理制度》等一系列制度；严格按照“公开公正、择优录用、成本效率”的原则聘用员工，通过组织员工到同业单位实地考察学习、参加各类培训和银行业从业资格考试，提高员工的业务素质；本着“公平、竞争、激励”的薪酬原则设定薪酬体系，保持薪酬水平有一定竞争优势。截至2013年末，公司员工20人，平均年龄36.3岁，3人具有高级职称，4人具有硕士以上学历，11人取得银行业从业资格证书。

【企业文化】公司在“立根大地、志博云天”的云天化精神的指引下，结合公司作为金融企业的实际情况，不断加强自身企业文化建设。公司以为成员单位解决各种金融需求，为集团事业发展作出卓越贡献为己任，积极塑造公平竞争的工作环境，精益求精、深入细致的工作态度，自由开放的沟通氛围，关爱员工的人文环境，充分发挥企业文化在企业经营管理中的软实力作用。

北京控股集团财务有限公司

【经营概况】北京控股集团财务有限公司（以下简称“公司”）于2013年1月11日经中国银监会批准筹建（银监复〔2013〕35号），9月23日获批开业（银监复〔2013〕546号），并于11月8日完成工商注册。公司注册资本金为8亿元人民币，由北京控股集团有限公司、北京市燃气集团有限责任公司、北京燕京啤酒股份有限公司三方共同出资组建，出资比例分别为41%、39%和20%，注册地址为北京市朝阳区东三环北路38号院4楼10层。公司的成立对集团提高资金使用效率、降低财务费用和融资成本、加强风险防控能力以及提升管控力度具有重要意义。

【人力资源管理】公司采取外部招聘的方式，面向社会和集团系统内部分别开展招聘工作。目前公司共有全职员工18人，具备本科及以上学历18人，均具有扎实的金融和财务管理基础、良好的专业知识技能和从业经验。

【风险管理和内部控制】公司建立了包括法人治理、支撑保障、基础业务和风险管理四大类规章制度，有效约束了各业务领域的操作流程，基本形成了较为全面的制度体系，为公司各项业务开展奠定了基础。公司重视风险管理文化建设，积极营造主动、和谐的风险管理氛围，通过前、中、后台及时、充分、有效的沟通，将风险控制关键点前置，有效降低信息不对称对管理决策的影响。

文件与规章

财 政 部

财政部关于国有金融企业发行可转换公司债券有关事宜的通知

（财金〔2013〕116号）

各中央管理金融企业，各省、自治区、直辖市、计划单列市财政厅（局），新疆生产建设兵团财务局：

为规范国有金融企业发行可转换公司债券行为，促进证券市场健康发展，根据《中华人民共和国公司法》和《中华人民共和国证券法》等法律规定，现就有关事项通知如下：

一、国有金融企业发行可转换公司债券，发行主体应当为境内外上市公司，同时符合以下原则：

（一）审慎性原则。国有金融企业发行可转换公司债券，要综合考虑经济形势、产业发展前景、外部融资环境、长期发展战略等因素，分析论证各种融资方式后统筹进行决策。

（二）控制力原则。国有金融企业发行可转换公司债券，要切实维护国有出资人权益，保持国有控制力。可转换公司债券行权后，原则上国有控股地位应当保持不变。

（三）合理布局原则。国有金融企业发行可转换公司债券，要坚持以金融为主业的发展方向，募集资金投向应当符合宏观经济政策和国家产业政策，满足公司业务布局调整和优化的需要。

（四）保护投资者权益原则。国有金融企业发行可转换公司债券，应当严格遵守有关法律法规，有利于提高上市公司的核心竞争力和可持续发展能力，保障投资者的合法权益。

二、国有金融企业发行可转换公司债券，应当满足上市公司证券发行管理相关规定的要求。发行认股权和债券分离交易的可转换公司债券的，还应当同时满足以下要求：

（一）公司最近一期末经审计的净资产不低于人民币50亿元。

（二）最近3个会计年度实现的可分配利润均不低于公司发行债券1年的利息。

（三）本次发行后，累计公司债券余额不得超过最近一期末净资产额的20%，预计所附认股权全部行权后募集资金总额，不得超过本次拟发行可转换公司债券的金额。

三、国有金融企业发行可转换公司债券，应当根据国家有关产业政策规定、资本市场状况以及公司发展需要，进行充分的可行性研究，严格履行内部决策程序。

四、国有金融企业发行可转换公司债券，应当按照市场化原则，综合考虑银行贷款利率、同类债券利率以及上市公司未来发展前景等因素，合理确定债券利率和转股价格。

五、可转换公司债券转股价格应不低于债券募集说明书公告日前1个交易日、前20个交易日、前30个交易日该公司股票均价中的最高者。

六、可转换公司债券发行后，因配股、增发、送股、派息、分立及其他原因引起公司股份变动的，国有金融企业应当同时调整转股价格。

七、国有金融企业发行可转换公司债券，应当设定有条件赎回条款。在转股期内，公司股票在任何连续30个交易日中超过15个交易日（含）的收盘价格高于（含）当期转股价格的130%（含）时，国有金融企业控股股东有权通过公司治理程序，要求以约定价格赎回全部或部分未转股债券。

八、完成公司制改革的中央直接管理国有金融企业及其子公司发行可转换公司债券，按照公司治理程序进行决策，并报财政部备案；未完成公司制改革的中央直接管理国有金融企业，其子公司发行可转换公司债券，报财政部审核。

九、地方管理的国有金融企业及其子公司发行可转换公司债券，参照中央直接管理国有金融企业的做法，报省级财政部门备案或者审核。

十、国有金融企业发行可转换公司债券，须履行审核手续的，相关申请材料应在上市公司股东大会的20个工作日前报送财政部门；履行备案手续的，应在可转换公司债券发行前、上市公司股东大会召开后20个工作日内，将备案材料报送至财政部门。

十一、国有金融企业发行可转换公司债券，应当向财政部门报送以下材料：

（一）发行可转换公司债券的请示或报告，以及公司董事会关于发行可转换公司债券的决议。履行备案手续的，还需提供股东大会关于发行可转换公司债券的决议。

（二）可转换公司债券发行方案，以及国有金融企业关于上市公司发行可转换公司债券对控股股东地位、上市公司股价和资本市场影响的分析及应对预案。

（三）国有金融企业和上市公司控股股东基本情况、营业执照、公司章程、国有资产产权登记文件、认购股份情况及上一年度经会计师事务所审计的财务会计报告。

（四）公司基本情况、最近一期年度财务会计报告和中期财务会计报告，以及上市公司前次募集资金使用情况的报告及本次募集资金使用方向是否符合国家相关政策规定。

（五）上市公司发行可转换公司债券投资项目可行性报告，以及上市公司发行可转换公司债券的风险评估论证情况、还本付息的具体方案以及发生债务风险的应对预案。

（六）律师事务所出具的法律意见书，以及财政部门要求提供的其他材料。

十二、国有金融企业发行可转换公司债券，须履行审核手续的，财政部门应在20个工作日内作出答复。在召开股东大会时，国有控股股东应当按照财政部门出具的意见对方案进行表决。股东大会召开前尚未取得财政部门意见的，国有控股股东应当按照规定，提议延期召开股东大会。

十三、国有金融企业不得发行可交换公司债券。本通知所称可交换公司债券是指公司发行的在一定期限内依据约定的条件可以交换成该公司所持特定公司股份的债券。

十四、可转换公司债券行权后，国有金融企业应当按照国家有关规定及时办理国有产权变更登记手续。年度终了后3个月内，省级财政部门和中央直接管理金融企业应将上一年度国有金融企业发行可转换公司债券情况统计汇总后报财政部。

十五、本通知适用的国有金融企业，是指依法设立的国有独资及国有控股金融企业（含实业类子公司），包括政策性银行、国有商业银行、股份制商业银行、城市商业银行、农村商业银行、农村合作银行、农村信用合作社、城市信用合作社、新型农村金融机构、信托公司、金融资产管理公司、金融租赁公司、财务公司、保险类公司、证券类公司、期货公司、基金管理公司，以及金融控股公司、融资性担保公司等。其他金融类企业参照执行。

十六、本通知自公布之日起30日后施行。

财政部

2013年11月16日

财政部、国家发展改革委关于重新发布银行业监管收费项目的通知

（财综〔2013〕106号）

中国银行业监督管理委员会：

你会《关于申请实行新一期银行业监管收费的函》（银监函〔2012〕253号）收悉。为保证银行业监管工作需要，参照国际通行做法，现将重新审定后的银行业监管收费有关事项通知如下；

一、同意你会对纳入监管范围的各类商业银行、信用社、财务公司、信托投资公司、金融租赁公司、邮政储蓄机构等（以下简称被监管单位）继续收取银行业监管费，包括机构监管费和业务监管费。其中，机构监管费以被监管单位的实收资本为依据，并考虑其经营风险因素收取；业务监管费以被监管单位扣除实收资本后的资产总额为依据，并考虑其经营风险因素收取。

实收资本、资产总额的具体数额以外部审计机构审计的上年末会计报表为准（不包括表外列示的信托资产和委托资产）。在同一会计核算年度内，被监管单位的境外分支机构在境外缴纳的监管费用，可以从被监管单位应缴纳的业务监管费中抵减，但抵减额最高不超过该境外分支机构按境内标准计算缴纳的业务监管费。

二、银行业机构监管费和业务监管费的具体收费标准由国家发展改革委、财政部另行制定。

三、对下列被监管单位免收银行业监管费：

（一）政策性银行。

（二）尚未实施商业化改革，仍主要承担政策性资产处置业务的金融资产管理公司。经国务院批准实施商业化改革的金融资产管理公司，自股份公司成立后第二年起不再免收银行业监管费。

（三）农村信用社，农村合作银行、农村商业银行和三类新型农村金融机构（村镇银行、社区资金互助社和贷款有限责任公司）。

（四）农业银行三农事业部。在农业银行单独编制三农事业部资产负债表，单独配置三农事业部资本的基础上，对农业银行拨付三农事业部的运营资金免收机构监管费，对三农事业部免收业务监管费。

（五）西藏银行。

（六）持续经营不足一个完整会计年度的新设立法人金融机构。

四、你会应按规定到国家发展改革委办理《收费许可证》变更手续，收费时使用财政部统一印制的财政票据。

五、你会收取的银行业监管费全额缴入中央国库，纳入中央财政预算管理。被监管单位企业法人应于每年7月1日和12月1日之前，分两次将当年应缴纳的银行业监管费缴入中央国库，并将缴款凭证复印件分送被监管单位企业法人所在地银监局和财政部驻所在地省（自治区、直辖市、计划单列市）财政监察专员办事处备案。具体收缴办法按照《财政部关于确认中国银行业监督管理委员会收入收缴管理制度改革有关事宜的通知》（财库〔2005〕350号）规定执行，银行业监管费收入列《政府收支分类科目》103类04款52项01目“机构监管费”和02目“业务监管费”。你会开展银行业监管工作所需经费，由财政部通过部门预算统筹安排。

六、你会应严格按照规定的收费项目、范围和标准执行，不得擅自增加收费项目、调整收费范围和标准，并自觉接受财政、价格、审计部门的监督检查。对违反规定多收、少收、缓收、免收银行业监管费的，按照《违反行政事业性收费和罚没收入收支两条线管理规定行政处分暂行规定》（国务院令第281号）和《财政违法行为处罚处分条例》（国务院令第427号）等相关法律法规的规定进行处理处罚。

七、你会收取银行业监管费的执行期自2013年1月1日—2015年12月31日。有效期满后，由你会向财政部、国家发展改革委重新申报。

财政部

国家发展和改革委员会

2013年12月4日

中国人民银行

中国人民银行关于印发《金融机构洗钱和恐怖融资风险评估及客户分类管理指引》的通知

（银发〔2013〕2号）

中国人民银行上海总部，各分行、营业管理部，各省会（首府）城市中心支行，各副省级城市中心支行；国家开发银行、各政策性银行、国有商业银行、股份制商业银行，中国邮政储蓄银行；中国银联、农信银资金清算中心、城市商业银行资金清算中心：

为深入实践风险为本的反洗钱方法，指导金融机构评估洗钱和恐怖融资（以下统称洗钱）风险，合理确定客户洗钱风险等级，提升反洗钱和反恐怖融资工作有效性，根据《中华人民共和国反洗钱法》等法律规定，中国人民银行制定了《金融机构洗钱和恐怖融资风险评估及客户分类管理指引》（以下简称《指引》），现印发给你们，并就执行《指引》中的有关事项通知如下，请遵照执行。

一、金融机构工作安排

金融机构可按照《指引》所确定的自主管理原则，决定是否执行《指引》。

（一）决定全部或部分执行《指引》规定的金融机构应按照以下要求开展工作：

1. 在2013年3月15日前制定执行《指引》的工作方案，报中国人民银行或中国人民银行授权对该金融机构实施反洗钱监管的当地中国人民银行分支机构（以下统称当地中国人民银行分支机构）。

2. 在2013年12月31日前按照《指引》要求，制定或修改完善反洗钱内控制度及操作流程（以下统称新内控制度），并向中国人民银行或当地中国人民银行分支机构报备。

3. 在2015年1月1日前实施新内控制度，按照《指引》要求，启动洗钱和恐怖融资风险评估以及客户风险等级划分等工作。

4. 在2015年12月31日前，完成对新内控制度实施前已与本机构建立业务关系客户的风险等级的重新确认工作。工作量特别大的金融机构可向中国人民银行申请适当延长工作期限。

（二）决定不执行《指引》的金融机构应在2013年9月15日前完成评估论证工作，并向中国人民银行或当地中国人民银行分支机构书面报告评估论证的方法、过程及结论。金融机构在30个工作日内未收到中国人民银行或当地中国人民银行分支机构反馈异议的，可不再执行本通知要求。

二、中国人民银行监管工作要求

中国人民银行或其分支机构收到金融机构提交的工作方案及相关报告后，如有不同意见，应在30个工作日内向金融机构反馈。

中国人民银行及其分支机构应将金融机构、金融机构分支机构执行符合《指引》要求的新内控制度以及按自主管理原则确立的其他反洗钱措施情况，作为反洗钱监管重点。

请中国人民银行上海总部，各分行、营业管理部，各省会（首府）城市中心支行，大连、青岛、宁波、厦门、深圳市中心支行将本通知转发至总部注册地在辖区内的各城市商业银行、农村商业银行、农村合作银行、城市信用社、农村信用社、村镇银行、外资银行、证券公司、期货经纪公司、基金管理公司、保险公司、保险资产管理公司、信托公司、金融资产管理公司、财务公司、金融租赁公司、汽车金融公司、货币经纪公司等金融机构和支付机构。

附件：金融机构洗钱和恐怖融资风险评估及客户分类管理指引

中国人民银行

2013 年 1 月 5 日

附件：

金融机构洗钱和恐怖融资风险评估及客户分类管理指引

为深入实践风险为本的反洗钱方法，指导金融机构评估洗钱和恐怖融资（以下统称洗钱）风险，合理确定客户洗钱风险等级，提升反洗钱和反恐怖融资（以下统称反洗钱）工作有效性，根据《中华人民共和国反洗钱法》等法律制定本指引。

第一章　总　　则

一、基本原则

（一）风险相当原则。金融机构应依据风险评估结果科学配置反洗钱资源，在洗钱风险较高的领域采取强化的反洗钱措施，在洗钱风险较低的领域采取简化的反洗钱措施。

（二）全面性原则。除本指引所列的例外情形外，金融机构应全面评估客户及地域、业务、行业（职业）等方面的风险状况，科学合理地为每一名客户确定风险等级。

（三）同一性原则。金融机构应建立健全洗钱风险评估及客户风险等级划分流程，赋予同一客户在本金融机构唯一的风险等级，但同一客户可以被同一集团内的不同金融机构赋予不同的风险等级。

（四）动态管理原则。金融机构应根据客户风险状况的变化，及时调整其风险等级及所对应的风险控制措施。

（五）自主管理原则。金融机构经评估论证后认定，自行确定的风险评估标准或风险控制措施的实施效果不低于本指引或其中某项要求，即可决定不遵循本指引或其中某项要求，但应书面记录评估论证的方法、过程及结论。

（六）保密原则。金融机构不得向客户或其他与反洗钱工作无关的第三方泄露客户风险等级信息。

二、功能

（一）本指引所列风险评估要素及其风险子项是金融机构全面科学评估洗钱风险的参考指标，为金融机构划分客户洗钱风险等级提供依据。

（二）本指引所确定的工作流程是金融机构科学整合内部各类资源，特别是发挥业务条线了解客户的基础性作用，有效评估、管理洗钱风险的必要管理措施。

（三）本指引有助于指导金融机构依据洗钱风险评估及客户风险等级划分结果，优化反洗钱资源配置。

三、适用范围

本指引适用于金融机构开展洗钱风险评估、客户洗钱风险等级划分及其他风险管理工作。支付机构及其他应履行反洗钱义务的特定非金融机构可参照本指引开展相关工作。

银行业金融机构可根据实际风险状况，自主决定是否将本指引的要求运用于一次性交易客户。

保险业金融机构可根据实际风险状况，自主决定是否将本指引的要求运用于投保人以外的其他人员。

金融机构和特定非金融机构的行业自律组织可根据本指引进一步制定分行业的指引。

第二章　风险评估指标体系

一、指标体系概述

洗钱风险评估指标体系包括客户特性、地域、业务（含金融产品、金融服务）、行业（含职业）四类基本要素。金融机构应结合行业特点、业务类型、经营规模、客户范围等实际情况，分解出某一基本要素所蕴含的风险子项。金融机构可根据实际需要，合理增加新的风险评估指标。例如，金融机构可区分新客户和既有客户、自然人客户和非自然人客户等不同群体的风险状况，设置差异化的风险评级标准。

二、风险子项

（一）客户特性风险子项。

金融机构应综合考虑客户背景、社会经济活动特点、声誉、权威媒体披露信息以及非自然人客户的组织架构等各方面情况，衡量本机构对其开展客户尽职调查工作的难度，评估风险。风险子项包括但不限于：

1. 客户信息的公开程度。客户信息公开程度越高，金融机构客户尽职调查成本越低，风险越可控。例如，对国家机关、事业单位、国有企业以及在规范证券市场上市的公司开展尽职调查的成本相对较低，风险评级可相应调低。

2. 金融机构与客户建立或维持业务关系的渠道。渠道会对金融机构尽职调查工作的便利性、可靠性和准确性产生影响。例如，在客户直接与金融机构见面的情况下，金融机构更能全面了解客户，其尽职调查成果比来源于间接渠道的成果更为有效。不同类的间接渠道风险也不尽相同，例如，金融机构通过关联公司比通过中介机构更能便捷准确地取得客户尽职调查结果。

3. 客户所持身份证件或身份证明文件的种类。身份证件或身份证明文件越难以查验，客户身份越难以核实，风险程度就越高。

4. 反洗钱交易监测记录。金融机构对可疑交易报告进行回溯性审查，有助于了解客户的风险状况。在成本允许的情况下，金融机构还可对客户的大额交易进行回溯性审查。

5. 非自然人客户的股权或控制权结构。股权或控制权关系的复杂程度及其可辨识度，直接影响金融机构客户尽职调查的有效性。例如，个人独资企业、家族企业、合伙企业、存在隐名股东或匿名股东公司的尽职调查难度通常会高于一般公司。

6. 涉及客户的风险提示信息或权威媒体报道信息。金融机构如发现，客户曾被监管机构、执法机关或金融交易所提示予以关注，客户存在犯罪、金融违规、金融欺诈等方面的历史记录，或者客户涉及权威媒体的重要负面新闻报道评论的，可适当调高其风险评级。

7. 自然人客户年龄。年龄与民事行为能力有直接关联，与客户的财富状况、社会经济活动范围、风险偏好等有较高关联度。

8. 非自然人客户的存续时间。客户存续时间越长，关于其社会经济活动的记录可能越完整，越便于金融机构开展客户尽职调查。金融机构可将存续时间的长度作为衡量客户风险程度的参考因素。

（二）地域风险子项。

金融机构应衡量客户及其实际受益人、实际控制人的国籍、注册地、住所、经营所在地与洗钱及其他犯罪活动的关联度，并适当考虑客户主要交易对手方及境外参与交易金融机构的地域风险传导问题。风险子项包括但不限于：

1. 某国（地区）受反洗钱监控或制裁的情况。金融机构既要考虑我国的反洗钱监控要求，又要考虑其他国家（地区）和国际组织推行且得到我国承认的反洗钱监控或制裁要求。经营国际业务的金融机构还要考虑对该业务有管辖权的国家（地区）的反洗钱监控或制裁要求。

2. 对某国（地区）进行反洗钱风险提示的情况。金融机构应遵循中国人民银行和其他有权部门的风险提示，参考金融行动特别工作组（英文简称 FATF）、亚太反洗钱组织（英文简称 APG）、欧亚反洗钱及反恐怖融资组织（英文简称 EAG）等权威组织对各国（地区）执行 FATF 反洗钱标准的互评估结果。

3. 国家（地区）的上游犯罪状况。金融机构可参考我国有关部门以及 FATF 等国际权威组织发布的信息，重点关注存在较严重恐怖活动、大规模杀伤性武器扩散、毒品、走私、跨境有组织犯罪、腐败、金融诈骗、人口贩运、海盗等犯罪活动的国家（地区），以及支持恐怖主义活动等严重犯罪的国家（地区）。对于我国境内或外国局部区域存在的严重犯罪，金融机构应参考有权部门的要求或风险提示，酌情提高涉及该区域的客户风险评级。

4. 特殊的金融监管风险。例如避税型离岸金融中心。对于其住所、注册地、经营所在地与本金融机构经营所在地相距很远的客户，金融机构应考虑酌情提高其风险评级。

（三）业务（含金融产品、金融服务）风险子项。金融机构应当对各项金融业务的洗钱风险进行评估，制定高风险业务列表，并对该列表进行定期评估、动态调整。金融机构进行风险评级时，不仅要考虑金融业务的固有风险，而且应结合当前市场的具体运行状况，进行综合分析。风险子项包括但不限于：

1. 与现金的关联程度。现金业务容易使交易链条断裂，难于核实资金真实来源、去向及用途，因此现金交易或易于让客户取得现金的金融业务（以下简称关联业务）具有较高风险。考虑到我国金融市场运行现状和居民的现金交易偏好，现金及其关联业务的普遍存在具有一定的合理性，金融机构可重点关注客户在单位时间内累计发生的金额较大的现金交易情况或是具有某些异常特征的大额现金交易情况。此项标准如能结合客户行业或职业特性一并考虑将更为合理。

2. 非面对面交易。非面对面交易方式（如网上交易）使客户无需与工作人员直接接触即可办理业务，增加了金融机构开展客户尽职调查的难度，洗钱风险相应上升。金融机构在关注此类交易方式固有风险的同时，需酌情考虑客户选择或偏好此类交易方式所具有的一些现实合理性，特别是在以互联网为主要交易平台的细分金融领域（如证券市场的二级市场交易），要结合反洗钱资金监测和自身风险控制措施情况，灵活设定风险评级指标。例如，可重点审查以下交易：

（1）由同一人或少数人操作不同客户的金融账户进行网上交易；

（2）网上金融交易频繁且 IP 地址分布在非开户地或境外；

（3）使用同一 IP 地址进行多笔不同客户账户的网银交易；

（4）金额特别巨大的网上金融交易；

（5）公司账户与自然人账户之间发生的频繁或大额交易；

（6）关联企业之间的大额异常交易。

3. 跨境交易。跨境开展客户尽职调查难度大，不同国家（地区）的监管差异又可能直接导致反洗钱监控漏洞产生。金融机构可重点结合地域风险，关注客户是否存在单位时间内多次涉及跨境异常交易报告等情况。

4. 代理交易。由他人（非职业性中介）代办业务可能导致金融机构难以直接与客户接触，尽职调查有效性受到限制。鉴于代理交易在现实中的合理性，金融机构可将关注点集中于风险较高的特定情形，例如：

（1）客户的账户是由经常代理他人开户人员或经常代理他人转账人员代为开立的；

（2）客户由他人代办的业务多次涉及可疑交易报告；

（3）同一代办人同时或分多次代理多个账户开立；

（4）客户信息显示紧急联系人为同一人或者多个客户预留电话为同一号码等异常情况。

5. 特殊业务类型的交易频率。对于频繁进行异常交易的客户，金融机构应考虑提高风险评级。

银行业金融机构可关注开（销）户数量、非自然人与自然人大额转账汇款频率、涉及自然人的跨境汇款频率等。

证券业金融机构可关注交易所预警交易、大宗交易、转托管和指定（撤指）、因第三方存款单客户多银行业务而形成的资金跨银行或跨地区划转等。

期货业金融机构可关注盗码交易、自然人客户违规持仓、对倒、对敲等异常行为。

保险业金融机构可关注投保频率、退保频率、团险投保人数明显与企业人员规模不匹配、团险保全业务发生率、申请保单质押贷款（保单借款）金额或频率、生存保险受益人变更频率、万能险追加保费金额或频率等。

信托公司可关注客户购买、转让信托产品的频率或金额等。在业务关系建立之初，金融机构可能无法准确预估出客户使用的全部业务品种，但可在重新审核客户风险等级时审查客户曾选择过的金融业务类别。

（四）行业（含职业）风险子项。

金融机构应评估行业、身份与洗钱、职务犯罪等的关联性，合理预测某些行业客户的经济状况、金融交易需求，酌情考虑某些职业技能被不法分子用于洗钱的可能性。本指引对此基本要素不再细分风险子项，金融机构可从以下角度进行评估：

1. 公认具有较高风险的行业（职业）。原则上，按照我国反洗钱监管制度及 FATF 建议等反洗钱国际标准应纳入反洗钱监管范围的行业（职业），其洗钱风险通常较高。

2. 与特定洗钱风险的关联度。例如，客户或其实际受益人、实际控制人、亲属、关系密切人等属于外国政要。

3. 行业现金密集程度。例如，客户从事废品收购、旅游、餐饮、零售、艺术品收藏、拍卖、娱乐场所、博彩、影视娱乐等行业。

三、指标使用方法

本指引运用权重法，以定性分析与定量分析相结合的方式来计量风险、评估等级。中国人民银行鼓励金融机构研发其他风险计量工具或方法，金融机构自主研发的风险计量工具或方法应能全面覆盖本指引所列风险子项，并有书面文件对其设计原理和使用方法进行说明。

（一）金融机构应对每一基本要素及其风险子项进行权重赋值，各项权重均大于 0，总和等于 100。对于风险控制效果影响力越大的基本要素及其风险子项，赋值相应越高。对于经评估后决定不采纳的风险子项，金融机构无需赋值。

同一基本要素或风险子项所概括的风险事件，在不同的细分金融领域内有可能导致不同的危害性后果发生。即使是处于同一细分金融领域内的不同金融机构，也可能因为客户来源、销售渠道、经营规模、合规文化等方面的原因而面临不同的风险状况，从而对同一风险事件的风险程度作出不同的判断。因此，每个金融机构需结合自身情况，合理确定个性化的权重赋值。

（二）金融机构应逐一对照每个风险子项进行评估。例如，金融机构采用五级分类法时，最高风险评分为5，较高风险评分为4，一般风险评分为3，较低风险评分为2，低风险评分为1。金融机构应根据各风险子项评分及权重赋值计算客户风险等级总分，计算公式为：（请参见附件），其中a代表风险子项评分，p代表权重，m代表金融机构所选取的风险分级数（例如三级分类、五级分类等），n代表风险子项数量。客户风险等级总分最高100分。

（三）金融机构应建立客户风险等级总分（区间）与风险等级之间的映射规则，以确定每个客户具体的风险评级，引导资源配置。

金融机构确定的风险评级不得少于三级。从有利于运用评级结果配置反洗钱资源角度考虑，金融机构可设置较多的风险评级等次，以增强反洗钱资源配置的灵活性。

四、例外情形

（一）对于风险程度显著较低且预估能够有效控制其风险的客户，金融机构可自行决定不按上述风险要素及其子项评定风险，直接将其定级为低风险，但此类客户不应具有以下任何一种情形：

1. 在同一金融机构的金融资产净值超过一定限额（原则上，自然人客户限额为20万元人民币，非自然人客户限额为50万元人民币），或寿险保单年缴保费超过1万元人民币或外币等值超过1000美元，以及非现金夏交保费超过20万元人民币或外币等值超过2万美元；

2. 与金融机构建立或开展了代理行、信托等高风险业务关系；

3. 客户为非居民，或者使用了境外发放的身份证件或身份证明文件；

4. 涉及可疑交易报告；

5. 由非职业性中介机构或无亲属关系的自然人代理客户与金融机构建立业务关系；

6. 拒绝配合金融机构客户尽职调查工作。

对于按照上述要求不能直接定级为低风险的客户，金融机构逐一对照各项风险要素及其子项进行风险评估后，仍可能将其定级为低风险。

（二）对于具有下列情形之一的客户，金融机构可直接将其风险等级确定为最高，而无需逐一对照上述风险要素及其子项进行评级：

1. 客户被列入我国发布或承认的应实施反洗钱监控措施的名单；

2. 客户为外国政要或其亲属、关系密切人；

3. 客户实际控制人或实际受益人属前两项所述人员；

4. 客户多次涉及可疑交易报告；

5. 客户拒绝金融机构依法开展的客户尽职调查工作；

6. 金融机构自定的其他可直接认定为高风险客户的标准。不具有上述情形的客户，金融机构逐一对照各项风险基本要素及其子项进行风险评估后，仍可能将其定级为高风险。

第三章　风险评估及客户等级划分操作流程

一、时机

（一）对于新建立业务关系的客户，金融机构应在建立业务关系后的10个工作日内划分其风险等级。

（二）对于已确立过风险等级的客户，金融机构应根据其风险程度设置相应的重新审核期限，实现对风险的动态追踪。原则上，风险等级最高的客户的审核期限不得超过半年，低一等级客户的审核期限不得超出上一级客户审核期限时长的两倍。对于首次建立业务关系的客户，无论其风险等级高低，金融机构在初次确定其风险等级后的三年内至少应进行一次复核。

（三）当客户变更重要身份信息、司法机关调查本金融机构客户、客户涉及权威媒体的案件报道等可能导致风险状况发生实质性变化的事件发生时，金融机构应考虑重新评定客户风险等级。

二、操作步骤

（一）收集信息。金融机构应根据反洗钱风险评估需要，确定各类信息的来源及其采集方法。

信息来源渠道通常有：

1. 金融机构在与客户建立业务关系时，客户向金融机构披露的信息；

2. 金融机构客户经理或柜面人员工作记录；

3. 金融机构保存的交易记录；

4. 金融机构委托其他金融机构或中介机构对客户进行尽职调查工作所获信息；

5. 金融机构利用商业数据库查询信息；

6. 金融机构利用互联网等公共信息平台搜索信息。

金融机构在风险评估过程中应遵循勤勉尽责的原则，依据所掌握的事实材料，对部分难以直接取得或取得成本过高的风险要素信息进行合理评估。为统一风险评估尺度，金融机构应当事先确定本机构可预估信息列表及其预估原则，并定期审查和调整。

（二）筛选分析信息。评估人员应认真对照风险评估基本要素及其子项，对所收集的信息进行归类，逐项评分。如果同一基本要素或风险子项对应有多项相互重复或交叉的关联性信息存在时，评估人员应进行甄别和合并。如果同一基本要素或风险子项对应有多项相互矛盾或抵触的关联性信息存在时，评估人员应在调查核实的基础上，删除不适用信息，并加以注释。

金融机构工作人员整理完基础信息后，应当整体性梳理各项风险评估要素及其子项。如发现要素项下有内容空缺或信息内容不充分的，可在兼顾风险评估需求与成本控制要求的前提下，确定是否需要进一步收集补充信息。

金融机构可将上述工作流程嵌入相应业务流程中，以减少执行成本。例如，从客户经理或营销人员开始寻找目标客户或与客户接触起，即可在自身业务范围采集信息，并随着业务关系的逐步确立，由处在业务链条上的各类人员在各自职责范围内负责相应的资料收集工作。

（三）初评。除存在前述例外情形的客户外，金融机构工作人员应逐一分析每个风险评估基本要素项及其子项所对应的信息，确定出相应的得分。对于材料不全或可靠性存疑的要素信息，评估人员应在相应的要素项下进行标注，并合理确定相应分值。在综合分析要素信息的基础上，金融机构工作人员累计计算客户评分结果，相应确定其初步评级。

金融机构可利用计算机系统等技术手段辅助完成部分初评工作。

（四）复评。初评结果均应由初评人以外的其他人员进行复评确认。初评结果与复评结果不一致的，可由反洗钱合规管理部门决定最终评级结果。

第四章　风险分类控制措施

金融机构应在客户风险等级划分的基础上，采取相应的客户尽职调查及其他风险控制措施。

一、对风险较高客户的控制措施

金融机构应对高风险客户采取强化的客户尽职调查及其他风险控制措施，有效预防风险。可酌情采取的措施包括但不限于：

（一）进一步调查客户及其实际控制人、实际受益人情况。

（二）进一步深入了解客户经营活动状况和财产来源。

（三）适度提高客户及其实际控制人、实际受益人信息的收集或更新频率。

（四）对交易及其背景情况做更为深入的调查，询问客户交易目的，核实客户交易动机。

（五）适度提高交易监测的频率及强度。

（六）经高级管理层批准或授权后，再为客户办理业务或建立新的业务关系。

（七）按照法律规定或与客户的事先约定，对客户的交易方式、交易规模、交易频率等实施合理限制。

（八）合理限制客户通过非面对面方式办理业务的金额、次数和业务类型。

（九）对其交易对手及经办业务的金融机构采取尽职调查措施。

二、对风险较低客户的控制措施

金融机构可对低风险客户采取简化的客户尽职调查及其他风险控制措施，可酌情采取的措施包括但不限于：

（一）在建立业务关系后再核实客户实际受益人或实际控制人的身份。

（二）适当延长客户身份资料的更新周期。

（三）在合理的交易规模内，适当降低采用持续的客户身份识别措施的频率或强度。例如，逐步建立对低风险客户异常交易的快速筛选判断机制。对于经分析排查后决定不提交可疑交易报告的低风险客户，金融机构仅发现该客户重复性出现与之前已排除异常交易相同或类似的交易活动时，可运用技术性手段自动处理预警信息。对于风险等级较低客户异常交易的对手方仅涉及各级党的机关、国家权力机关、行政机关、司法机关、军事机关、人民政协机关和人民解放军、武警部队等低风险客户的，可直接利用技术手段予以筛除。

（四）在风险可控情况下，允许金融机构工作人员合理推测交易目的和交易性质，而无需收集相关证据材料。

第五章　管理与保障措施

一、风险管理政策

金融机构应在总部或集团层面建立统一的洗钱风险管理基本政策，并在各分支机构、各条线（部门）执行。

客户风险管理政策应经金融机构董事会或其授权的组织审核通过，并由高级管理层中的指定专人负责实施。

金融机构总部、集团可针对分支机构所在地区的反洗钱状况，设定局部地区的风险系数，或授权分支机构根据所在地区情况，合理调整风险子项或评级标准。

金融机构应对自身金融业务及其营销渠道，特别是在推出新金融业务、采用新营销渠道、运用新技术前，进行系统全面的洗钱风险评估，按照风险可控原则建立相应的风险管理措施。

二、组织管理措施

金融机构应完善风险评估流程，指定适当的条线（部门）及人员整体负责风险评估工作流程的设置及监控工作，组织各相关条线（部门）充分参与风险评估工作。

金融机构应确保客户风险评估工作流程具有可稽核性或可追溯性。

三、技术保障措施

金融机构应确保洗钱风险管理工作所需的必要技术条件，积极运用信息系统提升工作有效性。系统设计应着眼于运用客户风险等级管理工作成果，为各级分支机构查询使用信息提供方便。

四、代理业务管理

金融机构委托其他机构开展客户风险等级划分等洗钱风险管理工作时，应与受托机构签订书面协议，并由高级管理层批准。受托机构应当积极协助委托机构开展洗钱风险管理。由委托机构对受托机构进行的洗钱风险管理工作承担最终法律责任。

金融机构应建立专门机制，审核受托机构确定的客户风险等级。

中国人民银行关于印发《支付结算执法检查规定》的通知

（银发〔2013〕226号）

中国人民银行上海总部，各分行、营业管理部，省会（首府）城市中心支行，副省级城市中心支行，中国支付清算协会：

为规范支付结算执法检查行为，推动执法检查工作制度化、规范化、科学化，中国人民银行制定了《支付结算执法检查规定》，现印发给你们，请遵照执行。

请中国人民银行各分支机构将本通知转发至辖区内各地方性银行业金融机构、支付机构和财务公司。

中国人民银行

2013年9月4日

支付结算执法检查规定

第一章　总　　则

第一条　为了促进中国人民银行及其分支机构依法履行支付体系监管职责，规范支付结算执法检查行为，根据《中华人民共和国中国人民银行法》、《中华人民共和国商业银行法》、《中华人民共和国行政处罚法》、《中国人民银行执法检查程序规定》、《非金融机构支付服务管理办法》等法律规定，制定本规定。

第二条 中国人民银行及其分支机构实施支付结算执法检查，遵守本规定。

第三条 本规定所称支付结算执法检查，是指中国人民银行及其分支机构根据履行支付体系监管职责需要，进入被检查人现场，监督被检查人执行有关支付体系管理规定的行政执法活动。

支付体系管理规定包括人民币银行结算账户管理、非现金支付工具管理、支付系统管理、支付机构业务管理、清算组织管理等相关法规制度。

第四条 本规定所称被检查人包括在中国境内经批准经营支付结算业务的银行业金融机构、涉及支付结算业务的财务公司、依法取得《支付业务许可证》的支付机构、提供支付清算服务的清算组织以及参与支付结算业务活动的其他单位和个人。

第五条 中国人民银行及其分支机构实施支付结算执法检查，应遵循依法、公正、合理、效率的原则。

中国人民银行及其分支机构依法实施行政处罚，应坚持处罚与教育相结合的原则，促进被检查人依法、合规开展支付结算业务。

第六条 中国人民银行支付结算执法检查工作实行统一领导、分级管理。

第七条 中国人民银行及其分支机构实施支付结算执法检查应充分利用科技手段，逐步实现检查的信息化、规范化和标准化，提高检查的效率与质量。

第八条 中国人民银行及其分支机构对支付结算执法检查中获取的涉及国家秘密、商业秘密和个人信息应予以保密，不得违反规定对外提供。

第二章　检查组职责

第九条 中国人民银行及其分支机构根据《中国人民银行执法检查程序规定》组成检查组，开展支付结算执法检查工作。

第十条 检查组应行使以下职责：

（一）选定检查的范围和方式；

（二）调取检查资料、检查支付业务设施；

（三）询问被检查人；

（四）保存检查证据；

（五）做出事实认定；

（六）根据事实认定，依法提出处理意见。

第十一条 检查组应履行以下义务：

（一）遵守执法检查工作纪律；

（二）履行执法检查程序；

（三）听取被检查人的陈述、申辩意见；

（四）保守执法检查工作中的秘密。

第十二条 检查组开展执法检查工作前应告知被检查人享有以下权利：

（一）拒绝提供与检查无关的档案、数据、报表等资料的权利；

（二）拒绝检查组人员不合理要求的权利；

（三）对检查过程进行监督，举报检查组人员违法违纪行为的权利；

（四）依法对《执法检查事实认定书》、《行政处罚意见告知书》提出陈述、申辩意见的权利；

（五）依法提起行政复议或行政诉讼的权利。

第三章　组织实施

第十三条 中国人民银行负责组织在全国范围内开展支付结算执法检查工作。

中国人民银行分支机构负责本辖区的支付结算执法检查工作，接受上级行的指导和监督。

中国人民银行及其分支机构可以根据需要，按管辖权范围组织实施支付结算异地检查。

第十四条 中国人民银行及其分支机构应统筹安排、合理计划支付结算执法检查工作，合理确定被检查机构数量和覆盖范围，防止不必要的重复检查，并可以根据需要将支付结算执法检查纳入本单位的综合执法检查统一开展。

中国人民银行副省级城市中心支行以上分支机构支付结算执法检查计划和检查总结报告应及时上报总行。

第十五条 中国人民银行分支机构应遵循针对性、科学性、时效性原则，依据以下内容确定检查项目和被检查人：

（一）上级行执法检查工作部署和本行工作安排；

（二）非现场监管中发现的违规线索；

（三）以往检查整改情况；

（四）中国人民银行其他职能部门执法检查中发现并移交的重要违规线索；

（五）公众举报，其他监管机构或互联网等媒体反映的信息。

第十六条 进驻现场检查前，检查组可根据检查工作需要了解被检查人的相关事项，收集下列有关资料：

（一）被检查人基本情况；

（二）被检查人内部控制及其执行情况；

（三）被检查人的年度综合评价情况；

（四）以前年度有关被检查人的内部和外部审计（检查）情况及整改情况；

（五）有关的举报、反映情况的资料；

其他需要调查的事项。

第十七条 检查组应根据检查目的、检查项目、被检查人具体情况等，确定合理的检查方法。

第十八条 检查组在支付结算执法检查中发现被检查人有其他违法行为，应由其他部门或单位查处的，应依据相关规定及时移交有关部门和单位进行处理，并及时报告上级行。

第十九条 检查中发现被检查人有违法违规行为或重大风险事件，需其他地区中国人民银行分支机构予以配合的，中国人民银行分支机构之间应及时沟通解决。确需总行协调的，应及时报告总行。

第二十条 检查组在进行支付结算执法检查时，需要被检查人法人机构或其他分支机构配合的，法人机构和其他分支机构应予以配合；需要其他银行业金融机构、财务公司、支付机构或清算组织等协助配合的，检查组应要求被检查人按规定协调相关机构予以配合。

第二十一条 检查结束后，检查组应撰写执法检查报告，根据被检查人违法违规行为的事实、性质、情节和社会危害程度，依法提出处理意见。

第四章 纪律与责任

第二十二条 支付结算执法检查工作人员在支付结算执法检查工作中成绩突出、为维护国家利益和经济金融秩序做出重要贡献的，给予表彰奖励。

第二十三条 支付结算执法检查工作人员有下列情形之一的，按照有关规定给予警告、记过、记大过、降级、撤职直至开除等行政处分；涉嫌犯罪的，移送司法机关依法处理：

（一）利用检查工作的便利索取、收受贿赂或者违反国家规定收受各种名义的回扣、手续费，谋取私利或者为请托人谋取不正当利益；

（二）泄露在检查过程中知悉的国家秘密、被检查人的商业秘密和个人信息，给国家和他人造成损失；

（三）擅自将检查发现的问题和情况告知被检查人，为被检查人隐匿违法违规行为提供便利；

（四）与被检查人的高级管理人员、检查

项目涉及的主要负责人或直接责任人存在亲属或利害关系，未主动申请回避而妨碍公正执法；

（五）不按法定权限、程序和要求实施支付结算执法检查和处理，造成不利后果；

（六）其他违反支付结算执法检查工作纪律的行为。

第二十四条 中国人民银行发现银行业金融机构及其工作人员存在下列情形之一的，应根据《中华人民共和国商业银行法》第七十七条予以处罚，情节严重的，可建议相关监管机构对其高级管理人员和其他直接责任人员予以纪律处分；发现支付机构和清算组织存在下列情形之一的，应根据《非金融机构支付服务管理办法》第四十三条及相关规定等予以处罚，依法对其高级管理人员和其他直接责任人员予以处理；涉嫌犯罪的，移送司法机关依法处理：

（一）在接受支付结算执法检查时，拒绝或故意拖延提供资料、提供虚假资料或者转移、隐匿、毁弃原始资料；

（二）暗示、指使、强令有关单位或者人员使用暴力或者威胁的方法阻挠、抗拒检查；

（三）其他拒绝或阻碍支付结算执法检查工作的行为。

第五章　附　　则

第二十五条 中国支付清算协会组织开展对成员单位的自律检查工作，应于检查前向中国人民银行报备，并抄送被检查人所在地的中国人民银行分支机构。检查结束后，应及时向中国人民银行提交检查报告，并抄送被检查人所在地的中国人民银行分支机构。中国人民银行及其分支机构认为被检查人违反支付体系管理规定需要予以行政处罚的，应进一步核实情况，并依法予以处理。

第二十六条 中国人民银行及其分支机构根据在支付结算执法检查和日常监管中发现、中国支付清算协会反馈或其他部门移交的违法违规和重大案件线索，认为可能给予涉案当事人行政处罚的，应按照《中国人民银行行政处罚程序规定》的相关要求进行立案、调查、取证和实施行政处罚。

第二十七条 本规定由中国人民银行负责解释。

第二十八条 本规定自发布之日起施行。

中国银行业监督管理委员会

中国银监会办公厅
关于2013年银行业案件防控工作的意见

（银监办发〔2013〕46号）

各银监局，各政策性银行、国有商业银行、股份制商业银行、金融资产管理公司，邮政储蓄银行，银监会直接监管的信托公司、企业集团财务公司、金融租赁公司：

2013年银行业案件防控工作的主要任务是：认真贯彻落实全国银监业监督管理工作会议精神，查防并举，注重预防，建立健全案防工作制度，发挥案防非现场监测和现场检查作用，切实落实案防工作责任，着力形成分工明确、协调有序的案防工作格局，进一步增强银行业案防工作能力和水平，全力维护银行业安全稳健运行。

一、完善制度体系，推进案防长效机制建设

以建立健全制度为基础不断推进案防长效机制建设。一是研究起草《银行业金融机构案件防控工作指引》，进一步明确银行业金融机构为案防主体和第一责任人，指导银行业金融机构健全案防工作体系，提升风险防控水平。二是研究起草《银行业金融机构案件防控工作评估办法》，科学考评银行业金融机构案防工作质效，根据评价结果进行差异性监管，激励约束相结合，调动提升银行业金融机构案防工作积极性、主动性。三是制订并实施《银行业金融机构案件防控统计制度（试行）》，提高对银行业案防措施监测的及时性、有效性和针对性。四是继续研究《银行业金融机构案件问责管理办法》，力争统一规范案件责任追究原则和程序，指导案件问责工作，实现案防压力传导。五是探索研究《银行业金融机构案件信息披露管理办法》，积极稳妥推进个案信息披露，正面引导社会舆论，通过市场约束等手段推动银行业金融机构加强案防工作。

二、加大案件查处力度，提高案防工作有效性

以案件查办促进防范工作，实现“以查促防”。一是对于领导同志批示件，要高度重视，快速反应，积极开展核查工作，认真分析案发原因，采取有效措施督促整改问责，确保领导批示要求贯彻落实。二是加大对银行业大要案的督查力度，通过现场调查和督导，摸清作案手法，分析案件风险性质，查找制度和管理漏洞，严肃追究相关人员责任，加强督促整改落实，遏制同质同类案件发生，同时更有效地传导案防工作要求。三是根据案件处置三项制度要求，做好案件后续处置工作，督促属地监管机构和银行业金融机构切实履行职责，及时报送案件调查报告、督查报告、审结报告及案例

材料，提高报送质量，不但要就案论案，提出针对性治理措施，提升案件整改效果，而且要举一反三，查找总结案件反映出的共性问题，严防案件屡查屡犯。

三、建设两个系统，增强案防工作针对性

以信息系统建设为契机，推进案防非现场监测上台阶。一是印发《银行业金融机构案件防控统计制度（试行）》，建立案防非现场监测指标体系，收集、汇总、监测银行业金融机构案防工作及对监管机构相关工作要求的落实情况，横向比较机构之间、地区之间案防工作开展情况，进行多维度的数据分析和预警，有针对性地推动机构加大案防工作力度，落实防控关口前移工作要求。二是研究建立银行从业人员诚信信息统计体系，收集银行从业人员受到刑事处罚、行政处罚、纪律处分等信息，为监管机构审核、审查人员任职资格提供信息支持，为银行人力资源尽职调查提供查询便利，防止银行从业人员“带病”上岗，“带病”流动。通过系统建设，力争发挥非现场监管“指挥棒”和“烽火台”的功能作用，推动案防工作有效落实。

四、组织开展现场检查，落实案防监管要求

以开展现场检查为突破口，实现案防工作有效落地。案件防控是商业银行内部控制和内部审计应着力关注的重心，各级监管机构应按照银监会2013年度现场检查立项工作实施要点的要求，对2009年至2011年银行业金融机构百万元以上案件整改落实情况和轮岗、对账及内审工作情况组织开展现场检查，并将检查开展情况、检查结果和处理意见及时汇总报告。通过现场检查，查找银行业金融机构案防工作中存在的问题和漏洞，总结交流案件整改经验，实现以查促防。

五、强化信息报送分析，发挥风险提示预警功能

以案件（风险）信息报送统计制度修订为起点，提高案件风险分类的针对性。一是各银监局和银行业金融机构应加强内部管理，健全工作机制，增强信息报送的敏感性和主动意识，对案件风险信息迟报、瞒报现象“零容忍”。二是为更准确地反映银行业案件信息，更有针对性地开展案防工作，根据银行业金融机构内部是否有人员涉嫌犯罪，是否存在其他违法违规行为等因素将案件划分为三类，对三类案件采取不同的处置办法。三是按照有关案防制度要求，认真做好案件（风险）信息和案防监测指标的登记、汇总和统计分析工作，定期通报案件（风险）信息和案防指标监测情况，提高案件风险的识别、监测、分析和研判能力，实时关注案防态势，深入分析案发趋势，发挥预警效力，为有针对性、有重点地开展案防工作提供信息支持。

六、加强各项保障工作，夯实案防基础

以调研为切入点，发挥合规文化对案防长效机制建设的基础作用，以培训为平台，努力建设一支合格的案防和安保队伍，以协调为抓手，积极理顺案防和安保内外部关系。一是开展银行业合规文化建设调研。多年银行业案件查防工作实践表明，合规文化建设不仅是银行业稳健经营的基石，更是建立案防长效机制的核心，通过合规文化建设调研活动，深入了解当前银行业合规建设现状和存在问题，为进一步研究制定银行业合规文化建设工作方案奠定基础。二是开展多层次培训。开展以贯彻落实新出台案防制度为主要内容的制度培训、案件（风险）信息管理系统应用培训及与银行业协

会共同举办的针对银行业案防和安保管理人员的轮训。通过培训，提升案防和安保队伍素质，切实增强案防制度执行力。三是进一步明确机构监管部门与功能监管部门案防工作职责。同时，依据案件性质、影响程度、涉案金额等要素划分各级监管机构案件稽查工作范围，进一步发挥案防工作联席会议功能，实现各部门优势互补。

七、做好银行业安保工作，提高安全防范水平

以银行业平安运行为目标，努力提升技防、物防、人防水平。对银行业金融机构而言，一是建立健全系统内安全防范责任制，将安全防范工作纳入对分支机构的年度经营考核体系。二是设置专业安全防范工作部门或配备专职安全防范人员，以专业的团队和素质应对日益专业化的作案趋势。三是按照标准和监管要求开展营业场所安全防范设施建设，加强对物防、技防设备、设施的日常检查和维护。四是制定和完善安全防范制度，采取有效措施，督促制度落实和执行。五是对成功堵截或者妥善处置安防类案（事）件的，出台相应的激励制度，切实调动一线员工的防范积极性。

各银监局要切实承担对银行业安保工作进行指导、检查的职责。一是组织对辖内银行业金融机构营业场所物防、技防建设和运行情况、安防制度执行情况的现场检查，对发现的安全隐患切实督促整改；对因客观情况无法整改的，应当因地制宜地指导其采取替代性防护措施，对可以整改但拒不整改或者多次整改不到位的，采取相应监管措施。二是全面掌握辖内银行业金融机构发生的安防类案（事）件情况，对发生人员伤亡、造成重大资金和声誉风险的安防类案（事）件，及时给予现场指导和协调。三是通过定期或不定期召开安全防范工作例会或者联席会议的形式，进一步强化防范信息和经验的沟通、交流。四是深入剖析典型安防类案（事）件，组织对安全防范工作中出现的新问题进行调研，提出和采取针对性的防范措施。

中国银监会办公厅

2013 年 2 月 7 日

中国银行业监督管理委员会关于印发银行业金融机构信息科技外包风险监管指引的通知

（银监发〔2013〕5 号）

各银监局，各政策性银行、国有商业银行、股份制商业银行、金融资产管理公司，邮储银行，各省级农村信用联社，银监会直接监管的信托公司、企业集团财务公司、金融租赁公司：

现将《银行业金融机构信息科技外包风险

监管指引》印发给你们，请遵照执行。

2013 年 2 月 16 日

银行业金融机构信息科技外包风险监管指引

第一章 总 则

第一条 为规范银行业金融机构的信息科技外包活动，降低信息科技外包风险，根据《中华人民共和国银行业监督管理法》、《中华人民共和国商业银行法》等法律法规，制定本指引。

第二条 在中华人民共和国境内设立的政策性银行、商业银行、农村合作银行、省（自治区）农村信用社联合社适用本指引。银监会监管的其他金融机构参照本指引执行。

第三条 本指引所称信息科技外包是指银行业金融机构将原本由自身负责处理的信息科技活动委托给服务提供商进行处理的行为，包含项目外包、人力资源外包等形式。原则上包括以下类型：

（一）研发咨询类外包：科技管理及科技治理等咨询设计外包，规划、需求、系统开发、测试外包；

（二）系统运行维护类外包：包括数据中心（灾备中心）、机房配套设施、网络、系统的运维外包，自助设备、POS 机等远程终端及办公设备的运维外包；

（三）业务外包中的信息科技活动：市场拓展、业务操作、企业管理、资产处置等外包中的系统开发、运行维护和数据处理活动。

第四条 本指引所称关联外包是指服务提供商为银行业金融机构的母公司或其所属集团子公司、关联公司或附属机构提供信息科技外包。

第五条 信息科技外包可能产生如下风险，并导致银行业金融机构的战略、声誉、合规风险：

（一）科技能力丧失：银行业金融机构过度依赖外部资源导致失去科技控制及创新能力，影响业务创新与发展；

（二）业务中断：支持业务运营的外包服务无法持续提供导致业务中断；

（三）信息泄露：包含客户信息在内的银行业金融机构非公开数据被服务提供商非法获得或泄露；

（四）服务水平下降：由于外包服务质量问题或内外部协作效率低下，使得银行业金融机构信息科技服务水平下降。

第六条 本指引所称机构集中度风险是指银行业金融机构将信息科技外包服务集中交由少量服务提供商承接而产生的风险，该风险可能造成集中性的服务中断、质量下降、安全事件等。

第七条 本指引所称同业托管机构是指作为外包服务提供商为其他同行业金融机构提供信息科技外包服务的银行业金融机构。

第八条 银行业金融机构应当将信息科技外包管理纳入全面风险管理体系，建立与本机构信息科技战略目标相适应的外包管理体系，控制或降低由于外包而引发的风险。

第九条 银行业金融机构应当建立信息科技外包管理组织架构，制定外包管理战略，定期进行外包风险评估，通过服务提供商准入、评价、退出等手段建立及维护符合自身战略目标的供应商关系管理策略。

第十条 银行业金融机构在实施信息科技

外包时应当坚持以下原则：

（一）以不妨碍核心能力建设、积极掌握关键技术为导向；

（二）保持外包风险、成本和效益的平衡；

（三）强调外包风险的事前控制，保持管控力度；

（四）根据外包管理及技术发展趋势，持续改进外包策略和措施。

第十一条 银行业金融机构在实施信息科技外包时，不得将信息科技管理责任外包。

第十二条 对于不涉及银行客户及内部信息转移的信息科技产品采购、维保，及通讯线路租用、支付或清算系统接入等信息科技公共基础设施服务，银行业金融机构应当充分评估其信息科技风险，按照本指引第五章要求进行管理。

第二章 外包管理组织架构

第十三条 银行业金融机构董事会及高级管理层应当严格落实信息科技外包风险管理的相关职责，明确信息科技外包风险管理的主管部门，制定并审批信息科技外包战略，审议信息科技外包管理流程及制度，督促并监控信息科技外包风险管理效果。

第十四条 信息科技外包风险主管部门的主要职责包括：

（一）对外包风险进行识别、评估与风险提示；

（二）监督、评价外包管理工作，并督促外包风险管理的持续改善；

（三）向高级管理层定期汇报信息科技外包活动相关风险管理情况；

（四）董事会或高级管理层确定的其他信息科技外包风险管理职责。

第十五条 银行业金融机构应当在信息科技管理部门或信息科技外包活动执行部门内建立信息科技外包管理执行团队，并配备足够人员履行以下职责：

（一）实施信息科技外包战略；

（二）制定并执行信息科技外包管理制度与流程；

（三）执行供应商准入、评价、退出管理，建立并维护供应商关系管理策略；

（四）制定保障外包服务持续性的应急管理方案，并组织实施定期演练；

（五）对外包过程中的各项管理活动进行监控及分析，定期向信息科技及外包风险管理主管部门报告外包活动情况。

第三章 信息科技外包战略及风险管理

第一节 信息科技外包战略

第十六条 银行业金融机构应当以提升信息科技队伍能力，提高科技管理及创新水平，掌握信息科技核心技能为目标，基于信息科技战略、外包市场环境、自身风险控制能力和风险偏好制定信息科技外包战略，包括：不能外包的职能、资源能力建设方案、供应商关系管理策略和外包分级管理策略。

第十七条 银行业金融机构应当根据自身信息科技战略明确不能外包的职能。涉及战略管理、风险管理、内部审计及其他有关信息科技核心竞争力的职能不得外包。

第十八条 银行业金融机构应当根据外包战略制定资源、能力建设方案，通过补充人员、提升技能、知识转移等方式，有针对性地获取或提升管理及技术能力，降低对服务提供商的依赖。

第十九条 银行业金融机构应当建立与自身规模、市场地位相适应的供应商关系管理策略。通过准入和退出机制合理管控各类高风险服务提供商的数量，实现以下目标：防范行业垄断和机构集中度风险，通过引入适当的竞争在降低采购成本的同时提高服务质量，合理管控服务提供商的数量从而降低风险及管理成本等。

第二十条 银行业金融机构可以按照外包服务性质和重要性程度对服务提供商进行分级管理，对不同级别的服务提供商采取差异化的管控措施，在有效管理重要风险的前提下降低管理成本。

第二十一条 银行业金融机构要同母公司或集团公司协同做好外包服务及服务提供商的管理工作，但应当保持关联外包有关决策的独立性，避免因关联关系而降低外包活动的风险控制水平。

第二节 信息科技外包风险管理

第二十二条 银行业金融机构信息科技外包风险管理部门应当至少每年开展一次全面的外包风险管理评估，保持评估的独立性，并向高级管理层提交评估报告。评估内容包括：信息科技外包战略执行情况、外包信息安全、机构集中度、服务连续性、服务质量、政策及市场变化对外包服务的影响分析等。

第二十三条 银行业金融机构应当对重要的外包服务提供商进行定期的风险评估，保持评估的独立性。至少在三年内覆盖所有重要的服务提供商。评估内容包括：服务提供商合规情况、服务的执行效果等，评估结果应当作为服务提供商准入及退出的重要依据。

第二十四条 银行业金融机构内部审计部门应当定期开展信息科技外包风险管理审计工作，至少每三年对重要的外包服务活动进行一次全面审计。发生外包风险事件后应当及时开展专项审计。

第四章 信息科技外包管理

第一节 外包风险评估及准入

第二十五条 外包项目立项前，银行业金融机构应当审慎检查项目与信息科技外包战略的一致性，根据项目内容、范围、性质对其进行风险识别和评估，制定相应的风险处置措施，不因外包活动的引入而增加整体剩余风险。重大外包项目应向董事会、高管层报告。

第二十六条 银行业金融机构应当根据供应商关系管理策略，结合风险评估结果及服务提供商的准入标准，对备选服务提供商进行初步筛选，防范引入高机构集中度风险特点的服务提供商、或引入增加整体风险的服务提供商。

第二十七条 对于外包服务提供商为同业托管机构的情况，银行业金融机构可参照本节内容对其进行管理。

第二节 服务提供商尽职调查

第二十八条 对重要的服务提供商，银行业金融机构在与其签订合同前应当深入开展尽职调查，必要时可聘请第三方机构协助调查。

第二十九条 银行业金融机构在尽职调查时应当关注服务提供商的技术和行业经验，包括但不限于：服务能力和支持技术、服务经验、服务人员技能、市场评价、监管评价等。

第三十条 银行业金融机构在尽职调查时应当关注服务提供商的内部控制和管理能力，包括但不限于：内部控制机制和管理流程的完善程度、内部控制技术和工具等。

第三十一条 银行业金融机构在尽职调查时应当关注服务提供商的持续经营状况，包括但不限于：从业时间、市场地位及发展趋势、资金的安全性、近期盈利情况等。

第三十二条 对于关联外包，银行业金融机构不得因关联关系而降低对服务提供商的要求，应当在尽职调查阶段详细分析服务提供商技术、内控和管理水平，确认其有足够能力实施外包服务、处理突发事件等。

第三十三条 对于外包服务提供商为同业托管机构的情况，银行业金融机构可参照本节内容对其进行管理。

第三节 外包服务合同及要求

第三十四条 银行业金融机构在实施外包服务项目前，应当与服务提供商签订服务合同。合同应当根据外包服务需求、风险评估及尽职调查结果确定详细程度和重点。

第三十五条 银行业金融机构在合同或协议中应当明确以下内容，包括但不限于：

（一）服务范围、服务内容、工作时限及安排、责任分配、交付物要求以及后续合作中的相关限定条件；

（二）合规与内控要求，对法律法规及银行业金融机构内部管理制度的遵从要求、监管政策的通报贯彻机制、服务提供商的内控措施；

（三）服务连续性要求，服务提供商的服务连续性管理目标应当满足银行业金融机构业务连续性目标要求；

（四）银行业金融机构监控和检查的权利、频率，服务提供商配合其内、外部审计机构检查，及配合银行业监管机构检查的责任；

（五）政策或环境变化因素等在内的合同变更或终止的触发条件，外包服务提供商在过渡期间应该履行的主要职责及合同变更或终止的过渡安排，包括信息、资料和设施的交接处置等过渡期间相关服务的安排；

（六）外包服务过程中产生、加工、交互的信息和知识产权的归属权以及允许服务提供商使用的内容及范围，对服务提供商使用合法软、硬件产品的要求；

（七）服务要求或服务水平条款，至少应当包括如下内容：外包服务的关键要素、服务时效和可用性、数据的机密性和完整性要求、变更的控制、安全标准的遵守情况、技术支持水平等；

（八）争端解决机制、违约及赔偿条款，至少包括如下内容：服务质量违约、安全违约、知识产权违约等，及在各种违约情况下的赔偿以及外包争端的解决机制；

（九）报告条款，至少包括常规报告内容和报告频度、突发事件时的报告路线、报告方式及时限要求。

第三十六条 银行业金融机构应当在合同或协议中明确服务提供商在安全和保密方面的责任，以及针对安全及保密要求需采取的具体措施。包括但不限于：

（一）禁止服务提供商在合同允许范围外使用或者披露银行业金融机构的信息，以防止信息被非授权使用；

（二）在合同或协议中约定服务提供商对银行客户信息安全和银行客户权利的保护条款、事故处理方式及违约赔偿条款；

（三）在合同或协议中约定服务提供商不得以所服务的银行业金融机构名义开展活动；

（四）服务提供商接触银行业金融机构信息时，需满足安全和保密相关条款的要求；

（五）在发生银监会规定的信息科技突发事件，或发生可能引发系统性、区域性银行业信息科技风险类突发事件时，服务提供商应及时向银行业金融机构报告，包括事件的影响以及处置和纠正措施。

第三十七条 银行业金融机构应当在合同或协议中明确要求服务提供商不得将外包服务转包和变相转包。在涉及外包服务分包时应当要求：

（一）不得将外包服务的主要业务分包；

（二）主服务提供商对服务水平负总责，确保分包服务提供商能够严格遵守外包合同或协议；

（三）主服务提供商对分包商进行监控，并对分包商的变更履行通知或报告审批义务。

第四节 外包服务安全管理

第三十八条 银行业金融机构应当制定和落实信息安全管控措施，防范因外包活动引起的信息泄露、信息篡改、信息不可用、非法入侵、物理环境或设施遭受破坏等风险。具体措施包括：

（一）对外包人员进行信息安全培训，提高风险管理意识，确保信息安全管控措施在外包服务过程中有效落实；

（二）明确外包活动需要访问或使用的信息资产，包括场地、办公设施、计算机、服务器、软件、数据、信息、物理访问控制设备、账号、网络宽带、网络端口等，按“必需知道”和“最小授权”原则进行访问授权；

（三）对重要或核心的信息系统开发交付物进行源代码检查和安全扫描；

（四）定期对服务提供商进行安全检查，获取服务提供商自评估或第三方评估报告。

第三十九条 银行业金融机构对关联外包服务提供商定期进行的安全检查，不得以服务提供商的自评估替代，不得因关联关系而影响检查的独立性、客观性及公正性。

第四十条 银行业金融机构应当关注外包服务引入的新技术或新应用对现有治理模式及安全架构的冲击，及时完善信息安全管控体系，避免因新技术或应用的引入而增加额外的信息安全风险。

第五节 外包服务监控与评价

第四十一条 银行业金融机构应当对外包服务过程进行持续监控，要求服务提供商建立阶段性服务目标及任务，并跟踪任务的执行情况，及时发现和纠正服务过程中存在的各类异常情况。

第四十二条 银行业金融机构应当根据信息科技外包需求、合同、服务水平协议等建立明确的服务质量监控指标，并进行相应监控。常见指标包括：

（一）信息系统和设备及基础设施的可用率、设备的开机率；

（二）故障次数、故障解决率、故障的响应时间；

（三）服务的次数、客户满意度；

（四）各阶段业务需求的及时完成率、程序的缺陷数、需求变更率；

（五）外包人员工作饱和率、外包人员的考核合格率。

第四十三条 银行业金融机构应当建立明确的服务目录、服务水平协议以及服务水平监控评价机制，并确保外包服务监控基础数据和评价结果的真实性和完整性，且数据至少需保存到服务结束后一年。

第四十四条 银行业金融机构应当对服务提供商的财务、内控及安全管理进行持续监控，关注其因破产、兼并、关键人员流失、投入不足和管理不善等因素引发的财务状况恶化及内部管理混乱等情况，防范外包服务意外终止或服务质量的急剧下降。

第四十五条 银行业金融机构监控到异常情况时，应当及时督促服务提供商采取纠正措施，情节严重的或未及时纠正的，应当约谈服务提供商高管人员并限期整改。

第四十六条 外包服务结束时，银行业金融机构应当对服务提供商进行评价，评价结果应当作为服务提供商准入的重要参考依据。

第四十七条 对于关联外包，银行业金融机构董事会及高级管理层应当推动母公司或所属集团将外包服务质量纳入对服务提供商的业绩评价范围，建立外包服务重大事件问责机制。同时，应当要求服务提供商在其内部建立与外包服务水平相关的绩效考核机制。

第六节 外包服务中断与终止

第四十八条 银行业金融机构应当考虑信息科技外包的引入对业务连续性管理的影响，有针对性地完善业务连续性管理计划，包括但不限于：

（一）识别出重要业务所涉及的服务提供商和资源；

（二）通过合同、协议等形式明确要求服

务提供商提前准备并维护好相关资源；

（三）对服务提供商业务连续性管理进行监控，并评价其管理水平；

（四）在进行业务连续性计划演练时将相关的服务提供商纳入演练范围。

第四十九条 为降低外包突发事件的可能性及影响，银行业金融机构应当事先对业务连续性管理造成重大影响的外包服务建立风险控制、缓释或转移措施，包括但不限于以下内容：

（一）在外包服务实施过程中持续收集服务提供商相关信息，尽早发现可能导致服务中断的情况；

（二）与服务提供商事先约定在其服务质量不能满足合同要求的情况下获取其外包服务资源的优先权；

（三）要求服务提供商制定服务中断相关的应急处理预案，如提供备份人员；

（四）对于涉及重要业务的外包服务，银行业金融机构需考虑预先在其内部配置相应的人力资源，掌握必要的技能，以在外包服务中断期间自行维持最低限度的服务能力。

第五十条 银行业金融机构应当针对重要外包服务中断的场景，拟定相应的应急计划，并定期进行演练，考虑因素包括但不限于以下内容：

（一）事件场景，如重要人员流失导致服务无法持续，服务提供商主动退出，因资质变更、被收购、兼并或破产等原因导致的服务提供商被动退出等；

（二）事件持续时间和恢复可能性；

（三）事件影响范围和可能的应急措施；

（四）服务提供商自行恢复服务的可能性和时间；

（五）备选的服务提供商以及外包服务迁移方案；

（六）外包服务过渡给银行业金融机构自行运作的可能性、时效及资源需求。

第五十一条 对于无法满足外包服务要求或发生重大事件的情况，银行业金融机构应当在充分评估其影响及制定退出计划的前提下，考虑主动要求服务提供商终止服务，情节特别严重的，可考虑取消准入资质，并报监管机构申请对其备案。对于关联外包，银行业金融机构不得因为关联关系而影响服务提供商退出机制的落实。

第五章 机构集中度风险管理

第五十二条 银行业金融机构应当依据服务提供商所承接外包服务的数量、金额在本行重要信息科技服务中的占比，服务提供商所承接外包服务在银行业服务市场占比情况，识别具有机构集中度特点的外包服务提供商。同时，还应识别服务提供商之间为集团子公司、关联公司或附属机构所产生的机构集中度风险。

第五十三条 银行业金融机构应当积极采用分散信息科技外包活动、提高自主研发运行能力等形式，降低机构集中度，减少对外包服务提供商的依赖。

第五十四条 银行业金融机构应当要求具有机构集中度特点的外包服务提供商提供充分的证据，证明其内部控制和管理能力、持续运营能力等。

第五十五条 银行业金融机构应当要求具有机构集中度特点的外包服务提供商为银行业金融机构配备相对独立的资源，包括服务团队、场地、系统、设备等；并对资源进行定期检查，确保资源及时到位。

第五十六条 银行业金融机构应当要求具有机构集中度特点的外包服务提供商在外包服务中断应急预案中，明确外包服务的优先级，并进行服务中断应急演练，服务提供商应当至少参与服务交接、敏感信息处置等演练过程。

第五十七条 银行业金融机构应当特别加强对具有机构集中度特点的外包服务提供商的财务、内控、安全管理情况的持续监控，建立信息收集机制，及时掌握风险事件情况，防范外包服务意外终止或服务质量急剧下降对本机构产生大面积影响。

第五十八条 银行业金融机构应当对具有机构集中度特点的外包服务提供商增强监督频率与力度，必要时可指派专人进行现场监督。

第五十九条 对于具有机构集中度特点的外包服务提供商为同业托管机构的情况，银行业金融机构可参照本节内容对其进行外包管理。

第六章 跨境及非驻场外包管理

第一节 跨境外包风险管理

第六十条 跨境外包是指在境外其他国家或地区实施的信息科技外包服务活动。

第六十一条 跨境外包除具有本指引前述风险外，还包括由于某一国家或地区经济、政治、社会变化及事件而产生的国别风险，及由于外包实施场地远离银行业金融机构而产生的非驻场风险。

第六十二条 银行业金融机构应当充分了解并持续监控服务提供商所在国家或地区状况，通过建立业务连续性计划防范跨境外包所带来的国别风险。

第六十三条 银行业金融机构应当关注国外法律法规、监管要求对其获取服务提供商外包管理信息可能造成的影响。实施跨境外包应当以不妨碍银行业金融机构有效履行外包服务监控管理职能及监管机构延伸检查为前提。

第六十四条 银行业金融机构在选择跨境外包时，应当明确其所在国家或地区监管当局已与银监会签订谅解备忘录或双方认可的其他约定。

第六十五条 银行业金融机构在选择跨境外包时，还应当充分审查评估服务提供商保护客户信息的能力，并将其作为选择服务提供商的重要指标。涉及客户信息的跨境外包，应当在符合监管法规政策并获得客户授权的前提下开展。

第六十六条 银行业金融机构在实施跨境外包时，其合同应当包括法律选择和司法管辖权的约定，明确争议解决时所适用的法律及司法管辖权，原则上应当要求服务提供商依照中国的法律解决纠纷。

第二节 非驻场外包风险管理

第六十七条 非驻场外包是指服务提供商不在银行业金融机构现场提供服务的外包形式。由于银行业金融机构不能对其内部控制及风险管理措施进行直接管控，应当在信息安全、知识产权保护、质量监控、法律合规等方面加强对服务提供商的风险管理。

第六十八条 银行业金融机构应当建立针对非驻场外包服务的内部控制及风险管理要求的最低标准，该标准应当作为选择服务提供商的最低要求。

第六十九条 银行业金融机构应当对重要的非驻场外包服务进行实地检查。实地检查原则上一年不少于一次，检查结果作为外包服务提供商项目考核及准入的重要指标。

第七十条 银行业金融机构应当加强对外包服务提供商非驻场外包服务内部控制、质量管理、信息安全的有效性评估，评估结果作为供应商准入的重要依据。对于高风险的服务提供商，银行业金融机构应当责令其进行限期整改，对于逾期未改的服务提供商应当暂停或取消其服务资格。

第七十一条 对于非驻场外包服务提供商为同业托管机构的情况，银行业金融机构可以参照本节内容对其进行外包管理，但同业托管机构须将为其他同行业金融机构提供的信息科技外包服务视同自身信息科技服务的重要组成部分，不得区别对待，降低对自身提供外包服务的风险管控水平。

第七章　银行业重点外包服务机构风险管理要求

第七十二条　银行业重点外包服务机构是指集中为银行业金融机构提供外包服务，同时满足下述条件，如其外包服务失败可能导致银行业大面积数据损毁、丢失、泄露或信息系统服务中断，造成经济损失的机构，具体条件如下：

（一）承担集中存贮客户数据的业务交易系统外包服务；或承担银行业金融机构客户资料、交易数据等敏感信息的批量分析或处理服务；或承担银行业金融机构数据中心、灾备中心机房及基础设施外包服务；且上述服务均为非驻场外包服务。

（二）服务的法人银行业金融机构数量、服务合同金额占有本服务领域市场份额的三分之一以上；或服务的跨区域经营法人银行业金融机构数量达到3家或以上；或服务的其他类型法人银行业金融机构数量达到10家或以上。

第七十三条　银行业金融机构应当根据监管机构发布的银行业重点外包服务机构风险提示，按照如下要求进行管理：

（一）银行业重点外包服务机构应当是中华人民共和国境内注册的独立法人实体，注册资本和实收资本不少于1000万，注册成立时间不少于3年。

（二）银行业重点外包服务机构应当拥有健全的组织架构，并针对所提供的外包服务建立有效的风险治理架构，至少应当建立由公司高级管理层直接领导、针对银行业金融机构外包服务的、专职信息科技风险管理团队，为持续的外包服务提供保证。

（三）银行业重点外包服务机构应当建立与所承担的服务范围和规模相适应的服务管理体系，建立完善的信息安全、服务质量、服务持续性等管理制度体系，拥有有效的检查、监控和考核机制，确保管理规范有效执行。

（四）银行业重点外包服务机构应当具有足够的技术能力、人力资源和设施、环境，满足外包服务的质量和安全管理要求。银行业重点外包服务机构承担的银行业金融机构外包服务场地应当设置在中国境内。

第七十四条　银行业金融机构应当要求银行业重点外包服务机构具有如下相关领域资质认证：

（一）具有完善的信息安全管理体系、业务连续性管理体系，并通过业界公认较为权威的信息安全管理和业务连续性管理资质认证。

（二）具有完善的质量管理体系，并通过业界公认较为权威的质量管理资质认证。

（三）承担银行业金融机构数据中心、灾备中心机房及基础设施外包服务的银行业重点外包服务机构，其机房及基础设施应当达到国家电子计算机机房最高标准。

（四）承担集中存贮客户数据的业务交易系统外包服务，或承担银行业金融机构客户资料、交易数据等敏感信息的批量分析或处理服务的银行业重点外包服务机构，应当具有完善的运行服务管理体系，并通过业界公认较为权威的运行服务管理资质认证。

第七十五条　银行业金融机构应当在风险管理、审计方面对银行业重点外包服务机构提出如下要求：

（一）银行业重点外包服务机构应当具有信息科技风险的管理体系，有效识别、监测、评估和控制风险。银行业重点外包服务机构应当至少每季度向所服务的银行业金融机构报送外包风险监控报告，针对监控发现的潜在风险或风险事件，及时采取控制或缓释措施。

（二）银行业重点外包服务机构应当每年聘请独立的审计机构，对自身外包服务进行风险评估，年度风险评估报告需报送所服务的银

化调整存贷比、流动性等指标的计算口径和监管要求。

2013 年 9 月 28 日

中国银行业监督管理委员会办公厅关于印发银行业金融机构案防工作办法的通知

（银监办发〔2013〕257 号）

各银监局，各政策性银行、国有商业银行、股份制商业银行、金融资产管理公司，邮政储蓄银行，各省级农村信用联社，银监会直接监管的信托公司、企业集团财务公司、金融租赁公司：

为加强银行业金融机构案防长效机制建设，现将《银行业金融机构案防工作办法》印发给你们，请认真组织落实。

中国银行业监督管理委员会办公厅

2013 年 11 月 1 日

银行业金融机构案防工作办法

第一章　总　　则

第一条　为加强案防工作，维护银行业金融机构安全稳健运行，根据《中华人民共和国银行业监督管理法》、《中华人民共和国商业银行法》以及其他有关法律法规，制定本办法。

第二条　中华人民共和国境内设立的各银行业金融机构适用本办法。

中华人民共和国境内设立的金融资产管理公司、信托公司、企业集团财务公司、金融租赁公司、外国银行分行以及经国务院银行业监督管理机构批准设立的其他金融机构参照适用本办法。

第三条　银行业金融机构案防工作的目标是，通过建立健全案防管理体系，完善案防管理制度和流程，强化法人负责和责任追究，推进案防长效机制建设，实现案防关口前移，及早防范和化解案件风险。

第四条　本办法所称案件是指银行业金融机构从业人员独立实施或参与实施的，或外部人员实施的，侵犯银行业金融机构或客户资金或其他财产权益的，涉嫌触犯刑法，已由公安、司法机关立案侦查或按规定应当移送公安、司法机关立案查处的刑事案件。

第五条　银监会及其派出机构依法对银行

业金融机构案防工作实施监督管理。

第二章　组织架构

第六条　银行业金融机构是案防工作第一责任主体，应当按照本办法要求，建立与本机构风险管理、资产规模和业务复杂程度相适应的案防管理体系，有效监测、预警和处置案件风险。案防管理体系至少应当包括以下基本要素：

（一）董事会（或理事会等，下同）职责；

（二）监事会职责；

（三）高级管理层职责；

（四）适当的组织架构；

（五）管理政策、制度和流程；

（六）内部监督与检查。

第七条　董事会应当将案件风险作为银行业金融机构的一项重要风险，将董事长列为案件风险防范第一责任人。董事会应当下设合规委员会或承担合规管理职责的专门委员会（以下简称专门委员会），专门委员会对董事会负责，根据董事会授权组织指导案防工作。专门委员会中应当至少有一名独立董事成员。专门委员会在案防方面的主要职责包括：

（一）审议批准案防工作总体政策，推动案防管理体系建设；

（二）明确高级管理层有关案防职责及权限，确保高级管理层采取必要措施有效监测、预警和处置案件风险；

（三）提出案防工作整体要求，审议案防工作报告；

（四）考核评估本机构案防工作有效性；

（五）确保内审稽核对案防工作进行有效审查和监督。

未设董事会的银行业金融机构，应当由经营决策机构履行董事会的有关案防工作职责。

第八条　监事会或监事应当监督董事会和高级管理层案防工作职责履行情况，监事长是案防工作监督的第一责任人。

第九条　高级管理层应当有效管理本机构案件风险，行长（或总经理等，下同）是案防制度制定和执行的第一责任人。高级管理层应当明确各部门及分支机构案防工作的职责分工，确保专人负责，并研究制定年度案防工作计划。

第十条　银行业金融机构应当设立一名合规总监或指定一名高级管理人员（以下统称合规总监）负责本机构合规及案防工作。合规总监纳入银行业金融机构高级管理人员任职资格管理范围，岗位变动要按照监管管辖事前向银监会或其派出机构报告。合规总监向行长报告工作，同时向专门委员会报告工作。

合规总监在案防方面的主要职责包括：

（一）定期审查、检查和监督执行案防政策、制度和操作规程；

（二）全面掌握本机构案防工作总体状况，并定期报告；

（三）建立与各业务条线和分支机构的协调配合机制，形成权责明确、报告路线清晰、运行有序的案防工作机制。

第十一条　银行业金融机构应当明确负责合规管理工作的部门（以下简称合规部门）为案防工作牵头部门，将本机构案防工作组织实施作为其重要职责。

合规部门对合规总监负责，其案防方面的具体职责包括：

（一）拟定本机构案防管理政策、制度和操作规程；

（二）组织实施、协调落实案防工作决策和年度案防工作计划；

（三）收集汇总案防工作情况，定期分析本机构案防形势，确定案防工作重点；

（四）督促各部门及分支机构切实履行案防职责，确保案防管理体系正常运行；

（五）跟踪落实监管部门提出的案防监管要求；

（六）定期组织案防工作培训。

第三章　制度及质量控制

第十二条　银行业金融机构应当按照分工负责的原则，由具体业务部门发起制定业务制度和办法。业务制度和办法应当覆盖全部业务流程，明确责任部门，确保员工理解掌握制度并明晰违规应当承担的责任。

第十三条　银行业金融机构应当建立制度后评价体系，对各项制度合规性和有效性进行审查，根据审查结果和业务发展需要及时修订完善，确保制度涵盖所有业务领域和环节。

第十四条　银行业金融机构应当建立并完善统一授信、分级授权制度以及前、中、后台职责明确、岗位分离、制约有效的内部管理制度，确保对各部门及分支机构的有效管理和控制。

第十五条　银行业金融机构应当建立和完善信息科技系统，提高通过技术手段防范案件的能力，支持各类管理信息适时、准确生成，对关键业务环节实时监控，确保业务的连续性、系统的安全性和稳定性。

第十六条　银行业金融机构应当制定符合本机构特点的案件风险排查、报告、处置、问责以及整改、后评价等专门制度。

第十七条　银行业金融机构应当建立健全科学的绩效考核和激励约束机制，确保业务发展与内部控制、风险管理能力相匹配，规范各级机构及其员工行为，防止因考核激励机制不科学诱发员工违法违规行为。

第十八条　银行业金融机构应当建立检举、抵制违法违规行为和堵截案件的奖励制度，强化员工参与案防工作的激励引导，依法保护举报人的合法权益。

第四章　人员培训与行为管理

第十九条　银行业金融机构应当将员工培训教育作为案防工作的重要内容，建立完善的员工合规及案防培训体系，制定合规及案防培训计划和重点业务培训方案，建立配套的培训考核机制，并与员工岗位、待遇、职务晋升等挂钩。

第二十条　银行业金融机构案防管理人员应当具备与履行职责相匹配的能力、经验和专业素质。

银行业金融机构应当定期为案防管理人员提供系统的专业技能培训。

第二十一条　银行业金融机构应当强化员工职业规范约束，将员工行为管理与操作风险管理有机结合。主要工作至少应当包括：

（一）建立并完善员工管理制度，将员工入职前背景考察、职业操守、八小时内外行为规范等要素纳入案防管理范畴；

（二）加大对员工参与民间借贷、非法集资、充当资金掮客、洗钱、涉黄、涉赌、涉毒、经商办企业、过度消费及负债、频繁请假等异常行为的监督检查力度。

第五章　监督检查

第二十二条　银行业金融机构应当对各项制度的执行情况进行检查和评价，并加大对案件易发部位和薄弱环节的检查力度。

第二十三条　银行业金融机构应当对整体案防工作情况、案防管理体系运行情况、内外部检查发现问题整改情况进行检查评价，并根据检查评价结果促进内控管理自我完善。

第二十四条　银行业金融机构应当采取整体移位、突击检查等方式开展检查，合理设定突击检查频率、覆盖范围、延伸要求、工作方式及工作质量评价标准，加强对基层网点和一线柜台的突击检查。

第二十五条 银行业金融机构应当通过多种方式与客户建立独立的信息反馈渠道，实现内部监督和社会监督有机结合。

第六章 考核与问责

第二十六条 银行业金融机构应当建立案防评价制度，对各级机构案防工作进行考核，并作为经营绩效考核的重要内容。考核要素至少应当包括案防工作组织及质量、内控制度建设、制度执行、内审监督、案发情况、责任追究和整改情况等。

第二十七条 银行业金融机构应当建立健全责任追究机制，按照公平、公正原则建立有效的违规及案件问责制度，严格责任认定与追究，严肃处理违规失职人员，发挥违规惩戒的警示作用。

第二十八条 银行业金融机构应当加强监督检查工作质量控制，业务条线管理、合规管理、内审稽核等负有检查职责的部门对具体发案业务已做过专项检查或审计，应发现未能发现问题或发现问题后未及时报告的，应当追究有关人员责任。

第七章 案防工作监管

第二十九条 银监会及其派出机构依法对银行业金融机构案防工作实施监管，银行业金融机构案防管理政策和程序应当按监管管辖报送银监会或其派出机构备案。

第三十条 银监会及其派出机构依法对银行业金融机构案防工作进行监督检查和评估。

第三十一条 银监会及其派出机构应当将银行业金融机构案防工作评估结果作为监管评级和现场检查的重要依据。

第三十二条 对于银监会及其派出机构在监管和评估中发现的有关案防工作问题，银行业金融机构应当在规定时限内提交整改方案并采取有效整改措施。

第八章 附 则

第三十三条 个别银行业金融机构组织架构设置不完全适用本办法有关要求的，相关机构法人应当按监管管辖向银监会或其派出机构提出申请，由银监会或其派出机构根据实际情况酌情决定。

第三十四条 本办法由银监会负责解释。

第三十五条 本办法自印发之日起施行。

中国银行业监督管理委员会办公厅关于印发银行业金融机构案件问责工作管理暂行办法的通知

（银监办发〔2013〕255号）

各银监局，各政策性银行、国有商业银行、股份制商业银行、金融资产管理公司，邮政储蓄银行，银监会直接监管的信托公司、企业集团财务公司、金融租赁公司：

现将《银行业金融机构案件问责工作管理暂行办法》印发给你们，自2014年1月1日起施行。

为鼓励主动排查并及早发现案件、减少损失，各银行业金融机构2014年12月31日前发现的发生在2014年1月1日前案件的问责工作适用原规定。

各银行业金融机构法人应当根据本办法制定或修订本机构案件责任追究工作制度，并于2014年1月1日前向银行业监督管理机构报备。

中国银行业监督管理委员会办公厅

2013年11月11日

银行业金融机构案件问责工作管理暂行办法

第一章　总　　则

第一条　为规范银行业金融机构案件问责工作，落实案件风险责任，促进案件风险防控，根据《中华人民共和国银行业监督管理法》、《中华人民共和国商业银行法》等法律法规，制定本办法。

第二条　中华人民共和国境内设立的各银行业金融机构案件问责工作，适用本办法。

中华人民共和国境内设立的金融资产管理公司、信托公司、企业集团财务公司、金融租赁公司、外国银行分行以及经国务院银行业监督管理机构批准设立的其他金融机构案件问责工作参照适用本办法。

第三条　本办法所称案件是指银行业金融机构从业人员独立实施或参与实施的，或外部人员实施的，侵犯银行业金融机构或客户资金或其他财产权益的，涉嫌触犯刑法，已由公安、司法机关立案侦查或按规定应当移送公安、司法机关立案查处的刑事犯罪案件。

银行业金融机构从业人员在案件中涉嫌犯罪或存在其他与案件直接相关的违法违规行为的，适用本办法。

第四条 存在下列情形之一的，属于重大、恶性案件：

（一）涉案金额等值人民币一千万元（含）以上的；

（二）性质恶劣，造成挤兑、区域性或系统性风险等重大社会不良影响的；

（三）银行业监督管理机构认定的其他属于重大、恶性的案件。

第五条 本办法所称案件问责是指银行业金融机构对案件责任人员实施责任追究的行为。

第六条 本办法所称案件责任人员是指对案件发生负有责任的银行业金融机构从业人员，包括作案人员，相关违法违规行为的实施人或参与人以及对案件发生负有管理、领导、监督责任的人员。

对案件发生负有管理、领导责任的人员是指不履行或未有效履行管理职责，导致有关环节内部控制失效，致使案件发生的银行业金融机构法人或分支机构的负责人或部门负责人。

对案件发生负有监督责任的人员是指不履行或未有效履行监督、检查职责，应当发现而未能及时发现、报告案件及风险的人员。

第七条 案件责任人员范围应当根据相关岗位和业务条线的职责内容、管理权限、履职情况等因素予以认定。

第八条 银行业金融机构案件问责应当遵循依法依规、实事求是、权责对等、责任明确、逐级追究的原则。

第九条 银行业金融机构案件问责工作应当接受银行业监督管理机构的监督和指导。

第二章 问责主要方式

第十条 银行业金融机构案件问责主要包括但不限于以下方式：

（一）纪律处分：包括警告、记过、记大过、降级、撤职、留用察看、开除等。

（二）经济处理：包括扣减绩效工资、降低薪酬级次、要求赔偿经济损失等。

（三）其他问责方式：包括通报批评、责令辞职、解除劳动合同等。

第十一条 案件问责方式可以合并使用，但对于应当给予纪律处分的，不得以经济处理或其他问责方式代替纪律处分。

第三章 问责基本标准

第十二条 银行业金融机构应当追究案发层级机构案件责任人员的责任，并对其上一级机构涉案条线部门负责人、机构分管负责人、机构主要负责人及其他案件责任人员做出责任认定，根据责任认定情况进行问责。

发生重大、恶性案件的，银行业金融机构除追究案发层级机构及其上一级机构案件责任人员的责任外，还应当对案发层级机构上一级机构的上级机构涉案条线部门负责人、机构分管负责人、机构主要负责人及其他案件责任人员做出责任认定，根据责任认定情况进行问责。

第十三条 根据责任认定情况，发生涉案金额等值人民币一百万元（含）以上案件的，银行业金融机构应当给予案发层级机构主要负责人记大过（含）以上处分；发生重大、恶性案件的，银行业金融机构应当给予案发层级机构主要负责人及其上一级机构分管负责人降级（含）以上处分。

第十四条 根据责任认定情况，有下列情形之一的，银行业金融机构可以免予追究有关案件责任人员的责任：

（一）因不可抗力造成违法违规的；

（二）因紧急避险，被迫采取非常规手段处置突发事件，且所造成的损害明显小于不采取紧急避险措施可能造成的损害的；

（三）受他人暴力胁迫实施违法违规行为，且事后及时报告并积极采取补救措施的；

（四）案发前已发现相关环节内部控制问题并及时提示风险、提出整改要求，或主动反映、举报案件线索的；

（五）在集体决策的违法违规行为中明确表达不同意意见且有记录的；

（六）其他可以免责的情形。

第十五条 根据责任认定情况，有下列情形之一的，银行业金融机构可以对有关案件责任人员从轻或减轻处理：

（一）情节轻微且未造成损害的；

（二）因抵制无效，被迫执行上级错误决定或命令而实施违法违规行为的，但执行上级明显违法违规决定或命令的除外；

（三）自查发现、主动揭露案件的；

（四）主动采取有效措施消除或减轻危害后果的；

（五）积极配合案件调查，为案件调查、减少损失、挽回影响发挥重要作用或有重大立功表现的；

（六）受他人恶意欺诈实施违法违规行为，且事后及时报告并积极采取补救措施的；

（七）其他可以从轻、减轻处理的情形。

第十六条 根据责任认定情况，有下列情形之一的，银行业金融机构应当对有关案件责任人员从重处理：

（一）发生重大、恶性案件，或一年内发生同质同类案件的；

（二）监督管理严重失职，致使内部控制严重失效，从而引发案件的；

（三）指使、授意、教唆或胁迫他人违法违规操作，发生案件的；

（四）对违法违规事实或发现的重要案件线索不及时报告、制止、处理，从而引发案件或导致案件情节进一步加重的；

（五）对上级机构或银行业监督管理机构指出的内部控制薄弱环节或提出的整改意见，未采取落实措施或落实不到位，发生案件的；

（六）案发后，瞒报或故意漏报、迟报、错报案件信息的；

（七）隐瞒案件事实或隐匿、伪造、篡改、毁灭证据，抗拒、妨碍、不配合案件调查和处理的；

（八）对检举人、证人、鉴定人、调查处理人实施威胁、恐吓或打击报复的；

（九）其他应当从重处理的情形。

第十七条 案件责任人员被撤职后，二年内不得安排担任同职（级）及以上职务。

第十八条 银行业金融机构离职人员对离职前的案件发生负有责任的，银行业金融机构应当做出责任认定，并报告监管机构，案件责任人仍在银行业金融机构任职的，应当将认定结果及拟处理意见移送离职人员现任职单位。

第十九条 银行业金融机构在案件问责工作中应当依法保障案件责任人员申诉的权利。

第二十条 案件责任人员涉嫌犯罪的，银行业金融机构应当向公安、司法机关报案。

第四章 问责基本程序

第二十一条 发生涉案金额等值人民币一百万元（含）以上案件的，银行业金融机构应当暂停案发层级机构分管负责人职务，并视情况暂停案发层级机构主要负责人职务，责成其积极配合案件调查。

发生重大、恶性案件的，银行业金融机构应当暂停案发层级机构分管负责人、主要负责人职务，并视情况暂停案发层级机构上一级机构分管负责人职务，责成其积极配合案件调查。

案件调查结束后，确认被暂停职务的人员履行了相关职责的，即予恢复原职。

第二十二条 案件查清后，银行业金融机构应当按照员工管理权限组织开展具体案件问责工作。

发生重大、恶性案件的，全国性银行业金融机构应当由法人机构总部或省级（一级）分支机构牵头组织开展具体案件问责工作，其他银行业金融机构应当由法人机构总部牵头组织开展具体案件问责工作。

案发层级机构人员不得参与具体案件问责工作，但案发层级机构为法人机构总部的除外。

第二十三条 银行业金融机构对案件责任人员做出免责、从轻或减轻处理的责任认定，应当逐一提出处理意见和理由，并由案发层级机构的上一级机构向银行业监督管理机构报告。

第二十四条 银行业金融机构原则上应当在立案之日起3个月内对案件责任人员做出处理决定，并在决定后5个工作日内由案发层级机构的上一级机构向银行业监督管理机构报告。

对确需延长案件办理时间的，应当征得银监会或其省级派出机构同意。

第五章 问责监督

第二十五条 问责工作未按照本办法规定开展的，银行业金融机构应当追究负责具体案件问责工作层级机构主要负责人责任。涉嫌犯罪的，银行业金融机构应当向公安、司法机关报案。

第二十六条 银行业金融机构未按照本办法规定开展问责工作的，银行业监督管理机构可以依法采取监管措施，督促其严肃问责。

第六章 附 则

第二十七条 银行业金融机构法人应当根据本办法制定或修订本机构案件责任追究工作制度，并向银行业监督管理机构报备。

第二十八条 个别金融机构组织构架和层级不适用本办法有关要求的，机构法人应当向银监会或其派出机构提出申请，由银监会或其派出机构根据实际情况酌情决定。

第二十九条 本办法实施后，有关银行业金融机构案件问责工作规定与本办法不一致的，以本办法为准。

第三十条 本办法由银监会负责解释。

第三十一条 本办法自2014年1月1日起施行。

中国银行业监督管理委员会办公厅关于印发银行业金融机构案防工作评估办法的通知

（银监办发〔2013〕258号）

各银监局，各政策性银行、国有商业银行、股份制商业银行、金融资产管理公司，邮政储蓄银行，各省级农村信用联社，银监会直接监管的信托公司、企业集团财务公司、金融租赁公司：

现将《银行业金融机构案防工作评估办法》（以下简称《办法》）印发给你们，自印发之日起执行。《银行业金融机构案件防控工作考核评价办法》（银监办发〔2011〕207号）同时废止。

各银行业金融机构应当依据本《办法》对2013年案防工作进行试评估，并将试评估报告于2014年3月31日前报送银行业监督管理机构。

中国银行业监督管理委员会办公厅

2013年11月12日

银行业金融机构案防工作评估办法

第一章　总　　则

第一条　为加强案防工作，客观评价银行业金融机构案防工作情况和成效，根据《中华人民共和国银行业监督管理法》、《中华人民共和国商业银行法》等法律法规，制定本办法。

第二条　中华人民共和国境内设立的各银行业金融机构适用本办法。

中华人民共和国境内设立的金融资产管理公司、信托公司、企业集团财务公司、金融租赁公司、外国银行分行以及经国务院银行业监督管理机构批准设立的其他金融机构参照执行。

第三条　本办法所称案防工作评估由银行业金融机构自我评估与银行业监督管理机构监管评价构成。

自我评估是指银行业金融机构依据本办法对其年度案防工作整体开展情况进行评估。

监管评价是指银监会及其派出机构依据本办法对银行业金融机构年度案防工作开展情况进行评价。

第四条　案防工作评估实行银行业金融机构法人自我评估与分支机构自我评估、银行业金融机构自我评估与监管机构监管评价相结合的原则。

第二章　自我评估

第五条　银行业金融机构案防工作自我评估应当按照“统一组织、分级实施”原则由银行业金融机构总行（部）负责，一级分行（或相当于一级分行的机构）具体负责组织本级及下级分支机构自我评估工作。

第六条　银行业金融机构总行（部）应当制定年度自我评估工作方案，明确职责分工、规范评估流程、合理分配资源并建立必要的监督、检查和保障机制。

一级分行（或相当于一级分行的机构）应当依分支机构评估指标体系，细化工作方案，做好自我评估的准备、组织实施和报告工作。

第七条　银行业金融机构应当依据《银行业金融机构案防工作评估指标体系（法人机构）》明确分支机构评估指标体系构成，汇总、复核下级机构自我评估情况，开展自我评估工作。

第八条　银行业金融机构应当及时整理、汇总案防自我评估情况，形成《银行业金融机构案防工作自我评估报告》，并在每年2月底前报送银行业监督管理机构。

第三章　监管评价

第九条　银监会及其派出机构对银行业金融机构案防工作实施监管评价，即银监会监管的银行业金融机构由银监会机构监管部门评价，属地监管的法人银行业金融机构由属地银监局评价。

第十条　银行业金融机构分支机构案防监管评价由属地银监会派出机构组织开展，重点对网点众多、内控薄弱、案件多发、特别是年内发生重大案件或发案数量较多的分支机构开展评价。

第十一条　银监会及其派出机构应当成立由机构监管部门牵头，案防部门和法律部门参加的评价小组，负责银行业金融机构案防评价工作。

第十二条　银监会及其派出机构依据《银行业金融机构案防工作评估指标体系（法人机构）》开展监管评价，按照不低于15%的比例对银行业金融机构一级分行自我评估情况进行抽查后，得出该法人机构案防工作监管评价得分和相应等级，并向银行业金融机构反馈。

第十三条　银行业金融机构应当在接到监管评价初评结果10个工作日内向监管部门反馈意见，逾期未反馈的视同接受评价结果。

第十四条　银监会机构监管部门、属地银监局应当在每年3月底前完成《银行业金融机构案防工作监管评价报告》，并抄送银行业案件稽查局。

第四章　评估指标

第十五条　根据《银行业金融机构案防工作办法》制定《银行业金融机构案防工作评估指标体系（法人机构）》，各项评估内容所占权重分别为：案防工作组织13%，制度及质量控制15%，案防工作执行45%，监督与检查14%，考核与问责13%。

第五章　评估结果

第十六条　监管评价等级：评价结果按百分制计算，综合评分85分（含）以上为“绿牌”，综合评分70分（含）以上85分以下为“黄牌”，综合评分70分以下为“红牌”。

第十七条　银监会及其派出机构应当把案防监管评价结果作为确定机构监管评级和现场检查的重要依据。

评为“绿牌”的，可以在监管评级原有级次基础上酌情调高一个评级细项；评为“黄牌”的，应当给予警示；评为“红牌”的，可以在监管评级原有级次基础上下调一个评级细项，并约谈法人机构主要负责人，督促其加强案防工作。

第十八条　银监会及其派出机构可以将年度银行业金融机构案防监管评价结果在适当范围内进行通报。

第六章　附　　则

第十九条　本办法由银监会负责解释。

中国银行业监督管理委员会令

（2013 年第 3 号）

《银行业金融机构董事（理事）和高级管理人员任职资格管理办法》已经中国银监会第 125 次主席会议于 2012 年 6 月 20 日通过。现予公布，自 2013 年 12 月 18 日起施行。

中国银监会主席　尚福林

2013 年 11 月 18 日

银行业金融机构董事（理事）和高级管理人员任职资格管理办法

第一章　总　　则

第一条　为完善银行业金融机构董事（理事）和高级管理人员任职资格管理，促进银行业合法、稳健运行，根据《中华人民共和国银行业监督管理法》、《中华人民共和国商业银行法》、《中华人民共和国行政许可法》等法律法规，制定本办法。

第二条　本办法所称银行业金融机构（以下简称金融机构），是指在中华人民共和国境内设立的商业银行、农村合作银行、村镇银行、农村信用合作社、农村信用合作联社、外国银行分行等吸收公众存款的金融机构以及政策性银行。

在中华人民共和国境内设立的金融资产管理公司、信托公司、企业集团财务公司、金融租赁公司、汽车金融公司、货币经纪公司、消费金融公司、贷款公司、农村信用合作社联合社、省（自治区）农村信用社联合社、农村资金互助社、外资金融机构驻华代表机构以及经监管机构批准设立的其他金融机构的董事（理事）和高级管理人员的任职资格管理，适用本办法。

第三条　本办法所称高级管理人员，是指金融机构总部及分支机构管理层中对该机构经营管理、风险控制有决策权或重要影响力的各类人员。

银行业金融机构董事（理事）和高级管理人员须经监管机构核准任职资格，具体人员范围按银监会行政许可规章以及《中华人民共和国外资银行管理条例实施细则》相关规定执行。

第四条　本办法所称任职资格管理，是指监管机构规定任职资格条件，核准和终止任职资格，监督金融机构加强董事（理事）和高级管理人员任职管理，确保其董事（理事）和高级管理人员符合任职资格条件的全过程。

第五条 本办法所称监管机构，是指国务院银行业监督管理机构（以下简称银监会）及其派出机构。

银监会及其派出机构在任职资格管理中的职责分工，按照银监会相关规定执行。

第六条 金融机构应当确保其董事（理事）和高级管理人员就任时和在任期间始终符合相应的任职资格条件，拥有相应的任职资格。

董事（理事）和高级管理人员在任期间出现不符合任职资格条件情形的，金融机构应当令其限期改正或停止其任职，并将相关情况报告监管机构。

第二章 任职资格条件

第七条 本办法所称任职资格条件，是指金融机构拟任、现任董事（理事）和高级管理人员在品行、声誉、知识、经验、能力、财务状况、独立性等方面应当达到的监管要求。

第八条 金融机构拟任、现任董事（理事）和高级管理人员的任职资格基本条件包括：

（一）具有完全民事行为能力；

（二）具有良好的守法合规记录；

（三）具有良好的品行、声誉；

（四）具有担任金融机构董事（理事）和高级管理人员职务所需的相关知识、经验及能力；

（五）具有良好的经济、金融从业记录；

（六）个人及家庭财务稳健；

（七）具有担任金融机构董事（理事）和高级管理人员职务所需的独立性；

（八）履行对金融机构的忠实与勤勉义务。

第九条 金融机构拟任、现任董事（理事）和高级管理人员出现下列情形之一的，视为不符合本办法第八条第（二）项、第（三）项、第（五）项规定之条件：

（一）有故意或重大过失犯罪记录的；

（二）有违反社会公德的不良行为，造成恶劣影响的；

（三）对曾任职机构违法违规经营活动或重大损失负有个人责任或直接领导责任，情节严重的；

（四）担任或曾任被接管、撤销、宣告破产或吊销营业执照机构的董事（理事）或高级管理人员的，但能够证明本人对曾任职机构被接管、撤销、宣告破产或吊销营业执照不负有个人责任的除外；

（五）因违反职业道德、操守或者工作严重失职，造成重大损失或者恶劣影响的；

（六）指使、参与所任职机构不配合依法监管或案件查处的；

（七）被取消终身的董事（理事）和高级管理人员任职资格，或受到监管机构或其他金融管理部门处罚累计达到两次以上的；

（八）有本办法规定的不具备任职资格条件的情形，采用不正当手段获得任职资格核准的。

第十条 金融机构拟任、现任董事（理事）和高级管理人员出现下列情形之一的，视为不符合本办法第八条第（六）项、第（七）项规定之条件：

（一）本人或其配偶有数额较大的逾期债务未能偿还，包括但不限于在该金融机构的逾期贷款；

（二）本人及其近亲属合并持有该金融机构5%以上股份，且从该金融机构获得的授信总额明显超过其持有的该金融机构股权净值；

（三）本人及其所控股的股东单位合并持有该金融机构5%以上股份，且从该金融机构获得的授信总额明显超过其持有的该金融机构股权净值；

（四）本人或其配偶在持有该金融机构5%以上股份的股东单位任职，且该股东单位从该金融机构获得的授信总额明显超过其持有的该金融机构股权净值，但能够证明相应授信与本人或其配偶没有关系的除外；

前项规定不适用于企业集团财务公司。

（五）存在其他所任职务与其在该金融机构拟任、现任职务有明显利益冲突，或明显分散其在该金融机构履职时间和精力的情形。

本办法所称近亲属包括配偶、父母、子女、兄弟姐妹、祖父母、外祖父母、孙子女、外孙子女。

第十一条 除不得存在第九条、第十条所列情形外，金融机构拟任、现任独立董事还不得存在下列情形：

（一）本人及其近亲属合并持有该金融机构1%以上股份或股权；

（二）本人或其近亲属在持有该金融机构1%以上股份或股权的股东单位任职；

（三）本人或其近亲属在该金融机构、该金融机构控股或者实际控制的机构任职；

（四）本人或其近亲属在不能按期偿还该金融机构贷款的机构任职；

（五）本人或其近亲属任职的机构与本人拟（现）任职金融机构之间存在因法律、会计、审计、管理咨询、担保合作等方面的业务联系或债权债务等方面的利益关系，以至于妨碍其履职独立性的情形；

（六）本人或其近亲属可能被该金融机构主要股东、高管层控制或施加重大影响，以至于妨碍其履职独立性的其他情形。

第十二条 金融机构拟任、现任董事（理事）和高级管理人员出现法律、行政法规所规定的不得担任金融机构董事（理事）和高级管理人员的其他情形，视为不符合监管机构规定的任职资格条件。

第十三条 各类金融机构拟任、现任董事（理事）和高级管理人员应当具备的学历和从业年限按银监会行政许可规章以及《中华人民共和国外资银行管理条例实施细则》相关规定执行。

第三章 任职资格审查与核准

第十四条 金融机构董事（理事）和高级管理人员应当在任职前获得任职资格核准，在获得任职资格核准前不得履职。

第十五条 金融机构任命董事（理事）和高级管理人员或授权相关人员履行董事（理事）或高级管理人员职责前，应当确认其符合任职资格条件，并向监管机构提出任职资格申请。

第十六条 各类金融机构报送任职资格申请的材料和程序按银监会行政许可规章以及《中华人民共和国外资银行管理条例实施细则》相关规定执行。

第十七条 除审核金融机构报送的任职资格申请材料外，监管机构可以通过以下方式审查拟任人是否符合任职资格条件，并据以向金融机构发出核准或不予核准任职资格的书面决定：

（一）在监管信息系统中查询拟任人或拟任人曾任职机构的相关信息；

（二）调阅监管档案查询拟任人或拟任人曾任职机构的相关信息；

（三）征求相关监管机构或其他管理部门意见；

（四）通过有关国家机关、征信机构、拟任人曾任职机构等渠道查证拟任人的相关信息；

（五）对拟任人的专业知识及能力进行测试。

第十八条 拟任人曾任金融机构董事长

（理事长）或高级管理人员的，申请人在提交任职资格申请材料时，还应当提交该拟任人的离任审计报告。

离任审计报告一般应当于该人员离任后的六十日内向其离任机构所在地监管机构报送。在同一法人机构内平行调动的，应当于该人员离任后的三十日内向其离任机构所在地监管机构报送。

第十九条 金融机构董事长（理事长）的离任审计报告应当至少包括对以下情况及其所负责任（包括领导责任和直接责任）的评估结论：

（一）贯彻执行国家法律法规、各项规章制度的情况；

（二）所任职机构或分管部门的内部控制、风险管理是否有效；

（三）所任职机构或分管部门是否发生重大案件、重大损失或重大风险；

（四）本人是否涉及所任职机构经营中的重大关联交易，以及重大关联交易是否依法披露；

（五）董（理）事会运作是否合法有效。离任审计报告还应当包括被审计对象是否存在违法、违规、违纪行为和受处罚、受处分等不良记录的信息。

第二十条 金融机构高级管理人员的离任审计报告至少应当包括对以下情况及其所负责任（包括领导责任和直接责任）的评估结论：

（一）贯彻执行国家法律法规、各项规章制度的情况；

（二）所任职机构或分管部门的经营是否合法合规；

（三）所任职机构或分管部门的内部控制、风险管理是否有效；

（四）所任职机构或分管部门是否发生重大案件、重大损失或重大风险；

（五）本人是否涉及所任职机构或分管部门经营中的重大关联交易，以及重大关联交易是否依法披露。

离任审计报告还应当包括被审计对象是否存在违法、违规、违纪行为和受处罚、受处分等不良记录的信息。

第二十一条 金融机构高级管理人员在同一法人机构内同类性质平行调整职务或改任较低职务，不需重新申请任职资格。在该拟任人任职前，应当向拟任职所在地银监会派出机构提交离任审计报告及有关任职材料。异地任职的，拟任职所在地银监会派出机构应当向原任职所在地银监会派出机构征求监管评价意见。

有以下情形之一的，拟任职所在地银监会派出机构应当书面通知拟任人所在金融机构重新申请任职资格：

（一）未在拟任人任职前提交离任审计报告及有关任职材料的；

（二）离任审计报告结论不实、或显示拟任人可能存在不适合担任新职务情形的；

（三）原任职所在地银监会派出机构的监管评价意见显示，该拟任人可能存在不符合本办法任职资格条件情形的；

（四）已连续中断任职1年以上的。

第二十二条 金融机构董事长（理事长）、行长（总经理、主任）及分支机构行长（总经理、主任）缺位时，金融机构应当按照公司章程等规定指定相关人员代为履职，并在指定之后三日内向监管机构报告。

金融机构应当确保代为履职人员符合本办法规定的任职资格条件。

第二十三条 监管机构发现代为履职人员不符合任职资格条件的，应当责令金融机构限期调整代为履职人员。

代为履职的时间不得超过银监会相关行政许可规章规定期限。金融机构应当在期限内选聘获得任职资格核准的人员正式任职。

第二十四条 金融机构收到监管机构核准

或不予核准任职资格的书面决定后，应当立即告知拟任人任职资格审核结果。

第四章　任职资格终止

第二十五条　有下列情形之一的，监管机构应当撤销已做出的任职资格核准决定：

（一）监管机构工作人员滥用职权、玩忽职守、超越职权、违反法定程序对不具备任职资格条件的人员核准其任职资格的；

（二）金融机构董事（理事）和高级管理人员申请任职资格时存在不具备任职资格条件的情形，监管机构在审核时未发现，但在核准其任职资格后发现该情形的；

（三）不符合任职资格基本条件的人员通过不正当手段取得董事（理事）和高级管理人员任职资格的；

（四）依法应当撤销任职资格核准决定的其他情形。

第二十六条　已拥有任职资格的拟任、现任董事（理事）和高级管理人员出现下列情形之一的，该人员任职资格失效，金融机构应当及时将相关情况报告监管机构：

（一）监管机构发出任职资格核准文件三个月后，未实际到任履行相应职责，且未向监管机构提供正当理由的；

（二）因死亡、失踪、或者丧失民事行为能力，而被金融机构停止其董事（理事）或高级管理人员任职的；

（三）因主动辞职、被金融机构解聘、罢免，或退休及身体原因等不再担任金融机构董事（理事）或高级管理人员职务的；

（四）因被有权机关限制人身自由或被追究刑事责任而被金融机构停止其董事（理事）或高级管理人员任职的；

（五）因在同一法人机构内部调整职务而停止担任董事（理事）或高级管理人员职务的时间持续一年以上的。

第二十七条　金融机构有下列情形之一的，监管机构可视情节轻重及其后果，取消直接负责的董事（理事）和高级管理人员一年以上五年以下任职资格：

（一）违法违规经营，情节较为严重或造成损失数额较大的；

（二）内部管理与控制制度不健全或执行监督不力，造成损失数额较大或引发较大金融犯罪案件的；

（三）违反审慎经营规则，造成损失数额较大或引发较大金融犯罪案件的；

（四）未按照规定向监管机构提供报表、报告等文件或资料，经监管机构书面提示，拒不改正的；

（五）未按照规定进行信息披露，经监管机构书面提示，拒不改正的；

（六）拒绝、阻碍、对抗依法监管，情节较为严重的；

（七）发生重大犯罪案件或重大突发事件后，不及时报案、报告，不及时采取相应措施控制损失，不积极配合有关部门查处案件或处理突发事件的；

（八）被停业整顿、接管、重组期间，未按照监管机构要求采取行动的。

第二十八条　金融机构有下列情形之一，监管机构可视情节轻重及其后果，取消直接负责的董事（理事）和高级管理人员五年以上十年以下任职资格：

（一）违法违规经营，情节严重或造成损失数额巨大的；

（二）内部管理与控制制度不健全或执行监督不力，造成损失数额巨大或引发重大金融犯罪案件的；

（三）严重违反审慎经营规则，造成损失数额巨大或引发重大金融犯罪案件的；

（四）向监管机构提供虚假的或者隐瞒重要事实的报表、报告等文件或资料的；

（五）披露虚假信息，损害存款人和其他客户合法权益的；

（六）拒绝、阻碍、对抗依法监管，情节严重的；

（七）被停业整顿、接管、重组期间，非法转移、转让财产或者对财产设定其他权利的。

第二十九条 金融机构有下列情形之一，监管机构可视情节轻重及其后果，取消直接负责的董事（理事）和高级管理人员十年以上直至终身的任职资格：

（一）违法违规经营，情节特别严重或造成损失数额特别巨大的；

（二）内部管理与控制制度不健全或执行监督不力，造成损失数额特别巨大或引发特别重大金融犯罪案件的；

（三）严重违反审慎经营规则，造成损失数额特别巨大或引发特别重大金融犯罪案件的；

（四）向监管机构提供虚假的或者隐瞒重要事实的报表、报告等文件、资料，情节特别严重的；

（五）披露虚假信息，严重损害存款人和其他客户合法权益的；

（六）阻碍、拒绝、对抗依法监管，情节特别严重的；

（七）被撤销、宣告破产，或者引发区域性或系统性金融风险的。

第三十条 金融机构董事（理事）和高级管理人员有下列情形之一的可以酌情从轻、减轻或免除处罚：

（一）有充分证据表明，该董事（理事）和高级管理人员勤勉尽职的；

（二）该董事（理事）和高级管理人员对突发事件或重大风险积极采取补救措施，有效控制损失和不良影响的；

（三）对造成损失或不良后果的事项，在集体决策过程中曾明确发表反对意见，并有书面记录的；

（四）因执行上级制度、决定或者明文指令，造成损失或不良后果的，但执行上级违法决定的除外；

（五）其他依法可以从轻、减轻或免除处罚的情形。

第五章 金融机构的管理责任

第三十一条 金融机构应当制定董事（理事）和高级管理人员任职管理制度，并及时向监管机构报告。

第三十二条 金融机构委派或聘任董事（理事）和高级管理人员前，应当对拟任人是否符合任职资格条件进行调查，并将记录调查过程和结果的文档纳入任职资格申请材料。

第三十三条 金融机构确认本机构董事（理事）和高级管理人员不符合任职资格条件时，应当停止其任职并书面报告监管机构。

董事（理事）和高级管理人员出现第十条、第十一条所列的不符合任职资格条件情形的，金融机构应当责令其限期改正；逾期不改正的，应当停止其任职并在三日内向监管机构书面报告。

第三十四条 出现下列情形时，金融机构应当在三日内向监管机构书面报告：

（一）监管机构发出任职资格核准文件三个月后，相关拟任人未实际到任履行相应职责的；

（二）董事（理事）和高级管理人员辞职的；

（三）金融机构解聘董事（理事）和高级管理人员的；

（四）在同一法人机构内部调整职务而停止担任董事（理事）或高级管理人员职务的；

（五）金融机构对其董事（理事）和高级管理人员给予处分的。

第三十五条 出现下列情形影响履职时，金融机构应当及时停止相关董事（理事）和高级管理人员任职并在三日内向监管机构书面报告：

（一）董事（理事）和高级管理人员在任职期间死亡、失踪或丧失民事行为能力的；

（二）董事（理事）和高级管理人员被有权机关限制人身自由的；

（三）董事（理事）和高级管理人员被追究刑事责任的。

第三十六条 金融机构收到监管机构撤销、取消董事（理事）和高级管理人员任职资格决定的，应当立即停止该人员的董事（理事）和高级管理人员职务，且不得将其调整到平级或更高级职务。

第三十七条 金融机构应当按照本办法和其他相关规定，向监管机构提交其离任董事长（理事长）和高级管理人员的离任审计报告。

第六章 监管机构的持续监管

第三十八条 监管机构对金融机构制定的董事（理事）和高级管理人员管理制度进行评估和指导，并检查上述制度是否得到有效执行。

第三十九条 监管机构可以通过现场检查及非现场监管等方式对董事（理事）和高管人员履职情况进行监督检查。

第四十条 监管机构应当建立和维护任职资格监管信息系统，整理和保管任职资格监管档案。

第四十一条 金融机构董事（理事）和高级管理人员任职资格被依法撤销、取消以及失效的，监管机构应当在任职资格监管信息系统中注销其任职资格。

第四十二条 金融机构向监管机构报告其董事（理事）和高级管理人员相关情况的书面材料，由监管机构及时将相应信息录入任职资格监管信息系统。

金融机构根据第三十三条第二款、第三十四条第（五）项、第三十五条第（三）项报告的情况，由监管机构在任职资格监管信息系统中记为相应人员的不良记录。

第四十三条 监管机构对金融机构进行现场检查和非现场监管时，发现金融机构有违法违规、违反审慎经营规则、不配合监管、内部管理与控制制度不健全或执行监督不力等情形并造成不良后果的，应当在任职资格监管信息系统中将上述情况记为直接负责的董事（理事）和高级管理人员的不良记录。

第四十四条 对于第四十三条所记载的董事（理事）和高级管理人员不良记录，由监管机构及时向该董事（理事）和高级管理人员的任免机构或组织通报。

第四十五条 金融机构董事（理事）和高级管理人员有下列情形之一的，监管机构应当在任职资格监管信息系统中如实记录：

（一）被监管机构或其他金融管理部门撤销、取消董事（理事）和高级管理人员任职资格的；

（二）被其他金融管理部门书面认定为不适合担任董事（理事）和高级管理人员职务的；

（三）受到行政处罚、行政处分或纪律处分的；

（四）有违法、违规、违纪的不良记录的；

（五）监管机构认为应当记录的其他情形。

第七章 法律责任

第四十六条 金融机构违反本办法规定委派或者聘任董事（理事）和高级管理人员的，该委派或者聘任无效。

第四十七条 金融机构违反本办法规定有

下列情形之一的，监管机构可以根据《中华人民共和国银行业监督管理法》第四十六条、第四十七条及第四十八条对其进行处罚：

（一）未经任职资格审查任命董事（理事）和高级管理人员的；

（二）未及时对任职资格被终止人员的职务作调整的；

（三）以其他职务名称任命不具有相应任职资格的人员，授权其实际履行董事（理事）和高级管理人员职权的；

（四）报送虚假的任职资格申请材料或者故意隐瞒有关情况的；

（五）提交的离任审计报告与事实严重不符的；

（六）对于本办法规定的应当报告情形不予报告的。

第八章　附　　则

第四十八条　金融机构境外分支机构、附属机构从当地聘请的董事（理事）和高级管理人员不适用本办法。

第四十九条　金融机构对董事长（理事长）和高级管理人员进行年度审计的，董事长（理事长）和高级管理人员任期内的年度审计报告可视为其离任审计报告。

国有及国有控股金融机构董事长（理事长）和高级管理人员的任期经济责任审计报告可视为其离任审计报告。

外资金融机构董事长和高级管理人员的离职评价或在其任期内原任职机构出具的履职评价可视为其离任审计报告。

上述审计报告应当包含第十九条、第二十条规定的离任审计报告的基本内容，否则不得作为离任审计报告使用。

第五十条　本办法所称的其他金融管理部门，是指中国人民银行、国家外汇管理局、中国证券监督管理委员会、中国保险监督管理委员会，以及境外金融管理部门等。

第五十一条　本办法中的“以上”均含本数或本级，“以下”不含本数或本级。

本办法中的“日”均指工作日。

第五十二条　本办法实施后，金融机构董事（理事）和高级管理人员的任职资格管理不再适用《金融机构高级管理人员任职资格管理办法》（中国人民银行令〔2000〕第1号）。

第五十三条　本办法由银监会负责解释。

国家外汇管理局

国家外汇管理局
关于推广资本项目信息系统的通知

（汇发〔2013〕17号）

国家外汇管理局各省、自治区、直辖市分局、外汇管理部，深圳、大连、青岛、厦门、宁波市分局，各中资外汇指定银行：

为进一步推动资本项目便利化、加强跨境资本流动统计监测和风险防范，国家外汇管理局决定，自2013年5月13日起在全国推广资本项目信息系统。现就有关事项通知如下：

一、自2013年5月13日起，国家外汇管理局及其分支局（以下简称外汇局）和境内银行应通过资本项目信息系统为境内主体办理各类资本项目业务。

除2013年外商投资企业年检仍通过直接投资外汇管理信息系统进行外，外汇局不再使用直接投资外汇管理信息系统、外债统计监测管理系统、高频债务监测预警系统、外汇账户管理信息系统为境内主体办理各类资本项目业务。境内银行不再在直接投资外汇管理信息系统中进行信息备案。

二、外汇局为境内主体办理各类资本项目业务时，应为该主体出具加盖业务公章的相应业务办理凭证（含核准件、业务登记凭证）。境内银行凭该业务办理凭证上列示的信息在资本项目信息系统中查询核准件或控制信息表，确认合规后方可为该主体办理业务。对需要外汇局核准的业务，银行应在资本项目信息系统中对该核准件进行核注。

直接投资外汇管理信息系统IC卡外汇登记证不再使用。国家外汇管理局各分局、外汇管理部（以下简称各分局）应参照重要空白凭证销毁的有关规定，销毁已经领取但尚未使用的IC卡外汇登记证。

三、境内银行为境内主体办理各项资本项目业务时，应按照《国家外汇管理局关于做好调整境内银行涉外收付凭证及相关信息报送准备工作的通知》（汇发〔2011〕49号）、《国家外汇管理局关于规范境内银行资本项目数据报送的通知》（汇发〔2012〕36号）、《国家外汇管理局关于资本项目信息系统试点及相关数据报送工作的通知》（汇发〔2012〕60号）的要求，协助和督促该主体按照业务办理的顺序及时准确申报涉外收付款、境内收付款信息、账户内结售汇和账户信息，并按照《资本项目业务的业务编号/核准件号填写规范》（见附件1）的要求，根据资本项目信息系统提示的内容准确填写“外汇局批件号/备案表号/业务编号”栏。

2013年5月13日以前开立的核准件，应报送原账户系统开立的核准件编号，并在开头添加“11”字样，即“11+原账户系统开立的核准件编号”。

由于上述数据报送错误，导致无法在核准信息/登记信息和交易信息间建立关联的，外汇局应要求该主体及相关银行修正原数据信息并上报。

四、境内银行应严格控制账户信息、账户内结售汇信息、银行自身资本项目业务数据和部分银行资本项目代客业务数据等通过接口方式或资本项目信息系统报送的数据错误率。

各分局资本项目管理部门应安排专人逐日跟踪辖内银行相关数据错误率。对错误率超过1%的银行要通过电话、约谈、现场调研等方式向该银行了解原因，并督促银行尽快降低错误率。对于错误率偏高或被发现数据漏报错报的银行，应按照银行执行外汇管理规定情况考核的相关要求扣分。

各分局资本项目管理部门应在每月初5个工作日内向国家外汇管理局资本项目管理司（以下简称资本司）报送辖内银行数据质量跟踪简报（资本司综合处门户网邮箱：genl@capital.safe），总结上月辖内银行数据质量情况并就银行数据质量存在的问题提出解决方案。

各分局科技管理部门应积极参与和配合业务部门开展数据质量跟踪和检查工作。

五、按照《国家外汇管理局关于财务公司账户数据接口规范的通知》（汇发〔2012〕55号）要求开发了账户信息接口的企业集团财务公司，报送账户信息的有关要求参照境内银行执行。

六、境内银行不再通过外债统计监测系统报送2013年10月1日以后发生的外债数据，不再通过国家外汇管理局应用服务平台（ASONE）报送2013年10月1日以后发生的QFII、QDII和RQFII报表。

境内银行不再报送2013年10月1日以后发生的对外担保、国内外汇贷款、境外担保项下境内贷款、外汇质押人民币贷款、商业银行人民币结构性存款、合格境外机构投资者（QFII）境内证券投资、人民币合格境外机构投资者（RQFII）境内证券投资、合格境内机构投资者（QDII）境外证券投资、境内个人参与境外上市公司股权激励计划等业务的相关纸质报表（废除报送的纸质报表名录见附件2）。

境内银行应在2013年5月10日17：00以前，将截至当日已经发生的直接投资业务，按照《国家外汇管理局关于进一步改进和调整直接投资外汇管理政策的通知》（汇发〔2012〕59号）要求在直接投资外汇管理信息系统中进行信息备案。国家外汇管理局将于2013年5月10日17：30开始进行直接投资外汇管理信息系统数据迁移。如由于境内银行未及时备案导致数据迁移错误，由银行承担相应后果。

各分局停止报送2013年10月及以后的《资本项目及附属项目流动和汇兑月报表》。

七、外汇局为境外机构办理外商直接投资项下前期费用登记、合格境外机构投资者（QFII）投资额度审批、人民币合格境外机构投资者（RQFII）投资额度审批、不良资产备案登记等四类业务时，应确认该境外机构是否已经申领特殊机构代码。如从未申领特殊机构代码，则该境外机构应当按照特殊机构代码赋码业务的有关规定向外汇局资本项目管理部门提交有效的批文或证明，以申领特殊机构代码。资本项目管理部门对境外机构提交的有效批文或证明审核无误后，填具《特殊机构代码申领表》（见附件3）并交同级国际收支部门。国际收支部门通过全国组织机构代码管理中心办理特殊机构代码赋码业务后，将赋码信息通过资本项目管理部门反馈该境外机构。

境内银行为境外机构办理上述四类业务相关的账户开关户、涉外收付款、境内收付款、账户内结售汇等外汇业务时，应将特殊机构代码作为其唯一标识，境内银行不得为上述机构重复申领特殊机构代码。

八、推广要求

（一）资本项目信息系统推广工作由国家外汇管理局统一安排。各分局应高度重视此项工作，成立专门的推广领导小组和工作小组，组织协调推广工作。领导小组组长由分管副局长担任，小组成员应包括资本项目管理部门、国际收支部门和科技部门的人员。各分局应于2013年4月30日前将领导小组和工作小组成员名单和联系方式报资本司。

（二）2013年5月6日至5月12日，外汇局、境内银行和境内主体应按照《资本项目信息系统推广上线准备工作要求》（见附件4）完成网络、浏览器设置、用户创建和权限维护等上线准备工作。

（三）各分局应当按照国家外汇管理局和本分局内控制度要求，制定符合本分局实际情况和业务特点的资本项目信息系统管理规定，并于2013年6月30日前报国家外汇管理局资本项目管理司备案。各分局应当监督和指导辖内各级分支机构建立和执行相应的资本项目信息系统管理规定。

（四）如遇资本项目信息系统故障导致无法及时为辖内主体办理资本项目业务时，各分局应及时向资本司和外汇业务数据监测中心（科技司）报告。如遇紧急情况，各分局可手工为辖内主体办理业务，待系统恢复后尽快在资本项目信息系统中补录并将业务办理凭证补交该主体。

（五）为保证历史数据查询，请各分局确保外债统计监测系统的相关查询统计功能正常运行至2013年底。

各分局收到本通知后，应及时转发辖内中心支局、支局、外资银行、财务公司、会计师事务所，并组织相关培训，加强对推广工作的组织和协调。各中资外汇指定银行应尽快将本通知转发各分支机构。

在推广工作中，如遇问题需咨询，请与国家外汇管理局资本项目信息系统试点推广办公室联系。联系电话：010－68402125（业务）、010－68402519/2683（技术）。传真：010－68402208。外汇局内网邮箱：safecfa@mail.safe，外汇局互联网邮箱：safecfa@safe.gov.cn。

特此通知。

附件：1. 资本项目业务的业务编号/核准件号填写规范（略）
2. 2013年10月以后停止报送的纸质报表名录（略）
3. 特殊机构代码申领表（参考格式）（略）
4. 资本项目信息系统推广上线准备工作要求（略）

国家外汇管理局
2013年4月25日

国家税务总局、国家外汇管理局公告

（2013 年第 40 号）

关于服务贸易等项目对外支付税务备案有关问题的公告

为便利对外支付和加强跨境税源管理，现就服务贸易等项目对外支付税务备案有关问题公告如下：

一、境内机构和个人向境外单笔支付等值 5 万美元以上（不含等值 5 万美元，下同）下列外汇资金，除本公告第三条规定的情形外，均应向所在地主管国税机关进行税务备案，主管税务机关仅为地税机关的，应向所在地同级国税机关备案：

（一）境外机构或个人从境内获得的包括运输、旅游、通信、建筑安装及劳务承包、保险服务、金融服务、计算机和信息服务、专有权利使用和特许、体育文化和娱乐服务、其他商业服务、政府服务等服务贸易收入；

（二）境外个人在境内的工作报酬，境外机构或个人从境内获得的股息、红利、利润、直接债务利息、担保费以及非资本转移的捐赠、赔偿、税收、偶然性所得等收益和经常转移收入；

（三）境外机构或个人从境内获得的融资租赁租金、不动产的转让收入、股权转让所得以及外国投资者其他合法所得。

外国投资者以境内直接投资合法所得在境内再投资单笔 5 万美元以上的，应按照本规定进行税务备案。

二、境内机构和个人（以下称备案人）在办理对外支付税务备案时，应向主管国税机关提交加盖公章的合同（协议）或相关交易凭证复印件（外文文本应同时附送中文译本），并填报《服务贸易等项目对外支付税务备案表》（一式三份，以下简称《备案表》，见附件 1）。

同一笔合同需要多次对外支付的，备案人须在每次付汇前办理税务备案手续，但只需在首次付汇备案时提交合同（协议）或相关交易凭证复印件。

三、境内机构和个人对外支付下列外汇资金，无需办理和提交《备案表》：

（一）境内机构在境外发生的差旅、会议、商品展销等各项费用；

（二）境内机构在境外代表机构的办公经费，以及境内机构在境外承包工程的工程款；

（三）境内机构发生在境外的进出口贸易佣金、保险费、赔偿款；

（四）进口贸易项下境外机构获得的国际运输费用；

（五）保险项下保费、保险金等相关费用；

（六）从事运输或远洋渔业的境内机构在境外发生的修理、油料、港杂等各项费用；

（七）境内旅行社从事出境旅游业务的团费以及代订、代办的住宿、交通等相关费用；

（八）亚洲开发银行和世界银行集团下属的国际金融公司从我国取得的所得或收入，包括投资合营企业分得的利润和转让股份所得、在华财产（含房产）出租或转让收入以及贷款给我国境内机构取得的利息；

（九）外国政府和国际金融组织向我国提供的外国政府（转）贷款（含外国政府混合（转）贷款）和国际金融组织贷款项下的利息。本项所称国际金融组织是指国际货币基金组织、世界银行集团、国际开发协会、国际农业发展基金组织、欧洲投资银行等；

（十）外汇指定银行或财务公司自身对外融资如境外借款、境外同业拆借、海外代付以及其他债务等项下的利息；

（十一）我国省级以上国家机关对外无偿捐赠援助资金；

（十二）境内证券公司或登记结算公司向境外机构或境外个人支付其依法获得的股息、红利、利息收入及有价证券卖出所得收益；

（十三）境内个人境外留学、旅游、探亲等因私用汇；

（十四）境内机构和个人办理服务贸易、收益和经常转移项下退汇；

（十五）国家规定的其他情形。

四、境外个人办理服务贸易、收益和经常转移项下对外支付，应按照个人外汇管理的相关规定办理。

五、备案人可通过以下方法获取《备案表》：

（一）在主管国税机关办税服务厅窗口领取；

（二）从主管国税机关官方网站下载。

六、备案人提交的资料齐全、《备案表》填写完整的，主管国税机关无须当场进行纳税事项审核，应编制《备案表》流水号，在《备案表》上盖章，1 份当场退还备案人，1 份留存，1 份于次月 10 日前以邮寄或其他方式传递给备案人主管地税机关。

《备案表》流水号具体格式为：年份（2 位）＋税务机关代码（6 位）＋顺序号（6 位）。“年份”指公历年度后两位数字，“顺序号”为本年度的自然顺序号。

七、备案人完成税务备案手续后，持主管国税机关盖章的《备案表》，按照外汇管理的规定，到外汇指定银行办理付汇审核手续。

八、主管国税机关或地税机关应自收到《备案表》后 15 个工作日内，对备案人提交的《备案表》及所附资料进行审查，并可要求备案人进一步提供相关资料。审查的内容包括：

（一）备案信息与实际支付项目是否一致；

（二）对外支付项目是否已按规定缴纳各项税款；

（三）申请享受减免税待遇的，是否符合相关税收法律法规和税收协定（安排）的规定。

九、主管税务机关审查发现对外支付项目未按规定缴纳税款的，应书面告知纳税人或扣缴义务人履行申报纳税或源泉扣缴义务，依法追缴税款，按照税收法律法规的有关规定实施处罚。

十、主管国税机关、地税机关应加强对外支付税务备案事项的管理，及时统计对外支付备案情况及税收征管情况，填写《服务贸易等项目对外支付税务备案情况年度统计表》（见附件2），并于次年1月31日前层报税务总局（国际税务司）。

十一、各级税务部门、外汇管理部门应当密切配合，加强信息交换工作。执行过程中如发现问题，应及时向上级部门反馈。

十二、本公告自2013年9月1日起施行。《国家税务总局国家外汇管理局关于加强外国公司船舶运输收入税收管理及国际海运业对外支付管理的通知》（国税发〔2001〕139号）、《国家税务总局国家外汇管理局关于加强外国公司船舶运输收入税收管理及国际海运业对外支付管理的补充通知》（国税发〔2002〕107号）、《国家税务总局国家外汇管理局关于境内机构及个人对外支付技术转让费不再提交营业税税务凭证的通知》（国税发〔2005〕28号）、《国家外汇管理局国家税务总局关于服务贸易等项目对外支付提交税务证明有关问题的通知》（汇发〔2008〕64号）、《国家税务总局关于印发〈服务贸易等项目对外支付出具税务证明管理办法〉的通知》（国税发〔2008〕122号）、《国家外汇管理局关于转发国家税务总局服务贸易等项目对外支付出具税务证明管理办法的通知》（汇发〔2009〕1号）、《国家外汇管理局国家税务总局关于进一步明确服务贸易等项目对外支付提交税务证明有关问题的通知》（汇发〔2009〕52号）和《国家税务总局关于修改〈服务贸易等项目对外支付出具税务证明申请表〉的公告》（国家税务总局公告2012年第54号）同时废止。

特此公告。

附件：1. 服务贸易等项目对外支付税务备案表（略）

2. 服务贸易等项目对外支付备案情况年度统计表（略）

国家税务总局

国家外汇管理局

2013年7月9日

国家外汇管理局
关于印发服务贸易外汇管理法规的通知

（汇发〔2013〕30号）

国家外汇管理局各省、自治区、直辖市分局、外汇管理部，深圳、大连、青岛、厦门、宁波市分局；各中资外汇指定银行：

为完善服务贸易外汇管理，促进贸易投资便利化，服务涉外经济发展，国家外汇管理局制定了《服务贸易外汇管理指引》（见附件1）和《服务贸易外汇管理指引实施细则》（见附件2），同时废止了一系列文件（目录见附件

3)。现将有关文件印发你们，请遵照执行，并就有关问题通知如下：

一、各分局、外汇管理部应做好法规宣传解释工作，对外公布咨询电话。各银行应做好文件实施前的各项准备工作以及文件正式实施后的落实工作。

二、各分局、外汇管理部接到本通知后，应及时转发辖内中心支局（支局）、地方性商业银行及外资银行。各中资外汇指定银行收到本通知后，应及时转发下属分支机构。

三、本通知实施后，之前规定与本通知内容不一致的，以本通知为准。

文件执行过程中如遇问题，请及时向国家外汇管理局经常项目管理司反馈。

联系电话：010－68402381

特此通知。

附件：1. 服务贸易外汇管理指引

2. 服务贸易外汇管理指引实施细则

3. 废止文件目录（略）

国家外汇管理局

2013 年 7 月 18 日

附件 1：

服务贸易外汇管理指引

第一条 为完善服务贸易外汇管理，促进贸易投资便利化，服务涉外经济发展，根据《中华人民共和国外汇管理条例》，制定本指引。

第二条 国家对服务贸易项下国际支付不予限制。

服务贸易外汇收入可按规定的条件、期限等调回境内或者存放境外。

第三条 服务贸易外汇收入，可以自行保留或办理结汇；服务贸易外汇支出，可以使用自有外汇支付或者以人民币购汇支付。

第四条 服务贸易外汇收支应当具有真实、合法的交易基础。

境内机构和境内个人不得以虚构交易骗取资金收付，不得以分拆等方式逃避外汇监管。

第五条 境内机构和境内个人从事服务贸易活动应当符合国家规定，需经国家相关主管部门审批、核准、登记、备案等的，在办理服务贸易外汇收支前，应先办妥有关手续。

第六条 经营外汇业务的金融机构（以下简称金融机构）办理服务贸易外汇收支业务，应当按照国家外汇管理规定对交易单证的真实性及其与外汇收支的一致性进行合理审查，确认交易单证所列的交易主体、金额、性质等要素与其申请办理的外汇收支相一致。

第七条 金融机构应根据本指引及相关规定制定内部管理制度，明确有关业务操作规程，并按照国家外汇管理规定及时报送相关外汇收支信息，报告异常、可疑线索。

第八条 境内机构和境内个人办理服务贸易外汇收支，应按规定提交能证明交易真实合法的交易单证；提交的交易单证无法证明交易真实合法或与其申请办理的外汇收支不一致的，金融机构应要求其补充其他交易单证。

第九条 服务贸易外汇收支涉及的交易单证应符合国家法律法规和通行商业惯例的要

求，主要包括：

（一）包含交易标的、主体等要素的合同（协议）；

（二）发票（支付通知）或列明交易标的、主体、金额等要素的结算清单（支付清单）；

（三）其他能证明交易真实合法的交易单证。

第十条 办理服务贸易外汇收支业务，金融机构应按规定期限留存审查后的交易单证备查；境内机构和境内个人应按规定期限留存相关交易单证备查。

第十一条 国家外汇管理局及其分支机构（以下简称外汇局）有权对第二条至第十条规定事项进行监督检查。

外汇局通过外汇监测系统，监测服务贸易外汇收支情况，对外汇收支异常的境内机构、境内个人和相关金融机构进行非现场核查、现场核查或检查，查实外汇违法行为。

第十二条 下列服务贸易外汇收支，外汇管理另有明确规定的，从其规定；没有明确规定的，按照本指引及其实施细则执行：

（一）境内个人的服务贸易外汇收支；

（二）海关特殊监管区域内境内机构的服务贸易外汇收支；

（三）金融机构自身的服务贸易外汇收支；

（四）因资本和金融项目交易发生的服务贸易外汇收支；

（五）货物贸易外汇管理有明确规定的服务贸易外汇收支。

第十三条 收益和经常转移项下外汇管理按照本指引执行。

第十四条 违反本指引规定的，由外汇局依据《中华人民共和国外汇管理条例》及相关规定予以处罚。

第十五条 国家外汇管理局依据本指引制定实施细则。

第十六条 本指引由国家外汇管理局负责解释。

第十七条 本指引自2013年9月1日起施行。之前规定与本指引规定不一致的，按照本指引执行。

附件2：

服务贸易外汇管理指引实施细则

第一条 依据《服务贸易外汇管理指引》（以下简称《指引》），制定本细则。

第二条 本细则适用于服务贸易、收益和经常转移等除货物贸易以外的经常项目外汇收支（以下统称服务贸易外汇收支）。

第三条 境内机构和境内个人办理服务贸易外汇收支，应按国际收支申报的规定办理申报。

金融机构应按照国际收支申报和本细则第十四条规定审查境内机构和境内个人填写的申报凭证，及时向外汇局报送信息。

第一章 外汇收支审查

第四条 金融机构办理服务贸易外汇收支业务，应当按照《指引》及本细则的规定对交易单证的真实性及其与外汇收支的一致性进行合理审查。

金融机构审查的交易单证无法证明交易真实合法、或与办理的外汇收支不一致的，金融机构应当要求境内机构和境内个人补充其他交易单证。

金融机构应当按照“了解你的客户”、“了解你的业务”的原则合理尽职。

第五条 金融机构应将《指引》和本细则等相关规定落实到自身业务操作规程中，规范具体业务操作。

第六条 办理单笔等值5万美元以上的服务贸易外汇收支业务，金融机构应按以下规定审查并留存交易单证：

（一）国际运输项下：运输发票或运输单据或运输清单。

（二）对外劳务合作或对外承包工程项下：合同（协议）和劳务预算表（工程预算表或工程结算单）。

（三）对外承包工程签订合同之前服务贸易项下前期费用对外支付：申请书（包括但不限于前期费用预算情况、使用时间、境外收款人与境内机构之间的关系等）。未使用完的外汇资金，境内机构应及时调回境内。

（四）专有权利使用费和特许费项下：合同（协议）和发票（支付通知）。

（五）利润、股息和红利项下对外支付：会计师事务所出具的相关年度财务审计报告、董事会关于利润分配的决议和最近一期的验资报告。境内机构可依法支付中期境外股东所得的股息、红利。

外商投资合伙企业外国合伙人所得利润项下对外支付：外国合伙人出资确认登记证明和利润分配决议，其中，外国合伙人出资确认登记证明可由金融机构从外汇局相关系统打印。

利润、股息和红利项下收汇：利润处置决议和境外机构相关年度的财务报表。

（六）代表处（办事处）办公经费项下：经费预算表。

（七）技术进出口项下：合同（协议）和发票（支付通知）。属于限制类技术进出口，境内机构和境内个人还应提供商务部门颁发的《技术进出口许可证》。

（八）国际赔偿款项下：原始交易合同、赔款协议（赔款条款）和整个赔偿过程的相关说明或证明材料；或者仅审核法院判决书或仲裁机构出具的仲裁书或有权调解机构出具的调解书等。

（九）具有关联关系的境内外机构代垫或分摊的服务贸易费用项下：原始交易合同、代垫或分摊合同（协议或说明）、发票（支付通知），代垫或分摊期限不得超过12个月。

（十）服务贸易项下退汇：按照原汇入或汇出资金交易性质规定的交易单证和整个退汇过程的相关说明或证明材料，退汇金额不得超过原汇入或汇出金额，且原路汇回。

（十一）其他服务贸易项下外汇收支：合同（协议）或发票（支付通知）或相关其他交易单证。

第七条 办理单笔等值5万美元以上的服务贸易对外支付，金融机构还应按照《国家税务总局国家外汇管理局关于服务贸易等项目对外支付税务备案有关问题的公告》（国家税务总局国家外汇管理局公告2013年第40号）的规定办理。

第八条 办理单笔等值5万美元（含）以下的服务贸易外汇收支业务，金融机构原则上可不审核交易单证，但对于资金性质不明确的外汇收支业务，金融机构应要求境内机构和境内个人提交易单证进行合理审查。

第九条 办理服务贸易境内外汇划转业务，由划付方金融机构按以下规定审查并留存交易单证：

（一）境内机构向国际运输或国际运输代理企业划转运费及相关费用：发票；

（二）对外承包工程项下总承包方向分包方划转工程款：分包合同和发票（支付通知）；对外承包工程联合体已指定涉外收付款主体的，收付款主体与联合体其他成员之间划转工程款：相关合同和发票（支付通知）；

（三）服务外包项下总包方向分包方划转相关费用：分包合同和发票（支付通知）；

（四）境内机构向个人归还垫付的公务出国项下相关费用：相关费用单证或者费用清单；

（五）外汇保险项下相关费用的境内外汇划转业务，按照保险业务外汇管理的有关规定办理；

（六）其他服务贸易境内外汇划转业务，按照《境内外汇划转管理暂行规定》等办理。

第十条 办理服务贸易外币现钞提取业务，金融机构应按以下规定审查并留存交易单证：

（一）国际海运船长借支项下提取外币现钞：收账通知和船东付款指令；

（二）赴战乱、外汇管制严格、金融条件差的国家（地区），对外劳务合作或对外承包工程项下提取外币现钞：合同（协议）和预算表；

（三）赴战乱、外汇管制严格、金融条件差的国家（地区），境外代表处（办事处）办公经费项下提取外币现钞：预算表；

（四）境内机构公务出国项下每个团组平均每人提取外币现钞金额在等值 1 万美元（含）以下的：预算表；

（五）其他服务贸易外币现钞业务按照《境内机构外币现钞收付管理暂行办法》等办理。

第十一条 境内机构和境内个人应留存每笔服务贸易外汇收支相关交易单证 5 年备查。

金融机构办理服务贸易外汇收支业务，应当将审查后的交易单证作为业务档案留存 5 年备查。

第十二条 交易单证可以是纸质形式或者是符合法律法规规定且被金融机构认可的电子形式。电子形式的交易单证，金融机构审查认可后应当打印纸质文件留存，并在纸质文件上签章。

分次办理的服务贸易外汇收支业务，金融机构每次应在审查后的交易单证上注明金额、日期，加盖业务印章。

由境内机构和境内个人单方面出具的、通过网络下载或传真的交易单证，应当由提交人加盖具有法律效力的印章或签字证明。

第十三条 交易单证以外国文字表述的，金融机构可要求申请人提供中文译本。

第十四条 服务贸易外汇收支管理信息申报凭证包括《境外汇款申请书》、《对外汇款/承兑通知书》、《境内汇款申请书》、《境内付款/承兑通知书》、《涉外收入申报单》和《境内收入申报单》。

境内机构和境内个人申报的服务贸易外汇收支管理信息包括：

（一）交易单证号：在申报凭证相应栏目中填写合同号、发票号。服务贸易外汇收支本身无交易单证号的，境内机构和境内个人可不填写。

（二）代垫或分摊的服务贸易费用和对外承包工程签订合同之前服务贸易项下前期费用：应在申报凭证的交易附言栏目中标明“代垫”、“分摊”或“前期费用”字样。

（三）服务贸易项下退汇：应在申报凭证的退款栏目中进行确认或在交易附言栏目中标明“退汇”字样。

（四）外汇局规定的其他管理信息。

对于境内机构和境内个人按照本条规定填报的服务贸易外汇收支管理信息，金融机构应于收付款后5个工作日内及时、准确、完整地通过国际收支网上申报系统向外汇局报送。

第二章　存放境外管理

第十五条　境内机构服务贸易外汇收入存放境外（以下简称存放境外），应当具备下列条件：

（一）具有服务贸易外汇收入且在境外有持续的支付结算需要；

（二）近两年无违反外汇管理规定行为；

（三）具有完备的存放境外内部管理制度；

（四）从事与货物贸易有关的服务贸易；

（五）境内企业集团存放境外且实行集中收付的，其境内外汇资金应已实行集中运营管理；

（六）外汇局规定的其他条件。

境内企业集团实行集中收付的，可指定一家境内成员企业（包括财务公司）作为主办企业，负责对所有参与存放境外业务的境内成员企业的境外服务贸易外汇收入实行集中收付。

第十六条　境内机构存放境外，应开立存放境外外汇账户（以下简称境外存放账户）。境内机构存放境外资金规模即境外存放账户的账户余额，不得高于其上年度服务贸易外汇收入总规模的50%；境内企业集团存放境外资金规模即主办企业境外存放账户的账户余额，不得高于其所有境内成员企业上年度服务贸易外汇收入总规模的50%。

第十七条　境外存放账户的收入范围包括服务贸易收入以及经外汇局批准的其他收入；支出范围包括经常项目支出、调回境内，以及符合外汇局规定的其他支出。

第十八条　境内机构开立境外存放账户，应持以下材料向所在地外汇局申请办理开户核准手续：

（一）申请书（包括但不限于基本情况、服务贸易开展情况、拟开户银行、使用期限、根据实际需要申请的存放境外资金规模等）；

（二）存放境外的内部管理制度；

（三）境内企业集团存放境外且实行集中收付的，还需提交存放境外境内成员企业名单以及境内成员企业同意集中收付的协议；

（四）外汇局要求的其他材料。

境内企业集团存放境外且实行集中收付的，由主办企业到所在地外汇局办理境外存放账户开户核准手续。境内成员企业与主办企业属不同外汇局管辖的，主办企业所在地外汇局办理境外存放账户开户核准手续时，应向异地境内成员企业所在地外汇局发送《国家外汇管理局××分（支）局服务贸易外汇收入存放境外征询函》（以下简称《征询函》，见附1），异地境内成员企业所在地外汇局应在收到《征询函》3个工作日内书面向主办企业所在地外汇局反馈。

第十九条　境内机构开立境外存放账户后，应在开户后10个工作日内将开户银行、账号、账户币种等信息以书面形式报所在地外汇局备案；境外存放账户基本信息发生变更的，应在获知相关信息之日起10个工作日内将变更信息以书面形式报所在地外汇局备案；境内机构关闭境外存放账户的，应自关户之日起10个工作日内持境外开户行的销户通知书向所在地外汇局备案，余额调回境内。

第二十条　境外存放账户的外汇资金调回境内同名经常项目外汇账户或境内外汇资金集中运营管理账户，直接在金融机构办理。

第二十一条　境内机构变更境外存放账户的开户行、收支范围、使用期限以及需提高存放境外资金规模的，境内机构应凭申请书向所在地外汇局进行变更核准，境内企业集团应由主办企业办理变更核准。

第二十二条 境外存放账户的收支应当具有真实、合法的交易基础，符合中国及开户行所在国家（或地区）相关法律规定。

境内机构应于每个季度结束后20个工作日内向所在地外汇局报送境外存放账户银行对账单，银行对账单上需加盖具有法律效力的境内机构印章。

第二十三条 境内机构存放境外，应由境内机构按照国际收支申报的有关规定通过国家外汇管理局应用服务平台报送境外存放账户收支余信息。境内企业集团存放境外，应由主办企业报送相关信息。

第二十四条 境内机构办理境外存放账户的外汇收支，应当按照《指引》及本细则的规定留存相应交易单证5年备查。

第二十五条 国家外汇管理局可根据国际收支形势和外汇管理需要对存放境外的资格条件、期限、存放规模或调回要求等进行调整。

第三章 监督管理

第二十六条 外汇局通过外汇监测系统对服务贸易外汇收支进行非现场监测，对外汇收支异常的境内机构和境内个人进行非现场核查、现场核查或检查；对金融机构办理服务贸易外汇收支业务的合规性与报送相关信息的及时性、完整性和准确性实施非现场核查、现场核查或检查。

第二十七条 外汇局对需现场核查的境内机构、境内个人和相关金融机构，应出具《国家外汇管理局××分（支）局现场核查通知书》（以下简称《现场核查通知书》，见附2），并可采取下列一种或多种方式实施现场核查：

（一）要求被核查境内机构、境内个人和相关金融机构提交相关交易单证及书面的解释说明材料；

（二）约见被核查境内机构法定代表人或其授权人、境内个人和相关金融机构负责人或其授权人当面询问核实情况；

（三）现场查阅、复制被核查境内机构、境内个人和相关金融机构的财务会计资料及相关文件；

（四）其他必要的现场核查方式。

第二十八条 境内机构、境内个人和相关金融机构应当按下列规定如实说明情况，并提供相关资料，配合外汇局开展现场核查工作，不得拒绝、阻碍和隐瞒：

（一）外汇局要求境内机构、境内个人和相关金融机构提交相关书面材料的，境内机构、境内个人和相关金融机构应当在收到《现场核查通知书》之日起10个工作日内，向外汇局提交书面报告及相关证明材料；

（二）外汇局约见被核查境内机构法定代表人或其授权人、境内个人和相关金融机构负责人或其授权人，上述人员应当在收到《现场核查通知书》之日起10个工作日内到外汇局说明相关情况；

（三）外汇局现场查阅、复制被核查境内机构、境内个人和相关金融机构的相关资料，境内机构、境内个人和相关金融机构应当按外汇局要求做好相关准备工作；

（四）外汇局采取其他现场核查方式的，境内机构、境内个人和相关金融机构应当按外汇局要求做好相关准备工作。

第四章 法律责任

第二十九条 境内机构、境内个人和金融机构应当按本细则及其他相关规定办理服务贸易外汇收支，对违反规定的，由外汇局依据《中华人民共和国外汇管理条例》（以下简称《条例》）等相关规定处罚。

第三十条 金融机构办理服务贸易外汇收

支，未按规定对交易单证的真实性及其与外汇收支的一致性进行合理审查的，依据《条例》第四十七条规定，由外汇局责令限期改正，没收违法所得，并处20万元以上100万元以下的罚款；情节严重或逾期不改的，由外汇局责令停止经营相关业务。

第三十一条 有下列行为之一的，依据《条例》第四十八条规定，由外汇局责令改正，给予警告，对境内机构处30万元以下的罚款，对个人可以处5万元以下的罚款：

（一）未按照本细则及相关规定进行服务贸易外汇收支信息报告；

（二）未按照本细则及相关规定提交有效单证、资料或者提交的单证、资料不真实；

（三）未按规定办理境外存放账户核准；

（四）未按规定办理境外外汇账户资金收付；

（五）拒绝、阻碍外汇管理机关依法进行检查或核查；

（六）未按照本细则及相关规定留存相关交易单证或留存不全。

第三十二条 虚构交易或以故意分拆等方式办理服务贸易外汇付汇的，依据《条例》第三十九条进行处罚。虚构交易或以故意分拆等方式办理服务贸易外汇收汇的，依据《条例》第四十一条进行处罚。

第三十三条 违反本细则第十六条规定，境内机构境外存放账户余额超过已核准的存放境外资金规模，依据《条例》第三十九条进行处罚。

第五章 附 则

第三十四条 本细则下列用语的含义：

（一）境内机构，是指中华人民共和国境内的国家机关、企业、事业单位、社会团体、部队等，外国驻华外交领事机构和国际组织驻华代表机构除外。

（二）境内个人，是指中国公民和在中华人民共和国境内连续居住满1年的外国人，外国驻华外交人员和国际组织驻华代表除外。

（三）境内企业集团，是指在中华人民共和国境内依法登记，以资本为纽带，由母公司、子公司及其他成员企业或机构共同组成的企业法人联合体（不含金融机构）。

（四）关联关系，是指境内外机构之间存在直接或间接控制关系或重大影响关系。

（五）故意分拆，是指境内机构和境内个人为逃避外汇限额管理，同日、隔日或连续多日等频繁与境外同一收（付）款方办理服务贸易外汇收支行为。

第三十五条 境内机构捐赠项下外汇收支应按照《国家外汇管理局关于境内机构捐赠外汇管理有关问题的通知》（汇发〔2009〕63号）的规定办理。

第三十六条 本细则由国家外汇管理局负责解释。

第三十七条 本细则自2013年9月1日起施行。

附件1：国家外汇管理局××分（支）局服务贸易外汇收入存放境外征询函（略）

2：国家外汇管理局××分（支）局现场核查通知书（略）

国家外汇管理局综合司关于印发《资本项目外汇业务操作指引（2013 年版）》的通知

（汇综发〔2013〕80 号）

国家外汇管理局各省、自治区、直辖市分局、外汇管理部，深圳、大连、青岛、厦门、宁波市分局：

为进一步简化、规范和完善资本项目外汇业务操作，提高资本项目外汇管理透明度和依法行政水平，国家外汇管理局根据近年来资本项目外汇管理改革进展，对原有资本项目外汇管理业务操作规程进行梳理、修改和再规范，制定了《资本项目外汇业务操作指引（2013 年版）》（见附件），现印发各分局、外汇管理部，请遵照执行。

本通知自 2013 年 9 月 1 日起实施，《国家外汇管理局综合司关于印发〈资本项目外汇管理业务操作规程（2009 年版）〉的通知》（汇综发〔2009〕77 号）同时废止，以往文件所涉资本项目外汇业务操作规定与本通知不符的，以本通知为准。

执行中如遇问题，请及时向国家外汇管理局资本项目管理司反馈。联系电话：010－68402451，68402365，68402273。

附件：资本项目外汇业务操作指引（2013 年版）（略）

国家外汇管理局综合司

2013 年 8 月 26 日

全国银行间同业拆借中心

银行间市场同业存单发行交易规程

（中国外汇交易中心 2013 年 12 月 10 日）

第一章 总 则

1.1 为规范银行间市场同业存单的发行与交易，确保同业存单业务有序开展，根据《同业存单管理暂行办法》（中国人民银行公告〔2013〕第 20 号）的有关规定，制订本规程。

1.2 本规程所称同业存单是指银行业存款类金融机构法人（以下简称存款类金融机构）在全国银行间市场上发行的记账式定期存款凭证。

1.3 同业存单的发行与交易应遵循公平、诚信、自律的原则，同业存单的发行应充分进行信息披露。

1.4 全国银行间同业拆借中心（以下简称同业拆借中心）为同业存单提供发行、交易和信息服务，并接受中国人民银行（以下简称人民银行）监管。

1.5 同业存单应通过同业拆借中心“同业存单发行系统”（以下简称发行系统）以电子化方式发行，发行系统提供公开发行和定向发行两种发行方式。

第二章 发行人与投资人

2.1 符合人民银行规定的发行条件的存款类金融机构（以下简称发行人）首次发行时应至少提前 3 个工作日向同业拆借中心提交以下材料：

（1）向人民银行备案后的同业存单年度发行计划（见附件 1）；

（2）发行人基本情况表（见附件 2）；

（3）同业拆借中心要求的其他材料。

2.2 发行人应于每年首期同业存单发行前，向同业拆借中心登记当年发行备案额度。当年发行备案额度应与发行人向人民银行备案的年度发行计划保持一致。发行人每期同业存单的计划发行量不得超过发行人当年可用额度，当年可用额度 = 当年备案额度 - 已发行未到期的同业存单总额 - 已公告未发行的同业存单总额。

2.3 发行人应已与同业拆借中心联网，并配备熟悉同业存单发行流程和发行系统的专业人员。

2.4 投资同业存单的机构（以下简称投资人）应为全国银行间同业拆借市场成员、基金管理公司及基金类产品，包括政策性银行、商业银行、农村信用合作社县级联合社、中资商业银行（不包括城商行、农商行和农村合作银行）授权的一级分支机构、外国银行分行、企业集团财务公司、信托公司、金融资产管理公司、金融租赁公司、汽车金融公司、证券公司、保险公司、保险资产管理公司、基金管理公司、基金公司的特定客户资产管理业务、商业银行的资产管理业务、证券公司的证券资产管理业务、保险产品、信托产品等。发行人可通过发行系统为每期同业存单设定投资人范围。

第三章　发行方式

3.1　公开发行包括招标发行和报价发行。

3.2　招标发行指发行人统一发标、投资人参与投标，发行人按照发行系统计算的发行结果确认发行价格（或者票面利率、基本利差）及投资人中标数量的发行方式，包括价格招标和数量招标两种方式。目前，价格招标采用单一价格招标方式进行。

3.2.1　单一价格招标的标的包括价格（元）、利差（BP）和利率（%）。招标时按照发行人设置的招标约束，将有效投标按照投标价自高向低（或者利差、利率由低而高）的顺序排列、依次中标，直至满足计划发行量（当有效投标总量大于计划发行量时）或所有有效投标中标（当有效投标总量小于计划发行量时）为止。中标机构以中标价位按照中标量认购同业存单。招标标的为价格时，中标价位即当期同业存单的发行价格，为中标的最低投标价格；招标标的为利差时，中标价位即当期同业存单的基本利差，为中标的最高投标利差；招标标的为利率时，中标价位即当期同业存单的票面利率，为中标的最高投标利率。

3.2.2　数量招标是指发行人在发行前确定发行价格（或者票面利率、利差）和发行量，各投资人报出投标数量。若总投标数量小于计划发行量，则按各投资人实际投标数量分配中标量；若总投标数量高于计划发行量，则按各投资人投标数量占总投标数量的比例分配中标量。

3.3　招标发行方式下，发行人可至同业拆借中心发行室查看投标过程。

3.4　报价发行是指发行人在发行前确定同业存单的全部发行要素，发行开始后投资人点击该报价即以发行人设定的发行要素认购成交。

3.5　定向发行是指发行人向特定投资人发行同业存单，由发行人与投资人双方商定有关发行要素。

第四章　发行流程

4.1　同业存单的发行流程包括发行条款设置、投标或认购、发行结果确认与缴款确认。

4.2　发行条款设置

发行人应在发行系统至少创建两个用户，分别负责发行条款的录入和复核。复核通过的发行条款需经同业拆借中心确认后生成发行要素公告。招标发行和报价发行方式下，每期同业存单发行要素公告应至少向所有投资者披露1个工作日；定向发行方式下，发行人应提前至少1个工作日将发行意向告知同业拆借中心。发行人在设置发行条款时应向发行系统提交其在发行计划中披露的资金账户信息，若发行人提交发行系统的资金账户信息与发行计划中载明的不一致的，投资人可向该两个账户中的任何一个付款，发行人均应予以确认。

4.3　投标或认购

4.3.1　招标发行方式下

发行要素公告披露完成后，发行人根据发行要素公告中指定的招标开始时间进行招标。每个工作日设置4场招标，每场招标时长1小时，4场招标开始时间分别为10:00、11:00、14:00、15:00。发行人设定范围内的投资人可参与投标。投标人应根据发行人要求填写投标书并进行复核。发行时间结束前投标人可撤销、修改投标书。

4.3.2　报价发行方式下

发行要素公告披露完成后，发行人根据发

行要素公告中指定的报价发行开始与截止时间进行招标，并可提前终止报价发行。发行开始、截止与提前终止时间应逢0分或逢5分。发行人设定范围内的投资人可以点击报价，在发行人设置的单笔最大点击量范围内发行系统自动成交，报价一经点击则不可撤销。投资人单次点击量不得少于1 000万元。

4.4　发行结果确认

4.4.1　招标发行方式下

招标时间结束后，发行系统自动计算中标结果，并将中标结果发往发行人终端，同时在发行人终端中进行相关信息提示，发行人应在1小时内确认发行结果。中标结果确认完成后，发行系统自动生成中标结果确认书、中标缴款通知书与发行结果。发行人未确认中标结果的，该次招标发行失败。

4.4.2　报价发行方式下

报价发行结束后，无需发行人进行确认，发行系统自动生成报价发行结果通知书、认购缴款通知书与发行结果。

4.4.3　定向发行方式下

同业拆借中心收到经发行人与投资人双方确认的发行结果后，将相关要素录入发行系统，生成定向发行结果通知书、认购缴款通知书与发行结果。发行人通过发行系统将发行情况公告、初始投资人名单等告知初始投资人。初始投资人是指实际认购同业存单的投资人。

4.5　缴款确认

同业存单实行发行日下一日（T+1日）缴款（遇节假日顺延）。投资人应在缴款日当日14：00之前根据缴款通知书的要求按时足额缴纳款项。发行人应于缴款日在发行系统服务时间内通过发行系统提交同业存单缴款确认。发行人应在缴款确认中确保投资人的托管账号信息准确无误。投资人应保证提交发行系统以及同业拆借中心本币交易系统的托管账号信息准确无误。若因发行人或投资人填写或提交信息错误造成登记托管发生错误的，发行人或投资人自行承担相应后果。

4.6　登记托管

同业拆借中心应将经发行人确认后的缴款结果告知银行间市场清算所股份有限公司（以下简称“上海清算所”），上海清算所据此办理同业存单的登记托管。

第五章　交易基本规则

5.1　同业存单完成登记后可在银行间市场交易流通，可进行的交易品种包括买卖、回购以及人民银行批准的其他交易品种。定向发行的同业存单可在初始投资人之间转让，不得作为回购交易的抵（质）押品。

5.2　同业存单的交易应通过同业拆借中心交易系统达成。交易系统提供询价、点击成交和请求报价（RFQ）交易方式。市场成员交易时应根据不同的交易方式采取报价、格式化询价（若有）、确认成交的流程。交易系统确认成交后生成成交单，成交单一经达成，对交易双方具有最终法律约束力。

5.3　市场成员开展同业存单交易时应遵守银行间市场相关法律法规、监管规定、自律规则及交易中心发布的相关规则，不得进行虚假或误导性报价成交，不得通过同业存单交易进行利益输送。

5.4　同业存单交易实行做市商制度。同业存单做市商应通过同业拆借中心交易系统连续报出相应同业存单的买、卖双边价格，并按其报价与其他市场参与者达成交易。

5.5　本规程未尽的交易事宜，按照《同业存单管理暂行办法》以及同业拆借中心发布的其他相关规则执行。

第六章　应急服务

6.1　由于发行系统、客户终端或通讯线路发生故障，从而导致发行人或投资人无法使用发行系统进行相关操作的，或者发行人在复核发行条款设置后仍需进行变更的，发行人或投资人可向同业拆借中心申请进行应急服务。

6.2 发行人或投资人可从中国货币网下载应急表单，填写完成加盖公章或预留印鉴后，传真至同业拆借中心场务，作为应急服务的依据。应急表单正本应交同业拆借中心存档。

6.3 应急表单应规范填写，确保字迹清晰，意思表达明确。存在以下情况的应急表单认定为无效：

（1）提交时间超过本规程规定时间；

（2）填写内容不满足准确性、有效性、完整性要求；

（3）印鉴与预留印鉴核对不符；

（4）同业拆借中心认定的其他情况。

6.4 发行人、投资人或市场成员可依据《全国银行间同业拆借中心本币交易应急服务规则》（中汇交发〔2010〕第283号）向同业拆借中心申请其他应急服务。

第七章 信息披露

7.1 发行人发行同业存单应严格履行信息披露义务，并保证披露信息真实、完整、准确，不得有虚假记载、误导性陈述和重大遗漏。发行人发生主体变更、财务状况出现重大变化等重大事件时，应及时通过中国货币网向持有人公告，并向中国人民银行报告。

7.2 发行人应于每年首期同业存单发行前3个工作日，通过中国货币网披露该年度的发行计划。在该年度内若发行计划发生重大或实质性变化的，发行人应及时重新披露更新后的发行计划。发行人应指定信息披露联系人，并提交《中国货币网信息披露联系人登记及上传功能申请表》（见附件3）。

7.3 招标发行与报价发行方式下，发行人应于每期同业存单发行前和发行后，通过中国货币网分别披露该期同业存单的发行要素公告（见附件4）和发行情况公告（见附件5）。发行要素具体含义见附件6。

7.4 定向发行方式下，发行人应于每期同业存单发行后通过中国货币网披露该期同业存单的发行情况公告。

7.5 发行要素公告与发行情况公告由发行系统自动生成传输至中国货币网。发行系统及同业拆借中心的前述行为视为发行人的披露行为，已经发行人充分有效授权。

7.6 同业拆借中心将上述披露信息传输至上海清算所，同时在上海清算所网站披露。

第八章 违约违规处理

8.1 同业拆借中心根据中国人民银行赋予的职责进行同业存单发行与交易的日常监测及其他监督管理。

8.2 发行人与投资人应按照发行结果履行相关义务，若发生以下情形的，双方应首先友好协商，若协商不成，可按照本条规定处理。

8.2.1 投资人未按照缴款通知书载明的应缴款金额及时全额付款：发行人对该投资人的中标或认购份额不予确认。若部分付款的，发行人应于缴款日之后3个工作日内退还该笔款项，不计利息。投资人应以应缴未缴金额为基数，按照千分之一的比例支付违约金。未缴金额不足1000万元的按照1000万元计。同业拆借中心可根据发行人的申请，通过中国货币网向市场公示投资人未足额缴纳应缴款的情况。

8.2.2 发行人在缴款日未向同业拆借中心进行缴款确认：若发行人与投资人一致同意延迟确认的，最迟不晚于缴款日之后3个工作日进行确认。缴款确认发生延迟时按以下方式处理：

（一）未按时确认的

发行人在缴款日之后3个工作日内进行确认的，发行人应在缴款日及时告知同业拆借中心延迟情况，并应向已全额缴款的投资人告知延迟确认原因，起息日仍按照原起息日不变。若该延迟是由部分投资人延迟缴款引起，延迟缴款的投资人应将多收取的同业存单的利息返还发行人，并对延迟缴纳金额按万分之五日利率向发行人支付罚息，罚息计算期间为同业存单起息日至缴款资金实际到达发行人账户之日。

（二）未确认的

发行人在缴款日之后3个工作日后仍不确认的，该次发行失败。发行人应向已全额缴款的投资人承担违约责任，退还投资人已缴金额，并按照万分之五日利率计算利息，利息计算期间为实际缴款日至退还资金实际到达投资人账户之日。

8.2.3 投资人缴纳的款项超过缴款通知书载明的应缴纳金额：投资人可向发行人递交退款申请，发行人应在投资人退款申请后3个工作日内将多划资金退还，此期间不计利息。若超过3个工作日仍未退还的，则需按万分之五日利率计算延迟归还的利息。

8.2.4 发行人未按期足额还本付息：发行人应按照应付但未付金额为基数，以万分之五日利率计算利息，利息计算期间为合同约定的付息日或兑付日至应付金额实际缴款之日。

8.3 发生以下情形的，同业拆借中心可采取约谈、书面警告、通报、暂停发行或申购权限等措施，并视情节轻重向中国人民银行报告。

（一）发行人无故不及时确认发行结果或缴款情况，或未按时足额还本付息；

（二）投资人多次不及时足额缴款；

（三）发生以任何形式透露投标情况，操纵、引导发行价格，扰乱发行秩序的；

（四）其他违反本规程规定的情形。

8.4 市场成员在交易过程中发生的违约违规行为的处理，按照同业拆借中心发布的其他相关规则执行。

第九章 附 则

9.1 本规程最终解释权和修改权归属同业拆借中心。

9.2 本规程自公布之日起实施。

附件：1.（发行人名称）年度同业存单发行计划（略）

2. 全国银行间同业拆借中心同业存单发行人基本情况表（略）
3. 中国货币网信息披露联系人登记及上传功能申请表（略）
4. （存单全称）发行要素公告（略）
5. （存单全称）发行情况公告（略）
6. 同业存单发行要素定义与规则（略）

上海证券交易所

上海证券交易所关于发布《上海证券交易所上市公司信息披露直通车业务指引》和《上海证券交易所信息披露公告类别索引》的通知

各上市公司：

为了进一步提高上市公司信息披露的质量和效率，促进市场主体归位尽责，切实保护投资者合法权益，上海证券交易所（以下简称“本所”）制定了《上海证券交易所上市公司信息披露直通车业务指引》（以下简称“《指引》”），现予发布，并自2013年7月1日起实施。

为配合《指引》的实施，本所对《上海证券交易所信息披露公告类别索引》（以下简称“《索引》”）进行了修订，规定了直通车公告范围。上市公司拟披露的公告属于《索引》规定的直通车公告范围的，应当按照《指引》的规定办理信息披露事务。

为保障《指引》的顺利实施，本所将于近期开展上市公司信息披露直通车业务培训，具体安排另行通知。

特此通知。

附件：1. 上海证券交易所上市公司信息披露直通车业务指引

2. 上海证券交易所信息披露公告类别索引（略）

上海证券交易所

二〇一三年二月十九日

附件1：

上海证券交易所上市公司信息披露直通车业务指引

第一条 为了进一步提高上市公司信息披露的质量和效率，促进市场主体归位尽责，切实保护投资者合法权益，根据《公司法》、《证券法》、《上市公司信息披露管理办法》及《上海证券交易所股票上市规则》（以下简称“《上市规则》”）等有关规定，制定本指引。

第二条 本指引所称信息披露直通车（以下简称“直通车”），是指上市公司按照本指引的规定，通过上海证券交易所（以下简称“本所”）信息披露系统自行登记和上传信息披露文件，并直接提交至本所网站（http：//www. sse. com. cn）及其他指定媒体进行披露的信息披露方式。

本所不对上市公司通过直通车办理的信息披露事项进行事前形式审核。

第三条 上市公司及相关信息披露义务人办理直通车业务，应当遵守有关法律、行政法规、部门规章、规范性文件和本所业务规则，及时、公平地披露信息，并保证所披露信息的真实、准确和完整。

第四条 直通车业务适用于股票在本所上市的所有公司。

本所可根据上市公司信息披露质量、规范运作程度以及市场情况，对适用直通车业务的信息披露主体进行调整。

第五条 本所通过发布《上海证券交易所信息披露公告类别索引》等形式，对直通车公告的范围作出规定。

属于前款规定范围的直通车公告，上市公司应当通过直通车办理信息披露业务；不属于直通车公告范围的，上市公司应当按照本所有关规定办理信息披露业务。

本所可根据直通车业务实施情况调整直通车公告的范围。

第六条 上市公司应当按照本指引的相关规定及时修订信息披露事务管理制度，制订直通车业务工作规程，并配备办理直通车业务所需的人员和设备。

第七条 上市公司办理直通车业务，应当按照本所《上市规则》、《上市公司临时公告格式指引》以及其他信息披露监管规范的要求，编制信息披露文件，确保相关文件内容准确无误，相关公告事项已按规定履行必要的审议程序并取得充分授权。

第八条 上市公司办理直通车业务，按照以下流程进行：

（一）上市公司使用上证所信息网络有限公司配发的数字证书确认身份，登录本所网站的“上市公司专区”。

（二）上市公司通过“上市公司专区”创建信息披露申请，选择并添加公告类别，上传信息披露文件，并对照本指引和本所其他有关业务规则的规定检查文件是否符合相关要求。

（三）上市公司对其上传的信息披露文件进行确认，并在本所规定时间内将信息披露申请提交至本所信息披露系统。

（四）信息披露申请属于直通车业务范围的，本所信息披露系统将提示上市公司直接披露，上市公司点击确认，完成信息披露文件的登记。

信息披露申请不属于直通车业务范围的，仍需本所形式审核后方可予以披露。

（五）本所信息披露系统自当日 15：30 起，将上市公司在规定时间内完成登记的直通车公告及相关信息披露文件自动发送至本所网站，本所网站即予刊载。

（六）其他指定媒体可自本所网站“媒体专区”下载信息披露文件并予刊载。

本所可根据市场发展需要调整直通车业务的具体流程及时间安排。

第九条 上市公司在同一交易日内拟披露的多个公告之间存在关联的，应当合并创建一个信息披露申请。

上市公司创建的同一个信息披露申请中，如有一个或者一个以上的公告不属于直通车公告范围的，该申请中的所有公告均不得通过直通车办理。

第十条 上市公司已确认发布的信息披露文件不得修改或者撤销。对于已确认发布但本所网站尚未刊载的信息披露文件，上市公司因特殊原因需修改或者撤销的，应当按照本所有关规定向本所提出申请。

第十一条 上市公司及相关信息披露义务

人通过直通车业务办理的信息披露事项，出现错误、遗漏或者误导等情形的，应当按照有关法律法规、行政规章、规范性文件以及本所业务规则的规定及时刊登补充或更正公告。

第十二条 本所根据《上市规则》的规定，对通过直通车办理的信息披露事项实行事后监管。

上市公司和相关信息披露义务人应当严格遵守《上市规则》及本所其他有关规定，积极配合本所监管工作。

第十三条 上市公司办理直通车业务的情况，将纳入上市公司信息披露及董事会秘书工作的考核范围。

第十四条 上市公司和相关信息披露义务人违反本指引和本所其他有关规定办理直通车业务的，本所将按照《上市规则》等相关规定对其采取监管措施或者给予纪律处分。

第十五条 因不可抗力、意外事件及技术故障等原因，导致直通车业务不能正常办理的，上市公司应当按照本所规定的其他方式办理信息披露事项。

上市公司通过本所信息披露系统及本所网站向相关指定媒体提供信息披露文件的，应当自行与指定媒体协商确定文件提供、获取及披露事宜，本所对此不承担责任。

第十六条 本指引由本所负责解释。

第十七条 本指引自2013年7月1日起施行。

上海证券交易所关于发布《上海证券交易所投资者适当性管理暂行办法》的通知

各会员单位及其他市场参与人：

为了进一步规范投资者适当性管理工作，引导投资者理性参与证券投资，切实保护投资者合法权益，上海证券交易所制定了《上海证券交易所投资者适当性管理暂行办法》（详见附件）。现予发布，自发布之日起施行。

上海证券交易所

二○一三年三月二十六日

上海证券交易所投资者适当性管理暂行办法

第一章 总 则

第一条 为规范上海证券交易所（以下简称“本所”）市场投资者适当性管理工作，保护投资者合法权益，根据《中华人民共和国证券法》、《证券公司监督管理条例》和《上海证券交易所交易规则》、《上海证券交易所会员管理规则》及其他相关业务规则，制定本办法。

第二条 会员向投资者提供本所市场的产品或相关服务（以下简称“产品或服务”），适用本办法、本所其他业务规则及相关行业自律组织有关投资者适当性管理的规定。

前款所述产品或服务包括但不限于融资融券交易、中小企业私募债券、债券回购交易、债券质押式报价回购交易、约定购回式证券交易、权证等，具体由本所认定。

本所可按照本办法的规定，制定具体产品或服务的投资者适当性管理指引。

第三条 投资者适当性管理的实施不能取代投资者本人的投资判断，也不会降低产品或服务的固有风险，相应的投资风险、履约责任以及费用由投资者自行承担。

第二章 一般规定

第四条 会员的投资者适当性管理包括以下内容：

（一）了解投资者的相关情况并评估其风险承受能力；

（二）了解拟提供的产品或服务的相关信息；

（三）向投资者提供与其风险承受能力相匹配的产品或服务，并进行持续跟踪和管理；

（四）提供产品或服务前，向投资者介绍产品或服务的内容、性质、特点、业务规则等，进行有针对性的投资者教育；

（五）揭示产品或服务的风险，与投资者签署《风险揭示书》。

第五条 本所可对参与本所市场交易或者其他业务的投资者设置准入条件。投资者准入条件包括但不限于财务状况、证券投资知识水平、投资经验、诚信记录等方面的要求。

法律、行政法规、规章对投资者准入条件另有规定的，从其规定。

第六条 本所市场的投资者按照财务状况、证券投资知识水平、投资经验、风险承受能力等情况，分为专业投资者和普通投资者。

专业投资者包括：

（一）商业银行、证券期货经营机构、保险机构、信托公司、基金管理公司、财务公司、合格境外机构投资者等专业机构及其分支机构；

（二）社保基金、养老基金、投资者保护基金、企业年金、信托计划、资产管理计划、银行及保险理财产品、证券投资基金以及其他由第一项所列专业机构担任管理人的基金或者委托投资资产；

（三）前两项所列机构之外，符合本所相关规定的注册机构投资者；

（四）符合本所其他业务规则规定的条件，向会员申请并获得会员认可的机构或个人。

专业投资者以外的其他投资者为普通投资者。

第七条 除法律、行政法规、规章和本所业务规则另有规定外，会员向投资者提供产品或服务的，应当履行以下投资者适当性管理义务：

（一）对于普通投资者，应当全面履行本办法规定的投资者适当性管理义务；

（二）对于本办法第六条第二款第四项规定的专业投资者，应当履行揭示产品或服务的风险、与投资者签署《风险揭示书》的义务；

（三）对于本办法第六条第二款第一、二、三项规定的专业投资者，无须按照本办法的规定履行投资者适当性管理义务。

第八条 投资者要求会员提供产品或服务，会员认为该产品或服务超出投资者的风险承受能力的，应当向投资者警示风险；投资者坚持要求会员提供的，会员应当要求其签署

《承诺书》，承诺自行承担投资风险。

对于不符合法律、行政法规、规章或本所业务规则规定的产品或服务准入条件的投资者，会员应当拒绝为其提供相应产品或服务。

第九条 对于存在严重不良诚信记录的投资者，会员可以拒绝为其提供相关产品或服务。

第十条 会员应当加强对新开户、参与新股交易、参与本所相关新业务的投资者的证券投资知识教育和风险揭示，并通过适当方式提醒其审慎参与证券投资。

第三章 本所的监管与服务

第十一条 本所按照法律、行政法规、规章的相关规定，建立健全本所市场的投资者适当性管理制度。

第十二条 本所对会员履行投资者适当性管理职责进行指导、协调、服务和监督，引导会员强化投资者适当性管理工作。

第十三条 本所通过报刊、网络、电视等各种方式开展投资者教育和风险揭示，引导投资者理性投资。

第十四条 本所可通过网络向投资者提供证券投资知识的学习、测试及认证服务，为会员了解投资者证券投资知识水平提供支持。

第十五条 本所可为会员及投资者参与特定交易提供模拟交易服务。

第十六条 本所可为会员履行适当性管理职责提供咨询、培训和诚信信息查询等服务。

第十七条 本所配合中国证监会或其派出机构、相关行业自律组织对会员落实投资者适当性管理工作相关规定的情况进行监督检查，会员应当如实提供相关资料，不得隐瞒、阻碍或拒绝。

第十八条 对违反本所投资者适当性管理规定的会员，本所依据《上海证券交易所会员管理规则》，对其采取相应的监管措施或予以纪律处分，并视情节轻重向中国证监会或其派出机构通报或提出行政处罚建议。

第四章 附　　则

第十九条 本办法由本所负责解释。

第二十条 本办法自发布之日起施行。

上海证券交易所黄金交易型开放式证券投资基金业务指南

一、产品概要

本文所称黄金交易型开放式证券投资基金（以下简称“黄金 ETF”）是指由国内基金管理人发起设立的，追踪国内黄金现货价格，基础资产为上海黄金交易所（以下简称“金交所”）的黄金现货实盘合约（以下简称“黄金现货合约”），并在上海证券交易所（以下简称“本所”）上市交易的 ETF。

黄金 ETF 份额登记托管在中国登记结算公司上海分公司（以下简称“结算公司”），其基础资产为黄金现货合约，在金交所交易和登记。

黄金 ETF 的申购和赎回可采用现金申赎或黄金现货合约申赎两种模式。

采用现金申赎的，由基金管理人在金交所场内买卖黄金合约。黄金 ETF 在本所场内的现金申赎，申购份额在完成清算交收后 T+1 可用。当日买入的份额当日可以赎回，当日赎回的份额实时记减。申购和赎回业务所涉及现金替代、现金差额等均不纳入净额结算，其中，申购业务由结算公司按照 T 日逐笔全额方式清算交收，赎回业务由结算公司按代收代付清算交收。投资者提交申购申报的，基金管理人在完成资金交收后，买入黄金现货合约；投资者提交赎回申报的，基金管理人卖出黄金现货合约。

黄金现货合约申赎是跨系统的申赎模式，只有同时具备上海证券市场证券账户（A 股账户或基金账户）和金交所黄金账户的投资者才可参与黄金现货合约申赎，黄金现货合约申赎由本所、金交所和结算公司建立实时联通的信息通道提供支持。投资者申购获得的基金份额及赎回获得的黄金现货合约实时可用，结算公司盘后根据本所发送的申赎数据完成份额变更登记。

黄金 ETF 申赎模式对照表

申赎模式		黄金现货合约申赎	现金申赎
申购效率	申购份额可用日	T 日可卖，T 日可赎回	T+1 日可卖（完成清算交收后），T+1 日可赎回（完成清算交收后）
	申购份额登记日	T 日	T 日
	代理买入合约日	—	最快在 T+1 日，以基金公司具体约定为准
	清算交收模式	结算公司根据本所数据做份额变更登记，资金清算交收由金交所完成	结算公司盘后逐笔全额清算交收
赎回效率	赎回合约可用日	黄金现货合约 T 日可卖，赎回的黄金现货合约 T 日可用于申购（具体以金交所相关业务规则为准）	N/A
	代理卖出合约日	—	最快在 T 日，以基金公司具体约定为准
	赎回资金可用日	—	一般在 T+1 日之后，以基金公司具体约定为准
	份额记减日	T 日盘中交易系统记减可用额；T 日盘后注销份额	T 日盘中交易系统记减可用额；T 日盘后结算公司注销份额
	清算交收模式	结算公司根据本所数据做份额变更登记，资金清算交收由金交所完成	结算公司根据本所数据做份额变更登记，对赎回资金提供代收付服务

二、证券账户

投资者参与黄金 ETF 的现金申赎和二级市场交易，仅需具备上海证券市场 A 股账户或基金账户。投资者参与黄金 ETF 黄金现货合约申赎，需同时具备上海证券市场证券账户和金交所黄金账户。参与黄金现货合约申赎的投资者，应事先将其证券账户、交易单元和在金交所的黄金账户、意向参与的黄金 ETF 品种等信息在基金管理人处备案。基金管理人应分别向金交所和结算公司申请验证账户有效性，对投资者的黄金账户和证券账户进行绑定，并将确认后的投资者账户备案信息发送给金交所。

三、市场参与者

黄金ETF现金申赎和二级市场交易的参与者与现有单市场ETF参与者基本相同，主要包括券商、基金、个人投资者及保险公司、财务公司等机构投资者。代销机构及参与者业务单元的管理模式与现有ETF相同。

黄金ETF黄金现货合约申赎的参与者需同时开设证券账户和黄金账户，并完成账户信息备案后，才能使用黄金现货合约进行黄金ETF的申购和赎回。参与者主要包括金交所会员及其代理客户。

四、发售

黄金ETF在发行渠道上包括场内现金认购、场外现金认购和场外黄金合约认购。

场内现金认购与单市场ETF发行方式类似，场内现金认购可采用单日发行或多日发行，采用份额认购方式，单一账户每笔认购份额须为1 000份或其整数倍，最高不得超过99 999 000份。投资人可多次认购，累计认购份额不设上限。

通过发售代理机构提交的网下现金认购申请，由该发售代理机构冻结相应的认购资金。各发售代理机构将每个投资人账户提交的网下现金认购申请汇总后，在网上现金认购阶段通过本所交易系统，代该投资人提交网上现金认购申请。

场外黄金现货合约认购前须事先将其证券账户、交易单元和在金交所的黄金账户、意向参与的黄金ETF品种等信息在基金管理人处备案。场外黄金现货合约认购期结束后，基金管理人向结算公司提交现货合约认购数据，结算公司根据基金管理人提供的份额登记申请和上述过户数据，进行ETF份额的初始登记。

五、二级市场交易

本所为黄金ETF开设的代码段为518＊＊＊，发行、申赎、交易相关的代码分配规则与单市场股票ETF相同。

二级市场交易基本要素如下：

1. 当日买入的基金份额当日可以卖出；

2. 当日买入的黄金ETF份额，当日可以现金赎回，但不可用于黄金现货合约赎回；

3. 申报价格最小变动单位为0.001元；

4. 买入申报数量为100份或其整数倍，不足100份的部分可以卖出；

5. 涨跌幅限制为10%；

6. 交易时间：本所交易时间（集合竞价时间：上午9：15－9：25；连续竞价时间上午9：30－11：30；下午13：00－15：00；大宗交易时间15：00－15：30）；

7. 黄金ETF可适用大宗交易的相关规则。

六、申购与赎回

1. 现金申赎（上市首日起）

当日开市前，基金管理人公布现金申购赎回清单，其中包括当日申购总量和赎回总量的限额。交易时间内，投资者通过代办券商提交申赎申报，代办券商负责检查申购的对价是否足额。交易系统接收代办券商的申赎申报后，检查当日该基金的累计申赎申报是否超过基金管理人规定的限额，对通过检查的赎回申请，实时记减投资者可卖出或赎回的ETF份额，实时发送申赎确认信息给券商、基金管理人。基金管理人在金交所买入（卖出）相应的黄金现货合约。

申购申报不允许撤单，当日现金申购的黄金ETF份额，当日清算交收完成后，可于次一交易日卖出、现金赎回或黄金现货合约赎回。

现金申购与赎回时间：上午9：30－11：30；下午13：00－15：00。

2. 黄金现货合约申赎

投资者进行黄金现货合约申赎前需在基金

管理人事先完成账户备案，基金管理人分别在结算公司和金交所验证投资者在两个市场账户的有效性。投资者证券账号、黄金账号等信息发生变化时，应及时更新在基金管理人的备案信息。代办券商应及时向其客户披露对应的交易单元号，以便客户进行黄金现货合约申赎。

交易时间内，投资者通过金交所会员向金交所提交申购申报。本所接受金交所传送的投资者申赎数据及黄金现货合约冻结数据后，检查投资者账户合法性、指定交易关系等，对通过检查的申报，将成功的申购确认数据实时发金交所、基金管理人和结算公司，登记结算公司依据本所提供的申赎成交确认信息进行ETF份额登记（实时记增投资者可卖出或赎回的ETF份额)，并向相应的券商（通过交易单元）发送份额增加信息。对未通过检查的申报，本所只向金交所反馈确认失败信息。金交所收到本所成功确认信息后实时进行黄金现货合约过户，即从投资者黄金账户过户到ETF托管黄金账户。对于未通过检查的申购申请，金交所收到本所失败确认信息后，解除相应黄金合约的冻结。

当日开盘前，结算公司向交易系统传送投资者账户的“可赎回额度”。可赎回额度是指前一日已完成资金交收并登记在投资者名的ETF份额或买入并已完成预交收的ETF份额。交易时间内本所交易系统收到金交所传送的投资者赎回申报后，检查投资者账户合法性、指定交易关系等，然后检查赎回数量是否未超过其持仓量和“可赎回额度”，如同时满足两项条件，则赎回成功，登记结算公司依据本所提供的成交确认信息实时记减投资者持有的ETF份额和“可赎回额度”。

本所交易系统将成功的赎回确认数据实时发金交所、基金管理人、结算公司，并向相应的券商（交易单元）发送份额减少信息。金交所接收到本所的成功确认信息后，实时进行黄金现货合约过户，即从ETF托管黄金账户过户到投资者黄金账户；如收到本所确认失败信息，则通过其会员向投资者发送赎回失败的反馈。

对未通过检查的申赎申请，本所只向金交所发送确认失败信息。

当日收盘后，本所将当日成功的申购数据发送给基金管理人和相应的券商；当日收盘后，结算公司根据本所盘中发送的申购数据，完成新增份额登记。

当日黄金现货合约申购的黄金ETF份额，当日可以卖出、现金赎回或黄金现货合约赎回；当日黄金现货合约赎回获得的黄金现货合约，当日可以用于黄金现货合约申购。

黄金现货合约申赎时间：上午9：30－11：30；下午13：30－15：00。

七、登记结算

1. 现金申赎

黄金ETF申购、赎回涉及的资金均采取非担保交收模式。

对于申购的份额，结算公司根据本所发送的当日申购数据进行现金替代的逐笔清算，计算出结算参与人每笔申购应收付的资金数量，并将清算结果发送相关结算参与人和基金管理人。结算公司按照根据当日申报的先后顺序，逐笔检查该时点券商专用资金交收账户中资金是否足额（资金不足的不办理记增）。现金差额、现金替代退补款按基金招募说明书约定的时间进行代收代付。

对于赎回的份额，当日末中国结算上海分公司根据本所的赎回数据，按照赎回方证券账户相应黄金ETF份额的可用数量，办理黄金ETF份额的记减。赎回现金替代和现金差额按基金招募说明书约定的时间进行代收代付（正常情况下，基金管理人在T+1日至T+3日可与券商完成赎回资金的交收）；当日买入的份额，日终预交收足额，下一交易日方可赎回。

2. 黄金现货合约申赎

对于申购或赎回的份额，中国结算上海分公司根据本所发送的 T 日有效申购或赎回数据，进行黄金 ETF 份额的记增记减。黄金现货合约申赎涉及的黄金现货合约交收由金交所负责处理，涉及的预估现金、现金替代和现金差额的交收，由金交所负责交收或由基金管理人与金交所代办会员自行交收。

3. 结算交收违约的处理

在现金申赎方式下，代办券商未做好申购对价的冻结和控制，或未能按照结算时间要求准备好交收资金造成申购赎回交收失败，本所可以商结算公司暂停代办券商的申赎资格，或者根据本所相关规定采取其他纪律处分或者监管措施。

八、收益分配与权益登记

黄金 ETF 收益分配业务处理模式类似现有股票 ETF。权益登记日清算交收完成后，在中国结算上海分公司登记在册的全体基金份额持有人享有收益分配权。

九、停复牌

基金交易、现金申购（赎回）、实物申购（赎回）可以分别停复牌。本所根据基金公司的申请或本所规定的其他情形，进行相应的停复牌；金交所根据基金公司申请或黄金交易所规定的其他情形，对黄金现货合约申赎进行相应停复牌。

十、信息披露

1. 交易行情显示

黄金 ETF 交易行情要素与现有的股票 ETF 基本一致。

2. IOPV 计算

黄金 ETF 的 IOPV 由中证指数公司计算。中证指数公司根据申购赎回清单和清单内各只黄金现货合约的实时成交数据，计算基金份额参考净值（IOPV）并将计算结果传给交易系统发布，发布频率同单市场 ETF。

3. 申赎清单

黄金 ETF 与单市场股票 ETF 的清单差异主要体现在：公告清单中黄金合约的单位为克。

十一、收费标准

黄金 ETF 场内交易收费标准同现有股票 ETF，但不实行按照交易量的阶梯式费用返回和减免，只对流动性服务商进行费用返还。由于不涉及组合证券过户，黄金 ETF 无须收取组合证券过户费。

根据本所 ETF 品种交易经手费规定，黄金 ETF 的交易经手费为成交金额的 0.0045%（会员交本所）。

十二、收益分配

黄金 ETF 收益分配业务处理模式类似现有股票 ETF。权益登记日清算交收完成后，在中国结算上海分公司登记在册的全体基金份额持有人享有收益分配权。

十三、其他事项

黄金 ETF 申购、赎回的其他事项，适用本所《交易型开放式指数基金业务实施细则》的规定。

黄金 ETF 的交易事项，适用本所《交易规则》中关于基金品种的有关规定。

十四、本指南由本所负责解释。

十五、本指南的相关内容与本所、金交所或者结算公司的业务规则不一致的，以相关业务规则的规定为准。

2013 年 7 月 26 日

上海证券交易所股票上市规则

（1998年1月实施 2000年5月第一次修订 2001年6月第二次修订 2002年2月第三次修订 2004年12月第四次修订 2006年5月第五次修订 2008年9月第六次修订 2012年7月第七次修订 2013年第八次修订 2013年12月27日发布）

目录

第十七章　日常监管和违反本规则的处理
第十八章　释义
第十九章　附则

附件：

1. 董事声明及承诺书（略）
2. 监事声明及承诺书（略）
3. 高级管理人员声明及承诺书（略）

第一章　总　　则

1.1　为规范股票、可转换为股票的公司债券（以下简称“可转换公司债券”）和其他衍生品种（以下统称“股票及其衍生品种”）的上市行为，以及上市公司和相关信息披露义务人的信息披露行为，维护证券市场秩序，保护投资者的合法权益，根据《中华人民共和国公司法》（以下简称“《公司法》”）、《中华人民共和国证券法》（以下简称“《证券法》”）和《证券交易所管理办法》等相关法律、行政法规、部门规章以及《上海证券交易所章程》，制定本规则。

1.2　在上海证券交易所（以下简称“本所”）上市的股票及其衍生品种，适用本规则。

中国证券监督管理委员会（以下简称“中国证监会”）和本所对权证等衍生品种、境外公司的股票及其衍生品种在本所的上市、信息披露、停牌等事宜另有规定的，从其规定。

1.3　申请股票及其衍生品种在本所上市，应当经本所审核同意，并在上市前与本所签订上市协议，明确双方的权利、义务和有关事项。

1.4　上市公司及其董事、监事、高级管理人员、股东、实际控制人、收购人等机构及其相关人员，以及保荐人及其保荐代表人、证券服务机构及其相关人员应当遵守法律、行政法规、部门规章、其他规范性文件、本规则及本所其他规定。

1.5　本所依据法律、行政法规、部门规章、其他规范性文件、本规则及本所其他规定和中国证监会的授权，对上市公司及其董事、监事、高级管理人员、股东、实际控制人、收购人等机构及其相关人员，以及保荐人及其保荐代表人、证券服务机构及其相关人员进行监管。

第二章　信息披露的基本原则和一般规定

2.1　上市公司和相关信息披露义务人应当根据法律、行政法规、部门规章、其他规范性文件、本规则以及本所其他规定，及时、公平地披露信息，并保证所披露信息的真实、准确、完整。

2.2　上市公司董事、监事、高级管理人员应当保证公司及时、公平地披露信息，以及信息披露内容的真实、准确、完整，没有虚假记载、误导性陈述或者重大遗漏。不能保证公告内容真实、准确、完整的，应当在公告中作出相应声明并说明理由。

2.3　上市公司和相关信息披露义务人应当在本规则规定的期限内披露所有对上市公司股票及其衍生品种交易价格可能产生较大影响的重大事件（以下简称“重大信息”或“重大事项”）。

2.4　上市公司和相关信息披露义务人应当同时向所有投资者公开披露重大信息，确保所有投资者可以平等地获取同一信息，不得向单个或部分投资者透露或泄露。

公司向股东、实际控制人及其他第三方报送文件涉及未公开重大信息，应当及时向本所报告，并依照本所相关规定披露。

2.5　上市公司和相关信息披露义务人披露信息，应当以客观事实或具有事实基础的判断和意见为依据，如实反映实际情况，不得有虚假记载。

2.6　上市公司和相关信息披露义务人披露信息，应当客观，不得夸大其辞，不得有误导性陈述。

披露预测性信息及其他涉及公司未来经营和财务状况等信息，应当合理、谨慎、客观。

2.7　上市公司和相关信息披露义务人披露信息，应当内容完整、文件齐备，格式符合规定要求，不得有重大遗漏。

2.8　上市公司和相关信息披露义务人应当关注公共媒体（包括主要网站）关于本公司的报道，以及本公司股票及其衍生品种的交易情况，及时向有关方面核实相关情况，在规定期限内如实回复本所就上述事项提出的问询，并按照本规则规定和本所要求及时就相关情况作出公告，不得以相关事项存在不确定性或需要保密为由不履行报告和公告义务。

2.9　上市公司和相关信息披露义务人及其董事、监事、高级管理人员和其他内幕信息知情人在信息披露前，应当将该信息的知情者控制在最小范围内，不得泄露公司内幕信息，不得进行内幕交易或者配合他人操纵公司股票及其衍生品种交易价格。

2.10　上市公司应当按照有关规定，制定和执行信息披露事务管理制度。信息披露事务管理制度经公司董事会审议通过后，应当及时报本所备案并在本所网站披露。

2.11　上市公司应披露的信息包括定期报告和临时报告。

公司在披露信息前，应当按照本规则或者本所要求，在第一时间向本所报送定期报告或者临时报告文稿和相关备查文件。

公告文稿应当使用事实描述性的语言，简明扼要、通俗易懂地说明应披露事件，不得含有宣传、广告、恭维、诋毁等性质的词句。

公告文稿和相关备查文件应当采用中文文本，同时采用外文文本的，应当保证两种文本内容的一致。两种文本发生歧义时，以中文文本为准。

2.12　本所根据有关法律、行政法规、部门规章、其他规范性文件、本规则及本所其他规定，对上市公司和相关信息披露义务人的信息披露文件进行形式审核，对其内容的真实性不承担责任。

本所对定期报告实行事前登记、事后审核；对临时报告依不同情况实行事前审核或者事前登记、事后审核。

定期报告和临时报告出现任何错误、遗漏或者误导的，本所可以要求公司作出说明并公告，公司应当按照本所的要求办理。

2.13　上市公司的定期报告和临时报告以及相关信息披露义务人的公告经本所登记后，应当在中国证监会指定的媒体上披露。

公司和相关信息披露义务人应当保证在指定媒体上披露的文件与本所登记的内容完全一致，未能按照既定日期或已登记内容披露的，应当立即向本所报告。

2.14　上市公司和相关信息披露义务人在其他公共媒体发布的重大信息不得先于指定媒体，不得以新闻发布或者答记者问等其他形式代替信息披露或泄露未公开重大信息。

公司董事、监事和高级管理人员应当遵守并促使公司遵守前款规定。

2.15　上市公司应当将定期报告和临时报告等信息披露文件和相关备查文件在公告的同时备置于公司住所，供公众查阅。

2.16　上市公司应当配备信息披露所必需的通讯设备，保证对外咨询电话的畅通。

2.17　上市公司拟披露的信息存在不确定性、属于临时性商业秘密或者本所认可的其他情形，及时披露可能损害公司利益或者误导投资者，并且符合以下条件的，上市公司可以向本所申请暂缓披露，说明暂缓披露的理由和期限：

（一）拟披露的信息尚未泄露；

（二）有关内幕人士已书面承诺保密；

（三）公司股票及其衍生品种的交易未发生异常波动。

经本所同意，公司可以暂缓披露相关信息。暂缓披露的期限一般不超过两个月。

暂缓披露申请未获本所同意，暂缓披露的原因已经消除或者暂缓披露的期限届满的，公司应当及时披露。

2.18 上市公司拟披露的信息属于国家秘密、商业秘密或者本所认可的其他情形，按本规则披露或者履行相关义务可能导致其违反国家有关保密的法律法规或损害公司利益的，可以向本所申请豁免按本规则披露或者履行相关义务。

2.19 上市公司和相关信息披露义务人未在规定期限内回复本所问询、未按照本规则规定和本所要求进行公告的，或者本所认为必要时，本所可以交易所公告的形式向市场说明有关情况。

2.20 上市公司发生的或与之有关的事件没有达到本规则规定的披露标准，或者本规则没有具体规定，但本所或公司董事会认为该事件可能对公司股票及其衍生品种交易价格产生较大影响的，公司应当比照本规则及时披露，且在发生类似事件时，按照同一标准予以披露。

2.21 上市公司对本规则的具体要求有疑问的，可以向本所咨询。

2.22 上市公司股东、实际控制人、收购人等相关信息披露义务人，应当按照有关规定履行信息披露义务，积极配合公司做好信息披露工作，及时告知公司已发生或者拟发生的重大事件，并严格履行所作出的承诺。

2.23 保荐人和证券服务机构为上市公司和相关信息披露义务人的证券业务活动制作、出具保荐书、审计报告、资产评估报告、财务顾问报告、资信评级报告、法律意见书等文件，应当勤勉尽责，对所依据文件资料内容的真实性、准确性、完整性进行核查和验证，所制作、出具的文件不得有虚假记载、误导性陈述或者重大遗漏。

第三章　董事、监事和高级管理人员

第一节　董事、监事和高级管理人员声明与承诺

3.1.1 董事、监事和高级管理人员应当在公司股票首次上市前，新任董事和监事应当在股东大会或者职工代表大会通过相关决议后一个月内，新任高级管理人员应当在董事会通过相关决议后一个月内，签署一式三份《董事（监事、高级管理人员）声明及承诺书》，并向本所和公司董事会备案。

董事、监事和高级管理人员签署《董事（监事、高级管理人员）声明及承诺书》时，应当由律师解释该文件的内容，董事、监事和高级管理人员在充分理解后签字并经律师见证。

董事会秘书应当督促董事、监事和高级管理人员及时签署《董事（监事、高级管理人员）声明及承诺书》，并按照本所规定的途径和方式提交《董事（监事、高级管理人员）声明及承诺书》的书面文件和电子文件。

3.1.2 董事、监事和高级管理人员应当在《董事（监事、高级管理人员）声明及承诺书》中声明：

（一）持有本公司股票的情况；

（二）有无因违反法律、行政法规、部门规章、其他规范性文件、本规则受查处的情况；

（三）参加证券业务培训的情况；

（四）其他任职情况和最近五年的工作经历；

（五）拥有其他国家或者地区的国籍、长期居留权的情况；

（六）本所认为应当声明的其他事项。

3.1.3 董事、监事和高级管理人员应当保证《董事（监事、高级管理人员）声明及承诺书》中声明事项的真实、准确、完整，不存在任何虚假记载、误导性陈述或者重大遗漏。

声明事项发生变化时（持有本公司股票的情况除外），董事、监事和高级管理人员应当自该等事项发生变化之日起五个交易日内，向本所和公司董事会提交有关最新资料。

3.1.4 董事、监事和高级管理人员应当履行以下职责，并在《董事（监事、高级管理人员）声明及承诺书》中作出承诺：

（一）遵守并促使本公司遵守法律、行政法规、部门规章等，履行忠实义务和勤勉义务；

（二）遵守并促使本公司遵守本规则及本所其他规定，接受本所监管；

（三）遵守并促使本公司遵守《公司章程》；

（四）本所认为应当履行的其他职责和应当作出的其他承诺。

监事还应当承诺监督董事和高级管理人员遵守其承诺。

高级管理人员还应当承诺，及时向董事会报告公司经营或者财务等方面出现的可能对公司股票及其衍生品种交易价格产生较大影响的事项。

3.1.5 董事应当履行的忠实义务和勤勉义务包括以下内容：

（一）原则上应当亲自出席董事会会议，以合理的谨慎态度勤勉行事，并对所议事项发表明确意见；因故不能亲自出席董事会会议的，应当审慎地选择受托人；

（二）认真阅读公司各项商务、财务会计报告和公共传媒有关公司的重大报道，及时了解并持续关注公司业务经营管理状况和公司已经发生的或者可能发生的重大事项及其影响，及时向董事会报告公司经营活动中存在的问题，不得以不直接从事经营管理或者不知悉有关问题和情况为由推卸责任；

（三）《证券法》、《公司法》有关规定和社会公认的其他忠实义务和勤勉义务。

3.1.6 董事、监事、高级管理人员和上市公司股东买卖公司股票应当遵守《公司法》、《证券法》、中国证监会和本所相关规定及公司章程。

董事、监事和高级管理人员自公司股票上市之日起一年内和离职后半年内，不得转让其所持本公司股份；任职期间拟买卖本公司股票应当根据相关规定提前报本所备案；所持本公司股份发生变动的，应当及时向公司报告并由公司在本所网站公告。

3.1.7 董事、监事、高级管理人员、持有上市公司5%以上股份的股东，将其持有的公司股票在买入后六个月内卖出，或者在卖出后六个月内买入，由此所得收益归公司所有，公司董事会应当收回其所得收益，并及时披露相关情况。

3.1.8 上市公司在发布召开关于选举独立董事的股东大会通知时，应当在公告中表明有关独立董事的议案以本所审核无异议为前提，并将独立董事候选人的有关材料（包括但不限于提名人声明、候选人声明、独立董事履历表）报送本所。

公司董事会对独立董事候选人的有关情况有异议的，应当同时向本所报送董事会的书面意见。

3.1.9 本所在收到前条所述材料后五个交易日内，对独立董事候选人的任职资格和独立性进行审核。对于本所提出异议的独立董事候选人，董事会应当在股东大会上对该独立董事候选人被本所提出异议的情况作出说明，并表明不将其作为独立董事候选人提交股东大会表决。

第二节　董事会秘书

3.2.1　上市公司应当设立董事会秘书，作为公司与本所之间的指定联络人。

公司应当设立由董事会秘书负责管理的信息披露事务部门。

3.2.2　董事会秘书应当对上市公司和董事会负责，履行如下职责：

（一）负责公司信息对外公布，协调公司信息披露事务，组织制定公司信息披露事务管理制度，督促公司和相关信息披露义务人遵守信息披露相关规定；

（二）负责投资者关系管理，协调公司与证券监管机构、投资者、证券服务机构、媒体等之间的信息沟通；

（三）组织筹备董事会会议和股东大会会议，参加股东大会会议、董事会会议、监事会会议及高级管理人员相关会议，负责董事会会议记录工作并签字；

（四）负责公司信息披露的保密工作，在未公开重大信息泄露时，及时向本所报告并披露；

（五）关注媒体报道并主动求证报道的真实性，督促公司董事会及时回复本所问询；

（六）组织公司董事、监事和高级管理人员进行相关法律、行政法规、本规则及相关规定的培训，协助前述人员了解各自在信息披露中的职责；

（七）知悉公司董事、监事和高级管理人员违反法律、行政法规、部门规章、其他规范性文件、本规则、本所其他规定和公司章程时，或者公司作出或可能作出违反相关规定的决策时，应当提醒相关人员，并立即向本所报告；

（八）负责公司股权管理事务，保管公司董事、监事、高级管理人员、控股股东及其董事、监事、高级管理人员持有本公司股份的资料，并负责披露公司董事、监事、高级管理人员持股变动情况；

（九）《公司法》、中国证监会和本所要求履行的其他职责。

3.2.3　上市公司应当为董事会秘书履行职责提供便利条件，董事、监事、财务负责人及其他高级管理人员和相关工作人员应当支持、配合董事会秘书的工作。

董事会秘书为履行职责，有权了解公司的财务和经营情况，参加涉及信息披露的有关会议，查阅涉及信息披露的所有文件，并要求公司有关部门和人员及时提供相关资料和信息。

董事会秘书在履行职责的过程中受到不当妨碍或者严重阻挠时，可以直接向本所报告。

3.2.4　董事会秘书应当具备履行职责所必需的财务、管理、法律等专业知识，具有良好的职业道德和个人品质，并取得本所颁发的董事会秘书培训合格证书。具有下列情形之一的人士不得担任董事会秘书：

（一）《公司法》第一百四十七条规定的任何一种情形；

（二）最近三年受到过中国证监会的行政处罚；

（三）最近三年受到过证券交易所公开谴责或者三次以上通报批评；

（四）本公司现任监事；

（五）本所认定不适合担任董事会秘书的其他情形。

3.2.5　上市公司应当在首次公开发行的股票上市后三个月内，或者原任董事会秘书离职后三个月内聘任董事会秘书。

3.2.6　上市公司应当在聘任董事会秘书的董事会会议召开五个交易日之前，向本所报送下述资料：

（一）董事会推荐书，包括被推荐人（候选人）符合本规则规定的董事会秘书任职资格的说明、现任职务和工作表现等内容；

（二）候选人的个人简历和学历证明复印件；

（三）候选人取得的本所颁发的董事会秘书培训合格证书复印件。

本所对董事会秘书候选人任职资格未提出异议的，公司可以召开董事会会议，聘任董事会秘书。

3.2.7　上市公司董事会应当聘任证券事务代表协助董事会秘书履行职责。董事会秘书不能履行职责或董事会秘书授权时，证券事务代表应当代为履行职责。在此期间，并不当然免除董事会秘书对公司信息披露事务所负有的责任。

证券事务代表应当取得本所颁发的董事会秘书培训合格证书。

3.2.8　上市公司董事会聘任董事会秘书和证券事务代表后，应当及时公告并向本所提交下述资料：

（一）董事会秘书、证券事务代表聘任书或者相关董事会决议；

（二）董事会秘书、证券事务代表的通讯方式，包括办公电话、住宅电话、移动电话、传真、通信地址及专用电子邮箱地址等；

（三）公司法定代表人的通讯方式，包括办公电话、移动电话、传真、通信地址及专用电子邮箱地址等。

上述通讯方式发生变更时，公司应当及时向本所提交变更后的资料。

3.2.9　上市公司解聘董事会秘书应当有充分的理由，不得无故将其解聘。

董事会秘书被解聘或者辞职时，公司应当及时向本所报告，说明原因并公告。

董事会秘书有权就被公司不当解聘或者与辞职有关的情况，向本所提交个人陈述报告。

3.2.10　董事会秘书具有下列情形之一的，上市公司应当自相关事实发生之日起一个月内将其解聘：

（一）第3.2.4条规定的任何一种情形；

（二）连续三个月以上不能履行职责；

（三）在履行职责时出现重大错误或者疏漏，给投资者造成重大损失；

（四）违反法律、行政法规、部门规章、其他规范性文件、本规则、本所其他规定和公司章程等，给投资者造成重大损失。

3.2.11　上市公司在聘任董事会秘书时，应当与其签订保密协议，要求董事会秘书承诺在任职期间以及离任后，持续履行保密义务直至有关信息披露为止，但涉及公司违法违规行为的信息不属于前述应当予以保密的范围。

董事会秘书离任前，应当接受董事会和监事会的离任审查，在监事会的监督下移交有关档案文件、正在办理的事项以及其他待办理事项。

3.2.12　董事会秘书被解聘或者辞职后，在未履行报告和公告义务，或者未完成离任审查、档案移交等手续前，仍应承担董事会秘书的责任。

3.2.13　董事会秘书空缺期间，上市公司应当及时指定一名董事或者高级管理人员代行董事会秘书的职责，并报本所备案，同时尽快确定董事会秘书的人选。公司指定代行董事会秘书职责的人员之前，由公司法定代表人代行董事会秘书职责。

董事会秘书空缺时间超过三个月的，公司法定代表人应当代行董事会秘书职责，直至公司聘任新的董事会秘书。

3.2.14　上市公司应当保证董事会秘书在任职期间按要求参加本所组织的董事会秘书后续培训。

3.2.15　本所接受董事会秘书、第3.2.13条规定的代行董事会秘书职责的人员或者证券事务代表以上市公司名义办理的信息披露与股权管理事务。

第四章　保荐人

4.1　本所实行股票和可转换公司债券（含分离交易的可转换公司债券）的上市保荐制度。发行人（上市公司）向本所申请其首次公开发行的股票、上市后发行的新股和可转换公司债券在本所上市，以及公司股票被暂停上市后申请恢复上市的，应当由保荐人保荐。

保荐人应当为经中国证监会注册登记并列入保荐人名单，同时具有本所会员资格的证券经营机构；恢复上市保荐人还应当具有中国证券业协会《证券公司从事代办股份转让主办券商业务资格管理办法（试行）》中规定的从事代办股份转让主办券商业务资格。

4.2　保荐人应当与发行人签订保荐协议，明确双方在发行人申请上市期间、申请恢复上市期间和持续督导期间的权利和义务。保荐协议应当约定保荐人审阅发行人信息披露文件的时点。

首次公开发行股票的，持续督导的期间为股票上市当年剩余时间及其后两个完整会计年度；发行新股、可转换公司债券的，持续督导的期间为股票或者可转换公司债券上市当年剩余时间及其后一个完整会计年度；申请恢复上市的，持续督导期间为股票恢复上市当年剩余时间及其后一个完整会计年度。持续督导的期间自股票或者可转换公司债券上市之日起计算。

4.3　保荐人应当在签订保荐协议时指定两名保荐代表人具体负责保荐工作，并作为保荐人与本所之间的指定联络人。

保荐代表人应当为经中国证监会注册登记并列入保荐代表人名单的自然人。

4.4　保荐人保荐股票或者可转换公司债券上市（股票恢复上市除外）时，应当向本所提交上市保荐书、保荐协议、保荐人和相关保荐代表人已经中国证监会注册登记并列入保荐人和保荐代表人名单的证明文件、保荐人向保荐代表人出具的由保荐人法定代表人签名的授权书，以及与上市保荐工作有关的其他文件。

保荐人保荐股票恢复上市时应当提交的文件及其内容，按照本规则第十四章第二节的有关规定执行。

4.5　前条所述上市保荐书应当包括以下内容：

（一）发行股票、可转换公司债券的公司概况；

（二）申请上市的股票、可转换公司债券的发行情况；

（三）保荐人是否存在可能影响其公正履行保荐职责的情形的说明；

（四）保荐人按照有关规定应当承诺的事项；

（五）对公司持续督导工作的安排；

（六）保荐人和相关保荐代表人的联系地址、电话和其他通讯方式；

（七）保荐人认为应当说明的其他事项；

（八）本所要求的其他内容。

上市保荐书应当由保荐人的法定代表人（或者授权代表）和相关保荐代表人签字，注明日期并加盖保荐人公章。

4.6　保荐人应当督导发行人按照本规则的规定履行信息披露及其他相关义务，督导发行人及其董事、监事和高级管理人员遵守本规则并履行向本所作出的承诺，审阅发行人信息披露文件和向本所提交的其他文件，并保证向本所提交的与保荐工作相关的文件的真实、准确、完整。

4.7　保荐人应当在发行人向本所报送信息披露文件及其他文件之前，或者履行信息披露义务后五个交易日内，完成对有关文件的审阅工作，督促发行人及时更正审阅中发现的问题，并向本所报告。

4.8 保荐人履行保荐职责发表的意见应当及时告知发行人，记录于保荐工作档案。

发行人应当配合保荐人和保荐代表人的工作。

4.9 保荐人在履行保荐职责期间有充分理由确信发行人可能存在违反本规则规定的行为的，应当督促发行人作出说明并限期纠正；情节严重的，应当向本所报告。

保荐人按照有关规定对发行人违法违规事项公开发表声明的，应当于披露前向本所报告，经本所审核后在指定媒体上公告。本所对上述公告进行形式审核，对其内容的真实性不承担责任。

4.10 保荐人有充分理由确信证券服务机构及其签名人员按本规则规定出具的专业意见可能存在虚假记载、误导性陈述或重大遗漏等违法违规情形或者其他不当情形的，应当及时发表意见；情节严重的，应当向本所报告。

4.11 保荐人更换保荐代表人的，应当通知发行人，并及时向本所报告，说明原因并提供新更换的保荐代表人的相关资料。发行人应当在收到通知后及时披露保荐代表人变更事宜。

4.12 保荐人和发行人终止保荐协议的，应当及时向本所报告，说明原因并由发行人发布公告。

发行人另行聘请保荐人的，应当及时向本所报告并公告。新聘请的保荐人应当及时向本所提交第4.4条规定的有关文件。

4.13 保荐人应当自持续督导工作结束后十个交易日内向本所报送保荐总结报告书。

4.14 保荐人、相关保荐代表人和保荐工作其他参与人员不得利用从事保荐工作期间获得的发行人尚未披露的信息进行内幕交易，为自己或者他人谋取利益。

第五章　股票和可转换公司债券上市

第一节　首次公开发行股票并上市

5.1.1 发行人首次公开发行股票后申请其股票在本所上市，应当符合下列条件：

（一）股票经中国证监会核准已公开发行；

（二）公司股本总额不少于人民币五千万元；

（三）公开发行的股份达到公司股份总数的25%以上；公司股本总额超过人民币四亿元的，公开发行股份的比例为10%以上；

（四）公司最近三年无重大违法行为，财务会计报告无虚假记载；

（五）本所要求的其他条件。

5.1.2 发行人首次公开发行股票的申请获得中国证监会核准发行后，应当及时向本所提出股票上市申请，并提交下列文件：

（一）上市申请书；

（二）中国证监会核准其股票首次公开发行的文件；

（三）有关本次发行上市事宜的董事会和股东大会决议；

（四）营业执照复印件；

（五）公司章程；

（六）经具有执行证券、期货相关业务资格的会计师事务所审计的发行人最近三年的财务会计报告；

（七）首次公开发行结束后发行人全部股票已经中国证券登记结算有限责任公司上海分公司（以下简称“登记公司”）托管的证明文件；

（八）首次公开发行结束后，具有执行证券、期货相关业务资格的会计师事务所出具的验资报告；

（九）关于董事、监事和高级管理人员持有本公司股份的情况说明和《董事（监事、高级管理人员）声明及承诺书》；

（十）发行人拟聘任或者已聘任的董事会秘书的有关资料；

（十一）首次公开发行后至上市前，按规定新增的财务资料和有关重大事项的说明（如适用）；

（十二）首次公开发行前已发行股份持有人，自发行人股票上市之日起一年内持股锁定证明；

（十三）第5.1.5条所述承诺函；

（十四）最近一次的招股说明书和经中国证监会审核的全套发行申报材料；

（十五）按照有关规定编制的上市公告书；

（十六）保荐协议和保荐人出具的上市保荐书；

（十七）律师事务所出具的法律意见书；

（十八）本所要求的其他文件。

5.1.3 发行人及其董事、监事、高级管理人员应当保证向本所提交的上市申请文件真实、准确、完整，不存在虚假记载、误导性陈述或者重大遗漏。

5.1.4 发行人首次公开发行股票前已发行的股份，自发行人股票上市之日起一年内不得转让。

5.1.5 发行人向本所申请其首次公开发行股票上市时，控股股东和实际控制人应当承诺：自发行人股票上市之日起三十六个月内，不转让或者委托他人管理其直接和间接持有的发行人首次公开发行股票前已发行股份，也不由发行人回购该部分股份。

但转让双方存在控制关系，或者均受同一实际控制人控制的，自发行人股票上市之日起一年后，经控股股东和实际控制人申请并经本所同意，可豁免遵守前款承诺。

发行人应当在上市公告书中披露上述承诺。

5.1.6 本所在收到发行人提交的第5.1.2条所列全部上市申请文件后七个交易日内，作出是否同意上市的决定并通知发行人。出现特殊情况时，本所可以暂缓作出是否同意上市的决定。

5.1.7 本所设立上市委员会对上市申请进行审议，作出独立的专业判断并形成审核意见。本所根据上市审核委员会的审核意见，作出是否同意上市的决定。

第5.1.1条所列第（一）至第（四）项条件为在本所上市的必备条件，本所并不保证发行人符合上述条件时，其上市申请一定能够获得本所同意。

5.1.8 发行人应当于其股票上市前五个交易日内，在指定媒体或者本所网站上披露下列文件：

（一）上市公告书；

（二）公司章程；

（三）上市保荐书；

（四）法律意见书；

（五）本所要求的其他文件。

上述文件应当备置于公司住所，供公众查阅。

发行人在提出上市申请期间，未经本所同意，不得擅自披露与上市有关的信息。

第二节　上市公司发行股票和可转换公司债券的上市

5.2.1 上市公司向本所申请办理公开发行股票或可转换公司债券发行事宜时，应当提交下列文件：

（一）中国证监会的核准文件；

（二）经中国证监会审核的全部发行申报材料；

（三）发行的预计时间安排；

（四）发行具体实施方案和发行公告；

（五）相关招股意向书或者募集说明书；

（六）本所要求的其他文件。

5.2.2　上市公司应当按照中国证监会有关规定，编制并披露涉及公开发行股票或可转换公司债券的相关公告。

5.2.3　发行结束后，上市公司可以向本所申请公开发行股票或可转换公司债券上市。

5.2.4　上市公司申请可转换公司债券在本所上市，应当符合下列条件：

（一）可转换公司债券的期限为一年以上；

（二）可转换公司债券实际发行额不少于人民币五千万元；

（三）申请上市时仍符合法定的可转换公司债券发行条件。

5.2.5　上市公司向本所申请公开发行股票或可转换公司债券的上市，应当在股票或可转换公司债券上市前五个交易日向本所提交下列文件：

（一）上市申请书；

（二）有关本次发行上市事宜的董事会和股东大会决议；

（三）按照有关规定编制的上市公告书；

（四）保荐协议和保荐人出具的上市保荐书；

（五）发行结束后经具有执行证券、期货相关业务资格的会计师事务所出具的验资报告；

（六）登记公司对新增股份或可转换公司债券登记托管的书面确认文件；

（七）董事、监事和高级管理人员持股情况变动的报告（适用于新股上市）；

（八）本所要求的其他文件。

5.2.6　上市公司应当在公开发行股票或可转换公司债券上市前五个交易日内，在指定媒体上披露下列文件和事项：

（一）上市公告书；

（二）本所要求的其他文件和事项。

5.2.7　上市公司非公开发行股票的限售期届满，申请非公开发行股票上市时，应当在上市前五个交易日向本所提交下列文件：

（一）上市申请书；

（二）发行结果的公告；

（三）发行股份的托管证明；

（四）关于向特定对象发行股份的说明；

（五）上市提示性公告；

（六）本所要求的其他文件。

5.2.8　上市公司非公开发行股票上市申请获得本所同意后，应当在上市前三个交易日内披露上市提示性公告。上市提示性公告应当包括非公开发行股票的上市时间、上市数量、发行价格、发行对象等内容。

第三节　有限售条件的股份上市

5.3.1　上市公司有限售条件的股份上市，应当在上市前五个交易日以书面形式向本所提出上市申请。

5.3.2　上市公司申请公开发行前已发行股份的上市，应当向本所提交下列文件：

（一）上市申请书；

（二）有关股东的持股情况说明及托管情况；

（三）有关股东作出的限售承诺及其履行情况的说明（如有）；

（四）上市提示性公告；

（五）本所要求的其他文件。

5.3.3　经本所同意后，上市公司应当在有关股份上市前三个交易日披露上市提示性公告。上市提示性公告应当包括以下内容：

（一）上市时间和数量；

（二）有关股东所作出的限售承诺及其履行情况；

（三）本所要求的其他内容。

5.3.4　上市公司申请股权分置改革后有限售条件的股份上市，应当参照第5.3.2条、第5.3.3条规定执行，本所另有规定的，从其规定。

5.3.5　上市公司申请向证券投资基金、法人、战略投资者配售的股份上市，应当向本所提交下列文件：

（一）上市申请书；

（二）配售结果的公告；

（三）配售股份的托管证明；

（四）关于向证券投资基金、法人、战略投资者配售股份的说明；

（五）上市提示性公告；

（六）本所要求的其他文件。

5.3.6　经本所同意后，上市公司应当在配售的股份上市前三个交易日内披露上市提示性公告。上市提示性公告应当包括以下内容：

（一）配售股份的上市时间；

（二）配售股份的上市数量；

（三）配售股份的发行价格；

（四）公司历次股份变动情况。

5.3.7　上市公司申请对其有关股东以及（原）董事、监事和高级管理人员所持本公司股份解除锁定时，应当向本所提交下列文件：

（一）持股解锁申请；

（二）全部或者部分解除锁定的理由和相关证明文件（如适用）；

（三）上市提示性公告；

（四）本所要求的其他文件。

5.3.8　上市公司申请其内部职工股上市时，应当向本所提交下列文件：

（一）上市申请书；

（二）中国证监会关于内部职工股上市时间的批文；

（三）有关内部职工股持股情况的说明及其托管证明；

（四）董事、监事和高级管理人员持有内部职工股有关情况的说明；

（五）内部职工股上市提示性公告；

（六）本所要求的其他文件。

5.3.9　经本所同意后，上市公司应当在内部职工股上市前三个交易日内披露上市提示性公告。上市提示性公告应当包括以下内容：

（一）上市日期；

（二）本次上市的股份数量以及董事、监事和高级管理人员持有的数量；

（三）发行价格；

（四）历次股份变动情况；

（五）持有内部职工股的人数。

5.3.10　上市公司向本所申请其他有限售条件的股份上市流通，参照本章相关规定执行。

第六章　定期报告

6.1　上市公司定期报告包括年度报告、中期报告和季度报告。

公司应当在法律、行政法规、部门规章、其他规范性文件以及本规则规定的期限内完成编制并披露定期报告。其中，年度报告应当在每个会计年度结束之日起四个月内，中期报告应当在每个会计年度的上半年结束之日起两个月内，季度报告应当在每个会计年度前三个月、九个月结束后的一个月内编制完成并披露。第一季度季度报告的披露时间不得早于上一年度年度报告的披露时间。

公司预计不能在规定期限内披露定期报告的，应当及时向本所报告，并公告不能按期披露的原因、解决方案以及延期披露的最后期限。

6.2　上市公司应当向本所预约定期报告的披露时间，本所根据均衡披露原则统筹安排各公司定期报告的披露顺序。

公司应当按照本所安排的时间办理定期报告披露事宜。因故需要变更披露时间的，应当提前五个交易日向本所提出书面申请，说明变更的理由和变更后的披露时间，本所视情形决定是否予以调整。本所原则上只接受一次变更申请。

6.3　上市公司董事会应当确保公司按时披露定期报告。因故无法形成董事会审议定期报告的决议的，公司应当以董事会公告的形式对外披露相关情况，说明无法形成董事会决议的原因和存在的风险。

公司不得披露未经董事会审议通过的定期报告。

6.4　上市公司董事会应当按照中国证监会和本所关于定期报告的有关规定，组织有关人员安排落实定期报告的编制和披露工作。

公司经理、财务负责人、董事会秘书等高级管理人员应当及时编制定期报告草案；董事会秘书负责送达董事、监事、高级管理人员审阅；董事长负责召集和主持董事会会议审议定期报告。

公司董事、高级管理人员应当对定期报告签署书面确认意见，明确表示是否同意定期报告的内容；监事会应当对董事会编制的定期报告进行审核，以监事会决议的形式说明定期报告编制和审核程序是否符合相关规定，内容是否真实、准确、完整。董事、高级管理人员不得以任何理由拒绝对定期报告签署书面意见。

为公司定期报告出具审计意见的会计师事务所，应当严格按照注册会计师执业准则及相关规定，及时恰当发表审计意见，不得无故拖延审计工作而影响定期报告的按时披露。

6.5　上市公司年度报告中的财务会计报告应当经具有执行证券、期货相关业务资格的会计师事务所审计。中期报告中的财务会计报告可以不经审计，但公司有下列情形之一的，应当审计：

（一）拟在下半年进行利润分配、以公积金转增股本、弥补亏损；

（二）根据中国证监会或者本所有关规定应当进行审计的其他情形。

季度报告中的财务资料无须审计，但中国证监会和本所另有规定的除外。

6.6　上市公司应当在董事会审议通过定期报告后，及时向本所报送并提交下列文件：

（一）定期报告全文及摘要（或正文）；

（二）审计报告原件（如适用）；

（三）董事会和监事会决议及其公告文稿；

（四）按本所要求制作的载有定期报告和财务数据的电子文件；

（五）本所要求的其他文件。

6.7　定期报告披露前出现业绩提前泄露，或者因业绩传闻导致公司股票及其衍生品种交易异常波动的，上市公司应当及时披露本报告期相关财务数据（无论是否已经审计），包括营业收入、营业利润、利润总额、净利润、总资产、净资产、每股收益、每股净资产和净资产收益率等主要财务数据和指标。

6.8　按照《公开发行证券的公司信息披露编报规则第 14 号—非标准无保留审计意见及其涉及事项的处理》的规定，上市公司财务会计报告被会计师事务所出具非标准无保留审计意见的，公司在报送定期报告的同时，应当向本所提交下列文件：

（一）董事会针对该审计意见涉及事项所做的专项说明，审议此专项说明的董事会决议和决议所依据的材料；

（二）独立董事对审计意见涉及事项所发表的意见；

（三）监事会对董事会专项说明的意见和相关决议；

（四）负责审计的会计师事务所和注册会计师出具的专项说明；

（五）中国证监会和本所要求的其他文件。

6.9　负责审计的会计师事务所和注册会计师按照前条规定出具的专项说明应当至少包括以下内容：

（一）出具非标准无保留审计意见的理由

和依据；

（二）非标准无保留审计意见涉及事项对报告期内公司财务状况和经营成果的具体影响，若扣除受影响的金额后导致公司盈亏性质发生变化的，应当明确说明；

（三）非标准无保留审计意见涉及事项是否属于明显违反会计准则、制度及相关信息披露规范规定的情形。

6.10　第6.8条所述非标准无保留审计意见涉及事项不属于明显违反会计准则、制度及相关信息披露规范规定的，上市公司董事会应当根据《公开发行证券的公司信息披露编报规则第14号—非标准无保留审计意见及其涉及事项的处理》的规定，在相关定期报告中对该审计意见涉及事项作出详细说明。

6.11　第6.8条所述非标准无保留审计意见涉及事项属于明显违反会计准则、制度及相关信息披露规范规定的，上市公司应当对该事项进行纠正和重新审计，并在本所规定的期限内披露经纠正的财务会计报告和有关审计报告。

公司未在本所规定的期限内披露经纠正的财务会计报告和有关审计报告的，本所将报中国证监会调查处理。

公司对上述事项进行纠正期间不计入本所作出有关决定的期限之内。

6.12　上市公司应当认真对待本所对其定期报告的事后审核意见，及时回复本所的问询，并按要求对定期报告有关内容作出解释和说明。如需披露更正或者补充公告并修改定期报告的，公司应当在履行相应程序后公告，并在本所网站披露修改后的定期报告全文。

6.13　上市公司因已披露的定期报告存在差错或者虚假记载，被有关机关责令改正或者经董事会决定进行更正的，应当立即向本所报告，并在被责令改正或者董事会作出相应决定后，按照中国证监会《公开发行证券的公司信息披露编报规则第19号—财务信息的更正及相关披露》等有关规定，及时予以披露。

6.14　发行可转换公司债券的上市公司，其年度报告和中期报告还应当包括以下内容：

（一）转股价格历次调整的情况，经调整后的最新转股价格；

（二）可转换公司债券发行后累计转股的情况；

（三）前十名可转换公司债券持有人的名单和持有量；

（四）担保人盈利能力、资产状况和信用状况发生重大变化的情况；

（五）公司的负债情况、资信变化情况以及在未来年度偿债的现金安排；

（六）中国证监会和本所规定的其他内容。

第七章　临时报告的一般规定

7.1　上市公司披露的除定期报告之外的其他公告为临时报告。

临时报告的内容涉及本规则第八章、第九章、第十章和第十一章所述重大事项的，其披露要求和相关审议程序在满足本章规定的同时，还应当符合以上各章的规定。

临时报告应当由董事会发布并加盖公司或者董事会公章（监事会决议公告可以加盖监事会公章）。

7.2　上市公司应当及时向本所报送并披露临时报告。临时报告涉及的相关备查文件应当同时在本所网站披露。

7.3　上市公司应当在以下任一时点最先发生时，及时披露相关重大事项：

（一）董事会或者监事会就该重大事项形成决议时；

（二）有关各方就该重大事项签署意向书或者协议（无论是否附加条件或期限）时；

（三）任何董事、监事或者高级管理人员

知道或应当知道该重大事项时。

7.4　重大事项尚处于筹划阶段，但在前条所述有关时点发生之前出现下列情形之一的，上市公司应当及时披露相关筹划情况和既有事实：

（一）该重大事项难以保密；

（二）该重大事项已经泄露或者市场出现传闻；

（三）公司股票及其衍生品种的交易发生异常波动。

7.5　上市公司根据第7.3条、第7.4条的规定披露临时报告后，还应当按照下述规定持续披露重大事项的进展情况：

（一）董事会、监事会或者股东大会就该重大事项形成决议的，及时披露决议情况；

（二）公司就该重大事项与有关当事人签署意向书或者协议的，及时披露意向书或者协议的主要内容；上述意向书或者协议的内容或履行情况发生重大变化或者被解除、终止的，及时披露发生重大变化或者被解除、终止的情况和原因；

（三）该重大事项获得有关部门批准或者被否决的，及时披露批准或者否决的情况；

（四）该重大事项出现逾期付款情形的，及时披露逾期付款的原因和付款安排；

（五）该重大事项涉及的主要标的物尚未交付或者过户的，及时披露交付或者过户情况；超过约定交付或者过户期限三个月仍未完成交付或者过户的，及时披露未如期完成的原因、进展情况和预计完成的时间，并每隔三十日公告一次进展情况，直至完成交付或者过户；

（六）该重大事项发生可能对公司股票及其衍生品种交易价格产生较大影响的其他进展或者变化的，及时披露进展或者变化情况。

7.6　上市公司根据第7.3条或者第7.4条在规定时间内报送的临时报告不符合本规则有关要求的，可以先披露提示性公告，解释未能按要求披露的原因，并承诺在两个交易日内披露符合要求的公告。

7.7　上市公司控股子公司发生的本规则第九章、第十章和第十一章所述重大事项，视同上市公司发生的重大事项，适用前述各章的规定。

上市公司参股公司发生本规则第九章和第十一章所述重大事项，或者与上市公司的关联人进行第10.1.1条提及的各类交易，可能对上市公司股票及其衍生品种交易价格产生较大影响的，上市公司应当参照上述各章的规定，履行信息披露义务。

第八章　董事会、监事会和股东大会决议

第一节　董事会和监事会决议

8.1.1　上市公司召开董事会会议，应当在会议结束后及时将董事会决议（包括所有提案均被否决的董事会决议）报送本所。董事会决议应当经与会董事签字确认。

本所要求提供董事会会议记录的，公司应当按要求提供。

8.1.2　董事会决议涉及须经股东大会表决的事项，或者本规则第六章、第九章、第十章和第十一章所述重大事项的，上市公司应当及时披露；涉及其他事项的董事会决议，本所认为有必要的，公司也应当及时披露。

8.1.3　董事会决议涉及的本规则第六章、第九章、第十章和第十一章所述重大事项，需要按照中国证监会有关规定或者本所制定的公告格式指引进行公告的，上市公司应当分别披露董事会决议公告和相关重大事项公告。

8.1.4　董事会决议公告应当包括以下内容：

（一）会议通知发出的时间和方式；

（二）会议召开的时间、地点、方式，以及是否符合有关法律、行政法规、部门规章、

其他规范性文件和公司章程的说明；

（三）委托他人出席和缺席的董事人数、姓名、缺席理由和受托董事姓名；

（四）每项提案获得的同意、反对和弃权的票数，以及有关董事反对或者弃权的理由；

（五）涉及关联交易的，说明应当回避表决的董事姓名、理由和回避情况；

（六）需要独立董事事前认可或者独立发表意见的，说明事前认可情况或者所发表的意见；

（七）审议事项的具体内容和会议形成的决议。

8.1.5　上市公司召开监事会会议，应当在会议结束后及时将监事会决议报送本所，经本所登记后披露监事会决议公告。

监事会决议应当经与会监事签字确认。监事应当保证监事会决议公告内容的真实、准确、完整，没有虚假记载、误导性陈述或重大遗漏。

8.1.6　监事会决议公告应当包括以下内容：

（一）会议召开的时间、地点、方式，以及是否符合有关法律、行政法规、部门规章、其他规范性文件和公司章程的说明；

（二）委托他人出席和缺席的监事人数、姓名、缺席的理由和受托监事姓名；

（三）每项提案获得的同意、反对和弃权的票数，以及有关监事反对或者弃权的理由；

（四）审议事项的具体内容和会议形成的决议。

第二节　股东大会决议

8.2.1　召集人应当在年度股东大会召开二十日之前，或者临时股东大会召开十五日之前，以公告方式向股东发出股东大会通知。

股东大会通知中应当列明会议召开的时间、地点、方式，以及会议召集人和股权登记日等事项，并充分、完整地披露所有提案的具体内容。召集人还应当同时在本所网站上披露有助于股东对拟讨论的事项作出合理判断所必需的其他资料。

8.2.2　召集人应当在股东大会结束后，及时将股东大会决议公告文稿、股东大会决议和法律意见书报送本所，经本所同意后披露股东大会决议公告。

本所要求提供股东大会会议记录的，召集人应当按要求提供。

8.2.3　发出股东大会通知后，无正当理由，股东大会不得延期或者取消，股东大会通知中列明的提案不得取消。一旦出现延期或者取消的情形，召集人应当在原定召开日前至少两个交易日发布通知，说明延期或者取消的具体原因。延期召开股东大会的，还应当在通知中说明延期后的召开日期。

8.2.4　股东大会召开前股东提出临时提案的，召集人应当在规定时间内发布股东大会补充通知，披露提出临时提案的股东姓名或名称、持股比例和临时提案的内容。

8.2.5　股东自行召集股东大会的，应当书面通知董事会并向本所备案。

在股东大会决议公告前，召集股东持股比例不得低于10%，召集股东应当在发布股东大会通知前向本所申请在上述期间锁定其持有的全部或者部分股份。

8.2.6　股东大会会议期间发生突发事件导致会议不能正常召开的，召集人应当立即向本所报告，说明原因并披露相关情况，以及律师出具的专项法律意见书。

8.2.7　股东大会决议公告应当包括以下内容：

（一）会议召开的时间、地点、方式、召集人和主持人，以及是否符合有关法律、行政法规、部门规章、其他规范性文件和公司章程的说明；

（二）出席会议的股东（代理人）人数、

所持（代理）股份及其占上市公司有表决权股份总数的比例；未完成股权分置改革的上市公司还应当披露流通股股东和非流通股股东出席会议的情况；

（三）每项提案的表决方式、表决结果；未完成股权分置改革的上市公司还应当披露分别统计的流通股股东及非流通股股东表决情况；涉及股东提案的，应当列明提案股东的姓名或者名称、持股比例和提案内容；涉及关联交易事项的，应当说明关联股东回避表决的情况；未完成股权分置改革的上市公司涉及需要流通股股东单独表决的提案，应当专门作出说明；

发行境内上市外资股或同时有证券在境外证券交易所上市的上市公司，还应当说明发出股东大会通知的情况、内资股股东和外资股股东分别出席会议及表决情况；

（四）法律意见书的结论性意见。若股东大会出现否决提案的，应当披露法律意见书全文。

8.2.8 股东大会上不得向股东通报、泄露未曾披露的重大事项。

第九章 应当披露的交易

9.1 本章所称“交易”包括下列事项：

（一）购买或者出售资产；

（二）对外投资（含委托理财、委托贷款等）；

（三）提供财务资助；

（四）提供担保；

（五）租入或者租出资产；

（六）委托或者受托管理资产和业务；

（七）赠与或者受赠资产；

（八）债权、债务重组；

（九）签订许可使用协议；

（十）转让或者受让研究与开发项目；

（十一）本所认定的其他交易。

上述购买或者出售资产，不包括购买原材料、燃料和动力，以及出售产品、商品等与日常经营相关的资产购买或者出售行为，但资产置换中涉及到的此类资产购买或者出售行为，仍包括在内。

9.2 上市公司发生的交易（提供担保除外）达到下列标准之一的，应当及时披露：

（一）交易涉及的资产总额（同时存在账面值和评估值的，以高者为准）占上市公司最近一期经审计总资产的10%以上；

（二）交易的成交金额（包括承担的债务和费用）占上市公司最近一期经审计净资产的10%以上，且绝对金额超过1 000万元；

（三）交易产生的利润占上市公司最近一个会计年度经审计净利润的10%以上，且绝对金额超过100万元；

（四）交易标的（如股权）在最近一个会计年度相关的营业收入占上市公司最近一个会计年度经审计营业收入的10%以上，且绝对金额超过1000万元；

（五）交易标的（如股权）在最近一个会计年度相关的净利润占上市公司最近一个会计年度经审计净利润的10%以上，且绝对金额超过100万元。

上述指标涉及的数据如为负值，取其绝对值计算。

9.3 上市公司发生的交易（提供担保、受赠现金资产、单纯减免上市公司义务的债务除外）达到下列标准之一的，除应当及时披露外，还应当提交股东大会审议：

（一）交易涉及的资产总额（同时存在账面值和评估值的，以高者为准）占上市公司最近一期经审计总资产的50%以上；

（二）交易的成交金额（包括承担的债务和费用）占上市公司最近一期经审计净资产的50%以上，且绝对金额超过5 000万元；

（三）交易产生的利润占上市公司最近一

个会计年度经审计净利润的 50% 以上，且绝对金额超过 500 万元；

（四）交易标的（如股权）在最近一个会计年度相关的营业收入占上市公司最近一个会计年度经审计营业收入的 50% 以上，且绝对金额超过 5 000 万元；

（五）交易标的（如股权）在最近一个会计年度相关的净利润占上市公司最近一个会计年度经审计净利润的 50% 以上，且绝对金额超过 500 万元。

上述指标涉及的数据如为负值，取绝对值计算。

9.4　上市公司与同一交易方同时发生第 9.1 条第（二）项至第（四）项以外各项中方向相反的两个相关交易时，应当按照其中单个方向的交易涉及指标中较高者计算披露标准。

9.5　交易标的为公司股权，且购买或者出售该股权将导致上市公司合并报表范围发生变更的，该股权所对应的公司的全部资产总额和营业收入，视为第 9.2 条和第 9.3 条所述交易涉及的资产总额和与交易标的相关的营业收入。

9.6　交易仅达到第 9.3 条第（三）项或者第（五）项标准，且上市公司最近一个会计年度每股收益的绝对值低于 0.05 元的，公司可以向本所申请豁免适用第 9.3 条将交易提交股东大会审议的规定。

9.7　交易达到第 9.3 条规定标准的，若交易标的为公司股权，上市公司应当提供具有执行证券、期货相关业务资格的会计师事务所，按照企业会计准则对交易标的最近一年又一期的财务会计报告出具审计报告，审计截止日距审议该交易事项的股东大会召开日不得超过六个月；若交易标的为股权以外的其他非现金资产，公司应当提供具有执行证券、期货相关业务资格的资产评估事务所出具的评估报告，评估基准日距审议该交易事项的股东大会召开日不得超过一年。

交易虽未达到第 9.3 条规定的标准，但本所认为有必要的，公司也应当按照前款规定，提供有关会计师事务所或者资产评估事务所的审计或者评估报告。

9.8　上市公司投资设立公司，根据《公司法》第二十六条或者第八十一条可以分期缴足出资额的，应当以协议约定的全部出资额为标准适用第 9.2 条或者第 9.3 条的规定。

9.9　上市公司进行“提供财务资助”、“委托理财”等交易时，应当以发生额作为计算标准，并按照交易类别在连续十二个月内累计计算。经累计计算的发生额达到第 9.2 条或者第 9.3 条规定标准的，分别适用第 9.2 条或者第 9.3 条的规定。

已经按照第 9.2 条或者第 9.3 条履行相关义务的，不再纳入相关的累计计算范围。

9.10　上市公司进行“提供担保”、“提供财务资助”、“委托理财”等之外的其他交易时，应当对相同交易类别下标的相关的各项交易，按照连续十二个月内累计计算的原则，分别适用第 9.2 条或者第 9.3 条的规定。已经按照第 9.2 条或者第 9.3 条履行相关义务的，不再纳入相关的累计计算范围。

除前款规定外，公司发生“购买或者出售资产”交易，不论交易标的是否相关，若所涉及的资产总额或者成交金额在连续十二个月内经累计计算超过公司最近一期经审计总资产 30% 的，除应当披露并参照第 9.7 条进行审计或者评估外，还应当提交股东大会审议，并经出席会议的股东所持表决权的三分之二以上通过。

9.11　上市公司发生“提供担保”交易事项，应当提交董事会或者股东大会进行审议，并及时披露。

下述担保事项应当在董事会审议通过后提交股东大会审议：

（一）单笔担保额超过公司最近一期经审计净资产10%的担保；

（二）公司及其控股子公司的对外担保总额，超过公司最近一期经审计净资产50%以后提供的任何担保；

（三）为资产负债率超过70%的担保对象提供的担保；

（四）按照担保金额连续十二个月内累计计算原则，超过公司最近一期经审计总资产30%的担保；

（五）按照担保金额连续十二个月内累计计算原则，超过公司最近一期经审计净资产的50%，且绝对金额超过5000万元以上；

（六）本所或者公司章程规定的其他担保。

对于董事会权限范围内的担保事项，除应当经全体董事的过半数通过外，还应当经出席董事会会议的三分之二以上董事同意；前款第（四）项担保，应当经出席会议的股东所持表决权的三分之二以上通过。

9.12 上市公司披露交易事项，应当向本所提交下列文件：

（一）公告文稿；

（二）与交易有关的协议或者意向书；

（三）董事会决议、决议公告文稿和独立董事的意见（如适用）；

（四）交易涉及的有权机关的批文（如适用）；

（五）证券服务机构出具的专业报告（如适用）；

（六）本所要求的其他文件。

9.13 上市公司应当根据交易类型，披露下述所有适用其交易的有关内容：

（一）交易概述和交易各方是否存在关联关系的说明；对于按照累计计算原则达到披露标准的交易，还应当简单介绍各单项交易和累计情况；

（二）交易对方的基本情况；

（三）交易标的的基本情况，包括标的的名称、账面值、评估值、运营情况、有关资产上是否存在抵押、质押或者其他第三人权利、是否存在涉及有关资产的重大争议、诉讼或仲裁事项或者查封、冻结等司法措施；

交易标的为股权的，还应当说明该股权对应的公司的基本情况和最近一年又一期的资产总额、负债总额、净资产、营业收入和净利润等财务数据；

出售控股子公司股权导致上市公司合并报表范围变更的，还应当说明上市公司是否存在为该子公司提供担保、委托该子公司理财，以及该子公司占用上市公司资金等方面的情况；如存在，应当披露前述事项涉及的金额、对上市公司的影响和解决措施；

（四）交易标的的交付状态、交付和过户时间；

（五）交易协议其他方面的主要内容，包括成交金额、支付方式（现金、股权、资产置换等）、支付期限或者分期付款的安排、协议生效条件和生效时间以及有效期间等；交易协议有任何形式的附加或者保留条款的，应当予以特别说明；

交易需经股东大会或者有权机关批准的，还应当说明需履行的法定程序和进展情况；

（六）交易定价依据，公司支出款项的资金来源；

（七）公司预计从交易中获得的利益（包括潜在利益），交易对公司本期和未来财务状况及经营成果的影响；

（八）关于交易对方履约能力的分析；

（九）交易涉及的人员安置、土地租赁、债务重组等情况；

（十）关于交易完成后可能产生关联交易的情况的说明；

（十一）关于交易完成后可能产生同业竞

争的情况及相关应对措施的说明；

（十二）证券服务机构及其意见；

（十三）本所要求的有助于说明该交易真实情况的其他内容。

9.14 对于担保事项的披露内容，除前条规定外，还应当包括截至披露日上市公司及其控股子公司对外担保总额、上市公司对控股子公司提供担保的总额、上述数额分别占上市公司最近一期经审计净资产的比例。

9.15 对于达到披露标准的担保，如果被担保人于债务到期后十五个交易日内未履行还款义务，或者被担保人出现破产、清算或其他严重影响其还款能力的情形，上市公司应当及时披露。

9.16 上市公司与其合并报表范围内的控股子公司发生的或者上述控股子公司之间发生的交易，除中国证监会和本所另有规定外，免于按照本章规定披露和履行相应程序。

第十章　关联交易

第一节　关联交易和关联人

10.1.1 上市公司的关联交易，是指上市公司或者其控股子公司与上市公司关联人之间发生的转移资源或者义务的事项，包括以下交易：

（一）第9.1条规定的交易事项；

（二）购买原材料、燃料、动力；

（三）销售产品、商品；

（四）提供或者接受劳务；

（五）委托或者受托销售；

（六）在关联人财务公司存贷款；

（七）与关联人共同投资；

（八）其他通过约定可能引致资源或者义务转移的事项。

10.1.2 上市公司的关联人包括关联法人和关联自然人。

10.1.3 具有以下情形之一的法人或其他组织，为上市公司的关联法人：

（一）直接或者间接控制上市公司的法人或其他组织；

（二）由上述第（一）项直接或者间接控制的除上市公司及其控股子公司以外的法人或其他组织；

（三）由第10.1.5条所列上市公司的关联自然人直接或者间接控制的，或者由关联自然人担任董事、高级管理人员的除上市公司及其控股子公司以外的法人或其他组织；

（四）持有上市公司5%以上股份的法人或其他组织；

（五）中国证监会、本所或者上市公司根据实质重于形式原则认定的其他与上市公司有特殊关系，可能导致上市公司利益对其倾斜的法人或其他组织。

10.1.4 上市公司与前条第（二）项所列法人受同一国有资产管理机构控制的，不因此而形成关联关系，但该法人的法定代表人、总经理或者半数以上的董事兼任上市公司董事、监事或者高级管理人员的除外。

10.1.5 具有以下情形之一的自然人，为上市公司的关联自然人：

（一）直接或间接持有上市公司5%以上股份的自然人；

（二）上市公司董事、监事和高级管理人员；

（三）第10.1.3条第（一）项所列关联法人的董事、监事和高级管理人员；

（四）本条第（一）项和第（二）项所述人士的关系密切的家庭成员，包括配偶、年满18周岁的子女及其配偶、父母及配偶的父母、兄弟姐妹及其配偶、配偶的兄弟姐妹、子女配偶的父母；

（五）中国证监会、本所或者上市公司根据实质重于形式原则认定的其他与上市公司有特殊关系，可能导致上市公司利益对其倾斜的自然人。

10.1.6　具有以下情形之一的法人或其他组织或者自然人，视同上市公司的关联人：

（一）根据与上市公司或者其关联人签署的协议或者作出的安排，在协议或者安排生效后，或在未来十二个月内，将具有第10.1.3条或者第10.1.5条规定的情形之一；

（二）过去十二个月内，曾经具有第10.1.3条或者第10.1.5条规定的情形之一。

10.1.7　上市公司董事、监事、高级管理人员、持股5%以上的股东及其一致行动人、实际控制人，应当将其与上市公司存在的关联关系及时告知公司，并由公司报本所备案。

第二节　关联交易的审议程序和披露

10.2.1　上市公司董事会审议关联交易事项时，关联董事应当回避表决，也不得代理其他董事行使表决权。该董事会会议由过半数的非关联董事出席即可举行，董事会会议所作决议须经非关联董事过半数通过。出席董事会会议的非关联董事人数不足三人的，公司应当将交易提交股东大会审议。

前款所称关联董事包括下列董事或者具有下列情形之一的董事：

（一）为交易对方；

（二）为交易对方的直接或者间接控制人；

（三）在交易对方任职，或者在能直接或间接控制该交易对方的法人或其他组织、该交易对方直接或者间接控制的法人或其他组织任职；

（四）为交易对方或者其直接或者间接控制人的关系密切的家庭成员（具体范围参见第10.1.5条第（四）项的规定）；

（五）为交易对方或者其直接或者间接控制人的董事、监事或高级管理人员的关系密切的家庭成员（具体范围参见第10.1.5条第（四）项的规定）；

（六）中国证监会、本所或者上市公司基于实质重于形式原则认定的其独立商业判断可能受到影响的董事。

10.2.2　上市公司股东大会审议关联交易事项时，关联股东应当回避表决。

前款所称关联股东包括下列股东或者具有下列情形之一的股东：

（一）为交易对方；

（二）为交易对方的直接或者间接控制人；

（三）被交易对方直接或者间接控制；

（四）与交易对方受同一法人或其他组织或者自然人直接或间接控制；

（五）因与交易对方或者其关联人存在尚未履行完毕的股权转让协议或者其他协议而使其表决权受到限制和影响的股东；

（六）中国证监会或者本所认定的可能造成上市公司利益对其倾斜的股东。

10.2.3　上市公司与关联自然人发生的交易金额在30万元以上的关联交易（上市公司提供担保除外），应当及时披露。

公司不得直接或者间接向董事、监事、高级管理人员提供借款。

10.2.4　上市公司与关联法人发生的交易金额在300万元以上，且占公司最近一期经审计净资产绝对值0.5%以上的关联交易（上市公司提供担保除外），应当及时披露。

10.2.5　上市公司与关联人发生的交易（上市公司提供担保、受赠现金资产、单纯减免上市公司义务的债务除外）金额在3000万元以上，且占上市公司最近一期经审计净资产绝对值5%以上的关联交易，除应当及时披露外，还应当比照第9.7条的规定，提供具有执行证券、期货相关业务资格的证券服务机构，对交易标的出具的审计或者评估报告，并将该交易提交股东大会审议。

第10.2.12条所述与日常经营相关的关联

交易所涉及的交易标的，可以不进行审计或者评估。

10.2.6　上市公司为关联人提供担保的，不论数额大小，均应当在董事会审议通过后及时披露，并提交股东大会审议。

公司为持股5%以下的股东提供担保的，参照前款规定执行，有关股东应当在股东大会上回避表决。

10.2.7　上市公司与关联人共同出资设立公司，应当以上市公司的出资额作为交易金额，适用第10.2.3条、第10.2.4或第10.2.5条的规定。

上市公司出资额达到第10.2.5条规定标准，如果所有出资方均全部以现金出资，且按照出资额比例确定各方在所设立公司的股权比例的，可以向本所申请豁免适用提交股东大会审议的规定。

10.2.8　上市公司披露关联交易事项时，应当向本所提交下列文件：

（一）公告文稿；

（二）第9.12条第（二）项至第（五）项所列文件；

（三）独立董事事前认可该交易的书面文件；

（四）独立董事的意见；

（五）本所要求的其他文件。

10.2.9　上市公司披露的关联交易公告应当包括以下内容：

（一）交易概述及交易标的的基本情况；

（二）独立董事的事前认可情况和发表的独立意见；

（三）董事会表决情况（如适用）；

（四）交易各方的关联关系和关联人基本情况；

（五）交易的定价政策及定价依据，成交价格与交易标的账面值或者评估值以及明确、公允的市场价格之间的关系，以及因交易标的的特殊性而需要说明的与定价有关的其他事项；

若成交价格与账面值、评估值或者市场价格差异较大的，应当说明原因；交易有失公允的，还应当披露本次关联交易所产生的利益的转移方向；

（六）交易协议其他方面的主要内容，包括交易成交价格及结算方式，关联人在交易中所占权益的性质和比重，协议生效条件、生效时间和履行期限等；

（七）交易目的及交易对上市公司的影响，包括进行此次关联交易的真实意图和必要性，对公司本期和未来财务状况及经营成果的影响等；

（八）从当年年初至披露日与该关联人累计已发生的各类关联交易的总金额；

（九）第9.13条规定的其他内容；

（十）中国证监会和本所要求的有助于说明交易真实情况的其他内容。

上市公司为关联人和持股5%以下的股东提供担保的，还应当披露第9.14条规定的内容。

10.2.10　上市公司进行“提供财务资助”、“委托理财”等关联交易时，应当以发生额作为披露的计算标准，并按交易类别在连续十二个月内累计计算，经累计计算的发生额达到第10.2.3条、第10.2.4条或者第10.2.5条规定标准的，分别适用以上各条的规定。

已经按照第10.2.3条、第10.2.4条或者第10.2.5条履行相关义务的，不再纳入相关的累计计算范围。

10.2.11　上市公司进行前条之外的其他关联交易时，应当按照以下标准，并按照连续十二个月内累计计算的原则，分别适用第10.2.3条、第10.2.4条或者第10.2.5条的规定：

（一）与同一关联人进行的交易；

（二）与不同关联人进行的交易标的类别相关的交易。

上述同一关联人，包括与该关联人受同一法人或其他组织或者自然人直接或间接控制的，或相互存在股权控制关系；以及由同一关联自然人担任董事或高级管理人员的法人或其他组织。

已经按照第10.2.3条、第10.2.4条或者第10.2.5条履行相关义务的，不再纳入相关的累计计算范围。

10.2.12　上市公司与关联人进行第10.1.1条第（二）项至第（七）项所列日常关联交易时，按照下述规定进行披露和履行相应审议程序：

（一）已经股东大会或者董事会审议通过且正在执行的日常关联交易协议，如果执行过程中主要条款未发生重大变化的，公司应当在年度报告和中期报告中按要求披露各协议的实际履行情况，并说明是否符合协议的规定；如果协议在执行过程中主要条款发生重大变化或者协议期满需要续签的，公司应当将新修订或者续签的日常关联交易协议，根据协议涉及的总交易金额提交董事会或者股东大会审议，协议没有具体总交易金额的，应当提交股东大会审议；

（二）首次发生的日常关联交易，公司应当与关联人订立书面协议并及时披露，根据协议涉及的总交易金额提交董事会或者股东大会审议，协议没有具体总交易金额的，应当提交股东大会审议；该协议经审议通过并披露后，根据其进行的日常关联交易按照前款规定办理；

（三）每年新发生的各类日常关联交易数量较多，需要经常订立新的日常关联交易协议等，难以按照前项规定将每份协议提交董事会或者股东大会审议的，公司可以在披露上一年度报告之前，按类别对本公司当年度将发生的日常关联交易总金额进行合理预计，根据预计结果提交董事会或者股东大会审议并披露；对于预计范围内的日常关联交易，公司应当在年度报告和中期报告中予以分类汇总披露。公司实际执行中超出预计总金额的，应当根据超出量重新提请董事会或者股东大会审议并披露。

10.2.13　日常关联交易协议的内容应当至少包括定价原则和依据、交易价格、交易总量或者明确具体的总量确定方法、付款时间和方式等主要条款。

协议未确定具体交易价格而仅说明参考市场价格的，公司在按照前条规定履行披露义务时，应当同时披露实际交易价格、市场价格及其确定方法、两种价格存在差异的原因。

10.2.14　上市公司与关联人签订的日常关联交易协议期限超过三年的，应当每三年根据本章的规定重新履行相关审议程序和披露义务。

10.2.15　上市公司与关联人因一方参与公开招标、公开拍卖等行为所导致的关联交易，公司可以向本所申请豁免按照关联交易的方式进行审议和披露。

10.2.16　上市公司与关联人进行的下述交易，可以免予按照关联交易的方式进行审议和披露：

（一）一方以现金方式认购另一方公开发行的股票、公司债券或企业债券、可转换公司债券或者其他衍生品种；

（二）一方作为承销团成员承销另一方公开发行的股票、公司债券或企业债券、可转换公司债券或者其他衍生品种；

（三）一方依据另一方股东大会决议领取股息、红利或者报酬；

（四）本所认定的其他交易。

10.2.17　上市公司与关联人进行交易时涉及的披露和审议程序，本章没有规定的，适用本规则第九章的规定。

第十一章　其他重大事项

第一节　重大诉讼和仲裁

11.1.1　上市公司应当及时披露涉案金额超过1000万元，并且占公司最近一期经审计净资产绝对值10%以上的重大诉讼、仲裁事项。

未达到前款标准或者没有具体涉案金额的诉讼、仲裁事项，董事会基于案件特殊性认为可能对公司股票及其衍生品种交易价格产生较大影响，或者本所认为有必要的，以及涉及股东大会、董事会决议被申请撤销或者宣告无效的诉讼，公司也应当及时披露。

11.1.2　上市公司连续十二个月内发生的诉讼和仲裁事项涉案金额累计达到第11.1.1条所述标准的，适用该条规定。

已经按照第11.1.1条规定履行披露义务的，不再纳入累计计算范围。

11.1.3　上市公司披露重大诉讼、仲裁事项时，应当向本所提交下列文件：

（一）公告文稿；

（二）诉状或者仲裁申请书、受理（应诉）通知书；

（三）判决或者裁决书；

（四）本所要求的其他材料。

11.1.4　上市公司关于重大诉讼、仲裁事项的公告应当包括以下内容：

（一）案件受理情况和基本案情；

（二）案件对公司本期利润或者期后利润的影响；

（三）公司及控股子公司是否还存在尚未披露的其他诉讼、仲裁事项；

（四）本所要求的其他内容。

11.1.5　上市公司应当及时披露重大诉讼、仲裁事项的重大进展情况及其对公司的影响，包括但不限于诉讼案件的初审和终审判决结果、仲裁裁决结果以及判决、裁决执行情况等。

第二节　变更募集资金投资项目

11.2.1　上市公司拟变更募集资金投资项目的，应当在董事会形成相关决议后及时披露，并将该事项提交股东大会审议。

11.2.2　上市公司办理变更募集资金投资项目披露事宜，应当向本所提交下列文件：

（一）公告文稿；

（二）董事会决议和决议公告文稿；

（三）独立董事对变更募集资金投资项目的意见；

（四）监事会对变更募集资金投资项目的意见；

（五）保荐人对变更募集资金投资项目的意见（如适用）；

（六）关于变更募集资金投资项目的说明；

（七）新项目的合作意向书或者协议；

（八）新项目立项机关的批文；

（九）新项目的可行性研究报告；

（十）相关证券服务机构的报告；

（十一）终止原项目的协议；

（十二）本所要求的其他文件。

公司应当根据新项目的具体情况，向本所提供上述第（七）项至第（十一）项所述全部或者部分文件。

11.2.3　上市公司变更募集资金投资项目的公告应当包括以下内容：

（一）原项目基本情况及变更的具体原因；

（二）新项目的基本情况、市场前景和风险提示；

（三）新项目已经取得或者尚待取得有权机关审批的说明（如适用）；

（四）有关募集资金投资项目变更尚需提交股东大会审议的相关说明；

（五）本所要求的其他内容。

新项目涉及购买资产或者对外投资等事项的，还应当比照本规则的相关规定进行披露。

第三节　业绩预告、业绩快报和盈利预测

11.3.1　上市公司预计年度经营业绩将出现下列情形之一的，应当在会计年度结束后一个月内进行业绩预告，预计中期和第三季度业绩将出现下列情形之一的，可以进行业绩预告：

（一）净利润为负值；

（二）净利润与上年同期相比上升或者下降50%以上；

（三）实现扭亏为盈。

11.3.2　上市公司出现第11.3.1条第（二）项情形，且以每股收益作为比较基数较小的，经本所同意可以豁免进行业绩预告：

（一）上一年年度报告每股收益绝对值低于或等于0.05元；

（二）上一期中期报告每股收益绝对值低于或等于0.03元；

（三）上一期年初至第三季度报告期末每股收益绝对值低于或等于0.04元。

11.3.3　上市公司披露业绩预告后，又预计本期业绩与已披露的业绩预告情况差异较大的，应当及时刊登业绩预告更正公告。业绩预告更正公告应当包括以下内容：

（一）预计的本期业绩情况；

（二）预计的本期业绩与已披露的业绩预告存在的差异及造成差异的原因；

（三）董事会的致歉说明和对公司内部责任人的认定情况；

（四）关于公司股票可能被实施或者撤销风险警示、暂停上市、恢复上市或者终止上市的说明（如适用）。

根据注册会计师预审计结果进行业绩预告更正的，还应当说明公司与注册会计师是否存在分歧及分歧所在。

11.3.4　上市公司披露业绩预告或者业绩预告更正公告，应当向本所提交下列文件：

（一）公告文稿；

（二）董事会的有关说明；

（三）注册会计师对公司作出业绩预告或者更正其业绩预告的依据及过程是否适当和审慎的意见（如适用）；

（四）本所要求的其他文件。

11.3.5　上市公司可以在年度报告和中期报告披露前发布业绩快报，披露本期及上年同期营业收入、营业利润、利润总额、净利润、总资产、净资产、每股收益、每股净资产和净资产收益率等主要财务数据和指标。

公司披露业绩快报时，应当向本所提交下列文件：

（一）公告文稿；

（二）经法定代表人、主管会计工作的负责人、总会计师（如有）、会计机构负责人（会计主管人员）签字并盖章的比较式资产负债表和利润表；

（三）本所要求的其他文件。

11.3.6　上市公司应当保证业绩快报中的财务数据和指标与相关定期报告披露的实际数据和指标不存在重大差异。

在披露定期报告之前，公司若发现有关财务数据和指标的差异幅度将达到10%的，应当及时披露业绩快报更正公告，说明具体差异及造成差异的原因；差异幅度达到20%的，公司还应当在披露相关定期报告的同时，以董事会公告的形式进行致歉，说明对公司内部责任人的认定情况等。

11.3.7　上市公司预计本期业绩与已披露的盈利预测有重大差异的，应当及时披露盈利预测更正公告，并向本所提交下列文件：

（一）公告文稿；

（二）董事会的有关说明；

（三）董事会关于确认更正盈利预测的依据及过程是否适当和审慎的说明；

（四）注册会计师关于盈利预测与实际情况存在重大差异的专项说明；

（五）本所要求的其他文件。

11.3.8 上市公司盈利预测更正公告应当包括以下内容：

（一）预计的本期业绩；

（二）预计本期业绩与已披露的盈利预测存在的差异及造成差异的原因；

（三）董事会的致歉说明和对公司内部责任人的认定情况；

（四）关于公司股票可能被实施或者撤销风险警示、暂停上市、恢复上市或者终止上市的说明（如适用）。

第四节 利润分配和资本公积金转增股本

11.4.1 上市公司应当在董事会审议通过利润分配或资本公积金转增股本方案（以下简称“方案”）后，及时披露方案的具体内容。

11.4.2 上市公司在实施方案前，应当向本所提交下列文件：

（一）方案实施公告；

（二）股东大会决议；

（三）登记公司确认方案具体实施时间的文件；

（四）本所要求的其他文件。

11.4.3 上市公司应当于实施方案的股权登记日前三至五个交易日内披露方案实施公告。

11.4.4 方案实施公告应当包括以下内容：

（一）通过方案的股东大会届次和日期；

（二）派发现金股利、股份股利、资本公积金转增股本的比例（以每10股表述）、股本基数（按实施前实际股本计算），以及是否含税和扣税情况等；

（三）股权登记日、除权（息）日、新增股份（未完成股权分置改革的上市公司为“新增可流通股份”）上市日；

（四）方案实施办法；

（五）股本结构变动表（按变动前总股本、本次派发红股数、本次转增股本数、变动后总股本、占总股本比例等项目列示）；

（六）派发股份股利、资本公积金转增股本后，按新股本摊薄计算的上年度每股收益或者本年半年度每股收益；

（七）有关咨询办法。

11.4.5 上市公司应当在股东大会审议通过方案后两个月内，完成利润分配及转增股本事宜。

第五节 股票交易异常波动和传闻澄清

11.5.1 股票交易被本所根据有关规定或业务规则认定为异常波动的，上市公司应当于下一交易日披露股票交易异常波动公告。

根据市场发展的需要，本所可以安排公司在非交易日公告。

股票交易异常波动的计算从公告之日起重新开始，公告日为非交易日，从下一交易日起重新开始。

11.5.2 上市公司披露股票交易异常波动公告时，应当向本所提交下列文件：

（一）公告文稿；

（二）董事会的分析说明；

（三）公司问询控股股东及其实际控制人的函件，以及控股股东及其实际控制人的回函；

（四）有助于说明问题真实情况的其他文件。

11.5.3 上市公司股票交易异常波动公告应当包括以下内容：

（一）股票交易异常波动的具体情况；

（二）董事会核实股票交易异常波动的对象、方式和结果，包括公司内外部环境是否发生变化，公司或者控股股东及其实际控制人是否发生或拟发生资产重组、股权转让等重大事项的情况说明；

（三）是否存在应当披露而未披露重大信息的声明；

（四）本所要求的其他内容。

11.5.4 上市公司股价持续异常，可以向本所申请通过公开方式主动与投资者或媒体进行沟通，并于下一交易日披露沟通情况。

11.5.5 公共传媒传播的消息（以下简称“传闻”）可能或者已经对公司股票及其衍生品种交易价格产生较大影响的，上市公司应当及时向本所提供传闻传播的证据，控股股东及其实际控制人确认是否存在影响上市公司股票交易价格的重大事项的回函，并发布澄清公告。

11.5.6 上市公司关于传闻的澄清公告应当包括以下内容：

（一）传闻内容及其来源；

（二）传闻所涉事项的真实情况；

（三）本所要求的其他内容。

第六节　回购股份

11.6.1 上市公司为减少注册资本而进行的回购适用本节规定，其他目的的回购应当遵守中国证监会和本所相关规定。

11.6.2 上市公司应当在董事会审议通过回购股份相关事项后，及时披露董事会决议、回购股份预案，并发布召开股东大会的通知。公司披露的回购股份预案应当至少包括以下事项：

（一）回购股份的目的；

（二）回购股份的方式；

（三）回购股份的价格或价格区间、定价原则；

（四）拟回购股份的种类、数量及其占公司总股本的比例；

（五）拟用于回购股份的资金总额及资金来源；

（六）回购股份的期限；

（七）预计回购股份后公司股权结构的变动情况；

（八）管理层对回购股份对公司经营、财务及未来发展的影响的分析报告。

11.6.3 上市公司应当聘请独立财务顾问就回购股份事宜进行尽职调查，出具独立财务顾问报告，并在股东大会召开五日前公告。

11.6.4 上市公司应当在股东大会召开的三日之前，于本所网站披露：刊登回购股份的董事会决议公告的前一个交易日和股东大会股权登记日登记在册的前十名股东（未完成股权分置改革的上市公司为“前十名流通股股东”）的名称或姓名及持股数量、比例。

11.6.5 上市公司股东大会对回购股份作出决议，应当经出席会议的股东所持表决权的三分之二以上通过。

股东大会作出回购股份决议后，公司应当及时公告并在十日内通知债权人。

11.6.6 上市公司采用竞价方式回购股份的，应当按照下述要求履行信息披露义务：

（一）公司向中国证监会申请撤回以竞价方式回购股份的方案或者收到中国证监会异议函后，应当及时披露相关情况；

（二）在收到中国证监会无异议函后五个交易日内，公告《回购报告书》和法律意见书；

（三）在回购期间，于每个月的前三个交易日内刊登回购进展公告，披露截至上月末的回购进展情况，包括已回购股份总额、购买的最高价和最低价、支付的总金额；

通过竞价方式回购股份占上市公司总股本的比例每增加1%的，应当自该事实发生之日起两个交易日内进行公告，公告内容比照前款要求；

（四）距回购期届满三个月仍未实施回购方案的，董事会应当公告未能实施回购的原因。

11.6.7 前条所述《回购报告书》，应当包括以下内容：

（一）第11.6.2条所列事项；

（二）董事、监事和高级管理人员在股东大会决议公告前六个月内是否存在买卖本公司股票的行为，是否存在单独或者与他人联合进行内幕交易或者市场操纵的说明；

（三）独立财务顾问就本次回购股份出具的结论性意见；

（四）律师事务所就本次回购股份出具的结论性意见；

（五）其他应当说明的事项。

11.6.8 上市公司采用要约方式回购股份的，应当按照下述要求履行信息披露义务：

（一）公司向中国证监会申请撤回以要约方式回购股份的回购方案或收到中国证监会异议函后，应当及时披露相关情况；

（二）在收到中国证监会无异议函后二个交易日内刊登提示性公告，并在实施回购方案前披露《回购报告书》和法律意见书；《回购报告书》的内容，除第11.6.7条的规定外，还应当包括公司对股东预受及撤回要约的方式和程序等事项作出的特别说明；

（三）要约回购有效期内，公司应当委托本所每日在本所网站公告预受和撤回预受要约股份的数量。

11.6.9 上市公司应当通过回购专用账户进行回购。回购期届满或者回购方案已实施完毕的，上市公司应当立即停止回购行为，注销回购专用账户，在两个交易日内刊登回购结果公告。

第七节　吸收合并

11.7.1 上市公司拟与其他公司吸收合并，应当在董事会审议通过合并相关事项后，及时披露董事会决议和有关合并方案的提示性公告。提示性公告应当包括以下内容：

（一）合并方案内容；

（二）合并生效条件；

（三）合并双方的基本情况；

（四）投资者保护措施；

（五）本所要求的其他内容。

11.7.2 上市公司发布召开股东大会通知时，应当披露董事会关于合并预案的说明书，并在召开股东大会前至少发布二次风险提示性公告。合并预案说明书应当包括以下内容：

（一）双方当事人基本情况；

（二）合并方案；

（三）合并动因和董事会同意合并理由；

（四）合并双方技术和财务的分析；

（五）独立财务顾问、律师事务所等证券服务机构的意见；

（六）本所要求的其他内容。

合并预案说明书应当充分揭示合并方案存在的风险因素。

11.7.3 上市公司应当聘请独立财务顾问就合并事宜进行尽职调查，出具独立财务顾问报告，聘请律师事务所就合并方案提出法律意见，并在股东大会召开前五个交易日公告。

11.7.4 上市公司股东大会对合并方案作出决议，应当经出席会议的股东所持表决权的三分之二以上通过。

股东大会作出合并方案决议后，公司应当及时公告并在十日内通知债权人。

11.7.5 上市公司合并方案，经中国证监会核准后，应当及时披露合并报告书摘要、实施合并的提示性公告和实施结果公告。合并完成后，公司应当办理股份变更登记，按本规则第五章规定向本所申请合并后公司股份的上市交易。被合并上市公司按照本规则第十四章规定终止上市。

11.7.6 上市公司分立参照本节的审议程序和信息披露规定执行。

第八节　可转换公司债券涉及的重大事项

11.8.1 发行可转换公司债券的上市公司出现以下情况之一时，应当及时向本所报告并披露：

（一）因发行新股、送股、分立及其他原因引起股份变动，需要调整转股价格，或者依据募集说明书约定的转股价格向下修正条款修正转股价格的；

（二）可转换公司债券转换为股票的数额累计达到可转换公司债券开始转股前公司已发行股份总额10%的；

（三）公司信用状况发生重大变化，可能影响如期偿还债券本息的；

（四）可转换公司债券担保人发生重大资产变动、重大诉讼，或者涉及合并、分立等情况的；

（五）未转换的可转换公司债券面值总额少于3 000万元的；

（六）有资格的信用评级机构对可转换公司债券的信用或公司的信用进行评级，并已出具信用评级结果的；

（七）可能对可转换公司债券交易价格产生较大影响的其他重大事项；

（八）中国证监会和本所规定的其他情形。

11.8.2　投资者持有上市公司已发行的可转换公司债券达到可转换公司债券发行总量20%时，应当在该事实发生之日起三日内，以书面形式向本所报告，通知上市公司并予以公告；在上述规定的期限内，不得再行买卖该公司可转换公司债券和股票。

投资者持有上市公司已发行的可转换公司债券达到可转换公司债券发行总量20%后，每增加或者减少10%时，应当依照前款规定履行报告和公告义务。在报告期内和公告后二日内，不得再行买卖该公司的可转换公司债券和股票。

11.8.3　上市公司应当在可转换公司债券约定的付息日前三至五个交易日内披露付息公告；在可转换公司债券期满后两个交易日内披露本息兑付公告。

11.8.4　上市公司应当在可转换公司债券开始转股前三个交易日内披露实施转股的公告。

11.8.5　上市公司应当在满足可转换公司债券赎回条件的下一交易日发布公告，明确披露是否行使赎回权。如决定行使赎回权的，公司还应当在赎回期结束前至少发布三次赎回提示性公告，公告应当载明赎回程序、赎回价格、付款方法、付款时间等内容。

赎回期结束后，公司应当公告赎回结果及其影响。

11.8.6　上市公司应当在满足可转换公司债券回售条件的下一交易日发布回售公告，并在回售期结束前至少发布三次回售提示性公告，公告应当载明回售程序、回售价格、付款方法、付款时间等内容。

回售期结束后，公司应当公告回售结果及其影响。

11.8.7　变更可转换公司债券募集资金投资项目的，上市公司应当在股东大会通过决议后二十个交易日内赋予可转换公司债券持有人一次回售的权利，有关回售公告至少发布三次。其中，在回售实施前、股东大会决议公告后五个交易日内至少发布一次，在回售实施期间至少发布一次，余下一次回售公告的发布时间视需要而定。

11.8.8　上市公司在可转换公司债券转换期结束的二十个交易日前，应当至少发布三次提示性公告，提醒投资者有关在可转换公司债券转换期结束前的十个交易日停止交易的事项。

公司出现可转换公司债券按规定须停止交易的其他情形时，应当在获悉有关情形后及时披露其可转换公司债券将停止交易的公告。

11.8.9　上市公司应当在每一季度结束后及时披露因可转换公司债券转换为股份所引起

的股份变动情况。

第九节 权益变动和收购

11.9.1 持有上市公司5%以上股份的股东或实际控制人涉及该上市公司的权益变动或收购的，相关股东、收购人、实际控制人按照《上市公司收购管理办法》履行报告和公告义务的，应当及时通知上市公司。上市公司应当在知悉前述权益变动或收购后，及时发布提示性公告。

11.9.2 因上市公司减少股本导致股东及其一致行动人拥有权益的股份变动达到披露要求的，上市公司应当自完成减少股本变更登记之日起两个交易日内，就因此导致的公司股东权益变动情况作出公告。

11.9.3 上市公司接受股东委托办理股份过户手续的，应当在获悉相关事实后及时公告。

11.9.4 上市公司涉及被要约收购的，应当在收购人公告《要约收购报告书》后二十日内，披露《被收购公司董事会报告书》和独立财务顾问的专业意见。

收购人对收购要约条件作出重大修改的，被收购公司董事会应当在三个交易日内披露董事会和独立财务顾问的补充意见。

11.9.5 上市公司董事、监事、高级管理人员、员工或者其所控制或委托的法人、其他组织、自然人拟对公司进行收购或取得控制权的，公司应当披露非关联董事参与表决的董事会决议、非关联股东参与表决的股东大会决议，以及独立董事和独立财务顾问的意见。

11.9.6 上市公司控股股东向收购人协议转让其所持股份时，控股股东及其关联方未清偿对公司的负债、或未解除公司为其负债提供的担保、或存在损害公司利益的其他情形的，公司董事会应当及时予以披露并提出解决措施。

11.9.7 上市公司实际控制人以及受其控制的股东未履行报告、公告义务的，公司董事会应当自知悉之日起履行报告和公告义务，并督促实际控制人以及受其控制的股东履行报告、公告义务。

11.9.8 上市公司实际控制人及受其控制的股东未履行报告、公告义务，拒不履行相关配合义务，或者实际控制人存在不得收购上市公司的情形的，公司董事会应当拒绝接受实际控制人及受其控制的股东向董事会提交的提案或者临时议案，并向中国证监会和本所报告。

11.9.9 上市公司的收购及相关股份权益变动活动中的信息披露义务人依法披露前，相关信息已在媒体上传播或公司股票交易出现异常的，公司董事会应当立即书面询问有关当事人并及时公告。

11.9.10 上市公司涉及其他上市公司的权益变动或收购的，应当按照《上市公司收购管理办法》履行相关报告、公告义务。

第十节 股权激励

11.10.1 上市公司拟实施股权激励计划，应当严格遵守中国证监会和本所有关股权激励的规定，履行必要的审议程序和报告、公告义务。

11.10.2 上市公司拟实施股权激励计划，应当及时披露董事会审议股权激励计划的决议，中国证监会、国有资产管理机构等对股权激励计划的备案异议、批复情况，股东大会对股权激励计划的决议情况，以及股权激励计划的实施过程，并按本所规定提交相关文件。

11.10.3 上市公司刊登股权激励计划公告时，应当同时在本所网站详细披露各激励对象姓名、职务（岗位）和拟授予限制性股票或股票期权的数量、占股权激励计划拟授予总量的百分比等情况。

11.10.4 上市公司采用限制性股票或股票期权实施股权激励计划的，应当在股东大会审议通过股权激励计划后，及时召开董事会审议并披露股权激励计划是否满足授予条件的结论性意见、授予日、激励对象、激励数量、激励价格，以及对公司当年相关财务状况和经营成果的影响等情况。

股票期权存续期间，股票期权的行权比例、行权价格按照股权激励计划中约定的调整公式进行调整的，公司应当及时披露调整情况。

11.10.5　上市公司拟授予激励对象激励股份的，应向本所提出申请。本所根据公司提交的申请文件，对激励股份授予申请予以确认。公司据此向登记公司提交有关文件，办理激励股份的授予登记，并在授予登记手续完成后及时披露激励股份授予完成公告。

11.10.6　限制性股票满足解除限售条件的，上市公司董事会应当及时审议，并向本所申请解除限售。本所根据公司提交的申请文件，对限制性股票解除限售申请予以确认。公司应当及时披露限制性股票解除限售的情况。

11.10.7　股票期权满足行权条件的，上市公司董事会应当及时审议并披露股票期权是否满足行权条件的结论性意见，以及股票期权行权起止日期、行权股票的来源和预计数量、每一个激励对象持有的本期可行权和拟行权股票期权的数量、尚未符合行权条件的股票期权数量等情况。

股票期权未满足行权条件的，公司应当及时披露未满足行权条件的原因；未满足本期行权条件的，公司董事会应当明确对已授予股票期权的处理措施和相关后续安排。

11.10.8　本所根据上市公司提交的申请文件，对公司股票期权的行权申请予以确认，公司据此向登记公司提交有关文件，办理股票期权行权登记手续，并披露行权结果公告。

11.10.9　股票期权行权所得股份有限售期的，限售期届满，上市公司董事会应当及时审议，并申请限售股份上市、披露解除限售股份的情况。

11.10.10　上市公司实施股权激励计划后，出现激励对象不符合授予条件、离职、继承、死亡等事项，公司应当及时披露对已授予激励对象的限制性股票、股票期权的处理措施、相关后续安排。

第十一节　破　　产

11.11.1　上市公司被法院裁定进入破产程序后，公司股票及其衍生品种应当按照本规则第十三章有关规定予以停牌、复牌和风险警示，公司应当每月披露一次破产程序的进展情况。

11.11.2　上市公司应当在董事会作出向法院申请重整、和解或破产清算的决定时，或者知悉债权人向法院申请公司重整、破产清算时，及时向本所报告并披露以下信息：

（一）公司作出申请决定的具体原因、正式递交申请的时间（公司主动申请）；

（二）申请人的基本情况、申请目的、申请的事实和理由（债权人申请）；

（三）申请重整、和解或破产清算对公司的影响；

（四）其他需要说明的事项。

公司应当在公告中充分揭示其股票及其衍生品种可能存在被终止上市的风险。

11.11.3　上市公司应当及时披露法院受理重整、和解或破产清算申请的进展情况，包括以下内容：

（一）法院受理重整、和解或者破产清算申请前，申请人请求撤回申请；

（二）法院作出不予受理重整、和解或者破产清算申请的裁定时间和主要内容；

（三）本所要求披露的其他内容。

11.11.4　法院受理重整、和解或者破产清算申请的，上市公司应当及时向本所报告并披露以下内容：

（一）申请人名称（债权人申请）；

（二）法院作出受理重整、和解或者破产清算裁定的时间和主要内容；

（三）法院指定管理人的基本情况（包括但不限于管理人名称或成员姓名、负责人、职责、履行职责的联系地址和联系方式等）；

（四）公司进入破产程序后信息披露责任人的确定模式和负责人的基本情况（包括但不限于姓名、联系地址、联系方式等）；

（五）本所要求披露的其他内容。

公司应当在公告中充分揭示其股票及其衍生品种可能存在被终止上市的风险。

11.11.5　法院受理破产清算申请后、宣告上市公司破产前，上市公司应当就以下所涉事项及时披露相关情况：

（一）公司或者出资额占公司注册资本10%以上的出资人向法院申请重整的时间和理由等；

（二）公司向法院申请和解的时间和理由等；

（三）法院作出同意或者不同意公司重整或和解申请裁定的时间和主要内容；

（四）债权人会议召开计划和召开情况；

（五）法院经审查发现公司不符合《中华人民共和国企业破产法》（以下简称"《企业破产法》"）规定的情形，作出驳回公司破产申请裁定的时间和主要内容，以及相关申请人是否上诉的情况说明；

（六）本所要求披露的其他事项。

11.11.6　法院裁定重整后，上市公司应当就以下所涉事项及时向本所报告并披露相关情况：

（一）债权申报情况；

（二）向法院和债权人会议提交重整计划草案的时间和草案内容等；

（三）重整计划草案的表决通过和法院批准情况；

（四）法院强制批准重整计划草案情况；

（五）与重整有关的行政许可批准情况；

（六）法院裁定终止重整程序的时间和裁定书内容；

（七）法院裁定宣告公司破产的时间和裁定书内容；

（八）本所要求披露的其他事项。

11.11.7　法院裁定和解后，上市公司应当就以下所涉事项及时向本所报告并披露相关情况：

（一）债权申报情况；

（二）向法院提交和解协议草案的时间和草案内容等；

（三）和解协议草案的表决通过和法院认可情况；

（四）与和解有关的行政许可批准情况；

（五）法院裁定终止和解程序的时间和裁定书内容；

（六）法院裁定宣告公司破产的时间和裁定书内容；

（七）本所要求披露的其他事项。

11.11.8　重整计划、和解协议执行期间，上市公司应当及时披露以下情况：

（一）重整计划、和解协议的执行进展情况；

（二）因公司不能执行或者不执行重整计划或和解协议，法院经管理人或利害关系人请求，裁定宣告公司破产的有关情况；

（三）本所要求披露的其他情况。

11.11.9　上市公司披露上述重整、和解或破产清算情况时，应当按照披露事项所涉情形向本所提交下列文件：

（一）公告文稿；

（二）管理人说明文件；

（三）法院出具的法律文书；

（四）重整计划、和解协议草案；

（五）重整计划、和解协议草案涉及的有权机关的审批文件；

（六）重整计划、和解协议草案涉及的协议书或意向书；

（七）董事会决议；

（八）股东大会决议；

（九）债权人会议决议；

（十）职代会决议；

（十一）律师事务所出具的法律意见书；

（十二）会计师事务所、资产评估机构等证券服务机构出具的专业报告；

（十三）本所要求的其他文件。

11.11.10 进入破产程序的上市公司，除应当及时披露上述信息外，还应当按照本规则和本所其他规定，及时披露定期报告和临时报告。

11.11.11 上市公司采取管理人管理运作模式的，管理人及其成员应当按照《证券法》、最高人民法院、中国证监会和本所有关规定，及时、公平地向所有债权人和股东披露信息，并保证信息披露内容的真实、准确、完整。

公司披露的定期报告应当由管理人成员签署书面意见，披露的临时报告应当由管理人发布并加盖管理人公章。

11.11.12 上市公司采取管理人监督运作模式的，公司董事、监事和高级管理人员应当按照本规则和本所有关规定履行信息披露义务。

管理人应当及时告知公司董事会本节所涉应披露事项和其他应披露的重大事项，并监督公司董事、监事和高级管理人员勤勉尽责地履行信息披露义务。

11.11.13 上市公司进入重整、和解程序后，其重整计划、和解协议涉及增加或减少公司注册资本、发行公司债券、公司合并、公司分立、回购本公司股份、豁免要约收购等事项，应当按照最高人民法院和中国证监会的相关规定履行相应审议程序，并按照本规则和本所有关规定履行信息披露义务。

第十二节 其 他

11.12.1 上市公司和相关信息披露义务人应当严格遵守承诺事项。公司应当及时将公司承诺事项和相关信息披露义务人承诺事项单独摘出报送本所备案，同时在本所网站披露，并在定期报告中专项披露上述承诺事项的履行情况。

公司未履行承诺的，应当及时披露未履行承诺的原因以及相关董事可能承担的法律责任；相关信息披露义务人未履行承诺的，公司应当主动询问相关信息披露义务人，并及时披露相关信息披露义务人未履行承诺的原因，以及董事会拟采取的措施。

11.12.2 上市公司出现下列使公司面临重大风险的情形之一时，应当及时向本所报告并披露：

（一）发生重大亏损或者遭受重大损失；

（二）发生重大债务或者重大债权到期未获清偿；

（三）可能依法承担重大违约责任或者大额赔偿责任；

（四）计提大额资产减值准备；

（五）公司决定解散或者被有权机关依法责令关闭；

（六）公司预计出现股东权益为负值；

（七）主要债务人出现资不抵债或者进入破产程序，公司对相应债权未提取足额坏账准备；

（八）主要资产被查封、扣押、冻结或者被抵押、质押；

（九）主要或者全部业务陷入停顿；

（十）公司因涉嫌违法违规被有权机关调查，或者受到重大行政、刑事处罚；

（十一）公司法定代表人或者经理无法履行职责，董事、监事、高级管理人员因涉嫌违法违纪被有权机关调查或采取强制措施，或者受到重大行政、刑事处罚；

（十二）本所或者公司认定的其他重大风险情况。

上述事项涉及具体金额的，比照适用第9.2条的规定。

11.12.3　上市公司出现下列情形之一的，应当及时向本所报告并披露：

（一）变更公司名称、股票简称、公司章程、注册资本、注册地址、主要办公地址和联系电话等，其中公司章程发生变更的，还应当将新的公司章程在本所网站上披露；

（二）经营方针和经营范围发生重大变化；

（三）变更会计政策或者会计估计；

（四）董事会就公司发行新股、可转换公司债券或者其他再融资方案形成相关决议；

（五）中国证监会股票发行审核委员会、并购重组委员会，对公司新股、可转换公司债券等再融资方案、重大资产重组方案提出审核意见；

（六）公司法定代表人、经理、董事（含独立董事）或者三分之一以上的监事提出辞职或者发生变动；

（七）生产经营情况、外部条件或者生产环境发生重大变化（包括产品价格、原材料采购价格和方式发生重大变化等）；

（八）订立重要合同，可能对公司的资产、负债、权益和经营成果产生重大影响；

（九）新颁布的法律、行政法规、部门规章、政策可能对公司经营产生重大影响；

（十）聘任或者解聘为公司审计的会计师事务所；

（十一）法院裁定禁止公司控股股东转让其所持本公司股份；

（十二）任一股东所持公司5%以上的股份被质押、冻结、司法拍卖、托管或者设定信托或被依法限制表决权；

（十三）获得大额政府补贴等额外收益，或者发生可能对公司资产、负债、权益或经营成果产生重大影响的其他事项；

（十四）本所或者公司认定的其他情形。

上述事项涉及具体金额的，比照适用第9.2条的规定或本所其他规定。

第十二章　停牌和复牌

12.1　为保证信息披露的及时与公平，本所可以根据实际情况、中国证监会的要求、上市公司申请，决定上市公司股票及其衍生品种的停牌与复牌事宜。

12.2　上市公司发生本章规定的停牌事项，应当向本所申请对其股票及其衍生品种停牌与复牌。

本章未有明确规定的，公司可以本所认为合理的理由，申请对其股票及其衍生品种的停牌与复牌。

12.3　上市公司发行股票及其衍生品种涉及的停牌和复牌事宜，应当遵守本所相关规定。

12.4　上市公司预计应披露的重大信息在披露前已难以保密或者已经泄露，可能或者已经对公司股票及其衍生品种的交易价格产生较大影响的，应当立即向本所申请对其股票及其衍生品种停牌。

12.5　上市公司进行重大资产重组，根据中国证监会和本所相关规定向本所申请停牌的，公司股票及其衍生品种应当按照相关规定停牌与复牌。

12.6　公共传媒中出现上市公司尚未披露的重大信息，可能或者已经对公司股票及其衍生品种的交易价格产生较大影响的，本所可以在交易时间对公司股票及其衍生品种实施停牌，直至公司披露相关公告的当日开市时复牌。公告披露日为非交易日的，则在公告披露后的第一个交易日开市时复牌。

12.7　上市公司财务会计报告被出具非标准无保留审计意见，且意见所涉及的事项属于明显违反会计准则、制度及相关信息披露规范规定的，本所自公司披露定期报告之日起，对公司股票及其衍生品种实施停牌，直至公司按规定作出纠正后复牌。

12.8　上市公司未在中国证监会和本规则规定的期限内披露季度报告，公司股票及其衍生品种应当于报告披露期限届满的下一交易日停牌一天。

公司未在法定期限和本规则规定的期限内披露年度报告或者中期报告，公司股票及其衍生品种应当停牌，直至公司披露相关定期报告的当日开市时复牌。公告披露日为非交易日的，则在公告披露后的第一个交易日开市时复牌。公司因未披露年度报告或者中期报告的停牌期限不超过两个月。停牌期间，公司应当至少发布三次风险提示公告。

公司未披露季度报告的同时存在未披露年度报告或者中期报告情形的，公司股票及其衍生品种应当按照前款和第十三章的有关规定停牌与复牌。

12.9　上市公司财务会计报告因存在重大会计差错或者虚假记载，被中国证监会责令改正但未在规定期限内改正的，公司股票及其衍生品种应当停牌，直至公司披露改正后的财务会计报告当日开市时复牌。公告披露日为非交易日的，则在公告披露后的第一个交易日开市时复牌。

公司因未按要求改正财务会计报告的停牌期限不超过两个月。停牌期间，公司应当至少发布三次风险提示公告。

12.10　上市公司的定期报告或者临时报告披露不够充分、完整或者可能误导投资者，但拒不按要求就有关内容进行解释或者补充披露的，本所可以对公司股票及其衍生品种实施停牌，直至公司披露相关公告的当日开市时复牌。公告披露日为非交易日的，则在公告披露后的第一个交易日开市时复牌。

12.11　上市公司在公司运作和信息披露方面涉嫌违反法律、行政法规、部门规章、其他规范性文件、本规则或本所其他有关规定，情节严重而被有关部门调查的，本所在调查期间视情况决定公司股票及其衍生品种的停牌和复牌。

12.12　上市公司严重违反本规则且在规定期限内拒不按要求改正的，本所对公司股票及其衍生品种实施停牌，并视情况决定复牌。

12.13　上市公司因某种原因使本所失去关于公司的有效信息来源，本所可以对公司股票及其衍生品种实施停牌，直至上述情况消除后复牌。

12.14　上市公司因股权分布发生变化导致连续二十个交易日不具备上市条件的，本所将于前述交易日届满的下一交易日起对公司股票及其衍生品种实施停牌。公司在停牌后一个月内向本所提交解决股权分布问题的方案。本所同意其实施解决股权分布问题的方案的，公司应当公告本所决定并提示相关风险。自公告披露日的下一交易日起，公司股票及其衍生品种复牌并被本所实施退市风险警示。

12.15　上市公司因收购人履行要约收购义务，或收购人以终止上市公司上市地位为目的而发出全面要约的，要约收购期满至要约收购结果公告前，公司股票及其衍生品种应当停牌。

根据收购结果，被收购上市公司股权分布具备上市条件的，公司股票及其衍生品种应当于要约结果公告日开市时复牌；股权分布不具备上市条件的，且收购人以终止上市公司上市地位为目的的，公司股票及其衍生品种应当于要约结果公告日继续停牌，直至本所终止其股票及其衍生品种上市；股权分布不具备上市条件，但收购人不以终止上市公司上市地位为目的的，可以在五个交易日内向本所提交解决股权分布问题的方案，并参照第12.14条规定处理。

12.16 上市公司在股票及其衍生品种被实施停牌期间，应当每五个交易日披露一次未能复牌的原因（本规则另有规定的除外）。

12.17 上市公司股票被本所实行风险警示的，公司股票及其衍生品种还应当按照本规则第十三章的有关规定停牌和复牌。

12.18 上市公司出现第14.1.1条、第14.1.10条规定的情形之一，或者发生重大事项而影响其上市资格的，公司股票及其衍生品种还应当按照本规则第十四章的有关规定停牌和复牌。

12.19 发行可转换公司债券的上市公司涉及下列事项时，应当向本所申请暂停可转换公司债券的转股：

（一）主动向下修正转股价格；

（二）实施利润分配或者资本公积金转增股本方案；

（三）中国证监会和本所认为应当停牌或者暂停转股的其他事项。

12.20 可转换公司债券出现下列情形之一的，本所按照下列规定停止可转换公司债券的交易：

（一）可转换公司债券流通面值总额少于3000万元，且上市公司发布相关公告三个交易日后；

公司行使赎回权期间发生前述情形的，可转换公司债券不停止交易。

（二）可转换公司债券自转换期结束之前的第十个交易日起；

（三）中国证监会和本所认为必须停止交易的其他情况。

第十三章 风险警示

第一节 一般规定

13.1.1 上市公司出现财务状况异常情况或者其他异常情况，导致其股票存在被终止上市的风险，或者投资者难以判断公司前景，投资者权益可能受到损害的，本所对该公司股票实施风险警示。

13.1.2 本章所称风险警示分为警示存在终止上市风险的风险警示（以下简称“退市风险警示”）和警示存在其他重大风险的其他风险警示。

13.1.3 本所设立风险警示板，上市公司股票被实施风险警示或者处于退市整理期的，进入该板进行交易。

风险警示板的具体事项，由本所另行规定。

13.1.4 上市公司股票被实施退市风险警示的，在公司股票简称前冠以“*ST”字样，以区别于其他股票。

上市公司股票被实施其他风险警示的，在公司股票简称前冠以“ST”字样，以区别于其他股票，但本所另有规定的除外。

第二节 退市风险警示

13.2.1 上市公司出现以下情形之一的，本所对其股票实施退市风险警示：

（一）最近两个会计年度经审计的净利润连续为负值或者被追溯重述后连续为负值；

（二）最近一个会计年度经审计的期末净资产为负值或者被追溯重述后为负值；

（三）最近一个会计年度经审计的营业收入低于1000万元或者被追溯重述后低于1000万元；

（四）最近一个会计年度的财务会计报告被会计师事务所出具无法表示意见或者否定意见的审计报告；

（五）因财务会计报告存在重大会计差错或者虚假记载，被中国证监会责令改正但未在规定期限内改正，且公司股票已停牌两个月；

（六）未在法定期限内披露年度报告或者中期报告，且公司股票已停牌两个月；

（七）公司可能被解散；

（八）法院依法受理公司重整、和解或者破产清算申请；

（九）因第12.14条股权分布不具备上市条件，公司在规定的一个月内向本所提交解决股权分布问题的方案，并获得本所同意；

（十）本所认定的其他情形。

13.2.2　上市公司预计将出现第13.2.1条第（一）项至第（四）项情形之一的，应当在相应的会计年度结束后一个月内，发布股票可能被实施退市风险警示的风险提示公告，并在披露年度报告前至少再发布两次风险提示公告。

13.2.3　上市公司应当在其股票被实施退市风险警示的前一个交易日发布公告。公告应当包括以下内容：

（一）股票的种类、简称、证券代码以及实施退市风险警示的起始日；

（二）实施退市风险警示的原因；

（三）公司董事会关于争取撤销退市风险警示的意见及具体措施；

（四）股票可能被暂停或者终止上市的风险提示；

（五）实施退市风险警示期间公司接受投资者咨询的主要方式；

（六）中国证监会和本所要求的其他内容。

13.2.4　上市公司出现第13.2.1条第（一）项至第（四）项情形之一的，应当在董事会审议通过年度报告或者财务会计报告更正事项后及时向本所报告，提交董事会的书面意见，并申请其股票及其衍生品种于年度报告或者财务会计报告更正公告披露日起开始停牌。披露日为非交易日的，于下一交易日起开始停牌。

本所在公司股票停牌起始日后的五个交易日内，根据实际情况，对公司股票实施退市风险警示，公司应按照本所要求在其股票被实施退市风险警示的前一个交易日发布公告。

公司股票及其衍生品种自公告披露日的下一交易日起复牌，本所自复牌之日起对公司股票实施退市风险警示。

13.2.5　上市公司出现第13.2.1条第（五）项或者第（六）项情形的，公司股票及其衍生品种自停牌两个月届满的下一交易日起复牌。自复牌之日起，本所对公司股票实施退市风险警示。

在股票被实施退市风险警示期间，公司应当每五个交易日发布一次风险提示公告。

13.2.6　上市公司出现第13.2.1条第（七）项情形的，应当于知悉当日立即向本所报告，公司股票及其衍生品种于本所知悉该事项后停牌，直至公司披露相关公告后的下一交易日起复牌。自复牌之日起，本所对公司股票实施退市风险警示。

13.2.7　上市公司出现第13.2.1条第（八）项情形的，应当在收到法院受理公司重整、和解或者破产清算申请裁定的当日向本所报告并于下一交易日公告，公告披露日公司股票及其衍生品种停牌一天。自复牌之日起，本所对公司股票实施退市风险警示。

13.2.8　上市公司因13.2.1条第（八）项情形被实施退市风险警示的，本所自实施退市风险警示二十个交易日届满的下一交易日起，对公司股票及其衍生品种实施停牌。

13.2.9　上市公司股票及其衍生品种因第13.2.8条被停牌的，公司应当自法院裁定批准公司重整计划、和解协议，或终止重整、和解程序时，向本所申请复牌，并于交易日披露法院裁定书的内容，公司股票及其衍生品种于公告披露日复牌。

13.2.10　上市公司出现第13.2.1条第（九）项情形的，公司应当于交易日披露已经本所同意的对其股权分布问题的解决方案并提示相关风险。

公司股票及其衍生品种自公告披露日的下一交易日起复牌。自复牌之日起，本所对公司股票实施退市风险警示。

13.2.11　上市公司最近一个会计年度审计结果表明第 13.2.1 条第（一）项至第（四）项情形已经消除的，公司应当在董事会审议通过年度报告后及时向本所报告并披露年度报告，同时可以向本所申请撤销对其股票实施的退市风险警示。

13.2.12　上市公司股票因第 13.2.1 条第（五）项或者第（六）项情形被实施退市风险警示后两个月内上述情形消除的，公司可以向本所申请撤销对其股票实施的退市风险警示。

13.2.13　上市公司股票因第 13.2.1 条第（八）项情形被实施退市风险警示后，出现以下情形之一的，公司可以向本所申请撤销对其股票实施的退市风险警示：

（一）重整计划执行完毕；

（二）和解协议执行完毕；

（三）法院受理破产申请后至破产宣告前，依据《企业破产法》作出驳回破产申请的裁定，且申请人在法定期限内未提起上诉；

（四）法院受理破产申请后至破产宣告前，依据《企业破产法》作出终结破产程序的裁定。

公司因上述第（一）、（二）项情形向本所申请撤销对其股票实施的退市风险警示，应当提交法院指定管理人出具的监督报告、律师事务所出具的对公司重整计划或和解协议执行情况的法律意见书，以及本所要求的其他说明文件。

13.2.14　上市公司股票因第 13.2.1 条第（九）项被本所实施退市风险警示的，在六个月内完成解决股权分布问题的方案且其股权分布具备上市条件的，可以向本所申请撤销对其股票实施的退市风险警示。

13.2.15　上市公司股票因第 13.2.1 条第（七）项或者第（十）项被本所实施退市风险警示的情形已消除，可以向本所申请撤销对其股票实施的退市风险警示。

13.2.16　上市公司向本所提交撤销对其股票实施的退市风险警示申请后，应当在下一交易日作出公告。

本所于收到上市公司申请之日后的五个交易日内，根据实际情况，决定是否撤销对其股票实施的退市风险警示。

13.2.17　本所决定撤销退市风险警示的，上市公司应当按照本所要求在撤销退市风险警示之前一个交易日作出公告。

公司股票及其衍生品种在公告披露日停牌一天，本所自复牌之日起撤销对公司股票实施的退市风险警示。

13.2.18　本所决定不予撤销退市风险警示的，上市公司应当在收到本所有关书面通知的下一交易日作出公告。公司未按规定公告的，本所可以交易所公告的形式予以公告。

第三节　其他风险警示

13.3.1　上市公司出现以下情形之一的，本所对其股票实施其他风险警示：

（一）被暂停上市的公司股票恢复上市后或者被终止上市的公司股票重新上市后，公司尚未发布首份年度报告；

（二）生产经营活动受到严重影响且预计在三个月内不能恢复正常；

（三）主要银行账号被冻结；

（四）董事会会议无法正常召开并形成决议；

（五）公司被控股股东及其关联方非经营性占用资金或违反规定决策程序对外提供担保，情形严重的；

（六）中国证监会或本所认定的其他情形。

13.3.2　上市公司出现第 13.3.1 条第

（一）项情形的，本所自公司股票恢复上市或者重新上市之日起，对其实施其他风险警示。

上市公司出现第13.3.1条第（二）项至第（六）项情形之一的，应当在事实发生之日及时向本所报告，提交董事会的书面意见，并申请其股票及其衍生品种于事实发生下一交易日起开始停牌。本所在收到公司报告之日后的五个交易日内，根据实际情况，对公司股票实施其他风险警示。

13.3.3　上市公司应当按照本所要求在其股票被实施其他风险警示的前一个交易日作出公告，公告内容参照第13.2.3条的规定。

公司股票及其衍生品种自公告披露日的下一交易日起复牌，本所自复牌之日起对公司股票实施其他风险警示。

13.3.4　上市公司股票因第13.3.1条第（五）项被实施其他风险警示的，在被实施其他风险警示期间，公司应当至少每月发布一次提示性公告，披露资金占用或违规对外担保的解决进展情况。

13.3.5　上市公司股票因第13.3.1条第（一）项被实施其他风险警示，公司已披露恢复上市或者重新上市后的首份年度报告的，可以向本所申请撤销对其股票实施的其他风险警示。

13.3.6　上市公司股票因第13.3.1条第（二）项、第（三）项、第（四）项或者第（六）项被实施其他风险警示的情形已消除的，可以向本所申请撤销对其股票实施的其他风险警示。

13.3.7　上市公司股票因第13.3.1条第（五）项被实施其他风险警示后，会计师事务所出具的专项审核报告和独立董事发表的独立意见显示资金占用事项已消除的，或者公司董事会决议说明违规担保事项已解除或相应审议程序已追认的，公司可以向本所申请撤销对其股票实施的其他风险警示。

13.3.8　上市公司股票因第13.2.1条或者第13.3.1条被实施退市风险警示或者其他风险警示的，在风险警示期间，公司根据中国证监会相关规定进行重大资产重组且同时满足以下条件的，可以向本所申请撤销对其股票实施的退市风险警示或者其他风险警示：

（一）根据中国证监会有关上市公司重大资产重组规定，出售全部经营性资产和负债，同时购买其他资产且已实施完毕；

（二）通过购买进入公司的资产是一个完整经营主体，该经营主体在进入公司前已在同一管理层之下持续经营三年以上；

（三）本次购入的资产最近一个会计年度经审计净利润为正值；

（四）经会计师事务所审核的盈利预测显示，公司完成本次重组后盈利能力增强，经营业绩明显改善；

（五）本所规定的其他条件。

13.3.9　上市公司向本所提交撤销对其股票实施的其他风险警示的申请后，应当在下一交易日作出公告。

本所于收到上市公司申请后的五个交易日内，根据实际情况，决定是否撤销对其股票实施的其他风险警示。

13.3.10　本所决定撤销其他风险警示的，上市公司应当按照本所要求在撤销其他风险警示的前一个交易日作出公告。

公司股票及其衍生品种在公告披露日停牌一天。本所自复牌之日起撤销对公司股票实施的其他风险警示。

13.3.11　本所决定不予撤销其他风险警示的，上市公司应当在收到本所有关书面通知后的下一交易日作出公告。公司未按规定公告的，本所可以交易所公告的形式予以公告。

第十四章　暂停、恢复、终止和重新上市

第一节　暂停上市

14.1.1　上市公司出现下列情形之一的，

由本所决定暂停其股票上市：

（一）因最近两个会计年度的净利润触及第13.2.1条第（一）项规定的标准，其股票被实施退市风险警示后，公司披露的最近一个会计年度经审计的净利润继续为负值；

（二）因最近一个会计年度的净资产触及第13.2.1条第（二）项规定的标准，其股票被实施退市风险警示后，公司披露的最近一个会计年度经审计的期末净资产继续为负值；

（三）因最近一个会计年度的营业收入触及第13.2.1条第（三）项规定的标准，其股票被实施退市风险警示后，公司披露的最近一个会计年度经审计的营业收入继续低于1000万元；

（四）因最近一个会计年度的审计意见类型触及第13.2.1条第（四）项规定的标准，其股票被实施退市风险警示后，公司披露的最近一个会计年度的财务会计报告被会计师事务所出具无法表示意见或者否定意见的审计报告；

（五）因未在规定期限内改正财务会计报告中的重大差错或者虚假记载触及第13.2.1条第（五）项规定的标准，其股票被实施退市风险警示后，公司在两个月内仍未按要求改正财务会计报告；

（六）因未在法定期限内披露年度报告或者中期报告触及第13.2.1条第（六）项规定的标准，其股票被实施退市风险警示后，公司在两个月内仍未披露应披露的年度报告或者中期报告；

（七）公司股本总额发生变化不具备上市条件；

（八）因第12.14条股权分布发生变化不具备上市条件，其股票被实施停牌后，未在停牌后一个月内向本所提交解决股权分布问题的方案，或者提交了方案但未获本所同意，或者因股权分布发生变化不具备上市条件触及第13.2.1条第（九）项规定的标准其股票被实施退市风险警示后，公司在六个月内其股权分布仍不具备上市条件；

（九）公司有重大违法行为；

（十）本所认定的其他情形。

14.1.2　上市公司因净利润、净资产、营业收入或者审计意见类型触及第13.2.1条第（一）项至第（四）项规定的标准，其股票被实施退市风险警示的，应当在其股票被实施退市风险警示当年的会计年度结束后一个月内，发布股票可能被暂停上市的风险提示公告，并在披露该年年度报告前至少再发布两次风险提示公告。

14.1.3　上市公司出现第14.1.1条第（一）项至第（四）项情形之一的，应当在董事会审议通过年度报告后及时向本所报告并披露年度报告，提交董事会的书面意见。公司在披露年度报告的同时，应当再次发布股票将被暂停上市的风险提示公告，并申请其股票及其衍生品种于年度报告披露日起开始停牌。披露日为非交易日的，于下一交易日起开始停牌。

本所在公司股票停牌起始日后的十五个交易日内作出是否暂停其股票上市的决定。

14.1.4　上市公司出现第14.1.1条第（五）项或者第（六）项情形的，本所自两个月届满的下一交易日起对公司股票及其衍生品种实施停牌，并在停牌起始日后的十五个交易日内作出是否暂停其股票上市的决定。

14.1.5　上市公司出现第14.1.1条第（七）项或者第（八）项情形的，本所自规定限期届满的下一交易日起对公司股票及其衍生品种实施停牌，并在停牌起始日后的十五个交易日内作出是否暂停其股票上市的决定。

14.1.6　本所上市委员会对股票暂停上市事宜进行审议，作出独立的专业判断并形成审核意见。

本所根据上市委员会的审核意见，作出是

否暂停股票上市的决定。

14.1.7　本所在作出暂停其股票上市的决定之日后两个交易日内通知上市公司并发布公告，同时报中国证监会备案。

14.1.8　上市公司应当在收到本所暂停其股票上市的决定后及时披露股票暂停上市公告。股票暂停上市公告应当包括以下内容：

（一）暂停上市的股票种类、简称、证券代码以及暂停上市起始日；

（二）股票暂停上市决定的主要内容；

（三）董事会关于争取恢复股票上市的意见及具体措施；

（四）股票可能被终止上市的风险提示；

（五）暂停上市期间公司接受投资者咨询的主要方式；

（六）中国证监会和本所要求的其他内容。

14.1.9　股票暂停上市期间，公司应当继续履行上市公司的有关义务，并及时披露为恢复其股票上市所采取的措施及有关工作的进展情况。

14.1.10　上市公司出现下列情形之一的，由本所决定暂停其可转换公司债券上市：

（一）公司有重大违法行为；

（二）公司情况发生重大变化不符合可转换公司债券上市条件；

（三）发行可转换公司债券所募集的资金不按照核准的用途使用；

（四）未按照可转换公司债券募集办法履行义务；

（五）公司最近两年连续亏损；

（六）因公司存在第14.1.1条情形其股票被本所暂停上市；

（七）本所认为应当暂停其可转换公司债券上市的其他情形。

14.1.11　可转换公司债券暂停上市事宜，参照本节股票暂停上市的有关规定执行。

第二节　恢复上市

14.2.1　上市公司因净利润、净资产、营业收入或者审计意见类型触及第14.1.1条第（一）至（四）项规定的标准，其股票被暂停上市后，向本所提出恢复上市申请的，应当同时符合下列条件：

（一）在法定期限内披露了最近一年年度报告；

（二）最近一个会计年度经审计的扣除非经常性损益前后的净利润均为正值；

（三）最近一个会计年度经审计的营业收入不低于1000万元；

（四）最近一个会计年度经审计的期末净资产为正值；

（五）最近一个会计年度的财务会计报告未被会计师事务所出具保留意见、无法表示意见或者否定意见的审计报告；

（六）保荐机构经核查后发表明确意见，认为公司具备持续经营能力；

（七）保荐机构经核查后发表明确意见，认为公司具备健全的公司治理结构、运作规范、无重大内控缺陷；

（八）不存在本规则规定的暂停上市或者终止上市情形；

（九）本所认为需具备的其他条件。

符合前款规定条件的上市公司可以在最近一年年度报告披露后的五个交易日内，以书面形式向本所提出恢复上市的申请。

14.2.2　上市公司因未在规定期限内改正财务会计报告中的重大差错或者虚假记载触及第14.1.1条第（五）项规定的标准，或者因未在规定期限内披露年度报告或者中期报告触及第14.1.1条第（六）项规定的标准，其股票被暂停上市的，在暂停上市后两个月内披露了改正后的财务会计报告或相关定期报告，可以在披露之日后的五个交易日内，以书面形式向本所提出恢复上市的申请。

14.2.3　上市公司因股权分布发生变化不具备上市条件触及第14.1.1条第（八）项规定的标准，其股票被暂停上市的，在暂停上市后六个月内，其股权分布重新具备上市条件的，可以在事实发生之日后的五个交易日内，以书面形式向本所提出恢复上市的申请。

14.2.4　上市公司因出现14.1.1条第（七）项、第（九）项规定的股本总额发生变化不具备上市条件或者重大违法行为情形，其股票被暂停上市，在本所规定的期限内上述情形已消除的，可以在事实发生之日后的五个交易日内，以书面形式向本所提出恢复上市的申请。

14.2.5　上市公司申请恢复上市，应当聘请具有主办券商业务资格的保荐人保荐。

保荐人应当对公司恢复上市申请材料的真实性、准确性和完整性进行核查，在确信公司具备恢复上市条件后出具恢复上市保荐书，并保证承担连带责任。

保荐人应当在规定期限内如实回复本所就公司恢复上市事项提出的问询，并提供相应补充文件。

14.2.6　保荐人在核查过程中，应当至少从以下三个方面对上市公司的有关情况予以充分关注和尽职核查，并出具核查报告：

（一）规范运作：包括但不限于人员、资产、财务的独立性，关联交易是否公允，重大出售或者收购资产的行为是否规范，重组后的业务方向以及经营状况是否发生实质性变化，与实际控制人之间是否存在同业竞争等；

（二）财务会计：包括但不限于收入确认、非经常性损益的确认是否合规，会计师事务所出具的非标准无保留审计意见所涉及事项对公司是否构成重大影响，公司对明显违反会计准则、制度及相关信息披露规范规定的事项进行纠正和调整的情况等；

（三）或有风险：包括但不限于资产出售、抵押、置换、委托经营、重大对外担保、重大诉讼和仲裁事项（适用本规则有关累计计算的规定），以及上述事项对公司生产经营所产生的影响等。

对于公司存在的各种不规范行为，保荐人应当要求公司改正。公司未按要求改正的，保荐人应当拒绝为其出具恢复上市保荐书。

14.2.7　保荐人对因第14.2.2条情形申请恢复上市的公司进行尽职核查时，除前条要求外，还应当对上市公司内部控制制度是否健全有效，是否存在重大缺陷予以关注，并在核查报告中作出说明。

14.2.8　保荐人对因第14.2.3条情形申请恢复上市的公司进行尽职核查时，应当对公司提出的股权分布问题解决方案是否可行、导致公司被暂停上市的情形是否已完全消除等情况予以充分关注，并在核查报告中作出说明。

14.2.9　保荐人出具的恢复上市保荐书应当包括以下内容：

（一）公司的基本情况；

（二）公司存在的主要风险以及原有风险是否已经消除的说明；

（三）对公司发展前景的评价；

（四）核查报告的主要内容；

（五）公司是否完全符合恢复上市条件及其依据的说明；

（六）无保留且表述明确的保荐意见及其理由；

（七）保荐人和相关保荐代表人具备相应保荐资格以及保荐人内部审核程序的说明；

（八）保荐人是否存在可能影响其公正履行保荐职责的情形的说明；

（九）保荐人比照有关规定作出的承诺；

（十）对公司持续督导期间的工作安排；

（十一）保荐人和相关保荐代表人的联系地址、电话和其他通讯方式；

（十二）保荐人认为应当说明的其他

事项；

（十三）中国证监会和本所要求的其他内容。

上市公司根据第14.2.1条向本所提出恢复上市申请的，保荐人的保荐书还应当根据第14.2.1条第一款第（六）项和第（七）项的规定发表明确意见。

恢复上市保荐书应当由保荐人的法定代表人（或者授权代表）和相关保荐代表人签字，注明日期并加盖保荐人公章。

14.2.10 上市公司申请其股票恢复上市的，应当聘请律师对恢复上市申请的合法性、合规性以及相关申请材料的真实性、准确性和完整性进行核查验证，就公司是否具备恢复上市条件出具法律意见书，并承担相应的法律责任。

14.2.11 前条所述法律意见书应当包括以下内容及相关结论性意见：

（一）公司的主体资格；

（二）公司是否符合恢复上市的实质条件；

（三）公司的业务及发展目标；

（四）公司治理结构和规范运作情况；

（五）关联交易和同业竞争；

（六）公司的主要财产；

（七）重大债权、债务；

（八）重大资产变化和收购兼并情况；

（九）公司纳税情况；

（十）重大诉讼、仲裁；

（十一）公司受到的行政处罚；

（十二）律师认为需要说明的其他问题。

律师就上述事项发表的有关结论性意见，应当包括是否合法合规、是否真实有效、是否存在纠纷或者潜在风险等。

14.2.12 上市公司提出恢复上市申请时，应当向本所提交下列文件：

（一）恢复上市申请书；

（二）董事会关于公司符合恢复上市条件，同意申请恢复上市的决议；

（三）董事会关于公司在暂停上市期间为恢复上市所做主要工作的报告；

（四）管理层从公司主营业务、经营活动、财务状况、或有事项、期后事项和其他重大事项等角度，对公司所实现的盈利情况、公司经营能力和盈利能力的持续性、稳定性作出的分析报告；

（五）关于公司重大资产重组方案的说明，包括重大资产重组的内部决策程序、资产交接、相关收益的确认、实施结果及相关证明文件等；

（六）关于公司最近一个会计年度的重大关联交易事项的说明，包括相关内部决策程序、协议主要内容、履行情况和实施结果以及相关证明文件等；

（七）关于公司最近一个会计年度纳税情况的说明；

（八）年度报告和审计报告原件；

（九）保荐人出具的恢复上市保荐书和保荐协议；

（十）法律意见书；

（十一）董事会对非标准无保留审计意见涉及事项的说明（如适用）；

（十二）会计师事务所和注册会计师关于出具非标准无保留审计意见的说明（如适用）；

（十三）本所要求的其他文件。

公司应当在向本所提出恢复上市申请后下一交易日发布相关公告。

14.2.13 本所在收到上市公司提交的恢复上市申请文件之日后五个交易日内，作出是否受理的决定并通知公司。

公司提交的申请文件不符合前条要求，或者虽提交申请文件但明显不符合本节规定的恢复上市申请条件的，本所不受理其申请，并在作出不予受理决定之日后的十五个交易日内，作出终止其股票上市的决定。

公司应当在收到本所是否受理其申请的决定后及时披露决定的有关内容，并发布其股票可能被终止上市的风险提示公告。

14.2.14　本所在受理上市公司恢复上市申请之日后的三十个交易日内，作出是否同意其股票恢复上市的决定。

在此期间，本所要求公司提供补充材料的，公司提供补充材料的期间不计入上述本所作出有关决定的期限。

公司提供补充材料的期限累计不得超过三十个交易日。公司未按本所要求在前述期限内提交补充材料的，本所在该期限届满后继续对其所提申请进行审核，并根据本规则作出是否同意其股票恢复上市的决定。

14.2.15　本所上市委员会对上市公司恢复上市申请进行审议，作出独立的专业判断并形成审核意见。

本所根据上市委员会的审核意见，作出是否同意公司股票恢复上市的决定。本所在决定不同意公司股票恢复上市申请的同时，作出终止其股票上市的决定。

14.2.16　本所在作出同意其股票恢复上市的决定后两个交易日内通知上市公司，并报中国证监会备案。

14.2.17　经本所同意恢复上市的，上市公司应当在收到有关决定后及时披露股票恢复上市公告。股票恢复上市公告应当包括以下内容：

（一）恢复上市的股票种类、简称、证券代码；

（二）股票恢复上市决定的主要内容；

（三）董事会关于恢复上市措施的具体说明；

（四）相关风险因素分析；

（五）中国证监会和本所要求的其他内容。

14.2.18　上市公司披露股票恢复上市公告后的五个交易日内，其股票恢复上市。公司股票恢复上市后，应当在本所风险警示板至少交易至其披露恢复上市后的首份年度报告。

14.2.19　在可转换公司债券暂停上市期间，上市公司符合下列条件的，可以书面形式向本所提出恢复其可转换公司债券上市的申请：

（一）因第14.1.10条第（一）项或者第（四）项情形可转换公司债券被暂停上市，经查实上述情形造成的后果不严重；

（二）因第14.1.10条第（二）项情形可转换公司债券被暂停上市，该情形在六个月内消除；

（三）因第14.1.10条第（三）项情形可转换公司债券被暂停上市，该情形在两个月内消除；

（四）因第14.1.10条第（五）项情形可转换公司债券被暂停上市，公司在法定披露期限内披露了经审计的最近一年年度报告，且年度财务会计报告显示公司实现盈利；

（五）因第14.1.10条第（六）项情形可转换公司债券被暂停上市，公司股票符合恢复上市条件的。

14.2.20　可转换公司债券恢复上市事宜，参照本节股票恢复上市的有关规定执行。

第三节　终止上市

14.3.1　上市公司出现下列情形之一的，由本所决定终止其股票上市：

（一）因净利润、净资产、营业收入或者审计意见类型触及第14.1.1条第（一）项至第（四）项规定的标准，其股票被暂停上市后，公司披露的最近一个会计年度经审计的财务会计报告存在扣除非经常性损益前后的净利润孰低者为负值、期末净资产为负值、营业收入低于1 000万元或者被会计师事务所出具保留意见、无法表示意见、否定意见的审计报告等四种情形之一；

（二）因净利润、净资产、营业收入或者审计意见类型触及第14.1.1条第（一）项至第（四）项规定的标准，其股票被暂停上市后，公司未能在法定期限内披露最近一年的年度报告；

（三）因未在规定期限内按要求改正财务会计报告中的重大差错或者虚假记载触及第14.1.1条第（五）项规定的标准，其股票被暂停上市后，公司在两个月内仍未按要求改正财务会计报告；

（四）因未在规定期限内披露年度报告或者中期报告触及第14.1.1条第（六）项规定的标准，其股票被暂停上市后，公司在两个月内仍未按要求披露相关定期报告；

（五）在本所仅发行A股股票的上市公司，通过本所交易系统连续120个交易日（不包含公司股票停牌日）实现的累计股票成交量低于500万股，或者连续20个交易日（不包含公司股票停牌日）的每日股票收盘价均低于股票面值；

（六）在本所仅发行B股股票的上市公司，通过本所交易系统连续120个交易日（不包含公司股票停牌日）实现的累计股票成交量低于100万股，或者连续20个交易日（不包含公司股票停牌日）的每日股票收盘价均低于股票面值；

（七）在本所既发行A股股票又发行B股股票的上市公司，其A、B股股票的成交量或者收盘价同时触及本条第（五）项和第（六）项规定的标准；

（八）公司股本总额发生变化不再具备上市条件，在本所规定的期限内仍不能达到上市条件；

（九）因股权分布发生变化不具备上市条件触及第14.1.1条第（八）项规定的标准，其股票被暂停上市后，公司在暂停上市六个月内股权分布仍不具备上市条件；

（十）上市公司或者收购人以终止股票上市为目的的回购股份或者要约收购，在方案实施后，公司股本总额、股权分布等发生变化不再具备上市条件；

（十一）上市公司被吸收合并；

（十二）股东大会在公司股票暂停上市期间作出终止上市的决议；

（十三）公司解散；

（十四）公司被法院宣告破产；

（十五）因净利润、净资产、营业收入、审计意见类型触及第14.1.1条第（一）项至第（四）项规定的标准，其股票被暂停上市后，公司在法定期限内披露了最近一年年度报告，但未在其后的五个交易日内提出恢复上市申请；

（十六）因未在规定期限内按要求改正财务会计报告中的重大差错或者虚假记载触及第14.1.1条第（五）项规定的标准，其股票被暂停上市后，公司在两个月内披露了按要求改正的财务会计报告，但未在其后的五个交易日内提出恢复上市申请；

（十七）因未在规定期限内披露年度报告或者中期报告触及第14.1.1条第（六）项规定的标准，其股票被暂停上市后，公司在两个月内披露了相关定期报告，但未在其后的五个交易日内提出恢复上市申请；

（十八）因股本总额发生变化不再具备上市条件或者股权分布发生变化不具备上市条件触及14.1.1条第（七）项、第（八）项规定的标准，其股票被暂停上市后，公司股本总额在规定的期限内或者股权分布在六个月内重新具备上市条件，但未在其后的五个交易日内提出恢复上市申请；

（十九）恢复上市申请未被受理；

（二十）恢复上市申请未获同意；

（二十一）本所认定的其他情形。

14.3.2　上市公司股票被暂停上市后，预计可能出现第14.3.1条第（一）项或者第（二）项情形的，董事会应当在最近一个会计年度结束后的十个交易日内，发布公司股票可能被终止上市的风险提示公告。

14.3.3　上市公司出现第14.3.1条第（一）项情形的，应当自董事会审议通过年度报告后及时向本所报告并披露年度报告，同时发布公司股票可能被终止上市的风险提示公告。

本所在公司披露年度报告之日后的十五个交易日内，作出是否终止其股票上市的决定。

14.3.4　上市公司出现第14.3.1条第（二）项至第（四）项情形之一的，本所在法定披露期限或本所规定的披露期限届满后的十五个交易日内，作出是否终止其股票上市的决定。

14.3.5　在本所仅发行A股股票的上市公司，出现连续90个交易日（不包含公司股票停牌日）通过本所交易系统实现的累计股票成交量低于375万股的，应在下一交易日发布公司股票可能被终止上市的风险提示公告，其后每个交易日披露一次，直至自上述起算时点起连续120个交易日（不包含公司股票停牌日）内通过本所交易系统实现的累计成交量高于500万股或者本所作出公司股票终止上市的决定之日止（以先达到的日期为准）。

在本所仅发行B股股票的上市公司，出现连续90个交易日（不包含公司股票停牌日）通过本所交易系统实现的累计股票成交量低于75万股的，应在下一交易日发布公司股票可能被终止上市的风险提示公告，其后每个交易日披露一次，直至自上述起算时点起连续120个交易日（不包含公司股票停牌日）内通过本所交易系统实现的累计成交量高于100万股或者本所作出公司股票终止上市的决定之日止（以先达到的日期为准）。

在本所既发行A股股票又发行B股股票的上市公司，其A、B股股票的成交量同时触及前两款规定的标准的，应在下一交易日发布公司股票可能被终止上市的风险提示公告，其后每个交易日披露一次，直至自上述起算时点起连续120个交易日（不包含公司股票停牌日）内A、B股股票通过本所交易系统实现的累计成交量分别高于500万股和100万股或者本所作出公司股票终止上市的决定之日止（以先达到的日期为准）；

本所可根据实际情况，对上述风险提示标准进行调整。

14.3.6　在本所仅发行A股股票或者B股股票的上市公司，出现连续10个交易日（不包含公司股票停牌日）每日股票收盘价均低于股票面值的，应当在下一交易日发布公司股票可能被终止上市的风险提示公告，其后每个交易日披露一次，直至收盘价低于股票面值的情形消除或者本所作出公司股票终止上市的决定之日（以先达到的日期为准）。

在本所既发行A股股票又发行B股股票的上市公司，其A、B股股票的收盘价同时触及前款规定的标准的，应当在下一交易日发布公司股票可能被终止上市的风险提示公告，其后每个交易日披露一次，直至收盘价同时低于股票面值的情形消除或者本所作出公司股票终止上市的决定之日（以先达到的日期为准）。

本所可根据实际情况，对上述风险提示标准进行调整。

14.3.7　上市公司出现第14.3.1条第（五）项至第（七）项情形之一的，其股票及其衍生品种自情形出现的下一交易日起开始停牌，本所在停牌起始日后的十五个交易日内，作出是否终止其股票上市的决定。

14.3.8　上市公司出现第14.3.1条第（八）项情形的，本所在规定期限届满后的十五个交易日内，作出是否终止其股票上市的决定。

14.3.9　上市公司出现14.3.1条第（九）项情形的，本所在六个月期限届满后的十五个交易日内，作出是否终止其股票上市的决定。

14.3.10　上市公司出现第14.3.1条第（十）项情形的，公司股票及其衍生品种自公司披露收购结果公告或其他相关权益变动公告之日起停牌。本所在公司公告之日后的十五个交易日内，作出是否终止其股票上市的决定。

14.3.11　上市公司出现第14.3.1条（十一）项情形的，本所在吸收合并方提出上市申请的同时，对被吸收合并方作出终止其股票上市的决定。

14.3.12　上市公司出现第14.3.1条第（十二）项情形的，应当在股东大会会议结束后及时通知本所并公告。

本所在公司披露股东大会决议公告之日后的十五个交易日内，作出是否终止其股票上市的决定。

14.3.13　上市公司出现14.3.1条第（十三）项情形的，应当于知悉公司依法被吊销营业执照、被责令关闭或者被撤销等解散条件成就时，或者在股东大会作出解散的决议后，立即向本所报告并于次日公告，并申请公司股票及其衍生品种自公告披露之日起停牌。

本所在公司披露上述公告之日后的十五个交易日内，作出是否终止其股票上市的决定。

14.3.14　上市公司出现14.3.1条第（十四）项情形的，应当在收到法院宣告公司破产的裁定书当日向本所报告并于下一交易日公告。

本所在公司披露上述公告之日后的十五个交易日内，作出是否终止其股票上市的决定。

14.3.15　上市公司出现第14.3.1条第（十五）项至第（十八）项情形之一的，本所在规定的恢复上市申请期限届满后的十五个交易日内，作出是否终止其股票上市的决定。

14.3.16　上市公司出现第14.3.1条第（十九）项或者第（二十）项情形的，本所分别在决定不受理其股票恢复上市申请之日后的十五个交易日内或者在决定不同意其股票恢复上市申请的同时，作出终止其股票上市的决定。

14.3.17　本所上市委员会对股票终止上市事宜进行审议，作出独立的专业判断并形成审核意见。

本所根据上市委员会的审核意见，作出是否终止股票上市的决定。

14.3.18　本所在作出是否终止股票上市的决定前，可以要求公司提供补充材料，公司提供补充材料期间不计入上述本所作出有关决定的期限。

公司提供补充材料的期限累计不得超过三十个交易日。公司未按本所要求在前述期限内提交补充材料的，本所根据本规则对其股票作出是否终止上市的决定。

14.3.19　本所在作出终止股票上市的决定之日后两个交易日内，通知公司并发布相关公告，同时报中国证监会备案。

14.3.20　公司应当在收到本所关于终止其股票上市的决定后及时披露股票终止上市公告。股票终止上市公告应当包括以下内容：

（一）终止上市的股票种类、简称、证券代码以及终止上市的日期；

（二）终止上市决定的主要内容；

（三）终止上市后公司股票登记、转让和管理事宜；

（四）终止上市后公司的联系人、联系地址、电话和其他通讯方式；

（五）中国证监会和本所要求的其他内容。

14.3.21　自本所公告对上市公司股票作出终止上市的决定之日后的五个交易日届满的

下一交易日起，公司股票进入退市整理期。

退市整理期的交易期限为三十个交易日。在退市整理期间，公司股票进入本所风险警示板交易。

14.3.22 上市公司股票进入退市整理期的，上市公司及其相关信息披露义务人仍应当遵守法律、行政法规、部门规章、其他规范性文件、本规则及本所其他规定，并履行相关义务。

14.3.23 公司股票在退市整理期内全天停牌的，停牌期间不计入退市整理期。

14.3.24 上市公司股票根据第14.3.21条规定在本所风险警示板进行交易的，上市公司应当于其股票在风险警示板交易的第一天，发布公司股票已被本所作出终止上市决定的风险提示公告，说明公司股票在风险警示板交易的起始日和终止日等事项。

14.3.25 上市公司股票根据第14.3.21条规定在本所风险警示板进行交易的，上市公司应当在前二十五个交易日内每五个交易日发布一次股票将被终止上市的风险提示公告，在最后五个交易日内每日发布一次股票将被终止上市的风险提示公告。

14.3.26 上市公司股票在退市整理期届满后的次日终止上市，本所对其予以摘牌。

14.3.27 本所对上市公司在退市整理期内的信息披露、股票停复牌等相关事宜另有规定的，从其规定。

14.3.28 上市公司股票被终止上市后，公司应当选择并申请将其股票转入全国性的场外交易市场或其他符合条件的区域性场外交易市场。

公司将其股票转入场外交易市场，应当聘请具有主办券商业务资格的证券公司（以下简称“代办机构”）并与其签订相关协议。公司未聘请或无代办机构接受其聘请的，本所在作出终止其股票上市的决定后，可以为其临时指定代办机构，通知公司和代办机构，并于两个交易日内就上述事项发布相关公告（公司不再具备法人资格的情形除外）。”

14.3.29 上市公司股票被终止上市后，公司应当在本所作出终止其股票上市决定后立即安排股票转入场外交易市场的相关事宜，保证公司股票在退市整理期届满之日后的四十五个交易日内可以进入场外交易市场进行转让。

14.3.30 上市公司出现下列情形之一的，本所终止其可转换公司债券上市：

（一）因第14.1.10条第（一）项、第（四）项所列情形之一可转换公司债券被暂停上市，经查实上述情形后果严重；

（二）因第14.1.10条第（二）项所列情形可转换公司债券被暂停上市，该情形在六个月内未能消除；

（三）因第14.1.10条第（三）项所列情形可转换公司债券被暂停上市，该情形在两个月内未能消除；

（四）因第14.1.10条第（五）项所列情形可转换公司债券被暂停上市，公司未在法定披露期限内披露经审计的最近一年年度报告，或者披露的年度报告显示公司亏损，或者未在披露年度报告后的五个交易日内提出恢复上市申请；

（五）公司股票被本所终止上市。

14.3.31 可转换公司债券终止上市事宜，参照本节股票终止上市的有关规定执行。

14.3.32 本所对可转换公司债券及其他衍生品种的终止上市事宜另有规定的，从其规定。

第四节 重新上市

14.4.1 本所上市公司的股票被终止上市后，其终止上市情形已消除，且同时符合下列条件的，可以向本所申请重新上市：

（一）公司股本总额不少于人民币5 000万元；

（二）社会公众股持有的股份占公司股份总数的比例为25%以上；公司股本总额超过人民币4亿元的，社会公众股持有的股份占公司股份总数的比例为10%以上；

（三）公司最近3年无重大违法行为，财务会计报告无虚假记载；

（四）公司最近两个会计年度经审计的净利润均为正值且累计超过2000万元（净利润以扣除非经常性损益前后孰低者为计算依据）；

（五）公司在申请重新上市前进行重大资产重组且实际控制人发生变更的，符合中国证监会《上市公司重大资产重组管理办法》规定的借壳上市条件；

（六）最近一个会计年度经审计的期末净资产为正值；

（七）最近两个会计年度的财务会计报告被会计事务所出具标准无保留意见的审计报告；

（八）保荐机构经核查后发表明确意见，认为公司具备持续经营能力；

（九）保荐机构经核查后发表明确意见，认为公司具备健全的公司治理结构、运作规范、无重大内控缺陷；

（十）本所规定的其他条件。

公司股票被终止上市后，公司不配合退市相关工作的，本所自其股票终止上市后三年内不受理其重新上市的申请。

14.4.2　本所上市委员会对股票重新上市申请进行审议，作出独立的专业判断并形成审核意见。

本所根据上市委员会的审核意见，作出是否同意公司股票重新上市的决定。

14.4.3　公司股票重新上市后，应当在本所风险警示板至少交易至其披露重新上市后的首份年度报告。

14.4.4　重新上市的其他事宜，由本所另行规定。

第十五章　申请复核

15.1　发行人、上市公司或者申请股票重新上市的公司（以下简称“申请人”）对本所作出的不予上市、暂停上市、终止上市决定不服的，可以在收到本所有关决定或本所公告有关决定之日后的五个交易日内，向本所申请复核。

申请人应当在向本所提出复核申请之日后的下一交易日披露有关内容。

15.2　申请人根据前条规定向本所申请复核，应当提交下列文件：

（一）复核申请书；

（二）保荐人就申请复核事项出具的意见书；

（三）律师事务所就申请复核事项出具的法律意见书；

（四）本所要求的其他文件。

15.3　本所在收到申请人提交的复核申请文件之日后的五个交易日内，作出是否受理的决定并通知申请人。

未能按照前条规定提交复核申请文件的，本所不受理其复核申请。

申请人应当在收到本所是否受理其复核申请的决定后，及时披露决定的有关内容并提示相关风险。

15.4　本所设立复核委员会，对申请人的复核申请进行审议。

15.5　本所在受理复核申请之日后的三十个交易日内，依据复核委员会的审核意见作出是否维持不予上市、暂停上市、终止上市的决定。该决定为终局决定。

在此期间，本所要求申请人提供补充材料的，申请人应当按要求予以提供。申请人提供补充材料期间不计入本所作出有关决定的期限内。

申请人提供补充材料的期限累计不得超过

三十个交易日。申请人未按本所要求在前述期限内提交补充材料的，本所在该期限届满后继续对其所提申请进行审核，并根据本规则对其作出是否维持不予上市、暂停上市或者终止上市的决定。

申请人应当在收到本所的复核决定后，及时披露决定的有关内容。

第十六章　境内外上市事务的协调

16.1　在本所上市的公司同时有证券在境外证券交易所上市的，应当保证将境外证券交易所要求披露的信息，及时向本所报告，并同时在指定媒体上按照本规则规定披露。

16.2　上市公司就同一事件向境外证券交易所提供的报告和公告应当与向本所提供的内容一致。出现重大差异时，公司应当向本所作出专项说明，并按照本所要求披露更正或补充公告。

16.3　上市公司股票及其衍生品种被境外证券交易所停牌的，应当及时向本所报告停牌的事项和原因，并提交是否需要向本所申请停牌的书面说明。

16.4　本章未尽事宜，适用有关法律、行政法规、部门规章、其他规范性文件和本所与其他证券交易所签署的监管合作备忘录以及其他相关规定。

第十七章　日常监管和违反本规则的处理

17.1　本所对本规则第1.5条监管对象实施日常监管，具体措施包括：

（一）要求公司及相关信息披露义务人或者其董事（会）、监事（会）、高级管理人员对有关问题作出解释和说明；

（二）要求公司聘请相关证券服务机构对所存在的问题进行核查并发表意见；

（三）发出各种通知和函件等；

（四）约见有关人员；

（五）暂不受理保荐人、证券服务机构及相关人员出具的文件；

（六）向中国证监会报告有关违法违规行为；

（七）其他监管措施。

公司、相关信息披露义务人等机构及其相关人员应当接受并积极配合本所的日常监管，在规定期限内如实回答本所问询，并按要求提交说明，或者披露相应的更正或补充公告。

17.2　上市公司、相关信息披露义务人和其他责任人违反本规则或者向本所作出的承诺，本所可以视情节轻重给予以下惩戒：

（一）通报批评；

（二）公开谴责。

17.3　上市公司董事、监事、高级管理人员违反本规则或者向本所作出的承诺，本所可以视情节轻重给予以下惩戒：

（一）通报批评；

（二）公开谴责；

（三）公开认定其三年以上不适合担任上市公司董事、监事、高级管理人员。

以上第（二）项、第（三）项惩戒可以一并实施。

17.4　上市公司董事会秘书违反本规则，本所可以视情节轻重给予以下惩戒：

（一）通报批评；

（二）公开谴责；

（三）公开认定其不适合担任上市公司董事会秘书。

以上第（二）项、第（三）项惩戒可以一并实施。

17.5　保荐人和保荐代表人、证券服务机构及相关人员违反本规则，本所可以视情节轻重给予以下惩戒：

（一）通报批评；

（二）公开谴责。

情节严重的，本所依法报中国证监会

查处。

17.6　管理人和管理人成员违反本规则规定，本所可以视情节轻重给予以下惩戒：

（一）通报批评；

（二）公开谴责；

（三）建议法院更换管理人或管理人成员。

以上第（二）项、第（三）项惩戒可以一并实施。

17.7　本所设立纪律处分委员会对违反本规则的纪律处分事项进行审核，作出独立的专业判断并形成审核意见。本所根据纪律处分委员会的审核意见，作出是否给予纪律处分的决定。

第十八章　释　　义

18.1　本规则下列用语含义如下：

（一）上市公司：指其股票及其衍生品种在本所上市的股份有限公司。

（二）相关信息披露义务人：指上市公司股东、实际控制人、收购人等。

（三）及时：指自起算日起或触及本规则披露时点的两个交易日内。

（四）披露：指上市公司或相关信息披露义务人按法律、行政法规、部门规章、其他规范性文件、本规则及本所其他规定在指定媒体上公告信息。

（五）高级管理人员：指公司经理、副经理、董事会秘书、财务负责人及公司章程规定的其他人员。

（六）控股股东：指其持有的股份占公司股本总额50%以上的股东；或者持有股份的比例虽然不足50%，但依其持有的股份所享有的表决权已足以对股东大会的决议产生重大影响的股东。

（七）实际控制人：指虽不是公司的股东，但通过投资关系、协议或者其他安排，能够实际支配公司行为的人。

（八）控制：指能够决定一个企业的财务和经营政策，并可据以从该企业的经营活动中获取利益的状态。具有下列情形之一的，构成控制：

1. 股东名册中显示持有公司股份数量最多，但是有相反证据的除外；

2. 能够直接或者间接行使一个公司的表决权多于该公司股东名册中持股数量最多的股东能够行使的表决权；

3. 通过行使表决权能够决定一个公司董事会半数以上成员当选；

4. 中国证监会和本所认定的其他情形。

（九）上市公司控股子公司：指上市公司持有其50%以上的股份，或者能够决定其董事会半数以上成员的当选，或者通过协议或其他安排能够实际控制的公司。

（十）内部职工股：指原定向募集股份有限公司的内部职工认购的股票。

（十一）股权分布不具备上市条件：指社会公众股东持有的股份连续二十个交易日低于公司总股本的25%，公司股本总额超过人民币四亿元的，低于公司总股本的10%。

上述社会公众股东指不包括下列股东的上市公司其他股东：

1. 持有上市公司10%以上股份的股东及其一致行动人；

2. 上市公司的董事、监事、高级管理人员及其关联人。

（十二）证券服务机构：指为证券发行、上市、交易等证券业务活动制作、出具审计报告、资产评估报告、法律意见书、财务顾问报告、资信评级报告等文件的会计师事务所、资产评估机构、律师事务所、财务顾问机构、资信评级机构。

（十三）净资产：指归属于公司普通股股东的期末净资产，不包括少数股东权益金额。

（十四）净利润：指归属于公司普通股股东的净利润，不包括少数股东损益金额。

（十五）每股收益：指根据中国证监会有关规定计算的基本每股收益。

（十六）净资产收益率：指根据中国证监会有关规定计算的全面摊薄净资产收益率。

（十七）回购股份：指上市公司收购本公司发行的流通股股份，并在收购后予以注销的行为。

（十八）破产程序：指《企业破产法》所规范的重整、和解或破产清算程序。

（十九）管理人管理模式：指根据《企业破产法》，经法院裁定由管理人负责管理上市公司财产和营业事务的运作模式。

（二十）管理人监督模式：指根据《企业破产法》，经法院裁定由公司在管理人的监督下自行管理公司财产和营业事务的运作模式。

（二十一）追溯重述：指因财务会计报告存在重大会计差错或者虚假记载，公司主动改正或者被中国证监会责令改正后，对此前披露的年度财务会计报告进行的调整。

（二十二）公司股票停牌日：指本所对公司股票全天予以停牌的交易日。

（二十三）B股股票每日股票收盘价低于股票面值：指B股股票的每日收盘价换算成人民币计价后的收盘价低于股票面值（按本所编制上证综指采用的美元对人民币汇率中间价换算）。

18.2　本规则未定义的用语的含义，依照有关法律、行政法规、部门规章、其他规范性文件和本所有关业务规则确定。

18.3　本规则所称“以上”、“以内”含本数，“超过”、“少于”“低于”、“以下”不含本数。

第十九章　附　　则

19.1　本规则经本所理事会会议审议通过并报中国证监会批准后生效，修订时亦同。

19.2　本规则由本所负责解释。

19.3　本规则自2013年12月28日起施行。

上市公司在此之前发生的按照原《股票上市规则》应当披露而未披露的重大事项，根据本规则也应当披露的，在本规则发布施行后，应当按照本规则的规定及时披露。

专题与调研

财务公司新一年展望

财务公司的底线思维

记者　胡萍

资产规模超 3 万亿元，所服务的企业集团资产规模超过 30 万亿元，作为非银行金融领域重要的一大板块，财务公司在 2013 年仍有望继续保持发展态势。记者从相关部门了解到，各省、自治区、直辖市设立财务公司的申请越来越多，其中不仅是国资委系统的国有大中型企业，民营企业集团财务公司数量也呈增长趋势。随着行业的发展壮大，监管部门表示，真正的压力不在于数量多少的问题，而是在于发展方向到底该如何把握，财务公司可持续发展的模式究竟是什么的问题。根据党的十八大和中央经济工作会议对经济工作提出的新要求——要善于运用“底线思维”，那么，财务公司应该具有怎样的“底线思维”以应对发展中的问题，从而把握主动权成为当前及今后应该思考的课题。

有目共睹的是，财务公司经历 25 年的发展总体状况良好，但是，是否存在问题或隐患？答案是肯定的。正如银监会非银部李健华所说，“不是说现在没有问题，而是跟谁比的问题”，“财务公司的发展不是赶时髦，不是打一块金融牌，而是应该实实在在地为实体经济作贡献，从基础功能到延伸功能，都要未雨绸缪”。事实上，不论是宏观环境、业务探索、风险认识还是银财关系等方面，都值得财务公司行业深入思考，这也是决定财务公司未来能否发挥更大作用的关键所在，而“底线思维”实际上就是指要具有忧患意识以及超前思维。

从外部环境看，当前国内外金融环境极不稳定、监管政策处于继续完善期、各企业集团对财务公司的认识出现较大差异，财务公司行业到了一个非常关键的时期。一方面，一部分财务公司仍然处于高速发展阶段；另一方面，还有一部分财务公司正处于思考探索转型阶段，先行实践中不可避免地存在问题或潜藏风险。从宏观经济环境看，当前，世界经济复苏的进程会很曲折，全球经济低迷，市场需求增长乏力。从国内看，国有企业普遍面临着生产要素成本上升、产能过剩、经济效益下滑的压力，面临着更加开放的市场竞争压力，也面临着全球产业结构与布局调整的重要战略机遇，同时还面临着我国要在 2020 年全面建成小康社会的重要战略机遇。党的十八大提出要加快转变经济发展方式，把推动发展的立足点转到提高质量和效益上来，要提高大中型企业的核心竞争力，要培育企业国际化的经营能力，培育一批具有世界水平的跨国公司。因此，进一步发挥好财务公司的金融平台作用，为实体经济健康稳定发展创造有利条件，加快培育具有国际竞争力的大集团是新时期的重要任务。在这个过程中，财务公司作为企业集团的资金管理平台，按照党的十八大关于健全支持实体经济发展的现代金融体系，和中央经济工作会议关于切实降低实体经济发展的融资成本等要求，更应充分利用较强的专业优势和人才优势，推动和保障企业集团加快形成新的发展方式，把发展的立足点切实转移到提高发展质量和效益上来。

从本质上讲，财务公司既是金融机构，又不同于银行，所谓不同，最根本的就是它兼具社会性和集团的内部性。从业务范围来看，“内部银行”的分寸怎么把握？多年实践证明，这一“底线”就是“服务企业集团、服务实体经济”，也就是说，不论是提供存贷款、结算、结售汇、融资租赁、消费信贷，还是作为投融资顾问，财务公司立足企业的根本不能改变。中国银监会副主席蔡鄂生对新时期财务公司发展提出了三点要求，即“坚持财务公司立足企业集团、立足资金管理、服务实体经济的战略定位”。蔡鄂生认为，首先，服务实体经济是财务公司立足之本。财务公司行业设立初期曾经因为过度融资、超范围经营、乱拆借乱投资产生过重大风险，导致了多家公司被撤销、关闭和停业。2008 年起由美国的次贷危机蔓延到欧美的国际金融危机，也说明脱离了实体经济的金融体系自我循环是不可持续的。其次，资金集中管理是财务公司核心功能。提高资金集约化管理水平是企业集团发展到一定阶段的必然需求，而在当前的经济金融环境下，财务公司是实现这一管理目的较好的载体。在新形势下财务公司仍要坚持和深化《企业集团财务公司管理办法》赋予的功能，坚持资金集中管理这个基本定位。通过资金集中管理产生规模效益，提高专业化管理水平，从而促进企业运作效率的提升。财务公司不能办成简单的利润中心。对企业集团而言，财务公司要做好资金集中管理工作，充分发挥功能，必须同时具备管理和服务两项职能。财务公司发挥功能的目的是通过控制风险、降本增效来提高企业集团的整体竞争力。对财务公司的科学考核，要从集团整体的视角来评估财务公司发挥作用的效果，而不是简单地把它当作利润中心。以利润为导向会导致财务公司重规模轻质量、重市场机会轻服务提升、重股东回报轻长远规划等问题，不利于其长远发展和核心竞争力的培育，长期来看也不能适应企业集团更高层次集约化管理的要求。国资委相关负责人也表示，财务公司应继续秉承规范、高效、稳健的经营理念，继续坚持依托集团，服务主业，始终专注于为集团主业服务，推动实体经济发展的中心目标。将自身的发展与企业的战略实施有效的协同起来，为企业集团的发展提供贴身、贴心的个性化金融服务。为主业发展提供低成本的融资保障，提升集团资金的使用效率，确保资金安全。

从风险认识上看，财务公司在创新发展过程中要加强风险防控，这是底线。财务公司的风险如何判断，会不会有所谓的系统性风险，财务公司本身会不会带来区域性风险以及这些风险的关联性等问题都需要去思考。尽管财务公司背靠企业集团，有企业集团的支持，但资金的集中也在一定程度上意味着风险的集中，财务公司出现问题必然会给企业集团带来较大的风险和压力，也会给金融体系带来不良影响。一般而言，财务公司面临市场风险、经营风险和操作风险等多种风险，因此，完善的风险管理体系是保障财务公司安全运行的关键。然而，一些财务公司在发展过程中并不重视风险管理和内部控制，其不规范的经营运作积聚了大量的金融风险，信贷放款、投资规模、期限结构和经济周期波动等都有可能成为影响财务公司经营的风险因素。蔡鄂生指出，财务公司的改革创新要以改善服务、降低风险、提高效率为目标，坚持“风险可控、成本可算、信息充分披露”的原则，要把握好金融创新的界限和力度。

另外，随着财务公司数量的增加，与银行的关系也发生着变化——原来企业集团在银行的存款是企业存款，财务公司成立以后资金一归集就成为同业存款，财务公司的议价能力提高了，市场上出现几家银行竞争比价的情况。财务公司应该认识到，在企业发展过程中，有了财务公司这个资金集中管理的平台，仍然离不开银行的支持，需要处理好不同时期、不同环境下财、银、企之间的关系，这也是应该坚持的底线。

分类监管迫在眉睫　扶优限劣大势所趋

记者　胡萍

财务公司分类监管力度或有加大迹象

消息来源于去年底召开的一次财务公司行业高峰论坛，中国银监会相关负责人用了“迫在眉睫”四个字来描述财务公司分类监管的紧迫性，并称这是行业健康发展的需要，将通过分类监管实现扶优限劣。对于那些资金体量大、管理效率高的企业集团财务公司而言，分类监管继续推进将意味着更乐观的政策环境，甚至是更多的投融资渠道。

发展不平衡问题日益明显

财务公司发展不平衡问题早已有之。首先，从监管角度看，财务公司要受到集团公司及银监会的双重监管，这种双重制约下很容易产生需求上的矛盾与空白。

其次，“由于所属不同企业集团，产业特点不同、发展阶段不同、管理模式不同、管理成熟度也不一样。”对于财务公司的差异性，中石油总会计师王国樑作出如是总结。据了解，目前全国企业集团财务公司已达150家，涉及石油、化工、钢铁、电力、煤炭等二十多个行业，分布地区从东南部沿海延伸到中西部内陆，分布广泛是其发展不平衡的外在原因之一。与此同时，我们既看到有像中石油、中石化、中海油等背靠大集团、手中动辄持有几百亿元成员公司存款的财务公司，同样也存在资产只有几亿元的小财务公司，造成这种状况的根本原因是由财务公司所在集团的经济实力、规模及经营状况决定的。

另外，造成这种“不平衡”的内在原因是财务公司本身专业性不足。记者了解到，有些财务公司根本就是集团的“财务二部”，人员不多，而且还有着财务部门的惯性思维，服务方式和手段、研发技术和能力等远不能与财务公司这块“金字招牌”相匹配，也远不及其他非银行金融机构。

分类监管带来转型契机

尽管银监会于2007年即制定了《企业集团财务公司风险评价和监管指引》，逐步对财务公司实施分类监管，但由于财务公司个体差别太大，监管部门短时间难以做到严格意义上的分类监管。然而，作为具有中国特色的金融机构，我国财务公司的发展无经验可借鉴，监管政策的正确引导对其探索正确道路和方向极为重要。

从监管角度来看，财务公司行业监管制度逐步完善，对财务公司行业起了积极的规范和扶持作用。1992 年，三委一行联合出台了《国家试点企业集团建立财务公司的实施办法》，开始探索建立专业的监管制度；1996 年，中国人民银行出台《企业集团财务公司管理暂行办法》，结束了财务公司发展十年缺乏权威性法规的局面；2000 年，中国人民银行又出台了《企业集团财务公司管理办法》，进一步细化了行业监管规则；2004 年，中国银监会颁布了新的《企业集团财务公司管理办法》，监管制度的完善及时规范了财务公司的发展。近年来，监管机构也及时微调监管政策，如差别存款准备金率政策、财务公司发行金融债券的政策等，都对财务公司的发展起到了积极的扶持作用。2007 年，“1104”工程非现场监管系统正式运行，中国银监会制定了《企业集团财务公司风险评价和监管指引》，逐步对财务公司实施分类监管，形成了系统化的监管制度和机制，并通过多样化的监管手段，保障了财务公司的规范和稳健发展。

分类监管无疑将给部分企业集团财务公司带来转型契机。对于行业定位越清晰、越健康、越自律的财务公司，监管层将在业务创新方面越放手，而管理相对差的公司则会受到限制。这一点在上述高峰论坛上也得以明确——“监管部门应当集思广益，深入研究分类监管的标准；在国民经济发展的不同时期、不同环境下，也要采取不同的监管措施，给予合理的监管容忍度。”“监管部门要积极研究行业发展中的共性和突出问题，探索创新监管手段和方式方法，通过分类监管来扶优限劣，引导财务公司更好地发挥功能作用。让定位明确、功能发挥充分的财务公司得到更多扶持。”

多位业内人士呼吁，希望监管政策能够更多地体现出财务公司的产融特色，加大准备金政策差别化力度，适当放宽部分财务公司业务监管指标限制（如财务公司债券发行规模、短期证券投资比例等），适度恢复财务公司信贷资产回购业务功能，根据财务公司的不同情况实行灵活务实的分类监管，增强财务公司平滑企业集团流动性的手段。

分类监管方法和手段仍需研究

分类监管需要一套科学的分类标准，以实现分类在不同地域、不同公司之间的相对公平。由于财务公司的天然属性，即所处行业、控股股东类型、经营规模等都有较大差别，要做出科学合理又便于操作的指标体系，是分类监管需要突破的难点问题。

中国财务公司协会会长张华在接受记者采访时表示，分类监管具体实施可以从战略角度对财务公司规模、稳定度、人力、诚信等综合考察、全面评价，划分不同等级，对级别高的 A 类财务公司允许其开展更多业务。

事实上，对于出台监管措施，监管部门也是审慎的。近年来，银监会根据实体经济发展的需求及时调整财务公司功能定位、分类核定业务范围，以务实的态度在监管标准、监管方法上与商业银行区别对待，监管的科学性逐步提高。如 2010 年宏观调控背景下，对财务公司实施有限牌照政策，响应实体经济需求，支持企业集团设立财务公司；支持有需求、够条件的财务公司开展创新业务试点；在适用新的监管标准上与商业银行区别对待；等等。对财务公司今后的监管工作，银监会表示将研究分类监管的方法和手段，并建立监管长效机制，督促财务公司加强体制、机制建设，增强风险管控的主动性和责任感，探索可持续发展的专业化、特色化、差异化发展模式。

相关链接：监管政策调整一览

财务公司的稳健发展与监管部门不断调整的监管政策息息相关。在2003年以前，财务公司由中国人民银行负责日常监管，2003年以后，由中国银行业监督管理委员会负责。中国人民银行和银监会先后于1992年、1996年、2000年和2004年四次颁布修订了《企业集团财务公司管理办法》。监管部门根据财务公司在不同时期的发展状况和特点，调整财务公司的功能定位、机构准入、业务准入等具体监管规定；根据宏观环境和财务公司的风险状况，对财务公司的资产负债比例和资产质量监管指标进行调整。监管部门还不断创新完善监管方式和手段，通过非现场监管、现场检查、委托外部审计、高管谈话等方式实现对财务公司的监督管理。

善用金融工具

子牧

财务公司业内机构之间个性明显，比如在资金的问题上，有资金集中度高、实力雄厚的；也有资金不足、流动性差的。个体差异形成财务公司在金融工具的运用上各具特色、异彩纷呈。

票据业务是许多财务公司的特色业务，像“票据池”就很具推广价值。不少机构综合运用票据业务，通过票据的贴现、转贴现、再贴现，克服资金来源和运用期限错配，缓解流动性紧缺。

其中，再贴现虽然只是一个很常规的做法，但确实有它的独特之处，值得运用。

再贴现是中央银行对金融机构持有的未到期已贴现商业汇票予以贴现的行为。作为三大货币政策工具之一，在我国，中央银行通过适时调整再贴现总量及利率，明确再贴现票据选择，达到吞吐基础货币和实施金融宏观调控的目的，同时发挥调整信贷结构的功能。对从事该业务的金融机构来说，再贴现能解决一时资金短缺，缓解金融机构在对商业汇票贴现后出现的临时性资金周转困难，增加自身的流动性。

近年来，为有效发挥再贴现促进结构调整、引导资金流向的作用，人民银行进一步完善再贴现管理：适当增加再贴现转授权窗口，以便于金融机构尤其是地方中小金融机构法人申请办理再贴现；适当扩大再贴现的对象和机构范围，企业集团财务公司等非银行金融机构均可申请再贴现；对涉农票据、县域企业和金融机构及中小金融机构签发、承兑、持有的票据优先办理再贴现；进一步明确再贴现可采取回购和买断两种方式，提高业务效率。

对于具备与央行开展再贴现业务资格的财务公司而言，充分利用政策工具不失为明智之选。

尽管情况各不相同，但流动性不足确实是不少财务公司以及其所服务的集团、成员公司、产业链关联公司等当前面临的共同问题。

中小微公司融资难是一个普遍现象。自2011年稳健货币政策实施以来，在严密指导的信贷规模控制下，为了更有效地利用有效信贷资金，商业银行不约而同地收缩了中小微企业信贷规模，致使集团供应链的中小微企业融资难度大。贷款难，企业就会通过担保公司贷款或者寻求民间借贷，进而又必然导致融资成本高，由此对集团核心业务产生不利影响。

财务公司的服务对象为集团成员单位及供应链的上下游企业，那些支付结算方式以票据贴现为主的公司，由于受信贷规模限制，其产业链的中小微企业票据转贴难度大，很多票据都无法接收，出现有票无处贴的资金紧张局面，成员单位及供应链的上下游中小企业只能通过向商业银行融资或直接压缩生产销售计划。随着集团业务的发展，上下游中小企业资金需求也随之扩大，需要进一步加大资金支持力度。对于资金面并不宽裕的一些财务公司，本身资金来源有限，即便想施与以援手往往是力不从心。

存在类似情况的财务公司，通过人民银行再贴现以缓解短期流动性不足的效果是显而易见的。而且，作为短期资金运用，再贴现手续简单，使用灵活。另一好处是运用再贴现的低利率，可降低企业融资成本。目前再贴现利率为2.25%，财务公司在再贴现利率与企业贴现率之间选择一个适当水平，既保证自身收益，也能降低企业资金成本。

发达的票据市场是再贴现政策的基础，同时再贴现政策对票据市场的发育又具有激励作用。通过再贴现，能撬动财务公司相关业务的发展，提高办理票据贴现的积极性，票据贴现市场的发展，又会激励企业经营活动的票据化。如积极签发商票，推广企业信用，加强票据结算，整合产业链共同发展。

各地财务公司开展再贴现业务的情况不尽相同，一些地区积极性很高，也有地方需求并不旺盛。而充分了解再贷款业务的特点，有助于发现价值并充分利用。

以TCL集团财务公司为例，TCL集团财务公司与集团成员单位以及上、下游企业交易大量采用商业票据结算，结算额高达十亿元，这些中小企业资金周转不灵将直接影响对集团的上下游支持，甚至阻碍整个集团经营目标的实现。基于这一情况，财务公司向人民银行惠州市中心支行提出再贴现申请。TCL财务公司表示，近年来票据结算占到集团企业结算的50%以上，再贴现正好契合了票据多的特点，而上下游企业特别多，这些中小微企业很难向银行借到款，即使能借到成本也不低，票据再贴现的资金主要用于它们，对集团来说是互利共赢的好事。截至2012年10月，累计再贴现投向中小微企业2亿元，引导财务公司向中小微企业提供信贷资金累计达8.4亿元，共支持中小微企业69家，解决了集团上下游中小微企业融资难与融资成本高的问题。

为了推进成员单位商业承兑汇票的使用，武钢财务公司每年都为成员单位申请金融重点支持商业承兑汇票额度，并逐年增长，只要在此额度内，成员单位承兑汇票人民银行可以再贴现，使商业承兑汇票的流动性和变现能力大大提高。成员单位签发商业承兑汇票使其财务费用得以有效控制，降低了企业成本。

从上述案例可以发现，那些资金结算和筹措资金的资金结算方式以票据贴现为主的机构，本身具备坚实的票据业务基础，此类机构愿意开展再贴现业务。而票据背景均为实体经济，再贴现风险可控，同时为集团公司服务的上下游企业中小微企业众多，这样的机构也容易获得人民银行的支持。

人民银行特别是一些分支机构正改变再贴现调控思路，引导金融机构使用再贴现窗口，以发挥再贴现工具的调控作用和影响力度，主动吸引金融机构利用再贴现窗口融资，切实解决其存在困难，提高服务意识与调控意识。选取涉农、中小微企业服务力度大的金融机构，或者能与涉农、中小微企业形成产业链的金融机构办理再贴现，借助其服务所产生的辐射效应，增强再贴现使用效果。

全国现有财务公司近150家，所服务的集团成员企业及上下游企业众多，尤其是制造业企业。通过对一家大企业集团财务公司的资金支持，带动其对产业链中小微企业的资金支持。以财务公司为起点、大企业为基点，通过其较强的生产供应、产品营销等资源优势与网络链条，将再贴现资金支持从一点向外发散扩大为多点的辐射效应，带动上下游的中小微企业共同发展，切实加大对中小微企业扶持力度，增强再贴现政策效果。

“再贴现支持财务公司，能切实将资金用在实体经济上，实现以金融资源换取产业资源，同时也能够净化金融环境，防控票据贴现骗取资金或者其他资金未能用在实体经济上的非法融资。窗口指导作用明显，政策效果显著，符合货币政策的传导方向。”一位来自人民银行从事再贴现业务的基层负责人如是说。

由此看，财务公司用好再贴现工具，不但对自身产生经济效益，同时扩大了央行货币政策的辐射面，带来良好的社会效益，确实是个多赢的选择。

（《金融时报》2013年1月28日第七版）

宏观政策利好财务公司发展

未来宏观环境将利好财务公司发展

记者　肖旺

为实现财务公司的健康可持续发展，财务公司需要坚持服务企业集团财务资金管理的发展主线，加强财务公司自身能力建设，并通过积极主动的工作，努力争取集团内部政策支持和外部行业监管政策支持，努力扩大发展空间。

2013年全国“两会”召开在即，在谈到今年“两会”热点问题时，记者发现，深化改革尤其是金融体制改革，备受关注。第十二届全国人大代表、民建中央副主席、经济学家辜胜阻教授就提出要加快金融体制改革，构建与企业分布相匹配的“门当户对”的多层次金融体系。当前，在新一轮改革大幕重启之时，财务公司如何能处变不惊，甚至是在改革中谋求更大的发展呢？

记者采访了解到，业内普遍对财务公司的前景持乐观态度，认为未来宏观经济金融发展形势有利于财务公司拓展发展空间。

其一，经济持续增长为财务公司的加快发展带来战略机遇。我国“十二五”规划指出，“十二五”时期，我国发展仍将处于大有作为的重要战略机遇期。具体而言，我国将加快进入工业化中后期，产业结构不断优化升级，企业集团兼并重组加快，一批拥有国际知名品牌和核心竞争力的大型企业集团将得到加快发展。国民经济的持续健康发展，产业结构的转型升级，加快培育发展具有国际竞争力的大型企业集团，既有利于企业集团的发展壮大，也有利于新的具有市场竞争力的企业集团的形成和发展。我国企业集团的数量和规模将进一步得到壮大，企业集团的行业跨度和地域覆盖面将进一步得到扩大，进而为企业集团财务公司的发展带来战略机遇，财务公司有望进入一个加快发展、日益繁荣的新阶段。

其二，金融改革深化有助于财务公司拓展金融服务空间。“十二五”时期，将“全面推动金融改革、开放和发展，构建组织多元、服务高效、监管审慎、风险可控的金融体系，不断增强金融市场功能，更好地为加快转变经济发展方式服务，更好地为实体经济服务”。《金融业发展和改革“十二五”规划》提出，到“十二五”期末，金融服务业增加值占国内生产总值的比重保持在5%左右。那么，作为与实体经济联系最为直接和最为紧密的金融机构，在金融服务实体经济的大政策背景下，有望获得更多的监管政策倾斜。

其三，金融市场化带来的机遇。金融业“十二五”规划提出，到“十二五”期末，非金融企业直接融资占社会融资规模比重提高至15%以上。金融市场化进程加快，直接融资比重将显著提高，有助于企业集团获取金融资源，加快发展步伐，并带动财务公司业务发展和功能发挥。一是货币市场广度和深度拓宽，有助于企业集团和财务公司增强流动性管理手段，强化资金流动性管理。二是资产证券化稳步推进，有助于改变财务公司以存贷款业务为主的传统业务模式和盈利模式。2012 年 8 月，银行间交易商协会发布《银行间债券市场非金融企业资产支持票据指引》，首批资产支持票据完成发行，资产票据化开闸。三是利率市场化加快推进，有助于引导财务公司的利率市场趋势分析决策能力、资产产品和负债产品定价能力、成本分析控制能力、集团内部资金定价系统乃至资产负债管理能力等相关能力的提高，有助于引导财务公司以市场方式实现对成员企业资金的有效归集。2012 年 6 月，央行允许存款利率上浮 1.1 倍，7 月允许贷款利率下浮 0.7 倍。9 月，金融规划进一步提出将“放开替代性金融产品价格”等途径作为推进利率市场化的路径，利率市场化进程加快。四是金融机构分类监管进一步深化，相关监管政策措施更加契合实体经济发展的各类需要，有助于财务公司稳健经营，促进财务公司分层次、多样化发展。

其四，金融信息化带来的机遇。一是央行支付体系深入发展。金融信息技术和央行现代化支付体系的深入发展，央行对电子支付业务监管的不断开放，为财务公司支付结算服务的改进升级提供了技术、市场和政策机遇。二是金融信息技术发展。智慧地球概念下不同参与者业务系统的交互连通特别是商业银行业务系统、企业财务管控系统、企业营销收入系统、企业交易对手业务系统的交互连通，特别是直通车式的实时交互连接和系统互动，为财务公司支付结算业务的全流程电子化、自动化、信息化提供了可能。

其五，金融开放和人民币国际化进程加快带来的机遇。“十二五”规划纲要指出，要“完善以市场供求为基础的有管理的浮动汇率制度，推进外汇管理体制改革，扩大人民币跨境使用，逐步实现人民币资本项目可兑换。改进外汇储备经营管理，拓宽使用渠道，提高收益水平”。金融开放程度加大和人民币国际化进程加快，有利于财务公司扩展国际业务的广度和深度，不断增强服务企业集团境外资金集中管理、境外投融资管理、汇率风险管理的能力。

为此，中国财协相关人士表示，为实现财务公司的健康可持续发展，财务公司需要坚持服务企业集团财务资金管理的发展主线，加强财务公司自身能力建设，并通过积极主动的工作，努力争取集团内部政策支持和外部行业监管政策支持，努力扩大发展空间。

从自身能力建设上看，“十二五”期间乃至今后较长时期内，财务公司应继续坚持财务公司现行“四个定位”，继续坚持服务企业集团财务资金管理的发展主线，加强财务公司自身能力建设，把提升财务公司价值创造能力放在更加突出的重要位置，立足集团，服务集团，开拓创新，做专、做精、做优核心业务，积极推动财务公司转型发展、精益发展、和谐发展，为服务企业集团和实体经济又好又快发展、促进金融行业创新发展作出更大贡献。

从政策支持上看，一方面要积极争取企业集团支持，进一步融入企业集团管理体系，进一步融入企业集团日常运营，从金融平台的服务职能向适度的管理权能拓展，从资金管理领域向财务管理领域拓展，全面参与企业集团财务资金管理，努力扩大发展空间。另一方面要积极争取外部行业政策，拓展作为金融机构的金融功能，要加大同国资委、中国人民银行、中国银监会、中国证监会等监管部门的联系沟通力度，建立和创新多渠道、多层次、多形式的信息交流沟通机制，重点围绕影响和决定财务公司发展的重大监管政策问题开展政策研讨和理论交流，重点在财务公司业务模式和盈利模式创新、分支机构准入、清算支付系统准入、差别存款准备金率、信贷资产回购业务、债券承销资格、资产证券化、吸收上市公司存款等方面开展工作，努力拓展财务公司作为金融机构的金融功能，做专、做精、做优核心业务，提高核心竞争力。

财务公司：做“大”更需做“强”

记者　胡萍

编者按　与信托、保险等非银行金融机构相比，财务公司显得那么波澜不惊。没有“兑付危机”，也没有“兄弟夺食”，它们只是在相关机构的审慎监管之下，默默前行，唯一动态的似乎只是那些上扬的数字——2013 年，财务公司数量仍在攀升、资产规模仍在扩大、注册资本金也不断提升。

正处于筹建中的中交财务公司（暂定名，最终以工商核准登记的名称为准）变更注册资本金一事以“注册资本金扩至 35 亿元人民币”而暂时告一段落，根据中国交通建设股份有限公司（以下称中国交建）2 月 27 日公告称，本次增资尚需与财务公司开业事宜一起报送中国银行业监督管理委员会批准。值得注意的是，就在公告的前 6 天，中国交建股东大会否决了将中交财务公司注册资本金由 15 亿元扩至 50 亿元的议案，而对于变更注册资本一事，中国交建显然很坚持。

为何对财务公司增资？

根据中国交建公告所示，拟变更正在筹建中的中交财务有限公司的注册资本金至人民币 35 亿元，双方股权比例不变。中国交建出资人民币 33. 25 亿元，占注册资本的 95%，中交集团出资人民币 1. 75 亿元，占注册资本的 5%。中国交建为何变更财务公司注册资本？中国交建方面称，是为配合中国银行业监督管理委员会及中国人民银行对涉及财务公司注册资本金相关问题的行政许可、行业监管及窗口指导政策，保障未来财务公司的资金充足，满足其业务发展需求，进一步增强财务公司的风险控制能力。

针对中国交建还未开业便急于增资的情况，有业内人士分析认为：“当前企业集团发展面临困难，营业收入增速放缓，企业更加需要加强现金管理和巩固资金链，财务公司也因此被寄予厚望。但是财务公司的发展又与企业集团密不可分，可能一荣俱荣、一毁皆毁，所以增资最好采取渐进式。”对于注册资本金扩至 50 亿元议案被否的原因，公告并未提及，记者试图联系中交财务公司负责人，电话也无人接听。

无论如何，如果此次中国交建变更事宜最终获批，中交财务公司将成功跻身“大型”财务公司之列。记者从中财协了解到，截至 2012 年年末，注册资本达到及超过 30 亿元的财务公司有 16 家，而同为非银行金融机构的信托公司，资本金达30亿元以上的只有约4家。在上述16家财务公司中，中石化财务公司注册资本达100亿元，中石油、国电、华能、华电、中国电力、中电投、中移动财务公司注册资本高达50亿元及以上。其中，除了中移动财务公司是在开业之初注册资本便为50亿元之外，其他财务公司都经历过一至两次以上增资，近两年成立的新财务公司注册资本普遍为10亿元左右。

财务公司人士表示，“企业集团对财务公司增资，其实是看好其发展前景，另外，注册资本提高则更有利于财务公司拓展新的业务，提高财务公司的盈利能力。”据悉，《企业集团财务公司管理办法》第三十四条规定：财务公司经营业务应当遵守下列资产负债比例的要求：资本充足率不得低于10%；拆入资金余额不得高于资本总额；担保余额不得高于资本总额；短期证券投资与资本总额的比例不得高于40%；长期投资与资本总额的比例不得高于30%；自有固定资产与资本总额的比例不得高于20%。

显然，上述比例要求直接决定了财务公司业务开展的多寡。

增资对各方有何好处?

事实上，增资对企业集团和财务公司都是利好的。业内人士表示，财务公司有“内部银行”之称，它可以在银行间市场筹集日常运营所需要的资金，并且资金成本要比企业贷款成本低，从而对企业进行有力的资金支持。

而对企业来说，除了获得贷款等金融服务外，增资财务公司还可以维护其在财务公司的既有利益，并取得较好的投资收益。正如中国交建在注册资本金变更至35亿元之后发布公告称，“本次交易涉及的关联交易金额相对较小，不超过公司最近一期经审计净资产值的5%，对公司现有财务状况和经营成果无特别重大影响。本次交易完成后，将大幅提高财务公司资金运作和风险资产规模，对财务公司未来业务发展规模及方向产生积极的影响，亦将对提高公司利润水平带来积极的影响”。

然而，与偏重于“做大”相比，“做强”似乎更加重要。记者了解到，在现行功能定位下，财务公司尚难以完全满足集团融资需求，风险管控能力仍有待进一步提升，信息系统建设整体水平较为落后，创新能力有待进一步加强，人才梯队有待完善，创新型人才相对缺乏，创新机制还不够健全，难以完全满足各成员单位日益增多的新需求和个性化需求。

此外，受现行政策定位制约，财务公司除一头在外的支付结算业务、同业拆借、卖方信贷、证券投资等部分业务外，服务范围基本限定在集团内部成员单位，资金来源有限，财务公司发展规模明显受制于集团发展规模，规模拓展空间相对有限，盈利空间有限。在服务手段和服务能力上受制于商业银行，特别是公司没有清算行号，必须通过商业银行来办理对外结算业务，受制于银行结算技术的支持程度。财务公司经营网点比商业银行要少得多，企业集团融资还需要依赖商业银行。

因此，对于财务公司的发展方向，业内仍需在实践中进一步探索。目前而言主流趋势是资金管理型财务公司，同时具有以下特点：在发展广度上，将从偏重于司库型逐步转向综合型发展，财务公司工作范围将从服务集团资金管理这一核心领域进一步拓展到服务集团财务管理，财务公司服务对象将从集团公司产权链拓展到产业链的上下游，在服务地域上从国内拓展到国际，在业务经营上兼顾商业银行、投资银行等各类主要业务，在拓展资产负债业务的同时兼顾表外增值服务；在发展深度上，财务公司将更加注重管理的精益化，更加注重发展的质量和效益，即从偏重于规模化扩张转向精益化发展，做专、做精、做优核心业务，在加强存量资金归集管理的同时更加注重流量资金的调度和运作管理，在保持盈利水平的同时更加注重服务性。

待补的短板

子牧

银行业以利差收入为主要赢利模式的时代正渐渐远去。中间业务的比重增加并以此获利的同时，银行对社会的服务功能和质量也在不断增加和提高。随着企业集团的发展和要求的提高，财务公司自然也不会满足于集团内部的传统存贷款业务获得利润。作为企业集团的“内部银行”，以资金管理平台为主要功能的财务公司也顺应潮流，将业务重点放在为集团提供更加综合全面的金融服务上来，而不仅是泛泛地为集团节约资金成本。要满足企业集团对财务公司比以往更为迫切的金融服务需求，财务公司面临自身功能进一步完善的问题，这不仅关乎对集团的支持程度，也关乎财务公司的发展成长。

财务公司发展到今天要有所突破，会面临很多制约，比如单薄的资金来源渠道。

管理学中一度甚为流行短板理论——木桶的盛水量由木板长短多少的组合来决定，但其限制因素却在于那块最短的木板。作为经营资金的财务公司，这块短板也许恰恰出现在资金上，困扰财务公司功能充分发挥的典型的问题之一应该是资金来源。

目前，财务公司的资金来源单一，主要是资本金、集团内部资金和同行业拆借，其中成员单位的存款是主要来源。这在在很大程度上制约了财务公司的发展。

不少机构内部成员单位存款约占财务公司全部负债的80%，甚至更多。而受企业集团规模的限制，资金来源与资金总量都会有一定的极限。资金来源的结构不尽合理是一方面，这种结构导致的缺乏长期稳定的资金来源则是另一个问题。有业内人士反映，资金来源目前大部分为集团成员单位的活期存款，随着集团公司成员单位现金管理能力的增强，定期存款的现象将很少出现，多数财务公司的中长期资金在财务公司现有资金来源中的比重不到10%，长期存款在总负债中占比不足1%。相比之下，集团及其成员单位的中长期资金需求却呈现上升趋势。资金本身不足，同时资金的短期停留与长期使用需要之间的矛盾，限制了财务公司作用的充分发挥。

毕竟，财务公司是特殊意义上的银行，它的融资渠道受制度约束也在情理之中。不过在政策允许范围内，如何将融资方向更多地通向外部，通向资本市场，是解决问题的长久之计。

拓宽融资渠道，加大直接融资，较为积极的做法是发行债券。显而易见，债券融资方式的优点是融资期限长、融资规模大，能满足财务公司对长期资金的需求，解决资产负债期限错配问题，用以支持集团主业发展和配置中长期资产。2007 年 7 月银监会下发了《企业集团财务公司发行金融债券有关问题的通知》，对企业集团财务公司发债的条件、资金用途等做了较为详细的规定，财务公司在满足有关监管指标和政策法规的情况下可发行债券。这似乎解决了财务公司通过资金市场筹资的一个渠道问题，但实际上，虽然具有发行财务公司债券资格的公司并不少，真正实现发行债券的财务公司仍是少数。监管当局出于审慎监管的考虑，让财务公司即使能获准发债也面临发行困局。从过往的发债情况看，集团稍微小一些或缺钱的财务公司很难通过发行金融债进行融资。相反，一些暂时不是很急切需要通过市场进行大量融资的财务公司在目前的监管标准下较容易获得发债许可。特别是自 2009 年，最后一批财务公司发行金融债之后，由于种种原因，发债基本处于停顿状态。各方仍在积极努力争取发债机会，但目前尚未有重启迹象。由此看，监管部门还需给予更多的政策支持，适时出台财务公司发行债券的实施办法，结合金融企业和财务公司特点，提出相应的审批或核准制度，使得财务公司发行债券有法可依、有章可循，让金融债融资成为财务公司常态、稳定的资金来源渠道。

资产证券化是 20 世纪中叶以来最重要的金融创新之一，资产证券化在国内外的实践为财务公司提供了宝贵的经验。具有合适信贷资产的财务公司通过开展信贷资产证券化业务，根据自身进行证券化融资的需求，选择可进行证券化的资产，确定资产证券化目标，把质量和信用等级能够被准确评估，能够产生可预见现金流，风险水平相近的资产组合在一起，组成资产池。存量信贷资产通过结构化设计安排，在资本市场出售资产支持证券，活化了存量信贷资产，增强了财务公司信贷资产的流动性，拓宽了财务公司的资金渠道。财务公司业内人士提出，财务公司作为大型企业集团的内部金融机构，持有的信贷资产质量较高，未来财务公司信贷资产证券化业务放开后，有利于破解财务公司融资渠道单一的困局。

信贷资产转让业务是近几年我国金融领域积极发展的一项新兴金融业务，这种根据协议约定转让在其尚未到期的信贷资产的融资业务，各类型金融机构都在尝试。通过开展买断或回购式信贷资产转让业务，财务公司将本来不具备流动性的信贷资产转为可以随时变现的资产，以此拓宽财务公司的融资渠道，提高资产流动性。财务公司在加强与银行之间的业务联系的同时，增加国内信贷资产转让平台的参与，如天津金融资产交易所、北京金融资产交易所和上海信贷转让交易平台。此外，还可以与信托公司进行信贷资产卖断业务，卖出信贷资产融入资金。

至于财务公司实施 IPO，也不失为长远目标，可作为战略考虑。

（《金融时报》2013 年 3 月 4 日第七版）

新设财务公司的困惑与对策

新设财务公司的困惑与对策

记者 胡萍 实习记者 南辰

财务公司一般都依托于一个资金较为雄厚、发展较为成熟的企业集团，但是由于发展的不同步，财务公司往往需要跨越式发展去应对企业集团的高速运营，这就产生了一些问题。日前，在金融时报社与中国财务公司协会共同举办的“新设财务公司的困惑和对策”座谈会上，部分新成立财务公司代表共同交流并探讨新公司运营过程中面临的困惑以及解决问题的途径和对策。

谈到公司运营发展中的问题，资金集中度是最受关注的一个话题。一般来说，资金集中的影响因素主要有三个方面：一是是否具备集中的条件，财务公司覆盖面和能够提供的业务范围是否够宽、风险承受能力与服务能力是否够强；二是集团成员单位的股权结构越复杂，集中的难度也越大；三是可归集的资金量。中移动公司是典型的资金富裕型公司，“我们实际上并不缺资金，问题在于归集的集团资金没有好的管理渠道”，中移动财务公司财务总监向华翔表示。上海复星高科技财务公司的资金归集面临的问题则主要是由于民营企业固有的负债经营模式导致实际可归集的资金量少以及复杂的股权结构导致的归集难度大。该公司总经理何霄介绍，集团近年资产负债率虽然在逐步降低，但除去来自公开市场的直接融资以外，仍有很大一部分负债来源于银行间接融资，商业银行的回存要求限制了财务公司的可归集资金，财务公司积极通过梳理“边角料”的方式寻找更多的可归集资金来源。同时还通过与商业银行合作，寻找共赢模式，以提高可归集资金的规模，考虑到商业银行考核的需求，公司以较低的同业存款利率换取商业银行降低对企业存款的要求。此外，何霄还表示，股权结构复杂也是影响公司资金集中的重要原因。与上海复星高科技财务公司不同，中外运长航财务公司和中国航油集团财务公司则是由于大量资金在境外而无法归集。

中外运长航财务公司总经理张少军表示，该集团公司资金主要分为三个部分：海外、境内上市公司和境内非上市公司。其中可预见未来离岸业务量会很大，但是由于政策等原因，目前财务公司无法提供相关的业务服务，使得拥有“走出去”项目越来越多的公司遭遇发展瓶颈。中国航油集团财务公司总经理师建桥提到在计算资金集中度时，应将海外资金以及特殊资金等无法归集的资金剔除掉，一是由于《企业集团财务公司管理办法》规定财务公司不能开展离岸业务，二是由于特殊资金如法院冻结资金、住房资金等要专户存放，不得归集。

河北钢铁财务公司财务总监唐建君认为，在努力提高资金归集度的同时，应该将资金集中度当成是一项重要的过程性指标，财务公司应根据自身特点寻找动态最优，以资金集中管理为手段，切实提高资金使用效率，这就不再是单纯地集中资金，而是考虑资金集中的效益最大化。这一观点得到与会财务公司代表的普遍认同。

另一个让新设财务公司困惑的问题便是业务资质的认定。《企业集团财务公司管理办法》中对财务公司的创立条件和业务范围作出了明确规定，但是与会的财务公司人士普遍表示希望适当放宽牌照审批条件，获得《管理办法》中第二十八条和第二十九条中相关业务的“通行证”。蔡安辉表示，目前监管机构对财务公司的监管科学有效，充分发挥了其在风险防范中的后盾作用，适当放宽业务准入条件，不仅不会产生较大风险，而且有助于支持财务公司走上良性发展轨道。师建桥介绍，中国航油集团属于资金需求型，每年需要固定投资资金约 20 亿元，而财务公司则没有中长期资金相匹配，他希望监管机构可以适度放宽财务公司发行债券资质，以满足集团资金需求。他认为，监管是必要的，但相关监管也应根据实际情况作出相应的调整，对于有需求、够条件的财务公司实施分类或差异化监管，尤其是涉及到国民经济命脉和国家安全的重要行业要给予优先权。

财务公司一般由集团结算中心发展而来，对于财务公司成立之后，结算中心是否还应该存在以及两者的有效并存模式，与会代表也有不同看法。新希望财务公司成立后集团就取消了结算中心这个组织形式，只有财务公司“一块牌子、一套人马”。据该公司综合管理部负责人罗治国介绍，集团下发了资金管理办法，明确财务公司为全集团的资金管理职能承担者。公司开发了“集团资金池”系统，在此系统中，所有钱都集中到财务公司，财务公司再按事业部的要求构建其事业部资金池，即达到了集中的目的，又兼顾了事业部的要求，实现了双赢。

南车财务公司总经理徐伟锋认为，财务公司成立后，应该代替原有的资金结算中心的功能，但公司面临的现实问题是财务公司无法替代原有资金结算功能，原因在于监管机构对财务公司信贷规模的控制。财务公司对集团成员单位发放贷款规模基本按照与资本金 1:1 的比例进行。

而包钢财务公司业务部部长高云飞则表示，“公司成立初衷是加快多元化建设，而结算中心已经远远不能满足新的环境下集团快速发展的需求，这便需要成立财务公司。但这不是解决集团资金管理的万能良药，目前可以采取与结算中心并行的方式解决现阶段问题。”高云飞认为，财务公司与结算中心并存模式对企业集团资金管理的益处有二：一是更好的体现服务于集团的宗旨。包钢财务公司的前身是集团结算中心，在成立财务公司之前，结算中心就是集团统一结算、统一资金管理、统一对外融资的平台。财务公司成立后，将结算中心整体纳入财务公司，实现了财务公司与结算中心的无缝对接。二是可以最大限度地发挥各自的优势，尤其是资金归集的优势。结算中心模式对于产业单一、主业突出的集团来说，更易于发挥出在资金管理上的优势。但对多元化、多法人、多主体的集团来说，结算中心在资金管理上的短板就显露出来了。尤其是在归集资金上更不易达到预期的效果。而财务公司正好可以弥补结算中心的不足，财务公司的独立法人地位、金融机构牌照，可以有效解决如何归集多元化集团资金的问题。

此外，与会代表还提到目前新设财务公司面临的另一大问题便是人才缺乏。张少军表示，财务公司的从业人员主要来自原集团企业、银行机构和其他非金融机构，这三类主要员工分别需要学习金融知识、集团事宜和进行全面性的培训，可以说财务公司的一部分风险存在于人员方面。正因为相关从业人员的稀缺，人才便成为一个公司能否成功起步和持续发展的关键因素。目前国内金融机构给予从业者的专业性、挑战性、成就感各不相同，相关人士透露，国内商业银行相关人员收入高，与之相比财务公司不具备与之抗衡的竞争力，应采取设立长效激励机制的方式，提供公平竞争机会，对有贡献、有能力的人提供高薪酬。国核财务公司副总经理汪恒海表示："不仅要吸引有学历基础和工作能力的人才，更要吸引对财务公司领域拥有宏图壮志、富于创新的人才。"

就当前新晋财务公司面临的问题，国药集团财务公司副总经理曹桂春认为应该处理好三个关系，一是依靠集团和自身经营的关系，财务公司初期依赖集团政策推进成员单位的理解和认识不是长久之计，需要让成员单位切实体会到益处。二是监管政策与创新的关系。财务公司与监管机构要多沟通，设计好方案，努力达到审批标准。三是同业竞争和同业合作的关系。财务公司初期能力还是有限的，在一定时间内，与银行的合作应找到合适的利益点，建立与银行定期交流机制，要以认识自己也要认识行业为目标。

新机构　老问题

子牧

近年来，我国财务公司行业规模不断扩大，目前国内财务公司总数已达150家，而仅从2010年至今，便有65家财务公司开业，足见增长势头之猛。

在中国，金融业是准入门槛较高的行业，金融牌照属于稀缺资源。推开大门迈进门槛，无论是对于企业集团还是旗下的财务公司，一个新的天地已经展现在它们面前。作为实业背景特别是旗下少有金融机构的集团公司，多数对如何运用好财务公司并非了然于胸，而财务公司自身同样也存在如何找准机构定位、寻找盈利模式的问题。它们需要逐步适应金融机构的角色，建立起金融服务意识并在今后的实践中不断调整公司的定位。走过不长的实践之路后，财务公司的管理者开始注意到，要想运营好一个金融机构并不简单，至少在创立初期，不少主观和外部条件影响到公司金融服务效能的发挥。具体而言，在资金集中、业务拓展、功能定位乃至人才队伍等方面，这些新设机构面临挑战。

资金集中，可以说是财务公司的立足之本。财务公司设立目的是加强资金集中管理、提高资金使用效率，为集团整体降低财务成本、减少财务费用发挥作用。资金的集中以及调配是财务公司最基本职能，可以说没有资金集中就没有财务公司。关于资金集中度的问题，是行业内的老话题。资金集中度高低往往被作为财务公司资金管理能力的评价指标之一，尽管不能绝对化，但没有资金集中，就如无源之水，财务公司几乎就失去其存在的意义。将资金集中尽量覆盖到集团公司所有或是大部分成员公司，是众多财务公司的愿望，对于众多新开业或开业不久的财务公司而言，这就更需要有一个艰难的过程。

集中度不足，普遍存在于新设财务公司之中。除了公司初创需要时间积累外，还有更多复杂的原因。一些集团成员单位企业对外部商业银行融资依存度高，以存保贷现象普遍存在，资金过多集中于财务公司势必影响到银行贷款的获取，从企业自身考虑缺乏资金集中的动力。而财务公司初创时期业务种类不足，限制了公司的金融服务能力和业务发展能力。财务公司无法完全满足成员单位的金融需求，使归集工作更加艰难。这些需要两方面努力，集团有意识并且实施制度上的支持和财务公司不断加强自身的服务能力。

对于成员公司组成结构复杂的集团而言，财务公司的主观能力则很难对归集度产生影响。如一些国际化、走出去程度高的企业集团，由于现行政策的制约，分布在境外的成员公司的资金即便有归集需求，也不能实现，这只有随我国经济改革的推进、监管政策的变化而改变。而一些集团内部的上市公司由于公司治理因素，也难形成归集，是否需要和如何实施归集，这同样需要更多的思考。

当然，如前所述，各类型公司具备不同的企业背景和集团组成结构，资金集中程度不可能有一个统一的标准，但集中度越高的财务公司，运营的灵活度越大，对集团服务的覆盖面越大，应该是不争的事实。所以无论如何，财务公司还是乐见其资金集中度不断改善的。

自身金融功能未能很好发挥，不能很好地满足成员公司的需求，是新机构的另一个问题，这涉及到财务公司的功能储备。再好的平台，没有工具也难以发挥作用，业务开展不足，会直接影响到财务公司所能为集团提供金融服务的质量，也间接影响资金的集中度。

《企业集团财务公司管理办法》的第二十八条和第二十九条，规定了财务公司可以经营的部分或者全部业务。“全牌照”是财公司心所向往之地，但这并非财务公司出生之日便与生俱来的，不少业务是有一定门槛的、需要一定的时间积累才能获得，至于真正能够拿下“全牌照”并能充分使用的，少之又少。财务公司如果不能获得“全牌照”或业务种类不全，自然影响金融职能的发挥，降低其作为“内部银行”的作用。

对于新机构，监管机构牌照发放较为谨慎，这是可以理解的，而财务公司金融功能的发挥带来影响也是事实。财务公司就此提出过很多建议，希望对新设财务公司适当放宽牌照审批条件，包括：金融机构股权投资资格，这是财务公司在集团金融板块构建、产融结合过程中能否发挥核心作用的关键和基础；代理发债和有价证券投资，尤其是“短融中票”的承销资格，这是财务公司发展中间业务、拓展服务领域的重要渠道；委托投资资格，可提升财务公司金融服务能力、提高在集团影响力和资金归集度；参与同业拆借，对于存款波动较大的财务公司是非常重要的流动性管理手段；等等 。

提出这些建议的依据是，目前监管机构对财务公司的监管科学有效，充分发挥了其在风险防范中的后盾作用，适当放宽业务准入条件，不仅不会产生较大风险，而且有助于支持财务公司走上良性发展轨道。

除此之外，还有一些问题虽然是老生常谈，却是财务公司行业所共同面临，如没有人民银行支付系统联行号，使得资金清算无法在集团整体上节约手续费支出；存款准备金提取以及适用什么样的存款准备金率，也是行业十分纠结的问题；如何进一步向财务公司开放债券市场、资本市场，进而改善资金来源渠道与流动性……这些问题都仍归于财务公司业务范围的扩展，涉及到相关政策的调整，需要假以时日。

财务公司方兴未艾　依托集团谋求发展

记者　胡萍

编者按　区别于发展模式较为成熟的美国和英国财务公司，中国的财务公司定位于为企业集团内部各企业筹资和融通资金，促进其技术改造和技术进步。具有中国特色的发展模式蕴藏着机遇，但同时也带来了巨大的挑战，对于一些新成立的财务公司，如何在这个全新的环境下分好一杯羹，是它们接下来要努力去面对的。

中国财务公司协会数据显示，近三年以来成立的财务公司有 65 家。企业集团纷纷设财务公司，是为资金集中管理，抑或是为其金融板块奠基，这些财务公司做了些什么、能有何种担当攸关整个集团甚至是整个行业的发展。

整体初显成效　个体略有差异

在日前召开的一次新成立财务公司内部座谈会上，到会的 12 名财务公司代表涵盖了能源、汽车、钢铁、交通运输等多个行业，所有制结构既包括国有企业，也包括民营企业。

能够对自身有明确定位，这是新成立财务公司的共性。如包钢财务公司就定位于“依靠集团、服务集团”，为包钢在新的历史时期提供资金结算和金融服务平台，提高包钢的资金管理水平，服务于包钢多元化发展的未来战略。在企业文化建设上，目前在财务公司已经形成了这样的共识：遵循服务第一的原则，日常经营中从来不把盈利当作唯一和优先考虑的指标。北汽财务公司副总经理周雪辉表示，随着北汽集团的跨越式发展，财务公司考虑的是如何根据集团发展的节拍准确进行自身定位，实现与集团同步的跨越式发展。

在“有限牌照”的监管之下，对于“做了什么”更多公司表态为“打基础”。一如公司的名号，新希望集团对财务公司给予了“新希望”，它们提出“规范、创新、发展”的口号，而公司成立之初的主要工作则是夯基础、筑平台。中移动财务公司表示，它们更看好财务公司中长期的表现，目前主要完成了营业场所及管理信息系统建设、业务规章制度编制、风险管理体系搭建、组织机构建设及人员配备、业务及系统培训等工作。中外运长航财务公司也表示，根据行业发展周期和自身企业特点，成立前两年主要打基础、建结构，根据现代企业管理制度要求搭建了公司管理制度结构。河北钢铁财务公司运营半年来，着眼于“打基础、练队伍”，从制度和信息化建设、人员队伍组建和培训、银行账户上线归集、信贷业务等方面开展工作。

相比之下，同为“新人”的中铝财务公司的筹建及业务进程则快于同期批筹的其他央企集团财务公司。全力推进资金集中工作是该公司的主要工作之一。该公司总经理蔡安辉在接受本报记者采访时表示，“中铝公司资金50%以上集中在四家上市公司，目前上市公司关联交易实现重大突破，已与三家上市公司签署了存款上限总额68亿元的金融服务协议，扩大了可集中资金基数，为下一步经营发展奠定坚实基础。”与此同时，公司稳步拓展结算业务，提升结算服务质量，年度结算量突破千亿元。另外，该公司主动应对信贷市场变化，积极拓展贷款、贴现、担保等信贷业务，助力成员企业降本增效，开业以来至2012年年末信贷总投放规模达到89亿元，将集团内调剂的资金运用效率提高了2.95%，在企业集团资金运用效率方面的作用已经显现。

正视问题困惑　谋求发展主动

财务公司隶属于不同的企业集团，行业背景差异极大，业务模式也具有不可复制性。同样，对处于不同行业背景及不同发展阶段的财务公司而言，各自在发展中的困惑也不尽相同。

多位财务公司人士表示，当前遇到的核心问题是资金集中度不高且存款不稳定，这导致流动性管理压力大、资产配置难度高。究其原因，主要源于两个方面：一是成员单位对财务公司职能定位的认识需要统一。财务公司设立的目的是加强资金集中管理、提高资金使用效率，为集团整体降低财务成本、减少财务费用发挥作用。但因行业或市场不景气，集团所属企业多为高负债经营，对银行融资依存度高，以存保贷现象普遍存在，实体企业担心资金集中到财务公司会影响到银行贷款的获取，从企业自身考虑缺乏资金集中的动力。二是财务公司金融服务能力有限，如信贷规模受控、尚未取得委托投资、同业拆借等资格，极大地限制了公司的金融服务能力和业务发展能力。

中国南车集团财务公司成立仅三个月，该公司总经理徐伟锋表达了现有的困惑：“财务公司与结算中心是否应并存，并存的有效模式是什么，财务公司的利润来源何在以及上市公司资金归集问题。”

中移动财务公司财务总监向华翔认为信息系统建设存在较大挑战。“很多财务公司在系统建设上都走过弯路，能否通过总结现有财务公司信息系统建设方面的经验与教训，推出系统标准产品或者形成系统建设的基本规范?”向华翔说。另外，对于如何创造支撑财务公司行业长期发展的盈利点，提升行业价值，向华翔认为，目前财务公司缺少能够稳定产生盈利的来源，导致财务公司在面对集团业绩指标考核时很被动，也对行业的价值产生挑战。他提出应为财务公司行业提供人民银行支付系统联行号或者扩展财务公司的业务范围。

面对发展中的瓶颈，蔡安辉表示，财务公司的发展一方面要夯实基础、苦练内功，另一方面需要多方面的配套和保证，他希望在以下业务准入方面得到监管机构的政策支持：一是金融机构股权投资资格，这是财务公司在集团金融板块构建、产融结合过程中能否发挥核心作用的关键和基础；二是代理发债和有价证券投资，尤其是“短融中票”的承销资格，这是财务公司发展中间业务、拓展服务领域的重要渠道；三是委托投资，可提升财务公司金融服务能力、提高在集团的影响力和资金归集度；四是同业拆借，对于存款波动较大的财务公司来说是非常重要的流动性管理手段。

确定盈利模式　未来任重道远

财务公司的经营宗旨决定了不以盈利为最

高目的，但也不是说盈利就不是财务公司的经营目的。无论是什么企业，盈利都是生存之本。作为自主经营的非银行金融机构，以利差为主的盈利模式是否可持续？包钢财务公司业务部部长高云飞认为，财务公司的利润和收入对集团合并报表来说并不能体现出盈利，财务公司的利润就是集团成员单位的财务费用。目前全牌照的财务公司对外盈利主要靠投资收益或外汇交易收益，但类似包钢财务公司这样成立时间短、牌照不全的财务公司，则对外的收入较为有限，主要是同业存款的利息收入，另外包钢财务公司的收入来源中，占总收入一半以上是在票据市场上进行票据转贴现与对成员单位票价直贴间的利差。未来随着对财务公司监管的适度放宽，肯定会有新的盈利增长点出现。

蔡安辉表示，未来几年，公司将融合主营产业发展需求，快速建成开放型综合金融服务平台，做大业务规模、做强服务能力、做实资金存量，努力打造中铝财务公司的多元金融服务品牌形象。2013 年，提高资金集中度、扩大结算业务规模、优化信贷资源配置、完善信息系统建设及金融板块建设等将成为工作重点。

新希望财务公司综合管理部负责人罗治国认为，“财务公司仍要围绕农牧业这条主线，做好农村产业金融的发展模式探索和研究。要做农村产业金融，首先是要有效集中集团内的金融资源，其次才是金融资源的再配置。”

此外，中外运长航财务公司总经理张少军认为，利率市场化的趋势是对财务公司的一个很大挑战，这种挑战主要是盈利的压力。他认为，虽然监管机构对财务公司的定位“不是以营利为目的金融机构”，但实际上集团是要考评财务公司盈利性的。在利率市场化背景下，财务公司是在同商业银行竞争，然而不可否认，财务公司无论在规模、产品、服务素质等方面都不太具备同商业银行竞争的优势，这种竞争最终会削弱甚至使财务公司丧失议价能力。他建议，当前财务公司应着手做好应对利率市场化的准备，一是在企业集团内部要坚持利率市场化，推动企业集团做强；二是要在坚持内部利率市场化的条件下，企业集团应该调整对财务公司定位，降低对财务公司盈利的考评。

（《金融时报》2013 年 4 月 1 日第七版）

利率市场化对财务公司的影响

财务公司是否应该因势而变

记者　金立新

中国的利率市场化正在提速，但是利率市场化的提速却让企业集团财务公司处于一种尴尬的境地。

“利率市场化提速以后，对财务公司的影响已经非常明显。利率浮动以后，财务公司资金来源狭窄，只能吸收企业存款，相对于银行，企业存款一般都是大额存款，财务公司必须付出较高的存款利率；而银行除了企业存款外还有大量低利息的居民个人存款来源，资金成本远远低于财务公司，因此在贷款的时候降低贷款利率，而财务公司则因资金成本高难以做到。所以利息收入减少非常明显，去年我们全年的利率水平还在6.1%，今年已经是5.7%了。而且中间业务也受到很大影响，一些委托业务几乎颗粒无收。”一位在京财务公司高管对记者说。

根据《企业集团财务公司管理办法》规定，财务公司可以经营下列部分或者全部业务：对成员单位办理财务和融资顾问、信用鉴证及相关的咨询、代理业务；协助成员单位实现交易款项的收付；经批准的保险代理业务；对成员单位提供担保；办理成员单位之间的委托贷款及委托投资；对成员单位办理票据承兑与贴现；办理成员单位之间的内部转账结算及相应的结算、清算方案设计；吸收成员单位的存款；对成员单位办理贷款及融资租赁；从事同业拆借十项业务，以及中国银监会批准的其他业务。此外，符合条件的财务公司，可以向中国银行业监督管理委员会申请从事发行财务公司债券、承销成员单位的企业债券、对金融机构的股权投资、有价证券投资和成员单位产品的消费信贷、买方信贷及融资租赁五项业务。由此可见，财务公司经营的金融业务大体分为资产业务、负债业务和中间业务三类。资产业务收入减少，中间业务举步维艰，而作为金融机构业务开展基础的负债业务也因为面临银行的竞争，不得不依赖集团内部的“行政命令”才能够展开，财务公司的境地可见一斑。

利率市场化给财务公司造成的尴尬只是一种表象，真正的原因还在于财务公司定位的模糊。

中国的财务公司本身就显得比较“另类”。国外与中国类似的金融公司从功能和定位上虽然也与中国的财务公司一样，以大型企业集团为服务重点，但是其业务主要是延伸集团的业务链或辅助集团业务链延伸，并不局限于企业集团内部。从业务范围上，除了为企业集团提供融资、信贷、租赁等金融服务外，还参与收购、兼并等资本运作和国际金融市场。但是按照《企业集团财务公司管理办法》，财务公司是指以加强企业集团资金集中管理和提高企业集团资金使用效率为目的，为企业集团成员单位提供财务管理服务的非银行金融机构。因此中国的财务公司无论是存款还是贷款等所有业务，从服务对象上不能超越企业集团，限定在集团内部或其他成员单位；从业务范围上以传统业务为主，如内部结算、资金管理、内部存贷等，其功能定位介于商业银行和企业集团财务部门之间。如此也造成了企业集团对于财务公司理解的不同：是将财务公司作为像商业银行一样的盈利机构，还是将财务公司作为像企业集团的服务性机构？显然，从政策制定者的意图上是后者，但是多数企业集团对于财务公司的定位却是前者，每年对财务公司都要有利润的考核，而且像集团内部的实业成员单位一样，每年都要有一定的增长额。这样就造成了财务公司在经营上的困惑：要盈利？很多商业银行具备的金融手段和工具财务公司没有，且集团在考核中并不将财务公司节约成本这样的服务性贡献计算在内；想服务？集团的考核指标逼着呢，没盈利就换人。因此，财务公司处境的尴尬应该是其定位模糊的一种必然结果。

这种模糊还不仅于此。财务公司依托于企业集团，而企业集团又涉及电力、交通运输、机械制造、煤炭、钢铁、军工、有色金属等二十多个行业。行业不同也决定了其对金融服务要求的不同。比如一般火电企业负债率比较高，对于金融服务的要求更多的是融通资金；而很多石化、电信企业的资金沉淀比较多，它们最需要的是在没有大型项目投资的时候将资金更有效地利用起来；而一些航运企业对资金的季节性要求比较高，淡季资金富余，旺季对资金的需求就不是财务公司能满足的，因此它们需要的是对资金在不同季节的有效调剂。此外，企业集团的成员单位中，有上市企业和非上市企业；有境内上市企业也有境外上市企业，对于企业资金的往来，不同的监管部门都有不同的要求，如此造成了许多财务公司资金归集都很难，这就造成了企业集团很难按照监管要求，将财务公司定位为纯粹的服务性机构。

自 1987 年中国第一家财务公司成立始，对于财务公司的定位也发生了多次变化，从在行业定位上，顺应集团发展要求，财务公司的功能定位经历了从“为企业集团内部资金融通提供金融服务”到“为企业集团加强资金集中和提高资金使用效率提供金融服务”，再到“为企业集团加强资金集中管理和提高资金使用效率提供金融服务”的过程。财务公司定位的这种变化也恰好说明了，监管政策也在随着环境和企业集团发展要求的变化而变化。事实上，财务公司定位不清、业务范围不能适应不同行业属性等问题早已有之，利率市场化的推进只不过将这些问题更加凸显出来。那么，随着利率市场化的提速，对于财务公司的监管政策是否也应该因势而变？

机遇与挑战并存

——财务公司人士谈利率市场化影响

记者　胡萍　实习生　南辰

伴随着利率市场化大幕的拉开，利率的决策权将逐步交予金融机构，由其自己根据资金状况和对金融市场动向的判断来自主调节利率水平。在央行两次调息后，各银行迅速作出反应，而面对新的市场环境，财务公司也开始着手应对这场没有硝烟的战争。在金融时报与中国财务公司协会联合组织的主题为“利率市场化趋势下财务公司的机遇与挑战”的座谈会上，各大财务公司高管各抒己见，分析新形势下财务公司的经营现状，展望未来的发展前景，共同商讨应对策略。

传统金融企业以利差为主要盈利点，利率市场化给各企业的管理带来了冲击，如何在利差收紧的同时增加盈利或是增加业务量，则成为很多财务公司管理者们需要思考的问题。中电投财务公司总经理刘传东表示，“在利率市场化之前，我们关注的重点主要是业务量，现在还要考虑利率的因素。”经历了去年央行的两次调息，财务公司的利差普遍缩小很多，并且存贷款利率呈现出相反的变化趋势，中航工业财务公司副总经理刘敏对此作出进一步的说明，“去年两次调整存贷款利率的浮动幅度之后，利差通道收窄。存款利率大幅上行，贷款利率缓幅下行，使得经营面临双重压力。”

利率的市场化不仅缩小了利差、息差，还带来了利息的频繁波动，使得财务公司的经营风险进一步升级。申能财务公司副总经理杨波认为财务公司要走的第一步是“守”，防范未来5~6年内由于利率市场化带来的流动性风险。只有在坚守住现有“战场”的优势，提升风险定价能力，方能进而针对集团所属行业成为产业的融资专家。而在风险管理方面，刘传东则认为这是新环境带来的机遇，有利于公司进一步加强利率的风险管理。由此可见，利率市场化不仅给财务公司带来了挑战，而且带来了新的机遇。

与会的财务公司负责人们普遍表示，在目前的监管政策和金融改革下，财务公司仍然需要面对很多挑战。其中之一就是在现有业务量接近顶面、利率变动时，财务公司如何更好地应对随之而来的利润的变动。刘传东认为财务公司下一步应该搞好产融结合，但由于一些重要业务开展受限，目前财务公司处于被边缘化的状态，利率市场化开始后，地位的下降态势可能更加明显。面对如此不利的境地，财务公司需要凭借利率市场化，丰富企业的金融产业，使得公司的金融产品更加丰富。财务公司也试图从中间业务中寻求新的盈利通道，目前银行的中间业务的收益比例占到20%，而财务公司只有2%，可见财务公司在中间业务上的盈利发展空间是很大的。除了在做好传统存贷款业务的同时，财务公司仍需进一步拓展投资面，国投财务公司副总经理李旭荣表示，公司下一阶段打算开始做定向的资产配置。刘敏则表示公司有意向开发理财性存款产品，希望有关监管部门放开政策，以保障财务公司未来推出结构性产品。

提及业务与产品，就要进一步讨论传统业务定价科学性的问题。李旭荣分享了公司在应对贷款利率变动时使用的差别定价法，即首先为成员单位的资金归集度、结算集中的水平、对集团的利润贡献度等关键的因素赋予一定的权重，然后进行量化打分，针对最后的得分情况，对成员单位的贷款利率实行差别定价。其实可以看出，凭借着服务于集团的优势，财务公司更能及时掌握成员单位的内部需求，若牵头流动资金银团，可以对其议价评判方面起到更加积极的引领作用，主导定价且给予更多的优惠。神华财务公司计划部业务主管郝伟认为，财务公司盈利的决定因素就是价格（利差）和规模。未来公司要充分研究贷款利率定价机制，确定合理的利差水平；另一方面还要研究以规模换取利润，提升资金的集中度，扩大企业的规模经济。武钢财务公司副总经理万定利也在一定程度上肯定了这种观点，“与成立多年的银行相比，财务公司应建立更适应市场的定价运营体系；除了定价方面的问题，兄弟财务公司间的交流也是不够的，同行业应该共同面对这次利率市场化的考验。”目前欧洲的外资银行拥有具有特色的产业银行，对于财务公司来说，采取联合的方式组建联合企业，不仅可以更快地成为行业融资专家，促使利率定价等方面朝着市场化有序迈进，而且可以更好地防范利率市场化带来的流动性风险的问题。

事实上，面对利率市场化这一必然趋势，财务公司势必要采取相应的措施予以应对。但前提条件应是明确认识、准确定位。从集团角度看，集团需要改变管理和考核模式，将财务公司定位于提高财务管理服务、不以盈利为主要目的金融机构。财务公司高管们坦言，“现实中，集团把财务公司的利润看得很重，甚至作为主要考核指标。在今年盈利状况十分严峻的形势下，财务公司的利润增长率若不达标，财务公司在集团中的地位将被进一步边缘化，这种压力不是来自银监会，也不是财务公司协会，而是来自集团自身。”业内人士普遍呼吁，财务公司应该是围绕为集团服务而做文章，而不是为集团赚钱搞经营，集团可以尝试增加管理的多元化，将财务公司为成员单位的让利程度换算成考核指标，以减轻利润指标带给公司的经营压力。从自身角度看，财务公司首先应该摆正自己的地位，即服务集团是第一位的，处理好服务性、效益性和盈利性的关系。哈电财务公司副总经济师李煜还表示财务公司需要对自身进行再认识，“利率市场化初期变动可能会很大，震荡后就会趋于理性，市场供需双方的需求可以促使利率在一定的范围内波动。财务公司应把握好时机加快经营板块的建设，解放思想，将挑战转变为机遇。”

财务公司应对利率市场化的对策和建议

孙长学　郝伟

国家“十二五”规划中明确提出稳步推进利率市场化改革。我国利率市场化改革的总体思路是：先放开货币市场利率和债券市场利率，再逐步推进存、贷款利率的市场化。我国从1996年开始正式启动利率市场化进程，如今已经走过了16个年头，取得了一些进展和成就，但依然任重道远。我国利率市场化改革的目标是，建立由市场供求关系决定金融机构存、贷款水平的利率形成机制，中央银行通过运用货币政策工具调控和引导市场利率，使市场机制在金融资源配置中发挥主导作用。当前的发展现状是货币市场和债券市场利率市场化水平较高，而存贷款利率市场化推进较为缓慢，这与政府的多方利弊权衡有关。相关部门负责人曾提出，比较平稳的利率市场化步骤是首先加大贷款利率的下浮幅度，再逐步取消贷款利率下限，然后，再逐步放开存款利率的上限，这被认为是利率市场化未来的改革方向。央行在2012年六七月份两次放宽存贷款利率的上下限，也是依据此原则，逐步推进利率市场化改革。

利率市场化无疑加剧了财务公司与外部商业银行之间的竞争，将会以当前的服务竞争为主转变为服务竞争和价格竞争并行的局面。财务公司的利率敏感型业务主要包括传统的存贷款业务、协议存款业务以及票据、融资租赁等业务；此外，从更加广阔的视角看，利率市场化也会对财务公司的中间业务、投资业务、同业拆借业务以及市场风险的管理带来重大影响。

对财务公司而言，利率市场化既是机遇也是挑战。为更好地应对挑战、把握机遇，财务公司应该努力做好以下五方面的工作。

贷款业务方面，要加强对贷款利率的定价研究。首先，利率市场化后，贷款利率的定价由各金融机构根据自身情况而定，由于财务公司的经营情况有别于商业银行，采取跟随性的定价策略无法体现财务公司的经营优势。公司可以发展适合自身实际的贷款利率定价方法，充分发挥信息对称、经营成本低的优势，采用成本领先策略，进一步扩大市场占有率，向规模要效益。财务公司对成员单位信息掌握全面，风险揭示充分，财务公司用来弥补信用风险的成本很低。其次，财务公司所有贷款均属于批发业务，经营成本显著低于商业银行。最后，集团对成员单位发展有合理的规划和安排，各成员单位治理结构完善，因此财务公司用于弥补非预期损失的经济资本占用也显著低于商业银行。由此可见，利率市场化后，财务公司在贷款利率方面将比商业银行具有更多优势。常用的贷款定价方法包括成本加成定价法、基准利率定价法、客户赢利性分析法等。

比如成本加成法和基准利率定价法都是最重要的定价方法：在一定存款成本基础上，加上利差调整项目，包括信用成本、经营成本、经济资本占用成本以及利润等。

存款业务方面，努力提高资金集中度，增强外部资金议价能力。在利率市场化条件下，提升资金归集水平，扩大资金规模对公司发展的影响将更为显著。首先，资金规模的提升可以弥补利差收窄导致的利润损失；其次，可以摊薄公司固定成本；此外，财务公司可以充分发挥规模优势，增强资金的议价能力，提高同业存款利率。财务公司可以抓住利率市场化的契机，充分发挥低成本优势，提供比商业银行更为优惠的存款利率，以市场化手段提高资金集中度，扩大资金规模，形成良性循环。

资金运用方面，制定科学合理的资金计划，提高资金使用效率，拓展资金运用渠道，在保证流动性和安全性的同时，提高资金运用收益。在安排资金计划方面，提升计划的科学性、合理性，充分发挥资金管理方面的专业优势，将流动资金的比例控制在合理水平，可以进一步提高资金的使用效率。利率市场化以后，存款准备金率将更加稳定，这有助于金融机构合理安排资金计划。欧美大型商业银行都已经摸索出一套基于市场利率水平和流动性头寸之间关联性的专业的资金管理方法。我们可以引入先进经验，并以此提升自身的管理水平。在拓展资金运用渠道方面，利率市场化能有效促进中国债券市场、股票市场以及同业拆借市场的成熟和完善，为财务公司创造一个良好的外部投资环境。建议财务公司加强人才和技术储备，在条件成熟之际，参与同业拆借和资本市场投资运作，在保证流动性和安全性的同时，提高资金运用的收益水平。

其他业务方面，深入挖掘成员单位潜在金融需求，实现业务结构的多元化。目前财务公司业务结构比较单一，中间业务、票据承兑贴现、融资租赁等占比小，制约着财务公司的发展空间，也使成员单位的部分金融需求流向外部市场。为了更好地应对利率市场化挑战，建议财务公司进一步推进业务结构的多元化，一方面提高财务公司中间业务收入，分散经营风险，培育新的利润增长点；另一方面充分发挥“内部人”优势，为成员单位提供高性价比、贴身、便捷的金融服务，提高业务依存度。

风险管理方面，建立全面风险管理机制，科学管理信用风险、利率风险和流动性风险。一方面，近年来的数次利率调整，存、贷款利率期限结构都呈现出逐渐水平的趋势，因此存款更加趋向短期化（因为长期溢价不具有吸引力）、贷款更加长期化（长短期贷款利率差别不大），带来了更大的流动性风险。另一方面，在利率市场化进程中，利率波动频率和幅度提高，利率风险更加显著。建议财务公司尽早建立全面风险管理机制，由以前单纯的信贷风险管理模式转向信用风险、市场风险、流动性风险、操作风险并举，组织流程再造与技术手段创新并举的一体化风险管理模式。

（作者单位：神华财务有限公司）

从容应变

子牧

在中国，利率市场化改革是当前金融改革整体布局中举足轻重的一项。以1996年央行放开银行同业拆借利率为起始，利率市场化走过十多年的艰难历程。2012年6月8日，中国人民银行首次打开存款利率上浮区间，标志着中国利率市场化迈出了实质性步伐。接下来，中国进入核心利率市场化阶段，最终将取消贷款利率下限，放开存款利率浮动区间上限。尽管实现完全的利率市场化这一进程的时间表还见不到，但完成这一旷日持久的改革之后，对金融市场的深远影响是可以预见的。

这种影响对金融市场和参与其中的金融机构来说是综合性的，对财务公司而言，首当其冲的应属传统的存贷款业务，对其他如协议存款业务以及票据等业务同样影响深刻，对中间业务、投资业务、同业拆借业务以及市场风险的管理带来重大影响。这些影响的正面与负面效应还有待判断，但应对好市场化后格局变化是机构必须提前做好的功课。

可以想见，利率市场化以后，存款类金融机构仅就存贷款这一基本业务看，存款利率预期中的上浮，会使其资金成本上升；贷款利率的市场化形成与价格竞争的压力，尤其对于优质客户资源的竞争，贷款利率难以大幅提高。由此存贷利差会进一步收窄，这种收窄的情况，已经在去年人民币存款利率上浮1.1倍之后，在不少机构的账面上开始显现。

尽管是非银行金融机构中的一个特殊群体，同其他类型的存款类金融机构一样，财务公司也会面临这种愈加激烈的价格竞争局面。而利率市场化加剧了财务公司与外部商业银行之间的竞争的同时，还会受到来自于集团内部成员单位的存款议价压力，议价能力强弱因不同机构的秉性而各异，存在着的变数。以往赢得竞争的主动更多强调的是服务，现在的竞争更加复杂化，转变为服务竞争和价格竞争并行的局面。这样对经营者而言，更多了一份挑战。

财务公司本身存在业务品种结构较为单一的特点，除了主营的存贷款业务外，各公司中间业务、票据承兑贴现、融资租赁等业务开展也是参差不齐，从这一点看，行业竞争优势并不明显。而财务公司在资源配置、风险控制、人力资源、创新能力、科技进步等诸多方面更有不如人之处，使其在即将到来的竞争环境下不占上风，这对管理者提出了更高要求，即如何扬长避短，在竞争中得以立足。

当然，财务公司并非无以仰仗，企业集团的优势是财务公司所独有的。客户资源方面，成员单位的血缘关系，以及作为集团公司资金归集中心，财务公司所具备的优势是无可置疑的。“资金集中”是财务公司业界经常提及也是独有的资金来源渠道，如果说过去对资金集中度还不够看重的话，那么今后集中度的高低不光是财务公司能否做大的充分条件，更是其能否生存以至做大的必要条件。增加资金归集度，提高对商业银行的议价能力，同时成本优势使财务公司有可能提供比外部商业银行更具吸引力的存贷款利率，从而提高成员单位的存款收益，以此有助于稳定和提高成员单位的归集度。资金规模提高，存贷款规模总量增加，又能弥补利差缩窄带来的损失。其他方面的优势还在于，集团资源可资调动，产业链金融服务能贯通上下游；客户信息对称、风险可控等，这些都将有助于在利率市场化环境下赢得主动。

对金融市场所有参与主体而言，利率市场化无疑都具有挑战性。渐进性的改革的好处在于，给这些参与者充分的准备时间，应对更为从容。在这期间，财务公司有必要在盈利模式、经营结构、资产管理、风险控制等方面作出相应转型。

利率市场化等改革，将会在金融市场上催生新的金融产品，金融创新会成为金融机构赢得先机的手段。因此，在现有政策框架下要尽可能实现多元化发展，如中间业务和投资银行类业务，全方位提升自身金融创新能力则应该作为财务公司的战略考量，运用不同的金融产品来增加盈利并分散风险。

与此相适应的是，监管层应该在政策层面给出更宽松的环境，以利于财务公司业的生存和发展。

（《金融时报》2013 年 5 月 27 日第七版）

流动性趋紧
财务公司如何服务实体经济

流动性紧张 财务公司能否淡定接招

记者 胡萍

流动性紧张，有压力的不仅是银行业金融机构，对资金链紧张的实体企业来说同样是个考验。企业集团财务公司，从设立初衷来看，是为提高资金使用效率，在实践中与所属企业集团的经营状况关系密切。那么，面对市场流动性偏紧的局面，财务公司在服务实体经济中能发挥怎样的作用？通过财务公司建立起的内部投融资体系能否经得起实践考验？

当前财务公司所服务的实体经济领域涵盖石油石化、能源电力、机械冶金、汽车制造、航空军工等各大行业，不同行业背景对于市场感受也不尽相同。航天科技集团财务公司总经理李海东表示，由于公司是资金富余型财务公司，当前的流动性紧张对公司暂无影响，相反，公司在目前的环境下还获得了良好的发展机遇。一方面，公司作为资金富余型财务公司，在市场流动性紧张、缺乏货币资金的情况下，以更高的利率水平大量配置了同业存款，实现了超额的收益。另一方面，在公司与商业银行的竞争中，公司能够及时为成员单位提供足额的信贷资金支持，迅速扩大了集团内部市场的贷款占有率，在促进集团产业发展方面发挥了更重要的作用。

“事实表明，今年上半年，财务公司在信贷规模、利率‘双降’的前提下，面对全社会资金流动性偏紧的局面，仍能够灵活运用资金，合理保持流动性，管理成本控制得力。以中电投财务公司的数据为例，截至今年6月底，财务公司整体利润较上年同期增长36.54%，利润水平继续保持集团公司前列。”中电投财务公司总经理刘传东告诉记者。

尽管当前流动性风险有所缓解，大部分财务公司在资金管控上也能从容应对，但总体来看，市场出现流动性紧张的问题对财务公司还是有影响的。“这主要表现在两方面，一是吸收存款量下降。流动性紧张会对成员单位销售回款造成一定影响，使成员单位的资金量减少，造成财务公司吸收成员单位存款资金量下降。二是成员单位外部融资难度加大。为支持农垦集团产业发展，财务公司扶持部分对外融资较难的成员单位，增大了财务公司贷款压力，减少了财务公司的外部收益。”海南农垦集团财务公司总经理邓文杰说。

支持企业集团提高发展质效，促进产业结构升级，是银监会对于财务公司专业化规范发展的最新表态。这种支持更多体现在“危急”时刻。在财务公司人士看来，面对宏观经济和金融市场的复杂变化，财务公司主要能给予企业以下帮助，即在关键时刻给予企业资金保障与支持，对企业集团的金融服务不以盈利为目的，以平价或者低价开展业务，与此同时，为企业集团提供信息咨询服务，对金融市场发展趋势及各类突发事件对集团的影响进行分析并提示风险。

另外，财务公司对实体经济的支持还体现在盘活存量、用好增量上。中国华电集团财务有限公司总经理陈宇表示，财务公司发挥了对集团产业的金融支撑作用，主要体现在两个方面：一是重视内部资源整合，有效盘活系统内存量资金。公司一方面严格实施资金集中管理，最大限度归集集团公司系统的沉淀资金；另一方面充分利用系统内集中起来的资金存量，持续为成员单位提供信贷支持。截至今年6月底，公司资金归集率达到90%；自成立以来累计投放贷款超过700亿元，累计为集团节约财务费用近40亿元。二是发挥内部金融平台的桥梁纽带作用，大力开发金融同业市场，吸引增量资金支持集团发展。通过同业合作、发行债券、担保增信及组建银团等方式支持集团扩大融资，引入增量资金近280亿元，极大地推动了集团重点项目的顺利开展。

当前，国家大力发展实体经济、鼓励金融服务实体经济，这对财务公司来说是一个契机。业内人士认为，财务公司与实体经济血脉相连，而且对企业集团的金融需求比较熟悉，能够做到有的放矢，因此未来的发展核心就是在服务实体经济发展中有更大作为。刘传东表示，财务公司能够充分发挥内部资本市场机制的活力和优势，提升企业集团经济效率，是集团转型发展成功的重要条件。

业内人士建议，财务公司除传统存贷、结算业务外，应重点在协助企业拓宽融资渠道、创新融资工具、金融咨询等方面提升服务水平。对于那些资金富余型财务公司，由于集团公司的资金特点，形成了较多的沉淀资金，因此需要通过专业化运作，为集团公司获取更高的收益。海南农垦集团财务公司表示，将从三方面加大支持集团发展：一是加大信贷力度。在保证流动性前提下，满足成员单位融资需求，缓解成员单位资金压力，支持集团发展。二是提供相关财务咨询服务。针对成员单位的不同需求提出差异化解决措施，帮助成员单位提高财务管理能力。三是扩大业务范围。开展买方信贷业务，打通成员单位上下游产业链，支持集团成员单位产品的生产和销售。

知困然后能自强

弥坚　李赛

支持实体经济转型升级，是金融机构的责任。作为个性独特的金融机构，财务公司以整合集团资金资源、助推企业发展为特点，承担其社会责任。不同行业背景的财务公司各自秉承不同的经营理念，不断开拓创新，不断完善各项业务职能，实现着业务规模和质量的同步提升，有力地支持了实体经济的发展。

然而财务公司在承担为实体经济服务责任

的同时，自身发展也面临着困难与问题。这些或多或少都制约着财务公司的发展，不仅关乎自身，同时影响着对实体经济的支持。由于财务公司所在的集团行业属性、财务公司发展进程、规模大小等各不相同，遇到的问题不一而足，但也存在共性的一面。

从财务公司外部来讲，市场环境变化多端，要想在复杂的环境下把握住发展的脉象，对任何行业来讲都不是件容易的事情。如此背景下，财务公司自然面临诸多挑战。比如，近期由于多种因素导致的市场流动性不足，是大多数金融机构共同面对的问题。财务公司则承受了存款下降、成员单位外部融资难度加大以及信贷资金沉淀时间长等压力，对公司运营带来直接影响。以某农业集团旗下财务公司为例，农业自身具有生产周期长、产值相对较低的特点，时间的不确定性直接导致资金沉淀，造成财务公司信贷资金沉淀时间较长。流动性紧张对成员单位销售回款造成影响的同时，也带来对外融资困难。

此外，宏观经济环境、货币政策的调整、监管条件宽松与否等，对财务公司的影响是长期的，也是公司自身难以左右的。特别是国际金融危机以来，这种外部性的影响正变得更加复杂。

作为一家金融机构，在服务集团及成员公司的同时，财务公司还须求得自身的发展。事实上，也只有自身强健才能更好地服务实体经济。对于财务公司而言，影响其对实体经济服务功能发挥的因素有些也来自于集团公司以及成员单位。财务公司的发展受到不同方面的影响，而集团公司和成员单位对财务公司发展的影响是直接的。典型的案例是，一旦财务公司的股东是集团公司以及集团各主要二级单位，这就决定了成员单位既是公司的股东又是公司的客户。从股东角度看，成员单位希望公司能够实现更多的利润，各股东单位获得较高的投资收益；从客户角度看，成员单位则希望公司能够降低信贷产品价格，减少其财务费用。这就使得公司在经营决策中面临着困难，一方面要满足股东的分红需要，另一方面又要降低成员单位的财务成本。如何加强各股东单位的沟通，并根据客户贡献调整分红政策，均衡处理实现收益与支持产业发展的矛盾，是摆在不少财务公司面前的难题。还有，内部上市成员单位与财务公司之间，存在证监会、银监会等监管要求差异，限制了财务公司资金来源渠道，如对资金的归集，削弱了财务公司对集团产业的扶持力度。

当前行业竞争中，很重要的一点是人才竞争。财务公司在集团整体的框架下，人力资源体系和薪酬结构尚未实现市场化运作，相对于同业机构，财务公司的收入水平较低，难以吸引同业优秀人才，导致在业务开拓和发展方面受到限制，直接影响服务能力。

除外部影响，财务公司本身的问题也是影响其发展与服务功能发挥的主要因素。

财务公司自身的金融功能发挥，目前存在不少局限性，这些局限主要表现在资金来源渠道和运用等方面。尽管在国内已经有二十多年的历史，但是以“银行”业务为主要特性的财务公司，相比大多数金融同业，特别是相对于商业银行有着不少先天不足，制度设计、行业定位等因素制约财务公司金融属性的发挥、服务实体经济的能力。试举一例：某财务公司以为企业集团提供最优质的金融服务为目标，不单纯追求承销收入，与企业集团的利益保持高度的一致性。同时，企业集团发挥产融结合优势，通过财务公司承销短融与中票，可以有效弥补因外部金融机构利益诉求不同而带来的机会成本与交易成本，更好地把握市场时机，融入低成本资金，为集团节约一定数量的承销费用。但由于财务公司不具备债券承销资格，在集团及成员单位直接融资中的角色和作用受到主承销商的制约，无法最大限度地发挥服务实际经济的效用。

资金是金融机构生存与发展的基本要素。财务公司资金最主要来源是成员单位存款，由于来自成员单位的资金量是有限的，加之可寻求的外部融资手段非常少，资金成为不少财务公司的瓶颈问题，关乎其发展。现状是，参与同业拆借市场既有资本限额又有时间限度，严重限制了财务公司以集团内部金融平台身份寻求外部资金支持的功能；财务公司在债券发行市场同样面临窘境，由于各方面原因，其发债所受限制也较商业银行等金融机构更为严格，实践中通过举债扩大资金来源的路基本走不通。由于这些不利于财务公司扩大资金来源的因素存在，财务公司以集团内部金融平台身份寻求外部资金支持的功能难以充分发挥，不利于支持集团产业发展，自然减弱了对实体经济的支持力度。

此外，近年来票据市场发展迅速，财务公司在管理、运用和整合票据资源方面也屡有创新。但是财务公司开展票据业务还面临诸多限制，一方面由于没有清算行号，财务公司承兑的票据在市场上流转时不太受银行重视，流通渠道不畅；另一方面，电子商业汇票方兴未艾，广受财务公司业界欢迎，但是企业和商业银行对电票的认可和使用度不高，电票结算量在全国票据结算量中的占比非常低。

其他方面，财务公司作为非银行金融机构，需严格缴纳较高比例的存款准备金，却不能享受再贷款等资金支持，影响资源配置效率；同时，财务公司仍不具备央行的结算专用账户，不能参加央行清算系统，也限制了财务公司服务集团结算功能的发展。

另外，财务公司的业务范围及服务工具不完善、投资产品范围和规模有限也使得其在其他方面面临困难。在当前大资管时代背景下，各类金融机构都在创新盈利模式，提高利率市场化的竞争力，而财务公司无法通过资产管理的理财方式促使服务创新，限制了财务公司支持实体经济的服务工具和渠道。由于财务公司信贷规模受到严格限制，且流动性管理工具极度缺乏，导致闲置资金无法实现投资效益，同样影响公司整体收益水平。

当然，行业主动挖掘潜力，强壮自身也是一方面，但不以发展的眼光，不培育适合的土壤，囿于固有的框架是难以成就财务公司远大前程的。财务公司迫切需要监管机构加大支持，放松限制，拓宽资金来源渠道，增加补充流动性的措施和途径，以便更好地将集团实体经济与金融市场相结合，提升金融服务实体经济的能力。事实上，财务公司是与实体经济靠得最紧密的金融行业之一，在当前强化金融支持实体经济的环境下，通过制度设计使财务公司金融属性更多、更好地发挥，本质上也是对实体经济的支持。

财务公司服务实体经济优势何在？

记者　胡萍

当实体经济不断遭遇资金困扰之时，谁会是那个雪中送炭的人？

不同的实体答案不一。对拥有财务公司的企业集团来说，在流动性比较紧张的情况下，财务公司的作用更为明显——不仅能在关键时刻给予企业资金保障与支持，而且能提高集团与银行的议价能力。当前，我国正在加快转变经济发展方式，大力发展实体经济，企业集团作为我国实体经济的主体，亟需财务公司提供更好的金融服务。

金融服务创造收益

企业“内部银行”的特性决定了财务公司必须贴近实业、服务实业，尤其是在面对复杂多变的市场环境时，能否满足企业应急资金需求，保障集团资金链安全，防范系统性风险，某种程度上体现着财务公司存在的价值。

“公司90%以上的贷款，执行的是基准及以下利率水平；在市场流动性短缺、票据价格上升、银行贴现业务基本停滞之时，公司坚持平价向企业开展贴现业务，在关键时刻给予企业资金保障与支持。”国药集团财务公司总经理梁红军说，此外，财务公司的服务水平还体现在针对宏观经济及金融市场信息方面提供咨询服务，结合同业业务开展情况，对金融市场上各类突发事件、形势发展趋势和对集团融资环境的影响进行分析，及时通报并提示相应变化及风险。

事实上，从财务公司的业务范围来看，它所从事的金融活动不仅能为企业节约成本，而且带来更高收益，这也是财务公司的“价值”所在。记者获得的相关数据显示，中航工业财务公司 2012 年为成员单位节省贷款利息 1.2 亿元，为集团公司节省财务费用 6.94 亿元，合计 8.14 亿元。海南农垦集团财务公司 2012 年对农垦集团、海南橡胶等农业企业发放贷款 6.2 亿元，实际执行贷款利率 5.24%，比同期商业银行贷款市场平均利率 7.15% 低 1.91%，大大降低了农垦集团内部中小企业的财务成本。新希望集团财务公司从 2011 年成立至今，已减免成员单位支付结算费用共计 500 余万元，另外按照低利率货款原则服务农牧企业，支持农牧业发展。“2013 年，为切实帮助集团内农牧分子企业，落实服务‘三农’的金融政策，降低农牧企业融资成本，公司对农牧板块成员单位的贷款实行低利率原则，普遍按照人民银行规定的基准利率及基准下浮执行（比基准利率下浮 5% ~20%），相比成员企业在外部银行最低的基准利率融资，节约了财务费用约 500 多万元。”新希望财务公司总裁荣国跃说。

可以看到，通过财务公司提供金融服务，

企业集团及其旗下企业对银行资金的依赖性进一步减弱。中航工业财务公司总经理刘蓉表示，财务公司除传统存贷、结算业务外，重点在协助企业拓宽融资渠道、创新融资工具、金融咨询等方面提升服务水平。比如，公司以财务顾问身份完成了集团公司100亿元中期票据、100亿元企业债、100亿元超短期融资券以及金城集团3亿元短期融资券、中航重机10亿元公司债等发行工作，拓展了中航工业集团及成员单位直接融资渠道，降低了融资成本，促进了企业发展。

找准特色创新服务

同外部金融机构相比，集团财务公司具有了解集团产业及企业特点、服务效率较高、针对性较强等特点。业内人士认为，财务公司可以根据主导产业的特殊能力与资源，提供一般金融机构所不能提供的服务。这一特点在军工企业尤为突出。航天科技集团财务公司总经理李海东告诉记者，由于集团公司是军工企业集团，以保障军品科研和生产为核心任务，但军品任务生产具备一定特殊性，商业银行难以完全满足其需求。结合军品生产企业项目投资大、建设周期长、回款速度慢、资金用途保密的特点，公司通过及时、足额为其提供低息流动资金贷款和技改贷款，确保了其军品生产任务顺利完成。例如，某军品企业承担了某型号的研制任务，但该项目尚未立项，前期投入只能依靠自有资金，且研制周期长达三年。针对这种情况，公司发挥内源融资的作用，为其提供流动资金贷款和技术改造贷款，确保该型号圆满完成研制任务。

财务公司依托于集团，所以财务公司的金融服务紧紧围绕着集团产业发展需要开展，因此个体差异极大。目前财务公司寻求特色化发展，已显示出较强的生命力。如中国铁建资产和产值规模巨大，业务涵盖工程承包、勘察设计咨询、工业制造、物流贸易、房地产、资本运营、矿产资源等多个业务领域，管理级次长，成员单位众多且遍布国内外，银行账户达万余之多，货币资金和有息负债金额巨大，“存贷双高”和资金风险管理问题始终比较突出。在企业生产经营增速放缓、经济效益下滑、融资难度加大、融资成本上升、应收账款居高不下的形势下，资金集中管理的需求更加迫切。针对铁建的行业特点，财务公司开发了网银结算和“资金池”等多种资金集中模式，为更好地开展资金集中提供了强有力的技术支撑，资金集中初具规模，财务公司成立首年即集中近200亿元资金。特别是其开发的“资金池”模式，结合了施工企业“点多、线长、面广”和管理链条长、银行账户散、核算单位多、流动性强的特点，借鉴了国内其他企业和财务公司资金集中管理方面的经验，具有一定的创新性。

国药集团财务公司针对集团内板块众多，企业金融服务需求差异较为明显的特点，着力提供个性化金融服务方案，满足企业特定需求。如集团核心业务之一——医疗器械销售过程中的买方信贷和融资租赁是公司目前研究的重点业务之一。

新希望财务公司对集团的支持体现出浓厚的“服务‘三农’”的特色。通过服务集团下的500多家成员单位，将金融服务农牧业的触角伸到农业实体经济的第一线，帮助解决了体量小、数量多，在传统银行难以取得融资的农牧企业的融资难题。

积极探索产业链金融

目前，财务公司充分利用集团的行业特点，为集团及成员单位服务。与此同时，财务公司也在积极探索产业链金融服务。

荣国跃表示，企业上下游的产业链关联者由于多方面原因存在着实力较差、融资困难的情况。如与饲料、养殖公司等合作紧密的农户、养殖户、经销商等，常常存在着较大的融资难题。如何帮助它们在新希望集团的发展过程中与集团取得共赢，也成为公司在支持集团产业发展中的难题。据了解，2013 年上半年，公司加大了对集团内涉农企业的支持力度，致力于让利至广大农业产业链上下游。

海南农垦集团财务公司总经理邓文杰表示，针对农垦集团产业特点，在支持农垦集团项目建设方面，积极探索产业链金融服务，助力农垦集团实体经济发展，优先支持天然橡胶产业和热带现代农业等主业，突出支持“三农”建设和服务实体经济。2012 年财务公司为海南橡胶收储业务提供 3 亿元流动资金贷款支持，对天然橡胶物流、加工设备的生产和销售业务提供 2500 余万元贷款支持。“目前，农垦集团产业链中中小企业融资难、融资贵是金融服务实体经济的不争事实，财务公司将海南橡胶的良好信用能力延伸至物流、加工设备制造等环节中，既能帮助中小企业获得更多的资金融通，又能使财务公司获得收益。同时，也促进企业间长期战略协同关系的建立，提升农垦集团整体竞争力。”邓文杰说。

（《金融时报》2013 年 7 月 22 日第七版）

财务公司风险不容忽视

发展的风险不容忽视

——访中油财务公司金融与会计研究所所长王增业博士

胡萍

财务公司是具有中国特色的金融机构之一，尤其是当前企业集团探索产融结合的背景下，财务公司更成为众多企业争抢的“香饽饽”。作为非银行金融机构，财务公司除了受企业集团发展状况影响之外，还面临哪些金融及非金融风险？就上述问题，本报记者采访了中油财务公司金融与会计研究所所长王增业博士。

记者：您是否认为财务公司的业务同银行趋同？风险是否会向银行传导？

王增业：从财务公司的发展历史看，存、贷、结等基本业务可以看作是对商业银行服务的替代与优化，类似于制造业中“自主生产”和“外包生产”的关系。

财务公司的业务主要包括内部资金集中管理（即内部存、贷款）、内部结算和投融资，尽管少数财务公司拥有买方信贷、票据业务等资格，有些还能够进入银行间拆借与债券回购市场，甚至部分财务公司还拥有中国外汇交易中心会员即人民币衍生品交易资格，且所有的财务公司都同银行一样要接受中国银监会的监管、需要向中国人民银行缴纳存款准备金，乍一看来，貌似一些个缩小版的商业银行。而实现“金融服务内部化”和“金融资源管理效益内部化”也的确是企业集团成立财务公司的初衷。甚至更早期，人民银行对财务公司的定位是“内部银行”，总经理被代称为“行长”。实际上，财务公司其实是企业集团实施资金和金融资源集中管理的工具和平台。是“自己人干自家的事”，“趋同”这个词不适合描述财务公司与商业银行的业务关系。财务公司业务中所谓的存款、贷款、结算等，与商业银行这类纯粹的货币银行学意义上的金融机构是有很大差别的。企业集团内部单位之间的存款、贷款、结算，说白了无非是对传统资金上收下拨打白条清账的一种“雅称”。因为有了财务公司这一平台，集团内部不能再吃“大锅饭”，不能再“吃饭不要钱”，需要“亲兄弟明算账”，所以，财务公司开展的存、贷、结等“类银行”业务，只能说是在集团内部模拟出了一个“金融市场”，“兄弟”之间要按照“市场规矩”对资金往来占用支付成本（当然，也可能是集团内部确定的资金价格，不完全等同于人民银行规定的基准价），并且要按照财务公司公布的结算规则及时无误地结清彼此债权债务关系，从而避免在集团内部产生“三角债”以及某些强势单位对弱势单位的“吃、拿、卡、要”。

事实上，当企业集团内部资金存量有一定规模、内部结算量较大时，通过成立财务公司来实施资金集中管理，其成本往往低于依托商业银行办理的成本。因此，财务公司提供的金融服务，对企业集团而言，既有市场化服务类似于商业银行的一面，也有管理职能尤其是集团资金总部管理职能延伸的一面。

尽管财务公司与商业银行的业务相似，但绝不相同，在当前的政策定位下，“趋同”恐怕是一些人的错觉。毕竟，大多数财务公司追求的是为企业集团节约财务费用、管控资金风险，业务范围局限在企业集团内部（资金市场业务除外），不完全以盈利为经营目标。何况，财务公司仍不能进入人民银行清算系统，必须依赖商业银行才能完成最终结算支付；结算支付手段和工具也远远落后于商业银行。后者有“三票一卡”，财务公司恐怕只能开具与一般工商企业没什么区别的“商业承兑汇票”（有谁会把财务公司承兑汇票当成银行承兑汇票使用?）。在人民银行大力推广的电子商业汇票结算系统中，财务公司的级别也低于商业银行，决定了财务公司必须依托商业银行开展电子商业汇票业务。

从实际情况看，财务公司与商业银行之间的业务往来，除了被冠以“同业往来”的名称外，并不比普通工商企业作为商业银行的客户有什么优惠。至于向商业银行传导风险，与其说财务公司，不如说是某些企业集团本身。但是对于很多大型优质的企业集团而言，由于国内金融市场特别是直接融资市场的快速发展，企业集团正越来越依靠发行短融超短融、中票、长期债券等直接融资方式筹资，银行贷款占企业集团负债的比例越来越低。

从人民银行最新公布的数据看，今年上半年，财务公司的存放同业资产余额大幅上升，这说明财务公司仍然有余钱趁货币市场高利率的机会，将资金“支援”了商业银行等金融机构，倒是后者，既在存款市场上负有不少“高息揽存”的不良名声，也在近期同业市场流动性风暴中负有直接责任。从近些年的实际表现看，流动性风险的传递可能是部分过于激进的银行“传染”财务公司，而不是相反。

记者：您认为财务公司的风险主要集中在哪些方面?

王增业：财务公司作为非银行金融机构，承担的金融风险主要集中在信用风险、流动性风险和利率风险、汇率风险等，而信息系统、内控流程与员工柜员等操作风险属于内部非金融风险。

财务公司开展的所有业务，都会因交易对手违约而可能产生损失，即信用风险。财务公司的交易对手有两类：大部分业务集中在集团内部的成员单位，可称为“内部交易对手”；少部分业务为参与集团外部市场的融资、投资理财等，可称为“外部交易对手”。通常，由于集团公司有明确的政策规定和管理手段限制，财务公司面临的内部交易对手的违约可能性很小。特别是，《企业集团财务公司管理办法》明确规定集团公司要对财务公司的债务清偿“兜底”，集团公司必然会对所属成员做出专门要求，因此内部信息用风险基本上不存在；真正的信用风险体现在外部交易对手违约风险，包括与财务公司产生资金和业务往来的商业银行、信托公司、券商、基金公司、企业（从财务公司处融资）以及其他金融机构和非金融机构。对财务公司而言，这类外部交易对手的信用风险要远较内部交易对手为高。

其他几类风险，如流动性、利率汇率等风险，财务公司都与银行及其他非银行金融机构一样，处在利率汇率市场化进程中，风险也随时变化。但是与银行及其他金融机构相比，财务公司因为有集团公司的支付“兜底”，面临的流动性风险相对而言反而还要小一些。

操作风险是任何金融机构都会存在的风险。财务公司的操作风险主要存在于结算、外汇交易以及人工操作不准确或信息系统故障等风险。

随着利率市场化加快和人民币汇率逐步放开实现可自由兑换，利率汇率风险管理将是财务公司风险管理的重要工作之一。

记者：如何有效化解财务公司风险或是阻断风险向其他金融机构传导?

王增业：我们始终认为，财务公司的风险防范与化解，除了应该强化自身管理，找准自己的职能定位从而为各类业务“划定一个圈”以外，最大的风险是发展的风险，是监管政策僵化、因循守旧、不思改革、阻碍其正常发展的风险。

比如，在存款准备金方面，该政策越来越显现出不合时宜，企业集团拿自己的产业资金去缴纳所谓的存款准备金，平白无故地抽走了本应用于产业发展的资金，这些资金存进人民银行，人民银行通过其他通道给了商业银行形成“金融资金空转”，不仅造成实体产业“失血”，而且造成了金融泡沫和金融风险。作为国内比较独特的非银行金融机构，财务公司就其本质而言，不过是企业集团的“司库”，而司库在国外是不被当作金融机构的，因此也不存在缴纳存款准备金的问题。而且财务公司的业务性质（局限在集团内部）与银行有显著不同，因此也不应该简单拿银行条规来约束。业界呼声已持续多年，但是准备金政策却始终不为所动。目前与大型银行相比仅有5个百分点的差距也是在“4万亿”大潮中留下的，对企业集团和财务公司而言不过是杯水车薪。

再比如，财务公司在各类市场准入方面，监管机构出于控制风险的目的，还没有出台实质性的措施，这在一定程度上不利于财务公司的发展壮大和竞争力的提高。改革开放30年来中国经济取得辉煌成就的最基本经验是给企业自由、给个人自由，以及个体获得自由之后必须自主承担责任和义务。对财务公司而言，如果各方面管得太死、管得过细，则财务公司难以真正成为实现产融结合的非银行金融机构。

企业陷困境　财务公司何去何从

胡萍

如果所属集团形势不好，那么无论该财务公司主观上有多努力，也必然受集团形势制约，或多或少面临资金紧张、效益下降的局面。这种情况在当前的钢铁行业尤为显著。

今年以来，国内钢铁生产保持高水平，国内钢材市场仍呈现供大于求状况，钢材价格低位波动。由于成本居高不下，企业经济效益呈下降趋势，行业面临的经营形势依然严峻。中钢协发布的数据显示，6月份，大中型钢铁企业亏损达6.99亿元。上半年，钢协会员企业实现利润22.67亿元，平均销售利润率0.13%，在全国工业行业中最低；86户会员企业中，亏损35户，亏损面达40.7%，亏损企业明显增多。面对异常严峻的行业形势，钢铁行业财务公司能否自保？财务公司的金融“服务”功能如何凸显？财务公司能否助力企业度过“寒冬”？

主业亏损 财务公司面临困境

按照中钢协的说法，“由于铁矿石价格降幅小于钢材价格降幅，企业生产成本仍处高位，企业经营十分困难，经济效益甚微”。钢铁主业持续亏损，导致企业面临诸多困难。在近期钢铁行业财务公司的内部研讨会上，有业内人士表示：“持续的亏损导致企业现金流紧张，经营性现金流不断降低；银行降低钢企的信用评级，授信规模被压缩，发放贷款难度大。此外，钢企基本上是高负债运行，负债规模大，每月还贷备付资金压力大，销售资金回笼不理想，且现款比例低，票据持有量很大。”

酒钢财务公司副总经理龚晓伟表示，目前，国内钢材市场总体呈现“高库存、低需求、低价位、低效益”的特征，钢铁企业压力明显增大。金融监管机构对钢铁等产能过剩行业加大预调微调力度，商业银行也相继出台行业限制政策，企业集团现有授信额度进一步压缩，外部融资形势极为严峻。此外，企业集团资产负债率处于高位，对钢铁企业形象及融资渠道的开拓造成不利影响，也将直接减缓今后的融资工作进度，融资难度加大。

集团经营压力大，财务公司的经营状况和发展也受到影响。有业内人士将这种困境概括为两方面：一是财务公司资产规模不断萎缩，归集资金规模越来越小；二是银行对财务公司的业务合作日趋谨慎，财务公司从金融市场融资的难度加大，生存空间被压缩。河北钢铁财务公司总经理苏广奇也表示认同，一方面经营业务范围受限，缺少外部融资渠道；另一方面集团内部资金集中也受到了外部因素的影响。

积极作为 财务公司功能凸显

在钢铁行业形势不好的大背景下，尤其是融资额很大、存量资金补充受限的状况下，能否通过财务公司拓宽集团融资渠道？“财务公司要围绕集团的产业发展创新服务，帮助集团主业顺利越冬。”马钢集团财务公司副总经理伍生林说。苏广奇认为，面对这种情况，财务公司必须要以确保集团资金安全稳定运行为前提，资金集中不能影响到成员单位的融资规模、融资成本和经办行的服务质量。

事实上，面对严格控制的行业政策和持续低迷的市场形势，财务公司已将畅通融资渠道，确保资金安全作为融资工作的重点之一。一方面，财务公司充分发挥融通资金的平台作用，加强银行间接融资力度；另一方面，着力优化融资结构，进一步强化资金集中管理，发挥规模效应，积极采取措施降低财务费用，减轻集团经营压力。

有业内人士认为，在资产规模萎缩和对外融资渠道减少的情况下，财务公司要特别注重风险的控制，一是对外投资风险，包括有价证券风险、资本市场投资风险、理财产品风险等；二是集团内部风险，主要是指企业信用风险，防范债务逾期，防范集团关联担保的风险；三是流动性风险，不能过度依赖外部资金；四是支付风险，不能过多占用企业的归集资金，要保证企业对外支付。

还有财务公司人士提醒，财务公司仅是集团多级资金防控体系中的重要一环，因此对企业集团的筹融资等事宜并不能“大包大揽”，不能一味扩大自身功能，财务公司还是要着眼于资金集中管理、提高资金使用效率、降低资金使用成本。

未雨绸缪 应对利率市场化挑战

钢铁行业财务公司大多属于资金紧缺型，

面临利率市场化改革，在资金规模不够大的情况下，存贷空间又被挤压，财务公司的利润空间会越来越小。业内人士认为，利率市场化使金融机构与客户协商定价的空间进一步扩大，对以利差收入为主要来源的财务公司收入及盈利模式构成冲击，对财务公司自主定价能力、转变经营模式等提出更高要求。未来，如何平衡风险与收益，增强信贷业务竞争力，更好地支持实体经济是财务公司面临的一个重大挑战。

对此，太钢集团财务公司副总经理郭涌认为，财务公司的生存之道再次与财务公司的功能定位联系起来，即财务公司一定要为集团财务管理和资金管理服务，不断提升对成员单位的服务能力，特别是培育金融人才，不断拓展中间业务，比如对集团外币风险管理、融资方案设计等提出管理方案，不能简单追求利润指标，否则，财务公司就会对自身存在的必要性提出质疑。

在危机中寻求发展

——访国电财务有限公司总经理孙宝东

见习记者　李珮

在中央转变经济增长方式，实施经济结构调整过程中，包括能源电力、钢铁、汽车制造、石油石化等各大实体经济行业近几年受经济整体放缓的影响，发展并不理想。服务于行业集团内部、旨在加强集团公司资金管理、提高资金使用效率的财务公司也直接受到行业整体形势的制约和影响，其经营和发展状况受到社会各界的广泛关注。国电财务有限公司总经理孙宝东就相关问题接受了记者采访。

流动性风险　影响不一

为贯彻中央经济结构调整政策，各金融监管机构加大了对相关行业的预调微调力度，出台行业限制政策，授信规模被压缩，相关行业的企业和公司，特别是产能过剩的企业获得贷款难度加大，近一段时间面临着融资难、融资成本高；现金流紧张，资金经营存在缺口；资金链运转压力较大等流动性风险问题。某钢铁集团财务公司就表示，尽管部分财务公司在面对流动性紧张时仍能够维持良好的资金运转情况，但是从整体来看，流动性收紧所带来的外部融资难、资金链运转压力大以及可吸收存款量下降等问题还是对财务公司产生了一定的影响。

客观来看，身处不同行业的公司受市场影响程度不同。国电财务有限公司总经理孙宝东在谈到流动性紧张问题时表示，由于本集团所处电力行业属资金密集型产业，资本实力雄厚，加上公司自身运行稳健，虽然资金紧张，但公司的流动性指标在 7 月底仍达到了 45.88%，并未产生流动性问题。同时他也提到，当前的流动性紧张对公司影响不大主要得益于公司对资金市场、银行间市场出现波动所采取相应的有效预案措施。一方面，加强了财务公司与银行之间的沟通和联系。另一方面，公司加强了资金归集，提高了存款；控制公司的信贷规模，同时适当提高了备用金额度来应对流动性可能不足的情况。

创新发展　危中寻“机”

在金融体制改革、经济结构调整和经济增速放缓的大环境下，财务公司在实际发展过程中也面临着诸多方面的问题。这些问题对财务公司来讲，具有一定的普遍性。首先是利率市场化问题。中国人民银行一直都在推动我国的利率市场化进程，最近一段时间也放开了对贷款利率下限的限制。而财务公司现阶段约90%的收入来源依靠利差，利率市场化无疑对财务公司来说冲击很大。此外，操作风险、流动性风险、信息技术风险以及信用、信贷、投资等风险都是财务公司在现阶段所面临的风险点。针对这一问题，孙宝东也表示，虽然利率市场化对于财务公司而言是个挑战，但同时更重要的是一个机遇，它促使财务公司进一步转变观念，强化市场意识，积极研究创新、优化资金运作，探索新的利润增长点，构建多元化收入模式。

虽然面临相同的宏观调控环境，但是各行业背景的财务公司还应从自身情况出发，在危机中寻求适合自己的发展方式。

值得一提的是，在转型发展这一过程中，国电财务有限公司已经积极开展了以科技创新、渠道创新、服务创新和管理创新为主要内容的系列创新活动。在以信息化、科技创新为支撑，加强集团资金结算安全方面作出了有益的尝试，成为国内第一个全部用户实现“密码、密钥、指纹”三合一登录模式的在线网上银行系统，实行电子对账方式，建设主核心数据中心、同城备份数据中心和异地灾备中心的两地三中心的模式，有效保障了集团公司的资金结算安全。据了解，目前有851家单位在财务公司开立了987个存款账户，“国电网银”系统通过9家直联商业银行，实现了对成员单位2100个账户的资金安全监控。未来，“国电网银”系统将与集团财务管控系统实现一体化对接，“两地三中心”系统构架将提供更加安全的不间断资金结算安全管理服务。

此外，针对目前势头正劲的互联网金融，孙宝东表示，互联网金融的发展影响财务公司的经营和服务模式。为了保证在未来的网络金融时代跟上步伐，必须改变当前财务公司产品更新不快等桎梏，坚持小步快跑、快速迭代的常态化创新体制，在科技、产品、渠道、管理等多个方面，用契合网络时代特征的方法促进转型发展。据了解，国电财务正在积极推动以“微信”信息平台为依托的信息交互推送服务，将信息化、创新服务建设作为发展重点，走出了创新服务的独具特色的发展道路，并初具成效。

准确定位　直面难题

未来财务公司的路能走多远，在很大程度上取决于集团乃至财务公司对自身的功能定位。“无论如何，不能一味扩大财务公司的功能。”这是孙宝东一直强调的观点。他认为，“财务公司作为集团公司内部金融机构，应充分发挥专业优势，加强资金管理，向差异化、专业化、市场化服务方向发展，提升金融服务水平，实现发展速度与盈利能力的持续增长。”以国电财务公司为例，在国电集团资金集中管理的基本框架下，财务公司作为国电集团的内部金融机构，承担加强集团公司资金集中管理、提高资金使用效率的任务，为集团公司提供资金结算、存款、票据、信贷、企业债券承销、财务顾问等金融服务，财务公司在集团公司金融产业发展战略框架下与金融板块其他企业共同发挥产融结合的协同作用。

对于发展过程中存在的问题，孙宝东坦言，一方面从财务公司自身来讲，财务公司需要进一步转变观念，强化市场意识，积极研究创新，优化资金运作，探索新的利润增长点，构建多元化收入模式；另一方面，希望相关监管部门以改革创新的思想为指导，进一步创新金融服务，推动企业集团财务公司良性健康发展。对此，孙宝东呼吁相关监管部门加快放开财务公司金融债发行、信贷资产证券化的审批，帮助财务公司扩大长期资金来源，平衡资产负债期限。此外，针对集团下属的上市公司实力雄厚，但受到创业板关联交易规定的严格限制，无法进行资金归集的问题，孙宝东建议放开这一限制，使企业集团创业板上市公司大量资金回归财务公司体系运转，有效增加财务公司的存款规模和客户资源。

（《金融时报》2013 年 8 月 19 日第七版）

如何应对利率市场化带来的挑战

未雨绸缪方能沉着应对

——中航工业财务公司总经理刘蓉谈利率市场化改革

胡萍

作为国家金融体制改革的核心，利率市场化的影响是显而易见的，各行业都在研究分析这一重大金融改革政策，并着手研究应变举措。去年以来，财务公司行业紧密跟踪政策走向、开展前瞻性研究，密切联系相关政策部门、广泛调研其他金融机构，就利率市场化对集团公司未来发展、集团内企业融资、财务公司的商业模式与运营架构等可能造成的影响进行了深入探讨。伴随利率市场化提速，财务公司该如何应对其可能带来的长期影响，显得尤为重要。就上述问题，记者采访了中航工业财务公司总经理刘蓉。

记者：针对当前利率市场化改革，业内普遍认为当前不会对财务公司的主要业务造成太大影响，但是利率浮动区间调整以及利率市场化的进一步推行所带来的冲击则是无法回避的。您如何看待利率市场化对财务公司带来的长期影响?

刘蓉：从长期来看，盈利空间收窄对财务公司影响深远。首先，盈利空间进一步缩小。利率市场化后，市场中可能出现“高息揽储”的问题，财务公司吸收存款的难度可能进一步增加。同时，企业要求贷款利率下浮的呼声也会越来越高，因此，财务公司将面临息差收窄、盈利空间缩小的问题。在利率方面，为了与商业银行争夺客户，被迫参与价格竞争，尤其是票据贴现业务；而存贷款利率的逆向变动，利差收入缩减也是必然趋势。同时财务公司存款也可能减少，商业银行除了可以吸收企业存款外，还有大量的居民存款来源，依据人行数据，截至 2013 年 6 月末，居民个人储蓄存款占社会总存款规模的 43.59%；而财务公司资金来源单一，只能吸收企业存款，且一般是大额存款。利率市场化后，固然有集团资金集中率考核的要求，但存款利率的持续上浮也必将造成公司融资成本持续上升，对于盈利空间的影响将是巨大的。其次，活动空间受挤压。利率市场化后，财务公司将面临和商业银行同台竞争的问题。财务公司某种程度上与中小商业银行相类似，但财务公司受政策限制明显较中小商业银行多，且产品结构单一、受企业资金流动性影响较大等诸多因素影响，财务公司未来的活动空间将进一步被商业银行挤压。另外，“粗放式”利率定价模式难以为继。当前，财务公司在开展信贷业务时虽然采用了关系定价以及基于授信基础上的精准定价，但总体而言，利率定价水平偏低。由于商业银行规模庞大，金融产品丰富，具备多元化的收入来源，风险承受能力较强，贷款定价能力高于财务公司，未来竞争优势将强于财务公司。

记者：对于建立科学的定价机制，您有何建议？

刘蓉：鉴于财务公司利率定价水平偏低的状况，我们应充分利用开展银企合作的模式，与商业银行建立利率互动机制，存款利率紧盯商业银行。从而学习商业银行定价管理模式，及时准确了解商业银行定价策略，把握存贷款利率走势。与此同时，财务公司应建立以客户为中心的原则，综合考虑客户的忠诚度、贡献度等指标，从而科学地对客户进行等级划分，给予差异化的利率和服务。

贷款定价要考虑两个原则：平衡原则和兼顾原则。平衡原则是量价平衡，就是要实现贷款收入最大化。贷款价格影响贷款规模，贷款规模和利率水平共同决定贷款收入。兼顾原则，就是兼顾收入和市场竞争力。利率市场化后，公司应依据企业实际情况进行差异化定价，同时考虑风险等其他相关因素。在确定存、贷款利率水平时，应综合考虑风险补偿、费用分摊、客户让利幅度、产品收益相关性等因素，最终确定价格水平。

面对利率市场化所带来的挑战，财务公司应以资金融入成本为基础，对财务公司日常运营中的各项风险因素进行定量分析，以精确量化的结果确定各项风险因素在信贷业务利率价格中比重，然后根据其内在逻辑关系将其进行汇总，从而初步测算出财务公司的利率水平。在对信用风险进行量化测算时，财务公司主要依托自身研发的信用评级模型，确定不同信用等级借款对应的信用风险，由此确定不同信用风险所对应的信用风险溢价；在对市场风险进行量化测算时，财务公司拟从宏观经济发展形势以及宏观行业发展形势对借款人的影响入手，通过观测这两项因素对借款人信用状况的影响，利用模型来测算不同信贷资产的市场风险溢价；在对操作风险进行量化测算时，财务公司可以通过统计学方法来实现这一目标。即以历史数据为基础，利用统计学方法（蒙特卡洛模拟及 VaR 原理）对操作风险发生频率和操作风险发生后损失情况进行测算，由此可实现对操作风险进行精确定价；在对法律风险进行量化测算时，财务公司可以以历史发生法律事件为基础，结合拔靴法对法律风险进行量化评估。将上述各项风险因素量化测算的结果融入定价体系并与资金融入成本进行结合，便可以构建出财务公司市场化利率定价体系。

记者：为应对利率市场化，近年来财务公司在定价机制、风险管理体系建设、发展中间业务等经营模式、运营架构等方面都进行了深入研究，您认为财务公司该如何更好地发挥优势？

刘蓉：利率市场化后，由于财务公司的价格谈判能力较强，因此可以充分发挥财务公司融资平台的职能和作用，让财务公司作为集团公司的融资代理人，通过统一代理融资、同业存款配置等多种形式，实现内部资源的合理配置，以集团整体的资金资源优势同外部金融市场进行议价，减少中间环节，使集团公司获得更具优势的议价空间，降低整体融资的成本。同时，以财务公司为依托，大力开展银团贷款、银团保理等业务。在银团业务开展中，以财务公司为牵头者，以外部商业银行为参与行，一是可以撬动大量外部资金，二是能最大程度降低利率、最大幅度向集团公司及企业让利。

财务公司应尽快实现战略转型，从过度依赖规模转向利息收入和非利息收入并举，从弱化利润中心定位向以利润、服务均衡发展转变，才能在竞争中立于不败之地。对于财务公司来说，未来需要在巩固自身已有优势的基础上，实施差异化的发展战略，细分定位。第一，要有独特的“二八战略”，用 80% 的精力服务于 20% 的客户。针对不用企业成立不同的客户团队，实行不同的运营策略。例如，针对大型企业形成银团合作的合作模式，而针对一些发展较快、有潜力的中小型企业，则是给予利率支持等方式；对于产能落后企业，则是在严控风险的前提下，提高贷款利率水平。第二，提供更加明晰的产品种类，重点是结合企业实际情况，提供融资等一揽子金融解决方案。

另外，还需建立全面风险管理机制，完善信息系统功能建设。对于财务公司而言，应从单纯关注流动性风险和信用风险转移到既关注流动性风险和信用风险同时又关注利率风险的轨道上来，实施全面风险管理战略。应根据《巴塞尔新资本协议》的具体要求，制订详细的风险管理战略和规划，采用各种科学方法动态衡量利率风险，形成整套风险计量体系和流程，从而应对利率市场化改革。

利率市场化：专业化差异化乃应对良策

胡萍

多年来国家持续稳步推进金融政策改革，一方面将进一步优化市场资源配置，激发各类型经济主体的发展活力；另一方面，也会给许多公司带来一定的风险和挑战。就财务公司与其他金融机构的关系而言，利率市场化的深入推进带来了哪些变化？财务公司如何更好与其他金融机构展开合作？

客观而言，财务公司所提供的服务和产品与商业银行相比具有较大的同质性。利率市场化后，财务公司将面临和商业银行同台竞争的问题，这一点业内已成共识。申能集团财务公司总经理张芊认为，利率市场化进程加快推进以及金融市场竞争加剧，财务公司与商业银行之间将维持一种“竞合”关系，即有竞争又有合作。国内商业银行在金融体系中的主体功能不可替代，单体财务公司必须要充分认识到自身在金融市场的弱势，财务公司要力争成为集团综合金融服务平台仍然在很大程度上需要依托商业银行的金融支持。在金融信息日益公开化、市场化的情况下，集团成员单位也会“货比三家”，这时财务公司在开展业务过程中尤其要妥善把握财务公司与商业银行、其他非银行金融机构的关系，重点把握好双方在资源配置、风险管理、业务合作间的关系，发挥好每家金融机构各自的特点与优势，促进双方的协调发展、共同成长。

另外，在资金来源上，商业银行有着明显的优势。国投财务公司总经理兰如达认为，商业银行规模较大，营业网点覆盖面较广，除了可以吸收企业存款外，还有大量的居民个人存款来源，而财务公司资金的来源较窄，只能吸收内部企业存款，且一般是大额存款，存款的利率水平较高。同时，财务公司从银行间同业拆借市场及债券市场进行的融资，由于受到规模、实力和信誉方面的影响，信用等级低于商业银行，因此从市场上融资的成本将会高于商业银行。在规模效应更加明显的情况下，规模大的商业银行在定价上将更有优势，财务公司与商业银行之间的竞争将会更加激烈。

可以看到，在应对利率市场化方面，许多财务公司已经开始研究和尝试。首先是加强与银行等金融机构的全方位合作。财务公司人士认识到，在目前财务公司资产规模较小且处于集团内部的特殊环境中，通过与商业银行或非银行金融机构的合作，建立战略同盟，可以将金融动态最新情况传导至集团成员单位，使成员单位更易理解财务公司在利率市场化过程中的定价导向。如何与金融机构展开合作？挖掘同业合作产品、有效扩展同业合作产品储备就是方式之一。以中航工业财务公司为例，其先后与中国进出口银行、中国建设银行、交通银行、中国工商银行等多家商业银行进行洽谈，就信贷资产转让、信托贷款等合作项目达成合作意向，为在多变市场环境下灵活有效地服务集团成员单位奠定了基础。张芊认为，可以采用“一对多贷”的信贷管理模式，由财务公司牵头开展银团贷款或联合贷款将是财务公司未来开展信贷业务、避免贷款利率一浮到底的良好途径。

在创新金融产品及创新金融服务模式方面。张芊认为，财务公司必须尽快实现从融资中介向服务中介，从“融资”向“融资＋融智”转变。对集团成员单位的营销也将越来越倚重交叉销售，以多种产品固化与集团成员单位之间的关系。这主要体现在：一是创新存款产品。国内从事吸存业务的金融机构普遍负债产品单一问题十分突出，财务公司也不例外。利率市场化推进的过程也必将是负债产品创新与监管逐步放松的过程，这是金融机构必须抓住的机遇。财务公司对于CDs（大额可转让存单）、NOW（可转让支付命令账户）、MMDA（货币市场存款账户）、SNOW（超级可转让账户）等不同种类的账户都可以提前研究，可以预见，附加账户服务功能将成为吸收存款、控制存款成本的重要手段。二是不断完善现金管理产品，摸清集团成员单位资金规律，保障稳定的资金流，甚至将集团成员单位资金封闭式运转。三是创新“融智”业务。财务公司是集团内部唯一的非银行金融机构，在集团成员单位的业务领域及业务信息上，与商业银行相比更具有比较优势，对于集团成员单位发债、并购等投行业务，财务公司可以进行及时介入，以财务顾问等方式提高财务公司与集团成员单位之间的粘性与依存度。

在利率市场化推进过程中，财务公司创新综合金融服务模式需要积极争取监管政策的支持，对于财务公司今后获得更广阔政策发展空间也是很有必要的。张芊建议，一是要积极研究和参与试点资产证券化。这是解决财务公司资产负债管理的重要途径，也是当前财务公司管理流动性、盘活资产等方面的现实需求。二是顺应市场变化，争取发行金融债。银监会曾在2007—2009年放开一批财务公司发行金融债。一旦利率市场化，监管部门有可能会放开对财务公司发行金融债的各种限制。通过财务公司引入金融市场外部资金，将可以为集团中长期贷款项目匹配相应的中长期资金。三是争取向监管部门呼吁，降低财务公司上交人民银行的准备金比率，提高财务公司对外金融机构股权投资比例，从而提高集团成员单位的资金效率，拓宽资金用途。

从取消贷款利率管制看财务公司转型

赵宁

财务公司是企业集团实施资金管理和金融资源配置的工具，这一特性，是区别于其他金融机构的根本；而“非银行金融机构”的牌照，则是区别于企业集团财务管理部门的所在。“内部银行”，就是“持有金融牌照的内部财务管理部门”。

长远来看，随着国内金融领域向外资和民营资本放开，商业银行之间的竞争必然愈加激烈，市场开发渗透和业务精细化、定制化程度将会显著增强，完全有能力为各种体量的企业量身打造金融服务。财务公司在体制机制、信息建设、风险管理、业务资质和发展环境等诸多方面均无法与商业银行相比拟。发达国家的企业集团无一设有财务公司，集团总部财务部门在外部商业银行的配合下，能够较好地完成财务管理目标。财务公司若不开辟“蓝海”，仅依靠股权关系的“亲情牌”和保护商业秘密的“政治牌”，必将陷入“红海”之中。

回到现实情况。财务公司通过“吃利差”，降低了成员企业的利润。当企业集团“保增长、保效益”压力加大时，成员企业通常会背负较大的利润指标，财务公司也不得不“重利润、轻服务”、“重规模、轻质量”。财务公司必须放慢脚步，重新审视自身。集团总部能做的、外部金融机构做得更好的，均不是财务公司安身立命的基础。只有免费的、金融化的财务管理内容，才是财务公司生存的空间与核心竞争力，这就是“免费服务”。“免费信贷”并不真的以零成本提供贷款，更不是放弃价格手段对资源的配置。所谓“免费”，是指财务公司主动让利、返利，不再以谋求利润为动机开展内部信贷业务，而是做好企业集团金融资源配置的工具，根据财务公司自身的资金成本和客户的信用特征确定贷款利率。此时，财务公司信贷业务的净利差接近于零，账面利润等于对成员企业信用风险的管理成本，实际利润为零。

“免费信贷业务”牵一发而动全身，撬动了财务公司从“利润中心”到“服务中心”的转型，是财务公司的二次革命。这一革命，对成员企业、企业集团乃至商业银行、监管机构等财务公司的利益相关者都有着重要的影响。

原有业务模式下，财务公司根据中国人民银行给定的基准利率，综合其他因素，下浮一定比率贷款给成员企业。此时，在贷款价格的限制下，成员企业的贷款需求受到抑制，较难产生过度贷款意愿。当贷款利率“紧箍咒”打开，有可能造成两个方面的不良后果：一是成员企业产生过度贷款冲动，甚至产生“不用白不用”的心态，造成企业集团整体资金风险的增加和资金利用效率的降低，恶化企业集团内部财务秩序；二是企业集团为限制过度贷款，有可能采取贷款规模、计划管制的老路，增加管理成本，降低管理效率。

然而，这一问题若处理得当，完全可以规避成员企业的过度贷款需求。所谓“技术处理”，包括财务公司严格执行银监会“三个办法、一个指引”，以及企业集团增加对成员企业“资金利用效率”指标的考核。财务公司给成员企业一定额度以上的贷款，并不一次性打入成员企业账户，而是根据成员企业的指令，代理支付。严格来说，财务公司“免费信贷业务”应该称为“有管控的免费信贷业务”。

“免费信贷”将使原本具有极强创利能力的财务公司突然之间不再那么挣钱了，仅有的利润来自货币市场操作和证券市场投资，以及财务顾问、债券承销等投资银行业务和委托贷款、委托投资等中间业务。然而，货币市场业务收益空间有限且规模受限因素较多，投行业务和中间业务手续费率多为象征性收费甚至免费，所能带来的利润将是杯水车薪。投资业务虽然有可能带来丰厚回报，但这一业务并不依赖财务公司的资质，不仅投资规模受到银监会的严格限制，而且有可能被其他机构所取代，并非长久之计。由此可见，实现“免费信贷业务”之后，财务公司将成为以服务为主、盈利为次的非银行金融机构，追求的是对成员企业结算、融资等需求的保障程度，不讲利润、讲服务。然而，这也对财务公司自身的资产负债管理和信用风险管理能力提出了更大要求。

成员企业和企业集团是这一改革的最大受益者。财务公司信贷业务减少的利润直接切分给了成员企业，为成员企业的报表增添了几分靓丽色彩。企业集团反而因财务公司利息收入的减少而节约数量可观的税费，总利润不降反升。财务公司的这一转型，客观上与商业银行区别开来，成为真正的完全服务于企业集团的金融机构。商业银行在初期会受到一定的冲击，贷款利率有可能会倒逼下调。然而，财务公司的本意是实现自身转型，无意与商业银行大打价格战；即使没有财务公司的“免费信贷业务”，在金融市场不断开放的背景下，商业银行针对部分客户下调贷款利率也是不可阻挡的趋势。财务公司从“利润中心”转为“服务中心”，降低了对规模的追求、提升了对风险管理的要求。这与监管机构多年来的一贯主张高度吻合，不会对现有监管体系造成负面影响。

人民银行全面放开贷款利率管制是财务公司实现职能回归和业务转型的最佳时机。财务公司当务之急是紧盯市场发展动态，做好新的贷款定价体系研究，特别是确定合理的信用风险溢价、资产负债匹配成本。在此基础上，财务公司可适度前瞻性地研究应用信用风险缓释合约和信用风险缓释凭证等信用风险管理工具，减少财务公司所承担的信用风险、降低管理成本；同时考虑开展买方信贷等业务，促进集团的产品销售，并起到管控集团成员企业应收账款、盘活营运资金的效果。

企业集团只有用好绩效考核这一“指挥棒”，才能确保财务公司有内生的动力为降低成员企业的融资成本而“废寝忘食”。企业集团应当放松对财务公司利润考核的比重，转而增加“服务保障度”等非财务绩效类考核指标。例如，可以从结算、资金集中、外部融资、内部信贷与其他服务等多个方面考核服务保障度，这就需要在已有的基础上，设定各类具体指标公式和标准。

财务公司的主动、合法合规转型，客观上避开了和商业银行的趋同式发展，带头为实体产业让利，支持促进实体产业发展。监管机构应当对此给予鼓励和支持。一是打造区别于商业银行的基准贷款利率曲线。未来，Shibor极有可能成为新的商业银行贷款基准利率。然而，财务公司本质与商业银行不同，贷款基准利率应当坚持以自身资金成本为基准，以管理成本为调节项，与 Shibor 联系但并非完全趋同。监管机构和审计机构要避免以一个标尺衡量两类机构。二是进一步降低财务公司存款准备金率。商业银行与财务公司的存款准备金本质上存在极大的不同，两者的升升降降的意义也截然不同。面对商业银行，应当考虑收多少；面对纯内部的财务公司，则应当少收甚至免收。如果财务公司存款准备金政策难以一步到位，可以借鉴税收政策，采用先收后返、即收即退等方法，对符合特定条件的财务公司实现存款准备金有加有减、有进有出。三是坚持主体监管，择机打破业务禁区。坚持财务公司主体业务限制在企业集团内部不变，将财务公司重新定位为“企业集团内部综合金融服务提供商”，由财务公司代理或办理企业集团的内部金融业务。值得注意的是，给予财务公司业务权限，不必然代表财务公司会开展该项业务。这取决于企业集团自身的业务需求，以及对财务公司和外部金融机构成本收益的综合考量。四是对符合条件的财务公司放开债券发行、外汇交易、证券承销等业务领域。五是放松委托贷款规模限制。财务公司委托贷款是企业集团为减少财务公司存款准备金不得不采用的方式。委托贷款不意味着财务公司被边缘化甚至是风险的增加。基金公司几乎全部资金均为表外资产，事实证明，只要监管制度设计和执行有效，表外资产也能够得到良好的风险控制。真正要关心的是财务公司究竟起到什么样的作用、实现什么样的效果。从这个角度来讲，“资金集中度”改为“资金控制度”或“资金管理度”，似乎更好。

（作者就职于中油财务公司）

（《金融时报》2013 年 9 月 16 日第七版）

财务公司创新业务何在

资产证券化能否成为财务公司的“蓝海”

记者　胡萍

在财务公司的发展过程中，充足的资金是其保持良好竞争力的关键要素之一，但相对于业务的快速发展，财务公司的融资渠道仍比较单一。如何更有效地募集资金就成为财务公司需要面对的问题之一。资产证券化作为21世纪的一大热点创新工具，财务公司同金融市场其他成员一样都希望参与其中，因此，包括上汽、中石化、广东粤电等在内的财务公司都对此进行着深入研究。

扩大试点一年　成功案例一家

财务公司首次被纳入资产证券化试点始于2012年5月，财政部、中国人民银行、银监会联合下发了《关于进一步扩大信贷资产证券化试点有关事项的通知》，同时第一次允许将汽车贷款作为证券化的基础资产。财务公司资产证券化破冰始于2012年11月27日，由上海汽车集团财务公司发起“2012上元一期个人汽车抵押贷款支持证券”，这也是中国财务公司首次作为发起人进行资产证券化的探索。在此单产品设计上，上汽财务作为委托人将10亿元的个人汽车抵押贷款资产作为信托财产委托给上海信托发行贷款证券化信托项目，其中优先级A档发行利率为4.55%，B档为6%。

为何汽车贷款资产支持证券会被中国的金融监管部门首先接受？在上汽财务公司有关人士看来：“与住房抵押贷款相比，汽车贷款具有明显的低风险特征，这是汽车贷款资产支持证券的优势所在。”他告诉记者，首先，汽车消费贷款的单笔金额较小，因此单笔贷款发生违约并不会造成很大的损失；其次，资产池中贷款数量较多，分布分散且广泛，因此符合统计上的大数定律，具备分化风险的天然特性；再次，汽车消费贷款的期限较短，减少了经济周期性波动带来的不利影响；最后，与房屋相比，汽车属于消费品而非投资品，客观上避免了因过度投机行为而积累的风险。另外，从美国的发展可以看出，资产证券化已成为成熟市场最重要的金融工具之一，而汽车贷款资产支持证券向市场证明了其独特的低风险特性，成为唯一免受金融危机打击，得到投资者认可和追捧的创新产品。

对于财务公司而言，首发意义并不仅是10亿元的资金，更重要的是打通了财务公司融资的新渠道。然而，时隔一年，财务公司行业仅上汽财务公司一家发行了一期个人汽车信贷资产证券化产品，尚无其他财务公司对成员单位贷款发行资产证券化产品的案例，信贷资产证券化发行主体中银行占绝大多数。知情人士告诉记者，对我国金融体系而言，资产证券化的进程才刚刚起步，经历金融危机警示，正在恢复并稳步推进中，而且尽管财务公司已经完成了信贷资产证券化的零突破，但是“2012上元一期”是基于成员单位的消费信贷开展的，其成功经验显然无法被大多数财务公司复制，财务公司发起的汽车贷款证券化要得到监管、机构投资者的认知，以及市场的逐步成熟，都需要时日。

财务公司的信贷资产具有相对优势

信贷资产证券化试点以来，得到了市场的广泛关注，各方金融机构跃跃欲试。“基于资产信用而非发行人信用，是资产证券化的核心特征之一。资产证券化能够得到金融机构青睐并迅速发展正是凭借这一显著区别于其他金融产品的特点为发行人带来了诸多利好。”广东粤电财务公司投资部分析认为，“一方面有助于提高长期资产的流动性，丰富发行人资金来源，提升资产负债管理能力；另一方面使得表内资产表外化，从而降低发行人资产负债率，提升发行人净资产收益率，有效改善资产负债表的流动性；此外还使产品得到比发行人自身更高的信用评级，从而帮助发行人获得较低成本的资金。”

中石化财务公司研发部分析认为，现有信贷资产证券化的法律法规并没有禁止财务公司开展信贷资产证券化业务，财务公司可以作为发起机构、贷款服务机构、资金保管机构和投资机构等参与信贷资产证券化，并且2012年上汽财务公司成功发行的“上元一期”也表明了财务公司作为发起机构和贷款服务机构并没有制度障碍。目前国内信贷资产证券化的法律法规已相对完备，从不同侧面对信贷资产证券化业务进行了规范，有利于财务公司开展信贷资产证券化。

此外，财务公司信贷资产质量较优良，且具备一定规模，开展信贷资产证券化具有相对优势。由于企业集团设立财务公司有一定的门槛限制，目前能成立财务公司的企业集团大多在相应行业中业绩优良，并具有较强的竞争力，因此财务公司所拥有的以成员单位为借款人的信贷资产能在一定程度上保证资产的优质性。更重要的是，这些资产具有非常高的同质性、安全性，预期现金流较稳定可靠，且没有商业银行房贷类资产普遍存在的提前还贷的风险。而根据中国财务公司协会的统计数据，截至2013年6月末，159家财务公司的资产总额达2.17万亿元；从各财务公司资产结构上看，信贷资产占资产比例平均为44.77%，最高的则是达到了85.91%。由此可见，我国财务公司的信贷资产资源非常丰富。另外，财务公司作为集团的内部机构，相较于外部金融机构更熟悉成员单位的生产经营情况和金融需求，也便于财务公司对资产状况有更为准确全面的认识，合理进行信贷资产证券化。

资产证券化快速发展前景可期

可以看到，为推进金融创新，提升中国金融市场发展水平，相关的监管政策在适时调整，为资产证券化建立良好的环境。广东粤电财务公司投资部分析认为，从政策法规方面看，2013年3月16日证监会公布《证券公司资产证券化业务管理规定（征求意见稿）》，此规定降低了券商从事资产证券化业务的准入门槛、简化了行政审批程序、改善了交易方式，极大地拓展了我国证券公司资产证券化业务的基础资产的种类。可以预见资产证券化业务将进入快速发展轨道，证券公司专项资产管理计划（ABS）迎来发展新契机。从资产类型看，监管部门鼓励证券公司对五类基础资产进行资产证券化，在我国进一步扩大信贷资产证券化试点中，汽车贷款也赫然列在证券化基础资产之中。

大到金融环境、行业现状，小到市场参与者、证券化产品、评级设置，处处都传递着信息——信贷资产证券化更好的时代正在到来。尽管目前多数财务公司开展信贷资产证券化也仅限于纸上谈兵，还存在许多障碍，但随着信贷产证券化在国内的逐步推进，相关的法律制度和市场体系将不断完善，一些人为的、客观存在的限制性因素将逐渐弱化和消除，可以预见，在不远的将来，财务公司会作为信贷资产证券化的积极参与者走入金融市场。

财务公司再贴现支持小微企业

记者　胡萍

秉从资金运作首要支持集团实体经济发展的义务，财务公司为集团成员单位提供及时的流动性支持非常重要，尤其是在行业不景气或是银行间市场资金面高度紧张之时。比如今年6月20日，受银行间市场资金面紧张的影响，票据贴现市场利率一路飙升，部分中小型股份制银行6月票据贴现额度已经告罄，暂停了该项业务，四大行的票据贴现额度亦非常紧张，额度也是供不应求。在上述票据贴现市场额度告急的情况下，财务公司该如何开拓新融资渠道以满足集团内企业的贴现需求？除了以适当价格为集团成员办理票据贴现外，一个可行的做法是开拓再贴现业务。

事实上，财务公司再贴现规模占比较大是有数据佐证的。今年上半年，人行营业管理部累计审批发放再贴现66.4亿元，较去年同期增加4.9亿元，其中，财务公司42.8亿元；商业银行23.6亿元。再从机构数量看，人行营业管理部累计向17家金融机构审批发放了再贴现资金，其中，财务公司12家，商业银行5家。尽管与已达百余家的机构总数相比，这12家显得有些微不足道，但记者在采访中也了解到，各地财务公司由于所属不同行业，金融需求不同，因此开展再贴现业务的情况也不同，存在一头热一头冷的状况。但仔细分析现存案例，充分运用再贴现以缓解短期流动性不足，其效果却是显而易见的。

以武钢建工集团和武钢实业公司为例，这两家公司分别为武钢集团的子公司和集体企业。在市场化之前，这两家公司主要为武钢集团公司主业提供相关工程建设、设备安装、检修、采购、制造等辅助服务。而在钢铁行业发展转型过程中，武钢集团提出了一业为主，适度多元的战略转变，要求集团内部相关产业的成员单位，要跳出集团内部市场，通过适应竞争，拓展外部市场来获取利润。由于历史原因，这两家企业在最初步入外部市场时本身底子薄、盈利能力不强，同时人员负担较重，特别是实业公司下属有32家子公司，其中还包含一些福利性质的加工厂。此类企业在外部融资困难，如果没有相应的内部金融服务支持，很难在市场化的环境下获得生存和发展的空间，此外，此类企业的上下游产业链中也连接着大量的中小微企业，如果资金链出现断裂，将会导致一系列的连锁反应。

“财务公司通过组织票源，开展低风险、低成本的再贴现融资服务，既不占用集团内有限资金资源，又可以增加中小微企业现金流，增强企业活力。截至7月，今年已为上述两家公司提供再贴融资共计1.4亿元，有效促进了企业的平稳运转。”武钢财务公司总经理姚文中告诉记者，再贴现使用起来较为灵活，可以作为短期的资金运用，同时再贴现利率低可以降低企业融资成本。

此外，票据资源的充裕和发达是再贴现的基础。近两年，武钢财务公司累计向268家上下游中小微企业提供直接票据融资需求42.8亿元，中小微企业票据融资占财务公司总体票据融资的比重由2011年的8.6%上升到2012年的37%，反映了中小微企业对集团的依赖逐步增加，财务公司针对符合再贴现的票据，坚持对客户让利的原则，再贴现的票据贴现利率均低于同期市场贴现利率，综合成本率较市场利率降低0.7%（相对于贷款基准利率），最大限度地满足上下游供应商的资金需求，在帮助了集团外中小微企业的同时，也降低了集团内成员单位的贴现成本。姚文中结合公司情况分析了企业开展再贴现的现实因素：“近些年，钢铁行业受经济下行压力及产业结构调整影响，其资金回笼状况凸显出规模萎缩和结构不平衡的特点，由此导致在武钢集团内外部的交易结算过程中，大量通过开具银行承兑汇票、商业汇票等来进行资金融通，缓解现金流压力。2011年年初武钢财务公司票据承兑余额只有0.57亿元，而截止到2013年6月末票据承兑余额达到10.6亿元，两年半之内票据承兑余额增长了18倍。而武钢集团的上下游客户中存在着大量的中小微型企业，受银行信贷规模限制及票据贴现成本高企的影响，大量的票据结算造成了这些中小微型企业的成本高和资金周转困难，也同时影响了武钢集团的资金回笼和采购支付。武钢财务公司通过申请一定的再贴现规模，运用现有的票据资源，盘活存量资金，增加了集团内部现金流转，用于对上下游客户的资金结算和周转，有效缓解了上下游中小微型企业的资金困难。同时还降低了结算中的银票贴息率，资金成本得到控制，进一步促进了供销链上资金加速周转。”

实践证明，对于财务公司而言，再贴现直接带动了财务公司相关业务的发展，提高办理票据贴现的积极性，票据贴现市场的发展，又会激励企业经营活动的票据化。再从未来政策导向看，人行营管部在再贴现审批过程中更侧重于小微企业票据，将有效带动金融机构发放小微企业信贷的积极性。据了解，目前武钢集团上下游中小微客户共有3 550余家，涉及出票企业数量为668家，仅2012年到今年上半年新增中小微出票企业66家。从2011年11月起，截至2013年6月份，武钢财务公司累计办理再贴现1213笔，金额为53.81亿元。2012年财务公司办理成员单位贴现业务102亿元，同比增幅为51%，主要是再贴现业务的增加，2012年再贴现金额为37.73亿元，基本用于支持中小微企业。

当前中国开展汽车贷款资产证券化的启示

刘铭

进一步扫清政策障碍　建立良好监管环境

美国金融危机爆发后，住房抵押贷款资产证券化的风险瞬间释放。中国的监管层为了维护金融系统的安全，也出台了多项有效的措施加以防范。值得注意的是，一些监管措施在当前的环境下限制了资产证券化在中国的健康发展。2010 年 12 月中国银监会颁发了《关于进一步规范银行业金融机构信贷资产转让业务的通知》，要求信贷资产转入方应当与信贷资产的借款方重新签订协议，确认变更后的债权债务关系。这样严格的信贷资产转让规定，对于住房抵押贷款资产证券化起到严控风险的作用，另一方面却限制了其他低风险的资产证券化业务的开展。就个人汽车贷款而言，转让时公司须与借款人重新签订协议，这使得个人车贷资产证券化不具可操作性。从推进金融创新，提升中国金融市场发展水平的角度出发，应该适度调整监管政策，为资产证券化建立良好的环境。

借鉴美国经验　加强风险控制

资产证券化的“破产隔离”使得发起人将贷款出售后便可将风险完全转移，在这一过程中存在着道德风险。由于风险可以转让，发起人如果失去应有的尽职调查动力，放松了信贷标准，不再进行严格的贷前调查和贷后检查，而将其风险通过资产证券化转嫁出去，就会产生严重的道德风险。而最终风险承担者往往并不掌握监测债务人所需的必要信息，而且风险转移过程使证券化资产的违约风险评估变得非常复杂。美国金融危机后，金融监管当局对于资产证券化的销售模式进行了检讨。《多德－弗兰克法案》要求发起人的利益与投资人保持一致，要求发起人保留 5% 的信用风险自留。目前《关于进一步扩大信贷资产证券化试点有关事项的通知》也借鉴了这一要求，加强对发起人的约束。

信贷资产证券化产品的交易者中往往大多更加关注其流动性风险特征和功能，但实际上信贷风险依然是证券化产品的内在主要固有风险，因此对于证券化产品的信贷风险防范依然是最为重要的。一方面，从欧美已有实践来看，只要选择的基础资产足够优良，证券化无论对贷款机构自身，还是对市场都没有多少额外的风险。美国次贷危机根本还是在于次级贷款本身的劣质性，尽管经过信用增级等包装，但最终还是纸里包不住火，风险还是最终暴露出来。我国发展资产支持证券，对于美国这一惨痛的教训不可不鉴。与美国次级贷款相比，我国的汽车消费贷款的放贷标准要严格得多，所有贷款都必须办理车辆抵押，且首付款比例还高于30%，绝大多数汽车消费贷款都能够达到美国优惠级水平。《关于进一步扩大信贷资产证券化试点有关事项的通知》严格界定了基础资产的选择范围，明确地将像汽车贷款这样的优质资产列入试点范围，有利于增强资产支持证券投资者的信心。另一方面，投资者应当注意到，尽管目前资产证券化入池资产被要求是正常类，但实际上信贷风险是动态变化的。由于贷款管理水平的差异，不同贷款机构的风险监控指标水平也有很大差别。证券化的发起机构和评级机构应当定期披露基础资产的逾期率、违约率、损失率、信用风险转移矩阵等风险状况，不仅使得投资者及时了解到基础资产的信息，更有利于市场监管，及时控制金融风险。通过有效的信息披露制度，让企业在公开市场上竞争，淘汰那些管理水平差的金融机构，有利于资产支持证券实现合理化差异化定价，从而促进中国资产证券化市场的健康发展。

积极培育投资者市场

资产证券化之所以能够实现风险的分散和转移，最终还需要多样化的投资群体的支持，因此投资者参与的广度和深度是资产证券化在中国健康发展的重要条件。在与机构投资者的日常沟通中，笔者深刻体会到目前中国市场的投资机构对资产证券化的理解有限。一方面，不少投资者仍然关注于资产出售方的信用，强调怎样增加发起人的信用级别，究其原因还是对资产证券化的关键“破产隔离”理解不透。如果市场投资者都如此理解的话，那么资产证券化就无异于发行债券，也就失去了进行资产证券化的意义。另一方面，当投资者面对汽车贷款资产支持证券的时候，总会与房产信托等高风险产品做类比，以此要求较高的收益率。这样使得低风险资产支持证券的销售变得很困难，因为产品的风险与收益并没有恰当地匹配。当然，一个新产品推出后，投资者及相关监管机构对其的认识和接受也会有一个逐步深入的过程。随着今后相关产品发行数量的逐渐增多和市场规模的不断扩大，相信这个问题将迎刃而解。

我国前期的证券化产品在市场上交投清淡，很大程度上是由于市场参与者单一，主要是商业银行，而银行的资产偏好相近。从欧美市场来看，多元化的机构投资者是资产支持证券最主要的和最稳定的投资者。中国的资产证券化市场急需注入更强的流动性，允许更多的金融机构和个人能够参与进来。随着我国保险公司、企业年金、货币市场基金、各种养老基金规模的不断扩大，其投资需求也越来越大，资产支持证券作为一种收益一般高于国债而风险又较小的债券品种，是各类稳健投资者的投资组合中不可缺少的组成部分。《关于进一步扩大信贷资产证券化试点有关事项的通知》鼓励引入更多元化的投资者，各类不同金融机构的广泛参与，有助于培育起一个风险、收益、期限等偏好多元化的投资者群体，从而促进整个市场的良性发展。

（作者供职于上海汽车集团财务公司）

（《金融时报》2013 年 10 月 14 日第六版）

央企渐入金融深水区
财务公司何去何从

央企渐入金融深水区

——央企开展产融结合前提须是风险可控

记者　胡萍

从财务人员利用现代金融知识探索企业理财渠道、盘活企业存量资本、比拼各类所谓“财技”开始，几年下来，产业主导型企业的金融投资，借着中国金融资本市场快速发展的东风，居然也搞得风生水起，颇有一番热闹景象。不少企业集团尤其是近年来显得财大气粗的大型央企，不再满足于将财务公司作为唯一的产融结合形式，变成了银行、保险、信托、证券、基金等金融机构的“大东家”；而许多曾委身于资本江湖“大鳄”的中小券商、期货公司甚至基金公司等机构，随着这类“大鳄”们的兴勃亡忽，在面临重新洗牌的窘况下也对投靠“国家队”表现出浓厚的兴趣。有统计显示，国资委管辖的117名央企大军中，有90多家在不同程度上涉足金融业，占比约为77%。在谋求多元化发展的动力之下，央企们的“金控”意图显而易见。

风起于青萍之末

金融业务，做还是不做？这的确是一个问题，尤其是对于实力雄厚的企业集团而言。

不做？金融业务的诱惑摆在那里：这些年已经有不少同行从参与金融市场、投资金融产品、控制金融机构中获取了巨额收益；尤其让企业集团倍感压力的是，近年来频繁的结构调整和转型让曾经辉煌的主业风雨飘摇大起大落：纺织服装、煤炭电力、冶金矿山、远洋运输、钢铁制造、石油化工……当生产一吨钢材只能赚2分钱、生产一件衬衣只赚0.5分钱、加工一吨原油要赔200元的时候，金融业务的利润看起来既轻松又实在。当利润最大化成为企业追求的目标时，金融业务为什么不能备选？

做？那得按规则来。金融有其特定规则：高负债运营、严重依赖高端人才创新、从业者都是所谓“高富帅”且流动性大、风险管理是核心、监管部门除一行三会的专业监管外还有其他机构……这是与其他加工、制造、采掘、建筑施工等等产业完全不同的行业，即使在金融行业内，银行、保险、证券之间也存在很大差别。以制造业的逻辑思维，显然生产不出漂亮的金融业务报表。

那么，如何做？于是有人建议，拥有不同金融牌照的国内企业集团应该设立金融控股公司，以统一管理、整合并专业化运营旗下相应金融业务。然而，在中国特殊监管环境下，“金融控股”目前还不能堂而皇之地亮相，故而“××资本服务公司”、“××投资控股公司”、“××资本管理公司”等替代性名称应时而生。据不完全统计，目前已有几十家企业集团设立有金融控股公司或行使相应职能的机构，行业涵盖汽车、钢铁、石油、电力、航天科技等。

横看成岭侧成峰

在现代经济体系中，央企集团“由产而融”、“由融而产”或是成立“金控公司”这一新的组织形式，一直饱受争议。

支持声音多来自企业集团本身。他们通常将国外的包括GE等在内的产融结合作为成功范示。如洛克菲勒财团是“由产而融”形成的、摩根财团是“由融而产”形成的，这两类财团，是产融结合的古典形态，也是控制力最强的形态；日本六大财阀则是以产业、金融、综合商社的相互持股为纽带，形成共生共荣的产融结合。对于成立“金控”的意义，他们则高度概括为“为降低金融板块的运营成本，控制整体经营风险，发挥子公司间的协同效应，提高金融板块的整体价值”，一汽集团于2011年11月批准成立一汽资本控股公司作为金融板块的母公司，对各子公司实施集团化管控时就是这样进行解释的。作为一汽集团的重大金融创新，一汽资本控股公司的注册成立标志着金融板块作为一个整体，纳入一汽集团的战略层面统筹规划金融产业的发展。

其他国家的经验在中国是否可复制仅凭几句话是难以让人信服的。“产业主导型企业集团将金融业作为主营业务之一，在当代经济环境中，找不出可以成功的逻辑和条件。”反对者的观点有如当头棒喝。可列举的原因有，一是法律限制，如禁止相互控制、限制关联交易等；二是市场抵制，控制型产融结合必然会带来利益冲突等社会问题；三是风险传递，产业与金融在一个集团中的高度一体化，导致风险迅速传递、叠加共震，容易引发系统风险；四是经营文化冲突等。中信证券首席战略专家吕哲权分析认为，在一般性金融业务方面，产业主导型集团所控制的金融机构，必然会遇到不同行业的文化与机制冲突、对内对外服务的利益冲突、关联交易的市场公平原则的解释等问题。成功商业模式的行业间可复制部分相当有限，产业主导型集团原有的优势延伸到金融业需要非凡的努力和艰难的文化磨合。一个悖论是，集团能够控制（与集团一体化程度高）的金融机构不可能是一流的公司，因此集团所需的金融服务不能由能控制的金融机构提供，对金融业的投资回报也不能产生于能控制的金融机构；既然不能控制（经营）一流的金融机构，那么也就没有必要投资经营金融机构了。

风险可控是前提

反对也罢，赞成也好，融生于产、产益于融的探索仍在继续，央企渐入金融深水区的步伐日甚。对于企业集团直接或间接组建“金控公司”，谁来监管尚存空白；对于已组建“金控”所声称的“母公司只从事管控，不具体经营业务，这种纯粹的资本控股公司模式有利于清晰定位母子公司职能，有利于隔离母子公司风险，有利于建立共享服务平台，有利于打造母子公司的专业能力”，是否真正有效可持续，尚需时间来检验。

但应该可以肯定的是，集团产业强大的基础是金融创新发展的决定因素，金融产业的壮大能够为集团产业的规模扩张和利润提供重要支持，只是需要注意，金融创新必须将金融风险控制在可控的领域、可接受的范围内，金融创新与产业经济应互相促进、共同繁荣。国资委有关人士也表示，央企产融结合需要政策层面进一步推动，“支持具备人才、资本、管理机制等条件的大型企业集团，在风险可控的前提下开展产融结合”。

金融控股公司：成长需要空间和时间

王增业

金融控股公司这一组织形式，无论对企业集团还是对监管机构现有格局而言，都是一种新挑战，甫一产生，反对的声音就几乎与赞同的声音一样多。

对企业集团而言，在各类金融机构上面横空出现这样一个“夹层”，会不会成了不干实事、专门挑刺的“婆婆”？在一行三会体制和机构监管模式下，金融控股公司因无金融牌照，并不能获得金融机构“待遇”，所以在沟通和联系监管机关方面并无优势、对各金融机构更谈不上助力；而在企业集团集中管理体系中，金融控股公司如何与集团总部资金、预算、人事等职能部门进行权责划分也成为一个问题，鉴于金融业务的特殊性及部分业务与集团的密切性（如财务公司），总部职能部门放手不管几乎不可能，但也由此导致金融控股公司对下属金融机构管理权的不完整，从而导致“夹层”受“夹板气”的尴尬。

对于监管者来说，产业集团搞金融控股公司，一方面打破了国内运行多年的“分业监管”的藩篱，使得综合经营（曾有人称为混业经营，但不够准确）在一个公司内成为可能；另一方面，产业集团内部的产融、融融关联交易大大增加了监管难度，“分业监管”存在的监管盲区进一步显现，而现实中“综合监管”缺少法理依据，如何协调监管仍存在不少困难。

在一些人看来，金融控股公司就意味着“金融混业”，就意味着风险放大和既有监管制度的失灵，因此需要加强监管，而在监管细则尚未出台之前，是不能够冠名“金融控股”的。其实这是典型的鸵鸟思维。不冠名并不意味着没有开展实质业务。事实上，国内不少企业集团控股、参股的各类金融机构，有的已经在其金融子行业里具有了某种“系统重要性”，与其让他们各自在业务链条繁杂不一的产业集团羽翼下“野蛮生长”，不如鼓励其公开化、透明化，准予设立名实相符的金融控股公司。

考察欧美各国对金融控股公司（欧盟称“金融集团”，而美国则称“银行控股公司或金融控股公司”）的监管政策，我们会发现监管的重心是商业银行（或存款机构）及其非银行金融子公司，因为监管机构最担心的是金融控股公司挪用储户的钱进行各类投资，从而降低了公司整体资本充足水平，放大了杠杆倍数，减弱了风险承受能力，进而危及金融稳定。至于母体（或主体）是保险或者证券等非银行金融机构的这类金融控股公司，如果不涉及商业银行（或存款机构），监管的严格程度要小很多。

从美国银行监管历程看，业内熟知的美国

1999年《金融服务现代化法案》终结了60多年商业银行不得经营投资银行的历史故事，实在是一个误解。其实早在1933年《格拉斯－斯蒂格尔法案》的第20条（S20）中，就已经授权美联储可以允许银行控股公司做一些证券承销等业务，只是这些业务收入应限定在一定比例内。从1987年开始，美联储根据这一授权，开始逐渐放松限制，允许商业银行的投行收入可以提高至不超过总收入的5%，1989年再次提高至10%，1996年又提高至25%。在整个20世纪80年代，美联储顺应金融市场大发展的潮流，允许商业银行承销抵押支付债券（MBS）和资产支持证券（ABS），后来又扩展至承销商业票据、公司债、股票等。到1997年，法案中规定的商业银行与投资银行之间的“防火墙”几乎消失。压倒该法案的最后一根稻草是1998年4月花旗银行与旅行者集团高达700亿美元的合并案，合并后的花旗集团将成为拥有银行、保险、证券、资产管理等综合金融服务于一体的巨无霸，这明显违背了《格拉斯－斯蒂格尔法案》。合并案给美国国会和监管机构美联储出了一个难题：是废法、还是废案？在各方游说下，最终的选择是合并案获批，老法废止，新法通过，即1999年11月出台的《金融服务现代化法案》。

2008年金融危机大面积爆发后，各国纷纷出台措施修补监管漏洞。美国总统奥巴马于2010年7月21日签署的超过800多页的《多德－弗兰克华尔街改革与消费者保护法案》（又称《多德—弗兰克法案》），对美国的金融体系运行规则和监管架构进行了全面改革与修订，影响深远。但是，仔细分析这些法条就会明白，该法案并非监管机构自我扩权，事无巨细地将金融市场、机构、工具和业务创新纳入“审批”，而是要通过改善问责制和提高透明度来促进金融稳定，结束“大而不倒”的危害，保护纳税人和金融消费者的利益。正如社科院李扬教授在该法案中译本的序言中指出的，新法案并不是“国家干预主义的回归”，而是致力于提供一套更为完善的风险管理体制与监管架构，改善和提高金融监管的技术和艺术，以适应金融体系新的发展需要，而不是强化实质性管制。法案的目标是要提供“更好的监管”而非“更强的监管”。毕竟，金融稳定只是手段，而金融和经济的发展才是最终目的。法案最大的动作是顶层设计的改革，对于微观层面金融控股公司的结构、创新及业务经营，并没有丝毫的触动和限制。

与美欧国家金融监管及金融市场发展情况相比，中国的分业监管体系则显得“过宽过细”：对金融企业的经营管得过宽，对具体业务指标管得过细。很多金融机构的新业务，如果不事先报监管部门批准就没法开展，而监管部门基于所谓审慎的理由，一般也不会批准，如此往复，基本扼杀了金融企业的创新激情和创新空间。因此，未来的监管体系改革，不是加强监管，而是要减少干预，给金融市场更大的创新空间。

中国产业集团将参控股金融业务整合形成的金融控股公司，是产业集团认识到产业与金融之间的巨大差异从而为提高金融专业化作出的尝试性努力，只能算是一般意义上“金融控股”的雏形，与美欧国家以银行或以保险为主业的金融控股公司有着很大差别，体现的是产业集团多元化经营的结果而不是国外银行或保险公司为绕开监管而采取的金融领域“蚕食”策略。从这一点讲，监管机构应该鼓励这种小心翼翼的实验，认真观察并从中总结经验、掌握规律、提高监管水平，而不应该急不可耐地出台法规捆绑其手脚、限制其发展。尤其需要指出的是，国外的金融控股公司作为一个金融企业集团，是可以对各金融子公司实施合并纳税的，是可以更加自由地开展广泛意义上的金融服务的，国内监管机构如果打算为金融控股公司正名并且加强监管，又能够为其带来什么样的好政策呢？

当然，对于企业集团而言，在推进产融结合的道路上摸索金融业务发展规律并基于股东利益最大化原则投资、运营或处置某些金融股权（包括控制权），的确需要更新管理理念，需要用专业的人在遵守专业规则的基础上干专业的事，其实这也是一个不小的挑战。

正因为如此，产业集团组建金融控股公司的尝试，在某种程度上也是一种金融创新，这一做法与其说是企业集团将已存的、分散的金融业务集中统筹管理以强化产融风险的隔离，毋宁说是用更专业化的手段实现产融机制隔离。国内积弊多年的金融乱象，根子还在于产融混杂、产融不分、行政模式与市场模式打架。在这样的环境下，机制隔离恐怕要比风险隔离更有实质性意义，它有益于国内金融市场的均衡发展和监管水平的提高，需要人们用更大的耐心和信心，关注它、研究它，并引导它向着更健康的方向发展。

（作者为中油财务公司金融与会计研究所所长、博士）

财务公司流动性风险不容忽视

记者　陈子牧

流动性风险是导致金融机构瞬间关门的风险之一。2013 年 6 月末，国内银行间市场回购利率大幅冲高也反映了临时流动性紧张的现实性。而 2008 年爆发的国际金融危机，以及雷曼兄弟、贝尔斯登、北岩银行等金融机构纷纷倒下，根本原因是其丧失了市场融资能力而导致了资金链断裂，而最终难逃破产的命运。种种案例凸显了加强流动性风险管理的重要性和必要性。

与商业银行相比，财务公司的资金来源除了母公司的注册资本外，主要来源于成员单位的日常经营所需的资金，具有短期性明显的特点，而财务公司资金主要用于成员单位中长期贷款。资产和负债在期限结构上的先天性不匹配考验资金管理者的智慧，一旦头寸出现紧张，极易引发兑付危机。而由于财务公司只能吸收成员单位存款的制度规定导致资金融通渠道少，且难以通过变现资产等方式来筹集资金，一旦财务公司出现严重流动性危机，甚至会波及整个集团。部分财务公司也曾出现因为流动性风险而被清盘的情况，流动性风险的危害性可见一斑。因此，流动性风险是金融机构特别是财务公司面临的主要风险之一，流动性风险相比信用风险、市场风险和操作风险，形成的原因更加复杂多变，它是三者风险的最终体现。

具体而言，财务公司流动性风险分为资产流动性风险和负债流动性风险。其中，资产流动性风险是指资产到期不能按时收回，进而无法如期偿付负债和新的合意贷款及其他融资需要，从而给财务公司带来损失的可能性；负债流动性风险是指财务公司过去吸收的成员单位的存款资金，由于内外因素的变法而发生不规则波动，引发其相关损失的可能性。

由于财务公司与企业集团关系紧密，财务公司的流动性危机会波及整个企业集团的实体经济，因此当前财务公司普遍认识到流动性风险管理的重要。业内普遍认为，流动性管理必须适度，过高的流动性会使财务公司因为持有太多的短期资产而丧失盈利机会，甚至出现亏损，过低的流动性则会使财务公司面临信用危机，甚至导致清算破产或被迫重组。兖矿集团财务有限公司研究人员建议，财务公司应主要从以下几个方面做好流动性管理：一是实施资金预算控制和计划管理。根据集团公司及所属单位的年度、月度资金预算、每周大额资金支付计划，测算资金余缺，编制每日滚动资金计划，科学调度资金，按照“安全性、流动性”、“效益型”的原则顺序，保持合理的结算备付资金，确保支付安全。二是加强成员单位资金统一支付控制。严格执行集团公司资金支付的网上申报及审批制度；严格成员单位建设项目资金控制，对建设项目资金支出逐笔网上审批；对审批的资金，全部通过资金管理信息系统实时、统一对外支付。三是监控风险监管指标，防范流动性风险。财务公司使用监测预警指标体系作为日常监测重要手段，每月对资本充足性、流动性进行测算预警，对流动性比例能够实现按周测算，确保流动性比率不低于25%，资本充足率不低于15%。四是制定流动性资金应急补充方案。当出现流动性不足时，不论是拆入资金还是申请调用央行准备金，都要做到心中有数、渠道畅通。

此外，东方电气集团财务有限公司建议应该开展流动性压力测试。理由有两点，其一是主动适应高标准的监管要求，向先进银行看齐。压力测试是国际金融界的通用做法，在国外已有相当长的发展历史。近几年，伴随着国内银行国际化发展的历程，银监会陆续出台了针对流动性风险管理的多项规章，用于指导金融机构开展工作。其二是加强自身对极端情况的应对能力。财务公司作为集团内部的金融机构，资金来源渠道较窄，财务公司所属集团大多主业比较集中，受行业波动的影响较大。在目前经济增速放缓的背景下，3~5年内多数财务公司所属集团经营业绩预计将出现下滑，可能导致存款减少同时贷款增加的情况，对于作为集团资金集中管理平台的财务公司，必将形成巨大的流动性冲击。另外，2008年国际金融危机以来，为了加快经济复苏，政府采取了多项政策，使得整个市场流动性泛滥。目前，政府将经济政策的主要目标集中稳增长、调结构上面，总体上将继续采取稳健的货币政策，对于经济进行微调，控制市场流动性。但是目前经济增速下降的背景下，改革的过程中政策存在一定的不确定性。政策的调整必然也会对财务公司流动性造成影响。

但目前流动性压力测试相关的分析和应用并不多，因此，流动性压力测试作为一种前瞻性的研究，通过测算金融机构在遭遇小概率极端不利情况下可能发生的损失及财务状况变化，事前衡量财务公司风险承受能力，对于提高流动性管理水平有很大的帮助。

（《金融时报》2013年11月11日第七版）

从全牌照到特色化经营
——财务公司发展当思变革

从全牌照到特色化经营　财务公司发展当思变革

记者　胡萍

尽管实施有限牌照制度，财务公司的申请热度依然未减。截至今年10月末，全国企业集团财务公司共174家，113家央企中有63家组建了财务公司。另据银监会透露，在内蒙古、山西、甘肃等中西部省市批准设立18家财务公司，填补了这些省市的财务公司空白。

在业务方面，财务公司业务也由简单的“存、贷、结”发展到提供资金集中管理、投资理财、财务顾问等全方位金融服务。而且，基于分类监管的原则，将财务公司的业务范围分为基本业务和延伸业务，对于申请延伸业务的公司从制度建设、公司治理、经营业绩、风险管理和人才储备等方面提出了更高要求。

也就是说，改变过去财务公司一开业就获全基本业务牌照的做法，试行有限牌照制度，申请部分业务需要一定资质与时间。

有限牌照制度

“我们是十项全能啊。”某在京财务公司总经理这样说道，对于新成立近三年即拥有《企业集团财务公司管理办法》第二十八条规定的十项业务，该总经理表示满意。因为有的新设财务公司只拿到部分业务牌照，有的财务公司尚只能开展资金归集或是办理成员单位之间的内部转账结算业务，这对于有些资金富余型财务公司而言实在是饱受“有米无炊”之苦。

在银监会非银部主任李建华看来，片面追求新业务、全牌照并不可取。财务公司一要发挥好资金集中功能。资金集中是财务公司的核心职能，壮大集团“资金池”是财务公司的重要使命。

李建华告诉记者，目前一些财务公司将精力放在申请新业务上，追求全牌照。但据统计，只有少数公司开办了全部业务，部分业务品种开办率不足50%。下一步，财务公司要兑现准入承诺，根据企业集团的现状和需求，研究产业发展规律，打造自身优势业务，向做专做精方向发展。

这意味着未来监管将进一步细分、优化。李建华表示，将进一步优化分类监管试评价体系，根据财务公司资金集中度的高低、归集资金量的多少、风险管控能力的强弱，进行“区别分类，精细监管”，允许符合监管要求的财务公司向集团业务产业链的上下游适当延伸金融服务。

金融业务量体裁衣

与申请业务牌照相比，创新服务则是当务之急。

业内人士表示，依靠制度红利以及集团行政指令的“等、靠、要”思想不利于财务公司长远发展，必须在服务创新上下工夫。正如李建华所说，“使成员单位离不开、舍不得，才能在未来的竞争中处于主动”。

如何为企业集团提供量体裁衣式的金融服务？财务公司的经验是，密切跟踪集团战略变化和转型发展需求，积极改善内部管理、技术手段和产品服务。国家电网总会计师李汝革介绍了中国电财的实践：首先，在经济结构转型大背景下，落实金融机构服务实体经济、小微企业的要求，增加对调峰电源、电力设备制造、“三农”建设、电力科研技术等方面的信贷支持；其次，跟进国家电网公司走出去步伐，大力推进国际业务发展，已经开展了外币贷款、结售汇等业务；最后，发挥金融专业优势，协助国家电网公司成功发行30亿美元债券。

上海电气财务公司也围绕集团战略，在传统的集团内部资金集中管理功能的基础上，创新金融服务模式，具体从支持集团国际化、新产业发展、精细化管理等方面支持集团在发展过程中对金融资源的需求，提升内部金融价值贡献。

在发挥财务公司的特色优势上，上汽集团财务公司从2008年开始涉足汽车金融行业，为对除通用以外的各品牌经销商和4店提供融资服务。5年时间，业务拓展至全国353个城市、近1300家经销商，贷款余额已超过300亿元。

向提升管理转变

在财务公司蓬勃发展的同时，也应直面自身存在的问题。比如业务表外化趋势持续，委托业务合规性有待加强等。在外部环境方面，财务公司还面临经济结构调整和转型升级的考验。当前化解产能严重过剩问题是产业结构调整的重点，在消化、转移、整合、淘汰过剩产能的过程中，行业整合、集团走出去会对财务公司提出更高的要求；部分行业可能会出现经营困难、利润下滑等问题，将导致财务公司坏账增加、风险上升，影响财务公司发展。

银监会表示，对于存在的问题财务公司不能忽视，也不能回避，要按照“改革发展、稳中求进”的总基调，结合企业集团发展和管理需求，不断探索特色化发展路径，打造核心竞争力。下一步要引导财务公司规范开展委托业务，强化资金集中管理效果；引导财务公司控制投资规模，主动优化投资结构，严格止损操作，降低投资风险。

“财务公司要从做大规模向提升管理转变。”李建华表示，随着企业集团的不断发展和利率市场化改革的不断深化，重规模轻管理的发展模式将不可持续。财务公司要不断完善管理手段、提升自身管理水平，在提高企业集团资金集中管理、推动内部资源高效配置和有效管控风险等方面发挥更重要的作用。

对于财务公司的内部控制，监管也予以强调，要求引导财务公司加强内部控制，建立完善法人治理结构，细化业务管理办法和操作流程。“鼓励财务公司引进境内外战略投资者，促进财务公司建立现代企业制度和规范化管理模式。”李建华说。

观点

中国银监会非银部主任李建华在谈及财务公司应着力处理的关系时表示，财务公司一要处理好集团主管与行业监管的关系。财务公司具有产业和金融双重属性。财务公司既要接受集团的领导，为成员单位提供更多金融服务便利；也要按照金融监管部门关于合规运营和风险控制等方面的要求，遵循市场规律，保持相对独立性。二要处理好经营绩效与服务功效的关系。财务公司不能仅仅满足于完成每年的利润考核指标，要建立清晰的战略定位和长远的发展规划，做好相关服务的成本效益分析，协助企业集团对其建立科学的考核评价机制。三要处理好财、银、企之间的关系。财务公司对内要处理好与成员企业的关系，发挥好总部管理职能和金融服务功能。对外要协助企业集团构建稳定的银企关系，成为银企关系的融合剂。

寓监管于服务　以监管促发展

——北京银监局积极支持辖内财务公司服务实体经济发展

记者　金立新

财务公司的服务对象主要限定在企业集团内部，风险内生性较强，业务和风险与银行和其他非银行金融机构存在较大差异。当前，财务公司在促进产融结合中发挥的作用越来越受到社会各界认可，随着数量的快速增加、业务创新能力的不断增强，对监管也提出了更高的要求。如何根据财务公司的特点和发展规律完善监管体系，考验着监管层的智慧。日前，记者就相关问题采访了北京银监局副局长逯剑。

记者：当前，财务公司行业既面临改革带来的机遇，同时也面临利率市场化、互联网金融等变革带来的挑战。请问当前北京辖内财务公司发展情况如何？

逯剑：近年来，在银监会的支持下，企业集团设立财务公司数量不断增加。截至三季度末，北京银监局监管财务公司42家，较2010年同期增加19家，资产总额5000多亿元，机构数量、资产规模和利润均占全国四分之一；所在集团行业分布广泛，涵盖了除钢铁以外的其他主要行业；所有制齐全，包括中央国企、地方国企、民营企业和外资企业；经营状况良好，不良资产率远低于全国平均水平，资本充足率、拨备覆盖率远高于全国平均水平。

北京聚集了大量中央、地方及民营企业集团，目前企业集团申请设立财务公司需求仍然很大，截至10月末，北京银监局正在受理的新设财务公司申请共23家，另有13家企业集团向我局表达了申请设立财务公司意向。

记者：在新形势和新问题面前，北京银监局在财务公司监管和支持财务公司服务实体经济方面进行了哪些积极探索？

逯剑：总体看是寓监管于服务，以监管促发展，适应新形势对监管工作的新要求。为应对财务公司日常监管和新设机构准入的工作压力，北京局党委不断增强监管力量，目前我局非银行金融机构监管处16人，为全局最大处室，其中财务公司主监管员已从6名增加至8名，此外我局还通过“一人多能、一人多岗、一人多用”等方式充分挖掘监管人员的潜力。

同时，在发挥监管行业导向作用，提升监管效能和支持财务公司发展等方面，也在不断探索和创新。首先，优化准入工作流程，提高准入工作质效。面对每年10～20家新设机构申请和现存机构日常准入事项带来的庞大工作量，我局通过简化准入流程、加强培训等方式，在坚守风险底线的同时，不断提高服务质量、效率和水平。我局在每个监管员负责6～7家机构、日常监管任务异常繁重的情况下，今年初至10月末，办结了辖内财务公司高管准入53项，业务准入20项，机构新设准入6项，还完成了23家新设机构准入阶段性工作。据统计，自2011年至今，北京银监局已经完成22家财务公司筹建及开业的审查工作。其次，优化监管评级方式，改变原来现场检查式监管评级，实行监管评级日常化，加强机构走访，在节约监管资源的同时，增进了对机构的了解，突出监管重点。最后，在支持财务公司发展方面，推动财务公司开展外汇资金集中运营管理试点业务，支持辖内汽车制造企业集团财务公司开展成员单位产品消费信贷、买方信贷业务，鼓励财务公司开展船舶融资租赁业务试点，支持服务实体、符合定位的金融创新。

记者：在支持实体经济方面，北京辖内财务公司取得了哪些成效？

逯剑：主要有两方面，一是夯实了管理基础，提高了服务质效。在内控制度方面，华电、中化、电子、京能、神华、中建、南车、北车、国药、保利等财务公司进行了制度全面梳理和完善，如华电财务梳理出857个内控风险点，合并为600多个，完善了44项内控制度，夯实了管理基础。在经营理念方面，兵工、电子等财务公司全面树立“以客户为中心”的经营理念，实行“客户经理制”，大幅提高服务水平和效率。在管理手段方面，国电财务公司率先开发上线了具备“指纹识别+数字证书”防控功能的五层安全防火墙网上银行系统，提高资金安全保障，降低操作风险。在产品方面，品种日益丰富，服务功能日益完善，如兵工等财务公司积极开展买方信贷、消费信贷业务，扩充了产融结合渠道，促进成员单位产品销售；海航、大唐电信等财务公司积极开展境外资金归集试点，提高资金集中管理能力和金融服务水平；中远财务公司围绕集团主业开发金融产品，积极研究尝试船舶融资租赁业务试点；很多财务公司取得了全部业务牌照，积极开展债券承销和证券投资业务，既为集团节省了财务费用，取得了不俗的投资收益，同时又培养了金融专业人才，增强了财务公司金融平台的功能。

二是财务公司支持实体经济发展取得不错成效。表现之一是贷款持续增长，有力支持了企业集团发展。截至三季度末，辖内财务公司各项贷款余额近3000亿元，比年初增长了22.07%，高于辖内银行业金融机构贷款增速12.62个百分点；其中，近3年新设的18家财务公司贷款余额较上季末增加百亿元，增速高达32.48%，远高于辖内财务公司平均增速。从贷款行业投向来看，前五大贷款行业分别为电力能源、制造业、批发零售业、交通运输业、建筑业，占贷款总量的84.66%。表现之二是降低了成员单位借贷成本，节省了财务费用。据了解，辖内财务公司新发放贷款实际执行利率平均水平同比有所下降，部分财务公司对成员单位贷款利率下浮比例甚至达到30%。

集团支持决定财务公司方向

记者　胡萍

"皮之不存毛将焉附"，有人用这句话来形容企业集团与财务公司的关系。意思是说财务公司与所属行业息息相关，如果企业集团所在行业景气，经济效益好，那么该集团下的财务公司也相应规模较大，资金雄厚，利润高；如果所属集团处于滑坡阶段，那么不论该财务公司主观上有多努力，也一定会面临资金缺乏、效益下降的局面。如此，集团对财务公司的定位、支持与希望直接决定财务公司将走向何方。

充分发挥专业优势

从监管定位来看，财务公司的核心职能主要体现在"整合内部资源、强化资金管理、发挥金融优势、服务集团发展"；对企业集团而言，财务公司与传统产业在经营管理上有本质区别，不能按照传统产业的办法办金融，那么，该如何定位以突出财务公司服务集团的本质呢？

"财务公司的业务特点和风险防范重点与银行不同，我们主张不同的金融业态从事不同的金融业务，比如财务公司掌握大量企业的内部信息，通过它连接起上下游的中小企业，同时借助外部金融机构的资金，一起把产业、把企业做大做强。"银监会非银部主任李建华在日前接受记者采访时说。借助于"内部"、"专业"等独有优势，财务公司对企业集团发挥的服务功能首先落脚在整合内部资源上，即通过财务公司的平台建立统一的"资金池"，集中盘活存量资金，提高资金的使用效率和效益。其次是强化资金管理，从最基本的结算业务做起，确保支付无障碍，加强银行账户和现金管理，保障流动性，保证集团的资金链安全。此外，是发挥金融优势，提供专业金融服务，其牌照功能、专业优势主要体现在金融运作、顾问服务、产品创新、引入资源等方面。

华电集团总会计师王怀书将集团对财务公司的定位总结为三个字，即"严"、"宽"、"靠"。"严"是指在资源整合上紧抓不放，严格控制集团成员单位网外资金，从行政上支持财务公司实施集团资金集中管理要求；"宽"是指在体制机制上创造宽松的环境，集团对财务公司从不给予超出监管要求、违背市场规律的压力，并在用工、干部管理、绩效和薪酬方面都有别于传统产业；"靠"是指将财务公司的专业平台作为集团内部资源与外部市场、资源对接的桥梁和纽带。

不能成为利润中心

在财务公司的经营绩效方面，尽管监管立场明确，不应单纯以自身盈利水平作为财务公司运行效果的衡量指标，但实践中，财务公司承担着利润考核指标，尤其是主业盈利渺茫甚或是亏损的情况下，财务公司这一金融业务则被寄予“厚望”。

对此，财务公司人士表示，大多数财务公司追求的是为企业集团节约财务费用、管控资金风险，业务范围局限在企业集团内部（资金市场业务除外），考核财务公司的运行效果，应从产融结合功效方面去综合评判，不能将盈利作为唯一指标。

“财务公司为企业集团节约了大量财务费用，这就是财务公司的贡献之一。”国家电网集团总会计师李汝革表示。以中国电财为例，中国电财资金结算量从2009年11.79万亿元增加到2012年的18.82万亿元。结算笔数从2009年的233.08万笔增加到2012年的427.79万笔。更为重要的是，通过账户体系搭建，减少国家电网公司账户总数。国家电网公司系统2012年末的银行账户数量比“十一五”初期减少53.9%。而且，剩余账户基本纳入中国电财账户体系，实现了账户集中监控，更好地协助国家电网公司防范财务风险。

王怀书说：“财务公司在整合集团资源、提升服务集团能力方面成效显著，基本实现了集团公司发展到哪里，金融资源整合覆盖到哪里，金融服务跟踪到哪里。”据王怀书介绍，目前，华电财务公司资金归集率达到88%，十年累计为集团节约财务费用40亿元；通过发放贷款、组建银团等多种方式，累计为集团提供资金近千亿元，切实支持了重点项目的建设；发挥专家作用，有针对性地分析金融政策及市场，不断创新产品，探索资产证券化、信用证等业务，在集团发债、金融运作等方面提供顾问服务，为集团决策提出意见和建议，切实解决集团发展中遇到的问题。

集团整体管控参与不足

对于财务公司未来的发展，王怀书表示，从集团角度来讲，期望财务公司在金融协同和专家顾问方面发挥更大作用。目前财务公司在集团整体管控中的参与程度还不够深入，发挥出来的管理职能也还有限。

王怀书建议，财务公司应继续深入参与集团管控当中，把财务公司系统平台嵌入集团ERP体系中，以财务公司为载体建立健全流动性管控机制，提高资金计划的精益化管理水平。财务公司还应进一步深入借鉴金融业在公司治理和风险管理领域的先进经验，与国际接轨，以内控体系建设和信息化系统建设为试点，多参考金融机构的优秀做法，努力实现管理提升的示范效应，为集团其他方面管理水平的提升树立标杆。

此外，现在利率市场化进程不断加快，集团所面临的金融市场日新月异，集团实施的金融运作也越来越多，更需要财务公司在集团金融运作的各方面发挥优势，做好市场研究，帮助集团继续推进金融资源整合的不断深化，提升全集团的金融运作和管理水平，提高资源整合效益。

（《金融时报》2013年12月9日第七版）

统计资料

经营状况综合统计

财务公司资产、负债、权益统计表

（2013 年）　　单位：万元

机构＼项目	资产			负债		所有者权益	
	总额	其中:贷款	其中:投资	总额	其中:存款	总额	其中:资本金
东风汽车财务有限公司	1 935 695	1 176 383	428	1 730 098	1 635 728	205 597	131 900
中国重汽财务有限公司	571 257	332 608	–	444 190	422 060	127 067	103 356
中国华能财务有限责任公司	2 654 410	1 897 310	246 496	2 019 402	1 628 864	635 008	500 000
锦江国际集团财务有限责任公司	390 790	132 539	10 039	327 415	324 648	63 376	50 000
一汽财务有限公司	4 213 543	457 825	221 687	3 890 426	3 835 360	323 117	112 880
西电集团财务有限责任公司	869 646	193 348	79 350	751 582	713 477	118 064	100 000
中国石化财务有限责任公司	5 750 241	3 332 453	768 665	4 091 854	2 775 749	1 658 387	1 000 000
东方电气集团财务有限公司	1 777 162	653 528	145 148	1 545 862	1 518 813	231 300	209 500
宝钢集团财务有限责任公司	1 256 013	622 239	104 117	1 079 941	957 158	176 073	110 000
中国一拖集团财务有限责任公司	335 647	180 695	40 260	270 626	220 559	65 022	50 000
五矿集团财务有限责任公司	1 109 822	472 252	105 020	684 163	610 000	425 660	350 000
攀钢集团财务公司	406 267	330 303	–	176 868	152 720	229 399	150 000
武汉钢铁集团财务有限责任公司	2 395 744	2 075 950	30 268	1 919 557	1 407 996	476 187	200 000
中远财务有限责任公司	2 588 063	220 063	157 852	2 359 683	2 337 981	228 380	160 000
江铃汽车集团财务有限公司	309 880	188 850	21 844	247 415	191 320	62 466	50 001
中国航空集团财务有限责任公司	596 099	381 848	40 984	499 462	496 214	96 638	50 527
中国南动集团财务有限责任公司	51 058	23 621	442	15 945	15 666	35 113	30 000
天津渤海集团财务有限责任公司	302 200	227 214	–	186 505	184 270	115 694	100 000
深圳市有色金属财务有限公司	125 294	93 859	1 461	72 945	59 715	52 349	30 000
中国南航集团财务有限公司	713 484	209 257	53 261	633 755	570 593	79 729	72 433
上海汽车集团财务有限责任公司	9 112 095	3 300 617	690 226	8 348 938	7 658 232	763 156	300 000
振华集团财务有限责任公司	81 340	54 184	–	60 421	59 584	20 919	15 000
东方集团财务有限责任公司	200 834	158 561	–	147 004	99 489	53 830	50 000
东航集团财务有限责任公司	396 688	195 295	52 872	315 391	310 608	81 297	50 000
中油财务有限责任公司	39 746 495	25 448 468	6 622 259	36 218 686	24 209 184	3 527 809	544 100
上海电气集团财务有限责任公司	3 488 663	1 217 595	392 950	3 153 012	3 111 904	335 651	150 000
中国能源建设集团葛洲坝财务有限公司	603 150	426 087	20 247	440 940	432 880	162 210	137 137
兵工财务有限责任公司	3 051 837	1 476 923	296 912	2 525 617	2 397 574	526 220	317 000
三峡财务有限责任公司	1 952 632	710 846	242 422	1 614 274	1 328 809	338 358	240 000
中广核财务有限责任公司	2 005 718	1 231 443	88 627	1 830 883	1 708 750	174 835	100 000
中船财务有限责任公司	4 302 938	1 984 427	197 381	3 984 704	3 919 266	318 235	184 000
中核财务有限责任公司	3 193 278	1 638 917	187 245	2 847 281	2 705 615	345 997	200 960
上海浦东发展集团财务有限责任公司	1 031 680	360 639	145 789	822 307	816 017	209 373	100 000
鞍钢集团财务有限责任公司	1 311 689	887 878	73 729	998 757	840 490	312 932	100 000
中国电力财务有限公司	14 574 098	7 143 254	899 582	12 923 268	11 945 587	1 650 830	1 000 000
神华财务有限公司	4 511 574	3 073 430	53 474	3 881 954	3 835 626	629 620	500 000
中国电子财务有限责任公司	1 790 972	764 851	60 439	1 540 172	1 512 403	250 800	175 094

续表

项目 机构	资产			负债		所有者权益	
	总额	其中:贷款	其中:投资	总额	其中:存款	总额	其中:资本金
航天科技财务有限责任公司	5 248 284	1 338 837	452 935	4 847 764	4 663 178	400 521	220 000
航天科工财务有限责任公司	3 958 245	908 501	141 834	3 645 879	3 630 529	312 366	238 489
中船重工财务有限责任公司	4 267 749	2 202 233	800 790	3 865 214	3 707 152	402 535	71 900
中海石油财务有限责任公司	5 555 914	1 627 692	952 880	4 898 009	4 842 449	657 905	400 000
海尔集团财务有限责任公司	6 128 657	3 460 562	408 178	5 587 384	4 834 257	541 273	450 000
吉林森林工业集团财务有限责任公司	238 598	147 950	12 308	181 525	193 452	57 073	50 000
万向财务有限公司	715 449	609 721	30 349	524 868	458 097	190 581	120 000
中粮财务有限责任公司	808 173	558 156	38 585	544 260	539 505	263 913	100 000
苏州创元集团财务有限公司	122 015	88 110	2 000	86 702	73 799	35 313	30 000
珠海格力集团财务有限责任公司	2 189 984	559 445	80 593	1 954 634	1 860 781	235 350	150 000
国机财务有限责任公司	1 259 437	504 970	50 876	1 113 579	1 002 745	145 858	110 000
海航集团财务有限公司	2 086 964	1 707 086	115 140	1 718 775	1 598 280	368 189	270 000
中国华电集团财务有限公司	3 089 100	2 221 290	347 244	2 397 552	1 903 780	691 548	500 000
中国大唐集团财务有限公司	2 186 351	1 555 049	206 567	1 760 091	1 753 090	426 259	300 000
南方电网财务有限公司	2 513 105	1 657 407	115 332	2 063 409	2 038 951	449 695	300 000
中电投财务有限公司	2 420 524	1 756 070	160 010	1 816 161	1 103 769	604 363	500 000
国电财务有限公司	2 815 775	1 843 100	113 382	2 181 166	2 021 382	634 609	505 000
华联财务有限责任公司	690 889	582 533	27 874	545 213	450 777	145 676	100 000
兵器装备集团财务有限责任公司	2 562 897	1 767 078	12 297	2 273 402	2 247 070	289 495	150 000
京能集团财务有限公司	1 108 286	669 798	51 702	920 982	912 591	187 304	150 000
浙江省能源集团财务有限责任公司	2 035 473	750 051	28 362	1 897 711	1 890 738	137 762	97 074
广东粤电财务有限责任公司	1 420 422	1 020 513	75 719	1 177 394	1 140 455	243 028	200 000
TCL 集团财务有限公司	668 471	288 046	238	499 919	453 877	168 552	150 000
湖南华菱钢铁集团财务有限公司	309 267	170 054	35 678	215 808	171 526	93 459	60 000
江西铜业集团财务有限公司	1 334 548	415 231	178 003	1 132 437	1 121 376	202 112	100 000
天津港财务有限公司	812 794	523 521	35 110	669 328	663 413	143 466	85 000
松下电器（中国）财务有限公司	483 921	2 683	–	385 625	383 654	98 296	70 000
中航工业集团财务有限责任公司	4 736 473	2 153 784	267 273	4 357 222	4 305 459	379 251	250 000
中冶集团财务有限公司	1 192 993	605 765	–	988 953	957 819	204 039	153 040
申能集团财务有限公司	1 302 151	663 550	109 269	1 165 444	1 078 281	136 707	100 000
潞安集团财务有限公司	929 431	561 156	22 690	781 627	772 577	147 804	100 000
淮南矿业集团财务有限公司	979 819	590 723	122 018	711 671	697 066	268 147	200 000
日立（中国）财务有限公司	158 483	71 370	–	122 701	121 814	35 783	30 000
保利财务有限公司	861 836	210 649	52 000	740 644	735 431	121 192	70 000
深圳能源财务有限公司	608 308	481 280	3 210	476 957	472 723	131 351	100 000
中化集团财务有限责任公司	1 479 182	713 257	234 104	1 114 137	999 209	365 044	300 000
海信集团财务有限公司	628 628	148 921	–	539 285	521 345	89 343	50 000
国联财务有限责任公司	388 692	139 762	–	330 759	325 313	57 933	50 000
首都机场财务有限公司	976 254	496 982	1 986	895 295	889 788	80 959	50 000

续表

项目 机构	资产			负债		所有者权益	
	总额	其中:贷款	其中:投资	总额	其中:存款	总额	其中:资本金
红豆集团财务有限公司	204 835	138 061	10 050	143 633	128 222	61 202	50 000
海马财务有限公司	425 348	195 607	46 497	302 632	292 018	122 716	95 000
南山集团财务公司	690 770	417 430	–	591 524	534 538	99 246	80 000
国投财务有限公司	2 036 993	1 284 239	111 316	1 790 165	1 629 244	246 828	200 000
河南能源化工集团财务有限公司	2 036 733	1 342 190	2 382	1 571 505	1 552 210	465 228	300 000
中国化工财务有限公司	518 080	360 240	–	427 462	426 059	90 618	63 250
紫金矿业集团财务有限公司	592 016	370 309	8 600	518 014	514 360	74 002	53 156
江苏华西集团财务有限公司	249 628	110 922	–	187 482	177 308	62 146	50 000
冀中能源集团财务有限责任公司	700 130	426 313	2 501	571 681	568 580	128 449	100 000
山西焦煤集团财务有限责任公司	1 162 053	413 141	50 000	1 000 605	1 017 743	161 448	116 000
阳泉煤业财务有限公司	833 988	622 015	15 119	688 890	680 638	145 098	100 000
晋煤集团财务有限公司	873 302	535 015	–	726 610	675 031	146 692	100 000
云南冶金集团财务有限公司	323 286	199 926	–	204 428	171 534	118 857	112 500
中海集团财务有限责任公司	976 861	476 850	25 000	884 148	878 061	92 713	60 000
中集集团财务有限公司	330 026	222 489	–	265 063	233 625	64 962	50 000
沙钢财务有限公司	430 039	263 423	–	308 078	257 247	121 961	100 000
美的集团财务有限公司	953 761	691 723	1 212	778 447	758 145	175 314	150 000
宁波港集团财务有限公司	567 217	411 550	–	397 081	393 687	170 136	150 000
兖矿集团财务有限公司	619 061	341 268	–	534 318	532 241	84 743	50 000
哈尔滨电气集团财务有限责任公司	682 946	22 135	–	529 339	526 447	153 607	150 000
北大方正集团财务有限公司	1 056 797	786 184	5 031	507 561	467 304	549 237	500 000
通用技术集团财务有限责任公司	907 709	417 201	–	786 432	776 314	121 277	100 000
铜陵有色金属集团财务有限公司	382 318	226 579	–	318 011	259 163	64 308	50 000
中建财务有限公司	2 017 734	644 000	–	1 877 193	1 844 564	140 541	106 800
江苏国信集团财务有限公司	797 159	575 337	–	620 221	575 200	176 938	150 000
重庆化医控股集团财务有限公司	705 711	378 788	–	639 270	634 742	66 441	50 000
金川集团财务有限公司	406 685	264 749	–	291 055	289 042	115 630	100 000
新希望财务有限公司	225 577	128 000	–	169 337	168 290	56 241	50 000
酒钢集团财务有限公司	656 406	278 176	–	515 424	513 069	140 981	100 000
包钢集团财务有限责任公司	333 005	198 543	–	270 803	270 017	62 201	50 000
新奥财务有限责任公司	361 175	213 389	–	250 334	210 607	110 840	100 000
中外运长航财务有限公司	296 456	158 000	–	240 790	235 331	55 666	50 000
青岛啤酒财务有限责任公司	842 474	43 606	–	762 802	756 906	79 672	50 000
上海复星高科技集团财务有限公司	289 266	185 000	–	253 105	252 360	36 161	30 000
中铝财务有限责任公司	899 127	396 165	–	724 904	723 899	174 223	150 000
中兴通讯集团财务有限公司	418 640	237 798	–	302 620	284 710	116 020	100 000
国核财务有限公司	393 881	180 150	10 000	275 915	274 307	117 966	100 000
福建省能源集团财务有限公司	459 429	100 500	–	396 681	385 132	62 747	50 000
湖南高速财务有限公司	294 765	145 000	–	175 281	171 737	119 484	100 000

续表

项目 机构	资产			负债		所有者权益	
	总额	其中:贷款	其中:投资	总额	其中:存款	总额	其中:资本金
马钢集团财务有限公司	804 336	601 609	–	680 497	641 023	123 839	100 000
湖北宜化集团财务有限责任公司	83 919	70 000	–	53 078	51 237	30 842	30 000
北京汽车集团财务有限公司	1 214 930	329 887	–	1 146 855	1 143 507	68 075	50 000
大连港集团财务有限公司	331 765	126 391	–	269 113	267 831	62 652	50 000
大唐电信集团财务有限公司	350 948	166 819	–	240 598	239 760	110 350	100 000
开滦集团财务有限公司	554 091	183 678	–	443 456	438 618	110 635	100 000
中国航油集团财务有限公司	204 140	140 000	–	76 611	76 007	127 529	120 000
海南农垦集团财务有限公司	168 305	79 625	–	113 038	112 656	55 268	50 000
西部矿业集团财务有限公司	633 577	186 649	–	566 841	408 498	66 736	50 000
江苏交通控股集团财务有限公司	400 572	290 218	–	288 383	286 806	112 190	100 000
中国移动通信集团财务有限公司	5 135 544	210 000	–	4 523 147	4 438 577	612 396	500 000
山东钢铁集团财务有限公司	602 893	221 222	–	428 362	419 541	174 530	160 000
国药集团财务有限公司	513 866	195 284	–	458 755	438 896	55 111	50 000
郑州宇通集团财务有限公司	590 487	330 446	–	525 560	523 397	64 928	50 000
中国铁建财务有限公司	2 764 762	879 968	–	2 112 208	2 097 282	652 554	600 000
山东省商业集团财务有限公司	325 141	138 237	–	254 708	253 789	70 433	60 000
深圳华强集团财务有限公司	135 339	96 500	–	83 236	82 686	52 103	50 000
诚通财务有限责任公司	354 390	161 249	–	247 020	244 606	107 370	100 000
山东重工集团财务有限公司	745 390	199 265	–	638 523	634 676	106 866	100 000
湖北能源财务有限公司	101 850	57 628	–	69 827	69 098	32 023	30 000
港中旅财务有限公司	157 267	131 725	–	104 240	102 564	53 027	50 000
陕西煤业化工集团财务有限公司	437 244	287 681	–	329 276	318 796	107 967	100 000
上海华谊集团财务有限责任公司	402 616	139 609	–	370 524	368 986	32 092	30 000
河北钢铁集团财务有限公司	555 235	250 485	–	344 081	335 367	211 155	200 000
安徽省能源集团财务有限公司	73 835	54 950	–	42 033	41 251	31 803	30 000
中化工程集团财务有限公司	818 113	177 750	–	706 619	701 259	111 494	100 000
天津天保财务有限公司	556 164	300 900	–	446 143	444 551	110 021	100 000
亿利集团财务有限公司	142 504	100 000	–	87 891	86 711	54 612	50 000
厦门海翼集团财务有限公司	159 403	67 471	–	106 398	89 568	53 006	50 000
中信财务有限公司	899 616	121 000	–	793 671	789 366	105 946	100 000
浙江省交通投资集团财务有限责任公司	668 655	214 480	–	579 821	576 821	88 833	80 000
南车财务有限公司	709 076	202 774	–	603 525	600 973	105 550	100 000
中国北车集团财务有限公司	943 640	174 904	–	812 310	810 799	131 330	120 000
中国电子科技财务有限公司	2 331 810	995 526	–	2 110 389	2 099 319	221 422	200 000
重庆机电控股集团财务有限公司	220 521	66 898	–	155 643	154 233	64 878	60 000
河北建投集团财务有限公司	458 954	96 200	–	406 753	405 914	52 201	50 000
太钢集团财务有限公司	410 068	187 602	–	303 906	270 515	106 161	100 000
大同煤矿集团财务有限责任公司	1 146 468	187 000	–	1 027 675	1 023 943	118 793	100 000
贵州茅台集团财务有限公司	1 126 283	9 145	–	1 040 049	1 034 079	86 234	80 000

续表

机构 \ 项目	资产			负债		所有者权益	
	总额	其中:贷款	其中:投资	总额	其中:存款	总额	其中:资本金
海亮集团财务有限责任公司	250 887	160 798	–	147 905	146 819	102 982	100 000
中材集团财务有限公司	289 093	20 000	–	237 703	237 110	51 391	50 000
贵州盘江集团财务有限公司	128 405	50 231	–	77 635	76 993	50·770	50 000
北京首都旅游集团财务有限公司	256 050	126 300	–	153 465	152 317	102 585	100 000
广西交通投资集团财务有限责任公司	194 790	45 000	–	140 232	138 908	54 558	50 000
徐工集团财务有限公司	407 874	261 827	–	353 687	351 457	54 187	50 000
百联集团财务有限责任公司	276 051	101 025	–	225 727	225 324	50 324	50 000
中交财务有限公司	1 856 724	177 898	–	1 500 695	1 498 660	356 029	350 000
山东黄金集团财务有限公司	279 242	70 500	–	177 903	176 982	101 339	100 000
中开财务有限公司	190 856	28 650	–	140 303	139 885	50 553	50 000
中国平煤神马集团财务有限责任公司	572 218	89 912	–	469 472	467 759	102 745	100 000
四川长虹集团财务有限公司	158 885	101 308	–	57 611	10 849	101 274	100 000
创维集团财务有限公司	215 385	106 033	–	113 306	112 213	102 078	100 000
江苏国泰财务有限公司	46 911	10 000	–	16 906	16 585	30 006	30 000
亨通财务有限公司	57 361	10 000	–	27 195	27 035	30 167	30 000
珠海华发集团财务有限公司	472 988	30 000	–	371 448	366 990	101 539	100 000
北京金隅财务有限公司	388 054	48 704	–	287 976	287 407	100 077	100 000
云南云天化集团财务有限公司	99 499	30 000	–	39 056	38 760	60 444	60 000
北京控股集团财务有限公司	88 309	30 000	–	7 730	6 405	80 579	80 000
总 计	252 396 227	123 379 417	17 625 717	215 666 351	193 130 001	36 729 876	24 571 097

注：①此表资产不含委托项。

②贷款包括短期、中长期、贴现及买断式转贴现、贸易融资、融资租赁及其他贷款。

③投资包括债券、股票、长期股权及其他投资。

④此表为173家财务公司，不含陕西延长石油、山东能源、西门子3家财务公司。

财务公司收入、利润状况统计表

（2013年）

单位：万元

机构 \ 项目	利润总额	营业收入		
		总额	其中：利息收入	其中：中间业务收入
东风汽车财务有限公司	54 979	104 854	77 336	4 146
中国重汽财务有限公司	18 795	27 568	27 538	–
中国华能财务有限责任公司	110 021	152 406	122 181	3 063
锦江国际集团财务有限责任公司	6 333	12 510	11 945	310
一汽财务有限公司	68 340	140 372	132 788	21
西电集团财务有限责任公司	13 252	24 237	20 063	487
中国石化财务有限责任公司	180 478	335 227	270 773	18 475
东方电气集团财务有限公司	18 495	60 263	57 851	24
宝钢集团财务有限责任公司	26 244	57 823	51 603	317

续表

项目 机构	利润总额	营业收入		
		总额	其中：利息收入	其中：中间业务收入
中国一拖集团财务有限责任公司	7 013	11 993	10 411	169
五矿集团财务有限责任公司	24 098	36 534	35 181	105
攀钢集团财务公司	18 282	25 046	22 717	2 119
武汉钢铁集团财务有限责任公司	73 050	115 165	109 571	2 956
中远财务有限责任公司	41 000	95 821	89 747	55
江铃汽车集团财务有限公司	6 666	14 416	12 079	116
中国航空集团财务有限责任公司	9 131	27 530	25 177	1 132
中国南动集团财务有限责任公司	2 691	2 185	2 162	7
天津渤海集团财务有限责任公司	12 750	17 006	15 583	825
深圳市有色金属财务有限公司	5 392	8 926	5 266	56
中国南航集团财务有限公司	13 533	32 082	25 931	3 207
上海汽车集团财务有限责任公司	243 117	499 394	292 525	10 126
振华集团财务有限责任公司	2 673	3 494	3 406	85
东方集团财务有限责任公司	1 488	9 998	9 589	409
东航集团财务有限责任公司	12 782	21 697	17 282	184
中油财务有限责任公司	647 696	1 541 141	977 269	161 731
上海电气集团财务有限责任公司	43 842	111 947	92 295	121
中国能源建设集团葛洲坝财务有限公司	17 128	32 307	28 784	198
兵工财务有限责任公司	62 201	110 088	91 887	1 589
三峡财务有限责任公司	62 783	87 108	62 034	8 550
中广核财务有限责任公司	41 876	83 654	74 897	3 330
中船财务有限责任公司	84 641	196 452	179 851	7 229
中核财务有限责任公司	57 144	144 692	140 121	1 232
上海浦东发展集团财务有限责任公司	26 099	47 244	40 804	270
鞍钢集团财务有限责任公司	51 553	59 434	54 812	1 779
中国电力财务有限公司	310 269	620 024	553 606	6 547
神华财务有限公司	93 418	204 372	192 550	9 946
中国电子财务有限责任公司	32 212	52 630	48 137	569
航天科技财务有限责任公司	120 555	208 322	152 049	2 784
航天科工财务有限责任公司	66 823	116 877	111 118	1 072
中船重工财务有限责任公司	72 256	224 826	190 609	37
中海石油财务有限责任公司	105 078	270 167	204 284	5 200
海尔集团财务有限责任公司	180 263	264 240	235 572	6 101
吉林森林工业集团财务有限责任公司	12 392	17 390	16 360	199
万向财务有限公司	23 319	40 953	40 341	414
中粮财务有限责任公司	29 472	49 833	45 043	467
苏州创元集团财务有限公司	2 539	5 442	5 289	13
珠海格力集团财务有限责任公司	35 733	155 046	150 714	126

续表

项目 机构	利润总额	营业收入		
		总额	其中：利息收入	其中：中间业务收入
国机财务有限责任公司	15 450	41 306	40 245	1 038
海航集团财务有限公司	35 445	98 225	94 813	1 394
中国华电集团财务有限公司	125 270	186 306	148 674	5 156
中国大唐集团财务有限公司	88 339	128 769	99 639	1 898
南方电网财务有限公司	81 668	155 128	145 637	8 404
中电投财务有限公司	78 705	137 759	125 290	4 580
国电财务有限公司	82 499	119 079	111 965	3 050
华联财务有限责任公司	13 365	30 555	29 440	36
兵器装备集团财务有限责任公司	80 364	148 172	129 483	2 040
京能集团财务有限公司	21 994	44 429	41 764	1 637
浙江省能源集团财务有限责任公司	40 011	67 040	63 975	1 206
广东粤电财务有限责任公司	36 733	72 238	67 915	1 031
TCL 集团财务有限公司	12 102	22 711	21 529	186
湖南华菱钢铁集团财务有限公司	7 463	13 593	11 233	412
江西铜业集团财务有限公司	41 316	66 414	51 801	30
天津港财务有限公司	29 084	43 035	39 112	1 250
松下电器（中国）财务有限公司	10 164	16 077	15 379	779
中航工业集团财务有限责任公司	91 817	160 998	138 325	9 766
中冶集团财务有限公司	30 702	50 344	44 405	3 593
申能集团财务有限公司	24 512	53 450	46 532	33
潞安集团财务有限公司	30 323	48 144	44 148	1 687
淮南矿业集团财务有限公司	36 716	55 058	46 326	1 782
日立（中国）财务有限公司	2 800	6 332	5 868	560
保利财务有限公司	25 009	50 537	47 108	107
深圳能源财务有限公司	14 607	27 597	26 733	2
中化集团财务有限责任公司	42 901	70 751	49 497	3 226
海信集团财务有限公司	18 409	27 291	26 467	409
国联财务有限责任公司	5 919	14 235	13 883	352
首都机场财务有限公司	22 759	41 949	41 873	72
红豆集团财务有限公司	6 401	10 252	10 168	35
海马财务有限公司	11 462	23 345	21 312	46
南山集团财务公司	18 756	32 806	32 729	174
国投财务有限公司	43 584	87 020	76 953	1 358
河南能源化工集团财务有限公司	73 246	109 235	106 614	1 984
中国化工财务有限公司	11 225	22 718	22 666	53
紫金矿业集团财务有限公司	15 734	26 764	25 968	260
江苏华西集团财务有限公司	6 314	9 304	9 304	–
冀中能源集团财务有限责任公司	13 952	26 583	26 513	108

续表

项目 机构	利润总额	营业收入		
		总额	其中：利息收入	其中：中间业务收入
山西焦煤集团财务有限责任公司	36 327	57 125	56 187	863
阳泉煤业财务有限公司	31 414	48 594	46 330	458
晋煤集团财务有限公司	33 676	42 930	36 244	2 039
云南冶金集团财务有限公司	6 434	13 765	13 149	76
中海集团财务有限责任公司	22 095	39 383	38 019	397
中集集团财务有限公司	5 845	13 586	13 227	451
沙钢财务有限公司	9 744	17 122	16 833	289
美的集团财务有限公司	25 877	41 973	41 607	631
宁波港集团财务有限公司	18 716	25 315	25 017	298
兖矿集团财务有限公司	20 027	30 616	29 605	165
哈尔滨电气集团财务有限责任公司	6 737	10 488	10 408	80
北大方正集团财务有限公司	36 050	60 643	60 514	120
通用技术集团财务有限责任公司	15 470	38 400	38 315	75
铜陵有色金属集团财务有限公司	7 354	15 150	14 845	348
中建财务有限公司	45 185	77 690	77 587	103
江苏国信集团财务有限公司	19 141	37 779	31 999	2 490
重庆化医控股集团财务有限公司	10 631	24 198	24 057	141
金川集团财务有限公司	9 429	14 502	14 480	214 706
新希望财务有限公司	3 918	8 230	8 180	49
酒钢集团财务有限公司	23 014	37 185	37 134	51
包钢集团财务有限责任公司	8 495	12 145	5 846	431
新奥财务有限责任公司	7 152	12 792	11 630	491
中外运长航财务有限公司	4 011	11 797	11 797	–
青岛啤酒财务有限责任公司	19 718	37 247	37 149	194
上海复星高科技集团财务有限公司	6 606	11 982	11 945	48
中铝财务有限责任公司	15 421	24 323	23 897	426
中兴通讯集团财务有限公司	9 976	18 110	18 294	211
国核财务有限公司	13 699	22 112	20 602	84
福建省能源集团财务有限公司	14 040	19 260	15 587	3 673
湖南高速财务有限公司	11 667	14 901	12 260	503
马钢集团财务有限公司	18 961	42 683	42 137	643
湖北宜化集团财务有限责任公司	1 945	4 321	4 317	3
北京汽车集团财务有限公司	18 827	36 089	35 440	649
大连港集团财务有限公司	11 415	15 739	15 164	575
大唐电信集团财务有限公司	8 691	12 523	12 337	187
开滦集团财务有限公司	10 776	20 883	18 747	501
中国航油集团财务有限公司	6 414	8 972	8 788	183
海南农垦集团财务有限公司	3 971	7 603	7 568	35

续表

机构＼项目	利润总额	营业收入		
		总额	其中：利息收入	其中：中间业务收入
西部矿业集团财务有限公司	12 783	23 608	23 192	416
江苏交通控股集团财务有限公司	11 558	21 716	21 606	110
中国移动通信集团财务有限公司	84 609	222 413	222 413	–
山东钢铁集团财务有限公司	13 998	20 291	20 184	304
国药集团财务有限公司	5 486	15 656	15 634	22
郑州宇通集团财务有限公司	16 826	26 123	25 487	635
中国铁建财务有限公司	51 523	90 739	90 084	239
山东省商业集团财务有限公司	8 805	12 110	11 982	128
深圳华强集团财务有限公司	2 732	6 663	6 663	–
诚通财务有限责任公司	11 684	20 441	19 577	16
山东重工集团财务有限公司	7 493	20 087	20 256	17
湖北能源财务有限公司	3 015	6 629	6 443	186
港中旅财务有限公司	3 335	7 827	7 811	17
陕西煤业化工集团财务有限公司	10 531	19 656	18 607	1 352
上海华谊集团财务有限责任公司	3 375	11 318	11 312	6
河北钢铁集团财务有限公司	12 628	19 486	19 457	29
安徽省能源集团财务有限公司	2 870	5 031	5 031	–
中化工程集团财务有限公司	12 590	27 464	27 461	2
天津天保财务有限公司	12 660	18 219	18 219	–
亿利集团财务有限公司	6 002	7 568	7 450	117
厦门海翼集团财务有限公司	4 051	6 054	5 911	143
中信财务有限公司	7 441	16 957	15 656	1 084
浙江省交通投资集团财务有限责任公司	12 360	18 592	17 862	730
南车财务有限公司	7 431	15 629	15 289	340
中国北车集团财务有限公司	13 913	22 523	22 523	–
中国电子科技财务有限公司	29 454	63 918	63 917	1
重庆机电控股集团财务有限公司	6 505	9 410	9 067	342
河北建投集团财务有限公司	2 935	6 238	6 224	14
太钢集团财务有限公司	8 219	18 443	18 440	3
大同煤矿集团财务有限责任公司	22 173	31 765	30 759	1 006
贵州茅台集团财务有限公司	8 279	14 879	14 867	12
海亮集团财务有限责任公司	3 976	8 020	7 866	154
中材集团财务有限公司	1 854	4 416	4 410	6
贵州盘江集团财务有限公司	1 026	2 930	2 930	1
北京首都旅游集团财务有限公司	3 447	7 017	7 017	–
广西交通投资集团财务有限责任公司	6 077	8 593	8 593	–
徐工集团财务有限公司	5 582	10 094	8 773	1 321
百联集团财务有限责任公司	432	3 431	3 431	–

续表

机构 \ 项目	利润总额	营业收入		
		总额	其中：利息收入	其中：中间业务收入
中交财务有限公司	8 039	12 327	12 327	–
山东黄金集团财务有限公司	1 795	4 113	4 081	32
中开财务有限公司	737	2 199	2 141	58
中国平煤神马集团财务有限责任公司	3 661	7 307	7 307	–
四川长虹集团财务有限公司	1 701	2 023	2 023	–
创维集团财务有限公司	2 772	2 726	2 687	39
江苏国泰财务有限公司	8	480	480	–
亨通财务有限公司	222	509	502	7
珠海华发集团财务有限公司	2 071	4 205	4 205	0
北京金隅财务有限公司	353	2 289	2 289	–
云南云天化集团财务有限公司	601	1 497	1 456	42
北京控股集团财务有限公司	772	1 548	1 548	–
总　计	5 538 274	10 727 615	9 089 106	569 230

注：①此表营业收入包括利息收入、手续费及佣金收入、投资收益及其他收入。

②利息收入包括贷款利息收入、金融机构往来利息收入，不含其他利息收入。

③中间业务包括结算业务收入、担保业务收入、委托业务收入、保险代理业务收入、承销业务收入、财务顾问业务收入及其他中间业务收入。

④此表为173家财务公司，不含陕西延长石油、山东能源、西门子3家财务公司。

财务公司地域分布状况统计表

（2013年）

单位：亿元

省份 \ 项目	机构		资产总额		净资产		利润总额	
	数量（家）	比例（%）	金额	比例（%）	金额	比例（%）	金额	比例（%）
北京市	58	32.95	15 621.32	61.89	2 164.55	58.93	324.24	58.55
天津市	3	1.70	167.12	0.66	36.92	1.01	5.45	0.98
河北省	5	2.84	262.96	1.04	61.33	1.67	4.74	0.86
山西省	6	3.41	535.53	2.12	82.60	2.25	16.21	2.93
内蒙古自治区	1	0.57	33.30	0.13	6.22	0.17	0.85	0.15
辽宁省	1	0.57	131.17	0.52	31.29	0.85	5.16	0.93
吉林省	2	1.14	445.21	1.76	38.02	1.04	8.07	1.46
黑龙江省	2	1.14	88.38	0.35	20.74	0.56	0.82	0.15
上海市	14	7.95	2386.82	9.46	242.92	6.61	51.30	9.26
江苏省	10	5.68	310.51	1.23	74.20	2.02	6.74	1.22
浙江省	4	2.27	367.05	1.45	52.02	1.42	7.97	1.44
安徽省	4	2.27	224.03	0.89	48.81	1.33	6.59	1.19
福建省	2	1.14	105.14	0.42	13.67	0.37	2.98	0.54
江西省	2	1.14	164.44	0.65	26.46	0.72	4.80	0.87
山东省	8	4.55	383.38	1.52	76.42	2.08	8.97	1.62
河南省	4	2.27	353.51	1.40	69.79	1.90	10.07	1.82

续表

省份＼项目	机构		资产总额		净资产		利润总额	
	数量（家）	比例（%）	金额	比例（%）	金额	比例（%）	金额	比例（%）
湖北省	5	2.84	512.04	2.03	90.69	2.47	15.01	2.71
湖南省	3	1.70	65.51	0.26	24.81	0.68	2.18	0.39
广东省	9	5.11	914.76	3.62	155.53	4.23	21.05	3.80
广西壮族自治区	1	0.57	19.48	0.08	5.46	0.15	0.61	0.11
海南省	2	1.14	59.37	0.24	17.80	0.48	1.54	0.28
重庆市	2	1.14	92.62	0.37	13.13	0.36	1.71	0.31
四川省	4	2.27	256.79	1.02	61.82	1.68	4.24	0.77
贵州省	3	1.70	133.60	0.53	15.79	0.43	1.20	0.22
云南省	2	1.14	42.28	0.17	17.93	0.49	0.70	0.13
陕西省	3	1.70	130.69	0.52	22.60	0.62	2.38	0.43
甘肃省	2	1.14	106.31	0.42	25.66	0.70	3.24	0.59
青海省	1	0.57	63.36	0.25	6.67	0.18	1.28	0.23
深圳市	7	3.98	397.14	1.57	69.52	1.89	8.45	1.53
青岛市	3	1.70	759.98	3.01	71.03	1.93	21.84	3.94
厦门市	1	0.57	15.94	0.06	5.30	0.14	0.41	0.07
大连市	1	0.57	33.18	0.13	6.27	0.17	1.14	0.21
宁波市	1	0.57	56.72	0.22	17.01	0.46	1.87	0.34
总　计	176		25 239.62		3 672.99		553.83	

注：①此表资产中不包括委托项。

②此表资产、净资产、利润总额数据，不含陕西延长石油、山东能源、西门子3家财务公司。

财务公司行业分布状况统计表

（2013年）

单位：亿元

行业＼项目	机构		资产		净资产		利润总额	
	数量（家）	比例（%）	金额	比例（%）	金额	比例（%）	金额	比例（%）
电力	16	9.09	4 086.20	16.19	650.55	17.71	112.52	20.32
电子电器	12	6.82	1 335.74	5.29	181.34	4.94	32.21	5.82
钢铁	12	6.82	947.10	3.75	222.89	6.07	27.16	4.90
机械制造	15	8.52	1 276.69	5.06	185.62	5.05	18.15	3.28
建筑建材	7	3.98	932.75	3.70	161.61	4.40	15.02	2.71
交通运输	16	9.09	1 209.23	4.79	188.54	5.13	26.24	4.74
军工	10	5.68	3 370.46	13.35	323.12	8.80	66.79	12.06
煤炭	16	9.09	1 594.39	6.32	273.09	7.44	43.13	7.79
贸易	8	4.55	403.23	1.60	119.65	3.26	9.64	1.74
汽车	8	4.55	1 837.32	7.28	173.71	4.73	43.90	7.93
石油化工	10	5.68	5 454.44	21.61	654.48	17.82	101.61	18.35
有色金属	11	6.25	591.78	2.34	117.18	3.19	13.84	2.50
其他	35	19.89	2 200.30	8.72	421.21	11.47	43.61	7.87
总　计	176		25 239.62		3672.99		553.83	

注：①此表资产中不包括委托项。

②此表资产、净资产、利润总额数据，不含陕西延长石油、山东能源、西门子3家财务公司。

③附：2013年财务公司行业分类表。

财务公司行业分类表

（2013 年）

电力	中国华能财务有限责任公司	三峡财务有限责任公司
	中广核财务有限责任公司	中国电力财务有限公司
	中国华电集团财务有限公司	中国大唐集团财务有限公司
	南方电网财务有限公司	中电投财务有限公司
	国电财务有限公司	京能集团财务有限公司
	浙江省能源集团财务有限责任公司	广东粤电财务有限责任公司
	申能集团财务有限公司	深圳能源财务有限公司
	湖北能源财务有限公司	安徽省能源集团财务有限公司
电子电器	振华集团财务有限责任公司	中国电子财务有限责任公司
	海尔集团财务有限责任公司	珠海格力集团财务有限责任公司
	TCL 集团财务有限公司	松下电器（中国）财务有限公司
	海信集团财务有限公司	美的集团财务有限公司
	四川长虹集团财务有限公司	创维集团财务有限公司
	亨通财务有限公司	西门子财务服务有限责任公司
钢铁	宝钢集团财务有限责任公司	攀钢集团财务有限公司
	武汉钢铁集团财务有限责任公司	鞍钢集团财务有限责任公司
	湖南华菱钢铁集团财务有限公司	沙钢财务有限公司
	酒钢集团财务有限公司	包钢集团财务有限责任公司
	马钢集团财务有限公司	山东钢铁集团财务有限公司
	河北钢铁集团财务有限公司	太钢集团财务有限公司
机械制造	西电集团财务有限责任公司	东方电气集团财务有限公司
	中国一拖集团财务有限责任公司	上海电气集团财务有限责任公司
	万向财务有限公司	苏州创元集团财务有限公司
	国机财务有限责任公司	中集集团财务有限公司
	哈尔滨电气集团财务有限责任公司	山东重工集团财务有限公司
	厦门海翼集团财务有限公司	南车财务有限公司
	中国北车集团财务有限公司	重庆机电控股集团财务有限公司
	徐工集团财务有限公司	
建筑建材	中冶集团财务有限公司	中建财务有限公司
	中国铁建财务有限公司	中化工程集团财务有限公司
	中材集团财务有限公司	中交财务有限公司
	北京金隅财务有限公司	
交通运输	中远财务有限责任公司	中国航空集团财务有限责任公司
	中国南航集团财务有限公司	东航集团财务有限责任公司
	海航集团财务有限公司	天津港财务有限公司
	首都机场集团财务有限公司	中海集团财务有限责任公司
	宁波港集团财务有限公司	中外运长航财务有限公司
	湖南高速集团财务有限公司	大连港集团财务有限公司
	江苏交通控股集团财务有限公司	浙江省交通投资集团财务有限责任公司
	广西交通投资集团财务有限责任公司	中开财务有限公司
军工	中国南动集团财务有限责任公司	兵工财务有限责任公司
	中船财务有限责任公司	中核财务有限责任公司
	航天科技财务有限责任公司	航天科工财务有限责任公司
	中船重工财务有限责任公司	兵器装备集团财务有限责任公司
	中航工业集团财务有限责任公司	中国电子科技财务有限公司

续表

煤炭	神华财务有限公司	潞安集团财务有限公司
	淮南矿业集团财务有限公司	河南能源化工集团财务有限公司
	冀中能源集团财务有限责任公司	山西焦煤集团财务有限责任公司
	阳泉煤业集团财务有限责任公司	晋煤集团财务有限公司
	兖矿集团财务有限公司	福建省能源集团财务有限公司
	开滦集团财务有限责任公司	陕西煤业化工集团财务有限公司
	大同煤矿集团财务有限责任公司	贵州盘江集团财务有限公司
	中国平煤神马集团财务有限责任公司	山东能源集团财务有限公司
贸易	五矿集团财务有限责任公司	中粮财务有限责任公司
	通用技术集团财务有限责任公司	中国航油集团财务有限公司
	山东省商业集团财务有限公司	诚通财务有限责任公司
	百联集团财务有限责任公司	江苏国泰财务有限公司
汽车	东风汽车财务有限公司	中国重汽财务有限公司
	一汽财务有限公司	江铃汽车集团财务有限公司
	上海汽车集团财务有限责任公司	海马财务有限公司
	北京汽车集团财务有限公司	郑州宇通集团财务有限公司
石油化工	中国石化财务有限责任公司	天津渤海集团财务有限责任公司
	中油财务有限责任公司	中海石油财务有限责任公司
	中化集团财务有限责任公司	中国化工财务有限公司
	重庆化医控股集团财务有限公司	湖北宜化集团财务有限责任公司
	上海华谊集团财务有限责任公司	陕西延长石油财务有限公司
有色金属	深圳有色金属财务有限公司	江西铜业集团财务有限公司
	南山集团财务有限公司	紫金矿业集团财务有限公司
	云南冶金集团财务有限公司	铜陵有色金属集团财务有限公司
	金川集团财务有限公司	中铝财务有限责任公司
	西部矿业集团财务有限公司	海亮集团财务有限责任公司
	山东黄金集团财务有限公司	
其他	锦江国际集团财务有限责任公司	东方集团财务有限责任公司
	中国能源建设集团葛洲坝财务有限公司	上海浦东发展集团财务有限责任公司
	吉林森林工业集团财务有限责任公司	华联财务有限责任公司
	日立（中国）财务有限公司	保利财务有限公司
	国联财务有限责任公司	红豆集团财务有限公司
	国投财务有限公司	江苏华西集团财务有限公司
	北大方正集团财务有限公司	江苏国信集团财务有限公司
	新希望财务有限公司	新奥财务有限责任公司
	青岛啤酒财务有限责任公司	上海复星高科技集团财务有限公司
	中兴通讯集团财务有限公司	国核财务有限公司
	大唐电信集团财务有限公司	海南农垦集团财务有限公司
	中国移动通信集团财务有限公司	国药集团财务有限公司
	深圳华强集团财务有限公司	港中旅财务有限公司
	天津天保财务有限公司	亿利集团财务有限公司
	中信财务有限公司	河北建投集团财务有限公司
	贵州茅台集团财务有限公司	北京首都旅游集团财务有限公司
	珠海华发集团财务有限公司	云南云天化集团财务有限公司
	北京控股集团财务有限公司	

注：每个行业分类中，各财务公司依照其成立时间从左至右从上至下进行排序。

财务公司所有制分布状况统计表

（2013 年）　　单位：亿元

所有制＼项目	机构		资产		净资产		利润总额	
	数量（家）	比例（%）	金额	比例（%）	金额	比例（%）	金额	比例（%）
中央国有企业	70	39.77	17 718.73	70.20	2 395.89	65.23	374.57	67.63
地方国有企业	83	47.16	5 979.36	23.69	1 011.43	27.54	140.03	25.28
集体民营企业	18	10.23	1 419.63	5.62	230.97	6.29	36.93	6.67
外资企业	5	2.84	121.90	0.48	34.70	0.94	2.29	0.41
总　计	176		25 239.62		3 672.99		553.82	

注：①此表资产中不包括委托项。

②此表资产、净资产、利润总额数据，不含陕西延长石油、山东能源、西门子 3 家财务公司。

财务公司行业资产质量状况统计表

（2013 年）　　单位：万元

项　目	金额	占资产总额（%）
不良资产总计	224 634	0.09
次级资产	50 787	0.02
可疑资产	56 078	0.02
损失资产	117 770	0.05
不良贷款总计	164 807	0.07
次级贷款	50 787	0.02
可疑贷款	25 219	0.01
损失贷款	88 802	0.04

注：此表统计 174 家财务公司，其中 155 家财务公司无不良贷款。

财务公司行业存款、贷款结构统计表

（2013 年）　　单位：万元

项　目	金　额	占比（%）	项　目	金额	占比（%）
各项贷款	123 379 417		各项存款	193 130 001	
1. 短期贷款	65 036 041	52.71	1. 活期存款	99 941 995	51.75
2. 中长期贷款	46 755 322	37.90	2. 定期存款	93 188 006	48.25
3. 贴现及买断式转贴现	9 398 670	7.62	各项存款	193 130 001	
4. 贸易融资	302 075	0.24	1. 集团母公司存款	51 456 583	26.64
5. 融资租赁	1 839 287	1.49	2. 上市公司存款	48 698 570	25.22
6. 各项垫款	0	0.00	3. 其他成员单位存款	92 974 848	48.14
7. 其他贷款	48 022	0.04			
各项贷款	123 379 417				
1. 信用贷款	92 356 832	74.86			
2. 担保贷款	31 022 585	25.14			
各项贷款	123 379 417				
1. 集团母公司贷款	8 333 533	6.75			
2. 上市公司贷款	24 603 843	19.94			
3. 其他成员单位贷款	81 213 836	65.82			
4. 其他单位贷款	9 228 205	7.49			

注：此表贷款、存款数据为 173 家财务公司合计，不含陕西延长石油、山东能源、西门子 3 家财务公司。

财务公司主要经营指标统计表

（2013 年）

项目 机构	资本充足率（%）	资金集中度（%）	流动性比例（%）	存贷款比例（%）	资产收益率（%）	净资产收益率（%）
东风汽车财务有限公司	16.60	38.40	100.74	70.55	2.37	21.07
中国重汽财务有限公司	38.77	41.73	71.23	56.03	2.47	11.30
中国华能财务有限责任公司	23.67	42.64	30.38	116.53	3.04	13.22
锦江国际集团财务有限责任公司	47.05	34.86	83.42	40.83	1.44	7.37
一汽财务有限公司	17.90	52.22	106.08	9.58	1.51	15.87
西电集团财务有限责任公司	34.56	65.79	154.28	19.00	1.37	8.40
中国石化财务有限责任公司	33.11	43.15	47.60	108.23	2.21	8.71
东方电气集团财务有限公司	30.19	80.94	65.79	31.11	0.86	6.48
宝钢集团财务有限责任公司	22.11	20.37	97.16	53.93	1.66	11.86
中国一拖集团财务有限责任公司	26.32	75.51	68.10	59.31	1.50	8.01
五矿集团财务有限责任公司	73.64	21.43	89.93	77.42	1.62	4.18
攀钢集团财务公司	42.04	33.14	48.19	216.28	3.10	5.83
武汉钢铁集团财务有限责任公司	23.26	77.64	59.24	114.05	2.32	13.79
中远财务有限责任公司	52.63	23.86	70.64	9.41	1.32	13.84
江铃汽车集团财务有限公司	23.81	19.47	40.90	78.56	1.96	8.82
中国航空集团财务有限责任公司	22.56	41.21	33.70	76.95	1.17	7.31
中国南动集团财务有限责任公司	152.56	15.33	128.45	150.65	3.93	5.48
天津渤海集团财务有限责任公司	40.82	14.78	37.59	122.65	3.22	8.43
深圳市有色金属财务有限公司	56.07	39.19	61.92	148.45	3.64	8.03
中国南航集团财务有限公司	28.18	31.66	58.72	36.67	1.66	13.62
上海汽车集团财务有限责任公司	17.67	78.56	111.70	42.29	2.34	28.29
振华集团财务有限责任公司	31.15	79.48	52.38	84.41	2.21	9.13
东方集团财务有限责任公司	35.04	33.47	40.90	149.32	0.58	2.04
东航集团财务有限责任公司	35.20	31.81	76.07	62.88	2.28	11.16
中油财务有限责任公司	14.93	50.67	48.04	103.99	1.43	15.88
上海电气集团财务有限责任公司	19.02	76.15	61.04	32.90	1.18	11.13
中国能源建设集团葛洲坝财务有限公司	36.95	11.97	75.92	98.43	2.30	7.95
兵工财务有限责任公司	27.20	43.84	57.61	55.19	1.64	9.26
三峡财务有限责任公司	30.56	61.88	54.95	53.49	2.91	14.47
中广核财务有限责任公司	21.47	67.71	40.75	71.85	1.58	18.89
中船财务有限责任公司	13.18	49.66	33.48	48.26	1.49	23.99
中核财务有限责任公司	16.91	77.58	54.97	60.57	1.49	15.05
上海浦东发展集团财务有限责任公司	36.12	64.70	58.01	44.20	2.27	10.35
鞍钢集团财务有限责任公司	31.35	70.47	26.39	97.46	3.07	13.17
中国电力财务有限公司	18.09	76.58	41.32	59.72	1.60	15.23
神华财务有限公司	18.41	35.41	48.71	80.13	1.78	16.29
中国电子财务有限责任公司	30.75	35.03	74.80	45.70	1.72	10.11
航天科技财务有限责任公司	18.31	75.07	79.74	24.80	1.79	22.86
航天科工财务有限责任公司	27.05	80.66	92.47	24.79	1.33	16.50
中船重工财务有限责任公司	18.02	26.60	93.57	59.40	1.26	13.94

续表

机构＼项目	资本充足率（%）	资金集中度（%）	流动性比例（%）	存贷款比例（%）	资产收益率（%）	净资产收益率（%）
中海石油财务有限责任公司	24.72	39.60	45.68	33.47	1.37	13.12
海尔集团财务有限责任公司	21.78	84.17	41.29	59.25	2.74	28.53
吉林森林工业集团财务有限责任公司	26.92	55.44	36.67	94.08	3.56	20.28
万向财务有限公司	25.73	31.42	36.45	108.28	2.91	11.18
中粮财务有限责任公司	44.24	9.75	74.52	124.73	2.26	8.89
苏州创元集团财务有限公司	38.29	46.20	39.47	116.59	1.39	5.29
珠海格力集团财务有限责任公司	34.51	42.91	93.11	14.97	1.57	11.98
国机财务有限责任公司	24.05	17.79	92.35	46.23	0.98	7.98
海航集团财务有限公司	20.89	24.69	37.65	106.54	1.31	7.12
中国华电集团财务有限公司	27.75	71.17	30.18	108.88	3.29	14.71
中国大唐集团财务有限公司	15.86	76.35	29.20	87.28	3.58	17.56
南方电网财务有限公司	54.99	58.45	42.98	81.26	2.64	14.35
中电投财务有限公司	66.51	43.75	28.71	159.10	2.35	10.25
国电财务有限公司	39.96	54.78	40.00	90.10	2.49	10.04
华联财务有限责任公司	23.26	40.95	51.20	128.91	1.59	7.38
兵器装备集团财务有限责任公司	14.86	28.77	42.79	68.67	2.96	25.18
京能集团财务有限公司	21.67	51.56	40.80	73.13	1.67	9.04
浙江省能源集团财务有限责任公司	16.81	83.87	55.81	36.28	1.79	23.34
广东粤电财务有限责任公司	19.07	58.39	27.45	75.34	1.86	11.99
TCL 集团财务有限公司	59.21	34.81	81.62	25.24	1.52	8.16
湖南华菱钢铁集团财务有限公司	44.73	28.09	87.08	64.13	2.58	8.02
江西铜业集团财务有限公司	28.02	36.51	31.59	31.70	2.32	16.86
天津港财务有限公司	22.17	59.38	33.05	76.29	2.39	15.92
松下电器（中国）财务有限公司	2691.58	28.35	192.35	0.70	1.73	8.01
中航工业集团财务有限责任公司	15.74	33.79	59.20	45.75	1.65	20.85
中冶集团财务有限公司	32.28	25.31	61.24	59.63	2.01	11.28
申能集团财务有限公司	20.31	72.19	100.71	36.84	1.72	16.03
潞安集团财务有限公司	24.87	37.35	40.98	65.44	2.41	16.51
淮南矿业集团财务有限公司	34.21	46.42	42.29	81.91	3.00	13.93
日立（中国）财务有限公司	50.23	21.69	99.65	58.59	1.23	5.93
保利财务有限公司	42.98	19.37	57.36	27.85	2.13	16.40
深圳能源财务有限公司	29.99	56.29	39.68	85.13	1.73	8.40
中化集团财务有限责任公司	28.76	36.74	73.80	69.00	2.59	9.80
海信集团财务有限公司	40.97	75.48	54.71	20.12	2.53	16.75
国联财务有限责任公司	35.02	31.25	63.50	38.35	1.23	7.73
首都机场财务有限公司	14.87	47.92	55.95	55.85	1.98	21.90
红豆集团财务有限公司	36.46	32.69	64.48	67.21	2.55	8.10
海马财务有限公司	52.02	85.26	45.17	61.76	2.16	7.27
南山集团财务公司	25.16	39.27	34.66	65.08	2.45	15.25
国投财务有限公司	16.28	57.13	35.40	70.95	1.77	16.72
河南能源化工集团财务有限公司	35.84	48.43	48.98	86.46	2.53	12.56

续表

机构 \ 项目	资本充足率（%）	资金集中度（%）	流动性比例（%）	存贷款比例（%）	资产收益率（%）	净资产收益率（%）
中国化工财务有限公司	25.83	15.10	75.40	83.09	1.73	9.69
紫金矿业集团财务有限公司	18.79	67.99	48.43	65.31	2.13	16.85
江苏华西集团财务有限公司	50.41	30.27	45.44	54.66	2.10	9.23
冀中能源集团财务有限责任公司	29.73	29.57	70.47	50.98	1.60	8.49
山西焦煤集团财务有限责任公司	36.02	44.35	57.22	17.25	1.61	14.60
阳泉煤业财务有限公司	22.39	33.78	30.07	79.42	2.25	17.45
晋煤集团财务有限公司	19.88	29.18	41.61	56.95	2.59	18.34
云南冶金集团财务有限公司	41.52	39.32	77.83	90.00	1.66	5.44
中海集团财务有限责任公司	19.56	38.64	39.57	50.74	1.67	18.86
中集集团财务有限公司	25.64	43.99	34.30	58.29	0.93	6.87
沙钢财务有限公司	45.03	33.67	58.71	59.19	1.44	6.16
美的集团财务有限公司	78.31	32.34	46.65	15.09	2.83	11.52
宁波港集团财务有限公司	39.78	65.83	29.54	99.18	2.88	8.50
兖矿集团财务有限公司	27.38	24.33	30.52	64.12	2.06	17.89
哈尔滨电气集团财务有限责任公司	116.48	43.59	62.63	1.71	1.23	5.29
北大方正集团财务有限公司	38.88	19.40	48.85	160.79	3.10	6.97
通用技术集团财务有限责任公司	27.99	30.33	58.10	50.46	1.33	9.81
铜陵有色金属集团财务有限公司	27.13	39.22	67.44	49.78	1.57	10.64
中建财务有限公司	21.63	16.19	64.84	34.15	1.90	24.81
江苏国信集团财务有限公司	28.98	41.03	35.44	92.43	1.90	9.62
重庆化医控股集团财务有限公司	18.70	77.26	57.92	40.36	1.23	12.77
金川集团财务有限公司	45.12	49.61	56.12	34.60	2.08	6.99
新希望财务有限公司	36.96	54.95	47.47	76.06	1.72	5.37
酒钢集团财务有限公司	52.29	31.50	77.43	43.85	3.52	15.89
包钢集团财务有限责任公司	32.99	15.20	48.80	33.00	1.95	10.79
新奥财务有限责任公司	50.42	27.66	43.02	81.91	1.99	6.37
中外运长航财务有限公司	34.41	10.51	43.07	67.14	1.07	5.51
青岛啤酒财务有限责任公司	45.78	91.17	34.09	5.76	2.06	23.77
上海复星高科技集团财务有限公司	21.61	18.22	57.62	73.31	2.06	13.95
中铝财务有限责任公司	42.16	18.67	65.33	38.46	1.45	6.76
中兴通讯集团财务有限公司	49.81	11.24	89.36	17.08	1.58	6.66
国核财务有限公司	47.98	48.52	105.38	65.67	2.19	8.83
福建省能源集团财务有限公司	64.53	68.48	80.45	25.37	2.97	17.85
湖南高速财务有限公司	82.03	55.13	65.12	84.43	2.72	7.53
马钢集团财务有限公司	28.81	57.26	31.83	57.68	1.50	10.95
湖北宜化集团财务有限责任公司	44.42	14.25	34.74	136.62	1.90	4.76
北京汽车集团财务有限公司	20.82	35.38	53.90	28.85	1.63	23.35
大连港集团财务有限公司	48.58	40.41	80.40	47.06	2.98	14.66
大唐电信集团财务有限公司	61.98	36.36	87.99	66.00	2.00	6.03
开滦集团财务有限公司	65.04	82.05	65.06	40.91	1.43	9.20
中国航油集团财务有限公司	91.45	50.60	144.77	184.19	2.80	3.76

续表

项目 机构	资本充足率（%）	资金集中度（%）	流动性比例（%）	存贷款比例（%）	资产收益率（%）	净资产收益率（%）
海南农垦集团财务有限公司	67.52	36.00	40.41	70.43	1.77	5.49
西部矿业集团财务有限公司	27.88	50.44	83.29	41.49	2.36	21.18
江苏交通控股集团财务有限公司	39.51	55.54	30.92	101.19	2.24	8.04
中国移动通信集团财务有限公司	58.53	8.42	2720.03	4.73	1.37	10.93
山东钢铁集团财务有限公司	80.36	34.34	105.22	46.66	2.30	6.20
国药集团财务有限公司	41.44	16.09	80.00	23.39	0.68	5.93
郑州宇通集团财务有限公司	20.95	54.01	48.92	63.12	2.37	21.53
中国铁建财务有限公司	72.25	21.70	78.88	40.65	1.64	9.70
山东省商业集团财务有限公司	52.87	24.88	69.76	54.38	2.45	10.96
深圳华强集团财务有限公司	43.64	30.41	39.00	116.71	1.20	3.96
诚通财务有限责任公司	77.76	30.88	55.83	54.39	2.72	8.33
山东重工集团财务有限公司	47.62	33.96	153.27	23.07	1.03	5.42
湖北能源财务有限公司	50.83	50.45	73.34	76.09	1.96	5.84
港中旅财务有限公司	41.18	12.48	57.33	128.43	1.86	4.82
陕西煤业化工集团财务有限公司	43.37	9.73	41.31	36.13	2.38	7.58
上海华谊集团财务有限责任公司	26.03	60.05	72.87	24.19	0.54	6.31
河北钢铁集团财务有限公司	87.01	12.07	114.09	32.80	2.40	4.55
安徽省能源集团财务有限公司	57.87	17.09	37.72	133.21	3.68	7.35
中化工程集团财务有限公司	50.94	38.06	50.99	23.26	1.62	8.83
天津天保财务有限公司	37.78	50.00	48.77	67.69	2.45	9.01
亿利集团财务有限公司	27.71	14.60	71.00	115.33	3.60	8.59
厦门海翼集团财务有限公司	80.29	11.94	115.01	26.57	2.57	5.52
中信财务有限公司	72.69	1.09	43.31	15.32	1.24	10.52
浙江省交通投资集团财务有限责任公司	40.44	31.85	65.70	36.84	2.21	13.41
南车财务有限公司	46.80	48.25	60.63	33.43	1.35	5.38
中国北车集团财务有限公司	57.60	80.81	63.70	17.14	1.70	8.27
中国电子科技财务有限公司	22.70	51.02	51.60	47.11	1.91	20.15
重庆机电控股集团财务有限公司	98.11	55.65	87.68	36.91	4.42	15.04
河北建投集团财务有限公司	54.49	52.58	89.64	23.60	0.96	8.43
太钢集团财务有限公司	57.90	37.77	50.38	38.07	3.01	11.61
大同煤矿集团财务有限责任公司	63.34	36.20	94.00	17.58	2.78	26.78
贵州茅台集团财务有限公司	57.39	38.25	66.15	0.73	1.10	14.38
海亮集团财务有限责任公司	50.50	25.99	35.05	108.97	2.38	5.79
中材集团财务有限公司	198.12	16.87	86.58	8.43	0.96	5.41
贵州盘江集团财务有限公司	104.11	22.27	95.83	53.19	1.19	3.00
北京首都旅游集团财务有限公司	76.42	20.14	68.33	82.92	2.02	5.04
广西交通投资集团财务有限责任公司	121.81	18.27	83.90	32.39	4.68	16.71
徐工集团财务有限公司	17.29	40.36	45.84	51.44	2.05	15.45
百联集团财务有限责任公司	49.95	10.28	75.05	44.84	0.23	1.29
中交财务有限公司	199.03	17.22	109.83	10.52	0.65	3.39
山东黄金集团财务有限公司	134.36	53.96	82.94	39.83	0.96	2.64

续表

项　目 机　构	资本充足率（%）	资金集中度（%）	流动性比例（%）	存贷款比例（%）	资产收益率（%）	净资产收益率（%）
中开财务有限公司	170.60	46.81	171.63	20.48	0.58	2.19
中国平煤神马集团财务有限责任公司	334.47	39.88	103.82	4.19	0.96	5.34
四川长虹集团财务有限公司	94.23	0.77	327.61	494.11	1.60	2.52
创维集团财务有限公司	62.52	75.06	90.52	77.50	1.93	4.07
江苏国泰财务有限公司	292.88		205.62	60.30	0.02	0.04
亨通财务有限公司	302.87		161.37	36.99	0.58	1.10
珠海华发集团财务有限公司	310.19	31.18	111.77	8.17	0.65	3.03
北京金隅财务有限公司	204.60	35.64	103.59	2.33	0.04	0.15
云南云天化集团财务有限公司	85.06	3.88	72.01	76.11	0.89	1.47
北京控股集团财务有限公司	262.74	0.26	156.76	468.39	1.31	1.44

业务统计

财务公司票据业务统计表

（2013 年）　　单位：万元

项目 机构	票据承兑	票据贴现	票据转入	票据转出	票据再贴现	票据代保管
东风汽车财务有限公司	121 937	176 652	128 021	34 146	0	301 230
中国重汽财务有限公司	145 485	207 147	0	0	27 224	250 399
中国华能财务有限责任公司	380 750	8 032	0	5 213	0	0
一汽财务有限公司	19 137	282 205	0	0	0	528 156
西电集团财务有限责任公司	115 055	118 647	57 758	28 558	35 745	49 321
中国石化财务有限责任公司	190 969	1 687 286	2 727	762 503	120 518	0
东方电气集团财务有限公司	0	468 306	0	0	0	0
宝钢集团财务有限责任公司	1 200	172 909	0	0	104 534	2 349 970
中国一拖集团财务有限责任公司	137 293	116 466	0	65 571	35 719	512 874
五矿集团财务有限责任公司	0	21 599	0	0	16 399	70 357
攀钢集团财务公司	30 000	40 766	0	30 000	0	3 245 702
武汉钢铁集团财务有限责任公司	758 315	1 113 335	50 000	336 746	219 300	20 634 018
江铃汽车集团财务有限公司	50	77 473	0	0	71 903	0
中国南动集团财务有限责任公司	0	2 114	0	0	0	0
天津渤海集团财务有限责任公司	152 598	6 957	0	0	0	0
深圳市有色金属财务有限公司	0	17 705	0	0	15 577	0
上海汽车集团财务有限责任公司	1 442 766	102 057	0	3 440	400	9 141 985
振华集团财务有限责任公司	0	11 584	0	0	0	14 329
东方集团财务有限责任公司	0	10 000	0	0	10 000	0
中油财务有限责任公司	0	1 060 539	0	0	105 700	0
上海电气集团财务有限责任公司	120 529	13 326	0	0	0	0
兵工财务有限责任公司	294	346 746	0	83 519	93 900	528 000
中船财务有限责任公司	939 224	287 247	0	0	0	0
中核财务有限责任公司	5 000	0	0	0	0	0
鞍钢集团财务有限责任公司	0	298 138	0	0	14 157	2 688 557
中国电力财务有限公司	126 806	136 371	0	0	0	0
神华财务有限公司	174 728	0	0	0	0	270 509
中国电子财务有限责任公司	259	73 617	0	0	17 703	0
航天科技财务有限责任公司	83 105	179 688	0	0	0	0
航天科工财务有限责任公司	208 973	24 965	0	0	0	0
中船重工财务有限责任公司	33 057	0	0	0	0	0
中海石油财务有限责任公司	11 342	427 570	0	0	0	0
海尔集团财务有限责任公司	3 260 759	1 651 836	0	0	355 745	3 475 600
吉林森林工业集团财务有限责任公司	6 030	6 030	0	0	0	0
万向财务有限公司	160 599	213 419	15 146	5 000	648	0

续表

机构＼项目	票据承兑	票据贴现	票据转入	票据转出	票据再贴现	票据代保管
苏州创元集团财务有限公司	2 455	3 882	0	0	1 250	0
珠海格力集团财务有限责任公司	53 000	707 890	4 023 804	3 788 273	16 388	0
国机财务有限责任公司	7 279	145 186	0	5 916	23 535	7 913
海航集团财务有限公司	20 000	1 522 401	0	1 514 000	6 666	0
中国华电集团财务有限公司	129 475	317 973	0	51 016	46 619	0
中国大唐集团财务有限公司	300 084	94 615	5 500	14 608	0	0
南方电网财务有限公司	0	77 559	0	58 444	0	0
国电财务有限公司	22 900	20 900	0	0	0	0
华联财务有限责任公司	0	38 992	2 411	34 954	0	0
兵器装备集团财务有限责任公司	1 113 111	550 492	0	0	86 788	1 014 036
京能集团财务有限公司	11 035	3 035	0	639	0	0
浙江省能源集团财务有限责任公司	17 855	93 108	26 025	10 430	0	0
广东粤电财务有限责任公司	23 525	343 469	0	79 000	130 000	0
TCL 集团财务有限公司	4 064	323 563	0	73 309	86 682	0
湖南华菱钢铁集团财务有限公司	47 000	60 054	0	0	43 886	0
江西铜业集团财务有限公司	0	141 112	0	0	0	0
天津港财务有限公司	76 493	6 161	12 808	0	0	0
中航工业集团财务有限责任公司	32 403	171 822	8 856	0	11 800	0
中冶集团财务有限公司	4 900	193 059	0	31 726	0	0
申能集团财务有限公司	88 500	333 459	0	0	137 000	0
潞安集团财务有限公司	66 213	100 153	0	0	0	0
淮南矿业集团财务有限公司	115 803	37 900	0	0	47 400	0
保利财务有限公司	0	11 031	0	0	0	0
深圳能源财务有限公司	30 235	37 235	108 919	69 376	0	0
中化集团财务有限责任公司	10 850	23 814	0	0	0	0
海信集团财务有限公司	548 164	80 775	0	0	22 678	3 196 995
国联财务有限责任公司	13 000	29 610	0	0	3 200	0
首都机场财务有限公司	8	3	0	3	0	0
红豆集团财务有限公司	4 972	196 100	0	92 298	27 000	0
海马财务有限公司	0	34 722	0	0	0	0
南山集团财务公司	39 230	148 663	0	0	0	0
国投财务有限公司	61 399	428 487	0	2 389	159 870	0
河南能源化工集团财务有限公司	3 161	663 806	0	441 113	0	1 884 610
中国化工财务有限公司	0	10 240	0	0	0	0
紫金矿业集团财务有限公司	55 892	49 517	22 957	24 600	5 425	0
江苏华西集团财务有限公司	0	308 100	0	275 600	21 000	0
冀中能源集团财务有限责任公司	0	476 409	0	2 500	21 050	0

续表

机构 \ 项目	票据承兑	票据贴现	票据转入	票据转出	票据再贴现	票据代保管
山西焦煤集团财务有限责任公司	0	618 126	0	0	0	0
阳泉煤业财务有限公司	0	178 985	2 769	0	0	597 383
晋煤集团财务有限公司	0	365 327	0	68 200	0	0
云南冶金集团财务有限公司	58 021	91 821	10 000	29 343	61 937	0
中海集团财务有限责任公司	0	38 032	0	0	0	0
中集集团财务有限公司	71 083	64 578	0	0	59 427	34 335
沙钢财务有限公司	500	251 982	0	37 300	106 030	0
美的集团财务有限公司	961 327	1 196 930	377 055	808 245	38 971	0
宁波港集团财务有限公司	1 000	27 853	0	0	3 125	0
兖矿集团财务有限公司	0	111	0	0	0	55 383
哈尔滨电气集团财务有限责任公司	56 547	18 815	0	0	0	0
北大方正集团财务有限公司	0	1 028 202	0	943 219	109 976	0
通用技术集团财务有限责任公司	148 747	102 466	0	0	33 909	0
铜陵有色金属集团财务有限公司	33 243	275 118	0	0	162 600	0
中建财务有限公司	24 038	128 590	0	0	0	0
江苏国信集团财务有限公司	156	111 400	0	0	69 100	0
重庆化医控股集团财务有限公司	0	519 773	0	279 165	0	828 345
金川集团财务有限公司	84 305	164 749	0	0	0	0
新希望财务有限公司	9 815	0	0	0	0	0
酒钢集团财务有限公司	7 381	143 283	0	0	0	3 553 321
包钢集团财务有限责任公司	0	433 617	198 276	44 576	0	0
新奥财务有限责任公司	0	76 865	0	0	78 669	0
青岛啤酒财务有限责任公司	3 632	30	0	0	0	0
中铝财务有限责任公司	0	115 035	0	0	0	0
中兴通讯集团财务有限公司	8 760	753 049	0	145 638	48 337	0
国核财务有限公司	0	21 991	0	0	0	0
福建省能源集团财务有限公司	626	3 463	0	0	1 000	0
马钢集团财务有限公司	500	809 732	0	78 041	155 371	0
北京汽车集团财务有限公司	3 000	448 844	0	0	0	0
大连港集团财务有限公司	0	671	0	0	0	0
大唐电信集团财务有限公司	34 497	29 365	0	0	13 017	0
开滦集团财务有限公司	0	51 038	0	1 000	8 800	0
海南农垦集团财务有限公司	0	825	0	0	0	0
西部矿业集团财务有限公司	4 300	35 980	0	0	21 256	0
山东钢铁集团财务有限公司	0	151 638	0	0	12 764	0
国药集团财务有限公司	13 379	193 759	0	6 294	54 619	0
郑州宇通集团财务有限公司	0	66	0	0	0	0

续表

项目 机构	票据承兑	票据贴现	票据转入	票据转出	票据再贴现	票据代保管
中国铁建财务有限公司	0	30 028	0	0	0	0
山东省商业集团财务有限公司	0	239	0	0	185	0
深圳华强集团财务有限公司	0	1 500	0	0	0	0
诚通财务有限责任公司	0	97 552	0	0	0	0
山东重工集团财务有限公司	0	95 198	0	6 335	6 560	0
湖北能源财务有限公司	9 475	19 500	0	0	0	0
港中旅财务有限公司	0	12	0	0	0	0
陕西煤业化工集团财务有限公司	779	481 876	0	12 385	5 723	0
上海华谊集团财务有限责任公司	0	83 237	4 999	6 999	0	0
河北钢铁集团财务有限公司	0	374 872	0	0	34 520	0
安徽省能源集团财务有限公司	0	1 500	0	0	0	0
中化工程集团财务有限公司	0	18 242	0	0	0	0
亿利集团财务有限公司	30 000	194 260	0	194 260	0	0
厦门海翼集团财务有限公司	1 116	85 356	0	12 603	44 861	0
浙江省交通投资集团财务有限责任公司	0	800	1 180	0	0	0
南车财务有限公司	1 600	6 507	0	0	0	0
中国北车集团财务有限公司	171 530	35 750	0	0	0	0
中国电子科技财务有限公司	0	8 039	0	0	1 116	0
重庆机电控股集团财务有限公司	110	29 992	31 005	0	0	0
河北建投集团财务有限公司	0	400	0	0	0	0
太钢集团财务有限公司	7 360	211 894	0	27 759	61 000	0
大同煤矿集团财务有限责任公司	0	8 600	0	0	0	0
贵州茅台集团财务有限公司	0	1 645	0	0	0	0
海亮集团财务有限责任公司	0	12 547	0	11 000	0	0
贵州盘江集团财务有限公司	0	15 646	0	0	0	0
广西交通投资集团财务有限责任公司	0	150	0	0	0	0
徐工集团财务有限公司	74 900	92 606	0	14 429	0	0
中交财务有限公司	0	19 898	0	0	0	0
山东黄金集团财务有限公司	0	2 000	0	0	0	0
中国平煤神马集团财务有限责任公司	0	81 962	0	0	0	1 330 126
四川长虹集团财务有限公司	5 388	50 498	50 498	49 398	47 997	0
创维集团财务有限公司	56 992	18 677	0	0	0	0
北京金隅财务有限公司	0	41 839	0	0	0	0
云南云天化集团财务有限公司	0	7 382	0	6 882	0	0
总计	13 413 371	27 728 343	5 140 714	10 707 960	3 384 281	56 563 454

注：此表统计数据为发生额。

财务公司银团贷款情况统计表

（2013 年）　　单位：万元

机构＼项目	参与银团贷款次数	银团贷款总额	其中：财务公司分担额
中国华能财务有限责任公司	5	350 000	70 000
中国石化财务有限责任公司	1	321 200	30 000
上海电气集团财务有限责任公司	3	93 100	48 905
兵工财务有限责任公司	1	20 000	5 000
三峡财务有限责任公司	3	377 166	117 416
中广核财务有限责任公司	43	3 231 804	323 625
中核财务有限责任公司	1	1 200 000	76 100
上海浦东发展集团财务有限责任公司	3	967 734	6 290
中国电力财务有限公司	3	1 076 300	143 000
神华财务有限公司	1	50 000	10 000
中国电子财务有限责任公司	4	424 000	118 658
中海石油财务有限责任公司	6	2 680 396	463 696
中国大唐集团财务有限公司	5	162 327	52 435
南方电网财务有限公司	2	1 159 783	82 369
中电投财务有限公司	4	956 720	8 960
京能集团财务有限公司	1	280 000	30 000
广东粤电财务有限责任公司	5	1 367 000	263 000
中航工业集团财务有限责任公司	42	609 500	166 800
申能集团财务有限公司	1	120 000	24 000
潞安集团财务有限公司	1	46 600	7 760
淮南矿业集团财务有限公司	3	212 550	30 000
中化集团财务有限责任公司	0	250 000	17 675
国联财务有限责任公司	2	40 000	10 100
首都机场财务有限公司	4	1 539 040	182 326
国投财务有限公司	9	375 885	52 320
河南能源化工集团财务有限公司	4	366 300	130 000
紫金矿业集团财务有限公司	1	132 448	10 000
中海集团财务有限责任公司	2	101 020	54 912
北京汽车集团财务有限公司	1	205 000	5 000
大连港集团财务有限公司	1	25 000	5 000
大唐电信集团财务有限公司	1	50 000	10 000
江苏交通控股集团财务有限公司	1	20 000	1 818
大同煤矿集团财务有限责任公司	1	170 000	150 000
广西交通投资集团财务有限责任公司	1	30 000	1 000
总　计	166	19 010 873	2 708 165

财务公司信贷资产转让业务统计表

（2013 年）　　单位：万元

机构＼项目	信贷资产转让总额	转入发生额		转出发生额	
		回购型	卖断型	回购型	卖断型
中国石化财务有限责任公司	3 650 000	0	0	3 650 000	0
攀钢集团财务公司	30 000	0	0	0	30 000
武汉钢铁集团财务有限责任公司	845 881	0	50 000	350 000	445 881
兵工财务有限责任公司	20 000	0	0	0	20 000
中广核财务有限责任公司	106 700	0	0	0	106 700
中国电力财务有限公司	335 131	0	335 131	0	0
万向财务有限公司	20 794	0	15 146	648	5 000
国机财务有限责任公司	5 916	0	0	0	5 916
中国华电集团财务有限公司	30 000	0	0	0	30 000
中国大唐集团财务有限公司	94 150	0	0	0	94 150
华联财务有限责任公司	45 000	0	0	0	45 000
兵器装备集团财务有限责任公司	29 300	0	0	0	29 300
中航工业集团财务有限责任公司	24 800	0	0	0	24 800
红豆集团财务有限公司	92 298	0	0	0	92 298
南山集团财务公司	62 000	0	0	0	62 000
美的集团财务有限公司	1 185 300	0	377 055	476 706	331 538
重庆化医控股集团财务有限公司	340 966	0	0	61 801	279 165
中兴通讯集团财务有限公司	399 895	0	0	254 257	145 638
大唐电信集团财务有限公司	5 000	0	0	0	5 000
开滦集团财务有限公司	1 000	0	0	0	1 000
国药集团财务有限公司	60 913	0	0	54 619	6 294
郑州宇通集团财务有限公司	8 250	0	8 250	0	0
山东省商业集团财务有限公司	185	0	0	185	0
浙江省交通投资集团财务有限责任公司	1 180	0	1 180	0	0
太钢集团财务有限公司	88 759	0	0	61 000	27 759
总　计	7 483 418	0	786 762	4 909 216	1 787 440

财务公司委托业务情况统计表

（2013 年）　　单位：万元

机构＼项目	发生额			余额		
	合计	委托投资	委托贷款	合计	委托投资	委托贷款
东风汽车财务有限公司	8 610 190	0	8 610 190	2 361 039	0	2 361 039
中国重汽财务有限公司	18 600	0	18 600	58 600	0	58 600
中国华能财务有限责任公司	4 645 400	430 000	4 215 400	8 190 349	0	8 190 349
锦江国际集团财务有限责任公司	204 412	0	204 412	149 012	0	149 012
一汽财务有限公司	87 634	0	87 634	64 829	0	64 829
西电集团财务有限责任公司	221 353	0	221 353	196 768	0	196 768
中国石化财务有限责任公司	3 978 748	140 000	3 838 748	6 446 458	0	6 446 458
东方电气集团财务有限公司	184 237	0	184 237	267 733	0	267 733
宝钢集团财务有限责任公司	2 383 367	2 063 446	319 921	240 718	9 100	231 618
中国一拖集团财务有限责任公司	23 610	0	23 610	18 310	0	18 310
五矿集团财务有限责任公司	525 388	0	525 388	326 706	0	326 706
攀钢集团财务公司	2 231 655	0	2 231 655	1 947 005	0	1 947 005
武汉钢铁集团财务有限责任公司	801 616	200 000	601 616	3 490 614	200 000	3 290 614
中远财务有限责任公司	329 479	0	329 479	404 307	0	404 307
江铃汽车集团财务有限公司	58 600	0	58 600	57 300	0	57 300
中国航空集团财务有限责任公司	183 900	0	183 900	84 400	0	84 400
中国南动集团财务有限责任公司	1 500	0	1 500	0	0	0
天津渤海集团财务有限责任公司	225 800	0	225 800	31 915	0	31 915
上海汽车集团财务有限责任公司	3 735 651	2 148 290	1 587 361	1 271 201	16 077	1 255 124
振华集团财务有限责任公司	37 265	0	37 265	35 765	0	35 765
东方集团财务有限责任公司	82 983	0	82 983	98 643	0	98 643
东航集团财务有限责任公司	255 549	8 000	247 549	273 893	8 000	265 893
中油财务有限责任公司	1 589 183	0	1 589 183	25 151 615	933	25 150 682
上海电气集团财务有限责任公司	575 672	0	575 672	417 792	0	417 792
中国能源建设集团葛洲坝财务有限公司	2 203 077	1 485 000	718 077	707 477	0	707 477
兵工财务有限责任公司	1 140 921	75 300	1 065 621	2 465 773	473 125	1 992 648
三峡财务有限责任公司	6 014 608	2 382 679	3 631 929	7 078 837	610 375	6 468 462
中广核财务有限责任公司	－1 277 691	0	－1 277 691	1 912 623	0	1 912 623
中船财务有限责任公司	551 512	364 600	186 912	2 477 895	363 544	2 114 351
中核财务有限责任公司	743 036	0	743 036	1 489 953	0	1 489 953
上海浦东发展集团财务有限责任公司	92 680	0	92 680	24 400	0	24 400
鞍钢集团财务有限责任公司	563 256	0	563 256	1 038 855	0	1 038 855
中国电力财务有限公司	3 801 180	0	3 801 180	3 349 029	0	3 349 029
神华财务有限公司	5 379 786	0	5 379 786	11 957 211	0	11 957 211
中国电子财务有限责任公司	922 517	748 979	173 538	664 466	437 147	227 319

续表

机构＼项目	发生额			余额		
	合计	委托投资	委托贷款	合计	委托投资	委托贷款
航天科技财务有限责任公司	2 335 506	537 224	1 798 282	2 321 918	219 680	2 102 238
航天科工财务有限责任公司	148 130	50 000	98 130	896 405	50 000	846 405
中船重工财务有限责任公司	318 500	0	318 500	1 404 500	0	1 404 500
中海石油财务有限责任公司	3 628 199	0	3 628 199	3 406 771	0	3 406 771
海尔集团财务有限责任公司	205 246	38 800	166 446	312 746	38 800	273 946
吉林森林工业集团财务有限责任公司	32 020	0	32 020	14 020	0	14 020
万向财务有限公司	189 280	0	189 280	227 280	0	227 280
中粮财务有限责任公司	9 220 941	2 500	9 218 441	1 651 840	2 500	1 649 340
苏州创元集团财务有限公司	6 600	0	6 600	6 600	0	6 600
珠海格力集团财务有限责任公司	4 422	0	4 422	4 422	0	4 422
国机财务有限责任公司	352 743	27 997	324 746	615 223	41 497	573 726
海航集团财务有限公司	143 800	0	143 800	183 800	0	183 800
中国华电集团财务有限公司	1 843 318	128 104	1 715 214	2 158 828	578 440	1 580 388
中国大唐集团财务有限公司	3 822 842	0	3 822 842	3 586 048	0	3 586 048
南方电网财务有限公司	458 997	0	458 997	861 107	0	861 107
中电投财务有限公司	1 190 272	0	1 190 272	943 492	0	943 492
国电财务有限公司	241 500	0	241 500	368 167	0	368 167
兵器装备集团财务有限责任公司	591 422	0	591 422	767 126	0	767 126
京能集团财务有限公司	1 093 606	0	1 093 606	1 096 957	0	1 096 957
浙江省能源集团财务有限责任公司	1 521 778	0	1 521 778	1 450 078	0	1 450 078
广东粤电财务有限责任公司	266 450	0	266 450	251 580	0	251 580
TCL 集团财务有限公司	3 000	0	3 000	2 000	0	2 000
湖南华菱钢铁集团财务有限公司	126 500	3 000	123 500	322 300	0	322 300
江西铜业集团财务有限公司	20 300	20 000	300	300	0	300
天津港财务有限公司	632 421	0	632 421	482 471	0	482 471
松下电器（中国）财务有限公司	8 652 405	0	8 652 405	914 738	0	914 738
中航工业集团财务有限责任公司	4 029 557	30 000	3 999 557	5 386 478	0	5 386 478
中冶集团财务有限公司	7 898	0	7 898	170 398	0	170 398
申能集团财务有限公司	32 025	0	32 025	114 100	0	114 100
潞安集团财务有限公司	710 483	0	710 483	1 355 877	0	1 355 877
淮南矿业集团财务有限公司	193 854	0	193 854	148 630	0	148 630
日立（中国）财务有限公司	10 600	0	10 600	10 000	0	10 000
保利财务有限公司	137 000	0	137 000	401 500	0	401 500
中化集团财务有限责任公司	9 017 614	4 532 000	4 485 614	2 382 512	0	2 382 512
国联财务有限责任公司	200 500	0	200 500	162 500	0	162 500
首都机场财务有限公司	521 766	260 883	260 883	1 841 520	920 760	920 760

续表

机构 \ 项目	发生额			余额		
	合计	委托投资	委托贷款	合计	委托投资	委托贷款
南山集团财务公司	153 623	0	153 623	146 623	0	146 623
国投财务有限公司	850 193	0	850 193	972 199	0	972 199
河南能源化工集团财务有限公司	634 693	0	634 693	1 139 763	0	1 139 763
中国化工财务有限公司	476 716	0	476 716	452 736	0	452 736
紫金矿业集团财务有限公司	363 000	0	363 000	284 801	0	284 801
冀中能源集团财务有限责任公司	495 747	0	495 747	553 607	0	553 607
山西焦煤集团财务有限责任公司	696 025	0	696 025	3 127 295	0	3 127 295
阳泉煤业财务有限公司	1 305 800	652 900	652 900	923 000	461 500	461 500
晋煤集团财务有限公司	1 152 900	0	1 152 900	1 218 900	0	1 218 900
云南冶金集团财务有限公司	104 900	0	104 900	64 900	0	64 900
中海集团财务有限责任公司	1 735 697	0	1 735 697	2 893 169	0	2 893 169
中集集团财务有限公司	15 547	0	15 547	2 744	0	2 744
宁波港集团财务有限公司	9 990	0	9 990	11 450	0	11 450
兖矿集团财务有限公司	381 200	0	381 200	691 200	0	691 200
哈尔滨电气集团财务有限责任公司	202 540	0	202 540	201 840	0	201 840
北大方正集团财务有限公司	128 495	0	128 495	188 495	0	188 495
通用技术集团财务有限责任公司	1 500	0	1 500	283	0	283
铜陵有色金属集团财务有限公司	66 000	0	66 000	66 000	0	66 000
中建财务有限公司	193 400	0	193 400	224 082	0	224 082
江苏国信集团财务有限公司	1 302 457	0	1 302 457	1 652 189	0	1 652 189
重庆化医控股集团财务有限公司	6 640	0	6 640	5 000	0	5 000
金川集团财务有限公司	12 770	0	12 770	9 170	0	9 170
新希望财务有限公司	25 886	0	25 886	45 886	0	45 886
新奥财务有限责任公司	286 292	0	286 292	271 784	0	271 784
青岛啤酒财务有限责任公司	71 816	0	71 816	122 085	0	122 085
上海复星高科技集团财务有限公司	117 417	0	117 417	219 417	0	219 417
中铝财务有限责任公司	1 035 678	0	1 035 678	857 380	0	857 380
国核财务有限公司	68 500	0	68 500	78 500	0	78 500
福建省能源集团财务有限公司	87 100	0	87 100	6 000	0	6 000
湖南高速财务有限公司	600	0	600	0	0	0
马钢集团财务有限公司	112 500	0	112 500	114 000	0	114 000
湖北宜化集团财务有限责任公司	32 500	0	32 500	24 500	0	24 500
北京汽车集团财务有限公司	16 360	0	16 360	18 360	0	18 360
大连港集团财务有限公司	846 644	0	846 644	889 696	0	889 696
大唐电信集团财务有限公司	439 460	0	439 460	228 700	0	228 700
开滦集团财务有限公司	364 820	0	364 820	321 014	0	321 014
中国航油集团财务有限公司	110 490	0	110 490	60 390	0	60 390

续表

项目 机构	发生额			余额		
	合计	委托投资	委托贷款	合计	委托投资	委托贷款
海南农垦集团财务有限公司	4 750	0	4 750	4 900	0	4 900
江苏交通控股集团财务有限公司	1 102 450	0	1 102 450	739 610	0	739 610
山东钢铁集团财务有限公司	50 000	0	50 000	50 000	0	50 000
国药集团财务有限公司	178 432	0	178 432	142 632	0	142 632
郑州宇通集团财务有限公司	21 800	0	21 800	16 700	0	16 700
中国铁建财务有限公司	572 071	0	572 071	515 282	0	515 282
山东省商业集团财务有限公司	40 000	0	40 000	40 000	0	40 000
诚通财务有限责任公司	296 000	0	296 000	295 000	0	295 000
山东重工集团财务有限公司	12 000	0	12 000	12 000	0	12 000
湖北能源财务有限公司	347 145	0	347 145	524 145	0	524 145
港中旅财务有限公司	92 780	0	92 780	108 260	0	108 260
陕西煤业化工集团财务有限公司	154 350	0	154 350	154 350	0	154 350
上海华谊集团财务有限责任公司	17 091	0	17 091	11 775	0	11 775
河北钢铁集团财务有限公司	342 000	0	342 000	342 000	0	342 000
安徽省能源集团财务有限公司	122 080	0	122 080	89 280	0	89 280
天津天保财务有限公司	267 800	0	267 800	246 800	0	246 800
亿利集团财务有限公司	142 060	0	142 060	4 480	0	4 480
厦门海翼集团财务有限公司	43 000	0	43 000	43 000	0	43 000
中信财务有限公司	1 080 000	1 080 000	0	1 200 726	0	1 200 726
浙江省交通投资集团财务有限责任公司	1 132 400	0	1 132 400	642 800	0	642 800
南车财务有限公司	292 160	0	292 160	184 000	0	184 000
中国电子科技财务有限公司	6 000	0	6 000	6 000	0	6 000
重庆机电控股集团财务有限公司	43 700	0	43 700	27 000	0	27 000
河北建投集团财务有限公司	198 979	0	198 979	198 179	0	198 179
太钢集团财务有限公司	5 400	0	5 400	5 400	0	5 400
大同煤矿集团财务有限责任公司	351 900	0	351 900	336 900	0	336 900
贵州茅台集团财务有限公司	10 000	0	10 000	10 000	0	10 000
海亮集团财务有限责任公司	60 000	0	60 000	23 700	0	23 700
中材集团财务有限公司	20 000	0	20 000	20 000	0	20 000
贵州盘江集团财务有限公司	1 000	0	1 000	1 000	0	1 000
徐工集团财务有限公司	220 000	0	220 000	220 000	0	220 000
山东黄金集团财务有限公司	32 000	0	32 000	32 000	0	32 000
中开财务有限公司	155 300	0	155 300	155 300	0	155 300
四川长虹集团财务有限公司	132 600	0	132 600	132 600	0	132 600
亨通财务有限公司	104 000	0	104 000	68 000	0	68 000
珠海华发集团财务有限公司	2 000	0	2 000	2 000	0	2 000
云南云天化集团财务有限公司	49 500	0	49 500	49 500	0	49 500
总计	124 646 809	17 409 703	107 237 107	145 718 197	4 431 479	141 286 718

财务公司结算业务情况统计表

（2013 年）　　　　单位：万元，笔

项目 机构	本外币合计		本币		外币	
	发生额	发生数	发生额	发生数	发生额	发生数
东风汽车财务有限公司	17 324 327	85 592	17 324 327	85 592	0	0
中国重汽财务有限公司	29 101 352	26 675	29 101 352	26 675	0	0
中国华能财务有限责任公司	190 159 144	265 659	190 059 384	265 556	99 760	103
锦江国际集团财务有限责任公司	44 273 137	260 307	44 245 955	260 220	27 183	87
一汽财务有限公司	57 475 739	81 723	57 475 739	81 723	0	0
西电集团财务有限责任公司	7 163 774	74 121	7 140 718	73 914	23 056	207
中国石化财务有限责任公司	4 339 056 502	21 275 515	4 319 683 800	21 274 900	19 372 702	615
东方电气集团财务有限公司	3 212	98 477	2 850	96 926	362	1 551
宝钢集团财务有限责任公司	266 115 097	540 118	265 250 412	539 946	864 685	172
中国一拖集团财务有限责任公司	8 081 612	95 876	8 081 612	95 876	0	0
五矿集团财务有限责任公司	39 898 288	23 558	38 247 999	19 788	1 650 290	3 770
攀钢集团财务公司	81 593 508	73 794	81 593 508	73 794	0	0
武汉钢铁集团财务有限责任公司	132 850 460	247 547	119 922 717	245 187	12 927 744	2 360
中远财务有限责任公司	84 852 311	521 243	59 440 879	439 081	25 411 432	82 162
江铃汽车集团财务有限公司	8 240 737	187 766	8 240 737	187 766	0	0
中国航空集团财务有限责任公司	49 707 909	78 024	49 707 909	78 024	0	0
中国南动集团财务有限责任公司	698 000	16 755	698 000	16 755	0	0
深圳市有色金属财务有限公司	2 754 875	3 742	2 754 875	3 742	0	0
中国南航集团财务有限公司	22 910 443	103 981	22 910 443	103 981	0	0
上海汽车集团财务有限责任公司	396 077 533	4 372 831	394 915 825	4 370 819	1 161 708	2 012
振华集团财务有限责任公司	1 084 215	19 436	1 084 215	19 436	0	0
东方集团财务有限责任公司	10 215 211	5 606	10 215 211	5 606	0	0
东航集团财务有限责任公司	59 691 827	74 309	57 978 753	73 787	1 713 074	522
中油财务有限责任公司	2 618 172 091	3 647 270	2 334 715 199	3 585 010	283 456 892	62 260
上海电气集团财务有限责任公司	38 653 379	417 219	37 036 779	412 695	1 616 600	4 524
中国能源建设集团葛洲坝财务有限公司	30 643 993	114 471	30 643 993	114 471	0	0
兵工财务有限责任公司	59 580 031	374 499	59 375 625	374 038	204 407	461
三峡财务有限责任公司	66 154 582	207 650	65 827 630	207 574	326 952	76
中广核财务有限责任公司	72 523 974	294 747	69 671 492	291 618	2 852 482	3 129
中船财务有限责任公司	25 781 167	113 859	25 781 167	113 859	0	0
中核财务有限责任公司	82 002 129	288 012	82 002 129	288 012	0	0
上海浦东发展集团财务有限责任公司	13 318 330	20 266	13 318 330	20 266	0	0

续表

机构＼项目	本外币合计		本币		外币	
	发生额	发生数	发生额	发生数	发生额	发生数
鞍钢集团财务有限责任公司	96 010 037	13 130 018	96 010 000	13 130 000	37	18
中国电力财务有限公司	2 093 542 409	3 916 328	2 093 542 409	3 916 328	0	0
神华财务有限公司	247 557 100	172 915	247 557 100	172 915	0	0
中国电子财务有限责任公司	35 616 665	10 599	35 348 181	10 395	268 484	204
航天科技财务有限责任公司	286 382 249	944 781	285 990 000	944 779	392 249	2
航天科工财务有限责任公司	55 810 150	649 834	55 810 150	649 834	0	0
中船重工财务有限责任公司	34 052 700	82 514	34 052 700	82 514	0	0
中海石油财务有限责任公司	260 037 930	204 510	245 762 300	203 810	14 275 630	700
海尔集团财务有限责任公司	102 870 000	1 714 433	94 740 000	1 702 014	8 130 000	12 419
吉林森林工业集团财务有限责任公司	14 488 948	162 233	14 488 948	162 233	0	0
万向财务有限公司	38 126 872	76 384	38 064 092	76 117	62 780	267
中粮财务有限责任公司	87 526 866	100 841	85 764 197	99 831	1 762 669	1 010
苏州创元集团财务有限公司	2 521 087	24 160	2 521 087	24 160	0	0
珠海格力集团财务有限责任公司	127 166 695	39 054	127 166 695	39 054	0	0
国机财务有限责任公司	47 306 967	100 432	47 245 590	100 332	61 377	100
海航集团财务有限公司	314 938 528	272 861	314 143 556	272 708	794 972	153
中国华电集团财务有限公司	172 240 000	317 220	172 240 000	317 220	0	0
中国大唐集团财务有限公司	217 780 000	308 114	217 780 000	308 114	0	0
南方电网财务有限公司	194 854 575	224 622	194 854 575	224 622	0	0
中电投财务有限公司	329 631 505	245 897	329 619 085	245 872	12 420	25
国电财务有限公司	151 056 200	253 811	151 056 200	253 811	0	0
华联财务有限责任公司	8 925 209	742 100	8 925 209	742 100	0	0
兵器装备集团财务有限责任公司	43 317 006	223 338	43 317 006	223 338	0	0
京能集团财务有限公司	28 500 315	57 476	28 500 315	57 476	0	0
浙江省能源集团财务有限责任公司	21 935 900	20 628	21 935 900	20 628	0	0
广东粤电财务有限责任公司	59 847 116	66 477	59 847 116	66 477	0	0
TCL 集团财务有限公司	102 180 932	428 182	92 370 136	424 073	9 810 795	4 109
湖南华菱钢铁集团财务有限公司	40 785 470	156 583	40 777 115	156 432	8 355	151
江西铜业集团财务有限公司	46 503 811	110 471	46 497 052	110 425	6 759	46
天津港财务有限公司	27 636 654	39 669	27 636 654	39 669	0	0
松下电器（中国）财务有限公司	860 281	2 304	860 281	2 304	0	0
中航工业集团财务有限责任公司	224 942 271	413 007	223 640 000	411 000	1 302 271	2 007
中冶集团财务有限公司	48 363 399	33 400	48 330 000	33 000	33 399	400
中能集团财务有限公司	47 661 116	24 117	46 309 871	23 789	1 351 244	328

续表

项目 机构	本外币合计		本币		外币	
	发生额	发生数	发生额	发生数	发生额	发生数
潞安集团财务有限公司	66 185 435	57 752	66 185 435	57 752	0	0
淮南矿业集团财务有限公司	49 098 547	165 329	49 098 547	165 329	0	0
日立（中国）财务有限公司	20 291 324	20 219	20 291 324	20 219	0	0
保利财务有限公司	80 005 058	32 158	80 005 058	32 158	0	0
深圳能源财务有限公司	12 327 000	25 660	12 327 000	25 660	0	0
中化集团财务有限责任公司	224 299 814	208 895	221 676 173	200 845	2 623 642	8 050
海信集团财务有限公司	18 849 361	157 002	17 485 376	156 592	1 363 985	410
国联财务有限责任公司	21 459 332	57 277	21 459 332	57 277	0	0
首都机场财务有限公司	13 826 824	66 063	13 826 824	66 063	0	0
红豆集团财务有限公司	12 526 750	68 059	12 526 750	68 059	0	0
海马财务有限公司	10 212 567	55 380	10 212 567	55 380	0	0
南山集团财务公司	132 376 310	311 449	132 222 408	310 268	153 902	1 181
国投财务有限公司	48 586 450	105 160	48 574 950	105 154	11 500	6
河南能源化工集团财务有限公司	70 150 500	208 542	70 150 500	208 542	0	0
中国化工财务有限公司	87 700 560	81 975	87 700 560	81 975	0	0
紫金矿业集团财务有限公司	10 917 240	65 203	10 911 100	65 200	6 140	3
江苏华西集团财务有限公司	36 418 621	69 413	36 418 621	69 413	0	0
冀中能源集团财务有限责任公司	52 212 326	305 845	52 212 326	305 845	0	0
山西焦煤集团财务有限责任公司	60 917 524	72 397	60 917 524	72 397	0	0
阳泉煤业财务有限公司	44 310 811	113 164	44 310 811	113 164	0	0
晋煤集团财务有限公司	3 255 990	121 555	3 255 990	121 555	0	0
云南冶金集团财务有限公司	10 932 408	19 029	10 932 408	19 029	0	0
中海集团财务有限责任公司	33 723 260	242 519	30 621 340	208 410	3 101 920	34 109
中集集团财务有限公司	26 299 982	16 270 000	16 391 300	15 150 000	9 908 682	1 120 000
沙钢财务有限公司	196 394 437	156 509	196 394 437	156 509	0	0
美的集团财务有限公司	82 696 434	263 557	79 036 844	256 906	3 659 590	6 651
宁波港集团财务有限公司	19 981 889	216 071	19 981 889	216 071	0	0
兖矿集团财务有限公司	25 028 696	89 551	25 028 696	89 551	0	0
哈尔滨电气集团财务有限责任公司	4 869 038	6 948	4 869 038	6 948	0	0
北大方正集团财务有限公司	88 472 490	9 233	88 472 490	9 233	0	0
通用技术集团财务有限责任公司	49 212 900	73 519	47 866 595	70 787	1 346 305	2 732
铜陵有色金属集团财务有限公司	28 113 931	84 419	28 048 952	84 302	64 979	117
中建财务有限公司	170 410 000	14 011	170 410 000	14 011	0	0
江苏国信集团财务有限公司	30 374 687	41 701	30 374 687	41 701	0	0

续表

机构 \ 项目	本外币合计		本币		外币	
	发生额	发生数	发生额	发生数	发生额	发生数
重庆化医控股集团财务有限公司	13 342 285	66 413	13 342 285	66 413	0	0
金川集团财务有限公司	41 539 200	61 551	41 539 200	61 551	0	0
新希望财务有限公司	37 414 968	594 571	37 414 968	594 571	0	0
酒钢集团财务有限公司	61 374 989	14 800	61 374 989	14 800	0	0
包钢集团财务有限责任公司	10 321 471	24 051	10 321 471	24 051	0	0
新奥财务有限责任公司	7 945 602	65 272	7 945 602	65 272	0	0
中外运长航财务有限公司	5 173 177	73 749	5 173 177	73 749	0	0
青岛啤酒财务有限责任公司	17 581 492	120 041	17 581 492	120 041	0	0
上海复星高科技集团财务有限公司	75 950 758	79 333	75 950 758	79 333	0	0
中铝财务有限责任公司	12 157 381	16 698	12 157 381	16 698	0	0
中兴通讯集团财务有限公司	34 109 988	815 003	33 736 483	814 898	373 505	105
国核财务有限公司	5 093 432	7 673	5 093 432	7 673	0	0
福建省能源集团财务有限公司	25 417 894	71 809	25 417 894	71 809	0	0
湖南高速财务有限公司	11 636 200	15 360	11 636 200	15 360	0	0
马钢集团财务有限公司	22 528 800	111 200	22 528 800	111 200	0	0
湖北宜化集团财务有限责任公司	8 824 403	44 000	8 824 403	44 000	0	0
北京汽车集团财务有限公司	47 955 102	28 256	47 955 102	28 256	0	0
大连港集团财务有限公司	23 230 000	66 109	23 230 000	66 109	0	0
大唐电信集团财务有限公司	15 289 289	46 087	15 285 953	46 079	3 336	8
开滦集团财务有限公司	35 266 783	59 713	35 266 783	59 713	0	0
中国航油集团财务有限公司	9 901 001	44 653	9 901 000	44 652	1	1
海南农垦集团财务有限公司	7 865 182	31 026	7 865 182	31 026	0	0
西部矿业集团财务有限公司	39 993 887	215 819	39 993 887	215 819	0	0
江苏交通控股集团财务有限公司	32 465 231	18 078	32 465 231	18 078	0	0
山东钢铁集团财务有限公司	38 797 686	63 275	38 772 709	63 263	24 977	12
国药集团财务有限公司	17 880 700	15 809	17 880 700	15 809	0	0
郑州宇通集团财务有限公司	9 628 894	54 433	9 628 894	54 433	0	0
中国铁建财务有限公司	77 175 468	62 393	77 175 468	62 393	0	0
山东省商业集团财务有限公司	13 854 831	335 700	13 854 831	335 700	0	0
深圳华强集团财务有限公司	5 728 217	14 525	5 728 217	14 525	0	0
诚通财务有限责任公司	59 300 063	36 085	59 300 063	36 085	0	0
山东重工集团财务有限公司	37 370 576	57 194	37 370 576	57 194	0	0
湖北能源财务有限公司	7 688 417	14 406	7 688 417	14 406	0	0
港中旅财务有限公司	12 606 700	2 006	12 606 700	2 006	0	0
陕西煤业化工集团财务有限公司	13 571 295	147 396	13 571 295	147 396	0	0
上海华谊集团财务有限责任公司	10 610 000	77 910	10 610 000	77 910	0	0

续表

项目 / 机构	本外币合计		本币		外币	
	发生额	发生数	发生额	发生数	发生额	发生数
安徽省能源集团财务有限公司	1 714 976	4 263	1 714 976	4 263	0	0
中化工程集团财务有限公司	35 675 488	24 236	35 675 488	24 236	0	0
天津天保财务有限公司	7 824 287	2 169	7 824 287	2 169	0	0
亿利集团财务有限公司	17 063 840	10 696	17 063 840	10 696	0	0
厦门海翼集团财务有限公司	12 055 871	17 953	12 055 871	17 953	0	0
中信财务有限公司	10 730 000	2 933	10 729 726	2 927	275	6
浙江省交通投资集团财务有限责任公司	8 238 540	25 842	8 238 540	25 842	0	0
南车财务有限公司	16 343 508	5 101	16 343 508	5 101	0	0
中国北车集团财务有限公司	46 317 657	93 784	46 257 900	93 729	59 757	55
中国电子科技财务有限公司	24 659 760	159 546	24 659 760	159 546	0	0
河北建投集团财务有限公司	6 759 040	14 048	6 759 040	14 048	0	0
太钢集团财务有限公司	41 889 999	38 061	41 889 999	38 061	0	0
大同煤矿集团财务有限责任公司	105 422 626	55 782	105 422 626	55 782	0	0
贵州茅台集团财务有限公司	6 171 836	3 723	6 171 836	3 723	0	0
海亮集团财务有限责任公司	49 945 181	60 955	49 945 181	60 955	0	0
中材集团财务有限公司	2 821 703	8 300	2 821 703	8 300	0	0
贵州盘江集团财务有限公司	2 154 418	4 014	2 154 418	4 014	0	0
北京首都旅游集团财务有限公司	3 274 426	4 368	3 274 426	4 368	0	0
广西交通投资集团财务有限责任公司	6 410 355	8 278	6 410 355	8 278	0	0
徐工集团财务有限公司	65 378 521	25 410	65 378 521	25 410	0	0
百联集团财务有限责任公司	2 081 002	11 486	2 081 002	11 486	0	0
中交财务有限公司	3 794 116	454	3 794 116	454	0	0
山东黄金集团财务有限公司	1 838 271	9 303	1 838 271	9 303	0	0
中开财务有限公司	4 920 000	4 460	4 920 000	4 460	0	0
中国平煤神马集团财务有限责任公司	10 296 830	60 435	10 296 830	60 435	0	0
四川长虹集团财务有限公司	6 851 911	21 891	6 851 911	21 891	0	0
创维集团财务有限公司	1 221 027	440 000	1 221 027	440 000	0	0
江苏国泰财务有限公司	129 491	511	129 491	511	0	0
亨通财务有限公司	1 094 788	6 613	1 094 788	6 613	0	0
珠海华发集团财务有限公司	5 045 288	403	5 045 288	403	0	0
北京金隅财务有限公司	2 173 492	5 237	2 173 492	5 237	0	0
云南云天化集团财务有限公司	3 836 835	3 020	3 836 835	3 020	0	0
北京控股集团财务有限公司	262 232	42	262 232	42	0	0
总计	17 730 563 031	83 841 239	17 317 877 769	82 481 843	412 685 263	1 359 396

财务公司外汇业务情况统计表

（2013 年）　　单位：万美元

机构 \ 项目	外汇存款	外汇贷款	外汇投资	外汇交易	结汇	售汇
中国重汽财务有限公司	615	0	0	0	0	0
中国华能财务有限责任公司	0	100	0	16 362	4	16 358
锦江国际集团财务有限责任公司	83	400	0	0	0	0
一汽财务有限公司	2 883	0	0	0	0	0
西电集团财务有限责任公司	4 343	0	0	11 256	6 669	4 587
中国石化财务有限责任公司	765	0	0	3 362 723	26 636	3 164 909
东方电气集团财务有限公司	21 925	7 170	0	0	47 490	9 889
宝钢集团财务有限责任公司	50	2 015	0	0	1 733	1 541
五矿集团财务有限责任公司	35 613	13 687	0	0	0	0
攀钢集团财务公司	20	787	0	0	0	0
武汉钢铁集团财务有限责任公司	38 356	47 112	0	209 490	233	114 603
中远财务有限责任公司	25 844	1 990	0	78 626	68 869	9 757
江铃汽车集团财务有限公司	84	510	0	0	22	0
中国航空集团财务有限责任公司	0	500	0	0	0	0
上海汽车集团财务有限责任公司	1 431	1 400	0	1 895	5 123	462 227
东方集团财务有限责任公司	0	750	0	0	0	0
东航集团财务有限责任公司	375	1 501	0	128 091	5 891	120 302
中油财务有限责任公司	766 034	2 266 207	48 038	7 153 329	343 867	6 275 788
上海电气集团财务有限责任公司	38 999	117	0	87 341	58 666	28 329
中国能源建设集团葛洲坝财务有限公司	79	490	0	0	0	0
兵工财务有限责任公司	390	200	0	80 689	74 043	6 646
三峡财务有限责任公司	2	0	0	25 862	15 587	10 595
中广核财务有限责任公司	935	1 470	0	0	29 996	20 256
中船财务有限责任公司	6 176	1 000	0	0	64 620	14 411
中核财务有限责任公司	0	0	0	0	2 749	49 673
鞍钢集团财务有限责任公司	0	500	0	0	0	0
中国电力财务有限公司	0	500	0	24 505	12	24 493
中国电子财务有限责任公司	0	0	544	11 454	5 349	6 105
航天科技财务有限责任公司	0	0	0	0	10	0
中海石油财务有限责任公司	194	2 267	0	1 108 475	914	1 107 561
海尔集团财务有限责任公司	135 328	139 327	0	122 260	48 187	63 891

续表

机构 \ 项目	外汇存款	外汇贷款	外汇投资	外汇交易	结汇	售汇
万向财务有限公司	15	500	0	0	0	0
中粮财务有限责任公司	5 372	5 250	0	264 070	61 336	202 733
国机财务有限责任公司	336	0	0	0	0	0
海航集团财务有限公司	12 041	12 040	0	0	21 100	967
中电投财务有限公司	12	0	0	0	0	0
TCL 集团财务有限公司	5 234	1 589	0	120 074	72 357	47 717
湖南华菱钢铁集团财务有限公司	2 069	0	0	0	0	53 800
江西铜业集团财务有限公司	2 159	2 550	0	0	150	4 448
松下电器（中国）财务有限公司	7	440	0	0	0	0
中航工业集团财务有限责任公司	2 819	3 300	0	61 940	41 205	20 735
中冶集团财务有限公司	2 467	0	0	0	9 945	0
申能集团财务有限公司	0	0	0	54 511	0	54 511
中化集团财务有限责任公司	27 627	7 525	0	482 649	46 725	451 395
海信集团财务有限公司	0	655	0	92 264	20 106	106 331
南山集团财务公司	257	0	0	0	0	0
国投财务有限公司	55	820	0	1 886	1 884	2
紫金矿业集团财务有限公司	0	0	0	1 007	0	1 007
中海集团财务有限责任公司	9 540	1 000	0	0	53 291	980
中集集团财务有限公司	9 133	3 736	0	173 931	139 600	38 200
美的集团财务有限公司	71 973	5 500	0	0	19 925	20 224
通用技术集团财务有限责任公司	4 595	0	0	0	0	0
铜陵有色金属集团财务有限公司	0	545	0	23 900	4 658	29 621
江苏国信集团财务有限公司	6 309	0	0	0	0	0
中外运长航财务有限公司	19	0	0	0	0	0
中铝财务有限责任公司	5	0	0	0	0	0
中兴通讯集团财务有限公司	191	2 000	0	0	0	0
大唐电信集团财务有限公司	161	0	0	0	0	0
中国航油集团财务有限公司	0	0	0	0	0	0
山东钢铁集团财务有限公司	0	1 000	0	0	0	0
山东省商业集团财务有限公司	786	0	0	0	0	0
中信财务有限公司	45	0	0	0	0	0
中国北车集团财务有限公司	6 516	0	0	0	0	0
总　计	1 250 269	2 538 450	48 582	13 698 591	1 298 951	12 544 592

财务公司集团产品销售信贷业务情况统计表

(2013 年)　　单位：万元

机构 \ 项目	集团产品信贷余额				集团产品信贷发生额			
	余额合计	其中：买方信贷	其中：消费信贷	其中：融资租赁	发生额合计	其中：买方信贷	其中：消费信贷	其中：融资租赁
东风汽车财务有限公司	1 095 102	18 638	858 847	217 617	1 435 848	242 694	853 569	339 585
中国重汽财务有限公司	163 775	0	63 097	100 678	251 277	0	68 623	182 654
中国华能财务有限责任公司	40 000	0	0	40 000	0	0	0	0
一汽财务有限公司	79 641	326	77 616	1 699	5 642	0	5 642	0
东方电气集团财务有限公司	63 640	63 640	0	0	69 640	69 640	0	0
中国一拖集团财务有限责任公司	2 031	2 007	24	0	1 765	1 765	0	0
江铃汽车集团财务有限公司	92 098	88 156	3 942	0	110 567	106 613	3 954	0
上海汽车集团财务有限责任公司	3 156 521	1 089 930	2 066 591	0	12 198 105	10 343 685	1 854 420	0
兵工财务有限责任公司	392	0	392	0	411	0	411	0
中国电力财务有限公司	1 117 970	0	0	1 117 970	0	0	0	0
海尔集团财务有限责任公司	441 769	297 207	142 736	1 826	373 744	337 978	32 567	3 198
珠海格力集团财务有限责任公司	222 400	222 400	0	0	143 300	143 300	0	0
国机财务有限责任公司	42 356	9 270	0	33 086	25 885	7 980	0	17 905
兵器装备集团财务有限责任公司	599 062	392 839	206 223	0	4 454 713	4 222 016	232 697	0
TCL 集团财务有限公司	850	850	0	0	3 550	3 550	0	0
海马财务有限公司	124 766	0	124 766	0	108 020	0	108 020	0
南山集团财务公司	10 000	10 000	0	0	10 000	10 000	0	0
美的集团财务有限公司	561 945	561 945	0	0	1 112 291	1 112 291	0	0
总　计	7 814 318	2 757 208	3 544 235	1 512 876	20 304 757	16 601 511	3 159 903	543 342

财务公司对金融机构股权投资情况统计表

(2013 年)　　单位：万元

机构 \ 项目	被投资金融机构	本年新增投资金额	累计投资金额	持股比例(%)
东风汽车财务有限公司	武汉东风保险经纪有限公司	0	428	20.00
中国华能财务有限责任公司	华夏证券有限公司	0	4 000	1.98
一汽财务有限公司	一汽汽车金融有限公司	0	66 000	66.00
中国石化财务有限责任公司	江苏银行股份有限公司	0	1 362	0.18
	东营市商业银行股份有限公司	0	234	0.29
	上海银行股份有限公司	0	1 652	0.14
	申银万国证券股份有限公司	0	337	0.19
	广发银行股份有限公司	0	995	0.02
	华泰保险集团股份有限公司	0	18 627	6.93
	首创证券有限责任公司	0	5 000	7.69

续表

项目 机构	被投资金融机构	本年新增投资金额	累计投资金额	持股比例（%）
五矿集团财务有限责任公司	广发银行	0	26 454	0.39
中远财务有限责任公司	泰康人寿股份有限公司	0	5 797	1.17
江铃汽车集团财务有限公司	中国重型汽车财务有限责任公司	0	276	0.08
	申银万国证券股份有限公司	0	504	0.04
	南昌银行	0	6 720	2.82
中国航空集团财务有限责任公司	航联保险经纪有限公司	0	600	12.00
中国南航集团财务有限公司	中国重汽财务有限公司	0	1 290	0.40
	航联保险经纪有限公司	0	600	12.00
上海汽车集团财务有限责任公司	上汽通用汽车金融有限责任公司	0	60 000	40.00
中国能源建设集团葛洲坝财务有限公司	湖北鹏程保险经纪有限公司	0	20	2.51
兵工财务有限责任公司	北京金诚国际保险经纪有限公司	0	100	3.33
	华旅保险经纪有限公司	0	100	10.00
	中国民族证券有限公司	11 440	13 440	1.44
三峡财务有限责任公司	三峡保险经纪有限责任公司	0	3 230	64.60
	陕西煤业化工集团财务有限公司	0	15 000	15.00
	民生加银基金管理有限公司	0	2 000	6.67
中广核财务有限责任公司	中广核保险经纪有限责任公司	5 000	5 000	100.00
	安信基金管理有限责任公司	0	3 000	8.57
中核财务有限责任公司	长城证券	0	11 810	5.08
鞍钢集团财务有限责任公司	北京鞍汇联保险经纪有限公司	0	510	51.00
中国电力财务有限公司	英大泰和财产保险股份有限公司	0	15 600	7.43
	英大泰和人寿保险股份有限公司	10 253	25 632	6.41
	英大证券有限责任公司	0	45 200	18.87
	英大国际信托有限责任公司	0	9 500	6.33
	国泰基金管理有限公司	0	1 145	10.00
航天科技财务有限责任公司	中信建投基金管理有限公司	3 750	3 750	25.00
	信达财产保险股份有限公司	0	5 413	1.67
	北京国际信托投资有限公司	0	10 000	7.14
航天科工财务有限责任公司	英大基金管理有限公司	1 800	1 800	15.00
	华旅（北京）保险经纪公司	0	200	10.00
	航天证券经纪有限责任公司	0	6 000	10.00
中船重工财务有限责任公司	湖北鹏程保险经纪公司	0	40	5.02
	华融金融租赁股份有限公司	0	19 840	3.20

续表

项目 机构	被投资金融机构	本年新增投资金额	累计投资金额	持股比例（%）
海尔集团财务有限责任公司	南山集团财务有限公司	2 400	6 400	8.00
中粮财务有限责任公司	中粮信托有限责任公司	3 201	9 201	4.00
国机财务有限责任公司	信达财产保险股份有限公司	0	2 165	0.67
中国华电集团财务有限公司	华鑫国际信托有限公司	0	107 800	49.00
中国大唐集团财务有限公司	富滇银行股份有限公司	0	189 673	19.50
南方电网财务有限公司	鼎和财产保险股份有限公司	0	15 180	10.00
中电投财务有限公司	石家庄汇融农村合作银行	0	13 278	19.99
	百瑞信托有限责任公司	0	69 492	24.91
	中电投先融期货经纪有限公司	0	5 423	38.00
国电财务有限公司	石嘴山银行股份有限公司	0	21 384	19.80
兵器装备集团财务有限责任公司	长安基金管理有限公司	0	1 800	9.00
	北京中兵保险经纪有限公司	0	990	99.00
浙江省能源集团财务有限责任公司	华融金融租赁股份有限公司	0	24 800	4.00
广东粤电财务有限责任公司	珠海农村商业银行股份有限公司	0	44 550	9.90
	深圳天鑫保险经纪有限公司	0	906	100.00
江西铜业集团财务有限公司	中银国际证券有限责任公司	10 000	10 000	1.05
淮南矿业集团财务有限公司	芜湖扬子农村商业银行	3 157	44 186	19.99
深圳能源财务有限公司	华泰财产保险控股股份有限公司	0	2 204	0.31
中化集团财务有限责任公司	中化保险经纪公司	0	5 000	100.00
	中宏人寿保险有限公司	0	102 376	49.00
	中国对外经济贸易信托有限公司	0	13 429	3.78
红豆集团财务有限公司	江苏锡山建信村镇银行	0	1 050	7.00
	江苏大丰农村商业银行	0	9 000	10.00
国投财务有限公司	国投保险经纪有限公司	0	5 000	100.00
河南能源化工集团财务有限公司	商丘市商业银行股份有限公司	0	2 382	3.18
冀中能源集团财务有限责任公司	中国光大银行	0	999	0.00
美的集团财务有限公司	江苏银行股份有限公司	1 212	1 212	0.12
国核财务有限公司	国核保险经纪有限公司	10 000	10 000	100.00
总计		62 213	1 119 087	

财务公司担保业务情况统计表

（2013 年）

单位：万元，笔

项目 机构	担保业务合计				其中：融资性担保				其中：非融资性担保			
	发生额	发生数	余额	发生数	发生额	发生数	余额	发生数	发生额	发生数	余额	发生数
中国华能财务有限责任公司	16 478	20	16 849	0	0	0	0	0	16 478	20	16 849	0
一汽财务有限公司	422	3	100	3	0	0	0	0	422	3	100	3
西电集团财务有限责任公司	126 654	1 746	182 522	1 842	0	0	0	0	126 654	1 746	182 522	1 842
中国石化财务有限责任公司	3 861	4	5 519	4	0	0	0	0	3861	4	5 519	4
东方电气集团财务有限公司	17 165	48	38 657	50	0	0	0	0	17 165	48	38 657	50
武汉钢铁集团财务有限责任公司	6 830	42	17 530	0	0	0	0	0	6 830	42	17 530	0
江铃汽车集团财务有限公司	57 053	78	32 412	32	57 053	78	32 412	32	0	0	0	0
中国航空集团财务有限责任公司	1 075	2	1 075	2	0	0	0	0	1 075	2	1 075	2
中国南航集团财务有限公司	1 460	2	460	1	0	0	0	0	1 460	2	460	1
振华集团财务有限责任公司	7 000	7	8 000	8	7 000	7	8 000	8	0	0	0	0
东航集团财务有限责任公司	300	1	550	2	0	0	0	0	300	1	550	2
中油财务有限责任公司	128 100	179	91 820	100	0	0	0	0	128 100	179	91 820	100
上海电气集团财务有限责任公司	24 044	101	111 504	176	0	0	0	0	24 044	101	111 504	176
中国能源建设集团葛洲坝财务有限公司	18 584	19	15 162	17	0	0	0	0	18 584	19	15 162	17
兵工财务有限责任公司	524 488	3 416	172 439	1 634	516 246	3 403	165 724	1 627	8 242	13	6 715	7
三峡财务有限责任公司	10 303	23	11 967	29	0	0	0	0	10 303	23	11 967	29

续表

项目 机构	担保业务合计				其中：融资性担保				其中：非融资性担保			
	发生额	发生数	余额	发生数	发生额	发生数	余额	发生数	发生额	发生数	余额	发生数
中船财务有限责任公司	1 467	8	1 267	7	0	0	0	0	1 467	8	1 267	7
中核财务有限责任公司	6 342	38	16 432	119	0	0	0	0	6 342	38	16 432	119
上海浦东发展集团财务有限责任公司	7 491	6	11 634	11	0	0	0	0	7 491	6	11 634	11
中国电力财务有限公司	227 047	61	239 460	61	200 000	1	200 000	1	27 047	60	39 460	60
中国电子财务有限责任公司	8 609	26	2 322	14	0	0	0	0	8 609	26	2 322	14
航天科工财务有限责任公司	2 841	13	3 069	13	0	0	0	0	2 841	13	3 069	13
中船重工财务有限责任公司	6 256	12	860	11	0	0	0	0	6 256	12	860	11
海尔集团财务有限责任公司	9 552	40	1 181	15	0	0	0	0	9 552	40	1181	15
吉林森林工业集团财务有限责任公司	46 000	5	50 000	0	46 000	5	50 000	0	0	0	0	0
万向财务有限公司	35 000	3	70 100	7	35 000	3	70 100	7	0	0	0	0
苏州创元集团财务有限公司	2 000	2	2 000	0	2 000	2	2 000	0	0	0	0	0
国机财务有限责任公司	46 939	117	97 294	118	10 279	63	9 800	56	36 660	54	87 494	62
中国华电集团财务有限公司	35 144	4	205 144	6	0	0	170 000	2	35 144	4	35 144	4
南方电网财务有限公司	3 018	77	2 887	43	0	0	0	0	3 018	77	2 887	43
中电投财务有限公司	9 193	4	11 627	4	0	0	0	0	9 193	4	11 627	4
华联财务有限责任公司	39 000	3	39 000	3	39 000	3	39 000	3	0	0	0	0
浙江省能源集团财务有限责任公司	11 787	25	11 537	21	0	0	0	0	11 787	25	11 537	21

续表

项目 机构	担保业务合计				其中：融资性担保				其中：非融资性担保			
	发生额	发生数	余额	发生数	发生额	发生数	余额	发生数	发生额	发生数	余额	发生数
TCL集团财务有限公司	4 064	84	2 916	84	4 064	84	2 916	84	0	0	0	0
天津港财务有限公司	79 152	128	63 789	64	0	0	0	0	79 152	128	63 789	64
中冶集团财务有限公司	91	1	50 000	1	0	0	50 000	1	91	1	0	0
申能集团财务有限公司	10 037	2	10 037	2	0	0	0	0	10 037	2	10 037	2
淮南矿业集团财务有限公司	100	1	100	1	0	0	0	0	100	1	100	1
保利财务有限公司	0	0	15 000	0	0	0	15 000	0	0	0	0	0
中化集团财务有限责任公司	16 274	4	0	0	0	0	0	0	16 274	4	0	0
海信集团财务有限公司	0	0	2 000	0	0	0	0	0	0	0	2 000	0
国联财务有限责任公司	25 224	106	17 681	0	0	0	0	0	25 224	106	17 681	0
首都机场财务有限公司	28	1	528	3	0	0	0	0	28	1	528	3
红豆集团财务有限公司	7 972	22	3 662	14	7 972	22	3 662	14	0	0	0	0
南山集团财务公司	20	1	20	1	0	0	0	0	20	1	20	1
国投财务有限公司	51 377	10	83 338	13	50 000	2	81 757	3	1 377	8	1 581	10
河南能源化工集团财务有限公司	5 000	1	28 500	6	5 000	1	28 500	6	0	0	0	0
紫金矿业集团财务有限公司	120	2	120	2	0	0	0	0	120	2	120	2
阳泉煤业财务有限公司	16 000	5	9 000	0	16 000	5	9 000	0	0	0	0	0
晋煤集团财务有限公司	154 531	30	95 640	23	154 531	30	95 640	23	0	0	0	0

续表

项目 机构	担保业务合计				其中：融资性担保				其中：非融资性担保			
	发生额	发生数	余额	发生数	发生额	发生数	余额	发生数	发生额	发生数	余额	发生数
云南冶金集团财务有限公司	5 435	1	0	0	5 435	1	0	0	0	0	0	0
中集集团财务有限公司	238	6	35	6	0	0	0	0	238	6	35	6
沙钢财务有限公司	1 960	3	1 100	2	1 360	2	500	1	600	1	600	1
宁波港集团财务有限公司	343	2	343	2	0	0	0	0	343	2	343	2
哈尔滨电气集团财务有限责任公司	748	13	477	13	0	0	0	0	748	13	477	13
北大方正集团财务有限公司	100 000	5	230 000	7	100 000	5	230 000	7	0	0	0	0
铜陵有色金属集团财务有限公司	28 403	4	28 000	1	0	0	0	0	28 403	4	28 000	1
中建财务有限公司	79 986	16	82 322	18	0	0	0	0	79 986	16	82 322	18
江苏国信集团财务有限公司	35 973	5	40 973	6	34 700	3	39 700	4	1 273	2	1 273	2
金川集团财务有限公司	1 700	1	1 700	1	0	0	0	0	1 700	1	1 700	1
包钢集团财务有限责任公司	6 700	24	6 700	0	6 700	24	6 700	0	0	0	0	0
中铝财务有限责任公司	20 000	2	20 000	2	20 000	2	20 000	2	0	0	0	0
国核财务有限公司	21 660	11	21 660	11	0	0	0	0	21 660	11	21 660	11
马钢集团财务有限公司	30 197	3	30 197	3	197	1	197	1	30 000	2	30 000	2
大连港集团财务有限公司	5 794	12	4 373	7	0	0	0	0	5 794	12	4 373	7
大唐电信集团财务有限公司	30 000	1	0	1	30 000	1	0	1	0	0	0	0
海南农垦集团财务有限公司	0	0	1 887	0	0	0	1 887	0	0	0	0	0

续表

项目 机构	担保业务合计				其中：融资性担保				其中：非融资性担保			
	发生额	发生数	余额	发生数	发生额	发生数	余额	发生数	发生额	发生数	余额	发生数
西部矿业集团财务有限公司	16 819	1	16 819	1	0	0	0	0	16 819	1	16 819	1
中国铁建财务有限公司	42 494	49	29 972	26	0	0	0	0	42 494	49	29 972	26
山东省商业集团财务有限公司	4 000	1	4 000	1	4 000	1	4 000	1	0	0	0	0
深圳华强集团财务有限公司	25 440	1	25 440	1	25 440	1	25 440	1	0	0	0	0
陕西煤业化工集团财务有限公司	128 661	23	67 152	15	0	0	0	0	128 661	23	67 152	15
上海华谊集团财务有限责任公司	16 400	2	0	0	0	0	0	0	16 400	2	0	0
安徽省能源集团财务有限公司	77	1	77	1	0	0	0	0	77	1	77	1
中化工程集团财务有限公司	8 986	16	5 359	8	0	0	0	0	8 986	16	5 359	8
亿利集团财务有限公司	30 000	5	0	0	30 000	5	0	0	0	0	0	0
浙江省交通投资集团财务有限责任公司	1 500	1	1 500	1	1 500	1	1 500	1	0	0	0	0
重庆机电控股集团财务有限公司	10 000	1	10 000	1	10 000	1	10 000	1	0	0	0	0
海亮集团财务有限责任公司	41 700	4	41 500	3	41 500	3	41 500	3	200	1	0	0
徐工集团财务有限公司	271	3	130	2	0	0	0	0	271	3	130	2
创维集团财务有限公司	56 992	366	56 992	366	0	0	0	0	56 992	366	56 992	366
云南云天化集团财务有限公司	29 000	4	29 000	4	29 000	4	29 000	4	0	0	0	0
总　计	2 592 969	7120	2 612 421	5 077	1 489 976	3 764	1 443 935	1 894	1 102 993	3 356	1 168 486	3 183

从业人员统计

财务公司从业人员年龄、文化、职称结构统计表

（2013 年）　　单位：人

项目 机构	人员合计	年龄结构				性别结构		文化结构				职称结构			
		30岁以下	30岁至40岁	40岁至50岁	50岁以上	男	女	博士	硕士	本科	专科及以下	高级	中级	初级	其他
东风汽车财务有限公司	169	116	33	18	2	115	54	0	19	146	4	10	26	22	111
中国重汽财务有限公司	97	63	17	15	2	61	36	0	6	79	12	5	19	16	57
中国华能财务有限责任公司	69	12	12	30	15	34	35	2	30	27	10	33	19	4	13
锦江国际集团财务有限责任公司	23	5	10	4	4	17	6	0	3	14	6	1	6	4	12
一汽财务有限公司	84	16	44	17	7	33	51	0	44	34	6	14	19	31	20
西电集团财务有限责任公司	43	19	15	4	5	23	20	0	6	23	14	5	9	8	21
中国石化财务有限责任公司	343	139	106	77	21	166	177	1	61	248	33	59	116	105	63
东方电气集团财务有限公司	49	16	13	19	1	23	26	0	20	19	10	7	8	22	12
宝钢集团财务有限责任公司	81	26	23	23	9	42	39	0	27	38	16	6	29	8	38
中国一拖集团财务有限责任公司	42	11	16	13	2	16	26	0	4	24	14	4	21	3	14
五矿集团财务有限责任公司	43	12	17	13	1	20	23	0	12	23	8	1	4	9	29
攀钢集团财务公司	41	4	17	19	1	21	20	1	3	21	16	3	15	16	7
武汉钢铁集团财务有限责任公司	56	8	26	16	6	32	24	1	12	39	4	17	20	3	16
中远财务有限责任公司	60	11	19	20	10	32	28	0	11	41	8	10	25	18	7
江铃汽车集团财务有限公司	86	35	23	23	5	48	38	0	10	44	32	4	16	12	54
中国航空集团财务有限责任公司	130	22	29	59	20	47	83	0	10	52	68	9	19	16	86
中国南动集团财务有限责任公司	13	0	2	10	1	4	9	0	0	8	5	1	10	2	0
天津渤海集团财务有限责任公司	21	7	4	5	5	11	10	0	2	19	0	2	7	6	6
深圳市有色金属财务有限公司	36	8	4	22	2	25	11	2	8	15	11	2	15	6	13
中国南航集团财务有限公司	61	7	35	14	5	33	28	0	17	25	19	4	23	1	33

续表

项目 机构	人员合计	年龄结构				性别结构		文化结构				职称结构			
		30岁以下	30岁至40岁	40岁至50岁	50岁以上	男	女	博士	硕士	本科	专科及以下	高级	中级	初级	其他
上海汽车集团财务有限责任公司	454	289	131	17	17	315	139	2	83	345	24	3	49	19	383
振华集团财务有限责任公司	18	8	5	5	0	9	9	0	0	13	5	0	7	8	3
东方集团财务有限责任公司	32	15	10	6	1	15	17	0	5	21	6	2	9	4	17
东航集团财务有限责任公司	48	16	16	12	4	14	34	0	15	26	7	2	14	2	30
中油财务有限责任公司	174	32	75	48	19	81	93	5	67	83	19	40	79	39	16
上海电气集团财务有限责任公司	80	27	38	11	4	52	28	2	29	44	5	2	18	5	55
中国能源建设集团葛洲坝财务有限公司	78	18	24	20	16	45	33	0	13	39	26	22	21	7	28
兵工财务有限责任公司	128	31	53	35	9	61	67	1	44	61	22	17	31	23	57
三峡财务有限责任公司	115	34	50	21	10	65	50	4	37	66	8	29	30	2	54
中广核财务有限责任公司	82	31	36	13	2	44	38	1	28	42	11	5	32	4	41
中船财务有限责任公司	33	12	11	8	2	19	14	1	18	12	2	9	8	5	11
中核财务有限责任公司	51	10	23	12	6	26	25	0	16	32	3	12	21	17	1
上海浦东发展集团财务有限责任公司	49	11	25	10	3	28	21	2	21	21	5	1	23	4	21
鞍钢集团财务有限责任公司	65	3	24	31	7	25	40	0	8	50	7	32	26	5	2
中国电力财务有限公司	831	111	293	301	126	399	432	10	204	526	91	220	276	73	262
神华财务有限公司	54	10	28	12	4	29	25	7	31	11	5	8	20	3	23
中国电子财务有限责任公司	63	10	11	27	15	35	28	3	21	31	8	17	26	15	5
航天科技财务有限责任公司	95	22	46	20	7	43	52	2	51	35	7	12	16	5	62
航天科工财务有限责任公司	68	14	34	15	5	33	35	2	22	30	14	10	21	3	34
中船重工财务有限责任公司	38	6	19	9	4	21	17	0	12	22	4	13	15	4	6

续表

项目 / 机构	人员合计	年龄结构				性别结构		文化结构				职称结构			
		30岁以下	30岁至40岁	40岁至50岁	50岁以上	男	女	博士	硕士	本科	专科及以下	高级	中级	初级	其他
中海石油财务有限责任公司	101	37	39	21	4	44	57	0	29	65	7	8	31	9	53
海尔集团财务有限责任公司	107	42	59	6	0	32	75	0	18	68	21	2	18	25	62
吉林森林工业集团财务有限责任公司	42	13	19	7	3	22	20	0	5	31	6	10	9	3	20
万向财务有限公司	66	25	27	14	0	32	34	0	7	45	14	2	19	9	36
中粮财务有限责任公司	32	14	11	7	0	17	15	0	15	17	0	2	2	0	28
苏州创元集团财务有限公司	24	11	3	7	3	13	11	0	2	14	8	1	3	13	7
珠海格力集团财务有限责任公司	43	14	13	13	3	18	25	0	6	26	11	1	16	5	21
国机财务有限责任公司	45	20	10	10	5	21	24	0	10	30	5	12	9	1	23
海航集团财务有限公司	66	39	17	6	4	45	21	0	15	47	4	2	9	2	53
中国华电集团财务有限公司	51	11	26	11	3	27	24	1	23	26	1	13	11	0	27
中国大唐集团财务有限公司	42	15	18	8	1	22	20	3	35	3	1	9	14	0	19
南方电网财务有限公司	130	64	42	19	5	73	57	2	31	74	23	17	32	11	70
中电投财务有限公司	49	6	24	15	4	30	19	4	16	27	2	17	16	0	16
国电财务有限公司	64	22	21	11	10	30	34	7	23	29	5	17	11	6	30
华联财务有限责任公司	27	12	7	7	1	13	14	1	0	22	4	1	4	3	19
兵器装备集团财务有限责任公司	209	144	40	20	5	109	100	3	66	122	18	15	20	21	153
京能集团财务有限公司	30	9	16	4	1	12	18	0	10	19	1	3	18	0	9
浙江省能源集团财务有限责任公司	57	38	10	8	1	41	16	0	16	41	0	4	12	0	41
广东粤电财务有限责任公司	35	8	15	11	1	19	16	1	18	15	1	9	17	3	6
TCL 集团财务有限公司	51	19	19	12	1	21	30	0	2	45	4	0	16	10	25
湖南华菱钢铁集团财务有限公司	31	7	12	11	1	15	16	1	6	18	6	3	8	1	19
江西铜业集团财务有限公司	30	9	11	7	3	16	14	0	6	22	2	2	18	0	10
天津港财务有限公司	40	13	13	13	1	18	22	0	10	25	5	0	19	19	2
松下电器（中国）财务有限公司	14	6	8	0	0	2	12	0	3	9	2	0	2	0	12

续表

项目 机构	人员合计	年龄结构				性别结构		文化结构				职称结构			
		30岁以下	30岁至40岁	40岁至50岁	50岁以上	男	女	博士	硕士	本科	专科及以下	高级	中级	初级	其他
中航工业集团财务有限责任公司	96	27	38	22	9	40	56	1	44	44	7	18	29	28	21
中冶集团财务有限公司	40	18	15	6	1	20	20	1	26	13	0	8	1	31	0
申能集团财务有限公司	36	10	16	9	1	17	19	0	12	21	3	2	26	7	1
潞安集团财务有限公司	58	24	25	8	1	30	28	0	19	37	2	4	11	28	15
淮南矿业集团财务有限公司	57	12	8	22	15	34	23	0	15	18	24	2	33	22	0
日立（中国）财务有限公司	13	3	6	3	1	6	7	0	3	8	2	0	3	1	9
保利财务有限公司	21	8	9	2	2	12	9	0	10	11	0	0	4	5	12
深圳能源财务有限公司	32	6	12	12	2	17	15	1	8	15	8	4	12	3	13
中化集团财务有限责任公司	101	44	35	16	6	48	53	1	41	48	11	2	11	12	76
海信集团财务有限公司	27	11	11	3	2	7	20	0	9	15	3	1	5	4	17
国联财务有限责任公司	21	12	4	5	0	9	12	0	2	17	2	2	3	2	14
首都机场财务有限公司	46	18	18	9	1	21	25	0	18	24	4	5	14	0	27
红豆集团财务有限公司	30	13	15	1	1	10	20	0	3	25	2	2	2	1	25
海马财务有限公司	88	63	15	7	3	48	40	0	4	76	8	0	8	6	74
南山集团财务公司	31	18	6	6	1	14	17	0	3	25	3	1	7	4	19
国投财务有限公司	47	13	25	7	2	31	16	3	28	16	0	13	16	5	13
河南能源化工集团财务有限公司	35	5	8	18	4	17	18	0	3	17	15	3	24	6	2
中国化工财务有限公司	34	6	13	11	4	13	21	3	14	11	6	10	7	3	14
紫金矿业集团财务有限公司	22	13	3	5	1	14	8	0	2	17	3	3	3	15	1
江苏华西集团财务有限公司	26	11	7	6	2	8	18	0	1	13	12	2	1	1	22
冀中能源集团财务有限责任公司	33	4	16	9	4	13	20	0	0	17	16	5	7	6	15
山西焦煤集团财务有限责任公司	37	5	13	15	4	18	19	0	5	23	9	7	16	7	7
阳泉煤业财务有限公司	50	21	16	6	7	26	24	0	5	32	13	2	13	3	32
晋煤集团财务有限公司	40	15	18	0	7	28	12	0	10	23	7	1	9	9	21

续表

机构 \ 项目	人员合计	年龄结构				性别结构		文化结构				职称结构			
		30岁以下	30岁至40岁	40岁至50岁	50岁以上	男	女	博士	硕士	本科	专科及以下	高级	中级	初级	其他
云南冶金集团财务有限公司	26	7	10	8	1	11	15	0	3	12	11	1	7	4	14
中海集团财务有限责任公司	60	17	23	14	6	34	26	0	13	36	11	2	17	14	27
中集集团财务有限公司	47	12	26	9	0	25	22	1	13	31	2	1	7	0	39
沙钢财务有限公司	30	20	7	1	2	12	18	0	2	24	4	1	6	20	3
美的集团财务有限公司	41	11	27	3	0	14	27	0	4	33	4	1	15	2	23
宁波港集团财务有限公司	29	15	7	5	2	19	10	0	7	21	1	1	11	10	7
兖矿集团财务有限公司	34	3	20	8	3	20	14	0	3	30	1	6	15	13	0
哈尔滨电气集团财务有限责任公司	39	8	16	8	7	22	17	0	6	29	4	14	8	17	0
北大方正集团财务有限公司	48	24	19	4	1	21	27	0	14	28	6	3	6	0	39
通用技术集团财务有限责任公司	36	12	14	9	1	19	17	0	14	19	3	6	10	1	19
铜陵有色金属集团财务有限公司	28	1	20	4	3	14	14	0	4	21	3	3	21	3	1
中建财务有限公司	31	5	13	7	6	18	13	0	5	22	4	8	12	9	2
江苏国信集团财务有限公司	43	18	14	9	2	21	22	1	7	29	6	3	8	6	26
重庆化医控股集团财务有限公司	23	9	7	6	1	14	9	0	1	12	10	1	2	5	15
金川集团财务有限公司	25	10	7	6	2	8	17	0	3	20	2	2	12	11	0
新希望财务有限公司	25	10	9	5	1	15	10	0	9	12	4	2	9	11	3
酒钢集团财务有限公司	36	16	13	6	1	15	21	0	4	30	2	2	6	17	11
包钢集团财务有限责任公司	42	20	8	14	0	11	31	0	6	31	5	8	17	0	17
新奥财务有限责任公司	34	14	10	7	3	19	15	0	8	21	5	1	2	3	28
中外运长航财务有限公司	30	12	14	4	0	12	18	1	20	8	1	2	7	6	15
青岛啤酒财务有限责任公司	31	8	12	10	1	15	16	0	4	24	3	1	13	2	15
上海复星高科技集团财务有限公司	18	6	8	4	0	11	7	1	4	13	0	0	4	6	8
中铝财务有限责任公司	28	10	11	7	0	18	10	5	10	11	2	6	6	1	15

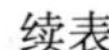
续表

项目 机构	人员合计	年龄结构				性别结构		文化结构				职称结构			
		30岁以下	30岁至40岁	40岁至50岁	50岁以上	男	女	博士	硕士	本科	专科及以下	高级	中级	初级	其他
中兴通讯集团财务有限公司	60	22	29	8	1	18	42	0	13	17	30	15	16	29	0
国核财务有限公司	36	10	15	9	2	17	19	2	22	12	0	4	11	0	21
福建省能源集团财务有限公司	22	5	4	11	2	8	14	0	2	14	6	0	12	9	1
湖南高速财务有限公司	38	15	14	8	1	26	12	0	4	20	14	3	7	0	28
马钢集团财务有限公司	34	10	9	14	1	17	17	0	5	25	4	6	13	13	2
湖北宜化集团财务有限责任公司	19	6	7	6	0	9	10	0	3	12	4	2	4	13	0
北京汽车集团财务有限公司	54	20	25	7	2	31	23	0	15	35	4	2	10	4	38
大连港集团财务有限公司	25	8	12	5	0	12	13	0	6	19	0	1	5	14	5
大唐电信集团财务有限公司	28	7	16	5	0	12	16	2	23	3	0	2	5	0	21
开滦集团财务有限公司	28	2	11	8	7	14	14	1	3	23	1	13	3	6	6
中国航油集团财务有限公司	28	11	6	10	1	15	13	3	15	10	0	3	11	0	14
海南农垦集团财务有限公司	20	9	4	7	0	10	10	0	0	20	0	2	4	4	10
西部矿业集团财务有限公司	28	6	11	8	3	18	10	1	3	22	2	4	13	0	11
江苏交通控股集团财务有限公司	28	7	14	7	0	10	18	0	6	21	1	5	7	2	14
中国移动通信集团财务有限公司	42	22	12	7	1	23	19	0	30	12	0	8	12	8	14
山东钢铁集团财务有限公司	37	3	14	16	4	29	8	0	7	29	1	13	20	4	0
国药集团财务有限公司	25	11	9	5	0	10	15	0	10	14	1	3	6	1	15
郑州宇通集团财务有限公司	32	9	15	7	1	20	12	0	5	23	4	2	2	2	26
中国铁建财务有限公司	40	14	17	7	2	21	19	0	9	28	3	9	12	9	10
山东省商业集团财务有限公司	34	17	13	3	1	20	14	1	14	19	0	1	3	30	0
深圳华强集团财务有限公司	26	12	6	6	2	13	13	0	6	15	5	1	3	5	17
诚通财务有限责任公司	25	12	7	4	2	15	10	1	12	10	2	3	4	0	18
山东重工集团财务有限公司	50	20	13	10	7	26	24	0	9	39	2	4	17	15	14

续表

机构 \ 项目	人员合计	年龄结构				性别结构		文化结构				职称结构			
		30岁以下	30岁至40岁	40岁至50岁	50岁以上	男	女	博士	硕士	本科	专科及以下	高级	中级	初级	其他
湖北能源财务有限公司	18	3	9	6	0	8	10	0	4	13	1	1	3	14	0
港中旅财务有限公司	18	4	12	1	1	9	9	0	4	14	0	4	11	0	3
陕西煤业化工集团财务有限公司	46	27	12	5	2	19	27	2	15	25	4	6	11	1	28
上海华谊集团财务有限责任公司	21	8	10	2	1	10	11	0	9	11	1	1	6	0	14
河北钢铁集团财务有限公司	18	4	5	7	2	7	11	0	0	17	1	8	2	5	3
安徽省能源集团财务有限公司	20	9	2	6	3	11	9	0	5	13	2	0	7	1	12
中化工程集团财务有限公司	24	13	5	4	2	11	13	0	10	13	1	4	2	3	15
天津天保财务有限公司	18	5	7	4	2	10	8	0	4	14	0	1	6	2	9
亿利集团财务有限公司	15	5	9	1	0	12	3	0	1	14	0	0	4	1	10
厦门海翼集团财务有限公司	17	7	5	3	2	8	9	0	3	14	0	2	7	3	5
中信财务有限公司	21	4	12	5	0	10	11	0	13	6	2	2	5	3	11
浙江省交通投资集团财务有限责任公司	26	11	12	1	2	15	11	0	6	19	1	6	11	3	6
南车财务有限公司	20	6	9	5	0	11	9	2	7	11	0	5	9	0	6
中国北车集团财务有限公司	22	10	10	2	0	8	14	0	5	17	0	3	7	11	1
中国电子科技财务有限公司	28	12	13	3	0	14	14	0	18	10	0	2	2	2	22
重庆机电控股集团财务有限公司	24	13	8	1	2	10	14	0	6	16	2	3	4	5	12
河北建投集团财务有限公司	21	4	10	5	2	13	8	0	10	9	2	3	5	2	11
太钢集团财务有限公司	27	6	11	10	0	14	13	0	6	17	4	6	8	5	8
大同煤矿集团财务有限责任公司	41	17	7	14	3	19	22	0	2	36	3	3	22	3	13
贵州茅台集团财务有限公司	16	9	4	3	0	11	5	0	3	10	3	1	4	0	11
海亮集团财务有限责任公司	18	11	6	1	0	7	11	0	1	14	3	0	2	0	16
中材集团财务有限公司	22	10	9	3	0	15	7	1	7	12	2	4	6	12	0

续表

项目 机构	人员合计	年龄结构				性别结构		文化结构				职称结构			
		30岁以下	30岁至40岁	40岁至50岁	50岁以上	男	女	博士	硕士	本科	专科及以下	高级	中级	初级	其他
贵州盘江集团财务有限公司	13	5	3	2	3	9	4	0	0	8	5	2	5	3	3
北京首都旅游集团财务有限公司	20	4	7	8	1	12	8	1	9	8	2	5	7	1	7
广西交通投资集团财务有限责任公司	37	16	14	7	0	21	16	0	4	28	5	1	13	8	15
徐工集团财务有限公司	21	11	5	4	1	15	6	1	4	16	0	2	5	7	7
百联集团财务有限责任公司	20	4	8	4	4	8	12	0	4	11	5	2	7	5	6
中交财务有限公司	31	2	20	8	1	18	13	1	15	12	3	7	7	6	11
山东黄金集团财务有限公司	24	10	11	3	0	10	14	0	7	16	1	3	9	1	11
中开财务有限公司	23	12	3	6	2	14	9	0	10	11	2	2	8	1	12
中国平煤神马集团财务有限责任公司	36	8	15	11	2	23	13	0	4	28	4	10	16	10	0
四川长虹集团财务有限公司	25	9	11	4	1	10	15	0	2	21	2	1	5	6	13
创维集团财务有限公司	25	16	5	4	0	11	14	1	4	17	3	0	5	6	14
江苏国泰财务有限公司	23	8	9	4	2	11	12	0	4	17	2	1	8	4	10
亨通财务有限公司	19	5	9	3	2	8	11	0	1	10	8	1	3	3	12
珠海华发集团财务有限公司	32	9	14	9	0	9	23	0	7	23	2	0	15	3	14
北京金隅财务有限公司	19	5	11	2	1	8	11	0	8	11	0	0	9	2	8
云南云天化集团财务有限公司	20	2	12	4	2	9	11	0	4	13	3	3	6	3	8
北京控股集团财务有限公司	16	4	6	6	0	10	6	1	10	5	0	3	3	0	10
总计	8 958	3 079	3 197	2 027	655	4 595	4 363	112	2 309	5 394	1 143	1 189	2 463	1 383	3 923

注：此表为173家财务公司，不含陕西延长石油、山东能源、西门子3家财务公司。

大 事 记

中国财务公司协会2013年大事记

1月

2013年1月6日、8日、22日，为了解新设立财务公司的经营情况和发展需求，听取其对协会工作的意见和建议，有针对性地制定年度工作计划，中国财协专职常务副会长兼秘书长王岩玲、副秘书长李清军、陈文俊及秘书处相关部门负责同志先后赴中国移动通信集团财务有限公司、国核财务有限公司、大唐电信集团财务有限公司、国药集团财务有限公司、中国铁建财务有限公司、北京汽车集团财务有限公司进行调研。

2013年1月14—15日，为了增进财务公司与香港经济金融界的相互了解和交流，扩大财务公司行业的影响力，中国财务公司协会组织财务公司代表团参加了在香港会议展览中心举办的“第六届亚洲金融论坛”。代表团由中国财协专职常务副会长兼秘书长王岩玲带队，由来自29家财务公司的54人组成。

2013年1月18日，中国财协副秘书长李清军、陈文俊应邀参加在北京举办的国际金融展联谊会。

2013年1月19日，中国财协专职常务副会长兼秘书长王岩玲应邀参加在北京举办的金融行业协会联席会。

2013年1月30日，中国财协副秘书长李清军应邀参加河北钢铁集团财务有限公司开业庆典。

2013年1月31日，中国财协副秘书长李清军应邀参加太钢集团财务有限公司开业庆典。

2月

2013年2月21日，中国财协专职常务副会长兼秘书长王岩玲应邀参加大同煤矿集团财务有限责任公司开业庆典。

3月

2013年3月25—26日，中国财务公司协会第八届四次理事会、第八届四次监事会在广东省惠州市召开。张华会长、王岩玲专职常务副会长兼秘书长、刘传东监事长等28名理事或授权代表、5名监事或授权代表参加了会议。

2013年3月26日，参加第八届四次理事会、监事会的部分理事、监事及授权代表，在张华会长和王岩玲专职常务副会长兼秘书长的带领下，专程前往位于广东省惠州市的TCL财务公司进行调研。

2013年3月27日，中国财协专职常务副会长兼秘书长王岩玲一行到南航财务公司调研指导，广东银监局非银处童伟演处长和傅裕科长陪同。

2013年3月27—28日，中国财协王岩玲专职常务副会长兼秘书长与广东银监局童伟演处长一行，先后到广东粤电、中国南航集团、珠海格力集团三家财务公司及正在筹建的珠海华发集团财务公司进行调研。

4月

2013年4月11—12日，中国财协专职常务副会长王岩玲一行赴吉林森林工业集团财务有限责任公司和一汽财务有限公司进行调研。

2013年4月16—18日，中国财协专职常务副会长王岩玲一行赴海南农垦集团财务有限公司和海马财务有限公司进行调研。

2013年4月23日，中国财协专职常务副会长兼秘书长王岩玲、副秘书长李清军等莅临南车财务有限公司开展走访调研。中国南车副总裁、财务总监、南车财务有限公司董事长詹艳景，南车财务公司总经理徐伟锋及财务公司领导班子陪同调研。

2013年4月25日，中国财协专职常务副会长王岩玲一行赴中化集团财务有限责任公司进行走访调研。中化集团财务有限责任公司刘剑总经理、张小康副总经理、付建军副总经理等公司高管参加了座谈会。

2013年4月25日，由中国财务公司协会举办的财务公司办公室主任暨通讯员工作会在北京召开，来自各财务公司的办公室相关负责人和通讯员近180人参加了会议。中国财协副秘书长李清军通报了协会2013年工作计划以及年鉴编辑、数据统计工作的相关要求，中国财协信息宣传部副主任马丽通报了《通讯员管理办法》、优秀通讯员评选方案和十大新闻事件评选方案。

5月

2013年5月16—17日，中国财务公司协会在京举办“财务公司资金管理培训班”。培训班特别邀请了中央财经大学金融学院韩复龄教授、交通银行总行资产负债管理部黄大海处长、航天科技财务公司财务部副总经理李依岘、广东粤电财务公司资金部负责人杨春霞四位老师就资金管理等相关内容进行授课。此次培训共有83家财务公司124人参加，学员普遍反映培训班内容丰富、务实，课上互动踊跃，交流充分，取得了较好的培训效果。

2013年5月30日，中国财务公司协会监事会《财务公司行业自律公约》起草小组在北京召开了第一次会议。中远、西电、东方电气和鞍钢财务公司的四位监事单位代表参加了本次会议。中国财协副秘书长李清军出席会议并参加讨论。会议研究确定了编写提纲和具体分工。《公约》旨在加强财务公司行业依法合规经营，防范化解金融风险，促进行业健康发展。

6月

2013年6月4日，中国财务公司协会第八届六次常务理事会会议在京召开。张华会长主持了会议，7名常务理事或授权委托人出席了会议。刘传东监事长列席了会议。银监会非银部李建华主任、张电中副主任、聂俊处长出席了本次会议。

7月

2013年7月23日，由中国财务公司协会主办、海尔集团财务有限责任公司承办的中国电子电器行业研讨会在青岛成功举行。来自电子电器行业的8家财务公司主要负责人参加了会议，青岛银监局宋学明处长、中国财协专职常务副会长兼秘书长王岩玲出席了会议，中国财协副会长、海尔财务公司总经理李占国主持本次会议。

2013年7月26日，由中国财务公司协会主办、武钢集团财务公司承办的中国钢铁行业财务公司研讨会在长沙召开。来自全国11家钢铁行业财务公司的主要负责人参加会议，并就共同关心的议题展开讨论和交流。会议由中国财协副会长、武钢集团财务公司姚文中总经理主持，中国财协副秘书长李清军出席了会议。

2013年7月27日至8月5日，中国财务公司协会第三期加拿大培训团组一行18人顺利完成培训交流活动。本期团组的培训主题是商业银行风险管理。培训课程主要是由来自加拿大皇家银行（RBC）、丰业银行（BNS）、蒙特利尔银行（BMO）等有丰富风险管理实践经验的风险管理专家授课。

8月

2013年8月7日，中国财协专职常务副会长兼秘书长王岩玲一行莅临青海省首家财务公司——西部矿业集团财务有限公司调研，西矿财务公司中层以上管理人员参加了座谈会。

2013年8月7—8日，中国财务公司协会在青海省西宁市举办了2013年第一期“财务公司高管研修班”，68家财务公司高管共77人参加了此次研修班。本次研修班得到了银监会非银部、青海银监局和西部矿业财务公司的大力支持，银监会非银部张电中副主任出席研修班并作重要讲话。

2013年8月23日，中国财协在北京组织召开了财务公司利率市场化座谈会。会议由中国财协副秘书长李清军主持，来自24家财务公司共30人参加了本次会议，中国财协常务副会长兼秘书长王岩玲出席了会议。

2013年8月30日，中国财务公司协会第八届七次常务理事会会议在京召开。会议由中国财务公司协会会长张华主持，7名常务理事或授权委托人出席了会议。刘传东监事长列席了会议。

2013年8月31日至9月10日，中国财务公司协会组织的赴瑞士第七期研修班圆满完成研修任务。培训期间，瑞士信贷银行从瑞士金融市场总览、全球经济和金融市场、银行在经济和社会中地位以及瑞信自身发展过程中的经验等多维度、多视角全面解析了瑞士银行业发展，使学员们对瑞士银行业稳健的经营文化、丰富的产品结构和先进的风险管理手段留下了深刻印象。

9月

2013年9月4—5日，中国财务公司协会监事会赴武汉、宜昌进行了走访调研。监事会调研组由中电投、中远、西电、鞍钢、东方电气财务公司五家监事单位组成，刘传东监事长参加了本次调研。武钢财务公司、东风汽车财务公司、湖北能源财务公司、中国能建葛洲坝财务公司、湖北宜化财务公司负责人出席了调研座谈会。

2013年9月24—26日，中国财务公司协会在贵州省贵阳市举办了2013年第二期“财务公司高管研修班”，58家财务公司高管共74人参加了此次研修。本次研修班得到了银监会非银部、贵州银监局和中航工业集团财务公司贵阳分公司的大力支持，银监会非银部张电中副主任出席会议并作重要讲话。

10 月

2013 年 10 月 23—25 日，中国财务公司协会在北京举办了“财务公司基础业务培训班”，共 80 家财务公司 223 人次参加了培训。本次培训班邀请了中国石化、上海华谊、武钢和三峡财务公司的业务专家，分别就财务公司结算、会计、信贷和风险审计业务进行培训，并与培训学员进行了互动交流。

2013 年 10 月 31 日，中国财务公司协会在北京举办了“新设财务公司座谈会”。中国财协专职常务副会长兼秘书长王岩玲出席会议并作总结讲话，会议由中国财协副秘书长李清军主持。2012 年和 2013 年新成立和批筹的 39 家财务公司的 64 名代表参加了交流座谈。

11 月

2013 年 11 月 28—29 日，全国企业集团财务公司 2013 年年会在深圳举行。银监会党委委员、主席助理杨家才发表重要讲话，银监会非银部主任李建华讲话并接受媒体采访，相关政府部门领导、各地方银监局代表、同业协会代表、企业集团代表、财务公司代表、媒体代表等 300 余人参加了年会。

附　　录

2013 年度财务公司行业受表彰情况

东风汽车财务有限公司

东风汽车财务有限公司被武汉市政府授予“金融机构支持武汉经济发展贡献奖”。

东风汽车财务有限公司被武汉经济技术开发区管委会评为“纳税先进单位”。

中国华能财务有限责任公司

中国华能财务有限责任公司工会被华能集团评为先进工会。

中国华能财务有限责任公司客户服务部荣获全国能源化学系统“工人先锋号”荣誉称号。

中国石化财务有限责任公司

中国石化财务有限责任公司被全国银行间同业拆借中心评为“2013 年度银行间本币市场交易 100 强”。

中国石化财务有限责任公司被国家外汇管理局北京外汇管理部评为“2013 年度北京地区国际收支统计之星先进单位”。

中国石化财务有限责任公司被北京市国税局、地税局授予“纳税信用 A 级企业”称号。

中国石化财务有限责任公司被中央企业团工委评为“2013—2015 年中央企业五四红旗团委创建单位”。

中国石化财务有限责任公司被北京市朝阳区委、北京市朝阳区人民政府评为 2013 年度朝阳区经济贡献突出企业。

中国石化财务有限责任公司被中国人民银行营业管理部评为 2013 年北京市金融机构金融统计与分析三等奖。

中国石化财务有限责任公司被评为中国石油化工集团公司 2013 年度财务管理先进单位。

中国石化财务有限责任公司两项管理创新成果荣获集团公司第二十二届管理现代化创新成果二等奖。

五矿集团财务有限责任公司

2013 年 1 月，五矿集团财务有限责任公司 1 人被北京市献血办公室授予北京市无偿献血“先进个人”称号。

2013 年 3 月，五矿集团财务有限责任公司信贷业务部被中国人民银行征信中心评为“2012 年度企业征信系统数据质量工作优秀机构”，信贷业务部 1 人被中国人民银行征信中心评为“2012 年度企业征信系统数据质量工作优秀个人”。

2013 年 10 月，五矿集团财务有限责任公司 1 人被国资委授予“中央企业劳动模范”称号。

中国南航集团财务有限公司

2013 年 3 月 5 日，中国南航集团财务有限公司被评为南航集团2012年度安全生产暨安康杯竞赛优秀组织单位。

2013年4月19日，中国南航集团财务有限公司被评为南航集团新闻宣传先进集体。

2013年7月16日，中国南航集团财务有限公司被评为南航集团优秀监事会。

2013年7月25日，中国南航集团财务有限公司被评为国资委2013年企业信息化登高行动第14期（资金集中管理）专题研讨班优秀提案。

上海汽车集团财务有限责任公司

上汽财务公司在《21世纪经济报道》旗下《理财周报》主办的“2013中国汽车金融年会暨2013中国汽车金引擎奖颁奖典礼”上，当选全国三家“2013最佳创新型汽车金融公司”之一。

上汽财务公司在金融时报社和中国社会科学院金融研究所联合举办的“2013中国金融机构金牌榜·金龙奖”评选中，荣获全国唯一“年度最佳创新财务公司”称号。

上汽财务公司凭借2013年的出色业绩，再次成功入榜上海市纳税百强企业名单。

2013年，上汽财务公司工会被授予“上海市模范职工之家”荣誉称号。

上海电气集团财务有限责任公司

2013年1月，上海电气集团财务有限责任公司被中国人民银行上海分行评为“2012年度上海市企业征信系统建设工作考评二等奖”。

2013年4月，上海电气集团财务有限责任公司被上海市人民政府命名为“2011—2012年度上海市文明单位”。

2013年4月，上海电气集团财务有限责任公司被中国人民银行上海分行评为“2012年货币信贷政策导向效果评估AAA-A级机构”。

2013年5月，上海电气集团财务有限责任公司被中国人民银行上海分行评为“2012年度上海市金融机构会计报表考核月报优胜奖”。

2013年5月，上海电气集团财务有限责任公司被上海市机电工会经审会评为“2012年上海市机电工会基层工会经审工作规范化建设考核优秀单位”。

2013年10月22日，上海电气集团财务有限责任公司被国家外汇管理局上海市分局评为“2013年第三季度上海市外汇账户数据质量考核零差错率机构”。

兵工财务有限责任公司

兵工财务有限责任公司获“2013年度军工企业管理创新成果一等奖”。

中核财务有限责任公司

中核财务有限责任公司被评为中核集团公司2013年度先进单位。

中核财务有限责任公司被评为中核集团公司2012年度财务决算工作先进单位。

中核财务有限责任公司参与创造的《大型企业集团纵深防控的核安全风险管理》获得2013年度国防科技工业管理创新成果一等奖和第20届全国企业管理现代化创新成果二等奖。

中核财务有限责任公司被评为中核集团公司信息化工作先进单位、先进集体，1人次荣获先进个人称号，现金流预算系统荣获优秀成果奖。

中核财务有限责任公司结算服务部荣获中核集团公司2012年度“青年文明号”。

中核财务有限责任公司1人次荣获中国人民银行营业管理部2012年度企业征信系统数据质量工作优秀个人称号。

中核财务有限责任公司牵头起草的《全面风险管理课题研究》、结算业务讲义、发行金融债券情况报告均获中国财务公司协会表彰。

上海浦东发展集团财务有限责任公司

上海浦东发展集团财务有限责任公司成功续创第十六届市级文明单位。

上海浦东发展集团财务有限责任公司光荣获颁“上海市五一劳动奖状”、“上海市浦东新区建设劳动竞赛先进集体”和首届上海浦东智库奖企业管理奖等荣誉称号。

中国电力财务有限公司

中国电力财务有限公司荣获“金龙奖”年度最佳财务公司荣誉称号。

中国电力财务有限公司荣获全国能源化学系统“五一劳动奖状”。

中国电力财务有限公司获得“2012 年度发展区域经济突出贡献奖”。

中国电力财务有限公司审计部被评为国家电网公司 2012—2013 年度审计工作先进单位；公司审计部 1 人被评为国家电网公司审计工作先进个人。

中国电力财务有限公司被评为国家电网公司 2013 年党风廉政建设责任制暨惩防体系建设考核评价优秀单位；公司党群工作部 1 人被评为国家电网公司纪检监察工作先进个人。华中分公司选送的增收节支效能监察项目荣获国家电网公司 2013 年度效能监察优秀项目三等奖。

中国电力财务有限公司资金调控中心建设荣获国家电网公司 2013 年度管理创新成果三等奖。

中国电力财务有限公司客户关系管理系统建设实施项目荣获“2013 年度国网公司信息化建设实施优质项目”称号。

中国电力财务有限公司作为主要参与单位参加建设的国家电网公司信息化架构（SG - EA）研究与应用项目荣获一等奖。

中国电力财务有限公司荣获国家电网公司 2012 年度保密工作先进集体荣誉称号；1 人被评为国家电网公司 2012 年度保密工作先进个人。

中国电力财务有限公司连续四年荣获国家电网公司信息工作先进集体荣誉称号。

中国电力财务有限公司荣获国家电网公司 2012 年度档案考评示范单位荣誉称号。

中国电力财务有限公司获评“国家电网公司人力资源工作先进单位”荣誉称号。

中国电力财务有限公司金融统计工作荣获中国人民银行营业管理部“2012 年金融统计与分析优秀集体一等奖”。

中国电力财务有限公司流程型财务公司建设被评为国家电网公司 2012 年度“管理创新优秀成果”。

中国电力财务有限公司被评为信息化工作先进单位，信息化工作部 1 人被评为信息化工作先进个人。

神华财务有限公司

神华财务有限公司 2013 年被评为北京市纳税信用 A 级企业。

神华财务有限公司获得 2013 年度财务公司行业自选课题优秀组织单位奖。

航天科技财务有限责任公司

2013 年 5 月，航天科技财务有限责任公司在北京市国家税务局、北京市地方税务局举办的 2013 年至 2014 年度“纳税信用 A 级企业”评选中，被授予“纳税信用 A 级企业”的荣誉称号。

航天科工财务有限责任公司

航天科工财务有限责任公司《军工财务公

司基于信息化的一体化整合与运营管理》课题获得第二十届国家级企业管理现代化创新成果二等奖。

航天科工财务有限责任公司《以实现战略目标为导向的“1BP”管理》课题获得航天企协第十五届企业管理现代化创新成果三等奖。

航天科工财务有限责任公司2012年度经营业绩考核结果被中国航天科工集团公司评为优秀。

航天科工财务有限责任公司领导班子被中国航天科工集团公司评为2012年度考核结论为“优秀”的领导班子。

航天科工财务有限责任公司总裁、总会计师获得中国航天科工集团公司2010—2012年任期考核优秀领导人员。

航天科工财务有限责任公司总裁、副总裁被中国航天科工集团公司评为2012年度考核结论为“优秀”的领导人员。

航天科工财务有限责任公司获得中国航天科工集团公司2012年度财务决算管理先进单位称号。

航天科工财务有限责任公司获得中国航天科工集团公司2009—2011年度风险管理先进单位称号。

航天科工财务有限责任公司获得中国航天科工集团公司2010—2012年度企业文化建设先进集体称号。

航天科工财务有限责任公司获得中国航天科工集团公司2013年安全生产知识竞赛优胜奖。

航天科工财务有限责任公司2012年度报送公文工作获中国航天科工集团公司通报表扬。

航天科工财务有限责任公司团支部获得中国航天科工集团公司2012年度“五四红旗团委”称号。

中海石油财务有限责任公司

中海石油财务有限责任公司被海洋石油税务局评为A级纳税信用等级企业。

中海石油财务有限责任公司在金融时报社与中国社会科学院金融研究所联合举办的“2013中国金融机构金牌榜·金龙奖”评选中被评为最佳风控财务公司。

中海石油财务有限责任公司员工被评为中国人民银行“企业征信系统数据质量工作优秀个人”。

中海石油财务有限责任公司员工被评为国家外汇管理局全国国际收支统计之星先进个人。

中海石油财务有限责任公司员工获得中国海洋石油总公司“中国海洋石油工业劳动模范”称号。

吉林森林工业集团财务有限责任公司

吉林森林工业集团财务有限责任公司被长春市防火安全委员会评为“2013年度消防工作先进单位”。

吉林森林工业集团财务有限责任公司被吉林省厂务公开领导小组评为“省级厂务公开民主管理工作示范单位”。

吉林森林工业集团财务有限责任公司被吉林森林工业集团有限责任公司评为“2013年度先进集体”等荣誉称号。

中国华电集团财务有限公司

2013年底，华电财务公司在金融时报社和中国社会科学院金融研究所联合举办的“中国金融机构金牌榜·金龙奖”评选中，被授予“2013年度最佳财务公司”奖项。

2013年12月，华电财务公司被北京市西城区政府授予“年度发展区域经济突出贡献奖”，以表彰公司为发展西城区区域经济所作出的突出贡献。华电财务公司被北京市国税局、地税局联合评为“纳税信用A类企业”。

2013年，华电财务公司被中国华电集团公司授予“2013年度先进企业”、“先进基层党组织”等荣誉称号，公司被集团直属党委授予“党建企业文化建设示范点”单位；华电财务公司的“金帆”文化创新成果被中国电力企业联合会授予一等奖。

南方电网财务有限公司

南方电网财务公司工会获南方电网公司“先进职工之家”称号。

南方电网财务公司稽核审计部获南方电网公司2013年内部审计工作先进集体称号。

南方电网财务有限公司贵州分公司获得贵州银监局办公室“2013年度全省银行业金融机构统计工作综合考评三等奖”。

中电投财务有限公司

2013年1月，中电投财务有限公司被中电投集团评为集团公司2011—2012年度“文明单位标兵”。

2013年5月，中电投财务有限公司被中央企业团工委评为2013—2015年度中央企业五四红旗团委创建单位。

2013年6月，中电投财务有限公司被中电投集团评为2012年度中国电力投资集团公司五四红旗团委。

2013年8月，中电投财务有限公司被欧洲金融公司与特许公认会计师公会（ACCA）授予陶朱奖“最佳技术应用奖”、“最佳风险管理解决方案奖”。

国电财务有限公司

2013年12月，国电财务有限公司被北京市西城区人民政府授予北京市西城区“2012年度发展区域经济突出贡献奖”。

2013年11月，国电财务有限公司获得中国电力企业联合会2013年电力行业信息化成果一等奖。

2013年8月，国电财务有限公司被中国信息化推进联盟评为中国电力信息化标杆企业。

京能集团财务有限公司

京能集团财务有限公司获京能集团2013年度财务管理工作先进单位、2013年辖内银行业金融机构非现场监管统计工作考核评比三等奖、2012年度企业征信系统数据质量工作优秀机构、2013年度集团突出贡献先进集体、北京市2013—2014年度纳税信用A级企业、2013年标准化优秀单位、2013年度创新管理单位的荣誉称号。

《大型企业集团财务公司可持续风险管理创新与实践》、《大型集团财务公司多维化结算管理体系的构建与实施》、《大型集团财务公司客户服务管理体系的构建与实施》荣获北京市现代管理创新成果一等奖、二等奖。

《财务公司基于EVA的价值创造分析》荣获中国财务公司协会优秀课题三等奖，《绿色能源》荣获中国电力协会三等奖。公司被评为2013年课题优秀组织奖。

浙江省能源集团财务有限责任公司

2013月12月19日，浙江省能源集团财务有限责任公司被中国人民银行杭州中心支行授予2013年度金融统计竞赛三等奖。

2014月2月19日，浙江省能源集团财务有限责任公司被浙江银监局授予2013年杭州辖内银行业金融机构监管统计工作竞赛三等奖。

2014月2月21日，浙江省能源集团财务有限责任公司被浙江银监局授予2013年杭州辖内银行业金融机构非现场监管报表二等奖。

TCL 集团财务有限公司

2013 年 5 月 29 日，TCL 财务公司获“2012 年度惠州市金融系统社会治安综合治理工作先进单位”称号。

2013 年 9 月 12 日，TCL 财务公司获得由欧洲金融公司（Eurofinance）与特许公认会计师公会（ACCA）联合颁发的 2013 年度“陶朱奖”之“年度最佳资金管理者”和“财资管理实践创新奖”重点推荐称号等两大奖项。

TCL 财务公司荣获“TCL 集团 2013 年度优秀企业奖”。

中航工业集团财务有限责任公司

中航工业集团财务有限责任公司被授予北京市纳税信用 A 级企业、中国人民银行营业管理部“2012 年北京市金融机构金融统计一等奖”、贵州省 2010—2011 年度 A 级纳税信用企业、贵州省银行业金融统计工作二等奖、中国人民银行西安分行金融统计工作二等奖。

潞安集团财务有限公司

潞安集团财务有限公司荣获山西省煤炭企业管理现代化创新优秀成果奖一等奖。

潞安集团财务有限公司荣获山西省银行业协会 2012 年度信息宣传工作三等奖。

潞安集团财务有限公司荣获长治市金融系统征信知识竞赛一等奖。

潞安集团财务有限公司荣获长治市企业联合会授予的 2012 年度“长治市优秀企业”称号。

潞安集团财务有限公司荣获潞安集团授予的 2012 年度“先进单位”称号。

中化集团财务有限责任公司

中化集团财务有限责任公司被中国人民银行评为 2013 年金融统计与分析优秀集体，1 人被评为 2013 年金融统计与分析先进个人。

中化集团财务有限责任公司被北京市国税局、地税局联合评为“纳税信用 A 级企业”。

中化集团财务有限责任公司党总支被中化集团评为“先进基层党组织”，资金计划部 1 人被中化集团评为“优秀青年标兵”。

中化集团财务有限责任公司被中国中化股份有限公司评为 2013 年税务决算先进单位。

国联财务有限责任公司

2013 年 1 月，国联财务有限责任公司荣获 2012 年度无锡市金融统计考核评比“先进集体三等奖”。

2013 年 1 月，国联财务有限责任公司荣获 2012 年度无锡市银行业监管统计工作“综合奖三等奖”。

2013 年 5 月，国联财务有限责任公司荣获 2012 年度企业征信系统数据质量工作优秀机构称号。

国投财务有限公司

国投财务有限公司获得集团决算报告编制先进单位和西城区区域经济突出贡献奖荣誉称号。

国投财务有限公司获得国投集团“2013 年度先进集体”称号。

国投财务有限公司党支部被评为“国投集团 2013 年度先进基层党组织”。

晋煤集团财务有限公司

晋煤集团财务有限公司获晋煤集团颁发的“模范单位”荣誉称号。

中铝财务有限责任公司

中铝财务有限责任公司被北京市国家税务局和北京市地方税务局评为 2013 年“纳税信

用A级企业”。

福建省能源集团财务有限公司

福建省能源集团财务有限公司获得福建省金融统计工作二等奖。

福建省能源集团财务有限公司为首的金融业代表队在福建省能源集团举办的首届“福能杯”合唱节中喜获铜奖。

福建省能源集团财务有限公司在全省金融机构电子和纸质对账评比中获人民银行通报表扬。

福建省能源集团财务有限公司领导班子被福建省能源集团总部授予“2013年度四好领导班子”称号、2人被授予“2013年度集团劳模”称号、1人被授予“2013年度集团先进工作者”称号、1人被评为“中财协2013年度优秀通讯员”。

马钢集团财务有限公司

马钢集团财务有限公司被马鞍山市人民政府评为“2013年度马鞍山金融服务先进单位”。

北京汽车集团财务有限公司

北京汽车集团财务有限公司获得“北汽集团2013年度生产经营突出贡献奖”。

北京汽车集团财务有限公司获得“北汽集团2013年度先进集体”称号。

大连港集团财务有限公司

大连港集团财务有限公司获得大连市金融发展局2013年多渠道融资奖励73万元。

大连港集团财务有限公司在大连市2013年度信贷管理与监测工作考评中以满分的成绩获评优秀金融机构。

山东钢铁集团财务有限公司

山东钢铁集团财务有限公司获“2013年度驻济银行业金融机构金融统计先进集体三等奖”。

国药集团财务有限公司

国药集团财务有限公司计划财务部1人得2013年中国人民银行“金融统计与分析先进个人”称号。

陕西煤业化工集团财务有限公司

2013年西安市金融统计工作评比中，公司被中国人民银行西安分行营业管理部评为特等奖；公司计划财务部1人被评为优秀统计员。

浙江省交通投资集团财务有限责任公司

浙江省交通投资集团财务有限责任公司获得2013年度浙江省银监局非现场监管报表考核二等奖。

北京金隅财务有限公司

2013年获得北京银监局2013年辖内银行业金融机构非现场监管统计工作考核评比优秀奖。

2013 年度财务公司行业履行社会责任情况

五矿集团财务有限责任公司

2013 年 4 月，五矿集团财务有限责任公司组织员工赴北京市房山区河北镇参加植树活动。

2013 年，五矿集团财务有限责任公司积极参与了集团公司扶贫办组织的向云南定点扶贫县寄递爱心包裹活动以及“五矿金融爱心助学基金”捐赠活动。

中远财务有限责任公司

中远财务公司为中远慈善基金会捐款人民币 420 万元。

中远财务公司员工自愿为中远慈善基金会“爱心桌椅远航梦”项目捐款人民币 12 960 元。

中国南航集团财务有限公司

2013 年公司在自身发展的同时，持续在社会公益事业上加大投入，积极扶贫帮困、互助赈灾、回馈社会、奉献爱心。4 月 24 日，组织员工为雅安地震灾区捐款，向灾区人民中投入一份爱心、送上一份温暖。12 月 24 日公司参与由南航集团组织的“让爱暖冬”义卖活动，捐献的物品共筹集 1610 元善款，所得资金用于帮助家庭经济困难的务工子女入学。

上海汽车集团财务有限责任公司

2013 年，上汽财务公司继续捐助井冈山畔田希望小学，用于资助学习硬件设施和贫困学生。同时，公司还派出工会干部、团干部专程前往希望小学，为学校师生送去笔记本、台式电脑、文体活动用品等，并现场为孩子们上电脑课。

2013 年，为了让希望小学的孩子们开拓眼界、增长知识，上汽财务公司邀请希望小学师生代表来沪进行为期 5 天的“牵手希望，情系上财”访问之旅，安排师生们先后参观了上汽财务公司及上海汽车博物馆、上海交通大学、中国馆、上海科技馆、东方明珠和上海海洋公园等上海地标性建筑。

2013 年，上汽财务公司继续开展“一日捐”活动。

东航集团财务有限责任公司

2013 年，公司组织青年干部分三批参加东航金融板块“情系贫困区，肩担社会责”的云南考察调研活动，积极开展爱心捐助，向当地贫困小学捐赠文具、书籍、电脑及衣物，并开设了电脑课、梦想课，向大山里的孩子们介绍山外的世界，点燃孩子们心中的梦想。

上海电气集团财务有限责任公司

上海电气集团财务有限责任公司资助南京政治学院上海分院支边学员6万元。

上海电气集团财务有限责任公司送温暖“一日捐”捐款7万元。

中国能源建设集团葛洲坝财务有限公司

有针对性地开展“职工慰问”、“对口扶贫”、“金秋助学”等特色帮扶活动，全年累计支出各项扶贫慰问资金3万余元。

开展了留守儿童的关爱活动，一对一帮扶枝江百里洲镇同意小学的特困学生。

开展了志愿者活动，组织公司青年志愿者为城区居民宣传金融相关知识。

中核财务有限责任公司

2013年，公司向核工业特困救助基金捐款300万元，为构建和谐中核作出贡献。

上海浦东发展集团财务有限责任公司

2013年，公司通过“3·5”学雷锋活动、公益绿化活动、励志助学活动、浦东金融青年慈善义卖活动和暖心接力活动等公益活动的开展，在有效传递正能量的同时，为创建和谐社会做出应有的贡献；公司还同共建社区、共建部队和共建警队，共同开展了社区服务和慰问活动，积极践行驻区单位的社会责任。

中国电力财务有限公司

2013年，中国电财积极履行社会责任。继续组织开展“中国电财林”二期林区建设，公司系统职工积极参与，共捐资163 550元，在河北省涿鹿县“黄帝城”合符坛东侧建设了“中国电财林”。两期栽植侧柏等五个树种，共计2 000余株，面积约50亩，并委托当地绿化部门养护，成活率在85%以上。绿化基地成为职工文化建设、思想教育、社会公益活动的主要载体，预计未来五年，“中国电财林”种植面积将超过百亩。

神华财务有限公司

组织员工参加神华集团青年志愿者活动。开展志愿者电话回访和爱心书屋的有关活动。在2013年优秀志愿者表彰会上，公司6名员工获得表彰，占获奖总数的24%。

中国电子财务有限责任公司

中电财务积极响应集团公司号召，向集团成员企业困难职工捐款11.4万元，援疆扶贫捐款30万元。

航天科工财务有限责任公司

2013年4月公司全体员工向四川雅安地震的受灾群众进行了踊跃捐款；9月公司武汉分公司部分员工进行了义务献血活动，用实际行动表达了对社会的关爱之心。

万向财务有限公司

组织全体员工参与2013年度“送温暖、献爱心”捐款活动，自发组织员工开展捐书、捐衣活动，为困难员工和贫困山区儿童献上一份温暖和爱心；号召员工踊跃参加无偿献血活动。

中电投财务有限公司

2013年，中电投财务有限公司在企业发展进程中，认真履行社会责任，履行好服务社会的职能。

一是积极推进青年志愿者活动和爱心工程。根据首都文明单位城乡共建要求，开展爱心助学活动，组织党员职工对口定点帮扶河北香河8名优秀贫困学生，“映山红”青年志愿者服务不断深化。公司还开展爱心捐赠衣物活动，组织公司职工踊跃向青海贵南贫困学子捐赠衣物260余件，社会反响良好。

二是积极响应党中央、国务院的抗震救灾号召，积极为地震灾区捐款献爱心，充分彰显了公司心系灾区群众，勇担社会责任的良好形象。2013年，公司干部员工向雅安地震灾区捐款1.7万元，百瑞信托公司向芦山地震灾区捐款50万元。

三是构建职工关怀体系，建立“送温暖”长效机制，组织对劳动模范、困难职工慰问工作，开展生日祝福、走访慰问等关爱员工活动，2013年公司投入送温暖资金4.2万元，共帮扶困难职工23人。

中航工业集团财务有限责任公司

四川省雅安市地震发生后，中航工业财务公司全体员工向雅安灾区共捐款36840元。

潞安集团财务有限公司

2013年，潞安财务公司主动支持社区建设，向所在社区捐赠了计算机和办公设备，进一步促进了公司与社区的协调发展。

深圳能源集团财务有限公司

为响应国家科学发展、可持续发展的号召，按照集团整体战略部署，公司积极支持集团重点发展的环保、清洁能源研发项目，以实际行动践行企业所担负的社会责任。

中化集团财务有限责任公司

为切实履行国有企业社会责任，中化财务公司自2011年起建立了社会责任主题活动长效机制。

公司组织全体党员赴北京军区某部开展拥军共建活动，送上了部队所需的部分文体活动用品，以绵薄之力支持国防和军队建设；通过参观学习、与官兵座谈，接受了国防知识和使命意识教育，增进了与子弟兵之间的了解互信，巩固和加深了军民鱼水情。

国联财务有限责任公司

国联财务开展“让爱传递”慈善助学活动。2013年9月24日，国联财务有限责任公司组织开展了“让爱传递”慈善助学活动。

国联财务员工踊跃参加义务献血活动。2013年12月13日，国联财务的员工前往无锡市中心血站，自愿接受医护人员采集医用血液。

江苏国信集团财务有限公司

2013年4月20日，四川省雅安市发生7.0级地震，给当地人民群众造成了巨大灾难。国信财务公司心系灾区人民，公司工会、团委联合向全体员工发出了“向雅安芦山地震灾区捐赠倡议书”，号召全体员工贡献一份力量，奉献一份爱心。公司领导带头，全体员工积极响应倡议，踊跃参与赈灾捐助活动，共募集捐款15 000元，并在第一时间通过省红十字会将捐款送达灾区人民手中。

公司继续坚持开展奉献爱心，向贫困学生捐资助学活动，资助江苏省泗洪县潘岗村小学20名贫困学生上学。公司通过扶贫济困、回馈社会的行动，倡导员工发扬慈善奉献、关爱社会的良好情操，增强员工的社会责任感和爱心互助意识。

青岛啤酒财务有限责任公司

青啤财务公司在2013年积极履行社会责任，开展公益活动，不断强化社会责任感及企业公民意识。2013年元宵节组织员工志愿者前往青岛颐和老年公寓慰问孤寡老人；3月组织“青啤财务公司绿化岛城奉献日活动”，赴崂山仰口义务植树；雅安大地震后公司第一时间组织员工捐款，提高了企业社会形象和品牌价值。

北京汽车集团财务有限公司

为更好地体现企业的社会责任，公司在信贷资金投向上严格禁止向高耗能、高污染以及环保评估不达标企业发放贷款，确保“绿色信贷”理念落到实处。

公司积极投身社会公益事业。在六一国际儿童节前夕，北汽财务公司党总支与北汽集团机关党委第一党支部共同组织北京光爱学校100余名残疾学生开展“快乐我做主”活动，欢度六一儿童节。“4·20”雅安地震发生后，公司干部职工共筹集10 200元善款捐献到北京市慈善协会。七一前夕，公司党员群众捐款4 600元，上交北汽集团“共产党员献爱心”基金，用于帮扶集团内生活困难党员。

国药集团财务有限公司

2013年，H7N9禽流感疫情逐步扩散，4月20日四川雅安又发生了7.0级地震。作为承担国家抢险救灾药品、生物制品、中药、医疗器械供应任务的中央企业，国药集团立即启动应急预案，周密部署成员单位开展医疗物资组织供应工作。国药财务公司作为集团资金集中管理单位，积极做好应急救灾资金的备付工作，并通过对受灾当地子公司资金方面的大力支持与援助，进一步确保了救灾医药应急供应工作的顺利开展。

浙江省交通投资集团财务有限责任公司

积极响应浙江省委省政府作出的开展治污水、防洪水、排涝水、保供水、抓节水“五水共治”战略决策，全体员工25人积极捐款，合计3 800元，为建设美好家园贡献一份力量。

公司班子积极参与集团倡导的“阳光助学”活动并踊跃捐款，帮助30名浙江丽水等地品学兼优、生活贫困的高考学生实现大学梦想。

公司大力支持浙江省银行业培训专家师资库建设，公司董事长作为师资库成员之一，更是在繁忙的工作中抽出时间精心备课，在浙江省银行业协会与政府部门联合举办的企业融资风险防范与融资工具创新培训讲座中担任主讲，获得了一致好评，得到浙江省银行业协会的专函感谢。

2013 年度财务公司机构名录

序号	公司名称	通信地址	邮政编码	高管人员	控股股东	控股比例	英文名称	公司网址
1	东风汽车财务有限公司	湖北省武汉市经济技术开发区东风大道10号	430056	董事长　朱福寿 总经理　马华 副总经理　张利军	东风汽车集团股份有限公司	100.00%	Dongfeng Motor Finance Co., Ltd.	
2	中国重汽财务有限公司	山东省济南市无影山东路39号	250031	董事长、党总支书记　宋其东 副董事长、总经理　韩文杰 党总支副书记、工会主席　刘其贵 副总经理　刘敬斌 副总经理　刘德英	中国重汽（香港）有限公司	79.54%	Sinotruk Finance Co., Ltd.	www.cnhtc.com.cn
3	中国华能财务有限责任公司	北京市西城区复兴门南大街丙2号天银大厦C段西区8楼	100031	党组书记、董事长　丁益 总经理、党组副书记　龚卫中 副总经理、党组成员　肖健 副总经理、党组成员　孙丽英 副总经理、党组成员　何青 党组成员、纪检组长　张巍	中国华能集团	52.00%	China Huaneng Finance Co., Ltd.	
4	锦江国际集团财务有限责任公司	上海市延安东路100号27楼	200002	董事长　陈文君 总经理　陈月明 副总经理　侯儒波	上海锦江国际酒店（集团）股份有限公司	90.00%		www.jinjianghotels.com
5	一汽财务有限公司	吉林省长春市东风大街711号	130011	董事长　滕铁骑 总经理　张影	中国第一汽车股份有限公司	70.80%	First Automobile Finance Co., Ltd.	www.faf.com.cn

续表

序号	公司名称	通信地址	邮政编码	高管人员	控股股东	控股比例	英文名称	公司网址
6	西电集团财务有限责任公司	陕西省西安市大庆路511号	710077	董事长　田喜民 总经理　毋浩民 副总经理　王仲元 副总经理　赵真	中国西电电气股份有限公司	80.21%	XD Group Finance Co., Ltd.	www.xdcwgs.com
7	中国石化财务有限责任公司	北京市朝阳区朝阳门北大街22号	100728	董事长　刘运 总经理、党委书记　张保龙 副总经理　史立明 副总经理　高中元 党委副书记、纪委书记、工会主席　谢东	中国石油化工集团公司	51.00%	Sinopec Finance Co., Ltd.	www.sfc.sinopec.com
8	东方电气集团财务有限公司	四川省成都市高新西区西芯大道18号	611731	董事长　文利民 总经理　冯勇 副总经理　彭宗洲 副总经理　王成密	中国东方电气集团有限公司	100.00%		www.dongfang.com
9	宝钢集团财务有限责任公司	上海市浦东新区浦电路370号9楼	200122	董事长　周竹平 总经理　曾杰 副总经理　曾健飞	宝山钢铁股份有限公司	62.10%	Baosteel Group Finance Company Ltd.	www.baofinance.com
10	中国一拖集团财务有限责任公司	河南省洛阳市涧西区建设路154号	471003	董事长　董建红 总经理　陆志华 副总经理　施卫平 总经理助理　曹鸿晔 总经理助理　韩峰	第一拖拉机股份有限公司	88.60%	YTO Group Finance Co., Ltd.	www.ytcwgs.com
11	五矿集团财务有限责任公司	北京市海淀区三里河路5号五矿大厦A座	100044	董事长　俞波 副董事长　任珠峰 总经理　柴山 副总经理　史磊 副总经理　王秋劲 副总经理　张福红	中国五矿股份有限公司	92.50%	Minmetals Finance Co., Ltd.	http://cwgs.minmetals.com.cn
12	攀钢集团财务有限公司	四川省成都市沙湾路266号	610031	董事长　尚洪德 副总经理（主持工作）陈锖 总经理助理　汪力	鞍山钢铁集团公司	96.18%	Pan Gang Group Finance Co., Ltd.	www.pgfc.com.cn
13	武汉钢铁集团财务有限责任公司	湖北省武汉市友谊大道999号武钢集团办公大楼B座11－13层	430080	董事长　邓崎琳 监事长　刘强 总经理　姚文中 副总经理　龙林生 总经理助理　陈庆丰	武汉钢铁（集团）公司	51.25%	Wuhan Iron and Steel Group Finance Limited Liability Company	

续表

序号	公司名称	通信地址	邮政编码	高管人员	控股股东	控股比例	英文名称	公司网址
14	中远财务有限责任公司	北京市西城区月坛北街2号月坛大厦A座19层	100045	董事长　孙月英 副董事长　邓黄君 监事长　李西贝 总经理、董事　刘超 副总经理　应海峰 副总经理　李娟	中国远洋运输（集团）总公司	43.13%	COSCO Finance Co., Ltd.	www.coscofinance.com
15	江铃汽车集团财务有限公司	江西省南昌市苏圃路111号	330006	董事长　朱毅 总经理　陈东红 副总经理　丁莉红 副总经理　方忠英 总经理助理　杨峰毅 总经理助理　杜健	江铃汽车集团公司	87.45%	JMCG Finance Company	www.jlcwgs.com
16	中国航空集团财务有限责任公司	北京市朝阳区霄云路36号国航大厦19层	100027	董事长　曹建雄 总经理　廖伟 党委书记　陈华林 党委委员　沈洁 副总经理　向丽 党委副书记　陈建	中国航空集团公司	75.54%	China National Aviation Finance Co., Ltd.	www.airchinaf.com
17	天津渤海集团财务有限责任公司	天津市和平区大理道30号	300050	董事长　赵金泉 总经理　肖京喜	天津渤海化工集团有限责任公司	42.96%	Tianjin Bohai Group Finance Co., Ltd.	www.tjbhcw.com
18	深圳市有色金属财务有限公司	广东省深圳市福田区深南大道6013号中国有色大厦20楼	518040	董事长　张水鉴 总经理　龚子奇 常务副总经理、党总支书记　唐建西 副总经理　吴隆旺	深圳市中金岭南有色金属股份有限公司	78.17%	Nonfemet Finance Shenzhen Co., Ltd.	
19	中国南航集团财务有限公司	广东省广州市白云区机场路航云南街17号	510405	董事长　王建军 总经理、党委书记　肖立新 副总经理　徐燕青 党委副书记、纪委书记、工会主席　莫克齐 副总经理　李实萍 副总经理　胡艳苹	中国南方航空集团公司	65.52%		www.csnfs.com.cn
20	上海汽车集团财务有限责任公司	上海市静安区康定路1199号	200042	监事会主席　胡茂元 董事长　谷峰 总经理　沈根伟	上海汽车集团股份有限公司	98.59%	Shanghai Automotive Group Finance Corporation Limited	www.saicfinance.com
21	振华集团财务有限责任公司	贵州省贵阳市新添大道北段222号	550018	董事长　倪敏 总经理　令狐建强 副总经理　唐要斌 副总经理　阮英轶	中国振华电子集团有限公司	65.00%	Finance Company Ltd., Zhenhua Group	

续表

序号	公司名称	通信地址	邮政编码	高管人员	控股股东	控股比例	英文名称	公司网址
22	东方集团财务有限责任公司	黑龙江省哈尔滨市南岗区花园街235号1202室	150001	董事长　吕廷福 总经理　姜建平 副总经理　闫铁红 副总经理兼财务总监　张志刚 副总经理　张锐	东方集团实业股份有限公司	43.70%		
23	东航集团财务有限责任公司	上海市吴中路686号东航金融中心15楼	201103	董事长　肖顺喜 总经理助理　徐春 总经理助理　金路 总经理助理　吴斌	中国东方航空集团公司	53.75%	CES Finance Co., Ltd.	www.cesfinance.com
24	中油财务有限责任公司	北京市东城区东直门北大街9号A1112	100007	董事长　王国樑 总经理　兰云升 副总经理　梁萍 副总经理　王永发 副总经理　廖筱燕 总经理助理　吴林才 总经理助理　王增业 总经理助理　郝宾宾	中国石油天然气集团公司	51.00%	China Petroleum Finance Company Limited	www.cnpc.com.cn
25	上海电气集团财务有限责任公司	上海市江宁路212号8楼	200041	董事长　俞银贵 总经理　秦怿 党委书记　周秋红 副总经理　吕彤 副总经理　李林	上海电气集团股份有限公司	73.38%	Shanghai Electric Group Finance Company Ltd.	
26	中国能源建设集团葛洲坝财务有限公司	湖北省宜昌市石子岭路3号	443002	董事长　崔大桥 总经理、副董事长、党总支副书记　邹定波 党总支书记、副总经理　杨福先 副总经理　李云志 副总经理　赵小东	中国葛洲坝集团股份有限公司	50.01%	Gezhouba Finance Co., Ltd. of China Energy Engineering Group	www.gzbfcl.com
27	兵工财务有限责任公司	北京市东城区青年湖南街19号	100011	董事长　罗乾宜 总经理、党委书记　史艳晓 纪委书记　刘建英 副总经理　张绛义 总会计师　韩颖 副总经理　吕哲龙	中国兵器工业集团公司	14.76%	North Industries Group Finance Company Ltd.	www.norfico.com.cn
28	三峡财务有限责任公司	北京市海淀区玉渊潭南路1号B座三峡大厦3楼	100038	董事长　林初学 总经理、党委副书记　谢峰 党委书记、副总经理　李镇光 副总经理　毕家俊 副总经理　朱建军	中国长江三峡集团公司	58.90%	Three Gorges Finance Co., Ltd.	http://tgf.ctgpc.com.cn

续表

序号	公司名称	通信地址	邮政编码	高管人员	控股股东	控股比例	英文名称	公司网址
29	中广核财务有限责任公司	广东省深圳市福田区上步中路1001号科技大厦4楼	518031	董事长　施兵 总经理　胡焰明 副总经理　任力勇 财务总监　何武强 总经理助　理卢岗	中国广核集团有限公司	100.00%	China General Nuclear Power Finance Co., Ltd.	www.cgnfc.com.cn
30	中船财务有限责任公司	上海市浦东新区浦东大道1号	200120	董事长　曾祥新 总经理　李朝坤 副总经理　管见礼 总会计师　陈小东	中国船舶工业集团公司	85.00%	Zhongchuan Finance Company Limited	http://zcfc.cssc.net.cn
31	中核财务有限责任公司	北京市西城区三里河南四巷一号	100045	董事长　李季泽 总经理　张逸 副总经理　陈斌 副总经理　韩洪学	中国核工业集团公司	53.49%	CNNC Finance Company	www.cnncfc.com.cn
32	上海浦东发展集团财务有限责任公司	上海市浦东新区浦东南路256号35楼	200120	董事长　王向阳 总经理、党总支副书记　王鸿 副总经理、党总支书记　杨明 副总经理、总支委员　滕军	上海浦东发展（集团）有限公司	56.8%（其中4.8%受让股权正在报请银监局批复）	Shanghai Pudong Development Group Finance Co., Ltd.	www.pdcw.com.cn
33	鞍钢集团财务有限责任公司	辽宁省鞍山市铁东区和平路8号	114003	董事长　于万源 总经理　都兴开 副总经理　董炜	鞍钢集团公司	74.04%	Finance Company Ltd. of Ansteel Group	
34	中国电力财务有限公司	北京市东城区建国门内大街乙18号院英大国际大厦	100005	董事长　孔庆军 总经理　王剑波 副总经理　郝京春 副总经理　张传菊 副总经理　侯燕梅 纪检组长、工会主席　胡锐 副总经理　侯文捷	国家电网公司 国网英大集团	98.8 %	China Power Finance Co., Ltd.	www.cpfc.sgcc.com.cn
35	神华财务有限公司	北京市东城区安定门西滨河路26号北京汉华国际饭店写字楼10层	100011	董事长　凌文 总经理　梅雪艳 副总经理　车建明 副总经理　张映 首席风险控制官　屈建中	中国神华能源股份有限公司	81.43%	Shenhua Finance Co., Ltd.	
36	中国电子财务有限责任公司	北京市海淀区中关村东路66号世纪科贸大厦A座	100190	董事长　邓向东 董事、总经理　田伟 副总经理　张凯 副总经理　金涯	中国电子信息产业集团有限公司	41.97%	China Electronics Finance Corp. Ltd.	www.cec-f.com.cn

续表

序号	公司名称	通信地址	邮政编码	高管人员	控股股东	控股比例	英文名称	公司网址
37	航天科技财务有限责任公司	北京市西城区平安里西大街31号	100035	董事长 吴艳华 总经理 李海东 财务总监 刘则福 副总经理 赵立军 副总经理 石明磊 党委副书记兼纪委书记 王笑妍	中国航天科技集团公司	30.68%	Aerospace Science and Technology Finance Co., Ltd.	www.astfc.com
38	航天科工财务有限责任公司	北京市海淀区紫竹院路116号嘉豪国际中心B座12层	100097	董事长 刘跃珍 总裁 刘晓东 副总裁 马燕明 总会计师 杨淑飞 副总裁 王小红 副总裁 何宏华	中国航天科工集团公司	40.40%	Aerospace Science & Industry Finance Corp.	www.cwgs.casic.cn
39	中船重工财务有限责任公司	北京市海淀区昆明湖南路72号中船重工科研大厦3层	100097	董事长 张必贻 总经理 王兴林 副总经理 郑建良 副总经理 王革	中国船舶重工集团公司	50.78%	CSIC Finance Co., Ltd.	
40	中海石油财务有限责任公司	北京市东城区朝阳门北大街25号中国海油大厦7楼	100010	总经理 黄晓峰 副总经理 刘成荔 副总经理 李学敏 总经理助理 杨楠	中国海洋石油总公司	62.90%		www.cnooc.com.cn
41	海尔集团财务有限责任公司	山东省青岛市崂山区海尔路一号海尔工业园K座	266101	董事长 武克松 总经理 李占国 总经理助理 赵晓燕 总经理助理 温淑惠 总经理助理 张莉 总经理助理 赵丽丽	青岛海尔电子有限公司	53.00%	Haier Finance Co., Ltd.	www.haierfin.com
42	吉林森林工业集团财务有限责任公司	吉林省长春市延安大街1399号	130012	董事长 李建伟 总经理 张增荣 常务副总经理 李文艳 财务总监 王友 副总经理 王勐 副总经理 乔永洁	吉林森林工业集团有限责任公司	48.00%	Jilin Forest Industry Group Finance Co., Ltd.	www.jlsgcwgs.com
43	万向财务有限公司	浙江省杭州市庆春路225号西湖时代广场7楼	310006	董事长 管大源 总裁 傅志芳	万向集团公司	66.08%	Wanxiang Finance Co., Ltd.	www.wxcw.cn

续表

序号	公司名称	通信地址	邮政编码	高管人员	控股股东	控股比例	英文名称	公司网址
44	中粮财务有限责任公司	北京市朝阳区朝阳门南大街8号中粮福临门大厦19层	100020	董事长 邬小蕙 总经理 孙彦敏 常务副总经理 李德罡 总经理助理 刘倩 总经理助理 阳晓明	中粮集团有限公司	82.74%	COFCO Finance Corporation Limited	
45	苏州创元集团财务有限公司	江苏省苏州市工业园区苏桐路37号	215021	董事长 许鸿新 总经理 陆惠章 副总经理 邱卫东 副总经理 朱胜祥	苏州创元投资发展（集团）有限公司	90.00%	Suzhou Chuangyuan Group Finance Co., Ltd.	
46	珠海格力集团财务有限责任公司	广东省珠海市前山金鸡路901号	519070	董事长 董明珠 总经理 张蓓蕾 副总经理 肖旭武 助理总经理 陈坚	珠海格力电器股份有限公司	88.31%	Zhuhai Gree Group Finance Company Ltd.	www.greefinance.com
47	国机财务有限责任公司	北京市海淀区丹棱街3号A座8层	100080	董事长 李家俊 总经理 李慧玲 副总经理 李洪义 总经理助理 夏国靖 总经理助理 殷建邦 总经理助理 李智军	中国机械工业集团有限公司	20.37%		www.sinomach.com.cn
48	海航集团财务有限公司	北京市朝阳区霄云路甲26号海航大厦22层	100026	董事长 赵权 副董事长兼总经理 汤亮 副董事长兼副总经理 邓瑶 副总经理 赵玉芹 副总经理 甘雪丽 副总经理 田建军 总经理助理 关宇	海航机场集团有限公司	55.56%	HNA Group Finance Co., Ltd.	
49	中国华电集团财务有限公司	北京市西城区宣武门内大街2号中国华电大厦B座10层	100031	董事长 褚玉 总经理 陈宇 党组书记、工委主任 余建华 党组成员、副总经理 刘光明 党组成员、副总经理 刘蒴 风险总监 张学云	中国华电集团公司	36.14%	China Huadian Finance Corporation Limited	www.chdc.com.cn
50	中国大唐集团财务有限公司	北京市西城区菜市口大街1号院1号楼	100052	董事长 吴静 总经理、党组书记 刘传东 副总经理、党组成员 姜进明 副总经理、党组成员、党组纪检组组长、工会主席 柯小星	中国大唐集团公司	64.50%	China Datang Finance Co., Ltd.	www.china-cdt.com

续表

序号	公司名称	通信地址	邮政编码	高管人员	控股股东	控股比例	英文名称	公司网址
51	南方电网财务有限公司	广东省广州市天河区黄埔大道西76号盈隆广场31楼	510623	董事长 杨璐 总经理 胡伏秋 副总经理 周佑明 副总经理 邹志敏	中国南方电网有限责任公司	30.00%	Southern Power Grid Finance Co., Ltd.	www.fc.csg.cn
52	中电投财务有限公司	北京市西城区西直门外大街18号金贸大厦C1座20层	100044	董事长 王振京 党组副书记、总经理 梁玉丰 党组书记、副总经理 张培廉 党组成员 马宝军 党组成员、副总经理 赵长利 党组成员、纪检组长、工委主任 刘新涛	中国电力投资集团公司	77.00%	CPI Finance Co., Ltd.	www.cpifcl.com.cn
53	国电财务有限公司	北京市西城区西直门外大街18号金贸大厦D座4层	100044	董事长 邵国勇 总经理、党组副书记 孙宝东 党组书记、副总经理 李政文 副总经理、总会计师、党组成员 杨元顶 副总经理、党组成员 黄文强	中国国电集团公司	77.65%	Guodian Finance Corporation	www.gdfcl.com.cn
54	华联财务有限责任公司	北京市西城区金融大街33号通泰大厦B428室	100033	董事长 郭丽荣 总经理 丁险峰 副总经理 施保成 副总经理 徐艳 总经理助理 梁国桓	北京华联集团投资控股有限公司	34.00%	Hualian Finance Co., Ltd.	www.hualianfc.com
55	兵器装备集团财务有限责任公司	北京市海淀区车道沟10号院中国兵器装备集团大楼5层	100089	董事长 李守武 总经理 王晓翔 党委书记 刘志岩 党委副书记 董仲贤 总经理助理、总稽核 李志榕 总经理助理 唐自强	中国兵器装备集团公司	31.87%	China South Industries Group Finance Co., Ltd.	www.bzhcw.cn
56	京能集团财务有限公司	北京市朝阳区永安东里16号CBD国际大厦2301	100022	董事长 刘国忱 总经理 张伟 副总经理 祖连成 副总经理 刘颖 总经理助理 杨建 投资总监 倪婷 风险总监 张艳	北京能源投资（集团）有限公司	98.00%	Beih Finance Co., Ltd.	www.beihf.com.cn

续表

序号	公司名称	通信地址	邮政编码	高管人员	控股股东	控股比例	英文名称	公司网址
57	浙江省能源集团财务有限责任公司	浙江省杭州市环城北路华浙广场一号9楼	310006	董事长　王莉娜 总经理　方闽 副总经理　汪汝姚 副总经理　马青 首席投资（证券）分析师　朱战	浙江省能源集团有限公司	91.00%	Zhejiang Provincial Energy Group Finance Co., Ltd.	
58	广东粤电财务有限公司	广东省广州市天河区天河东路2号粤电广场南塔12－13楼	510640	董事长　杨选兴 总经理　温淑斐 党支部书记兼副总经理　袁素杰 副总经理　张文 副总经理　李葆冰	广东省粤电集团有限公司	60.00%	Guangdong Yudean Finance Co., Ltd.	
59	TCL集团财务有限公司	广东省惠州市仲恺高新区惠风三路17号TCL科技大厦21楼	516006	董事长　黄旭斌 总经理　杜娟 副总经理　文建群 副总经理　张红梅 总经理助理　邓燕婵	TCL集团股份有限公司	82.00%	TCL Finance Co., Ltd.	http://fc.tcl.com
60	湖南省华菱钢铁集团财务有限公司	湖南省长沙市天心区湘府西路222号华菱园写字楼5、6楼	410004	董事长　舒良勇 总经理　饶璞 副总经理、财务总监　康向君 副总经理　赖邦传 副总经理　张卓 工会主席　田艺	湖南华菱钢铁集团有限责任公司	30.00%	Hunan Valin Iron & Steel Group Finance Co., Ltd.	www.chinavalin.com
61	江西铜业集团财务有限公司	江西省南昌市二七北路527号	330077	董事长　甘成久 总经理　吴金星	江西铜业股份有限公司	85.68%		www.jxcc.com
62	天津港财务有限公司	天津市塘沽区津港路99号	300461	董事长　郑庆跃 总经理　窦广清 副总经理　马洁	天津港（集团）有限公司	52.00%		www.ptacn.com
63	松下电器（中国）财务有限公司	上海市浦东新区陆家嘴环路1000号7楼	200120	董事兼总经理　吉村太作 首席运营官　广松哲明	松下电器（中国）有限公司	100.00%	Panasonic Finance China Co., Ltd.	

续表

序号	公司名称	通信地址	邮政编码	高管人员	控股股东	控股比例	英文名称	公司网址
64	中航工业集团财务有限责任公司	北京市朝阳区东三环中路乙10号艾维克大厦18层	100022	董事长　刘宏 总经理　刘蓉 党委书记　王宏伟 高级专务、副总经理　贾福青 副总经理、财务总监　刘敏 副总经理　汤跃辉 副总经理　许海翔 总经理助理　刘海儒	中国航空工业集团公司	47.12%	AVIC Finance Co., Ltd.	www.avicfinance.com.cn
65	中冶集团财务有限公司	北京市朝阳区曙光西里28号	100028	董事长　邹宏英 总经理　周小杰 副总经理　朱柏林 总经理助理　丛蓉	中国冶金科工股份有限公司	86.12%	MCC Finance Corporation Ltd.	www.mccfc.com.cn
66	申能集团财务有限公司	上海市陆家嘴环路958号华能联合大厦10楼	200120	董事长　王鸿祥 总经理　张芊 副总经理　杜心红	申能（集团）有限公司	65.00%	Shenergy Group Finance Co., Ltd.	
67	潞安集团财务有限公司	山西省长治市城西路2号	046011	董事长、党支部书记　杨建林 总经理　李霞 常务副总经理　刘天义 副总经理　王月亲 副总经理　贾军	山西潞安矿业（集团）有限责任公司	66.67%	Lu'an Group Finance Co., Ltd.	
68	淮南矿业集团财务有限公司	安徽省淮南市洞山东路上东锦城商业街21栋18号	232001	董事长　李雪莲 总经理、书记　方泰峰 副总经理　王小波 风险总监、副书记　陈学忠	淮南矿业（集团）有限责任公司	91.50%		www.hnmine.com
69	日立（中国）财务有限公司	上海市茂名南路205号瑞金大厦1908室	200020	董事长　西冈宏明 总经理　水流孝一 副总经理　陈庆锴	日立（中国）有限公司	100.00%	Hitachi (China) Finance Co., Ltd.	
70	保利财务有限公司	北京市东城区朝阳门北大街1号新保利大厦8c	100010	董事长　彭碧宏 总经理　赵晋 副总经理　王一夫 副总经理　耿跃华	中国保利集团公司	35.00%	Poly Finance Company Limited	www.poly finance.com.cn

续表

序号	公司名称	通信地址	邮政编码	高管人员	控股股东	控股比例	英文名称	公司网址
71	深圳能源财务有限公司	广东省深圳市福田区深南中路2068号华能大厦32楼	518031	董事长　周群 总经理　李新威 副总经理　李春晖	深圳能源集团股份有限公司	70.00%	Shenzhen Energy Finance Co., Ltd.	
72	中化集团财务有限责任公司	北京市复兴门内大街28号凯晨世贸中心中座F3层	100031	董事长　杨林 总经理　刘剑 副总经理　张小康 副总经理　付建军 副总经理　张亚蔚 财务总监　石力 总经理助理　杨毅 总经理助理　王慧霞 总经理助理　施暄	中国中化股份有限公司	100.00%	Sinochem Finance Co., Ltd.	www.sinochemfinance.com
73	海信集团财务有限公司	山东省青岛市东海西路17号海信大厦15楼	266071	董事长　周厚健 总经理　黄金萍 副总经理　王曙光 总经理助理　杨国利	海信集团有限公司	51.00%	Hisense Finance Co., Ltd.	www.hisense.com
74	国联财务有限责任公司	江苏省无锡市滨湖区金融一街8号国联金融大厦18楼	214121	董事长　杨静月 总经理　朱文波 副总经理　吴干平	无锡市国联发展（集团）有限公司	30.00%	Guolian Finance Co., Ltd.	www.glcw.com.cn
75	首都机场集团财务有限公司	北京市首都国际机场四纬路9号中国服务大厦B区三层	100621	董事长　赵璟璐 总经理　王玫 副总经理　刘浩洋 副总经理　李剑 财务总监　张宇辉 总经理助理　薛浩荣	首都机场集团公司	80.00%		www.cah.com.cn
76	红豆集团财务有限公司	江苏省无锡市锡山区东港镇锡港东路2号	214199	董事长　周海江 总经理　胡国梁 副总经理　周海燕 总经理助理　孙东明	红豆集团有限公司	63.00%	Hodo Group Finance Co., Ltd.	
77	海马财务有限公司	海南省海口市金盘工业区金牛路2号	570216	董事长　赵树华 总经理　刘卫 副总经理　谭继民 副总经理　熊小文 总经理助理　薛安萍	海马汽车集团股份有限公司	47.37%	Haima Finance Co., Ltd.	
78	南山集团财务有限公司	山东省龙口市南山工业园南山南路4号	265706	董事长　宋建波 总经理　隋政 副总经理　曲丽华 总经理助理　郭芸	南山集团有限公司	55.00%	Nanshan Finance Company Ltd.	www.nanshan.com.cn

续表

序号	公司名称	通信地址	邮政编码	高管人员	控股股东	控股比例	英文名称	公司网址
79	国投财务有限公司	北京市西城区西直门南小街147号9层	100034	董事长 张华 总经理 兰如达 副总经理 苏日庆 副总经理 张伟明 副总经理 李旭荣	国家开发投资公司	35.60%	SDIC Finance Co., Ltd.	www.sdicfinance.com
80	河南能源化工集团财务有限公司	河南省郑州市郑东新区CBD商务外环路6号国龙大厦1727	450046	董事长 张毅 总经理 张汇臣 副总经理 棘军 副总经理 沈扬	河南能源化工集团有限公司	63.70%	Henan Energy and Chemical Industry Group Finance Co., Ltd.	www.hnccgc.com.cn
81	中国化工财务有限公司	北京市海淀区北四环西路62号	100080	董事长 李建勋 总经理 陈峻伟 副总经理 程山 副总经理 杨桂林 副总经理 郭学军 副总经理 曹巍 总会计师 胡立福	中国化工集团公司	41.50%	ChemChina Finance Co., Ltd.	
82	紫金矿业集团财务有限公司	福建省上杭县紫金大道1号14楼	364200	董事长 林红英 董事兼总经理 罗福金 副总经理 梁祥斌 副总经理 饶建东	紫金矿业集团股份有限公司	95.00%		www.zjky.cn
83	江苏华西集团财务有限公司	江苏省江阴市滨江开发区香山路29号华西金融楼	214434	董事长 包丽君 总经理 卞三荣 副总经理 曹红玉 副总经理 虞金华	江苏华西集团公司	90.00%	Jiangsu Huaxi Group Finance Co., Ltd.	
84	冀中能源集团财务有限责任公司	河北省石家庄市体育北大街125号	050015	董事长 王社平 副董事长 李笑文 总经理 李艳芳 副总经理 总会计师 王玉江 副总经理 张建平	冀中能源集团有限责任公司	45.00%	Jizhong Energy Group Finance Co., Ltd.	
85	山西焦煤集团财务有限责任公司	山西省太原市新晋祠路一段1号	030024	董事长 张树茂 总经理 夏苏萍 副总经理 贺海柱 副总经理 郎晓华	山西焦煤集团有限责任公司	80.00%	Shanxi Coking Coal Group Finance Co., Ltd.	
86	阳泉煤业集团财务有限责任公司	山西省阳泉市北大西街29号	045000	董事长 廉贤 总经理 王玉明 副总经理 魏晓光 副总经理 赵守刚 首席风险官 樊宗莉	阳泉煤业（集团）有限责任公司	50.00%	Yangquan Coal Industry Group Finance Co., Ltd.	www.ymcwgs.com.cn

续表

序号	公司名称	通信地址	邮政编码	高管人员	控股股东	控股比例	英文名称	公司网址
87	晋煤集团财务有限公司	山西省晋城市北石店	048006	董事长　赵俊平 总经理　段建勋 副总经理　苗见阳 副总经理　赵春洁 副总经理　韩军	山西晋城无烟煤矿业集团有限责任公司	92.00%	Jincheng Anthracite Mining Group Finance Co., Ltd.	
88	云南冶金集团财务有限公司	云南省昆明市小康大道399号	650224	董事长　董英 总经理　任静云 副总经理　李旻昊 副总经理　罗胜 副总经理　晏元川	云南冶金集团股份有限公司	80.00%	Yunnan Metallurgical Group Finance Co., Ltd.	www.cymco.cn
89	中海集团财务有限责任公司	上海市虹口区东大名路670号5楼	200080	董事长　苏敏 总经理　严李浩 副总经理　孙晓斌 副总经理　李晟 营运总监　刘萍	中国海运（集团）总公司	25.00%	China Shipping Finance Co., Ltd.	www.csfinance.com.cn
90	中集集团财务有限公司	广东省深圳市蛇口太子路1号新时代广场19ABJKL	518067	总经理　张力 财务总监　杨晓玲 风控总监　方继勋	中国国际海运集装箱（集团）股份有限公司	100.00%	CIMC Finance Company Ltd.	
91	沙钢财务有限公司	江苏省张家港市锦丰镇永新路239号	215625	董事长　沈彬 总经理　倪云山 常务副总经理　沈涛 总经理助理　方梅	江苏沙钢集团有限公司	60.00%	Shagang Finance Co., Ltd.	www.sha-steel.com
92	美的集团财务有限公司	广东省佛山市顺德区北滘镇美的大道6号美的总部大楼B区6楼	528311	董事长　袁利群 总经理　汪勇 副总经理　陈利坚 副总经理　温蓉	美的集团股份有限公司	95.00%	Midea Group Finance Co., Ltd.	http://finance.midea.com.cn
93	宁波港集团财务有限公司	浙江省宁波市北仑区明州路301号宁波港大厦	315800	董事长　李令红 副董事　长王峥 总经理　王甬明 副总经理　邱纪道 副总经理　夏光辉	宁波港股份有限公司	75.00%	Ningbo Port Group Finance Co., Ltd.	http://nbpfc.nbport.com.cn
94	兖矿集团财务有限公司	山东省邹城市凫山南路329号	273500	董事长　张胜东 副董事长　孟宪强 总经理　李东 副总经理　王以春 副总经理　李井良 总经理助理　南宫鸣祝	兖矿集团有限公司	70.00%		www.ykjt.cn

续表

序号	公司名称	通信地址	邮政编码	高管人员	控股股东	控股比例	英文名称	公司网址
95	哈尔滨电气集团财务有限责任公司	黑龙江省哈尔滨市香坊区三大动力路7号三楼	150040	董事长　刘智全 总经理、党委书记　吴彤 副总经理　陈茂义 副总经理　曲为民 风险总监　李煜	哈尔滨电气股份有限公司	55.00%	Harbin Electric Corporation Finance Company Limited	
96	北大方正集团财务有限公司	北京市海淀区成府路298号中关村方正大厦9层	100871	董事长　余丽 总经理　陈刚 副总经理　崔勇 副总经理　李莉 总经理助理　侯金玉	北大方正集团有限公司	50.00%	PKU Founder Group Finance Co., Ltd.	www. founderf. com
97	通用技术集团财务有限责任公司	北京市丰台区西三环中路90号通用技术大厦6层	100055	董事长　卿虹 总经理　李虎俊 副总经理　李季	中国通用技术（集团）控股有限责任公司	95.00%		www. gtfc. com. cn
98	铜陵有色金属集团财务有限公司	安徽省铜陵市长江西路171号铜陵有色财务公司	244000	董事长　吴国忠 总经理　黄天珊 副总经理　管剑	铜陵有色金属集团控股有限公司	70.00%	Tongling Nonferrous Metals Group Finance Corporation Ltd.	www. tnmg. com. cn/cwgs
99	中建财务有限公司	北京市海淀区三里河路15号中建大厦A座7层	100037	董事长　曾肇河 副董事长　薛克庆 总经理　孔卫湘 副总经理　刘建基 总经理助　理徐明	中国建筑股份有限公司	80.00%	China State Construction Finance Company Limited	http: //cscfc. cscec. com
100	江苏省国信集团财务有限公司	江苏省南京市山西路128号和泰大厦11层	210008	董事长　王家宝 总裁　丁锋 副总裁　周俊淑	江苏省国信资产管理集团有限公司	60.00%	Jiangsu Guoxin Finance Co., Ltd.	www. jsgxfc. com
101	重庆化医控股集团财务有限公司	重庆市北部新区高新园星光大道70号天王星A1座二楼	401121	董事长　王平 董事、总经理　王凤艳 副总经理　曾子珂 董事、副总经理　王剑	重庆化医控股（集团）公司	63.00%		www. ccphc. com. cn
102	金川集团财务有限公司	甘肃省兰州市城关区天水南路525号5楼	730000	董事长　刘世超 总经理　郭明君 副总经理　杜志环	金川集团股份有限公司	92.30%	Jinchuan Group Finance Co., Ltd.	

续表

序号	公司名称	通信地址	邮政编码	高管人员	控股股东	控股比例	英文名称	公司网址
103	新希望财务有限公司	四川省成都市高新南区天府大道中段天府三街19号新希望国际大厦A座26楼	610041	董事长　黄代云 总裁　荣国跃 副总裁　龚纯黎 总裁助理　罗治国	新希望集团有限公司	42.00%	New Hope Finance Co., Ltd.	www.nhgfc.com
104	酒钢集团财务有限公司	甘肃省嘉峪关市雄关东路10号诚信广场5008室	735100	董事长　夏添 监事长　康厚新 总经理　王丽华 副总经理　龚晓伟	酒钢集团公司	60.00%	Jiugang Group Finance Co., Ltd.	
105	包钢集团财务有限责任公司	内蒙古包头市昆区白云路39号	014010	董事长　周秉利 监事长　李春龙 董事　汪洪 董事　郝润宝 董事　邢斌 外部董事　陈渊 董事　刘金毅 董事、总经理　谢美玲 副总经理　吕淑梅	包头钢铁（集团）有限责任公司	60.00%	Baogang Group Finance Co., Ltd.	
106	新奥财务有限责任公司	河北省廊坊市经济技术开发区华祥路31号新奥集团总部南院C区	065001	董事长　于建潮 常务副总经理　姜波 副总经理　梁宏玉 运营总监　鲍洁 风险总监　陈绍利	新奥（中国）燃气投资有限公司	45.00%	ENN Finance Co., Ltd.	www.ennfinance.com
107	中外运长航财务有限公司	北京市海淀区西直门北大街甲43号金运大厦B座18层	100082	董事长　黄必烈 总经理　张少军 财务总监　罗丹丹 审计稽核总监　黄文祥	中国外运长航集团有限公司	55.00%	Sinotrans & CSC Finance Co., Ltd.	
108	青岛啤酒财务有限责任公司	山东省青岛市市南区东海西路35号4栋青岛啤酒大厦内第9层	266071	董事长　孙玉国 总经理　徐振声 总会计师　孙燮 副总经理　张德志	青岛啤酒股份有限公司	100.00%	Tsingtao Brewery Finance Co., Ltd.	
109	上海复星高科技集团财务有限公司	上海市江宁路1158号1902室	200060	董事长　张厚林 总经理　何霄	上海复星高科技（集团）有限公司	82.00%	Fosun Group Finance Corporation Limited	

续表

序号	公司名称	通信地址	邮政编码	高管人员	控股股东	控股比例	英文名称	公司网址
110	中兴通讯集团财务有限公司	广东省深圳市南山区高新技术产业园科技南路中兴通讯大厦A座二楼	518057	董事长 韦在胜 副董事长 石春茂 总经理 张帆	中兴通讯股份有限公司	100.00%	ZTE Group Finance Company Limited	
111	国核财务有限公司	北京市西城区金融大街17号中国人寿中心9层	100033	董事长 王益华 总经理 李云峰 副总经理 汪恒海 副总经理 张国华 副总经理 王清伟	国家核电技术有限公司	60.00%	State Nuclear Power Finance Corporation Ltd.	www.snptc.com.cn
112	福建省能源集团财务有限公司	福建省福州市五四路239号物资大厦三楼	350003	董事长 卢范经 书记、副董事长 罗振文 总经理 王金新 副总经理 王盛银	福建省能源集团有限责任公司	90.00%	Fujian Energy Group Finance Company Limited	www.fjegfc.com
113	湖南高速集团财务有限公司	湖南省长沙市开福区三一大道500号17楼	410003	董事长 吴国光 总经理 肖华 副总经理 张祺 副总经理 彭正辉 财务总监 张晓青 总稽核师 谢新兴	湖南省高速公路投资集团有限公司	80.00%		
114	马钢集团财务有限公司	安徽省马鞍山市九华西路8号	243000	董事长 苏鉴钢 副总经理 伍生林 风险总监 汪冬妹	马鞍山钢铁股份有限公司	91.00%	MaGang Group Finance Co., Ltd.	
115	湖北宜化集团财务有限责任公司	湖北省宜昌市沿江大道52号	443000	董事长、总经理 柴国志 副总经理 许媛 总经理助理 邬轶材	湖北宜化集团有限责任公司	80.00%		
116	北京汽车集团财务有限公司	北京市丰台区南四环西路188号17区18号楼7层	100160	董事长 马传骐 总经理 李荣荣 副总经理 周雪辉 副总经理 续颖 总经理助理 周巍 总经理助理 刘勇	北京汽车集团有限公司	56.00%	BAIC Group Finance Co., Ltd.	www.bafc.com.cn
117	大连港集团财务有限公司	辽宁省大连市中山区人民路68号宏誉大厦902室	116001	董事长 惠凯 总经理 山冰如 副总经理 田原	大连港集团有限公司	60.00%	Dalian Port Group Finance Company Limited	

续表

序号	公司名称	通信地址	邮政编码	高管人员	控股股东	控股比例	英文名称	公司网址
118	大唐电信集团财务有限公司	北京市海淀区学院路40号	100191	董事长　高永岗 总经理　吴殷强 副总经理　周少锋 副总经理　韩卫刚 总经理助理　廖系民	电信科学技术研究院	100.00%	Datang Telecom Group Finance Co., Ltd.	
119	开滦集团财务有限责任公司	河北省唐山市路南区新华东道70号	063018	董事长　张文学 总经理　董养利 副总经理　刘晓亚	开滦（集团）有限责任公司	51.00%		www.kailuan.com.cn
120	中国航油集团财务有限公司	北京市顺义区后沙峪镇安富街6号3层	101318	董事长　赵寿森 总经理　师建桥 副总经理　张鹏	中国航空油料集团公司	90.00%	China National Aviation Fuel Finance Co., Ltd.	www.cnaf.com
121	海南农垦集团财务有限公司	海南省海口市滨海大道115海垦国际金融中心23层	570105	董事长　彭富庆 总经理　邓文杰 副总经理　周菊芝	海南省农垦集团有限公司	80.00%	Hainan State Farms Group Finance Co., Ltd.	
122	西部矿业集团财务有限公司	青海省西宁市城西区微波巷1号	810001	董事长　韩留卿 监事长　金作清 总经理　王永宁 风险总监　姚桐	西部矿业股份有限公司	60.00%		www.westmining.com
123	江苏交通控股集团财务有限公司	江苏省南京市中山东路291号汉府大厦3-4层	210002	董事长　杜文毅 总经理　王展 副总经理　陈凤艳 副总经理　盈晓红	江苏交通控股有限公司	80.00%	Jiangsu Communications Holding Group Finance Co., Ltd.	
124	中国移动通信集团财务有限公司	北京市西城区丰盛胡同20号丰铭国际大厦B座12层	100032	董事长　薛涛海 副董事长　朱敏 总经理　朱毅 财务总监向　华翔	中国移动通信集团公司	100.00%	China Mobile Finance Company Limited	
125	山东钢铁集团财务有限公司	山东省济南市舜华路2000号舜泰广场4号楼山钢大厦	250101	董事长　陶登奎 总经理　李凤强 党总支书记、副总经理　闵宪金 副总经理　赵永辉 总经济师　杨再昌	山东钢铁集团有限公司	67.50%	Shandong Iron & steel Group Finance Co., Ltd.	
126	国药集团财务有限公司	北京市海淀区知春路20号中国医药大厦7层	100191	董事长　邓金栋 总经理　梁红军 副总经理　曹桂春 财务总监　李慧	中国医药集团总公司	80.00%	Sinopharm Group Finance Co., Ltd.	

续表

序号	公司名称	通信地址	邮政编码	高管人员	控股股东	控股比例	英文名称	公司网址
127	郑州宇通集团财务有限公司	河南省郑州市郑东新区商务外环西二街交叉口世博大厦11层	450018	董事长　朱中霞 总经理　李飞月 副总经理　孙谦 财务总监　黄晓谨 总经理助理　杨波	郑州宇通集团有限公司	85.00%	Zhengzhou Yutong Group Finance Co., Ltd.	
128	中国铁建财务有限公司	北京市海淀区复兴路40号院1号楼中国铁建大厦10层	100855	董事长　庄尚标 总经理　冀涛 副总经理　王龙沙	中国铁建股份有限公司	94.00%	CRCC Finance Company Limited	www.crccfc.com.cn
129	山东省商业集团财务有限公司	山东省济南市历下区山师东路4号	250014	董事长　李明 总经理　张志强 副总经理　马玉义 副总经理　王金栋 总会计师　吕元忠 总审计师　高振斌 总经理助理　周卫民	山东省商业集团有限公司	100.00%	Shandong Commercial Group Finance Co., Ltd.	
130	深圳华强集团财务有限公司	广东省深圳市深南中路华强路口华强集团1号楼7层	518031	董事长　梁光伟 总经理　李曙成 副总经理　郑德镇	深圳华强集团有限公司	100.00%	SZHQ Group Finance Company Ltd.	
131	诚通财务有限责任公司	北京市南四环西路188号总部基地6区17号7层	100070	董事长　徐震 总经理　赵洪武	中国诚通控股集团有限公司	71.00%	China Chengtong Finance Corporation Ltd.	
132	山东重工集团财务有限公司	山东省济南市历下区燕子山西路40-1号山东重工大厦602室	250014	董事长　申传东 总经理　吴汝江 副总经理　庄新亭 副总经理　张珉 财务总监　黄震	山东重工集团有限公司	35.00%	Shandong Heavy Industry Group Finance Co., Ltd.	
133	湖北能源财务有限公司	湖北省武汉市徐东大街20号福星惠誉国际城8栋1单元6楼	430062	董事长　张国勇 副董事长、总经理兼党支部书记　邹正 副总经理　卢希文 副总经理兼首席风险官　蔡奕鲲	湖北能源集团股份有限公司	80.00%	Heibei Energy Finance Co., Ltd.	www.hbny.com.cn

续表

序号	公司名称	通信地址	邮政编码	高管人员	控股股东	控股比例	英文名称	公司网址
134	港中旅财务有限公司	广东省深圳市福田区深南大道4011号港中旅大厦29楼	518048	董事长　张逢春 总经理　许浣菁 副总经理　陈丽 财务总监　庞勇	中国港中旅集团公司	70.00%	China National Travel Service (HK) Finance Company Limited	www.hkcts.com
135	陕西煤业化工集团财务有限公司	陕西省西安市锦业一路二号陕煤化集团大楼709室	710065	董事长　杨勇平 总经理　邓晓博 副总经理　孟延平 副总经理　徐明 副总经理　王晓刚 副总经理　刘旭春	陕西煤业化工集团有限责任公司	45.00%	Shaanxi Coal and Chemical Industry Group Finance Co., Ltd.	www.shccig-ebank.com
136	上海华谊集团财务有限责任公司	上海市浦东南路1271号华融大厦15楼	200122	董事长　刘训峰 副董事长　秦健 副董事长　常清 监事长　陈耀 总经理　郭牧 副总经理　陆敏	上海华谊（集团）公司	70.00%	Shanghai Huayi Group Finance Company Ltd.	
137	河北钢铁集团财务有限公司	河北省石家庄市桥西区裕华西路42号金立方大厦1#705	050000	董事长　王义芳 总经理　苏广奇 副总经理　李凤侠 风险总监　李志平 财务总监　唐建君	河北钢铁集团有限公司	51.00%	Hebei Iron & Steel Group Finance Company Limited	
138	安徽省能源集团财务有限公司	安徽省合肥市马鞍山路76号	230011	董事长　张飞飞 总经理　龚旭东 党支部书记　胡永辉 副总经理　郑学萍 副总经理　杜建军 风控总监　程敏	安徽省能源集团有限公司	51.00%	Anhui Energy Group Finance Co., Ltd.	
139	中化工程集团财务有限公司	北京市东城区东直门内大街2号	100007	董事长　刘毅 总经理　周竞 副总经理　代萍 总经理助理　陶湘宁	中国化学工程股份有限公司	90.00%	China National Chemical Engineering Group Corporation Finance Co., Ltd.	
140	天津天保财务有限公司	天津市空港经济区西五道35号	300308	董事长　杨士彪 副董事　长韩华 总经理　尹宏海 副总经理　刘征 副总经理　李忠孝	天津保税区投资控股集团有限公司	100.00%	Tianjin T&B Finance Co., Ltd.	

续表

序号	公司名称	通信地址	邮政编码	高管人员	控股股东	控股比例	英文名称	公司网址
141	亿利集团财务有限公司	北京市复兴门内大街28号凯晨世贸中心东座6层	100031	董事长　王文治 总经理　孔骞 副总经理　郭平 总经理助理　孙永强	亿利资源集团有限公司	100.00%	Elion Finance Company Limited	www. elion. com. cn
142	厦门海翼集团财务有限公司	福建省厦门市思明区厦禾路668号海翼大厦B座26层	361004	董事长　刘艺虹 总经理　曾国元 副总经理　杨瑾 首席风险控制官　朱胜先	厦门海翼集团有限公司	55.00%	Xiamen CCRE Group Finance Co. , Ltd.	www. ccregroup. com
143	中信财务有限公司	北京市朝阳区新源南路6号京城大厦低层栋B座2层	100004	董事长　居伟民 副董事长　赵小凡 董事总经理　张云亭 董事常务副总经理　次晓丽 副总经理　王海波	中国中信股份有限公司	80.00%	CITIC Finance Company Limited	www. citic. com
144	浙江省交通投资集团财务有限责任公司	浙江省杭州市钱江新城五星路199号明珠国际商务中心B座三楼	310016	董事长　傅哲祥 总经理　陶明辉 副总经理　张雪芬 总经理助理　芦文伟	浙江省交通投资集团有限公司	40%	Zhejiang Communications Investment Group Finance Co. , Ltd.	www. cncico. com
145	南车财务有限公司	北京市海淀区西四环中路16－5号	100036	董事长　詹艳景 党委书记、总经理　徐伟锋 副总经理　刘学文 财务总监　郝志军 风险总监　张世东	中国南车股份有限公司	91.00%	CSR Finance Co. , Ltd.	
146	中国北车集团财务有限公司	北京市丰台区芳城园一区15号楼中国北车大厦14层	100078	董事长　高志 总经理　时景丽 副总经理　廖新义	中国北车股份有限公司	83.33%	China CNR Finance Co. , Ltd.	
147	中国电子科技财务有限公司	北京市海淀区复兴路17号国海广场A座16层	100038	董事长　张登洲 总经理　刘维用 副总经理　杨志军 副总经理　刘盼盼	中国电子科技集团公司	55.00%	CETC Finance Co. , Ltd.	www. cetcf. com. cn
148	重庆机电控股集团财务有限公司	重庆市北部新区黄山大道中段60号机电大厦	401123	董事长　王玉祥 总经理　陈永强 首席财务官　杨一川 副总经理　方光强 副总经理　李可可	重庆机电股份有限公司	51.00%	Chongqing Machinery and Electronics Holding Group Finance Company Limited	www. cqcmefc. com

续表

序号	公司名称	通信地址	邮政编码	高管人员	控股股东	控股比例	英文名称	公司网址
149	河北建投集团财务有限公司	河北省石家庄市裕华西路9号裕园广场A座	050031	董事长　袁雁鸣 总经理　周雪松 副总经理　魏增然	河北建设投资集团有限责任公司	60.00%	Hebei Construction & Investment Group Finance Co., Ltd.	
150	太钢集团财务有限公司	山西省太原市解放北路83号花园大酒店2号专家楼	030003	董事长　韩珍堂 总经理　张晓东 监事长　郭文斌 副总经理　郭涌 副总经理　李志强	太原钢铁（集团）有限公司	51.00%	Taiyuan Iron & Steel Group Finance Co., Ltd.	
151	大同煤矿集团财务有限责任公司	山西省大同市矿区新平旺校南街1号	037003	董事长、书记　王团维 总经理　王力佳 监事会主席　李永久 财务总监　高志 副总经理　狄炎 副总经理　管世忠 副书记　田亮	大同煤矿集团有限责任公司	80.00%	Datong Coal Mine Group Finance Co., Ltd.	
152	贵州茅台集团财务有限公司	贵州省贵阳市盐务街2号茅台进出口大厦13层	550004	董事长　袁仁国 副总经理（主持工作）吴志军 副总经理　杨炯 风险总监　蒋焰	贵州茅台酒股份有限公司	51.00%		
153	海亮集团财务有限责任公司	浙江省诸暨市店口镇解放路386号	311814	董事长　杨斌 总经理　穆绿燕 副总经理　马兰英	海亮集团有限公司	51.00%	Hailiang Finance Co., Ltd.	www.hailiang.com
154	中材集团财务有限公司	北京市朝阳区望京北路16号	100102	董事长　徐卫兵 总经理　刘成 副总经理　杨青 财务总监　汪允杰	中国中材集团有限公司	70.00%		www.sinoma.cn
155	贵州盘江集团财务有限公司	贵州省贵阳市观山湖区林城西路95号	550081	董事长　尹新全 总经理　王安义 常务副总经理　李运寿	贵州盘江投资控股（集团）有限公司	51.00%	Guizhou Panjiang Group Finance Company Limited	
156	北京首都旅游集团财务有限公司	北京市朝阳区广渠路38号一轻大厦9层	100022	董事长　白凡 总经理　胡文军 副总经理　金豪庆 副总经理　吴子维	北京首都旅游集团有限责任公司	100.00%	Beijing Tourism Group Finance Co., Ltd.	www.btg.com.cn
157	广西交通投资集团财务有限责任公司	广西南宁市金浦路22号名都大厦14层	530028	董事长　李东 党委书记、副董事长　余丕团 总经理　覃虹 副总经理　彭湖 副总经理　方冰然	广西交通投资集团有限公司	100.00%	Guangxi Communications Investment Group Finance Co., Ltd.	

续表

序号	公司名称	通信地址	邮政编码	高管人员	控股股东	控股比例	英文名称	公司网址
158	徐工集团财务有限公司	江苏省徐州市经济开发区驮蓝山路26号	221004	董事长 吴江龙 总经理 刘丽军 副总经理 顾世英 总经理助理 邵珠华	徐工集团工程机械股份有限公司	100.00%	XCMG Finance Co., Ltd.	http://fc.xcmg.com
159	百联集团财务有限责任公司	上海市中山南路315号8楼	200010	董事长 吕勇 总经理 梁庆云 副总经理 张礼琦 风险总监 林大泳	百联集团有限公司	60.00%	Bailian Group Finance Co., Ltd.	
160	中交财务有限公司	北京市西城区德胜门外大街83号德胜国际中心B座16层	100088	董事长 傅俊元 总经理 游华 党委书记 朱宏标(2013年1-10月) 党委书记 李青岸(2013年11-12月) 副总经理 陶涛 党委副书记、纪委书记、工会主席 朱吉祥 副总经理 孙杨	中国交通建设股份有限公司	95.00%	CCCC Finance Company Limited	www.ccccfc.com.cn
161	山东黄金集团财务有限公司	山东省济南市舜华路2000号舜泰广场三号楼黄金大厦4楼	250101	董事长 李国红 总经理 吴晨 常务副总经理 齐宗弟 副总经理 王述曦 副总经理 于志强	山东黄金集团有限公司	70.00%	Shandong Gold Group Finance Co., Ltd.	www.sd-gold.com
162	中国平煤神马集团财务有限责任公司	河南省平顶山市矿工路中段	467099	董事长 余清海 总经理 杨军 副总经理 刘晓军	中国平煤神马能源化工集团有限责任公司	51.00%	China Pingmei Shenma Group Finance Co., Ltd.	
163	中开财务有限公司	广东省深圳市南山区赤湾石油大厦13楼	518068	董事长 田俊彦 副董事长 范肇平 总经理 郭颂华 副总经理 李海燕 副总经理 顾日滇 副总经理 王华	中国南山开发（集团）股份有限公司	40.00%	China Development Finance Company Limited	www.cndfc.com.cn
164	亨通财务有限公司	江苏省苏州市吴江区中山北路2288号	215200	董事长 钱建林 总经理 马耀明 副总经理 沈振祥 副总经理 陈剑嵩	江苏亨通光电股份有限公司	70.00%	Hengtong Finance Co., Ltd.	www.hengtonggroup.com.cn

续表

序号	公司名称	通信地址	邮政编码	高管人员	控股股东	控股比例	英文名称	公司网址
165	珠海华发集团财务有限公司	广东省珠海市横琴金融产业服务基地18号楼	519015	董事长 谢伟 总经理 许继莉 副总经理 夏文杰 总经理助理 江勇 总经理助理 唐慧敏	珠海华发集团有限公司	50.00%		www. cnhuafag. com
166	北京金隅财务有限公司	北京市东城区北三环东路36号环球贸易中心B2102	100013	董事长 王洪军 总经理 姜在国 副总经理 朱灼见 副总经理 潘宝侠	北京金隅股份有限公司	100.00%	BBMG Finance Co. , Ltd.	
167	云南云天化集团财务有限公司	云南省昆明市滇池路1417号2号楼3楼	650228	董事长 他盛华 副董事长 张嘉庆 总经理 彭科 副总经理 陈晓 风险总监 荣晓寅	云天化集团有限责任公司	44.00%	Yunnan Yuntianhua Group Finance Co. , Ltd.	
168	北京控股集团财务有限公司	北京市朝阳区东三环北路38号院4号楼10层	100026	董事长 鄂萌 副董事长 姜新浩 总经理 王立华 副总经理 张勇 副总经理 王朝晖	北京控股集团有限公司	41.00%	Beijing Enterprises Group Finance Co. , Ltd.	www. begfc. com